无锡华通公路机械科技有限公司

旁置式沥青搅拌设备	下置式沥青搅拌设备	集装箱式沥青搅拌设备
160～320t/h	160～240t/h	80～160t/h

移动式搅拌设备WCB-300t/h	全自动稳定土拌和设备	沥青改性设备	高温沥青运输罐
	300～500t/h		

地址：无锡市新区城南路218号
电话：0510-85368809
传真：0510-85368801
http：//www.wxhuatong.cn
E-mail：huatong@wxhuatong.cn

LB-4000C
环保节能沥青搅拌设备

J5000型集装箱式沥青混合料搅拌设备

　　该产品是我公司自主开发的具有自主产权和当代国际先进水平的产品。其特点是采用集装箱模块化结构，无地脚安装，运输快捷、安装方便、结构紧凑、占地面积小。该产品配有先进的自动控制及监控系统，使设备运行更加准确、可靠；是修筑高等级公路、机场等的理想设备。

　　开创国内沥青混合料搅拌设备最大生产能力，在第二届全国用户满意的筑养路机械推选活动中，该系列产品获得"满意度第一名"，企业也被选为"用户满意的筑养路机工企业"。

　　J系列搅拌设备还被评为"中交股份科技进步二等奖"和"西安市科技进步一等奖"。

实现使用者与制造者共同价值

J5000模块式沥青搅拌设备　　J4000模块式沥青搅拌设备　　JD3000模块式沥青搅拌设备　　J2000集装箱式沥青搅拌设备

西筑机械　同步世界
DEVELOP WITH THE WORLD SYNCHRONSLY

无论机动式还是固定式
能为您服务
我们感到自豪

贴近客户
Close to
our customers

筑养路技术

不论是工地上出问题，还是车间维修时出问题，我们总是将您的需求放在首位。紧急情况下，机动式服务能够在机器停放地或工地，为您提供快速现场支持。我们以维特根集团的优质标准，满足您的实际需要。

www.wirtgen-china.com.cn

WIRTGEN CHINA

维特根(中国)机械有限公司
中国河北省廊坊经济技术开发区创业路99号，邮政编码：065001
电话：(0316) 6073232，传真：(0316) 6073234，电子邮件：info@LFwirtgen.com.cn

超级！
"-2" 系列摊铺机
拥有新一代人机工程学操纵理念

贴近客户
Close to
our customers

履带式
超级 1800-2

- 最大摊铺宽度 10m
- 摊铺能力达 700t/h
- 最大摊铺厚度 30cm
- 运输宽度 2.55m

ERGOPLUS

筑养路技术

www.wirtgen-china.com.cn

 WIRTGEN CHINA

维特根(中国)机械有限公司
中国河北省廊坊经济技术开发区创业路99号，邮政编码：065001
电话：(0316) 6073232，传真：(0316) 6073234，电子邮件：info@LFwirtgen.com.cn

维特根SP150：侧铺用途的全能机型。

贴近客户
Close to
our customers

经济、高效的修筑混凝土整体结构物及防撞护栏：

- 最大标准摊铺宽度1.5m，标准摊铺高度900mm
- 灵活的侧铺滑模，能够安装在机器的左右任一侧；机架内或机架外
- 众多选择：输料皮带、输料搅龙、液压/电动振捣棒、整平器、无线3D找平控制
- 紧凑的外形：运输宽度仅2.4m

更多关于该灵活的侧铺滑模摊铺机的资料，请浏览 www.wirtgen-china.com.cn

筑养路技术

www.wirtgen-china.com.cn

 WIRTGEN CHINA

维特根(中国)机械有限公司
中国河北省廊坊经济技术开发区创业路99号，邮政编码：065001
电话：(0316) 6073217，传真：(0316) 6073234，电子邮件：info@LFwirtgen.com.cn

保温高黏度三螺杆泵

浙江尚贵泵业有限公司
ZHEJIANG SHANG GUI PUMPS CO., LTD

地址：浙江青田县温溪镇汛呈南路21号　　邮编：323903
电话：0578-6755888　6755777　传真：0578-6755666　手机：13906883857　13806175809
http://www.shanggui.com　E-mail：qtsggs@mail.lsptt.zj.cn
驻无锡办事处电话：0510-5603038

GR 系列平地机
GR100 | GR135 | GR150M | GR165 | GR180 | GR200 | GR215 | GR215A | GR300 | G

中联重工科技发展股份有限公司 路面机械公司

湖南省长沙市岳麓区麓谷大道677号中联重科麓谷工业园　邮编：410205　www.zoomlion.com
电话：0086-731-88948397　　传真：0086-731-88948391

中联重科
路面机械系列

沥青混合料搅拌设备
履带式摊铺机
双钢轮压路机
单钢轮压路机
路面铣刨机

ZOOMLION

思想构筑未来
专业 重工 科技

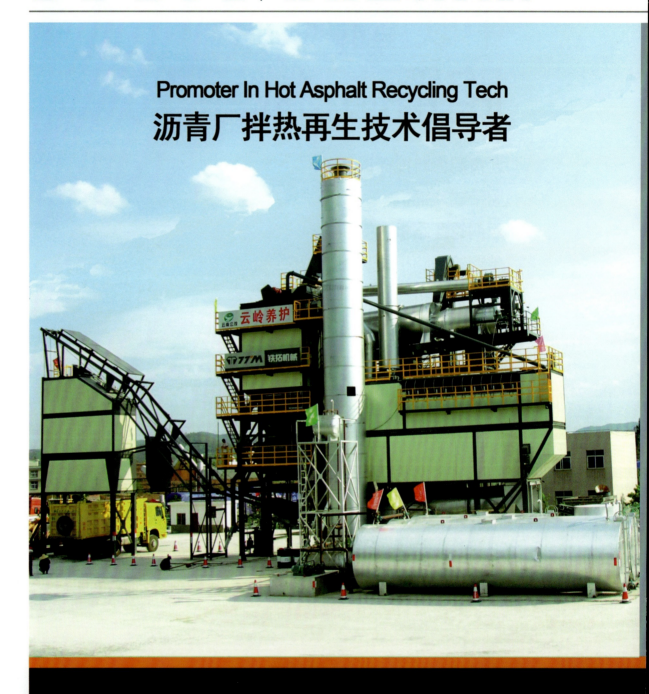

777M | 铁拓机械

Promoter In Hot Asphalt Recycling Tech
沥青厂拌热再生技术倡导者

资源再生利用典范：

RLB系列沥青混合料再生设备已服务广东、贵州、广西、云南、江西、湖北、安徽、浙江、江苏、山东、新疆、香港等10多个省市自治区的80多家用户。

营销热线
400-8866-604

售后服务热线
400-8866-614

专业生产

沥青混合料搅拌设备 / 沥青混合料再生设备

www.fjttm.com

移动式沥青混合搅拌设备10-80t/h

移动式沥青混合料再生设备6-20t/h

沥青混合料再生设备副楼48-160t/h

产品优势：

移动式沥青混合料搅拌设备安装迅速、移动方便、可根据工程情况灵活调度。煤油两用燃烧器满足不同经济核算。多种型号产品适用多种产量需求。成品料质量好。

固定式沥青混合料搅拌设备集行业先进技术融入铁拓自主研发专利，各部分均采用优质原材料制作。整机结构合理美观，性能高质稳定。实践使用户更确信自己的选择。

沥青混合料再生设备可使再生料的配比达到50%至100%，出料温度达150℃，已解决了沥青混合料再生中的粘料、破碎筛分、蓝烟排放等技术难题。废旧沥青混合料的使用在保护环境、节约能源方面有非常高的价值，用户成本回收快，短时间内能够取得很大的经济效益。

节约沥青，减少石油消耗

节约沙石，减少山河开采

节约土地，防止植被破坏

福建铁拓机械有限公司
FUJIAN TIETUO MACHINERY CO.,LTD.

地址：福建省泉州市洛江塘西工业区
电话：86-595-22688000 22098866
　　　86-18959906000
传真：86-595-22099966
邮箱：tietuo@fjttm.com

卡特彼勒D系列双钢轮压路机
– 高效、节能的沥青压实专家

Cat® CB 系列双钢轮振动压路机的优点包括：

- 双频双幅振动系统，标配 63.3Hz 的高频，胜任 SMA 改性沥青，超薄铺层及桥面等多种压实作业需求。可选配 Cat 专有设计 Versa Vibe 双频四幅振动系统。

- 装配行走自动速度控制系统 (ASC)，预设机器行走速度和冲击间隔。机器匀速行走及一致的冲击间隔是获得更佳压实作业面的保障。

- 卡特彼勒发动机，配备压力超调装置 (POR)，大幅度降低油耗，同时保证稳定的功率输出从而获得更佳的压实作业面。

- 特有的前后钢轮折弯叉式支撑及中间铰接结构，实现 50/50 铰接，使机器对于弯道及贴边压实达到更好的压实效果。

www.china.cat.com/paving

卡特彼勒 信赖之选。请向 Cat 代理商咨询更多设备和方案的信息。

威斯特中国有限公司	服务地区	北京、天津、河北、黑龙江、辽宁、吉林、内蒙古、山西
	电话	010-5902-1666　400-650-1100
利星行机械有限公司	服务地区	江苏、浙江、湖北、安徽、河南、山东、上海
	电话	400-828-2775　800-828-2775
信昌机器工程有限公司	服务地区	香港、湖南、江西、福建、广东、广西、海南、澳门、新疆
	电话	800-830-4320
易初明通投资有限公司	服务地区	云南、四川、贵州、西藏、重庆、甘肃、陕西、宁夏、青海
	电话	0871-7274901

©2010 Caterpillar（卡特彼勒）版权所有。CAT、CATERPILLAR 及其相应的标识、"Caterpillar 黄色" 和 "Power Edge" 商业外观以及此处所使用的企业和产品标示，是 Caterpillar 的注册商标，未经许可，不得使用。

品质改变世界

72米混凝土输送泵车

三一重工股份有限公司
SANY HEAVY INDUSTRY CO., LTD.

更多详情请洽三一各地分公司或访问：www.sany.com.cn
电话：0731-84031888 | 传真：0731-84031999 | 三一贵宾专线：4008 87 8318

THE SUSTAINABLE WAY

戴纳派克可持续发展之路

戴纳派克一直致力于将专业知识和行业经验应用于高性能的压实、摊铺及混凝土施工。我们提供全系列压实摊铺设备，以满足不同用户在不同工况下的使用需求。无论我们的用户在哪里施工，戴纳派克都可以提供全球性的专业应用知识，技术服务，技术培训及零配件服务。

欲了解更多戴纳派克产品信息，请浏览www.dynapac.com

北京代表处　北京市东城区王府井大街138号新东安写字楼T2座815室　邮编：100006　电话：010-58177180　传真：010-58177175
上海代表处　上海市南京西路819号中创大厦16层　邮编：200041　电话：021-52340445　传真：021-52340447
广州办事处　电话：020-38350381　成都办事处　电话：028-86121000　西安办事处　电话：029-62561525
独资工厂　天津市武清开发区泉旺路38号　邮编：301700　电话：022-82118000　传真：022-82118080
服务直线：022-82107011　服务热线：800-818-7188　www.dynapac.com

让世界缩短距离

一次次变换地点的搬迁,只有LINTEC移动式搅拌站,才能真正给你同样舒适的感觉;在一次次辗转搬迁中,传统型搅拌站已经伤痕累累。而100%标准海运集装箱式的设计,速机搬迁无需将组件一一拆卸,使得LINTEC移动式搅拌站拥有更佳的移动性能。因此,与传统型搅拌站相比,拆卸、运输、安装和维护,费时更少,费用当然也更省。LINTEC移动式搅拌站让世界缩短距离。

江苏林泰阁工程设备有限公司

地址:江苏省江阴市利港镇利康东路10号美加工业园
邮编:214444
http://www.lintec-asphalt.cn

电话:(86)0510-86051550
传真:(86)0510-86051853

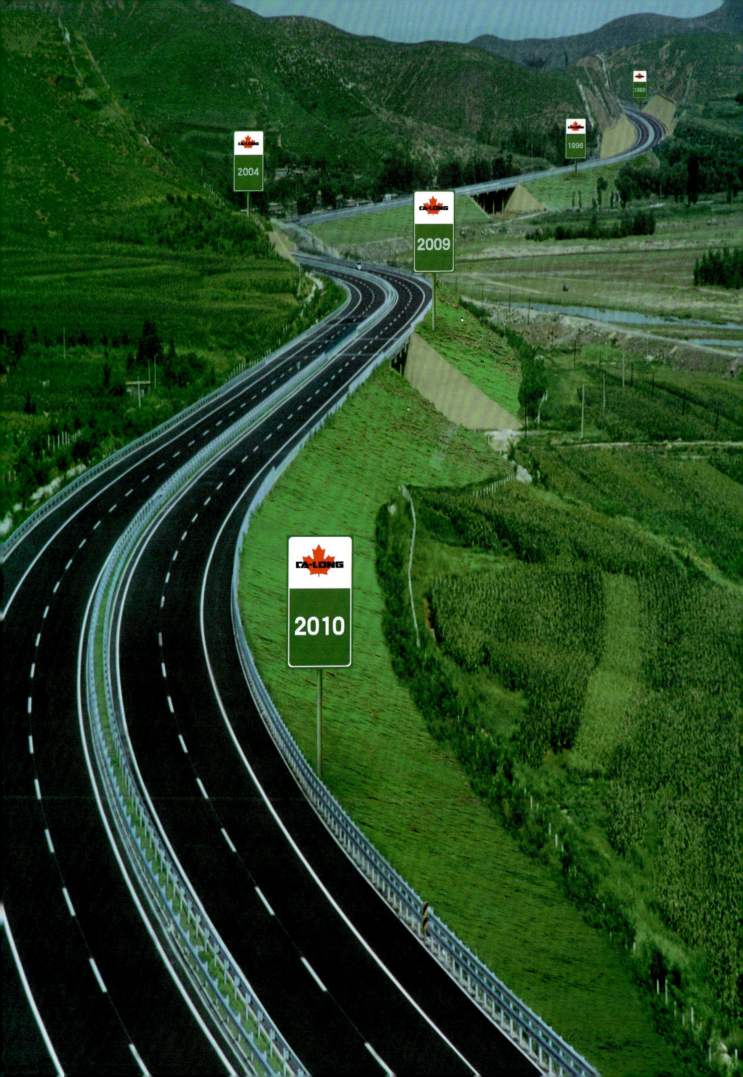

CL-7500型，世界从此无高峰

北京加隆制造

力臻完美·诚行天下

ISO 9001:2008

北京加隆工程机械有限公司 BEIJING CA-LONG ENGINEERING MACHINERY CO., LTD.

集团经营部地址：北京市丰台区马家堡西路时代风帆大厦
北京生产工厂地址：中国 ● 北京 通州区永乐经济开发区
邯郸生产工厂地址：中国 ● 河北 邯郸市马头经济开发区

中国区业务联系方式：
电话：010-8051 4885 8051 5699-8888
传真：010-8051 4889
邮箱：xiaoshou@ca-long.com
网址：http://www.ca-long.com

国际业务联系方式（International Business）：
Tel: +86 10 6753 2714 6753 9907
Fax: +86 10 6753 8782
Website: http://www.ca-long.com
Email: sales@ca-long.com / export@ca-long.com

JGM758 超越者
轮式装载机 WHEEL LOADER

晋工机械 JINGO
中国驰名商标
Renowed Trademark of China

野外作业，稳定无忧，
筑路先锋，高端首选！

They are the number-one choice for users that are seeking high pertormance, high cost-effectiveness and high quality.

主要性能参数

整机操作质量：	17300kg
铲斗容量：	2.3-3.6m³
额定功率：	162kW/2200rpm
额定载荷：	5000kg
最大牵引力：	150kN
最大掘起力：	170kN
最小转弯半径：	铲斗外侧 7050mm
	后轮外侧 6550mm
最大卸载高度（标准）：	3100mm
整机外形尺寸（长×宽×高）：	7782×2990×3410mm

福建晋工机械有限公司

地址：晋江市安海镇前埔工业区 电话：0595-85786339 85792166 传真：0595-85798258
E-mail：jingong@china-jingong.com   网址：http://www.china-jingong.com

JGM 923-LC

履带式液压挖掘机

超强动力

发动机	Cummins 6BTA5.9-C
额定功率:	125kW(167PS) at 2000rpm
标准斗容:	0.9-1.2m³
回转速度:	11.8 r/min
操作质量:	22300kg

原装进口日本川崎泵、阀
原装日本川崎回转马达
日本纳博特斯克行走马达
进口意大利履带板

福建晋工机械有限公司

地址：晋江市安海镇前埔工业区　　电话：0595-85786339 85792166　　传真：0595-85798258
E-mail：jingong@china-jingong.com　　网址：http://www.china-jingong.com

吉林市原进筑路机械有限责任公司

吉林市原进筑路机械有限责任公司是一家以生产筑养路机械为主导产品的股份制企业。公司大量引进德国、日本、意大利等国先进技术，建立了完善的质量保证体系。

主导产品：

间歇式沥青混凝土搅拌设备；稳定土搅拌设备；水泥混凝土搅拌设备(HZS50、HZS120)等，同时为国外同类设备配套。

产品特点：

1、**沥青混凝土搅拌设备**：模块化设计，采用CAD计算机辅助设计，整机结构紧凑，布局合理，安装及转场方便。设备关键部件均参考日本和欧美技术制造，性能优良且耐用。称量传感器采用瑞士梅特勒—托利多或英国特迪亚产品，其使用寿命长，且输出信号稳定、准确。电脑可编程序控制器采用德国西门子品牌，上位机为台湾进口工控机，保证设备的稳定性和可靠性。独立开发的控制系统软件，其友好的操作界面使操作人员易于掌握和方便操作；性能稳定且不易丢失数据。布袋除尘器中的布袋材料采用美国杜邦公司生产的NOMEX，保证高除尘效率和长使用寿命。选用进口或国产名牌燃烧器，燃料雾化好，自动控制风油比，燃烧效果好。

2、**稳定土搅拌设备**：模块化设计，采用CAD计算机辅助设计，安装及转场方便，布局合理，整机结构紧凑，维修方便。采用高精度电磁调速电机容积计量和自动控制的连续称量技术，可获得较准确的计量精度。

3、**混凝土系列**：称量准确可靠，搅拌均匀高效，输送速度彻底。操作方便，自动化程度高等特点，采用模块组合方式，结构紧凑、安装方便，使用范围广。

产品覆盖：吉林、辽宁、内蒙、新疆、陕西、浙江、河北、山东、甘肃等省、自治区。

公司宗旨是："一流产品，一流信誉，一流服务，用户至上"。

董事长：靳世杰
地址：吉林省永吉经济开发区上海街016号　　邮编：132200
电话：0432-64206222　　传真：0432-64206222　　网址：www.yjlj.com

HZS50混凝土搅拌站
型号：HZS50
生产能力：50 m³/h
总功率：88.5 kW

HZS120混凝土搅拌站
型号：HZS120
生产能力：120 m³/h
总功率：205 kW

稳定土搅拌设备
WBC800A、WBC600A、WBC500B
普通型及电子计量型

LB4000型沥青搅拌设备
生产能力：320 t/h
搅拌能力：4000 kg/批
干燥能力：340 t/h
筛分能力：340 t/h

LB3000型沥青搅拌设备
生产能力：240 t/h
搅拌能力：3000 kg/批
干燥能力：260 t/h
筛分能力：260 t/h

LB2000型沥青搅拌设备
生产能力：160 t/h
搅拌能力：2000 kg/批
干燥能力：170 t/h
筛分能力：170 t/h

LB1500型沥青搅拌设备
生产能力：120 t/h
搅拌能力：1500 kg/批
干燥能力：130 t/h
筛分能力：130 t/h

LB1300型沥青搅拌设备
生产能力：100 t/h
搅拌能力：1300 kg/批
干燥能力：110 t/h
筛分能力：110 t/h

雷沃装载机 ETX系列
LOVOL Wheel loader

变化源自科技

福田雷沃国际重工股份有限公司（简称福田雷沃重工）是一家以工程机械、农业装备、车辆为主体业务的现代化大型产业装备制造企业，其品牌价值过百亿元。公司被认定为"高新技术企业"、"博士后科研工作站"等称号；公司工程技术研究院被认定为"国家认定企业技术中心"；主导产品先后被认定为"中国名牌"、"中国驰名商标"、"最具市场竞争力品牌"。

福田雷沃重工自成立以来坚持自主创新，科学发展，探索形成了适合自身特点的"集成知识、整合创新"发展模式，其迅猛崛起的发展态势备受世人瞩目，成为行业新锐力量。

福田雷沃重工全面实施全球化战略，海外业务迅猛发展，截至目前，产品已出口全球120多个国家和地区。

未来，福田雷沃重工将继续以高质量、低成本、全球化为战略目标，实施内涵增长，结构调整，全球化经营方针，通过整合全球资源，提升自主创新能力，将福田雷沃重工打造成世界级机械装备制造企业。

更安全 欧洲科技的精彩诠释
更舒适 与时俱进的时尚风范
更可靠 齐鲁大地的敦厚风格

福田雷沃重工装载机事业部是福田雷沃国际重工股份有限公司（简称福田雷沃重工）的一级事业部之一，位于山东省潍坊市坊子区高新技术开发区，占地面积20万平方米，现有员工1400人，总资产超过12亿元，经营雷沃品牌装载机业务。

福田雷沃重工在2004年底逆势进入工程机械行业，同年9月份雷沃装载机产品上市，成功切入装载机市场。2011年，雷沃装载机业务稳步发展，实现销售突破万台，行业排名第八。

2011年，福田雷沃重工装载机事业部在产品研发、供应链建设、制造工艺、营销网络以及金融服务等方面能力进一步升级，产品可靠性、服务能力、配件网络覆盖度进一步提升。目前，雷沃装载机业务拥有 2t、3t、5t、6t 挖掘装载机等5大系列，150余种产品组合。

作为福田雷沃重工的核心业务，伴随着福田雷沃重工全球化战略的实施，雷沃装载机业务在福田雷沃重工品牌国际化过程中，发挥着越来越重要的作用。福田雷沃重工装载机事业部将秉承"科技创造未来"的使命，以向客户提供高附加值的产品和亲情化的服务为载体，一步步的向着更高的目标前进，为实现福田雷沃重工全球化，打造雷沃工程机械国际化品牌的目标不懈努力。

雷沃装载机产品联系方式
销售热线：0086-536-7638388(销售)　　　　0086-536-2288631(传真)
电子邮箱：zjjxsbz@126.com　　　　通讯地址：山东省潍坊市北海南路192号

中国·吉林省公路机械有限公司
JILIN PROVINCE ROAD CONSTRUCTION MACHINERY CO., LTD.

系列间歇式沥青混合料搅拌设备

系列化除冰雪设备

HZS系列水泥混凝土搅拌设备

ZJ系列间歇式沥青旧料再生搅拌设备

WBM系列稳定土搅拌设备

地址：中国·吉林省吉林市船营区太平街4-1号　　电话：0432-62127439　62139502
邮编：132011　　传真：0432-62127439　　网址：www.jlsgl.com　　E-mail：jlsgl@126.com

江阴市鑫海公路机械材料有限公司
Jiangyin Xinhai Highway Machine Material Co., Ltd.

鑫海LB-4000型沥青混合料搅拌设备

鑫海LB-4000型沥青混合料搅拌设备
成功应用于京承、京津高速，首都机场跑道

布局合理
结构新颖
便于安装

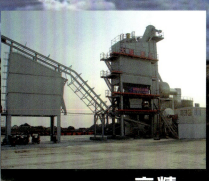

高精

环保

稳定

低费

地址：江苏省江阴市峭岐工业园区迎宾大道15号
电话：0510-86561613
传真：0510-86572913
业务专线：13906160613 13338156688
http：www.xhgljx.com
E-mail：xinhai@xhgljx.com

宁波广天赛克思液压有限公司
NINGBO WIDE SKY SKS HYDRAULIC CO., LTD.

赛克思液压是国内同行业龙头明星企业,是全球液压泵配件行业品种规格齐全的制造商之一。

本公司专业生产替代进口柱塞泵、斜轴泵、回转马达、行走马达、齿轮泵配件(如:柱塞、缸体、配油盘、回程盘、球铰、斜盘、摇摆总成、传动轴、后盖、分隔片、摩擦片等)以及精密铸造件等。公司成功开发了S10VS(0)全系列变量柱塞单泵、串泵、SA2FO、SK3V112DT变量柱塞泵,并最新近成功开发了小挖主泵SVD22、SK3SP36C、回转马达SMSG-44P,行走马达SMAG33/53VP以及齿轮泵、补油泵、液压阀等。

赛克思产品品质可靠,60%出口国际市场。

ISO9001:2000 认证注册号:CNAB076-Q

SMSG 回转驱动马达系列

SMAG 行走驱动马达系列

SVD22变量柱塞泵

SK3SP36C柱塞泵系列

SK3V112DT变量柱塞泵系列

SPVH变量柱塞泵系列

SA10VSO变量柱塞泵系列

SA2FO斜轴泵系列

SPVB变量柱塞泵系列

SPVQ变量柱塞泵系列

SA10V0变量柱塞串泵系列

详情请登陆: www.saikesi.com
详情咨询请查看公司网站或地址栏输入"赛克思"直接进入网站

地址:浙江省宁波市江北区华业街195号 邮编:315021
总机:0574-87629292/62转各分机 网址:http://www.saikesi.com
内销部:0574-87629255/66/77 传真:0574-87629278
外贸部:0574-87629258 传真:0574-87629259
E-mail:nbsks@skikesi.com(内销) E-mail:sales@saikesi.com(外贸)

 # 合肥永安绿地工程机械有限公司

中国垂直振动压路机

LSV200垂直振动压路机4大创新设计

◆ 创新应用垂直振动技术，改变振动轮工作原理，确保激振力始终垂直方向，减少作业能量损失和振

◆ 创新设计的激振器润滑系统，大大延长了振动轴承的使用寿命，解决了振动压路机振动轴承使用寿

更高　更强　更省

中国垂直振动压路机
绿地LSV200型压路机震撼面市！

LSV200垂直振动压路机实地试验

合六高速：2006年8-10月
LSV200垂直振动压路机在该高速公路施工现场做弱膨胀性土壤路基压实试验，并与国内同等级压路机进行对比试验。

昌九高速：2007年5月
LSV200垂直振动压路机在该高速公路施工现场做冷再生沥青混凝土基层压实试验。

张石高速：2007年8月-2008年6月
LSV200垂直振动压路机在该高速公路施工现场做连续可靠性试验，累计作业超过1000小时。

地址：中国安徽合肥经济技术开发区方兴大道666号（青鸾路29号）　邮编：230601
联系电话：0551-3848980　传真：0551-3848976/021-53752367
销售热线：0551-3848976（合肥）　　021-53752366（上海）
更多详情请洽永安绿地公司或访问：www.green-belt.cn　www.green-belt.com.cn

中铁二十局集团西安工程机械有限公司
China Railway 20 Bureau Group Xi'an Construction Machinery Co., Ltd

YCT25/QCY360冲击式压路机及牵引机

YZT10D斜坡压路机

5YCT23五边形冲击式压路机

YZTK16A-20A拖式振动压路机

YZT16A-20A拖式振动压路机

中铁二十局集团西安工程机械有限公司专业从事压实机械和铁路施工设备的研制、开发、生产二十多年，主要产品有：YCT20、YCT25、5YCT23型冲击压路机，QCY360冲击压路机牵引机，YZT(K)16A(B)-YZT(K)25Y型机械传动、全液压传动拖式振动压路机，YZT10D型多功能压路机，YZ20、YZ20G型全液压、双驱动自行振动压路机，YZ20、YZ25-J型自检式振动压路机，广泛应用于高等级公路、高速公路、港口、水库大坝、机场等大型工程的基础压实、边坡压实和补强压实。2006年研制推出的DPK18窄轨铺轨机、全液压往复式轨排生产线已在非洲安哥拉成功铺轨970余公里；为高速铁路客运专线研制的第一套国产双块式轨枕生产线设备在郑西客运专线已生产双块式轨枕45万余根；为武广客运专线无碴轨道建设研发设计制造的纵向模板安装机、纵向横向模板拆洗机、散枕机、物流平车（Ⅰ/Ⅱ）等五项产品在全线投入使用。企业已通过ISO9001国际质量体系认证。

YZT22-25Y全液压拖振动压路机

中铁二十局集团西安工程机械有限公司
地　址：陕西省西安市辛家庙
销售热线：029-86714581 86736150
服务热线：029-86736345
传　真：029-86736150
邮　编：710032
网　址：www.cnztjx.com www.cnztjx.cn

欢迎各界朋友莅临我公司考察指导，共谋发展！

青岛市公路管理局设备中心
（青岛路鑫和机械租赁有限公司）

简介

青岛路鑫和机械租赁有限公司成立于1998年，隶属于青岛市公路管理局，占地60余亩，位于城阳区青大工业园内，南邻204国道，东接济青高速公路，与双元路对接，交通便利，公司已发展成为专业从事专用筑路机械租赁、施工及沥青拌和料生产的综和性企业。

目前，公司拥有各类机械设备价值1.2亿元，包括3套芬兰产艾模美迪沥青拌和站、戴纳派克铣刨机、摊铺机、双钢轮压路机、沃尔沃平地机、英格索兰单钢轮压路机，及50t起重机、拖盘车等，设备多为进口，性能先进，性能先进的设备为公司的可持续性发展提供了有力的保证。

时逢我国筑路行业蓬勃发展之机，公司积极投入到市场竞争的大潮，以谋求更大的发展，衷心希望各界朋友与我们携手合作，共筑双赢。

地址：青岛市城阳区棘洪滩街道204国道北侧
电话：0532-87901029　87901030
　　　　13780665312　13336397750
邮箱：shebeizhongxin11@163.com

山西榆次筑路机械制造有限公司

公司主要产品：

1. QUL100-360型有机热载体加热设备，专利号 89213678.2
2. QUG30-90型移动式有机热载体卧式加热炉，专利号 94200176.1
3. LBF10-40型改性沥青生产设备，专利号 90217955.1
4. LQB1000、1200、1500、1750、2000、2500、3000、4000、5000型沥青混凝土搅拌设备，专利号 ZL01209481.1
5. SWB300-800型连续式水泥稳定土拌和设备，专利号 ZL01209480.3
6. RHL3-20型乳化沥青设备（微机、工业计算机自动控制）
7. LQB30H-320H环保型沥青混凝土搅拌设备（工业计算机自动化控制）
8. LQG30m³-LQG10000m³沥青储存罐及大型沥青中转库

◀ 改性沥青

◀ SWB300-800型水泥稳定土搅拌设备

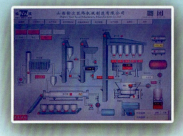

控制系统主界面

水稳控制模拟

我公司将以高质量、低价格为用户提供优质的售前、售中及售后服务。为我国公路建设事业的发展多做贡献！

地　址：山西省晋中市榆次区榆太路127号
电　话：0354-2424778
传　真：0354-2438258
联系人：李强（13903444689）
邮　编：030600

100m³-10000m³ 沥青储存罐及沥青中转库

江苏骏马压路机械有限公司
CHINA JIANGSU JUNMA ROAD ROLLER CO.,LTD

江苏骏马压路机械有限公司是交通运输部中国公路建设行业协会会员，是中国建设机械协会会员。公司是自20世纪80年代以来有二十多年从事中小型压路机制造的专业生产企业，2000年已通过ISO9001:2000质量体系认证，产品质量由国家技术监督局进行质量跟踪监督。企业获有"全国质量稳定合格产品"和"江苏省质量信用产品"、"江苏省高新技术企业"、"江苏省著名商标"及"泰州名牌产品"、"AAA资信企业"等殊荣及多项国家专利；被国家质量监督检验检疫总局评为"国家免检产品"，且被中国公路建设行业协会筑养路机械分会评为"重点推广品牌"企业。

公司生产的产品主要有YSZ07、YZ1、YZ2型振动压路机，适合在施工现场窄小、作业场地受限制的地方作业；YZC3、YZC3H、YZ4、YZ4H、YZC6、YZ6C、YZ12、YZ14型振动压路机，适合于公路、城市街道、机场、工业区、停车场的基础压实；YZD4、YZDC6、YZD6C振动振荡两用压路机既可压实基础，又可压实表面层，特别是怕受振动的地区段用途最广；2YJ8/10、3Y8/10、3Y10/12、3Y15/18等静碾式压路机，适合于压实深度高的地方作业等。

企业经营业务范围：压路机械、路面机械、工程机械及配件制造、销售；并从事上述产品的进出口业务。

本公司遵循"技术先进、质量第一、用户至上"的原则，竭诚为国内外用户服务。

YZ1型振动压路机

YZC6型振动压路机
YZDC6型振荡振动压路机

具体技术资料，可来电来函联系！

YZC3型振动压路机

YZ14B型振动压路机

2YJZ8-10型两轮压路机

地址：江苏省靖江市骥江西路288号
邮编：214501
电话：(86)-0523-84508238　84508239
传真：(86)-0523-84508353
http：//www.rollerco.com.cn
E-mail：info@rollerco.com.cn

产品展示

江苏路通筑路机械有限公司
Jiangsu Lutong Road Construction Machinery CO., LTD.

3000型沥青搅拌设备

3000型沥青搅拌设备

1500型热再生设备

江苏路通是集科研、开发、生产、销售、技术培训、售后服务于一体的筑路机械生产厂商。公司积极与国内外同行进行技术合作，建立了科学的质量管理体系和完善的检测手段，通过ISO9001：2000国际质量体系认证，公司产品荣获国家各种荣誉。产品性能完全符合并超过国家GB/T17808-1999标准，完全达到高速公路与高等级公路的施工要求。公司主要产品有：沥青混凝土搅拌设备(LB1000-LB5000型)；水泥稳定土搅拌设备（300-600吨型）；导热油加温沥青设备；200-20000 t 沥青储存罐；沥青乳化设备；沥青脱桶设备。

董 事 长：孟韶华 (+86) 013906185605
销售总经理：王海峰 (+86) 013812079120
网址：www.wuxi-lutong.com　公司地址：无锡新区苏锡路588号
电话：(+86) 510-85609555　传　真：(+86) 510-85606760

4000型沥青搅拌设备

3000型热再生设备

2000型热再生设备

2000型沥青搅拌设备

产品展示

江苏路通筑路机械有限公司
Jiangsu Lutong Road Construction Machinery CO., LTD.

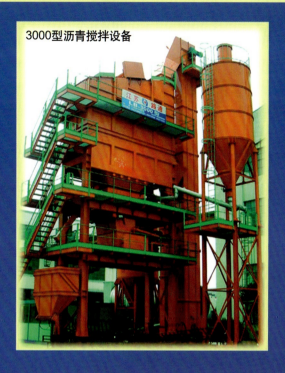

3000型沥青搅拌设备

3000B型沥青搅拌设备

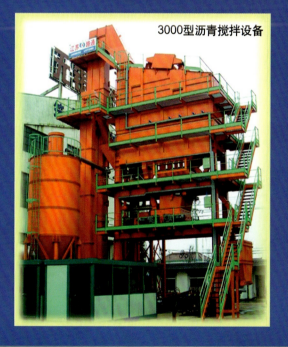

3000型沥青搅拌设备

3000B型沥青搅拌设备

沥青脱桶设备

大型沥青库

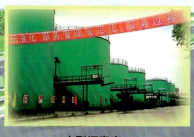

大型沥青库

500t/h 水泥稳定土设备

领先的技术和成熟的产品

1927年Pottkämper家族在德国莱比锡制造了第一台压路机，80多年的技术积淀与具有雄厚制造实力的合力的完美结合孕育了今天的HELI-PROTEC。

合力·宝泰克专有的振动系统
整体式激振器，通过钢改变质量，产生充心，这样的设计完全避免了偏心部件、内部轴承和连接轴产生故障的可能性。

全视野防侧翻驾驶室
集成了防侧翻功能的驾驶室是按照人机工程的要求制造，给司机提供舒适空间的同时采取了隔音降噪措施。驾驶室还配备取暖器、有色玻璃、前、后雨刮器、除雾器。带加热后挡风玻璃和通风系统。空调和收音机可以作为选件轻松添加（DIN/ISO 3471）。

防滑差速功能是标准配置
所有产品均能爬上陡坡。驱动桥上的双重制动足标准配制，能提供足够的安全保证。

发动机后置设计
散热器布置在驾驶室后面，以便得到尽量洁净的冷空气。液压泵布置在机器后部，便于维修。

特有的复合材料发动机罩
发动机罩带有自提升功能，同时提供很好的隔音和隔热效果，使得发动机区域在各种工况条件下保持恒温。轻盈的机罩便于检查和维修。

合力·宝泰克专有的双橡胶减振器
即使在强烈振动和频繁粗转的应用场合，也能提供更长的使用寿命。在合力·宝泰克的重型机型上是标准配置，在其他机型上是选件。

防侧翻／防坠物功能
开放式的驾驶平台作为选配，也能提供出色的防侧翻保护功能。防坠物驾驶室作为选配，能防止坠落物体造成的伤害。前后均配有双工作灯，并可选配旋转警示灯。

选配的坡道驾驶特性
作为选配，合力·宝泰克机器通过改变配置，能提供坡道驾驶功能（HD Hill Drive）。该功能使得我们的机器能爬上62%的坡度。

合力·宝泰克的动力选择
合力·宝泰克选择柴油发动机时，通过设计计算，使其在产生最大的工作激振力的同时，油耗尽量低。这意味着，我们的机器每天能在完成振实能工作的同时大限度地节省燃油。

HELi-ProtEc

中德合资
安徽宝泰克实机械设备有限公司
地址：安徽省合肥市望江西路15号
邮编：230022
电话：0551-3633345 传真：0551-3629035
E-mail:xch.heli-protec@163.com
网址：http://www.heliforklift.com

中国筑养路机械设备手册

（上册）

《中国筑养路机械设备手册》编委会　编

人民交通出版社

内 容 提 要

本书对我国目前常用的各种筑养路机械设备的分类、特点、适用范围、工作原理、主要结构、选型原则与步骤、主要参数计算、主要生产厂家典型产品及技术性能和参数等内容进行了详细的汇总介绍。本书分为上下册，上册包括的机械类型有：土石方机械设备、压实机械设备、水泥混凝土机械设备、沥青混凝土机械设备；下册包括的机械类型有：桥梁机械设备、隧道机械设备、养护机械设备。

本书适于从事公路、桥梁及隧道工程施工的技术人员及相关机械设备操作、管理人员使用，也可供相关院校师生参考使用。

图书在版编目(CIP)数据

中国筑养路机械设备手册/《中国筑养路机械设备手册》编委会 编.—北京：人民交通出版社，2011.12
ISBN 978-7-114-08582-6

I.①中… II.①中… III.①筑路机械—机械设备—手册②养路机械—机械设备—手册 IV.①U415.5-62②U418.3-62

中国版本图书馆 CIP 数据核字(2011)第 037796 号
许可证号：京朝工商广字第 8042 号(1-1)

书　　名：	中国筑养路机械设备手册（上册）
著 作 者：	《中国筑养路机械设备手册》编委会
责任编辑：	郑蕉林
出版发行：	人民交通出版社
地　　址：	(100011)北京市朝阳区安定门外外馆斜街 3 号
网　　址：	http://www.ccpress.com.cn
销售电话：	(010)59757969,59757973
总 经 销：	人民交通出版社发行部
经　　销：	各地新华书店
印　　刷：	北京盛通印刷股份有限公司
开　　本：	880×1230　1/16
印　　张：	36
插　　页：	20
字　　数：	1078 千
版　　次：	2011 年 12 月　第 1 版
印　　次：	2011 年 12 月　第 1 次印刷
书　　号：	ISBN 978-7-114-08582-6
印　　数：	0001-3500 册
总 定 价：	500.00 元

(有印刷、装订质量问题的图书由本社负责调换)

《中国筑养路机械设备手册》编委会

顾　　　问：孙祖望

编委会主任：焦生杰　刘　桦　樊江顺

主　　　编（按姓氏笔画排序）：
田晋跃　刘　权　安建国　江瑞龄　张国旗　张爱山　李世坤
李培元　李清泉　杨　光　杨永生　易小刚　段会强　高德忠

副　主　编（按姓氏笔画排序）：
方子帆　王　宁　王　德　王希仁　王新增　王模公　代中利
叶友胜　甘勇义　白春芳　刘卫东　刘长溪　刘育贤　孙立安
朱大林　朱新春　许明恒　严汉平　何清华　吴国进　宋　皓
张　铁　张　强　张新波　李　伟　李　丽　李　宗　李　强
李自光　杨东来　陈继昌　陈铭宋　周永红　姚　军　赵国普
赵家宏　赵智华　赵静一　钟春彬　敖福龙　聂在禄　梁　涵
黄文悦　董大为　董寿伟　腾万里　褚彦林　雷　彪

主要编写人（按姓氏笔画排序）：
于睿坤　马义平　马云朗　毛庆洲　王　鑫　王军伟　王成模
王柏刚　王荣庆　王晓波　付　陆　冯扶民　史亚飞　石秀东
任化杰　刘士杰　刘西栋　刘春荣　刘斌锋　吕孝臣　宇文德成
孙振军　朱雪伟　余晓明　初长祥　吴继锋　张二平　张伟栋
张忠海　张春阳　李　莉　李万莉　李俊林　李贵荣　杜海若
杨解清　沈　炬　肖翀宇　陆忠义　陈　刚　陈　萍　陈以田
季　明　官应旺　罗　群　郑竹林　姚志明　段心龙　胡　健
胡永彪　胡继洪　赵志欣　赵怀竹　赵春霞　赵铁栓　倪少虎
徐永杰　聂　涛　郭小宏　郭志奇　高顺德　崔　钧　黄松和
黄静波　蒋　彬　谢　华　谢立扬　赖仲平　靳世杰　管会生
颜中玉

《中国筑养路机械设备手册》编写分工

章节	编写人员
上　册	
第1章	田晋跃、张国旗、杨永生、方子帆、王宁、何清华、李宗、赵家宏、赵静一、钟春彬、董寿伟、王军伟、刘西栋、刘斌锋、孙振军、宇文德成、初长祥、张二平、张忠海、张春阳、李俊林、陈以田、季明、郑竹林、姚志明、郭志奇、赖仲平、靳世杰
第2章	安建国、张爱山、叶友胜、刘育贤、吴国进、宋皓、张铁、杨东来、敖福龙、梁涵、董寿伟、雷彪、王成模、沈炬、罗群、赵志欣、徐永杰、谢华、赖仲平、颜中玉
第3章	刘权、安建国、杨永生、易小刚、李伟、李强、赵国普、董寿伟、付陆、吕孝臣、张伟栋、沈炬、肖翀宇、官应旺、胡永彪、赵铁栓、谢立扬、颜中玉
第4章	刘权、安建国、张国旗、李世坤、杨光、杨永生、王德、王希仁、白春芳、刘卫东、孙立安、张强、李丽、李自光、陈继昌、周永红、姚军、梁涵、董寿伟、马云朗、王成模、王柏刚、石秀东、孙振军、李莉、李贵荣、杨解清、沈炬、陆忠义、聂涛、郭小宏、谢立扬、靳世杰
下　册	
第5章	王模公、朱大林、许明恒、严汉平、何清华、李宗、赵静一、马义平、冯扶民、刘春荣、孙振军、张忠海、杜海若、陈以田、段心龙、胡继洪、郭志奇、高顺德、黄松和、管会生
第6章	王模公、甘勇义、刘育贤、许明恒、陈铭宋、黄文悦、于睿坤、马义平、余晓明、李万莉、杜海若、黄松和、管会生、颜中玉
第7章	田晋跃、安建国、江瑞龄、张国旗、张爱山、李清泉、段会强、高德忠、王新增、代中利、刘长溪、朱新春、张新波、李丽、李宗、赵智华、聂在禄、董大为、褚彦林、毛庆洲、王鑫、王荣庆、王晓波、史亚飞、任化杰、刘士杰、朱雪伟、吴继锋、沈炬、陈刚、陈萍、陈以田、胡健、胡永彪、赵怀竹、赵春霞、倪少虎、郭志奇、崔钧、黄静波、颜中玉

序

随着我国实施改革开放政策，国民经济快速发展，我国的公路建设，特别是高等级公路建设得到迅猛发展。高等级公路的建设和养护需要先进的筑养路机械设备。目前，中国筑养路机械行业已基本形成规模，虽然与发达的工业化国家相比还有一定差距，但已能生产出筑养路工程所需的绝大多数产品。筑养路机械的新机种、新技术不断涌现，产品的开发、生产和销售也十分兴旺，已进入全面的发展时期。

现代科技日新月异，筑养路机械设备厂家在不断利用新技术、新成果改进、创造出更多更好的筑养路机械新产品和新设备。筑养路机械也正在向高水平、高性能、高技术和大型、成套、专用机型方向发展，许多性能优良的筑养路机械已逐步进入国际市场，我国筑养路机械的技术水平跃上了一个新台阶。

对于我国广大从事公路建设和养护的工程技术人员来说，筑养路机械设备的知识是他们迫切需要了解和掌握的。本手册介绍了土石方机械设备、压实机械设备、水泥混凝土机械设备、沥青混凝土机械设备、桥梁机械设备、隧道机械设备、养护机械设备等筑养路机械设备的发展、结构、性能特点、工作原理和主要参数，同时还介绍了国内外筑养路机械设备主要制造企业的产品特点，是一部技术和应用兼备的工具书，对于从事筑养路机械科研、设计、生产、管理、施工、维修的广大工程技术人员都有很好的参考价值。

参与编写的作者们和出版人员为本书的付印，付出了很多心血和辛勤劳动，相信本手册的出版对于我国筑养路机械事业的进一步发展将起到积极的推动作用。

孙祖望
2011 年 10 月

前　言

由长安大学负责组织编写的《中国筑养路机械设备手册》，是一套系统反映中国筑养路机械设备技术标准和技术参数的大型工具书，书中详细介绍了各种筑养路设备的发展、结构、特点、工作原理和主要性能参数，重点介绍了国内外筑养路机械设备厂家生产的设备，其中以实用新型设备为主。

本书为上、下两册，共七章，分别是上册土石方机械设备、压实机械设备、水泥混凝土机械设备、沥青混凝土机械设备；下册桥梁机械设备、隧道机械设备、养护机械设备。内容包括各设备的概述、分类、特点及适用范围、工作原理和主要结构、选型原则与步骤、主要参数计算以及主要生产厂家典型产品及技术性能和参数。

本书可作为筑养路机械施工单位管理和技术人员、筑养路机械生产厂家技术人员、筑养路机械营销人员参考，特别是可用作设备选型工具书，亦可作为有关大专院校的教学参考和现场工人的培训教材。

本书在编写过程中得到了有关单位和专家的大力支持和帮助，在此表示衷心感谢。

由于编写时间和作者水平有限，书中缺点和错误难免，恳请广大读者批评指正。

编　者
2011 年 10 月

目 录

上 册

第1章 土石方机械设备 1
  1.1 推土机 1
  1.2 装载机 37
  1.3 挖掘机 82
  1.4 平地机 144
  1.5 稳定土厂拌设备 177
  本章参考文献 200

第2章 压实机械设备 201
  2.1 静力式压路机 201
  2.2 振动压路机 241
  2.3 轮胎压路机 276
  2.4 冲击式压路机 303
  2.5 夯实机械 328
  本章参考文献 348

第3章 水泥混凝土机械设备 349
  3.1 水泥混凝土搅拌设备 349
  3.2 水泥混凝土搅拌运输车 379
  3.3 混凝土输送泵 403
  3.4 水泥混凝土摊铺机 435
  本章参考文献 468

第4章 沥青混凝土机械设备 469
  4.1 沥青混凝土搅拌设备 469
  4.2 沥青混凝土摊铺机 504
  4.3 改性沥青设备 557
  本章参考文献 562

第1章 土石方机械设备

土石方机械是工程机械中应用最广泛的一类机械,也是公路建设特别是高等级公路建设土石方工程施工中的主要施工设备,在公路路基工程中,应用推土机、装载机、挖掘机、平地机等土石方机械,承担土石方的铲装、填挖、运输和整平等作业,而各种稳定土材料以及石料又需要稳定土厂拌设备和破碎、筛分机械等来制备。使用土石方机械不仅能加快施工进度,而且能提高作业质量和生产效率,其已成为现代公路建设中不可缺少的机械。

1.1 推 土 机

1.1.1 概述

1.1.1.1 定义

推土机是以履带式或轮胎式拖拉机、牵引车等为主机,配以悬式铲刀,对土石方或散状物料进行切削或搬运的自行式的铲土运输机械。

推土机在建筑、筑路、采矿、油田、水利、水电、港口、农业、林业及国防建设等土方与石方工程中被广泛应用。它是工程机械中最基本、用途较广的一种。

推土机作业时,将铲刀切入土中,依靠拖拉机前进动力,完成土的切割和推运作业。推土机可进行以下工作:

铲土、运土——一般在100m运距以内铲、运松散物料,用来推铲基坑、路堑,构筑路堤;

填土——回填基坑,对壕沟、基槽、下水道等填土;

平地——平整施工现场、道路、广场及农田等;

松土——大型推土机的后部往往悬挂松土器,它能破硬土、冻土及破坏需要反修的路面;

开挖、堆积——开挖基槽、河床,堆积沙丘、粮食,堆筑路堤、水坝;

其他用途——作自行式铲运机助推机,清除树桩、积雪;拖挂压路辊、铲运机等,作为牵引机械;推土机还易改型为其他工程机械,如改为除荆机、装载机、吊管机等。

1.1.1.2 国内外发展现状

履带式推土机是由美国人 Benjamin Holt 在1904年研制成功的,它是在履带式拖拉机前面安装人力提升的推土装置而成。当时的动力是蒸汽机,之后又先后研制成功由天然气动力驱动和汽油机驱动的履带式推土机,推土铲刀也由人力提升发展为钢丝绳提升。Benjamin Holt 也是美国卡特彼勒(Caterpillar)公司的创始人之一,1925年 Holt 制造公司和 C. L. Best 推土机公司合并,组成卡特彼勒推土机公司,成为世界首家推土设备制造者,并于1931年成功下线第一批采用柴油发动机的60推土机。随着技术的不断进步,目前推土机动力已经全部采用柴油机,推土铲刀和松土器全部由液压缸提升。

推土机除履带式推土机外,还有轮胎式推土机,它的出现要比履带式推土机晚10年左右。由于履带式推土机具有较好的附着性能,能发挥更大的牵引力,因此在国内外,其产品的品种和数量远远超过轮胎式推土机。

在国际上，卡特彼勒公司是世界上最大的工程机械制造公司，其生产的履带式推土机有大、中、小共9个系列（D3～D11），最大的是D11R CD（图1.1-1），柴油机飞轮功率达到634kW；日本的小松（Komatsu）公司列第二位，1947年才开始引进生产D50履带推土机，现在履带式推土机有13个系列（D21～D575），最小的为D21A，柴油机飞轮功率为29.5kW，最大的为D575A-3 SD（图1.1-2），柴油机飞轮功率达858kW，它也是当前世界上最大的推土机；另外一家独具特色的推土机制造企业是德国的利勃海尔（Liebherr），其推土机全部采用静液压驱动，该技术历经十几年的研究与发展，1972年推出样机，1974年开始批量生产PR721、PR731和PR741静液压驱动履带推土机，由于液压元件的限制，目前其最大功率仅为295kW，型号为PR751矿用。

图1.1-1　卡特彼勒公司的最大推土机D11R CD　　　　图1.1-2　小松公司最大的推土机D575A-3 SD

上述三家推土机制造企业，代表了当今世界上履带式推土机的最高水平。国外其他几家履带式推土机制造企业如约翰迪尔（John Deere）、凯斯（Case）、纽荷兰（New Holland）和德瑞斯塔（Dressta），其生产技术水平也较高。

中国的推土机是在新中国成立以后才开始生产的，最初是在农用拖拉机上加装推土装置。随着国民经济的发展，大型矿山、水利、电站和交通等部门对中大型履带式推土机的需求不断增加，国内中大型履带式推土机制造业虽有较大发展，但已不能满足国民经济发展的需要。为此，自1979年以来，中国先后从日本小松公司和美国卡特彼勒公司引进了履带式推土机生产技术、工艺规范、技术标准及材料体系，经过消化吸收和关键技术的攻关，形成了目前以20世纪80、90年代小松技术产品为主导的格局。国内产品主要有T系列、TY系列，功率为51.5～306kW（70～410马力）。

从20世纪60年代开始，国内推土机行业的生产企业一直稳定在7家左右，原因是推土机产品的加工要求高、难度大，批量生产需要较大的投入，因此一般企业不敢轻易涉足。但是随着市场的发展，从"八五"开始，国内一些大中型企业根据自身实力，开始兼营推土机，如内蒙古第一机械厂、徐州装载机厂和三一重工股份公司等，扩充了推土机行业队伍。与此同时，也有少数企业由于经营不善、不适应市场发展的需要开始走下坡路，有的已经退出本行业。目前国内推土机的生产企业主要有：山推工程机械股份有限公司、河北宣化工程机械股份有限公司、上海彭浦机器厂有限公司、天津建筑机械厂、陕西新黄工机械有限责任公司、一拖工程机械有限公司、三一重工股份公司等。上述公司除生产推土机外，也开始涉足其他工程机械产品的生产，如山推还生产压路机、平地机和挖掘机等。

进入21世纪，在三峡工程、南水北调、西气东输、青藏铁路、西电东送、上海世博会、北京奥运会、高速铁路这八大工程的强力带动下，国内工程机械形势一片大好，产销量连年强劲递增，预计今后国内的履带式推土机市场年产销量将达到6 000台，这与国际履带推土机市场逐年下降形成鲜明对比。

为了保持市场占有率，加速企业发展，各企业越来越重视新产品开发和市场开发。如山推工程机械股份有限公司最新推出的SD42-3履带式推土机(图1.1-3),采用了模块化设计、先导操纵、机电一体化监控及低噪声驾驶室等先进技术;在小松D85A-21基础上开发的TYG230高原推土机,对原有的TY220推土机的传动系统、液压系统、操纵系统、行走系统等进行了全新设计,并针对发动机、电瓶、油品等作了特殊设计,以适应高原作业的特殊需求。宣化工程机械股份有限公司在国内独家推出了SD7(图1.1-4)、SD8高架驱动型推土机,性能领先,填补了国内空白。三一重工股份公司推出了TQ160A、TQ190、TQ230H全液压推土机,使我国推土机行业产品的技术水平提高了一个档次。另外,推土机的外观质量普遍有了较大的提高,多数企业的产品一改过去的单调色彩,采用多种色调搭配,给人一种时代气息感。在驾驶室内装饰上开始采用整体铸塑仪表盘,给人以美观、舒适感。另外还推出各种变型产品,丰富产品系列,如湿地推土机、高原型推土机、环卫型推土机、森林伐木型推土机、推耙机、吊管机等,拓宽了推土机的使用范围。

图1.1-3 山推SD42-3履带式推土机　　　　图1.1-4 宣化工程机械股份有限公司的SD7高架驱动链轮履带式推土机

以往对推土机编号,都是以T或TY字母开头,取推土机拼音的第一个字母,Y表示液力传动。现在山推和彭浦机器厂都采用自己定义的编号规则,山推按照山东的拼音字母,其系列产品为SD08~SD32,彭浦机器厂的系列产品为PD110~PD410。

但总体来看,国内履带式推土机发展与发达国家相比,仍存在较大差距,主要表现在:

(1)产品品种不全,缺少大型和小型的产品,特别是重点工程需要的大型推土机,国内仍然不能提供,必须依赖进口;

(2)自主开发能力弱,有的产品结构几十年不变,性能落后,产品质量差,具体表现在耐久性及可靠性与国外先进水平相比差距较大,平均无故障时间及第一个大修期仅为国外先进设备的一半;

(3)科技投入明显不足,对国外的技术仅停留在消化、吸收和提高国产化率的低层次上,没有上升到形成产品开发能力和技术创新能力的高度,引进的新技术又出现新的差距;

(4)产品在电子控制、自动监测和故障诊断、机电液一体化和智能化等方面还不能满足市场的需要。

1.1.1.3 发展趋势

推土机是工程机械中最基本、用途最广泛的一个机种,目前推土机的发展大致有以下几方面。

1)大型、专用、一机多用的推土机

大型推土机适应大规模施工作业的需要,生产率高,施工速度快,操纵人员少。虽然一开始的投资较高,但总的经济性能良好。国外目前最大型的推土机为D575A-3SO履带式推土机,其功率为858kW。国内推土机生产也正向大型化方向发展,目前已研制成392kW(320马力)的推土机。

专用推土机是为适合某种专用工程需要而专门设计的特种推土机。例如有适应沼泽地作业的三角形履带板的湿地推土机,其接地比压国外有的不超过0.01MPa,我国的TS120湿地推土机,其接地比压为0.028MPa。为适应浅水及深水作业需要,国外有水陆两用的两栖式推土机,以及深达60m的水下推土机。

推土机的一机多用是提高作业性能和经济性能的良好途径。国外有的推土机在更换不同工作装置后可以达到10余种用途,例如在固定式铲刀上附加各种装置(图1.1-5),以扩大使用范围。国内的推土机生产也注重了一机多用,目前有松土推土机、推土铲运机、推土装载机等。

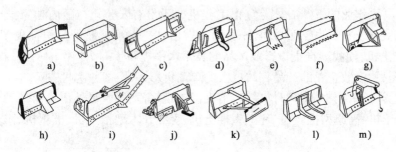

图1.1-5 固定式铲刀上的附加装置

a)倾斜加宽板;b)侧边集土板;c)延伸推土板;d)前后松土齿;e)破沥青路面镐;f)破冻土齿;g)除荆器;h)开沟器;i)斜坡括平器;j)前后滑板;k)助推板;l)载重叉;m)起重钩

2)液压化

推土机工作装置的操纵几乎全部采用液压操纵方式。此外,主离合器、变速器、转向离合器、转向制动器等操纵系统,也从传统的机械杠杆式发展为液压操纵式。

传动系统中,液力机械传动推土机特别适宜在恶劣工作条件下作业,因此得到了广泛的发展。随着液压技术的提高,全液压推土机必将得到不断改善和发展。

3)轮胎式推土机

由于轮胎式推土机具有行走速度快、机动灵活、生产率高、耗用金属量少、不损坏路面等优点,近年来得到了迅速的发展。美国的轮胎式推土机已占推土机生产总数的1/3。中国也已生产了TL160轮胎式推土机。

虽然轮胎式推土机优点很多,但它对施工条件和作业场地的要求较高,因此目前推土机仍以履带式为主。

为了提高轮胎式推土机牵引性和通过性,往往采用全轮驱动,液力机械传动,以及铰接机架。轮胎方面主要向宽基、调压、充填料、无内胎等方面发展。为了提高轮胎寿命,国外已采用轮胎保护链环或在椭圆形轮胎上装置垫式履带。这样不仅保护了轮胎,而且提高了推土机的牵引能力,使其能适应较恶劣条件下作业。

4)新技术、新结构

(1)行走机构

卡特彼勒公司全面推出高架驱动链轮的三角形履带行走系统,如图1.1-6所示,可使驱动链轮和终传动主要传递转矩,不承受行走和作业时所产生的外部冲击和振动荷载,也减轻了泥沙对链轮的磨损和侵蚀作用,延长了使用寿命、降低维修费用。另一优点是履带架和履带接地部分相对于机体的位置布置自由度较大,后部接地位置不受链轮位置的影响,设计推土机时可按需要进行调整。这使得整机重心在履带接地长度上的位置更合理。国内宣化工程机械股份有限公司生产的SD7和SD8推土机亦属于此种结构。

图1.1-6 高架驱动链轮行走机构

大型推土机行走系统采用弹性悬架,适宜于高低不平地面的作业。卡特彼勒公司和小松公司都有自己独特的弹性悬架机构,见图1.1-7。弹性悬架支重轮通过摆动架和橡胶弹簧与台车架相连,驱动链轮的轮缘与轮毂之间设有橡胶垫,因此在不平路面行走时,支重轮可以上下摆动,橡胶弹簧和橡胶垫的缓冲作用大大地减少了冲击荷载,提高了牵引附着性能和乘坐舒适性。

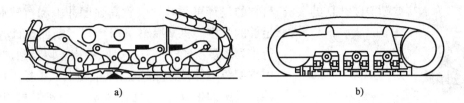

图 1.1-7 支重轮弹性悬架
a)卡特彼勒结构;b)小松结构

(2)主要部件模块化

推土机的功率越来越大,零部件尺寸也在增大,对制造、安装要求越来越高。对于经常在偏远地区进行土方施工的推土机来说,由于施工现场的维修设施比较差,修理困难。为此将机器主要部件采取模块化设计,使它们尽量成为一个整体(即模块),这个模块独立安装调试,而且可以方便地安装在主机上。图 1.1-8 和图 1.1-9 分别为卡特彼勒和小松的模块化推土机。静液压传动推土机的模块化参见图 1.1-10,发动机与液压泵做成一个模块,液压马达和终传动、停车制动器及驱动链轮做成一个模块,结构更加简单。

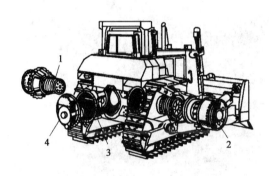

图 1.1-8 卡特彼勒模块化推土机的模块结构
1-转向制动器;2-终传动;3-圆锥齿轮;4-变速器

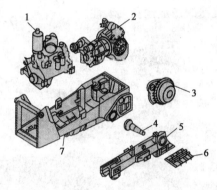

图 1.1-9 小松模块化推土机的模块结构
1-发动机;2-变矩器变速器;3-终传动;4-枢轴;5-台车架;
6-履带板;7-主机架

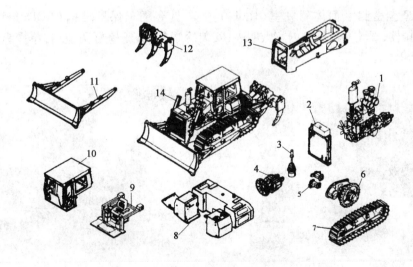

图 1.1-10 履带式静液压传动推土机的总体结构拆装图
1-柴油机;2-散热器;3-操纵手柄;4-分动箱和液压泵;5-驱动马达;6-终传动和驱动链;7-行走系统;8-油箱;9-坐椅和控制台;10-驾驶室和仪表盘;11-推土铲;12-松土器;13-机架;14-工作液压系统

(3) 主机架

图1.1-11为卡特彼勒D11RCD的主机架,它的设计可很好地吸收高强度冲击和扭转荷载,保证有足够的强度。机架纵梁采用全箱形断面设计,确保纵梁平行排列。后桥箱、平衡梁鞍座、前横梁以及附加连杆耳轴采用重型铸钢件,增加强度。纵梁的上下护板采用连续滚压,不经过机加工或焊接,保证主机架的超强耐用性。终传动提升后的后桥箱可免受冲击、磨损及污染。单根直通枢轴和销连接平衡梁保证台车架直线排列。后桥箱整体铸造,其上安装松土器和翻车保护结构(ROPS)架。新型超强铸造平衡梁鞍座带有加强肋,增加抗疲劳寿命。整体铸造前横梁上安装散热器、发动机和横拉杆,减少在主机架前部的焊接量。

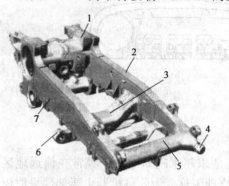

图1.1-11 主机架

1-后桥箱;2-纵梁上护板;3-平衡梁鞍座;4-横拉杆耳轴;5-前横梁;6-平衡梁;7-纵梁

横拉杆(图1.1-12)使推土铲上的侧向力直接传递给机体,由于取消了工作装置上的斜撑,使推土铲和机器靠得更近,增加了刀板的下压力和提升力,使推土和负载控制更加精确,同时改善了视野,并使重心后移,提高了机器的稳定性和机动性。

图1.1-12 横拉杆

(4) 新型驾驶室

驾驶室为新型全密封六面体驾驶室(图1.1-13),具有翻车保护结构(ROPS)和落物保护结构(FOPS),安装减振器,驾驶室后桥箱内宽敞明亮,安装冷暖空调,座椅可调,左右单操纵手柄,驾驶员耳边噪声可低到70dB。

图1.1-13 驾驶室

5) 履带推土机智能化

现代科学技术的发展,极大地推动了不同学科的相互交叉与渗透,导致了几乎所有工程领域的技术革命与改造,纵向分化、横向综合已成为当代科学技术发展的重要特点。在机械工程领域,由于微电子技术的飞速发展及其向机械工业的渗透所形成的机电一体化,使机械工业的技术结构、产品结构、功能与构成、生产方式及管理体系均发生了巨大的变化,使工业生产由"机械电气化"迈入了以"机电一体化"为特征的发展阶段。在工程机械领域内,电液控制技术兼备了电子和液压技术的双重优势,形成了具有强大竞争力的自身技术特点,为各种工程机械自动控制提供了一种新手段。机电液一体化技术的发展使传统的液压系统和元件发生了实质性的变化,是工程机械发展的一种必然趋势。

所谓的智能化就是在工程机械机电液一体化的基础上,与微电脑控制结合起来,通过安装各种传感器来获取工作环境的信息,使其具有自我感知、自主决策、自动控制的功能。智能化工程机械是智能机器人的一类。

目前,针对工程机械所推出的智能化控制技术体现在两个方面:一是以简化驾驶员操作,提高车辆的动力性、经济性、作业效率及节省能源等为目的的机械、电子、液压融合技术;二是以提高作业质量为目的的机电液一体化控制技术。

(1)GPS 全球定位系统

GPS(Global Positioning System)卫星全球定位系统是由美国开发的通过卫星向全球用户提供连续实时三维位置(经度、纬度、高度)、三维速度和时间信息的全球定位系统。GPS 包括:空间部分——GPS卫星星座;地面控制部分——地面监控系统;用户设备部分——GPS 信号接收机,是用户设备的核心。近几年,GPS 在推土机上的应用越来越广泛,主要用来确定和控制作业时工程机械的位置和移动路径,即导航;确定和控制作业装置的位置和姿态,即自动找平控制。

在 GPS 定位和导向的指引下,在施工成型要求、确定和控制机械运动的方向和移动距离以及确定和控制作业装置的动作和运动轨迹时,可以不用人工操纵或简化人工操纵,实现推土机的自动化和无人驾驶。如图 1.1-14 所示三维 GPS 推土机控制系统,基本组成有笔记本电脑、驾驶室内控制微机和显示屏幕、固定 GPS 基准站和移动 GPS 接收机。笔记本电脑将设计数据传输给控制微机,控制微机将 GPS 测量数据进行坐标变换,在显示屏幕上显示推土机刀板位置和设计数据,同时微机发出控制信号(高度和倾角)。利用 GPS 接收器确定推土机当前位置和推土铲高程,并与预先输入在控制微机里的数字地形模型进行比较。彩色显示屏真实直观地把刀板位置和路的横截面图显示出来。GPS3D 使用于推土机进行土地粗平,其高程控制精度为 2~3cm,克服了激光、木桩、线绳等限制,可减少测量和工程造价,广泛用于公路、铁路、堤坝等大型土方工程建设,该系统尤其适用于立体交叉高速公路的复杂曲面形状路面的推土施工。

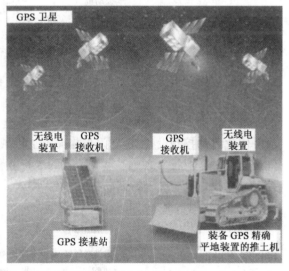

图 1.1-14 GPS 全球定位系统在推土机上的应用

GPS 系统还可以给销售商、银行和用户提供安全销售、安全贷款和安全使用的保障,安装了 GPS 系统的推土机不论在全球的任何位置都可以被侦测到,并且可以发出指令使其停止工作,迫使用户及时还款,也可以使用户防盗。

目前,卡特彼勒、天宝(Trimble)、莱卡(Leica)、拓普康(TOPCON)和 MOBA 公司均开发了基于 GPS 的推土机定位系统,大大提高了推土机的作业生产率。

(2)动力传动系统控制

动力传动系统控制包括发动机控制、换挡操纵控制、转向控制,可根据推土机行驶速度与负载状态自动换挡,并使发动机转速与运行工况相匹配,达到节能目的。

图 1.1-15 为小松推土机的控制系统。在该机器内部有 3 个电子控制器,分别对发动机、变速器和

转向制动系统进行控制。在控制器内记录着大量的操作数据,利用传感器随时检测推土机在工作中的各种状态。控制器精确地计算出变矩器、变速器、转向离合器和制动器的最佳工作状态,必要时可以自动地变换挡位。这些都使机器操作方便,生产率大大提高。对一般推土机来说,使用转向离合器是很难实现平稳转向的,小松推土机的转向控制器能根据负荷状态自动地控制转向离合器和制动器之间的比例关系,实现平稳转向。利用这种控制器也可以实现机器下坡行驶时不需要转向反向操作。在换挡过程中,变速器控制器自动地控制换挡离合器,以保证换挡过程平稳,提高机器部件的可靠性和寿命。发动机的油门是通过旋钮用电子信号控制的,这样可以减少由于联动机构带来的问题。

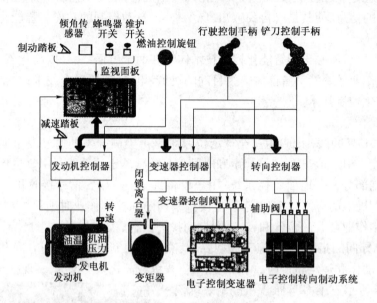

图 1.1-15　小松推土机动力传动控制系统

(3)推土作业自动找平

目前应用在推土机上的自动找平控制方式有两种:GPS 三维高程控制和激光控制。GPS 三维高程控制已经在前面讲过。

激光控制机械自动找平系统(图 1.1-16)是一种专门用于对施工作业面进行高精度平整的光机电液一体化自动控制设备,是专门与相关施工机械配套并提高其自动化水平的重要手段,是当今世界上最先进的整平作业技术之一。世界著名的卡特彼勒公司和小松公司在其中小马力推土机上都应用了激光控制自动找平系统。卡特彼勒将其命名为"Accu Grade"(精确找平),包括"GPS Grade Control System"(GPS 找平控制系统)和"Laser Grade Control System"(激光找平控制系统),其中激光找平控制系统在 D5G 以下推土机上已经作为标准配置。

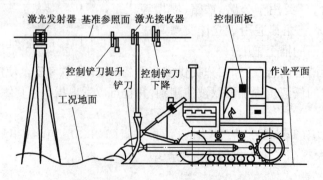

图 1.1-16　推土机激光控制机械自动找平系统

推土机安装激光控制机械自动找平系统主要是将激光信号转化为电信号,根据电信号的变化控制电磁比例液压换向阀,最终控制铲刀提升液压缸实现平整作业。系统包括:激光发射器、激光接收器、驾驶室内控制器。

(4) 计算机控制状态监测和故障诊断

卡特彼勒推土机上的微机监控系统具有能同时监控发动机燃油液面高度、冷却水温、变矩器油温和液压油温等多种功能。该监控系统还具有故障诊断能力,并可向驾驶员提供三级报警。

卡特彼勒开发的电子技师故障诊断系统为设备的维修保养提供了可靠的技术手段,机载式诊断功能将停机时间减少到最少,最大限度提升机器性能。机载计算机可根据各种传感器的检测信号,结合专家知识库对机器的运行状态进行评估,预测可能出现的故障,在出现故障时发出故障信息或指导驾驶员查找和排除故障。

卡特彼勒已将状态监测和故障诊断系统命名为关键信息管理系统(Vital Information Management System,VIMS)。

(5) 网络化与机群控制

通过 GPS 和无线电通信技术 CDMA、GPRS、GSM 等使机载电子控制系统与地面机站实现网络化,并通过基站控制,使工程机械机群作业统一管理。

6) 新材料、新工艺

履带推土机的材料按质量计算约 98% 是钢铁,因此研究冶炼新品种钢材和改进热处理工艺,对于提高零部件的寿命和降低成本有很重要的意义。目前推土机选材的明显趋势是:除了一些重要的零部件采用高强度合金钢外,其他零部件从昂贵的合金钢转移到廉价的合金元素含量极少的合金钢及普通碳钢。例如从镍铬钼钢或铬钼钢转移到低锰钢、硼钢或碳钢。选材的这种变化,主要是由于热处理技术的发展,疲劳及脆性断裂等基础理论在材料技术上应用,以及材料制造、加工工艺、质量管理等方面的改进。它用廉价金属材料经过新的热处理方法,使其达到或超过昂贵合金材料的物理力学性能。例如柴油机的曲轴,以前大多用铬钼钢,现在大部分是含碳量 0.40% ~0.53% 的碳钢进行高频淬火。

推土机的行走机构及工作装置的工作条件十分恶劣,其零部件要求耐磨性和冲击韧性较高、疲劳强度和低温韧性良好的钢,就其材质而言,大多是淬火、低温回火的中碳马氏体钢。

推土机的刀片,以前是采用锰钢进行火焰淬火或高频表面淬火,使其具有表面硬、芯部软的性能。但是这样还往往因强度不足易产生裂纹。现在采用淬透性好的低合金钢或硼钢,进行水淬,使芯部为全淬透的马氏体组织,这样使得刀片强度提高 65%,并且耐磨性大大提高。

推土机齿轮的热处理,几乎都是渗碳或感应淬火,只有一部分承载较小的齿轮为调质处理。

对于承载较大的轴类,大多已采用碳钢、低锰钢和硼钢进行快速水淬,使其产生较大的表面残余压应力。它和油淬的合金钢轴相比,硬度提高,疲劳强度显著增加。

在挡油环材料上,已由合金铸铁改为锰青铜合金,寿命可达 8 000h。

粉末冶金技术得到了广泛应用。目前利用粉末冶金在湿式离合器摩擦片上烧结成衬垫,在履带支重轮滑轮轴承上作为双金属衬瓦。但最近为了保养方便,对无脂润滑的轴承材料研究和使用予以特别重视。例如已有用聚四氟乙烯复合材料作为高载荷轴承。

目前对塑料及其他非金属材料的应用也日益增多,并取得良好效果。例如尼龙轴承、塑料密封垫等。

推土机的零部件多采用焊接件,这是因为焊接件有许多优点,如设计的自由性、材料的可靠性、质量减轻、装卸容易等。目前焊接设备及工艺得到不断发展,例如国外已采用高效率的二氧化碳气体保护自动电弧焊、熔嘴电渣焊、摩擦焊等新工艺,以提高焊缝质量,改善焊接工作环境,降低材料费用,提高焊接效率。

1.1.2 分类、特点和适用范围

推土机可按用途、施工现场、发动机功率、行走装置及传动方式等方面分类。

1.1.2.1 按用途和施工现场分

(1) 标准型:这种机型一般按标准进行生产,应用范围较广。

(2)湿地型:这种推土机机身较宽,采用三角形宽履带板,接地长度加长,因而接地比压小,且底盘部分具有良好的防水密封性能,主要用于浅水、沼泽地带作业,也能在陆地使用。参见图1.1-17。

(3)高原型:适合在高海拔3 000～5 000m地区作业,要能够适应高寒、低压、缺氧、紫外线辐射高等恶劣条件。参见图1.1-18。

图1.1-17　湿地型履带推土机

图1.1-18　高原型履带推土机

(4)环卫型:用于垃圾场填埋、平整、压实,专门配置的环卫型铲刀上增加护栏,以增大铲刀容量和防止木桩等顶坏护板和水箱,履带行走系统采用中低比压,配备护板或履带防缠绕装置,发动机两侧安装防护板,驾驶室严格密封,降低噪声和灰尘进入。参见图1.1-19。

(5)森林伐木型:为防止树木放倒时伤及驾驶员,特殊配置网架式驾驶室。

(6)电厂(推煤)型:主要用于火力发电厂推煤,配装大容量U形推煤铲。参见图1.1-20。

图1.1-19　环卫型履带推土机

图1.1-20　电厂型履带推土机

(7)推耙机:既可以前进推土,又可以在倒退时向后耙土,整机工作效率高,操纵灵活方便,可广泛用于港口散装货物的清仓和平仓作业,也可用于电厂或码头松散物料的推耙作业。参见图1.1-21。

(8)吊管机:是推土机的变型产品,工作装置为安装于底盘侧面的吊杆、卷扬机构和配重,为增加稳定性,履带加长加宽,可用于各种管材敷设。参见图1.1-22。

图1.1-21　推耙机

图1.1-22　吊管机

1.1.2.2 按发动机功率分

(1)超轻型:功率小于30kW,生产率低,适用在极小的作业场地。
(2)轻型:功率在30～75kW之间,用于零星土方作业。
(3)中型:功率在75～225kW之间,用于一般土方作业。
(4)大型:功率在225～745kW之间,生产率高,适用于坚硬土质或深度冻土的大型土方工程。
(5)特大型:功率在745kW以上,用于大型露天矿山或大型水电工程。

1.1.2.3 按行走装置分

(1)履带式:履带式推土机附着力大,能达到轮胎式的1.5倍;通过性好,接地比压小,适宜在松软、湿地作业;能在恶劣工作条件下作业,例如可在碎石地、不平地作业,履带比轮胎磨损慢;爬坡能力强,宜在山区作业;但行驶速度低,适用于条件较差的地带作业。

(2)轮胎式:轮胎式推土机特点是行走速度快,运距长(一般为履带式的2倍),所以作业循环时间短,生产率一般比履带式的要高1.5～2倍;机动性强,便于调动,而且不损坏路面;行走装置轻巧,并且由于摩擦件少,在一般作业条件下使用寿命比履带式长;但牵引力小,通过性差,适用于经常变换工地和良好土质作业。

1.1.2.4 按传动方式分

(1)机械传动:机械传动比较可靠,传动效率高,结构简单,维修方便;但操作不方便,不能适应外阻力变化,作业效率低,牵引性能不如其他传动方式。

(2)液力机械传动:这种传动方式能随推土阻力变化自动调整牵引力和速度,大大提高推土机的牵引性能,从而提高其生产效率,操纵方便,并且能防止发动机过载;但是制造成本高,维修困难。

(3)静液压传动:由液压马达驱动行走机构,牵引力和速度无级调整,能充分利用功率,提高了牵引性能。由于取消了主离合器、变速器、后桥等传动部件,所以整机质量减轻,结构紧凑,并且大大方便了推土机的总体布置。这种传动方式还能原地转向,转向性能好。目前,静液压传动尚存在以下问题:受液压元件限制,大功率推土机上无法应用,传动效率不高,价格较贵等。

(4)电传动:由柴油机带动发电机——电动机,进而驱动行走装置。对外界阻力有良好的适应性,牵引力和行驶速度可无级调整。这种传动方式结构紧凑,总体布置方便,也能原地转向;但由于质量大、结构复杂、成本高,目前只在大功率推土机上使用,而且以轮胎式为主。一般当功率在450kW以上时,采用电传动较经济。

1.1.3 工作原理及主要结构

1.1.3.1 工作原理

推土机是以动力装置作为动力源,由履带或轮胎行走机构与地面的相互作用而产生驱动力,通过铲刀来完成推土作业的。以常用的履带式推土机为例,其工作过程是,发动机的动力经变矩器传给变速器,再由变速器传至中央传动,通过中央传动的一对锥形齿轮把沿推土机机体纵向传来的动力改变为横向传动的动力,分别传给左、右转向离合器,经过两边的最终传动减速增扭传给两边的驱动链轮,驱动履带行走而产生推力,由履带台车架将推力传给装在其上部的推土铲刀进行切入和推运土石方的作业。铲刀切入土中的动作是靠交接于机头和推土铲之间的液压油缸施力来实现的。

1.1.3.2 主要结构

1)总体结构

(1)履带式推土机结构

履带式推土机结构由动力装置、车架、传动系统、转向系统、行走机构、制动系统、液压系统和工作装置所组成。它是在专用底盘或工业履带拖拉机的前、后方加装由液压操纵的推土铲刀和松土器所构成的一种工程机械。图 1.1-23 为履带式推土机结构简图。

履带式推土机的动力多为柴油发动机；传动系统多用机械传动或液力机械传动（超大型机器也有采用电传动的），有些机型已开始采用全液压传动；工作装置多为液压操纵。

（2）轮胎式推土机结构

图 1.1-24 是轮胎式推土机结构简图。它是在整体车架或铰接车架的专用轮胎式底盘的前方加装由液压操纵的推土工作装置所构成的一种土方工程机械。

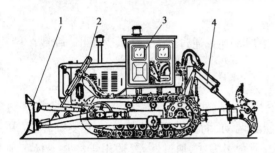
图 1.1-23　履带式推土机
1-推土铲刀；2-液压系统；3-工业履带拖拉机；4-液压松土器

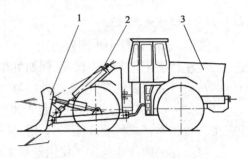
图 1.1-24　轮胎式推土机
1-推土铲刀；2-液压系统；3-铰接式轮胎底盘

轮胎式推土机的动力为柴油发动机；传动系采用液力变矩器、动力换挡变速器所构成的液力机械传动；铰接式车体转向；双桥驱动；宽基低压轮胎；工作装置为直铲式推土铲刀；液压操纵。

2）传动系统

图 1.1-25 为履带式推土机传动系统简图，图 1.1-26 为轮胎式推土机传动系统简图。下面重点介绍履带式推土机的传动系统。

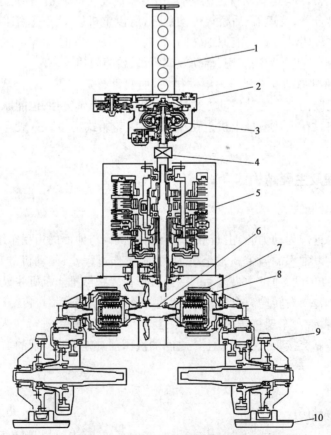
图 1.1-25　履带式推土机传动系统简图
1-发动机；2-分动箱；3-液力变矩器；4-万向联轴器；5-变速器；6-中央传动；7-转向制动器；8-转向离合器；9-终传动；10-行走系统

履带式推土机传动系统主要由液力变矩器、变速器、中央传动、转向离合器、转向制动器、终传动等组成。

(1) 液力变矩器

液力变矩器与发动机连接在一起,它能使发动机的功率得到较合理地利用;能适应外阻力的变化,自动调节所需要的转矩。液力变矩器最大可增加转矩 3.8 倍,当外阻力突然增加时,发动机不会熄火,机件和发动机可受到保护,避免冲击损坏。图 1.1-27 所示为履带式推土机常用的三元件一级一相液力变矩器。

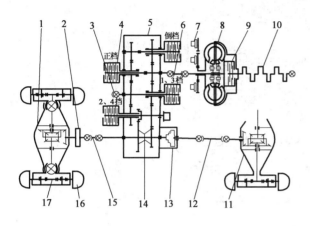

图 1.1-26 轮胎式推土机传动系统简图
1-前驱动桥;2-驻车制动;3-绞盘传动轴;4-变速离合器;5-变速器;6-传动轴;7-油泵;8-变矩器;9-缩紧离合器;10-发动机;11-后驱动桥;12-传动轴;13-后桥脱开机构;14-高低挡机构;15-传动轴;16-车轮;17-轮边减速器

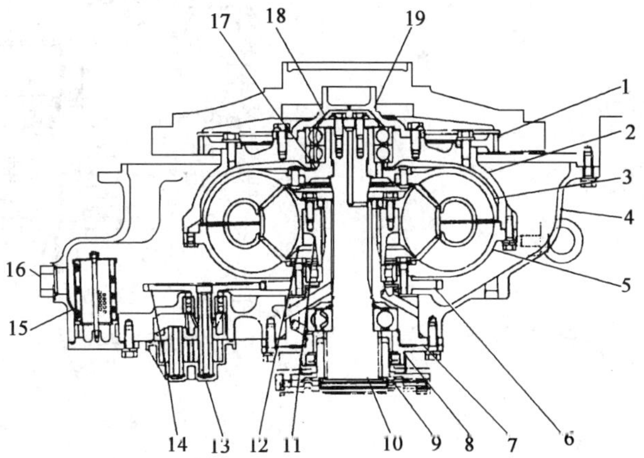

图 1.1-27 液力变矩器
1-驱动齿轮;2-驱动壳;3-涡轮;4-变矩器壳;5-泵轮;6-驱动齿轮;7-导轮轴;8-盖;9-联轴节;10-涡轮输出轴;11-导轮轴毂;12-导轮;13-油泵壳;14-驱动齿轮;15-粗滤器;16-排泄口;17-涡轮毂;18-压板;19-导向器

(2) 万向节

万向节的作用是完成液力变矩器与变速器之间的动力传递。当涡轮输出轴与变速器主轴中心线的同轴度误差在允许的范围内时,万向节可以平稳地传递动力。万向节的结构如图 1.1-28 所示。

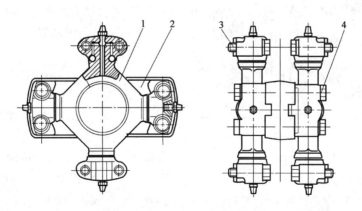

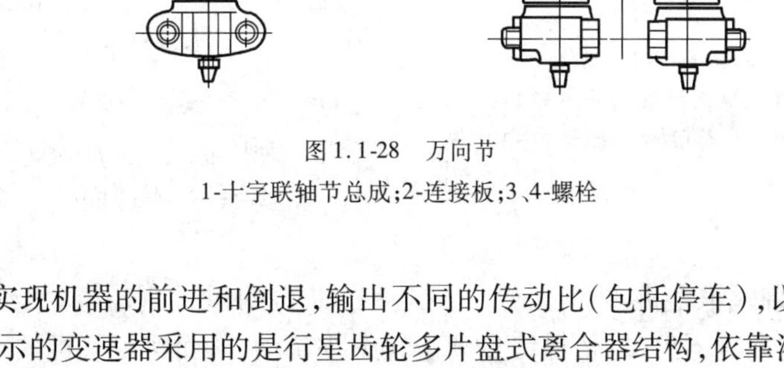

图 1.1-28 万向节
1-十字联轴节总成;2-连接板;3、4-螺栓

(3) 变速器

变速器的作用是实现机器的前进和倒退,输出不同的传动比(包括停车),以得到不同的行驶方向和速度。图 1.1-29 所示的变速器采用的是行星齿轮多片盘式离合器结构,依靠液压力,由控制阀操作,

可以获得前进三挡和后退三挡速度。

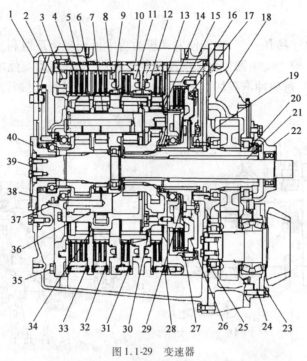

图 1.1-29 变速器

1-变速器外壳；2-第一离合器油缸体；3-第一离合器活塞；4-制动器主动片；5-摩擦片；6-板；7-第一、二、三排行星轮轴；8-第二离合器活塞；9-第二离合器油缸体；10-第三、四离合器油缸体；11-第三离合器活塞；12-第四离合器活塞；13-板；14-第四排行星轮轴；15-第五离合器外毂；16-第五离合器油缸体；17-单向阀钢球；18-后箱体；19-壳体；20-输出套轴；21-输入轴；22-轴承架；23-盖；24-轴承盖；25-轴承挡板；26-第五离合器活塞；27-第五离合器内毂；28-第四行星排弹簧；29-蝶形弹簧；30-第四排行星架；31-第三排弹簧；32-第二行星排弹簧；33-第一行星排弹簧；34-第一、二、三排行星架；35-螺栓；36-第二排行星轮轴；37-轴承座；38-轴承盖；39-轴端挡板；40-联轴节

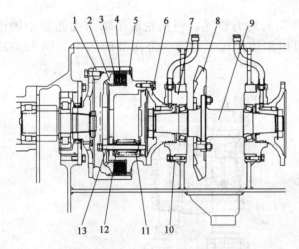

图 1.1-30 中央传动及转向离合器

1-外鼓；2-压盘；3-外摩擦片；4-内摩擦片；5-内鼓；6-轮毂；7-轴承座；8-大锥齿轮；9-横轴；10-调整垫；11-大弹簧；12-小弹簧；13-螺栓

（4）中央传动

中央传动的主要作用是改变动力传递方向（变纵向为横向），一级减速，增大转矩。中央传动及转向离合器、转向制动器等都安装在后桥箱腔内，如图 1.1-30 所示。中央传动由大锥齿轮 8（与变速箱输出齿轮啮合）、横轴 9、轴承座 7、轴承等组成。

（5）转向离合器

转向离合器位于后桥箱的左、右腔内，每侧一套。其作用是接通或切断从中央传动传至终传动的动力，实现整机的前进、倒退、转弯及停车等各项动作。转向离合器结构形式如图 1.1-30 所示，主要由内鼓、外鼓、压盘、内摩擦片、外摩擦片、弹簧等构成。现代大、中型推土机多用湿式、多片、弹簧压紧、液压分离式结构、常啮合式的转向离合器。

（6）转向制动

器现代大、中型履带式推土机多用湿式、带式、液压助力的浮式制动器，其结构如图 1.1-31 所示。其作用是通过抱紧转向离合器外鼓，使最终传动齿轮中止转动，从而实现整机的转弯或停车。助力滑阀

5在转向制动器上的应用,可以大大减轻驾驶员的制动操作力。其作用原理如图1.1-32所示,图中零件序号与图1.1-31中序号相对应。

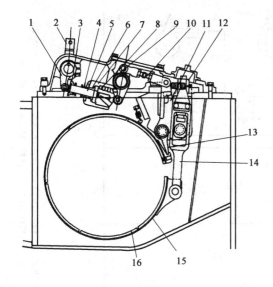

图1.1-31 转向制动器图

1、2、9-摇臂;3-弹簧座;4-弹簧;5-滑阀;6-衬套;7-阀体;8-活塞;10-双头螺栓;11-杠杆;12-调整螺栓;13-尾端;14-杆;15-制动带;16-制动衬带

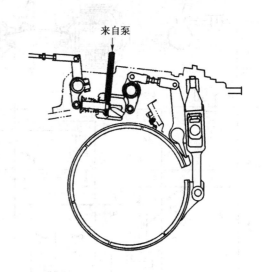

图1.1-32 助力阀作用原理

（7）最终传动

履带式推土机的最终传动多用二级直齿轮减速结构,最终传动外壳体安装于中央传动箱体的两侧。其结构形式如图1.1-33所示。最终传动的作用是通过二级减速增大输出扭矩,同时,通过齿轮8将动力传递给行走机构。最终传动的动力是通过支承在半轴19上的轮毂7传递给履带驱动齿轮8驱动行走机构运动的。

（8）传动系统的液压系统

在现代大、中型履带式推土机的传动系统中,液力变矩器的供油及行星传动变速器、转向离合器、转向制动器的操纵均依靠液压系统来实现。图1.1-34为变速转向液压系统原理图,图1.1-35为变速回路液压系统原理图,图1.1-36为转向制动回路液压系统原理图。

3）行走系统

履带式推土机的行走系统主要由台车架、驱动轮、引导轮、支重轮、托轮、履带及履带张紧装置和平衡梁等组成。其结构简图如图1.1-37所示。

履带行走系统的作用是:利用由中央传动传到驱动链轮上的动力驱动链轨绕着装在台车架上的引导轮、支重轮和托轮进行运动,通过安装在链轨上的履带板表面的履刺嵌入地面,与地面相互作用,产生地面对履带的推力(即牵引力),使推土机前进或倒退。履带行走系统也是整机重力在地面上的支承装置。

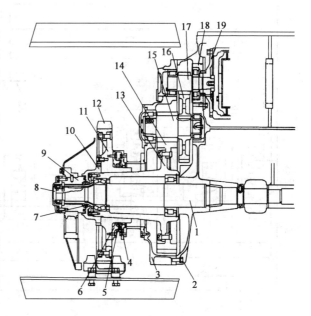

图1.1-33 最终传动

1-半轴;2-护板;3-外壳体;4-油封护盖;5-浮动油封;6-油封护盖;7-浮动油封;8-盖;9-支承;10-驱动轮螺母;11-链轮毂;12-驱动轮齿;13-轮毂;14-二级被动齿轮;15-二级主动齿轮;16-一级被动齿轮;17-一级主动齿轮;18-轴承座;19-驱动盘

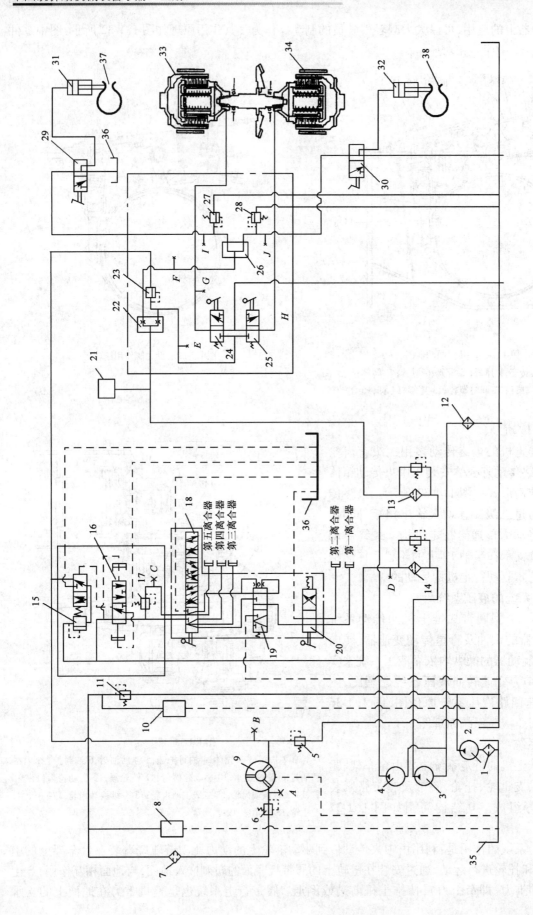

图1.1-34 变速转向液压系统原理图

1、12-粗滤器；2、3、4-油泵；5、6、27、28-溢流阀；7、13、14-精滤器；8、10-冷却器；9-液力变矩器；11-润滑阀；15-调压阀；16-快回阀；17-减压阀；18-速度阀；19-启动安全阀；20-方向阀；21-仪表盘；22-分流阀；23-顺序阀；24、25-转向阀；26-等量分配阀；29、30-制动阀；31、32-制动油缸；33、34-转向离合器；35、36-油箱；37、38-带式制动器

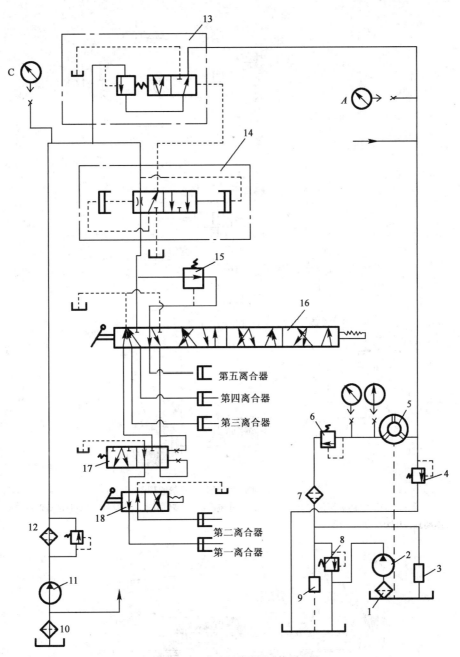

图 1.1-35 变速回路液压系统原理图

1、10-粗滤器;2、11-油泵;3、9-冷却器;4、6-溢流阀;5-液力变矩器;7、12-精滤器;8-润滑阀;13-调压阀;14-快回阀;15-减压阀;16-速度阀;17-启动安全阀;18-方向阀

张紧装置是保证履带具有足够张紧度,减少履带在行走中的振跳及卷绕过程中的脱落,其结构如图1.1-38 所示。

4)工作装置及液压系统

(1)推土铲

推土铲包括铲刀(推土板)、顶推架和操纵油缸等。根据不同工作场合的作业要求,可将推土机分成不同的功率等级。中小型推土机,除了铲掘和推运不太硬的土质之外,还往往进行回填和向一侧排土,或者用铲刀之一角在地面开挖小沟,或者用来平整具有一定坡度的平面。总之,中小型推土机的作业种类多、应用范围广,因此,其铲刀要能够在水平面内回转、在垂直面内倾斜。而大型推土机的作业方式较少、应用范围较窄,要求它有强大的铲掘能力和推运能力。这样,装备固定式直铲就能满足使用要

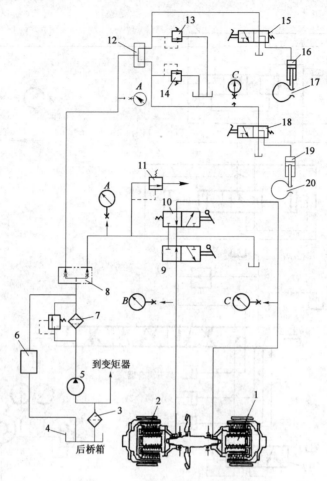

图 1.1-36 转向制动回路液压系统原理图

1、2-转向离合器；3-粗滤器；4-油箱；5-油泵；6-仪表盘；7-精滤器；8-分流阀；9、10-转向阀；11-顺序阀；12-等量分配阀；13、14-溢流阀；15、18-制动阀；16、19-制动缸；17、20-带式制动器

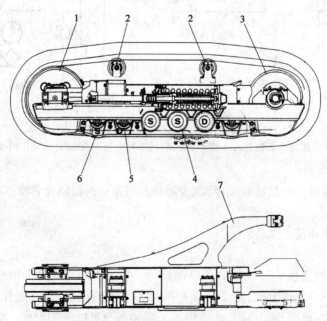

图 1.1-37 履带行走系统

1-引导轮；2-托轮；3-链轮；4、5-支重轮；6-护板；7-台车架

求,推土铲能在垂直面内倾斜,以便利用铲尖作业或适应斜坡作业。

推土铲安装在推土机的前端,当推土机处于运输工况时,推土铲被液压油缸提起;推土机进入作业工况时液压油缸降下推土铲,将铲刀置于地面,向前可以推土,向后可以平地;推土机在较长时间内牵引作业时可将推土铲拆除。铲刀的几何形状及切削参数对于铲土阻力、铲刀聚土和铲土过程的能量消耗都有决定性影响。因此,铲刀的结构参数对其作业性能有至关重要的影响。另外,顶推梁和撑杆是为铲刀服务的,对它们的要求主要是在强度和刚度方面。

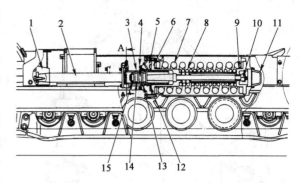

图 1.1-38 履带张紧装置
1-支座;2-轴;3-油缸;4-活塞;5-端盖;6-弹簧前座;7-大缓冲弹簧;8-小缓冲弹簧;9-弹簧后座;10-螺母;11-端盖;12-衬套;13-油封;14-耐磨环;15-油封

①固定式推土铲

固定式推土铲与推土机的纵向轴线固定为直角,称为固定式铲刀推土机,也称直铲式(straight blade)推土机。固定式推土铲的结构外形如图 1.1-39 所示。

当同时改变左右斜撑杆的长度(它通过螺杆或油缸调节,也有采用变更斜撑杆插销位置的),可调整铲刀刀片与地面的夹角。当顶推梁与履带台车架球铰连接时,相反调节左右斜撑杆长度,可改变铲刀垂直面内倾角。一般来说,从铲刀坚固性及经济性考虑,重载作业的推土机配用固定式铲刀。

②回转式推土铲

回转式推土铲能在水平面内回转一定的角度(在水平面内,推土铲与推土机纵向轴线水平方向的夹角称为回转角),称为回转式铲刀推土机,也称角铲式(angle blade)推土机。回转式铲刀一般还能调整切削角和倾斜角。回转式推土铲的结构外形如图 1.1-40 所示。回转式推土机作业范围较广,可以直线行驶,向一侧排土,适宜平地作业及横坡排土。

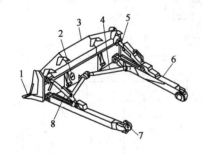

图 1.1-39 固定式推土铲图
1-刀片;2-切削刃;3-铲刀;4-中央拉杆;5-倾斜油缸;6-顶推梁;7-框销;8-拉杆(斜撑杆)

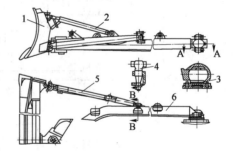

图 1.1-40 回转式推土铲
1-铲刀;2-斜撑杆;3-顶推门架支撑;4-推杆球销;5-推杆;6-顶推门架

(2)松土器

如图 1.1-41 所示松土器主要由支撑架、上拉杆、下拉杆、横梁、提升油缸及松土齿等组成,整个松土装置悬挂在推土机后桥箱体的支撑架上。

松土齿用销轴固定在松土齿架的齿套内,松土齿杆上设有多个销孔,改变齿杆的销孔固定位置,即可改变松土齿的工作长度,调节松土器的松土深度。松土器按齿数可分为单齿松土器和多齿松土器,多齿松土器通常装有 2~5 个松土齿。单齿松土器开挖力大,既可松散硬土、冻土层,也可开挖软岩、风化岩和有裂隙的岩层,还可拔除树根,为推土作业扫除障碍。多齿松土器主要用来预松薄层硬土和冻土层,用以提高推土机和铲运机的作业效率。

（3）工作装置液压系统原理

推土机前悬推土工作装置和后悬松土器的工作动作均由液压系统来控制，其液压系统原理图如图1.1-42所示。

工作装置液压系统能有效地控制铲刀的上升、下降、浮动和左右倾斜及松土器的上升、下降和保持各项动作的完成。

进口单向阀11、12可以克服各工作机构换向时可能产生的点头冲击，进口单向流量阀11可使倾斜油缸获得理想的运动速度。为避免松土作业时，由于负荷过大而引起系统压力过高，装置了过载阀2加以保护。工作中若负荷过大系统压力短时超过调定压力时，溢流阀17开启，工作油经溢流阀流回油箱，保护了系统。

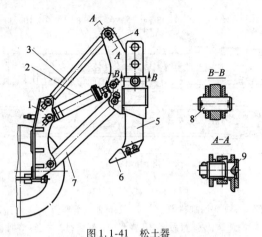

图1.1-41　松土器

1-支撑架；2-提升油缸；3-上拉杆；4-横梁；5-齿杆；6-齿尖镶块；7-下拉杆；8、9-销轴

5）电气系统

履带式推土机的电气系统主要用于启动柴油机和照明，它由启动电动机、硅整流发电机、磁力开关和蓄电池组成，如图1.1-43和图1.1-44所示。

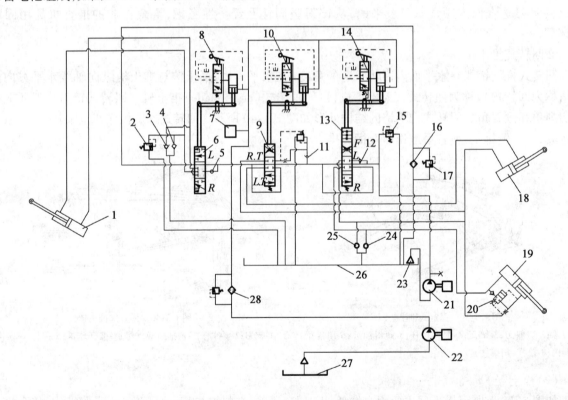

图1.1-42　工作装置液压系统原理图

1-松土油缸；2-过载阀；3、4、24、25-补油阀；5、11、12-进口单向阀；6、9、13-换向阀；7-转向制动阀；8、10、14-回转伺服阀；15、17-溢流阀；18-倾斜油缸；19-铲刀油缸；20-快降阀；21-工作装置泵；22-转向油泵；23-滤网；26-工作装置油箱；27-后桥箱；28-滤油器

L-下降；R-提升；F-浮动；L、T-左侧；R、T-右侧

系统中采用了较先进的磁力开关和电压继电器，对于启动电机和启动开关等元件具有良好的保护作用。采用硅整流发电机，配有集成电路调节器，要求蓄电池负极搭铁。当启动开关处于"断开"位置时，蓄电池继电器可自动切断电源，以防漏电。

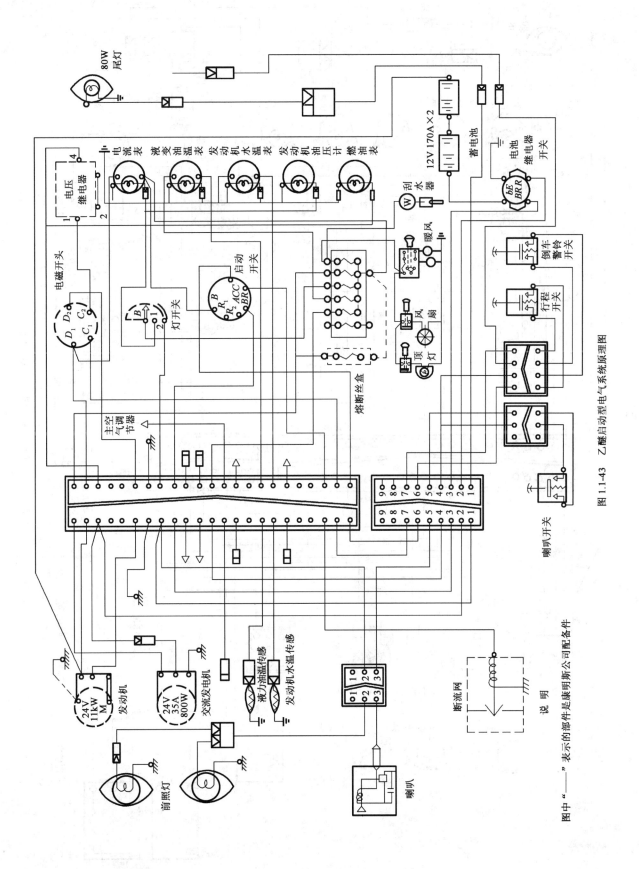

图1.1-43 乙醚启动型电气系统原理图

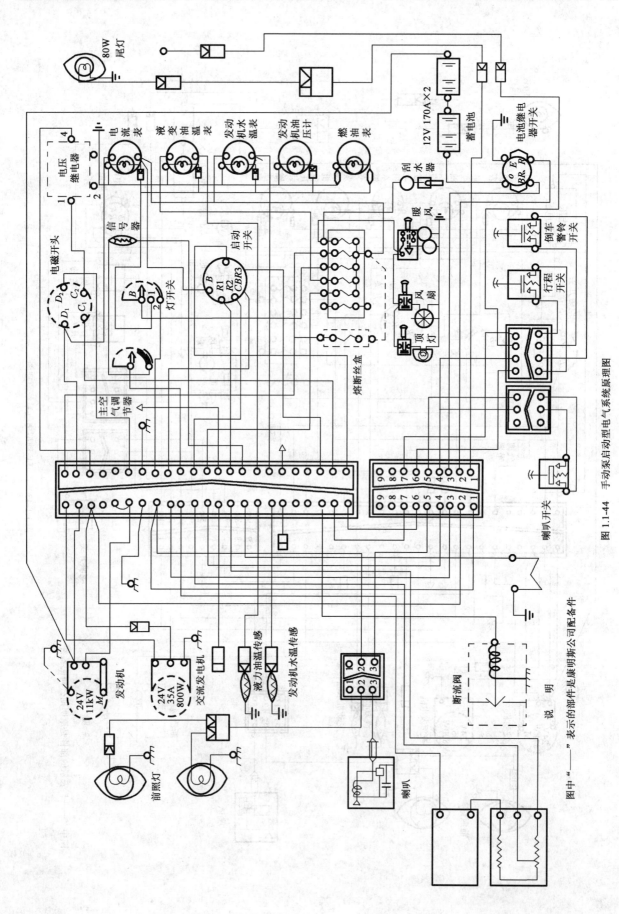

图 1.1-44　手动泵启动型电气系统原理图

1.1.4 选型原则与步骤、主要参数计算

1.1.4.1 选型原则与步骤

根据总体性能的要求,经过认真分析和反复比较后,在制造条件许可情况下,确定推土机的机型及各总成结构形式。

推土机铲刀的操纵方式,一般采用液压操纵。至于铲刀结构,中小型推土机较多采用固定式。大型推土机可按作业条件,选择回转式或固定式。大功率(200kW以上)推土机宜采用液压操纵能垂直倾斜的固定式铲刀。

推土机的传动方式,小型的考虑结构简单,故选用机械传动较多。中型以上推土机,为了提高推土机使用性能,故较多采用液力机械传动。

由于推土阻力的急剧变化及操纵频繁,因此主离合器的工况较恶劣。干式摩擦片的结构虽然简单,但易发热,从而降低衬垫的寿命。而采用湿式主离合器,散热性好、动载荷小、接合平稳、寿命长,因此被广泛使用。

推土机的变速器按换挡方式,主要采用两种结构形式的机械换挡变速器和动力换挡变速器。

机械换挡变速器结构简单,传动可靠,传动效率较高。但换挡时需切断动力,影响作业效率。目前这种变速器多数采用斜齿常啮合,利用滑动啮合套换挡。这种换挡方式与滑动直齿轮换挡相比,前者换挡平稳、冲击小、齿轮强度高、寿命长,另外传动噪声也小。为了改善散热条件,提高传动效率,齿轮和轴承一般采用强制润滑。

动力换挡变速器换挡时不必切断动力,换挡时间大大缩短,推土机作业效率较高。由于换挡平稳,冲击小,保护了传动系零部件及发动机。这种变速器结构紧凑,操作轻便。按齿轮传动形式,动力换挡变速器又可分为定轴式和行星式两种。定轴式结构较简单、维修方便、制造较易、成本较低,但体积较大。行星式动力换挡变速器,由于采用传动比较大的行星齿轮传动,结构紧凑、体积小、操纵轻便并易使操纵自动化,但制造工艺要求较高,维修不如定轴式方便。在制造条件许可情况下,行星式是发展方向。动力换挡变速器往往与液力变矩器配合使用,组成液力机械传动系统,可进一步改善推土机的动力性和牵引性。

在选择推土机后桥结构时,中央传动多采用螺旋圆锥齿轮。转向离合器由于工况较恶劣,采用湿式较好。目前湿式转向离合器有两种结构形式。一种是摩擦片压紧靠弹簧,分离靠液压。另一种是压紧和分离全靠液压。两者相比,后者体积小、摩擦片耐磨、寿命长,但油温升高较快,需另设冷却系统。转向制动器一般采用外带式结构,以转向离合器从动鼓作为制动鼓,结构简单紧凑。转向制动器也有采用湿式的。

转向操纵系统包括转向离合器操纵和转向制动器操纵。转向离合器操纵机构目前有机械式、液压助力式、液压式三种。机械式结构简单,多用在小型推土机上。由于机械式操纵力大,为了改善劳动条件,提高作业效率,目前大中型推土机广泛采用液压助力式或液压式操纵系统。转向制动器的操纵,一般仍采用简单的踏板杠杆机构。国外也有采用液压操纵的,这种操纵形式虽然操纵轻便,但结构较复杂。

推土机的最终传动,一般采用二级直齿轮减速或行星齿轮减速。这样可使最终传动速比较大,以减轻最终传动之前传动元件的负担。且齿轮最终传动结构简单,中小型推土机较多采用。行星齿轮最终传动,传动速比大、结构紧凑、体积小,但结构及调整均较复杂。

履带推土机悬架的选择,考虑到平稳推土的要求及悬架结构的特点,绝大多数采用半刚性悬架。有些高速行驶的履带推土机采用弹性悬架。轮胎式推土机一般采用弹性悬架。

推土机作业时,悬架弹性元件的振动,引起铲刀切削深度的变化,这对铲土面不平整度起着重要影响。为使推土平稳,从振动理论分析得出:半刚性悬架推土机的铲土面不平整度小于弹性悬架。这也是推土机广泛采用半刚性悬架的理由之一。

为了使驱动链轮均匀磨损,延长使用寿命,其齿数一般为奇数。驱动链轮的结构和最终传动的形式

有直接关系,从发展趋势来看,一般采用齿圈式或齿块式,以利拆装。引导轮采用箱式结构较多。支重轮的结构为适应推土机较大冲击力和轴向力要求,一般采用凸肩轴、浮动端面油封、双金属滑动轴套结构。推土机的履带一般采用组合式履带结构,使用标准节距的单筋高履刺的轧制履带板,其连接形式目前多采用直销轴连接。行走装置的张紧缓冲机构,一般采用调节方便、省力的油压调节式。

1.1.4.2 主要参数计算

推土机的总体参数包括重力、速度、牵引力等。初选时,一般按经验公式(所谓经验公式是在对各种类型、各种不同结构推土机进行大量的试验、分析、对比后,得知推土机的重力、功率、线性尺寸等,总体参数间保持一定的比值关系,由此统计得出的计算公式称为经验公式;所谓相似法则是主要参考现有较先进的机型,进行比拟增缩的设计方法)或相似法则来确定,然后通过总体计算来校核总体性能。如果计算结果不够理想,必须对某些参数进行适当的修改,以获得良好的总体性能。

1)推土机重力和接地比压

推土机重力对总体性能影响很大,它是衡量发动机功率利用的一个重要参数。

推土机的重力有使用重力 G_s 和结构重力 G_j。所谓使用重力是指推土机结构重力加上驾驶员重力及油、水、工具等使用时必须附加的重力。推土机使用重力也是主机使用重力 G_T 及工作装置重力 G_g 之和,即:

$$G_s = G_T + G_g \tag{1.1-1}$$

推土机结构重力的确定需考虑以下两方面因素:一方面,从减少钢铁消耗、减小接地比压,提高通过性、减小滚动阻力、提高牵引性能等来考虑,G_j 宜小些;另一方面,若为了增加附着牵引力、提高稳定性等,希望 G_j 大些,但 G_j 的加大,不仅滚动阻力增加,并且影响重力与功率的协调关系,因此一般不希望 G_j 过大。

推土机结构重力和发动机额定功率之间关系需协调,亦即两者匹配要合适。单位额定功率的推土机结构重力称为比重力,即 $\dfrac{G_j}{N_{eH}}$。比重力体现了重力与功率的匹配关系。履带推土机比重力一般在 1.15~1.50kN/kW(85~110kgf/hp),液力机械传动推土机的比重力宜取低值;机械传动的,一般取高值。轮胎推土机一般为 0.82~1.09kN/kW(60~80kgf/hp)。随着材质和工艺水平的提高,以及发动机功率储备的增加,比重力也有下降趋势。与比重力相对应的,单位结构重力的额定功率称为比功率,即 $\dfrac{N_{eH}}{G_j}$。相应的,比功率也有逐年增大趋势。

推土机的接地比压 q 是使用重力 G_s 与履带接地面积 F 之比,一般按下式计算:

$$q = \frac{G_s}{2 \times 10^3 Lb} \tag{1.1-2}$$

式中:G_s——推土机使用重力;
　　　L——履带接地长度;
　　　b——履带板宽度。

这种计算是推土机于静平衡时的平均接地比压。实际上接地比压是个瞬时变量,主要和地面状况、作业工况有关。

接地比压的分布情况直接影响到推土机的牵引性和稳定性。而接地比压的大小,则对推土机的通过性有很大影响。

从式(1.1-2)可见,接地比压的大小与使用重力成正比,和履带接地长度及履带板宽度成反比。因此,为了大幅度降低接地比压,湿地推土机采用宽的三角形履带板。至于 L 和 b 之间的关系,考虑到它们对牵引性、转向性能等影响,目前一般取 $L/b = 4.6 \sim 5.7$,湿地推土机取 $L/b = 2.4 \sim 3.5$。

履带推土机的接地比压一般在 0.06MPa 左右,湿地推土机一般在 0.03MPa 以下,轮胎推土机接地比压可近似为轮胎的胎压。推土机的接地比压为拖拉机接地比压的 1.25~1.50 倍。

2) 推土机行走速度

推土机的行走速度直接影响其生产率。为了有效地利用发动机功率,提高推土机的动力性能和经济性能,在选择速度挡位时,既要考虑推土机在复杂和恶劣工况时,对牵引力有较大变动幅度的要求;又应考虑一机多用,各种配套的工作装置需要不同的速度。一般来说,对于机械传动的推土机,速度挡位大多为前4后2至前6后4之间。液力机械传动较多采用前3后3。

推土机的行走速度包括切土速度、运土速度、返回速度、倒行速度。一般是1~2挡用来切土,2~3挡运土,3挡以上为空行返回。具体数值推荐如下:

(1) 对于机械传动推土机,切土速度一般为2.5~3.0km/h。选择较低的切土速度,主要为了获得最大的铲刀顶推力,以保持最高的生产率。同时也为了减少漏铲地段(铲刀边走边入土,一开始那段,切土深度不够)的长度。切土速度超过以上范围,由试验可知,生产率显著降低。

运土速度一般为切土速度的2倍左右。

至于返回速度,对于半刚性悬架履带推土机不大于7 km/h;弹性悬架履带推土机不大于15 km/h;轮胎推土机必须大于10 km/h。考虑到一机多用需要高速运行,对于半刚性悬架履带推土机,最高挡速度一般为10~12 km/h。

推土机的倒挡速度一般比该前进挡的速度高25%~40%。

(2) 对于液力机械传动推土机,由于液力变矩器内泵轮和涡轮有滑差损失,宜将上述各值提高1~1.5 km/h。

推土机行走的理论速度 v_T 按下式计算:

$$v_T = 0.377 \frac{n_{eH} r_K}{i} \tag{1.1-3}$$

式中:n_{eH}——发动机额定转速;
　　　r_K——驱动轮节圆半径;
　　　i——总传动比。

由于履带或轮胎相对地面的滑转,实际行走速度 v 按下式计算:

$$v = (1 - \delta)v_T \tag{1.1-4}$$

式中:δ——理论滑转率。计算时,履带式取为0.07,轮胎式为0.20;对于农业用推土机,工业用推土机、
　　　履带式可取为0.10~0.15,轮胎式为0.25~0.30。

3) 推土机铲刀升降速度

推土机铲刀升降速度是一个瞬时变量,但一般是指铲刀切削刃沿地面垂直方向的平均升降速度。铲刀升降速度是影响作业效率的一个因素。提高铲刀升降速度,铲刀升降迅速、动作灵敏、作业可靠,推土效率高。

钢索操纵推土机的铲刀,靠自重下落,上升靠绞盘钢索牵引。由于钢索缠绕绞盘卷筒的直径愈缠愈大,因此铲刀提升愈提愈快,平均提升速度可达0.5~0.6m/s以上。

液压操纵推土机的铲刀靠液压油缸升降,升降速度较慢,原先在0.1~0.2m/s之间,随着液压技术的发展,铲刀升降速度已超过0.2m/s,有的已接近或超过钢索推土机铲刀提升速度。由于铲刀油缸的活塞杆一般与铲刀直接相连,而且为下置形式,因此铲刀提升速度略大于下降速度。

(1) 铲刀升降机构运动学分析

在确定铲刀提升速度之前,宜对铲刀提升机构作运动学分析。通过比较,选取较合适的运动学特性曲线,以满足作业要求。

图1.1-45为液压推土机铲刀的几种结构简图。其中图1.1-45a)是最普遍采用的结构形式,即铲刀油缸倾斜地配置在拖拉机前部,油缸活塞杆直接与顶推架或推土板铰接。铲刀升降机构由顶推架、活塞杆、油缸体、机体等组成四杆机构,从而构成了 A、B、C 三个转动副及 x 移动副的四副机构。由于铲刀机构可看作是平面机构,因此其平面活动度 W 的计算公式如下:

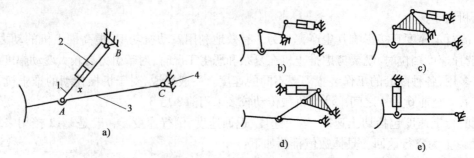

图 1.1-45　液压推土机铲刀结构简图
1-活塞杆;2-油缸体;3-顶推架;4-机体

$$W_\mathrm{p} = 3n - 2P_5 - P_4 \tag{1.1-5}$$

式中：n——机构中活动构件数，其值为 $k-1$，$n=3$；

k——运动链的构件数，其值为 $n+1$，$k=4$；

P_5——低副的数目，$P_5=4$；

P_4——高副的数目，$P_4=0$。

$$W_\mathrm{p} = 3 \times 3 - 2 \times 4 = 1$$

由于铲刀机构原动构件数目与机构活动度相等，因此铲刀具有确定运动的条件。

铲刀油缸配置在拖拉机后部的结构形式[图 1.1-45b)、图 1.1-45c)、图 1.1-45d)，油缸水平布置，另有杠杆机构]应用较少，而且往往只在小功率推土机中见到，同样也可计算其活动度。

下面用图解法对铲刀升降机构作运动学分析。为了分析简便作如下假设：油缸活塞作等速运动，不计升降机构铰接点的摩擦，不考虑液压油的可压缩性。首先绘制运动机构图，见图 1.1-46a)，其中 A 点系顶推架与铲刀油缸活塞杆铰接点，B 为铲刀油缸与拖拉机前部铰接点，C 点为顶推架与拖拉机台车架铰接点，顶推架绕此点回转，点系铲刀切削刃。为了图解方便，将铲刀切削刃位移轨迹分为若干等份，图 1.1-46 为六等分圆弧。

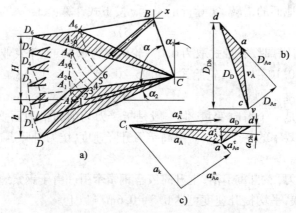

图 1.1-46　铲刀升降机构运动分析图
a)运动机构图；b)速度图；c)加速度图

油缸活塞杆上 A 点的运动系点的合成运动。其绝对运动为绕 C 点的转动，它可分解为沿油缸中心轴线 x-x 方向作移动的相对运动，以及绕 B 点转动的牵连运动，所以 A 点的绝对速度 v_A 由相对速度 v_{Ar} 和牵连速度 v_{Ae} 两矢量和组成。

$$v_A = v_{Ar} + v_{Ae} \tag{1.1-6}$$

D 点和 A 点系作平面运动的同一刚体，按照平面运动速度合成，D 点运动可由以基点 A 的移动(牵连运动)和绕基点 C 的转动(相对运动)合成。因此，D 点的绝对速度 v_D 系牵连速度 v_A 与相对速度 v_{DA} 之和。

$$v_D = v_A + v_{DA} \tag{1.1-7}$$

由此可作出 A、D 点的速度三角形,见图 1.1-46b),其中 v_{Db} 为铲刀瞬时提升速度。

由于 A 点的牵连运动为转动,所以 A 点的绝对加速度 a_A 为相对加速度 a_{Ar}、牵连加速度 a_{Ae} 和哥氏加速度 a_K 三矢量之和。

$$a_A = a_{Ar} + a_{Ae} + a_K \tag{1.1-8}$$

因设 v_{Ar} 为一常数,所以 a_{Ar} 等于零。a_K 的方向可根据理论力学的右手定则确定,见图 1.14-46c)所示方向,其值按下式计算。

$$a_K = 2\omega_{Ae} v_{Ar} \sin(\omega_{Ae}, v_{Ar}) = \frac{2v_{Ae}v_{Ar}}{R} \tag{1.1-9}$$

式中:R——A 点牵连运动转动半径,$R = \overline{AB}$。

A 点的绝对加速度 a_A 可分解为法向加速度 a_A^n 和切向加速度 a_A^τ。同样,a_{Ae} 也可分解为 a_{Ae}^n 和 a_{Ae}^τ。因此加速度计算公式变为以下形式:

$$a_A^n + a_A^\tau = a_{Ae}^n + a_{Ae}^\tau + a_K \tag{1.1-10}$$

式中:r——A 点绝对运动转动半径,$r = \overline{AC}$。

从式(1.1-10)中,a_A^n、a_{Ae}^n、a_K 三矢量的方向和大小均可求出,矢量 a_A^τ 和 a_{Ae}^τ 的方向已知,这样通过图解即可求出 a_A(图 1.1-46)。

D 点的绝对加速度 a_D 可通过 a_A 转换到 DC 上求得。即通过基点 c 作 $\angle acd = \angle ACD$,在角的一边截取 $a_D = \frac{CD}{AC} a_A$,得到 a_D。由此可作出加速度三角形,其中 a_{Db} 为铲刀切削刃沿地面垂直方向的瞬时提升加速度。

由图解法可知,铲刀上任意点的速度、加速度三角形与铲刀有关杆件组成的几何图形的各对应边分别垂直,两者为相似关系。例如图 1.1-46 中,$\triangle adc \backsim \triangle ADC$。所以我们只需作出任一位置的速度和加速度三角形后,其余各位置的值也即知道。需注意的是,实际计算中的速度和加速度须乘以所选用的比例。

通过以上各等分点的速度和加速度的图解,可得到沿地面垂直方向的相应参数的变化曲线,即运动学特性曲线。图 1.1-47a)、b) 分别为某推土机的 v_{Db} 和 a_{Db} 曲线图。从图中可见,铲刀提升过程中,开始速度较快,铲刀迅速提起,后来渐渐减速,终了速度最低,冲击减小。一般来说,v_{Db} 的变动范围不宜大于其平均值的 10%,另外由作业要求,希望铲刀提升时间尽量缩短。当选择不同铲刀结构尺寸及液压系统参数时,绘得的特性曲线也不同。根据上述两原则,最后确定一条较合适的特性曲线。

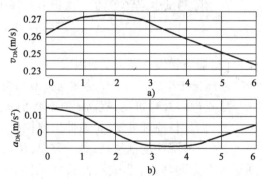

图 1.1-47 铲刀机构运动学特性曲线

铲刀提升速度 v_{Db} 值也可由计算法求得。图 1.1-46a) 的 $\triangle ABC$ 中,α 为顶推架倾角,由余弦定理得:

$$\overline{AB}^2 = \overline{AC}^2 + \overline{BC}^2 - 2\overline{AC}\,\overline{BC}\cos\alpha \tag{1.1-11}$$

我们可以根据相关变化率,用求导数方法求得顶推架绕铰点 C 的角速度 ω。

式(1.1-11)左右两边 $\overline{AB}$ 和 α 都随时间 t 变化,所以都是 t 的函数,将等式两边对 t 求导数得:

$$2\overline{AB}\frac{d\overline{AB}}{dt} = 2 - \overline{AC}\,\overline{BC}(-\sin\alpha)\frac{d\alpha}{dt}$$

$$2\overline{AB}v_{Ar} = 2\overline{AC}\,\overline{BC}\omega\sin\alpha$$

$$\omega = \frac{\overline{AB}v_{Ar}}{\overline{AC}\,\overline{BC}\sin\alpha}$$

设 $\overline{AC}=a$、$\overline{BC}=b$、$\overline{DC}=c$、$v_{Ar}=v$，则上式变为：

$$\omega = \frac{v\sqrt{a^2 - 2ab\cos\alpha + b^2}}{ab\sin\alpha}$$

所以
$$v_D = c\omega \tag{1.1-12}$$

设 BC 与垂线的夹角为 α_1，$\angle ACD = \alpha_2$，v_D 与地平面夹角 $\beta = 180° - (\alpha_1 + \alpha_2 + \alpha)$，那么 v_{Db} 由下式确定：

$$v_{Db} = v_D \sin\beta = v_D \sin(\alpha_1 + \alpha_2 + \alpha)$$

$$= \frac{cv\sin(\alpha_1 + \alpha_2 + \alpha)\sqrt{a^2 - 2ab\cos\alpha + b^2}}{ab\sin\alpha} \tag{1.1-13}$$

式(1.1-13)中 v 就是速度三角形中的 v_{Ar}，它是铲刀提升时油缸的运动速度，可由下式确定：

$$v_{Ar} = \frac{4Q}{\pi(D^2 - d^2)i} \tag{1.1-14}$$

式中：Q——铲刀升降油泵流量，m^3/s；

D、d——油缸活塞、活塞杆直径，m；

i——油缸个数。

当不考虑铲刀升降速度的瞬时变化，铲刀平均升降速度 v_{Db} 可由下式表示：

$$v_{Db} = Kv_{Ar} \tag{1.1-15}$$

式中：K——速度放大率，也就是行程放大率。K 为铲刀升降行程 S_2 与油缸行程 S_1 之比。

$$K = \frac{S_2}{S_1} = \frac{H + h}{AB - A_6B}$$

在实际测试中，至少测量 3 次铲刀升降高度和其所需时间 t，然后取其比值的平均值作为 v_{Db} 值。

$$v_{Db} = \frac{H}{t} \tag{1.1-16}$$

(2) 影响铲刀升降速度的因素

液压推土机的铲刀升降速度与铲刀结构尺寸、液压元件参数、推土速度等因素有关。

从式(1.1-13)可见，提高 c 值或减小 a 值 v_{Db} 增大，这说明铲刀升降速度和铲刀几何结构有关。一方面，由杠杆原理可知，铲刀伸出拖拉机的悬臂越长，铲刀与油缸活塞杆铰接点至铲刀前端的间距越大，铲刀升降速度就越高；另一方面，从推土机作业时要求铲刀升降力大、结构强度和刚度好、平地质量高等方面考虑，希望悬臂长度及间距尽量的短。因此在铲刀结构设计时需综合考虑以上两方面。

铲刀升降速度与油缸活塞的运动速度直接有关。而活塞的速度取决于液压系统油泵的流量、活塞及活塞杆的直径、油缸个数等参数。

若系统压力不变，采用大流量油泵或缩小油缸直径，能提高铲刀升降速度，但随之铲刀升降力减小。国外有些液压推土机，采用大流量油泵及单个铲刀升降油缸，因此其铲刀升降速度较高。具有单个铲刀升降油缸的推土机，同一般双油缸的相比，省去一油缸，在铲刀升降力足够的情况下，如果油泵流量相同，则铲刀升降速较快；而当升降速度相同时，则油泵流量可减小一倍。

若提高液压系统的压力，在油泵流量及油缸推拉力不变情况下，油缸尺寸减小，这样铲刀升降速度也增加。

铲刀升降速度的提高，要求油缸活塞速度相应加快，因此活塞就易撞击油缸盖，油缸及铲刀的惯性冲击和噪声现象也趋严重。为了改善这一情况，除了在油缸两腔油路中装设过载溢流阀外，往往还在铲刀油缸内部装设缓冲装置。这样当活塞行程终了，使得回流阻力增大，致使活塞减速，起缓冲作用。据美国一些液压件厂推荐,油缸速度在 0.1m/s 以下或油缸行程在 100mm 以内的,采用无缓冲装置的油缸;而当油缸速度超过 0.1m/s 或油缸行程在 100mm 以上的情况下,采用带缓冲装置油缸。因此推土机油缸一般均需考虑缓冲,目前较多采用的是在活塞上增设缓冲阀。

液压推土机的铲刀升降速度的提高受某些因素的限制,例如受油缸橡胶密封件的限制。油缸活塞速度过高,会引起橡胶密封件的局部过热和过早磨损,而造成漏油,影响正常作业。

铲刀升降速度还受推土速度限制。当铲刀强制入土时,铲刀顶推架不应碰到切土面,为此它应满足以下关系:

$$v_{Db} \leqslant v\tan\alpha \tag{1.1-17}$$

式中:v——推土机最低挡推土速度,m/s;

α——在最大切削角(δ_{max})时铲刀后角。

若 $v_{Db} > v\tan\alpha$,那么由于行走速度过低,铲刀入土速度过高,会引起铲刀下切推土时,顶推架碰到切土面,就会大大增加作业阻力。目前推土机最低挡的推土速度一般在 0.7m/s 左右(2.5km/h),当 $\alpha = 35°$ 时,计算得铲刀入土速度为 0.48m/s。

若铲刀提升速度过高(即 $v_{Db} > v$),操作较困难,驾驶员易疲劳,作业效率反而降低,同时还影响推土质量。

根据试验结果,有的国家规定并作为国家标准,即推土机铲刀提升速率应为第一挡速度的 0.55 ~ 0.8,如推土速度按 0.7m/s 计算,则铲刀提升速度应控制在 0.35 ~ 0.56m/s 范围内。

4)推土机牵引力

推土机牵引力是最基本的总体参数之一,牵引力选择得是否合适,直接关系到总体性能的好坏。推土机牵引力关系到切线牵引力、附着力、顶推力、比推力等。

(1)切线牵引力 P_K。如前所述,切线牵引力是在牵引元件的作用下,地面产生的平行于地面并沿着行驶方向的总推力。

(2)附着力 P_φ。前已述及,附着力是指牵引元件滑转时的最大牵引力,即:

$$P_\varphi = \varphi G_\varphi \tag{1.1-18}$$

式中:G_φ——附着重力,履带推土机为其使用重力,轮胎推土机为驱动轮上的负荷;

φ——牵引元件全滑转时的附着系数。

在进行推土机总体参数选择和确定发动机功率与使用重力的匹配关系时,不是以牵引元件完全滑转时的附着系数 φ 作为合理工况进行匹配,而是按最大生产率时的滑转率 δ_H(额定滑转率)所对应的附着系数 δ_H 作为额定工况进行匹配。对于履带推土机其额定滑转率 $\delta_H = 10\% \sim 15\%$;轮胎式推土机额定滑转率 $\delta_H = 20\% \sim 30\%$。

推土机额定有效牵引力 P_H 按下式计算:

$$P_H = \varphi_H G_\varphi \tag{1.1-19}$$

(3)顶推力 P_{KP} 和比推力 q_{KP}。顶推力是铲刀切削刃上发挥出来的推土力。它是推土机的有效牵引力,相当于拖拉机的挂钩牵引力。P_{KP} 按下式计算:

$$P_{KP} = P_K - P_f \tag{1.1-20}$$

式中:P_f——推土机行走装置的滚动阻力。

比推力是单位切削刃宽的顶推力。比推力是比较推土机牵引性能和作业性能的一个重要指标。比推力大说明推土机推土力大、适应性强、生产率高。q_{KP} 按下式计算:

$$q_{KP} = \frac{P_{KP}}{B_g} \tag{1.1-21}$$

式中:B_g——铲刀切削刃宽。

比推力随推土机用途、功率大小而异,适应各类土的比推力列于表 1.1-1 中。据统计,比推力大致与推土机结构重力的 2/3 次方成正比,即 $q_{KP} \propto G_j^{2/3}$。

推土机比推力和比压入力　　　　　表1.1-1

名　称	土的级别			
	I	II	III	IV
比推力 q_{KP}(N/cm)	<150	200~300	400~450	600
比压入力 q_z(MPa)	<1.0	1.2~2.0	2.5~3.5	3.5

5）铲刀垂直压力及比压入力

铲刀垂直压力 P_z 是以推土机在油缸力作用下，抬头失稳极限情况下确定的（图1.1-48）。P_z 的计算如下：

$$P_z = G_s \frac{l}{l_1} \tag{1.1-22}$$

式中：G_s——推土机使用重力；

$l、l_1$——铲刀切削刃及整机重心至倾翻点水平距离。

比压入力 q_z 是铲刀单位支地面积的垂直压力。q_z 按下式确定：

$$q_z = \frac{P_z}{10^6 F} \tag{1.1-23}$$

式中：F——切削刃接地面积。对于未磨损刀片按图1.1-49所示的I—I截面计算，对磨损刀片则按II—II截面计算。

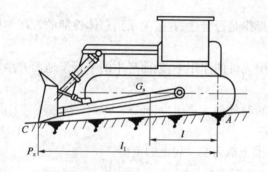

图1.1-48　铲刀垂直压力确定

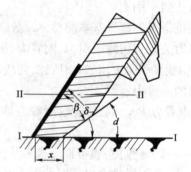

图1.1-49　切削刃接地面积计算

适应各类土的比压入力 q_z 列于表1.1-1中。

比压入力体现了铲刀强制入土的能力，除了按稳定条件及参考表1.1-1来确定外，还需考虑推土机的用途及功率大小。一般来说，大功率推土机 q_z 选值较高，以提高铲刀的入土能力。

6）推土机的轨距和最小转弯半径

推土机的轨距 B 对于转向性能，以及在横向坡度上的稳定性有很大影响。履带接地长 L 和轨距 B 之比，称为转向性能系数。为了减小转向阻力矩，推土机的转向性能系数一般取 $L/B = 1.2~1.5$。当 L 按接地比压要求确定后，按上述 L/B 值的范围，可初步确定 B 的大小。

最小转弯半径 R_{min} 影响推土机的通过性，它按下式确定：

$$R_{min} = \sqrt{\left(\frac{B}{2}+\frac{B_g}{2}\right)^2 + \left(\frac{L}{2}+l\right)^2} = \frac{1}{2}\sqrt{(B+B_g)^2 + (L+2l)^2} \tag{1.1-24}$$

式中：B——履带轨距；

B_g——切削刃宽度；

L——履带接地长度；

l——铲刀切削刃至履带接地中心的距离。

7）推土机驶入角、离去角、离地间隙

驶入角、离去角、离地间隙是推土机通过性能的具体参数。

当铲刀提升到极限位置,从切削刃向推土机履带前缘作的切线与地平面的夹角称为驶入角 ψ(图1.1-50)。驶入角的选择应考虑铲刀的最大提升高度及爬坡性能要求。一般固定式铲刀推土机取 $\psi \geqslant 20° \sim 30°$,回转式铲刀推土机取 $\psi \geqslant 20° \sim 25°$。

推土机的离去角 ε 是指松土器提升到极限位置,从松土齿齿尖向推土机履带后缘作的切线与地平面的夹角(图1.1-50),一般取 $\varepsilon \geqslant 20°$。

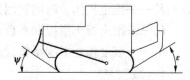

图1.1-50 推土机驶入角及离去角
ψ-驶入角;ε-离去角

推土机的离地间隙一般取为 280~450mm。

8) 铲刀提升高度及切削深度

铲刀的提升高度应大于推土机离地间隙,并达到或超过规定的驶入角。铲刀提升以不碰机头为限,铲刀(回转式铲刀系指顶推架)与机头俯视间距一般大于100mm。

铲刀切削深度通常按以下原则确定:铲刀降至最低位置,切削刃和推土机压力中心之间的连线与地面夹角不小于20°。若切削深度过大,由于切削阻力加大引起牵引力不足;而切削深度过小,使发动机功率得不到充分发挥,降低了生产率。

铲刀升降高度还可参考同类型推土机确定。

9) 推土机生产率

影响推土机生产率的因素很多,也很复杂,它主要与推土机的总体性能、地面条件、驾驶员操纵熟练程度、施工组织等有关。

推土机生产率的计算可用每铲最大推土量 V、推土作业生产率 Q_t、平地作业生产率 Q_p、推土量表和作业性能曲线等。

(1) 每铲最大推土量 V

将推土板前土堆看作一个三角形棱柱体,按几何体积近似计算:

$$V = \frac{B_g(H_g - h)^2}{2\tan\varphi_0} K_m \tag{1.1-25}$$

式中:B_g——推土板宽度,m;

H_g——推土板高度,m;

h——平均切土深度,m;

φ_0——土的自然坡度角,按表1.1-2选取;

K_m——土的充盈系数,一般取 0.5~1.2。

土的自然坡度角(°) 表1.1-2

种类 状态	矿石	砾石	砂石			黏土		轻亚黏土	种植土
			粗砂	中砂	细砂	肥土	贫土		
干	35	40	30	28	25	45	50	40	40
湿	45	40	32	35	30	35	40	30	35
饱和	25	35	37	25	20	15	30	20	25

由于 V 和 B_g、H_g 有关,国外在试验基础上使用以下经验公式:

$$V = 0.86 B_g H_g^2 \tag{1.1-26}$$

或

$$V = B_g H_g^2 \tag{1.1-27}$$

另外,$V(m^3)$ 和 G_s(推土机使用重力,kN)之间有以下关系:

$$V = (0.02 \sim 0.025) G_s \tag{1.1-28}$$

(2) 推土作业生产率 Q_t

$$Q_t = \frac{3600 K_l K_n K_y}{T} \tag{1.1-29}$$

式中:K_1——推土机作业时间利用系数,一般取为 0.85~0.90;

K_n——推土板土量损漏系数,取决于运土距离 L_2,$K_n = 1 - 0.005L_2$;

K_y——坡度作业影响系数,按表 1.1-3 选择;

坡度作业影响系数　　　　表 1.1-3

坡度	上坡			下坡			
	0°~5°	5°~10°	10°~15°	0°~5°	5°~10°	10°~15°	15°~20°
K_y	1.0~0.67	0.67~0.5	0.5~0.4	1.0~1.33	1.33~1.94	1.94~2.25	2.25~2.68

T——一个推土周期循环时间,s。

$$T = \frac{l_1}{v_1} + \frac{l_2}{v_2} + \frac{l_1 + l_2}{v_4} + 2t_5 + t_6 + t_7 \tag{1.1-30}$$

式中:l_1——切土距离,单位为 m,一般为 6~10m;

l_2——运土距离,m;

v_1、v_2、v_4——分别为切土、运土、返回速度,m/s;

t_5——推土机掉头时间,可取为 10s;

t_6——换挡时间,换挡一次取为 4~5s,动力换挡变速箱可不计换挡时间;

t_7——铲刀下落时间,一般取为 1~2s。

(3)平地作业生产率

$$Q_P = \frac{3600(B_g \sin\phi - m)LH_g K_1}{n\left(\frac{L}{v} + t_5\right)} \tag{1.1-31}$$

式中:B_g——铲刀宽,m;

H_g——铲刀宽,m;

ϕ——铲刀水平面回转角,°;

m——相邻两次平整通道间重叠部分,一般取 0.3~0.5m;

L——平整地段长度,m;

K_1——时间利用系数,可取为 0.85~0.90;

n——每一段平整次数,通常取 1~2 次;

v——平地速度,宜取 0.8~1.0m/s;

t_5——推土机掉头时间,可取为 10s。

(4)推土量表及作业性能曲线

由以上公式可制订和绘制推土机生产率与运距、速度间关系的推土量表和作业性能曲线。这种表和曲线对于组织推土机作业是很需要的。表 1.1-4 为 TY180 推土机的推土量。

TY180 推土机推土量表(m^3/h)　　　　表 1.1-4

推土量(m^3/h)　运距(m) 速度挡	10	20	30	40	50	60	70	80
前进 1 挡,后退 2 挡	312	201	148	117	97	83	72	64
前进 1 挡,后退 3 挡	330	216	160	128	106	91	79	70
前进 2 挡,后退 2 挡	357	240	181	145	121	104	91	81
前进 2 挡,后退 3 挡	381	262	200	161	135	117	102	91

1.1.5 主要生产厂家典型产品及技术性能和参数

1.1.5.1 卡特彼勒公司

作为世界上最大的履带推土机生产、制造和销售企业,其产品覆盖了从小型到大型全系列履带式推土机,功率范围为 52～634kW,参见表 1.1-5。目前最新系列为 T 系列,型号有 D8T、D9T 和 D10T。

按功率等级划分,小型推土机为 D3G～D5G,中型推土机为 D5N～D7R,大型推土机为 D8T～D11R。另外,卡特彼勒将环卫型推土机单列,主要为大中型推土机,型号为 D6NWH～D10TWH,WH 的意思是 Waste Handling Arrangement,即垃圾处理设备。

卡特彼勒推土机的主要零部件和结构件均为自制,即便有 OEM 的零部件,也要贴卡特彼勒牌。作为心脏部件的发动机采用卡特彼勒自己的柴油机,且卡特彼勒的柴油发动机技术在世界上处于领先地位。最新推出的 T 系列推土机的柴油机已经达到美国环保署系列 III 和欧盟第 III 阶段排放法规的要求。

小型推土机 D3G、D4G 和 D5G 传动系采用静液压传动方式,操纵灵活、机动性好,推土装置标配卡特彼勒的 AccuGrade 精确平地系统中的激光平地控制系统(laser grade control system)。

其他大中型推土机采用液力机械传动,所谓的转矩分配器就是一个外分流液力机械变矩器,变矩器传递 70%～75% 的发动机转矩,直接传动轴传递 20%～25% 的发动机转矩;变速器为行星动力换挡变速器;转向有两种方式,一种为电子控制液压操纵多片湿式离合器,另一种为静液压差速转向;制动器为多片湿式离合器,弹簧制动,液压释放,安全可靠。

推土铲有直铲、半 U 铲、U 铲、角铲、万向铲、可变切削角万向铲共 6 种,另外一个特殊的运输推土铲专门给最大型推土机 D11R CD 矿山型配套,容积可达 43.6m^3。

推土机后部可配装单齿松土器、多齿松土器、绞盘或平衡重。

底盘有标准型、向前加长型、加宽型、向后加长型和低接地比压型。

卡特彼勒公司履带推土机系列　　　表 1.1-5

型　号	柴油机	飞轮功率(kW)	工作质量(kg)	传动系	推土铲
D3G XL	Cat 3406T	52	7 351	静液压传动	VPAT
D3G LGP	Cat 3406T	52	7 784	静液压传动	VPAT
D4G XL	Cat 3406T	60	7 855	静液压传动	VPAT
D4G LGP	Cat 3406T	60	8 198	静液压传动	VPAT
D5G XL	Cat 3406T	67	8 919	静液压传动	VPAT
D5G LGP	Cat 3406T	67	9 269	静液压传动	VPAT
D5N XL	Cat 3126B	86	12 818	静液压传动	VPAT
D5N LGP	Cat 3126B	86	13 665	静液压传动	VPAT
D6N XL	Cat 3126B	108	15 517	液力机械传动,可选配差速转向系统	VPAT,SU
D6N LGP	Cat 3126B	108	17 832	液力机械传动,可选配差速转向系统	VPAT,SU
D6RIIStd.	Cat C9	123	18 322	液力机械传动,可选配差速转向系统	S,SU,A
D6RIIXL	Cat C9	123	18 709	液力机械传动,可选配差速转向系统	SU,A,PAT
D6RIIXW	Cat C9	123	19 904	液力机械传动,可选配差速转向系统	SU,A,PAT

续上表

型号	柴油机	飞轮功率(kW)	工作质量(kg)	传动系	推土铲
D6RIILGP	Cat C9	123	20 451	液力机械传动,可选配差速转向系统	S,PAT
D7RIIStd.	Cat 3176C	179	24 758	液力机械传动,可选配差速转向系统	S,SU,U,A
D7RIIXR	Cat 3176C	179	25 334	液力机械传动,可选配差速转向系统	S,SU,U,A
D7RIILGP	Cat 3176C	179	26 897	液力机械传动,可选配差速转向系统	S
D8T	Cat C15 ACERT	231	38 488	液力机械传动,差速转向系统	SU,U,A
D9T	Cat C18 ACERT	306	47 900	液力机械传动,差速转向系统	SU,U
D10T	Cat C27 ACERT	433	66 451	液力机械传动,湿式多片转向制动离合器	SU,U
D11R	Cat 3508	634	104 590	液力机械传动,湿式多片转向制动离合器	SU,U
D11R CD	Cat 3508B	634	113 000	液力机械传动,湿式多片转向制动离合器	CD

1.1.5.2 小松公司

小松公司的推土机产品,其覆盖面更广,共有13个系列,功率范围为29.5~858kW,参见表1.1-6。

小松推土机的发动机也是由自己生产,小型推土机D21和D41采用小松独有的HYDRO-SHIFT TRANSMISSION减振器加行星动力换挡变速器式机械传动;D31、D37和D39采用静液压传动系统;其他大中型推土机采用液力机械传动,并且D275以上的变矩器可自动闭锁,实现纯机械传动,提高传动效率;变速器为行星动力换挡变速器;转向主要为静液压差速转向和湿式多片转向离合器;制动器为多fl-湿式离合器,弹簧制动,液压释放,安全可靠。

推土铲有直铲、半U铲、U铲、角铲、动力式角铲,另外一个与卡特彼勒Carrydozer blade 运输推土铲一样的Super Dozer,给最大型推土机D475A和D575A配套,最大容积可达69m³。后部可配装单齿松土器、多齿松土器、绞盘或平衡重。

底盘有标准型、长履带型和低接地比压型。

小松公司履带推土机系列　　　表1.1-6

型号	柴油机	飞轮功率(kW)	工作质量(kg)	传动系	推土铲
D21A-8	Komatsu 4D94LE-2	29.5	3 940	减振器式机械传动,干式多片转向离合器和带式制动器	PAT
D31EX-21	Komatsu SAA4D102E-2	56	7 130	静液压传动	PAT
D37EX-21	Komatsu SAA4D102E-2	63	7 410	静液压传动	PAT
D39EX-21	Komatsu SAA4D102E-2	71	8 520	静液压传动	PAT

续上表

型号	柴油机	飞轮功率(kW)	工作质量(kg)	传动系	推土铲
D41E-6C	Komatsu SA6D102E-2A	82	10 950	减振器式机械传动,湿式单片转向制动离合器	PAT
D61EX-15	Komatsu SA6D114E-2	116	16 520	液力机械传动,差速转向,湿式多片制动器	SU,A
D65EX-15	Komatsu SA6D125E-3	142	20 080	液力机械传动,差速转向,湿式多片制动器	S,SU,A
D85EX-15	Komatsu SA6D125E-3	179	28 000	液力机械传动,差速转向,湿式多片制动器	S,SU,U
D155AX-5B	Komatsu SA6D140E-3	231	39 200	液力机械传动,差速转向,湿式多片制动器	SU,U,A
D275AX-5	Komatsu SA6D140E-3	306	49 850	可自动闭锁的液力机械传动,差速转向,湿式多片制动器	SU,U, Dual tilt SU, Dual tilt U
D375A-5	Komatsu SA6D170E-3	391	67 305	可自动闭锁的液力机械传动,湿式多片转向制动离合器	SU,U, Dual tilt SU, Dual tilt U
D475A-5	Komatsu SDA12V140E	641	106 195	可自动闭锁的液力机械传动,湿式多片转向制动离合器	SU,U, Dual tilt SU, Dual tilt U
D475A-5 SD	Komatsu SDA12V140E	641	105 000	可自动闭锁的液力机械传动,湿式多片制动器	Super Dozer
D375A-3	Komatsu SA12V170E	783	131 350	可自动闭锁的液力机械传动,湿式多片转向制动离合器	SU,U, Dual tilt SU, Dual tilt U
D575A-3 SD	Komatsu SA12V170E	858	1 526 000	可自动闭锁的液力机械传动,湿式多片转向制动离合器	Super Dozer

1.1.5.3 利勃海尔公司

利勃海尔推土机绝大部分配用自己生产的发动机,只有PR751矿用机配用T康明斯发动机,传动系全部采用静液压传动,其最大优点是可省略传动系中的变矩器、变速器和转向制动离合器,使结构简化,布置方便;在实际作业中,能够连续无滑移的加速和制动、前进与后退、原地转向;可充分利用发动机功率,降低燃油消耗率。Litronic是利勃海尔的电子控制系统名称,它广泛应用于利勃海尔的全系列工程机械产品中,利勃海尔推土机最早采用单手柄操纵。

推土铲(6向铲)与PAT铲一样,为动力式角铲。表1.1-7所列为利勃海尔履带推土机系列。

利勃海尔履带推土机系列　　　　　　　　　　　　　表1.1-7

型号	柴油机	飞轮功率(kW)	工作质量(kg)	传动系	推土铲
PR712BLitronic	Liebherr D924T-E	77	11800~13600	静液压传动	S,6-Way
PR724 Litronic	Liebherr D924TI-E	118	16700~19500	静液压传动	S,SU,6-Way
PR734 Litronic	Liebherr D926TI-E	147	20900~24500	静液压传动	S,SU
PR742B itronic	Liebherr D926TI-E	172	23000~27600	静液压传动	S,SU,A
PR752 Litronic	Liebherr D9406T-E	243	34800~42000	静液压传动	SU,U,A
PR751 矿用	Cummins KT19-C	295	39100~45000	静液压传动	U,A

1.1.5.4 山推工程机械股份有限公司

山推是国内最大的履带推土机制造厂,2003年曾创下年产销量2 171台的记录,位于卡特彼勒和小松之后，排名世界第 3 位。1980 年山推引进日本小松 D85A-18 推土机制造技术，同年第一台山推牌 TY220 推土机下线。经过 20 多年的发展，现在已有 8 个履带推土机系列产品，参见表 1.1-8。另外还生产推耙机和吊管机。

山推工程机械股份有限公司履带推土机系列   表 1.1-8

型号	柴油机	飞轮功率(kW)	工作质量(kg)	传动系	推土铲
SD08	LRC4105G52	59	7 651	机械传动	直
SD13	D6114ZG4B	95.5	14 000	液力机械传动	直,角
SD13S	D6114ZG4B	95.5	14 000	液力机械传动	直
SD16	WD615T1-3A	120	17 000	液力机械传动	直,角
SD16L	WD615T1-3A	120	18 460	液力机械传动	直
SD16R	WD615T1-3A	120	17 700	液力机械传动	直
SD16E	WD615T1-3A	120	17 500	液力机械传动	直
SD22	NT855-C280BCIII	162	23 400	液力机械传动	半U,U,直,角
SD22S	NT855-C280BCIII	162	25 700	液力机械传动	直
SD22R	NT855-C280BCIII	162	25 700	液力机械传动	直
SD22D	NT855-C280BCIII	162	25 800	液力机械传动	直
SD22E	NT855-C280BCIII	162	24 600	液力机械传动	U,直,角
SD23	NT855-C280	169	24 600	液力机械传动	直
TY320B	NT855-C360	235	37 200	液力机械传动	直
TMY320	NT855-C360	235	37 200	液力机械传动	直
SD32-5	NT855-C400	235	36 000	液力机械传动	半U

注：1. 表中型号后缀英文字母，S 表示湿地，R 表示环卫，L 表示超湿地，D 表示沙漠，E 表示履带加长。
    2. 松土器有单齿和 3 齿，还有绞盘，都是选装件。

国内工程机械制造厂都没有能力制造发动机，因此配套发动机有各个厂家的不同型号，也可按用户要求选配发动机。

1.1.5.5 河北宣化工程机械股份有限公司

宣化工程机械股份有限公司始建于 1950 年，从 1965 年生产 T120 推土机以来，通过引进美国卡特彼勒公司 D6D 制造技术，主导产品 T140-1 和 SD6D 推土机是中国工程机械名牌产品，采用国际最新技术，所开发研制的 SD7(220hp) 和 SD8(330hp) 高驱动推土机填补了国内空白。目前，共生产 4 个系列的推土机产品。

表 1.1-9 所列为宣化工程机械股份有限公司履带推土机系列。

宣化工程机械股份有限公司履带推土机系列   表 1.1-9

型号	柴油机	飞轮功率(kW)	工作质量(kg)	传动系	推土铲
T140-1	6135AK-3S	103	17 000	机械传动	直,角,U
TS140	6135AK-3S	103	17 000	机械传动	直,角
T140HW	6135ZK-3S	103	17 500	机械传动	环卫铲
T165HW	6135AZK-15	122	17 600	机械传动	环卫铲
TY165	C6121ZG01a	122	16 900	液力机械传动	直,角,U
TY165HW	C6121ZG05a	122	17 400	液力机械传动	直
TYS165	C6121ZG01a	122	17 500	液力机械传动	直
SD6D	C6121	103	14 829	液力机械传动	直,角,U
SD7	NT855-C280	162	23 800	液力机械传动	直
SD8	NT855-C400	235	44 500	液力机械传动	直

注：1. 表中型号后缀英文字母，HW 表示环卫。
    2. 松土器有单齿和 3 齿，为选装件。

1.1.5.6 上海彭浦机器厂有限公司

彭浦机器厂是一家国企老厂,成立于1959年,1963年即开始推土机的开发制造。1979年,从日本小松制作所独家引进了D155A-1型履带式推土机设计和制造技术,现生产型号为PD320Y,之后又与小松合作引进D355、D375推土机部分图样。1986年,又从美国卡特彼勒公司引进了D6D履带式推土机的设计制造技术,成为国内大功率推土机制造基地。现生产8个系列的履带式推土机,参见表1.1-10。

目前,由上汽集团和上海电气集团对彭浦机器厂进行多元投资改制,成立上海彭浦机器厂有限公司。

上海彭浦机器厂有限公司履带式推土机系列　　　　表1.1-10

型　　号	柴油机	飞轮功率(kW)	工作质量(kg)	传动系	推土铲
PD110	LR6105ZT	88.2	13 000	机械传动	直
PD120	6135K-2a	88.2	15 610	机械传动	直,角,U
PD120G	6135ZK-5	94	15 800	机械传动	直,角,U
PD140-2	6135AK-8C	103	15 800	机械传动	直,角,U
PD140S	6135AK-8C	103	17 300	机械传动	直
PD140G	6135AZK-20	112.4	15 700	机械传动	直,角,U
PD165Y-1	6121ZG05C	122	17 800	液力机械传动	直,角,U
PD165YS	6121ZG05C	122	18 200	液力机械传动	直
PD165YG	NT855-C280	122	17 800	液力机械传动	直,角,U
PD185Y	6121ZG07a	137	19 300	液力机械传动	直
PD220Y-1	NT855-C280	162	25 500	液力机械传动	直,角,U
PD220YS	NT855-C280	162	26 300	液力机械传动	直
PD220YG	NT855-C280BCIII	162	25 500	液力机械传动	直,角,U
PD320Y-1	NT855-C360	239	35 900	液力机械传动	直,角,U
PD410Y-1	KTA19-C525	306	49 500	液力机械传动	直

注:1.表中型号后缀字母,Y表示液力传动,S表示湿地,G表示高原。
　　2.松土器有单齿和3齿,还有绞盘,都是选装件。

1.2 装　载　机

1.2.1 概述

1.2.1.1 定义

装载机是一种广泛应用于公路、铁路、港口、码头、煤炭、矿山、水利、水电、国防等工程和城市建设等场所的铲土运输机械。其主要功能是对松散物料进行铲装及短距离运输作业。在公路建设特别是高等级公路施工中,它主要用于路基工程的填挖以及沥青和水泥混凝土料场的集料、装料等作业。它具有作业速度快,效率高,操作轻便等优点,是工程机械中发展最快、产销量及市场需求最大的机种之一,也是公路建设中土石方施工机械的主要机种之一。装载机的主要作业对象是各种土、砂石料、灰料及其他筑养路用散粒状物料等。

1.2.1.2 国内外发展现状

1)国内装载机发展现状

国民经济的发展与国家基建规模及资金投入的增大,促进了中国装载机行业的迅速发展。生产企业由1980年的20家增至现在的100余家,初步形成了规格为0.8～10t约19个型号的系列产品,并已成为工程机械的主力机种。中国装载机行业起步于20世纪50年代末。1958年,上海港口机械厂首先测绘并试制了67kW(90hp)、斗容量为1m³的装载机。这是中国自己制造的第一台装载机。该机采用单桥驱动、滑动齿轮变速。1964年,天津工程机械研究所和厦门工程机械厂测绘并试制了功率为100.57kW(135hp)斗容量为1.7m³的Z435型装载机。1962年国外出现铰接式装载机后,天津工程机械化研究所与天津交通局于1965年联合设计了Z425型铰接式装载机。

柳州工程机械厂和天津工程机械研究所合作,在参考国外样机的基础上,于1970年设计试制了功率为163.9kW(220hp)、斗容量为3m³的ZL50型装载机。该机采用双涡轮变矩器、动力换挡行星变速箱的液力机械传动方式,Z形连杆机构的工作装置及铰接转轴,并自行设计了"三合一"的机构,以解决液力机械化传动式装载机的拖启动、熄火转向及排气制动等问题。ZL50型装载机经过几年的实践考核,证明性能良好、结构先进,为后来中国ZL系列装载机的发展奠定了基础。通过近40年的发展,中国装载机从无到有,产品种类及产量均有较大幅度的提高,已经形成独立的系列产品和行业门类。

目前,中国3t以下装载机主要以额定1.0、1.5、1.6、1.8、2.0为代表,还有一些利用拖拉机底盘改装的小型装载机,主要与日益增多的农用运输车辆配套使用。主要零部件均采用一般性能及质量的发动机、驱动桥、变速箱、液压件。技术较先进的静液压传动产品,液压件国内不易配套,产品成本居高不下,制约了该类产品在国内的发展。

目前3t轮式装载机主要生产厂家有成工、常林、徐工、山工、福田雷沃重工等。该产品零部件配置较零乱,生产厂家具有自制的桥箱,各具特色,质量及性能上相对稳定,技术先进性一般。福田雷沃重工通过引进欧洲先进技术开发的FL936F、FL938G装载机,发动机采用符合欧Ⅲ排放的康明斯发动机,变速箱采用电控换挡变速箱,使3t级装载机技术上有新的突破。

ZL40/ZL50装载机主要装载机生产厂家均拥有该产品。第一代产品几十年来延续至今,全国几乎使用同一套图纸,有些技术力量薄弱的厂家,仍把其当作主导产品推向市场。第二、第三代产品主要是对工作装置进行优化,改变外观造型。第四代产品是在第三代的基础上,进一步优化整机的性能及配置,如符合欧Ⅲ排放的发动机、ZF电控换挡变速箱、湿式制动桥、行驶平稳性控制系统、应急转向系统、独立散热系统、集中润滑系统、电子称重系统等新技术的应用,使国内轮式装载机技术水平、可靠性都有了明显的提高。

6t装载机是国内潜在市场最大的产品,1998年以前大多数生产厂家均开发了ZL60装载机,但由于受传动件的制约,ZL60装载机没能成功地推向市场。2007年福田雷沃重工推出了FL966F轮式装载机,整机可靠性得到很大提高,给国内大吨位装载机带来发展机遇。

6t以上的装载机,目前由于国内没有成熟的传动系、液压元件、电子元件,同时受进口零部件资源制约,一直没有形成批量生产。目前8t以上轮式装载机几乎全部依靠进口。

2)国外装载机发展现状

近几年,国外轮式装载机以信息技术为先导,在发动机燃料燃烧与电控、液压控制系统、自动操纵、可视化驾驶、精确定位与作业、故障诊断与监控、节能与环保等方面,进行了大量的研究,开发出许多新结构(或系统)和新产品,提高了工程机械的高科技含量,促进了工程机械的发展。

(1)计算机辅助铲土运输技术与GPS定位(全球定位系统)

卡特彼勒将其雄伟计划命名为采矿铲土运输技术系统(METS)。METS包括多种多样的技术产品,如无线电数据通信、机器监测、诊断、工作与业务管理软件和机器控制等装置,由以下三部分组成。

①计算机辅助铲土运输系统(CAES)。包括机载计算、厘米级GPS微波定位和高速无线电通信三项技术。在运行中,机载系统通过无线电接收整个无线网络中的铲土运输数据、工程数据或现场规划数据。这些数据都显示在驾驶室内的一个屏幕上,驾驶员在驾驶室内能直观地了解机器的作业位置,并准确地判断需要挖掘、回填或装载的土方量。

②关键信息管理系统(VIMS)。VIMS监测机器中极其关键的性能与作业参数,并且通过无线电将数据从该机器传送到业主办公室。可立即分析数据以便估量机器的当前状态,或加以收集和整理,以便显示机器的作业趋势。

③CAESoffice 软件。这种软件与来自装有 CAES 的机器的数据相结合,产生一个集成的现时作业模型,使业主能在接近实时条件下对现场或远处监控各种作业。

卡特彼勒公司 20 世纪 90 年代开发的 F 系列和 G 系列装载机都安装有电子计算机监控系统(CMS),用以取代 E 系列装载机上安装的电子监控系统(EMS)。其驾驶台上装有条形液晶显示屏,微机监控系统具有能同时监控发动机燃油液面高度、冷却水温、变速器油温和液压油温等 11 种功能。该监控系统还具有故障诊断能力,并可向驾驶员提供三级报警。1998 年推出的 Cat950G 计算机监控系统还配备有 Cat 指导诊断系统和以维修工具为基础的 Cat 软件包,使维修人员坐在汽车里用笔记本电脑就能迅速而容易地诊断和排除故障。Cat992G 在监控装载机各功能状况并作出诊断的同时还能把这些信息数据作为履历记录下来,无线传送到办公室用计算机进行分析,从而将电气、机械故障防患于未然。Cat994D 安装了关键信息管理系统(VIMS),可密切监视机器的运行状态并诊断故障。LeToumeau 集成网络控制系统通过显示在机载计算机屏幕的出错信息,提示驾驶员出错原因,并采用三级报警灯光信号(蓝、淡黄、红)表示发动机、液压系统、电气和电子系统的各种状态。目前,该系统已安装在 L1350 型矿用装载机上。

沃尔沃公司的 L 系列装载机上也安装有 Matris 软件包,用以监控和分析装载机的工作状态;其小型装载机上配有电子伺服控制及信息系统(ESIS),由液晶显示屏和键盘组成,用来显示和记录各种信息,其自动诊断功能记录机器故障并储存所有相关信息,通过编码可以防盗。

凯斯公司 21B、C 系列装载机也采用计算机监控系统,其微处理器安装在驾驶员座椅的右侧,也具有故障诊断和工作状态液晶显示功能。

(2)装载机新技术与新结构

为了提高装载机的作业生产率,自 20 世纪 90 年代以来,各生产厂商在广泛采用新技术、新结构的同时,经过不懈的努力,相继研制出许多超强功能的系统,现列举如下。

①行驶平稳性控制系统。在动臂举升油缸液压回路中增加一个蓄能器,以衰减工作装置在机器行驶过程中产生的振动,减少装载机的颠簸。德国汉诺马格公司的大中型装载机上安装有负荷自动稳定系统(ALS),在动臂举升液压缸液压回路中增加一个蓄能器,一对钢膜氮气蓄能器,安装在前车架中,与工作装置液压系统连通。当作业或低速行驶时,系统自动断开;当车速超过 4.8km/h 时,由电子速度开关控制的电磁阀自动开启,蓄能器吸收工作装置液压系统的振动与冲击载荷,提高了操作的稳定性、安全性和舒适性。日本小松公司 WA500-3 上配用的类似系统称为电控悬挂系统(ECSS),由主监控器、ECSS 开关、高低压储能器及压力速度传感器组成,可根据装载机的行驶情况发出控制信号,消除因高速行驶而引起的车体摆动;可提供工作装置上下移动的伸缩性,防止铲斗中物料颠出,使物料保持性好;还可使类似纵向及垂直方向的低频振动降低 40%~50%。

②附着力控制系统。在每个车轮上安装一个速度传感器,自动将所需的制动力施加到车轮上,并将转矩传给与之紧密相连的车轮,便于装载机直线行驶及转向。

③动力电子控制/管理系统。根据传动装置及液压系统的工作状态,自动调节发动机输出功率,以满足不同作业工况的需要,提高燃料的经济性。

④发动机自动控制系统。当装载机处于非作业工况时,自动降低发动机转速,减少燃料消耗及发动机噪声。例如,卡特彼勒公司 994D 装载机采用的新一代 Cat3516 柴油发动机就安装有 HEUI(电液控制的燃油喷射)装置以及 ADEM(先进的柴油机管理)系统,可根据外荷载的大小有效地控制发动机的功率与转速,从而降低燃油消耗及尾气排放,减少噪声。马拉松雷图尔诺公司的 L 系列大型装载机则采用电脑控制的柴油机—电动轮驱动系统,4 个驱动轮同时又充当制动器,其输出功率可反馈到交流电机和柴油机,使转速增加,从而提高工作总效率,使牵引效率高达 77%(普通装载机为 60% 左右),此电脑控制系统能监控装载机的整个作业过程,在最大车速范围内尽量提高发动机的输出功率。

⑤关键信息显示/管理系统。采用网络通信技术,在办公室的控制中心实时监控装载机的作业状态,据此向驾驶员提供基于文字提示的精确的故障诊断信息。

⑥转向变速集成控制系统。取消传统的方向盘和变速杆,将转向与变速操纵装置集成为一个操纵手柄,并采用简单的触发式方向控制开关和选挡用的分装式加速按钮。利用肘关节的自然动作左右扳动操纵杆,实现转向;利用大拇指选择按钮,实现前进与后退、加速与减速行驶。

⑦销轴润滑系统。能为工作装置上的所有销轴提供为期200h的润滑服务,并使销轴的润滑作业易于完成。

⑧舒适驱动控制系统。其目的是提高驾驶员的舒适性,帮助长时间进行作业的驾驶员减轻劳累,保持作业效率。

⑨负载感应变速系统。根据负载状态,自动调节车速及发动机飞轮转矩,实现高速、小转矩或低速、大转矩的动力输出。

⑩计算机故障诊断系统。通过控制面板上的指示灯、听觉与视觉相结合的报警信号,提醒驾驶员可能潜在的故障隐患。这样,驾驶员可以全神贯注地工作而无需不断查看仪表读数。

⑪负载自动稳定器。采用一对钢膜氮气蓄能器,安装在前车架中,与工作装置液压系统联通。当作业或低速行驶时,系统自动断开;当车速超过4.8km/h时,由电子速度开关控制的电磁阀自动开启,蓄能器吸收工作装置液压系统的振动与冲击载荷,提高了操作的稳定性、安全性和舒适性。

⑫驾驶员辅助操作系统。近年来,国外装载机公司已经或者正在研制一些能够帮助驾驶员更有效地进行操作的辅助操作系统,用计算机编制作业循环就是其中的一种。轮式装载机上安装的电子计算机可编制作业循环程序,使铲装作业自动化或部分自动化。例如,从一个碎石料堆向卡车铲装碎石作业的一个循环为:放下动臂—驶向料堆—铲入料堆—提升动臂并收斗—转向后驶向卡车—卸料,驾驶员将此循环全部或部分编程后装载机的作业即可全部或部分自动化,从而大大减少驾驶员的操作。

⑬燃油/空气比例控制系统。提高燃料的利用率,确保发动机排出的废气符合环境控制法规要求。

⑭计算机监控/管理系统。连续监控/管理装载机数十项性能指标参数,在遇到突发或紧急情况时,很容易通过液晶仪表显示、听觉与视觉相结合报警信号,提醒驾驶人员注意。

⑮装载量称量系统。自动称量并显示铲斗的净装载量,测量误差小于3%。

⑯面板控制系统。采用声、光、电及数字显示的控制面板,实现装载机仪器与仪表的报警与监控。

⑰油泵电子管理系统。自动监控油泵的运行状态。

⑱柴油发动机先进管理系统。燃油喷射控制及维护发动机最佳性能的电子控制模块,亦可与监测系统进行通信,当发生故障时提醒驾驶员注意。Cat3516B型发动机装备有此模块。

1.2.1.3 发展趋势

1)国内装载机发展趋势

国产轮式装载机正在从低水平、低质量、低价位、满足功能型向高水平、高质量、中价位、经济实用型过渡。从仿制仿造向自主开发过渡,各主要厂家不断进行技术投入,采用不同的技术路线,在关键部件及系统上进行技术创新,摆脱目前产品设计雷同,无自己特色和优势的现状,从低水平无序竞争的怪圈中脱颖而出,成为装载机行业的领先者。

(1)大型和小型轮式装载机,在近几年的发展过程中,受到客观条件及市场总需求量的限制。竞争最为激烈的中型装载机更新速度将越来越快。

(2)根据各生产厂家的实际情况,重新进行总体设计,优化各项性能指标,强化结构件的强度及刚度,使整机可靠性得到大步提高。

(3)细化系统结构。如动力系统的减振、散热系统的结构优化、工作装置的性能指标优化及各铰点的防尘、工业造型设计等。

(4)利用电子技术及负荷传感技术来实现变速器的自动换挡及液压变量系统的应用,提高效率、节约能源、降低装载机作业成本。

(5)提高安全性、舒适性。驾驶室逐步具备FOPS&ROPS功能,驾驶室内环境将向汽车方向靠拢,方向盘、座椅、各操纵手柄都能调节,使操作者处于最佳位置工作。

(6)降低噪声和排放,强化环保指标。随着人们环保意识的增强,降低装载机噪声和排放的工作已迫在眉睫,现在许多大城市已经制定机动车的噪声和排放标准,工程建设机械若不符合排放标准,将要限制在该地区的销售。

(7)广泛利用新材料、新工艺、新技术,特别是机、电、液一体化技术,提高产品的寿命和可靠性。

(8)最大限度地简化维修,尽量减少保养次数和维修时间,增大维修空间,普遍采用电子监视及监控技术,进一步改善故障诊断系统,提供驾驶员排除问题的方法。

2)国外装载机发展趋势

广泛应用微电子技术与信息技术,完善计算机辅助驾驶系统、信息管理系统及故障诊断系统;采用单一吸声材料、噪声抑制方法等消除或降低机器噪声;通过不断改进电喷装置,进一步降低柴油发动机的尾气排放量;研制无污染、经济型、环保型的动力装置;提高液压元件、传感元件和控制元件的可靠性与灵敏性,提高整机的机、电、信一体化水平;在控制系统方面,将广泛采用电子监控和自动报警系统、自动换挡变速装置;用于物料精确挖(铲)、装、载、运作业的工程机械将安装 GPS 定位与重力自动称量装置;开发特种用途的"机器人式"工程机械等。

(1)系列化、特大型化。系列化是工程机械发展的重要趋势。国外著名大公司逐步实现其产品系列化进程,形成了从微型到特大型不同规格的产品。与此同时,产品更新换代的周期明显缩短。所谓特大型工程机械,是指其装备的发动机额定功率超过 745kW(1000hp),主要用于大型露天矿山或大型水电工程工地。产品特点是科技含量高,研制与生产周期较长,投资大,市场容量有限,市场竞争主要集中在少数几家公司。以装载机为例,目前仅有马拉松·勒图尔勒、卡特彼勒和小松-德雷塞这三家公司能够生产特大型装载机。

(2)多用途、微型化。为了全方位地满足不同用户的需求,国外工程机械在朝着系列化、特大型化方向发展的同时,已进入多用途、微型化发展阶段。推动这一发展的因素首先源于液压技术的发展,通过对液压系统的合理设计,使得工作装置能够完成多种作业功能;其次,快速可更换连接装置的诞生,安装在工作装置上的液压快速可更换连接器,能在作业现场完成各种附属作业装置的快速装卸及液压软管的自动连接,使得更换附属作业装置的工作在驾驶员室通过操纵手柄即可快速完成。一方面,工作机械通用性的提高,可使用户在不增加投资的前提下充分发挥设备本身的效能,能完成更多的工作;另一方面,为了尽可能地用机器作业替代人力劳动,提高生产效率,适应城市狭窄施工场所以及在货栈、码头、仓库、舱位、农舍、建筑物层内和地下工程作业环境的使用要求,小型及微型工程机械有了用武之地,并得到了较快的发展。为占领这一市场,各生产厂商都相继推出了多用途、小型和微型工程机械。如卡特彼勒公司生产的 IT 系列综合多用机、克拉克公司生产的"山猫"等。

(3)电子化与信息化互动。以微电子、Internet 为重要标志的信息时代,不断研制出集液压、微电子及信息技术于一体的智能系统,并广泛应用于工程机械的产品设计之中,进一步提高了产品的性能及高科技含量。LeTourneau 集成网络控制系统便是一例。通过显示在机载计算机屏幕的出错信息,提示驾驶员出错原因,并采用三级报警灯光信号(蓝、淡黄、红)表示发动机、液压系统、电气和电子系统的各种状态。目前,该系统已安装在 L1350 型矿用装载机上。

(4)不断创新的结构设计。以装载机为例,工作装置已不再采用单一的"Z型"连杆机构,继出现了八杆平行结构和 TP 连杆机构之后,卡特彼勒公司于 1996 年首次在矿用大型装载机上采用了单动臂铸钢结构的特殊工作装置,即所谓的"VersaLink 机构"。这种机构替代综合多用机上的八杆平行举升机构和传统的"Z形"连杆机构,可承受极大的转矩荷载和具有卓越的可靠性(耐用性),驾驶室前端视野开阔。O&K 公司研制的创新 LEAR 连杆机构,专为小型装载机而设计。Schaeff 公司于 2000 年 3 月在 Intermat 展览会上展出的高卸位式 SKL873 型轮式装载机的可折叠式创新连杆机构工作装置,进一步增加了轮式装载机的工作装置的种类。

(5)安全、舒适、可靠。驾驶室将逐步实施 ROPS 和 FOPS 设计方法,配装冷暖空调。全密封及降噪处理的"安全环保型"驾驶室,采用人机工程学设计的驾驶员座椅可全方位调节,以及功能集成的操纵手柄、全自动换挡装置及电子监控与故障自诊断系统,以改善驾驶员的工作环境,提高作业效率。大型工程机械安装有闭路监视系统以及超声波后障碍探测系统,为驾驶员安全作业提供音频和视频信号。微机监控和自动报警的集中润滑系统,大大简化了机器的维修程序,缩短了维修时间。如卡特彼勒公司的 F 系列装载机日常维修时间只需 3.45min。目前,大型工程机械的使用寿命达 2.05 万 h,最高可达 2.5 万 h。

(6) 节能与环保。为提高产品的节能效果和满足日益苛刻的环保要求,国外工程机械公司主要从降低发动机排放、提高液压系统效率和减振、降噪等方面入手。目前,卡特彼勒公司生产功率为 15 ~ 10150km 的柴油发动机。其中 6 缸、7.2L、自重 588kg、功率为 131 ~ 205kW 的 3126B 型环保指标最好,满足 EPATierII 和 EUStageII 排放标准。卡特彼勒 3516B 型发动机装有电子喷射装置及 ADEM 模块,可提高 22% 的喷射压力,便于燃油完全、高效燃烧,燃烧效率可提高 5%,NO_x 下降 40%,转矩增加 35%。个别厂家生产的工程机械产品噪声已降至 72dB(A)。

1.2.2　分类、特点及适用范围

1.2.2.1　按发动机功率划分

可分为小型、中型、大型、特大型。发动机功率小于 74kW(100hp),称为小型装载机;发动机功率为 74 ~ 147kW(100 ~ 200hp),称为中型装载机;发动机功率为 147 ~ 515kW(200 ~ 700hp),称为大型装载机;发动机功率大于 515kW(700hp),称为特大型装载机。

1.2.2.2　按行走机构划分

可分为轮胎式和履带式两种。轮胎式装载机是以轮胎式专用底盘为基础,配置工作装置及其操纵系统而构成的。履带式装载机是以专用履带底盘或履带拖拉机为基础,装上工作装置及操纵系统而构成的。轮胎式装载机的优点是质量轻、速度快、机动灵活、效率高、行走时不破坏路面。缺点是接地比压大、通过性差、稳定性差、对场地和物料块度有一定要求。在工程量不大,作业点不集中,转移较频繁的情况下,轮胎式装载机的生产率超过履带式装载机,在工程及农田基本建设中被广泛使用。

1.2.2.3　按车架结构形式及转向方式划分

可分为铰接式车架折腰转向和整体式车架偏转车轮转向两种。铰接式转变半径小,纵向稳定性好,生产率高。不但适用路面,而且可用于井下物料的装载运输作业。整体式车架是一个整体,转向方式有后轮转向、全轮转向、前轮转向及差速转向。仅小型全液压驱动和大型电动装载机采用。

1.2.2.4　按卸载方式划分

可分为前卸式、回转式和后卸式。前卸式装载机在其前端铲装与卸载,结构简单,工作可靠,视野好,适用于各种作业场地,应用广;回转式装载机的动臂安装在转台上,工作时铲斗在前端铲装,卸载时转台可相对车架转过一定的角度,侧面卸载不需调车,作业效率高,但结构复杂,质量大,成本高,侧稳性差,适用于狭小的场地作业;后卸式前端装料,后端卸料,作业效率高,但作业安全性差,应用不广。

1.2.2.5　按使用场合划分

可分为露天装载机、井下装载机。

1.2.3　工作原理及主要结构

1.2.3.1　工作原理

装载机是以柴油发动机或电动机为动力源,以轮胎或履带行走机构产生推力,由工作装置来完成土石方工程的铲挖、装载、卸载及运输作业的一种工程施工机械。以常用的轮式装载机(图 1.2-1)为例,其工作过程为发动机 9 的动力经变矩器传给变速器 14,再由变速器 14 经过前后传动轴分别传给前后桥 15、12 以驱动车轮转动,使装载机工作装置接近并插入料堆。工作装置动臂的一端铰接在车架上,一

端铰接着铲斗,利用转斗油缸4通过摇臂2和连杆16可使铲斗翻转,利用动臂油缸可使动臂绕上铰点旋转,以举升、放下铲斗,完成装载作业。

1.2.3.2 总体结构

1)轮胎式装载机

轮胎式装载机是由动力装置、车架、行走装置、传动系统、转向系统、制动系统、液压系统和工作装置等组成。图1.2-1是轮胎式装载机结构简图。

轮胎式装载机的动力是柴油发动机,大多采用液力变矩器,动力换挡变速器的液力机械传动形式(小型装载机有的采用液压传动或机械传动),液压操纵、铰接式车体转向、双桥驱动、宽基低压轮胎,工作装置多采用反转连杆机构等。

2)履带式装载机

履带式装载机是以专用底盘或工业拖拉机为基础,装上工作装置并配装适当的操纵系统而构成的,其结构见图1.2-2。

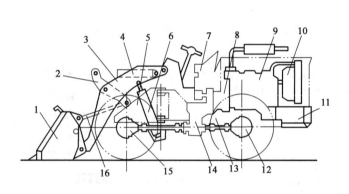

图1.2-1 轮胎式装载机结构简图

1-铲刀;2-摇臂;3-动臂;4-转斗油缸;5-前车架;6-动臂油缸;7-驾驶室;8-变矩器;9-发动机;10-水箱;11-配重;12-后桥;13-后车架;14-变速器;15-前桥;16-连杆

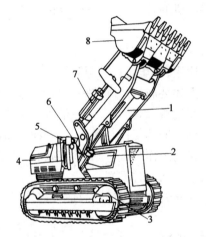

图1.2-2 履带式装载机结构简图

1-动臂;2-发动机;3-履带行走机构;4-油箱;5-驾驶室;6-动臂油缸;7-转斗油缸;8-铲斗

履带式装载机动力为柴油机,机械传动采用液压助力湿式主离合器和湿式双向液压操纵转向离合器和正转连杆工作装置。

1.2.3.3 整体布置

1)轮式装载机总体的一般布置

装载机主要是装载散状物料,并将物料卸入自卸卡车或将物料直接运往卸料地点。但装载机也承担轻度铲掘工作,推土和修整场地等作业。为完成上述工作,现代装载机总体的一般布置是将铲斗及工作装置安放在最前端,如图1.2-3所示,发动机布置于装载机的后部,这样可以用它来平衡铲斗上的外载荷,发动机的输出端接液力变矩器、变速器,再通过万向节和传动轴与前后驱动桥相连。驾驶员的座位布置在装载机的中部,即在工作装置之后发动机之前,但一般将驾驶室的位置尽量向前布置,这样可使前方视野开阔,有利于作业的准确。

现代装载机日趋向大斗容量发展,为使铲斗能够强有力地插入料堆,就要求装载机有足够的牵引力,因此

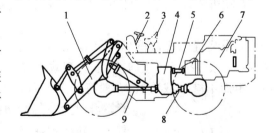

图1.2-3 装载机总体的一般布置

1-铲斗及工作装置;2-方向盘;3-驾驶座;4-变速器;5、8、9-传动轴;6-变矩器;7-发动机

除采用较大功率的发动机之外,还须要增加车轮的附着质量,以便达到提高牵引力的目的,所以现代绝大多数装载机都采用四轮驱动(前后桥驱动),这样可以有效地利用车重,使全车质量均为附着质量。当然四轮驱动也提高了装载机在恶劣地面上的通过性能。但也要考虑到装载机在良好路面上用最大速度行驶的工况(例如从一个场地转移到另一个场地时),因路面好,车速高,且前后轴荷不同,又采用低压轮胎,就造成前后车轮滚动半径不同,所以必然有寄生功率产生。为此,在高速行驶时采取能脱开一桥用单桥驱动,一般采用脱开后桥由前桥驱动的结构,这样既照顾到空车高速行驶时不产生寄生功率,又可以在装载作业时采用双桥驱动而能发挥出最大的牵引力。

为保证装载机作业中的稳定性,铲斗与料堆或地面相对位置的准确性,现代装载机均不安装弹性悬架,但为了防止它在凸凹不平的地面上行驶时有的车轮悬空的现象,则采用一驱动桥铰接于车架上,使该桥能绕纵向轴线摆动一定的角度(一般每侧约10°~17°)。具有摆动驱动桥的结构行驶在凸起处的情况如图1.2-4所示。一般采用后桥摆动,其结构是将后桥固定在副车架上,用纵向铰销将副车架铰接于车架上,使其能绕纵向轴线摆动。

装载机的转向方式:一是铰接式转向,另一种是偏转车轮转向,但现代越来越多的采用前一种转向方式。

目前绝大多数装载机采用液力机械传动(大型装载机有采用电传动的,静压传动已开始在小型装载机上应用,工作装置采用液压传动。

除上述装载机总体的一般布置外,其他布置方案很少,当然,也有的布置方案是工作装置安放在前,中间是发动机,驾驶室布置在最后。这种布置方案大部是采用已有牵引车或工业拖拉机作为基础车,再在此基础上安装工作装置而改装成的装载机。也有在拖拉机前部安装有装载机工作装置,后部装上单斗挖掘机的工作装置,构成前装载后挖掘的装载挖掘机。对于这些内容在本书中就不再加以叙述了。

2)装载机总体布置

总体布置就是保证各总成各部件间的性能协调和它们相互位置的正确布置,力求达到较好的整车性能。

(1)基准

为布置各总成部件在整车上的相互位置和尺寸,必须先找出基准,目前常用的基准可这样找取:

①以车架上缘面作为各零部件上下位置的基准;

②以装载机纵向对称面作为左右位置的基准;

③以通过后桥中心线并与车架上缘面相垂直的平面作为前后位置的基准。

(2)发动机和传动系的布置

发动机一般置于装载机后部,起着对前置铲斗中负荷的平衡作用,并增加装载机的稳定性。发动机是预选现成的,故主要尺寸均已知。根据桥荷分配确定发动机相对后桥中心的前后位置,并参考同类型装载机的发动机布置来确定曲轴中心线相对车架上缘的高度,发动机位置的布置要结合传动系各总成的结构和整机的使用要求全面考虑。

发动机位置确定后,即可安排变矩器、变速器的位置,然后确定传动轴数目。

(3)工作装置布置

工作装置布置在整车的前端,结合工作装置的设计要求确定动臂与车架铰点的位置。假如动臂长度不变,铰点布置向前,最大卸载距离大,但由铲斗中载荷作用的倾翻力矩增加,为减小此倾翻力矩而不减小载质量,一般将铰点向后布置,但最好不安排在驾驶室两侧或驾驶室之后,以免动臂举升时恰在驾驶员的两侧影响驾驶人员的安全性。动臂落在最低位置时铲斗位于前轮之前,不能与前轮干涉。动臂最大举升与最低位置的夹角一般为90°左右,此角度太大,将使最大卸载高度时的卸载距离急剧下降,同时动臂油缸与动臂铰点间的距离(力臂)也大大减小(图1.2-4),使受力情况不利。

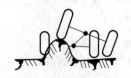

图1.2-4 摆动后桥简图

(4)摆动桥的布置

一般是将后桥固定在副车架上,将副车架用纵向铰销与车架相连,这样后桥可绕纵向轴自由摆动,一般用限位块限制它的摆动角在中间位置上下各10°~17°,在摆动桥布置上应尽量考虑降低重心高度。图1.2-4为摆动后桥的简图,这种结构装载机驾驶员随前车架一起摆动,因此在作业中易于体会到铲斗刃口与水平面倾斜的角度,可以正确地进行水平铲掘工作。但作业中前轮容易轧上石块、土堆等凸起物,所以车身左右摇摆厉害,驾驶员容易疲劳。

另一种结构是整个前车架绕纵向轴摆动(图1.2-5),驾驶室如在后车架上,由于驾驶员不与前车架同时摆动,因此不易掌握铲斗刃口对水平面倾斜的角度,所以这种结构很少被采用。

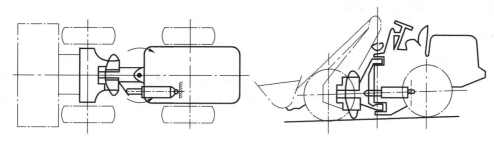

图1.2-5　前车架摆动示意图

(5)转向系的布置

①铰接式车架采用铰接转向

铰接转向的铰销位置有以下三种情况:铰销位于前后轴线的中间,转弯时,前后轮轨迹重合;铰销位置在前后轴中间偏前,前轮转弯半径大于后轮转弯半径;铰销位置在前后轴中间偏后,前轮转弯半径小于后轮转弯半径。

一般多采用第一种布置方案,故前轮与后轮轨迹相同,可以减小在恶劣路上的行驶阻力,并且前轮能通过的狭小地段,后轮也能顺利通过。有时将转向铰销布置在中间有困难时,也采用第二种布置方案,但尚没有用第三种方案的。

两个转向油缸布置于铰销的两侧,油缸筒与活塞杆分别铰接在前后车架上。从转向系的安全可靠性出发,很少只采用一个转向油缸。

前后车架围绕铰销相对转动的角度可达70°~90°(每侧35°~45°),转动中不应与其他部件发生干涉,由挡铁限制最大转向角度。

②整体式车架采用偏转车轮转向

偏转车轮转向可有以下三种:后轮为转向轮,后轮转弯半径大于前轮转弯半径;前轮后轮均为转向轮,其他条件不变时(轴距,车轮转角),转弯半径比第一种小,并且前后轮转弯半径相同;前轮为转向轮。

因装载机重载时前桥负荷比后桥大,所以多采用后轮转向。第二种方案比第一种结构复杂,尤其是要保证前转向轮与动臂不发生干涉,因而也给总体布置方面带来一定困难。

在布置转向车轮时应保证它的周围有一定的空间,在任何转向角时车轮都不与周围的零部件相碰,尤其是在最大转向角时不能与车架相碰。转向梯形可布置在桥的前部或后部。

(6)驾驶室的布置

为使驾驶员在作业时前方有良好视野,整体式车架驾驶室是布置在车架的前部(图1.2-6)。

铰接式装载机的驾驶室有如下三种布置方案(图1.2-7)。

①驾驶室布置在前车架后端[图1.2-7a)]

这种布置形式前方视野好,便于驾驶员铲挖作业,但后方视野较差。转向时驾驶员随前车架一起转动,铲斗始终在驾驶员的正前

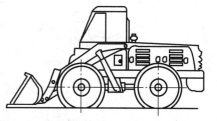

图1.2-6　整体式车架驾驶室的布置

方,便于对准料堆和自卸卡车。由于驾驶室在全车的较前部,因此在铲挖时驾驶员受到的冲击较大,容易疲劳。另外因驾驶室在前车架上,而发动机,变速器等均在后车架上,所以操纵机构复杂,一般只能采用电、气压或液压操纵。目前国外有少数装载机驾驶室是这样布置的。

②驾驶室悬臂固定在后车架的DB端[图1.2-7b)]

这种布置形式前后方视野中等,转向时驾驶员不随铲斗转动,在不是直线行驶时,铲斗对准料堆或自卸车不如前者方便。作业中驾驶员受到冲击较小,不易疲劳。目前大多采用这种布置方案。

③驾驶室布置在后车架的前部[图1.2-7c)]

这种布置形式前方视野差,后方视野好,作业时驾驶员受到冲击较小,不易疲劳。目前也有采用这种布置形式的。

1.2.3.4 工作装置

1)轮胎式装载机工作装置组成

轮胎式装载机工作装置由铲斗、动臂、用来升降动臂的油缸、转动铲斗油缸与连杆结构组成(图1.2-8),用以完成铲掘、装载作业。对中小型装载机,一般还常配有可更换的工作装置,以适应多种作业要求。

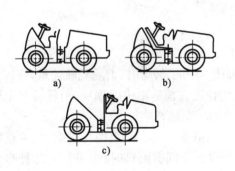

图1.2-7 铰接式装载机驾驶室布置方案

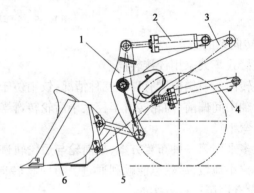

图1.2-8 工作装置组成图

1-摇臂;2-转斗油缸;3-动臂;4-动臂油缸;5-拉杆;6-铲斗

2)工作装置结构形式

(1)按组成连杆机构的构件数可分为四连杆、六连杆和八连杆。

①四连杆。由四个两铰构件(机架、动臂、拉杆和框架)组成,见图1.2-9。为使铲斗在动臂举升过程中作平移或接近平移运动,四连杆机构的形状是平行四边形或接近平行四边形。该形式工作装置结构简单,便于更换其他工作装置,但因动臂前端须装设自重较大的框架,减少了铲斗的载重量,且影响驾驶员视线,仅在国产装载机发展初期用在小型装载机上,现已很少见。

②六连杆。由2个3铰构件与4个2铰构件组成,根据转斗油缸布置位置的不同,可以组合为几种不同的形式,其结构简图见图1.2-10。

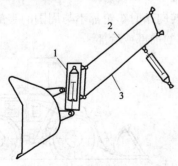

图1.2-9 四连杆工作装置示意图

1-框架;2-拉杆;3-动臂

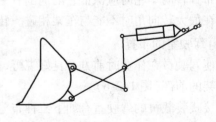

图1.2-10 六连杆工作装置示意图

③八连杆。其结构形式较多,最常见的有图1.2-11所示两种形式。

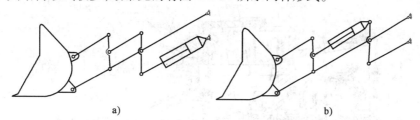

图1.2-11 正转八连杆机构示意图
a)铲掘时靠油缸大腔作用;b)铲掘时靠油缸小腔作用

(2)按连杆机构运动状态分正转连杆和反转连杆。

正转连杆主动构件与从动构件转向相同,反转连杆则主、从动构件转向相反。图1.2-9与图1.2-11所示均为正转机构;图1.2-10为反转机构。

(3)正转连杆机构与反转连杆机构的特点。

正转六连杆机构铰点少,构造简单,铲起力变化很快,在铲掘位置转斗时,铲起力将急剧减少,其连杆传动比较小,当采用在大型装载机上时,为提高连杆传动效率,需加大连杆尺寸,这将给结构布置带来困难。

正转八连杆与正转六连杆相比,其铰点多,销轴因磨损、松动影响也大,维修费时,但其传动比较大,用在大型装载机上可减少连杆尺寸。

反转连杆机构的动力学特点是在铲掘位置时传动角(连杆与从动杆所夹的锐角)大,转斗油缸以大腔作用,能产生较大铲起力,并且在铲掘位置转斗时,铲起力略有增大。

反转连杆的动臂几何形状不规则,摇臂较长。

1.2.3.5 传动系统

1)轮式装载机液力变矩器

液力变矩器是以液体为工作介质并通过工作液体动量矩的变化来传递转矩的传动装置。

最简单的液力变矩器由三个具有叶片的工作轮——泵轮B、涡轮T和导轮D组成(图1.2-12)。泵轮轴、涡轮轴均由轴承支撑在壳体的轴承座上,导轮则固定在壳体上。工作轮内的内、外两个环形曲面,分别称为内环和外环,工作轮的叶片就均匀布置在内、外环中间。泵轮、涡轮和导轮的内外环及其叶栅构成相互衔接的封闭空间,形成了工作液体的环流通道(工作腔)。环流通道的轴向截面(通过轴线的截面)称为图工作腔轴面图,工作腔内充满了具有一定压力的工作液体,工作液体就在环流通道里作循环流动。工作腔内工作液流过部分的最大直径称为工作腔的有效直径D,它是液力变矩器的一个特征尺寸。

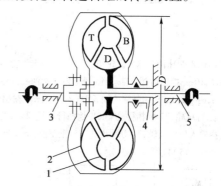

图1.2-12 液力变矩器的结构示意图
1-内环;2-外环;3-泵轮轴;4-导轮固定套管;5-涡轮输出轴
B-泵轮;T-涡轮;D-导轮

2)轮式装载机动力换挡变速器

(1)动力换挡变速器结构形式

目前,国内动力换挡变速器结构形式主要有行星式和定轴式两种。杭齿产ZL40/50行星式动力换挡变速器是ZL40、ZL50系列轮式装载机普遍采用的,如图1.2-13所示。它由两个行星排组成,只有两个前进挡和一个倒挡。输入轴33和输入齿轮做成一体,与二级涡轮输出齿轮3常啮合;二挡输入轴19与二挡离合器摩擦片16连成一体。前、后行星排的太阳轮、行星轮、齿圈的齿数相同。两行星排的太阳轮制成一体,通过花键与输入轴33、二挡输入轴19相连。前行星排齿圈与后行星排行星架、二挡离合器受压盘32三者通过花键连成一体。前行星排行星架和后行星排齿圈分别设有倒挡、一挡制动器8、9。

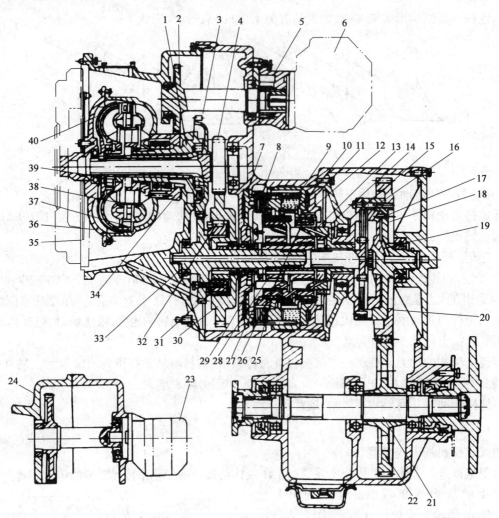

图 1.2-13 动力换挡变速器结构

1-导轮座；2-变速油泵输入齿轮；3-二级涡轮输出齿轮；4-一级涡轮输出齿轮；5-变速油泵；6-工作泵；7-倒挡活塞；8-倒挡摩擦片；9-一挡摩擦片；10-一挡内齿圈；11-一挡活塞；12-一挡油缸；13-一挡行星架；14-倒挡、一挡连接盘；15-二挡受压盘；16-二挡摩擦片；17-二挡活塞；18-二挡油缸；19-二挡输入轴；20-输出齿轮；21-输出轴；22-变速器输出齿轮；23-转向油泵；24-转向油泵输入齿轮；25-倒挡内齿圈；26-一挡行星轮；27-倒挡行星架；28-倒挡行星轮；29-太阳轮；30-大超越离合器外环齿轮；31-大超越离合器凸轮；32-大超越离合器；33-变速器输入齿轮及轴；34-分动齿轮；35-弹性板；36-罩轮；37-泵轮；38-导轮；39-一级涡轮；40-二级涡轮

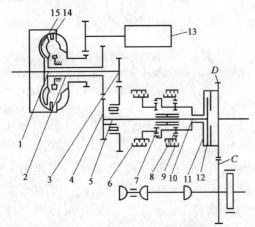

图 1.2-14 ZL40/50 行星变速箱的传动路线
1-涡轮输出轴；2-涡轮输出齿轮；3、4、7、8-齿轮；5-变速器输入轴；6、9-制动器；10-变速箱输出轴；11-受压盘；12-闭锁离合器；13-转向油泵；14、15-涡轮；16-传动轴；C、D-分动箱常啮齿轮

ZL40/50 行星变速器的传动路线如图 1.2-14 所示，该变速器两个行星排间有两个连接件，故属于二自由度变速器。因此，只要接合一个操纵件即可实现一个排挡，现有二个制动器和一个闭锁离合器共可实现三个挡。

WA380-3 装载机的定轴式变速器是平行四轴常啮合齿轮式，可实现前进四挡和倒退四挡。在输入轴 3 上安装了组合式离合器 1、2，该两离合器是实现换向离合器。离合器 2 接合实现前进挡，离合器 1 接合实现倒退挡；在中间轴 13、11 上分别安装了组合式离合器 14、5 和 12、6，分别称作为一、三挡离合器和二、四挡离合器。轴 8 为输出轴，在该轴上安装了全盘多片式制动器 9（即中央制动器），在输出轴两端安装了联轴节 10、7,动力经该两联轴节分别带动前、后桥驱动,如图 1.2-15 所示。

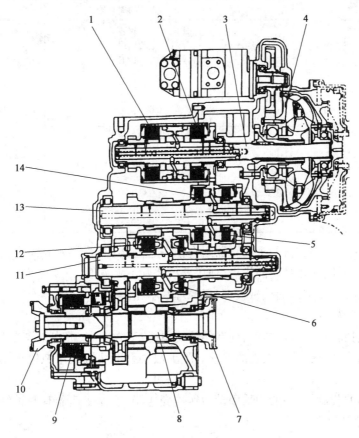

图 1.2-15　定轴式变速器

1、2、5、6、12、14-离合器;3-输入轴;4-齿轮;7、10-联轴节;8-输出轴;9-制动器;11、13-中间轴

WA380-3 装载机变速器的传动简图如图 1.2-16 所示,各挡的传动路线见表 1.2-1。

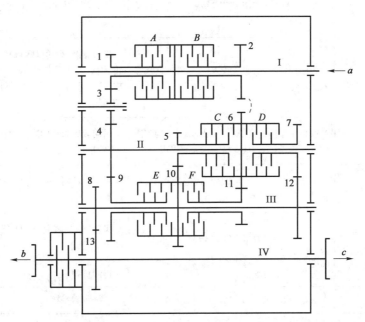

图 1.2-16　WA380-3 装载机变速器的传动简图

1、2、3、4、5、7、8、9、11、12、13-齿轮;6、10-缸体齿轮;Ⅰ-输入轴;Ⅱ-一、三挡离合器轴;Ⅲ-二、四挡离合器轴;Ⅳ-输出轴;A、B 前进、倒退离合器;C、D-一、三挡离合器;E、F-二、四挡离合器

各挡的传动路线 表1.2-1

挡　位		接合的离合器	传　动　路　线
前进	一	B,C	2—6—5—10—8—13
	二	B,E	2—6—4—9—8—13
	三	B,D	2—6—7—12—8—13
	四	B,F	2—6—11—8—13
倒退	一	A,C	1—3—4—5—10—8—13
	二	A,E	1—3—4—9—8—13
	三	A,D	1—3—4—7—12—8—13
	四	A,F	1—3—4—6—11—8—13

综上所述,该变速器采用了将两个离合器组合在一起的结构,并将所有离合器安装在变速器体内。具有离合器轴受载较好,结构较紧凑的优点,但保养维修则不太方便。

采用定轴式动力换挡变速器的机械较多,但原理基本相同。

(2)变速器形式的选择

变速器有人力换挡和动力换挡二种,前者结构简单,传动效率高,但由于操纵繁重,换挡时需切断动力而费时,不适合装载机频繁、快速换挡的要求。除少数小型装载机或用拖拉机底盘改型的装载机外,目前已很少用。

装有液力变矩器的装载机,一般均采用动力换挡变速器,这种变速器有两种结构形式:定轴式和行星式,二者的比较如表1.2-2所列。

定轴式和行星式齿轮变速器的比较 表1.2-2

比较项目	定　轴　式	行　星　式
结构与加工效率	简单,零件加工精度要求一般;啮合齿数越多,效率越低	复杂,零件加工精度要求较高;传动效率可以比较高
外形尺寸和质量	齿轮模数较大,质量较大;变速器横向尺寸较大	受力分散,齿轮模数可减小;轴基本不受径向力,齿轮、轴承工作条件好;质量略轻;输出入轴同轴线,结构紧凑,可用较小尺寸得到较大传动比;但挡位多时轴向尺寸较大
扭矩容量	换挡用摩擦片直径小,片数多,受结构和通用性限制;转矩容量要增加很大有困难	采用较大直径的摩擦片作为换挡制动器,所需片数少,转矩容量容易做得大
工作可靠性	回转油缸多离合器油压受离心力影响,操纵油路需经旋转密封,易发生故障	采用制动器,不产生离心力,也无需旋转密封,作用可靠
零件数和通用程度	零件数多,但通用零件较多	齿轮、轴类零件多,随挡位数增多零件总数相对减少
维修	方便,便于检查	拆卸检查不便
成本	价格较低	造价较高

由上述比较可见,这两种形式变速器各有所长,故在装载机上均有采用。定轴式变速器由于结构简单,制造成本较低,维修方便,特别是采用离合器外置式时,变速器体轴向尺寸小,便于总体布置,在小型装载机上采用较多。

在大型装载机上,行星式变速器在质量和体积上比定轴式占有比较明显的优势,其输出和输入轴同轴线,有利于履带式装载机的总体布置。但行星变速器挡位多时轴向尺寸较大,在轮式装载机的总体布置上又少不了一对定轴齿轮传动(总体布置上要求发动机动力输出轴与变速器输出轴应有高差),对小型装载机在总体布置上会有一定困难。

目前在国外某些大型装载机上采用定轴与行星变速器的组合形式:定轴式用作倒顺换向,行星式用作变速,发挥了各自的优点。

3)轮式装载机驱动桥

驱动桥作为轮胎式装载机底盘传动系统的主要组成部分,处于传动系统的末端,其主要功用是增大由传动轴或变速器传来的转矩,并将动力合理的分配给左、右驱动轮,实现降速以增大转矩,并使两边车轮具有差速功能;此外,驱动桥安装在装载机车架上,承受着路面和底盘传来的各种作用力并将其传递到车轮上。

在一般的轮式装载机结构中,驱动桥包括主传动器、差速器、半轴、最终传动(或称为轮边减速装置)和桥壳等部件。主传动器的作用是增大转矩和改变转矩的传递方向;差速器是使左、右驱动车轮在转弯或不平路面上行驶时能以不同的角速度旋转;半轴的功用在于将转矩从差速器传递到轮边减速装置;装载机的重力通过桥壳传动车轮上并将作用在车轮上的各种力传到车架上,同时驱动桥壳又是主传动器、差速器、半轴等部件的外壳。

轮胎式装载机,为了充分利用其附着重力,以提供较大的牵引力,都采用全桥驱动。前后驱动桥之间一般都不装桥间差速器,有的在变速器后装设脱桥机构,作业时采用全桥驱动,高速行驶时利用操纵杆将一个驱动桥脱开,采用单桥驱动。由于装载机作业速度低,所以驱动桥的减速比都比汽车等大得多。为此,在轮胎式装载机上都采用单级或双级行星轮边减速机构,用较小的结构尺寸得到较大的减速比。行星轮边减速机构装置在驱动桥轮毂内,便于拆装保养。为了保证在铲装作业时的稳定性,装载机一般不装设弹性悬架,前桥直接固定在前车架上,后桥为摆动桥,通过副车架与后车架相连。现代轮式装载机基本上都采用铰接式转向,因此前后驱动桥除主传动螺旋锥齿轮中的旋向不同外,其他件全部通用,第三代出现了后桥中心摆动式,不再用副车架,而用摆动架与后车架相连,出现了后桥壳体与主传动托架和前桥不通用,其余件仍然与前桥完全通用。

我国目前轮式装载机的驱动桥基本上都是采用整体桥壳,全浮式半轴,具有主传动及轮边两级减速的驱动桥。主传动一般都采用一级螺旋锥齿轮减速,轮边一般都采用行星式轮边减速。柳工 ZL50C 驱动桥,其结构具有普遍代表性。目前第三代 ZL50 型轮式装载机驱动桥出现了带内藏湿式多片式制动器及防滑差速器的驱动桥,改善了制动性能和恶劣作业条件下的通过性能及作业性能,"ZF" AP400 驱动桥就是这种驱动桥,"ZF" AP400 型驱动桥壳为整体式,内藏湿式多片式制动器在桥内部轮边减速器的内侧。还有一种桥壳为三节式,轮边减速器及内藏湿式多片式制动器都集中在桥的中部,紧靠主传动的两边。这种结构性能好,但制造难度较大,CAT 的 950B 型,小松的 WA380-3 型驱动桥都是这样的结构。

目前国内装载机采用的驱动桥以干式制动驱动桥为主,结构形式基本相同:其差速器为普通常规型差速器,差速不差扭;制动器均为干式钳盘式结构。主机厂家如柳工、厦工、临工等均已实现了自制。专业生产的厂家有徐州美驰车桥、山东肥城金城车桥、徐州良羽传动等。湿式制动驱动桥,除柳州 ZF 公司的 AP、MT 系列驱动桥外,目前主机厂如柳工、成工已开发出了自己的湿式驱动桥,但性能和质量有待提高。

4)轮式装载机传动轴

(1)传动轴结构及特点

传动轴是万向传动装置的一个重要组成部分,常用在变速器和驱动桥之间的连接。这种轴一般长度较长,转速高,并且由于所连接的两部件间的相对位置在经常变化,因而要求传动轴能沿轴向自由地伸缩来保证正常工作。传动轴结构一般具有以下特点:

①目前广泛采用空心传动轴,因为在传递相同大小的转矩情况下,空心轴具有更大的刚度,而且质量小,节约钢材。

②传动轴是高速传动件,为了避免离心力引起剧烈的振动,要求传动轴的质量沿圆周均匀分布。故通常不用无缝钢管,而是用钢板卷制对焊成管形圆轴(因为无缝钢管管壁不易均匀,而钢板厚度较均匀)。此外,当传动轴和万向节装配以后,要经过动平衡,用焊平衡片的方法使之平衡。平衡后应在叉和轴上刻上记号,以便拆装时保证两者原来的相对位置。

③传动轴上有花键连接部分,用花键连接时,轴和套的花键长度必须保证两端的万向节在最短距离时不致顶死,在最长位置时不致脱开,并有足够的接触长度以供传递转矩之用。

传动轴按其连接部分的形式不同,可分为滑动花键连接和滚动花键连接两种形式。滚动花键连接处是滚动摩擦,其摩擦损失小,传动效率高。摩擦阻力的减小,还减少了对十字轴轴承的推力,延长了轴承的使用寿命。

(2)传动轴的常见故障及分析

传动轴工作时要在高转速下承受较大的转矩和冲击载荷,而且整个装置在装载机底部,泥沙和灰尘极易侵入。因此万向节十字轴轴承、轴颈以及中间轴承与轴颈等机件将会发生严重磨损,使其配合间隙增大;另外还由于传动轴在本身重力作用下会产生轴身弯曲、凹陷等,会使其失去平衡;这些原因均会使传动轴产生各种故障。传动轴产生故障后,不仅降低了传动效率,而且直接加剧了变速器与驱动桥内部机件的磨损或损坏。因此,在使用维修中,必须对传动轴各部件进行认真的检查,发现故障,及时排除。传动轴的主要故障有异响和摆振。

1.2.3.6 轮胎式装载机液压系统

装载机液压系统主要是为了满足作业负载对液压执行机构提出的性能要求(主要是力和运动方面的要求),主要有动力元件(泵)、控制元件、执行元件、辅助元件以及能源部分组成,各元件之间通过油管来连接,形成一个完整的液压系统。装载机液压系统分为定量泵和变量泵系统,变量泵系统节能效果好,但价格昂贵;定量泵系统价格便宜、抗污染能力强,故国产装载机一般采用定量泵系统。

根据装载机主要运动和使用条件,对液压系统的要求如下:

(1)工作效率高。应保证工作装置具有较高的生产率,在运动过程中要平稳,尽量减少冲击。

(2)寿命长、可靠性高。应特别注意防止油液污染问题,以保证液压元件和辅助装置在高温或低温条件下工作的可靠性和提高使用寿命。此外,还应考虑压力成倍地增加和频繁地急剧变化等。

(3)操纵性能好。装载机是靠人手来操纵的,相应的就要考虑操纵力的大小和操纵时的舒适性。现代装载机发展的方向为人性化,应从各个方面满足人性化的要求。

(4)工作安全可靠。装载机作业的环境相对恶劣,比如石矿、煤矿和铁矿等。所以工作安全可靠性成为装载机设计的一个重要要求,转向时应做到灵活、平稳、可靠,因为这些地方会对人身造成一定的伤害。

(5)易于安装、维修和保养。装载机液压系统的零部件和易损件(主要为密封件)较多,因此必须要求零部件和易损件便于拆解、维修和安装。这样既节约了时间又提高了工作效率。

1)工作装置液压系统

(1)工作装置液压系统的构成及原理

装载机的工作装置是利用液压系统控制动臂和铲斗油缸完成铲掘、装载等作业。该系统是装载机的重要组成部分,工作装置中执行机构的主要动作有:铲斗油缸的装料、卸料、锁定,动臂油缸的上升、下降、浮动及锁定等动作。按工作泵数量分为单泵、双泵及多泵系统,按主阀操作形式分为手动操纵、先导控制及电液比例控制系统。

手动操纵液压系统主要有工作泵、多路阀、动臂油缸、转斗油缸及管路等附件组成,目前国内 ZL50

及以下吨位装载机普遍采用手动操纵系统(部分 ZL50 采用先导控制)。图 1.2-17 为福田雷沃重工 30E 工作装置液压系统原理图,采用单泵系统;图 1.2-18 为福田雷沃重工 50F 工作装置液压系统原理图,采用双泵合流系统,转向系统多余的液流与工作泵汇合共同驱动工作装置,此系统要比分流系统节能效果好。

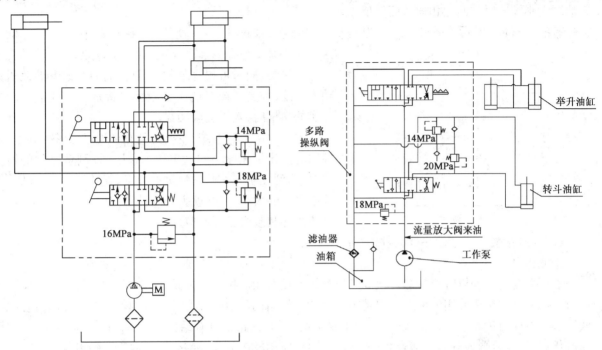

图 1.2-17　福田雷沃重工 30E 工作装置液压系统原理图　　图 1.2-18　福田雷沃重工 50F 工作装置液压系统原理图

随着用户对装载机操纵舒适性要求的不断提高,国内 ZL50 及以上吨位装载机已逐渐采用液控先导操纵系统。图 1.2-19 为福田雷沃重工 50G 工作装置液压系统原理图,采用双泵合流系统,主要工作元件有:工作泵、多路阀、动臂油缸、转斗油缸、压力选择阀及先导比例减压阀。

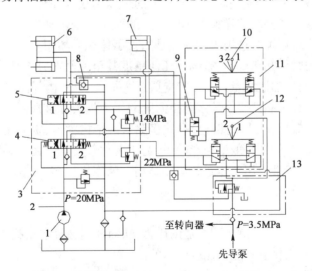

图 1.2-19　福田雷沃重工 50G 工作装置液压系统原理图
1-工作泵;2-转向系统来油;3-分配阀;4-转半杆;5-动臂杆;6-动臂缸;7-转半缸;8-浮动单向阀;9-浮动换向阀;10-动臂先导手柄;11-先导阀;12-转半先导手柄;13-压力选择阀

工作过程如下:
①铲斗上翻:搬动转斗先导手柄至位置 1→分配阀至位置 1→铲斗上翻。
②铲斗下翻:搬动转斗先导手柄至位置 2→分配阀至位置 2→铲斗下翻。

③动臂举升:搬动动臂先导手柄至位置1→分配阀至位置1→动臂举升。

④动臂下降:搬动动臂先导手柄至位置2→分配阀至位置2→动臂下降。

⑤动臂浮动:搬动动臂先导手柄至位置3→分配阀至位置2→动臂油缸小腔与工作泵进油相通;同时先导比例减压阀压力升至最大→浮动电磁阀换向→浮动电磁阀导通,动臂油缸小腔与回油相通即动臂油缸大小腔同时与回油相通从而实现浮动。

有的厂家将工作泵一分为二,即为三泵合流系统,如图1.2-20所示,铲掘过程中系统压力低于14MPa时泵1与泵2合流,高于14MPa时泵2卸荷,达到了节能的目的,同时可提高装载机的输出扭矩,改善装载机的功率匹配,提高装载机的工作效率。特别是铲斗插入较大坚实的料堆时,效果会较明显。

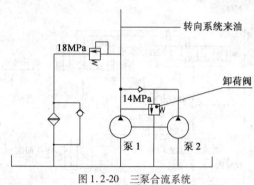

图1.2-20 三泵合流系统

电液比例控制系统,主要是驾驶员通过操纵控制手柄,控制电液比例先导阀的输出压力,从而控制多路阀的换向位置,达到控制工作装置油缸的速度;驾驶员只是扳动手柄控制电流的大小,这样就大大降低了驾驶员的劳动强度;此系统国外装载机已开始应用。

(2)工作装置液压系统主要元件

①液压泵

液压泵是将发动机的机械能转换成工作液体的压力能。按其职能系统,属于液压能源元件,又称为动力元件。装载机中使用的液压泵都是靠密闭的工作空间的容积变化进行工作的,所以又称为容积式液压泵。主要有齿轮泵和柱塞泵(一般用于变量系统)。齿轮泵具有结构简单,体积小,质量轻,工作可靠等优点,按啮合形式分为外啮合和内啮合齿轮泵,应用较广的是外啮合渐开线齿形的齿轮泵。

②多路阀

多路阀是系统中控制油流方向、压力和流量的元件,多路阀阀体分为整体式和分片式。一组多路阀总要由几个换向阀组成,每一个换向阀体称作一联。各联换向阀的阀体可以做成整体的,也可将每联换向阀各做成一片,用螺栓将各片连接起来。分片式的可以用很少几种单元阀体组合成多种不同的多路换向阀,以适应多种机械的需要,这样大大扩展了它的使用范围。加工中报废一片不影响其他阀片;用坏的单元也很容易更换或修理。这类阀的缺点是加大了体积和质量,各片之间要有密封。上紧连接螺栓时会使与阀芯配合的阀体孔道变形,影响其几何精度甚至使阀芯被卡住,为此,有时不得不增大阀芯与阀体的配合间隙,从而增加泄漏量。多路换向阀压力损失要小、内部泄漏量要少、操纵性能要好,内装溢流阀和过载阀的特性和可靠性要好。多路换向阀的压力损失在液压系统中占有较大的比例,合理选择压力损失能提高系统效率,减少发热。整体式多路阀的结构紧凑、质量轻、压力损失也较小;缺点是不同机械的多路阀难于通用,阀体一般是铸造的,铸造工艺比较复杂。由于装载机工作装置动作少,多路换向阀的联数也较少,一般都采用整体式的阀体结构。装载机用多路阀有手动控制多路阀和液压控制多路阀两种形式。

③先导阀

先导阀的作用是将先导泵来油减压到合适的压力,从而控制液控多路阀的开口量大小,进而控制多路阀的通流量,以达到控制工作装置运动速度的目的。

④压力选择阀

压力选择阀的主要作用是驻车时,发动机熄火或先导泵不能有效提供压力油给先导阀时,将动臂大腔的压力油引到先导阀,安全地将动臂放至地面或放平铲斗。

⑤液压缸

液压缸是将泵所产生的液体压力能转换成机械能的执行元件,装载机用液压缸主要有动臂油缸、转斗油缸和转向油缸。装载机油缸应做到:摩擦阻力小,结构紧凑,使用压力范围广,运动平稳、无蠕动,耐温高。

2)转向液压系统

装载机的转向液压系统,也是轮式装载机中的重要系统,它的功用是操纵车辆的行驶方向,既要能保持车辆沿直线行驶的稳定性,又要能保证车辆转向的灵活性。转向性能是保证车辆安全行驶、减轻驾驶人员劳动强度和提高作业生产率的重要因素。

目前轮式装载机大多采用液压动力转向,转向液压系统又有合流、不合流之分。不合流系统是指转向泵的油专门供转向液压系统。合流系统是指将转向液压系统多余的油引到工作装置液压系统。

国内常见的有以下几种形式。

(1)机械-液压助力转向系统。这是装载机较早采用的转向系统,在转向时,转向速度基本不受发动机转速变化的影响。其主要缺点是部件多、结构不紧凑、布置困难、操作力大、装卸维修困难,行走时容易出现蛇行现象。早期的ZL40、ZL50装载机的转向系统大多属于这种形式,现在已逐渐被淘汰。

(2)全液压转向器加稳流阀系统。这是20世纪70年代初采用BZZ1转向器组成的转向系统。它质量轻、结构紧凑、布置空间大、易于操作和维修、操纵方便,而且由于执行元件减少,传动机构间隙和行驶蛇行问题易于控制。市场上的ZL10、ZL15、ZL30装载机大多采用了这种转向方式。如图1.2-21所示。

此转向系统转向泵输出的液压油通过单稳阀进入BZZ1转向器,转向器上带有组合阀块,阀块上装有溢流阀及双向过载补油阀,溢流阀的作用是限制转向泵的最高工作压力,双向过载补油阀的作用是限制转向油缸及管路的最高压力及防止系统出现真空,单向阀1是防止转向缸油液倒流,单向阀2是在转向泵出现故障或无法提供高压油源时能实现人力转向。

转向泵必须满足发动机低速到高速时转向的需要。而高速和低速时因为转速不一样,转向泵的流量也不一样,为了避免发动机在低速时,驾驶员感到失去转向作用(转向沉重),一般在这种系统中是按发动机怠速时的流量来确定转向泵的排量,但在发动机高速运转时转向泵流量较大,此时转向速度又太快,既感觉车发飘,为使转向速度恒定,故采用单稳阀,转向泵输出的多余油液通过单稳阀溢流回油箱。此转向系统平稳可靠,但发动机高速时溢流损失较大,应用于大排量转向时,体积较大,溢流损失更大。

(3)负荷传感转向器加优先阀系统。这是20世纪70年代中期欧美国家研制出由"负荷敏感全液压转向器"和优先阀组成的转向系统。在转向油路与工作油路同时工作的情况下,液压转向泵供油优先满足转向油路使用,剩余部分供给工作油路使用。因此,既能保证转向油路可靠工作,又减少了液压泵排量,达到节能的目的。因此其工作平稳,流量控制性能好,并可实现人力转向应急功能,目前国内装载机已普遍采用了负荷传感转向器加优先阀,如图1.2-22所示。此系统比全液压转向器加稳流阀系统的优点是工作泵排量可以减小,转向泵优先给转向系统提供压力油,多余的流量与工作泵合流,系统节能效果好,缺点是大排量转向器节流损失较大,故一般用于ZL40以下机型。

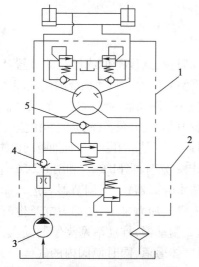

图1.2-21 全液压转向器加稳流阀系统
1-转向器;2-单路稳流阀;3-转向泵;4-单向阀1;5-单向阀2

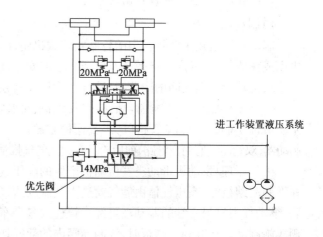

图1.2-22 负荷传感转向器加优先阀系统

(4)同轴流量放大转向器加优先阀系统。此转向器由中国农机院液压所、镇江液压件总厂等单位共同研制,与优先阀配合使用,组成负荷传感液压转向系统。此种转向器与"负荷敏感全液压转向器"性能相似,但由于转向阀与放大阀合二为一,因此具有体积小、质量轻、排量大和压力损失小等优点。在转向泵不能工作时,可实现人力转向应急功能;缺点是转向稳定性要比其他转向器差。目前国内装载机生产厂家也普遍采用了该产品,如图1.2-23所示。

(5)BZZ3全液压转向器加流量放大阀系统。它出现在20世纪80年代末Caterpillar公司950B、966D和966E装载机上,主要由液压泵、流量放大阀或优先流量放大阀(用于合流系统)、转向器、转向油缸等组成。流量放大转向系统由先导油路和主油路组成,先导油路的油量变化与主油路进入转向油缸的流量变化大体上成一定的比例,以低压小流量来控制高压大流量。该转向系统的主要优点是:安全方便、操纵灵活、节能,用小排量的转向器就可满足高压、大流量的液压动力转向,并能改善流量调节特性。其缺点是:结构复杂,对制造和维修水平要求高,油道大都要求铸造成型,多种功能的阀集成在流量放大器阀体内,加工工艺复杂,成本较高,如图1.2-24所示。

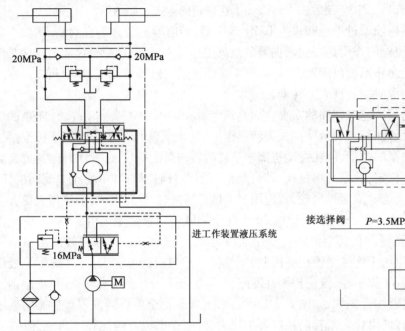

图1.2-23 同轴流量放大转向器加优先阀系统

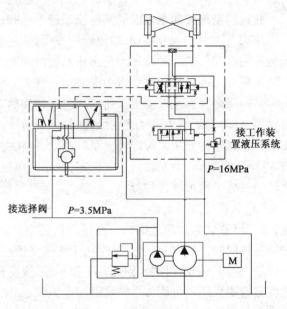

图1.2-24 BZZ3全液压转向器加流量放大阀系统

1.2.3.7 轮胎式装载机制动系统

1)制动原理

制动系统是用来对行驶中的轮胎式装载机施加阻力,使其行驶速度降低或停止的装置。它对装载机完成作业任务,提高生产效率及保证行驶的安全,起着很重要的作用。制动系统的制动能力主要取决于装载机轮胎与路面间的附着力,装载机质量及其在各轴的分配,制动器的结构形式和尺寸。

一个气推油制动系统通常包括:空气压缩机、油水分离器、储气筒、加力泵、气制动阀和钳盘式制动器等。制动系的布置可以分为单管路和双管路两种方案。所谓单管路系统,就是采用一套气推油驱动机构控制四个制动器,双管路则有两套管路,前后轮具有独立的气推油驱动机构。分别如图1.2-25和图1.2-26所示。

工作原理:发动机带动空气压缩机产生的高压气体,经油水分离器、气压调节器后进入储气筒。当踩下制动踏板时,高压气体由储气筒进入气制动阀,然后进入空气加力泵组,经加力缸产生较大的压力后,推动加力缸另一端的制动液再经油管进入各个车轮的盘式制动器,推动活塞夹紧制动盘,从而使车辆实施制动。抬起制动踏板时,气制动阀内的活塞切断高压气体通道,同时使阀内的气体与大气相通。加力泵组在弹簧力作用下回位,使制动管路内的制动液压力下降,从而解除制动。

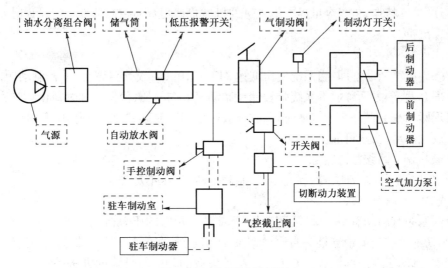

图 1.2-25 单管路制动系统图

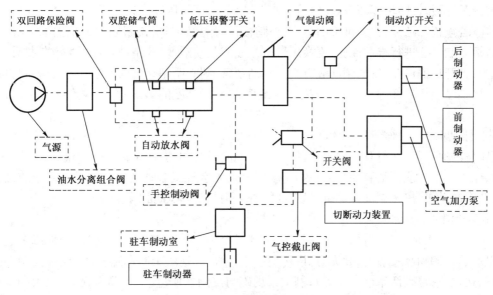

图 1.2-26 双管路制动系统图

2）驻车制动

驻车制动装置用于使装载机可靠而无时间限制地停驻在一定位置甚至斜坡上，它也有助于装载机在坡路上起步。驻车制动器应有的制动力矩可以按装载机的最大停坡度、整机结构参数和路面附着条件算出。

（1）驻车制动器

手制动器分钳盘式、蹄式、带式等。带式制动器结构简单、质量轻、维修方便，但外形大、不易密封，沾水沾泥后，制动效率显著下降，已逐渐被蹄式和钳盘式制动器取代。钳盘式手制动器与蹄式手制动器的优缺点：钳盘式制动器因结构露在空间，且圆盘旋转，有自动清除泥水的作用，因此沾水复原性远比蹄式制动器好；但钳盘式制动器受苛空间限制，手柄不能做太长，摩擦片与制动盘接触面积较小，所需制动力比蹄式制动器大。

（2）驻车制动操纵机构

目前的操纵机构分软轴式和气制动式两种。

①软轴式

软轴总成作为传统的曲柄连杆机构的替代产品，具有质量轻、柔性好、可弯曲、操作灵活、结构紧凑，安装方便,易于维护等特点,是当今世界上最先进的机械式远程双向控制部件。但设计时要尽量避免打弯以免造成操纵沉重。

②气制动式

其工作状态为放气制动。即:当系统气压低达240~310kPa;或管路破裂,手控制动阀能自动起跳,它一方面切断离合器,一方面释放本系统弹簧储能制动气室内气压,使储能弹簧对传动轴实施有效的紧急制动。当出现紧急情况或停车于坡度时,驾驶员拨起按钮同时起到以上的作用,使装载机能稳稳地停住。由于属于放气制动,安全可靠。

3)常见装载机制动系统故障排除

制动系统常见故障是:制动失效、制动跑偏、制动拖滞、气压不足等。

(1)制动失效

制动失效的原因有制动总泵失效,活塞卡死,不能产生足够的压力;制动油管内有空气;无制动液或制动液不足;制动油管破裂或油管接头漏油;加力缸活塞卡死或密封圈损坏;制动轮缸漏油;摩擦片沾有油污或磨损严重;制动钳液压漏油或活塞卡死。制动失效的判断与排除的方法是:当踏下制动踏板时,气压正常而制动踏板不动,则表示制动控制阀活塞卡死,应修理或更换活塞;若踏下制动踏板,踏板位置很低,再继续踩踏板时,踏板逐渐升高,但感觉制动踏板很软弱,制动效果不好,说明制动系统内有空气,应予以排除;若连接踩踏板,并有沉重的感觉,但踏板位置逐渐下降,说明制动系统漏油,应进行检查维修,必要时拆卸制动器进行维护保养,更换矩形密封圈或制动活塞;若制动系统中的空气排除后,制动踏板还是无力,打开加油口盖,发现制动液有剧烈翻动现象,则表明制动泵内的制动力皮碗变形或损坏,应进行检查,更换已损坏的部件;当制动摩擦片厚度磨损至原厚度的1/3时,应更换摩擦片,防止损坏制动盘。

(2)制动跑偏

制动跑偏的原因是:在行驶过程中,两侧车轮不能同时被制动,使车辆向一边偏斜,总有一侧制动失灵。这时,摩擦片上可能会沾有油污或一侧制动器内进入空气或制动活塞被卡死。由于装载机制动系统中都有两个制动泵,出现制动跑偏时,只需要检查个别制动器就可以了。

(3)制动拖滞

制动拖滞的原因是:制动后抬起制动踏板,全部或个别车轮仍产生制动踏板,全部或个别车轮仍产生制动作用,造成制动盘发热,行驶无力,俗称"抱刹车"。这是由于制动踏板回位不良(制动控制阀活塞回位弹簧过软或折断、活塞被卡死等),制动泵皮碗与皮圈发胀,使回位弹簧无力,以及制动器活塞不回位等造成的。排除方法是,装载机行驶一段路程后,用手触摸各车轮制动盘,若个别制动盘发热,则表明故障在该轮的制动器上,若前或后两个车轮的制动盘同时发热,则表明故障出在该车轮的制动泵上,应对制动泵进行检查维修。对于个别制动盘发热的现象,检查时应先松开制动器的放气螺钉,若制动液急速喷出,活塞回位,则可认定为油管堵塞,应对制动管路进行疏通;若制动活塞仍不能回位,则应拆下制动器进行维修。

(4)气压不足

由气压不足引起的制动故障,表现为气压表达不到规定的气压值(0.45~0.70MPa)。当踏下制动踏板时,制动无反应。原因是,储气筒内气体无压力或压力太低,不足以推动加力泵组产生制动力。对此,首先应通过压力表检查气压,确认正常后,再仔细倾听各气管或气管接头是否漏气,如果有漏气,要及时排除。若气路畅通且无漏,则应依次检查空压机、气压调节器,必要时修理或更换相应部件。

1.2.3.8 轮胎式装载机电气系统

装载机电气设备是装载机的重要组成部分,它供给装载机使用的电源,保证发动机的起动点熄火,以及全车照明和其他辅助设备的工作。它对提高装载机的机动性、经济性、安全性起着重要的作用。

1)装载机电气设备组成

装载机电气设备可分为电源和用电两大部分。

(1) 电源部分

电源部分包括蓄电池、发电机和调节器。

①蓄电池。当发电机不工作或转速较低时，其电压低于蓄电池电压，由蓄电池向全车用电设备供电。当用电设备接入较多，使发电机超负荷时，可协助发电机向外供电。它是装载机上供给起动机电流的唯一电源。

②发电机。当发电机达到一定转速时，其电压高于蓄电池电压，由发电机向全车用电设备（起动机除外）供电，并向蓄电池充电。它是装载机运行过程中的主要电源。

③调节器。用以调节发电机的最高电压。对于直流调节器，还能限制发电机的最大输出电流和控制发电机和蓄电池之间电路的接通和断开，使蓄电池和发电机两个电源能够协调工作，以保证各用电部分的正常工作。

(2) 用电部分

用电部分包括起动装置、熄火装置、照明装置和辅助装置。

①起动装置。由蓄电池供电，起动机将电能转变为机械能带动发动机曲轴旋转，使发动机完成进气、压缩和点火等过程，从而启动发动机。

②熄火装置。由熄火电磁泵带动油门动作，切断发动机的供油装置，迫使发动机自动熄火。

③照明与信号装置。保证装载机行车安全，由前照灯、前后工作灯、前后示宽灯、车内照明灯、雾灯、转向灯、制动灯、倒车灯等组成。

④辅助装置。包括各种电气仪表、信号装置及其他各种辅助设备，用以指示发动机的工作情况，提高装载机使用中的安全性、经济性和舒适性。

装载机电气设备组成的概况可表示如图 1.2-27 所示。

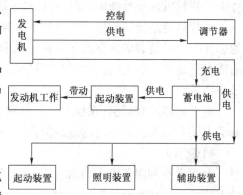

图 1.2-27 装载机电气设备组成的概况

2) 装载机电气设备的特点

(1) 低压：采用 24V 低压电源，柴油车的电压之所以比汽油机高的原因是柴油机的压缩比高，而且燃烧方式为压燃式，要求起动机的功率大，同等电流情况下则需要电压高一些。

(2) 直流：蓄电池是直流充电，故使用直流起动机；发电机发电后经自身整流器整流为直流电，决定了整个电气系统采用直流系统。

(3) 单线制：电源到用电设备采用一根导线连接，而用金属机件作为另一根公共回路线，负极搭铁。

(4) 用电设备并联：当某一支路用电设备损坏时，不影响其他支路用电设备正常工作。

1.2.4 选型原则与步骤、主要参数计算

1.2.4.1 装载机的主要技术性能

装载机整机主要技术性能包括：发动机功率、斗容、载质量、牵引力、铲起力、车速、最大爬坡度、最小转向半径、卸载高度与卸载距离、铲斗倾卸角、动臂上升和下降及铲斗前倾时间。下面分别叙述其包括的内容及定义。

1) 发动机功率

国产装载机只给出柴油机的额定功率，额定功率是在 760mmHg 高的大气压力，周围温度 20℃ 和相对湿度 60% 的条件下，配备燃油泵和润滑油泵等附件，柴油机在额定转速时所测定的功率，也称为车辆总功率。发动机飞轮功率是指在上述条件下除配备有上述附件外，另配备有水泵、发动机风扇、发电机、空气压缩机及空气滤清器时所测得发动机额定转速时飞轮上实有功率。

2) 斗容

装载机的斗容可分为几何斗容和额定斗容两种。几何斗容是指铲斗平装时由斗刃刃口与挡板(当铲斗装有挡板时)或斗背(当铲斗不装挡板时)最上部的连线 CD 与铲斗横断面内壁轮廓线所围成的面积(图1.2-28)乘以铲斗内壁宽 B_k 所得的容积,以符号 V_k 表示。几何斗容也称为平装斗容。图中 h 为挡板高度,DF 为斗刃。

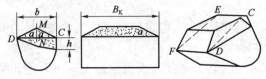

图1.2-28 铲斗斗容

额定斗容是指铲斗四周以 1/2 的坡度堆积物料时(料堆坡面线 MD 与斗刃刃口和挡板最上部的连线 CD 间的夹角 α 为:$\tan\alpha = \dfrac{MN}{DN} = \dfrac{1}{2}$),由料堆坡面与铲斗内轮廓之间所形成的容积。额定斗容又称为名义堆装斗容,以符号 V_H 表示。

一般未特殊注明是几何斗容或额定斗容时,都是指的额定斗容。

3) 额定载质量

装载机的额定载质量(或额定载荷)是装载机在满足以下三条件:装备一定规格铲斗;最大行驶速度不超过 6.5km/h;在硬的、光滑的、水平地面上工作,保证装载机必要的稳定性时,它所具有的最大载重能力。轮式装载机的额定载质量的最大值不应超过其倾翻载荷的 50%,对于履带式装载机不应超过 35%。装载机在不行驶铲掘时,可以高于额定载质量。

倾翻载荷是指装载机停在硬的水平地面上;带有标准使用质量(即油箱注满,驾驶员 80kg 和带有其他标准附件时装载机自重),铲斗翻起到装满位置,动臂举升过程中,使铲斗动臂间铰销中心与车体最前部水平距离在最大的位置,装载机后轮离开地面而绕着前轮与地面的接触点向前翻倒时,在铲斗中的最小质量。

对于铰接式装载机,在技术性能里除了标明在直线位置时的倾翻载荷外,还必须标明它的前车架相对后车架在最大回转角时的倾翻载荷值,它比装载机在直线位置时的倾翻载荷要小。

4) 牵引力

牵引力受到附着重力与附着系数之积的限制。附着系数与路面、轮胎有关。附着重力是指驱动车轮上所承受的那部分装载机重力。对于四轮驱动的装载机它的全部重力为附着重力。因此欲想得到较大的牵引力,除了采用四轮驱动的结构外,装载机尚须有足够的自重。

装载机铲斗插入料堆的插入力是装载机的重要技术性能,它与牵引力是密切联系在一起的,所以一般在技术规格中只标注出牵引力。插入力是指装载机铲掘物料时,在铲斗斗刃上产生插入料堆的作用力。对于靠装载机的行走来进行铲掘的装载机,在平坦地面匀速行驶且不考虑空气阻力时,其插入力等于牵引力。对于装载机停止运动,用液压油缸进行插入的结构,如插入力小于装载机与地面的静摩擦力时,其插入力取决于完成插入作用的油缸推力。

单位斗刃的插入力,是指装载机铲斗一厘米斗刃长度上所产生插入料堆的作用力,也称为比切力。牵引力越大,铲斗宽度越小,则比切力越大。比切力可以作为装载机铲斗插入料堆能力的指标,比切力大,说明插入料堆能力强。近年来装载机的比切力的数值也在不断地提高。

额定载质量在 4~6t 的轮式装载机,它的比切力一般在 30~50kg/cm 左右,对于载质量小的装载机其比切力要小一些,而对于大型装载机比切力远远高于上述值。例如斗容为 $5m^3$ 载质量 10t 的 KLD – 100 装载机比切力为 75kg/cm。

5) 铲起力

铲起力是指在一定的条件下,当铲斗绕着某个规定的铰接点回转时,作用在铲斗斗刃部一定距离处的垂直向上的力。它决定了铲斗绕这个规定的铰接点回转时的动臂举升(当铲斗绕着动臂与支架的铰接点回转时)或铲斗翻起(当铲斗绕着铲斗与动臂的铰接点回转时)的能力。

装载机的铲起力是指在下述条件下,当铲斗绕着某一规定的铰接点回转时,作用在铲斗斗刃后面 100mm 处的最大垂直向上力。

(1)装载机停在硬的水平地面上。

(2)装载机装备标准使用重力。

(3)铲斗斗刃的底部平放在地面上,它在地面上下的偏差不超过±25mm。

对于斗刃部形状不是直线形的铲斗(如V形铲斗)的铲起力是指从斗刃的最前面一点的位置度量,其后100mm处的垂直向上的力。

如果在铲斗举升或转斗过程中,引起装载机后轮离开地面,则垂直作用在铲斗上述位置,使装载机后轮离开地面所需的力就是它的铲起力。

6)车速

应满足装载机铲掘工作时的速度和运输时的速度,一般要给出前进各挡和倒退各挡速度。

7)最大爬坡度

一般能达到25°～30°,但装载机实际很少在25°以上的坡度上行驶和工作,因为在那样的坡度上驾驶员会产生恐惧感。最大爬坡度是标志装载机的爬坡能力,它常常是用计算方法得到的,而装载机生产出来以后,再通过试验进行验证。

8)最小转向半径

最小转向半径是指最外侧车轮(一般是装载机后轮)纵向对称面的最小转向半径,在装载机的规格中有时给出车体最外端(如铲斗或发动机罩)的转向半径。

9)铲斗的卸载高度与卸载距离

铲斗卸载高度是在铲斗倾卸角为45°时,铲斗斗尖离地高度见图1.2-29。

铲斗卸载距离是在铲斗倾卸角为45°时,铲斗斗尖与装载机前面外廓部分(对于轮式装载机一般是指前轮胎,对于履带式装载机是指散热器罩)之间的距离。

在装载机技术规格里一般给出最大卸载高度H_{max}及在最大卸载高度时的卸载距离S,并给出最大卸载距离S_{max}及在最大卸载距离时的卸载高度H。

最大卸载高度H_{max}是指动臂在最大举升高度和铲斗底面与水平成45°角时的卸载高度。最大卸载距离S_{max}是指铲斗底面与水平成45°角时,斗尖与装载机最前端外廓部分间的距离。国外也有标出在某一规定的卸载高度时的卸载距离。例如卡特皮勒公司制造的装载机一般均标有在卸载高度为2130mm时的卸载距离。

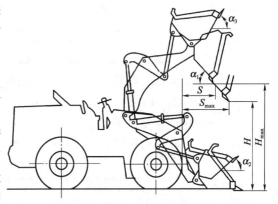

图1.2-29 铲斗卸载高度与卸载距离

10)铲斗的倾卸角

铲斗在卸载时斗底与水平面的夹角α_1,此角在不同的卸载高度时是不同的,但应使装入铲斗中的物料能全部卸出,允许铲斗在卸料时进行几次抖振以抖掉粘在铲斗上的物料,通常取α_1为50°左右,且在任何提升高度时不应小于45°。

另外在装载机规格中尚标出铲斗的后倾角,即铲斗在地平面位置装满后将铲斗翻起,并提升到运输位置,其斗底与水平面间夹角α_2,而且标出在最大举升高度时的后倾角α_3。

11)动臂提升下降及铲斗前倾时间

动臂上升下降和铲斗前倾的时间与装载机的生产率有着密切的关系。

1.2.4.2 装载机铲掘时的作业阻力

装载机在进行铲掘作业中的作业阻力主要是:铲斗插入料堆时的插入力,提升动臂时的铲起力,翻起转斗时的转斗阻力矩。影响这些阻力的因素很多,例如铲掘的物料种类、铲斗的形状、铲斗插入的深度等。而铲掘的物料种类又是多种多样的,可能是土、砂石,也可能是各种块度的矿石,因此在这些复杂因素影响下,难以准确地计算出装载机铲掘时的作业阻力。为确定这些阻力,则通过铲掘散状物料试验的办法得出经验公式和多种系数进行计算,下面分别计算装载机在铲掘散状物料时的各种阻力。

1)插入阻力

插入阻力是装载机铲斗插入料堆时,料堆对铲斗的反作用力。插入阻力分别由以下阻力组成:铲斗前切削刃口和两侧壁切削刃口的阻力,铲斗底和侧壁内表面与物料的摩擦阻力,铲斗外表面与物料接触时的摩擦阻力。这些阻力与物料的类型、料堆的高度、铲斗插入料堆的深度、铲斗的结构等因素有关。由试验得知,随着铲斗插入料堆深度的增加,插入力随指数稍大于1的抛物线而增长,推荐用下面的经验公式计算:

$$P_G = 10K_1K_2L_G^{1.25}B_KK_3K_4 \tag{1.2-1}$$

式中:P_G——铲斗插入阻力,N;

K_1——取决于被铲掘物料的块度和松散程度的影响系数;对于松散较好的物料:块度 < 300 mm 时,$K_1 = 1.0$;块度 < 400 mm 时,$K_1 = 1.1$;块度 < 500 mm 时,$K_1 = 1.3$;如物料松散程度较差,上述各值增大 20%~40%;对于细粒料(如砾石等),$K_1 = 0.45~0.5$;对于小块物料,$K_1 = 0.75$;

K_2——物料种类(容积重度)的影响系数,见表 1.2-3;

散状物料种类影响系数 K_2 表 1.2-3

散状物料种类	容积重度(kN/m²)	系数 K_2	散状物料种类	容积重度(kN/m²)	系数 K_2
河砂	16~18	0.12	泥页岩	265	0.10
黏土	18~20	0.10	砂石	26	0.12
炉渣	8~10	0.07	花岗岩(细粒)	27.5	0.14
煤	12~13	0.08	矿石	36~38	0.17
石灰石	26	0.10	矿石	42~45	0.25

L_G——铲斗插入料堆深度,cm;在一次生产掘法时,取 0.7~0.8 斗底长度;在配合铲掘法时,取 0.25~0.35 斗底长度;

B_K——铲斗宽度,cm;

K_3——散状物料料堆高度影响系数,见表 1.2-4;

散状物料料堆高度影响系数 K_3 表 1.2-4

料堆高度(m)	0.4	0.6	0.8	1.2	1.1
K_3	0.55	0.80	1.00	1.10	1.15

K_4——铲斗形状系数,一般在 1.1~1.8 之间。

斗型系数由下式计算确定:

$$K_4 = K'_4 K''_4 K'''_4$$

$$K'_4 = 1.05 \frac{\alpha_f + \alpha_o - 45}{120}$$

$$K''_4 = 1.2 - 0.2\frac{B_K}{R} + K_t$$

$$K'''_4 = (0.65 \sim 0.15)\alpha_o$$

式中:K'_4——铲斗侧壁影响系数;

α_f——铲斗侧壁前缘的倾角,°;

α_o——铲斗底板与地面倾角,°;

K''_4——铲斗底板前刃及斗齿影响系数;

B_K——铲斗宽度,m;

R——铲斗底板前刃的圆弧半径,m;

K_t——斗齿影响系数。齿距 30~50cm 时,K_t=0.05;齿距 15~20cm 时,K_t=0.15;齿距 10~12cm 时,K_t=0.25;无齿时,K_t=0.35;

K'''_4——铲斗底板相对于地面倾斜角度影响系数。

2) 铲起阻力

铲起阻力是指铲斗插入料堆一定深度后,用动臂油缸提升动臂时,料堆对铲斗的反作用力。

铲斗插入料堆 L_c 深度后,用动臂提升铲斗,铲起阻力由铲斗斗底插入料堆深度 L_c 和铲斗宽度 B_K 所确定的矩形面积上的物料所决定。

铲起阻力同样受到物料的块度、松散性、容积密度、温度、湿度、物料之间及物料与斗壁之间的摩擦影响。最大的铲起阻力发生在铲斗刚刚开始提升的时刻,随着动臂的提升,铲起阻力逐渐减小。

铲斗开始提升时的铲起阻力 P_α 可按下式确定:

$$P_\alpha = 22 L_G B_G K_t \tag{1.2-2}$$

式中:L_G——铲斗插入料堆深度,m;

B_K——铲斗宽度,m;

K_t——铲斗开始提升时物料的剪切阻力,Pa。

剪切阻力需通过试验确定,如对块度 100~300mm 的已松散岩石(花岗岩),K_t 值如表 1.2-5 所示。已松散岩石的平均剪切阻力 K_t 可取为 35Pa。

铲斗开始提升时物料的剪切阻力　　　　　表 1.2-5

铲斗宽度(m)	0.75	1.00	1.25	1.50
剪切阻力 K_t(kPa)	40	35	34	33

在计算时可近似认为 P_α 作用在铲斗斗尖后 100mm 处。

3) 转斗阻力矩

转斗阻力矩是当铲斗插入料堆一定深度后,用转斗油缸使铲斗向上翻起时,料堆对铲斗的反作用力矩。

当用翻转铲斗来铲掘物料时,如不考虑铲斗翻转的角加速度,在铲斗翻起最开始时刻静阻力矩 M'_0 占据最大值,以 M_0 表示,而当铲斗继续回转时,M'_0 占的数值迅速减小,回转到 α_0 值时,即铲斗底板前缘开始离开料堆坡面,这时静阻力矩为 M_0,仅由铲斗中物料质量来决定。翻起铲斗的静阻力矩 M'_0 随铲斗翻转角 α 的变化规律,如图 1.2-30 所示曲线,M_0 表示开始转斗时刻的静阻力矩,这时铲斗翻转角 $\alpha=0$,M_0 表示铲斗离开料堆时静阻力矩,这时铲斗翻转角 $\alpha=\alpha_0$。

(1) 转斗时静阻力矩的确定

从图 1.2-30 中可见,在开始翻斗时,需要克服的阻力矩 M_0 是最大静阻力矩(或称铲斗初始静阻力矩),它与插入阻力 P_0 之间有下面的函数关系,

$$M_0 = 11 P_0 \left[0.4 \left(x - \frac{1}{3} l_0 \right) + y \right] \tag{1.2-3}$$

式中:P_0——开始转斗时的插入阻力,按式(1.2-1)计算,kN;

l_0——铲斗插入深度,m;

x——铲斗回转中心 O 与斗刃的水平距离,m,如图 1.2-31 所示;

y——铲斗回转中心 O 与地面的垂直距离,m,如图 1.2-31 所示。

如果铲斗回转中心 O 离地面较低时,即 $y \leqslant 0.2l$(l 为铲斗底板长度)则式(1.2-3)简化为下式:

$$M_0 = 4.5 P_0 \left(x - \frac{1}{3} l_0 \right) \tag{1.2-4}$$

(2) 转斗时总阻力矩

在翻转铲斗时,除了受到物料的初始静阻力矩之外,还受到铲斗自重的阻力矩,故初始转斗时的总阻力矩为:

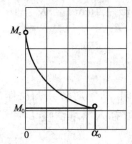

图 1.2-30 铲斗静阻力矩与铲斗翻转角间的关系

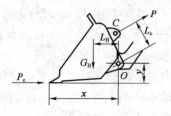

图 1.2-31 铲斗回转时受力图

$$M = M_0 + G_B l_B \quad (1.2\text{-}5)$$

式中：M——总阻力矩，kN·m；

M_0——初始转斗静阻力矩，kN·m；

G_B——铲斗自重，kN；

l_B——铲斗重心到铲斗回转中心的水平距离，m，如图 1.2-31 所示。

(3) 作用在铲斗连杆上的力

当转斗时作用在铲斗连杆与铰销 C 处的力 P 为：

$$P = \frac{M}{l_c} (\text{kN}) \quad (1.2\text{-}6)$$

式中：M——总阻力矩，由式(1.2-5)确定，kN·m；

l_c——P 力的作用线与铰销轴线 O 间的垂直距离，m。

当铲斗斗刃离开料堆坡面时，铲斗只受到自重和铲斗中物料所形成的阻力矩，其数值远远小于上面计算的数值。

综上所述的三种阻力，即插入阻力、铲起阻力和转斗阻力矩，并不是在任何情况下都同时存在的，而是随着铲掘方法不同，单独或同时呈现各种阻力。

例如，采用铲斗一次插入，这时只存在插入阻力 P_0，插入停止后，用转斗油缸翻起铲斗时，只存在转斗阻力矩 M_0，两种阻力并不是同时存在。而在铲斗插入的同时进行提升动臂的配合铲掘时，则同时存在插入阻力及铲起阻力。假如铲斗插入运动的同时，又配合铲斗的翻转和提升动臂运动，那么三种阻力同时存在。

应该指出，采用后面所述的配合运动铲掘时，虽然同时存在着两种或三种阻力，但实际上所受的总阻力往往要比铲斗一次插入铲掘时阻力小得多，这主要是因为一次插入铲掘欲装满铲斗几乎需要插入全部斗底长度，而配合运动铲掘只需插入全部斗底长度的一半左右就可以装满铲斗，这样就使配合运动铲掘的总阻力大大降低。

1.2.4.3 装载机总体参数的选择

装载机总体参数主要包括：发动机功率、工作装置油泵功率、载重力、斗容、装载机自重、车速、牵引力、铲起力、提臂和转斗时间、轴距、轮距、铰销位置（铰接式转向）、重心位置或轴荷分配、最大卸载高度、卸载距离、最小转向半径、轮胎尺寸、整机外形尺寸等。

1) 装载机的载重力

装载机通常是与自卸卡车配合作业，为了保证一定的生产率，一般推荐装载机以 3~5 铲装满一卡车，因此装载机的载重力 Q 可根据与它相配合作业的自卸卡车载重力而定。

2) 铲斗额定斗容量

铲斗额定斗容量 V_R 用下式计算：

$$V_R = \frac{Q}{\gamma} (\text{m}^3)$$

式中：Q——额定载重力，kN；

γ——物料的容积重度，kN/m^3。

对于铲取不同物料时的容积重度 γ 不同，则铲斗容量也就不同。按斗容分成三类：

(1) 正常斗容，是用来铲装容积重度 $14\sim16kN/m^3$ 的物料，例如砂、砾石、碎石、松散泥土或泥等。

(2) 加大斗容的铲斗，其斗容一般为正常斗容的 $1.4\sim1.6$ 倍，用来铲装容积重度 $10kN/m^3$ 左右的物料，例如煤等。

(3) 减小斗容铲斗，为正常斗容的 $0.6\sim0.8$ 倍，用来铲装重度大的物料，例如矿石等。

对于作业范围广泛的装载机可按正常斗容铲斗计算，取 $\gamma=16kN/m^3$。

额定斗容即名义堆装斗容。初步计算几何斗容（即平装斗容）V_K 时，可认为 $\dfrac{V_R}{V_K}=1.2$，故几何斗容为：

$$V_K = \frac{V_R}{1.2} = \frac{Q}{1.2\gamma}(m^3) \tag{1.2-7}$$

当装载机铲装较轻物料（重度小）时，所需铲起力小，可配用加大斗容铲斗。而当铲装较重物料（重度大）时，所需铲起力较大，则配用减小斗容铲斗。

3) 装载机的自重

现代装载机一般均为四轮驱动，而它的附着重力，是指驱动车轮上所承受的装载机自重。故现代装载机的附着重力就等于它的自重。

装载机靠行进将铲斗插入料堆，认为它在水平地面工作且不考虑惯性力的作用，欲要克服插入阻力 P_σ，要求装载机车轮上能发出的驱动力 $P_{K_{max}}$ 为：

$$P_{K_{max}} = P_\sigma + Wf \tag{1.2-8}$$

式中：W——装载机的使用重力，N；

f——轮胎与地面的滚动阻力系数；

Wf——装载机的滚动阻力。

但驱动力 $P_{K_{max}}$ 是受车轮与地面的附着条件所限制，即装载机的最大驱动力等于其附着力与滚动阻力的和。

$$P_{K_{max}} = W_自\varphi + Wf \tag{1.2-9}$$

式中：$W_自$——装载机的附着重力（即四轮驱动时的自重），N；

φ——轮胎与地面的附着系数。

由式(1.2-8)与式(1.2-9)得：

$$W_自\varphi = P_\sigma$$

装载机的自重为：

$$W_自 = \frac{P_\sigma}{\varphi}(N) \tag{1.2-10}$$

式中：φ——附着系数，取为 $0.70\sim0.80$；

P_σ——铲斗的插入阻力，N，按式(1.2-1)计算。

在按式(1.2-1)计算 P_σ 时，铲斗宽度 B_K 按比较法确定，插入料堆深度 L_σ 取斗底直线部分的长度。但按式(1.2-1)计算出的 P_σ，因系数选取的不同会有较大的差异，故可用统计现有装载机的比切力的范围，使 $\dfrac{P_\sigma}{B_K}$ 等于某一选定的比切力，从而可以得到 P_σ 的数值，用这样的方法可以作为式(1.2-1)计算插入阻力 P_σ 的辅助方法。一般 $40\sim60kN$ 载重力的装载机比切力约为 $300\sim500N/cm$，例如 ZL50 装载机的比切力为 $410N/cm$，但大型装载机的比切力更大一些，例如斗容 $5m^3$、载重力 $100kN$ 的 KLD-100 型装载机比切力为 $750N/cm$。应指出，近年来装载机除承担装载工作外，还进行轻度的挖掘工作，尤其在矿场，由于工作的艰巨，所以也要求比切力更大一些。

通过对装载机自重的讨论说明：要达到较大的比切力(可视为装载机的最大牵引力)，一方面取决于装载机要有足够的自重，但自重过大，又会影响装载机的动力性能，因此，有时为得到足够的附着力，可采用向轮胎内充液的办法来达到；另一方面采用合理的轮胎胎面花纹以提高轮胎与地面的附着系数φ，也可得到较大的比切力。

4) 车轮上的驱动力

按式(1.2-8)，装载机在水平地面作业时，车轮上最大驱动力为：

$$P_{K_{max}} = P_\sigma + Wf \quad (N)$$

5) 发动机功率的选择

装载机发动机的功率可以根据装载机的牵引工况和运输工况确定。

(1) 牵引工况

装载机在水平地段等速牵引作业时所需发动机的功率(扣除发动机辅助装置的功率损失后，发动机的输出功率)N_{e1}为：

$$N_{e1} = \frac{P_{K_{max}} v_{min}}{270 \cdot \eta'_\Sigma} + \sum N_泵 \tag{1.2-11}$$

式中：$P_{K_{max}}$——轮式行走装置发出最大驱动功率时的驱动力，N；

v_{min}——与$P_{K_{max}}$对应的最低牵引车速，km/h；

η'_Σ——液力机械传动系的总传动效率，可取$\eta'_\Sigma = 0.7 \sim 0.74$；

$\sum N_泵$——工作油泵(空载)、变速油泵(满载)、转向油泵(空载)消耗的功率总和，hp。

$P_{K_{max}}$可按下式确定：

$$P_{K_{max}} = [0.7(\varphi_{max} - f) + f]W = \varphi_计 W \tag{1.2-12}$$

式中：$\varphi_计$——发出最大驱动功率时的附着系数；

φ_{max}——车轮滑转达到许用滑转率时的最大附着系数；

f——滚动阻力系数；

W——装载机使用重力，N。

对于密实土(最佳湿度)，$\varphi_{max} = 0.9$，$f = 0.05$，则$\varphi_计 = 0.7(\varphi_{max} - f) + f \approx 0.65$，一般可取$\varphi_计 = 0.6 \sim 0.65$。

(2) 运输工况

装载机在水平良好土路上等速行驶时所需的发动机功率N_{e2}为：

$$N_{e2} = \frac{P_{K_{min}} v_{max}}{270 \cdot \eta_\Sigma} + \sum N_泵 \quad (kW) \tag{1.2-13}$$

式中：$P_{K_{min}}$——在水平良好土路上行驶的行驶阻力，N；

v_{max}——在水平良好土路上等速行驶的最大速度，km/h；

η_Σ——液力机械传动系总效率，一般变矩器上带有闭锁离合器，在良好路面行驶时，闭锁离合器结合，故可认为这时传动系统是机械传动系，取$\eta_\Sigma = 0.85 \sim 0.88$；

$\sum N_泵$——变速油泵(满载)、转向油泵(空载)、工作油泵(空载)消耗的功率总和，kW。

$P_{K_{min}}$可按下式计算：

$$P_{K_{min}} = W\psi_{min} + \frac{KFv_{max}^2}{3.6^2} \tag{1.2-14}$$

式中：ψ_{min}——在水平良好土路上行驶时的路面阻力系数，$\psi_{min} = 0.025 \sim 0.035$；

K——车辆行驶时的流线型系数，$K = 0.06 \sim 0.07$；

F——车辆正面投影面积，m^2。

根据两种工况确定的N_{e1}和N_{e2}，取较大值来选择发动机，并应符合发动机的系列标准。装载机的自重、功率、斗容之间的关系，统计在表1.2-6中供整体参数选择与计算时的参考。

装载机参数关系 表1.2-6

参数关系	轮胎式		履带式		单位
单位自重功率	日 美	11 11	日 美	7.5 9.5	hp/kN
单位斗容功率	日 美	70 90	日 美	70 90	hp/m³
单位斗容自重	日 美	6.5 10	日 美	8.5 15	kN/m³

6) 装载机作业速度

装载机作业时行进速度以 3~4km/h 为宜。超过该速度会引起滑转的增加,延长装满铲斗的时间,增加驾驶员的疲劳和降低装载机的作业效率。在装有液力机械传动装载机中,作业排挡传动比的选择应使得:在耦合器工况时装载机的运动速度为 6.5~8km/h,而在变矩器工况最高效率区时的装载机运动速度为 3~4km/h。轮式装载机的最大行驶速度 $v_{max}=30\sim40$km/h。

7) 装载机动臂提升、下降及铲斗前倾时间

为提高装载机的生产率,希望动臂提升、下降及铲斗前倾时间要短(但动臂提升时间主要受到作业泵功率的限制,动臂下降与铲斗前倾受到加速度太大产生冲击和油缸上腔产生真空的限制),一般为:动臂提升时间为 6~9s;动臂下降时间为 3~6s;铲斗前倾时间 1~2s。

8) 铲起力

作用在铲斗切削刃上,由转斗油缸或动臂油缸发出的铲起力 F 根据稳定性确定,初算时根据额定载重力 Q 近似确定:

$$F = (1.8 \sim 2.3)Q \quad (1.2\text{-}15)$$

如装载机的动臂装有支撑撬,则由转斗油缸发出的铲起力 F',可用下式初步计算:

$$F' = (2.0 \sim 3.0)Q \quad (1.2\text{-}16)$$

9) 铲斗最大卸载高度

动臂在最大举升高度,前倾的斗底与水平夹角45°时,斗尖距离地面高度,称最大卸载高度 H_{max}。铲斗的最大卸载高度是根据装载机的结构形式和与它配合作业的运输车辆来确定。

$$H_{max} = h + \Delta h \quad (1.2\text{-}17)$$

式中:h——运输车辆侧箱板高度;

Δh——考虑满载时装载机轮胎变形,致使铲斗离地间隙下降等原因,斗尖与车箱板间保留的必要间隙,取为 0.4~0.6m。

10) 最大卸载高度时的卸载距离 S

在最大卸载高度时铲斗斗尖距装载机前轮的水平距离,按下式计算:

$$S = \frac{B_T}{3} + \Delta b \quad (1.2\text{-}18)$$

式中:B_T——与装载机相配合作业中最大运输车辆车箱宽度;

Δb——根据安全作业,在装载机卸载时装载机前轮与运输车辆之间所保持必要的距离,取 $\Delta b \geq 0.2$m。

11) 后倾角及卸载角

运输位置时铲斗后倾角(斗底平面与水平面夹角),推荐为 40°~46°。在动臂提升过程中允许铲斗进一步后倾15°。铲斗在最大卸载高度的卸载角不应小于45°,并且保证在任何卸载高度时不应小于45°。

12) 最小离地间隙

为使装载机能够无碰撞的越过石块、树桩等障碍物的能力,规定装载机最小离地高度,这是通过性

的一个标志。一般装载机最小离地间隙不小于350mm。

13）轴距 L

轴距是装载机总体设计中的主要尺寸之一，一般是用比较法初步选取，然后通过绘制总布置图，才能准确地选定轴距。

轴距 L 的改变主要影响以下三方面性能：

（1）轴距增长如其他条件不变时，最小转弯半径 R_{min} 增加。

（2）轴距增长，提高装载机的纵向稳定性。

（3）轴距增长，相应的车架、传动轴等都要增长，所以装载机自重增大。

14）轮距 B

大部分装载机前后轮距相同，且前后轮用相同的轮胎。

（1）轮距增加，提高装载机横向稳定性，但最小转弯半径 R_{min} 增加。

（2）轮距增加会造成铲斗宽度的增加。因为在作业中要保护轮胎不被碰伤，一般铲斗要比轮胎最外缘宽出 50~100mm（单侧），所以轮距增加，铲斗宽度必然相应加宽，这样将降低单位斗刃长度上的插入力。设计中尽可能希望轮距小些。

15）装载机桥荷分配

前端式装载机因铲斗满载时使前后桥负荷发生极大的变化，即前桥负荷增加，后桥负荷降低，甚至在因铲掘物料，后轮离地的瞬时，后桥负荷为零，前桥负荷可达到将近装载机使用重力的一倍半左右。为使作业过程中前桥负荷不要太大，因此要求空载时前桥负荷要小些，后桥负荷大一些，而满载时恰恰相反。

铰接式装载机空载时：

（1）前桥负荷占装载机自重的 35%~56%，平均为 47%。

（2）后桥负荷占装载机自重的 44%~65%，平均为 53%。

（3）铰接式装载机满载时前桥负荷可达 70%~82%。

后轮转向的装载机空载时：

（1）前桥负荷占装载机自重的 34%~45%。

（2）后桥负荷占装载机自重的 55%~66%。

空载时的桥荷，是指铲斗后倾装载机驶入角等于 15°时的运输状态下装载机的桥荷。满载时的桥荷是指铲斗中载荷为额定载重力时的桥荷。

1.2.4.4 装载机的稳定性

装载机的稳定性是指装载机在作业中抗倾翻的性能，它是装载机的重要使用性能之一。计算装载机的稳定性，必须预先知道它的重心所在位置，所以一般是在样机制造出来以后，用试验的方法测定出重心位置，然后校验它的稳定性。

装载机在作业中行驶速度较低，故在校验其稳定性时，略去它在弯道行驶的离心力、制动时的惯性力以及加速度，因此就简化为装载机在静止状态下的稳定性问题。

1）稳定性的评价指标

按装载机的工作情况来分：一种是装载机位于水平地面，因其铲斗在四轮支承平面之外，故在铲斗中载荷作用之下有使整机倾翻的趋势，我们用失稳比来评价这种在水平地面上由于外力（或外载荷）作用下的稳定性问题；另一种情况是装载机位于坡道上，随着坡道角度的增大，使得通过装载机重心的铅垂线超出支承面之外而造成倾翻，我们用稳定度来评价装载机在坡道上的稳定性问题。

按装载机倾翻方向，稳定性又可分为：纵向稳定性和横向稳定性，即表示装载机在纵向和横向抗倾翻的性能。

（1）失稳比

装载机在外力或外载荷作用下产生倾翻力矩，在此力矩作用下有使其倾翻的趋势，将该倾翻力矩

$M_翻$ 与装载机的稳定力矩 $M_稳$ 相比,称为失稳比 K,用来衡量装载机位于水平地面上在外力或外载荷作用下的稳定性。

$$K = \frac{M_翻}{M_稳} \quad (1.2\text{-}19)$$

图 1.2-32 所示为装载机铲斗满载时的重心 q(视为铲斗几何中心)与动臂车架之间的铰销连线在水平位置的示意图,在该位置铲斗中载荷与车体前部(一般是前轮)距离最大,其失稳比为:

$$K = \frac{Ql}{WL_1} = \frac{Ql}{W_2 L} \quad (1.2\text{-}20)$$

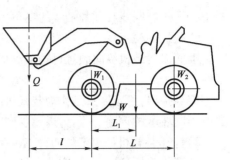

图1.2-32 失稳比计算示意图

式中:Q——铲斗中载荷重力;
l——Q 的重心与前轴的水平距离;
W——无负荷时装载机自重(即装载机使用重力,简称空载机重);
W_2——无负荷时装载机动臂平伸位置的后桥荷重;
L_1——装载机空载时,重心距前轴的水平距离;
L——轴距。

失稳比 $K<1$ 时,说明倾翻力矩小于稳定力矩,则装载机稳定;$K>1$ 时,说明装载机不稳定。当 $K=1$ 时,恰处于临界倾翻状态。装载机在图 1.2-32 所示位置,规定在额定载荷 Q 作用下纵向失稳比 $K \leqslant 50\%$。

对全回转式装载机尚有横向失稳比问题,在此不再加以讨论。

(2)稳定度

装载机停在或行驶在坡道上,过重心的重力作用线如果超出支撑面[图 1.2-33a)],它将发生倾翻。用稳定度 i 作为评价装载机在坡道上稳定性的指标。

装载机在纵向坡道上,见图 1.2-33a),过重心 W 的重力作用线 WE 恰通过前轮接地点 E,故装载机处于临界倾翻状态,$\angle EWA = \angle COD = \beta$,其中 $WA \perp OC$。称 β 角为失稳角。今将装载机放置水平地面上进行研究,并假设在倾翻过程中轮胎不变形,见图 1.2-33b)、图 1.2-33c),在过铅垂线 WA 且垂直倾翻轴线 EF 的平面内 $\angle MWA = \beta$,此角即等于倾翻时的失稳角,将其以坡度表示,称为稳定度,一般用百分数表示:

$$i = \tan\beta = \frac{MA}{WA} \quad (1.2\text{-}21)$$

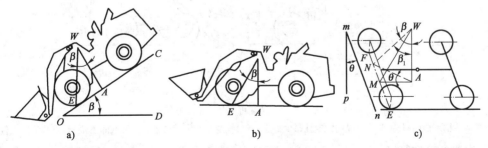

图1.2-33 稳定度
a)装载机在纵向坡道上;b)倾翻轴与坡底线平行时,计算失稳角的示意图;c)倾翻轴与坡底线不平行时,计算失稳角的示意图

因此稳定度 i 可以理解为道路的坡度,装载机在小于稳定度 i 的坡道上,不会发生倾翻,反之在大于稳定度 i 的坡道上,则会发生倾翻。

上面所讨论的稳定度都是指倾翻轴线与坡道的坡底线(坡道平面与水平面的交线)平行时的数值,也是最小值。应当指出,倾翻轴线与坡底线不平行,其稳定度数值也相应增大,例如图 1.2-33c)中,装

载机纵向倾翻轴线 EF 平行坡底线 mn 时,它的稳定度为 $i = \tan\beta$;而当装载机在另一坡道上时,它的倾翻轴线 EF 与该坡底线 mp 夹角为 θ 时,在此位置它的稳定度为 $i_1 = \tan\beta_1$,其中 $AN \perp mp$, $\angle NWA = \beta$ 是该坡道上的失稳角。两稳定度的关系如下:

$$i = \tan\beta = \cos\theta\tan\beta_1 = i_1\cos\theta \tag{1.2-22}$$

式中:θ——坡底线与倾翻轴线的夹角。

装载机的稳定度一般是指倾翻轴线与坡道的坡底线平行时的情况。

上面以装载机纵向倾翻讨论了纵向稳定度问题,除此之外尚有横向稳定度,用来评价它的横向稳定性。

应当指出,稳定度只是作为装载机的技术性能的比较指标,但它不一定真能停在或行驶在与稳定度数值相同坡度的道路上,因为还要受到其他因素(如附着力等)的限制。

2)计算装载机稳定度的四种工位

计算装载机稳定度时,应选取最容易产生倾翻的工作位置。根据装载机的作业情况,应选取以下四种工作位置进行计算。

第一工位,额定负荷状态(简称满载)的装载机在水平地面上,铲斗处于运输位置(铲斗后倾,驶入角为15°),如图1.2-34a)所示,这即是装载机满载运输工位。

第二工位,装载机满载在水平地面上,满载铲斗重心与动臂车架间铰销连线在水平位置,如图1.2-34b)所示,这是装载机在作业中纵向稳定性最低的工位。

第三工位,装载机满载在水平地面上,铲斗在最大举升高度位置,如图1.2-34c)所示,这是装载机在作业中横向稳定性最低的工位。

第四工位,装载机空载在水平地面上,同第一工位,这是装载机空载运输工位,如图1.2-34d)所示。

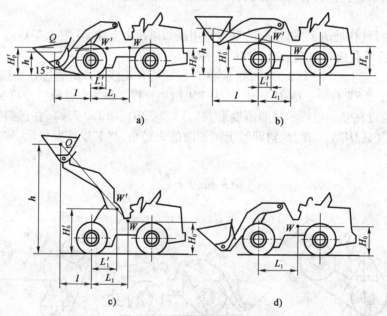

图1.2-34 装载机四种工作位置

a)满载运输工位;b)作业举升中纵向稳定性最低的工位;c)作业举升中横向稳定性最低的工位;d)空载运输工位

3)重心位置的确定

(1)空载时重心位置

以图1.2-34d)的第四工位为例,用试验方法测定重心位置,见图1.2-35。首先测量出装载机的轴距 L 和它的使用重力 W,再测出前桥负荷 W_1,图中用 Z_1 代表前轮的支反力的合力,在数值上 $Z_1 = W_1$。然后将后轮举升起一小高度 Δh,再测定前桥负荷为 W_h,此时前轮支反力的合力用 Z_h 表示,在数值上 $Z_h = W_h$,则装载机的重心位置可由下式求出:

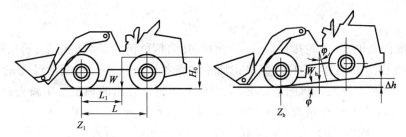

图 1.2-35 重心位置测定

$$L_1 = \frac{L(W - W_1)}{W}$$
$$H_0 = \frac{L(W_h - W_1)}{W\tan\varphi} + r$$
(1.2-23)

式中：L_1——重心距前轴距离；

H_0——重心高度；

W——装载机使用重力；

W_1——前桥负荷；

W_h——后轮抬起 Δh 时前桥负荷；

r——前后轮中心离地距离；

φ——装载机倾斜角度，$\sin\varphi = \frac{\Delta h}{L}$。

装载机的铲斗在不同的工作位置时，重心位置也各不相同，因此对图 1.2-34a)、b)、c)的工作位置要分别测定其空载时的重心位置。

(2) 计算综合重心位置

有时用试验方法测定装载机满载（铲斗中载有额定载质量）时重心位置不太方便，可根据空载时的重心位置及额定载质量进行计算，即将装载机自重与载质量按平行力系合成，所求得的重心称综合重心，它就是装载机满载时的重心。

已知装载机空载时的重心位置（H_0、L_1），并可以测量出铲斗中载荷重心（假设为铲斗的几何中心）位置（h,l），参看图 1.2-34，欲求装载机满载时的重心位置（H_0'、L_1'），根据力学知识知道，满载时的重心 W' 位于空载重心 W 与铲斗中载荷重心 Q 的连线上，其位置由下式计算：

$$H_0' = \frac{WH_0 + Qh}{W + Q}$$
(1.2-24)

$$L_1' = \frac{WL_1 - lQ}{W + Q}$$
(1.2-25)

式中符号见图 1.2-34。

式中：H_0'——满载重心高度；

H_0——与满载相同的工位、空载时重心高度；

L_1'——满载重心距前轴距离；

h——铲斗中载荷重心高度；

l——铲斗中载荷重心到前轴距离。

4) 纵向和横向稳定性

分别用纵向与横向稳定度表示装载机的纵向和横向稳定性。

(1) 横向稳定性

计算图 1.2-34a)所示位置的纵向稳定度，假如在倾翻时仍保持着水平状态轮胎变形量，那么由式(1.2-21)得：

$$i' = \frac{H'_1}{H'_0}$$

装载机在绕前倾翻轴线(前轮接地点联线)倾翻时,前轮负荷为装载机总重,后轮负荷为零,因此前轮胎变形大,而后轮胎消除变形,这样装载机在临界倾翻之前,由于轮胎的变形已预先多倾斜了一角度,所以将轮胎变形考虑在内时装载机的稳定度,应该从上面所计算出的稳定度中减去此角的坡度值。例如,轮胎仍保持水平状态的变形量时在42°坡道上发生临界倾翻的装载机,而由于倾斜过程中轮胎变形,在倾翻前已先有2°倾斜,那么它只要在42°-2°=40°的坡道上就发生临界倾翻。但应指出,一般都是用坡度的百分数表示的。因此,将装载机轮胎变形计算在内的纵向稳定度为:

$$i = \frac{L'_1}{H'_0} - \frac{\delta_1 + \delta_2}{L} \tag{1.2-26}$$

式中:L'_1——满载时重心到前轴距离;

H'_0——满载时重心高度;

δ_1——两前轮负荷为车子总重时的变形量与平地时变形量之差;

δ_2——后轮在平地时的变形量;

L——轴距。

应校验图1.2-34a)、图1.2-34b)两工位的纵向稳定度。其中图1.2-34a)所示为装载机满载运输工位的纵向稳定度,一般是足够的,即或在下坡时一旦出现倾翻时,因有铲斗支撑,尚不致有翻车的危险,为防止此情况的发生,也可以采用倒车下陡坡。图1.2-34b)是纵向稳定性的最危险工位。

应校验图1.2-34d)工位绕后轮接地点为倾翻轴的纵向稳定度。计算该工位时只要将前轮视为后轮,后轮视为前轮,再用式(1.2-21)计算稳定度。空载运行绕后轮接地点为倾翻轴线的纵向稳定度是用来评价装载机空载爬坡时的稳定性指标。如爬陡坡稳定性不够时,可采取铲斗中加入载荷的办法使重心前移,提高纵向爬坡的稳定性。

一般要校验以上三个工位纵向稳定度,作为纵向稳定性的比较指标。

(2)横向稳定性

①一级稳定性

虽然装载机是四轮车辆,但它的后桥是用水平铰销(简称后桥中心销)与车架铰接。这样装载机是靠两前轮接地点E、F和后桥中心销轴D三点支承的(图1.2-36),D点稍高于E和F。装载机的侧向倾翻是围绕着这三点组成的等腰三角形$\triangle DEF$两斜边中的一边发生的,将装载机以该三点为支承的横向稳定性称为装载机的一级稳定性。因横向倾翻是绕等腰三角形的一斜边(图1.2-36中的DE边)为轴线发生的,所以装载机一级稳定性是指倾翻轴线DE在坡道上的投影$\overline{dE}$与坡底线平行时所具有的稳定度。在图1.2-36中认为D点的投影恰在两后轮接地点JK的连线上。

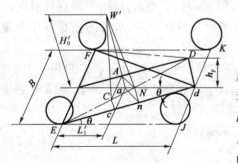

图1.2-36 计算一级稳定度示意图

为推导公式方便,首先计算坡底线与$\overline{EJ}$平行时的稳定度。过重心W'作垂直$\overline{EJ}$线的垂面$W'AC$,其中:

$$\overline{AC} = \frac{(L-L_1)B}{2L},$$

$$\overline{W'A} = \overline{W'a} - \overline{Aa} = H'_0 - \frac{L'_1}{L}h_p$$

设轮胎仍保持水平状态时的变形量,$\overline{EJ}$平行坡底线而以$\overline{ED}$为倾翻轴线的稳定度为:

$$i'_1 = \frac{\overline{AC}}{\overline{AW'}} = \frac{B(L-L'_1)}{2(H'_0 L - L'_1 h_p)}$$

在临界倾翻时,左前轮(图1.2-37中的E轮)负荷增加到原负荷的一倍,即全部前桥负荷由此一轮支撑,设它的总变形为δ,而右前轮负荷为零,即轮胎消除原有变形,这样由轮胎变形装载机产生的倾角所对应的坡度为$\dfrac{\delta}{B}$,故计算轮胎变形在内时,$\overline{EJ}$平行坡底线而以$\overline{ED}$为倾翻轴线的稳定度为:

$$i_1 = \frac{B(L-L_1')}{2(H_0'L - L_1'h_p)} - \frac{\delta}{B} \tag{1.2-27}$$

式中:B——轮距;
$\quad L$——轴距;
$\quad L_1'$——重心距前轴距离;
$\quad h_p$——后桥中心销距地面高度;
$\quad \delta$——前轮负荷为全前桥负荷时的变形;
$\quad H_0'$——重心高度。

但装载机的一级稳定度应是$\overline{dE}$平行于坡底线的坡道上计算,而$\overline{dE}$与$\overline{EJ}$夹角为θ,故据式(1.2-27)及式(1.2-22)可得装载机一级稳定度的表示式:

$$i = \left[\frac{B(L-L_1')}{2(H_0'L - L_1'h_p)} - \frac{\delta}{B}\right]\cos\theta \tag{1.2-28}$$

其中

$$\cos\theta = \frac{L}{\sqrt{\left(\dfrac{B}{2}\right)^2 + L^2}}$$

其余符号意义同式(1.2-27)。

当装载机在坡道上时,过重心的铅垂线超出三点支承(两前轮接地点和后桥中心销)所构成的等腰$\triangle EFD$的一边,例如DE边,则它就开始绕$\overline{DE}$为轴线发生翻转,消除了后桥、车架间的摆动角(一般为$10°\sim17°$),直到它们间的挡块相接触,此时另一侧车轮离开地面。此后装载机改变了前面所述的E、F、D三点支承,而成为一侧前轮和两后轮接地点所构成的E、J、K三点为支承的稳定性问题,在此情况下装载机则是绕一侧前、后轮接地点连线为倾翻轴线(例如EJ)进行横向倾翻的,为区别这两种横向稳定性,称前者为一级稳定性,后者为二级稳定性。

当装载机一级失稳时,它是绕一前轮接地点与后桥中心销连线(即图1.2-36中的$\overline{DE}$)为轴线转动,所以使另一侧前轮离开地面,并产生车架、后桥间挡块的突然撞击,这种情况一般不至于翻车,但驾驶员会产生极为不安的感觉。另外,此时着地侧前轮承受全部前桥负荷,使该轮胎负荷过重。所以装载机在作业和运行中不应失去一级稳定性。

②二级稳定性

当丧失一级稳定性后,只有过重心的铅垂线超出前后轮接地点连线之外,才能造成倾翻,称二级失稳。这时是绕前后轮接地点连线为倾翻轴线转动的,因此二级稳定性是指车辆纵向轴线与坡底线平行的坡道上所具有的稳定度。

装载机纵向轴线与坡底线平行的坡道上的一级稳定度如式(1.2-27)所示,并令其等于$\tan\beta_1$,即:

$$i_1 = \frac{B(L-L_1)}{2(H_0'L - L_1'h_p)} - \frac{\delta}{B} = \tan\beta_1 \tag{1.2-29}$$

现假设将装载机横向置于坡度角$\beta_1 = \arctan^{-1}i_1$的坡道上(图1.2-37只绘出装载机的前轮),因一级失稳后装载机绕后桥中心销转过γ角(后桥摆动角),所以在一级失稳后尚剩余的稳定度为:

$$i_2 = \frac{\overline{EF}}{\overline{W'F}}$$

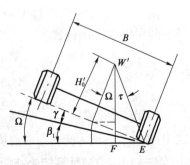

图1.2-37 计算二级稳定度示意图

此式中略去倾翻过程中由于后轮轮胎变形对稳定度的影响。

其中
$$\overline{EF} = \frac{B}{2}\cos\Omega - H'_0\sin\Omega$$

$$\overline{W'F} = \frac{B}{2}\sin\Omega + H'_0\cos\Omega$$

因此，一级失稳后尚剩余的稳定度为：

$$i_2 = \frac{B\cos\Omega - 2H'_0\sin\Omega}{B\sin\Omega + 2H'_0\cos\Omega} = \tan\tau \tag{1.2-30}$$

其中
$$\Omega = \gamma + \beta_1$$

式中：γ——后桥摆动角；

β_1——据式(1.2-29)求出；

其余符号意义同前。

则二级稳定度为：

$$i = \tan(\beta_1 + \tau) \tag{1.2-31}$$

式中：β_1、τ——分别由式(1.2-29)、式(1.2-30)中求出。

根据上述道理，可先按式(1.2-29)求出β_1，然后按图1.2-38所示进行作图，画出角度τ，再将β_1、τ代入式(1.2-31)，作为对上述计算方法的验算。

对图1.2-34a)、1.2-34d)工作位置进行横向稳定度计算。它们是作为空车或满载运行时横向稳定性的评价指标。

5) 铰接式装载机的转向稳定性

铰接式装载机有很多优点，但它主要的缺点是转向时稳定性差，所以对铰接式装载机转向时稳定性验算就具有更重要的意义。因计算比较繁琐，推荐采用图解计算法对铰接式装载机转向时的稳定度进行求解。

铰接式装载机在直线行驶位置的稳定度与前面计算方法完全相同，所以在这里我们只讨论转向时的稳定性问题。铰接式装载机在最大转向角时的稳定性最低，但这种情况下车速极低，所以离心惯性力可以忽略不计，下面只按最大转向角的静止状态进行计算。

(1) 最大转向角时重心位置的确定

首先按一定缩比μ(例如1:10，1:20等)画出装载机在最大转向角α_{max}时，四轮接地点E、F、K、J的位置，如图1.2-38a)所示，并假设车架铰销与前后轴等距。并设装载机轮胎仍保持直线状态时的变形量。

装载机车架在直线位置和"折腰"位置时它们的重心是不相重合的，所以必须重新测定重心位置。测量时使装载机处于最大转向角位置，分别测出两前轮支反力Z_{F1}、Z_{B1}。

据Z_{F1}、Z_{B1}及轮距B，按平行力系很容易求出合力在前桥上的作用点P的位置：

$$\left.\begin{array}{l}\overline{PF} = \dfrac{Z_{B1}B}{W_{转1}} \\ \overline{PE} = \dfrac{Z_{F1}B}{W_{转1}}\end{array}\right\} \tag{1.2-32}$$

式中：$W_{转1}$——最大转向角时前桥负荷，$W_{转1} = Z_{B1} + Z_{F1}$。

按式(1.2-32)计算结果在图上量取$\overline{PF}$，找出前桥合力作用点P的位置。

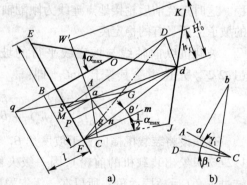

图1.2-38 用图解计算法求解重心位置及稳定度
a) 计算图解；b) 计算图

最大转向角时后桥的负荷为：
$$W_{转2} = W - W_{转1}$$

因后桥用中心销与后车架铰接，所以两后轮上的支反力相等，其合力作用点必通过后桥的中点，其在平面上的投影位于$\overline{KJ}$的中点d。

$W_{转1}$及$W_{转2}$的合力作用点，即为装载机在最大转向角的重心位置。它们在水平面上的投影位于$\overline{pd}$线上，再根据图上测量到的$\overline{pd}$长度及桥荷$W_{转1}$、$W_{转2}$，按平行力系计算：

$$\overline{dG} = \frac{W_{转1} \cdot \overline{dp}}{W} \tag{1.2-33}$$

式中：W——转载机的自重，$W = W_{转1} + W_{转2}$。

按式（1.2-33）计算结果在图中$\overline{dp}$线上截取$\overline{dG}$，G点即为装载机空载时重心在水平面上的投影。所需中心的坐标就可以从图中量出。

重心离地面高度就等于不转向时（车架直线位置）的重心高度H_0。

满载时重心位置可以分别测出两前轮满载时的负荷，用与上面相同的图解计算法求得重心位置。但也可以用计算综合重心位置的道理，借助图解计算法求解，其过程如下：

铲斗中载荷重心位置q点，它与前轴的水平距离为l，在图1.2-38a）中作$\overline{EF}$的中垂线，并按缩比μ在其上截取l长，得q点，则铲斗中负荷Q作用在q点，综合重心在水平面上的投影a位于$\overline{qG}$连线上，其位置是：

$$\overline{Ga} = \frac{Q \cdot \overline{qG}}{W + Q} \tag{1.2-34}$$

则a点为满载时装载机重心在水平面上的投影，其重心高度与不转向时的重心高度H'_0相同。

（2）纵向稳定性

铰接式装载机在最大转向角时的纵向稳定性，是指前桥在与坡底线相平行的坡道上所具有的稳定度，在这样的坡道上失稳时，同样是绕前轮接地点为轴线倾翻。

在图1.2-38a）中a点作$\overline{aW'} \perp \overline{Sd}$，取$\overline{aW'} = \mu H'_0$（$\mu$为缩比）。在倾翻中仍保持轮胎在水平位置的变形量时的纵向稳定度为：

$$i' = \frac{\overline{aM}}{\overline{aW'}}$$

其中：$\overline{aM} \perp \overline{EF}$

在最大转向角位置纵向失稳时，由轮胎变形所形成的纵向倾角比较复杂，可近似为装载机转向位置与直线位置的轮胎变形量相同，轴距取后桥中心到前桥的垂直距离，即：$\frac{1}{2}L(1 + \cos\alpha_{max})$。因此，轮胎变形计算在内时的纵向稳定度为：

$$i = \frac{\overline{aM}}{\overline{aW'}} - \frac{2(\delta_1 + \delta_2)}{(1 + \cos\alpha_{max})L} \tag{1.2-35}$$

式中：$\overline{aM}$、$\overline{aW'}$——由图1.2-38a）中量取；

α_{max}——最大转向角；

L、δ_1、δ_2——意义同式（1.2-26）。

铰接式装载机要验算图1.2-34a）、图1.2-34b）、图1.2-34c）三工位在最大转向角时的纵向稳定性。取图1.2-34b）、图1.2-34c）两工位稳定度最小值可作为评价最大转向角动臂举升过程的纵向稳定性的比较指标。

（3）横向稳定性

①一级稳定度

装载机在最大转向角时的一级稳定性，是指倾翻轴线（后桥中心销与前轮接地点连线）在坡道上的投影$\overline{dF}$与坡底线平行时，所具有的稳定度。

在图 1.2-38a)中，a 点为装载机满载时重心在平面上的投影，连 $\overline{ad}$ 线交 $\overline{EF}$ 于 S 点，作 $\overline{dD} \perp \overline{dS}$，取 $\overline{dD} = \mu \cdot h_p$，连 D、S 与 $\overline{aW'}$ 交于 A 点，再作 $\overline{an} \perp \overline{dF}$，把 $\overline{an}$ 近似看作 $\overline{aW'}$ 与倾翻轴线 $\overline{DF}$ 间的垂直距离，则不计轮胎变形时的横向稳定度为：

$$i' = \frac{\overline{an}}{\overline{AW'}}$$

由于前轮胎变形造成绕倾翻轴线 $\overline{FD}$ 的倾角，并以坡度表示，下式是其近似值：

$$i'' = \frac{\delta}{B}\cos\theta'$$

θ' 是 $\overline{EF}$ 的垂线 $\overline{Fm}$ 与坡底线夹角，因 $\overline{Fd}$ 平行坡底线，故 $LdFm = \theta'$。

装载机在最大转向角时的一级稳定度为：

$$i = \frac{\overline{an}}{\overline{AW'}} - \frac{\delta}{B}\cos\theta' \tag{1.2-36}$$

式中：$\overline{an}$、$\overline{AW'}$、θ'——由图 1.2-38a)中量取；
B——轮距；
δ——全前桥负荷加于一前轮上时的变形。

②二级稳定性

装载机在最大转向角时的二级稳定性，是指它内侧前后轮接地点连线 $\overline{FJ}$［图 1.2-38a)］与坡底线平行时所具有的稳定度。

过 a 点作 $\overline{ac} \perp \overline{FJ}$，与 $\overline{Fd}$ 线交于 g 点而计算二级稳定度时是 $\overline{FJ}$ 平行坡底线，所以此时的一级稳定度应在垂直坡底线的 $W'ag$ 平面内计算，以下式表示：

$$i' = \frac{\overline{ag}}{\overline{AW'}}$$

$\overline{EF}$ 的垂线 $\overline{mF}$ 与倾翻轴线夹角 $LmFJ = \frac{1}{2}\alpha_{max}$，所以轮胎变形所形成倾角（在 $W'ag$ 平面内）以坡度表示：

$$i'' = \frac{\delta}{B}\cos\frac{1}{2}\alpha_{max}$$

在 $\overline{FJ}$ 平行于坡底线时的一级稳定度为：

$$i_1 = \frac{\overline{ag}}{\overline{AW'}} - \frac{\delta}{B}\cos\frac{1}{2}\alpha_{max} = \tan\beta_1 \tag{1.2-37}$$

式中：$\overline{ag}$、$\overline{AW'}$——由图 1.2-38a)中量取；
β_1——$\overline{FJ}$ 平行坡底线时的一级失稳角；
其余符号意义同式(1.2-36)。

在一级失稳后装载机绕后桥中心销转过 γ 角，在图 1.2-38a)中可视为绕中心销的投影线 $\overline{dO}$ 转过 γ 角，$\overline{FJ}$ 线与 $\overline{dO}$ 线夹角为 $\frac{1}{2}\alpha_{max}$，所以绕 $\overline{FJ}$ 转过的角度为：

$$\tan\gamma_1 = \frac{\tan\gamma}{\cos\frac{1}{2}\alpha_{max}}$$

按上式计算出 γ_1 角及由式(1.2-37)中计算出的 β_1 角，将此两角相加以 $LACD$ 表示，画于图 1.2-38b)上，并在 AC 边上截取 $\overline{ac}$ 长度，过 a 点作 $\overline{ab} \perp \overline{AC}$，取 $\overline{ab} = \mu H'_0$，过 b 点作边 $\overline{CD}$ 的垂线且交于 e 点，则一级失稳后尚剩余的稳定度为：

$$i_2 = \frac{\overline{eC}}{\overline{be}} = \tan\tau_1 \tag{1.2-38}$$

式中：$\overline{eC}$、$\overline{be}$——由图 1.2-38 中量取。

式(1.2-38)中略去在倾翻中由于后轮轮胎变形对稳定度的影响。

装载机在最大转向角时的二级稳定度为：
$$i = \tan(\beta_1 + \tau_1) \tag{1.2-39}$$

式中：β_1——由式(1.2-37)求出；

τ_1——由式(1.2-38)求出。

对图1.2-34a)、图1.2-34b)、图1.2-34c)工位在最大转向角时的二级稳定度进行验算。其中图1.2-34a)工位的稳定度是用来评价满载运行时的稳定性。取图1.2-34b)、图1.2-34c)工位中较小的稳定度数值可作为评价最大转向角时举升动臂过程中的稳定性，最后指出，铰接式装载机转向时的横向与纵向稳定度，均低于车架直线位置的稳定度；转向时内侧稳定度低于外侧稳定度；转向过程中不允许出现一级失稳，一旦出现后，立即回转方向盘使其恢复直线位置。

1.2.5 主要生产厂家典型产品及技术性能和参数

1.2.5.1 卡特彼勒公司

卡特彼勒公司是世界上最大的轮式装载机制造商。它生产的中型(MWL)、大型(LWL)的轮式装载机在伊利诺伊州的Aurora工厂设计。中型的装载机在美国伊利诺伊州Aurora、日本神奈川县Sagamihara、比利时沙勒罗瓦、巴西圣保罗和Piracicaba、印度以及中国制造。大型装载机只在伊利诺伊州的Aurora工厂制造。

卡特彼勒公司的轮式装载机有紧凑型轮式装载机、小型轮式装载机、中型轮式装载机和大型轮式装载机(表1.2-7)。紧凑型轮式装载机可以在狭窄空间结合各种作业机具，更有成效地完成多种类型工作；小型轮式装载机提供了优异的性能和多用性，是工作现场最多用途的机器；中型轮式装载机能提高生产率，降低拥有和运营成本，改进的操控便捷性，通过电子液压机具控制装置，可以实现同时的提升和倾倒操作；大型轮式装载机能最大限度上提高生产率，减少停机时间，改进操作人员的舒适度，通过主要的特色安全设置保障人员在工作场合的安全。

卡特彼勒公司轮式装载机系列　　　　表1.2-7

类型	型号	额定净功率(kW)	工作质量(kg)	铲斗容量(m³)
紧凑型	907H	52	5 810	1
	906H	52	5 630	0.9
	908H	59	6 465	1.1
小型	924H	96	11 632	1.7~2.8
	930H	111	13 029	2.1~5.0
中型	938H	134	15 059	2.3~3.0
	950H	147	18 338	2.5~3.5
	966H	195	23 698	3.4~4.2
	980H	260	30 519	3.8~6.1
大型	988H	373	49 546	6.3~7.0
	990H	468	77 842	8.4~9.2
	992K	597	97 295	10.7~12.3
	993K	708	133 637	12.2~23.7
	994F	1 092	195 434	14~36

卡特彼勒履带式装载机(表1.2-8)都具有铲斗自动操纵机构，可以使铲斗升到预定的倾卸高度和回到预定的挖掘角度，以实现快速循环。发动机的后置设计使得发动机作为一个自然的工作配重，可以提高稳定性、扩大视野，并可获得良好的质量—功率比。具有数种不同配置，满足特定应用需求，均采用

电子控制的静液压传动。中型履带式装载机在多用性方面具有卓越性能;大型履带式装载机具有出色的功率、卓越的可操作性以及经重新设计更加舒适的驾驶室;履带式装载机垃圾处理机的多功能性使其能适应多种应用场合。

卡特彼勒公司履带式装载机系列　　　　　　　　　　　　　　　　　　表 1.2-8

类　型	型　号	功率(kW)	工作质量(kg)	铲斗容量(m^3)
中型	953D	110	15 595	1.85
大型	963D	141	20 220	2.45
	973C	178	26 373	3.2
	973D	196	28 058	3.21
垃圾处理	953D WH	110	15 595	2.3
	963D WH	141	21 000	3.1
	973D WH	228	28 250	4.9

1.2.5.2 凯斯公司

凯斯公司是由罗杰姆·凯斯于 1842 年创建。1930 年凯斯的 CI 工业拖拉机投放市场,它是轮式装载机的前身;1957 年,凯斯公司制造出世界上第一台整体式挖掘装载机——凯斯 320 挖掘装载机,1967 年起,凯斯生产出凯斯 530 挖掘装载机和第一台凯斯 W 系列装载机;1969 年,凯斯开始在美国生产和销售四轮驱动的滑移装载机;1997 年,凯斯向市场上推出型号齐全、高举升能力和铲掘力、强大液压动力、可更换多种附件的 XT 系列滑移装载机;2005 年,凯斯推出全新 400 系列滑移装载机。凯斯公司轮式装载机系列见表 1.2-9。

凯斯公司轮式装载机系列　　　　　　　　　　　　　　　　　　表 1.2-9

型　号	额定净功率(kW)	工作质量(kg)	铲斗容量(m^3)
21E	38	4 615	0.7
121E	42	4 921	0.9
221E	51.0	5 419	0.9
321E	53.5	5 750	1
521E	88	10 464	1.35
721E	128	13 900	2.3
821E	148	17 166	2.63
921E	204	22 962	4.04

1.2.5.3 小松公司

小松公司轮式装载机系列见表 1.2-10,履带式装载机系列见表 1.2-11。

小松公司轮式装载机系列　　　　　　　　　　　　　　　　　　表 1.2-10

型　号	额定净功率(kW)	工作质量(kg)	铲斗容量(m^3)
WA30-5	21	25 75	0.4
WA50-5	27	3 475	0.6
WA80-3	44	4 575	0.9
WA120-3	63	7 600	1.4
WA180-3	82	8 700	1.7
WA250-3	97	10 480	2.1
WA320-3	114	12 850	2.3

续上表

型　号	额定净功率(kW)	工作质量(kg)	铲斗容量(m³)
WA320-3Custon	114	12970	2.7
WA380-3	146	16 360	3.0
WA380-5	140	16 230	3.3
WA380-5 Hi-LIFT	140	17 060	2.9
WA430-5	162	18 350	3.7
WA420-3	167	18 230	3.5
WA470-3	194	21 640	3.9
WA470-5	195	21 600	4.2
WA470-5 Hi-LIFT	195	23 155	3.8
WA480-5	202	24 145	4.6
WA500-3	235	27 600	4.5
WA500-3 Hi-LIFT	235	29 740	4.2
WA600-3	328	44 500	6.1
WA600-3 Hi-LIFT	328	46 100	5.6
WA600-3 L&C	328	49 200	7.5
WA600-3 St. Hndl	328	41 740	—
WA700-3	502	70 620	8.7
WA700-3 Hi-LIFT	502	72 200	8.0
WA800-3	602	98 300	11.0
WA800-3 Hi-LIFT	603	99 820	10.0
WA900-3	637	101 550	13.0
WA900-3 Hi-LIFT	637	101 920	11.5
WA1200-3	1 165	205 200	20.0
WA1200-3 Hi-LIFT	1 165	205 200	18.0

小松公司履带式装载机系列　　　　　　　　　　　　　　　　　　　　　　　表1.2-11

型　号	额定净功率(kW)	铲斗容量(m³)
D21S-7	29.5	0.4
D31S-20	52	0.8
D57S-1	101	1.8
D75S-5	149	2.2

1.2.5.4　沃尔沃公司

沃尔沃公司的涡轮增压发动机,可以提供极大的功率和低端扭矩,具有极好的燃油经济性、高可靠性和耐用性,噪声低和尾气排放低。沃尔沃独有的TP连杆,具有高可靠性的举升臂系统,在整个举升范围内可以提供最佳的破断扭矩并进行平行移动。通过大功率和完全控制,操作员可以很好地控制重型负载。最佳的附加装置可视度和较大的回转角度。节省燃油的自动动力换挡装置(APS)可以针对当前工作和运行状况选择合适的挡位。沃尔沃轮式装载机具有智能载荷传感液压系统,无论发动机转速是多少,都可以在需要时提供精确的功率分配。即使在发动机转速低时,也很容易进行精确转向。只有在转动方向盘时,静液压载荷传感转向系统才起作用,可以节省燃油。沃尔沃轮式装载机具有长轮距,在崎岖地面驾驶也比较平稳舒适。大臂悬挂系统可以提高20%的生产力。沃尔沃公司轮式装载机系列见表1.2-12。

沃尔沃公司轮式装载机系列 表1.2-12

型号	额定净功率(kW)	运行质量(t)	铲斗容量(m³)
L180F	234	26.0~30.0	3.7~14.0
L220F	259	31.0~35.0	4.5~14.0
L350F	394	50.0~56.0	6.2~12.7

1.2.5.5 广西柳工集团有限公司

广西柳工集团有限公司始创于1958年,是中国工程机械主要制造商,轮式装载机为其核心业务,见表1.2-13。

广西柳工集团有限公司轮式装载机系列 表1.2-13

型号	额定净功率(kW)	工作质量(kg)	铲斗容量(m³)
ZL30E	92	10 500	1.5~3.0
ZL40B	125	13 800	2.0~3.0
ZL50C	162	16 500	1.8~5.6
ZL856	160	16 800	1.8~5.6
816	47	5 300±300	1.5~3.0
835	92	10 900	0.78~1.0
836	92	10 500±300	1.7
842	125	13 700	1.8~3.0
855	162	16 300±200	2.7~4.0
856	160	16 800	1.8~5.6
862	179	19 200±500	3.5
888	231	28 500	3.8~4.5

1.2.5.6 四川成都成工工程机械股份有限公司

四川成都成工工程机械股份有限公司是集机械研发、制造、销售和服务于一体的专业化的大型企业,是中国西部大型工程机械研发、生产基地。成工牌轮式装载机是其主导产品,见表1.2-14。

成工工程机械股份有限公司轮式装载机系列 表1.2-14

型号	额定净功率(kW)	工作质量(kg)	铲斗容量(m³)
ZL30B	81	10 000	1.5
ZL30B-II	86	10 600	1.8
ZL30E	86	10 600	1.8
ZL50E-II	162	16 600	3.0
CG932E	86	10 600	1.8
CG935H	105	11 400	2.0
CG935G	116	11 600	2.0
CG938H	119	12 500	2.1
CG942H	128	13 200	2.2
CG955	162	16 300	3.0
CG956C	—	16 600	2.5~4.0
CG956E	162	16 600	3.0

续上表

型 号	额定净功率(kW)	工作质量(kg)	铲斗容量(m^3)
CG956G	162	16 600	3.1
CG956S	162	17 000	2.7
CG956H	162	18 400	3.1
CG957H	162	18 400	3.1
CG958G	164	17 200	3.1
CG958H	164	18 400	3.1

1.2.5.7 徐工集团

徐工集团轮式装载机系列见表1.2-15。

徐工集团轮式装载机系列　　　　　　　　　　　　表1.2-15

型 号	额定净功率(kW)	工作质量(kg)	铲斗容量(m^3)
LW300F	92	10 000	1.8
LW420F	92	13 000	2.2
LW500F	—	16 500	3.0
LW300K	92	10 600	1.8
LW350K	105	11 200	2.0
LW400K-II	125/123	14 200	2.4
LW500K	162	17 200	3.0
LW600K	179	20 000	3.5
LW800K	250	28 500	4.5
ZL50G	162	17 500	3.0
ZL820G	231	28 000	4.5

1.2.5.8 山东山工机械有限公司

山东山工机械有限公司坐落在山东省青州市，其主要产品装载机有D、E、F、G、H五大系列；ZL16、ZL30、ZL40、ZL50、ZL80六大型号七十多个品种，其中G、H系列装载机经过人性化、安全、绿色环保设计，运用了先进的机电液一体化技术。山工轮式装载机系列见表1.2-16。

山工轮式装载机系列　　　　　　　　　　　　表1.2-16

型 号	额定净功率(kW)	工作质量(kg)	铲斗容量(m^3)
2LF16F	45	4 800	0.8
SEM636	92	9 620	1.7
SEM639	92	9 620	1.7
SEM650	162	17 050	2.5~4.5
SEM658	162	15 900	2.5~4.5
SEM659	162	16 700	2.5~4.5
SEM952	162	16 200	3.0
SEM955	162	17 100	3.0
SEM956	162	17 100	3.0
ZL30E-II	81	9 500	1.5~1.7
ZL30F-I	81	9 690	1.7

续上表

型号	额定净功率(kW)	工作质量(kg)	铲斗容量(m³)
ZL40F	118	12 700	2.25
ZL50F	162	17 100	3.0
ZL50G-I	158	16 500	3.0
ZL60F	176	19 400	3.3
ZL60G	174.5	19 700	3.3~5.5

1.2.5.9 福田雷沃国际重工股份有限公司

福田雷沃重工轮式装载机系列见表1.2-17。

福田雷沃重工轮式装载机系列　　　　表1.2-17

型号	额定净功率(kW)	工作质量(kg)	铲斗容量(m³)
FL917F	53	5 700	0.9
FL935E	92	10 000	1.8
FL936F	92	10 200	1.8
FL938G	108	11 000	—
FL952D	162	15 950	3.0
FL953E	162	16 100	2.7
FL955E	162	16 200	3.0
FL956F	162	16 500	3.0
FL957F	162	18 000	2.7
FL958G	162	17 100	3.0
FL966F	174.5	20 500	3.3

1.3 挖 掘 机

1.3.1 概述

1.3.1.1 用途及工作对象

挖掘机械是工程机械中的一个主要机种,是用来进行土方开挖的一种施工机械(图1.3-1)。挖掘机的作业过程是用铲斗的切削刃切土并把土装进斗内,装满土后提升铲斗并回转到卸土地点卸土,然后,再使转台回转,铲斗下降到挖掘面,进行下一次挖掘。挖掘机按作业特点分为周期性作业式和连续性作业式两种,前者为单斗挖掘机,后者为多斗挖掘机。单斗挖掘机主要用于土方施工中的挖土工作,矿山工程中的剥离表土工作,以及采掘矿石和装载工作中。多斗挖掘机用于土方中取土。露天煤矿中剥离表土及对软岩、褐煤层的直接开挖工作,主要的是单斗挖掘机。单斗挖掘机的工作装置,可以更换为其他类型的工作器具使其成为起重机、打桩机、土壤夯实机、叉取机、装载机、抓铲、反铲机等。

图1.3-1　挖掘机

各种类型与功能的挖掘机械,在国民经济建设的许多行业被广泛地采用,如工业与民用建筑、交通运输、水利电力工程、农田改造、矿山采掘以及现代化军事工程等行业的机械化施工中。据统计,在土方施工中约有55%~60%的工作量是用挖掘机完成的,在各类工程施工中,挖掘机主要用于完成下列工作:

(1)开挖建筑物或厂房基础;
(2)挖掘土料,剥离采矿场覆盖层;
(3)采石场、隧道内、地下厂房和堆料场中的装载作业;
(4)开挖沟渠、运河和疏浚水道。

1.3.1.2 国内发展概况

我国的挖掘机生产起步较晚,从1954年抚顺挖掘机厂生产第一台斗容量为$1m^3$的机械式单斗挖掘机至今,大体上经历了测绘仿制、自主研制开发和发展提高等三个阶段。

新中国成立初期,以测绘仿制前苏联20世纪30~40年代的W501、W502、W1001、W1002等型机械式单斗挖掘机为主,开始了我国的挖掘机生产历史。由于当时国家经济建设的需要,先后建立起十多家挖掘机生产厂。1967年开始,我国自主研制液压挖掘机。早期开发成功的产品主要有上海建筑机械厂的WY100型、贵阳矿山机器厂的W4-60型、合肥矿山机器厂的WY60型挖掘机等。随后又出现了长江挖掘机厂的WYl60型和杭州重型机械厂的WY250型挖掘机等。它们为我国液压挖掘机行业的形成和发展迈出了极其重要的一步。

到20世纪80年代末,我国挖掘机生产厂已有30多家,生产机型达40余种。中、小型液压挖掘机已形成系列,斗容有$0.1~2.5\ m^3$等12个等级、二十多种型号,还生产$0.5~4.0m^3$以及大型矿用$10m^3$、$12m^3$机械传动单斗挖掘机,$1m^3$隧道挖掘机,$4m^3$长臂挖掘机,$1\ 000m^3/h$的排土机等,还开发了斗容量$0.25m^3$的船用液压挖掘机,斗容量$0.4m^3$、$0.6m^3$、$0.8m^3$的水陆两用挖掘机等。但总的来说,我国挖掘机生产的批量小、分散,生产工艺及产品质量等与国际先进水平相比,有很大的差距。

改革开放以来,积极引进、消化、吸收国外先进技术,以促进我国挖掘机行业的发展。其中,贵阳矿山机器厂、上海建筑机械厂、合肥矿山机器厂、长江挖掘机厂等分别引进德国利勃海尔(Liebherr)公司的A912、R912、R942、A922、R922、R962、R972、R982型液压挖掘机制造技术。稍后几年,杭州重型机械厂引进德国德玛克(Demag)公司的H55和H85型液压挖掘机生产技术,北京建筑机械厂引进德国奥加凯(O&K)公司的RH6和MH6型液压挖掘机制造技术。与此同时,还有山东推土机总厂、黄河工程机械厂、江西长林机械厂、山东临沂工程机械厂等联合引进了日本小松制作所的PC100、PC120、PC200、PC220、PC300、PC400型液压挖掘机(除发动机外)的全套制造技术。这些厂通过数年引进技术的消化、吸收、移植,使国产液压挖掘机产品性能指标全面提高到20世纪80年代的国际水平,产量也逐年提高。由于国内对液压挖掘机需求量的不断增加且多样化,在国有大、中型企业产品结构的调整,牵动了一些其他机械行业的制造厂加入液压挖掘机行业。例如,中国第一拖拉机工程机械公司、广西玉柴机器股份有限公司、柳州工程机械厂等。这些企业经过几年的努力已达到一定的规模和水平。例如,玉柴机器股份有限公司在20世纪90年代初开发的小型液压挖掘机,连续多年批量出口欧、美等国家,成为我国挖掘机行业能批量出口的企业。

业内人士指出,我国单斗液压挖掘机应向全液压方向发展;斗容量宜控制在$0.1~15m^3$;而对于大型及多斗挖掘机,由于液压元件的制造、装配精度要求高,施工现场维修条件差等,则仍以机械式为主。应着手研究、运用电液控制技术,以实现液压挖掘机操纵的自动化。

1.3.1.3 国外发展概况

第一台手动挖掘机问世至今已有130多年的历史,期间经历了由蒸汽驱动半回转挖掘机到电力驱动和内燃机驱动全回转挖掘机、应用机电液一体化技术的全自动液压挖掘机的逐步发展过程。

由于液压技术的应用,20世纪40年代有了在拖拉机上配装液压反铲的悬挂式挖掘机,20世纪50年代初期和中期相继研制出拖式全回转液压挖掘机和履带式全液压挖掘机。初期试制的液压挖掘机是采用飞机和机床的液压技术,缺少适用于挖掘机各种工况的液压元件,制造质量不够稳定,配套件也不齐全。从20世纪60年代起,液压挖掘机进入推广和蓬勃发展阶段,各国挖掘机制造厂和品种增加很快,产量猛增。1968～1970年间,液压挖掘机产量已占挖掘机总产量的83%,目前已接近100%。

工业发达国家的挖掘机生产较早,法国、德国、美国、俄罗斯、日本等是斗容量3.5～40m³单斗液压挖掘机的主要生产国,从20世纪80年代开始生产特大型挖掘机。例如,美国马利昂公司生产的斗容量50～150m³的剥离用挖掘机,斗容量132m³的步行式拉铲挖掘机;(布比赛路斯-伊利B-E)公司生产的斗容量168.2m³的步行式拉铲挖掘机,斗容量107m³的剥离用挖掘机等,是世界上目前最大的挖掘机。

从20世纪后期开始,国际上挖掘机的生产向大型化、微型化、多功能化、专用化和自动化的方向发展。

(1) 开发多品种、多功能、高质量及高效率的挖掘机。为满足市政建设和农田建设的需要,国外发展了斗容量在0.25m³以下的微型挖掘机,最小的斗容量仅0.01m³。另外,数量最多的中、小型挖掘机趋向于一机多能,配备了多种工作装置——除正铲、反铲外,还配备了起重、抓斗、平坡斗、装载斗、耙齿、破碎锥、麻花钻、电磁吸盘、振捣器、推土板、冲击铲、集装叉、高空作业架、绞盘及拉铲等,以满足各种施工的需要。与此同时,发展专门用途的特种挖掘机,如低比压、低噪声、水下专用和水陆两用挖掘机等。

(2) 迅速发展全液压挖掘机,不断改进和革新控制方式,使挖掘机由简单的杠杆操纵发展到液压操纵、气压操纵、液压伺服操纵和电气控制、无线电遥控、电子计算机综合程序控制。在危险地区或水下作业采用无线电操纵,利用电子计算机控制接收器和激光导向相结合,实现挖掘机作业操纵的完全自动化。所有这一切,挖掘机的全液压化为其奠定了基础并创造了良好的前提。

(3) 重视采用新技术、新工艺、新结构,加快标准化、系列化、通用化发展速度。例如,德国阿特拉斯公司生产的挖掘机装有新型的发动机转速调节装置,使挖掘机按最适合其作业要求的速度来工作;美国林肯-贝尔特公司新C系列LS-5800型液压挖掘机安装了全自动控制液压系统,可自动调节流量,避免了驱动功率的浪费,还安装了计算机辅助功率系统(CAPS),提高挖掘机的作业功率,更好地发挥液压系统的功能;日本住友公司生产的FJ系列五种新型号挖掘机配有与液压回路连接的计算机辅助功率控制系统,利用精控模式选择系统,减少燃油、发动机功率和液压功率的消耗,并延长了零部件的使用寿命;德国奥加凯公司生产的挖掘机的油泵调节系统具有合流特性,使油泵具有最大的工作效率;日本神钢公司在新型的904、905、907、909型液压挖掘机上采用智能型控制系统,即使无经验的驾驶员也能进行复杂的作业操作;德国利勃海尔公司开发了(电子控制作业)(ECO)的操纵装置,可根据作业要求调节挖掘机的作业性能,取得了高效率、低油耗的效果;美国卡特彼勒公司在新型B系统挖掘机上采用最新的3114T型柴油机以及转矩载荷传感压力系统、功率方式选择器等,进一步提高了挖掘机的作业效率和稳定性;韩国大宇公司在DH280型挖掘机上采用了电子功率优化系统(EPOS),根据发动机负荷的变化,自动调节液压泵所吸收的功率,使发动机转速始终保持在额定转速附近,即发动机始终以全功率运转,这样既充分利用了发动机的功率、提高挖掘机的作业效率,又防止了发动机因过载而熄火。

(4) 更新设计理论,提高可靠性,延长使用寿命。美、英、日等国家推广采用有限寿命设计理论,以替代传统的无限寿命设计理论和方法,并将疲劳损伤累积理论、断裂力学、有限元法、优化设计、电子计算机控制的电液伺服疲劳试验技术、疲劳强度分析方法等先进技术应用于液压挖掘机的强度研究方面,促进了产品的优质高效率和竞争力。美国提出了考核动强度的动态设计分析方法,并创立了预测产品失效和更新的理论。日本制订了液压挖掘机构件的强度评定程序,研制了可靠性信息处理系统。在上述基础理论的指导下,借助于大量试验,缩短了新产品的研究周期,加速了液压挖掘机更新换代的进程,并提高其可靠性和耐久性。例如,液压挖掘机的运转率达到85%～95%,使用寿命超过1万小时。

(5) 加强对驾驶员的劳动保护,改善驾驶员的劳动条件。液压挖掘机采用带有坠物保护结构和倾翻保护结构的驾驶室,安装可调节的弹性座椅,用隔音措施降低噪声干扰。

(6) 进一步改进液压系统。中、小型液压挖掘机的液压系统有向变量系统转变的明显趋势。因为变量系统在油泵工作过程中,压力减小时用增大流量来补偿,使液压泵功率保持恒定,亦即装有变量泵的液压挖掘机可经常性地充分利用油泵的最大功率。当外阻力增大时则减少流量(降低速度),使挖掘力成倍增加;采用三回路液压系统。产生三个互不影响的独立工作运动。实现与回转机构的功率匹配。将第三泵在其他工作运动上接通,成为开式回路第二个独立的快速运动。此外,液压技术在挖掘机上普遍使用,为电子技术、自动控制技术在挖掘机的应用与推广创造了条件。

(7)迅速拓展电子化、自动化技术在挖掘机上的应用。20世纪70年代,为了节省能源消耗和减少对环境污染,使挖掘机的操作轻便和安全作业,降低挖掘机噪声,改善驾驶员工作条件,逐步在挖掘上应用电子和自动控制技术。随着对挖掘机的工作效率、节能环保、操作轻便、安全舒适、可靠耐用等方面性能要求的提高,促使了机电液一体化在挖掘机上的应用,并使其各种性能有了质的飞跃。20世纪80年代,以微电子技术为核心的高新技术,特别是微机、微处理器、传感器和检测仪表在挖掘机上的应用,推动了电子控制技术在挖掘机上应用和推广,并已成为挖掘机现代化的重要标志,亦即目前先进的挖掘机设有发动机自动怠速及油门控制系统、功率优化系统、工作模式控制系统、监控系统等电控系统。

(8)更注重环境保护,卡特彼勒、小松等厂家纷纷推出满足三次排放要求的挖掘机。

1.3.2 分类、特点及适用范围

1.3.2.1 分类

1)按用途及结构特征分类

挖掘机根据其作用特征分类如图1.3-2所示。

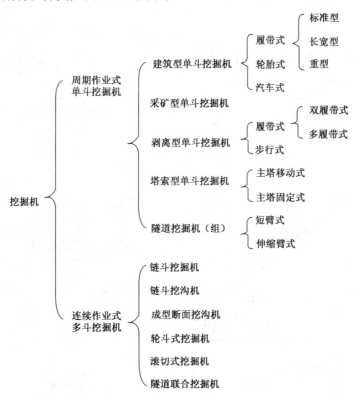

图1.3-2 挖掘机根据其作用特征分类

2)按工作装置分类

按工作装置分类,单斗挖掘机分类如图1.3-3所示。

机械式单斗挖掘机主要工作装置形式如图1.3-4所示,液压式单斗挖掘机主要工作装置形式如图1.3-5所示,多斗挖掘机工作装置主要形式如图1.3-6所示。

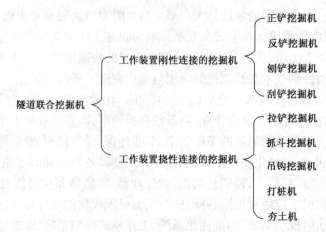

图 1.3-3　按工作装置分类

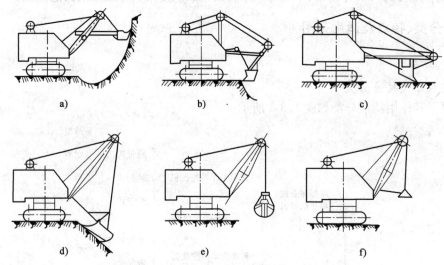

图 1.3-4　机械式单斗挖掘机工作装置主要形式图
a)正铲;b)反铲;c)刨铲;d)挖铲;e)抓斗;f)打桩

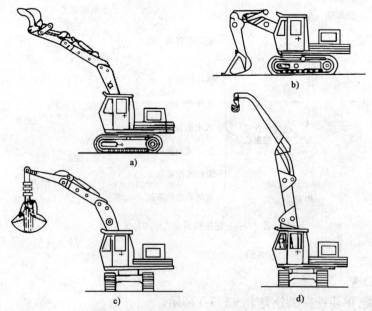

图 1.3-5　液压式单斗挖掘机工作装置主要形式图
a)正铲;b)反铲或装载;c)抓斗;d)起重

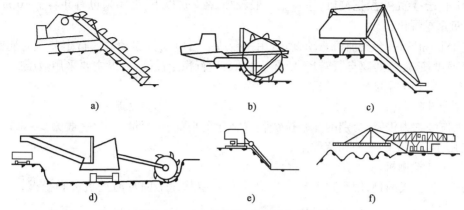

图 1.3-6 多斗挖掘机工作装置主要形式图

a)链斗式挖沟机;b)斗轮式挖沟机;c)横向挖掘链斗式挖掘机;d)斗轮式挖掘机;e)小型横向挖掘链斗式挖掘机;f)壤弃式多斗挖掘机

3)国产单斗挖掘机型号表示标准

国产单斗挖掘机型号表示标准见表1.3-1。

国产单斗挖掘机型号编制规定　　　　　表 1.3-1

类	组	型	特征	代号	代号含义	主 参 数	
						名称	单位
挖掘机	单斗挖掘机（挖）	履带式		W	机械单斗挖掘机	标准斗容量	$m^3 \times 100$
			D(电)	WD	电动单斗挖掘机	标准斗容量	$m^3 \times 100$
			Y(液)	WY	液压单斗挖掘机	标准斗容量	$m^3 \times 100$
			B(臂)	WB	长臂单斗挖掘机	标准斗容量	$m^3 \times 100$
			S(隧)	WS	隧道单斗挖掘机	标准斗容量	$m^3 \times 100$
		轮胎式 L		WL	轮胎式机械单斗挖掘机	标准斗容量	$m^3 \times 100$
			D(电)	WLD	轮胎式电动单斗挖掘机	标准斗容量	$m^3 \times 100$
			Y(液)	WLY	轮胎式液压单斗挖掘机	标准斗容量	$m^3 \times 100$
其具体表示方法为四组符号:							

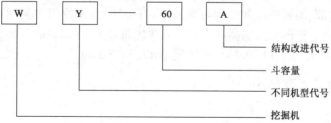

型号示例:

WY 60 型,表示斗容量为 0.6m³ 的履带式液压挖掘机。

WY40C 型,表示斗容量为 0.4m³ 第三次改型的履带式液压挖掘机。

WD200A 型,表示斗容量为 2m³ 第一次改型的履带式电动挖掘机。

WLY25 型,表示斗容量为 0.25m³ 的轮式液压挖掘机。

WLY40A 型,表示斗容量为 0.4m³ 第一次改型的轮式液压挖掘机。

1.3.2.2 特点及适用范围

1)建筑型单斗挖掘机

该型挖掘机的特点是具有反铲、正铲、拉铲、抓斗、起重吊钩等 3～5 种工作装置,其中以反铲为主,可进行多种作业;多数是小型挖掘机,斗容量一般较小,在 $2m^3$ 以下,近年来也有斗容 $2\sim 6\ m^3$、自身质量达 200t 的建筑型挖掘机出厂。

单斗挖掘机一般用一台柴油机驱动,也有用一台或多台电动机驱动的。行走装置有履带式和轮胎式两种,行驶速度快,能远距离自行转场,机体重心低,运行稳定性好;操纵主要采用液压或气压,适应于挖掘 I~IV 级土及爆破后的 V~VI 级岩石。

2) 采矿型单斗挖掘机

其主要工作装置为正铲,个别的配有拉铲装置和起重装置,斗容量较大,一般为 $2\sim 8m^3$。大部分为机械式,主要用于露天矿的挖掘和装载作业。

3) 剥离型单斗挖掘机

有履带式和步行式两种,用于露天矿表层剥离和大型基建工程及河道疏浚和挖掘、土壤改良等工程中。

履带式为正铲工作装置,斗容量一般为 $4\sim 53m^3$,可开挖 I~IV 级土壤。

步行式工作装置为拉铲,斗容一般为 $4\sim 76.5m^3$。行走装置采用步行机构,其接地比压小,稳定性好,适宜于在松软、沼泽地面工作。这种行走装置当整机质量为 160~1 400t 时,作用于地面的压力仅为 78.4~147.1 kPa。

步行式挖掘机作业范围很大,斗容量也在向大型化发展,最大已超过 200 m^3,臂长 300~400m,被广泛用于露天矿表层剥离、砂砾石开采、河道开挖及大型土坝、路基、桥基、水电站基础开挖等工程,有逐步取代履带正铲式挖掘机的趋势。

4) 隧道挖掘机

具有特种工作装置和较小的转台尾部回转半径,专用于隧道、坑道、地铁等狭窄的工作环境下,挖掘和装载 I~VI 级土或爆破后的 V、VI 级岩石。

5) 多斗挖掘机

它是一种由若干个挖斗连续循环进行挖掘作业的挖掘机械,主要用于 IV 级以下土中挖取土方或开挖沟渠、剥离采料场或露天矿场上的浮土、修理坡道以及装卸松散物料等作业。

(1) 链斗式多斗挖掘机。挖斗连接在挠性构件(斗链)上。现代链斗式多斗挖掘机的挖掘深度已超过 40m,高度达到 27m,斗容量达 2 500L,生产率达到 3 000m^3/h,机体质量达 3 500t。

(2) 轮斗式多斗挖掘机。挖斗固定在刚性构件(斗轮)上,以刚性斗轮取代斗链,用简单高效的输送带将土运出,因此,具有切削力大、切削速度快、生产效率高、运转平稳、动载荷小、卸载简便、可靠性好等优点。斗轮装在动臂端部,动臂长度和倾角可调,转台可旋转,故能挖出多种多样的掌子面。理论生产率为 70~15 000m^3/h,上下挖掘总采掘高度 3~77m,斗轮直径 1.9~2.2m,斗容量 0.05~8.6m^3,斗臂长 5~10.5m,动力装置功率为 45~14 300kW,机体质量 17.5~7 250t。

1.3.3 工作原理及主要结构

1.3.3.1 总体结构

1) 机械式单斗挖掘机总体结构

机械式单斗挖掘机主要由工作装置、回转支承装置、行走装置及动力装置和附属设备等部分组成,如图 1.3-7 所示。其中工作装置包括铲斗、提升机构、推压机构、动臂、斗底开启机构等;回转支承装置包括回转机构、回转平台、回转支承机构等;行走装置包括履带行走机构、车架、履带架;动力装置包括柴油机(或电动机—发动机组)、操纵机构、润滑装置等。

2) 液压式单斗挖掘机总体结构

如图 1.3-8 和图 1.3-9 所示,单斗液压挖掘机主要结构由工作装置、回转机构、动力装置、传动操纵机构、行走装置和辅助设备等组成。常用的全回转式(转角大于 360°)挖掘机,其动力装置、传动机构的主要部分、回转机构、辅助设备和驾驶室等都装在可回转的平台上,通称为上部转台,因而又把这类机械概括成由工作装置、上部转台和行走装置三大部分组成。

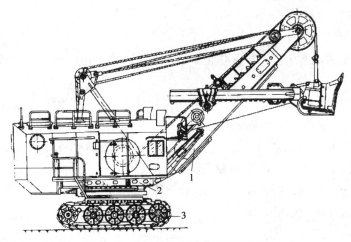

图 1.3-7 机械式单斗挖掘机主要结构图
1-工作装置;2-回转平台;3-行走装置

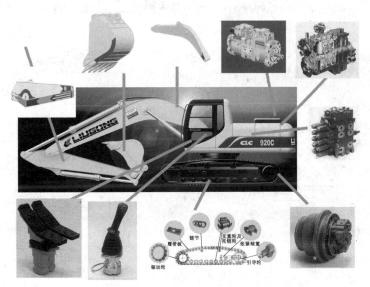

图 1.3-8 液压式单斗挖掘机主要结构图

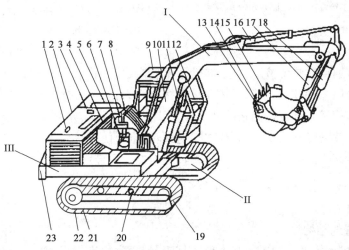

图 1.3-9 WY60A 型液压挖掘机主要结构图

1-柴油机;2-机棚;3-油泵;4-液控多路阀;5-液压油箱;6-回转减速器;7-液压马达;8-回转接头;9-驾驶员室;10-动臂;11-动臂油缸;12-操纵台;13-边齿;14-斗齿;15-铲斗;16-斗杆油缸;17-斗杆;18-铲斗油缸;19-履带板;20-拖链轮;21-支重轮;22-走行减速器、液压马达;23-平衡重;I-工作装置;II-行走装置;III-上部转台

1.3.3.2 工作原理

1)机械式单斗挖掘机工作原理

机械式单斗挖掘机的最常用工作装置是正铲工作装置。主要由动臂1、斗杆2、铲斗3、推压轴4等构成,如图1.3-10所示。

当挖掘开始时,挖掘机靠近工作面,开挖位置在推压轴水平之下,斗前面与工作面交角最大(40°~45°),斗齿容易切入。工作时斗齿的切入深度由推压轴控制,操纵提升钢绳提升铲斗,同时推压轴把斗柄推向工作面。铲斗提升与推压轴同时动作,在运动中使铲斗装满矿石,离开工作面,回转到卸载处卸载,然后再回转到工作面,开始下一次的挖掘工作。

挖掘机斗杆伸出长短不同,可挖取若干层弧形土体,每层土体厚度一般在0.1~0.8m之间。一般斗杆伸出长度不得超过斗柄全长的2/3。

2)液压式单斗挖掘机工作原理

图1.3-11为液压式单斗挖掘机基本结构及传动示意图,柴油机13驱动两个液压泵11、12,把高压油输送到两个分配阀9,操纵分配阀将高压油再送往有关液压执行元件(液压缸或液压马达),驱动相应的机构进行工作。

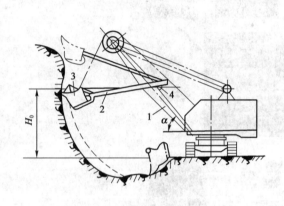

图1.3-10 正铲工作装置原理图
1-动臂;2-斗杆;3-铲斗;4-推压轴

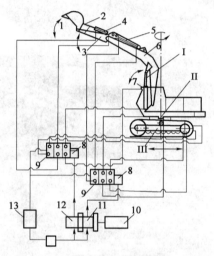

图1.3-11 液压单斗挖掘机基本结构及传动示意图
1-铲斗;2-连杆;3-斗杆;6-动臂;4、5、7-液压缸;8-安全阀;9-分配阀;10-发动机;11、12-油泵;13-油箱;I-挖掘装置;II-回转装置;III-行走装置

挖掘机作业时,接通回转装置液压马达,转动上部转台,使工作装置转到挖掘点,同时,操纵动臂液压缸小腔进油,液压缸回缩,使动臂下降至铲斗接触挖掘面为止,然后操纵斗杆液压缸和铲斗液压缸,使其大腔进油而伸长,迫使铲斗进行挖掘和装载工作。斗装满后,将斗杆液压缸和铲斗液压缸停动并操纵动臂液压缸大腔进油,使动臂升离挖掘面,随之接通回转马达,使斗转到卸载地点,再操纵斗杆和铲斗液压缸回缩,使铲斗反转卸土。卸完土,将工作装置转至挖掘地点进行第二次挖掘作业。

1.3.3.3 机械式单斗挖掘机主要部件结构

1)工作装置的结构

(1)正铲工作装置的结构

机械传动式单斗挖掘机工作装置的基本形式是正铲装置,它由动臂、斗杆、铲斗、推压机构、滑轮钢绳系统和斗底开启机构等组成,主要有以下四种形式。

①双梁动臂、单梁内斗杆结构

如图1.3-12所示,该结构的动臂是厚板箱截面的两个梁,中间连成一体,推压轴设在箱形断面高度较大并焊有加强筋板的动臂长度中间部位,动臂的支承踵部做成分叉的两点支撑,用铰接方式固定在回转平台上。

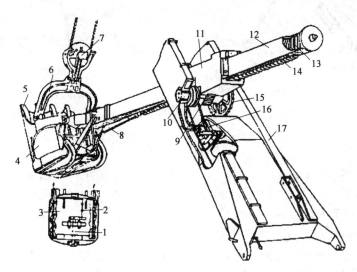

图 1.3-12　双梁动臂单梁内斗杆正铲装置

1-阀杆;2-牵引链;3-斗底;4-铲斗;5-斗齿;6-半环提梁;7-铲斗滑轮;8-斗底开启钢绳;9-推压齿轮;10-推压轴;11-扶柄座;12-斗杆;13-弹簧缓冲器;14-推压齿条;15-链轮;16-复原弹簧;17-双梁动臂

② 单梁动臂、双梁外斗杆结构

如图 1.3-13 所示,动臂是整体焊成的箱形截面的单梁,下端有两个支承踵,两侧装有附加拉杆以增加其稳定性,中部有平台,平台上装有推压机构。斗杆为箱形双梁结构,形成一个 n 形结构,支撑在推压轴两端的推压齿轮上。

③ 双梁铰接式动臂、单梁内斗杆结构

如图 1.3-14 所示,双梁动臂分为以铰接形式相连的上、下两部分,下半部分为箱形截面结构,上半部分为圆形截面,用无缝钢管焊成,铰点在推压轴上。下段动臂的底部铰接于回转平台上,另一端用两根刚性拉杆与双脚支架连接,使挖掘时的推压力通过拉杆由两足支架承受。上段动臂通过滑轮用钢绳拉住,起变幅作用或加长动臂长度。斗杆为管形断面单梁结构,用钢绳推拉,此结构形式的特点是动臂免受推压力造成的弯矩,使斗杆卸除挖掘阻力因偏心作用而产生的转矩,故可减轻结构质量,适应于大型剥离用长臂挖掘机上。

④ 单梁斗杆固定于辅助动臂结构

如图 1.3-15 所示,这种工作装置的质量和尺寸都很大,斗杆不固定在动臂上,而是固定在与回转平台铰接的辅助动臂上。动臂是箱形截面的双梁结构,顶部装有滑轮,通过一根一端固定在动臂顶部,另一端固定在双脚支架上端的钢绳来保持一定角度。斗杆是箱形截面的单梁结构,

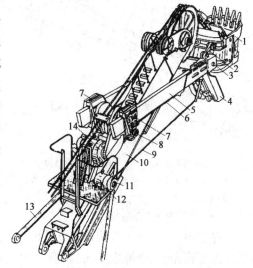

图 1.3-13　单梁动臂双梁外斗杆正铲装置

1-铲斗;2-拉杆;3-铰接螺栓;4-斗底;5-斗杆;6-齿条;7-扶柄座;8-推压轴;9-开斗钢绳;10-动臂;11-开斗卷筒;12-开斗电机;13-两侧拉杆;14-推压机构

其前端和铲斗的后臂焊为一体,后端焊有一个圆形铸件 7、8,它的轴颈上套着叉形铸件 9,后者用扣环固定住。推压齿条 2 是箱形截面的单梁结构,后端与装在双脚支架上的推压机构相连,前端与叉形铸件 9 相连,叉形铸件 9 是叉形铰的构成部分,用中间横挡相连。铰由辅助动臂 3 的双梁端部支撑住。叉形铰保证斗杆既能绕自身中心线转动,又能在垂直和水平面内转动。

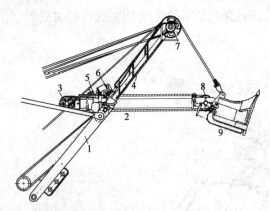
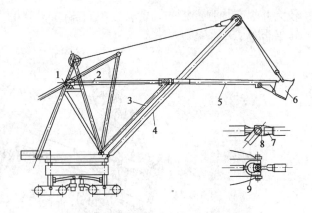

图1.3-14 双梁铰接动臂、管型斗杆工作装置
1-下段动臂；2-斗杆；3、8-推拉滑轮；4-上段动臂；5-扶柄座；6-开斗气缸；7-顶端滑轮；9-铲斗

图1.3-15 双梁斗杆固定于辅助动臂结构
1、2-推压齿条；3-辅助动臂；4-动臂；5-斗杆；6-铲斗；7、8-圆铸件；9-叉形铸件

(2) 反铲工作装置的结构

如图1.3-16所示，反铲工作装置主要由动臂、斗杆、铲斗、前支架及滑轮系组成。

动臂有单梁、双梁等不同的结构形式，一般为箱形结构，用薄钢板焊接成型，一端铰接固定在回转平台上，另一端与斗柄铰接，中部装有滑轮。

前支架一般用钢管或其他型钢制成八字形结构，用拉杆铰接于回转平台前端，顶部有起升滑轮，用拉杆或钢绳与两足支架成刚性或悬挂式连接。

斗杆多为单梁箱体结构，铰接于动臂顶端，一端与铲斗相连，另一端装有滑轮或滑轮组。斗与杆铰接的反铲工作装置如图1.3-17所示。

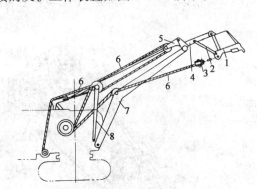

图1.3-16 反铲工作装置的结构
1-铲斗；2-铲斗支架；3-平衡梁；4-斗杆；5-提升滑轮架；6-钢绳系统；7-动臂；8-前支架

图1.3-17 斗与杆铰接的反铲工作装置
1-提升钢绳；2-牵引钢绳

(3) 推压机构的结构

在挖掘机上，推压机构是独立式的，其运动也是独立的。按推压力传给斗柄的方式不同，推压机构分为齿轮齿条式、钢绳推压式、曲柄-摇杆式等三种形式，如图1.3-18所示。

①齿轮齿条推压机构

如图1.3-18a)所示，在推压轴上固定有推压齿轮1，它与齿条2相啮合，齿条2固定在斗杆3上。当推压齿轮1转动时，推动斗杆3在扶柄套4中做往复运动，这样就完成了斗杆的推压和返回运动。推压轴是由装置在动臂上的推压电动机通过减速器带动旋转的。一般仅需两级减速，即可产生足够的推压力来挖掘重级土或矿石。选择较好的原材料和热加工工艺，齿轮和齿条可有很长的使用寿命。这种推压机构在正铲工作装置中应用较广泛。

②钢绳推压机构

这种机构斗杆的伸缩靠钢绳的运动来实现。如图1.3-18b)所示，在卷筒10上共缠绕着三根钢绳，

其中两根是推压绳8,一根是退回绳9。两根推压绳的一端都固定在卷筒10上。另一端绕经固定于动臂上的导向轮6、斗杆后端的导向轮7,再经过另一导向轮6返回到卷筒10并固定在卷筒10上,退回绳的一端固定于卷筒10上,另一端经过动臂上的第三个导向轮6,固定在斗杆5前端。当推压卷筒10做顺时针或逆时针转动时,经过钢绳的推拉作用,使斗杆完成推压或返回运动。两根推压钢绳的作用相同,因推压力大,所以用两根。

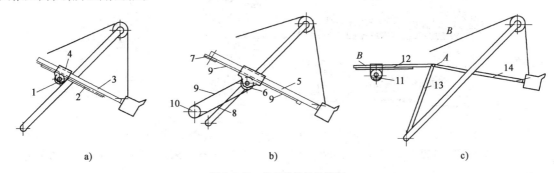

图1.3-18 推压机构结构简图
a)齿轮齿条推压机构;b)钢绳推压机构;c)曲柄摇杆推压机构;
1、11-推压齿轮;2-齿条;3、5、14-斗杆;4-扶柄套;6、7-导向轮;8-推压绳;9-退回绳;10-卷筒;12-齿条推杆;13-辅助动臂

③曲柄摇杆推压机构

如图1.3-18c)所示,推压齿轮11装在回转平台的双脚支架上,斗杆14、齿条推杆12和辅助动臂13(摇杆),由叉形铰装置A铰接在一起,摇杆13下部铰接在回转平台上,齿条推杆用鞍形支承座B支承,鞍形支承座B铰接在推压轴上。推压轴带动推压齿轮11转动,使齿条推杆沿齿轮11的圆周方向滚动,从而使摇杆摆动,完成斗杆的推压和返回动作。

(4)铲斗的结构

铲斗是单斗挖掘机工作装置的主要部件之一。正铲铲斗由前臂(切削壁)侧壁、后壁和斗底组成,形状接近正立方体,上部敞开,下部的斗底可开启。为了便于卸载,通常做成上口略小,下口略大,内壁角均为圆角,且具有向增大斗宽、减小斗深的方向发展的趋势。

2)回转装置的结构

回转装置由两部分组成,一部分是回转平台,另一部分是回转支承。

如图1.3-19所示,回转平台又称为上部机架,其前部是工作装置的基础,安装有工作装置,两足支架及上部各传动机构;后部作为配重部分,装有发动机及平衡重块;平台底面安装回转支承的上滚道及钩轮等。通常平台前部装有侧悬臂,用来安装操纵系统和其他辅助装置及驾驶室等。

回转支承指的是在回转平台与行走装置之间支承和传递上部载荷。其特点是回转支承的上、下滚盘分别装在回转平台的底面和下支承架上,在上、下滚盘间设置有滚动体(滚轮、滚子或滚珠),完成平台与下支承架间的相对转动。回转支承的结构主要有滚轮式、滚子夹套式、滚动轴承式三种形式。

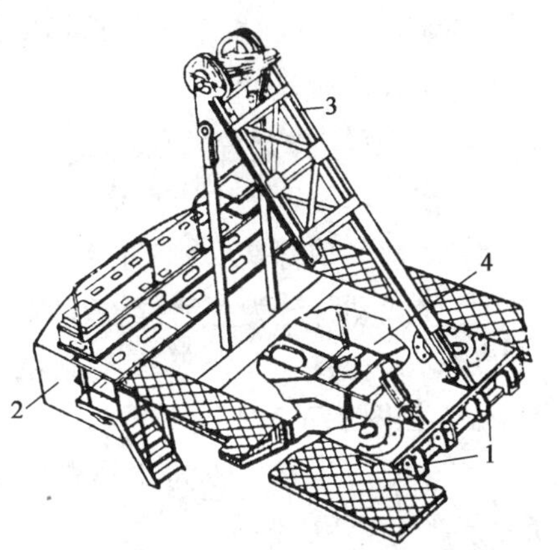

3)行走装置的结构

(1)履带式行走装置的结构

图1.3-19 回转平台结构
1-臂杆;2-配重箱;3-两足支架;4-中心枢轴套

履带式行走装置是采用最为广泛的一种行走装置,按履带数量的不同分为双履带式、四履带式和八履带式三种。其基本部件包括:底座、行走架、导向轮、支重轮、托链轮、驱动轮、履带和张紧装置等,其结构如图1.3-20所示。履带式行走装置由连接回转支承的行走架通过支重轮,履带将载荷传至地面履带

呈封闭环绕过驱动轮和引导轮,为减小上分支的挠度,履带由1~2个托链轮支持行走装置的传动,是由液压马达及减速机带动驱动轮,使行走装置运行。

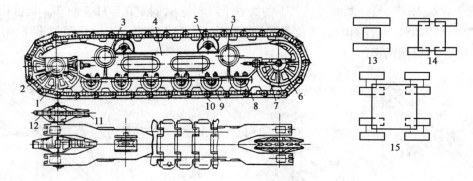

图1.3-20 履带式行走装置的结构图

1-驱动轮;2-驱动轮轴;3-下支撑架轴;4-履带架;5-托链轮;6-引导轮;7-张紧螺杆;8-支重轮;9-履带;10-履带销;11-链条;12-链轮;13-双履带;14-四履带;15-八履带

（2）轮胎式行走装置的结构

用于中小型挖掘机上,以增加机动性,提高行驶速度,其外观如图1.3-21所示。

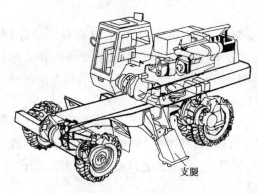

图1.3-21 具有双支腿的轮胎行走装置

4）动力装置的结构

机械式单斗挖掘机的动力装置主要有四种形式,即内燃机驱动、电力驱动、复合驱动及燃气轮机驱动。这些动力装置按其特性可以分为具有固定特性和可变特性两大类。

具有固定特性的动力装置,以固定的转速运转,不因外载荷的变动而变动。内燃机和三相交流异步电动机同属此类,一般用于在均质土中作业的小型挖掘机上。

具有可变特性的动力装置,其转速和转矩能随外载荷的变化而变化。发电机—电动机系统、电子变矩器……电动机系统（固态传动系统）、装有电磁耦合器的交流电动机、装有液力变矩器的内燃机和交流电动机以及复合运动中的部分动力装置属于这一类。

1.3.3.4 液压式单斗挖掘机主要部件结构

1）工作装置结构

（1）反铲工作装置的结构

反铲工作装置是中小型液压挖掘机的主要工作装置,由动臂、斗杆、铲斗三部分构成。

①动臂。动臂是反铲工作装置的主要构件,分为整体式和组合式两大类。
整体式动臂分为直动臂、弯动臂、小弯臂和三节弯动臂几种形式,其结构形式如图1.3-22所示。
组合式动臂一般为弯动臂形式,有辅助连杆(或液压缸)连接式、螺栓连接式、拐臂式和伸缩式等结构形式,如图1.3-23所示。

②斗杆。斗杆一般为箱形焊接结构,分为整体式和组合式两种。组合式斗杆结构如图1.3-24所示。

③铲斗、反铲斗的基本结构如图1.3-25所示。通用反铲工作装置常配有几种甚至十多种斗容量不同、结构形式各异的铲斗。大斗用于挖掘松散土;小斗用于挖掘硬土及碎石;装有强制卸土板的铲斗用于在潮湿黏性土中作业;清理基坑和修理斜坡用宽而浅的铲斗;挖掘深井和隧道时采用设有2~3个铰点的转动角度可调的铲斗。

④动臂、斗杆、铲斗与各自油缸的连接方式

液压缸的布置方式及与动臂、斗杆、铲斗的连接方式很多,常见的有如图1.3-26所示的几种。

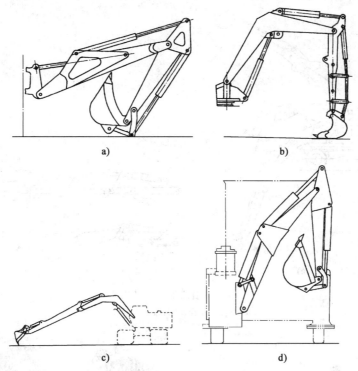

图 1.3-22 整体式动臂结构形式
a) 直动臂; b) 弯动臂; c) 悬挂式小弯臂; d) 三节弯动臂

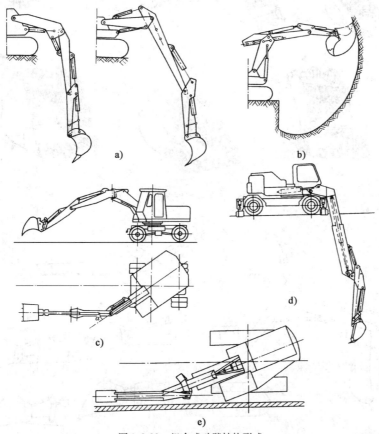

图 1.3-23 组合式动臂结构形式
a) 采用辅助连杆(或液压缸)连接的组合动臂; b) 采用螺栓连接的组合式动臂; c) 液压缸连接的拐臂式动臂; d) 螺栓连接的拐臂式动臂; e) 伸缩式动臂

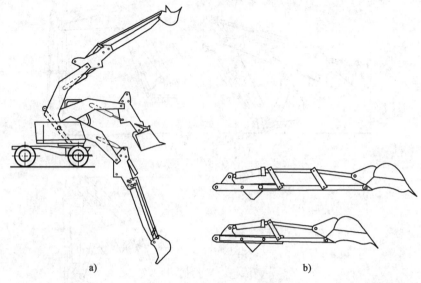

图 1.3-24 组合式斗杆的结构形式
a)组合式斗杆;b)伸缩式斗杆

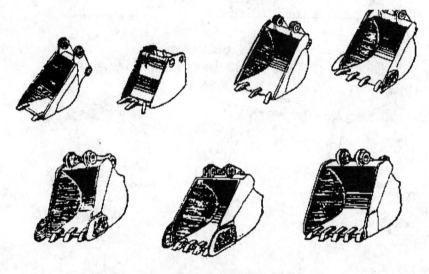

图 1.3-25 液压挖掘机反铲斗基本形式

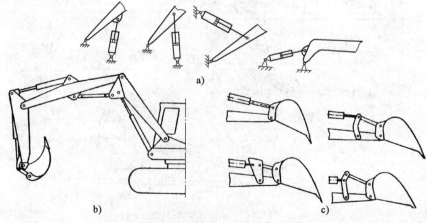

图 1.3-26 液压缸与动臂、斗杆、铲斗连接方式图
a)动臂液压缸布置连接方案;b)斗杆液压缸分布连接方案;c)铲斗与铲斗液压缸的连接方式

（2）正铲工作装置的结构

正铲工作装置以斗杆挖掘为主,其结构如图1.3-27所示,由动臂1、斗杆5、铲斗4、工作液压缸2和辅助件(如连杆装置3)等构成。

动臂是焊接箱形结构或铸焊混合结构,斗杆一般为焊接或铸焊混合箱形结构。正铲铲斗铰接在斗杆端部,铲斗液压缸缸体支承在斗杆中部,活塞杆端与铲斗尾部的连杆机构铰接,形成一个六连杆机构(也有活塞杆端直接与铲斗尾部铰接而形成四连杆机构的结构形式)。正铲铲斗根据结构及卸土方式的不同,可分为前

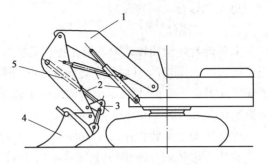

图1.3-27 正铲工作装置结构示意图
1-动臂;2-工作液压缸;3-连杆装置;4-铲斗;5-斗杆

卸式和底卸式两大类,其结构如图1.3-28所示。正铲工作装置的结构及铰点布置有多种形式。常见的有三种,如图1.3-29所示。

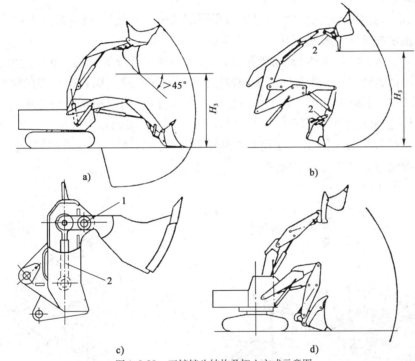

图1.3-28 正铲铲斗结构及卸土方式示意图
a)前卸式铲斗;b)斗底打开的底卸式铲斗;c)、d)斗前臂向上翘起的底卸式铲斗
1-铰;2-卸土液压缸

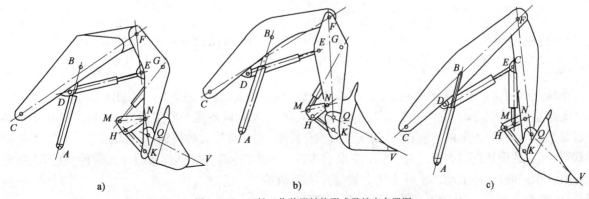

图1.3-29 正铲工作装置结构形式及铰点布置图
a)直动臂弯斗样式;b)弯动臂直斗样式;c)直动臂直斗样式

2)上部转台与回转装置

(1)上部转台

上部转台是全回转式单斗液压挖掘机主要总成及工作装置的安装与驾驶员工作平台,其前部安装着挖掘机的工作装置,其后面布置安装着发动机、液压系统、驾驶员室、平衡重、油箱等;其中部通过回转装置安装支撑在下部底架上,是全回转式单斗液压挖掘机三大组成部分中最重要的一部分。转台上各部分的安装布置虽因挖掘机型号不同而异,但都力求布置紧凑。图1.3-30为上部转台的典型布置情况。

挖掘机的上部转台在工作中既要左右回转以带动工作装置卸土与回转,又要承受其自身重力与工作装置所传递来的各种作用力;工作时既不能倾翻,还应轻便灵活回转。为此,挖掘机都设置了回转支撑装置和回转驱动机构,一般称为回转装置。工作装置作用在转台上的垂直载荷、水平载荷和倾覆力矩通过回转支撑传给底架;回转驱动机构则固定在转台上,其上的小齿轮与固定在底架上的齿圈相啮合,小齿轮可自转,又可绕转台回转中心线公转。当回转机构使小齿轮转动时,转台就在小齿轮带动下相对齿圈及底架进行回转。

(2)回转支撑装置

回转支撑装置主要用以承受轴向力及倾覆力矩引起的轴向荷载,现已普遍地采用滚动轴承式结构。它是在普通滚动轴承的基础上发展起来的。其实就是大型滚动轴承,但又有其特点。如图1.3-31所示,它由内、外座圈、滚动体、隔离体、密封装置、润滑装置和连接螺栓等组成。其中的内座圈或外座圈加工成带内齿或外齿的齿圈。带齿圈的座圈为固定座圈(图示1),沿圆周方向分布的螺栓2固定在底座上;不带齿圈的座圈为回转圈,它可以是整体式也可以是剖分式(图中6、4为剖分式),用螺栓3固定在上部转台上;内、外座圈的滚道之间安装着滚动体8和隔离体9,滚动体用以承受和传递内、外圈之间的各种作用力并使其相对转动,隔离体用于防止相邻滚动体之间的挤压,减少其磨损,并起导向作用;调整垫片5用以调整滚道与滚动体之间的间隙。

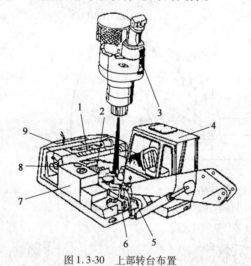

图1.3-30 上部转台布置

1-发动机;2-换向阀;3-回转驱动马达;4-驾驶员室;5-回转支撑;6-中央回转接头;7-液压油箱;8-液压泵;9-平衡重

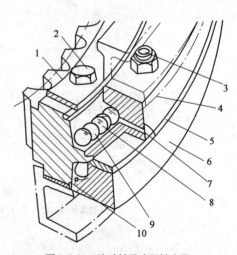

图1.3-31 滚动轴承式回转支撑

1-内齿圈;3、2-螺栓;4-上座圈;5-调整垫片;6-下座圈;7-油嘴;8-滚动体;9-隔离体;10-密封件

回转支撑种类很多,目前采用的主要有单排滚珠式、双排滚珠式、交叉滚柱式和多排滚珠式等四种。

①单排滚珠式支撑。它由外座圈2、密封装置3、滚动体4、内座圈5等组成,如图1.3-32所示。其滚道是圆弧形曲面,滚动体与内、外座圈滚道为四点接触,它具有较大的接触角,可以传递不同方向的轴向载荷、径向载荷和倾覆力矩。为了便于将滚动体装入滚道,座圈有整体式和剖分式两种,整体式座圈上开有一个径向孔,待滚动体装满后堵上堵塞并用插销锁紧。这种支撑装置的优点是成本较低、质量轻、结构紧凑。此外,它允许在安装时出现微小的误差。

②双排滚珠式支撑。双排滚珠式支撑的滚珠分上下两排布置,两排滚珠的直径可以相同,也可不

同。图1.3-33为双排滚珠异径式,由于上排载荷大于下排载荷,所以下排滚珠直径小于上排,接触角可达90°,可以承受较大的轴向载荷和倾覆力矩。

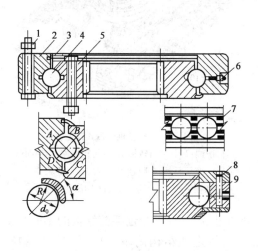

图1.3-32 单排滚珠式支撑
1-螺栓;2-外座圈;3-密封装置;4-滚动体;5-内座圈;6-润滑装置;7-隔离体;8-插销;9-堵塞

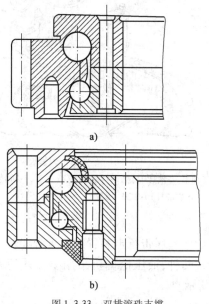

图1.3-33 双排滚珠支撑
a)外齿式;b)内齿式

③交叉滚柱式支撑。交叉滚柱式支撑大体上与单排滚珠式类似,如图1.3-34所示。载荷通过圆柱形或圆锥形滚柱传递,相邻滚柱是轴线交叉排列,以能传递轴向和径向载荷并能传递倾覆载荷。该柱与滚道理论上是线接触,滚动接触应力分布于整个滚道面上,疲劳寿命较高。此外,平面滚道也容易加工。但对连接件的刚性和安装精度的要求比滚珠式的高,否则支撑受载后可能使支持连接构件变形,滚柱该道出现尖峰载荷,线接触变成点接触引起应力集中,这样就会很快破坏该道、产

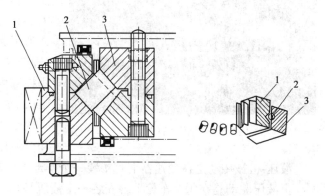

图1.3-34 交叉滚柱式支撑
1-下座圈;2-滚柱;3-上座圈

生噪声,影响使用寿命。交叉滚柱式支撑的优点是结构紧凑、质量轻,使转台的重心降低,可提高整机的稳定性。

(3)回转驱动

回转驱动机构的传动方式,按液压马达的结构形式,可分为高速传动和低速传动两类。现在基本上都是高速传动。高速传动是高速液压马达经齿轮减速器,带动回转小齿轮绕回转支撑上的固定齿圆滚动,促使转台回转,如图1.3-35所示。其中减速器3的形式有两级直齿轮传动、一级直齿轮和一级行星齿轮传动、两级行星齿轮传动等多种形式。制动器一般装在高速轴。高速传动具有体积小、效率高,不需设背压补油,便于设置小制动器,工作可靠等优点,故应用较多。

3)行走装置的结构

(1)履带式行走装置

①行走装置

挖掘机履带式行走装置是由履带底架与行走架构成如图1.3-36所示,主要由行走架、四轮一带(即导轮、支重轮、托轮、驱动轮和履带)以及张紧装置等组成。

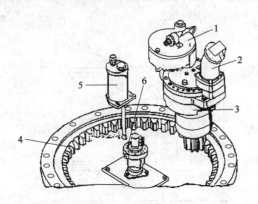
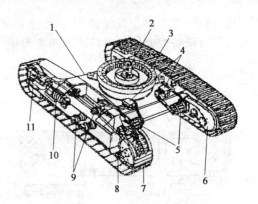

图 1.3-35 间接传动的回转传动
1-制动器；2-液压马达；3-行星齿轮减速器；4-回转齿圈；5-润滑油杆；6-中央回臂接头

图 1.3-36 挖掘机履带式行走装置
1-行走架；2-中央回转接头；3-回转支撑；4-制动阀；5-行走液压马达；6-减速器；7-履带；8-链轨销；9-支重轮和托链轮；10-张紧装置；11-引导轮

行走架是履带行走装置的承重骨架。它由底架、横梁和履带梁组成，行走架按结构的不同分组合式和整体式两种，液压挖掘机采用整体式行走架较多，整体式行走架结构简单、自重轻且刚性好，如图 1.3-37 所示。

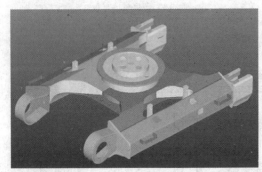

图 1.3-37 整体式行走架

② 传动方式

液压挖掘机履带行走装置的传动方式有高速马达-减速器式和低速大转矩马达式两类。其结构如图 1.3-38 和图 1.3-39 所示。

为了克服低速大转矩马达速度较低时效率很低的弱点，国产 WY—100 型液压挖掘机采用了一种双速变排量的双排柱塞内曲线马达。

(2) 轮胎式行走装置

轮胎式行走装置除了机械传动方式外，还有液压-机械式和全液压式两种。

液压-机械传动是在变速器上直接装一个行走液压马达来驱动车辆行走，其结构如图 1.3-40 所示。

全液压驱动是在每个车轮上各安装一个液压马达，直接驱动车轮转动，各轮转速由液压系统调节。液压马达有高速和低速之分，其结构如图 1.3-41 所示。

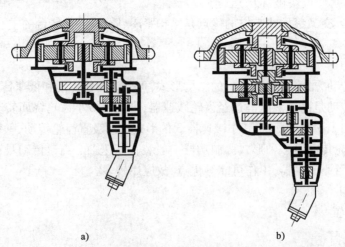

图 1.3-38 高速马达-减速器式传动结构
a) 单列行星齿轮减速器；b) 双列行星齿轮减速器

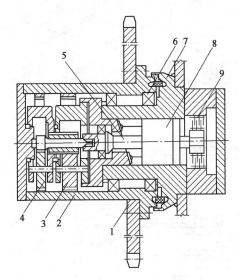 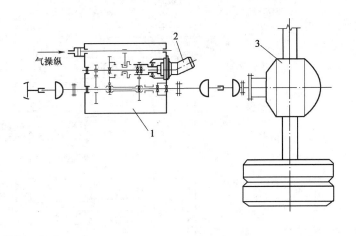

图 1.3-39 低速大转矩马达式传动结构
1-驱动轮;2-减速器壳;4、3-行星齿轮;5-轴;6-轴承;
7-马达外壳;8-液压马达;9-制动器

图 1.3-40 液压—机械传动简图
1-变速器;2-液压马达;3-后桥

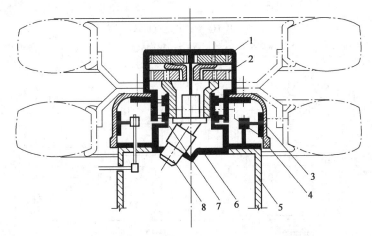

图 1.3-41 用液压马达直接驱动车轮的传动结构示意图
1-减速器壳;2-行星减速器;3-制动鼓;4-制动器;5-桥;6-驱动装置外壳;7-轴承;8-高速液压马达

1.3.3.5 液压系统

全液压挖掘机的液压系统都是由一些基本的和辅助的液压回路组成的。这些回路包括:限压回路、卸荷回路、缓冲回路、节流调速和节流限速回路、行走限速回路、支腿顺序回路、支腿锁紧回路和辅助回路(先导阀操纵回路)。这些回路构成具有各种功能的液压系统。

1)定量系统

在定量系统中,流量不变,即不能因外载荷变化而使流量作相应的改变,通常依靠节流来调节速度。根据系统中泵和回路的数量及组合形式,分为单泵单回路定量系统、双泵单回路定量系统、双泵双回路定量系统及多泵多回路定量系统。

单泵单回路定量系统的基本结构如图 1.3-42 所示。

双泵单回路定量系统的基本结构如图 1.3-43 所示。

多泵多回路定量系统,又称为有级变量系统,其基本结构如图 1.3-44 所示。

双泵双回路定量系统的基本结构如图 1.3-45 所示。

2)变量系统

在变量系统中,通过容积变量来实现无级调速,其调速方式有三种,即变量泵-定量马达调速、定量泵-变量马达调速、变量泵-变量马达调速。

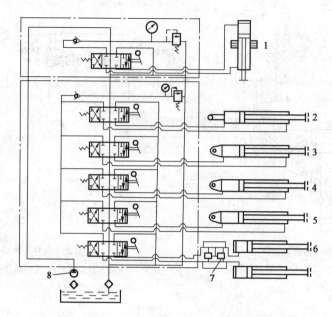

图 1.3-42　0.1m³ 悬挂式挖掘机液压系统图

1-前铲油缸；2-后支承油缸；3-挖斗油缸；4-斗杆油缸；5-动臂油缸；6-旋转油缸；7-双向溢流阀；8-定量油泵

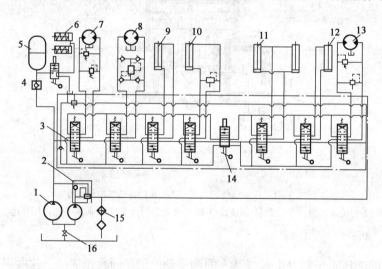

图 1.3-43　MAX-80 型挖掘机液压系统图

1-油泵组；2-阀组；3-分配阀组；4-单向阀；5-蓄能器；6-制动器；7、13-行走马达；8-回转液压马达；9-铲斗油缸；10-斗杆油缸；11-动臂油缸；12-辅助油缸；14-双位阀；15-冷却器；16-阀门

单斗液压挖掘机的变量系统通常采用变量泵-定量马达方式实现无级变量，且都是双泵双回路，根据两个回路的变量有无关联，分为分功率变量系统和全功率变量系统两种类型。

分功率变量系统的每台液压泵各有一个功率调节机构，泵的流量变化只受自身所在回路压力变化的影响，与另一回路的压力变化无关，即两个回路的液压泵各自独立地进行恒功率调节变量，两台泵各拥有一半发动机功率，其系统结构如图 1.3-46 所示。

全功率变量系统的两个油泵由一个总功率调节机构平衡调节，使两泵摆角始终相同、同步变量、流量相等，决定流量变化的是系统的总压力，两泵的功率在变量范围内是不相同的，其调节机构有机械联动调节机构和液压联动调节机构两种形式。全功率调节变量系统的结构如图 1.3-47 和图 1.3-48 所示。

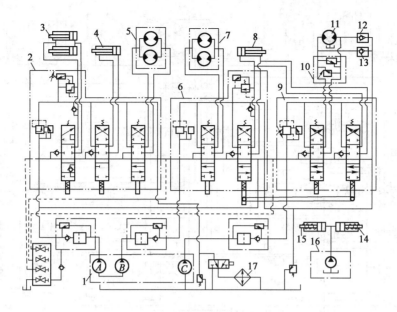

图 1.3-44 e-5015 型挖掘机液压系统图

1-油泵组;2、6、9-分配阀组;3-动臂油缸;4-铲斗油缸;5、7-行走液压马达;8-斗杆油缸;10-回转过载阀;11-回转液压马达;12、13-双向补油阀;14、15-制动器;16-油泵;17-冷却器

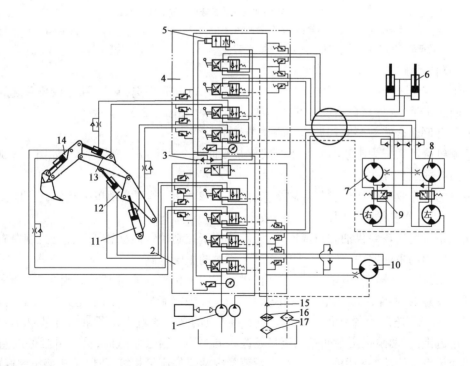

图 1.3-45 Y100 型挖掘机液压系统图

1-油泵;2、4-分配阀组;3-单向阀;5-速度限制阀;6-推土油缸;7、8-行走液压马达;9-双速阀;10-回转液压马达;11-动臂油缸;12-辅助油缸;13-斗杆油缸;14-铲斗油缸;15-背压阀;16-冷却器;17-滤油器

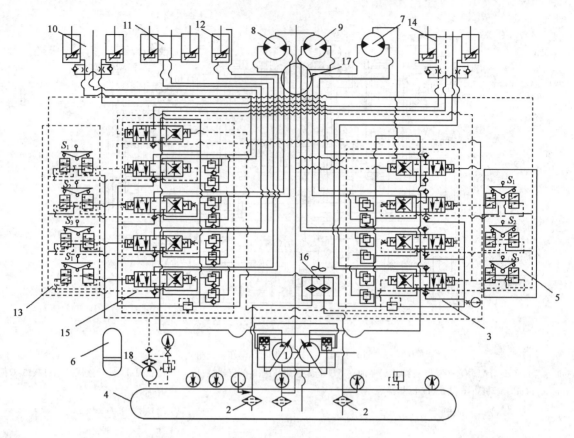

图 1.3-46　WY250 型履带正铲液压挖掘机液压系统

1-变量泵；2-滤清器；3、15-换向阀组；4-液压油箱；5、13-先导阀；6-蓄能器；7-回转马达；8、9-行走马达；10-动臂油缸；11-斗底油缸；12-铲斗油缸；14-斗杆油缸；16-冷却器；17-回转接头；18-齿轮泵

3）定量、变量复合系统

采用若干个变量泵和一个高压定量泵构成若干个开式回路，用选择阀来决定液压系统的工作，即构成了多泵多回路定量、变量复合系统。其结构如图 1.3-49 和图 1.3-50 所示。

4）串联与并联组合式双泵双回路全功率调节变量系统

现代挖掘机液压系统为串联与并联组合式双泵双回路全功率调节变量系统，如图 1.3-50 所示。主油路为串联与并联组合方式，如图 1.3-51 所示。

工作装置的各作业动作均通过先导阀操纵，图 1.3-52 所示，既可实现单一动作，也可实现任意两个功作的复合，以缩短作业循环时间，提高生产效率。

先导操纵系统由齿轮泵供油并自成回路，先导阀用于控制动臂油缸和铲斗油缸控制左右行走马达。在两个泵输出的主油路中，各有一个能通过全流量的主安全阀。

全功率变量调节系统在变量范围内、在任何供油压力下都输出全部功率。因为全功率变量过程中两个泵是同步变量的，两个泵的流量总是相等（$Q_1=Q_2$），决定流量调节的不是某条回路压力的单数值（P_1,P_2），而是两条回路压力的总和（P_1+P_2），（P_1+P_2）的某一值就决定了泵的流量 $Q_1=Q_2=Q$，只要在系统的变量范围内，两泵供给两回路的流量始终相同。当一台泵空载时，另一台泵可以输出全功率，因此全功率变量系统的功率利用很好，且在变量范围内两泵的流量相等，所以单斗液压挖掘机中普遍采用这种形式。

1.3.3.6　电子控制系统

单斗液压挖掘机的电子控制系统一般包括监控系统、功率优化系统、工作模式控制系统、发动机自动怠速控制系统及油门控制系统等，如图 1.3-53 所示。

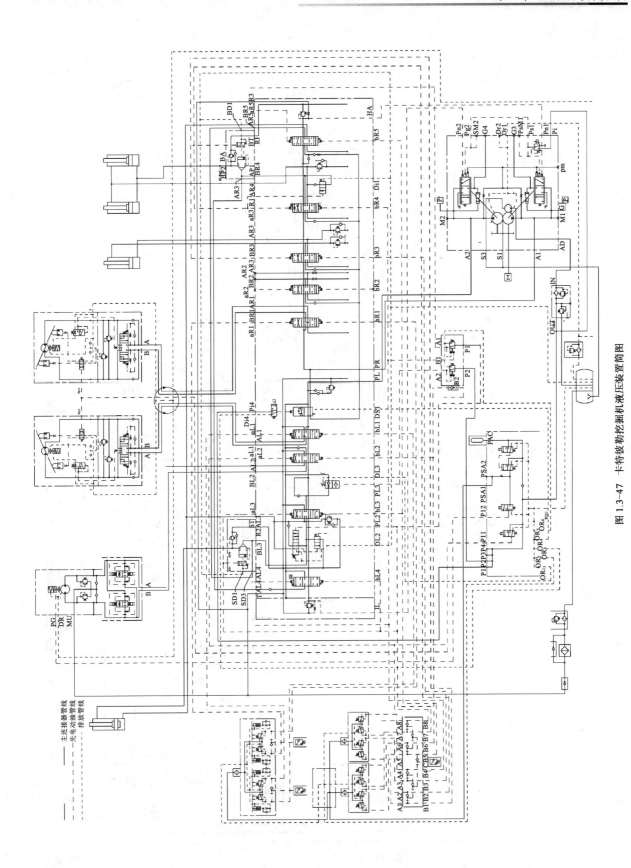

图 1.3-47 卡特彼勒挖掘机液压装置简图

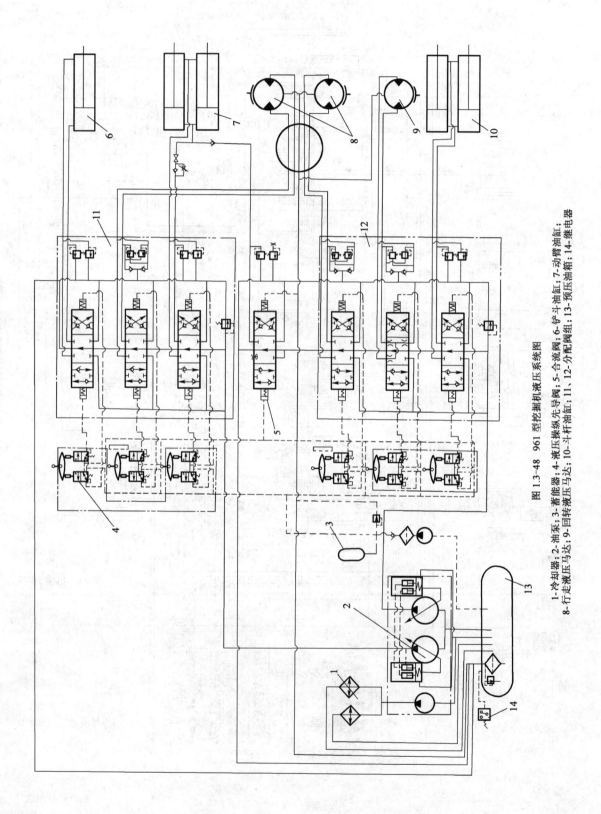

图 1.3-48 961 型挖掘机液压系统图

1-冷却器；2-油泵；3-蓄能器；4-液压操纵先导阀；5-合流阀；6-铲斗油缸；7-动臂油缸；8-行走液压马达；9-回转液压马达；10-斗杆油缸；11、12-分配阀组；13-预压油箱；14-继电器

第1章 土石方机械设备

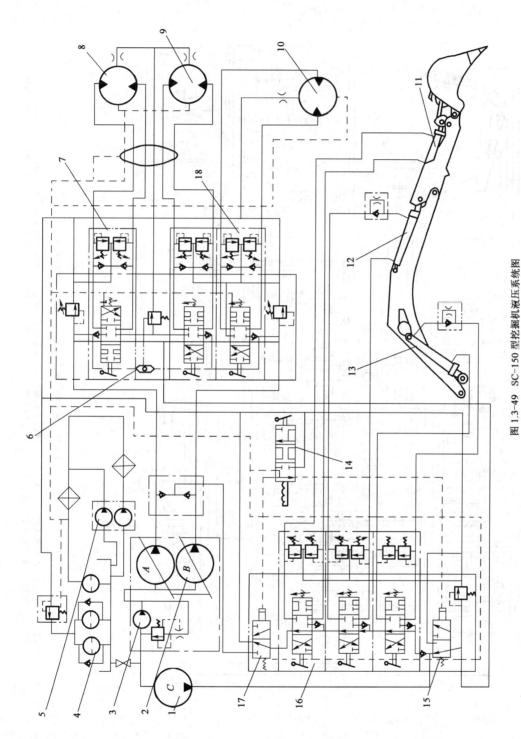

图 1.3-49 SC-150型挖掘机液压系统图

1-定量泵；2-变量泵组；3-供油泵；4-油箱；5-独立式散热系统泵；6-速度限制阀；7、16、18-换向阀组；8-左行走液压马达；9-右行走液压马达；10-回转液压马达；11-铲斗油缸；12-斗杆油缸；13-动臂油缸；14-选择阀；15、17-合流阀

107

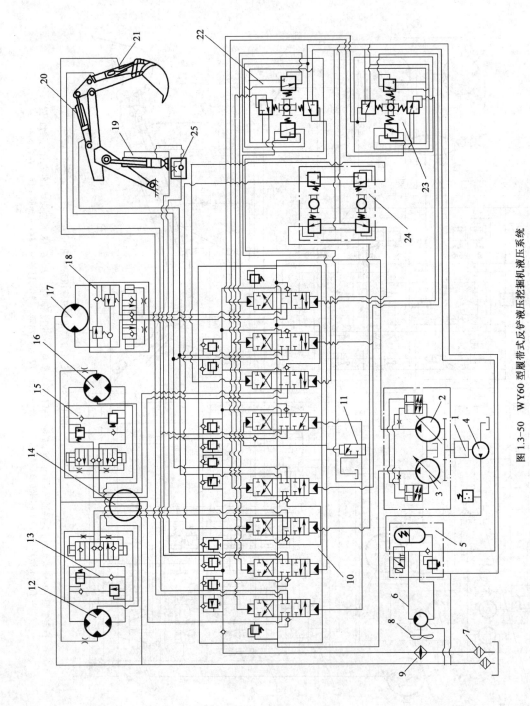

图1.3-50 WY60型履带式反铲液压挖掘机液压系统
1-发动机；2、3-双联主泵；4-操纵齿轮泵；5-阀组；6-马达；7-滤清器；8-风扇；9-冷却器；10-两位三通阀；11-两位三通阀组；12、16-行走马达；13、15、18-液压制动阀；14-中心回转接头；17-回转马达；19-动臂油缸；20-斗杆油缸；21-铲斗油缸；22、23、24-先导阀；25-单向节流阀

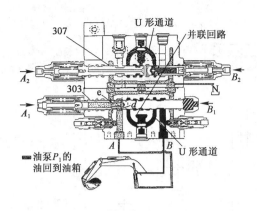 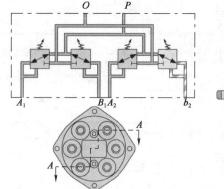 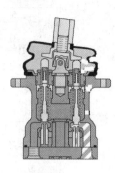

图 1.3-51　　　　　　　　　　　图 1.3-52

1)监控系统

监控系统是用来对液压挖掘机的运行状态进行监视的,发现异常时它能及时报警并能指出故障内容及其部位,便于操作和维修人员及时排除故障,减少停机时间,降低保养、维修费用,提高作业效率。

美国卡特彼勒公司早在 1978 年便研制电子监控系统,并将其应用于自己生产的挖掘机上。例如,在其 E 系列挖掘机上采用了具有三级报警的电子监控系统,即一级报警时控制面板上发光二极管闪烁,提示故障部位;二级报警时控制面板上的主故障报警灯同时闪烁;三级报警时增加了蜂鸣器的鸣叫,要求驾驶员立即停车,维修人员排除故障。德国奥和凯公司开发的 RORD 电子监控系统能监测与液压挖掘机作业及维修有关的参数,并评估和显示所计算的结果,以帮助操作人员识别将要发生的故障和有可能超出使用极限范围的趋势,在重大故障发生前显示报警信息。该系统还可记录和存储液压挖掘机的作业状态数据,并用显示和打印方式提供维修和计算成本等相关数据。韩国大宇公司生产的挖掘机上配备的电子监控系统则有多达八项监测内容,挖掘机出现异常现象时能通过声、光的形式进行报警,其生产的 DH280 型挖掘机电子监控系统的电路如图 1.3-54 所示。

2)功率优化系统

液压挖掘机上采用的电子功率优化系统(EPOS)是对发动机和液压系统进行综合控制,使两者达到最佳匹配的系统。一般 EPOS 是一种闭环控制系统,它根据发动机的负荷变化自动调节液压泵所吸收的功率,使发动机转速始终保持或接近额定转速,即发动机始终以较大功率或全功率投入工作。这样既充分发挥了发动机的功率,提高了挖掘机的作业效率和能量利用率,又防止了发动机因过载而熄火。

大宇 DH280 型液压挖掘机的电子功率优化系统如图 1.3-55 所示,该系统由柱塞泵斜盘角度调节器(REG)、电磁比例减压阀、EPOS 控制器、发动机转速传感器及发动机油门位置传感器等组成。发动机转速传感器为电磁感应式,它固定在飞轮壳上,用以检测发动机的实际转速。

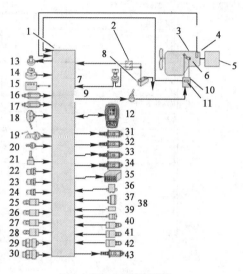

图 1.3-53　电子控制系统

1-发动机泵控制器;2-保险丝盘;3-发动机;4-调速器操纵杆;5-主泵;6-蓄电池;7-发动机起动开关;8-发动机转速传感器;9-备用开关;10-调速器制动器;11-反馈传感器;12-监视器;13-故障警报器;14-发动机转速旋钮;15-开关面板;16-发动机冷却液温度传感器;17-液压油温度传感器;18-燃油油位传感器;19-交流发电机;20-发动机机油压力继电器;21-手动低怠速开关;22-发动机机油油位开关;23-液压油油位开关;24-水分离器;25-机具/回转节压力开关;26-右输送压力开关;27-左输送压力开关;28-直行压力开关;29-右泵压力传感器;30-左泵压力传感器;31-动力换磁电磁线圈;32-直驶电磁线圈;33-行驶速度电磁线圈;34-回转节停车制动器电磁阀;35-行车警报器;36-空气加热器指示器;37-节流液压回流滤清器指示器;38-节流液压回油滤清器开关;39-发动机冷却液液位开关;40-压力开关(附属装置泵);41-附属装置踏板压力开关(1);42-附属装置踏板压力开关(2);43-供备用液压的比例减压圈

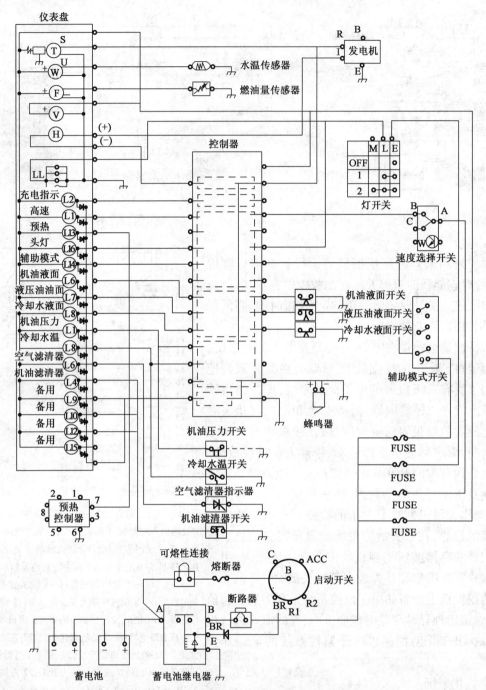

图 1.3-54　DH280型液压挖掘机电子监控系统的电路图

电子功率优化系统的控制过程是：当工作模式选择开关处于"H模式"位置、装有微电脑的EPOS控制器的端子(图1.3-56)上有电压信号(即油门拉杆处于最大供油位置)时,EPOS控制器便不断地通过转速传感器检测发动机的实际转速,并与控制器内所储存的发动机额定转速值相比较,实际转速若低于设定的额定转速,EPOS控制器便增大驱动电磁比例减压阀的电流,使其输出压力增大,继而通过油泵斜盘角度调节器减小其斜盘倾角,降低油泵的排量。上述过程不断反复进行,直到发动机转速与设定的额定转速相符合为止。反之,EPOS控制器便减小驱动电流,于是油泵的排量增大,最终使发动机稳定在额定转速下运转。

该系统还配备有一个辅助模式开关,EPOS控制器失效时,可将此开关扳向另一位置,通过辅助模式电阻向电磁比例减压阀提供恒定的470mA电流,使液压挖掘机处于"S模式"下继续工作,此时仪表

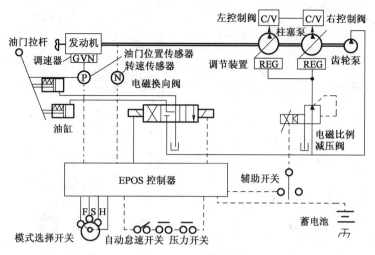

图 1.3-55　DH280 型液压挖掘机的电子功率优化系统

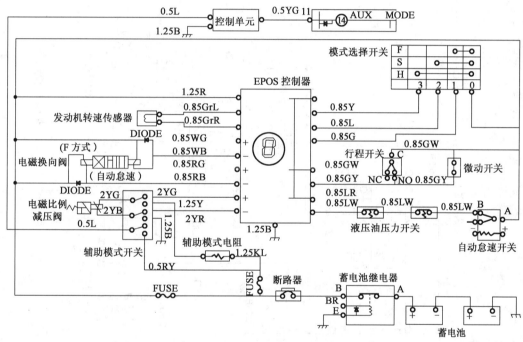

图 1.3-56　DH280 型液压挖掘机的 EPOS 电路

盘上的辅助模式灯明亮。

大宇 DH320 型液压挖掘机的 EPOS 电路如图 1.3-57 所示，其特点是发动机油门位置传感器为一电位器，油门处于最大和最小位置时，电位器 A、B 端子间的输出电比分别为 0V 和 5.5V；挖掘机作业过程中无论油门拉杆放在什么位置，EPOS 控制器都能自动地使发动机工作在油门位置相对应的最大功率状态，并使发动机的转速保持不变。

液压挖掘机配备工作模式控制系统，是为了便于驾驶员根据作业情况的不同，选择合适的作业模式，使发动机输出最合理的动力。例如，大宇公司生产的液压挖掘机有三种作业模式可供选择，模式的选择是通过一个模式选择开关实现的（图 1.3-56）。

(1) H 模式

H 模式是重载挖掘模式，发动机油门处于最大供油位置，发动机以全功率投入工作。此时电磁比例减压阀中的电流在 0～470mA（DH220IC、DH280 及生产序号为 1～360 的 DH320）或在 0～660mA（生产序号为 361 以后的 DH320）之间变化。

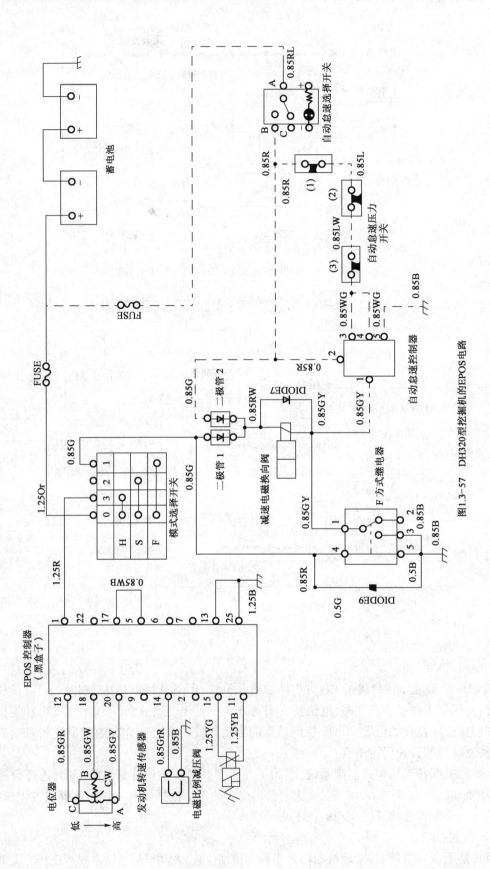

图1.3-57 DH320型挖掘机的EPOS电路

(2) S 模式

S 模式是标准作业模式,EPOS 控制器向电磁比例减压阀提供恒定的 470 mA 电流(DH220IC 和 DH290)或切断电流的供给(DH320),液压泵输入功率约为发动机额定功率的 85%。对于 DH220IC 和 DH280 型液压挖掘机,当选择 H 模式而油门未处于最大供油位置时,EPOS 控制器也将自动地使挖掘机处于 S 模式作业,并且与转速传感器所测得的发动机实际转速无关。

(3) F 模式

F 模式是轻载作业模式,液压泵输入功率约为发动机额定功率的 60%,主要用于液压挖掘机平整作业。在 F 模式下(图 1.3-56)EPOS 控制器向电磁换向阀提供电流,换向阀的换向接通了安装在发动机喷油泵处小驱动油缸的油路,油缸活塞杆使发动机油门关小(图 1.3-55),发动机转速降至 1 450 r/min 左右。DH320 型液压挖掘机的模式是通过模式继电器,控制电磁换向阀实现的(图 1.3-57)。

液压挖掘机上配备发动机自动怠速控制系统,是为了液压挖掘机不作业时能使其发动机自动地回到低速状态,以减少液压系统的空载损失,降低发动机的磨损,起到节能和降低噪声的作用。例如,大宇 DH280 型液压挖掘机上装有自动怠速控制系统,当其操纵杆回到中位的数秒钟后,发动机即能自动进入低速运转。其工作过程如图 1.3-54 和图 1.3-55 所示,在液压回路中装有两个压力开关,挖掘机作业过程中两个压力开关都处于开启状态;当左右两操纵杆都处于中位、挖掘机停止作业时,两个压力开关闭合。若此时自动怠速开关处于接通位置,且两个压力开关闭合 4s 以上,EPOS 控制器便向自动怠速电磁换向阀(与 F 模式用同一换向阀)提供电流,接通自动怠速小驱动油缸的油路,油缸活塞杆推动油门拉杆,减小供油量,使发动机自动进入低速运转;扳动操纵杆使挖掘机重新作业时,发动机将快速地恢复到原来的转速。

DH320 型液压挖掘机的自由怠速是由自动怠速控制器来完成的(图 1.3-54)。它先接通自动怠速选择开关(A、D 端子相通),操纵杆都处于"中位"时三个自动怠速压力开关都闭合,自动怠速控制器的端子上有电流通过,4s 后自动怠速控制器的端子 I 和接地线相通,减速电磁换向阀中有电流通过,液压油经此换向阀流入自动怠速驱动油缸,油缸活塞杆使发动机油门关小,发动机便低速运转。

3) 发动机油门控制系统

图 1.3-58 为日本小松公司生产的 PC200-5 型挖掘机采用电子油门控制系统,由油门控制器、调速器马达(步进电机)、燃油控制器、监视仪表盘、蓄电池继电器等组成。该系统的功能有三个:发动机转速的控制、自动升温控制和发动机停车控制,其电路如图 1.3-59 所示。

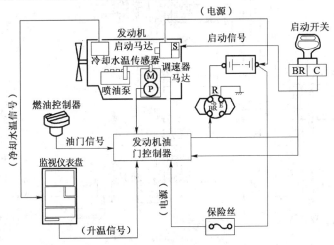

图 1.3-58 PC200-5 型液压挖掘机电子油门控制系统

(1) 发动机的转速控制

发动机的转速通过燃油控制盘来选定,燃油控制盘旋至不同的位置,电位器便输出不同电压,装有微电脑的油门控制器便可计算出所选定的发动机转速。燃油控制盘的位置与电位器输出电压的关系,如图 1.3-59 所示。

(2)发动机自动升温控制

发动机启动后,监控仪表盘中的微电脑即通过热敏电阻式温度传感器不断监测冷却水温度,如果冷却水温度低于 30 ℃,并且燃油控制盘所选定的发动机转速低于 1 200 r/min,监控仪表盘中的微电脑便发出"升温"的信号,油门油门控制器微电脑收到信号后便驱动调速器马达,使发动机转速上升至 1200 r/min,以缩短发动机的暖车时间;当以下三个条件之一满足时,发动机的自动升温功能便被取消:冷却水温度超过 30 ℃,燃油控制盘处于满量程的 70% 以下,发动机高速运转超过 3 s;升温时间超过 10 min。

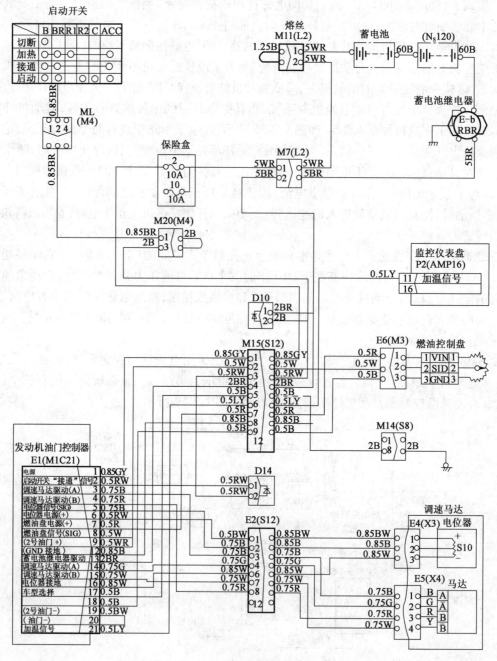

图 1.3-59　PC200-5 型液压挖掘机电子油门控制系统电路

(3)发动机停车控制

如图 1.3-58 和图 1.3-59 所示,油门控制器的端子与启动开关的"BR"端子相连,用以检测启动开关的位置。当检测到启动开关转至"切断"位置,即油门控制器的端子上没有电压信号时,油门控制器输出电流迫使蓄电池继电器触点保持闭合,以保持主电路的继续接通时,控制器驱动调速器马达,将喷油泵的供油拉杆拉向停止供油位置,使发动机熄火。供油拉杆处于"停泊"位置后控制器延时25s,然后使蓄电池继电器断电,切断主电路,如图1.3-60和图1.3-61所示。

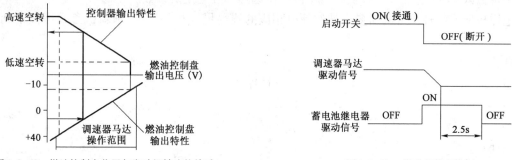

图1.3-60　燃油控制盘位置与发动机转速的关系　　　图1.3-61　发动机停车控制

随着电液控制技术的发展,液压挖掘机的电子控制系统必将趋于完善,其控制功能也更加全面,而电子控制系统也将成为挖掘机技术进步的主要标志。

1.3.4　总体设计及主要参数确定

挖掘机和其他机器一样,都是由许多零件、部件相互结合而成的一个整体。它的性能不仅取决于各个零件、部件的设计是否合理,而更主要的取决于各部件性能的相互协调。换言之,挖掘机的总体设计对整机的性能起着决定性的影响。如果设计中缺乏对整机的全面考虑,即使各部件设计是良好的,但它们组合在一起时却不一定能获得良好的性能。

挖掘机的总体设计,就是根据设计任务书中所规定的规格、使用条件等要求,合理选择机型、性能参数、整机尺寸及各主要部件的结构形式并进行合理布置,为下一步设计提供基础和依据。由此可见,总体设计是挖掘机设计中的一个极其重要的环节。

1.3.4.1　总体设计

1)机械式单斗挖掘机总体设计的主要内容

(1)分析或拟定设计任务书,提出整机结构方案的初步设想;

(2)主要技术参数的确定;

(3)各主要机构结构方案的确定;

(4)动力装置和传动系统的确定;

(5)各主要机构的作用力、速度、功率等的分析计算;

(6)生产能力的计算;

(7)稳定与平衡的计算;

(8)绘制结构总图和部件草图。

2)液压式单斗挖掘机总体设计的主要内容

(1)分析或拟订设计任务书,确定设计思想原则,提出整机结构方案的初步设想;

(2)主要技术参数的确定;

(3)各主要机构结构方案的确定;

(4)动力装置的确定;

(5)各主要机构的作用力、速度、功率等的分析计算;

(6)液压系统的设计;

(7)生产能力(即生产率)的计算;

(8)平衡、稳定及其他总体特性的分析计算;

(9)绘制总体结构总图和部件草图。

1.3.4.2 主要参数确定

1）机械式单斗挖掘机主要技术参数的确定

对于机械式单斗挖掘机，一般是应用相似定律选择和确定主要参数。

假定样机所有线性尺寸与所要设计的新机相应的线性尺寸相差 x 倍，则新机参数可按下列关系式确定：

长度 $\qquad L_2 = xL_1$

面积 $\qquad A_2 = x^2 A_1$

体积 $\qquad V_2 = x^3 V_1$

质量 $\qquad m_2 = x^3 m_1$

转动惯量 $\qquad J_2 = x^5 J_1$

外载荷和应力 $\qquad \sigma_2 = x\sigma_1$

  当载荷是外力时，力矩 $\qquad M_2 = x^3 M_1$

  当载荷是重力时，力矩 $\qquad M_2 = x^4 M_1$

挖掘阻力 $\qquad F_2 = x^2 F_1$

挖掘功 $\qquad W_2 = x^3 W_1$

挖掘时间 $\qquad t_2 = \sqrt{x} t_1$

速度 $\qquad v_2 = \sqrt{x} v_1$

加速度 $\qquad a_2 = a_1$

功率 $\qquad P_2 = x^{2.5} P_1$

转速 $\qquad v_2 = (1/\sqrt{x}) v_1$

若两台挖掘机斗容量的比值为 y，即：

$$q_2/q_1 = x^3 = y \qquad x = \sqrt[3]{y}$$

则两机各参数之比为：

$$L_2/L_1 = \sqrt[3]{y} \qquad A_2/A_1 = \sqrt[3]{y^2}$$

$$F_2/F_1 = \sqrt[3]{y^2} \qquad m_2/m_1 = y$$

$$M_2/M_1 = y \quad 或 \quad M_2/M_1 = y\sqrt[3]{y}$$

$$P_2/P_1 = \sqrt[3]{y^{2.5}} \qquad v_2/v_1 = \sqrt[3]{y^{1/2}}$$

$$u_2/u_1 = \sqrt[3]{y^{-1/2}} \qquad t_2/t_1 = \sqrt[3]{y^{1/2}}$$

用相似定律确定挖掘机参数时，按已选好的样机求出相似系数 y，以此为尺度规格，用相应公式求取所要设计的挖掘机的各主要参数，经验数据表见表 1.3-2。这样设计的新机，既能保持样机的性能，又能保证其参数内部关系不变。这种方法只适应于结构形式、传动机构、工作条件基本相同的同类型挖掘机。

确定单斗挖掘机主要设计参数经验数据[1]   表 1.3-2

指 标	建筑型挖掘机		采矿大、中型挖掘机	剥离型大型挖掘机	大、中型步行挖掘机
	小型	中型			
工作重力（kN）	15～700	750～2 050	770～3 250	550～2 500	1 700～25 000
标准铲斗容积（m³）	0.1～1.75	2～5	2～8	6～50	4～25
最大有效载重力矩（kN·m）	35～2 100	2 250～6 000	2 250～9 500	2 150～110 000	5 100～76 000
工作比重力 G/q（kN·m³）					
轻型工作条件	150～310	320～350	340～390	470～800	350～800

续上表

指　标	建筑型挖掘机		采矿大、中型挖掘机	剥离型大型挖掘机	大、中型步行挖掘机
	小型	中型			
重型工作条件	200~360	370~410	385~440	550~10 000	450~1 000
重力系数 Gt^2/qR^3 ②	80~200	75~100	52~95	8.3~46	5.2~10
外形尺寸系数 K_n ③					
机棚高度(m)	0.440~0.580	0.408~0.430	0.417~0.440	0.696~0.850	0.4~0.417
机棚后壁的半径(m)	0.417~0.440	0.480~0.510	0.440~0.464	0.556~0.585	0.742~0.9
动臂支承踵的高度(m)	0.199~0.222	0.185~0.199	0.185~0.208	0.324~0.371	0.1~0.129
动臂支承踵到转台回转中心线距离(m)	0.153~0.516	0.171~0.185	0.143~0.185	0.208~0.255	0.1~0.278
转台下缘离地的高度(m)	0.134~0.148	0.129~0.134	0.120~0.139	0.264~0.269	0.055~0.4
双脚支架顶点离地的高度(m)	0.464~0.510	0.626~0.696	0.603~0.673	1.113~1.160	0.9~0.997
决定正铲和拉铲工作装置主要尺寸参数 K_p ④					
正铲动臂的长度(m)	0.928~0.974	0.881~0.928	0.835~0.858	1.485~1.531	
正铲斗柄的长度(m)	0.696~0.742	0.649~0.696	0.533~0.580	0.974~1.067	
卸载高度(m)	0.696~0.742	0.626~0.696	0.570~0.603	1.067~1.160	1.160
挖掘高度(m)	0.951~0.997	0.905~0.951	0.789~0.835	1.230~1.346	2.088⑤
卸载半径(m)	1.044~1.090	1.021~1.044	1.113~1.160	1.346~1.531	3.471
挖掘半径(m)	1.169~1.230	1.113~1.160	1.206~1.253	1.438~1.624	3.504
停机面上工作台的半径(m)	0.812	0.789	0.765	1.160	—
推压轴的高度(m)	0.533~0.580	0.510~0.603	0.510~0.519	0.765~0.789	—
拉铲动臂的长度(m)	2.088~2.135	2.088~2.181	2.088~2.320	—	3.481~3.713
力和速度 正铲：斗上滑轮的额定提升速度(m/s)	0.4~0.5	0.55~0.65	0.65~1.0	1.0~1.6	
作用在斗滑轮上每立方米斗容积的提升力(kN/m³)	180~200⑥	150~180⑥	100~140	55~130	
在斗齿上作用力系数 K ⑦	65~67	60~65	65~68	35~60	
拉铲牵引速度(m/s)	0.7~0.9	0.9~1.2	1.0~1.3		1.4~2.6
每立方米斗容积的牵引力(kN/m³)	100~140	65~100	70~80		45~70
斗的提升速度(m/s)	10~16	16~20	18~23		20~35
运行速度(m/s)	1.6~6	1.3~1.6	0.7~1.5	0.4~0.9	0.5~0.1
对土壤的比压力(N/m³)	(0.4~1.25)×10⁵	(1.25~1.5)×10⁵	(1.5~2.5)×10⁵	(2~3.5)×10⁵	(0.5~1)×10⁵⑧
行走装置的尺寸系数 K_x ③					
轴距(m)	0.468~0.538	0.454~0.468	0.427~0.450	0.417~0.487	0.603~0.696
履带长度(m)	0.547~0.640	0.533~0.547	0.510~0.533	0.246~0.719	0.673~0.696⑨
行走装置的宽度(轨距)(m)	0.440~0.510	0.417~0.440	0.417~0.427	0.556~0.603	0.858~0.881

续上表

指　标	建筑型挖掘机		采矿大、中型挖掘机	剥离型大型挖掘机	大、中型步行挖掘机
	小型	中型			
履带板宽度(m)	0.078~0.092	0.083~0.092	0.078~0.083	0.037~0.041	0.111~0.129⑩
履带装置高度(m)⑪	0.120~0.139	0.092~0.120	0.092~0.116	0.069~0.083	0.004~0.055⑫
履带板高度(m)	0.013~0.020	0.011~0.013	0.003~0.013	0.005~0.008	—

注：① 表中的经验数据与斗容量 q 有关，参数的取值范围与挖掘机斗容积的范围相符合。

② 重力系数 $\dfrac{Gt^2}{qR^3}$ 用来按照技术经济指标分析比较挖掘机，以及概略地选择主要参数，式中，G 是挖掘机工作重力(kN)；Z 是工作循环时间(s)；q 是铲斗容积(m^3)；R 是取大挖掘半径(m)。

③ 尺寸系数 K_n、K_x 系指平均值，可以借此系数根据挖掘机工作重力(kN)确定外形尺寸 $L_n = K_n\sqrt{G}$ 及行车装置尺寸 $L_x = k_x\sqrt[3]{G}$。

④ 尺寸系数 K_p 可以用来根据挖掘机工作重力 G(kN)，确定工作尺寸 $L_p = K_p\sqrt[3]{G}$，K_p 是指当动臂倾角正气产为45°，拉铲为30°时的值。

⑤ 挖掘深度。

⑥ 发动机的全部功率用于提升。

⑦ 当满斗于平均外伸度，以额定提升速度提升时作用于斗齿上的力，按经验公式 $P_1 = K_y\sqrt[3]{q^2}$。

⑧ 工作时。

⑨ 履板的长度。

⑩ 履板的宽度。

⑪ 建筑型挖掘机的多支承履带；采矿型与剥离形挖掘机的少支承履带。

⑫ 支承底座的高度。

机械式单斗挖掘机主参数的确定方法还有优化设计法、模拟设计法等。

（1）外形尺寸

利用现有定型挖掘机尺寸，用相似法或查表法，并考虑构造特点和总体方案要求来确定。

（2）工作尺寸和工作装置尺寸

当给定铲斗容积及工艺要求的控制尺寸时，工作尺寸可用挖掘机系列标准所规定的值，或按相似法、查表法估计。

在实际设计中，工作装置尺寸按斗容及工作尺寸用查表法初定，再根据用途及工作条件修正，然后进行验算。

正铲工作装置尺寸可按下列公式计算：

① 铲斗的结构按图1.3-62所示进行计算。

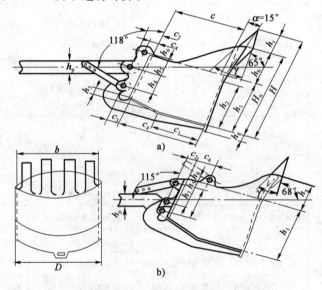

图1.3-62　正铲铲斗的结构尺寸

a）斗杆固定在铲斗上缘；b）斗杆固定在铲斗下缘

$$x = K\sqrt[3]{q} \tag{1.3-1}$$

式中：x——所求铲斗尺寸，m；
　　　q——铲斗容积，m^3；
　　　K——经验系数。

②正铲动臂和斗杆的标准长度

$$L = K_p\sqrt[3]{G} \tag{1.3-2}$$

式中：L——标准的动臂或斗杆长度，m；
　　　G——挖掘机工作重力，kN；
　　　K_p——检验系数，按表1.3-2选定。

③加长动臂或斗杆的长度

$$L_1 = L\sqrt[3]{q/q_1} \tag{1.3-3}$$

式中：L_1——加长的动臂或斗杆长度，m；
　　　L——标准的动臂或斗杆长度，m；
　　　q——标准铲斗容积，m^3；
　　　q_1——减小后铲斗容积，m^3。

④正铲斗杆断面高度

$$h_p = 0.3\sqrt[3]{q} \tag{1.3-4}$$

式中：h_p——斗杆断面的高度，m。

⑤动臂的结构尺寸参数，视结构形式而定，如图1.3-63所示。图1.3-63a）、1.3-63b）、1.3-63c）用于外斗杆，1.3-63d）、1.3-63e）用于内斗杆。亦可按表1.3-3计算确定。

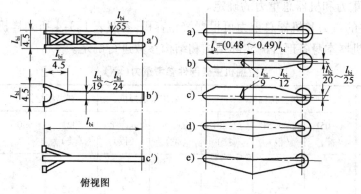

图1.3-63　正铲动臂的结构和尺寸

a）具有平行弦板的等断面动臂；b）中心线为直线、中部加强、变断面、下弦凸出的动臂；c）中心线为直线、中部加强、变断面、上弦凸出的动臂；d）中心线为直线、中部加强、变断面、上下弦都凸出的动臂；e）中心线为折线、变断面动臂；a′）双梁动臂；b′）单梁箱型动臂；c′）带有侧向拉杆的单梁箱型动臂

正铲动臂和斗柄尺寸与铲斗容积的关系　　　　表1.3-3

挖掘机类型	建筑型挖掘机		采矿型挖掘机	剥离型挖掘机
	小型	大中型		
铲斗容积 $q(m^3)$	0.1~1.75	2~5	2~8	6~50
标准动臂长度 l_{bi}	按表1.3-2经验数据计算			
动臂最大断面高度	$(\frac{1}{10}~\frac{1}{9})l_{bi}$	$(\frac{1}{14}~\frac{1}{10})l_{bi}$	$(\frac{1}{11.5}~\frac{1}{10.5})l_{bi}$	$(\frac{1}{12.5}~\frac{1}{10})l_{bi}$
动臂断面高度 头部	$(\frac{1}{20}~\frac{1}{18})l_{bi}$	$(\frac{1}{21}~\frac{1}{19})l_{bi}$	$(\frac{1}{20}~\frac{1}{19})l_{bi}$	$(\frac{1}{28}~\frac{1}{25})l_{bi}$

续上表

挖掘机类型	建筑型挖掘机		采矿型挖掘机	剥离型挖掘机
	小型	大中型		
底部动臂断面高度	$(\frac{1}{18} \sim \frac{1}{15})l_{bi}$	$(\frac{1}{21} \sim \frac{1}{19})l_{bi}$	$(\frac{1}{20} \sim \frac{1}{19})l_{bi}$	$(\frac{1}{28} \sim \frac{1}{25})l_{bi}$
外斗柄	$(\frac{1}{23} \sim \frac{1}{19})l_{bi}$	$(\frac{1}{24} \sim \frac{1}{20})l_{bi}$	$(\frac{1}{20} \sim \frac{1}{18})l_{bi}$	$(\frac{1}{21} \sim \frac{1}{18})l_{bi}$
内斗柄	$(\frac{1}{12} \sim \frac{1}{10})l_{bi}$	$(\frac{1}{12} \sim \frac{1}{11})l_{bi}$	$(\frac{1}{11} \sim \frac{1}{10})l_{bi}$	$(\frac{1}{10} \sim \frac{1}{9})l_{bi}$
标准斗柄长度 l_b	按表1.3-2经验数据计算			
斗柄铰接断面高度	$(\frac{1}{16} \sim \frac{1}{14})l_b$	$(\frac{1}{18} \sim \frac{1}{15})l_b$	$(\frac{1}{18} \sim \frac{1}{16})l_b$	$(\frac{1}{30} \sim \frac{1}{20})l_b$
斗柄小梁高度	$(\frac{1}{45} \sim \frac{1}{10})l_b$	$(\frac{1}{45} \sim \frac{1}{40})l_b$	$(\frac{1}{45} \sim \frac{1}{10})l_b$	$(\frac{1}{60} \sim \frac{1}{50})l_b$
斗柄小梁高度比例	2.2～2.75	2.2～2.75	2.2～3.0	2.5～3.0
动臂分肢端宽度	$(\frac{1}{4.75} \sim \frac{1}{4.5})l_{bi}$			

(3) 主要部件的重力和机器总重力的确定

挖掘机主要部件的重力和机器总重力可根据铲斗容积,参照表1.3-4所列样机的数据,根据相似法求得近似值,并考虑机器本身各部件的实际结构和结构参数进行确定。

挖掘机主要部件参考重力(kN)　　　　　　　　　表1.3-4

部件名称	建筑型挖掘机			采矿型挖掘机		剥离型挖掘机		步行式拉铲	
	д-051(捷)	з-1251(俄)	д-301(捷)	зкг-4(俄)	зкг-8(俄)	5321(美)	950-B(美)	зщ-4/40(俄)	зщ-14/75(俄)
工作装置									
铲斗容积(m³)	0.5	1.25	3	4	8	9.12	23.5	4	14
铲斗	8	17	60	70	131	120	280	52	197
铲斗滑轮和悬架	0.8[①]	2[①]	9	11	21	20	—	—	—
斗杆	3.7	14.5	24	66	118	180[⑦]	200	—	—
动臂和顶部滑轮	10	19.5	89	130	200	500[⑧]	750	120	828
推压机构	2	9.5	17	46	90	150	160	—	—
推压电动机	—	—	—	10	25	—	—	—	—
共计	25	62.5	109	333	585	970	1 390	172	1 025
占总重的百分比(%)	15	15.1	17.5	18.7	18	14.7	12.5	9.7	7.4
转台和转台上的机构									
发动机和机架	19[②]	25[③]	40	106[⑤]	220[④]			120	
逆转机构和减速器		22	48	36[⑤]26[⑥]	80[⑤]54[⑥]	650[⑩]	1 270[⑩]	—	1 280[⑩]
行走机构	6	2	8	—	—	20		232	2 550

续上表

部件名称	建筑型挖掘机			采矿型挖掘机		剥离型挖掘机		步行式拉铲	
	д-051（捷）	з-1251（俄）	д-301（捷）	зкг-4（俄）	зкг-8（俄）	5321（美）	950-B（美）	зщ-4/40（俄）	зщ-14/75（俄）
回转机构	—	5	12	26	78	50	150	48	290
推压铰车	13	—	69	—	—	—	180	—	—
提升铰车	10	29	62	114	278	150	300	208	780
交幅铰车和辅助设备	1	—	180	12	20	20	50	9	60
转台	10	182	15	203	265	760	1250	276	1 430
双脚支架	2	—	—	42	49	170	360	56	2 000
牵引铰车和导向器	—	—	—	—	—	—	—	—	860
操纵机构	2	6	10	17	28	30	50	18	70
空气分配器	—	2	5	8	8	7	30	2	50
机棚	8	13	31	57	75	60	160	119	780
液压操纵系统	—	—	—	—	—	—	—	—	200
辅助设备	—	—	—	—	—	33	50	35	150
平衡重	—	14	20	250	400	950	1 080	200	200
共计	82	199	500	900	1 555	2 900	4 930	1 323	11 300
占总重的百分比(%)	49	48.5	45	51	48	44.8	43.3	75.3	81.6
行走装置	16	4	12	18	23	60	120	44	190
支承圈	—	20	105	180	333	620	1510	219	1 335
底架和齿圈	—	14	34	—	—	185[9]	300[9]	—	—
底架轴	1	5	9	8	29	50	70	5	39
中心枢轴	5	14	41	46	13	270[9]	—	—	—
下部行走机构	—	—	70	92	200	—	—	—	—
履带架	—	—	—	—	—	—	—	—	—
主动轮和支承轮	18	56	35	42	9	1 415	2 980	—	—
主动轮和支承轮轴	5	—	23	26	55	—	—	—	—
履带	16	36	90	130	250	—	—	—	—
共计	61	149	419	542	1110	2 600	4 980	268	1 564
占总重的百分比(%)	36	36.4	37.5	30.4	34.5	40	44	15	11
挖掘机工作重力	170	410	1 120	1 775	3 240	6 450	11 300	1 793	13 890

注：①铲斗滑轮无悬梁。
②80马力。
③120马力。
④电动机—发电机组。
⑤提升电动机。
⑥回转电动机。
⑦内式双梁斗柄长17m。
⑧弯矩未减轻，长27m。
⑨履带转向机构。
⑩电力装置和辅助装置。

表 1.3-4 中所列为挖掘重级土壤的挖掘机。若设计轻级土壤挖掘机时,表中的数据应减少 12% 左右。在设计新挖掘机时,部件重力的合理值应当按表 1.3-4 中所列数值减少 1%~15% 计算。

①普通结构的正铲、拉铲及抓力的斗重力按表 1.3-5 所列经验公式求得。其中正铲和拉铲的斗容范围是 $0.15 \sim 50 \mathrm{m}^3$,抓力的斗容范围是 $0.15 \sim 10 \mathrm{m}^3$。

铲斗重力 G_d(kN)与铲斗容积 q(m^3)的关系　　表 1.3-5

土 质	正铲重力	拉铲重力	土 质	正铲重力	拉铲重力
特轻级	—	$1.3 \times (0.6 + 0.012q)\sqrt[3]{q^2}$	重级	$(11 \sim 21)q$	$0.625 \times (3.25 + 0.02q)\sqrt[3]{q^2}$
轻级	$(7 \sim 12)q$	$(1.25 + 0.013q)\sqrt[3]{q^2}$	特重级	$(12.3 \sim 24)q$	$0.59 \times (4.3 + 0.03q)\sqrt[3]{q^2}$
中级	$(9 \sim 17)q$	$0.9 \times (2.4 + 0.06q)\sqrt[3]{q^2}$			

②正铲动臂和斗杆的重力可按下式计算:

$$G_{bi} = K_1 G_{d1} \tag{1.3-5}$$

式中:G_{bi}——标准长度动臂或斗杆重力,kN;

G_{d1}——带有悬梁的标准铲斗的重力,kN;

K_1——经验系数,按表 1.3-6 选取。

决定正铲动臂或斗柄重力的经验系数 K_1　　表 1.3-6

挖掘机类别	参考名称	内斗柄				外斗柄
		单梁		双梁		双梁
		卸除弯矩和力矩(曲柄-摇杆式推压机构)	卸除力矩(动臂由卸除弯矩的二节梁组成)	没有卸除力矩	卸除力矩	没有卸除力矩
建筑型	斗柄	—	—	0.4~0.45	0.7~0.9	—	0.6~0.7
	动臂	—	—	1.35~1.4	1.45~1.5	—	1.25~1.3
	总重	—	—	1.75~1.85	2.15~2.4	—	1.85~2
采矿型	斗柄	0.3~0.34	0.4~0.45	0.45~0.50	0.8~1.0	—	0.6~0.8
	动臂	1.1~1.2	1.2~1.4	1.45~1.6	1.55~1.7	—	1.35~1.4
	总重	1.4~1.55	1.6~1.85	1.85~2.1	2.35~2.7	—	1.95~2.2
剥离型	斗柄	0.4~0.34	0.7~0.75	—	—	1.0~1.2	0.9~1.1
	动臂	2.2~2.4	2.7~2.9	—	—	4.1~4.3	3.8~4.1
	总重	2.6~2.85	3.4~3.65	—	—	5.1~5.5	4.7~5.2

③工作装置重力占整机工作重力的百分比

正铲:建筑型 14%~17%

采矿型 17%～19%

剥离型 11%～13%

步行式拉铲:中小型 9%～10%

大中型 8%～9%

④回转平台、机棚、双脚形支架的重力占整机重力的百分比

建筑型 50%～45% 剥离型 44%～40%

采矿型 50%～48%

⑤行走装置的重力占整机工作重力的百分比

建筑型 35%～34% 剥离型 44%～40%

采矿型 35%～34% 步行型 16%～9%

2)液压式单斗挖掘机主要技术参数的确定

(1)主要技术参数

最主要的技术参数有斗容量、整机质量和发动机功率。标准斗容量见表1.3-7,指挖掘Ⅲ级或重度 18kN/m³ 的土壤,铲斗堆尖时的斗容量;整机质量指带标准反铲或正铲工作装置和标准行走装置时的整机工作质量;发动机功率指发动机的额定功率(12h功率)。

(2)主要参数的确定

①用相似法确定整机质量 m。

②用查表法确定各主要参数。

a. 尺寸参数可按下列各式求得:

线尺寸参数:
$$L_i = k_{li} \sqrt[3]{m} \tag{1.3-6}$$

面尺寸参数:
$$A_i = k_{si} \sqrt[3]{m} \tag{1.3-7}$$

体积参数:
$$V_i = k_{vi} m \tag{1.3-8}$$

式中:m——整机质量,t;

k_{Li}——线尺寸经验系数,由表1.3-8选取;

k_{si}——面积尺寸经验系数,由表1.3-8选取;

k_{vi}——体积尺寸经验系数,由表1.3-8选取。

b. 质量参数用下列公式计算:

各部分质量
$$m_i = k_{Gi} m \tag{1.3-9}$$

机体重心与回转中心距离
$$e_t = k_{et} \sqrt[3]{m} \tag{1.3-10}$$

机体重心离地面高度
$$y_t = k_{yt} \sqrt[3]{m} \tag{1.3-11}$$

式中:k_{Gi}——各部分质量系数,由表1.3-9中选取;

k_{et}、k_{yt}——机体重心位置系数,由表1.3-9中选取。

表 1.3-7

液压挖掘机基本参数系列

项 目		单位	基本参数																			
整机质量		t	3.2	4	5	6.3	8	10	12.5	16	20	25	32	40	50	63	80	100	125	160	200	250	315	400
发动机功率		kW	15~20	20~25	25~30	30~35	35~45	45~60	60~75	75~90	95~115	120~140	140~170	150~180	180~210	220~260	270~330	350~420	450~520	550~700	700~850	850~1050	1100~1320	1350~1700
斗容量	标准斗容	m³	(0.10)	(0.12)	(0.16)	(0.20)	(0.25)	(0.40)	(0.50)	(0.60)	(0.80)	(1.0)	(1.25)	(1.6)	(2.0)	(3.0)	(4.0)	(5.0)	(6.3)	(8.0)	(10)	(12)	(16)	(20)
	斗容范围		0.08~0.18	0.10~0.20	0.12~0.28	0.16~0.32	0.20~0.45	0.28~0.70	0.45~0.90	0.45~1.0	0.70~1.4	0.90~1.8	1.0~2.25	1.2~2.3	1.6~3.6	2.5~5.4	3.2~7.2	4.0~9.0	5.0~11.0	6.5~14.0	8.2~18	10~22	12~28	16~36
液压系统	系统形式		定量			定量或变量							变量											
	压力等级	kPa									20 000~40 000													
轮胎式	最大行走速度不低于	km/h							18															
	爬坡能力不小于	%							35(单桥驱动25%)															
履带式	最大行走速度不低于	km/h													2							1.3		
	爬坡能力不小于	%													47(平履带40%)									
	接地比压不大于	kPa							50							100						180		
作业循环时间		s			11~18					16~24							22~30					32~40		
操纵力	踏板式不大于	N									150													
	手柄式不大于	N									20(杠杆式不大于50N)													
正铲	最大挖掘半径	m	4~5	4~5	5~6	5~6	6~7	7~8	7~8	8~9	8~9	9~10	10~11	11~12	12~13	13~14	14~15	16~17						
	最大挖掘高度	m	2.5~3	4~5	5~6	6~7	7~8	8~9	8~9	9~10	10~11	11~12	12~13	13~14	14~15	16~17								
	最大挖掘力不小于	kN	10	18	20	25	30	45	50	70	90	110	120	150	180	250	300	350	400	450	550	620	750	850	1 000
反铲	最大挖掘半径	m	4~5	4.5~5.5	5~6	6~7	7~8	8~9	9~10	10~11	10~11													
	最大挖掘深度	m	2.5~3	3~4	3.5~4	4~5	4~5	4~5	5~6	5~6	6~7	6~7												
	最大挖掘力不小于	kN	10	18	20	25	30	45	50	70	90	110	120	150										

表 1.3-8 机体尺寸和工作尺寸经验系数

机体尺寸系数			反铲作业尺寸系数				正铲作业尺寸系数			
名称	代号	推荐	范围	名称	代号	推荐值	范围	名称	代号	推荐值	范围
轮距	k_A[①][③]	1.07	1.0~1.2	臂长	短臂	k_{l1}	1.5	1.7~1.9	臂长	k_{l1}	1.2	1.1~1.3
履带长度	k_L[③]	1.38	1.25~1.5		标准臂	k_{l1}	1.8					
轨距	k_B	0.80	0.75~0.85	斗杆长	标准斗杆	k_{l2}	0.8	0.7~0.9	斗杆长	k_{l2}	0.9	0.8~0.95
转台总宽	k_C	0.93	0.85~1.0		长斗杆	k_{l2}	1.1					
驾驶室总高	k_h	1.00	0.90~1.1	斗容	长度	K_B	0.5	0.46~0.55	斗容	长度 硬土中等土(标准)散料	k_{l3}	0.55	0.5~0.6
转台底部离地高	k_F	0.40	0.37~0.42		硬土	k'_v	25	20~30			k'_v	10	
尾部半径	k_r	0.95	0.90~1.1		中等土(标准)	k'_v	40	32~45			k''_v	75	
前部回转中心	k_j	0.42	0.38~0.46		软土	k''_v	60	50~70					
滚盘半径	k_D	0.45	0.4~0.5	动臂转角		θ_1	$-50°~40°$	$-52°~45°$	动臂转角	θ_1	$-50°~75°$	$-10°~80°$
机棚总高	k_E	0.80	0.75~0.85	斗杆转角		θ_2	50°~160°	45°~170°	斗杆转角	θ_2	40°~120°	36°~130°
履带总高	k_t	0.32	0.3~0.35	铲斗转角		θ_3	50°~180°	40°~200°	铲斗转角	θ_3	135°~265°	130°~280°
底架离地高	k_o	>0.14	>0.13	最大挖掘半径		k_R	3.35	3~3.6	最大挖掘半径	k_R	2.5	2.3~2.7
臂铰回转中心	k_{x0}	0.15	0.1~0.2	最大挖掘深度		k_Z	2.05	1.9~2.3	斗杆挖掘半径	k_H	2.55	2.4~2.7
臂铰离地高度	k_{H0}	0.63	0.6~0.7	最大挖掘高度		k_H	2.25	2.1~2.8	铲斗挖深高度	k_Z	0.9	0.7~1.0
臂铰与液压铰距	k_{e0}	0.30	0.25~0.32	最大卸载半径		k_K	2.8	2.2~2.9	最大挖掘高度	k_K	1.35	1.2~1.6
臂铰与液压缸铰倾角	$\alpha°$		40°~50°	最大卸高高度		k_Q	1.55	1.2~1.9	最大卸载高度	k_Q	1.5	1.3~1.6
履带板宽	b_1[②]		0.4;0.6; 0.8;1.0; 1.2;1.5(m)	挖掘总面积		k_M	2.3	1.8~2.5	最大卸高最小挖半径	k_M	1.35	1.2~1.6
				下挖面积		$k_{\Sigma s}$	8.0	7~8.5	体积面挖掘行程	k_X	2.45	2.25~2.65
				上挖面积		k'_s	5.1	4.3~5.3	体积面挖掘总面积	k_T	1.6	1~1.7
				k'_s/k''_s的比值		k''_s	3.1	2.7~3.2	挖掘总面积	k_W	0.85	0.6~1.0
						m	1.6	1.5~1.7	上挖面积	$k'_{\Sigma s}$	4.2	3.7~4.5
				纵、横挖行程比		n	1.75	1.6~1.9	下挖面积	k''_s	2.6	2.2~2.8
									k'_s/k'_s的比值	k'_m	1.6	1.5~1.7
											1.5	1.45~1.6

注:①长宽型底盘的轮距、轨距,履带长度允许增加10%。
②履带板宽依机种大小而定。
③矿用需推荐 k_A = 1.0, k_L = 1.28。

液压挖掘机质量系数及重心位置系数 表1.3-9

系数名称		代号	平均值	范围
机体质量		k_{Gt}	0.82	0.78~0.85
底盘质量		k_{Gup}	0.42	0.38~0.45
转台质量		k_{Gd}	0.18	0.15~0.23
配重		k_{Gp}	0.20	0.16~0.22
工作装置	反铲	k_{Gf}	0.15	0.13~0.18
	正铲	k_{Gz}	0.20	0.17~0.22
机体重心	离中心距	k_{et}	0.30	0.26~0.34
	离地面	k_{yt}	0.32	0.28~0.40

c. 功率参数可按下列公式计算:

发动机功率
$$P_t = k_N m \tag{1.3-12}$$

液压功率
$$P_y = k_y m \approx (0.75 \sim 0.88) P_f \tag{1.3-13}$$

式中: k_N——功率系数,由表1.3-10中选取;

k_y——液压功率系数,由表1.3-10中选取。

功率和挖掘力系数表 表1.3-10

参数名称	代号	推荐值	常用范围	参数名称	代号	推荐值	常用范围
比功率(k_W/t)	变量(k_{Nb})	3.8	3.5~4.3	反铲挖掘力	k_f	0.5	0.4~0.55
	定量(k_{Nd})	5	4.4~5.9	正铲推压力	k_{zt}	0.45	0.4~0.5
液压比功率(k_W/t)	变量(k_{yb})	3	2.8~3.5	正铲破碎力 ($m>30t$)	k_{zp}	0.42	0.34~0.48
	定量(k_{yd})	4	3.7~4.8				

注: 挖掘力估算时,整机中G以kN计。

d. 挖掘力参数按下列公式求得:

反铲斗齿最大转斗挖掘力($m>30t$级)
$$F_f = k_f G \tag{1.3-14}$$

正铲推压力
$$F_{zt} = k_{zt} G \tag{1.3-15}$$

正铲破碎力
$$F_{zp} = k_{zp} G \approx 0.9 k_{zt} G \tag{1.3-16}$$

式中: G——挖掘机重力,kN;

k_f、k_{zt}和k_{zp}——功率和挖掘力系数,平均概算值见表1.3-10。

e. 回转及行走机构参数的经验公式及经验系数值见表1.3-11及表1.3-12。

回转机构参数经验公式及系数 表1.3-11

回转机构参数		经验公式	系数k_i	范围
转台启动力矩(N·m)		$M_Q = k_Q G^{4/3}$	960	900~1100
转台制动力矩(N·m)		$M_Z = k_z G^{4/3}$	1500	1400~1600
转台惯量平均值 (N·m·s²)	反铲	$J_f = k_{Jf} G^{5/3}$	1000	
	正铲	$J_Z = k_{jz} G^{5/3}$	900	
转台减速度 (r/s²)	反铲	$\varepsilon_{zf} = k_{ef} G^{-1/3}$	1.5	1.4~1.6
	正铲	$\varepsilon_{zz} = k_{eZ} G^{-1/3}$	1.67	16~17.5
转台转速 (r/min)	小 <20t	$n = k_n G^{-1/6}$	15	13~17
	中 20~50t		13.5	12.5~14.5
	大 >50t		12.5	11~13.5

续上表

回转机构参数			经验公式	系数 k_i	范围
回转时间(s)	大、中型	反铲	$\sum_{tf} = k_{tf} G^{1/6}$	5.3	5~5.6
		正铲	$\sum_{tz} = k_{tz} G^{1/6}$	5.1	4.8~5.4
	小型		$\sum_{t} = k_{t} G^{1/6}$	4.7	4.3~5.1
理论周期			$t_{zo} = k_{zo} G^{1/6}$	10	9~11

注:G 的单位为 kN。

行走机构参数经验公式及系数　　表 1.3-12

行走机构参数	经验公式	系数 k_i	范围
最大转弯力矩(kN·m)	$M_W = k\mu G^{4/3}$	3.0	
履带式最大牵引力(kN)	$T_{max} = k_T G$	0.8	0.75~0.85
轮胎式最大牵引力(kN)	$T_{Lmax} = k_L G$	0.6	0.5~0.7
平均接地比压(kPa)	$P_c = k_{pc} G^{1/3}$	25	21~28

注:1. $\mu = 0.6$(土路、不良路面)。
　　2. 牵引力估算,G 以 kN 计。

1.3.4.3 主要部件设计

1) 机械式单斗挖掘机正铲工作装置设计

(1) 动臂强度计算

① 动臂受力最大工况的强度计算

动臂受力最大工况及所受作用力如图 1.3-64 所示。

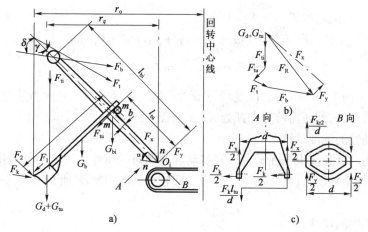

图 1.3-64　挖掘工况动臂受力分析

F_{ti}-提升力;F_t-卷筒钢绳拉力;G_{bi}-动臂重力;F_{tu}-最大推压反力;F_b-变幅钢绳拉力;F_x、F_y-动臂支座反力沿 x、y 轴向分力;F_R-作用于铲斗侧齿上的侧向挖掘阻力;F_{kr2}-由 F_R 造成的扭矩;G_d-铲斗重力;G_b-斗杆重力

a. 最大推压反力

$$F_{tu} = 1000 K P_{tu} \eta_{tu} / v_{tu} \tag{1.3-17}$$

式中:F_{tu}——最大推压反力,kN;
　　　P_{tu}——推压机构电机功率,kW;
　　　K——过载系数,$K = 1.25 \sim 1.45$;
　　　η_{tu}——推压机构传动效率;
　　　v_{tu}——推压速度,m/s。

b. 与提升力 F_t 相对应的卷筒周边钢绳拉力：

$$F_t = 1\,000 K P_{ti} \eta_{ti} / v_{ts} \tag{1.3-18}$$

式中：F_t——钢绳拉力，kN；
P_{ti}——提升机构电机功率，kW；
η_{ti}——提升机构传动功率；
v_{ts}——提升卷筒周边钢绳速度，m/s。

c. 铲斗提升力：

$$F_{ti} = F_t \alpha \eta_z \tag{1.3-19}$$

式中：F_{ti}——铲斗提升力，kW；
α——提升钢绳倍率，$\alpha = v_{ts}/v_{ti}$；
η_z——滑轮组效率。

d. 铲斗侧齿的挖掘阻力：

$$F_k = Mi/r_0 \eta \tag{1.3-20}$$

式中：F_k——铲斗侧齿挖掘阻力，kN；
M——回转机构中制动器制动力矩，kW；
r_0——回转中心到斗齿尖的距离，kW；
i——从制动器到大齿圈的传动比；
η——回转机构传动效率。

e. 变幅钢绳拉力：

$$F_b = (c/\sin\delta)[F_{ti}\cos\alpha + F_{tu}(L_{tu}/L_{bi}) + (G_{bi}/2)\cos\alpha - F_t \sin\gamma] \tag{1.3-21}$$

f. 支座反力 F_x、F_y 可通过解 $F_x = 0$、$F_y = 0$ 求得：

$$F_x = F_{ti}\sin\alpha + F_t\cos\gamma + F_b\cos\delta + G_{bi}\sin\alpha$$

$$F_y = F_{ti}\cos\alpha - F_t\sin\delta + F_{tu}\cos\alpha \tag{1.3-22}$$

动臂强度验算，由图 1.3-64 可知，取受弯矩最大的推压轴处 m—m 断面为危险断面进行强度计算，许用应力按第二类载荷，另外还需验算支踵处 n—n 断面。

②平台回转时动臂的强度计算

正铲工作装置的动臂还应根据在平台回转启动和制动时的惯性力及离心力来计算强度。工况为动臂处于最小倾角，斗杆全伸出且放向水平，满斗启动回转或回转中制动，此时动臂受力情况如图 1.3-65 所示。

a. 铲斗与物料产生的惯性力：

$$F_{tud}^g = \frac{(G_{tu} + G_d)\varepsilon_{max}(r + L_{tu}\cos\alpha + l_b + f)}{g} \tag{1.3-23}$$

式中：ε_{max}——平台回转的最大角加速度，r/s²。

b. 斗杆惯性力的计算：

$$F_b^g = \frac{G_b \varepsilon_{max}(r + L_{tu}\cos\alpha + l_b/2)}{g} \tag{1.3-24}$$

c. 动臂惯性力的计算：

$$F_{b1}^g = \frac{G_{b1}\varepsilon_{max} l_{b1} \int_0^1 (r + x\cos\alpha) \mathrm{d}x}{g} \tag{1.3-25}$$

危险断面为 m—m、n—n 两个断面上，根据垂直平面的离心力、自重载荷、水平面内的惯性力等的同时作用进行强度计算。

(2) 斗杆强度的计算

斗杆在挖掘和满斗回转时受力最大,其工况为动臂处于最小倾向角,斗杆在水平位置并伸长出正常工作幅度,挖掘处于推压轴高度的岩石,空斗遇到障碍物,提升滑轮组作用力 F_{ti} 达到最大值且方向垂直,此时斗杆受弯矩达最大,其受力情况如图 1.3-66 所示。

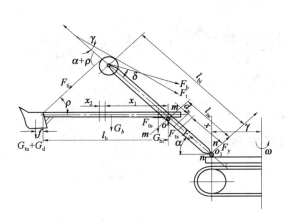

图 1.3-65 平台回转时动臂受力图

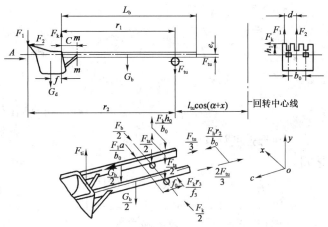

图 1.3-66 弯矩最大时斗杆受力情况

F_1、F_2-岩石对斗齿反作用力;G_d-铲斗自重;F_k-障碍物对斗齿产生的横向力;G_b-斗杆自重;F_{ts}、F_{tu}-推压轴处的支反力;r_1、r_2-相应力臂;L_b-斗杆长度;F_{ti}-提升力。

① 提升力 F_{ti} 按计算动臂时的方法计算。

② 岩石对斗齿的反作用力:

$$F_1 = \frac{F_{ti}r_1 - G_d(f + r_1) - G_b(r_1 - l_b/2)}{r_2} \tag{1.3-26}$$

② 障碍物产生的横向力:

$$F_k = \frac{Mi}{(r_2 + l_m\cos\alpha + r)\eta} \tag{1.3-27}$$

式中:M——回转机构制动器制动力矩,kN·m;

r——回转中心到斗齿尖距离,m;

i——制动器到大齿圈的传动比;

η——回转机构传动效率。

④ 推压轴处支反力:

$$F_{ts} = \frac{F_{ti}(r_2 - r_1) + F_{tu}h_0 - G_b(r_2 - r_1 + l_b/2) - G_d(r_2 - r_1 - f)}{r_2} \tag{1.3-28}$$

斗杆强度计算,如图 1.3-66 所示,取危险断面 $m—m$ 进行强度计算。斗杆还应该根据危险断面上的内力进行整体稳定性验算,对于单梁方形断面斗杆,还应进行弯曲应力校核。

另外,与动臂相同,在平台回转中的启动、制动工况,也应对斗杆进行强度计算,方法与动臂的计算方法相同。

(3) 铲斗的强度计算

计算铲斗强度时的两个工作工况,如图 1.3-67 所示。即动臂处于最大倾角,铲斗开始挖掘和提升到最大

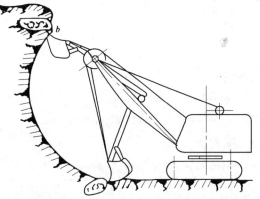

图 1.3-67 计算铲斗强度时的工况位置

高度和幅度时碰到障碍物。此时铲斗受力情况如图 1.3-68 所示。

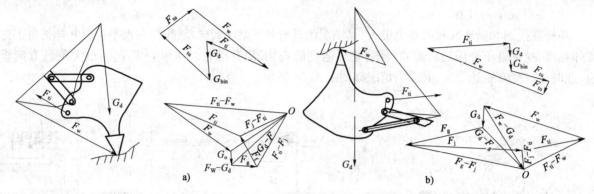

图 1.3-68 铲斗强度计算工况受力情况

经斗杆强度计算求出 F_{ti}、F_w、F_g 及 F_j 后,即可进行铲斗强度计算。铲斗强度计算一般用相似法求得。

2)液压式单斗挖掘机液压系统设计

液压系统设计的主要内容是系统设计和液压元件的选择。

(1)液压系统主要参数的确定

液压系统主要参数包括:系统工作压力 p、流量 Q 及系统功率 N_y。

系统工作压力 p 根据技术要求、经济效果、生产条件来确定。

工作压力和流量的选择应根据国标或部标(JB 824—66)所定系列值,就近选取。适应于挖掘机的公称压力有 8MPa、10MPa、12.5MPa、16MPa、20MPa、25MPa、32MPa、40MPa 等,流量有 32L/min、40L/min、50L/min、63L/min、80L/min、100L/min、125L/min、160L/min、200L/min、250L/min、320L/min、400L/min、500L/min 等。

(2)液压系统初步计算公式和液压元件的选择

①液压缸

a. 有效面积:

$$A = \frac{F}{(p - p_0)\eta_j} = \frac{F}{\Delta p \eta_j} \tag{1.3-29}$$

式中:A——有效面积,m^2;
　　p——系统工作压力,Pa;
　　p_0——油缸回油腔背压,Pa;
　　η_j——油缸机械效率,$\eta_j = 0.9 \sim 0.95$;
　　F——外负荷,N。

b. 流量:

$$Q = \frac{Av}{10\eta_v} \tag{1.3-30}$$

式中:Q——流量,m^3/min;
　　η_v——油缸容积效率;
　　v——活塞移动速度,m/min。

②液压马达

a. 理论排量:

$$q = \frac{6280M}{\Delta p \eta_j} \tag{1.3-31}$$

式中:q——马达理论流量,mL/r;
M——马达输出转矩,N·m;
Δp——马达进出口油腔压差,kPa;
η_j——马达机械效率(齿轮、柱塞式 $\eta_j = 0.9 \sim 0.95$,叶片式 $\eta_j = 0.85 \sim 0.90$)。

b. 马达实际流量:

$$Q = \frac{qn_{max}}{1\,000\eta_v} \tag{1.3-32}$$

式中:Q——马达实际流量,L/min;
n_{max}——马达最高转速,r/min;
η_v——马达容积效率。

③液压泵

a. 工作压力:

$$p \geq p_1 + \Delta p_1 \tag{1.3-33}$$

式中:p——系统工作压力,kPa;
p_1——执行元件的最大工作压力,kPa;
Δp_1——泵到执行元件压力损失,节流调速简单管路取 200~500kPa,调速阀调速复杂管路取 500~1 500kPa。

b. 流量:

$$Q_p = K(\sum Q) \tag{1.3-34}$$

式中:Q_p——液压泵流量,L/min;
K——系统渗漏系数,取 1.1~1.3;
$\sum Q$——同时被驱动的若干执行元件的总流量,L/min。

除此之外,选择泵时还应同时考虑工作条件、系统形式、调速方式等。

④液压泵和发动机功率

a. 泵或泵组的功率:

$$P_y = \frac{pQ_p}{60\,000\eta K_b} \tag{1.3-35}$$

式中:P_y——泵或泵组功率,kW;
η——泵总功率,柱塞泵取 $\eta = 0.85 \sim 0.90$,齿轮泵取 $\eta = 0.75 \sim 0.85$;
K_b——变量系数,对定量系统取 $K_b = 1$。

b. 发动机功率 P:

对变量系统 $\qquad P = (1.0 \sim 1.3)P_y \tag{1.3-36}$

对双泵双回路定量系统 $\qquad P = (0.8 \sim 1.1)P_y \tag{1.3-37}$

初算时:

变量系统 $\quad P = 74q \quad$ (kW) $\tag{1.3-38}$

定量系统 $\quad P = 95q \quad$ (kW) $\tag{1.3-39}$

式中:q——标准斗容量,m^3。

(3)液压系统的验算

①压力损失:一般压力损失在 800~3 000kPa 之间,个别达 4 000kPa。

沿程损失,即管壁摩擦损失较小,按快速工况,据相应的公式和图表计算。

局部损失,即各元件、截面变化、弯管等损失较大,400~500kPa 左右,是液压挖掘机的主要压力损失,必须予以重视。

②发热和温升应小于 35~45℃,正常工作温度 40~50℃,最高工作温度 70~85℃。

泵和执行元件的压力损失产生的热量:

$$Q_{h1} = P_y(1 - \eta_t) \tag{1.3-40}$$

式中:Q_{h1}——泵和执行元件的压力损失产生的热量,kW;
P_y——液压功率,kW;
η_t——油泵效率,取 $\eta_t = 0.8 \sim 0.85$。

溢流损失产生热量:

$$Q_{h2} = 0.0167 p_e Q_e \tag{1.3-41}$$

式中:Q_{h2}——溢流损失产生热量,W;
p_e——溢流阀调定压力,kPa;
Q_e——溢流流量,L/min。

阀压力损失产生热量:

$$Q_{h3} = 0.016\,7 p' Q \tag{1.3-42}$$

式中:Q_{h3}——阀压力损失产生热量,W;
p'——阀压力损失,kPa;
Q——阀流量,L/min。

总发热量:

$$Q_h = Q_{h1} + Q_{h2} + Q_{h3} \tag{1.3-43}$$

温升超过允许值时,则要采用冷却措施。管道的发热与散热基本平衡,通常计算发热量,只要计算油箱散热量即可。

$$Q_u = \alpha A \Delta t \tag{1.3-44}$$

式中:Q_u——油箱散热量,W;
α——散热系数,水冷 $\alpha = 110 \sim 174$,风冷 $\alpha = 23$;
A——油箱散热表面积,m^2;
Δt——油与油箱外表面温差,℃。

1.3.4.4 使用技术

1)作业能力计算

作业能力是挖掘机的主要技术经济指标之一,表示在单位时间里,铲斗从工作表面中挖出并卸到运输车辆上或卸土堆的土方实际体积。

(1)理论生产率

理论生产率是指一台挖掘机在"计算条件"下连续工作一小时的生产率。

$$Q_1 = 60qn = \frac{3\,600q}{T} \tag{1.3-45}$$

式中:Q_1——理论生产率,m^3/h;
q——铲斗几何容量,m^3;
n——每分钟工作循环次数的理论值,次/min;
T——每一工作循环的延续时间,s。

$$T = t_1 + t_2 + t_3 + t_4 \tag{1.3-46}$$

式中:t_1——挖掘时间,s;
t_2——工作装置满斗从挖掘面回转到卸载处的时间,s;
t_3——卸载时间,s;

t_4——工作装置空斗从挖掘面回转到卸载处的时间,s。

(2)技术生产率

技术生产率指在"给定条件"下连续工作一小时所能获得的最大生产率。

$$Q_j = 60qn\frac{K_n K_m}{K_s} = 60qn_j\frac{K_m}{K_s} = 3\,600q K_m \frac{K_m}{K_s} \qquad (1.3\text{-}47)$$

式中:Q_j——技术生产率,m^3/h;

n_j——在"给定条件"下每分钟的最大可能工作循环次数,$n_j = nK_n$;

K_n——循环时间影响系数,即在给定条件下每分钟工作循环次数与计算条件下每分钟工作循环次数之比值;

K_m——铲斗装载系数,即铲斗内所装土的体积与铲斗几何容积之比;

K_s——土质松散系数。

(3)实际生产率

实际生产率是指一台挖掘机在一段工作时间内所得到的实际平均生产率。

$$Q_s = Q_j K_1 K_s \qquad (1.3\text{-}48)$$

式中:Q_s——实际生产率,m^3/h;

Q_j——技术生产率,m^3/h;

K_1——机械利用系数,按施工定额确定,即纯工作时间与规定使用时间之比;

K_s——驾驶员操作影响系数,根据驾驶员操作熟练程度决定,取 $K_s = 0.81 \sim 0.98$。

2)使用要点

(1)机械式单斗挖掘机使用注意事项

①发动机启动前,主离合器和各操纵杆必须放在空挡位置。

②机械在工作时,履带应可靠制动,任何人不得进入回转半径范围内。

③自行移动机械时,速度不应大于5km/h。行走时,主动轮在后,大臂与履带平行,铲斗离地1m左右。

④下坡行驶时,应将铲臂向后倒行。装有配重的机器,在上坡时,必须倒行。转弯可分数次进行,不能太急。通过桥涵时必须先查清其承载能力并在必要时加固之。

⑤钢丝绳在卷筒上必须排列整齐。钢丝绳放出后,尾都应不少于3圈。铲臂钢绳在一个节距中断丝数大于10%时,应更换钢丝绳。

⑥工作时,铲斗不宜挖掘过深,铲斗落下时不应过猛,以免碰撞履带板、滚轮等其他机件。

⑦铲斗在挖掘中未完全离开工作面前,禁止回转。不应在铲斗装满情况下行驶或变换动臂仰角。

(2)液压式单斗挖掘机使用注意事项

①不允许用作业装置进行冲撞动作。

②油缸伸缩到极限位置时要注意平稳,避免碰撞和冲击。

③不得利用回转动作进行横扫作业。

④不得在斜坡上工作。

⑤在坡道上行驶时柴油机不得熄火行驶。

⑥在挖掘作业开始前,注意拔去防止上部平台回转的锁销。

⑦挖掘机停放时要注意切断电源开关,禁止在斜坡上停放。停放时,应将铲斗油缸和斗杆油缸处于缩回位置并将铲斗放在地上。

单斗液压挖掘机的详细使用保养、操作按《筑养路机械保修规程》、《筑养路机械操作规程》的规定,或参照相应机型使用说明书的规定执行。

1.3.5 主要生产厂家典型产品及技术性能和参数

1) 力士德(表 1.3-13)

力士德挖掘机技术性能和参数　　　　表 1.3-13

	型号	SC20SE.7	SC70-7	SC130-7	SC220-7	SC60-7
规格	整机工作质量(kg)	22 600	6 800	13 000	22 180	6 800
	铲斗容量(m^3)	1.17	0.28	0.53	1	0.28
	履带宽度(mm)	600	450	500	600	450
性能	接地比压(kPa)	52.16	30	42.4	52.16	27.8
	回转速度(r/min)	11.7	11.2	12.6	11.7	9
	行走速度(km/h)	5.5	5.1	5.3	5.5	4.3
	爬坡能力(°)	35	35	35	35	35
	铲斗挖掘力(kN)	151	52.7	78.4	159.7	54.8
发动机	形式	CUMMINS	CUMMINS	CUMMINS	CUNMINS SUZUKI	YANMAR
	型号	6BTA5.9	b3.3	4BTA3.9	6BTA 5.9 6BG1TQB-05	4TNV94L
	额定功率(kW) 转速(r/min)	125/2 100	45/2 200	52/2 200	125/2 100 117/2 150	37.9/2 200
液压装置	液压泵形式数量	K3V112DT 可变排量式双联柱塞泵	可联式柱塞泵	K3V112DT 可变排量式双联柱塞泵	K3V112DT 可变排量式双联柱塞泵	可变排量式柱塞泵
	主溢流阀设定压力(MPa)	34.3	300	34.3	34.3	20.6
	回转液压马达形式	柱塞式	柱塞式	柱塞式	柱塞式	柱塞式
	行走液压马达形式	柱塞式	柱塞式	柱塞式	柱塞式	柱塞式
主体尺寸	运输总长度(mm)	9 797	6 103	7 576	9 739	6 080
	运输总宽度(mm)	2 980	2 198	2 489	2 980	2 225
	运输总高度(mm)	3 230	2 515	2 780	3 135	2 500
	履带长度(mm)	4 256	2 757	2 750	5 162	2 765
	履带总宽度(mm)	2 980	2 150	2 460	2 980	2 150
	最小离地间隙(mm)	467	381.5	433	442	350
	前端工作装置最小回转半径(mm)	4 037	1 792	2 495	3 974	1 750
	后端回转半径(mm)	2 838	1 755	2 015	2 809	1 750
作业范围	最大挖掘半径(mm)	9 656	6 333	8 309	10 173	6 328
	最大挖掘深度(mm)	6 399	4 038	5 501	6 930	4 100
	最大垂直挖掘深度(mm)	5 292	3 505	4 940	5 915	3 505
	最大挖掘高度(mm)	8 956	7 165	8 630	9 255	7 150
	最大卸载高度(mm)	6 125	5 068	6 180	6 383	5 015
其他	推土板宽度高度(mm)					2260
	推土板上升量/下降量					

2)三一重机(表1.3-14)

三一重机挖掘机技术性能和参数　　　　表1.3-14

	型　号	SY60	SY130	SY200	SY210	SY220
规格	整机工作质量(kg)	5 800	13 000	19 600	20 600	22 000
	铲斗容量(m³)	0.2~0.25	0.3~0.7	0.4~1.1	0.4~1.2	0.5~1.3
	履带宽度(mm)	400	500	600	600	600
性能	接地比压(kPa)	35	38	44.8	45	48.1
	回转速度(r/min)	10.9	11	12.5	12.5	12.5
	行走速度(km/h)	4.4/2.2	5.3/3.2	5.5/3.2	5.5/3.2	5.5/3.2
	爬坡能力(°)	35	35	35	35	35
	铲斗挖掘力(kN)	41	93	138	138	159
	斗杆挖掘力(kN)	28	85	100	100	121
发动机	形式	4缸、4冲程、水冷	4缸、4冲程、水冷、中冷、涡轮增压	6缸、4冲程、水冷、直喷、涡轮增压(低污染)	6缸、4冲程、水冷、直喷、涡轮增压、中冷(低污染)	6缸、4冲程、水冷、直喷、涡轮增压、中冷(低污染)
	型号	CUMMINSB3.3	CUMMINS 4BTA3.9-C	CUMMINS 6BT5.9-C	CUMMINS 6BT5.9-C	CUMMINS 6BT5.9-C
	额定功率(kW)转速(r/min)	45/2 200	82/2 200	101.5/2 000	127/2 100	127/2 100
	行程总容量(L)					
液压装置	液压泵形式、数量	斜盘式柱塞变量双泵	斜盘式柱塞变量双泵	变量斜盘柱塞双泵	变量斜盘柱塞双泵	变量斜盘柱塞双泵
油类容量	燃油箱(L)	113	230	340	340	340
	液压油箱(L)	80	230	239	239	239
	发动机油更换量(L)	7.5	26.3	26.3	26.3	26.3
主体尺寸	运输总长度(mm)	5 953	7 680	9 397	9 397	9 780
	运输总宽度(mm)	2 000	2 460	2 800	2 980	2 980
	运输总高度(mm)	2 510	2 675	2 956	2 956	3 160
	履带长度(mm)	2 500	3 530	4 064	4 250	4 250
	履带宽度(mm)	2 000	2 460	2 800	2 980	2 980
	最小离地间隙(mm)	335	350	440	440	440
	后端回转半径(mm)	1 480	2 220	2 750	2 750	2 860
作业范围	最大挖掘半径(mm)	6 231	8 295	9 885	9 885	10 180
	最大挖掘深度(mm)	4 085	5 390	6 630	6 630	6 930
	最大垂直挖掘深度(mm)	2 642	5 087	5 990	5 990	6 020
	最大挖掘高度(mm)	6 588	8 525	9 315	9 315	9 380
	最大卸载高度(mm)	4 950	6 225	6 485	6 485	6 525

3) 现代(表1.3-15)

现代挖掘机技术性能和参数 表1.3-15

型 号		R55-7	R60-7	R60W-7	R80-7	R110-7
规格	整机工作质量(kg)	5 500	5 850	5 750	7 800	11 200
	铲斗容量(m³)	0.18	0.21	0.21	0.28	0.45
	履带宽度(mm)	400	400			
性能	回转速度 r/min	10	9.6			
	行走速度(km/h)	4.0/2.2	2.2/4.0			
	爬坡能力(°)	35	35			
	铲斗挖掘力(kN)	36.3	3.85			
	斗杆挖掘力(kN)	26.7	2.9			
发动机	形式	4冲程柴油发动机,低排放	4冲程柴油发动机,低排放			
	型号	洋马 4TNV-94L	洋马 4TNV-94L	洋马 4TNV-94L	洋马 4TNV-98	三菱 S4K-T
	额定功率(kW) 转速(r/min)	40/2 200	40/2 200	42	44	70
液压装置	回转液压马达形式	轴向变量柱塞马达				
	行走液压马达形式	轴向定量柱塞马达				
油类容量	燃油箱(L)	125	120			
	液压油箱(L)	80	70			
	发动机油更换量(L)	9.2				
主体尺寸	运输总长度(mm)	6 004	5 900			
	运输总宽度(mm)	1 865	1 920			
	运输总高度(mm)	2 548	2 550			
	履带长度(mm)	2 525	2 530			
	履带总宽度(mm)	1 845	1 920			
	最小离地间隙(mm)	325	380			
	后端回转半径(mm)	1 770	1 650			
作业范围	最大挖掘半径(mm)	6 110	6 150			
	最大挖掘深度(mm)	3 820	3 820			
	最大垂直挖掘深度(mm)	3 050	3 200			
	最大挖掘高度(mm)	5 652	5 780			
	最大卸载高度(mm)	4 010	4 050			
其他	推土板宽度×高度(mm)		1 920×350			

4) 柳工(表1.3-16)

柳工挖掘机技术性能和参数 表1.3-16

型 号		925LC	923C	922LC	920C	220LC	CLG907
技术参数	额定功率(kW)	125	125	108	108		45
	标配斗容(m³)	1.1	1	0.95	0.8		0.28
	操作质量(kg)	23 300	22 900	21 000	20 500		7 200
	回转速度(r/min)	11.7	11.7	12.4	12.4		12
	行走速度(km/h)高速	5.3	5.3	4.9	4.9		5.2
	行走速度(km/h)低速	3.2	3.2	2.9	2.9		3.6

续上表

	型　号	925LC	923C	922LC	920C	220LC	CLG907
技术参数	爬坡能力(°)	35	35	35	35	35	
	最大挖掘力/瞬时增力(kN)	137/150	137/150	128/140	128/140		53.8
	斗容(m³)	0.73~1.20	0.73~1.10	0.73~1.00	0.73~0.95	0.73~1.00	0.15~0.32
尺寸	最大卸载高度(mm)	6 700	6 700	6 770	6 750		5 080
	最大挖掘高度(mm)	9 750	9 750	9 540	9 520		7 165
	最大挖掘深度(mm)	7 000	7 000	6 615	6 635		4 150
	最大挖掘半径(mm)	10 390	10 390	9 850	9 850		6 365
	最小回转半径(mm)	3 920	3 920	3 400	3 400		1 840
发动机	发动机型号						康明斯 B3.3
	整机质量(kg)	23 300	22 900	21 000	20 500	20 700	7 200
	发动机额定功率(kW)	125	125	108	108	108	45

5)福田(表1.3-17)

福田挖掘机技术性能和参数　　　　表1.3-17

	型　号	FR35-7	FR39-7	FR60-7	FR65-7
技术性能参数	操作质量(kg)	3 980	3 960	5 730	6 200
	标准斗容(m³)	0.12	0.12	0.2	0.22
	回转速度(r/min)	10	10.4	10.1	10.1
	行走速度(km/h)	3.8/2.5	5.0/3.0	4.4/3.0	4.3/2.3
	铲斗挖掘力(kN)	24	26	42.5	42
	斗杆挖掘力(kN)	20	23	31	29
	最大牵引力(kN)	32	35	46	50.5
	爬坡性能(°)	35	35	34	37
	接地比压(kPa)	40	32	32	35
发动机	额定功率(kW) 转速(r/min)	21.7/2400		39/2 200	
	型号	YANMAR3TNV88		YANMAR4TNV94L-SFN	YANMAR4TNV94L-SFN
主泵	类型	可变排量轴向柱塞泵	可变排量轴向柱塞泵	可变排量轴向柱塞泵	可变排量轴向柱塞泵
	最大流量(L/min)	99	99	2×59.2	138
	流量	1	1	2	1
先导泵	类型			齿轮泵	
	最大流量(L/min)			10.78	
回转马达	溢流阀(MPa)	206	18	20.6	20.6
主溢流阀	动臂、斗杆、铲斗(MPa)	24.5	24.5	24.5	24.5
	行走回路(MPa)	24.5	24.5	24.5	24.5
系统容量	燃油箱(L)	44	70	120	120
	液压油箱(L)	45	75	90	90
主要尺寸	上部全宽(mm)	1 740	1 523	1 820	1 820
	驾驶室宽(mm)	1 045	955	955	955
	驾驶室全高(mm)	2 530	2 475	2 650	2 650
	最小离地距离(mm)	290	242	330	330
	中心距离(mm)	1 440	1 330	1 480	1 540

续上表

	型 号	FR35-7	FR39-7	FR60-7	FR65-7
主要尺寸	履带全宽(mm)	1 740	1 630	1 880	1 940
	导向轮和驱动轮中心距离(mm)	1 650	1 718	1 990	2 125
	履带长(mm)	2 150	2 195	2 530	2 665
	配重水平高度(mm)	565	516	718	715
	全长(mm)	4 850	5 320	5 990	5 850
	推土板尺寸(宽×高)(mm)	1740×355	1 630×300	1 880×366	1 930×360
作业范围	最大挖掘范围(mm)	5 360	5 625	6 110	6 050
	最大挖掘深度(mm)	3 170	3 560	3 935	3 860
	最大挖掘高度(mm)	5 010	4 995	5 330	5 175
	最大卸料高度(mm)	3 530	3 385	3 640	3515
	动臂长度(mm)	2 560		3 100	3 000
	斗杠长度(mm)	1 345		1 500	1 600

6) 玉柴 (表 1.3-18)

玉柴挖掘机技术性能和参数 表 1.3-18

	型 号	YC13-6	YC18-3	YC35-6	YC45-6
技术性能参数	整机质量(kg)	1 500	1 880	3 740	4 460
	额定功率(hp)	18.5	20	43.5	46.2
	斗容(m³)	0.04~0.07	0.1	0.12	0.15
	标准斗宽(mm)	516	566	626	679
	发动机功率(kW)转速(r/min)	13.6/2 200	20/2 200	32/2 200	34/2 400
	液压系统工作压力(MPa)	16	16	21	21
	变量泵			2×44	2×44
	定量泵(L/min)	2×17.2+6.7	2×17.2+6.7	1.32	1.32
	最大挖掘力(kN)	10.5	10.5	22.19	31
	爬坡(°)	30	30	30	30
	接地比压(kPa)	23.6	23.6	31	39
	行走速度(km/h)	2	2	3.4~4.8	4.2~5.2
	最大牵引力(kN)	8.8	8.8	23.2	39
	平台回转速度(r/m)	10~12	10	11~13	10.5~13.5
主要尺寸	总长(mm)	3 607	3 827	5 250	5 643
	总高(mm)	2 272	2 338	2 470	2 490
	整机高度(mm)	980	1 080	1 518	1 718
	履带宽度(mm)	230	230	300	300 橡胶/400 钢
	平台回转半径(mm)	1 170	1 177	1 510	1 510
	履带长度(mm)	1 405	1 625	2 100	2 416
	轮距(mm)	1 045	1 261	1 620	1 942
	离地高度(mm)	203	206	320	320
	动臂端高度(mm)	1 104	1 690	1 690	1 794
	平台外宽(mm)	1 014	1 100	1 494	1 694
	发动机罩高度(mm)	1 180	1 200	1 385	1 385
	平台离地高度(mm)	407	440	546	546

续上表

型号		YC13-6	YC18-3	YC35-6	YC45-6
作业范围	最大挖掘高度(mm)	2 942	3 257	5 195	5 588
	最大卸料高度(mm)	2 035	2 241	3 689	3 710
	最大挖掘深度(mm)	1 860	2 024	3 530	3 514
	最大挖掘半径(mm)	3 490	3 753	5 590	5 726
	最大地面水平挖掘距离(mm)	3 414	3 656	5 483	5 612
	最大挖掘高度的挖掘半径(mm)	2 409	2 513	3 200	2 734
	最小回转半径(mm)	1 695	1 623	1 990	1 990
	推土铲最大铲斗深度(mm)	167	216	426	450
	推土铲最大抬起高度(mm)	202	183	276	210

7) 洋马(表 1.3-19)

洋马挖掘机技术性能和参数　　　　表 1.3-19

	型号	Vio35-3A	Vio55-2A	Vio75-B
规格	整机工作质量(kg)	3 675	5 310	7 770
性能	回转速度(r/min)	10	10	10
	行走速度(km/h)	4.4/2.5	4.3/2.1	4.5/2.5
	铲斗挖掘力(kN)	25.5	33.8	54.8
	斗杆挖掘力(kN)	18.6	24.8	38.2
发动机	名称	水冷型四循环柴油机	水冷型四循环柴油机	水冷型四循环柴油机
	型号	3TNV82A—XBV	4TNV88—XBV	4TNV98—XBVB
	额定功率(kW/转速)	18.4/2 500	27.9/2 300	43.4/2 000
油类容量	燃油箱(L)	37	55	100
主体尺寸	运输总长度(mm)	4 595	5 510	6 290
	运输总宽度(mm)	1 550	1 990	2 270
	运输总高度(mm)	2 510	2 620	2 720
	履带长度(mm)	2 120	2 580	2 890
	履带宽度(mm)	300	400	450
作业范围	最大挖掘半径(mm)	5 000	5 930	6 740
	最大挖掘深度(mm)	3 100	3 800	4 200
	最大挖掘高度(mm)	4 820	5 910	7 050
	最大卸载高度(mm)	3 420	4 280	4 920
其他	推土板宽度×高度(mm×mm)	1 550×320	1 970×400	2 260×450

8) 住友(表 1.3-20)

住友挖掘机技术性能和参数　　　　表 1.3-20

型号		SH120-3	SH75XU-3	SH75X-3
	铲斗容量(ISO 山积)(m³)	0.24~0.65	0.11~0.28	0.11~0.34m³
	整机工作质量(kg)	12 000	7 800	7 090

续上表

	型 号	SH120-3	SH75XU-3	SH75X-3
发动机	型号	Isuzu BB-4BG1T	Yanmar 4TNE98	Yanmar 4TNE98
	排量(mL)	4 329	3 318	3 318
	额定输出功率(kW) 转速(r/min)	66.2/2 100	41.9/2 000	41.9/2 100
尺寸	全长(运输时)(mm)	7 490	5 790	5 915
	全宽(运输时)(mm)	2 490	2 320	2 320
	全高(运输时)(mm)	2 740	2 720	2 700
	履带全长(mm)	3 540	2 900	2 845
	履带全宽(mm)	2 490	2 320	2 320
	标准履带板宽(mm)	500	450	450
	履带中心距(mm)	1 990	1 870	1 870
	行走装置中心距(mm)	2 780	2 210	2 210
	最小离地距离(mm)	440	410	360
	后端回旋半径(mm)	2 050	1 160	1 160
性能	行走速度(km/h)	5.5/3.8	4.7/3.2	4.7/3.2
	牵引力(kN)	100	60	60
	爬坡能力	70%(35°)	70%(35°)	70%(35°)
	接地压力(kPa)	39	35	32
	回转速度(r/min)	13.4	9.5	9.5
	铲斗最大挖掘力(kN)	90	57	57
	小臂最大挖掘力(kN)	62	40	39
液压系统	液压泵类型	二连可变容量型柱形塞泵+齿轮泵	三连可变容量型柱形塞泵+齿轮泵	二连可变容量型柱形塞泵+齿轮泵
	最大压力(MPa)	34.3	29.4	29.4
	行走马达	可变容量型柱塞马达×2	可变容量型柱塞马达×2	可变容量型柱塞马达×2
	制动器类型	机械式制动	机械式制动	机械式制动
	回转马达	定容量型柱塞马达	定容量型柱塞马达	定容量型柱塞马达
油箱容量	燃油箱容量(L)	250	100	100
	液压油箱(L)	123	95	95
作业范围	最大挖掘半径(mm)	8 270	6 490	6 520
	最大挖掘深度(mm)	5 540	4 200	4 140
	最大挖掘高度(mm)	9 160	7 300	7 330
	最大斜料高度(mm)	6 770	5 240	5 250
	最大垂直挖掘深度(mm)	4 960	3 260	3 640
	最小前部旋转半径(mm)	2 050	1 160	1 785
	后端回旋半径(mm)	2 050	1 160	1 160

9）迪尔(表1.3-21)

迪尔挖掘机技术性能和参数　　　　表1.3-21

型　　号		135C	180CWMonoblockBoom	160CLC	80C
发动机	发动机型号	Isuzu/CC-4BG1TC	Isuzu/4BG1XABFA	JohnDeere/4045H	Isuzu/CC-4JG1
	额定功率(kW) 转速(r/min)	88(66)/2150	121(90)/2200	109(81)/2300	52(39)/2100
	汽缸工作容量	4.3	4.3	4.5	3.1
液压系统	主泵,型号	Variable axial-piston	Variable axial-piston	Variable axial-piston	Variable piston
	主泵流量(L/min)	210	394	295	178
	标准减压	34 310	34 310	34 310	3 770/25 980
底盘 (mm)	地面长度(mm)	2 870		3 100	2 130
	离地距离(mm)	432	360	483	356
	接地比压(kPa)	30.5		37.6	25
	最大行进速度 (km/h)	5	29.9	5.3	5
	爬坡能力(°)	35	33	45	35
	最大牵引力(N)	11 930		15 273	5 602
推土铲	推土铲宽度 (mm)		2 540		
作业范围	标准杆(mm)	8 640		9 040	6 100
	最大挖掘深度(mm)	6 020		6 350	4 090
	最大挖掘范围				
	最大地面挖掘范围				
	最大卸料高度(mm)	7 140		6 530	5 130
	最大垂直臂时 挖掘深度(mm)	5 460		5 560	3 730
	最小前移半径				
	最小回转半径				
	臂旋转角度				
	标准挖掘力(kN)	56.9		74.3	37.5
	铲斗挖掘力(kN)	86.3		103.2	49.9
	尾部回转半径(mm)	1 470		2 440	1 750
	回转速度(r/min)	13.7		13.6	11.3
	标准传送长度(mm)	7 320		8 560	5 820
	标准传送高度(mm)	2 840		3 100	2 590
	标准传送宽度(mm)	2 690		2 590	2 360
	液压缸(L)	201		280	136
	液压系统油箱(L)	71.9		75.7	58.7
	总机工作质量(kg)	13 808		16 157	7 215
	总质量(kg)	13.808		16.157	7.215

10）加藤（表1.3-22）

加藤挖掘机技术性能和参数 表1.3-22

型号		307CSB	307C	308CCR	311CUtility
发动机	型号	Mitsubishi4M40E1	Mitsubishi4M40E1	Mitsubishi4M40E1	Cat@3064T
	总功率(kW)	41	41	41	61
尺寸	最大挖掘(mm)	4 160	4 110	4 140	
	在地平面的最大伸出范围(mm)	6 890	6 200	6 250	
	上部结构宽度(mm)	2 290	2 290		
	到驾驶室顶的高度(mm)	2 630	2 630		
	装运长度(mm)	6 070	6 070	5 830	
	中心离地间隙(mm)	380	380	384	
	履带板宽(mm)	450	450		
	回转半径 后部(mm)	1 750	1 750	1 290	
	斗杆长度 标准杆(mm)	1 165	1 165	1 665	
	斗杆长度 长杆(mm)	2 210	2 210	2 110	
	最大挖掘深度 长杆(mm)	4 700	4 650	4 690	
	最大垂直挖掘深度 标准杆(mm)	3 000	3 640	3 600	
	最大垂直挖掘深度 长杆(mm)	3 580	4 610	4 120	
	最大达到地面伸出范围 长杆(mm)	7 420	6 720	6 770	
	最大切割高度 标准斗杆(mm)	6 180	7 290	7 390	
	最大切割高度 长斗杆(mm)	6 490	7 690	7 810	
	最大卸料高度 标准杆(mm)	4 160	5 150	5 250	
	最大卸料高度 长杆(mm)	4 450	5 560	5 670	
发动机	缸径(mm)	99	95	95	102
	冲绳(mm)	100	100	100	130
	排量(L)	2.84	2.84	2.84	4.25
行驶速度	行驶速度(km/n)	5.3	5.3	5.3	5.6
液压系统	工作压力 设备(MPa)	27.4	27.4	27.46	29.9
	工作压力 行驶(MPa)	31.3	31.3	31.38	34.3
	工作压力 回转(MPa)	19.6	19.6	19.6	23.5
	挖掘力 斗杆(标准)(kN)	34.89	34.89	35	
	挖掘力 斗杆(长)(kN)	30.67	30.67	31	
	挖掘力 铲斗(kN)	44.60	44.6	44	

续上表

型号		307CSB	307C	308CCR	311CUtility
回转系统	机器回转速度(r/min)	11	11	11.5	10.6
保养加注容量	冷却系统(L)	15.5	15.5	15	17.5
	发动机机油(L)	11.2	11.2	10	19.5
	燃油箱(L)	135	135	115	195
	液压油箱(L)	57	57	55	92
	液压系统(L)	94	94	92	160
质量	带驾驶篷的工作质量(kg)	8 390	7 210	8 040	11 980

11) 神钢(表1.3-23)

神钢挖掘机技术性能和参数　　　　表1.3-23

型 号			SK35SR-3	SK55SR	SK70SR
	机器质量(kg)		3 840	5 260	6 700
挖斗	挖斗容量(m³)		0.11	0.21	0.28
	挖斗宽度(附有侧边齿)(mm)		600(包括侧边齿)	650(包括侧边齿)	750(包括侧边齿)
发动机	型号		洋马3TNV88	洋马4TNV88	五十铃CC-4JG1
	形式		水冷式3缸直喷式柴油机	水冷式4缸直喷式柴油机	直喷,水冷,四冲程,柴油
	额定功率(kW)/转速(r/min)		21.2/2,400 (29.0/2 400)	30.4/2 400 (41.0/2 400)	40.5/2 100 (55/2 100)
	燃油箱		38	53	85
性能	行走速度1速/2速(km/h)		4.5/2.5	4.6/2.8	5.3/3.1
	旋转速度(min)		8.9	8.8	12.5
	爬坡能力		58%(30°)	58%(30°)	75%(30°)
	挖斗挖掘力[kN(kgf)]		27.4(2 800)	35.3(3 600)	52.9(5 400)
	接地压强[kPa(kgf/cm²)]		34.5(0.35)	30.0(0.31)	31(0.32)
推土板	宽度×高度(mm)		1 700×345	1 960×345	2 320×470
	作业范围(上/下)(mm)		540/440	495/375	360/230
大臂回转支架结构	形式		大臂回转型	大臂回转型	
	角度左/右		70°/60°	70°/60°	
行走装置	履带板种类		铁制履带	铁制履带	铁制履带
	履带板宽度(mm)		300	400	450
液压系统	油泵	形式	双联可变排量轴向柱塞泵+2先导齿轮泵	双联可变排量轴向柱塞泵+2先导齿轮泵	双联可变排量轴向柱塞泵
		溢流压力[MPa(kgf/cm²)]	23.0(235)	23.0(235)	29.4(300)
	液压油箱容量(全部容量)		48(38)	63(42)	78(55)

1.4 平地机

1.4.1 概述

平地机是一种具有多种用途的筑路、养路大型机械,其主要功用是大面积平整场地及养路筑路,见图1.4-1。它备有可做360°全回转和在立体空间任一角度位置进行作业动作的铲刀,还备有自动找平、前推土板和后松土器等选择部件,可根据用户需要装置除雪、扰雪、扬雪及振动夯实等其他附属装置。可完成高等级公路、铁路、矿区道路、机场大面积的地面平整;挖沟、刮坡、切削土;推土、移土、摊平精整、除雪、松土、开荒、牵引等动作。如像平整机场这种大面积作业,具有较高生产率和平整精度的平地机已成为项目招标的必备条件之一。虽然推土机也有平整场地的作业能力,但其效率和作业精度与平地机是不可比的。在筑路作业中,它主要用来完成路堤断面的整形任务,其筑路作业过程中的工序大致分为:切削铲土、侧向移土、刮削路堑和摊平整形。在养路作业中,常用来搅拌大量铺路材料以将材料摊平等。

图1.4-1 平地机

平地机已有100多年的发展历史,19世纪70年代世界上出现了第一台马拉、人力操纵、铁木结构的平地机。1879年制造出由拖拉机牵引的拖式平地机。随后采用了可倾斜的金属车轮,以防平地机侧滑。1909年,在农业拖拉机和拖式平地机的基础上制造出二轮转向、二轮驱动的双轴自行式平地机。1920年动力从平地机的前部移到了后部,改善了驾驶员的视野。1928年制造出三轴、二轮转向、四轮驱动的实心橡胶轮胎平地机,提高了机器的附着性能和牵引力,这是现代平地机的雏形。不久,把充气轮胎用到平地机上,提高了行驶速度;同时,把液压技术应用到平地机转向和平土板操纵上,减轻了驾驶员的劳动强度。1937年制造出双轴、二轮转向、四轮驱动和双轴、四轮转向、四轮驱动的平地机。1942年又出现三轴、二轮转向、六轮驱动和三轴、六轮转向、六轮驱动的平地机。20世纪60年代美国设计制造的铰接式平地机,一般还带有前轮转向机构,显著地减小了转弯半径和无法平整的死角区,扩大了作业范围,提高了作业性能。20世纪70年代末,激光装置开始用于自动控制平土板的升降和倾斜,使地表的平整度在半径为200m的范围内误差不超过±4mm。自20世纪80年代开始,平地机经历了低速到高速、小型到大型、机械操纵到液压操纵、机械换挡到动力换挡、机械转向到液压助力转向再到全液压转向以及整体机架到铰接机架的发展过程。整机可靠性、耐久性、安全性和舒适性都有了很大的提高。尤其在20世纪90年代,美国的德莱赛870以及加拿大的"冠军"[注:加拿大平地机品牌——champion(冠军)]两款平地机在国内市场享有较高的知名度,其电控动力换挡系统给机器带来了卓越的载荷自适应性能,大大简化了驾驶员的操作。

世界上著名的平地机生产厂商主要有美国的卡特彼勒、约翰·迪尔、德莱赛,日本的小松、三菱,德国的奥和凯(被特雷克斯收购),意大利的菲亚特、阿里斯,瑞典的沃尔沃(产地为加拿大)等,代表了国际当代平地机的先进水平,其主要的技术特点有:铰接式机架、动力换挡、后桥带自锁差速器、可调整操纵台、ROPS驾驶室、电子监控、自动调平、全轮驱动等技术,产品可靠性高。

国内的平地机生产厂家主要有:鼎盛天工、徐工、三一重工、常林和成都大华等,平地机行业国内主导厂家优势较为突出,市场占有率基本上集中在这些厂家之中。国内平地机生产企业中,有相当一部分是兼业厂,但其技术实力不容忽视。而国外生产厂家的产品质量高、规格全、功能强,是我国平地机行业的目标。

1.4.1.1 产品概述

跨入21世纪,国内平地机行业的竞争日趋激烈,但同时也推动了平地机的技术创新和发展。中国平地机制造业通过技术引进、综合集成、技术创新,产品设计和制造水平有了较大提高,逐步缩小了与国外产品的差距。如引进美国、德国和日本等国的平地机技术,以及一些新兴平地机生产厂综合集成、创新开发研制的高配置、高效率和可靠性较高、操作舒适性较好的新一代平地机,风格各异,都显示出较强的竞争力,产品基本上能够适应国内市场的不同需求,不仅替代了进口,而且出口数量也在逐年增长。

1.4.1.2 市场特点

平地机与其他工程机械相比,一直被人们看作是土方工程施工中的辅助机械设备。因此,国产平地机技术发展缓慢,产品年销量一直徘徊在2 000台左右。近年在高等级公路施工中把平地机列为必备的道路施工设备之一,并用来衡量施工单位的资质能力,才逐渐引起人们的重视,同时促进了平地机市场的繁荣。由于高等级公路的高速发展,并进一步加强了对施工工艺和施工质量的监督和管理以及施工工期的严格要求,相应地对筑路机械产品也提出了更加专业、更加严格的要求。一些大、中型施工单位对平地机的购买心理也发生了较大的变化,总的需求心理是产品要有较高的性价比:即较高的技术性能、可靠的质量和较低的价位,同时要有尽可能高的操作舒适性。

1.4.1.3 产品的基本结构与功能

国内外平地机的基本结构没有根本性的差异,除了配置多功能的附加装置外,其功能也基本相同。国内外平地机的基本结构主要有:铰接车架、动力换挡变速器、带"NO-SPIN"无滑转差速器的驱动桥、可使前轮倾斜的前转向桥、四轮(或六轮)驱动、液压驱动铲刀、松土器等工作装置;采用了负荷传感式的全液压转向系统;驾驶室附设顶置式空调、音响等设施;采用ABS可调角度的操纵台、方向仪表盘;上、下、前、后可调驾驶员座椅。为提高平整精度,可加装自动找平装置,以及前推土板、后松土器等多种配置。由于基本结构无根本差异,国内外平地机的功能也基本一样。主要用于建设道路、机场、农田等大面积的地面平整作业以及刮坡、挖沟、推土、松土、除雪等方面的施工作业,其工作效率和技术性能主要参数也基本相同。图1.4-2所示为常见平地机的外形图。

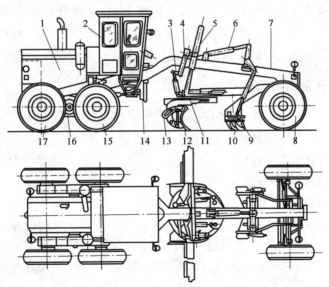

图 1.4-2 平地机外形图

1-发动机;2-驾驶室;3-牵引架引出油缸;4-摆架机构;5-升降油缸;6-松土器收放油缸;7-车架;8-前轮;9-松土器;10-牵引架;11-回转圈;12-刮刀;13-角位器;14-传动系统;15-中轮;16-平衡箱;17-后轮

1.4.1.4 产品的价位

国产平地机的价位比进口机具有明显的竞争优势。一般来说,同类机种的价位只相当于进口机的

30%左右,132～147kW左右的平地机进口机在中国市场的要价在170多万元人民币,而国产较高配置的平地机售价也只有60万元左右。

1.4.1.5 产品质量

中国的制造技术与发达国家存在着阶段性的差距。国外采用的先进制造技术,中国还处在初级的开发阶段,并且普及率较低。一方面,由于制造业生存和发展的技术基础较薄弱,造成一些国产基础零部件的质量不稳定,如发动机、变速器、桥以及液压零部件、电控元件等,这是造成国产平地机产品质量水平落后于发达国家的主要因素。另一方面,科技创新的能力还有较大差距,高科技的应用远不如发达国家。种种因素的制约,使国产平地机的质量可靠性与国外平地机相比有明显的差距。据有关资料报道,国外平地机第一次大修的寿命时间约为10 000h,而国产平地机约为5 000h;平均无故障工作时间国外机为500h,而国产平地机原标准规定不小于150h,实际上有的国产平地机平均无故障工作时间已接近500h。近年来,一些高配置平地机的技术性能有了较大提高,与国外产品的差距也在逐步缩小。

1.4.1.6 产品的技术水平

中国平地机行业起步于20世纪60年代,技术发展缓慢。目前产品技术主要来自国外,多数企业没有自己的核心技术和专有技术,对引进国外技术的消化吸收也仅仅是实现部分国产化这样一个较低的层次上。近年的发展,也是通过综合集成、类比设计或移植国外一般成熟技术,通过二次开发设计出的产品。

平地机技术的发展多数是把其他工程机械成熟的控制技术,应用到平地机产品上来,而平地机本身结构没有根本性的改变,基于多功能提高平地机的利用率,通过增加附加装置来拓展平地机的应用领域;其次是提高生产制造水平,以较低的生产成本来提高平地机的性价比。

高档平地机较好的应用先进的电子控制技术,将机电液一体化成功地应用在平地机上。如自动找平、作业工况监控系统以及电子故障诊断系统;液压系统采用中闭负荷传感、免维护铲刀回转装置,远程智能服务系统等;在操作舒适性方面较好地运用人机工程理论,采用悬浮式的驾驶员座椅,改善操作环境。平地机的技术正朝着智能化、多功能的方向发展。

综上所述,国产平地机在结构功能上与国外机械基本相同,技术水平与国外发达国家相比还有差距,较低的价位在竞争中占有一定优势。中国平地机以较好的质量,较低的价位和及时有效的售后服务占据了大部分中国市场,近年出口的平地机也在逐年增长。

1.4.2 分类、特点及适用范围

平地机通常按其发动机功率进行分类:
(1)功率为50kW的称轻型平地机;
(2)功率为80kW的称中型平地机;
(3)功率为120kW的称重型平地机;
(4)功率为220kW的称超重型平地机。

轻型平地机的重力单位指标为0.96kN/kW,主要适用于土路和乡间公路的保养与维修;中型平地机的重力单位指标为0.81kN/kW,主要适用于道路的中级保养与维修,也可用于筑路;重型和超重型平地机的重力单位指标为0.66kN/kW和0.52kN/kW,适用于筑路、大面积平整作业和较硬的黏土地作业。

1.4.3 工作原理及主要结构

平地机一般由发动机、机械及液压传动系统、工作装置、电气与控制系统,以及底盘和行走装置等部分组成。

牵引式平地机发展到今天的自行式平地机的水平,液压技术的应用已使较为笨重的机械式操纵

的平地机趋于被淘汰,目前液压操纵的自行式平地机占绝对优势。平地机从传动方式来看又分为机械直接传动的、液力机械传动和静液压传动的自行式平地机,但较为流行的是液力机械传动(图1.4-3)。

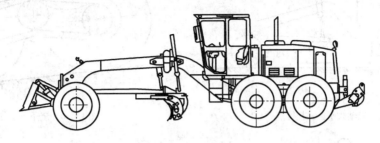

图1.4-3　液力机械传动的平地机

平地机的转向方式有:前轮转向、前轮和后轮两种转向方式共存。这两种转向方式是平地机的传统转向方式。但其转向半径仍很大,机动性受到限制。因此为了提高平地机的机动性,出现了前轮转向和折腰转向两种方式共存的平地机(图1.4-4)。这种措施除提高其机动性外,还提高了它的作业能力,缩小了不易整平到的死角,而增大了作业范围。

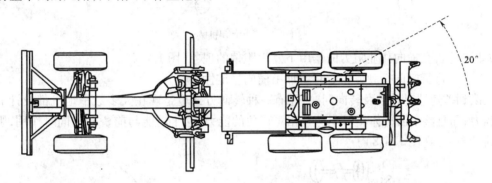

图1.4-4　铰接式平地机

平地机的发展也与其他工程机械一样,在向大功率方向发展的同时,也向小功率小型方向发展,因为农田基本建设也可使用平地机。

在所有各类型平地机中以液压操纵,三桥液力机械传动的平地机最为流行。其优点是:液压操纵非常有效地代替了老式的机械操纵装置,使得结构简化、外形美观、操纵力大大减小,从而减少了机器重力;三轴式具有平衡悬挂的三桥平地机的突出特点是十分有效地提高了平地作业精度,这一点由图1.4-5清楚可见。液力机械传动提高了平地机的动力经济性和起动的平稳性。

平地机的终传动有两种形式:齿轮传动和链条传动。齿轮传动的优点是可靠性大,但结构复杂,必须经过中间齿轮;链条传动的优点是结构简单、链条的弹性可以减缓发动机和车轮之间各传动件之间的冲击载荷,链条磨损后所引起的链条的伸长可用车轮轴承偏心法加以调整(图1.4-6)。链条在平衡箱中的油池中得到充分润滑,因而寿命较长。目前这种传动形式应用很普遍。此外,后轴采用平衡悬挂方式能够保证四个车轮负荷均匀,有利于充分发挥它的附着能力。但是这种传动方式不可避免地存在着寄生功率的循环问题。在以前所生产的平地机中大多没有差速器,其原因是由于与其他机种相比较,平地机车体较长、转弯半径较大,即使存在一定的寄生功率循环,也不会像装载机那样在很小的转弯半径条件下转弯时所产生的寄生功率循环那样大。现代平地机的结构随着对机动性要求的提高而出现了除前轮转向外还要加之以折腰转向的平地机,因此,其中央传动中都有差速器。

前桥有驱动的和非驱动的两种形式,重型以上具有铲掘能力的平地机,可用具有前桥驱动的形式,以便发挥更大的牵引力;对于大多数平地机,前桥都做成非驱动桥。

前桥有使前轮能够向左右两边倾斜的机构(图1.4-7),具有倾斜机构的前桥给平地机带来更好的性能:

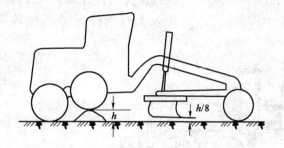 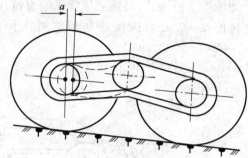

图 1.4-5　三轴式平衡悬挂特点　　　　　图 1.4-6　链条紧度的调整

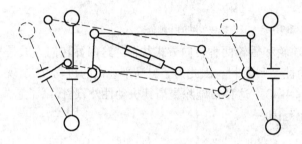 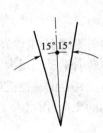

图 1.4-7　前桥倾斜机械

(1) 防止平地机在横向作业阻力的作用下发生跑偏的现象(图 1.4-8)；

(2) 在斜坡上进行横向行驶或作业时增加了横向稳定性。

前面在谈到差速器时曾涉及转向问题，还有一种转向方式也是现在大多数平地机都设计成不仅前桥有转向能力，而且整个后桥体相对车身有相对转角的能力，这个功能与前桥转向同时作用，则大大提高平地机的转向能力(图 1.4-8)。

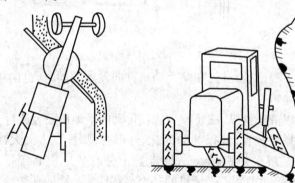

图 1.4-8　前桥倾斜时作业情况

平地机工作装置大多数都选择液压操纵的形式，铲刀的悬挂方式，回转方式和变换切削角等都是液压操纵，机械式操纵已被淘汰。

下面以国产 PY185A 平地机为例进行介绍。

发动机和变速器安装在后机架上，作业装置安装在前机架上，附加的前推土板(或松土耙)松土器可以扩大平地机的应用范围。平地机由一台六缸直列四冲程水冷废气蜗轮增压柴油机驱动。发动机发出的动力经过液力变矩器、变速器、传动轴传给后桥，再经平衡箱传动驱动四个后轮。前轮使用液压转向，它与铰接型机架相接合，可使平地机的转弯半径减小。

1.4.3.1　发动机

所有的驱动装置(发动机—变速箱)均由 6 块橡胶减振套将其固定在后机架上。从发动机飞轮端看曲轴为逆时针方向转动。空气通过空气滤清器吸入。发动机所有轴承的润滑以及一些旋转零件的冷却,均靠压力供油来进行,润滑系统的油是由油泵从油底壳中吸取的。机油的冷却是由发动机中水冷板壳管栅内藏式机油冷却器来完成的。

1.4.3.2 液力变矩器-变速器

6WG200液力变速器总成,由变矩器和定轴式多挡变速器组成,可实现前6后3速度。变速器为不带闭锁离合器的简单三元件结构,循环圆直径$\phi 340$,失速时变矩系数$K_0=2.15$,变矩器泵轮以弹性盘与发动机飞轮直接相连,变矩器操纵油路中进口压力为0.85MPa,出口压力为0.5MPa,其正常工作时油温应在80~110℃,瞬时允许到120℃。变速器有6个液压控制的多片离合器,能在带负荷的状态下接合和脱开,实现动力换挡,变速器的齿轮为常啮合传动,其结构和原理见图1.4-9、图1.4-10及表1.4-1,变速器各挡速比见表1.4-2。

传动原理图表　　　　　　　　　　　　　　表1.4-1

挡 位		前 进						后 退		
		1速	2速	3速	4速	5速	6速	1速	2速	3速
离合器	K_v	○	○	○						
	K_r							○	○	○
	K_1	○	○					○		
	K_2			○	○				○	
	K_3					○				○
	K_4				○		○			
齿轮	1	○		○		○		○	○	○
	2	○		○				○		
	3		○		○				○	
	4		○	○	○		○		○	
	5		○						○	
	6	○						○		○
	7	○						○		
	8	○	○	○	○					
	9				○	○				
	10									○
	11					○	○			
	12				○					
	13					○	○			

速 比 表　　　　　　　　　　　　　　表1.4-2

前 进						后 退		
1速	2速	3速	4速	5速	6速	1速	2速	3速
5.378	3.094	2.596	1.494	1.179	0.678	5.378	2.596	1.179

变速器采用SAE15W-40CD级润滑油,首次加油量约28L,其油位检查时,发动机应处于怠速,变速器温度工作正常,此时油标上的两个刻线分别表示HOT(上刻线)和COOL(下刻线)时的油位,当然,在发动机未启动时检查油位,油位将高于上刻线。变速器首次工作100h后,必须更换油,以后再工作1000h换一次油,但至少每年换一次油,并且在换油时同时更换滤油器。

当发动机熄火且主机被拖行时,变速器要求拖行速度不得超过10km/h,拖行距离不超过10km。当主机上电焊施工时,必须断开挡位选择器电缆,以免意外过大电流损坏其内部线路。变速器输出轴向前接传动轴,将动力传至后桥,输出轴向后接驻车制动器。

变速器的换挡操纵为电液操纵,在驾驶座椅右边有一个挡位选择器,通过与选择器相连的各个电磁阀控制液压阀实现各种挡位,这种操纵应逐渐依次进行,不可跳挡操纵。该变速器在1、2挡时均可实现反向操纵。另外在行驶中,在下坡滑行时,应操纵相应的挡位,使发动机的转速不得低于1 200r/min,以满足变速器各部位润滑的需要。

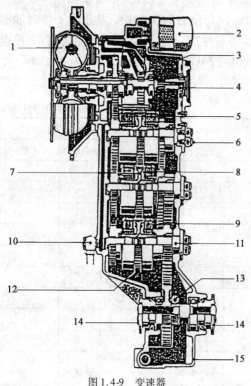

图 1.4-9 变速器

1-变矩器;2-精滤器;3-操纵泵;4-取力口;5-换向和换挡离合器;6-离合器压力油路接口;7-活塞座;8-活塞;9-摩擦片;10-润滑油路接口;11-支承轴;12-离合器壳体;13-转速表轴;14-输出轴;15-箱体

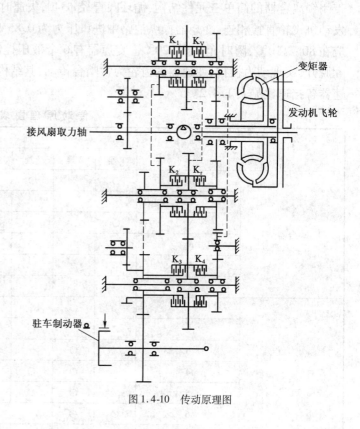

图 1.4-10 传动原理图

用于向变矩器和操纵供油的操纵泵(齿轮泵)装在变速器内,也由泵轮驱动,流量为35L/(1 000r·min),操纵压力为1.5~1.7MPa,由于操纵阀内设有缓冲结构,可使换挡时压力下降、上升有一定规律,从而使换挡冲击小、平稳。另外在变速器电气线路中设有"空挡保险",即只能在变速器处于空挡时,驾驶员才能启动发动机,从而防止误操纵。并且有一个E模块,在变速器换挡时起保护作用。

1.4.3.3 行车制动

(1)制动系统图(图1.4-11)

(2)说明

脚制动为一单回路的液压系统,最终作用于平地机的4个后轮上。在发动机运转时,作业液压系统的双联泵2从油箱1吸油,泵输出的油经过限压阀3,通向两个蓄能器7,使这两个蓄能器在压力低于133bar(1bar=0.1MPa)时增压,而在150bar时断油。

蓄能器7的充油是优先进行的,所以发动机开始运转,制动系统所需的压力就可供使用。

当制动阀8的压力降到100bar以下,此时仪表盘上的指示灯就亮了,这个灯是由制动压力开关10来控制的。

踏下制动阀8,蓄能器回路中的液压油就流向轮边制动器12的制动分泵11,使制动蹄动作。与此同时,由制动灯开关9使制动灯接通。

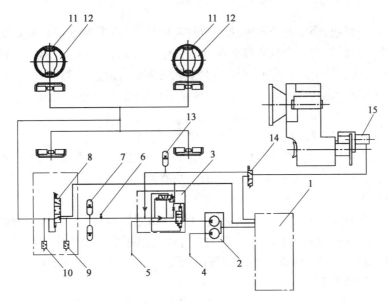

图 1.4-11 制动原理图

1-液压油箱;2-作业液压双联泵;3-蓄能器进油阀;4-作业液压管路(180bar);5-作业液压管路(180bar);6-微型测量接头;7-液压蓄能器;8-制动阀;9-制动灯开关;10-工作制动压力开关;11-制动分泵;12-轮边制动器;13-液压蓄能器;14-控制阀;15-驻车制动器

微型测量接头6,使用专用的压力表装置,检测制动系统的压力。

1.4.3.4 作业液压系统和转向液压系统

(1)液压系统原理图(图1.4-12)

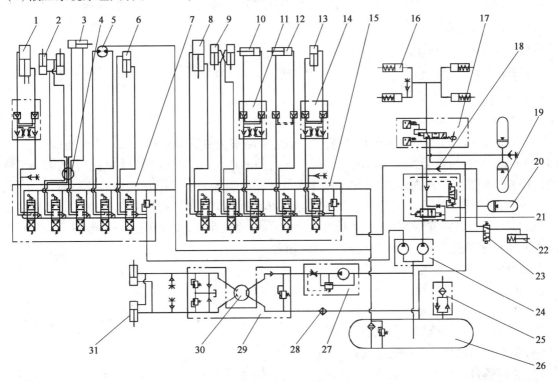

图 1.4-12 液压系统图

1-左升降油缸;2-铲土角变换油缸;3-铲刀引出油缸;4-回转接头;5-液压马达;6-推土板油缸;7-左多路换向阀;8-松土器油缸;9-铰接转向油缸;10-铲刀摆动油缸;11-液压锁Ⅱ;12-前轮倾斜油缸;13-右升降油缸;14-液压锁Ⅰ;15-右多路换向阀;16-行车制动器;17-制动阀;18-单向阀;19-蓄能器Ⅰ;20-蓄能器Ⅱ;21-蓄能器充液阀;22-停车释放盘式制动器;23-电磁换向阀;24-作业双联泵;25-排进气阀;26-液压油箱;27-转向泵;28-液压油散热器;29-组合阀块;30-转向器;31-前轮转向油缸

(2) 说明

液压系统由两部分组成,即作业液压系统和转向液压系统,每个系统都有各自的液压泵,但液压油是来自同一油条,作业液压油由一个双联作业泵 6 从油箱 5 吸油,分别送给两个回路,在这两个液压回路中,油的油量是相同的。两个回路中的操纵阀 15、32 均为中位卸荷。当阀处于中位时,所有的油缸、马达执行元件均处于液压闭锁状态,油经回油滤清器在无压的情况下返回油箱。

当操纵一个或几个操纵阀时,油进入其所控制的油缸或液压马达,这些执行元件开始工作,在同一组阀中同时操纵两个以上操纵阀时,负荷较低的一个优先动作。

两组操纵阀上均装有安全阀,保证工作压力大为 180bar,装在推土板油缸的单向节流阀可以使油缸的运动更加平稳。装在铲刀提升油缸、铲刀摆动油缸及前轮倾斜油缸上的双向液压锁,防止由于设备本身重力和负载造成位移。

液压转向器 1 所需的油是由转向泵 4 从油箱 5 吸油,由于转向泵是一恒流泵,输送给转向器的流量接的稳定,当转动方向盘时,油进入两个转向油缸 33,从而使两个前轮转向,两个前轮用一根普通拉杆连接。装于转向器上的安全阀将转向系统的油压限制在 150bar,从而保护转向系统不至于过载,从转向器到油箱的油要经过散热器 3。

油箱 5 是密封的,并在油箱进排气阀 36 的控制下处于 0.76bar 的低压下工作,油箱的压力有助于各油泵的吸油,并防止了产生气蚀的危险,同时又限制了异物进入油箱而污染液压系统,当油泵从油箱内吸出油液时,进排气阀 36 控制进入油箱的空气量。

当回油滤清器堵塞而油不能通过时,滤清器旁通使油从旁路通过滤清器而排除了滤清元件的阻碍作用。此时红色指示灯会亮,应及时更换清洗滤芯。微型测量接头分布在系统的各个不同位置,方便了压力调整。

作业泵及转向泵都是直接由发动机驱动的,一旦发动机到达正常工作转速,液压系统即可工作。

1.4.3.5 电气装置

电气原理图见图 1.4-13。

1.4.3.6 电液控制系统

1) 系统组成及功能

平地机电液控制系统主要包括:控制器、倾角传感器、IO 扩展模块、手柄、GPRS、超声波滑靴传感器、人机界面、发动机和变矩器等数据传感器。系统采用车辆专用的 CANOPEN 总线通信技术,实现控制器、IO 扩展模块、倾角传感器、GPRS 和人机界面之间的通信。系统使用双轴电控手柄取缔了现有的纯液压操控手柄操控模式,极大地简化了操作人员的操作强度。采用国际先进的控制器、显示器、传感器和高效、科学的算法实现了对平地机的机电液一体化控制。电气、液压等数据被采集到控制装置之中,采用 CAN 数据总线管理系统,可降低油耗及排放值,简化布线,使整车更加稳定、可靠、安全、操作方便。平地机电液控制系统结构框图如图 1.4-14 所示。

电液系统主要实现功能如下:

(1) 铲刀自动调平功能;

(2) 系统自动找平功能;

(3) GPRS 定位及数据处理功能;

(4) 发动机监控和功率匹配控制;

(5) 系统各自由度动作的实现;

(6) 系统故障自诊断和故障代码人机界面显示。

2) 系统功能介绍

系统考虑到施工人员的安全和作业的质量与效率,要求电气控制具有安全、稳定、可靠等性能,便于操作和维护等效率。当系统硬件控制器、倾角传感器、IO 扩展模块及各传感器无故障时,才允许整车的各个动作。

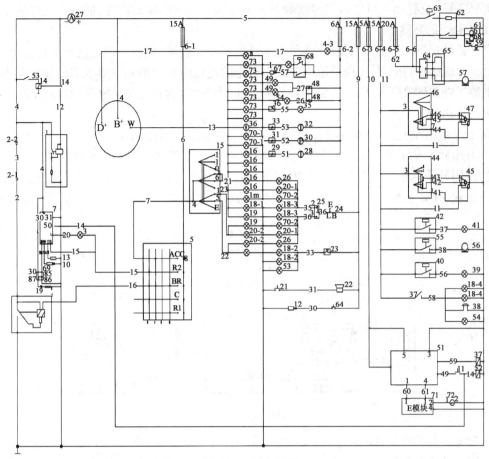

图 1.4-13 电气原理

1-电源继电器;2-蓄电池;3-起动机;4-发电机;5-预热起动开关;6-六挡保险盒;7-预热器;8-电热塞;9-预热信号灯;10-预热电磁阀;11-起动开关;12-熄火电磁铁;13-温度传感器;14-起动继电器;15-大小灯开关;16-仪表内装灯;17-牌照灯;18-组合后灯总成;19-前照灯;20-双向前灯转向灯;21-电喇叭按钮;22-电喇叭;23-制动灯开关;24-闪光器;25-方向灯开关;26-转向信号灯;27-电流表;28-发动机水温度;29-水温传感器;30-发动机机油压力表;31-油压传感器;32-变速器油温表;33-油温传感器;34-发动机工作小时计;35-液压滤清器信号灯;36-液压滤清器压力开关;37-倒车继电器;38-倒车报警器;39-制动压力信号灯;40-制动压力开关;41-顶灯;42-顶灯开关;43-充电信号灯;44-前窗刮水器开关;45-前窗刮水器;46-后窗刮水器开关;47-后窗刮水器;48-前后工作灯开关;49-前工作灯;50-后工作灯;51-SG-6S变速箱电气总成;52-空挡继电器;53-制动信号灯;54-倒车信号灯;55-风扇开关;56-风扇电机;57-蒸发风扇电机;58-压力开关;59-压缩机电磁离合器;60-冷凝风扇电机;61-指示灯;62-继电器;63-温控器;64-风量开关;65-调速电阻;66-熄火按钮;67-驻车制动电磁阀;68-驻车制动开关;69-预热继电器;70-机棚高位示廓灯转向灯

(1)铲刀调平功能

平地机系统自动找平是整车智能化的最重要体现,该功能实现了平地机在工作行走的过程中自动地保持铲刀水平并自动地将作业面刮平。此功能通过人机界面、倾角传感器、超声波滑靴传感器以及控制器中的复杂算法协调控制油缸来实现。人机界面可以监控铲刀作业状态如铲刀相对水平面的倾斜角度、铲刀与参考面的高度、铲刀是否处于系统自动找平状态等,通过人机界面还可以实现对铲刀的部分控制。倾角传感器用于测量铲刀与参考面的角度,通过倾角传感器传送的数据可以根据需要方便的控制铲刀让其与水平面保持任意角度。超声波传感器用于探测铲刀与参考面或基准绳的相对高度,通过超声波传感器的测量、数据的传送和

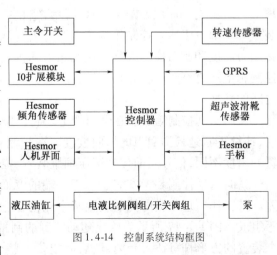

图 1.4-14 控制系统结构框图

控制器的算法,在人机界面上可以时刻清晰地显示铲刀相对于基准绳的高度,通过人机界面还可以设定铲刀相对于基准绳的高度。

控制器采集的超声波传感器组信号、倾角传感器信号和人机界面信号,通过精确的算法可以快速、平稳地控制油缸进退而控制铲刀,实现平地机在工作行走的过程中自动地根据要求将作业面刮平。此功能降低了对平地机操作员的要求,极大地提高了平地机的工作效率,这也将是未来平地机的发展趋势。

①激光调平方法

激光调平平地机是把激光和自动控制技术应用到平地铲的高技术产品,可应用于现代建筑工程和农业的土方搬移平整工程,是一种高效、高精度的土方施工设备,见图1.4-15。目前,激光调平拖式平地机已在国外得到了广泛的应用,并积累了丰富的经验,与推土机、铲运机、自行式手动调平平地机等设备比较,在许多场合(如大面积农田平整),激光拖式平地机更具有其成本低、效率高的特点。

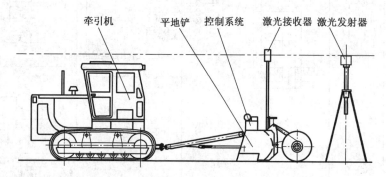

图1.4-15 激光调平示意图

激光发射装置由三角架固定在工地,发射器可转动,可在施工现场的上方构成水平或一定坡度的激光控制平面作为平整土地的参照面,由于是激光束构成的光学控制平面,故不受地形的影响和操作技术的干扰,并且具有范围大、精度高、操作方便等特点。根据用户的不同需求,可选用不同的激光系统,其有效工作半径一般为小,并可选择水平或坡度发射器。激光接收装置则安装在平地铲的桅杆上,接收激光信号并测出距标准高度的误差,将信号传至控制系统。控制系统根据误差信号的大小,通过液压缸快速地调整铲刀高度,即使地面起伏不平,也可保证刀口按设定的平面刮削。液压控制系统可以借用牵引车本身的液压系统,也可独立驱动。后者不需要改造牵引机,通用性好。液压系统要求反应速度快,控制精度高。

②电子形调平方法

目前,平地机上使用的电子调平电控系统的结构、原理等大体相同,仅在一些具体的技术问题处理上有所不同。原理如图1.4-16所示,它由控制箱、横向斜度控制装置、纵向刮平装置及液压伺服装置等4部分组成。控制箱位于驾驶室内,接收并传送各种信号。驾驶员通过控制箱上的旋钮来设置刮刀高度和刮刀横向坡度。控制箱上的仪表可以连续地显示实际作业中的刮平高度和斜度偏差。控制箱上还有开关和状态显示,可随时打开或关闭整个电控系统,很容易实现手工操作和自动操作之间的转换。

横向斜度控制箱安装在牵引架上。它由倾角传感器测量当前倾角,整个系统就像一个自动水平仪,连续不断地检测刮刀的横向坡度。在控制箱上设定了斜度值后,如果实测的刮刀横向斜度与设置的斜度不同,信号立即传到液压伺服装置,控制升降油缸调节刮刀至合适的斜度。

纵向刮平控制装置安装在刮刀一端的背面,用于检测刮刀的一端在垂直方向上与刮刀基准的偏差。其工作原理与横向控制装置基本相同。它由倾角传感器、高度传感器、基准绳或轮式随动装置等组成。图1.4-17所示为轮式随动装置的刮平控制装置。方形连接套装在刮刀一侧的背面,连接整个装置的方形杆可插入套内,然后固定住。整个装置可以从刮刀的一端换到另一端,拆装容易。工作时轮子在基准面上被刮刀拖着滚动,轮子相对于刮刀上下跳动量直接传给刮子传感器上的摆杆,使用时使之绕摆轴转动,转动角由高度传感器测得。转动角的大小反映了刮刀高度的变化,如果测得的高度与预先设定的高度存在偏差,通过电信号立即传给液压伺服装置,控制升降油缸调节刮刀高度至设置高度为止。

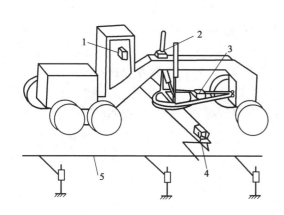

图1.4-16 电子式自动调平系统
1-控制箱;2-液压伺服装置;3-横向斜度控制装置;4-纵向刮平控制装置;5-基准绳

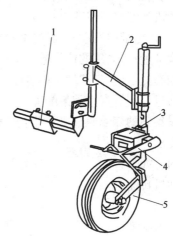

图1.4-17 轮式随动装置的纵向刮平控制装置
1-连接套;2-连接架;3-传感器;4-摆杆;5-随动轮

(2)GPRS数据处理

GPRS的英文全称为General Packet Radio Service,即通用分组无线业务。GPRS采用分组交换技术,它可以让多个用户共享某些固定的信道资源。现有的工程机械车辆GPRS的使用越来越广,主要应用操作权的远程设定、故障代码的远程监控及分析、重要数据的远程传输等。平地机的使用GPRS的功能主要有:

①远程操控配合GPRS进行实时定位。

②发送引擎状态检测数据到服务器。

③远程传输数据将发动机的转速、油温、水温、油压、总工作时间、总油耗、发电机电压、液压油不足报警、发动机故障报警等数据发送到服务器。

④远程控制功能,公司可以随时对发动机和机械的主要功能进行远程控制、锁定、催缴费用等。

⑤防拆报警,本功能要根据不同的车辆来锁定车辆的主要功能,当车载终端遭到破坏时其功能也不能正常使用。

⑥远程修改开机密码,可以给机器设置密码,并进行远程修改,很好地保护了机器的正确使用和防盗。

(3)系统各自由度动作的实现

平地机各自由度动作实现,之前大多数采用液压操控杆来实现,这对操控人员操作熟练程度有很高的要求,本系统采用Hesmor双轴电控手柄取代了之前的液压操控杆。通过Hesmor双轴手柄动作进行系统各自由度动作的实现。具体动作对应关系如下:

①左手柄控制动作:左侧铲刀升降、前推土板升降、铲刀回转(左转、右转)、前轮倾斜(左倾斜、右倾斜)、铲刀引出(左引出、右引出)。

②右手柄控制动作:铲刀摆动(左摆动、右摆动)、车架铰接转向(左转、右转)、铲刀铲土角变化(前倾、后倾)、后松土器升降、右侧铲刀升降(上升、下降)、铲刀引出(左引出、右引出)。

手柄对应自由度动作过多情况下,通常采用手柄上面的按键复用来实现其多余自由度动作的实现。

(4)发动机控制及系统数据监控

系统通过人机界面对发动机及系统参数进行实时监控,主要用来监控发动机累计工作小时、转速、冷却液温度和机油压力、燃油液位、行走速度等系统参数,对如冷却液温度过高、机油压力低、制动压力低及水箱缺水提供图文报警,此外,还可以对车辆一些功能选择及时钟编辑通过文本显示功能键来设置完成;可选用指示灯用来对充电状态、PLC工作状态、系统报警等进行报警指示。

①发动机状态监控(J1939)

针对欧Ⅲ标准的发动机,通过配置在发动机上的相关传感器获得发动机的状态数据。将传感器输出的一些模拟量、开关量的信号通过发动机 ECU,经 CANBUS 总线(J1939协议)与控制器进行通信。在显示器上动态显示出来,并设有报警区域,当显示数值达到报警区域时,控制器报警提示。欧Ⅱ标准的发动机则通过控制器直接采集配置在发动机上面的传感器数据,如机油压力、水温、油温、转速等信号。控制器将采集到的信号通过显示器上动态显示出来,并设有报警区域,当显示数值达到报警区域时,控制器报警提示。

监控内容如下:

a. 发动机转速;

b. 机油压力;

c. 冷却水温度;

d. 冷却水位;

e. 燃油液位;

f. 发动机工作小时。

②发动机油门控制

针对欧Ⅲ标准的发动机,发动机的油门控制可通过 CANBUS 总线(J1939协议)直接进行发动机的转速控制,当然也可以通过以下几种方式进行控制。

a. 油门踏板控制。模拟量油门踏板(自复位)给出的电压信号通过控制器,经过 CANBUS 总线发送给总线式模拟量输出模块,再由模块输出模拟电压信号量直接控制发动机油门。

b. 油门电位计控制。油门电位计给出的电压信号接到控制器模拟量输入口,通过 CANBUS 总线发送给总线式模拟量输出模块,再由模块输出模拟电压信号量直接控制发动机油门。

油门电位计和油门踏板的转速命令都能够单独地控制发动机的转速,若当前都有输出信号,则执行较高转速信息的控制命令。

③发动机紧急停车控制

当出现紧急状况时,发动机需要急停,控制器接收到紧急停车信号时,将控制发动机转速信号置为零,同时控制所有的输出为零,停止所有危险动作。待外部故障排除时,控制器才恢复发动机的控制及整车的动作。

(5)系统故障自诊断和故障代码液晶屏显示

①发动机状态显示。发动机累计工作小时、转速、冷却液温度和机油压力、燃油液位等。

②液压系统状态显示。系统泵 A、B 口压力值大小。

③设备状态显示。显示当前设备的运行状态。

④智能故障诊断和显示。提示出现故障的元件和位置。

⑤各自由度动作显示。根据当前各自由度的动作,用图形显示。

⑥维护和设定。提供参数标定和首选项设置界面。可通过显示器对整个控制系统进行调试和标定。

1.4.4 选型原则与步骤、主要参数计算

选用平地机与选用推土机、挖掘机等施工机械的道理一样,首先要考虑工程的规模,作业的对象,凡工程规模大、工期时间短的作业应选用功率大、刮刀长的平地机,反之工程规模较小,工期相对较长,被

平整的表面为松软的土质,可选用中型或小型的平地机。其次要考虑平地机的质量、价格及售后服务,质量好的名牌产品相对来说其价格要贵一些。关键是售后服务、配件供应,这是投入使用后直接影响效益的因素。

对于平地机在选用时还有它的特殊性:

(1)发动机。平地机的发动机一般是柴油发动机,有风冷的、水冷的两种,并采用废气涡轮增压。如果在特殊场合使用应选用专用柴油发动机以适应在恶劣工况下的施工。

(2)工作装置。平地机工作装置分为主要工作装置和辅助工作装置。刮刀是平地机的主要工作装置,辅助工作装置主要是松土器、推土铲、除雪犁等,应根据具体作业对象而选用。

(3)自动调平装置。目前市场上提供的平地机都不配有自动调平装置。这需要根据具体的施工要求而配置的装置。自动调平装置分为电子型或激光型两种。

①电子调平装置:一般由控制箱、横向斜度控制器、纵向斜度控制器及液压伺服装置四部分组成。

②激光调平装置:利用激光发射机发出的激光束作为调平基准,控制刮刀升降油缸自动地调节刮刀的位置。它由激光发射器、接收器、控制箱及液压伺服装置组成。

(4)安全与环保。平地机等施工机械,多在较复杂下地形工作,考虑驾驶员的安全,如防止倾翻装置,在选用时必须认真对待。其次是噪声及发动机的排放标准,应符合当地的环保要求。

1.4.4.1 平地机生产率计算

平地机生产率有多种表达方式,对于平整场地生产率可按下式计算:

$$Q = \frac{60L(l\sin\alpha - 0.5)K_B}{n\left(\dfrac{L}{v} + t_1\right)} \tag{1.4-1}$$

式中:Q——平整场地生产率,m²/h;

L——平整场地长度,m;

l——铲刀长度,m;

K_B——时间利用率;

α——铲刀平面角(图 1.4-18);

n——平整好这一段所需要的行程数;

v——平整时的行驶速度,m/min;

t_1——调头一次所需时间,min。

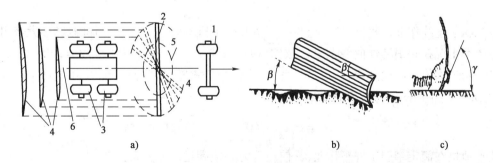

图 1.4-18 平地机铲刀工作角度
a)铲刀的平面角;b)铲刀的倾斜角;c)铲刀的铲土角
1-前轮;2-铲刀;3-中、后轮;4-工作宽度;5-齿圈;6-平地机轴线

平地机在各种作业中,应合理选择调整铲刀的平面角 α、倾斜角 β 和铲土角 γ,选择不当,将会加大平地机的行驶阻力,影响工作效率和机械稳定。上述角度的选择见表 1.4-3。

铲刀角度选择(°)　　　　　　　　表1.4-3

作业名称	作业条件	铲刀的平面角α	铲刀的倾斜角β	铲刀的铲土角γ
铲土	未经疏松的软土和黏性不大的土	40~45	<15	40
	已疏松土(用松土器)	35~40	<13	45
	已疏松土(用松土耙)	35	<11	45
运土	沙性土、干土、轻土	35~45	<18	45
	黏性土、湿土、重土	40~50	<15	40
修饰	修平	45~55	<18	45
	平整	55~60	<3	45
	平整与压实	70~90	<2	60
	铲刮斜坡	60~65	<51	60

平地机铲刀的各种角度的调整，除了倾斜角β可以在机械行驶过程中随时调整外，平面角α、铲土角γ都必须停机调整。如果用一台平地机来修整路形，每走过一次铲土行程，就要接着进行移土行程工作，结果必须停机调α和γ角度，因而增加了非作业时间。所以，最好是2~3台平地机配合同时施工。担任移土作业所需行程较多，但要求平地机牵引力却较小，这样行驶速度就可较快些，正好协调。只要机械施工组织得当，多机密切配合，就可得到较高的生产率。

1.4.4.2 平地机总体参数选择

总体参数选择的基本任务就是根据实际工况，来妥当地匹配平地机各性能参数之间的关系，以便使整机获得优良的性能。它大致包括以下内容：

(1)确定发动机与车体重力之间的匹配关系；
(2)确定发动机与作业挡数和作业速度之间的匹配关系；
(3)确定传动系的传动比；
(4)合理地把工作装置的尺寸与机器的牵引匹配起来。

1)平地机的使用重力

平地机的使用重力G_s，基本上代表该机器的附着重力G_φ，当平地机并非全轮驱动时，其使用重力不能全部用来产生附着力，因此：

$$G_\varphi = \zeta G_s \tag{1.4-2}$$

式中：ζ——平地机附着重力利用系数，是用来说明平地机的使用重力有多少是被用来产生切线牵引力的。对于只有一桥转向、二桥驱动的三轴平地机，$\zeta = 0.7 \sim 0.75$；对于全轮驱动的平地机，$\zeta = 1$。

平地机属于连续作业的机器，这一点与装载机和推土机不同，连续作业的机器其最大牵引功率工况与最大生产率工况在牵引特性曲线上是一致的，根据理论分析和试验证明：当$\zeta = 20\%$时，平地机的牵引功率接近于最大值。因此规定将$\zeta = 20\%$称为额定滑转率δ_H，把此时的牵引力称为额定有效牵引力P_H，于是额定工况下所对应的附着系数$\varphi_H = (0.7 \sim 0.73)\varphi$，所以：

$$P_H = \varphi_H \zeta G = (0.7 \sim 0.73)\varphi \zeta G_s \tag{1.4-3}$$

为使平地机在额定牵引工况下作业，其使用重力必须满足以下关系：

$$G_s = \frac{P}{(0.7 \sim 0.73)\varphi \zeta} \tag{1.4-4}$$

通常在设计时将由式(1.4-4)所求得的G_s值与同类产品的重力/kW相对比。

平地机的使用重力G在前桥和后桥上分配的原则是着眼于使机器充分发挥其附着能力。设计时初步分配情况如表1.4-4所示。

平地机的桥荷分配比例(%) 表1.4-4

行走机构种类	前桥负荷 G_1	后桥负荷 G_2
一桥转向、两桥驱动的三轴平地机($3\times2\times1$)	30	70
一桥转向、两桥驱动的二轴平地机($2\times2\times1$)		
二桥转向、二桥驱动的二轴平地机($2\times2\times2$)	45	55
一桥转向、三桥驱动的三轴平地机($3\times3\times1$)	34	66
三桥转向、三桥驱动的三轴平地机($3\times3\times3$)		

注:车桥结构形式代号,第一位数字代表总车桥数,第二位数字代表驱动桥数,第三位数字代表转向桥数。

在作业状态下,由于作用于铲刀上的垂直阻力影响桥荷重新分配,但由于作业时逐渐下铲,垂直阻力并非突然加大,因此认为对前后桥的负荷影响不大,于是式(1.4-4)仍然正确。

2)平地机的作业速度

由于平地机按多种作业方式来完成其作业工序,因此要求有多种作业速度与之相适应。与推土机相比,平地机的挡位数和速度种类比较多,这一点对于提高发动机功率利用率是有利的。在确定作业速度时,可根据平地机理论牵引特性曲线,结合使用经验和对比同类型机器的速度数据综合分析比较之后加以确定。

采用液力机械传动除具有良好的牵引性能外,由于液力变矩器的无级变矩作用可减少变速器挡位数,从而简化结构。这对于必须将发动机、变速器和分动箱等部件集中布置的像平地机、铲运机这类单轴牵引车是有价值的。

机械直接传动的平地机挡位通常有前4后4、前6后3、前6后6和前8后8等方案,其各挡速度值大约为表1.4-5所示数值。

平地机挡位对应速度表 表1.4-5

挡 位	速度(km/h)	说 明
I	$v_1 = 3.2 \sim 5$	I 挡速度适用于精加工作业和铲掘作业
II	$v_2 = 6 \sim 7$	II 挡速度适用于普通路面的刮削和粗加工
III	$v_3 = 8 \sim 10$	III 挡速度适用于除雪和搅拌作业
IV	$v_4 = 11 \sim 14$	IV 挡适用于中、短距离运输
V	$v_5 = 15 \sim 18$	V 挡适用于中、短距离运输
VI	$v_6 = 20 \sim 23$	VI 挡速度适用于中、长距离运输
VII	$v_7 = 35 \sim 40$	VII 挡速度适用于中、长距离运输

具有多个前进和后退挡的平地机,其后退速度一般等于或略低于同挡位的前进速度。车速与发动机匹配得合适与否须由作业工况来检验。

3)发动机功率的确定

(1)机械传动的平地机功率的确定

在这里讲如何确定发动机功率的问题。这实质是讲,如何把发动机的功率与底盘的使用重力进行匹配的问题。

我们把由式(1.4-3)所决定的总作业阻力 P_x,作为发动机在I挡作业时的额定有效牵引力 P_H,即作为发动机的额定工况。毫无疑问,我们也是按此额定工况由式(1.4-4)来匹配底盘的使用重力的,这自然也能按额定有效牵引力工况,把发动机与底盘的使用重力相匹配起来,并且是按最大生产率或最大牵引功率工况匹配的。因此,由 $P_H(N)$ 和 $V_1(\text{km/h})$,并考虑发动机附件所消耗的功率 $N_e \sum b$,则所需发动机的最大功率:

$$N_{emax} = \frac{(P_H + P_f)v_1}{3600\eta_M k_s} + N_e \sum b \quad (\text{kW}) \quad (1.4\text{-}5a)$$

或者
$$N_{emax} = \frac{G_s[(0.7\sim0.73)\varphi\xi+f]v_1}{3600\eta_M k_s} \quad (kW) \quad (1.4\text{-}5b)$$

式中：f——滚动阻力系数；

k_s——发动机功率输出系数，可由发动机适应性系数 k_M 来决定：当 $k_M < 1.15$ 时，$k_s = 0.87$；当 $1.15 < k_M < 1.30$ 时，$k_s = 0.94$；当 $k_M > 1.30$ 时，$k_s = 0.97$。

为了使发动机不因超载而熄火，必须使车轮能够全滑转，即满足：

$$P_M > P_\varphi + P_f > \varphi\xi G_s + P_f \quad (N) \quad (1.4\text{-}6)$$

式中：P_M——当发动机在最大扭矩工况时车轮的牵引力；

P_φ——车轮附着力，N；

P_f——车轮滚动阻力，N；

φ——驱动轮与路面的附着系数。

若选择之发动机不能满足于式(1.4-6)，即若 $P_M < P_\varphi$，则应适当提高该工况下的作业速度 v_1，亦即适当调整速比：

$$i_I = \frac{(P_\varphi + P_f)r_d}{N_{emax}} \quad (1.4\text{-}7)$$

(2) 液力机械传动的平地机功率的确定

对于液力机械传动的平地机，为使其获得较高的牵引质量，通常需使其车轮行走机构的最佳工况与发动机—液力变矩器系统的最佳工况相匹配。为了满足这样的匹配条件，平地机的行走机构在 P_H 工况工作时，液力变矩器涡轮轴上的功率 N_e 和变矩器效率 η 应具有足够高的值。通常 N_{emax} 工况与 η_{max} 工况是不相一致的，分析结果指出：行走机构的 P_H 工况与液力变矩器的 η_{max} 工况相匹配可以获得最佳的牵引质量；从减少液力变矩器的功率损失的观点来看，上述匹配的观点也是合理的，因此发动机功率为：

$$N_{emax} = \frac{(P_H + P_f)v_1}{3600\eta_M \eta_{max}} + N_e \sum b \quad (kW)$$

或者
$$N_{emax} = \frac{[(0.7\sim0.73)\varphi\xi+f]G_s v_1}{3600\eta_M \eta_{max}} + N_e \sum b \quad (kW) \quad (1.4\text{-}8)$$

式中：η_{max}——液力变矩器的最大效率值。

根据在平地机超载时，不是由于液力变矩器涡轮的停止转动，而是由于驱动车轮的全滑转而引起停车的条件来验算发动机的适应能力：

$$P_M > P_\varphi > \varphi\xi G_s \quad (N)$$

该式中符号意义以及当 $P_M M < P_\varphi$ 时所应采取的措施均与式(1.4-7)和式(1.4-8)相同。

4）平地机传动系总传动比的确定

$$\left. \begin{aligned} i_{max} &= 0.377 \frac{n_H r_d}{v_{Tmin}} \\ i_{min} &= 0.377 \frac{n_H r_d}{v_{Tmax}} \end{aligned} \right\} \quad (1.4\text{-}9)$$

式中：v_{Tmax}——高速挡理论速度，km/h；

v_{Tmin}——I 挡理论速度，km/h；

r_d——车轮动力半径，m。

5）平地机铲刀尺寸的确定

式(1.4-4)、(1.4-5)和式(1.4-8)所表示的内容说明，平地机的使用重力 G_s 和发动机的功率 N_e，都是按平地机的额定有效牵引力 P_H 来匹配铲刀的尺寸,使得它所受到的铲掘阻力 P_H 满足式(1.4-3)、(1.4-6)和式(1.4-7)。

由于现代平地机大多数都是按系列进行设计的,通常发动机的功率 N_e 是已知的。当各挡作业速度确定后也就确定了该平地机的额定有效牵引力 P_H,利用式(1.4-3)并使 $P_Q = P_H$,则很容易得到铲刀切土部分的长度 l_1,它只是铲刀长度 L 的一部分。

下面分析一下,根据什么条件确定铲刀长度 L 值,见图 1.4-19。

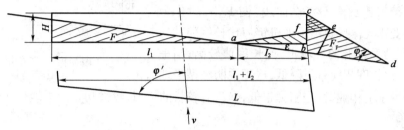

图 1.4-19　铲刀作业参数

平地机的作业目的与推土机不同:推土机以铲掘和推运土方为主,而平地机则以刮削不厚的土层,并把它连续地侧移到掌子边去(即移到平地机行驶路线一旁)。铲刀的长度 L 就是根据这一要求确定的,可用图 1.4-19 说明这种关系。

铲刀将断面积为 F 的密实土切下之后,便沿着铲刀溜向一边形成一土垄,其断面为 $\triangle aed$,土垄斜边夹角为 φ,即按自然堆积角形成土垄断面,且要求土垄断面移到车轮外缘以外,即 a 点在车轮之外。为了这一目的,必须使铲刀在 a 点之外有必要的长度 l_2,因此必须使得 $\triangle afb$ 和 $\triangle cfe$ 面积相等才行。这可用作图法加以解决。根据已知切削层的面积 F、土的松散系数 K_s 和自然坡度角 φ 作出 $\triangle aed$,使铲刀的侧边 cb 与 $\triangle aed$ 交于一点 f,用平行移动侧边 cb 的办法终究能找到合适的一点 f,使得 $\triangle afb$ 与 $\triangle cfe$ 面积相等,于是即可决定 l_2 之长度。铲刀全长:

$$L = 0.377 \frac{l_1 + l_2}{\sin\varphi'} \tag{1.4-10}$$

也可以利用图 1.4-20 所示之曲线,根据铲掘断面积 F 和铲刀的倾角 ε 直接查得 l_2 值。铲刀高度 H 可用上述方法同时确定出来。

$$H = cb \approx \sqrt{2F_p \tan\varphi} \tag{1.4-11}$$

式中:F_p——土垄断面积之半,即 $F_p = \triangle eld$。

试验研究表明,铲刀曲率半径 R 为下式时最为合适(图 1.4-21)。

$$R = \frac{H}{2\sin\delta} \tag{1.4-12}$$

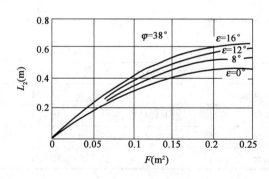

图 1.4-20　根据 F 和 ε 确定 L_2

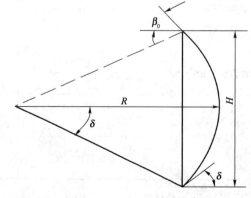

图 1.4-21　铲刀曲率半径

铲刀上端点的切线与水平线组成翻土角 β_0，通常为 45°；有人认为这个角 δ 应为 65°～70°，否则土屑容易落到铲刀背后。铲刀的切削角可在 30°～70°范围内变化。

以上利用分析法确定铲刀的各部分尺寸，但由于工作条件不同，往往会与实际情况有较大的出入，因此在设计时要参考同类机型的相应尺寸最后加以确定。为此目的，这里给出平地机的铲刀比长度 L/N-N 曲线（图 1.4-22）作为参考。该曲线的变化规律反映出平地机铲刀比长度随其功率不同而变化，在功率较低的一段上，比长度值较高；当平地机功率较大时，比长度相应有所降低，这正说明轻型平地

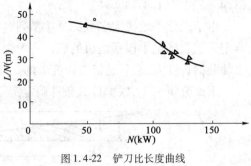

图 1.4-22　铲刀比长度曲线

机由于多用于松散土上作业，铲掘阻力很低，允许有较长的铲刀，较大功率的平地机比长度较小，说明有较大的铲掘能力。

6）铲刀其他作业参数

铲刀起升速度　　　　　　　　　　9.0～18.0cm/s；
铲刀降落速度　　　　　　　　　　6.5～8.5cm/s；
铲刀侧面引出速度　　　　　　　　1.0～3.5cm/s；
铲刀在水面内回转　　　　　　　　3°～6°/s；

在平整边坡和切削斜坡时，铲刀对水平面倾角 40°～70°。

铲刀相对于牵引架两边的侧移量，对于轻型、中型、重型和超重型平地机不小于 500mm、700mm、800mm 和 850mm。

对于上述四种类型的平地机，刀片下降至车轮支承面下，应不小于 200mm、250mm、300mm 和 350mm。在运输状态，铲刀刃与前后桥的离地间隙应不小于 300mm、350mm、400mm 和 450mm。

为了使所确定的平地机总体参数能与国外现有同类机型进行对照参考，我们给出平地机的一些指标（表 1.4-6）。

国外自行式平地机主要指标　　　　　　表 1.4-6

指标名称		按不同功率分三类		
		50～60kW	75～95kW	110kW 以上
铲刀尺寸（mm）	长	3 050～0 660	3 660～3 965	3 660～4 270
	高	501～610	572～635	610～760
功率（kW）	总功率	69.69～97.79	96.48～140.08	122.67～180.92
	前进	21.34～29.51	30.24～50.28	35.64～56.98
	后退	48.35～68.28	66.24～89.80	87.03～123.94
挡位数	前进	6～8	6～8	3～8
	后退	2～3	2～4	2～4
行驶速度（km/h）	前进	1.3～32.7	1.1～38	1.5～42
	后退	2.3～11.3	2.4～20.3	1.5～25.7
轮胎尺寸（cm）	前轮	75～24	9～24	13～24
		10～24	14～24	16～24
	后轮	10～24	12～24	13～24
		13～24	14～24	16～24

7）平地机的总体布置

现代平地机的布置形式大体都是一致的，即发动机在最后、工作装置居中间、驾驶室位于工作装置

和发动机之间,这是使其轴距大的原因。正是由于这个原因再加上后桥的平衡悬挂形式才使得平地机具有较高的平整精度。此外,发动机居后有利于提高平地机的附着重力,而且便于驾驶员操作。整机重心的布置十分重要,它关系到附着重力的合理利用,可参考表1.4-6的数据进行布置。

总体布置工作是结合总体设计草图的绘制过程来完成的,某部件的位置如何及其与其他部件的相互关系只有经过草图的绘制才能够决定下来。为了清楚地表达和说明零部件之间相互关系,在进行草图设计时要特别注意工作装置:铲刀的空间六个自由度的极限位置、前桥倾斜时的极限位置、转向时前轮的极限位置、平衡悬挂的极限位置等。有些零件的尺寸就是根据极限位置所确定的。在铲土运输机械的总体布置的设计中要属平地机最为复杂,但它们都有共同规律,特别是方法是一致的。

在草图设计阶段中,要充分了解同类样机的主要零部件的轮廓尺寸、重力及重心位置,以便能够较为准确地估计出自己所设计的平地机的主要零部件的轮廓尺寸、重力及重心位置,从而估计出该机的整机重力和重心位置,进而考察桥荷的分配情况和进行稳定性验算。如有问题,可在草图上进行调整。现代平地机均采用液压操纵装置,在总体布置设计的同时也就考虑了油路的布置,这是铲土运输机械总体布置的特点之一。液压元件的布置及管路的排列和走向应尽量做到如下几点:

(1)液压元件的布置要有利于缩短管路;
(2)不使管路有急剧的转弯;
(3)尽可能避免软管有较大幅度的曲直变化。

这些都是为了降低管路里能量的损失和提高管路的寿命。此外,由于管路很多,要使管路的排列美观。

总体布置应考虑机器的使用、维修和保养方便。只有在总体布置过程中把问题考虑得全面,才能使得零部件的结构设计显得更加合理。可见,零部件的设计,不但在参数上而且在结构上的许多问题都是在总体设计过程中考虑决定的。

大多数平地机的耙松装置都布置在铲刀与前桥中间,为避免车体过长而使得它与铲刀间距离变得很近,致使铲刀不能作360°回转。为使铲刀能作360°回转又必须在此时将耙松装置拆除才得以实现,所以耙松装置的这种布置是不够太合理的。因此有的机型是把它布置于车后(图1.4-23)。

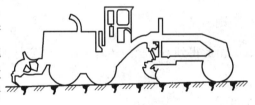

图1.4-23 耙松装置的布置

有的机型在车前装有小型堆土板,从而扩大了平地机的应用范围,提高了它的利用率。

8)平地机的稳定性计算

平地机的稳定性可分为纵向稳定和横向稳定性。由于平地机的车体较长,轴距较大,而且重心又不高,故纵向稳定性并不是主要矛盾,可以不考虑。此外由于轴距较大,而且有足够的附着力矩保证能够克服作业阻力矩的作用而获得足够的稳定性。

平地机的横向稳定性确实值得考虑。横向稳定性通常包括三种情况:斜坡位置的横向稳定性、作业时的横向稳定性和转弯时的横向稳定性。

(1)处于斜坡位置的横向稳定性

平地机在斜坡上的横向稳定条件与前述机型(推土机、装载机)相同。即使其重心力作用线不超过车轮接地点 A 以外(图1.4-24),即满足:

$$h\sin\beta < B/2 \tag{1.4-13}$$

但是与其他机型相比更为有利的是具有前轮倾斜能力的平地机,在前轮倾斜时更可使其重心作用线不超过车轮接地点 A,故增加了稳定性。

(2)作业时的横向稳定性

在平地机的各种工况中以刮立坡最为不利,因为横向反作用力 P_2 与重心力 G,合成 P_N 的作用线接近车轮接地点 A,因而造成失稳因素(图1.4-25)。其稳定条件为:

$$h\tan\beta < \frac{B}{2} \tag{1.4-14}$$

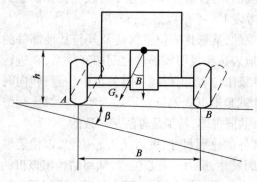

图1.4-24 在斜坡上的横向稳定性

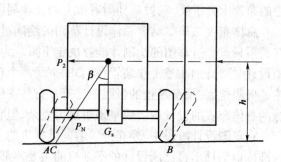

图1.4-25 作业时的横向稳定性

可见,前轮倾斜一方面增加了平地机的横向稳定因素,道理同前;另一方面克服了来自立坡的横向作用力而使车辆跑偏的缺点。

(3)转弯行驶时的横向稳定性

平地机在弯道行驶时,由于离心惯性力 P_j 的存在而增加了一横向作用力,这个力的作用点与重心 G_s 的作用点是一个,只是作用力方向与 G_s 不同(图1.4-25)。这一不稳定因素所造成机器横向失稳的可能性以及稳定条件与上述相同,即:

$$h\tan\beta < \frac{B}{2}$$

其中

$$\tan\beta = \frac{P_j}{G_s} = \frac{mv^2}{R}\frac{1}{mg} = \frac{v^2}{Rg}$$

则

$$\frac{h}{R}\frac{v^2}{g} < \frac{B}{2}$$

由此得到不失稳的转弯半径及转变行驶速度:

$$R > 2\frac{h}{R}\frac{v^2}{g} \tag{1.4-15}$$

$$v < \sqrt{\frac{BRg}{2h}} \tag{1.4-16}$$

式中:v——弯道行驶速度;

R——转弯半径;

g——重力加速度。

9)平地机工作装置设计

平地机的作业种类较多,要求铲刀需完成空间六个自由度的动作(见图1.4-26的 x、y、z 坐标轴):

(1)铲刀沿车身纵向轴线(即 x 轴)的前后移动和绕该轴的转动。

(2)铲刀沿横向轴(即与 x 轴垂直的水平轴 y)的左右移动和绕该轴的转动。

(3)铲刀沿垂直轴 z(即与 x、y 相垂直的竖直轴 z)的上下起落和绕该轴的转动。

由于对铲刀要求有这样复杂的多种运动,工作装置结构必然是比较复杂的,我们以此为线索很容易了解其构造原理和运动复杂性。

铲刀沿 x 轴的前后移动靠车轮的行驶来实现,铲刀绕 x 轴的转动靠与机架铰接的牵引和操纵油缸来实现;铲刀沿 y 轴的左右移动靠引出油缸实现,绕 y 轴转动则靠倾斜油缸来实现;铲刀沿 z 轴升降也靠前面提到的操纵油缸来实现,绕 z 轴的转动靠液压操纵回转齿圈的转动而实现。

我们这里重点介绍前述第一种动作的操纵油缸的设计。

图1.4-26是一个具有固定铰支点 d 和 e 的操纵机构。参考同类样机尺寸,在设计草图上初步决定

点的位置,见图1.4-26a),然后将铲刀按刮立坡的极限位置给出点的位置,见图1.4-26b),再按油缸外廓不与机架主梁外廓发生干涉的极限情况画出两油缸的极限位置(左边油缸的活塞杆全部缩至缸内,右边活塞杆全部伸出缸外),最后按高于主机架外廓上缘的一条水平线 mn 分别与两极限位置的油缸中心线交于 d、e,即为所确定的固定铰支点位置,一般取 $de \approx gh$。

从图1.4-26中可见,当油缸闭锁后油缸就成为一个固定长度的杆,其简图 $dghe$ 为一四杆机构,它有一个自由度,如再加一油缸3(相当于简图中的 gf)便可形成具有固定位置和形状的刚架。工作装置就是靠改变这三个油缸的长度来改变这四杆所形成的刚架的形状和位置的。由于油缸伸缩作用改变杆件长度,使它的设计不必按四杆机构的设计程序进行设计,只用简单的作图法即可解决。

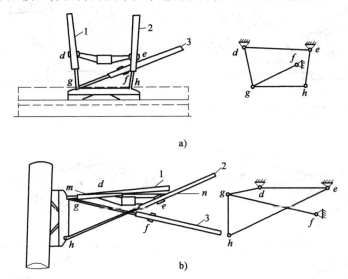

图1.4-26 具有固定铰支点的操纵机构
1-油缸1;2-油缸2;3-油缸3

从图1.4-26b),我们又可看到,油缸3的布置只能使得铲刀向左侧立起和实现各种任意作业位置,而向右侧就不可能了,因为油缸3不能绕点 f 逆时针转动很大范围,它受到主梁的干涉。也正是由于这个原因而允许将油缸2的铰接点 e 布置得略低于点 d。为了克服这一缺点可用一曲柄 $O_1 f$ 连杆 fh(见图1.4-27)机构代替上述油缸3的作用。这样可以使铲刀在右、左两侧都能实现任意作业位置,并且可将油缸2的铰支点 e 布置得与 d 点相对称。

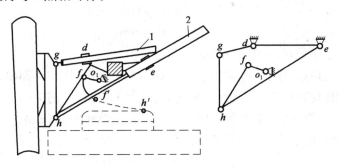

图1.4-27 曲柄连杆锁紧机构

具有固定点的操纵机构应用较为普遍,但所存在的问题是:由于铲刀的极限位置所限,不得不把油缸的两固定铰支点 d 和 e 布置得偏离主机架较远,如为使 d 与 e 二点间距离不致过大,则必须提高主机架高度,这显然是不适当的。此外,这种方案也使油缸尺寸过长。

针对图1.4-28所存在的上述缺点,如能将两油缸的铰支点 d 和 e 设计成可变位置的机构,则上述方案的缺点可在一定程度上得到改善。图1.4-27所示方案即是如此。两油缸的铰接点通过左、右两个铰接于机架上的转臂 do_1 和 eo_2 的三个位置而得到相应的三个位置:

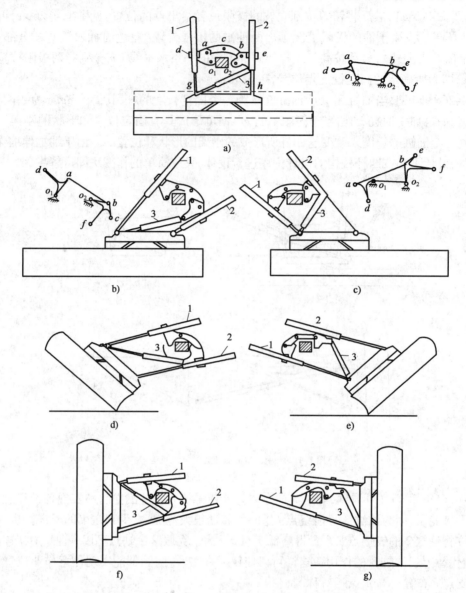

图 1.4-28 可变铰支点的操纵机构
1-油缸1；2-油缸2；3-油缸3

(1) 点 d 和点 e 在水平位置，见图 1.4-28a)；

(2) 点 d 和点 e 为适应在左侧作业所需的位置，见图 1.4-28b)、图 1.4-28d)、图 1.4-28f)；

(3) 点 d 和点 e 为适应铲刀右侧作业所需的位置，见图 1.4-28c)、图 1.4-28e)、图 1.4-28g)。

可变铰支点 d 和点 e 的三个位置是通过四杆机构 abo_1o_2 带动的；点 c 是连杆 ab 中间的一点(孔)，可用销子分别与机架上对应于转臂三个位置的三个孔销在一起，可见机架上的这三个孔，都处在点 c 的连杆曲线上。

试比较图 1.4-28 和图 1.4-26 两种方案则可见到，可变铰支点 d 和 e 这种方案的主机架高度低些、油缸尺寸短些。

下面讨论一下可变铰支点操纵机构的设计问题。

该机构的设计包括：确定可变铰支点的位置、转臂长度、油缸长度。前两个问题包括确定主机架在悬挂点所在断面的高度，这一点也是确定主机架的尺寸和结构开头所需的步骤。

具体做法如图 1.4-29 所示，其步骤如下：

(1) 给出铲刀的工作位置

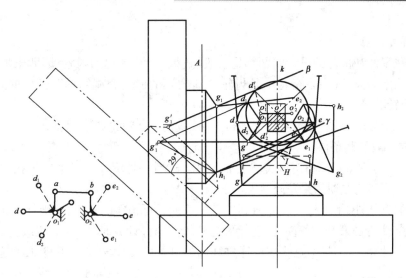

图 1.4-29 可变铰支点操纵机构设计

这时给出三个位置：

①正常平地作业位置。主要是给出铲刀牵引架上两个铰接点 g 和 h 的位置。同时给出车轮最外边界线 A-A（图中点划线所示）。

②铲刀刮立坡的位置。按要求画出铲刀的刀刃距 A-A 线的距离，主要给出铲刀牵引架上两上铰接点 g_1 和 h_1 的位置。

③给出铲刀刮 $45°$ 斜坡时铲刀牵引架上两个铰接点 g_1' 和 h_1 的位置。

④给出铲刀刮 $30°$ 斜坡时铲刀牵引架上两个铰接点 g_1'' 和 h_1 的位置。国外某些平地机给铲刀刮斜坡时铲刀倾斜角为 $40°\sim70°$，实际上按此数据设计的铲刀操纵机构其倾斜范围是不够用的，我们按铲刀具有 $29°\sim90°$ 的倾斜范围来进行设计。

（2）确定平地机主机架在悬挂处的断面高度、油缸铰接点的位置、油缸长度

①过 $g_1'g_1$ 作直线并延伸至 β 与中心线交于 k 点，过 h_1 引线平行于 β，并延伸至 Y，并于中心线交于 l 点；取 k 和 l 之中点 o' 暂作主机架断面中心。

②过 o' 作相互垂直并与中心线夹角为 $45°$，与 β 和 Y 线分别交于 d' 和 e'，找到与 e' 对称点 d_2'。按结构若定 o' 为转臂中心，则转臂在两极限位置之夹角太大，大于 $120°$。

③在上述情形下，若以 g_1d' 作为油缸最小极限位置（活塞杆全部缩回缸筒中），则在正常位置上活塞杆将伸出很长，再从 β 线的倾斜程度来看，倾斜程度较大，说明以上所初步确定的机架断面较高，根据结构将它降低，即由 o' 移至 o 点，o_1' 和 o_2' 相应移至 o_1、o_2，并取转臂三个位置夹角为 $120°$，每相邻位置夹角为 $60°$，仍取转臂长度 $d_1o_1 = d_1'o_1'$，于是定下 d_1、d、d_2 三点位置，在另一面以对称方式定下 o_1、e_1、e_2 三位置。

④连接 g_1d_1 作为油缸收缩时最短值；连 h_1e_1 作为油缸伸出的最大值；当铲刀被提升至最高位置（虚线Ⅰ位置）时 dg' 长度略大于 g_1d_1 的长度（活塞杆全部缩至缸筒内），说明主机架高度较为合适。

⑤确定缸筒长度。$g_1''d_1 < h_1e_1$，故以 $g_1''d_1$ 作为油缸的活塞伸出的最大值；以 g_1d_1 作为活塞杆全部缩入缸筒的最小值，由此可确定缸筒的长度。

⑥尚需第三个油缸来控制四杆机构 $degh$（设两个控制油缸 dg 和 eh 均闭锁成为固定杆长）的位置，这个油缸两端铰接点的位置的布置比较容易些，假设就将它铰接于 g、e 两点，并且使铲刀提升到最高位置（虚线Ⅰ）时油缸的活塞杆也仍有伸缩的余地。实地从图上测出其三位置的长度 e_2g_2、eg' 和 e_1g_1''，从三者中选择最短值和最长值。例如 e_2g_2 为最短值、e_1g_1'' 为最长值，并须满足 $e_1g_1'' < 2e_2g_2$，则 e_2g_2 的长度就决定了这个油缸的缸筒长度和活塞杆长度。

控制 do_1 和 eo_2 实现三个作业位置是靠四杆机构 abo_2o_1，见图 1.4-28a），在正常位置时这两转臂呈一直线，在其他两工作位置时两转臂均呈反向平行状态。可见，四杆机构的两摇杆与两转臂分别是一杆

件,只是铰接点不同。

10) 平地机强度计算

平地机的特殊零件和部件的设计问题都是一般《机械设计》课程的内容,因此未加讨论。例如传动系的部件有平衡箱中的齿轮(在平衡箱中是齿轮传动的)和轴承;金属结构部件中的主机架和牵引架、前桥和后桥壳、回转圈等。

与任何其他铲土运输机械一样,对于平地机来讲,我们也是讨论如下的受载条件:

(1) 平地机的一般受载条件;

(2) 平地机由于遇到某种障碍时的突然受载条件。这后一种情况是当平地机在平整作业时以较高的作业速度突然撞到障碍物时为最危险状态。

除上面列举的条件外,平地机还可能遇到使其毁坏的不可预料的外力,这当然是无法计算的。但无论是上述第一个条件还是第二个条件,在进行平地机的零部件计算时,除考虑表载荷和动载荷之外,还必须进行疲劳强度计算。但是,对这么多的零件和部件进行强度计算,其工作量大大超出本文叙述的限制,本书的任务是对上述零件和部件给出载荷条件,因此本节主要内容是分析整机和主要部件的作业工况,从中找出最不利作业工况的负荷条件作为零件和部件进行强度计算的依据。

11) 平地机传动件的计算

为了进行传动件的计算,必须确定作用力和力矩的工况。传动系的作业工况是由平地机的作业条件决定的:切削、移土和平整三个作业条件。这三个过程分别处于不同挡位工作:切削时用Ⅰ挡或Ⅱ挡;移土时用Ⅲ挡;平整时用Ⅱ挡或Ⅲ挡进行作业。在完成不同的作业工况时轮胎的滑转率不同。此外,在相同或不同的作业循环里完成每一工序所需的时间也不一样;当然,载荷条件也是不一样的,最为恶劣的还是切削工况。知道作业循环中每一过程的时间才可确定机器的工况。

观察和统计的结果表明:平地机的空行程时间约占总作业时间的15%;约有5%的时间消耗于用Ⅰ挡工作。平地机的作业工况取决于变速器挡位数。各挡作业时间所占之百分数列于表1.4-7。

平地机的作业工况 表1.4-7

变速器挡位数	工况和挡数							
	作业挡				运输挡			
	1	2	3	4	5	6	7	8
6	5	25	50	5	10	5	—	—
8	5	25	25	25	—	5	10	5

后桥平衡悬挂的计算是平地机传动系计算中具有特点的内容。箱内为齿轮传动或者链条传动。齿轮传动是将发动机的动力传给中心齿轮,再经中间齿轮将动力传至车轮轴(图1.4-30)。

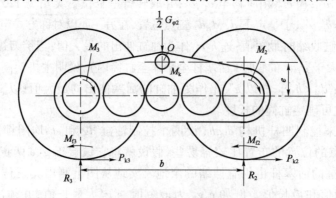

图1.4-30 平衡箱内点平衡受力简图

作用于平衡箱的力有:

(1) 平地机作用于后桥上的附着重力 $G_{\varphi 2}$;

(2)由发动传来的扭矩 M_k;
(3)地面给车轮的垂直反力 R_2、R_3;
(4)后轮所承受的切线牵引力 P_{k2}、P_{k3};
(5)车轮所受滚动阻力矩:

$$M_{f2} = P_{k2}fr_d \quad M_{f3} = P_{k3}fr_d \tag{1.4-17}$$

式中:r_d——车轮动力半径。

虽然悬挂能使各车轮的外载荷大小一致,但是实际上 R_2 与 R_3 不并相等,因为有 M_k 的作用而使其不等。只要对 O 点取力矩平衡方程即可求得 R_2 与 R_3:

$$M_k = \frac{(R_2 + R_3)\varphi r_d}{i_p \eta_p} \sum M_e = 0$$

$$R_2\varphi(r_d + e) + R_2 fr_d + R_3 + fr_d - R_3\frac{b}{2} + R_3\varphi(r_d + e) + R_2\frac{b}{2} - M_k = 0 \tag{1.4-18}$$

$$R_2 + R_3 = \frac{1}{2}G_{\varphi 2}$$

$$M_k = \frac{(R_2 + R_3)\varphi r_d}{i_p \eta_p}$$

式中:η_p——平衡箱的传动效率;
　　i_p——平衡箱驱动轴对轮轴之传动比。

联立解上述方程得:

$$R_2 = \frac{1}{2}G_{\varphi 2}\left[\frac{1}{2} - r_d\frac{\varphi + f}{b\eta_p}\left(1 - \frac{1}{i_p} + \frac{e}{r_d}\right)\right]$$

$$R_3 = \frac{1}{2}G_{\varphi 2}\left[\frac{1}{2} + r_d\frac{\varphi + f}{b\eta_p}\left(1 - \frac{1}{i_p} + \frac{e}{r_d}\right)\right] \tag{1.4-19}$$

由以上二式可见,平地机在作业时平衡箱之前后轮所受地面的垂直反力是不等的,以二者之差表示垂直反力之分配的均匀性,则从对这两公式的分析中可知:①两轮轴之间距离 b 越大,则垂直反力宜趋于一致;而偏心距 e 越大,则垂直反力之差越大;②附着系数 φ 和滚动阻力系数 f 越大,也使得二者之差增大,即 $R_3 > R_2$。

车轮所能发挥的最大扭矩:

$$M_2 = R_2\varphi r_d$$

$$M_3 = R_3\varphi r_d \tag{1.4-20}$$

从分析已有公式可知,在设计重型平地机的平衡箱时为避免两轮垂直反力 R_2 和 R_3 有过大的差距,必须使它具有小的偏心距(有时为0)。此外,这种垂直反力分布不均匀现象又使得驱动力矩大的轮胎提早磨损;而作为牵引轴中的另一个轴又没有充分利用其牵引能力。

12)主机架的计算

若平地机处于某种倾斜位置时,以铲刀的一边进行切削作业,当其切削终了提升铲刀时平地机所处的条件最为不利。在这种情况下有下面诸力作用于平地机上(图1.4-31):

(1)铲掘阻力沿三个坐标轴上的分力 P_x、P_y 和 P_z,为可靠起见,认为它们是作用在铲刀的端点上的;

(2)在平衡箱之中点对支承平面的投影 O_1、O_2 点上作用有垂直反力 R_2 和 R_3,P_k 和 P_k';

(3)平地机的重力 G_s,重心坐标近似取 $H = r_d + 0.5\text{m}$;$l_2 = (0.25 \sim 0.3)B$,其中 B 为平地机平均轴距。将重力 G_s 分解成两部分:一部分垂直于支承面的为 $G_s\cos\beta$,另一部分平行于支承面的为 $G_s\sin\beta$。

(4)制动过程中引起的动负荷,用解析的方法确定比较困难,因此在计算时建议采用如下的试验数据:惯性力为 $P_i = (K_d - 1)\phi G_{\varphi 2}$,其中 K_d 为动荷系数,可取其为 1.15～1.2。由该数据可见,惯性力(动负荷)在平地机作业时不大于有效最大阻力的20%。

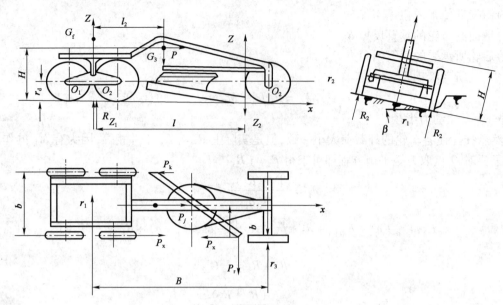

图 1.4-31 平地机作用力分析

其他的未知力可解下列方程来求得：

$$\sum M_E = 0 \quad G_s\cos\beta \frac{b}{2} - G_s\sin\beta H - R_3 b = 0 \tag{1.4-21}$$

$\sum Y = 0 \quad\quad Y_1 + Y_2 + Y_3 - P_r - G_s\sin\beta = 0$

$\sum Z = 0 \quad\quad -G_s\cos\beta + R_2 + R_3 + P_z = 0$

$\sum X = 0 \quad\quad P_j + P_k + P_k - P_X = 0$

$\sum M_{OZ} = 0 \quad (Y_1 + Y_2)L + P'_x b - G_s\sin\beta(L - L_2) - Y_3(B - L) = 0$

$\sum M_r = 0 \quad\quad P_z l - G_s\cos\beta l_2 - P_j H = 0$

由于 $\quad\quad P'_k = R_3\varphi \quad Y_1 = Y_2 = 0.5 G_{\varphi 2}\sin\beta$

则得

$$P_z = \frac{G_s}{l}[l_2\cos\beta - (K_d - 1)\psi\varphi H] \tag{1.4-22}$$

其中 $\quad\quad \psi = \dfrac{G_{\varphi 2}}{G_s}$

$$R_2 = G_s\cos\beta - R_3 - P_z$$

$$R_3 = \left(\frac{1}{2}\cos\beta - \sin\beta\frac{H}{b}\right)G_s$$

$$P_x = (G_s\cos\beta - R_3 - P_z)\varphi$$

$$P'_k = \left(\frac{1}{2}\cos\beta - \sin\beta\frac{H}{b}\right)G_s\varphi$$

$$Y_1 = Y_2 = 0.5 G_{\varphi 2}\sin\beta$$

$$Y_3 = \frac{(Y_1 + Y_2)l + P'_k b + P_j b_1 - G_s\sin\beta(l - l_2)}{B - l}$$

$$P_r = Y_1 + Y_2 + Y_3 - G_s\sin\beta$$

$$P_x = P_k + P'_k + P_j$$

主机架支承在后桥上，并与牵引架的悬挂系统相连，与前桥铰接。为了近似计算，我们取牵引架的悬挂杆件所在的平面与主机架相交处为危险断面。为了简化计算又可认为悬挂杆件（油缸活塞杆）就位于垂直平面内，但实际上这个平面有不大的体面斜角度。

对平面 Q'（图 1.4-32）上的 Y_1-Y_1 和 Z_1-Z_1 轴取力矩方程即可解得作用于前铰接点上的力：

$$Y_4 = \frac{P_x \dfrac{b}{2} + P_r m}{n} \tag{1.4-23}$$

$$X_4 \approx P_x$$

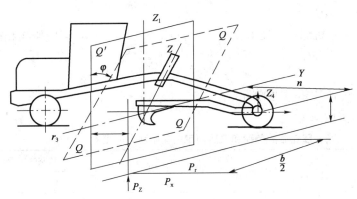

图 1.4-32　前铰支架上的作用力

当平地机以 II 或 III 挡速度进行平地作业时,在车轮无滑转、在铲刀尖上突然遇有刚性障碍物的情况下是最为不利的条件。这种工况的计算与推土机相同,都属于两个弹性体相碰的问题。因为障碍物的质量可以大于平地机质量的许多倍,故可认为机架上的基本载荷由平地机的刚度、质量以及相撞时的速度所决定。

为了计算,必须确定平地机的综合刚度,为此提出平地机的弹性模型:金属结构相当于具有刚度 C_1 的软弹簧,而后轮和前轮可用具有刚度为 C_2 的弹簧来代替(图 1.4-33)。

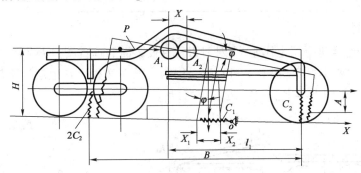

图 1.4-33　考虑动负荷的计算弹性模型

平地机的质量位于重心。总的刚度可根据总的位移量来确定,为此要确定单位力 $P=1$ 时的位移。即总的位移量之值 $X = X_1 + X_2$,其中 X_1 为考虑金属结构的变形的位移量,等于 P/C_1；X_2 为由于轮胎的变形的位移量,等于 H/φ,其中 φ 为机架的回转角度。

X_2 之值取决于轮胎的变形:

$$\Delta = \frac{HP}{B^2 C_2} \tag{1.4-24}$$

由于 L_1 一般等于 $2B/3$,则:

$$X_2 = \frac{1.5 H^2 P}{B^2 C_2} \tag{1.4-25}$$

因此综合刚度:

$$C = \frac{C_1 C_2}{C_2 + \dfrac{1.5 H^2}{B^2} C_1} \tag{1.4-26}$$

C_1 的数值在很大程度上取决于平地机的附着重力。轮胎的动力刚度 C_L 则随轮胎的负荷和轮胎的气压而定。

C_L 之值列于表 1.4-8,C_1 之值列于表 1.4-9。

前轮综合刚度 $C_2 = 2C_L$；

后轮综合刚度 $2C_2 = 4C_L$。

按式(1.4-26)求得整机综合刚度 C 之后,则可按下式求得平地机与障碍物相撞时的惯性力：

$$P_j = v_0 \sqrt{Cm} \tag{1.4-27}$$

式中：v_0——平地机与障碍物相撞时的速度；

m——平地机的质量。

随轮胎的负荷和气压而定的轮胎动力刚度 C_L(kN/m)　　　　表1.4-8

轮胎规格	轮胎负荷(kN)	轮胎充气压力(MPa)			
		0.25	0.19	0.13	0.07
16.00~24	25~35	450	375	300	250
12.00~20	15	550	—	—	—
1 140~700	25~35	—	575	425	425

与附着重力有关的金属结构的刚度 C　　　　表1.4-9

附着重力(kN)	60	80	100	120
整个金属结构刚度 C_1(kN/m)	1 200	1 500	1 750	1 950

13) 牵引架的计算

由于平地机也是经常进行切土作业,土对刀刃垂直投影面的垂直反力 P_n 与作用在刀尖上的法向力 P_N 的垂直分力 P_{NZ} 相比要小得多(图1.4-34),这是因为土的密实程度在上层比下层大的缘故。总的来看垂直作用力方向向下,即 $P_Z = P_{NZ} - P_n$,近似认为：

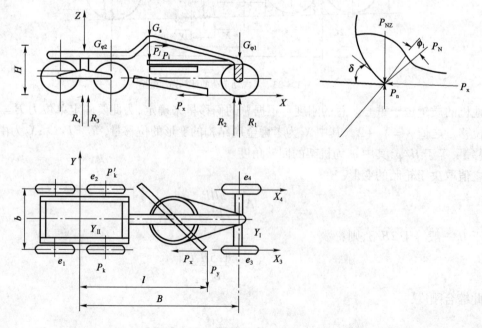

图 1.4-34　铲刀端部遇到障碍时受力简图

$$P_Z \approx P_{NZ} = \frac{P_x}{\tan(\delta + \phi_1)} \quad (1.4\text{-}28)$$

式中：ϕ_1——土与钢的摩擦角。

由于这个力可以达到相当大的值，因此在进行强度计算时必须加以考虑。它可以大到牵引力的程度，甚至超过发动机的牵引力。

在平地机上有如下作用力（对于 $3 \times 3 \times 3$ 形式）

$$R_3 = \frac{G_{\phi_2}}{2} - P_j \frac{H}{2B} + P_Z \frac{B-l}{B}$$

$$R_4 = \frac{G_{\phi_2}}{2} - P_j \frac{H}{2B}$$

$$R_1 = \frac{G_{\phi_1}}{2} + P_j \frac{H}{2B} + P_Z \frac{l}{B}$$

$$R_2 = \frac{G_{\phi_1}}{2} + P_j \frac{H}{2B}$$

$$Y_I = \frac{G_s + P_j}{2(B-l)} b$$

$$Y_{II} = 0$$

$$P_r = Y_{II}$$

1.4.5 主要生产厂家典型产品及技术性能和参数

1.4.5.1 国外平地机生产厂家简介

美国卡特彼勒公司是世界上最著名的工程机械制造公司，也是平地机的主要制造商之一。其生产的平地机主要为 H 系列，功率为 125~275hp，9 个型号，所有部件基本是本公司制造。

瑞典沃尔沃公司是专业生产平地机的公司，也是生产平地机最悠久的生产厂家，年产量 1500 多台，销往世界 92 个国家。该公司还拥有功率为 700hp，自重 100t 的世界最大的平地机，主要生产 710~780、710A~780A 两种系列的平地机共 12 个型号的产品。

日本小松公司现已成为世界上平地机规格品种最多的一家公司，从 48kW 的轻型到 209kW 的超重型，其间的规格品种有 27 种，在国际市场上形成对欧美的强大竞争对手。主要产品为 GD 系列，产品技术水平较高。

欧洲的平地机主要生产商为德国的奥和凯和 BOMRG 公司，以及英国的阿维林、巴浮德等公司。O&K 公司生产的 F 系列平地机共有 6 种规格型号，功率为 114~280hp。产品主要特点是全轮驱动，牵引力大；后桥带轮间差速器及差速锁、油浴片式制动器；ZF 动力换挡箱；外观造型美观大方。

约翰·迪尔公司是生产工程机械、林业机械的著名公司，目前生产的 C 系列平地机共有 6 种规格型号，其工作重力为 13 608~14 887kg，发动机输出功率为 113~163kW（151~219hp），其中有两种规格型号为全轮驱动平地机：双泵双马达的自动双回路，轮边高速马达加减速器，减速器自制，自行开发的控制系统协调前后轮的同步，优化六轮驱动的动力和控制，15 级旋转微调开关可根据地面情况或工作状况调整电子控制，全轮驱动前四挡有效，速度达 10km/h。

芬兰 VAMMAS 公司是 PATRIA 集团中以生产民用工程机械和部件为主的公司，主要产品是平地机和铲雪车，其中平地机产品有 RG181、RG186、RG281 和 RG286 四种规格。该公司生产的 RG281 平地机具有较高的技术水平，采用液压浮动技术实现了一机多用。其前推土板可实现左右变换角度；增加附加装置可实现破冰、除雪、除冰，是冬季道路除雪不可缺少的机械设备，大大提了平地机的利用率。

1.4.5.2 国内平地机生产厂家简介

鼎盛天工(原天津工程机械厂)在平地机行业占有较大的市场优势。1985年引进德国FAUN公司F206、F156平地机生产技术,经二次设计成PY系列平地机,主销160C和180两种产品。

徐工集团依靠技术创新,凭借徐工集团强大的技术优势和协作优势,以较强的市场应变能力、创新思路迅速独立开发研制出十几个规格型号的平地机产品。几年内产品不断更新换代,现主要生产K、GR系列的165、180、200、215平地机。

常林股份引进日本小松平地机技术,其主要产品有PY165C、PY190C-3和PY200C-3平地机。

三一重工的平地机市场份额依靠资金和技术优势,将静压传动平地机推向市场,又形成一个新的竞争对手。其主要产品是PQ160和PQ190。

成都大华走出一条自行开发研制平地机的路子,主要产品型号是MG1320E、DH170、DH 180、PY185A、PY200TF、DH215等。

其他新进入厂家有柳工、龙工、中联、洛建、厦工等。部分厂家的平地机产品性能参数如表1.4-10所示,其中电液操纵阀如图1.4-32所示,液压操纵原理如图1.4-33所示,电气原理如图1.4-34所示。

平地机产品性能参数 表1.4-10

生产厂家			沃尔沃	沃尔沃	沃尔沃	沃尔沃	沃尔沃	沃尔沃
产品型号			G710B	G720B	G726B	G730B	G740B	G746B
整机质量(t)			15.2	15.4	16.1	16.1	16.8	17.4
工作质量 kg			—	—	—	—	—	—
发动机功率(kW)			124	148	175	165	181	181
铰接转角(°)			22	22	22	22	22	22
最小回转半径(m)			7.7	7.8	7.8	7.8	7.8	7.8
最大牵引力(kN)			9 143	9 307	12 709	9 718	10 020	13 422
最大行驶速度(km/h)			39.8	45.7	45.7	45.7	43.6	43.6
铲刀尺寸(长×宽)(mm×mm)			3 658×635	3 658×635	3 658×635	3 658×635	3 658×737	3 658×737
结构特点	驱动方式(是否液压)		液压	液压	液压	液压	液压	液压
	液压控制方式		电液控制	电液控制	电液控制	电液控制	电液控制	电液控制
	传动方式	液力机械	√	√	√	√	√	√
		静液压	—	—	—	—	—	—
外形尺寸(长×宽×高)(mm×mm×mm)			9 093×2 489×3 378	9 119×2 540×3 404	9 119×2 540×3 404	9 119×2 540×3 404	9 220×2 540×3 404	9 220×2 540×3 404
生产厂家			沃尔沃	凯斯	凯斯	凯斯	凯斯	四海工程
产品型号			G780B	845	865	865DHP	885	850B
整机质量(t)			19.6	14	15	15	18	13.7
工作质量(kg)			—	13 535	14 550	14 550	17 250	—
发动机功率(kW)			181	112	127	136/152	160	132
铰接转角(°)			22	25	25	25	25	20
最小回转半径(m)			7.7	7.25	7.25	7.25	7.29	7.4
最大牵引力(kN)			11 740	—	—	—	—	8 000
最大行驶速度(km/h)			38.1	42.9	42.9	42.9	43	42.87
铲刀尺寸(长×宽)(mm×mm)			4 267×787	3 658×559	3 962×600	3 962×600	4 267×600	3 658×661

续上表

结构特点	生产厂家		沃尔沃	沃尔沃	沃尔沃	沃尔沃	沃尔沃	沃尔沃
	驱动方式(是否液压)		液压	液压	液压	液压	液压	液压
	控制方式		电液控制	电液控制	电液控制	电液控制	电液控制	液压先导
	传动方式	液力机械	√	√	√	√	√	√
		静液压	—	—	—	—	—	—
外形尺寸(长×宽×高)(mm×mm×mm)			9 322×2 794×3 505	8 521×3 960×3 340	8 534×3 962×3 340	8 534×3 962×3 340	8 534×4 267×3 340	8 458×2 438×3 124

	生产厂家		天工	天工	天工	天工	天工	天工
	产品型号		PY280	PY220G	PY220	PY200H	PY200	PY180G
	整机质量(t)		25	19	19	15.4	15.4	15.4
	工作质量(kg)		25 000	19 000	19 000	15 400	15 400	15 400
	发动机功率(kW)		231	169	162	147	147	147
	铰接转角(°)		25	25	25	25	25	25
	最小回转半径(m)		8.5	8.5	8.5	7.8	7.8	7.8
	最大牵引力(kN)		129.36	108	108	115	115	79
	最大行驶速度(km/h)		39.0	39.0	39.0	36.1	36.1	39.6
	铲刀尺寸(长×宽)(mm×mm)		4 920×787	4 422×688	4 422×688	3 965×650	3 965×650	3 965×650
结构特点	驱动方式(是否液压)		气驱动	液压驱动	气顶油驱动	液压驱动	液压驱动	液压驱动
	控制方式		电液	电液	液压	电液	电液	电液
	传动方式	液力机械	√	√	—	—	√	√
		静液压	—	—	√	√	—	—
外形尺寸(长×宽×高)(mm×mm×mm)			10 590×3 140×3 650	9 230×2 800×3 470	9 230×2 800×3 470	8 700×2 595×3 340	8 700×2 595×3 340	8 700×2 595×3 340

	生产厂家		天工	天工	天工	天工	天工	天工
	产品型号		PY180H	PY180	PY180高原	PY160G	PY160C	PY160C高原
	整机质量(t)		15.4	15.4	15.4	15.4	13.65	13.65
	工作质量(kg)		15 400	15 400	15 400	15 400	13 650	13 650
	发动机功率(kW)		147	147	160	136	136	128
	铰接转角(°)		25	25	25	25	25	25
	最小回转半径(m)		7.8	7.8	7.8	7.5	7.5	7.5
	最大牵引力(kN)		113	79	79	79	73.5	73.5
	最大行驶速度(km/h)		39.6	39.6	40.0	44.9	35.1	35.1
	铲刀尺寸(长×宽)(mm×mm)		3 965×650	3 965×650	3 965×650	3 660×650	3 660×650	3 660×650
构特点	驱动方式(是否液压)		液压驱动	液压驱动	液压驱动	液压驱动	气顶油驱动	气顶油驱动
	控制方式		电液	电液	电液	电液	液压	液压
	传动方式	液力机械	√	√	√	√	√	√
		静液压	静液压驱动前桥	—	—	—	—	—

续上表

生产厂家			沃尔沃	沃尔沃	沃尔沃	沃尔沃	沃尔沃	沃尔沃
外形尺寸(长×宽×高)(mm×mm×mm)			8 700×2 595×3 340	8 700×2 595×3 340	8 700×2 595×3 340	8 400×2 595×3 310	8 305×2 595×3 310	8 305×2 595×3 310
生产厂家			徐工	徐工	徐工	徐工	徐工	徐工
产品型号			GR180	GR200	PY165G	PY170G	PY180G	PY200G
整机质量(t)			15.4	17	15.4	15.4	15.4	17
工作质量(kg)			—	—	—	—	—	—
发动机功率(kW)			140	147	121	125	140	147
铰接转角(°)			25	25	25	25	25	25
最小回转半径(m)			7.8	7.8	7.8	7.8	7.8	7.8
最大牵引力(kN)			80	87	80	80	80	87
最大行驶速度(km/h)			38.5	38.5	37	37	38.5	38.5
铲刀尺寸(长×宽)(mm×mm)			3 965×610	4 270×610	3 965×610	3 965×610	3 965×610	3 965×610
结构特点	驱动方式(是否液压)		全液压	全液压	全液压	全液压	全液压	全液压
	控制方式		电控液	电控液	电控液	电控液	电控液	电控液
	传动方式	液力机械	液力机械	液力机械	液力机械	液力机械	液力机械	液力机械
		静液压	—	—	—	—	—	—
外形尺寸(长×宽×高)(mm×mm×mm)			9 298×2 601×3 432	9 422×2 601×3 432	9 313×2 601×3 280	9 093×2 601×3 280	9 193×2 601×3 280	9 193×2 601×3 280
生产厂家			大华	大华	大华	大华	大华	大华
产品型号			MG1320E	DH170	DH180	PY185	PY185A	PY200TF
整机质量(t)			17.5	14	15	16	16.5	17.5
工作质量(kg)			17 500	14 000	15 000	16 000	16 500	17 500
发动机功率(kW)			158	125	140	156	156	158
铰接转角(°)			25	20	20	20	20	20
最小回转半径(m)			≤7.8	≤8.1	≤8.1	≤8.1	≤8.1	≤8.1
最大牵引力(kN)			100	80	90	90	95	100
最大行驶速度(km/h)			42	45	45	45	46	42.15
铲刀尺寸(长×宽)(mm×mm)			4 270×610	3 658×610	3 658×610	3 658×610	3 658×610	3 962×610
结构特点	驱动方式(是否液压)		全液压	全液压	全液压	全液压	全液压	全液压
	控制方式		电控液	电液控制	电液控制	电液控制	电液控制	电液控制
	传动方式	液力机械	√	√	√	√	√	√
		静液压	—	—	—	—	—	—
外形尺寸(长×宽×高)(mm×mm×mm)			8 680×2 600×3 200	8 680×2 600×3 200	8 680×2 600×3 200	9 000×2 600×3 200	9 000×2 600×3 200	8 680×2 600×3 200

1.5 稳定土厂拌设备

1.5.1 概述

在我国的公路建设中,为了满足交通量和车辆负载日益增长的需要,对道路的整体强度、水稳性以及平整度等质量要求越来越高。经过多年的研究和施工实践,证明采用稳定土补强道路的基层和底基层,对提高道路的整体强度、水稳性以及延长道路的使用寿命等性能是一种非常有效的措施。因此,在我国的高等级公路建设中,规定了必须采用稳定土混合料补强道路的基层和底基层,同时还规定了高等级公路基层的稳定土混合料必须使用厂拌设备拌制。目前所使用的稳定土有以下几种类型:水泥稳定土、石灰稳定土、石灰工业废渣稳定土和水泥石灰综合稳定土等。在修建高等级公路时,根据不同地区的不同气候、地质、料源和具体要求,可以选用不同类型的稳定土。

稳定土厂拌设备主要用于修筑高等级公路、城乡道路、机场跑道、铁路等砂砾稳定层的连续生产拌制工作,也可用于灰土稳定层的生产及可压实混凝土的生产拌和。全套设备只需一名操作人员,产量200~700t/h,可拌和2~8种不同规格、不同品种的物料(含水泥)。它采用了先进的工业电脑控制系统,实现了集料、水泥和水的自动配比,具有计量准确、可靠性好、搅拌均匀、操作方便、环保好、生产效率高等特点,特别适合大流量连续作业,是修筑高等级公路必备的理想设备。

在高等级路面的路基工程施工中,由于稳定土厂拌设备具有对级配材料适应能力强、配比范围宽、物料配给精确度高等优点,使该拌和机组得以广泛应用。随着高等级路面的发展,国内稳定土厂拌设备生产厂家也从最初的两三家,发展至目前的十几家,产品也相应进入到成熟发展阶段,但与国外同类设备相比,无论是设备的生产率(国内最大为400t/h,国外最大为1 000t/h),还是设备的基础件,尤其是电子技术、自动控制技术及微电脑技术在设备上的应用还存在着相当大的差距。但随着"九五"期间国家两纵两横高速公路交汇蓝图的实施,各省市高等级公路框架的确立,以及机场、码头、港口的扩建、改造等,使稳定土厂拌设备的需求量日益增加。

1.5.1.1 组成基本要求

稳定土是以水硬性材料为结合剂,以土、砂、砂砾、碎石、矿渣和工业废渣等材料为集料,通过拌和而成的混合材料。按我国《公路路面基层施工技术规范》(JTJ 034—2000)规定,稳定土可划分为水泥稳定土、石灰稳定土、石灰工业废渣稳定土三大类。根据集料的不同,又可细化为数种,如水泥砂土、石灰碎石土、二灰砂砾等。还可根据材料的需要,用水泥和石灰联合做稳定剂,称之为水泥综合稳定土或石灰综合稳定土等。

稳定土厂拌设备主要构成为:储料系统、计量系统、搅拌系统、成品料中储系统、连接各系统的输送设备和控制系统等部分。按稳定土厂拌设备的结构形式可划分为固定式和移动式两大类。固定式分为整体拼装和模块式两种形式,移动式分为整体移动和分块移动两种形式。稳定土厂拌设备采用连续的生产方式进行作业,其生产能力按t/h标定。

目前,稳定土厂拌设备所用的搅拌主机多为双卧轴连续强制式,结构形式有有衬板和无衬板两种。无衬板形式的搅拌主机虽是一较新的技术,但已得到普遍的应用。稳定土厂拌设备的配料方式为连续式,计量方式为容积式、称重式和容积与称重混合式。控制方式为二次仪表、PLC、工业计算机等控制形式。

公路工程对稳定土厂拌设备有以下几个方面的基本要求:应能适应稳定土的多种原材料特点,稳定土用原材料为2~6种,不同的工程有不同的组合;适应原材料的不规范性,如材料粒径异常、土含水率偏高等;动态连续计量应准确可靠、配比调整设定方便,计量系统要有较宽的计量范围;搅拌主机的拌和性能要好、拌和均匀度要高。成品料的色泽应均匀,无灰团、离析、拌和不足或过度等现象;控制系统以实用为主,人机关系友好,并可对生产过程进行自动控制和运行状态的实时监测;设备的养护、维修应方便,平均无故障时间等可靠性指标应高;场地适应能力强,公路工程拌和场地在形状和平整方面不规则,要求稳定土厂拌设备应能进行多种平面布置和高差的调整能力;整套稳定土厂拌设备的拆、装、吊、运等性能应符合公路工程工期紧,转场频繁的特点。

稳定土是路面基层的主要材料。无论是沥青混凝土路面还是水泥混凝土路面,均需要大量的稳定土材料铺设底基层和基层。在公路工程中,稳定土材料的用量约等于公路工程所用沥青混凝土和水泥混凝土材料两者之和。随着我国公路建设和施工技术的发展,二级以上公路已全部采用中心站集中拌和法进行制备稳定土材料。特别是"强基薄面"道路结构体系在我国公路建设中的应用,加大了稳定土的用量,更进一步强化了稳定土集中拌和的重要性。稳定土厂拌设备是中心站集中拌和法制备稳定土的关键设备。稳定土厂拌设备与沥青混凝土拌和设备、水泥混凝土拌和设备并列为公路工程的三大拌和设备,市场需求量排在后两者之前。公路工程的每一标段(平均每五六公里为一标段)至少需要一套稳定土厂拌设备,一条在建的公路沿线工地上需要数十台稳定土厂拌设备。稳定土厂拌设备是有利于企业较快地加入路面机械行业、跻身路面机械领域、进军路面机械市场较理想的项目之一。

1.5.1.2 用途及工作对象

稳定土厂拌设备是路面工程机械的主要机种之一,是专用于拌制各种以水硬性材料为结合剂的稳定混合料的搅拌机组。由于混合料的拌制是在固定场地集中进行,使厂拌设备能够方便地具有材料级配准确、拌和均匀、节省材料、便于计算机自动控制统计打印各种数据等优点,因而广泛用于公路和城市道路的基层、底基层施工,也适用于其他货场、停车场、机场等需要稳定土材料的工程。使用这种方法获得的稳定混合料的施工工艺习惯上称为厂拌法。

1.5.1.3 国内外水平及发展趋势

国外稳定土厂拌设备的研制生产已有较长的历史,经历了由小型向大型、由功能单一到多功能机型、由容积式计量到电子称重计量的发展过程。国际上发达国家生产的厂拌设备已形成系列产品。生产率一般为 200~1 200t/h。其总体布局有整体移动、分部件移动、可搬式、固定式等多种结构形式。集料计量大多采用自动控制的连续称量技术,级配准确且精度高。搅拌器结构随厂家不同而各有特点,但都具有传动合理、适应性强、拌和效率高、使用寿命长和易于保养等优点。同时重视采用计量、防污染、防离析等方面的新技术,并在不断改进和发展。其中的代表公司有德国的 Reich 公司和澳大利亚的 ARAN 公司。

20 世纪 90 年代之前,我国的公路基层材料主要采用路面现场拌和(路拌)的施工工艺。20 世纪 80 年代开始研制稳定土厂拌设备,生产率多在 50~300t/h,自 90 年代初开始,随着我国公路建设的兴起和公路施工技术的发展,镇江路面机械总厂(江苏华通动力重工有限公司的前身)与澳大利亚的 ARAN 公司合资成立了镇江华通阿伦机械有限公司,其生产和技术带动了我国稳定土厂拌设备的全面发展。生产制造厂已从开始的一两家增加为多家,产品的结构形式多为固定式,规格以 300t/h 居多,1998 年已有 500t/h 的厂拌设备推向市场,这些设备在我国公路建设事业中发挥着重要作用。早先国产的稳定土厂拌设备,大都采用组合可搬移或部分部件移动的结构布局形式,产品品种规格较少。近些年来,国内生产稳定土厂拌设备的厂家如同雨后春笋般的发展起来了,其中也有不少厂家致力于技术的开发和研究。国内对大生产能力的搅拌技术的研究也在持续进行,许多厂家投放市场的稳定土搅拌设备最大生产能力已达 600t/h。江苏华通动力于 2003 年投放市场的 WBS650 型最大生产能力已达 650t/h,2008 年研制生产的 WBS800E 稳定土搅拌设备最大生产能力已达 800t/h。将电子称重技术应用于稳定土厂拌设备也就是近两三年的事。江苏华通动力、南方路机、西筑、徐工等公司通过对电子称重技术的研究,借鉴国外先进机型的技术,相继开发了电子称重的稳定土搅拌设备,并初步得到了市场的认可。国产设备基本技术性能一般都能达到施工技术规范所规定的要求,但是在技术性能、外观质量、耐用性、制造精度等方面与国际先进设备相比还存在一定的差距。因此,提高我国产品技术性能及质量、发展新品种、多规格的系列产品及大型化是我国今后开发研究厂拌设备的主要方向。

目前，国内外稳定土厂拌设备总的发展趋势可归纳为以下几点：

1) 细粒料含水率快速连续检测技术

水量的多少对水硬性结合料的力学性能和施工性能有着重要的影响，因此所有的厂拌设备都必须能进行精确的计量和控制。原始材料中含水率受气候影响变化较大，特别是砂料、粉煤灰等细料的含水率变化更大，含水率的变化直接影响到搅拌过程中的供水量和集料级配的准确性，因而，必须及时检测出原材料中的含水率，才能准确控制供水量、供料量，使成品混合料的各项配比保持一定。目前各厂家生产的厂拌设备，几乎都采用连续强制搅拌方式，这就要求厂拌设备的供料系统不仅具有快速检测原材料含水率的能力，而且必须是连续检测，只有这样才能实现有效的自动控制，从而保证成品料的质量。研究和解决细粒料中含水率的快速连续检测技术受到各生产厂家的普遍重视，目前该项技术已取得很大进展，电容式、中子式、红外线等粒料含水率快速连续检测仪即将推向市场。

2) 既能连续又能间歇强制拌和的多用途厂拌设备

为了扩大厂拌设备的使用范围，使厂拌设备不仅能拌制稳定材料，也能拌制各种水泥混凝土混合料，国外一些生产厂家正在研制多用途的厂拌设备。这种厂拌设备具有连续搅拌作业和间歇搅拌作业两种功能。通过控制室操作键盘可方便地转换物料计量程序，实现物料的连续计量与输送或分批计量与输送。在连续计量时，搅拌器中的搅拌桨叶安装角度一致，构成常用的双卧轴强制连续搅拌器，可满足连续生产稳定土材料的需要。在间歇计量时，搅拌器中的几个桨叶通过改变安装角度，能使物料在搅拌器中循环运动，因而变成双卧轴强制间歇搅拌器，其搅拌时间可随意设定，这种分批计量与搅拌的工作方式，能满足拌制水泥混凝土或其他需要长时间搅拌特殊材料的需要。该设备的关键技术在于物料的计量控制技术及特殊搅拌器的多功能特性，目前该种设备还处在研制阶段，预计不久可推向市场。

3) 无衬板搅拌器

搅拌器在工作时由于材料的摩擦作用，其桨叶和衬板必然产生磨损，磨损的程度将随着搅拌速度的增加而增加。因此，提高搅拌器的性能及耐磨性是各生产厂家努力追求的目标之一。近年来，国外一些公司针对稳定土材料的特性和连续搅拌的特点，并结合多年的使用经验，对强制连续式搅拌器进行了大胆改进，取消了衬板，研制成新型无衬板搅拌器。这种无衬板搅拌器的工作原理与有衬板搅拌器基本相同。但是，两者的抗磨原理却截然不同。无衬板搅拌器最大限度地加大了搅拌桨叶和壳体之间的间隙，搅拌器工作时，在该间隙中通常会形成一层不移动的混合料层，此混合料层停留在壳体上起到了衬板的作用，保护着壳体不受磨损，同时也减轻了桨叶的磨损。这种无衬板搅拌器，其壳体一般设计成平底斗型，具有结构简单、加工制造容易等特点，在相同体积的情况下，比有衬板搅拌器的质量轻、造价低、搅拌速度可提高近1倍，因而提高了生产率；混合料拌和效果好，不产生楔住、挤碎等现象。无衬板搅拌器通过试验和使用，已达到了实用阶段，现正被应用于稳定土厂拌设备中。

4) 各主要组成部件的组合搭配

多数厂家生产的稳定土厂拌设备，都由多个总成相互组配而成。因此，在保证设备基本性能的前提下，其部件可以根据用户实际需要进行不同的组合，其总体布局亦可根据用户施工场地的要求而变化。例如，在生产率为300t/h的条件下，根据用户需要，生产厂可提供由2~6个配料斗为一组的配料装置，粉料仓可提供立式料仓或卧式料仓，总体布局可布置成"一"字形或"丁"字形等多种形式。因此，研究和开发结构形式多样、布局更为灵活的厂拌设备，也是各生产制造厂家普遍重视的课题之一。

5) 全电子称重技术的应用

早先的稳定土搅拌设备的物料计量一般采用容积式计量方式，在正式生产前通过标定确定给料机给料速度与给料量的线性关系，生产时通过调整电磁调速电机的转速控制物料的给料量，并通过换算确定物料的供给量。电磁调速电机的速度一定，物料的理论供给量就一定，但是，在实际生产中物料的实际给料量总是会有所波动，所以采用容积计量的稳定土搅拌设备的计量精度不是十分的准确。近年来，通过对全电子称重技术的研究，现已将电子称重应用到稳定土厂拌设备的物料称重。现在的稳定土厂拌设备将物料的一级计量改进为二级计量，一级保留过去的容积计量，二级采用电子称重计量，给料机的电机转速可由变频器自动调节,通过在线自动反馈调节技术,保证了实际供料量与理论供料量的一致,从而将稳定土厂拌设备的配料精度提高了一个台阶。

6) 工业计算机集中控制的技术的应用

稳定土厂拌设备采用 PLC 工业计算机自动化控制技术,实现机、电、仪一体化,可实现全自动、半自动、手动多种操作方式,电脑模拟工艺流程图显示,配料比例设定、调整精确方便,多种配方存储,报表自动打印,满足用户需求。设有安全报警,紧急停车按钮,可迅速关闭总电源,并有强音喇叭报警,保证人身安全。性能更加可靠,操作简单方便。

7) 建立用户联络控制中心

国际上通信技术发展很快,一些厂家便充分利用国际通信网络等先进可靠的通信手段与电子计算机技术,同用户建立直接联系。在生产制造厂家设立控制中心,控制中心的计算机和用户厂拌设备的控制计算机通过国际通信网络联网,用控制中心的计算机能及时查询用户设备的运转情况,亦能方便地调节和改变用户设备的工作状态,及时解决设备在生产中出现的问题,尽可能地为用户提供保障服务,并帮助落后地区或缺乏技术人才的用户尽快掌握厂拌设备的使用技术。目前,这种利用控制中心为用户提供服务的机构在发达国家已经出现,并越来越多地应用于实际。

1.5.2 分类、特点及适用范围

稳定土厂拌设备可以根据主要结构、工艺性能、生产率、机动性及拌和方式等进行分类。

根据生产率大小,稳定土厂拌设备可分为小型(生产率小于200t/h)、中型(生产率200~400t/h)、大型(生产率400~600t/h)和特大型(生产率大于600t/h)4种。

根据设备拌和工艺可分为非强制跌落式、强制间歇式、强制连续式三种。在强制连续式中又可分为单卧轴强制搅拌式和双卧轴强制搅拌式。在诸多的形式中,双卧轴强制连续式是最常用的搅拌形式。

根据设备的布局及机动性,稳定土厂拌设备可分为移动式、分总成移动式、部分移动式、可搬式、固定式等结构形式。

移动式厂拌设备是将全部装置安装在一个专用的拖式底盘上,形成一个较大型的半挂车。可以及时转移施工地点。设备从运输状态转到工作状态时不需要吊装机具,仅依靠自身液压机构就可实现部件的折叠和就位。这种厂拌设备一般是中、小型生产能力的设备,多用于工程分散、频繁移动的公路施工工程。

分总成移动式厂拌设备是将各主要总成分别安装在几个专用底盘上,形成两个或多个半挂车或全挂车形式。各挂车分别被拖动到施工场地,依靠吊装机具使设备组合安装成工作状态,并可根据实际施工场地的具体条件合理布置各总成。这种形式多在中、大生产率设备中采用,适用于工程量较大的公路施工工程。

部分移动式厂拌设备也是常见的一种布局方式。采用这种布局的设备在转移工地时将主要的部件安装在一个或几个特制的底盘上,形成一组或几组半挂车或全挂车形式,依靠拖动来转移工地,而将小的部件采用可拆装搬移的方式,依靠汽车运输完成工地转移。这种形式在中、大生产率设备中采用,适用于城市道路和公路施工工程。

可搬式厂拌设备是我国采用最多的一种布局方式,这种设备将各主要总成分别安装在两个或两个以上的底架上,各自装车运输实现工地转移,再依靠吊装机具将几个总成安装组合成工作状态。这种形式在小、中、大的生产率设备中采用,具有造价较低、维护保养方便等特点,适用于各种工程量的城市道路和公路施工工程。

固定式厂拌设备固定安装在预先选好的场地上,一般不需要搬迁,形成一个稳定材料生产工厂。因此,一般规模较大,具有大、特大生产能力,适用于城市道路施工或工程量大且集中的施工工程。

1.5.3 工作原理及主要结构

稳定土厂拌设备主要由矿料(土、碎石、砂砾、粉煤灰等)配料机组1、集料皮带输送机2、水箱及供

水系统3、搅拌器4、结合料（水泥、石灰）储存配给总成5、成品料皮带输送机6、成品储料斗7、电气控制系统8等部件组成（图1.5-1）。由于厂拌设备规格型号较多，结构布局多样，因此，各种厂拌设备的组成会有所不同。

稳定土厂拌设备的工作流程：把不同规格的矿料用装载机装入配料机组1的各料仓中，输送机2上或直接输送到搅拌器4中；水经流量计计量后直接连续泵送到搅拌器4中；通过配料机组1按规定比例连续按量将矿料配送到集料皮带输送机2上，再由集料皮带输送机2输送到搅拌器4中；结合料（也称粉料）由结合料储存配给总成5连续计量并输送到集料皮带；搅拌器4将各种材料拌制成均匀的成品混合料；成品料通过成品料提升皮带输送机6输送到储料斗8中，或直接装车运往施工工地。

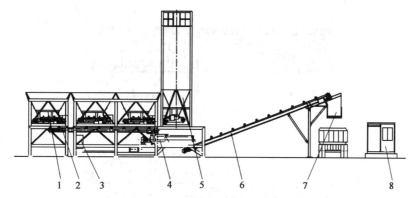

图1.5-1 稳定土厂拌设备结构示意图
1-矿料配料机组；2-集料皮带输送机；3-供水装置；4-搅拌器；5-结合料储存配给总成；6-成品料皮带输送机；7-储料斗 8-电气控制系统

1.5.3.1 配料机组

配料机组一般由几个料斗1和相对应的配给机4、水平集料皮带输送机2、机架3等组成。水平集料皮带输送机放置在配给机下边，将各配给机配出的物料集中送往集料皮带输送机上（图1.5-2）。

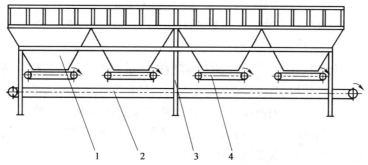

图1.5-2 配料机组结构示意图
1-料斗；2-水平集料皮带输送机；3-机架；4-配给机

料斗由钢板焊成，通常在上口周边装有挡板，以增加料斗的容量；斗壁上装有仓壁振动器，以消除物料起拱现象。料斗上口还装有倾斜的栅网，以防在装载机上料时将粒径过大的矿料装入料斗而影响供料性能。装黏性材料用的料斗内部必须装置有强制破拱器，破拱型料斗一定要装栅网，才能保证安全生产。出料闸门安装在料斗下方，调节开启高度可改变配料皮带输送机的供料量。如果用输送机装料，应该采用高、低料位开关控制，自动保持料斗中合适的料位。每个料斗都进行了优化设计，前后仓板的角度开口是不相同的。料斗底部开口比较大，以确保不起拱，不堵料。

配给机由从动滚筒1、张紧装置2、托辊3、环形皮带4、轴承5、驱动滚筒6、前刮板7、减速机8、联轴器9、电机10、记时轮11、接近开关12等组成（图1.5-3）。配给机的作用是将物料从料斗中带出并对材料计量，每只配给机容积给料量的变化是靠调节皮带速度和手动调节给料门来完成的。每根给料机皮带都由头部滚筒的动力装置直接驱动。皮带的运转是靠调节尾部滚筒上的张紧螺栓来维持。所有的调节必须是少量的,由于这些给料机速度很低,皮带的正确运转将花一些时间才能调好。给料机的侧边和头部滚筒周围,用裙边橡胶带沿着料斗长度方向和料斗尾部将缝隙密封住。一只计时轮装在尾部滚筒。接近开关就装在刚刚稍离开计时轮的位置。当计时轮转动时,接近开关就对所通过的每个齿计数,监控系统利用接近开关的动作,提供详细的各种给料量和总量的速率。对于多数稳定土厂拌设备都由控制台上的数显控制器显示给料机转速,来确定给料量的大小,在电脑上显示给料量的多少及总产量,每个配料机上料斗出口处装有无料报警开关用来检测是否缺料。

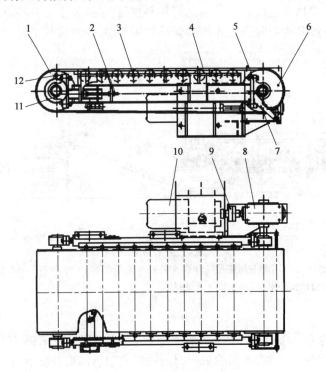

图 1.5-3 配料机结构示意图

1-从动滚筒;2-张紧装置;3-托辊;4-环形皮带;5-轴承;6-驱动滚筒;7-前刮板;
8-减速机;9-联轴器;10-电机;11-记时轮;12-接近开关

配料机其计量方式有容积式和称重式两种。容积式计量方式是用调节料斗闸门的开启高度和调节皮带机转速的方法改变配料的容积量。称重式计量方式是在容积计量的基础上,用电子传感器测出物料单位时间内通过的质量信号,并根据质量信号调节皮带输送机转速。这种方式用质量作为计量和显示单位,因此计量精度高于容积式。称重式计量器形式很多,有电子皮带秤、减量秤、冲量秤、核子秤等。

机架为型钢焊成的框架结构,起支承作用。

在移动式的配料机组中,还应有轮系、制动装置、拖架装置、灯光系统等,必须具备行走功能及保证行驶的安全性。

在我国生产并广泛应用的稳定土厂拌设备中,配料机组多采用容积计量方式,用几个配料机组配而成。每个配料机又是一个完整的独立部分,可根据用户的需要进行组配。斗门的启闭采用手轮操作,齿条传动,开启高度可在 1~200mm 范围内调节,一般最小开启高度应大于所装物料最大粒径的 2 倍。在实际作业中,相应选择斗门开启高度和皮带机转速,并注意调速电机应避免在低于 500r/min 的工况下工作。

1.5.3.2 集料皮带输送机

集料皮带输送机用于将配给机组供给的集料输送到搅拌器中,其结构和工作原理与通用的皮带输送机相同。主要由接料斗、输送带、机架、传动滚筒、改向滚筒、驱动装置、张紧装置、托辊、清扫装置等组成。清扫装置有托辊式、螺旋式、刮板式等,其作用是清除黏附在皮带上的物料。在皮带输送机上方应安装有罩壳,以防止尘土及粉料的飞扬。

1.5.3.3 结合料储存配给总成

结合料储存配给系统的结构分为立式储仓型和卧式储仓型两种形式。其中立式储仓具有占地面积小、容量大、出料顺畅等优点,这种料仓更适合于固定式厂拌设备使用。卧式储仓同立式储仓相比,仓底必须增设一个水平螺旋输送装置,才能保证出料顺畅。但卧式储仓具有安装和转移方便、上料容易等优点,广泛应用于移动式、可搬式等厂拌设备。

1) 立式储仓给料系统

立式储仓给料系统主要由立式储仓1、螺旋输送器2、小料仓3、计量装置4等组成,水泥、石灰等结合料由散装罐车运送到拌和厂,依靠气压输送至立式储仓1中。工作时布置在底部的螺旋输送器2将粉料送到小料仓3中,经计量装置4计量后输送到集料皮带输送机上,或者依靠螺旋输送器2直接输送到搅拌器中(图1.5-4)。

立式储仓1主要由筒体、上料口、出料口、除尘透气孔、上下料位器、支腿等组成。支腿安装在预先准备好的混凝土基础上,并用地脚螺栓连接固定。螺旋输送器2主要由螺旋体(心轴和螺旋叶片)、壳体、联轴器、驱动装置等组成。小料仓3的设置是为了使计量装置在工作时工作平稳,调节幅度小,提高计量准确性。粉料计量装置4可分为容积计量和称重计量两种方式。容积计量主要有两种结构形式,一种是叶轮给料器,一种是澳大利亚ARAN公司的封闭分隔槽式皮带给料机。叶轮给料器主要由叶轮、壳体、接料口、出料口、动力驱动装置等组成。可用改变叶轮转速的方法来调节粉料的输出量。此种计量方式是国内外设备中普遍采用的形式,其结构简单,计量较可靠。ARAN专利产品封闭分隔槽式皮带给料机是一个均匀、连续的计量装置,计量会更加准确,其结构如图1.5-5所示。它包括滑板1、头轮2、尾轮3、环形带4、刮板5、张紧装置9、计时轮6、轴承8、接近开关7等部件。

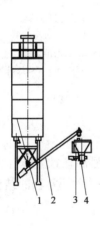

图1.5-4 立式储仓给料系统示意图
1-立式储仓;2-螺旋输送器;3-小料仓;4-计量装置

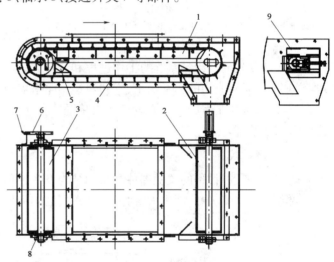

图1.5-5 分隔槽式皮带给料机
1-滑板;2-头轮;3-尾轮;4-环形带;5-刮板;6-计时轮;7-接近开关;8-轴承;9-张紧装置

分隔槽式皮带给料机的工作原理为:粉料由进料口进入给料机,由主动头轮2和从动尾轮3带动环形带4移动,将粉料输送到出料口,张紧装置9用来张紧环形带4,刮板5用来将洒落在环形带4内挡的粉料刮到出料口。因为环形带4可以均匀分隔成很多小的间隔,这样就将传送带分成若干个很小的用于容纳粉料的空腔,粉料通过进料口进入空腔,并在传送带的带动下从出料口输出,因为空腔较小较多,所以粉料在输送时连续且均匀。控制台上的电磁调速电机数显控制器,可显示给料机的转速,由接近开关7测量出记时轮6转过的齿数,确定给料机的转速,通过标定和换算,经系统计算来确定给料量,确定某一转速的给料量。

称重计量一般采用螺旋秤、减量秤等方式,连续动态称量并反馈控制给料器的转速以调节粉料输出量。现有的稳定土厂拌设备的螺旋称重方式主要结构形式如图1.5-6所示。粉料给料机2装在粉斗1的出口上,称重螺旋7的进口与粉料给料机2的出口相连,称重螺旋7安置在称重支架上6上,称重螺旋7通过铰接轴承座5与称重支架6铰接,称重螺旋7上方左端用传感器8挂连。系统工作时,物料先由粉斗进入粉料给料机进行容积计量(一级计量),粉料给料机的称重信号通过计时轮3和接近开关4传给PLC控制器,然后物料进入螺旋输送机,物料通过螺旋在输送的同时进行称重,传感器将物料的质量信息传递到称重仪表换算成给料量(二级称重计量),PLC控制器调节变频器的工作频率,控制给料机电机的转速,从而控制给料机的给料量,粉料换算的依据来源于标定数据,因此,标定数据是否准确直接影响到粉料的计量精度。当实际值与目标值有误差时,系统自动调节变频器,使两值尽量接近。计量后的粉料通过螺旋输送机直接进入拌缸。

2) 卧式储仓给料系统

卧式储仓给料系统的结构布局形式较多,主要有移动式和可搬式两种。其结构主要由机架1、仓体2、底部的水平螺旋输送器3、斜螺旋输送器4、计量装置5等组成(图1.5-7)。

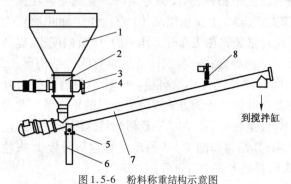

图1.5-6 粉料称重结构示意图
1-粉斗;2-粉料给料机;3-记时轮;4-接近开关;5-铰接轴承座;6-称重支架;7-称重螺旋;8-称重传感器

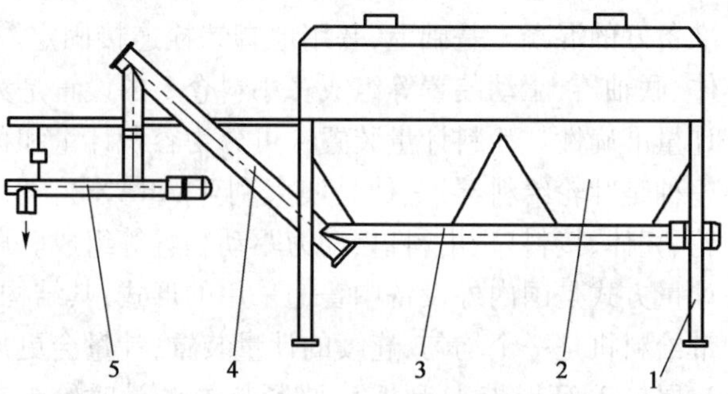

图1.5-7 卧式储仓给料系统示意图
1-机架;2-仓体;3-水平螺旋输送器;4-斜螺旋输送器;5-计量装置

卧式和立式储仓给料系统的工作过程和计量方式基本相同。卧式储仓的底部设有一个水平螺旋输送器,其功能是将仓内的粉料送出,它和斜螺旋输送器组成粉料供给机构。为减少仓内粉料对螺旋的压力,在仓体底部水平螺旋的上方设有承压装置。在仓体壁上装有数个仓壁振动器,防止粉料起拱,以保证供料的连续性。

1.5.3.4 搅拌器

搅拌器是厂拌设备的关键部件。它的结构有多种形式,其中双卧轴强制连续式搅拌器具有适应性强、体积小、效率高、生产能力大等特点,是常用的结构形式。图1.5-8是这种搅拌器的结构示意图。

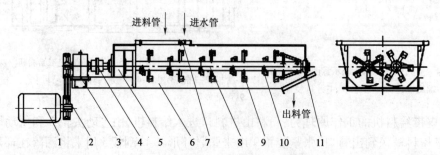

图1.5-8 双卧轴强制连续式搅拌器示意图
1-电机;2-皮带传动系统;3-减速机;4-联轴器;5-齿轮箱;6-壳体;7-喷水装置;8-搅拌轴;9-搅拌臂;10-桨叶;11-轴承座

双卧轴强制连续式搅拌器主要由电机1、皮带传动系统2、减速机3、联轴器4、齿轮箱5、进料口、出料口、盖板(图上未画出)、壳体6、喷水装置7、搅拌轴8、搅拌臂9、桨叶10、轴承座11等组成。这种搅拌器的工作原理为:级配料和粉料从进料口连续进入搅拌器,搅拌器的双轴由里向外作相反方向转动,带动桨叶旋转。在桨叶的作用下,各种级配料和水快速掺和。桨叶沿轴向安装成一定角度,使物料沿轴向和横向快速移动拌和,到达出料口时已被搅拌成均匀的混合料并从出料口排出。有些厂拌设备的桨叶与搅拌轴的安装角度是可以调节的,以适应不同工况的要求。

搅拌器壳体通常做成双圆弧底型或平底斗型,由钢板焊制而成。双圆弧底型的搅拌器为保证壳体不受磨损,在壳体内侧装有耐磨衬板。

搅拌轴可用方形或六方形钢管等制成。搅拌臂用螺栓连接或焊接在搅拌轴上。桨叶用螺栓固定在搅拌臂上,也有在桨叶和搅拌臂之间加装桨叶座的结构形式。搅拌桨叶有方形带圆角、矩形等各种形状。

搅拌器的驱动系统结构形式多样,可归纳为如下几种形式:

电动机→减速器→链轮→搅拌轴;

电动机→皮带轮传动→减速器→联轴器→搅拌轴;

电动机→液压泵→液压马达→齿轮减速器→搅拌轴;

电动机→蜗轮蜗杆减速机→搅拌轴;

电动机→液压泵→液压马达→皮带轮传动→锥齿轮传动→搅拌轴;

发动机→分动箱→液压泵→液压马达→齿轮减速器→搅拌轴;

双轴搅拌器必须保证双搅拌轴同步旋转。在大型或特大型设备中。搅拌器的驱动采用双电动机经涡轮涡杆减速后驱动搅拌轴的传动方式。而链传动是常用的较可靠的传动方式,在厂拌设备中广为采用。图 1.5-9 是采用链传动搅拌器的传动示意图。

随着液压技术的发展,液压技术在稳定土厂拌设备搅拌器传动系统中的应用逐渐增多,图 1.5-10 所示是液压传动形式搅拌器传动示意图。

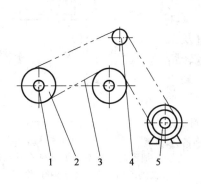

图 1.5-9 链传动搅拌器传动示意图
1-搅拌轴;2-被动链轮;3-链条;4-张紧轮;5-动力及减速机

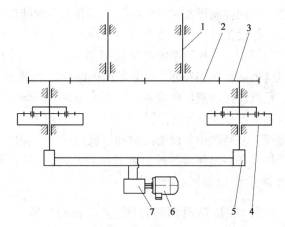

图 1.5-10 液压传动搅拌器传动示意图
1-搅拌轴;2-大齿轮;3-小齿轮;4-行星减速器;5-液压马达;6-电机;7-液压泵

1.5.3.5 供水装置

供水装置是厂拌设备的必要组成部分,由水箱、管路、水泵、调节阀、流量计、喷嘴或喷孔和管路等组成。供水量的控制调节有手动和自动控制两种形式。采用手动控制调节方法时,预先操作调节阀以达到一定的供水流量,再根据生产中成品料检验的结果,再次精确调节供水流量。采用自动控制调节方法时,在控制器上按预先设定的供水流量进行操作,作业过程中依据矿料中的含水率及矿料量的变化自动调整供水流量。这种自动检测和调节的方式较为先进,能保证成品料中的含水率的恒定。

1.5.3.6 成品料皮带输送机

成品料皮带输送机是将搅拌器拌制好的成品料连续输送到储料斗中,以备运输车辆装载并运到工地。此皮带输送机与通用皮带输送机的工作原理和结构形式相同,故不做详细叙述。在有些厂拌设备中,采用搅拌器和储料斗安装在一起的结构形式,则不设此皮带输送机。

1.5.3.7 储料斗

储料斗是厂拌设备的一个独立部分,其功能是在运输车辆交替或短时间内无运输车辆时,为使设备连续工作将成品料暂时储存起来。其结构形式有多种,常见的有储料斗直接安装在搅拌器底部,有悬挂在成品材料皮带输送机上,还有的带有固定支腿安装在预先设置好的水泥混凝土基础上等。为了防止在卸料时混合料产生离析现象,需控制卸料机高度。卸料高度越大时,其离析现象越严重,因此有些设备的储料斗设计成能调节卸料高度的结构形式。储料斗的容积通常设计成 $5 \sim 8 m^3$ 的储量,设计悬挂式等其他形式料斗的容积时,其容量不能过大。使用小容量储料斗的厂拌设备时,运输车辆的调度等生产组织管理必须要精确安排,否则会发生停机等车的现象。

1.5.3.8 液压系统

液压系统专门用来控制储料斗门的开、关。可以使门定时自动开和关,也可以根据运输车辆运行情况,随时进行手动控制。

液压系统主要由油箱1、滤清器2、油缸3、电动机4、溢流阀5、电磁换向阀6、油缸7等组成,图1.5-11为液压系统原理图。

也有的厂家采用气缸控制储料斗门的开、关,其控制原理与液压系统是一样的,只是液压改为气动,故不再详细叙述。

1.5.3.9 电气系统

电气系统主要包括控制系统、电源、各执行电气元件及电气显示系统。不同控制形式的电气控制系统有不同的结构组成。

厂拌设备的控制系统形式主要有计算机集中控制和常规电气元件控制两种。在控制系统的电路中都设有过载和短路保护装置及工作机构的工作状态指示灯,用来保护电路和直接显示设备的运转情况。凡自动控制型厂拌设备的控制系统,一般都装置有自动控制和手动控制两套控制装置,操作时可自由切换。任何形式的控制系统都必须遵守工艺路线中各设备启动和停机的程序。为确保操作安全性,有些厂拌设备在搅拌器盖板上装有位置开关,盖板打开时,整个设备不能启动工作,以保证安全生产。

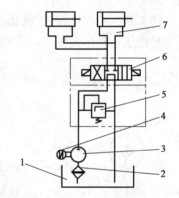

图1.5-11 液压系统原理图
1-油箱;2-滤清器;3-油缸;4-电动机;5-溢流阀;6-电磁换向阀;7-油缸

1.5.4 选型原则与步骤、主要参数计算

1.5.4.1 总体设计

稳定土厂拌设备的总体设计,首先要确定主参数——生产率。主参数的确定应按照稳定土厂拌设备生产系列的有关规定选取。主参数确定后,再根据施工技术规范的需要及我国公路和铁路运输标准确定总体布局结构形式。为了降低生产成本与解决配件供应,要在设计中贯彻系列化、通用化、标准化方针。为了使所设计的产品技术性能具有一定的先进性,要充分掌握国内外同类产品的技术资料,对已有设备的使用进行广泛的调查研究,尽可能采用新技术、新结构、新材料、新工艺,同时还应注意设备的经济性、可靠性、耐久性、使用安全性、维修方便性,以及对设备操作的舒适性等作充分的分析和研究。

在设备的主要技术参数确定以后,即应着重分析和制订具体的结构方案,主要包括设备总占地面积、各总成几何尺寸、设备总质量等。这些基本参数在设计时,必须符合设计任务书的要求。总体设计时,厂拌设备的主要性能、级配料精度、供水流量精度、拌和质量等要进行多种方案的分析比较,选择先进可靠的设计方案,并进行经济性论证,以使设计具有先进性、可靠性和经济性。

1.5.4.2 配料机组

在设备生产率确定后,便可根据工程的实际需要和施工技术规范的要求设计配料机组。配料机组是由单个配料机组合而成的,一般情况下,配料机组由 2~4 个配料机组成。

配料机上部料斗的装载高度及料斗宽度在设计时应和装载机的实际使用宽度与最小装载高度相匹配。料斗的容积依据装载机的生产率、总体布局和设备的生产率等情况而定。配料机的几何尺寸如图 1.5-12 所示。

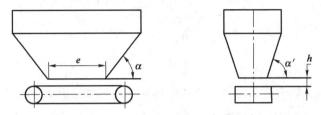

图 1.5-12　配料机几何尺寸示意图

为了保证物料在料斗中能沿斗壁自由下滑,料斗斗壁与水平面的夹角(α,α')应大于或等于斗壁与水平面的最小夹角 α_{min}。最小夹角 α_{min} 是由物料和斗壁的物理特性决定的。

$$\alpha_{min} = \arccos\sqrt{\sqrt{4f^4+1}-2f} \tag{1.5-1}$$

式中:f——物料与斗壁的摩擦系数。

对于稳定土厂拌设备,一般夹角 α 应不小于 50°。

配料机最大生产率 Q_{max} 用下式计算:

$$Q_{max} = 3\,600 S v_{max} \eta q \tag{1.5-2}$$

式中:S——出料口面积,m^2;

　　v_{max}——皮带配给机最大线速度,m/s;

　　η——容积效率;

　　q——物料密度,t/m^3。

皮带配给机驱动功率 N 用下式计算:

$$N = \left(\frac{K_3}{\eta_{总}}\right)(N_1 + N_2 + N_3) \tag{1.5-3}$$

式中:K_3——安全系数,对于厂拌设备,一般取 $K_3 = 1.05\sim 1.2$;

　　$\eta_{总}$——传动总效率;

　　N_1——驱动滚筒的功率,kW;

　　N_2——弦板阻力所消耗的功率,kW;

　　N_3——皮带上运动物料与上部物料间摩擦阻力所消耗的功率,kW。

驱动滚筒的功率用下式计算:

$$N_1 = \left(\frac{Q_{max}}{300}\right)(0.2H + A) \tag{1.5-4}$$

式中:A——滚筒中心距,m;

　　H——提升高度,m。

弦板阻力所消耗功率用下式计算:

$$N_2 = 10h^2 eqvfu \tag{1.5-5}$$

式中:h——出料门开口高度,m;

　　e——弦板计算长度,m(图 1.5-12);

　　q——物料密度,t/m^3;

v——皮带配给机线速度,m/s;
f——物料与斗壁的摩擦系数;
u——侧压系数:

$$\mu = (v+1.2)/1+\sin\varphi$$

式中:φ——物料内摩擦角。

或根据经验取 $u = 1 \sim 1.18$。

克服皮带上运动物料与上部物料间摩擦阻力所消耗的功率用下式计算:

$$N_3 = \frac{Gu}{400} \tag{1.5-6}$$

式中:G——上部物料质量,kg。

皮带输送机带速的选取、带宽和传动系统的计算等可按一般皮带输送机计算方法选取与计算。

1.5.4.3　双卧轴强制连续式搅拌器主要参数的确定及计算

搅拌器的性能直接影响着稳定材料的拌和质量。理论研究和试验表明,混合料在搅拌器中存在着沿搅拌轴横向和纵向的强烈复合掺和运动,而且只有在向混合料喷洒水的状态下,才能发生最快的搅拌过程。

混合料的拌和质量用所含各种材料在总容积中均匀分布的程度来表示,它是评价搅拌器性能的重要指标。在搅拌器中,各种材料均匀分布的速度,取决于搅拌桨叶旋转的线速度、桨叶沿搅拌轴轴向的安装角度、两搅拌轴的中心距、桨叶的形状等参数。成品料的质量还和搅拌时间的长短、搅拌器容量等参数有关。因此,研究和分析搅拌器形状及参数对于功率消耗、混合料质量、搅拌器使用寿命等有着重要的意义。

1)搅拌器性能参数的确定

(1)生产率。生产率是依据稳定土厂拌设备总体方案确定的,在设计搅拌器时为已知条件。

(2)搅拌桨叶的旋转线速度。桨叶旋转线速度是指桨叶旋转时端部的最大线速度。桨叶线速度是搅拌器工作的重要技术参数,在一定范围内提高桨叶线速度,可加速混合料的拌和过程,减少搅拌时间。在一定容量的搅拌器中,增大桨叶线速度,可提高搅拌器的生产能力。依据理论分析、实际使用经验及国内外有关资料,桨叶端部线速度为 $1.5 \sim 2.0$ m/s 时有良好的搅拌效果。当线速度过高时,在搅拌器衬板和桨叶端部之间的间隙中可能会产生碎石楔住现象。这种现象一旦发生,必将增加功率的消耗,加快桨叶和衬板的磨损。

(3)桨叶相对搅拌轴的安装角度的选择。桨叶在搅拌器中转动时,将推动混合料作纵向和横向的移动,达到均匀拌和的目的。合适的桨叶安装角度可以使混合料得以被强烈地横向掺和和纵向掺和,即被强烈地拌和。若桨叶的安装角为 $0°$,物料仅发生横向的拌和作用,而无纵向(轴向)的移动,因而达不到连续拌和的目的。若桨叶的安装角增大到 $55°$,虽然加大了混合料沿搅拌轴轴向移动的速度,而横向的掺和拌和作用则减小了。因此最佳的安装角度应是保证在最短的时间内达到横向和纵向的最有效的拌和。桨叶安装角度一般为 $31° \sim 45°$。

(4)拌和时间。拌和时间的长短直接关系到搅拌器的生产率。因此,确定搅拌时间的原则应是,在符合施工规范要求的条件下,使集料拌和均匀所需的拌和时间最短。图1.5-13是拌和时间与均匀性关系的试验曲线。拌和时间是依据搅拌桨叶线速度、桨叶安装角度、搅拌器几何尺寸等参数决定的。在初步设计时,可以参照由试验所得拌和时间与均匀性的关系曲线来选取,也可用类比法参照国内外同类产品选取拌和时间。通常拌和时间取 $15 \sim 20$s 就能达到施工要求。

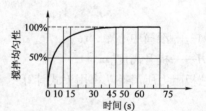

图1.5-13　拌和时间与均匀性关系曲线图

(5)搅拌器的有效容积。搅拌器的有效容积是指在搅拌器中搅拌桨叶能够翻动搅拌到的容积。此容积和搅拌器的桨叶形状、安装角度及搅拌器的几何形状参数等有关。设计时可根据生产能力和混合料的材料特性及拌和时间确定搅拌器应有的最小有效容积,按下列公式计算:

$$U = \frac{Qt}{3\,600q_c} \tag{1.5-7}$$

式中:U——搅拌器应有的有效容积,m^3;

　　Q——搅拌器生产率(即设备生产率),t/h;

　　t——拌和时间,s;

　　q_c——混合料密度(松方),t/m^3。

2)搅拌器主要几何尺寸的确定

(1)搅拌桨叶旋转半径 R

搅拌桨叶旋转半径关系到整个搅拌器的结构形状,设计时可参照下列公式计算:

$$R = \sqrt[3]{\frac{U}{10n\beta}} \tag{1.5-8}$$

式中:U——搅拌器应有的有效容积,m^3;

　　n——搅拌器壳体形状系数,$n = 0.7 \sim 1.4$,通常取 $n = 1.1 \sim 1.4$;

　　β——充满系数,通常取 $\beta = 0.8 \sim 1.0$。

搅拌桨叶的旋转半径除按上列公式计算外,还可根据经验或类比同类产品确定。但是,应该注意的是,桨叶旋转半径小时,为保证搅拌器的有效容积,则搅拌器的最终形状应是窄长形,反之,则搅拌器的最终形状是短宽形,设计时须对参数进行优化选择,合理的形状才能达到最佳效果。

(2)搅拌器两搅拌轴中心距 c

双轴中心距可按下式计算:

$$c = 2R\cos\theta \tag{1.5-9}$$

式中:R——桨叶旋转半径,m;

　　θ——搅拌轴中心和壳底弧线交点连线与水平线的夹角,°。

当 R 等于常值时,θ 角越小,则中心距越大,反之亦然。混合料在搅拌器中的横向交换掺和是随 θ 角的增加而提高的,而混合料各成分均匀分布所需的时间则随 θ 角的增加而减小。因此,合理的 θ 角才能保证最佳拌和效果。在实践中,θ 角取 $40° \sim 50°$,当 $\theta = 40° \sim 50°$ 时,$c = (1.53 \sim 1.41)R$。

(3)搅拌器壳体宽 b_k

参见图1.5-14,搅拌器壳体宽 b_k 按下式计算:

$$b_k = 2R + c + \frac{2\Delta R}{1\,000} \tag{1.5-10}$$

式中:ΔR——桨叶和壳体之间的间隙,mm,通常 $\Delta R = 3 \sim 7\,mm$。

(4)搅拌器长度 L_k 搅拌器的长度是关系到搅拌时间、拌和质量和功率消耗的一个重要参数。在其他几何参数确定的条件下,搅拌器长度可由搅拌器应有的有效容积来确定。

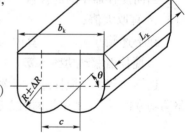

图1.5-14　搅拌器几何示意图

参见图1.5-14,搅拌器长度可参考下列公式计算:

$$L_k = \frac{U}{S_1 + S_2} \tag{1.5-11}$$

式中:S_1——在搅拌轴以下混合料占有的截面面积,m^2;

　　S_2——在搅拌轴以上混合料占有的截面面积,m^2。

在搅拌轴以下的混合料占有的截面面积按下式计算:

$$S_1 = R^2\left[\pi - 0.5\left(\frac{\pi\theta}{90} - \sin2\theta\right)\right]$$

式中：θ——如图1.5-14所示的夹角，当 $\theta = 40° \sim 45°$ 时，$S_1 = (2.85 \sim 2.93)R^2$。

在搅拌轴以上混合料占有的截面面积按下式计算：

$$S_2 = E(2R + c)$$

式中：E——在搅拌过程中假设混合料在搅拌轴以上占有的平均高度。

E 值是随着桨叶的形状和尺寸以及桨叶线速度和安装角的改变而变化的，必须通过试验才能确定。在初步设计时可按下列经验公式计算：

$$E = \left(\frac{1}{4} \sim \frac{2}{5}\right)R \tag{1.5-12}$$

注意：在以上计算中，没有将搅拌轴、桨叶、搅拌臂所占的体积计算在内。

(5) 一根搅拌轴上的叶片对数 Z_L

图 1.5-15 为计算叶片对数的示意图。

在一根搅拌轴上安装的桨叶对数可按下式计算：

$$Z_L = \frac{L_k - 2l_1 - b\cos\lambda}{b\cos\lambda + e} \tag{1.5-13}$$

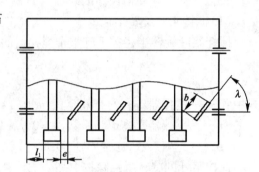

图 1.5-15 搅拌轴上叶片对数计算示意图

式中：L_k——搅拌器长度，m；

l_1——搅拌轴两头桨叶和搅拌器端壁间的间隙，mm，通常取 $l_1 = 7 \sim 10$ mm；

e——两相邻桨叶侧缘间（沿轴方向）的间隙，mm，一般取 $30 \sim 45$ mm；

b——叶片宽，mm；

λ——桨叶相对搅拌轴的倾角，通常 $\lambda = 31° \sim 45°$。

从国内外生产的搅拌器来看，桨叶的形状很多，宽度 b 变化也很大，没有一个固定的计算方法可循。当桨叶宽度小时，相对的桨叶个数就多，反之亦然。设计选择桨叶宽度易可以参照间歇式沥青混凝土搅拌器设计方法中桨叶宽度的计算公式选取：

$$b = (0.42 \sim 0.57)R$$

当向搅拌器中的混合料采用自流供水或较小压力喷水时，因雾化较差，b 宜取小值；当水压大，雾化好时，b 宜取大值。

在上述桨叶对数的计算中，如果桨叶对数 Z_L 不是整数，则应修整 e 和 b 或 L_k，使 Z_L 成为整数。

3) 搅拌器驱动功率计算

连续式双卧轴搅拌器和间歇式双卧轴搅拌器在阻力形成机理及驱动方式上有着相同之处，因而对驱动功率的计算，采用相同的方法进行即可。驱动功率 N 按下式计算：

$$N = 2Z\frac{q\sigma\omega^3 b}{400\eta}(R^2 - r^2) \tag{1.5-14}$$

式中：N——驱动功率，kW；

Z——桨叶数量；

σ——系数，由试验确定，在很大程度上取决于搅拌轴转速；当转速 $n = 60 \sim 70$ r/min 时，σ 取 6；当转速 $n = 70 \sim 80$ r/min，σ 取 5；

q——混合料密度，kg/m³；

ω——搅拌轴旋转角速度，s⁻¹；

b——桨叶宽度，m；

R——桨叶最大旋转半径，m；

r——桨叶内侧最小旋转半径,m;

η——传动系统总效率。

搅拌器驱动功率计算也可依据搅拌器中混合料量 M_z 用经验公式进行计算,同样可得到较为满意的结果。

当 $M_z \leqslant 1400\text{kg}$ 时,用下列经验公式计算:

$$N = \frac{v_L}{2.3} 0.0353 M_z \qquad (1.5\text{-}15)$$

为 $M_z > 1400\text{kg}$ 时,用下列经验公式计算:

$$N = \frac{v_L}{2.3}(29.1 + 0.0173 M_z) \qquad (1.5\text{-}16)$$

式中:M_z——搅拌器中混合料质量,kg;

v_L——桨叶端部线速度,m/s。

1.5.4.4 无衬板双卧轴搅拌器结构简介

无衬板搅拌器与有衬板搅拌器主要结构基本一样,由搅拌轴、搅拌臂、搅拌桨叶、壳体、盖板、轴承、动力、传动系统、机架等组成。两者在结构上最大的差别是:无衬板搅拌器的壳体一般设计成平底斗型,内侧不加衬板,且桨叶和壳体之间留有相当大的间隙(图1.5-16)。

无衬板搅拌器是在有衬板搅拌器的技术基础上发展起来的,因而,在设计时其参数的确定及计算方法可参照有衬板搅拌器的方法进行。

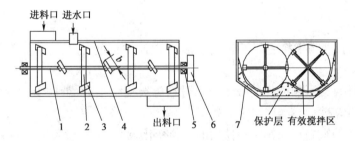

图1.5-16 无衬板搅拌器结构示意图
1-搅拌轴;2-搅拌臂;3-搅拌桨叶;4-盖板;5-轴承;6-驱动系统;7-壳体

工作过程中,两根搅拌轴由输入端上的两只齿轮保持同步,保证各叶片动作正确,互不干涉。在搅拌刀和腔体内壁间留有足够的间隙,开始工作时"先过料",搅拌材料填充搅拌刀旋转轨迹和腔体内壁之间的间隙,填充料在搅拌死区不参加搅拌也不形成物流,这样,就避免了材料的流动对搅拌缸内壁的磨损。

1.5.5 使用技术

稳定土厂拌设备在正常使用前,应装备好与本设备生产相配套的装载机械(一般为ZL30以上规格的装载机或数台皮带输送机,用于运输粉料的散装水泥罐车等)和成品料运输车辆,备好充足的物料,以保证设备能连续高效地工作。

1.5.5.1 场地的布置

稳定土厂拌设备可根据施工现场的实际情况作比较灵活的布置。但在安装前,场地应平整完好,并进行压实,同时按放出的大样位置(大样应保留至设备安装完成后),预先做好各组件的支承基础,对混合料储仓和粉料供给系统的混凝土墩台要留好地脚螺栓的二次灌浆孔。同时,要注意以下问题:

(1)设备的安装地基要选在开阔处,以便缩短装载机的上料周期。同时,也可保证成品料运输车辆调头便利、畅通有力而互不干涉。

(2）预制地基时，要保证其平整度和各尺寸要求，以使设备安装牢固、搭接合理。因为地基质量的好坏会影响到设备的正常工作和使用质量。

(3）根据场地大小、原始物料的堆放情况及装载机的配置情况，来决定配料机组的上料侧。

(4）为方便装载机的上料，在配料机组的上料侧宜设置上料坡墩，其与配料机组间应保留一能自由出入的巡视通道，以便于设备与运行中的巡视、维修和保养。同时，在上料坡墩与配料机组间应搭设防护栅栏，以避免装载机上料时撒落的物料堆积后，对集料皮带机的正常运行带来不利影响。

1.5.5.2 操作与管理

厂拌设备应由专人操作，人员必须经过技术培训，严格操作规程，以免发生机械故障和人员安全事故。

设备在使用前应分别对各部件进行单独的启动和停机试验，检查运转是否正常，并用自动控制操作其空运转，检查各部件的顺序联动情况，在设备整体运转正常后才能进入正常生产作业。

无自动快速检测细粒料含水率装置的厂拌设备在开工前应预先对细粒料进行抽样检测，根据测出的集料含水率，控制调节整个搅拌过程中的供水量。在生产过程中，成品料应及时进行取样分析，检查混合料级配及含水率的均匀性。通过取样分析后，再精确调整配料量和供水量。在正常生产过程中，为保证稳定材料的质量，须经常进行取样分析并及时调整。厂拌设备的生产量要根据设备的额定生产率和实际施工需要及设备配套组织情况决定，尽量保证设备能在连续工作情况下进行作业。用无衬板搅拌器作业时，应特别注意生产能力的控制，其生产能力应不小于额定生产率的50%，否则不能保证拌和质量。

1.5.5.3 现场管理

在计划现场施工时，要考虑接受以下建议和要点，以使在布置安排、材料控制方面取得最大效益。

1）骨料

(1）骨料的一致性直接影响搅拌的效果。如骨料等级变化很大，就应考虑用分选筛将骨料按大小分组，并去掉过分大的骨料。

(2）如果设备使用的材料与在标定中使用的材料变化较大，那么设备的计量就不精确。因此，新的材料就必须重新进行标定，以保持混合料配比的精确性。

(3）必须连续检测堆放的骨料湿度。如雨落在骨料堆上，那原先所计算的水含量就很有可能不正确，要及时改变含水率参数和改变供水量。同时，装载机的操作工人在装载这些骨料时，要使材料的湿度尽量保持均匀。

(4）浮渣或过大材料必须清除。记住该搅拌设备不是破碎机，不能破碎过大的材料，事实上可能会损坏机器。

(5）有些骨料非常尖，会过分磨损设备，要考虑在现场要备有骨料斗的橡胶挡板备件，以防止骨料斗漏料。

2）细料

细料的湿度可能会大大影响材料的含水率。要注意湿度的变化，并相应地校正供水量。

3）粉料

(1）使用不同的粉料时，每一种粉料的密度都不一样，粉仓所装粉料的质量也各不相同，因经必须重新进行标定。

(2）有些粉料由于刚出厂，在送入粉仓时非常热，会影响成品料的质量，要注意温度不能太高。

(3）要始终确保粉料软接口部位的防水性能。

(4）如运输粉料的距离太远，就要考虑现场另增加辅助粉仓。

(5）在泵送粉料时应注意，若粉仓压力过大会增加泄漏。

4）水

(1) 计算出设备满工作状态时所要求的用水量，要保证水量的供应。

(2) 如水质不好，则需增加过滤环节。

(3) 在特别气候下，要注意水温。该搅拌设备不能使用有冰碴的水。

5）车辆进出

(1) 要保证最短的装料换车时间。

(2) 要保证原材料的连续供应。

(3) 如交通量很大的话，需要维修保养道路，使道路状况良好。

6）储存的堆料

(1) 堆料必须放在接近设备的地方，以减少装载机的运输时间。

(2) 在确定堆料存放的位置时，要确保车辆的行驶路线。

(3) 不要将堆料放在排水的地方，以免发生问题。

1.5.5.4 物料的标定

标定的含义，简单地说，就是要通过试运行，确定各种材料的输出率（通常是 t/h）。对各种材料分别称量和计算，获得生产一定混合比稳定土材料时各调速电机的运行转速。

每只给料机上有一个计时轮，安装在给料机尾筒处。给料机转动，开关就探测每个转过去的齿，并将脉冲数送到控制系统。虽机型不一，但所有给料机的标定的基本原理是一样的。

设备的控制和监测系统来自设备的反馈，并把这些信息以生产速率的方式，将给料机总输出值连续显示出来，并计算出所有材料的总量。这些信息数据的大部分都可打印出来，使用这些选项，就可进行设备输出管理。

1）骨料标定

此标定的目的是为了建立骨料皮带给料机的输出率（t/h）与给料机转速之间的关系。标定过程是确定每产生 1t 物料给料机所发生的转速，得出"平均系数"，计算给料机的输出率。

准备工作：一辆敞顶卡车，净载荷至少 5t，一台可精确称重上述卡车加上骨料样品的地磅，测算材料湿度的测量设备。

(1) 在系统控制仪表盘上选择要标定的给料机，确定料门高度。（注意：在标定后，料门高度不可改变，此高度一有改变，就会使标定数据失效。）

(2) 在系统接受样品前，将骨料预先通过拌缸，这有两个用处：一是将物料引到给料机皮带前端，二是物料可铺在拌缸内，填补缝隙，这能保证称重的物料转数所代表的物料。

(3) 将卡车放在卸料输送机的排料端下面，开始进行标定。

(4) 按下所选择的给料机起动记时，在有充足的材料通过之后，按下"给料机停止"按钮，记下运转时间。（注意：在每次标定过程中，不允许改变转速。）

(5) 保证通过拌缸的所有物料都进入卡车，任何泄漏都会使此次标定无效。

(6) 当给料机被停止时，让拌缸和卸料输送机继续运转直到所有离开卸料皮带。

(7) 在卡车上取一小份骨料样品（比如 1kg），做湿度测定，记录下含水率。

(8) 装卡车开到地磅处，称重，确定样品的净质量。

(9) 计算样品干燥质量。

$$Q = 净质量(t)/(1 + 含水率)$$

(10) 转换系数：

$$Y_1 = 运行转速(r/min) \times 运转时间(min)/干燥质量(t)$$

(11) 从低速到高速范围中，重复 (3)、(4)、(5)、(6)、(7)、(8)、(9)、(10) 步骤四次。

(12) 计算平均转换系数：

$$Y = (Y_1 + Y_2 + Y_3 + Y_4)/4$$

(13)计算给料机给料量(t/h)：
$$W = n \times 60/Y$$

据上式可绘制出表示物料转速—给料量之间关系的 n-W 直线图,或将系数输入计算机。

2)粉料标定

此标定的目的是为了建立粉料给料机的输出率(t/h)与给料机转速之间的关系,标定过程是确定每产生1t物料时,给料机所发生的转速,得出平均转换系数,计算给料机的输出率。

准备工作:两只40~50L的料斗或布袋,一台最小称重为60kg的磅秤。

(1)将两只粉料滑槽从搅拌缸上移出,引到出口下的两只料斗。

(2)低速启动粉料给料机,当有少量的粉料到料斗中时,关闭粉料给料机,倒除料斗中的粉料。

(3)在某一转速下启动粉料给料机开始标定,当料斗中的粉料达到容积的3/4时,关闭给料机,并记下运转时间。在每次标定过程中,不允许改变转速,不允许物料泄漏,否则标定将无效。

(4)称出料斗的粉料质量,计算转换系数：
$$Y_1 = 运行转速(r/min) \times 运转时间(min)/样品质量(t)$$

(5)从低速到高速范围中,在不同的转速下,重复(3)、(4)、(5)步骤四次。

(6)计算平均转换系数：
$$Y = (Y_1 + Y_2 + Y_3 + Y_4)/4$$

(7)计算给料机给料量(t/h)：
$$W = n \times 60/Y$$

根据上式,绘制粉料 n-W 直线图,或将系数输入计算机。

3)供水标定

该标定的目的是确定供水量(t/h)与泵轴转速之间的关系。

准备工作:标定软管,一只敞顶的200升水桶,该水桶无泄漏,一台足够大的磅秤。

(1)将标定的软管接到供水系统的测试口上,水桶水平放在软管下。

(2)在某一转速下启动水泵电机,开始标定,水桶中的水快溢满时关闭水泵电机,并记下运转时间。(注意:在每次标定过程中,不允许改变转速,不允许水泄漏,否则标定将无效。)

(3)称出样品的质量。计算转换系数。
$$Y_1 = 泵轴转速(r/mim) \times 运转时间(min)/样品质量(t)$$

(4)从低速到高速的范围中,重复(2)、(3)、(4)步骤四次。

(5)计算平均转换系数。
$$Y = (Y_1 + Y_2 + Y_3 + Y_4)/4$$

(6)计算供水输出率(t/h)。
$$W = n \times 60/Y$$

(7)根据上式绘制水 n-W 直线图,或将系数输入计算机。

(8)供水系统根据混合料配比加水时,必须扣除骨料中的含水率。

1.5.5.5 维修保养

厂拌设备应注意以下几点维修保养技术：

(1)发电机、电动机、减速器、振动器、液压元件等外购件,按其出厂说明书的规定进行日常保养。液压系统应按液压有关规定进行日常保养。

(2)搅拌器、各种皮带输送机(包括计量皮带机)、螺旋输送机的各轴承处,每星期应进行润滑保养,每工作300h拆开检查,更换新润滑脂。

(3)对于链传动搅拌器驱动系统,每星期应打开链条箱盖,在链条上涂适量的润滑脂。每工作300h清洗链条一次。

(4)每班工作完后,应打开搅拌器上盖,检查搅拌臂和桨叶的紧固情况,发现有螺帽松动情况应及时拧紧,以免搅拌臂或桨叶脱落,造成事故。

(5)每周应清洗和调整各皮带输送机的张紧装置各一次,并涂上新的润滑脂。

(6)每班工作结束后,应清洗或清除设备中各处的黏附物料,卸空成品料储仓中的混合料,以免物料黏结硬化,影响设备的正常工作。

(7)搅拌桨叶及衬板的工况恶劣,磨损严重,当桨叶磨损到面积不足原来的2/3时,衬板磨损到不足原来厚度的2/3时,必须更换新配件。

(8)严格按照各自的使用维修保养说明书的有关规定进行日常维修保养。

1.5.6 主要生产厂家典型产品及技术性能和参数

1.5.6.1 徐工集团XC800稳定土厂拌设备

XC800稳定土厂拌设备(图1.5-17)是目前国内最大吨位的稳定土厂拌设备,其设计特别强调高质量、大产量及工地使用的方便性。该设备采用模块式电子计量,整机质量50t,整机功率185kW,额定生产率800t/h,水泥和水的计量精度达1%,特别适用于高等级公路和城市道路的基层、底基层施工,也适用于其他货场、停车场、机场等需要稳定土材料的工程。

图1.5-17 XC800稳定土厂拌设备

主要技术参数如下:

额定生产率:800t/h

整机功率:185kW

计量方式:称重式计量(电子动态计量)

允许最大骨料直径:60mm

计量精度(相对误差):

    骨料:≤±1.5

    土:≤±1.5

    石灰、粉煤灰:≤±1.5

    水泥:≤±1

    水:≤±1

最大电机功率45kW

调速方式:变频调速

设备布置形式:模块式(积木组合式)

设备占地面积:53m×15m

总质量:50t

1.5.6.2 江苏华通动力重工有限公司(镇江)

(1) ASR系列移动式多用途连续搅拌设备

ASR系列移动式多用途连续搅拌设备是江苏华通动力重工有限公司(镇江)引进澳大利亚阿伦公司最新技术研制生产的新产品。该机可以将碎石、砂、砾石、土、亚砂土、废渣与水泥、石灰、粉煤灰、水、添加剂、乳化沥青、碎纤维材料等一起搅拌。正确选择设备型号和配套后,可以生产出高质量的道路混凝土、大坝混凝土、RCC碾压混凝土、水泥稳定土与水泥处理路基材料、石灰稳定土、乳化沥青冷拌料等,广泛用于各种不同材料、气候和技术规范的高等级公路、机场、大坝等工程项目。ASR系列移动式多用途连续搅拌设备主要技术参数见表1.5-1。

ASR系列移动式多用途连续搅拌设备主要技术参数 表1.5-1

主要技术参数	单位	ASR 250X	ASR 280E	ASR 200G
生产能力	m³/h	250(松方)	280(松方)	200(松方)
发动机型号		康明斯 LTA10-p	康明斯 LT10C	康明斯 6BTA
发动机功率	kW	216	186	130
搅拌器		APMM—480L	APMM—480L	APMM—480S
粉料储仓容量	m³	27.5	38	27.5
集料仓容量	m³	23(1~2种)	12(1~2种)	11.5(1~2种)
总长(行驶)	m	18.3	17.1	12.5
总宽(行驶)	m	3.95	4.0	3.8
总高(行驶)	m	2.95	3.0	3.0
整机质量	t	33	30	26.9

(2) WBSE系列全电子称重稳定土厂拌设备

WBSE系列全电子称重稳定土厂拌设备是江苏华通动力重工有限公司(镇江)引进澳大利亚阿伦公司最新技术研制生产的新产品的基础上,针对国内市场行情,运用先进的搅拌技术、粉计量技术及电子称重技术而推出的一种技术性能卓越的高档机型。设计上更加贴近用户的实际情况,性能和操作继承了阿伦ASR系列搅拌设备的特点,使用工况、操作条件和功能价值比更适合我国施工现状。整机采用模块式组合设计,结构紧凑,造型线条简洁,搬迁安装简单快速,维修保养方便,可任选功能模块组合,以满足不同用户的要求。广泛用于各种不同材料、气候和技术规范的高等级公路、机场、大坝等工程项目。WBSE系列稳定土厂拌设备主要技术参数见表1.5-2。

WBSE系列稳定土厂拌设备主要技术参数 表1.5-2

搅拌站型号		WBS400E	WBS500E	WBS600E	WBS700E	WBS800E
生产率(t/h)		400	500	600	700	800
结构形式		模块式				
整机功率(kW)		128	152	164	197	253
整机质量(t)		38	42	47	49	54
搅拌主机	形式	无衬板双卧轴强制式搅拌				
	型号	BG400	BG500	BG600	BG700	BG800
	最大骨料(mm)	60	60	60	60	60
	数量×料斗容积	4×10m³	4×10m³	4×10m³	4×10m³	4×12m³
	计量形式	变频调速、微机全自动控制电子计量				
	配料精度	粒料≤2%、粉料≤1%、水≤1%				

(3) WBSC 系列稳定土厂拌设备

WBSC 系列稳定土厂拌设备是江苏华通动力重工有限公司生产的另一类型的稳定土厂拌产品,设计上更加贴近用户的实际情况,性能和操作继承了阿伦 ASR 系列搅拌设备的特点,使用工况、操作条件和功能价值比更适合我国施工现状。整机采用双卧轴连续强制搅拌机型,模块化结构设计,布局合理,结构紧凑,可任选功能模块组合,以满足不同用户的要求。采用变频调速调节,容积计量,给料标定精确。进料计量均匀、稳定、精确。水泥粉料给料机采用特制的阿伦专利 ABFC 给料机,可提供卓越的水泥粉料计量精度。广泛用于各种不同材料、气候和技术规范的高等级公路、机场、大坝等工程项目。WBSE 系列稳定土厂拌设备主要技术参数见表 1.5-3。

WBSE 系列稳定土厂拌设备主要技术参数 表 1.5-3

搅拌站型号		WBSC300	WBSC400	WBSC500	WBSC600
生产率(t/h)		300	400	500	600
结构形式		模块式			
整机功率(kW)		97	122	147	159
整机质量(t)		30	35	39	43
搅拌主机	形式	无衬板双卧轴强制式搅拌			
	型号	BG300	BG400	BG500	BG600
	最大骨料(mm)	60	60	60	60
料斗容积×数量		4×6m³	4×6m³	4×6m³	4×10m³
计量形式		变频调速容积计量、微机全自动控制			
配料精度		粒料≤3%、粉料≤2%、水≤1.5%			

1.5.6.3 成都市新筑路桥机械股份有限公司

成都市新筑路桥机械股份有限公司生产的 WCB 系列稳定土厂拌设备为双卧轴连续强制搅拌机型,整机模块化结构设计,布局合理,计量精确(电子计量和容积计量),各个模块形成独立的功能单元,易安装、易搬迁,适用性强,搅拌均匀高效。设备适用于搅拌生产各种基层稳定土材料,广泛用于高等级公路、机场、市政建设、高速铁路客运专线等,特别适合工程量大且集中固定不经常搬迁场地的工程施工。WCB 系列稳定土厂拌设备的主要技术参数见表 1.5-4。

WCB 系列稳定土厂拌设备主要技术参数 表 1.5-4

搅拌站型号		WCB300	WCB400	WCB500	WCB600
生产率(t/h)		300	400	500	600
结构形式		模块移动式			
整机功率(kW)		78	105	125	150
整机质量(t)		28	35	38	42
搅拌主机	形式	无衬板双卧轴强制式搅拌			
	最大骨料(mm)	65	65	65	65
	主机功率(kW)	2×22	2×30	2×37	2×45
料斗容积×数量		3×12m³	4×12m³	4×12m³	5×12m³
计量形式		变频调速、全自动控制容积计量			
		变频调速、微机全自动控制电子计量			
配料精度	容积计量	粒料≤3%、粉料≤2%、水≤2%			
	电子计量	粒料≤2%、粉料≤1%、水≤1.5%			

1.5.6.4 福建南方路面机械有限公司

福建南方路面机械有限公司生产的 YWCB 系列稳定土厂拌设备是一种全新的移动式稳定土厂拌设备,为双卧轴连续强制搅拌机型,整机模块化结构设计,以一个拖挂单元,集中了集料、计量、输送、搅拌、提升、储料等多种作为于一体,结构紧凑,计量精确,搅拌质量好,整体性能极佳,一拉即走,一停就用。设备适用于搅拌生产各种基层稳定土材料,在点多线长的公路施工中,机动灵活,最为实用。YWCB 系列稳定土厂拌设备的主要技术参数见表1.5-5。

YWCB 系列移动式稳定土厂拌设备主要技术参数　　　表 1.5-5

主要技术参数	单位	YWCB200	YWCB30	YWCB400
生产能力	m³/h	200	30	400
上料高度	m	3.75	3.75	3.75
出料容量	m³	3.4	6.3	6.3
出料高度	m	2.8	2.9	2.9
骨料粒径	mm	≤60	≤60	≤60
级配精度		骨料±3%	水泥±1	水±1%
整机质量	t	22	28	30
总功率	kW	64	82	96
拖挂时速	km/h	15	15	15

1.5.6.5 泰安岳首筑路机械有限公司

MWB 系列稳定土厂拌设备是泰安岳首筑路机械有限公司自主研发设计的主打产品之一。广泛适用于国内外筑路施工工程。该产品采用双卧轴强制连续式搅拌,生产能力大,效率高。整体结构模块化组合,集中布置,占地面积小。可拆迁式结构,能迅速地分块、转场、组装、运输、安装。MWB 系列稳定土厂拌设备的主要技术参数见表1.5-6。

MWB 系列稳定土厂拌设备的主要技术参数　　　表 1.5-6

型号	额定生产率 (t/h)	骨料粒径 (mm)	骨料级配精度 (%)	粉料级配精度 (%)	给水精度 (%)	骨料级配种类	整机功率 (kW)	备注
MWB300Ⅰ	300	≤60	±2	±1	-1% ~ +2%	3种 4种 5种 6种	80	电脑计量
MWB300Ⅱ			±3	±2			79	容积计量
MWB400Ⅰ	400		±2	±1			105	电脑计量
MWB400Ⅱ			±3	±2			104	容积计量
MWB500Ⅰ	500		±2	±1			128	电脑计量
MWB500Ⅱ			±3	±2			127	容积计量
MWB600Ⅰ	600		±2	±1			174	电脑计量
MWB700Ⅰ	700		±2	±1			193	电脑计量
MWBG300Ⅰ	300		±2	±1			103	高铁专用
MWBG400Ⅰ	400		±2	±1			121	高铁专用
MWBG500Ⅰ	500		±2	±1			163	高铁专用

1.5.6.5 潍坊市筑路机械厂

WDB300/400/500 型稳定土拌和机是潍坊市筑路机械厂为适应公路、城市道路、机场、运动场等基层材料施工需要,采用国内外的先进技术研制生产的专用拌和设备。主要技术参数见表1.5-7。

WDB300/400/500型稳定土拌和机主要性能参数

表1.5-7

序号	项目			单位	性能参数(300/400/500)
1	整机		生产能力	t/h	砂砾稳定土:300/400/500
					灰土稳定土:300/400/500
			总机功率	kW	85/105或110/125或130
			总机质量	t	40/50/56
			最大骨料粒径尺寸	mm	60
			骨料计量精度	%	±3或±0.5(带电子计量)
			粉料计量精度	%	±1
			设备组装形式		可拆迁式
			占地面积(长×宽)	m	42×18
			运转控制系统形式		手动单控
2	骨料配料系统	分料斗	数量	个	4
			容积	m³	9
			外形尺寸(长×宽×高)	mm	3 500×2 400×3 200/3 680×2 554×3 600
		喂料系统	配料计量装置		调速计量皮带机
			计量方式		调速定量
			系统精度	%	±3或±0.5(带电子计量)
			计量范围	t/h/台	≤180
			数量	台	4
			带宽	mm	800
			振动器功率	kW	1.1
			带速	mm/s	48~480
			电机功率	kW	4
		平皮带机	带宽	mm	800
			带长	m	42
			带速	m/s	1.6
			最大输送量	t/h	400/450/550
			电机功率	kW	7.5/11/11
3	水泥仓		数量	个	1
			容积	m³	35
			外形尺寸	mm	φ2 800×11 400/φ2 800×16 800
			输送能力	t/h	35/35/40
			功率	kW	5.5
4	供水系统		水箱容量	m³	3.5/5/6.5
			水泵型号		IS80-65-125C
			水泵流量	m³/h	18/38.6
			水泵扬程	m	11.9
			电机功率	kW	2.2/3/4
5	搅拌装置		类型		双卧轴强制连续式
			产量	t/h	300-350/400-450/500-550
			外形尺寸(长×宽×高)	mm	2 444×1 302×790/4 550×1 700×3 500

续上表

序号	项 目		单 位	性 能 参 数(300/400/500)
5	搅拌装置	浆片数量	片	48/44/52
		允许最大粒径	mm	60
		电机功率	kW	45/22×2/30×2
		减速机型号		JZQ750/ BWY39-17-22/XWD30-10-11
6	储料装置	成品料斜皮带机 皮带带宽	mm	800
		皮带长度	m	36
		带速	m/s	1.6/1.6/2
		最大输送量	t/h	350/450/550
		安装倾角	°	18°
		电机功率	kW	11/15/18.5
	储料仓	料仓容积	m³	7.5/12/15
		运料通道宽度	m	3.8
		斗门驱动方式		气动
		斗门开启控制方式		电控
		振动器功率	kW	1.1
7	气路系统	空压机 型号		V/1/7-1
		功率	kW	5.5
		压力	MPa	0.7
		外形尺寸(长×宽×高)	mm	1 330×520×1 006
	气缸	型号		QGA125×300s

本章参考文献

[1] 诸文农.履带推土机设计[M].北京:机械工业出版社,1986.
[2] 张光裕,许纯新.工程机械底盘设计[M].北京:机械工业出版社,1987.
[3] 徐希民,黄宗益.铲土运输机械设计[M].北京:机械工业出版社,1989.
[4] 唐经世,高国安.工程机械(上册)[M].北京:中国铁道出版社,1998.
[5] 唐经世.工程机械(上册)[M].北京:中国铁道出版社,1998.
[6] 武汉水利水电学院,华北水利水电学院.工程机械[M].北京:电子工业出版社,1980.
[7] 刘忠,杨国平.工程机械液压传动原理、故障诊断与排除[M].北京:机械工业出版社,2005.
[8] 移山系列推土机使用保养说明书.天津:天津建筑机械厂.
[9] SD7\SD7LGP推土机使用说明书.宣化:宣化工程机械厂,2000.
[10] 何挺继,朱文天,邓世新.筑路机械手册[M].北京:人民交通出版社,1998.
[11] 周春华,钟建国,黄长礼.土石方机械[M].北京:机械工业出版社,2001.
[12] 成凯,吴守强,李相锋.推土机与平地机[M].北京:化学工业出版社,2007.

第2章 压实机械设备

2.1 静力式压路机

2.1.1 概述

2.1.1.1 定义

静力式压路机可用来压实公路路基和路面、铁路路基、建筑物基础及土石坝、河堤、广场和机场跑道等各类工程的地基,以提高基础的强度、不透水性及稳定性,使之达到足够的承载力和平整的表面。

静力光轮压路机完全依靠静作用力提高被压层的密实度和平整度,其结构自重和静线荷载决定了压路机压实力的大小。在光轮静力压路机上设置压重舱、增添压载物是提高静力压路机压实能力的有效措施。

2.1.1.2 国内外发展现状

为了适应我国交通运输事业的迅速发展,满足高等级公路的建设需要,从20世纪80年代以来,我国大量购置和引进了国外压实机械。国外静力式压路机的技术水平较高,特点是采用全液压驱动、铰接式车架转向、可无级变速的行驶速度,以及宽阔的视野和方便舒适的操纵性。除此之外,国外静力式压路机产品的标准化、系列化程度较高,在较宽的机重范围内型号较多,可供选择和使用的机型亦较多。因此,国外压路机在我国占有一定比例,尤其是在筑路工程中,静力式压路机在路面的最终压实或在压实深度不大的地方仍有一定的压实效果,因而仍得到使用,如 Bomag 公司、Dynapac 公司,Sakai 及 America 公司等均生产各种不同吨位的静力式压路机。

国外静力式压路机正朝着性能更先进、操纵更方便、控制测量更完善的方向发展。

20世纪80年代以前,我国主要以生产静作用力压路机为主,生产厂家主要是洛阳建筑机械厂、上海工程机械厂、徐州工程机械厂、德州筑路机械厂和三明重型机械厂等。生产的产品广泛用于我国筑路工程、水利工程、港口建设、土石坝回填等基础工程中的压实作业。20世纪80年代后期至目前,由于我国大力发展高等级公路,对公路路面的质量要求越来越高,推动了压实机械朝着振动压实的方向发展。振动压路机的生产品种和型号逐渐增多,产品质量也得到很大提高,促使静力式压路机的品种和质量也有相应提高。目前国产静力式压路机的技术性能已接近国外同类产品的水平,在国内工程施工中已广泛使用。

2.1.1.3 发展趋势

由于振动波的危害限制了振动压路机的应用,国外一些制造商提出了发展大吨位、高线压、铰接式三轮静碾压路机。这种三轮压路机为液压传动,铰接转向,全轮驱动,前后轮等直径、等线压力,弯道压实前后轮搭接重合,既有三轮压路机行驶稳定性好的优点,又有两轮压路机碾压面平整的优点,适于压实碎石路基和沥青混凝土路面。例如日本酒井的 R1、R2 及 Dynapac 的 CS12、CS14,工作质量在 9～12t,压实宽度 2 000mm 左右,配重可占整机的 30%～50%。被"冷落多年"的静碾压路机又有了新的生机。

2.1.2 分类、特点和适用范围

常用的静力式压路机通常按以下几种方法进行分类。

2.1.2.1 按结构质量分类

光轮静力压路机按结构质量可分为轻型、中型和重型三种类型。轻型自行式光轮压路机多用于一

一般道路和狭窄场地的压实,也可用于路面养护作业;中型光轮压路机常用于回填土的预压和路面摊铺的压实;重型光轮压路机最适合压实黏性土、砾石层和沥青路面,特别是对于振动干扰极为敏感的地段,重型光轮静力式压路机是最理想的碾压设备。

2.1.2.2 按碾压轮的结构特点分类

最常用的静力碾压轮有刚性光轮、羊足轮和凸块轮三种,故静力式压路机可分为光轮压路机、羊足轮压路机和凸块轮压路机等类型。

2.1.2.3 按行走方式分类

静力式压路机可分为自行式和拖式两类。

2.1.2.4 按碾压轮和轮轴数量分类

自行式光轮静力压路机的碾压轮和轮轴数量有二轮二轴、三轮二轴、三轮三轴之分(图2.1-1)。目前,国产光轮静力压路机只生产二轮二轴式和三轮二轴式两种。二轮二轴式多为轻型和中型,三轮二轴式多为中型或重型。

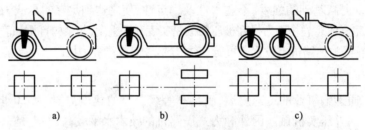

图2.1-1 静力式压路机按滚轮数和轴数分类
a)二轮二轴式;b)三轮二轴式;c)三轮三轴式

2.1.2.5 按驱动轮数量分类

自行式静力压路机的驱动轮有单轮、双轮和三轮之分,因此可分为单轮驱动压路机、双轮驱动压路机和三轮驱动压路机。

2.1.2.6 按动力传动形式分类

自行式压路机的传动形式有机械式、液力机械式、液压机械式和全液压式四种。轻型静力压路机多采用机械式,中型和重型压路机除采用机械式外,也可采用液压机械式和全液压式。

2.1.2.7 正确选用静力式压路机

根据工程施工的要求,正确地选择静力式压路机的种类、规格及压实作业参数是保证压实质量和压实效率的重要前提条件。

不同型号的静力式压路机对各种施工条件的适应性也不尽相同,掌握不同形式静力压路机的压实适应性,是合理选购和使用压路机的重要依据。

重型静碾光轮压路机常用于路基垫层和路基的施工之中,而中型的多用于路面,轻型的仅用在小型工程及路面养护施工。静碾光轮压路机对黏性薄层土的压实尚为有效,但对含水率高的黏土或粒度均匀的砂土压实效果不佳。

1)根据机械配套情况正确选用压路机

筑路机械配套情况是选用压路机的重要因素。一般而言,机械化施工程度高,则应选用压实功能大、作业效率高的压路机;机械化施工程度低,则可选用相应功能且经济的压路机,以免浪费压路机的压实功能。静力式压路机通常用在机械化施工程度较低的压实作业中。

2)根据压实作业项目正确选用静力式压路机

压实作业项目不同,选用的压路机种类规格也应不同。

一般进行路基压实作业时,多选用压实功能大的重型和超重型静力式压路机。可供选择的机型有

3Y10/12、3Y12/15、3Y18/20 等型号。

进行路面压实作业时,为使表层密实平整,多选用中型两轮静力式压路机。可供选择的机型有 2Y6/8、2Y8/10 等。

进行路面基层压实作业时,可选用重型静压式压路机。可供选择的机型主要有 3Y10/12、3Y12/15 等。

若进行人行道、园林道路、小面积修补、边角地段及桥涵填方等压实作业,则可选用轻型或小型压路机。可供选择的机型主要有 2Y3/4 及各种小型振动压路机等。

3) 根据土和材料特性正确选用压路机

铺筑路基和路面所使用的土与材料的压实特性对压路机的选用有一定限制。表 2.1-1 所示为根据铺筑层土和材料的压实特性建议选用压路机的种类。

压路机选用参考表　　　　表 2.1-1

压路机种类	土或材料类型					
	黏土	砂土	砂土	混合土	碎石	块石
静光轮	-	1	+	+	1	-
轮胎轮	1	1	+	+	-	-
振动轮	1	-	+	+	+	-
羊足轮(凸块轮)	+	-	1	1	-	-

注:+为压实效果理想;1 为压实效果一般;-为压实效果不理想。

在选用压路机时,还应考虑铺筑层土和材料的抗压强度极限。一般应使土或材料在终压时所承受的压力为抗压强度极限值的 80%~90%,以获得最好的压实效果。表 2.1-2 和表 2.1-3 为几种土和石料的抗压强度极限值及压路机单位线压力的选择表。

几种土终压时抗压强度极限　　　　表 2.1-2

土壤种类	抗压强度极限		建议选用的压路机单位线载荷(N/cm)
	采用静光轮碾压	采用轮胎轮碾压	
低黏性土(砂土、亚砂土、粉土)	0.3~0.6	0.3~0.4	70~260
中等黏性土(亚黏土)	0.6~1	0.4~0.6	200~500
高黏性土(重亚黏土)	1~1.5	0.6~0.8	360~820
极黏性土	1.5~1.8	0.8~1	820~1200

注:土的含水率均在最佳状态下。

几种石料的抗压强度极限　　　　表 2.1-3

石料种类	强度极限(MPa)	允许的压路机单位线载荷(N/cm)
软石料(石灰石、砂岩石)	30~60	600~700
中硬石料(石灰石、砂岩石、粗粒花岗石)	60~100	700~800
坚硬石料(细花岗石、闪长岩石)	100~200	800~1000
极硬石料(辉绿岩石、玄武岩石、闪长岩石)	>200	1000~1250

4) 根据铺筑层含水率正确选用压路机

铺筑层土或材料的含水率是影响压路机压实效果的重要因素。土只有在最佳含水率状态下才能很好地被压实。若土或材料的实际含水率比最佳含水率低 3%~5%,而施工现场又不易补充水分,则可选用超重型静力式压路机和重型振动压路机进行压实作业。可供选择的机型主要有 3Y12/15、3Y/20 及一些振动压路机等。若土或材料的实际含水率比最佳含水率高 2%~3%,则不宜用振动压路机进行振动压实。若实际含水率比最佳含水率高 3%以上,则需要采取适当措施,降低含水率后才可进行压实作业。

2.1.2.8 正确选择压实作业参数

静压式压路机的作业参数主要有单位线荷载、最大接触应力、碾压速度、碾压遍数及压实厚度等。正确地选择以上参数,对于保证压实质量和作业效率非常重要。

1) 单位线荷载

压路机的单位线荷载为 $q = G/b$(N/cm)。由试验得知,压轮过重,线荷载过大,会破坏土的结构,滚压时会把土推开。各种材料在滚压时的许用单位线荷载见表 2.1-2 和表 2.1-3。

2) 最大接触应力

为了避免压实表层因所承受的静压力大于土或材料的抗压强度时,造成表层整体结构的破坏,产生裂纹或出现越压越松散的现象,所选用压路机应将其单位线荷载代入最大接触应力计算式(2.1-1),计算出其最大接触应力符合表 2.1-4 所列之值,即可保证获得理想的压实质量。

$$\delta_{max} = \sqrt{qE_0/R} \qquad (2.1\text{-}1)$$

式中:δ_{max}——允许的最大接触应力,MPa;
q——单位线荷载,MN/m;
E_0——压实层的形变模量(表 2.1-5),MPa;
R——碾压轮半径,m。

几种材料允许的最大接触应力(MPa) 表 2.1-4

压实层的材料	压实开始时	压实终了时
碎石	0.6~0.7	3~4.5
石	0.4~0.6	2.5~3
沥青混合料	0.4~0.5	3~3.5
石灰、水泥稳定土	0.3~0.4	4~5
沥青稳定土	0.3~0.4	1~1.5

不同材料的压实层所选取的形变模量(MPa) 表 2.1-5

压实层的材料	压实开始时	压实终了时
非黏性土		10~15
黏性土		15~20
碎石、石	30	100
热沥青混合料	5~10	50~80

注:土应在最佳含水率状态下。

3) 碾压速度

压路机进行初压作业时,静光轮压路机适宜的碾压速度为 1.5~2km/h。随着碾压遍数增加,压路机进行复压和终压作业时,静光轮压路机碾压速度可增加到 2~4km/h。

4) 碾压遍数

碾压遍数是指相邻碾压轮迹相重叠 0.2~0.3m,依次将铺筑层全宽压完为一遍,而在同一地点如此碾压的往返次数,称为碾压遍数。

碾压遍数的确定主要是以压实达到规定的压实度为准。一般压实路基和路面基层时,大约需要碾压 6~8 遍;压实石料铺筑层时,大约需要碾压 6~10 遍;压实沥青混合料时,大约需要碾压 8~12 遍。

5) 压实厚度

根据压路机作用力最佳作用深度,各种类型压路机均规定有适宜的压实厚度(表 2.1-6)。压实厚度小,施工效率低,压实层表面易产生裂纹或波纹;压实厚度大,则铺筑层深部不易被压实。

压实厚度是以铺筑层松铺厚度来保证的,它们之间的关系为:松铺厚度 = 松铺系数 × 压实厚度。松铺系数是指压实干密度与松铺干密度的比值,需要通过试验的方法予以确定。根据施工作业方式和土的特性,土的松铺系数一般为 1.3~1.6。

几种类型压路机适宜的压实厚度　　　　表 2.1-6

压路机类型	适宜的压实厚度(cm)	碾压遍数	适宜的土的类型
8~12t 静光轮压路机	15~20	8~12	非黏性土
12~15t 静光轮压路机	20~25	6~8	非黏性土
18~20t 静光轮压路机	20~25	6~8	非黏性土

2.1.2.9　使用压实机具注意事项

选用静力式压路机碾压路基和沥青混凝土路面时,还必须注意以下事项。

1)减少弯道压实对压实质量的影响

自行式静力压路机在碾压过程中,其转向角度不宜过大,转向速度不宜过快,应尽量避免碾压轮搓移被压层材料,影响压实质量。采用铰接式静力压路机压实作业,弯道压实时串联式压路机的前后轮迹重合,三轮压路机的前后压轮也会搭接重合,轮迹间不会出现漏压空白,这样可以减轻被压表层搓移的程度。

2)避免被压表面出现凹痕、波浪和裂纹

在压实作业过程中,压路机不能在同一碾压断面上停留时间过长,也不能多次停留在同一断面上,这样可避免产生局部凹痕。

如果在碾压过程中发现被压层表面出现规律性波浪起伏现象,很可能是因压路机选型不当而造成的。若改用全轮驱动压路机或三轮三轴式压路机,则可消除规律性波浪起伏现象。全轮驱动压路机的前后压轮都可将碾轮前的被压材料楔紧在碾轮下,提高被压表层的平整度。从动压轮本身无动力,而是靠机架推动进行滚压,碾滚前存在拥土现象,容易形成弓形微坡,甚至产生裂纹。这就是单轮驱动压路机容易造成规律性波浪起伏现象的根本原因。

严格控制铺层材料的含水率,使之处于最佳含水率状态,是提高压实质量的前提。若含水率过低,则应适量补充洒水后再碾压;若含水率偏高,则应通过翻晒蒸发后进行压实。含水率过低是造成被压层表面出现细小裂纹的原因。

3)碾压沥青混凝土路面防黏、防硬化措施

沥青路面系高温铺筑材料,黏结性强,温降后容易硬化、固结,难以压实。根据沥青混合料的压实特性,碾压沥青混凝土路面时,压路机应尾随摊铺机之后,严格按规定的压实作业参数和碾压温度进行压实,同时应在光轮表面涂刷防黏剂,以防压轮黏结沥青混合料,影响表面压实质量。

沥青混凝土摊铺机和压路机是沥青路面的配套施工作业机械,摊铺机所完成的摊铺路段,压路机必须当即跟随摊铺机完成压实作业的全部工序,不得延误碾压时间,更不得进行隔夜碾压,以避免沥青混合料固结硬化,影响路面的压实度和平整度。

2.1.3　工作原理及主要结构

各种静力式压路机的基本结构大致相同,一般都包括:动力装置、传动系统、制动系统、碾压轮、转向系统、电器系统、附属装置等部分。静力式压路机多采用柴油机作为其动力装置,并且以采用四行程 135 系列柴油机居多。相对汽油机而言,柴油机具有工作可靠、经济性好、转矩储备系数大等优点。图 2.1-2 为 3Y12/15 型压路机的结构简图。

本手册主要介绍 2Y8/10 型、2Y8/10A 型、3Y12/15 型和全轮驱动铰接式光面静压路机的基本结构及其工作原理。

压路机传动系统的功用,主要是将动力装置所发出的动力,经减速增扭后传给驱动压轮,使压路机

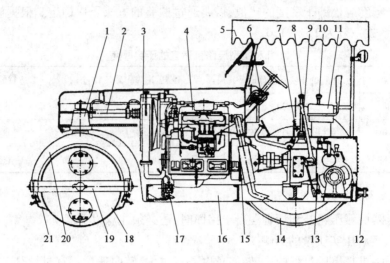

图 2.1-2　3Y12/15 型压路机的结构简图

1-转向主轴轴承座;2-轴向油缸;3-散热水箱;4-柴油机;5-遮阳棚;6-液压转向器;7-制动锁定手柄;8-变速操纵杆;9-差速锁手柄;10-换向操纵手柄;11-座椅;12-后牵引座;13-变速器;14-驱动轮;15-主离合器;16-机架与机身;17-液压油泵;18-转向轮;19-框架;20-T形架;21-刮泥板

能够根据需要实现前进、后退和改变运行速度,从而保证压路机在滚压地段往复行驶,达到对被压材料的压实。

静压式压路机采用机械式传动系统,一般由主离合器、变速机构、换向机构、差速机构(对三轮压路机)、末级传动机构等组成。

2.1.3.1　2Y8/10 型压路机传动系

2Y8/10 型压路机为二轮二轴光轮压路机,亦称串联钢轮压路机。该机采用后轮驱动,前轮转向。钢轮内可注水或灌砂,用以调节整机工作质量和碾磙线荷载。

21Y8/10 型压路机的传动系为机械式传动系统,传动系统简图见图 2.1-3。

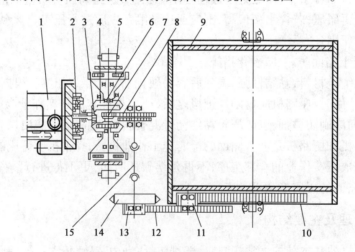

图 2.1-3　2Y8/10 型压路机传动系统简图

1-柴油机;2-主离合器;3-小螺旋伞齿轮;4-大螺旋伞齿轮;5-换向离合器;6-变速轴;7-小变速齿轮;8-大变速齿轮;9-驱动压轮;10-第二级末级传动大齿轮;11-第二级末级传动小齿轮;12-第一级末级传动大齿轮;13-第一级末级传动小齿轮;14-制动器;15-传动轴

该传动系统的动力经主离合器 2、一对螺旋减速伞齿轮(3、4)、换向离合器 5、变速轴 6,再经变速齿轮(7、8)减速,通过传动轴 15 将动力输入由第一、二级末级传动齿轮(13、12、11、10)组成的最终传动装置,驱动后碾压轮。压路机前进或倒退通过左右换向离合器分离和接合实现。

1) 主离合器

主离合器装置在柴油机飞轮与变速器之间,主要有单片常压式和双片常压式两种结构形式。2Y8/10 型压路机采用的是单片常压式主离合器,其中从动盘选用的是解放牌 CA10B 型汽车的从动盘。

2) 变速器

两轮压路机的变速器由变速机构和换向机构所组成。图 2.1-4 所示为 2Y8/10 型两轮压路机变速器的结构。

(1) 变速机构

变速机构的功用是根据需要改变传动系统的传动比,使压路机获得不同的碾压速度和驱动力矩,并能实现空挡,使压路机能在柴油机运转时停驶。

① 两轮压路机变速机构的结构

2Y8/10 型两轮压路机变速器的壳体直接装在飞轮罩壳后端面上。与小螺旋伞齿轮一体的输入轴(即主离合器轴)伸入变速器壳体内,其轴线与变速轴及输出轴轴线相垂直。变速轴上装有两个大螺旋伞齿轮,两个大螺旋伞齿轮从两侧同时与小螺旋伞齿轮常啮合,并且分别与左右换向离合器的主动鼓固装为一体。由于两个大螺旋伞齿轮及换向离合器主动鼓是靠滚珠轴承支承于变速轴上的,因此,它们可以在变速轴上空转。变速轴两端花键上装着换向离合器的被动部分。变速轴中部花键上滑装着主动变速齿轮,两个主动变速齿轮可以分别与固装在输出轴上的两个连为一体的被动变速齿轮相啮合。输出轴外端以花键接盘与传动轴连接。

变速操纵机构由操纵装置和锁定装置所构成。拨叉下端开口卡在主动变速齿轮的拨叉槽内,拨叉上端装在拨叉轴上,通过摇臂、拉杆与变速操纵杆连接。拨叉轴上的凹槽与装在壳体上的钢球、弹簧、调整螺钉等构成锁定装置,以保证主动变速齿轮能正确地处于啮合或空挡位置,防止自动脱挡和挂挡。

② 变速机构的工作原理

主离合器处于接合状态时,输入轴上的小螺旋伞齿轮即带动两个大螺旋伞齿轮以互为相反的方向旋转(图 2.1-5)。此时,若不接合左或右换向离合器,两个大螺旋伞齿轮及换向离合器主动鼓则在变速轴上空转,即便是变速齿轮啮合着,动力也不能传出。只有当接合某侧换向离合器时,变速轴才会在某一大螺旋伞齿轮的带动下,与该大螺旋伞齿轮同向旋转。此时,若通过变速操纵机构使一速或二速主动变速齿轮与相应的被动变速齿轮啮合,输出轴则被带动旋转,通过传动轴将动力传给末级传动机构,使压路机以相应的速度行驶。一速时,压路机的速度为 2km/h,二速时,压路机的速度为 4km/h。

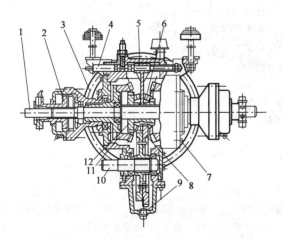

图 2.1-4 2Y8/10 型压路机变速器

1-变速轴;2-换向离合器;3-变速器壳;4-变速拨叉轴;5-拨叉;6-小螺旋伞齿轮;7-油塞;8-被动变速齿轮;9-放油塞;10-输出轴;11-大螺旋伞齿轮;12-主动变速齿轮

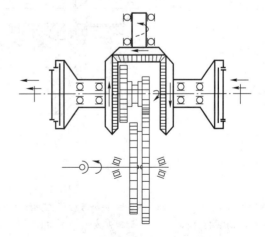

图 2.1-5 两轮压路机变速机构传动示意图

(2) 换向机构

两轮压路机在进行碾压作业时,要求有相同的前进和后退碾压速度,以保证获得均匀的压实度。因此,压路机的换向机构独立于变速机构,以便在改变压路机行驶方向时不致改变行驶速度。

2Y8/10 型压路机的换向机构有采用摩擦式换向离合器的,也有采用齿轮式换向离合器的。

① 2Y8/10 型压路机的摩擦式换向离合器

a. 2Y8/10 型压路机摩擦式换向离合器的结构

该机型换向离合器(图 2.1-6)的两个大螺旋伞齿轮同时受小螺旋伞齿轮驱动,以互为相反的方向旋转。两个大螺旋伞齿轮分别用螺栓固装在两个齿轮座上,并通过花键和圆螺母各自与两侧换向离合器的主动鼓装为一体。两片铆有摩擦衬片的主动片,其外侧与固装在主动鼓上的内齿圈相啮合,并能轴向移动。固定压盘固装在轴套上,中间压盘和活动压盘以其内齿与轴套相连,并可轴向移动。轴套又以内花键与变速轴外端花键相连接。变速轴最外端用长螺栓固装着一根支承短轴,分离轴承、连板、撑脚等零部件装于支承短轴上。撑脚中间支点铰接在压紧支架上,撑脚内端抵在活动压盘端面上,撑脚外端则连在分离轴承套上。压紧支架装在轴套的螺纹上,拧转压紧支架可以调整换向离合器的分离间隙。压紧支架靠定位销和活动压盘端面上的销孔定位。活动压盘与中间压盘之间和固定压盘与中间压盘之间共装有 12 个分离弹簧。换向离合器不操纵时,在分离弹簧的作用下,换向离合器的主动片与被动盘之间保持一定的分离间隙,使动力的传递被切断。此类换向离合器属于非常合式摩擦离合器。

换向操纵装置主要由换向操纵杆、联动摇臂、拉杆、拨叉等所组成。换向操纵装置能使一侧换向离合器在接合的同时,将另一侧换向离合器分离。换向操纵装置操纵动作的协调性,可以通过调节拉杆长度进行调整。

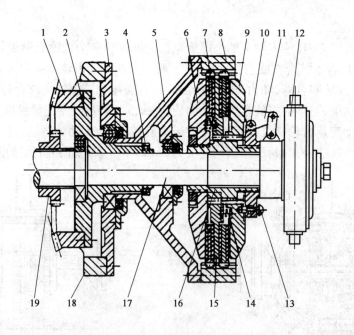

图 2.1-6 2Y8/10 型压路机摩擦式换向离合器
1-大螺旋伞齿轮;2-齿轮座;3-轴承盖;4-圆螺母;5-主动鼓;6-固定压盘;7-主动片总成;8-内齿圈;9-活动压盘;10-压紧支架;11-撑脚;12-分离轴承部件;13-定位销;14-分离弹簧;15-被动盘(中间压盘);16-轴套;17-变速轴;18-变速器体;19-主动变速齿轮

b. 2Y8/10 型压路机摩擦式换向离合器工作原理

当扳动换向操纵杆时,操纵装置推动某侧分离轴承部件沿变速轴向内轴向移动,使撑脚推动活动压盘向内轴向移动,将被动盘与主动片相互压紧(同时,另一侧换向离合器分离),摩擦力将动力从大螺旋伞齿轮—主动鼓—内齿圈—主动片—被动盘（活动压盘、固定压盘和中间压盘）—轴套，传至变速轴，带动主动变速齿轮旋转。由于两个大螺旋伞齿轮旋转方向相反，接合左或右侧的换向离合器，传动系统的旋转方向则不同，使压路机实现前进或后退。

②2Y8/10型压路机的齿轮式换向离合器

a.2Y8/10型压路机齿轮式换向离合器的结构

采用非常合齿轮式换向离合器的2Y8/10型压路机如图2.1-7所示。齿轮式换向离合器制有内齿的主动鼓与大螺旋伞齿轮固装为一体，并以轴承支承在变速轴上。离合齿轮与变速轴外端的花键连接，并能轴向滑动，与主动鼓的内齿啮合或脱开。齿轮式换向离合器的两个大螺旋伞齿轮的结构和装配方式与摩擦式换向离合器相似。

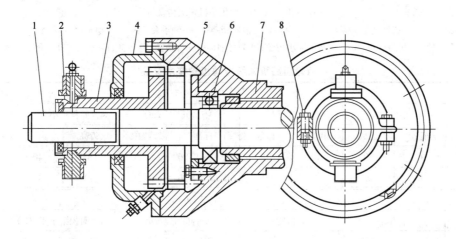

图2.1-7 2Y8/10型压路机齿轮式换向离合器
1-变速轴；2-分离拨环；3-离合齿轮；4-离合器盖；5-主动鼓；6-轴承；7-大螺旋伞齿轮座；8-螺栓

b.2Y8/10型压路机齿轮式换向离合器的工作原理

当扳动换向操纵杆时，一侧换向离合器的离合齿轮沿变速轴花键向内轴向移动，与主动鼓内齿啮合，动力经此侧换向离合器传给主动变速齿轮。同时，另一侧换向离合器的离合齿轮轴向外移，与该侧主动鼓内齿脱离啮合。

c.2Y8/10型压路机齿轮式换向离合器的结构特点

（a）结构简单，传动可靠，维护保养方便，使用寿命长。

（b）换向离合器接合或分离是靠离合齿轮的啮合或脱开来实现的。因此，换向操作时，应先分离主离合器，然后再换向；否则，容易发生撞齿现象。

（c）换向离合器内须加机油，予以润滑。加油量以加油口下倾45°能溢油为宜。

3）末级传动机构

压路机的末级传动机构，又称为最终传动或轮边传动机构。其主要功能是进一步降低压路机传动系统的转速，增大驱动压轮的驱动转矩，以满足压路机碾压作业的需要。

压路机末级传动机构采用传动比较大的一级或两级齿轮减速机构。一般两轮压路机采用两级减速，其传动比为(15～18):1。

2Y8/10型压路机采用由两对圆柱直齿轮所构成的两级减速末级传动机构（图2.1-8）。

两轮压路机的末级传动机构装置于一侧机身侧板内部与驱动压轮之间。经末级传动机构的两级减速齿轮传动后，驱动压轮将获得较低的转速和较大的驱动转矩。若柴油机以大约1300r/min转速转动，变速机构为一速时，传至第一级传动小齿轮的转速约为150r/min，转矩约为1.6kN·m。经末级传动齿轮减速增扭后，驱动压轮的转速约为8r/min，转矩约为29.6kN·m，压路机此时将以2km/h的速度进行碾压作业。有关两轮压路机末级传动齿轮的技术参数见表2.1-7。

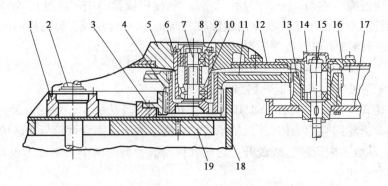

图 2.1-8　2Y8/10 型压路机末级传动机构

1-轴承;2-支承轴;3-第二级传动大齿轮;4-第二级传动小齿轮;5-轴座;6-轴承套;7-第二传动轴;8-轴承盖;9、10-轴承;11-第一级传动大齿轮;12-机身侧板;13-第一级传动小齿轮;14-轴承;15-第一传动轴;16-轴座;17-制动器;18-驱动压轮;19-配重

两轮压路机末级传动齿轮技术参数　　　　　　表 2.1-7

压路机型号	第一级传动齿轮							
	小齿轮		大齿轮		啮合间隙(mm)		啮合面积不小于(%)		传动比
	模数	齿数	模数	齿数	标准	极限	齿高	齿宽	
2Y6/8	6	30	6	103	0.13~0.26	3.20	30	40	3.43
2Y8/10	8	22	8	91	0.13~0.26	3.20	30	40	1.11

压路机型号	第二级传动齿轮							
	小齿轮		大齿轮		啮合间隙(mm)		啮合面积不小于(%)		传动比
	模数	齿数	模数	齿数	标准	极限	齿高	齿宽	
2Y6/8	8	23	8	104	0.17~0.21	3.00	30	40	4.52
2Y8/10	10	19	10	83	0.17~0.21	3.00	30	40	4.37

第一传动轴和第二传动轴的轴头螺母可以调整轴的轴向间隙。第一传动轴的轴向间隙应为 0.04~0.06mm,第二传动轴的轴向间隙应为 0.08~0.12mm。

2.1.3.2　2Y8/10A 型两轮压路机的传动系统

2Y8/10A 型两轮压路机的传动系同样采用机械传动方式,其结构与 2Y8/10 型压路机有很多不同之处。

图 2.1-9 是 2Y8/10A 型两轮压路机的传动系统图,图中发动机 1 的动力通过主离合器 2 传给输入轴齿轮 3,带动减速齿轮 20,使变速轴 19 上的三个齿轮 16、17、18 旋转,再经滑动齿轮 4、6 传到主传动轴 5 上,使压路机能获得三挡运行速度。

小锥齿轮 7 固定在主传动轴 5 的末端,随轴一起旋转,带动了活套在换向轴 15 上的两个大锥齿轮 8 分别作相反方向的旋转。以花键滑装在换向轴上的倒顺车滑套 9 左右滑动,可使与大锥齿轮的内齿接合或脱开,从而分别得到换向轴 15 正反两个方向的旋转,使压路机前进或后退。

两轮压路机的变速与换向共同组装成一个变速器。动力由变速器的输出轴(即换向轴)经万向节传动轴 14 和侧传动齿轮 10、11、12、13 传至驱动轮,推动压路机运行。

1)主离合器

两轮压路机选用汽车主离合器,是装于发动机飞轮与变速器之间的干式双片常接合式离合器。主离合器用于切断或实现对传动系统的动力传递。压路机起步时,将发动机与传动系统平顺地接合;压路机换向或变速时,将发动机与传动系迅速分离,以便于操纵滑动齿轮换挡,避免机械变速器中换挡齿轮之间的冲击;压路机作业时遇有外荷载急剧增加时,可利用主离合器打滑来防止传动系过载。

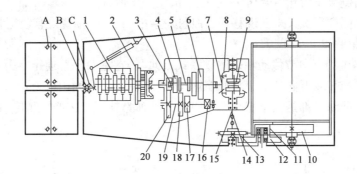

图 2.1-9　2Y8/10A 型两轮压路机传动系统图

1-发动机；2-主离合器；3-输入轴齿轮；4、6-滑动齿轮；5-主传动轴；7-小锥齿轮；8-大锥齿轮；9-倒顺车滑套；10、11、12、13-侧传动齿轮；14-万向传动轴；15-换向轴；16、17、18-变速齿轮；19-变速轴；20-减速齿轮

2) 变速机构(图 2.1-10)

2Y8/10A 型两轮压路机变速器后端固定装有主动锥齿轮 7。变速机构的输入轴用两个向心球轴承安装在壳体上,其前头轴颈插入飞轮轴承内。变速轴的一端用球轴承而另一端用圆柱滚子轴承安装。主传动轴的后端以两个圆锥滚子轴承定位安装,以承受锥齿轮的轴向力,其前端用滚针轴承支持在输入齿轮轴的内孔里。由此,通过变速齿轮的滑动可获得三个挡位的变速。

图 2.1-11 所示为变速操纵机构。在变速器上装有两根平行的拨叉轴 4 及 5,轴的两端用压板固定在壳体上,轴上分别装有可滑动的拨叉 2 及 6,操纵杆 3 拨动它们进行变速。拨叉 2 拨三速齿轮,拨叉 6 拨一、二速齿轮,操纵杆能在拨叉槽内移动,分别拨动 2 或 4,保证不会乱挡。为了变速定位和防止跳挡,在拨叉上设置了球形锁定装置 1。

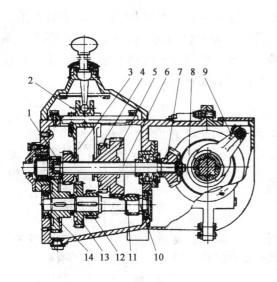

图 2.1-10　2Y8/10A 型两轮压路机变速器的结构图
1-输入轴齿轮；2-变速操纵机构；3、4、5-滑动齿轮；6-主传动轴；7-主动锥齿轮；8-换向机构；9-换向操纵机构；10-变速轴；11、12、13-主动齿轮；14-减速齿轮

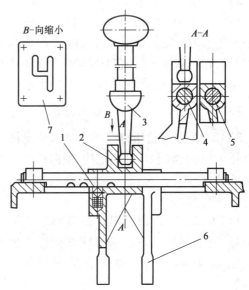

图 2.1-11　变速操纵机构
1-锁定装置；2-三挡拨叉；3-操纵杆；4、5-拨叉轴；6-一、二挡拨叉；7-导板

3) 换向机构(图 2.1-12)

2Y8/10A 型压路机的换向机构位于变速器的后室。主动锥齿轮 2 总是与两个从动锥齿轮 4 同时啮合,而两个以球轴承套装在换向轴 3 上的从锥齿轮作相反方向的空转。当左右移动倒顺车齿轮滑套 6 分别与两个大锥齿轮的内齿相接合时,就使以矩形花键与倒顺车齿轮滑套相连的换向轴 3 有两个不同

旋向的动力输出。当倒顺车齿轮滑套居中时,压路机便停止运行。

倒顺车齿轮滑套同样用拨叉来实现移动,并且按左、中、右三个位置设有锁定装置。

4) 万向节传动轴(图2.1-13)

2Y8/10A 型压路机的万向节传动轴采用双联式万向节,它是两个普通十字万向节按等速条件的组合。工字形连接架相当于双万向节中间轴的缩短,将两个在同一平面内的万向节叉合在一起而成。传动轴的两个十字轴和凸缘叉都是汽车配件。万向节传动轴弥补了变速器与侧传动安装误差造成的轴线不同轴度。

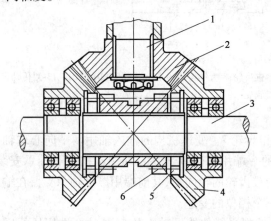

图 2.1-12 2Y8/10A 型压路机的换向机构
1-主传动轴;2-主动锥齿轮;3-换向轴;4-从动锥齿轮;
5-换向内齿轮;6-倒顺车齿轮滑套

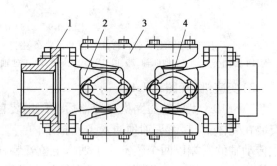

图 2.1-13 2Y8/10A 型压路机的换向机构
1-法兰;2-传动轴凸缘叉;3-连接叉;4-万向节总成

5) 侧传动装置(图2.1-14)

2Y8/10A 型压路机的侧传动装置为一双级减速机构安装在机身板上。由万向节传动轴经第一传动轴 3 传来的转矩带动第一传动齿轮 2,该齿轮与中间传动齿轮啮合构成一级减速。第二传动齿轮 5 与中间齿轮焊接在一起,它与驱动轮 7 上的大齿圈 8 啮合构成二级减速。传动齿轮分别由第一传动轴 3 和第二传动轴 6 支承在轴承座上,轴承座内皆装滚动轴承,用压盖固定之。

2.1.3.3 3Y12/15 型三轮压路机传动系

3Y12/15 型三轮压路机的传动系统见图 2.1-15。该传动系统由主离合器 4、变速器(包括变速机构、换向机构和差速机构)、末级减速传动装置三部分组成。

1) 主离合器

3Y10/12、3Y12/15、3Y18/20 等型号压路机采用的是双片常压式主离合器,其中有采用解放牌 CA10B 型汽车的双片式离合器(简称解放型)的;有采用 4135K 型柴油机配套的双片式离合器(简称 135型)的。

2) 变速器

三轮压路机的变速器由变速机构、换向机构及差速机构所组成。图 2.1-16 所示为三轴四速式 3Y12/15 型压路机变速器的结构;图 2.1-17 所示为二轴三速式 3Y12/15 型压路机变速器的结构。

(1) 变速机构

三轮压路机变速机构的功用仍是根据需要改变传动系统的传动比,使压路机获得不同的碾压速度和驱动力矩,并能实现空挡,使压路机能在柴油机运转时停驶。

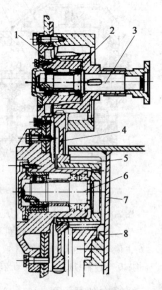

图 2.1-14 侧传动装置
1-轴承座;2-第一传动齿轮;3-第一传动轴;4-中间传动齿轮;5-第二传动齿轮;6-第二传动轴;7-驱动轮;8-大齿圈

第2章 压实机械设备

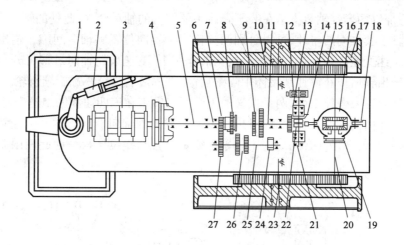

图 2.1-15　3Y12/15 型三轮压路机传动系统简图

1-转向轮；2-转向油缸；3-柴油机；4-主离合器；5-传动轴；6-输入轴；7-输入齿轮；8-三、四速变速齿轮；9-一、二速变速齿轮；10-末级传动大齿轮；11-输出轴；12-制动器；13-小螺旋伞齿轮；14-大螺旋伞齿轮；15-末级传动小齿轮；16-差速器；17-驱动轮；18-差速器齿圈；19-差速器锁；20-差速半轴；21-换向轴；22-换向齿轮；23-驱动轮轴；24-一速传动齿轮；25-传动齿轮轴；26-二、三速传动齿轮；27-常啮合传动齿轮

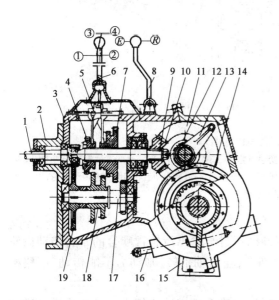

图 2.1-16　三轴四速式 3Y12/15 型压路机变速器结构图

1-输入轴；2-前支架；3-变速器壳；4-三、四速变速齿轮；5-拨叉；6-变速杆；7-一、二速变速齿轮；8-换向操纵杆；9-输出轴；10-小螺旋伞齿轮；11-大螺旋伞齿轮；12-换向齿轮；13-换向拨叉；14-差速器；15-后支架；16-差速锁拨轴；17-传动齿轮轴；18-二、三速传动齿轮；19-常啮合传动齿轮

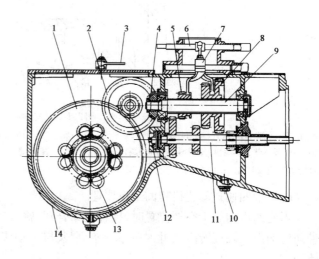

图 2.1-17　二轴三速式 3Y12/15 型压路机变速器的结构

1-差速器；2-大直齿锥齿轮；3-换向摇臂；4-小直齿锥齿轮；5-三速变速齿轮；6-变速摇臂轴；7-变速拨叉及拨叉轴；8-二速变速齿轮；9-变速轴；10-油塞；11-输入轴；12-调整螺钉；13-差速行星齿轮；14-变速器壳体

①三轴四速式变速机构

a.三轴四速式变速机构的结构

如图 2.1-18 所示，输入轴通过联轴器或万向节与主离合器轴连接。与输入轴一体的输入齿轮伸入变速器壳体内，并靠轴承支承在前支架和壳体前臂座孔内。传动齿轮轴位于输入轴和输出轴下方，两端以轴承支承于壳体前臂中隔壁上。传动齿轮轴上用平键固装着常啮合传动齿轮和二三速传动齿轮，一速传动齿轮则与轴制成一体。输出轴与输入轴同轴安装，输出轴前端以滚针轴承支承在输入齿轮中心

213

座孔内,输出轴后部以两套锥轴承支承在装于壳体中隔壁上的轴承套内,此处的轴承套与中隔壁之间的垫片及轴承盖与轴承套之间的垫片,可以分别调整输出轴轴向位置和轴向间隙。输出轴前端花键上滑装着三四速和一二速变速齿轮。在变速操纵机构的作用下,变速齿轮轴向滑移可分别与相应的传动齿轮啮合或脱开。输出轴后段花键伸到箱体中隔壁后面,并固装着一个小螺旋伞齿轮。

变速操纵机构装置在壳体上部,两个拨叉的下端开口铡卡在三四速和一二速变速齿轮的拨叉槽内,拨叉顶部的直槽直接由变速操纵杆控制,可拨动拨叉沿拨叉轴轴向滑移。拨叉上还装有钢球、弹簧、调整螺钉等,与拨叉轴上的凹槽配合构成锁定装置。锁定装置与挡位导板一起起着限制挡位和防止自行脱挡与挂挡的作用。

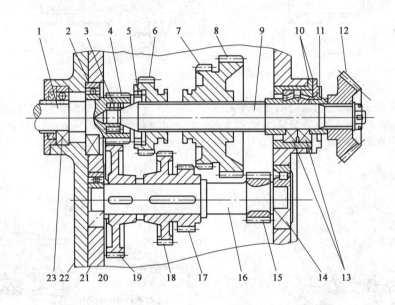

图 2.1-18 三轴四速式变速机构

1-输入轴;2-轴承;3-滚针轴承;4-输入齿轮;5-四速变速齿轮(内齿);6-三速变速齿轮;7-二速变速齿轮;8-一速变速齿轮;9-输出轴(变速轴);10-调整垫;11-油封;12-小螺旋伞齿轮;13、14-轴承;15-一速传动齿轮;16-传动齿轮轴;17-二速传动齿轮;18-三速传动齿轮;19-常啮合传动齿轮;20-轴承;21-壳体;22-前支架;23-轴承

b. 三轴四速式变速机构的工作原理

当变速机构处于空挡位置时,接合主离合器,输入轴旋转,通过与输出齿轮常啮合的常合传动齿轮带动传动齿轮轴旋转。因此时变速齿轮均未与传动齿轮啮合,输出轴不转,则动力不能传动,压路机停驶。

变速操纵机构装置在变速器壳体上部,由排挡箱、拨叉轴、拨叉及锁定装置组成。变速操纵杆通过拉杆、摇臂与排挡箱的换挡轴连接。换挡轴可以带动变速齿轮轴向滑移,实现变速操纵。

变速杆 6 向左前方推动(图 2.1-16),挂入一挡,一、二速变速齿轮 7 后移与一速传动齿轮啮合。此时,接合主离合器,动力将从输入齿轮→常啮合传动齿轮 19→传动齿轮轴 17→一速传动齿轮→一、二速变速齿轮 7→输出轴 9,传到小螺旋伞齿轮 10,带动换向机构两个大螺旋伞齿轮以互为相反的方向旋转。若此时换向齿轮啮合,则将通过换向机构、差速机构及末级传动机构使压路机以大约 2km/h 的速度(柴油机 1 300r/min 时)行驶。

当变速操纵杆恢复空挡位置后,再向左后方或右前方推动(图 2.1-16),变速机构挂入二挡或三挡时,同理,动力均经输入轴 1、传动齿轮轴 17,传至输出轴 9,使压路机分别以 4km/h(二速)或 8km/h(三速)的速度行驶。

当变速操纵杆推向右后方四挡位置(图 2.1-16)时,三四速变速齿轮前移,使四速变速齿轮(内齿轮)与输入齿轮啮合,将输入轴与输出轴连为一体,动力则不再经传动齿轮轴传递,而直接由输入轴传到输出轴。这样,能使压路机以大约 15km/h 的速度行驶。

②二轴三速式变速机构

a. 二轴三速式变速机构的结构

该种机构的结构如图2.1-19所示,输入轴10(主离合器轴)装在壳体的下部,轴上用平键固装着一、二、三速三个主动齿轮。变速轴(输出轴)3平行地装在输入轴上方,三个变速齿轮滑装在变速轴的花键上。输入轴和输出轴均靠锥轴承支承在壳体的前壁和中隔壁上。输入轴前部花键与主离合器从动盘花键连接,前端轴颈支承在内压盘中心轴轴上。输入轴后端轴承座孔处装有挡板和调整螺钉,用以调整输入轴的轴向间隙(轴向间隙的标准值为0.15mm),而变速轴的轴向间隙(轴向间隙的标准值为0.05~0.12mm)则靠变速轴前端的圆螺母来调整。

b. 二轴三速式变速机构的工作原理

只要主离合器处于接合状态,变速机构的输入轴就旋转。若变速机构处于空挡位置,变速轴则不转,动力就不能传出。若变速机构分别挂上不同的挡位,变速齿轮则与相应的主动齿轮啮合,使变速轴旋转,并通过小直齿锥齿轮带动换向机构的两个大直齿锥齿轮以互为相反的方向旋转。这时某侧的换向离合器接合,动力将通过换向机构、差速机构及末级传动机构传给驱动压轮,使压路机以相应的速度行驶。

(2)换向机构

三轮压路机与两轮压路机同样,也是为了获得相同的前进和后退碾压速度。常用的换向机构也主要有摩擦式和齿轮式两种形式。

①3Y12/15型压路机的摩擦式换向离合器

3Y12/15型压路机摩擦式换向离合器(图2.1-20)也是采用了非常合式摩擦离合器,其结构和工作情况与2Y8/10型压路机摩擦式换向离合器相类似。

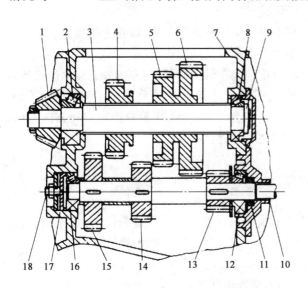
图2.1-19 二轴三速式变速机构
1-小直齿锥齿轮;2-轴承;3-变速轴;4-三速变速齿轮;5-二速变速齿轮;6-一速变速齿轮;7-壳体;8-轴承;9-圆螺母;10-输入轴;11-油封;12-轴承;13-一速主动齿轮;14-二速主动齿轮;15-三速主动齿轮;16-轴承;17-挡板;18-调整螺母

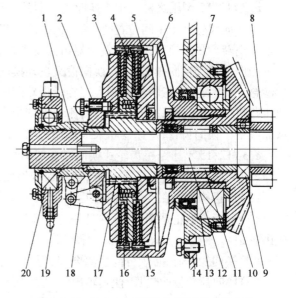
图2.1-20 3Y12/15型压路机摩擦式换向离合器
1-支承短轴;2-定位销;3-活动压盘;4-中间压盘;5-固定压盘;6-分离弹簧;7-轴承盖;8-小传动齿轮;9-轴承;10-大直齿锥齿轮;11-滚柱齿轮;12-换向轴;13-轴军;14-变速壳壳体;15-主动鼓;16-主动片;17-轴套;18-撑脚;19-分离轴承部件;20-轴承

②3Y12/15型压路机的齿轮式换向离合器

a. 3Y12/15型压路机齿轮式换向离合器的结构

3Y12/15型压路机采用了齿轮式换向离合器(图2.1-21)的换向机构,将其装置在变速机构之后。换向轴与变速轴垂直地安装在变速壳体后部的两侧壁上的轴承内。制有换向内齿的两个大螺旋伞齿轮以轴承支承在换向轴上,并从两侧同时与小螺旋伞齿轮常啮合。换向轴中间花键上滑装着一个换向齿轮,换向齿轮可以沿花键轴向移动,能分别与两个大螺旋伞齿轮的换向内齿啮合或脱开。换向齿轮还与差速器齿圈常啮合,换向轴左端伸出壳体侧壁,用花键与制动器连接。

3Y12/15 型压路机齿轮式换向机构的操纵装置(图 2.1-22)主要由操纵杆、拉杆、摇臂、换向拨叉及锁定装置所组成。

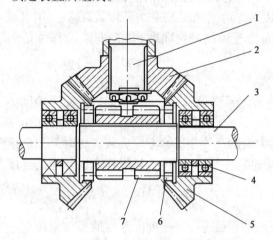

图 2.1-21　3Y12/15 型压路机齿轮式换向离合器
1-变速轴;2-小螺旋伞齿轮;3-换向轴;4-轴承;5-大螺旋伞齿轮;6-换向内齿(与大螺旋伞齿轮一体);7-换向齿轮

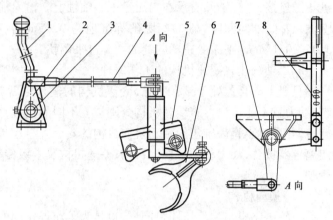

图 2.1-22　3Y12/15 型压路机换向操纵装置
1-换向操纵杆;2-摇臂;3-传动轴;4-拉杆;5-支座;6-拨叉;7-摇臂;8-拨叉轴

b. 3Y12/15 型压路机齿轮式换向离合器的工作原理

当换向齿轮处于中间位置时,两个大螺旋伞齿轮在小螺旋伞齿轮的带动下,以互为相反的方向在换向轴上空转。虽然换向齿轮与差速器齿圈常啮合,但是动力也不能传递出去。

当向前扳动换向操纵杆时,换向拨叉拨动换向齿轮沿花键向左轴向滑移,与左侧大螺旋伞齿轮的内齿啮合。此时,换向齿轮与左侧大螺旋伞齿轮同向旋转,并带动差速器旋转,再经末级传动机构的传动,使压路机前进。反之,换向齿轮与右侧大螺旋伞齿轮的内齿啮合时,由于大螺旋伞齿轮旋转方向不同,从而改变了换向齿轮、差速器和末级传动机构的旋转方向,使压路机变为后退。

c. 3Y12/15 型压路机齿轮式换向离合器的结构特点

(a)结构简单、紧凑,工作可靠,使用保养简便,寿命长。

(b)该机构装置在变速机构之后。

(c)螺旋伞齿轮是螺旋齿,并且是三个齿轮(一个小螺旋伞齿轮和两个大螺旋伞齿轮)成组研合,构成齿轮副。

(d)换向操作时,必须分离主离合器,暂时切断动力后再操作。

(e)换向齿轮齿面较长,使其轴向滑移时始终保持与差速器齿圈的常啮合。

(3)差速机构

三轮压路机的传动系统中都装置有差速机构,称为差速器。差速器的功用是在压路机转向或行驶在高低不平、松实不均的路段时,能使两个驱动压轮在相同的时间内滚过不相同的距离,从而使压路机在上述运行情况下,驱动压轮实现无滑移滚动,避免压路机机件的损坏和搓移压实层表面的材料或土壤,以保证压实质量。

压路机采用的差速器主要有齿轮式和牙嵌式两种结构形式。国产静力光轮压路机主要采用齿轮式差速器。

齿轮式差速器按其结构形式分为锥形齿轮式差速器和圆柱齿轮式差速器。

①锥形齿轮式差速器及锁定装置

a. 锥形齿轮式差速器及锁定装置的结构

部分 3Y12/15、3Y18/20、YL9/16 型和 3Y10/12 型压路机采用锥形齿轮式差速器。其结构如图 2.1-23 和图 2.1-24 所示。

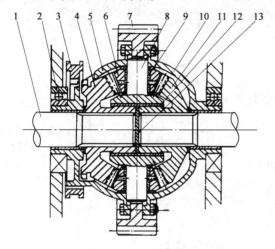

图 2.1-23　部分 3Y12/15 型压路机的差速器
1-差速半轴；2-轴承；3-锁定齿圈；4-差速齿轮(左侧差速齿轮有锁定外齿)；5-差速器左半壳；6-行星齿轮；7-差速器齿圈；8-行星齿轮座；9-铜套；10-差速器右半壳；11-差速齿轮(右侧)；12-铜套；13-铜垫

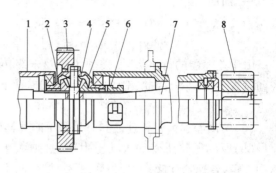

图 2.1-24　部分 3Y10/12 型压路机差速器
1-差速半轴；2-差速器壳体；3-差速器齿圈；4-行星齿轮；5-差速齿轮；6-锁定滑套；7-差速半轴；8-末级传动小齿轮

b. 锥形齿轮式差速器及锁定装置的工作情况

以某典型 3Y12/15 型压路机差速器及锁定装置为例,介绍锥形齿轮式差速器的工作情况。

差速器是受换向机构的换向齿轮驱动而旋转的。差速器旋转时,行星齿轮可以随差速器一起转动,称为公转；也可以在齿轮座上绕自轴旋转,称为自转。

当压路机直线行驶时,两侧驱动压轮所受的滚动阻力矩基本相等,通过差速齿轮,反映到行星齿轮上,使行星齿轮两侧啮合齿所受的转矩基本相等。此时,行星齿轮不产生自转,只起传动销的作用,带动两个差速齿轮以相同的转速,随差速器壳体一起公转。差速器此时的工作情况可用式(2.1-2)描述：

$$n_1 = n_2 = n \text{ 或 } n_1 + n_2 = 2n \tag{2.1-2}$$

式中：n_1——左侧差速齿轮的转速；
　　　n_2——右侧差速齿轮的转速；
　　　n——差速器的转速。

当压路机向右转向时,右侧驱动压轮所受的滚动阻力矩将大于左侧驱动压轮所受的滚动阻力矩,反映到行星齿轮上,使行星齿轮两侧啮合齿所受的转矩变为不相等。此时,行星齿轮在带动两个差速齿轮随差速器一起公转的同时,还产生绕自轴的自转。行星齿轮自转的转速将叠加到左侧差速齿轮上,使左侧差速齿轮的转速高于差速器的转速,而右侧差速齿轮则以低于差速器的转速旋转。左侧差速齿轮所增加的转速等于右侧差速齿轮所减少的转速。于是,左侧驱动压轮就以高于右侧驱动压轮的转速滚动,以满足压路机转向时,两侧驱动压轮在相同的时间内滚动距离不相等的要求(图 2.1-25),实现无滑动的平顺转向。差速器此时的工作情况可用式(2.1-3)描述：

$$\left. \begin{array}{l} n_1 - n_2 = n \\ n_1 - n_\Delta = n_2 + n_\Delta = n \\ (n_1 + n_\Delta) + (n_2 - n_\Delta) = 2n \end{array} \right\} \tag{2.1-3}$$

式中：n_Δ——两侧差速齿轮的转速差；
　　　其他符号意义同前。

压路机向左转向时,差速器工作情况与压路机向右转向时同理,只是方向相反。

当一侧驱动压轮的转速等于零时,差速器的转速将全部叠加到另一侧驱动压轮上。此时差速器的工作情况可用式(2.1-4)描述:

$$当\ n_2 = 0\ 时, n_1 = 2n \brace 或当\ n_1 = 0\ 时, n_2 = 2n \qquad (2.1-4)$$

由于差速器的行星齿轮、差速齿轮及末级传动齿轮的直径和齿数各自相等,因此,对于锥形齿轮式差速器有以下几点结论:

(a)两侧差速齿轮转速之和总是等于差速器转速的2倍。

(b)驱动压轮所受的滚动阻力矩,必须大于其所获得的驱动力矩,差速器才起作用,并且,所受的滚动阻力越大,两侧驱动压轮的转速差越大。

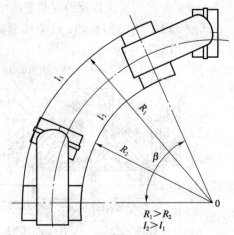

图2.1-25 压路机转向时轮迹示意图

(c)经差速器分配给两侧驱动压轮的驱动力矩是相等的,不因差速器起作用而改变驱动力矩的分配比例,即齿轮式差速器只"差速"不"差力"。

通过装置差速器锁定装置可克服"差速"不"差力"现象。图2.1-23是某3Y12/15型压路机的差速器。当向后拉动差速器操纵手柄时,锁定齿圈沿差速器左半壳的支承台肩轴向内移,与左侧差速齿轮的锁定外齿啮合,通过差速器壳体将两个差速齿轮连为一体,使行星齿轮不能自转,差速器失去差速作用。此时,两侧驱动压轮将以相等的转速滚动,以便充分利用附着力大的一侧驱动压轮的驱动力矩,使压路机驶出陷车地点。当接合差速器后,压路机禁止转向;否则,会损坏差速器。

②圆柱齿轮式差速器及锁定装置

a.圆柱齿轮式差速器及锁定装置的结构

某些3Y10/12、3Y12/15型压路机采用的圆柱齿轮式差速器,其结构如图2.1-26所示。差速器两半壳内装着8个圆柱直齿行星齿轮,其4个为一组,分别与两个差速齿轮啮合,并且,不同组的相邻两个行星齿轮为一对,相互啮合着。差速齿轮是两个相同的圆柱齿轮,其各自通过花键与差速半轴相连接。

上述3Y12/15型压路机的差速锁,装置在末级传动大齿圈处,如图2.1-27所示。末级传动大齿圈制有内齿,左侧大齿圈与连接齿轮常啮合,而连接齿轮则以平键与驱动轮轴连接。右侧大齿圈处滑装着锁定齿轮,锁定齿轮可在装于轴套上的滑键上轴向滑动,而轴套又通过平键与驱动轮轴相连接。

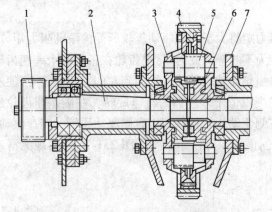

图2.1-26 某些3Y12/15型压路机采用的差速器
1-末级传动小齿轮;2-差速半轴;3-差速器壳体;4-差速器齿圈;5-行星齿轮;6-差速齿轮;7-变速器壳体

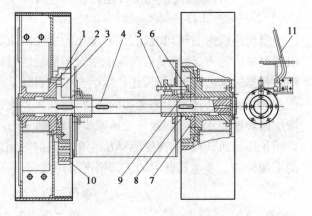

图2.1-27 某些3Y12/15型压路机采用的末级传动机构及差速锁
1-末级传动大齿圈;2-轮毂;3-连体齿轮;4-驱动轮轴;5-拨叉轴;6-拨叉;7-锁定齿轮;8-轴套;9-滑键;10-末级传动小齿轮;11-差速锁操纵手柄

b. 圆柱齿轮式差速器及锁定装置的工作原理

圆柱齿轮式差速器的工作原理与锥形齿轮式差速器相同。当压路机直线行驶时,行星齿轮不会产生自转,只起传动销的作用,带动差速齿轮随差速器壳体一起以相同的转速旋转。

当压路机转向或其他情况使两侧驱动压轮所受的滚动阻力矩不同时,阻力矩大的一侧的差速齿轮在阻力矩的作用下,使与其啮合的这组行星齿轮自转,行星齿轮又带动另一组行星齿轮反向自转,使阻力矩小的另一侧差速齿轮获得加速,实现差速作用。此时,差速锁的锁定齿轮不与末级传动大齿圈的内齿啮合,右侧驱动压轮与左侧驱动压轮相对独立,各自按差速器分配的转速滚动。若需要锁定差速器时,可向前方推动差速锁操纵手柄,使差速齿轮与大齿圈的内齿啮合。这时,两侧驱动压轮被连接在驱动轮轴上,不能相对转动,使差速器失去差速作用。

(4)末级传动机构

三轮压路机的末级传动机构采用一级减速,其传动比为4:1~6:1。三轮压路机末级传动齿轮技术参数见表2.1-8。

三轮压路机末级传动齿轮技术参数 表2.1-8

压路机型号	小齿轮		大齿轮		啮合间隙(mm)		啮合面积不小于(%)		传动比
	模数	齿数	模数	齿数	标准	极限	齿高	齿宽	
3Y10/12(洛阳)	8	17	8	101	0.26~0.40	4.00	50	50	5.94
3Y12/15(洛阳)	10	17	10	72	0.40				4.24
3Y12/15(徐州)	10	18	10	99					5.50

3Y10/12、3Y12/15型压路机采用一级减速齿轮构成末级传动机构;两侧驱动压轮各有一套末级传动机构。图2.1-28所示为某些3Y12/15型压路机采用的末级传动机构。

三轮压路机的末级传动大齿圈固装在驱动压轮内侧,末级传动小齿轮固装在差速半轴上,动力经差速器传给末级传动机构。若柴油机转速为1 300r/min;变速机构为一速时,差速半轴的转速约为36r/min,转矩为13.5kN·m,经末级传动齿轮减速增扭后,驱动压轮的转速将降至6.5r/min,转矩将增至74.3kN·m,压路机则将以2km/h左右的速度进行碾压作业。

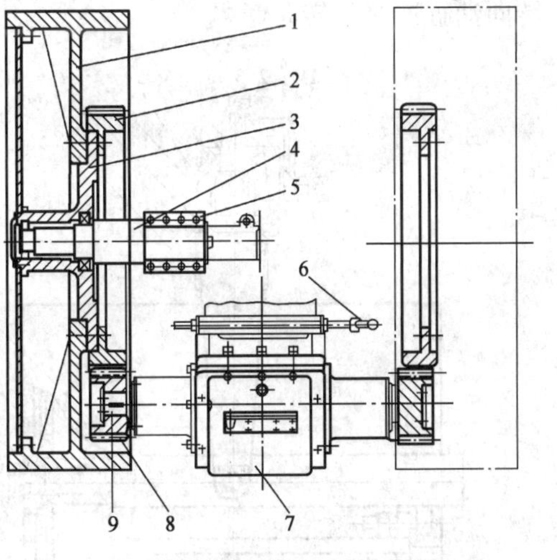

2.1.3.4 静力碾压滚轮

压路机的碾压轮是压路机实施碾压作业的工作装置,也是自行式压路机的行走装置。

碾压轮按其压实特性不同可分为静压式碾压轮和振动碾压轮。

静压式碾压轮按其结构形式的不同可分为刚性光轮、轮胎轮和羊角(凸块)轮。

静压刚性碾压轮按其功用的不同又分为转向压轮和驱动压轮。

图2.1-28 某些3Y12/15型压路机采用的末级传动机构
1-驱动压轮;2-末级传动大齿轮;3-轮毂;4-驱动轮轴;5-轴架;6-换向操纵杆;7-变速器;8-末级传动小齿轮;9-差速半轴

1)转向压轮

转向压轮的功用是受转向机构控制,引导压路机转向和实施部分压实功能。转向压轮的结构形式主要有框架式和无框架式两种。

(1)框架式转向压轮

①框架式转向压轮的结构

某些2Y8/10、3Y12/15和3Y18/20型压路机采用框架式转向压轮。图2.1-29为3Y12/15型压路机转向压轮的结构简图。

转向轮轮轴以定位销、压板、空心螺钉等零件固装在框架上。两个相同的轮圈通过轮辐、轮毂及轴承支承在轮轴上。两个轮圈内侧端面之间留有1.5~2mm的间隙，两个轮圈可以相互独立地转动。轮圈内腔可以注水和加砂，以增大压轮的单位线压力。框架靠前后边框中点的销孔及销轴与Ⅱ形架铰接。Ⅱ形架上部焊有立轴，并以轴承支承在与机身焊为一体的轴座内。立轴顶部装有与转向油缸相连接的转向臂。

立轴顶端和轮轴两端的压板、调整垫和螺钉可用来调整立轴和轮轴及轮圈的轴向间隙。为了增强转向压轮的整体刚性，减小冲击力对机件和压实质量的影响，立轴和轮圈的轴向间隙不宜过大，一般为0.20~0.35mm。

②框架式转向压轮的工作原理

转向压轮在工作时可有三种运动形式。其一，在驱动压轮驱动下，两个碾压轮在轮轴上转动，由于两个碾压轮是相互独立的，当压路机转向或其他情况使碾压轮所受到的滚动阻力不一致时，两个碾压轮可以以不同的转速，甚至不同的转向转动。其二，在转向油缸的驱动下，转向压轮总成将绕立轴轴线偏转一定角度，引导压路机转向。其三，当压路机行驶在凹凸不平或松实不均的路段时，转向压轮及框架可绕Ⅱ形架铰接轴左右摆动，使压路机在一定范围内基本保持水平位置。

（2）无框架式转向压轮

①无框架式转向压轮的结构

另一些2Y6/8、2Y8/10、3Y10/12及3Y12/15型压路机采用无框架式转向压轮。图2.1-30所示为3Y12/15型压路机无框架式转向压轮的结构。

转向轮轮轴直接用轴盖、螺栓固装在n形架上。Ⅱ形架上部用横销与立轴铰接。两个碾压轮通过轴承支承于轮轴之上，并能相互独立地绕轮轴转动。立轴靠轴承支承于轴承座之中，立轴上端固装着与转向油缸连接的转向臂。

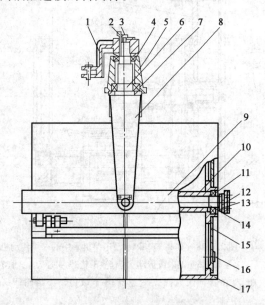

图2.1-29 3Y12/15型压路机框架式转向压轮
1-转向臂；2-钩头楔键；3-压板；4-轴承；5-轴座；6-立轴；7-轴承；8-Ⅱ形架；9-框架；10-轮毂；11-轴承；12-空心螺钉；13-调整垫；14-轮轴；15-轮辐；16-水塞；17-轮圈

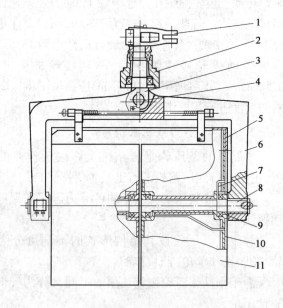

图2.1-30 3Y12/15型压路机无框架式转向压轮
1-转向臂；2-轴承座；3-立轴；4-横销；5-封盖；6-Ⅱ形架；7-油管；8-轮轴；9-挡环；10-轮辐；11-轮圈

②无框架式转向压轮的工作原理

无框架式转向压轮的三种运动形式与框架式转向压轮相似，只是其可绕横销轴线左右摆动。

2）驱动压轮

驱动压轮的功用是驱动压路机运行,并承担压路机的主要压实功能。2Y6/8、2Y8/10型压路机有一个较宽的驱动压轮,装置在压路机前部,3Y10/12、3Y12/15、3Y18/20型压路机有两个较窄的驱动压轮,装置在压路机机身后部两侧。

(1)两轮压路机的驱动压轮

2Y6/8、2Y8/10型压路机的驱动压轮(图2.1-31)是一个整体轮,其轮圈、轮辐和轴座焊接为一体,两侧轮辐之间焊有4根撑管,以增加轮辐的刚度。轮辐内侧壁铆装有配重块(2Y6/8型压路机驱动压轮无配重块)。两侧的支承轴固装在轴座上,并以轴承支承在机身侧板上的轴承座内。右侧轴座上还固装着第二级末级传动大齿圈。左侧轮辐上有加水孔及水塞,以备向轮腔内注水,以增大配重。

(2)三轮压路机的驱动压轮

3Y10/12、3Y12/15型压路机的两个驱动压轮(图2.1-32)靠滑动铜套支承在驱动轮轴上。

左侧驱动压轮通过末级传动大齿圈及连接齿轮与驱动轮轴固装在一起,可以带动驱动轮轴一同旋转。而右侧驱动压轮则空套在驱动轮轴上,能与左侧驱动压轮相互独立地在驱动轮轴上转动。只有接合差速锁(图2.1-27)后,两个驱动压轮才通过驱动轮轴连为一体。驱动轮轴是靠滑动铜套支承在固装于机身两侧板上的轴座内。由于左侧驱动压轮与驱动轮轴不产生相对转动,而右侧驱动压轮则经常在驱动轮轴上转动,致使两轮的滑动铜套磨损程度将不一致。在使用中,通常压路机每工作1 000～1 500h或一年,两个驱动压轮应换位,以使滑动铜套磨损均匀,延长使用寿命。

有些3Y10/12、3Y12/15型压路机驱动压轮的轮圈是由厚钢板卷制而成,并与内外轮辐焊接为一体,轮圈内腔可以填加配重砂。

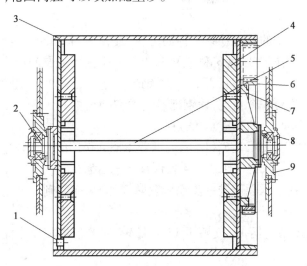
图2.1-31　2Y8/10型压路机的驱动压轮
1-水塞;2-支承轴;3-轮圈;4-配重块;5-撑管;6-第二级末级传动大齿轮;7-轴座;8-轴承;9-轴承座

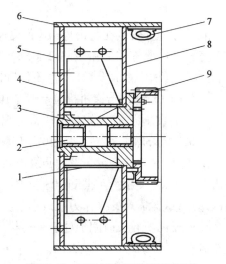
图2.1-32　3Y12/15型压路机驱动压轮
1-隔圈;2-铜套;3-轮毂;4-外轮辐;5-盖板;6-轮圈;7-吊装环;8-内轮辐;9-末级传动大齿圈

2.1.3.5　2Y8/10A型压路机的转向和制动系统

2Y8/10A型压路机的转向系统和制动系统分别见图2.1-33和图2.1-34。

2Y8/10A型压路机采用全液压转向,转向系统由转向盘、摆线式全液压转向器1、叶片式液压泵2、转向液压油缸4、转向臂5和液压油箱等组成。液压泵由发动机驱动。转向油缸活塞杆的行程和相对位置与转向盘转动的角度相对应,同时也与转向压轮的偏转角相对应。

转向时,转动转向盘,全液压转向器则接通相应的转向油路,并根据转向盘转角的大小按比例向转向油缸供给相应流量的压力油,再通过转向臂迫使转向压轮偏转实现转向。发动机熄火时,液压泵即停止供油,仍可通过人力转动转向盘实现转向。此时,液压转向器则成为手动液压泵,将转向油缸一腔的液压油通过油管泵入另一腔,推动转向压轮偏转。

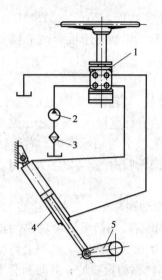

图 2.1-33　2Y8/10A 型压路机全液压转向系统图
1-液压转向器；2-液压泵；3-过滤器；4-转向液压油缸；
5-转向臂

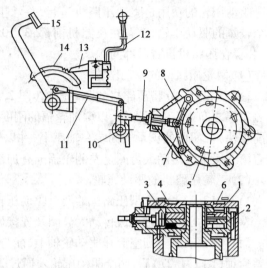

图 2.1-34　2Y8/10A 型压路机制动系统图
1、2-摩擦片；3、4-压盘；5-钢球；6-弹簧；7、8-连杆；9-拉杆；10-过桥；11-拉杆；12-手柄；13-棘爪；14-棘轮；15-踏脚板

制动系统由操纵机构和制动器两部分组成。

2Y8/10A 压路机的制动使用自动增力盘式制动器，它既可用于停车制动，也可用于停车后的驻车制动。

制动器壳体安装在与机身相连的支座上。被制动的侧传动第一传动齿轮，其花键轴上套装有两个带摩擦衬面的摩擦片 1 和 2（图 2.1-34），两摩擦片之间有压盘 3 和 4，压盘上有五个圆周分布的楔形斜槽，在每一斜槽中都放有钢球 5。不制动时，弹簧 6 使压盘相互靠拢，这时钢球位于斜槽深处。制动时踩下脚踏板 15，通过传递机构拉动两个压盘相对转动一个角度，使钢球沿斜槽移动而推开压盘。压盘所产生的垂直压力，使摩擦片被压紧在固定壳体平面上，即完成制动过程。

若被制动的轴有旋转趋势时，由于摩擦力的作用，使压盘 3 和 4 一起顺着摩擦力作用的方向转过一个小的角度，这就使压盘 3 上的凸缘顶在壳体的台肩上，另一个压盘 4 便脱离了与台肩的接触。由于摩擦力的作用，迫使压盘 4 楔于钢球与摩擦片之间，两个压盘便进一步地压紧摩擦片，从而起到了自动增力的作用，这时需要的操作力也减小了。

要使压路机较长时间地处于制动状态，可以扳动手柄 12，使棘爪 13 与棘轮 14 的齿槽相咬合完成驻车制动。

当松开脚踏板，或向后拉动手柄 12 使棘爪、棘轮脱开时，两个压盘就借助五个复位弹簧 6 的作用而复位，制动便被解除。

2.1.3.6　机架及辅助工作系统

2Y8/10A 压路机的机身采用箱式焊接结构，其下部装配有型钢制作的横梁，用于安装发动机和变速器。驱动轮以两端的轴承座安装在用钢板加固的机身侧板上，前轮用叉脚立轴安装在焊于机身前部的立轴壳体内。在机身的内部还装有液压油箱、燃油箱、电瓶箱等，在后上部有容量 400L 的洒水箱。在机身上面还装有仪表箱、驾驶员座椅及驾驶室等。

压路机的辅助工作系统包括刮泥、洒水及操纵机构等。

压路机在压实作业时，轮面上会黏附一些铺筑材料及污泥杂物等，影响了压路机的作业质量和轮面清洁。2Y8/10A 压路机分别在两个压轮上装置了刮泥板，用于及时清除这些污物，当无需刮泥时应将刮泥板抬起离开轮面，以减少刮泥板的磨损和摩擦阻力。

在两轮压路机的后部机身上设有储水箱，在前后轮上装有带小孔的洒水管。洒水主要用在压实沥青路面时防止沥青混凝土黏结在轮面上,必要时还可以用来洒油。

2Y8/10A 压路机的操纵机构有发动机的调速与熄火操纵、变速与换向操纵杆、主离合器踏板、制动器踏板与手柄及转向盘等。另外,在仪表箱上装有反映机油压力和温度的仪表,以及水温表、电流表等。

2.1.3.7　全轮驱动铰接式三轮压路机

全轮驱动铰接式三轮压路机是 20 世纪 70 年代末期问世的新产品,该种机型的出现,象征着静作用光轮压路机有一个新的发展机会。日本酒井开发的 R1、R2 型铰接三轮压路机是很典型的实例。

图 2.1-35 为 R1 型全效驱动铰接式三轮静力压路机的侧投影图与传动简图。由图 2.1-35 可见,该种三轮压路机的主要特点是大直径滚轮、液压传动、全轮驱动、铰接车架、前后轮等直径。又由于前后轮具有相同的直径及全轮驱动,所以前后轮的质量分配及线荷载也可以做到大致相同。这些特点基本上代表了静作用压路机的发展趋势,现作如下介绍。

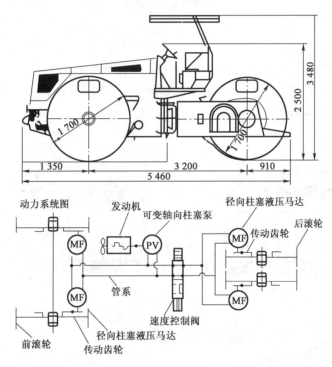

图 2.1-35　R1 型全轮驱动铰接式三轮静力压路机(尺寸单位:mm)

1) 大直径滚轮

R1 三轮压路机的工作质量是 11.4～14.7t,其前后轮直径都是 1.7m。而一般同规格的三轮压路机,其前轮直径不大于 1.2m,后轮直径只 1.6m,同规格的两轮压路机滚轮直径更小。理论计算和试验表明,增大压路机的滚轮直径可以减小驱动阻力,并且允许增大线荷载,便于提高压实度和路面平整度。同时,大直径滚轮内可以容纳更多的配重物,从而增大了压路机的压实能力。

2) 液压传动

R1 三轮压路机的液压传动系统为一个变量轴向柱塞泵带动四个径向柱塞液压马达转动,每一液压马达都通过一对减速齿轮驱动车轮行走。当关闭速度控制阀时,泵出的压力油全部流向两个前轮液压马达,这时的压路机行驶速度可以比原来提高 1 倍,从 0～4.5km/h 提高到 0～9km/h。因为是一个液压泵驱动四个液压马达的并联回路结构,能顺利地实现前后、左右四个车轮的全轮差速。

采用液压传动能使压路机的起步、制动及换向平稳,大大减少了因机械惯性力造成的冲击,在被压实地面上只产生较小的辙痕,提高了路面压实的平整度。R1 的液压传动系统很容易地实现了无级调速、全轮驱动和差速,这都有利于提高生产率和压实质量,并且为自动控制和自动报警创造了条件。高速行驶用于转移工地,这时的后轮从动也不致产生不利影响,同时还合理地利用了发动机功率。

3)铰接转向

R1 型三轮压路机采用铰接销置于轴距的中间位置,称之为完全铰接。从图 2.1-36 可知,在弯道压实时,由于铰接使前后轮搭接印痕相吻合,而不会像普通三轮压路机那样出现重复压实和留有空白处。

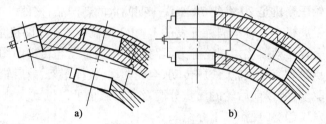

图 2.1-36 铰接式三轮压路机前后轮的碾压轨迹
a)普通型;b)铰接型

4)全轮驱动

普通的光轮压路机多为前轮转向,后轮驱动。在压实作业时,由于前轮是被动的,在滚轮的前方触地处产生弓坡,或称为拥土现象,造成了路面的纵向波纹。全轮驱动的 R1 型就从根本上避免了上述缺点,如图 2.1-37 所示。另外,全轮驱动还可以提高压路机的爬坡能力和通过性能,尤其是能使被压实的沥青混凝土铺层获得较好的稳定性。

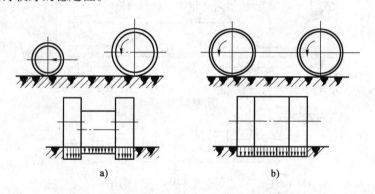

图 2.1-37 三轮压路机前后轮的压实功能
a)普通型;b)全轮驱动,等直径,等线荷载

5)前后轮等直径、等线荷载

从图 2.1-37 还可看出,普通三轮压路机的被动轮直径比驱动轮小得多,驱动轮的线荷载约为被动轮的 2.5 倍。这就导致了前后轮的压实能力相差悬殊,使被压铺层的压实度分布不均匀。R1 型三轮压路机的前后轮具有相同的直径和线荷载,一次通过就可碾压宽 2.3m 的铺层,碾压一遍相当于普通三轮压路机两遍的压实效果。

R1 型三轮压路机具有横向稳定性好、生产率高及路面平整等优点,既可压实碎石铺层,又可压实沥青混凝土路面,是一种多功能的压实设备。目前,这种压路机已引起一些压路机制造公司的注意,致使静作用压路机在国际市场上的销量有所回升。

静作用压路机的结构简单,维修方便,使用寿命长,施工工艺成熟,特别是价格便宜,因此仍保有一定的市场需求量。在公路交通发达的工业国家,两轮串联光轮压路机还是维修高速公路磨耗层的合适机种。静作用压路机比较先进的结构是大滚轮直径、全轮驱动、液压传动和液压转向。日本的 R1、R2 型和瑞典的 CS12 型三轮压路机采用了前后轮等直径、等线压和铰接转向等结构,增大了压实面积,且在弯道压实时前后轮搭接部分完全重合而不致留下空白处。这种压路机很适合压实碎石路面和沥青混凝土铺装层。

第一台串联式静作用光轮压路机于1911年诞生于日本酒井重工,至今已有90年的生产历史。静力式光轮压路机曾在20世纪60年代在压实机械中占主导地位,但由于压实技术的进步,压路机不断更新换代,新型机种增多,静力式光轮压路机的产量所占压路机总产量的比例已有所下降。尽管如此,静力式光轮压路机仍具有振动、适应性广的碾压特性,既适合基础压实,又具有良好的路面碾压特性,还被广泛用于城市道路建设与维护、高速公路路面修补等施工作业。

为了提高静力式光轮压路机的作业安全性,日本在光轮压路机上广泛采用负压制动器,当压路机发生异常时能自行制动;为提高压路机乘坐舒适性,在脚踏板下安装了隔振装置;为了保证压路机的施工安全,在压路机上装置了障碍物感测装置,该装置有两种形式:一种为红外线发射装置,它是由红外线发光束、受光束、信号处理系统构成的传感器部分,探测距离控制系统和触点输出等部分组成,工作原理是以脉冲方式发射红外线光束,光束照射到障碍物后,障碍物反射回光束,反射光束被反射光束探测器接收后,发出警报。红外线的探测范围是将驾驶员视线死角设为重点。为了防止白天受阳光影响而发生误动作,还设计有控制及检测回路。另一种为超声波发射应答装置,它的工作原理是在压路机上安装脉冲式超声波发射装置、超声波接收装置、计算机信息处理装置和报警装置。施工员身穿特制马甲,并在衣袋中装有超声波接收和发射装置(即感压器)。在施工中,压路机一边施工一边向探测区域内发射脉冲式超声波,当超声波触及施工员后,施工员衣袋中的感应器接收到超声波,并且立即以相同频率的超声波反射给压路机,压路机在接收到反射信号后,机上的计算机据信号运行时间、信号的频率和波长等计算出人与压路机的距离,若距离小于设定的安全值,即在危险区内,则发出警报,施工员应立即撤出,达到保护施工员生命安全的目的。这种装置不受地面和建筑物的影响,在探测区域内处处可测,压路机与施工员各有感应器,相互通讯,很少误报警,经实际应用反响很好。另外,在压路机上也安装有压实遍数计数装置,将压路机驾驶室按用户要求制成可折叠式遮阳棚或装有空调器和豪华座椅等舒适型驾驶室。

采用大直径滚轮和全轮驱动方案,是进一步提高静力式光轮压路机压实性能和操纵性能的有效技术措施,也是静力式光轮压路机的发展趋势。

国外先进的静力式光轮压路机已广泛采用大直径滚轮。结构质量为6~8t的串联式压路机,滚轮直径为1.3~1.4m;结构质量为8~10t的串联式压路机,滚轮直径为1.4~1.5m。结构质量为8~10t的三轮压路机,其滚轮直径为1.6m,而结构质量在10t以上的三轮压路机,其滚轮直径可达1.7~1.8m。

大直径滚轮不仅可以降低压路机的行驶滚动阻力,而且可以提高压实平整度,增大线压力,提高土体密实度。

采用全轮驱动传动方案,且前后压轮同直径,可避免从动轮在压实过程中形成弓形土坡,有效提高被压层的平整度。同时可提高整机牵引力,提高压路机的爬坡能力。

国产静力式光轮压路机的主要技术性能参数见表2.1-9。

国产静力式光轮压路机的主要技术性能 表2.1-9

项目		型号	2Y6/8	2Y8/10	3Y10/12A	3Y12/15A	3Y6/8	3Y8/10	3Y10/12	3Y12/15	3Y12/15
形式			二轮二轴	二轮二轴	三轮二轴	三轮二轴	三轮二轴	三轮二轴	三轮二轴	三轮二轴	三轮二轴
总质量(t)	未加载		6	8	10	12	6	7	10	12	12
	加载		8	10	12	15	8	10	12	15	15
单位线压力(N/cm)	转向轮	未加载	188	254	260	315	220	290	240	320	370
		加载	254	384	322	393	290	360	320	360	460
	驱动轮	未加载	284	378	632	754	360	480	700	800	720
		加载	378	472	745	943	480	600	800	1 000	900
转向轮尺寸(直径×宽)(mm)			1 020×1 270	1 020×1 270	1 020×1 270	1 020×1 270	1 000×1 100	1 000×1 100	1 060×1 250	1 060×1 250	1 100×1 300

续上表

项目 \ 型号	2Y6/8	2Y8/10	3Y10/12A	3Y12/15A	3Y6/8	3Y8/10	3Y10/12	3Y12/15	3Y12/15
驱动轮尺寸(直径×宽)(mm)	1 320×1 270	1 320×1 270	1 500×530	1 750×530	1 400×500	1 600×500	1 600×500	1 600×500	1 600×500
转弯半径(外侧)(mm)	6 200	6 200	7 300	8 350	4 430	4 430	5 500	5 900	9 500
轴距(mm)	3 100	3 100	3 330	3 640	2 390	2 360	2 800	2 800	2 680
离地间隙(mm)	285	285	315	315	240	240	320	320	320
爬坡能力(%)	1/7	1/7	1/7	1/7	1/7	1/7	1/5	1/5	1/5
最大横向倾斜度(°)	11	22	15	15					20
运行速度(km/h) I挡	2	2	1.6	2.2	1.89	18.9	1.7	2	2
运行速度(km/h) II挡	4	4	3.2	4.4	1.51	3.51	3.0	4	4
运行速度(km/h) III挡			5.4	7.5	7.4	7.4	6.8	8.7	8
运行速度(km/h) VI挡					14.3	14.3			
发动机 型号	2135	2135	2135	4135	4135K-1	2135K-1	4135C-1	4135C-1	4135C-1
发动机 功率(kW)	40	40	40	80	40	40	80	80	80
发动机 转速(r/min)	1 500	1 500	1 500	1 500	1 500	1 500	1 500	1 500	1 500
外形尺寸(mm) 长	4 400	4 400	4 920	5 275	4 013	4 013	4 735	4 655	5 430
外形尺寸(mm) 宽	1 560	1 560	2 155	2 155	1 894	1 894	2 125	2 125	2 170
外形尺寸(mm) 高(不带篷)	2 440	2 440	2 115	2 115	2 090	2 090	2 650	2 650	2 100

2.1.4 选型原则与步骤、主要参数计算

2.1.4.1 选型原则与步骤

压路机的总体设计是根据其用途范围、作业工况及生产条件,合理地选择机型和性能参数,确定各部件的结构及整机尺寸,并进行总体布置和运动空间的校核。

压路机是由许多部件有机结合的一个整体,其总体性能的优劣不仅取决于每个部件的性能如何,而且在很大程度上还取决于这些部件的相互协调和配合是否得当,以及总体布置的好坏。也就是说,压路机的总体设计对整机性能起着决定的影响。

在设计压路机时,原则上应根据压实工程的相关条件、使用要求、制造水平、经济指标及市场需求情况等进行结构选型。但实际上,往往是根据市场信息,按照压路机的结构类别来确定所设计压路机的结构形式和规格参数,并考虑到要保证必要的技术先进性。

1)传动形式的选择与设计要求

(1)传动形式的选择

压路机的传动系统是动力装置与驱动压轮之间传动部件的总称,它具有减速、变速、换向和切断动力等功能。

压路机的传动形式可以是机械传动、液压传动、液力机械传动及电力传动。其中,机械传动系统要与主离合器相配合,在切断动力的情况下换挡,只能实现有级变速,且不能实现全轮驱动。液压传动能很容易地实现无级变速和全轮驱动、全轮振动,能在相当大的调速范围内保持高效率,操纵也很方便。液力机械传动能在一定的范围内根据行驶阻力的变化自动无级调速,提高了发动机的功率利用率,但这种自动无级调速在大多数压实工况是不能允许的。现在几乎所有的振动压路机上都采用了液压传动,液力机械传动只用于超重型的轮胎压路机上。

静力式光轮压路机广泛采用机械式传动方式,也可采用液压与机械的联合传动方式。

①机械传动形式

在压路机上采用机械传动系统由来已久,它作为实现变速、变矩、换向及改变传递方向的动力传动机构,是一种传统而广泛应用的传动系统。直到目前为止,机械传动仍然是经常和有效的,并且有着丰富的设计和制造经验。

机械传动系统通常由主离合器、变速器、传动轴、驱动桥及轮边减速器、链条传动等部件组成。机械传动具有结构成熟、工作可靠、传动效率高和制造成本低等优点,是其他传动系统所不可完全替代的。但机械传动有以下明显缺点:

a. 在工作阻力急剧变化的情况下,发动机容易过载熄火,这就要求驾驶员有熟练的操作技巧,发动机也需要有一定的适应性。

b. 压路机在压实作业时倒顺车频繁,每次都要先脱开主离合器,并用人力拨动换挡机构,驾驶员需手脚并用,劳动强度大。

c. 人力换挡时动力中断的时间长,这不仅降低了生产效率,而且还影响了压实质量。

d. 齿轮传动只能作有级变速,无法优化压路机的碾压速度,从而降低了生产效率。

e. 由于刚性传动,换向时引起的冲击荷载很大。发动机的冲击直接传给了整个传动系统,压路机行驶阻力变化引起的冲击及振动轮对地面振动的反馈又通过传动系统影响了发动机,由此降低了发动机和传动件的使用寿命。

鉴于上述缺点,对往复循环作业的压路机来说,有着很不利的影响,因此促使了其他传动形式的应用和兴起。

另外,为了克服机械传动的某些缺点,有可能采用无主离合器的液力换挡以替代人力换挡机构。液力换挡变速器采用液控(或电控)操纵的摩擦离合器来实现传递路线的变换,从而缩短了换挡时的动力中断时间,减少了传动系统冲击荷载,减轻了驾驶员的劳动强度。

②液压—机械联合传动形式

在压路机差速器之前采用液压传动方式,而在变速器之后采用机械传动方式,这种传动形式称为液压—机械联合传动形式。该传动形式省去了主离合器、变速器、换向离合器等机械传动装置,兼有液压传动和机械传动的优点。

液压传动是利用液体作为工作介质来传递能量的。液压传动中的工作液体(油)压力很高,但流速相对较低,液体能量的形式主要表现为压力能,因此常称其为静液压传动。

在现代压路机上,越来越多地采用了液压传动系统,已达到了相当成熟的阶段。液压传动能适应于压路机的行走驱动系统,其成功的经验已引起了整个工程机械行业的重视。

一个完整的液压传动系统由液压泵(动力元件)、液压马达或液压缸(执行元件)、液压阀(控制元件)及若干液压辅助元件组成。其中,液压泵用于将发动机输出的机械能转换成液压能,液压马达或液压缸用于将液压能再转换成执行机构的机械能,液压阀用于实现对执行机构的运动速度、方向及作用力的控制,也可以用来对系统作过载保护和程序控制。

液压传动系统具有以下的优点:

a. 利用变量泵的伺服机构,能极容易地实现无级调速及微动,并且在相当大的调速范围内保持发动机的高效率。

b. 由于液体介质的可压缩性能,使得液压传动具有柔性,机器的启动、变速及换向平稳,减少了对传动件和发动机的冲击,提高了它们的工作寿命。

c. 可利用液压系统本身的液流闭锁阻力实现压路机的工作制动,减少了因频繁制动引起的功率损失和车轮制动器的磨耗量。

d. 液压传动高压管路内的液体可以自由流动,能实现压路机的全轮驱动而无循环功率损失。当用于左、右车轮分开驱动时,能自动差速而不必设置另外的差速机构。

e. 液压传动的动力原件(液压泵)与执行元件(液压马达)可分开安装,这增加了压路机总体布置的灵活性。

f. 液压传动操纵方便省力，采用单杆操纵就可以平稳地实现压路机的停车、制动、换向及变速，大大减轻了驾驶员的劳动强度。液压传动能很方便地实现自动保护和自动报警，并且为压路机的进一步自动化控制提供了条件。

但是液压元件制造精密，使得液压传动系统的造价很高，对液压油的性能及清洁度要求苛刻，装配与维修技术复杂，液压传动效率较低，这也限制了液压传动系统的更广泛应用。

为了提高传动效率和利用成熟的高速液压马达制造技术，通常在压路机上采用液压与机械的联合传动方式，即液压—机械传动系统。在压路机上采用低速大转矩液压马达直接驱动的全液压系统目前仍很少使用。

(2) 压路机传动系统的设计要求

① 传动系统设计的一般要求。传动系统应能实现其功能要求，并有较高的传动效率，以保证压路机具有较高的生产效率和最佳动力经济性。

② 压路机对传动系统的特殊要求。由于压路机往复循环作业及对压实质量的要求，其传动系统应保证压路机在两个行驶方向能重复调节速度，并具有前后相等（或相近）且均匀的作业速度，传动机构元件的布置应便于移动及易于实现压路机的全轮驱动。

③ 传动系统的操作性能要求。压路机传动系统的操纵应力求工作可靠和操纵简便，并尽量减少操作手柄的次数。

④ 其他要求。压路机的传动系统应具有较高的工作可靠性与使用寿命，并且制造经济性要好。在设计和制造方面，应使传动噪声低，并杜绝漏油现象。

(3) 机械传动系的传动比分配与计算荷载

① 传动比的分配

压路机传动系统的总传动比往往都比较大，最低挡的总传动比可达到 $100 \sim 200$，通常的传动系统中都要经过多级减速才能实现。因此，压路机传动系统的总传动比为各有关部件传动比的乘积。

在全机械传动的压路机传动系统中，由于变速器与发动机是机械连接的，此时的驱动系统总传动比为：

$$i_\Sigma = i_x \cdot i_o \cdot i_m \tag{2.1-5}$$

式中：i_x——某一挡传动比；

i_o——中央传动比；

i_m——最终传动比。

将总传动比分配给各个传动部件时，须先根据类比确定传动系统的大致布置方案。总传动比分配的一般原则是，依照转矩的传递方向，尽可能地把传动比多分配给后面的传动件，以期减小前面传动零件的荷载及变速器尺寸。但总传动比分配时应充分注意到结构布置的合理性与可能性，具体说来可以这样考虑。

a. 计算 i_o 和 i_m 的乘积

对于机械传动系统，只要知道了变速器某一挡的传动比 i_x，则 i_o 与 i_m 的乘积就可以求出来。通常是先确定变速器的最高挡传动比，在有直接挡的变速器结构中，因 $i_{max} = 1$，则此时的 $i_o \cdot i_m = i_{\Sigma max}$。在无直接挡的变速器中，可参考现有压路机传动系确定变速器高速挡的传动比，但应保证变速器内每一对齿轮的传动比不小于 0.6 和不大于 3。

b. 选取最终传动比 i_m

在分配 i_o 和 i_m 时，应力求 i_m 尽量大些，以有利于减小差速器与主传动锥齿轮的尺寸。可以按最终传动的结构形式先选取 i_m 值。最终传动比的大小往往受到驱动轮直径的限制，如行星减速器应能包容在轮辋以内，链传动应使链条保持一定的离地间隙，光轮压路机的开式传动齿轮要限定在钢轮轮圈以内。

c. 选定中央传动比 i_o

中央传动的传动比一般受到驱动桥最小离地间隙的限制,因为太大的从动锥齿轮必然导致桥壳球部直径增大。同时还要考虑二级减速齿轮的安装和传动比,受到相关传动件布置的限制会更大些。

在设计时,总传动比的分配大都采用类比的方法,结合具体结构确定。例如,统计现有中型以上压路机的中央传动和最终传动之传动比多为 4~6,而 i_o 与 i_m 的乘积都在 20~30 之间。CA25 振动压路机的驱动桥主传动使用了准双曲面齿轮,其传动比扩大到 $i_m=7.8$,但驱动桥的传动比也只是 25.74。

在变速器的高速挡传动比确定之后即可确定变速器的挡位数及其余传动比。

计算与初选的各部件传动比,需要通过部件的草图布置和压路机的总体布置进行复核。而传动比的精确值只有在完成配齿计算与强度校核之后才能确定下来。

② 计算荷载的确定

压路机传动系零件的主要损坏形式是疲劳损坏。在计算疲劳破坏时一般只考虑影响耐久性的经常性荷载而忽略其偶然出现的尖峰荷载,并按所需使用寿命及使用过程中荷载的分布情况求得一个当量荷载作为计算荷载。但也可能在某一种特殊情况下,由于短期尖峰荷载的影响,使零件的应力超过了材料的强度极限而导致损坏,这时就应进行动荷载强度校核。

考虑到压路机行走驱动系统经常处于满荷载工作的特点,通常以动力源(发动机或液压马达、变矩器)的最大输出转矩与由地面附着力决定的转矩传递到某个传动件上的较小值作为该零件的计算转矩。根据结构形式的不同,一般对轮胎驱动的压路机是以动力源传来的转矩较小,对光轮驱动的压路机是以附着力传来的转矩较小。

a. 根据动力源最大输出转矩决定的计算转矩 M_i

$$M_i = M_e i \eta_i \tag{2.1-6}$$

式中:M_i——计算转矩,N·m;

M_e——动力源输出的最大转矩,N·m;

i——从动力源到计算零件的传动比;

η_i——从动力源到计算零件的传动效率。

b. 根据地面附着力决定的计算转矩 M_i

$$M_i = \frac{G_\phi \varphi r_k}{i' \eta_i'} \tag{2.1-7}$$

式中:G_ϕ——压路机驱动轮的附着荷载,N;

φ——驱动轮的附着系数;

r_k——驱动轮的动力半径,m;

i'——从计算零件到驱动轮的传动比;

η_i'——从计算零件到驱动轮的传动效率。

c. 齿轮传动系的计算转矩

根据 3Y12/15 三轮压路机和 CA25 振动压路机的传动简图,列出各轴的计算转矩如表 2.1-10(该表中未计入万向节传动轴的传动效率)所示。

齿轮传动系的计算转矩 表 2.1-10

序号	计算零件的部位	按动力源转矩算	按地面附着力算
1	动力输出轴与变速输入轴	M_e	$M_k/(i_{\Sigma x} \eta_{\Sigma x})$
2	变速中间轴	$M_e i'_x \eta'_x$	$M_k i'_x \eta'_x/(i_{\Sigma x} \eta_{\Sigma x})$
3	变速输出轴与主传动输入轴	$M_e i_x \eta_x$	$M_k i_x \eta_x/(i_{\Sigma x} \eta_{\Sigma x})$
4	主传动输出轴	$M_e i_x i_o \eta_x \eta_o$	$M_k/(i_m i_c \eta_m \eta_c)$

续上表

序号	计算零件的部位	按动力源转矩算	按地面附着力算
5	差速器轴	$M_e i_x i_o i_c \eta_x \eta_o \eta_c$	$M_k/(i_m \eta_m)$
6	半轴与最终传动输入轴	$M_e i_x i_o i_c \eta_x \eta_o \eta_c C$	$M_k C/(i_m \eta_m)$
7	最终传动输出轴与驱动轮轴	$M_e i_{\Sigma x} \eta_{\Sigma x} C$	$M_k C$

注：1. M_k 为驱动转矩，$M_k = G_\varphi \varphi \gamma_k (\text{N} \cdot \text{m})$。$\varphi$ 的取值为：球铁压轮 0.36，钢制压轮 0.43，光面轮胎 0.60，花纹轮胎 0.70。r_k 的取值为：刚性轮 $0.5D$（D 为车轮直径），橡胶轮胎 $0.94 r_0$（r_0 为充气状态自由半径）。

2. $i_{\Sigma x}$ 与 $\eta_{\Sigma x}$ 分别是从动力源至驱动轮在某挡时的总传动比与传动效率。i'_x 与 η'_x 分别是某挡时变速器输入轴至中间轴的传动比与传动效率。i_x 与 η_x 分别是变速器输入轴至输出轴的传动比与传动效率。

3. i_o、i_c、i_m 与 η_o、η_c、η_m 分别是主传动锥齿轮、二级传动齿轮及最终传动的传动比与传动效率。

4. C 是与差速器结构形式有关的系数，使用锥齿轮差速器且无差速锁时取 $C = 0.6$，其余情况取 $C = 1$。

应用上述方法求出计算转矩后，对传动零件进行强度、刚度和寿命计算，将算得的应力、应变和寿命与许用值进行比较，这种计算方法称之为"比较计算法"。比较计算法的优点是计算简便，吸取了以往的设计经验，考虑了成熟结构的数据，一般能够保证所设计零件的工作可靠性。它的缺点是计算荷载与零件实际工作中所承受的荷载相差较远，而且许用值本身也难准确，故使计算结果不能反映零件强度和寿命的客观情况。此外，在采用新结构、新材料时，往往缺少可供比较的数据资料，难以做出结论。总之，比较计算法的计算结果粗略，且易使设计计算局限在现有水平上。

③传动系零件的荷载谱

传动系零件（以及压路机上的其他一些零件）在工作过程中，所承受的荷载是不断变化的。这些荷载中，除了承受大的冲击荷载和振动荷载以外，大量的是承受一些不规则的交变荷载。这样一些难以预料的波动荷载通常称之为随机荷载，对随机荷载只能用数理统计的方法去寻求其内在的规律性。

将压路机处于各种工况的驱动轮轴上的转矩作连续的记录，统计出其各种转矩间隙值与出现的频数，就可以做出表示转矩间隔与频数的关系曲线图或数字表格。这种曲线图或表格就是所谓的"传动系荷载谱"。

表 2.1-11 所示为戴纳帕克公司试验的 CA 系列振动压路机后桥及齿轮传动的荷载谱。从表中可见，振动压路机 85% 的时间用于压实作业，其最大驱动转矩只用到 45%～60%，仅有 5% 的时间使用到全部的驱动转矩。

CA 系列振动压路机后桥传动荷载谱　　　　表 2.1-11

工况	最大转矩(%)	行驶速度(km/h)	时间(%)
运输	30	20	10
一般压实	45	6	60
艰难压实	60	5	25
爬坡	100	3	5

疲劳破坏是压路机传动系零件的主要损坏方式之一，特别是有关疲劳破坏的理论——累积疲劳损伤理论，揭示了机器有限寿命设计方法的实质，该理论认定，任意一块承受交变应力的金属都有一定的寿命，在此期限界满之后就会断裂。在寿命期以内，每施加一次荷载就对材料造成小的损伤，这些小损伤逐步积累，一直到它的总积累达到与某寿命期相当的期限量时，材料即会被破坏。

按照传统的设计计算方法，设定压路机在最恶劣的工况下工作，发动机处于满负荷运转，将所有的工作应力限制在疲劳极限以下，这就是所谓的"无限寿命设计法"。这样设计的机器零件将要求材质好、尺寸大，造成结构笨重和先天性的经济性差。事实上，机器并非时时处于满负荷的工作状态，也不是所有的零件都是经常在最大荷载下工作，而大部分零件的荷载大小都是在一个范围内变化的，而且满负荷的频数较小，这就形成了所谓的剩余强度。

有限寿命设计法的关键是确定机器的荷载谱和计算出机器的当量荷载。可以按以下公式计算疲劳

应力的当量荷载 L_E：

$$L_E = \frac{1}{n}\sqrt[3]{\sum L_i^3 n_i^3} \qquad (2.1\text{-}8)$$

式中：L_i——荷载谱中的第 i 项荷载，$i = 1 \sim n$；

　　　n_i——荷载谱中的第 i 项荷载的循环次数；

　　　n——荷载谱中的总循环次数。

对于荷载谱循环次数低于总循环次数 5% 的瞬时峰值荷载，允许不计入计算交变应力的当量荷载中，但在完成疲劳强度计算之后，无论在当量荷载中是否计入了上述峰值，都应该按峰值荷载进行静强度校核。

压路机的荷载谱可以用来预估零件的疲劳寿命。一般可以通过两种途径实现：其一是根据实测荷载谱，经过综合、扩展改编成程序荷载谱，在室内进行加载模拟实际使用工况的程序疲劳试验，以确定零件的实际使用寿命；其二是根据荷载谱，利用累积疲劳损伤理论计算零件的疲劳寿命，以消除传统设计方法所造成的剩余强度，从而减少了压路机零部件的结构尺寸。同时，应用计算机进行荷载谱的测试和有限寿命设计，使得整个设计工作建立在比较科学的基础上，能够获得更理想的设计结果。

2）转向方式的确定及转向系的布置

（1）转向方式

压路机的转向方式可分为偏转轮转向和铰接转向两大类。

偏转轮转向压路机用整体式车架，结构比较简单。偏转轮转向有前轮转向[图 2.1-38a)]、后轮转向[图 2.1-38b)]和前后轮同时转向[图 2.1-38c)]，其中前轮转向较有利于驾驶员掌握行车方向。前后轮同时转向也称"全轮转向"。全轮转向压路机的转弯半径小，且能保证弯道压实时不出现漏压现象，但需采用液压传动系统才好实现。

铰接转向压路机是通过车架"折腰"转向的[图 2.1-38d)]，当铰接销布置在轴距中间时能使弯道压实前后轮迹重合。铰接转向压路机的机动性好，无论是液压传动还是机械传动都可以用。但铰接转向压路机的车架结构较复杂，而且直线行驶性能不如偏转轮转向压路机。

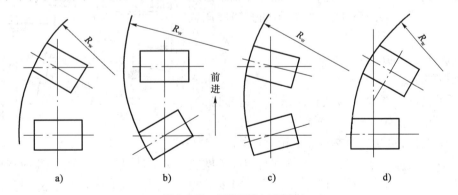

图 2.1-38　压路机转向示意图

a）前轮转向；b）后轮转向；c）全轮转向；d）铰接转向

（2）转向系的布置

铰接车架压路机转向铰销的布置有以下三种情况：

①铰销位于前后轮轴线的中间平分位置，压路机转弯时前后轮迹重合。这保证了转弯压实和直线行驶压实一样不会留下空白作业面，并且能获得较小的最小转弯半径。

②铰销位于前后轮之间偏前，前轮的转弯半径将大于后轮的转弯半径。这是铰销设在轴距平分位置有困难时采用的方案。

③铰销位于前后轮之间偏后，前轮的转弯半径将小于后轮的转弯半径。这种布置方法的发动机和驾驶室都布置在前车架上，也即前车架成为主车架，不太适应驾驶员的操作习惯，但在串联铰接压路机

上有应用。

前后车架围绕铰销转动的角度可达60°~70°(每侧30°~35°)。为了改善铰销的受力状况,在满足压路机最小离地间隙的前提下,希望尽可能增大两个铰接轴承的距离,并且采用球形关节轴承。

两只转向液压缸对称布置在铰销的两侧,液压缸筒与活塞杆分别铰接在前后车架的挂耳上。也有的压路机上只用一只转向液压缸,这将影响左右两个方向的转向操作力并使转弯速度不相等。

整体车架压路机采用偏转轮转向,偏转轮转向也有三种布置形式。

a. 前轮转向:前轮的转弯半径将大于后轮转弯半径,这时取压路机的后轮为驱动轮。

b. 后轮转向:前轮的转弯半径将小于后轮转弯半径,这时取压路机的前轮为驱动轮。

c. 前后轮均为转向轮(或称全轮转向):这种转向方式的转弯半径最小,并且前后轮的转弯半径总是相同的。当两个车轮向着同方向偏转时,还能够实现压路机的蟹行,增加了压路机的贴边性能。但这种转向方式只能用于全液压全轮驱动,而且结构也比较复杂。

偏转轮转向使用转向叉支承转向轮,在转向叉的上部连接立轴,使用两个圆锥滚子轴承安装在机架端部的轴承壳内。

偏转轮转向多使用一只转向液压缸,通过转向臂与叉脚的立轴连接。转向臂和液压缸一般置于立轴支承的上部,但也有置于立轴支承下部的,视结构不同而定。

(3) 摆动桥的悬架与布置

压路机的悬架装置把压轮和机架连接起来,传递作用在它们之间的力和力矩,并保证前后轮在崎岖不平的地面上全轮着地。

除了刚性连接外,压路机的悬架装置有机械摇摆式和液压升降式,振动压路机上还要增加弹性悬架,即减振器。

大多数的压路机都采用机械摇摆式悬架装置。铰接转向车架的摇摆销都做在铰接架上,整体转向车架的摇摆销都做在转向叉上。摇摆销安装位置的高低能影响压路机的横向稳定性,其中低位安装时机架的左右颠簸较小。如图2.1-39所示,当相同的摇摆量Δz时,车架的摆动量Δx却不相等。

轮胎压路机的悬架装置可分别采用机械摇摆式和液压升降式。在液压升降悬架装置中,各个轮胎的升降液压缸之间是连通的,它们使每个轮胎的负荷都均匀地传递给压实铺层,从而获得均匀的压实度。

(4) 摆动桥的布置

压路机摆动桥的布置总是与其转向系统一起考虑的,即转向轮也就是摆动车轮。这样布置能使驾驶室总是安装在主车架上,驾驶员所感受到的左右摇摆相对小些。

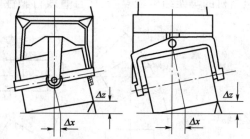

图2.1-39 两种摇摆方式对比

铰接转向压路机的摇摆铰销一般都是和转向铰销做成一个部件,形成十字形或丁字形的铰接架,其安装高度应使摇摆铰销轴线与转向轮轴线同高。极少数的铰接压路机上设有单独的摇摆支架。

偏转轮转向压路机的摇摆铰销布置在转向叉脚上。使用横向叉脚的,其摇摆铰销安置在叉脚与立轴之间,摆摆的回转中心高,机架晃动幅度较大。使用纵向叉脚时,其摇摆铰销分两段安置在叉脚与框架的连接处,摇摆的回转中心低,机架晃动幅度较小(图2.1-39)。纵向叉脚与立轴焊接在一起,并且多了一个安装转向轮的四方框架。

压路机车轮的摆动角度限定在左右各10°~15°范围以内。摇摆铰销的安装位置及摆动角度都将影响压路机的横向稳定性。

3) 压重舱的布置

压重被用来减小压路机的结构重力,可以降低金属结构的材料消耗。压重还可以通过设置压重舱的位置来调节压路机的分配荷载,即通过压重物的多少来调节线荷载的大小。并且在压路机转移工地时可以卸掉压重物,以便于提高行驶速度和顺利通过桥梁。

压重舱的位置应尽量低放和靠近驱动轮,以便于降低压路机的重心和增加驱动力。

静碾光轮压路机多在压轮内充水或填砂,所压重力以压路机工作重力的20%、25%为宜。轮胎压路机的压重力可达工作重力的40%~45%,为了减小压重物的体积,除了在舱内充水之外,还可采用在机架下部挂置生铁块的办法增加压重力。在振动压路机上不设置压重,但在振动轮内充水配重获得了很好的试验效果。

4) 动力装置的选型

压路机上所使用的动力装置是柴油发动机。我国的自行式压路机大多采用国产135系列和CUMMINS水冷柴油机及DEUTZ系列风冷柴油机。在选择发动机的型号时,应从基本形式和主要工作性能等多方面去考虑。

(1) 发动机基本形式的选择

发动机的基本形式主要是指汽缸的排列和冷却方式,在选用发动机时应考虑:

a. 工作可靠性高,较少出现故障;
b. 使用寿命长,机器零件磨损较慢;
c. 环境适应性强,能在恶劣条件下工作;
d. 燃料经济性好,比油耗量低;
e. 公害影响小,排气及噪声污染较低;
f. 维修保养方便,零部件易于更换和修复;
g. 发动机的动力输出形式及外形尺寸便于压路机总体设计的布置;
h. 价格与主机相适应。

① 直列式和V形排列

直列式发动机的结构简单,工作可靠,制造成本低,使用与维修方便,发动机的宽度也小,在压路机总体设计时布置灵活。但当发动机的排量较大时,较多的汽缸呈一字形摆开,发动机会显得过长和过高,或者缸径过大影响了工作性能。

V形发动机与直列式相比,其优点是长度缩短、高度降低,能够通过缸数的变化形成功率范围很大的发动机系列。但V形发动机的制造技术要求高,使得其价格高,在压路机总体设计时也因宽度加大而难以布置,故一般用得较少。

② 水冷式和风冷式

水冷柴油机的优点是:

a. 冷却和散热均匀可靠,因而其缸盖、活塞等主要零件的热负荷较低,工作可靠性好;
b. 平均有效压力高,比油耗量较低;
c. 由于加大冷却系统(水箱面积及水泵排量)灵活,能较好地适应增压后散热的需要;
d. 冷却水套起着隔音作用,噪声较低,减少了污染;
e. 制造技术简单,成本低。

所以在大多数的压路机上都使用了水冷柴油机。

但水冷柴油机的冷却系统使用和维护不很方便;冷却水箱的抗振性能差,特别是用在振动压路机上易振坏;冷却系统性能受大气温度的影响大,夏天易过热,环境适应性较差;汽缸温度低,燃烧产物中的硫化物多,使汽缸的机械磨损及腐蚀性磨损强烈,降低了使用寿命;水冷柴油机的外形尺寸大,不易屏蔽,压路机总体设计难布置;排烟度也较高,影响了环境保护。

风冷柴油机正好与水冷机相反。其冷却系统简单,使用维修方便,无冷却水箱,抗振性能好;在沙漠和缺水地区及异常气候(酷暑或严寒)条件下使用的适应性好;汽缸热惯性小,机器进入正常运转状态快,机械磨损和腐蚀性磨损较慢;冷却系统与柴油机制成一体,便于外形尺寸和重力的最佳化,方便压路机的总体布置;废气排放物较少,有利于环境保护。风冷柴油机在振动压路机上得到了广泛应用。

因为柴油机的冷却是靠汽缸外壁以热交换的方式向冷却介质散热的,风冷柴油机汽缸壁向冷却空气散热的传热系数只为水冷柴油机汽缸向冷却水散热的2.5%,这就造成了风冷柴油机有很高的热负荷。由于汽缸盖温度高,造成了风冷柴油机的充量系数比水冷柴油机低。其平均有效压力与升功率比水冷柴油机低5%~10%。风冷柴油机没有冷却水套的隔音,其散热片也易于激发噪声。另外,风冷柴油机的制造技术复杂,价格相当于同功率水冷柴油机的3倍以上,这也限制了它在压路机上的应用。目前国内比较普遍的情况是,液压驱动的振动压路机使用风冷柴油机,静碾压路机和机械驱动的振动压路机使用水冷柴油机。随着水冷柴油机设计技术的改进,使得发动机体积缩小,排烟度下降和水箱抗振性能提高,水冷柴油机有了新的发展势头。

(2)主要性能指标的确定

①发动机的最大功率及其相应转速

发动机的功率越大,则压路机的动力性能越好。但若功率过大,发动机的功率利用率就降低,燃料经济性下降。

可以利用前章所述的理论计算与类比相结合的方法确定发动机的最大功率 N_{emax},同时注意到辅助系统功率约占发动机输出功率的12%~20%。除了确定发动机的最大功率之外,还要对最大功率转速 n_N 提出要求,因为 n_N 不仅影响发动机的技术性能、连接尺寸和使用寿命,而且影响压路机传动系的传动比、传动件尺寸和工作寿命。总的来说,最大功率转速 n_N 高一些比较有利。自行式压路机的发动机最大功率转速 n_N 多为1 500~2 400 r/min。

②发动机的最大转矩及其相应转速

发动机的最大转矩 M_{emax}(kW)及其相应转速 n_N 对压路机的低速压实和爬坡工况影响很大。发动机的最大转矩 M_{emax} 与最大功率转矩 M_N 之比值是一个重要的性能参数,即转矩适应性系数 $a = \dfrac{M_{emax}}{M_N}$。$a$ 标志着压路机工作阻力增大时能自动增加转矩的能力,压路机所使用的柴油机应要求 $a = 1.1 \sim 1.2$。

当发动机的最大功率 N_{emax}(kW)及其相应转速 n_N 选定以后,发动机的最大功率转矩 M_N 与最大转矩 M_{emax}(kN·m)也就一定了。它们之间存在下列关系:

$$M_{emax} = a \cdot M_N = 9.55a \dfrac{N_{emax}}{n_N} \tag{2.1-9}$$

发动机的最大转矩转速 n_M 与最大功率转速 n_N 也要保持一定的关系。$\beta = \dfrac{n_N}{n_M}$,称为发动机的速度适应性系数,压路机用的柴油机一般应使 $\beta = 1.2 \sim 1.3$。

(3)发动机的动力输出及附件

根据压路机所需功率和工况条件选择发动机的型号,并校核其转矩与转速,还要确定发动机的动力输出形式和配备必要的附件。

发动机的动力输出形式有一端输出的,也有两端输出的。两端输出时,前端主轴用于连接主传动系统,后端连接辅助系统的传动件;或者一端用于输出驱动功率,另一端用于输出振动功率。

发动机输出转矩可以通过主离合器、变矩器或分动器输出,也可以用联轴器或传动带输出。主离合器用于大多数的机械传动变速器连接,变矩器用于液力机械传动系统,分动器用于多液压泵动力输出,用联轴器或传动带输出只能带动一个液压泵工作。

发动机在压路机上的布置形式一般为纵向排列,但也有的是横置安装。横置安装发动机多用于串联压路机上,可以缩短压路机的轴距,但有可能增加压路机的总宽度。

选用发动机时,除了发动机主机匹配的喷油泵、调速器、机油泵、机油过滤器、冷却水泵、启动电动机及充电发电机之外,还应对冷却水箱、风扇、蓄电池、空气滤清器及消声器等有明确的技术要求,有的还提出配备空气压缩机、液压泵、主离合器等附件。

2.1.4.2 主要参数计算

当静力式压路机的总体设计方案和结构形式确定以后,即可进行主要参数的计算和选择。

静力式压路机的主要参数包括转弯半径、压轮直径、工作速度和碾压次数等。

1) 转弯半径

压路机在进行压实作业时,其转向灵活性以纵向轴线的最小转弯半径 R_{cp} 来评定(图 2.1-40)。它主要取决于前轮转向角 β、轴距 L、转向操纵机构的形式和传动系中有无差速器等因素。

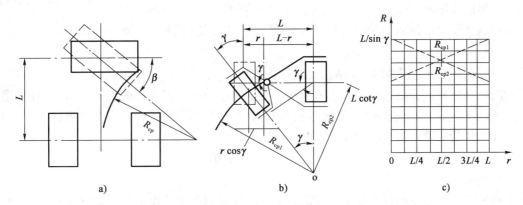

图 2.1-40 压路机转向示意图

(1) 整体车架式两轴压路机的转弯半径

整体车架式两轴压路机的转弯半径用式(2.1-10)计算:

$$R_{cp} = L\cot\beta \tag{2.1-10}$$

式中：L——两轴压路机的轴距;

β——前轮最大转向角,通常取为 30°~45°。

(2) 铰接车架式两轴压路机的转弯半径

铰接车架式两轴压路机的转弯半径与铰接点所在位置有关。当车架相对偏转角为 γ 时,前后轮纵轴线处的转弯半径按式(2.1-11)和式(2.1-12)计算。

前轮转弯半径 R_{cp1}：

$$R_{cp1} = \frac{r\cos\gamma + (L-r)}{\sin\gamma} \tag{2.1-11}$$

后轮转弯半径尺 R_{cp2}：

$$R_{cp2} = \frac{r + (L-r)\cos\gamma}{\sin\gamma} \tag{2.1-12}$$

当 $r = 0$ 时, $R_{cp1} = L/\sin\gamma$, $R_{cp2} = L\cot\gamma/\sin\gamma$;

当 $r = L$ 时, $R_{cp1} = L\cot\gamma/\sin\gamma$, $R_{cp2} = L/\sin\gamma$;

当 $r = L/2$ 时, $R_{cp1} = R_{cp2} = \frac{L}{2}(\cot\gamma + \frac{1}{\sin\gamma})$。

铰接点离某轮越近,则该轮的转弯半径 R_{cp} 越大。当 $r = L/2$ 时,铰接点处于前后轮中心位置,前后轮转弯半径相等且具有最小值。

2) 压轮直径

压轮直径 D 可用式(2.1-13)求出:

$$D = G_1^2/[q]^2 b^2 h \tag{2.1-13}$$

式中：G_1——前轮分配荷载;

$[q]$——材料的许用单位压力;

b——轮宽；

h——压陷深度。

如给出前轮在松散材料中的许用下陷深度及材料的许用单位压力,可按式(2.1-13)算出其最小直径。

压轮直径亦可按式(2.1-14)进行计算：

$$D = 5.43\sqrt{q} \qquad (2.1\text{-}14)$$

式中：q——单位线压力,N/cm。

两轮串联式压路机的驱动轮直径应等于或稍大于从动轮(前轮)直径。全轮驱动的串联压路机,前、后轮的直径应相等。

两轴三轮式压路机的驱动轮,在结构允许的条件下,要尽量取较大数值。

压轮宽度通常根据压路机的转向要求选取。为了使压路机获得较高的生产率,以及在坡道上工作时具有足够的横向稳定性,压轮的宽度应尽量取较大的数值。但是,压轮宽度过大,转向时会使铺层发生剪切滑移。压轮宽度可按式(2.1-15)选取：

$$b \geq (1 \sim 1.2)D \qquad (2.1\text{-}15)$$

3) 工作速度

压路机的工作速度是根据滚压工艺规范选定的。较低的工作速度使铺层材料在压实力的作用下,能有足够的时间产生不可逆形变,更好地改变被压材料的结构,能减少所需的压实次数。用过高的工作速度,不能获得所要求的压实质量,而且当压路机换向时,将产生很大的惯性荷载,引起被压材料剪切滑移。

压路机的工作速度一般取为 1.3~4.0km/h,第一遍的滚压速度为 2~2.5km/h。

压路机的行驶速度通常规定在 6~10km/h。

4) 碾压次数

为了使材料得到最佳的压实度,必须进行一定的压实作业,所需的滚压次数 n 可按式(2.1-16)确定：

$$n = \varepsilon/\varepsilon_1 \cdot \psi \qquad (2.1\text{-}16)$$

式中：ε——从初始压实度提高到最佳压实度时所需的相对变形(绝对变形与层厚之比)；

ε_1——第一次滚压时的不可逆相对变形；

ψ——由重复加荷引起的不可逆相对变形的影响系数(表2.1-12)。

不可逆相对变形的影响系数 ψ 值　　表2.1-12

土 的 状 态	土的压实度之比 δ/δ_{max}	系数 ψ
完全松散的土	0.62	1.20
很松散的土	0.75	1.25
松散土	0.80	1.30
未充分压实的土	0.85	1.40
压实的土	0.90	1.50

压实所需的不可逆相对变形 ε：

$$\varepsilon = 1 - \frac{\delta_H}{\delta_0} \qquad (2.1\text{-}17)$$

式中：δ_H——压实前土的重度；

δ_0——要求达到的土的重度。

ε_1 值可按式(2.1-18)求出：

$$\varepsilon_1 = \frac{20qa}{E'HR^{0.5}} \tag{2.1-18}$$

式中：a——考虑不可逆变形在总变形中所占的比例系数；

H——松土层厚，$H = H_0/(1-\varepsilon)$，其中，H_0 为压实土层厚度，通常等于最佳土层厚度；

E'——当量（不可逆形变的）变形模量；

q、R 符号意义同前；

E' 与 a 值见表 2.1-13。

当量变形模量 E' 和比例系数 a 值　　　　　　表 2.1-13

土 的 状 态	变形前的土特性		a
	变形模量 E'（MPa）	土的压实度之比 δ/δ_{max}	
完全松散的土	0.5~1	0.62	0.90
很松散的土	1~2	0.75	0.80
松散土	2~4	0.80	0.75
未充分压实的土	4~8	0.85	0.60
压实的土	8~10	0.90	0.50

滚压所需次数不仅与压路机的参数有关，还取决于土的类别及所处的状态。当土的含水率为最佳含水率，以及最佳土层厚度的压实度达到重型击实标准的 95% 时，对低黏性土压实所需的滚压次数平均为 4~6 次；对黏性土的滚压次数平均为 10~12 次。

5）发动机功率的确定

压路机的发动机功率应能保证机器在最困难的条件下正常工作。这些条件是：在最大坡度的路基上压实松散的碎石；以行驶速度在最大坡度上行驶。

发动机额定功率可由传动系所需功率与液压泵等液压件消耗的功率之和得出。发动机的额定功率可按式（2.1-19）计算：

$$P = 0.277Fv/\eta + \sum P_y \tag{2.1-19}$$

式中：P——发动机额定功率，kW；

F——压路机驱动轮上的驱动力，kN；

v——压路机运行速度，km/h；

η——传动效率；

$\sum P_y$——所有辅助装置液压泵所消耗功率，kW。

驱动轮的驱动力必须大于压路机行驶时所产生的总阻力 $\sum F_i$，即 $F \geqslant \sum F_i$，其中：

$$\sum F_i = F_1 + F_2 + F_3 + F_4 \tag{2.1-20}$$

式中：F_1——滚动阻力，kN；

F_2——坡道阻力，kN；

F_3——起步加速惯性阻力，kN；

F_4——压路机沿弯道运行时所产生的附加阻力，kN。

(1) 压路机行驶时的滚动阻力 F_1

$$F_1 = Gf\cos\alpha \tag{2.1-21}$$

式中：G——压路机的整机重，kN；

f——压路机行驶时的滚动阻力系数，与被压材料的种类、铺层厚度、压实程度及行驶速度有关（表 2.1-14）；

α——坡度角，°。

压路机滚压作业时的滚动阻力系数　　　　表2.1-14

材料名称	压实程度	滚动阻力系数 f
沥青混凝土	第一遍滚压	0.12~0.15
	压实终了	0.05~0.06
旧沥青混凝土路面		0.045
碎石	第一遍滚压	0.15~0.20
	压实终了	0.06~0.08
砾石	已压实	0.097~0.1
好砾石路		0.097
砾石路	压实1/3	0.09~0.1
	压实2/3(无石屑)	0.075~0.08
	压实2/3(有石屑)	0.05~0.055
	压实终了	0.05~0.055
卵石块路		0.07
土		0.20
黑色路		0.03
沥青混凝土底层		0.03~0.04

(2)压路机行驶时的上坡阻力 F_2

$$F_2 = G\sin\alpha \tag{2.1-22}$$

(3)压路机起步时的加速惯性阻力 F_3

$$F_3 = F'_3 = F''_3 \tag{2.1-23}$$

$$F''_3 = m \cdot dv/dt = mv/t_p \tag{2.1-24}$$

式中：F'_3——平动质量的惯性阻力；

　　　F''_3——转动质量的惯性阻力；

　　　m——压路机的质量,t；

　　　v——压路机的行驶速度,m/s；

　　　t_p——加速时间,$t_p = 2~2.5$s。

如果压路机的速度不高,转动质量的惯性阻力可忽略不计。传动系统的传动比较大时,必须考虑转动质量的惯性阻力,特别是发动机飞轮的惯性阻力更应考虑。平动质量和转动质量的惯性阻力可由式(2.1-25)确定：

$$F_3 = \delta mv/t_p \tag{2.1-25}$$

$$\delta = 1 + I_1/r_1^2 m + I_2^2/r_2^2 m + I_m/m(I_n/I_2)^2$$

式中：I_1——前压轮转动惯量；

　　　r_1——前压轮半径；

　　　I_2、r_2——后压轮和传动系旋转部分转换到后压轮上的转动惯量以及后压轮的半径；

　　　I_m——飞轮和发动机旋转部分转换到飞轮上的转动惯量；

　　　I_n——发动机到驱动轮的传动比。

通常,$\delta = 1.1~1.15$。在计算惯性力时,必须估计到发动机有可能超载10%~15%的情况。

(4)压路机沿弯道运行时产生的附加阻力 F_4：

$$F_4 = K_1 G_1 \tag{2.1-26}$$

式中：K_1——附加阻力系数,沿松散碎石表面运行,$K_1 = 0.3$；沿压实表面运行,$K_1 = 0.2$；

　　　G_1——转向轮上分配的荷载,kN。

求出的驱动轮上的驱动力,必须用驱动轮和被压路面的附着条件校验,即：

$$G_2\varphi \geqslant F \geqslant \sum F_i \quad (2.1\text{-}27)$$

式中：G_2——压路机附着重力，即在驱动轮上分配的荷载，kN；

φ——附着系数（表2.1-15）。

各种路面的附着系数 表2.1-15

路面形式		φ
碎石路面		0.475~0.6
卵石路面		0.5
沥青混凝土路面	第一遍滚压	0.25~0.3
	压实终了	0.10~0.15
土路		0.15~0.30
旧沥青混凝土路面		0.20~0.30

6）生产率计算

决定压路机生产率的主要因素是轮宽、压实遍数、压实速度和工作效率。压路机生产率是单位时间（h）内获得达到压实标准的土的体积。生产率由下式计算：

$$Q = \frac{3600(b-c)LhK_B}{(L/v+t)n} \quad (2.1\text{-}28)$$

式中：Q——压路机生产率，m^3/h；

b——碾压带宽度，m；

c——碾压带重叠宽度，m；一般$c = 0.15 \sim 0.25$ m；

L——碾压作业路段长度，m；

h——铺层压实后的厚度，m；

v——碾压行驶速度，m/s；

t——转弯掉头或换挡时间，一般情况转弯$t = 15 \sim 20$ s，换挡$t = 2 \sim 5$ s；

n——碾压遍数；

K_B——时间利用率。

2.1.5 主要生产厂家典型产品及技术性能和参数

2.1.5.1 龙工集团

福建龙工集团有限公司创建于1993年，是全国著名革命老区——闽西发展起来的一个大型民营工程机械企业。龙工产品性能可靠，设计优良。在酷热高湿、高原高寒（温度－30～＋45℃以及珠穆朗玛峰山下定日县高原机在海拔5 200m的工况下作业）和戈壁风沙地区，龙工产品都展现出卓越的性能和高可靠性。而其长短轴距均有、高低配置兼备和日显个性化的设计更是满足了不同消费习惯和购买能力的用户的需求。龙工牌装载机1998年被评为福建省名牌产品；2001年，龙工商标被认定为"福建省著名商标"。龙工集团部分静力式压路机产品参数见表2.1-16。

龙工集团部分静力式压路机产品参数表 表2.1-16

型号	质量（t）	压实宽度（mm）	单位线压力（N/cm）				最小转弯半径（mm）	爬坡能力（%）	发动机	
			前轮		后轮				型号	功率（kW）
			不加载	加载后	不加载	加载后				
LG525J	21~25	2 322	540	685	960	1 082	7 000	20	YC6108G	92
LG521J	18~21	2 322	460	565	860	980	7 000	20	YC6108G（B7664）	85
QX325/25（铰接三轮）	21~25	2 420			1 150	1 360				88

2.1.5.2 徐工集团

徐工集团成立于1989年3月,成立20多年来始终保持中国工程机械行业排头兵的地位,目前位居世界工程机械行业第15位,中国500强企业第151位,中国制造业500强第73位,2009中国机械500强第18位,是中国工程机械产品品种和系列最齐全、最具竞争力和最具影响力的大型企业集团。近8年来,公司每年投入超亿元,持续加大自主创新投入,重点围绕重大研发、技改创新项目,突破了一批占据行业制高点的高端产品和核心专有技术。徐工集团部分静力式压路机产品参数见表2.1-17。

徐工集团部分静力式压路机产品参数表　　表2.1-17

型号	质量(t)	压实宽度(mm)	压轮重叠量(mm)	最小离地间隙(mm)	最小转弯半径(mm)	爬坡能力(%)	发动机 型号	发动机 功率(kW)	外形尺寸 长×宽×高(mm)
3Y12/15A	12~15	2 120	100	320	6 500	20	4135k-2b	59	4 910×2 120×2 800
3Y18/21	18~21	2 320	100	420	6 500	20	4135Ak-2a、YC6108G	73.5	5 150×2 320×3 010

2.1.5.3 洛建(一拖)

20世纪80年代洛建便瞄准世界工程机械制造行业、特别是压路机领域国际前沿水平,率先引进学习国外压路机新技术、新工艺,成立了我国工程机械行业第一所厂办压实机械产品研究所,明确定位"技术创新要一直领先于国内同行",并结合我国国情进行技术消化逐步实现了产品的系列化、规模化、多元化。洛建在国内市场占有率很大,部分静力式压路机产品参数见表2.1-18。

洛建(一拖)部分静力式压路机产品参数表　　表2.1-18

型号	质量(t)	压实宽度(mm)	单位线压力(N/cm) 前轮 不加载	单位线压力(N/cm) 前轮 加载后	单位线压力(N/cm) 后轮 不加载	单位线压力(N/cm) 后轮 加载后	最小转弯半径(mm)	爬坡能力(%)	发动机 型号	发动机 功率(kW)
LGS1822B	18~22	2 300	400	500	920	1 100	6 640	20	LRC6105	90
LGU1822(三轮)	18~22	2 300	274	504	920	1 100	6 780	20	LRC6105	90
LGU2124(三轮)	21~24	2 300	430	540	1 010	1 200	6 780	20	LRC6105	90

2.1.5.4 厦工三明

公司始建于1958年,2007年整体搬迁到沙县金沙工业园,建设形成物流合理、工艺先进、设备精良、管理科学的现代工程机械专业生产企业。公司压路机主要产品系列有:机械式单钢轮压路机系列、全液压单钢轮压路机系列、双钢轮压路机系列、静碾压路机系列、轮胎式压路机系列、冲击式压路机系列、小型振动压路机系列。产品达到国内领先水平和国际当代先进水平。厦工三明部分静力式压路机产品参数见表2.1-19。

厦工三明部分静力式压路机产品参数表　　表2.1-19

型号	质量(t)	压实宽度(mm)	单位线压力(N/cm) 前轮 不加载	单位线压力(N/cm) 前轮 加载后	单位线压力(N/cm) 后轮 不加载	单位线压力(N/cm) 后轮 加载后	最小转弯半径(mm)	爬坡能力(%)	发动机 型号	发动机 功率(kW)
XG618/211J(3YJ18/21)(三轮)	18~21	2 350	504	588	882	1 029	6 500	20	YC6108	92

2.1.5.5 鼎盛天工

鼎盛天工工程机械股份有限公司集合了"天工"与"鼎盛"两个著名品牌,总资产达15亿元,产品涵盖铲运机械、筑养路机械、路面机械、混凝土机械等多种工程机械产品门类,主要产品有平地机、摊铺机、压路机等,具备为国内外公路建设提供成套施工机械的综合能力。鼎盛天工部分静力式压路机产品参数见表2.1-20。

鼎盛天工部分静力式压路机产品参数表　　　　表2.1-20

型号	质量(t)	单位线压力(N/cm)		压轮直径(mm)	驱动形式	最小转弯半径(mm)	爬坡能力(%)	发动机	
		不加载	加载后					型号	功率(kW)
TG19/22-H（三轮）	19~22	760	880	1 700	液压双驱	6 500	40	YC6108G	100
TG19/22-M（三轮）	19~22	983	1 134	1 700	机械单驱	6 500	20	YC6108G	89

2.2　振动压路机

2.2.1　概述

2.2.1.1　定义

振动压路机是20世纪70年代出现的一种理想的现代化压实机械,它以与被压实土、砂石层的固有频率相近的频率激振工作,产生共振效果,使被压层达到高密实度。振动压路机是利用振动荷载使被压实材料颗粒处于高频振动状态,使颗粒间内摩擦力丧失,同时利用压路机本身的重力对材料产生压应力和剪切力,迫使被压实材料颗粒重新排列而而得到压实。振动压路机作业时,利用其自身重力和振动压实各种建筑和筑路材料。振动压路机最适宜压实各种非黏性土、碎石、碎石混合料以及各种沥青混凝土等,是公路、机场、海港、堤坝、铁路等建筑和筑路工程必备的压实设备。

1）振动压实的基本原理

振动使被压实材料内产生振动冲击,被压实材料的颗粒在振动冲击的作用下,由静止的初始状态过渡到运动状态,被压实材料之间的摩擦力也由初始的静摩擦状态逐渐进入到动摩擦状态。同时,由于材料中水分的离析作用,使材料颗粒的外层包围一层水膜,形成了颗粒运动的润滑剂,为颗粒的运动提供了十分有利的条件。被压实材料颗粒之间在非密实状态下,存在许多大小不等的间隙,被压实材料在振动冲击的作用下,其颗粒间的相对位置发生变化,出现了相互填充现象,即较大颗粒形成的间隙由较小颗粒来填充,较小颗粒的间隙由水分来填充。被压实材料中空气的含量也在振动冲击过程中减少了。被压实材料颗粒间隙的减少,意味着密实度的增加;被压实材料之间间隙减小使其颗粒间接触面增大,导致被压实材料内摩擦阻力增大,意味着其承载能力的提高。

无论是水平振动还是垂直振动,压实材料在振动作用下减小空隙率,使其变得更加密实的本质是一致的。

2）振动压实理论学说

（1）内摩擦减小学说

由于振动作用使被振压材料的内部摩擦阻力急剧减小,剪切强度降低,抗压阻力变得很小,材料在重力作用下易于压实。

（2）共振学说

当激振频率与被振压材料的固有频率相一致时,压实达到最佳效果。

（3）反复荷载学说

振动所产生周期性压缩运动作用,使被振压材料受反复荷载作用,达到压实目的。

（4）交变剪应变学说

利用土力学交变剪应变原理,振动使土产生剪应变,使被压实材料的颗粒重新排列而达到密实效果。

2.2.1.2 国内外发展现状

1)国外振动压路机发展现状

(1)新的压实技术和方法

随着对新的压实技术和方法的探索,出现了许多新的构想(如非圆滚轮压路机、振荡压路机、翼板式压路机等)。其中,振荡压实技术与振荡压路机,冲击碾压技术与非圆滚轮压路机已经由20世纪80年代前后的设想,经过80年代中期的模型和原型试验,发展到现在已经可以向市场提供系列产品了。以下简要介绍一下振荡压实技术和冲击压路机。

振荡压实是20世纪80年代出现的一种新的压实方法和技术。首先提出这一概念的是瑞典的H. Thurner博士。与传统的振动压路机利用垂直振动的原理不同。振荡压实是利用土力学中交变剪应变的原理,使土等基础材料的颗粒重新排列而变得更加密实,从而达到压实之目的。产生这种交变剪应变的方法可以有多种,H. Thurner提出的方法是利用两根互呈180°的偏心轴来产生按正弦曲线变化的交变转矩,施加于滚轮上,使它产生一种绕轴心的振荡运动,如图2.2-1所示。

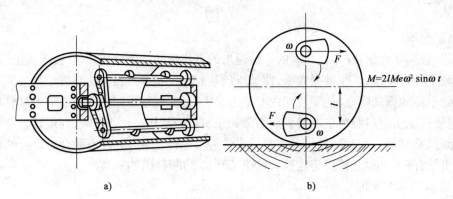

图2.2-1 振荡压路机的基本原理
a)振荡压路机的结构;b)振荡压路机的工作原理

振荡压实实际上是一种振动与搓揉相结合的压实方法。振动能量是沿着水平方向在某一层面内传播的,因而它在深度方面的压实效果显然不如垂直方向的振动压实。但是在表面层某一深度范围内的压实效果将明显优于振动压实。交变的剪切力使滚轮对地面产生一种类似轮胎压路机的搓揉作用,这种搓揉作用能防止表面的裂缝并使压实表面光滑平整,对于那些难于压实的粗集料开级配的改性沥青路面和碎石沥青玛蹄脂路面(Stone Mastic Asphalt)则有着特殊的效果。此外,由于振荡压实过程进展平缓而无冲击,因而不易压碎骨料,能防止面层振松,这些对于路面,特别是表面处沿路面以及路面厚薄不均匀的场合也是十分重要的。至于振荡压实能减少机架和邻近地面的振动、节省压实能量,从而在改善驾驶员工作条件和环境条件、延长机器使用寿命和降低使用成本方面所具有的一系列优越性则是显而易见的。

由于振荡压实的上述特点使振荡压实技术和振荡压路机在路面压实领域内的发展和应用有着特殊的优势和良好的前景。德国Hamm公司和日本Sakai公司所提供的振动和振荡两种压实方法对沥青路面压实效果的对比试验结果表明,一台6t级的振荡压路机的压实效果相当于一台9t级的振动压路机,与同等级的振动压路机相比,压实效率可提高25%~30%。此外,振荡压路机在压实RCC路面时的良好效果在国外也是众所公认的。

虽然有关非圆形碾的设想在20世纪30年代就已经有了,但成为一种比较成熟的冲击碾压技术和可供实用的非圆滚轮压路机则是南非国家运输和道路研究所(NITRR)历经70~80年代十多年的深入研究后才发展起来的。冲击碾压是一种冲击和搓揉作用相结合的压实方法。图2.2-2展示了一个方形碾的工作原理。

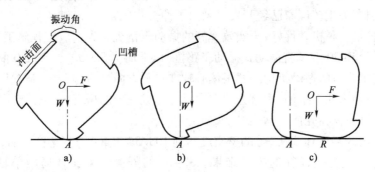

图2.2-2 非圆滚轮压实土的工作原理

方形碾一个工作面的轮廓线是由滚动角的圆弧、冲击面的圆弧和一段凹槽的直线组成的。碾压轮在牵引力F的作用下向前滚动,当滚动角圆弧与地面的"接触点"A与重心O处在一条铅垂线上时,滚轮升至最高位置[图2.2-2a)],在越过此点后重力相对于"接地点"A产生一使滚轮坠落的冲击力矩[图2.2-2b)],在这一力矩的作用下滚轮冲击地面,而此时冲击力矩达到最大[图2.2-2c)]。随后,碾压轮的冲击面向前方搓挤土而产生某种强力的搓揉作用,并使土产生很大的反力R,在牵引力F和反力R所形成的举升力偶的作用下,碾压轮以滚动角与地面接触的瞬时中心为转动轴心向前滚动并抬升碾压轮至最高位置[图2.1-2a)]。从以上的工作原理可看到,方形碾在工作过程中所蓄储的能量来源于以下三部分:重心位置提升所蓄的势能、碾轮以一定速度旋转所提供的动能、碾压轮重在滚动过程中克服土变形所作之功。显然冲击能量的大小与碾压轮重力、重心高度、牵引速度、非圆形轮廓边数等参数有关。

虽然冲击碾压的原理看起来简单,但要实现这一原理却需要解决一系列有着相当难度的基本问题,主要包括:

①拖拉机在牵引碾压轮时必须保持较为平稳的牵引负荷;
②冲击质量下落时必须保证滚轮能自由转动而不受牵引车的限制;
③碾压轮在不工作时应能方便地进行拖挂转移;
④机器必须避免受到冲击载荷的过大影响,并保证长寿命的工作和最低的保养要求。

尽管20世纪70年代早期的方轮样机都已验证了冲击碾压原理的可行性,但在同时满足上述要求方面都是失败的。NITRR在70年代中期后提出一系列新的改进设想,并且研制了一个1:3的缩尺模型来实施和验证这些新设想。经过大量的实践和理论研究最终归纳了以下三个新的设计概念:

①采用一种复合的连杆系统来连接碾压轮的轮轴和机架;
②碾轮的悬挂弹簧应该是可控的,它可使碾压轮在举升阶段中加载悬挂弹簧,而在冲击阶段则可脱离悬挂弹簧而自由坠落;
③在不工作时,碾压轮应通过液压举升机构支承在由轮胎组成的车轮架上。

至20世纪80年代初冲击碾压在技术上已渐趋成熟,新的样机经过80年代中期在控制系统、结构设计和美学造型方面的改进,开始进入商品生产阶段,到90年代已经形成了系列产品。它们在设计的结构性和造型方面与原型已经有了很大的不同。

在冲击压路机的应用方面,南非的专家们做了大量的工作。从原理上讲,冲击压实在试验室的葡氏压实度试验中已经证明可以将范围很广的各种土试样压实到很高的密实度,因此可以预计冲击碾沙石应能广泛地成功应用于土的压实。在南非所进行的大量试验证实了这一推论,这些试验曾在范围很宽的各种土上进行,从含水率1%~2%的单一颗粒尺寸的沙漠砂到塑性指数达25和含水率达17%的饱和黏土都取得了良好的压实效果。对于饱和土,碾轮的强力搓揉作用可以将空隙水挤出至地表面,从而使下层土的含水率降低而改善压实效果。因此,新型的冲击碾压技术在原地基的压实、填方土和干砂的压实中应该有很好的发展和应用前景。由于压实深度大(原地基的压实深度达4~5m,填方一次达

0.5~1m),碾压速度高(12~15km/h),此类压路机的生产能力将大大超过通常的重型振动压路机,这是显而易见的。我国有关生产厂家已经开发研制出了冲击式压路机。

垂直振动压路机是一种机动性好、压实效率高的振动压路机。为适应工程施工的实际需要,日本酒井重工业开发研制了 SD450 型垂直振动式振动压路机(以下简称 SD450)。SD450 的振动机构为两轴式振动机构,类似振荡压路机的振动机构。两根偏心轴在水平方向呈对称配置,通过同步齿轮以相反方向转动。使得水平方向的力相互抵消,垂直方向的力叠加形成强大的振动力。在碾压过程中,激振器始终不转动,轮圈经轴承绕激振器壳体转动。

通过试验验证,用 SD450 压实土,土的密实度达到 108.5%(重型击实法)左右,用于水泥混凝土的压实,其压实效果等于或超过以往的施工结果。SD450 的隔振效果比普通的单轴振动方式要好,但 SD450 的结构复杂、生产成本高。

(2)压实控制技术的发展

压实控制新技术的迅速发展是与现代高科技向传统产业部门的渗透与改造这一大趋势紧密关联的,它导致了压实过程的自动监测、自动控制和自动调节技术的迅速发展。由于传统压实控制方法的缺点,人们一直在寻求一种安装在机器上能在压实过程的进展中连续进行测量,不断提供有关基础材料压实状况信息的压实控制方法和装置。早在 20 世纪 60 年代初就有人提出了能否利用振动部件与基础之间相互作用的动力特性来判断压实进程进展状况的设想。这种方法的原理是建立在如下认识的基础上的:当地面在振动部件的作用下逐步压实时,地面—机器系统的动力特性也在变化,这种变化将指示出地面承压能力变化的相对数值,从而也反映了地面被压实的程度。

最先将这一思想变成实际安装在 Dynapac 压路机上的一种压实度监测装置是 H. Thurner 博士的专利。随后德国 Bomag 公司的 BTM 压实计相继问世。日本铺道公司技术开发部在 20 世纪 80 年代末研制了一种 CDS 压实文件记录系统,这一系统中的压实度计其工作原理类似于 Dynapac 公司的压实计。

在压实计实时监测的基础上,各公司在进一步向压实信息的实时化处理方向发展。图 2.2-3a) 是 Bomag 公司开发的 BTM04 型计算机压实控制测量系统。这种系统可以连续、实时地测量并处理压实进程中压实度的变化情况,从而显示或打印出压实层纵剖面各点的压实质量[图 2.2-3b)]。在 BMT04 的基础上该公司又开发了一种可与微机相连的离线处理系统 BCM02[图 2.2-4a)],经过再处理后可以绘制整个压实地区的三维压实图[图 2.2-4b)]。

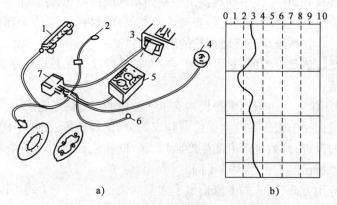

图 2.2-3 Bomag 公司的 BTM04 压实控制测量系统
a)BTM04 型计算机压实控制测量系统组成;b)压实质量图
1-加速度传感装置;2-电源线;3-打印机;4-OMEGA 值显示器;5-控制器;6-行驶方向指向器;7-信号处理器

总结 20 世纪 80~90 年代压实技术与压实机械的发展,可以有以下一些带有规律性的特点。

①压实机械的发展与压实方法、压实技术有着密切关系,压实机械突破性的进展往往首先是从压实技术取得的突破开始的。这是创造全新的按不同原理工作的新型压实机械的基础。

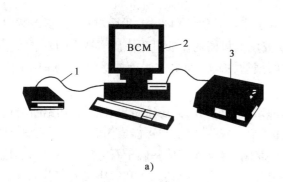 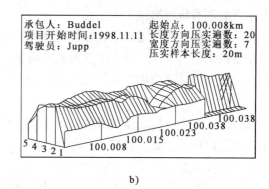

图 2.2-4　Bomag 公司的 BTM02 计算机处理系统
a) 系统组成；b) 三维压实图
1-卡片读出装置；2-微机；3-打印机

②压实机械与土、沥青混合料等工作介质相互作用过程的研究为探索新的压实方法和技术提供着强大的理论支撑。

③现代新技术革命的兴起,特别是微电子技术、自动控制技术和计算机技术等高科技的迅速发展引导着压实机械未来的发展方向。

2) 国内振动压路机发展现状

1961 年西安公路学院(现长安大学)与西安筑路机械厂联合开发 3t 自行式振动压路机,标志着我国自行开发设计振动压实机械的起点。1964 年洛阳建筑机械厂研制出 4.5t 振动压路机,1974 年洛阳建筑机械厂与长沙建筑机械研究所合作开发了 10t 轮胎驱动振动压路机和 14t 拖式振动压路机。80 年代中期,我国开始引进国外先进的压路机制造技术。1983 年洛阳建筑机械厂引进了美国 Hrster 公司技术,合作生产 6t 铰接振动压路机。1984 年徐州工程机械厂引进瑞典戴纳帕克(Dynapac)公司的 CA25 轮胎驱动振动压路机和 CC21 型串联式振动压路机技术。1985 年温州冶金机械研制了 19t 振动压路机。1987 年洛阳建筑机械厂引进了德国宝马(Bomag)公司 BW217D 和 BW217AD 振动压路机技术。江麓机械厂引进德国凯新伟博麦士(Case-Vibromax)公司的 W1102 系列振动压路机技术。最近,长沙三一重工集团公司引进国内外先进技术,开发研制了 YZl8C 型振动压路机,该机为全液压控制,双轮驱动、单钢轮、自行式结构。

20 世纪 80 年代后期,随着基础工业和液压元件的发展,特别是液压泵、马达、振动轮用轴承、橡胶减振器的引进生产,使振动压路机技术总体水平和可靠性有很大的提高。在基础元件支持下,振动压路机引进技术不断得到消化吸收,国内大专院校和科研院所的科研攻关,使我国自开发和研制振动压路机的能力有较大的提高。1998 年中国农业大学开发研制的混沌振动压路机,1990 年西安公路交通大学(现长安大学)与徐州工程机械厂共同开发的 10t 振荡压路机,这些标志着我国振动压路机科研和产品开发达到新的水平。

目前,我国有三十多家工厂生产振动压路机,并初步形成手扶系列、拖式系列、自行系列等产品,基本满足国内需要,并有一定的出口能力。

我国振动压路机起步较晚,整体水平与国外先进水平相比仍有差距,主要表现在:产品型号系列不全,重型和超重型振动压路机生产数量和品种仍然较少；专用压实设备缺乏；综合技术水平经济指标和自动控制方面仍低于国外先进水平。

2.2.1.3　发展趋势

在步入 21 世纪的未来发展中,压实技术和压实机械的科技进步将带有以下一些特点和趋势。

(1)新的压实技术和压实机械的发展将越来越多地依靠压实理论工艺上的新突破,并成为开发原理上全新的压实机械的强大理论支撑。

压实理论的研究将更加带有综合研究的特点,即从工作介质的材料性能、力学基础、施工工艺以及机械设备的结构、运动学、动力学参数的综合角度来研究压实机械的作业过程。压实技术的发展将更加带有多种压实方法综合作用的特点,即通过静力、搓揉、振动、捣实、冲击等多种方法的联合作用来强化压实过程。

已经进入实用阶段的新的压实技术和压实机械,例如以上提到的振荡压路机、冲击式压路机将进一步定位自己的应用领域,而在某一领域内成为主要的机种。振荡压路机很可能成为沥青面层和RCC路面的主要压实机械,逐步占领这一领域的主要市场。供路基、堤坝和其他基础土石方工程用的压实机械将继续向重型和超重型方向发展。其中冲击式压路机在进一步完善驱动方式和解决减振问题的基础上在重型压实的振动压路机领域内存在着很大的潜在优势,特别是高填方、塌陷性土和干砂压实方面很可能成为一种主要的机种。

(2)在压实理论和技术的研究中试验研究与计算机仿真技术的结合将成为更加重要的研究手段。

计算机辅助设计、辅助试验、辅助制造、辅助管理以及辅助工程将使压实机械的研制过程从构想、设计、制造、试验、使用、维修、管理的全过程成为高度自动化和现代化的过程。

近十年来压实过程的计算机仿真软件、压实机械的专用CAD软件、压实工作的计算机辅助工程软件如雨后春笋一般已有了很大发展,各主要厂商大多都有自己的专用设计软件包,有些已经开始商品化。下面简要介绍一些这方面的例子。

瑞典Geodynamik技术咨询公司开发了一种振动压实过程的计算机仿真软件,力学模型见图2.2-5。众所周知建立振动压实的仿真模型最大的困难是土的振动参数的确定。这一模型的特点是建立土的非线性动力学模型,这一理论模型的建立,允许以土的最基本的物理力学特性:土的密度、弹性模量、泊松比、内摩擦系数作为计算机仿真模型的输入参数。这一仿真模型允许在不同土的条件和不同机械参数下,模拟滚轮与土相互作用的动力学特性,对现有振动压路机的压实性能进行评价和对设计的新机型进行性能预测。这一模型的另一个重要功能是可以根据给定的土的条件对压实作业选用不同的机型和不同的施工工艺,并对方案进行比较和优化。

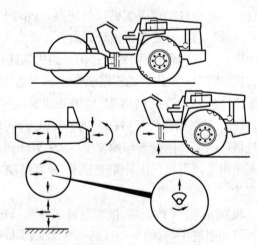

图2.2-5　Geodynomik公司的土—压路机动力学模型

Bomag公司向用户推出了一种名为CARE(Computer Aided Roller Selectionin Earthworks)的土方压实机械辅助使用软件,作为使用压实设备的辅助工具。它可以帮助用户根据压实工程的工作量、现场条件、材料特性、葡氏压实曲线以及所要求的压实度来选择该公司的三种压实机械配置方案,对每种方案均可提供对各使用参数的选用建议,包括碾轮类型(光轮、凸块或光轮—凸块组合)、振幅和频率、最小与最大铺层厚度和铺层数、每层压实带的安排、碾压速度和遍数以及压实生产率和压实时间的确定。

(3)新技术革命和现代高科技将继续推动压实机械向自动化、智能化、无人化和机器人化的方向发展。

由于压实过程的影响因素较少,所以在这一发展方向上智能压路机很可能成为工程机械智能化进程中最早推出的机种。

在压实过程和机器工作状态实时监测的基础上,压实机械将进一步向自动化的过程发展,这一进程将从局部自动化过渡到全面自动化,并向远距离和无人化的方向发展。现在国外无人操纵的振动压实机械已经应用在某些特殊的环境,例如危险地带、水下压实作业中。

在压实机械智能化发展方面一个可以预期的目标是将自适应和自学习技术引入压实控制中,并在此基础上实现压实作业的最优控制。此时机器将具有一定的智能,当对某一材料进行压实时,通过一段时间的实践,机器会自动对压实作业的各项参数(频率、振幅、碾压速度和遍数)进行不同组合,并判断其压实效果,从而决定最优控制的方案。当使用条件,例如土质情况变化时,它会不断改变自身的参数,自动适应外部或内部状况的变化,使压实作业始终在良好的条件下进行。

在智能化发展方面的另一个重要趋势是随机电脑将普遍应用在压实机械上,用来进行工作过程的监测,机器技术状态的诊断、报警和故障分析。人工智能的介入将大大改善机器的维修保养工作,并加速它们的现代化进程。

通过以上描述的发展进程,压实机械将逐步发展成完全智能化的作业机器人。

2.2.2 分类、特点及适用范围

2.2.2.1 分类

根据振动压路机工作原理、结构特点、操作方法和用途等的不同,有不同的分类方法。振动压路机可有以下几种分类方法。

按机器结构质量可分为:轻型、小型、中型、重型和超重型。

按行驶方式可分为:自行式、拖式和手扶式。

按振动轮数量可分为:单轮振动、双轮振动和多轮振动。

按驱动轮数量可分为:单轮驱动、双轮驱动和全轮驱动。

按传动系传动方式可分为:机械传动、液力机械传动、液压机械传动和全液压传动。

按振动轮外部结构可分为:光轮、凸块(羊足碾)和橡胶滚轮。

按振动轮内部结构可分为:振动、振荡和垂直振动。其中振动又可分为:单频单幅、单频双幅、单频多幅、多频多幅和无级调频调幅。

按振动激励方式可分为:垂直振动激励、水平振动激励和复合激励。垂直振动激励又可分为定向激励和非定向激励。

此外,按振动压路机其他主要结构特点,还有一些分类方法。一般来讲,振动压路机主要按其结构形式和结构质量来分类。

根据现有振动压路机结构形式,将其通常分类列于表2.2-1。

振动压路机分类表 表2.2-1

自行式振动压路机	轮胎驱动光轮振动压路机 轮胎驱动凸块振动压路机 钢轮轮胎组合振动压路机 两轮串联振动压路机 两轮并联振动压路机 四轮振动压路机	手动式振动压路机	手扶式单轮振动压路机 手扶式双轮整体式振动压路机 手扶式双轮铰接式振动压路机
拖式振动压路机	拖式光轮振动压路机 拖式凸块振动压路机 拖式羊足振动压路机 拖式格栅振动压路机	新型振动压路机	振荡压路机 垂直振动压路机

2.2.2.2 型号、形式及规格系列

1）型号

振动压路机型号的编制应符合《建筑机械与设备产品分类及型号》(JG/T 5093—1997)的规定，型号编制规定如下：

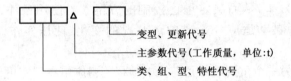

变型、更新代号
主参数代号(工作质量，单位:t)
类、组、型、特性代号

2）形式

（1）自行式振动压路机

轮胎驱动光轮振动压路机，如图2.2-6所示，其特性代号：YZ。

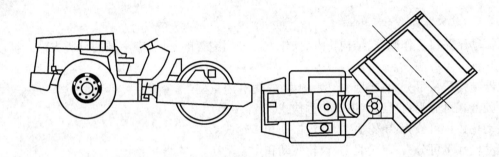

图2.2-6 轮胎驱动光轮振动压路机

轮胎驱动凸块振动压路机，如图2.2-7所示，其特性代号：YZK。

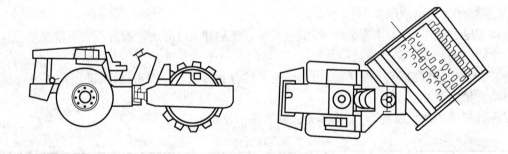

图2.2-7 轮胎驱动凸轮块振动压路机

钢轮轮胎组合振动压路机，如图2.2-8所示，其特性代号：YZZ。

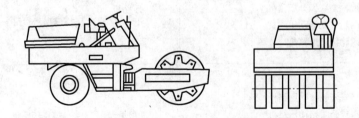

图2.2-8 钢轮轮胎组合振动压路机

两轮串联振动压路机，如图2.2-9所示，其特性代号：YZC。

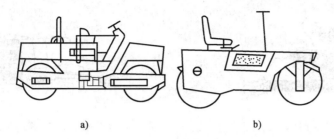

图 2.2-9 两轮串联振动压路机
a)铰链车架;b)整体车架

两轮并联振动压路机,如图 2.2-10 所示,其特性代号:YZB。

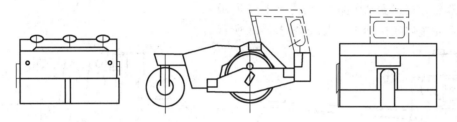

图 2.2-10 两轮并联振动压路机

四轮振动压路机,如图 2.2-11 所示,其特性代号:4YZ。

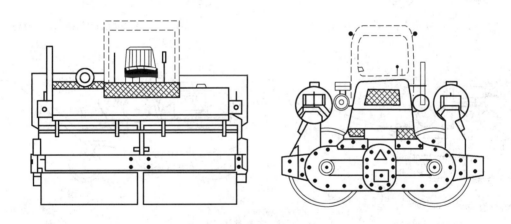

图 2.2-11 四轮振动压路机

(2)拖式振动压路机

根据压实表面形状,可以分为以下几种形式。

拖式光轮振动压路机,如图 2.2-12 所示,其特性代号:YZT。
拖式凸块振动压路机,如图 2.2-13 所示,其特性代号:YZT△K。
拖式羊足振动压路机,如图 2.2-14 所示,其特性代号:YZT△Y。
拖式格栅振动压路机,如图 2.2-15 所示,其特性代号:YZT△G。

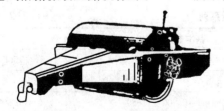

图 2.2-12 拖式光轮振动压路机

图 2.2-13 拖式凸块式振动压路机

图 2.2-14 拖式羊足振动压路机

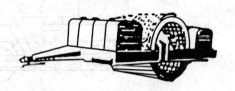
图 2.2-15 拖式格栅振动压路机

(3)手扶式振动压路机

手扶振动压路机特性代号:YZS。

手扶式单轮振动压路机,如图 2.2-16 所示。

手扶式双轮铰接式振动压路机,如图 2.2-17 所示。

手扶式双轮整体式振动压路机,如图 2.2-18 所示。

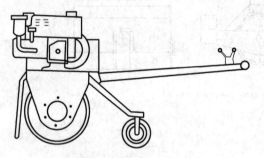
图 2.2-16 手扶式单轮振动压路机

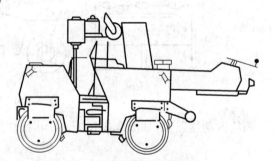
图 2.2-17 手扶式双轮铰接式振动压路机

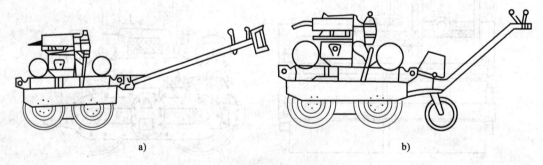
图 2.2-18 手扶式双轮整体式振动压路机
a)不装转向机构;b)装有转向机构

3)规格系列

(1)自行式振动压路机规格应符合表2.2-2 的规格。

(2)拖式振动压路机规格系列应符合表2.2-3 的规定。

(3)手扶式振动压路机规格系列应符合表2.2-4 的规定。

新型振动压路机,例如:振荡压路机和垂直振动压路机,其结构形式与自行式振动压路机相同。这类产品目前还没有形成规格系列。振荡压路机的特性代号为 YD。

自行式振动压路机械系列　　　　　　　　　表 2.2-2

名　称		基本参数与尺寸													
		轻型				中型			重型				超重型		
工作质量(t)		1	1.4	2	2.8	4	5	6	8	10	12	14	16	18	20	22	25
振动轮	直径(mm)	0.400~1.000					0.800~1.650							≥1.500		
	宽度(mm)	0.500~1.300					1.100~2.150							≥2.100		

续上表

名　称		基本参数与尺寸			
		轻型	中型	重型	超重型
振动参数	振动频率(Hz)	33~60	25~60		20~40
	激振力(N)	1 400~5 500	3 500~250 000		≥150 000
	理论振幅(mm)	0.3~1.5	0.3~3.4		1.0~4.0
轴距(m)		1.000~2.500	1.100~3.500		≥2.800
爬坡能力(%)		≥20			
最小转弯半径(m)		≤5	≤6.5		≤7.5
最小离地间隙(m)		≥0.160	≥0.250		0.365
最高行驶速度(m/s)		≤4.167	≤6.944		≤4.167

注:1. 四轮振动压路机的最小离地间隙允许减少50%。
　　2. 爬坡能力指压路机在不起振状态下。

拖式振动压路机规格系列　　　　　　　　　　　　　　　表 2.2-3

名　称		基本参数与尺寸									
		轻型		中型			重型			超重型	
工作质量(t)		2	4	5	6	8	10	12	14	16	18	22	25
振动轮	直径(m)	0.7~1.3		1.3~1.6			1.6~2.0			≥2.0			
	宽度(m)	1.3~1.8		1.7~2.0			2.0~2.3			≥2.3			
振动参数	振动频率(Hz)	33~50											
	激振力(kN)	60~400											
	理论振幅(mm)	0.8~3.5											
工作速度(m/s)		0.556~1.389											

手扶式振动压路机规格系列号　　　　　　　　　　　　　表 2.2-4

名　称		单　位	基　本　参　数						
工作质量注		t	0.4	0.5	0.6	0.8	1.0	1.2	1.4
激振力		kN	10~60						
振动频率		Hz	30~70						
行走速度	前进	m/s	≤1.389						
	后退								
爬坡能力		%	≥20						
最小路缘间隙		m	≥0.075						
轴距		m	0.4~1.1						
静线载荷		N/m	3 500~9 000						
振动	轮宽	m	0.35~0.90						
	直径		0.35~0.60						

注:压路机安装转向机构后所增加的质量不计入工作质量。

2.2.2.3　特点及适用范围

1) 振动压路机的性能特点

与静作用压路机相比,振动压路机具有以下性能特点:

(1) 同样质量的振动压路机比静作用压路机的压实效果好,压实后的基础压实度高,稳定性好。

(2) 振动压路机的生产效率高。当所要求的压实度相同时,压实遍数少。

(3) 压实沥青混凝土面层时,由于振动作用,可使面层的沥青材料能与其他骨料充分渗透、揉合,故路面耐磨性好,返修率低。

(4) 由于机载压实度计在振动压路机上的应用,驾驶员可及时发现施工道路中的薄弱点,随时采取补救措施,大大减少质量隐患。

(5) 可压实大粒径的回填石等静作用压路机难以压实的物料。

(6) 压实沥青混凝土时,允许沥青混凝土的温度较低。

(7) 由于其振动作用,可压实干硬性水泥混凝土(即 RCC 材料)。

(8) 在压实效果相同的情况下,振动压路机的结构质量为静作用压路机的一半,发动机的功率可降低 30% 左右。

但是,由于振动压路机的振动作用,给周转环境及人体带来一定公害,限制了振动压路机的使用范围。在人口密集地区、危房区、靠近装有精密仪器的建筑物以及公路桥梁的桥面等都不宜使用振动压路机进行压实作业。另外,由于振动对人身体健康的影响,减振效果不好的振动压路机是不受欢迎的。

2) 振动压路机的结构特点

(1) 振动压路机振动器的特点

不论振动压路机在结构上的差异有多大,任何振动压路机都装有振动器。当振动压路机工作时,振动器将产生引起振动的干扰力,在干扰力的作用下,振动压路机的工作部件(振动轮)将产生具有一定振幅和频率的振动。这就是振动压路机在原理上与静作用压路机的根本区别。

通常,振动压路机的振动器由振动轴和安装在振动轴上的一组偏心块组成(图 2.2-19)。当振动压路机在作业时,振动轴带动偏心块高速旋转。此时偏心块产生的离心力形成了"压路机—土"振动系统干扰力。振动压路机的下车(振动轮)在这个干扰力的作用下生强迫振动,强迫振动的频率等于干扰力的频率。此时,振动轮将其振动作用传递到土或其他被压实材料上。压路机的振动轮连同其接触的被压实材料一起产生强迫振动,这就是"压路机—土"的振动系统。

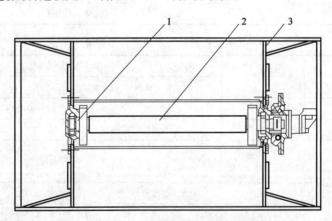

图 2.2-19 振动压路机的振动轮
1-偏心块;2-振动轴;3-隔板

(2) 振动压路机的形式

根据振动器安装形式的差异,振动压路机有如下几种形式。

① 定向振动压路机

定向振动压路机(图 2.2-20)具有两个在垂直平面上对称布置的振动器。这两个振动器的偏心块转速相等但方向相反。当振动轴带动偏心块高速旋转时,两个偏心块产生的离心力的水平分量相互抵消,垂直分量相互叠加,从而形成了纯垂直方向的干扰力。使"压路机—土"的振动系统在理论上产生垂直振动。这种振动压路机的结构较为复杂,在实际压实作业中没有突出的优越性,所以很少采用。德国 Vibromax 公司的产品 W152 系这种结构。

②摆振式振动压路机

摆振式振动压路机(图2.2-21)在工作时呈摆动振动状态。因而在任何一个工作瞬时,振动压路机总保持一个振动轮接触地面。

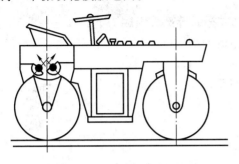

图2.2-20 定向振动压路机

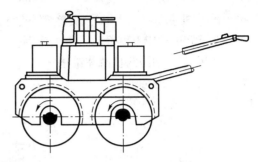

图2.2-21 摆振式振动压路机

摆振式振动压路机具有两个振动器。一个安装在前轮中心上,另一个安装在后轮中心上,两个振动器的偏心块具有180°相位差。工作时两个振动器由一根齿型带驱动,这样既保持两个振动器在工作时旋转方向相同,又可保持它们之间的相位差不变。由于两个振动器存在180°相位差,一只振动器的离心力方向朝上时,另一只振动器的离心力方向朝下。因而在理论上摆振式振动压路机总保持一个振动轮跳离地面,使整机在工作时除具有振动特性外,还具有前后摆动的特点,故称摆振式振动压路机。由于摆振式振动压路机永远有一只振动轮接触地面,它可以在相同质量的情况下,得到较高的线载荷和较高的冲击能量。德国Bomag公司的BW90型手扶振动压路机采用这种结构。

③外振式振动压路机

外振式振动压路机(图2.2-22)具有两层机架,即上机架和下机架。上、下机架之间由减振器连接。振动器安装在下机架上,当振动轴带动偏心块高速旋转时,下机架连同安装在下机架上的振动轮一起振动。这种振动压路机的振动器结构简单,便于维修保养,所以很多手扶式振动压路机采用这种结构。

④内振式振动压路机

目前,绝大多数振动压路机采用内振式结构。内振式振动压路机的振动器安装在振动轴上,而振动轴又是振动轮的回转轴。当振动压路机工作时,振动轴带动偏心块高

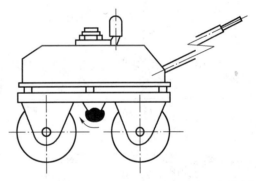

图2.2-22 外振式振动压路机

速旋转而产生离心力,振动轮在这个离心力的作用下产生圆周振动。由于这种振动压路机的振动器在振动轮中,故称为内振式振动压路机。内振式振动压路机的结构紧凑,操作使用安全。因此,绝大多数振动压路机的振动系统采用内振式结构。

(3)振动压路机按结构质量分类情况

振动压路机结构质量分类及其适用范围见表2.2-5。

振动压路机结构质量分类表　　　　　表2.2-5

项目 类别	结构质量(t)	发动机功率(kW)	适 用 范 围
轻型	<1	<10	狭窄地带和小型工程
小型	1~4	12~34	用于修补工作,内槽填土等
中型	5~8	40~65	基层、底基层和面层
重型	10~14	78~110	用于街道、公路、机场等
超重型	16~25	120~188	筑堤,用于公路、土坝等

2.2.3 工作原理和主要结构

2.2.3.1 振动压路机的总体结构、特点

振动压路机主要由动力部分、传动部分、行走部分和驾驶操纵等部分组成。下面以三一重工集团生产的 YZ18C 型和 YZC12 型振动压路机为例,介绍振动压路机的结构。

1)YZ18C 型振动压路机总体结构

YZ18C 型振动压路机总体结构见图 2.2-23。该压路机采用全液压控制、双轮驱动、单钢轮、自行式结构。

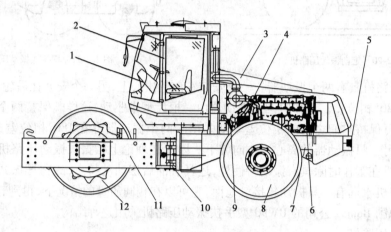

图 2.2-23 YZ18C 型压路机总体结构

1-操作系统总成;2-架驶室总成;3-覆盖件总成;4-空调系统;5-电气系统;6-动力系统;7-后车架总成;8-后桥总成;9-液压系统;10-中心铰接架;11-前车架总成;12-振动轮总成

YZ18C 型振动压路主要技术参数见表 2.2-6。

YZ18C 型振动压路机主要技术参数 表 2.2-6

工作质量(kg)		18 800	转弯直径(m)	内侧	8.200
前轮分配质量(kg)		12 500		外侧	12.600
后轮分配质量(kg)		6 300	爬坡能力(%)		48
静线压力(N/cm)		560	转向角度		±35°
振幅(mm)	高振幅	1.9	振动轮直径(m)		1.600
	低振幅	0.95	振动轮宽度(m)		2.170
激振力(kN)	高振幅时	380	振动轮轮圈厚度(m)		0.040
	低振幅时	260	轴距(m)		3.130
振动频率(Hz)	高振幅时	29	总长(m)		6.180
	低振幅时	35	总宽(m)		2.320
行走速度(km/s)	一挡	0~6.5	总高(m)		3.180
	二挡	0~8.6	柴油机型号		BF6M1013
	三挡	0~10.2	柴油机功率(kW)		133
	四挡	0~12.5	柴油机转速(r/min)		2 300

YZ18C 型压路机属于我国振动压路机标准型中的超重型压路机,适用于高等级公路、铁路路基、机场、大坝、码头等高标准工程压实工作。

本机包括振动轮部分和驱动轮部分两大单元,它们之间通过中心铰接架铰接在一起。

本机采用铰接转向方式,以提高其通过性能和机动性能。

振动轮部分包括振动轮总成、前车架总成(包括刮泥板)等部件。

振动轮内的偏心轴通过弹性联轴器与振动马达轴相连,由液压泵组中的振动泵供应高压油给振动马达带动偏心轴旋转而产生强大激振力。振动频率和振幅可通过液压系统的控制来进行调整,以满足不同工况的要求。

此外,振动轮还具有行走功能。由液压泵组中的行驶泵输出的高压油驱动振动轮左边的液压马达旋转,从而驱动振动轮行驶。

为减轻乃至消除振动对驱动轮部分和驾驶员的不利影响。在前车架与振动轮之间以及驾驶室与后车架之间都装有起减振缓冲作用的减振块。

驱动部分是压路机行驶和供给三大系统压力油的动源。发动机、行驶和振动及转向系统、操纵装置、驾驶室、电气系统、安全保护装置等均装在车上。

2)YZC12型双钢轮振动压路机总体结构(图2.2-24)

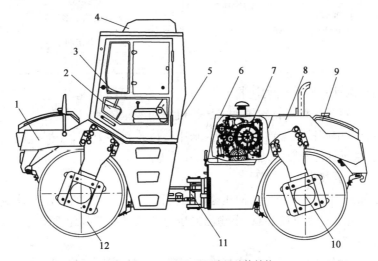

图2.2-24 YZC12型压路机总体结构

1-前车架总成;2-电气系统;3-操纵台总成;4-空调系统;5-驾驶室总成;6-发动机机罩;7-动力系统总成;8-后车架总成;9-洒水系统;10-液压系统总成;11-中心铰接架;12-振动轮总成

振动轮部分包括前后振动轮总成、左右叉脚等部件。

振动轮内的轴与振动马达相连,由液压泵组中的振动泵提供高压油给振动马达带动振动轴旋转,轴上装有偏心的调幅装置,旋转时产生强大的激振力。振动频率和振幅可通过液压系统的控制来进行调整,以满足不同工况的要求。

本机具有两套可靠性高的能独立向钢轮均匀洒水的洒水系统。

此外,振动轮还具有行走的功能。从液压泵组中的行驶泵输出的高压油驱动振动轮左边的液压马达旋转,通过减速器驱动轮行驶。为减轻振动对车架和驾驶员的不利影响,在叉脚与振动轮总成的连接处以及驾驶室与前车架的连接处都装有起减振缓冲作用的优质减振块。

动力系统装在后车架上。操纵装置、驾驶室、空调、电气系统的主要部件等均装在前车架上。

YZC12型振动压路机主要技术参数见表2.2-7。

YZC12型振动压路机主要技术参数　　表2.2-7

工作质量(kg)	12 500	转弯直径(m)	内侧	8.190
前轮分配质量(kg)	62 00		外侧	12.460
后轮分配质量(kg)	6 300	爬坡能力(%)		40
静线压力(N/cm)	28 600/28 900	转向角度		±35°
车架形式	叉脚式	振动轮直径(m)		1.250
蟹行距离(mm)	±170	振动轮宽度(m)		2.135

续上表

水箱容积(L)		2×500	振动轮轮圈厚度(m)	0.022
燃油箱容积(L)		217	振动轮横向摆角	±8°
液压油箱容积(L)		107	喷水形式	压力
振幅(mm)	高振幅	0.75	轴距(m)	3.280
	低振幅	0.95	总长(m)	5.090
振动频率(Hz)	高振幅时	40	总长(m)	5.090
	低振幅时	50	总高(m)	3.150
激振力(kN)	高振幅时	104	最小离地间隙(mm)	400
	低振幅时	78.5	柴油机型号	BF4M1013
行走速度(km/s)	一挡	0~7	柴油机额定功率(kW)	88
	二挡	0~13.5	柴油机额定转速(r/min)	2 300

YZC12 型双钢轮振动式压路机利用振动轮的高速振动压实路基和路面,使其具有足够的承载能力,并降低其透水性。YZC12 型双钢轮振动式压路机采用液压传动,双轮驱动,双轮振动,自行式结构。

本机前后车架通过中心铰接架连接在一起,采用铰接式转向方式,并配有性能优良的蟹行机构,具有良好的机动性能、通过性能和贴边压实、弯道压实性能。

YZC12 型压路机主要技术特点如下:

(1)行驶、振动和转向三大系统均为液压驱动,且行驶、振动系统的液压泵连成一体,由发动机曲轴输出端通过弹性连接装置直接驱动各泵,泵输出的压力油通过各控制元件驱动各系统的马达或油缸,使各系统运转。

(2)具有两挡行走速度,在各挡内均实现无级调速。一挡为 0~7km/h,二挡为 0~13.5km/h,能保证压路机在各种工况下以最佳的速度进行压实作业,以较快的速度行驶。

(3)振动系统具有双频、双幅功能,可以有效地压实不同种类及厚度的铺料层。

(4)本机采用三级减振结构,使得在振动压实时,对驾驶员的不利影响减小到最低限度。再加上装有空调的舒适明亮的驾驶室,为驾驶员创造了理想的工作环境。

(5)具有不需要润滑油的免维护中心铰接装置。

(6)本机采用的柴油机和所有泵、马达等液压元件,均为国际知名品牌的优秀产品,从而确保压路机的技术先进性、工作可靠性和优良的作业性能。

(7)本机属于我国振动压路机标准型中的重型钢轮压路机,适用范围为高等级公路、铁路、路基机场、大坝、码头等高标准工程压实作业,尤其对路面、次基层的压实效果优良。

(8)具有与众不同的压实能力,具有双铰接转向及蟹行机构,能保证碾压过程中前后钢轮蟹行距离达 170mm,有利于贴边压实和弯道压实,且压实效果很好。

(9)具有两套洒水系统,都能独立向钢轮均匀喷水作业;应急状态下,还可以采用重力洒水,确保钢轮表面不黏沥青。

(10)整体开启的覆盖件,使所有的维修点全都随手可及,效率大大提高。

(11)完善的安全保护装置,使操作者的安全得到充分的保证。

(12)声光报警装置,使压路机工作的可靠性和寿命得到充分的保证。

2.2.3.2　行驶方式

拖式、自行式和手扶式振动压路机的选择参考表 2.2-8。

行驶方式比较 表2.2-8

行驶方式	吨位(t)	应用范围及特点	备注
自行式	2~18	静线压力适中,振动频率和振动幅值在一定范围内可调,激振力亦可调节,可无级变速,机动性强,操纵方便,生产效率高且减振性能良好,价格较高,应用范围非常广泛,特别适合于路基和路面工程	
拖式	8~25	静线压力大,激振力大,压实影响深,结构简单,价格适中,需要牵引车配合作业,且行驶和转向受牵引的限制,压实表层有振松和压碎骨料的现象,适用于大坝、港口、道路路基等大型填方填石工程	
手扶式	0.5~1.0	静线压力小,激振力小,振动频率较高,压实影响深度较小,造价低,一般辅助大型压实机械作业,而且适用于公路路肩、人行道、沟槽等小型工程	

2.2.3.3 传动系

压路机传动系统可分为机械传动和液压传动两大类。

1) 机械传动式压路机

采用机械传动的压路机,发动机动力通过离合器、变速器、差速器、轮边减速器,最后到达驱动轮,转向和振动轮的动力则是通过分动器引出动力,例如,YZ10B型振动压路机就属于这种形式。该压路机传动系统原理见图2.2-25。

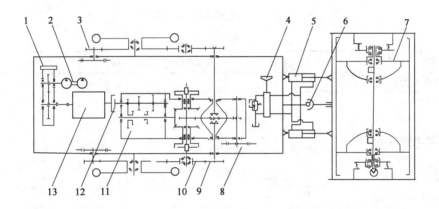

图2.2-25 YZ10B型振动压路机传动系统

1-副变速箱;2-双联油泵;3-脚制动器;4-转向器与转向阀;5-转向油缸;6-铰接转向节;7-振动轮;8-手制动器;9-末级减速主动小齿轮;10-侧传动齿轮;11-变速器;12-主离合器;13-发动机

动力从发动机的两端输出,发动机的后端输出驱动行走系统,而前端输出驱动系统和转向系统。

发动机后端输出的动力经主离合器、变速器,从末级减速主动小齿轮输出,再经侧传动的齿轮系统驱动压路机行走。

2) 液压传动式压路机

采用液压传动压路机省去了变速器传动系统,使系统布置更加灵活、紧凑。YZ18C、YZ12C型压路机行走、转向和振动部分均采用液压传动,属于全液压传动式压路机。YZ12C型压路机液压系统原理见图2.2-26。

表2.2-9中给出了四种常见传动系比较结果,供设计时参考。

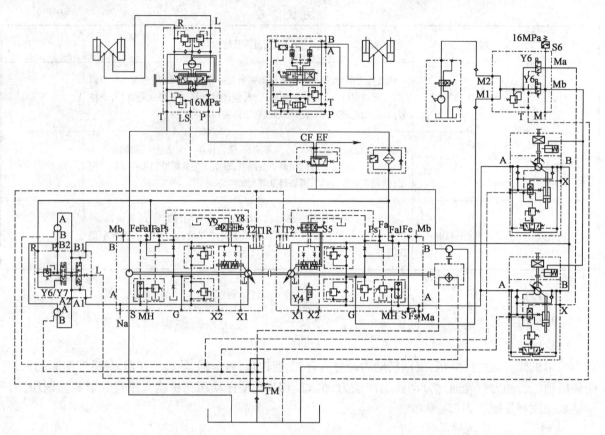

图 2.2-26　YZ12C 振动压路机液压系统原理图

传 动 系 比 较　　　　　　　　　　表 2.2-9

对压路机传动的要求	机械传动	机械反转传动的液压联轴节	液力传动	液压传动
无级变化速度	—	+	+	+ +
不同滚动阻力时不变的压实速度	+	—	—	+
无级改变牵引力	—	—	+	+ +
在两个行驶方向重复调节速度	+	—	—	—
无冲击的换向	—	（+）	+ +	+
无冲击的启动	—	+	+ +	+
简单的单手柄操作	—	—	+	+ +
加速限制可调节	—	—	—	+
传动机械元件的配置可自由移动	—	—	—	+ +
功率简单地分配在几个使用部分上（全部滚轮驱动）	—	—	—	+
在一个大的速度范围内有最佳的效率	+	—	（+）	+
内燃机环境净化和最佳的功率调节	—	—	—	+
制动或加速时几乎无磨损	—	—	—	+

注：1. ++ 表示要求的性能很理想。
　　2. + 表示要求的性能较好。
　　3. (+) 表示要求的性能可以满足。
　　4. — 表示要求的性能不理想。

2.2.3.4　振动轮数量

单轮振动、双轮振动还是四轮摆振的选择可参考表 2.2-10。

振动轮数量选择 表 2.2-10

振 动 轮	特点及应用范围	备 注
单轮振动	压路机总质量 2～18t(22t)，振动频率相对较低且为单频或双频，振幅较高且为单幅或正反转调幅，激振力较大，振动轮为从动轮或驱动轮	适用于压实路基等基础工程，应用广泛
双轮振动	压路机总质量 6～12t，振动频率相对较高且在一定范围有级或无级调节，振幅较低在一定范围内有级可调，激振力较小，振动轮均为驱动轮	适用于压实路面及铺筑工程，应用较广泛
四轮摆振	压路机质量为 8t，振动频率较低且为单频，振幅较高亦为单幅，激振力较大	适用于压实基础工程，应用较少，YZB8 为摆振式压路机

2.2.3.5 车架形式和转向方式

1）YZ18C 型压路机转向系统

YZ18C 型压路机采用液压转向系统，主要由转向齿轮泵、全液压转向器、转向油缸和压力油管等组成。液压转向系统安装在后车架上，通过转向油缸的伸缩控制整车的转向。转向机构采用铰接转向。中心铰接架结构图见图 2.2-27。中心铰接架由铰接架、轴端挡板、球形轴承等组成。通过它将前后车架铰接成一个整体，可以实现转向、前车架左右摆动。通过控制转向油缸的伸出长度来控制转向角。机器前后车架之间允许横向相对摆动，摆动角不大于±15°，这样压路机可以在不平整的路面上稳定行驶并保证压实。为了方便保养，球形轴承采用进口的自润滑向心关节球轴承。YZ18C 型压路机前车架与后车架结构见图 2.2-28、图 2.2-29。

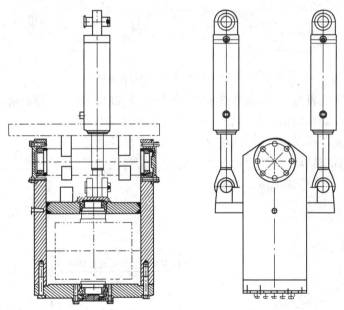

图 2.2-27　YZ18C 型压路机转向铰接机构

2）YZC12 型压路机转向系统

YZC12 型压路机转向系统由转向定量泵、全液压转向器、两个转向油缸、两个蟹行侧移油缸、转向优先阀、压力油管等组成。液压转向系统安装在后车架上，通过铰接转向机构实现转向。中心铰接转向和蟹行机构见图 2.2-30。通过转向油缸的伸缩控制整车的转向。转向油缸的最大伸出长度可满足最大转向角的要求。

为了提高振动压路机在压实作业时的擦边性能（即接近建筑物或障碍物进行压实的能力），YZC12 型压路机在铰接转向机构处增加了一套机构，使振动压路机具有前、后轮中心线偏差一定距离进行压实

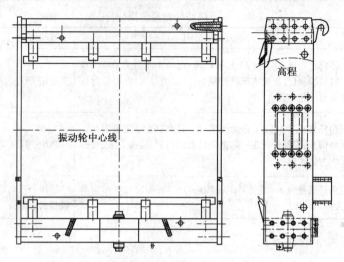

图 2.2-28 YZ18C 型压路机前车架结构

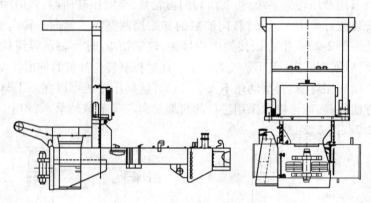

图 2.2-29 YZ18C 型压路机后车架结构

作业的能力,这种机构称为蟹行机构(图 2.2-30)。在图 2.2-30 中,当一侧蟹行液压缸伸出,而另一侧蟹行液压缸收缩时,可使压路机的前、后轮纵向中心线最大相差 170mm。这样,压路机很容易接近建筑物进行压实作业,而当压实工作结束后,压路机又很容易离开建筑物而不至于发生干涉现象。这就说明具有蟹行机构的振动压路机具有良好的擦边性能。增加了蟹行机构后,压路机的擦边性能将大大改善。

YZC12 型压路机前车架结构见图 2.2-31。

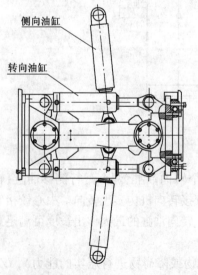

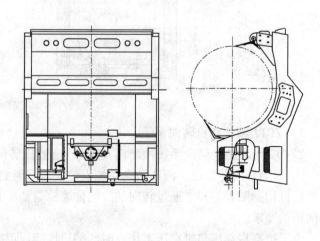

图 2.2-30 YZC12 型压路机转向铰接机构　　图 2.2-31 YZC12 型压路机前车架结构

车架形式和转向方式选择可参考表2.2-11。

车架形式与转向方式比较　　　　　　表2.2-11

车架形式	转向方式	结构性能特点	转向原理图和转弯半径	备注
刚性车架	单轮转向	1. 转弯半径大，机动性差； 2. 弯道压实时，转向轮和驱动轮轮迹不重合，影响压实表面； 3. 不易采用全轮驱动； 4. 被动转向轮容易出现物料堆挤现象； 5. 减振性差； 6. 机构简单，整机稳定性好，便于实现机械行走驱动	刚性机架压路机转弯半径 $R = \dfrac{L}{\sin\theta} + \dfrac{B}{2}$	
	双轮转向	1. 两个压实轮均可转动，既可单独转向，又可联动转向； 2. 两轮以同样转向角相反转向时，转弯角最小且前后轮迹重叠； 3. 两轮以同一方向转向时，压路机出现蟹行，前后轮最大偏置达轮宽60%； 4. 转向灵活，操作容易； 5. 适用于路缘贴边作业	双轮转向机构压路机转弯半径 $R = \dfrac{L}{2\sin\dfrac{\theta}{2}} + \dfrac{B}{2}$	应用较多
刚性车架	四轮转向	1. 转向灵活，转弯半径小； 2. 转弯时容易擦伤铺层表面	四轮强制转向压路机的转向 $R = \dfrac{1}{2}\sqrt{B^2 + L^2}$	应用较少 例如：YZB8

续上表

车架形式	转向方式	结构性能特点	转向原理图和转弯半径	备注
铰接车架	铰接转向	1. 转向灵活,转弯半径小; 2. 压路机轮迹重合,铺层表面质量好; 3. 操纵方便,易于实现全轮驱动; 4. 有一定隔振性能	铰接式压路机的转弯半径 $$R = \frac{L}{2\tan\frac{\theta}{2}} + \frac{B}{2}$$	应用广泛
	双铰接转向	1. 提高贴边压实性能; 2. 转弯半径略大于铰接转向; 3. 结构铰接转向复杂; 4. 其他性能特点与铰接转向相同	轴距 $L=l+2l_1$ a) b) 压路机双铰转向机构 $$R = \frac{L\cos\frac{A}{2} + l(1+\cos\frac{\theta}{2})}{2\sin\frac{\theta}{2}} + \frac{\theta}{2}$$	又称蟹形转向

2.2.3.6 减振方式

减振方式的选择可参考表2.2-12。

第2章 压实机械设备

减振方式比较　　　　　　　　　　　　　　　　　　　表 2.2-12

减振方式	性能结构特点	备注
橡胶减振	1. 自由选择和设计形状和尺寸，在 x、y、z 三个方向的刚度也可根据需要设计； 2. 良好的隔振缓冲性能和持久的弹性，内部阻尼大，频率通过共振区时比较安全； 3. 质量轻，体积小，易于安装维护和保养； 4. 受温度变化影响大，油质、臭氧和日照对其有侵蚀作用，易造成老化和变质	应用广泛
空气减振	1. 控制适宜的轮胎气压可获得理想的减振效果，气压控制操作简单，方便； 2. 振幅衰减能力较差； 3. 传递转矩较困难不适用驱动减振； 4. 外形尺寸较大，结构不紧凑	应用有一定局限，拖式振动应用较多
弹簧减振	1. 力学性能稳定，工作可靠，耐油，耐高温； 2. 对冲击载荷有良好的缓冲性能，内部阻尼小，衰减振动能力差，且不许在共振频率区工作； 3. 质量轻，体积不大，易于安装保养	应用较少，主要用于振动平板

2.2.3.7 振动轮外部结构

光轮振动和凸块式振动轮的选择可参考本章 2.2.2 节内容。光轮振动轮应用广泛，凸块式特别适合压实黏性土。

2.2.3.8 振动轮内部激振机构

不同压实作业对振动压路机的工作频率和工作振幅有不同要求，为了满足这一使用要求，一些大型振动压路机都具有调频调幅机构，以达到工作频率和工作振幅，可根据压实材料和压实条件的变化而改变，提高振动压路机适应能力。调频调幅机构选择可参考表 2.2-13。

内部激振机构比较　　　　　　　　　　　　　　　　　　　表 2.2-13

机构	结构性能特点	备注
单频单幅	由齿轮泵—齿轮马达驱动，参数特点是高幅低频，激振力大，适合于碾压基础和路基工程，结构简单，造价低	应用较广泛
单频双幅	由齿轮泵—齿轮马达驱动，采用正反转调幅机构，参数特点是低频，一个高振幅，激振力较大；一个低振幅，激振力较小。适用于碾压基础和路基工程，结构简单、可靠，造价较低	应用广泛
单频多幅	由齿轮泵—齿轮马达驱动，利用套轴调幅或其他调幅机构，参数特点是高频低幅，激振力小。振幅变化范围较宽，适用范围更宽。特别适用于碾压路面工程，结构较复杂，造价较高	应用较多
多频多幅	由柱塞泵—柱塞马达驱动，利用套轴调幅或其他调幅机构，参数特点是振动频率在一定范围内，无级调整。为工程应用方便，一般为 2 级或 3 级可调整。振幅在某一范围内，有级调整。适用于路面工程。其柱塞泵—柱塞马达费用高	有应用

2.2.3.9 振动轮总成

YZ18C 型压路机振动轮总成见图 2.2-32。振动轮总成由振动轮体、轴承支座、偏心轴、调幅装置、减振块、振动轮驱动马达、振动轴承、振动马达、十字轴承、轴承座、梅花板、左右连接支架等组成。

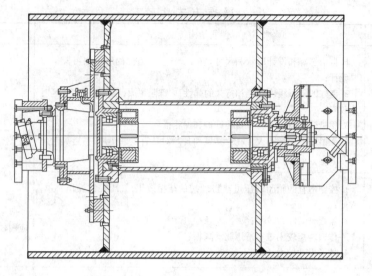

图 2.2-32　YZ18C 型压路机振动轮总成

YZC12 型压路机振动轮总成见图 2.2-33。振动轮总成由振动轮体、轴、振动调幅装置、减振块、驱动马达、弹性联轴器、振动轴承、转盘轴承、梅花板、左右叉脚等组成。

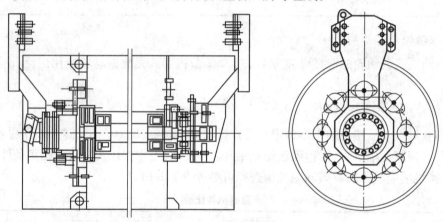

图 2.2-33　YZC12 型压路机振动轮总成

2.2.3.10　特殊机构

特殊机构,例如行走转向机构、辅助推土板等,一般根据施工具体情况和设计要求而定。

2.2.4　振动压路机电液控制系统

2.2.4.1　系统组成及功能

振动压路机电液控制系统结构如图 2.2-34 所示,主要包括控制器、手柄、测速传感器和人机界面等。系统采用车辆专用的 CANOPEN 总线通信技术,实现控制器、手柄和人机界面之间的通信。系统采用控制器、显示器、传感器和高效、科学的算法实现了对压路机的机电液一体化控制,提高了整车的工作效率,节能环保,操作轻便和可靠耐用。

系统主要实现功能:
(1)行走控制;
(2)转向控制;
(3)手/自动调整振动幅度、频率;
(4)路面压实度自动保存;

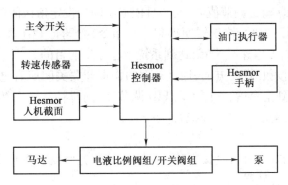

图 2.2-34 振动压路机电液控制系统结构框图

(5)发动机实时监控;

(6)系统故障自诊断和故障报警。

2.2.4.2 系统功能介绍

1)动作功能实现

振动压路机控制系统的功能繁多,逻辑关系复杂,包括了振动控制、行走控制、转向控制、压实参数控制、故障诊断等多个子系统。整个控制器部分由以上几个控制子系统按照一定的逻辑关系组成。例如,振动子系统包括振动系统工作模式控制、调频控制、调幅控制;调频控制包括振动轮选择和调频控制两项功能;调频、调幅控制模块内嵌在模式选择控制模块中,这三个模块共同组成了调频调幅控制模块。

在主程序中,如果有紧急停车信号输入时,屏蔽振动泵变量阀电磁铁信号、屏蔽行走泵变量阀电磁铁信号同时令行驶卸荷阀失电,这样就停止了振动和行走模块的一切动作。如果没有紧急停车信号输入,行驶模块中制动电磁阀通电制动,这时行驶系统压力开始上升,当压力达到启动压力时,制动电磁阀断电停止制动,卸荷阀停止卸荷,控制系统进入振动控制模块和行走模块。

(1)动力系统

对启动马达、油门步进电机及断油电磁铁进行控制,实时监控发动机转速、机油压力及冷却水温度。

启动控制:在启动条件满足时(行走泵斜盘归零位),启动点火开关,由蓄电池为启动马达及断油电磁铁供电,当系统检测到发动机转速达到预置值时,断开启动马达电源。

转速控制:传统的发动机转速调节是利用机械软轴直接施力于节气门来调速,其缺陷是发动机怠速不稳,导致燃油不完全燃烧;其次,调速的快慢也受限于操作员的经验。本控制系统,直接通过开关设定转速值,同时由飞轮转速传感器测得脉冲信号作为反馈值,形成闭环控制回路,经过精确运算后,按一定的斜坡值输出高速脉冲驱动(可达18km/h)油门电机,进而平稳调节发动机转速,自动调整电机进给量,达到电机的精确定位及在怠速状态下的恒转速控制要求。

(2)行走系统

全液压驱动,速度快(可达18km/h)、行驶平稳,满足快速转场的要求;双操作手柄电控无级调速,实现机电液一体化控制,调速及换向便捷,制动迅速,大大提高了操作舒适性和安全性。

恒速控制:首先由行驶手柄进行行走速度值及方向设定,同时可以通过显示器的显示窗口读取所设定的行驶速度值,控制器便得到行走恒速控制的指令,行走电控系统此时处于PID的闭环控制之中。行驶手柄中的电位器所输入的设定值(模拟量)作为系统的初始给定值,经控制器采集后送入PID调节器进行运算,通过PID的参数调节可以让机器获得一个较好的动态响应曲线,机器动作以后,由设置在行走马达上的测速传感器将实时转速值(高速脉冲值)通过控制器的高速计数器送入控制器,该传感器提供的反馈信号在进入闭环运算之前,先进行算术平均值取样处理,合成为一个总的反馈信号提供给PID调节器,最终由PID输出一个PWM调节值给行走电液比例泵,通过液压系统和相应的液压行走马达驱动压路机跟随速度设定值以恒定的速度作业。

在以上恒速控制程序调试过程中,由于轮胎压路机本身质量大,行走惯量大,为使机器获得一个较好的动态响应曲线,须对 PID 输出调节值限幅,并且依据不同的设定值区间(两级以上)进行适当调整。

行驶制动:在行驶手柄回中时,控制器便得到停车指令,立即将 PID 调节值置零,同时,输出 PWM 调节值(脉宽)自动按某一斜坡值递减至零,达到系统平稳停车的目的。

紧急制动:在按下紧停按钮后,一方面,通过外部的物理开关关闭所有电磁阀电源;另一方面,将开关量送入控制器,控制器得到指令后,立即关闭 PID 调节器,同时将其输入/输出值清零,并输出一个开关量信号给报警指示灯进行警示,系统进入紧急停车状态。

(3)洒水系统

洒水系统对施工质量的好坏有着直接影响,因此,在控制方面既要保证洒水流量的线性可调,又要保证在最小流量水喷洒的雾化效果。

手动调节:在施工阶段对洒水流量要求不是很严格,或产品调试时,可以选择手动功能。直接通过开关进行流量值设定,控制器根据开关接通的时间或次数换算成对应的流量值,经控制器输出 PWM 信号直接驱动水泵电机,线性控制洒水流量。

自动调节:基于压路机行走速度值,经过控制器输出 PWM 信号直接驱动水泵电机,以达到最佳洒水流量,既不会因为水流过小使轮胎粘沥青,也不致水流过大影响沥青温度。

2)发动机监控

由文本显示器及指示灯组成,主要用来监控发动机累计工作小时、转速、冷却液温度和机油压力、燃油液位、行走速度等系统参数,对如冷却液温度过高、机油压力低、制动压力低及水箱缺水提供图文报警;此外,还可以对机器的一些功能选择及时编辑通过文本显示功能键来设置完成;指示灯则用来对充电状态、PLC 工作状态、系统报警等进行报警指示。

(1)发动机状态监控(J1939 协议)

针对欧Ⅲ标准的发动机,通过配置在发动机上的相关传感器获得发动机的状态数据。将传感器输出的一些模拟量、开关量的信号通过发动机 ECU,经 CANBUS 总线(J1939 协议)与控制器进行通信,在显示器上动态显示出来,并设有报警区域,当显示数值达到报警区域时,控制器报警提示。欧Ⅱ标准的发动机则通过控制器直接采集配置在发动机上面的传感器数据,如机油压力、水温、油温、转速等信号。控制器将采集到的信号通过显示器上动态显示出来,并设有报警区域,当显示数值达到报警区域时,控制器报警提示。

监控内容:

①发动机转速;

②机油压力;

③冷却水温度;

④冷却水位;

⑤燃油液位;

⑥发动机工作小时。

(2)发动机油门控制

针对欧Ⅲ标准的发动机,发动机的油门控制可通过 CANBUS 总线(J1939 协议)直接进行发动机的转速控制,当然也可以通过以下几种方式进行控制。

①油门踏板控制:模拟量油门踏板(自复位)给出的电压信号通过控制器,经过 CAN 总线发送给总线式模拟量输出模块,再由模块输出模拟电压信号量直接控制发动机油门。

②油门电位计控制:门电位计给出的电压信号接到控制器模拟量输入口,通过 CANBUS 总线发送给总线式模拟量输出模块,再由模块输出模拟电压信号量直接控制发动机油门。

油门电位计和油门踏板的转速命令都能够单独地控制发动机转速,若当前都有输出信号,则执行较高转速信息的控制命令。

3)系统故障自诊断和故障代码液晶屏显示

(1) 发动机状态显示：发动机累计工作小时、转速、冷却液温度和机油压力、燃油液位等。

(2) 液压系统状态显示：系统泵 A、B 口压力值大小。

(3) 设备状态显示：显示当前设备的运行状态、振动频率、幅度等。

(4) 智能故障诊断和显示：故障提示出现故障的元件和位置。

(5) 各自由度动作显示：根据当前各自由度的动作，用图形显示。

(6) 维护和设定：提供参数标定和首选项设置界面。可通过显示器对整个控制系统进行调试和标定。

2.2.5 选型原则与步骤、主要参数计算

2.2.5.1 选型原则与步骤

振动压路机基本参数选择得好与坏，将影响振动压路机整机性能的优劣。因此，在进行振动压路机设计时，设计者首先根据设计要求、被压实的材料和使用范围等选择一组合理的总体参数和振动参数，并根据这些参数进行总体计算与设计。

振动压路机参数的选择依据如下。

(1) 根据被压实材料的性质和振动压路机的用途选择参数。振动压路机在压实土、回填石、沥青混凝土以及水泥混凝土等不同材料时，对振动轮的工作频率和振幅均有不同要求。当然，用于压实路基和压实路面的振动压路机所要求的振动参数及总体参数也不尽相同。

(2) 根据节能和高效的原则选择振动压路机的参数。希望用尽量少的压实遍数获得尽可能高的压实度和良好的路面质量。例如，用于压实面层的振动压路机，应尽量采用双轮振动、双轮驱动的串联振动压路机。

(3) 振动压路机的参数选择应考虑到驾驶人员具有舒适、良好的工作环境，同时也应考虑机械零部件具有较高的使用寿命。

2.2.5.2 主要参数计算

1) 振动压路机的名义振幅及其选择

振动压路机工作振幅受土的刚度的影响见图 2.2-35。同一台振动压路机，在不同的土的刚度条件下工作，其工作振幅也不同。土的刚度越大，振动压路机的工作振幅也越大。由于被压实的土的刚度是一个随机变化的参数，所以振动压路机的工作振幅也是一个随机参数。为便于设计和比较，引入"名义振幅"的概念。所谓"名义振幅"，是指振动压路机用千斤顶或其他支承物架起后，振动轮悬空时测得的振动轮振幅。

所以，名义振幅又称为空载振幅。有了名义振幅这个概念之后，人们就可以比较两台不同振动压路机的振幅大小，而不受外界因素的干扰。振动压路机的工作振幅是指振动压路机在实际工作时的实际振幅。通常，工作振幅比名义振幅大，用 A 表示工作振幅，A_0 表示名义振幅，则 A 与 A_0 随土的刚度的变化有如下关系：

$$A = (1 \sim 2)A_0 \tag{2.2-1}$$

工作振幅 A 的均值 $\overline{A}$，按正态分布统计，其结果是：

$$\overline{A} = 1.2A_0 \tag{2.2-2}$$

振动压路机的工作振幅是影响压实效果的一个非常重要的参数。与振动频率相比，振幅变化对压实效果的影响远比频率变化所带来的影响大。从图 2.2-36 可见，当振动频率在 25~50Hz 范围内变化时，振动压路机压实效果曲线呈平缓状态。说明在一定合理的工作频率范围内，工作频率对压实效果影响不大。而在同一频率区段，当工作振幅从 A 增加 $2A$ 时，其压实效果曲线发生了跳跃性的变化。振幅

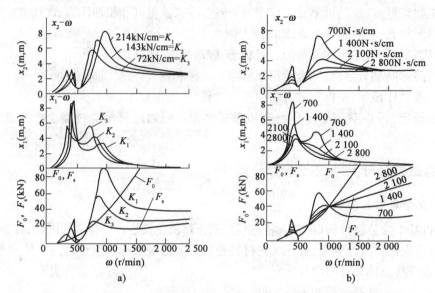

图 2.2-35 土的刚度、阻尼变化对 x-ω 曲线的影响
a) 土的刚度变化对 x-ω 曲线的影响；b) 土的阻尼变化对 x-ω 曲线的影响

增大，压实效果明显提高。

总之，振幅增大，土的颗粒运动的位移增加，振动轮对地面或土作用的冲击能量增大，振动冲击波在土中传播距离越远，因而压实效果也越好。设计时，其名义振幅取值不可太小。只有专门用于压实沥青混凝土材料的振动压路机，由于沥青材料本身的黏滞作用，振幅大小对沥青混合料中的集料颗粒运动的位移影响不大。所以，用于压实沥青混凝土材料的振动压路机的工作振幅可以选择小一些，而为了使沥青材料能够较充分地与各种集料渗透和揉合，这种振动压路机的工作频率取值偏高。

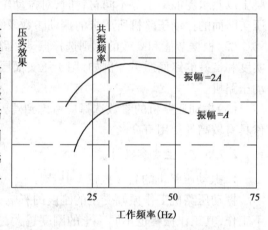

图 2.2-36 频率和振幅对压实效果的影响

虽然增大振幅会提高振动压路机的压实效果，但是，振动压路机名义振幅的取值不可过大。过大的振幅必将导致振动压路机上车振幅的增加，引起驾驶疲劳和机械零部件过早损坏；过大的振幅也将造成被压实的路面出现"过压实"现象，形成压实后的路面疏松、材级配失调等现象，降低了路面质量。综上所述，振动压路机的名义振幅应有一个合理的取值范围。根据长期试验和经验积累，再结合具体施工要求及压实对象，振动压路机的名义振幅已有了较合理的取值范围。在设计时，设计者可根据给定的取值范围并与同类型同吨位的机型进行类比，选取振动压路机的名义振幅。

振动压路机名义振幅的取值范围：

压实路基　　　　　　　　　　　　1.4~2.0mm
压实基层　　　　　　　　　　　　0.8~2.0mm
压实沥青混凝土及路面　　　　　　0.4~0.8mm

振动压路机的名义振幅可用下式进行计算：

$$A_0 = \frac{M_e}{W_d} \tag{2.2-3}$$

式中：M_e——偏心块的静偏心矩，N·mm；
　　　W_d——下车重力，N。

振动压路机的下车质量是指参加振动压实工作的所有零、部件质量的总和,也就是除减振器以外的下车各部件及零件质量之和,甚至人们常把振动压路机减振器质量的一半也计为振动质量之内。

2)振动压路机工作频率的选择

从图2.2-37可以看出,当振动压路机的工作频率ω低于"压路机—土"的振动系统的二阶固有频率时,x-ω曲线呈大起大落的状态。这说明在这一频段中,振动压路机工作频率ω每一个微小变化,都将引起振动压路机工作振幅的大幅度变化,因而压路机工作频率的非稳定区也随之增大。因此,在讨论振动压路机工作频率ω的选择时,规定了这个工作频率是以振动压路机在压实接近终了时的"压路机—土"的振动系统的特性为依据。只有这样,才能保证在任何情况下振动压路机的工作频率都不可能进入非稳定频率区。从图2.2-37中还可发现,在这个非稳定频率区内存在两个共振峰值,即一阶共振峰和二阶共振峰。在这两个共振峰之间还存在一个波谷。当工作频率ω恰好等于或非常接近波谷频率ω'时,振动压路机下车振幅几乎为零,而上车的振幅反而很大。所以,当工作频率为ω'时,这时不仅不能起到振动压实基础的作用,反而会使上车产生剧烈振动,严重危害操作者的身体健康,造成整机寿命下降。所以,频率的非稳定区是振动压路机工作的"禁区"。合理的工作频率ω应略高于"压路机—土"的振动系统的二阶固有频率,如工作频率ω。选择过高,从图2.2-38的F_s-ω曲线可以看出,振动压路机对地面的作用力F_s与振动器所产生的激振力F_0之比R_T很小,这说明有相当大一部分激振力未能充分发挥作用,并造成能量的损耗。同时,工作频率过高,也会造成下车跳离地面后,在空中停留的时间过长,形成所谓"失偶"现象。严重的"失偶"现象会引起被压实的路面呈"搓板形",降低了路面施工质量。因此,振动压路机的工作频率ω也应有一合理的选择范围,其取值范围是:

$$\omega = \sqrt{2}\omega_2 \sim 2\omega_2 \qquad (2.2\text{-}4)$$

式中:ω_2——"压路机—土"的振动系统的二阶固有频率。

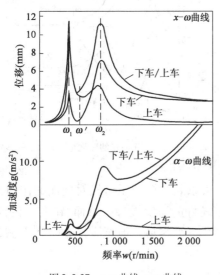

图2.2-37 x-ω曲线、a-ω曲线

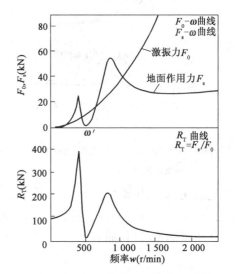

图2.2-38 F_s-ω曲线、F_0-ω曲线、R_T曲线

由于土的随机性,"压路机—土"的振动系统的二阶固有频率也具有随机性。通常,选取振动压路机工作频率和选取振幅一样,把试验取得的数据,经过数理统计后,给出工作频率ω的取值范围。设计者参考下述频率的取值范围,与同类机型进行类比以后,最后确定ω值。

振动压路机工作频率ω的取值范围:

压实路基　　　　　　　　　　　25～30Hz
压实基层　　　　　　　　　　　25～40Hz
压实沥青混凝土及路面　　　　　30～50Hz

对于以压实沥青混合料为主的振动压路机,为了保证沥青材料与各种集料的充分渗透与揉合,建议工作频率的取值应在上述范围内取上限,一般取40～50Hz为宜。

3) 振动质量和上、下车质量的确定

从图 2.2-39 中可以看出,下车质量的变化对振幅 A 和振动压路机对地面作用力 F_s 的影响。为提高 F_s,希望在其他条件不变时,下车质量偏低为好。但振动压路机的压实效果除与 F_0 有关外,还与下车的动量有关。振动轮的质量(即下车质量)越大,在同样工作振幅的条件下,振动压路机对土作用的冲击能量也就越大,压实效果越好。提高下车的冲击能量,意味着加大下车的动量。当工作频率和振幅选定以后,提高下车动量的唯一办法是增大下车质量。

综上所述,欲增大振动压路机对地面的作用力 F_s,希望下车质量选得偏低为好;而欲增加振动压路机对地面作用的冲击能量,希望下车质量选得偏高为好。因而,在设计振动压路机时,应两者兼顾、合理地解决这一矛盾。

进行振动压路机设计,还要考虑上、下车质量比对压实效果的影响。图 2.2-40 表示振动压路机上、下车质量比的变化对压实效果的影响。图中表示:当上、下车质量之和为一常数时,如把下车质量减少 20%,并将这部分质量加到上车上,或将上车质量减少 20%,并将其加到下车上时,F_s 力的变化情况。从图中可见,当下车质量减少时,F_s 力增大,振动压路机对地面动态作用力增大,因此压实效果提高。

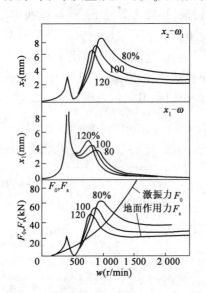

图 2.2-39 下车质量 m_2 对 x-ω 曲线、F_s-ω 曲线和 F_0-ω 曲线的影响

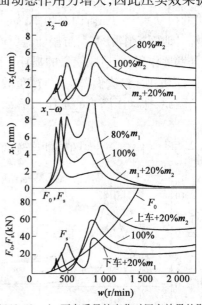

图 2.2-40 上、下车质量的变化对压实效果的影响

经验表明,振动压路机的上、下车质量比近似等于 1 时,可以兼顾振动压路机对地面的作用力 F_s 和振动压路机对地面作用的冲击能量。这时,振动压路机具有较好的压实效果。然而,在实际设计中,当整机工作质量确定以后,能满足上、下车质量比为 1 的要求并不很容易。但至少应在下述公式范围内取值。

$$m_1/m_2 = 0.5 \sim 1.9 \tag{2.2-5}$$

4) 振动压路机振动加速度的校核

当振幅和频率选定以后,还应校核振动加速度 a。

振动加速度(单位为 g)可用下式校核:

$$a = A_0 \omega^2 / 9\,800 \tag{2.2-6}$$

式中:A_0——振动压路机的名义振幅,mm;

ω——振动压路机的工作频率,Hz;

g——重力加速度,$g = 9\,800\text{mm/s}^2$。

振动压路机的振动加速度过小,说明工作频率过低或名义振幅过小,对土的动态冲击力过小,使土的颗粒在振动压实过程中几乎呈现静止状态。因此,这种振动压路机与静作用压路机相差无几;反之,振动加速度 a 过大,说明其工作频率或名义振幅取值过高,这时被压实的材料将出现离析现象。大质量的材料颗粒在振动状态下产生的垂直于地面的惯性力远大于小的、轻的材料颗粒,导致大质量的土颗粒在振动状态下产生的垂直于地面的惯性力远大于小的、轻的材料颗粒,导致大质量的土颗粒在惯性力的作用下沉降在被压实基础的底层而小质量的颗粒将"浮"在面层,产生土的分层现象。筑路材料的级配比例失调,使被压实的基础表面疏松,耐磨性差。

振动压路机振动加速度的校核值是:

压实路面   4~7g
压实基础   5~10g

如果振动压路机的振动加速度超出上述范围,应对其振幅或频率进行修正,修正的原则:压实路面的振动压路机应优先保证工作频率,主要修正工作振幅;压实基础的振动压路机应优先保证工作振幅,主要修正工作频率。

5) 振动压路机工作速度的选择

工作速度是指振动压路机在进行压实作业时的行走速度。与静作用压路机相比,振动压路机的工作速度对压实效果的影响特别明显。因为,在振动压实过程中,土的颗粒由静止的初始状态变化为运动状态要有一个过渡过程。过渡过程持续的时间长短与土的颗粒之间黏聚力、吸附力的大小有关,也与振动压路机的振动轮的线载荷有关。线载荷越大,过渡过程所需的时间越短。试验表明,为了克服土颗粒之间的黏聚力、吸附力,对于一般的亚黏土应至少有三次有效的强迫振动,才足以使土颗粒处于振动状态。

根据上述原则,可以估算出振动压路机的工作速度(图 2.2-41)。

图中振动轮与地面的接触面为弧形,即 AB'。那么,振动轮通过 AB 弦长所需的时间内,振动轮应至少对同一点施加不少于 3 次的有效振动,否则就不足以使土的颗粒由静止的初始状态进入运动状态。当然也就不会很好地克服土颗粒之间的黏聚力、吸附力。振动压路机的工作速率应附合下列关系。

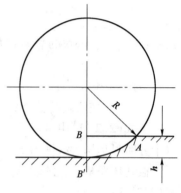

图 2.2-41 振动轮接地面示意图

振动压路机接地弦长:

$$\overline{AB} = \sqrt{R^2 - (R-h)^2} = \sqrt{h(2R-h)} \tag{2.2-7}$$

振动压路机每振动一次所需的时间 T:

$$T = 60/n \tag{2.2-8}$$

如果振动压路机满足通过 $\overline{AB}$ 弦长的时间内振动轮至少对同一点施加不少于 3 次的有效振动,振动压路机的工作速度应满足下式的要求:

$$v \leq \sqrt{h(2R-h)}/(3T) \tag{2.2-9}$$

以上三式中:R——振动轮半径,m;
          h——土的沉陷量,m;
          T——振动周期,s;
          n——振动轴转速,r/min。

式(2.2-9)中的 h 值是一个随机变量,很难给出一个确切的 h 值代入到公式中来求得振动压路机的工作速度 v。经验表明,当振动压路机在每一振动周期 T 内,振动轮行驶 3cm 左右的距离就可以满足克服土颗料之间的黏聚力和吸附力,从而使土颗粒由静止的初始状态进入运动状态。根据这一要求,可以导出以下工作速度 v(cm/s)公式:

$$v \leqslant 3/T \tag{2.2-10}$$

振动压路机的工作速度是生产率的重要标志。所以,在满足式(2.2-9)的前提下,振动压路机的工作速度尽可能选择高一些。特别是在压实初始阶段,振动对压实效果的影响不明显时,工作速度可以高一些。压实终了时,工作速度对压实效果有着十分明显的影响。因此,建议在压实终了时,工作速度应偏低一些。近年来,很多振动压路机具有无级变速的行走功能,具有这种功能的压路机可使压实效果和生产率两个因素兼顾,振动压路机基本保持在最有效的良好状态下工作。

各质量级振动压路机的推荐工作速率:

工作质量大于5t的振动压路机的工作速度应在4~6km/h范围内;

工作质量3~5t的振动压路机的工作速率应在2~4km/h范围内;

工作质量在2t以下的振动压路机的工作速度应小于3km/h。

6) 激振力 F_0 和振动压路机对地面的作用力 F_s 的区别

人们往往认为,激振力越大,振动压路机对地面的作用力越大,压实效果也越好。这是一种误解。振动压路机对土的作用力和它的激振力是两个完全不同的力。激振力 F_0 的大小,仅与振动压路机本身的参数有关,是可以计算的,见式(2.2-11):

$$F_0 = M_e \omega^2 \tag{2.2-11}$$

式中: M_e ——偏心块的静偏心力矩;

$$M_e = m_f r \tag{2.2-12}$$

m_f ——偏心力;

r ——偏心块的偏心距。

从式(2.2-11)中可以看出,F_0 与工作频率 ω 的平方成正比。因此,提高振动压路机的工作频率,可以十分明显地增大激振力 F_0。

振动压路机对土的动态作用力 F_s 不仅与机械本身参数有关,也与被压实的土的物理特性有关,见式(2.2-13)。

$$F_s = [(K_2 x_2)^2 + (C_2 x_2)^2]^{\frac{1}{2}} \tag{2.2-13}$$

为了提高振动压路机对地面的作用力 F_s,一个非常重要的办法是提高名义振幅或工作振幅。增大工作振幅,振动压路机对地面的作用力也随之增加。

从式(2.2-11)可知,振动压路机的激振力 $F_0 = M_e \omega^2$;从式(2.2-3)可知,振动压路机的名义振幅 $A_0 = M_e/W_d$,可见,激振力 F_0 和名义振幅 A_0 都与振动压路机振动器的偏心块的静偏心矩 M_e 成正比。所以,具有大静偏心矩的振动压路机,其压实效果或者压实时的影响深度都优于具有较小静偏心矩的振动压路机。

为了获得良好的压实效果,又能有效利用振动压路机的压实能力,在设计时希望 F_s 和 F_0 之比应接近等于1。由于土的物理特性的随机性,使 F_s 也具有随机性。一般情况下,当工作频率处在 $\sqrt{2}\omega_2 \leqslant \omega \leqslant 2\omega_2$ 区间时,可以认为 F_s 与 F_0 的比值 R_T 是合理的。

7) 振动轮宽度和直径的确定

当振动压路机振动轮的分配质量(振动质量和振动压路机上车作用在振动轮上的部分质量之和)保持一定时,振动轮越宽,其线载荷越低,压实影响深度越小;反之,振动轮的宽度越窄,压实影响深度越大。当振动轮分配质量相同时,轮径越大,压实影响深度越小;反之,压实影响深度越大。但是,在设计振动压路机时,振动轮的宽度不可取得过小,同样,振动轮的直径也不可取得过小。轮径过小,进行压实作业时,压轮前方就会出现"波纹"(图2.2-42)。

如轮宽过窄,在压实路面时,会使路面产生裂纹。所以,振动压路机振动轮的宽度和直径,应根据压实对象和压实要求合理选取。如压实路面,应采用振动轮宽度和直径都较大的振动压路机;压实基础的振动压路机,振动轮的直径和轮宽应选取较小的数值。用于压实沥青混合料时,除应满足上述一般要求以外,还应满足如下要求。

压实细砂沥青混凝土:

$$N = W_1/(LD) \leq 0.15 \quad (2.2\text{-}14)$$

压实碎石沥青混凝土:

$$N = W_1/(LD) \leq 0.25 \quad (2.2\text{-}15)$$

式中:W_1——振动轮的分配质量,kg;
L——振动轮宽度,cm;
D——振动轮直径,cm。

在设计中,为保证振动轮的宽度和直径比例合适,推荐振动轮直径 D 与振动轮宽之比 $R_d = 0.62$。

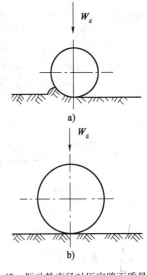

图 2.2-42 振动轮直径对压实路面质量的影响

2.2.6 主要生产厂家典型产品及技术性能和参数

2.2.6.1 美卓戴纳派克

美卓戴纳派克公司是压实和摊铺行业的领导者。从1934年开创振动理论开始,戴纳派克始终保持着压实和摊铺行业中的领导者地位。美卓戴纳派克公司为施工单位提供全系列的振动和静压压路机,产品覆盖整个压实和摊铺领域,从道路施工的基层到面层。更重要的是,戴纳派克拥有行业内专业的"国际压实中心",该中心建立的数据库包含了各种施工设备对施工材料的影响数据,是戴纳派克公司在压实和摊铺领域 70 多年无可比拟的经验,丰富的试验数据为欧洲行业标准采用,开发的压实摊铺软件,能帮助用户根据施工标准和要求做设备选型和工艺推荐。美卓戴纳派克公司部分振动压路机产品参数见表 2.2-14。

美卓戴纳派克公司部分振动压路机产品参数表　　　　表 2.2-14

型号	工作质量 (kg)	工作速度 (km/h)	振动频率 (Hz)	振幅 (mm)	激振力 (kN)	最小转弯半径 (mm)	外形尺寸 (mm)
CA152D	9 200	0~9 无级	43/31	0.8/1.7	109/114	2 300/4 000	4 776×1 852×2 835
CA320D	14 900	0~9 无级	33	0.8/1.7	146/300	3 100/5 400	5 465×2 384×2 952
CA602D	19 000	0~12 无级	31/29	1.1/1.8	238/300	3 270/5 400	6 000×2 400×2 960
CC82	1 670	0~10 无级	68	0.28	13.3	2 016/2 816	2 050×850×2 405
CC222	8 400	0~13 无级	71/54	0.3/0.7	68/89	2 495/4 505	4 300×1 575×2 920
CC422	11 200	0~11 无级	52	0.4/0.8	70/138	3 170/5 380	4 950×1 810×2 970
CC422HF	11 200	0~11 无级	63/50	0.3/0.7	74/116	3 170/5 380	4 950×1 810×2 970
CC522	12 550	0~12 无级	51	0.3/0.7	70/138	3 035/5 515	5 090×2 090×3 040
CC522HF	12 550	0~12 无级	63/50	0.3/0.6	74/116	3 035/5 515	5 090×2 090×3 040
CC622	13 200	0~11 无级	51	0.3/0.6	70/138	3 990/6 120	5 090×2 270×3 040
CC722	17 985	0~11 无级	48	0.4/0.7	102/215	5 950/8 080	5 653×2 430×3 470

2.2.6.2 徐工集团

徐工集团部分振动压路机产品参数见表 2.2-15。

徐工集团部分振动压路机产品参数表 表 2.2-15

型号	工作质量 (kg)	工作速度 (km/h)	振动频率 (Hz)	振幅 (mm)	激振力 (kN)	最小转弯半径 (mm)	外形尺寸 (mm)
XS120	12 400	0~12	30/35	1.80/0.90	280/190	5 900	5 765×2 350×3 240
XS190	18 900	0~12	28/35	1.80/0.78	385/260	6 320	6 259×2 430×3 188
XD110	10 900	0~10	30~48	0.80/0.41	133/66	5 900	6 000×2 030×3 320
XD120	12 300	0~10	30~45	0.80/0.40	140/70	6 000	6 000×2 270×3 430
XD130	13 000	0~10	30~42	0.90/0.48	150/80	6 110	6 350×2 270×3 431
XSM218A	18 000	2.86/5.3/9.7	28	2.0/1.0	330/190	6 500	5 976×2 435×3 218
YZ18JC	18 000	2.86/5.3/9.7	28	2.1/1.1	330/190	6 500	5 720×2 410×3 035
XSM220	20 000	2.6/5.1/8.4	28	1.2/1.0	350/200	6 500	5 976×2 435×3 257

2.2.6.3 洛建(一拖)

洛建(一拖)部分振动压路机产品参数见表2.2-16。

洛建(一拖)部分振动压路机产品参数表 表 2.2-16

型号	工作质量 (kg)	工作速度 (km/h)	振动频率 (Hz)	振幅 (mm)	激振力 (kN)	最小转弯半径 (mm)	外形尺寸 (mm)
LSS220	20 000	0~4	30/33	1.9/0.9	350/220	6 500	5 820×2 280×3 000
LSS218A	18 000	0~4	30/33	1.8/0.8	330/220	6 500	5 820×2 280×3 000
YZC12	12 000	0~6.9	40	0.74/0.35	135/99	6 350	4 800×2 300×2 920
YL25	25 000	0~7.8	—	—	—	9 000	4 370×2 790×3 350
LSD22H	20 000	0~5.88	28/35	1.8/0.95	360/260	6 500	5 975×2 298×2 993

2.2.6.4 三一重工

三一集团主业是以"工程"为主题的机械装备制造业,目前已全面进入工程机械制造领域。主导产品为建筑机械、路面机械、挖掘机械、桩工机械、起重机械、非开挖施工设备、港口机械、风电设备等全系列产品。三一是全球工程机械制造商 50 强、全球最大的混凝土机械制造商、中国企业 500 强、工程机械行业综合效益和竞争力最强企业、福布斯"中国顶尖企业",中国最具成长力自主品牌、中国最具竞争力品牌、中国工程机械行业标志性品牌、亚洲品牌 500 强。洛建(一拖)部分振动压路机产品参数见表 2.2-17。

三一重工部分振动压路机产品参数表 表 2.2-17

型号	工作质量 (kg)	工作速度 (km/h)	振动频率 (Hz)	振幅 (mm)	激振力 (kN)	最小转弯半径 (mm)	外形尺寸 (mm)
YZ14E	13 805	0~7.75	30/35	1.72/0.72	245/139	6 050	—
YZC12	12 500	0~7	40/50	0.75/0.37	105/78.5	6 230	—
YZ26C	25 300	0~8.6	30/35	1.8/0.9	460/300		—
YZC12A	12 500	0~7	32~48 无级	0.75/0.37	160		—
YZK18C	18 700	0~7.2	29/35	1.66/0.88	380/260		—
YZ18F	18 100	0~8.6	29/35	1.8/0.9	316/224		—
YZ18S	17 500~19 000	0~8.6	29/35	1.9/0.95	380/260		—
YZ14C	13 805	0~7.75	30/35	1.72/0.72	245/139	6 050	—
YZ16C	16 200	0~6.5	29/35	1.9/0.9	296/208	6 300	—
YZ18C	18 800	0~8.6	29/35	1.9/0.95	380/260	6 300	—
YZ18E	18 800	0~8.6	29/35	1.9/0.95	380/260		—
YZ20	19 800	0~7.2	29/35	1.9/0.95	430/260	6 300	—

2.2.6.5 中联重科

长沙中联重工科技发展股份有限公司创建于1992年,是在原长沙建设机械研究院基础上孵化出来的新型高科技上市公司,中国工程机械装备制造龙头企业,全国首批103家创新型试点企业之一,主要从事建筑工程、能源工程、交通工程等国家重点基础设施建设工程所需重大高新技术装备的研发制造,中联重科继承了长沙建设机械研究院的技术优势,建有国家级技术中心。科研和技术攻关力量十分雄厚,设计、试验手段先进。中联重科部分振动压路机产品参数见表2.2-18。

中联重科部分振动压路机产品参数 表2.2-18

型号	工作质量(kg)	工作速度(km/h)	振动频率(Hz)	振幅(mm)	激振力(kN)	最小转弯半径(mm)	外形尺寸(mm)
YZC12	12 500	0~6.5	37/45	0.8/0.35	110/70	6450	5 620×2 350×3 050
YZ20E	20 000	0~5	28/35	2.0/0.8	420/263	6 400	6 200×2 400×3 220
YZK20	20 400	0~5	28/35	1.9/0.75	420/263	6 400	6 200×2 400×3 220
YZ25	25 000	0~4.1	27.5/31	2.1/1.1	450/300	6 400	5 920×2 400×3 100
YZ16	16 000	0~7	29	1.9/0.95	320/160	6 250	5 920×2 400×3 100
YZ18D	18 000	0~7	29	1.9/0.95	322/161	6 250	5 920×2 400×3 100
YZ18	18 000	0~5	28/35	2.0/0.9	400/282	5 250	5 920×2 400×3 100
YZ18A	18 000	0~5	28/35	2.0/0.9	400/282	5 250	5 920×2 400×3 100
YZ18G (高原型)	18 000	0~5	28/35	1.89/0.89	378.6/278.5	5 250	5 920×2 400×3 100
YZK18 (凸块)	18 400	0~5	28/35	1.9/0.85	400/282	5 250	5 920×2 400×3 100

2.2.6.6 厦工集团三明重型机器有限公司

厦门厦工机械股份有限公司(简称厦工),创建于1951年,1993年12月由厦门工程机械厂改制为上市公司。厦工集团三明重型机器有限公司部分振动压路机产品参数见表2.2-19。

厦工集团三明重型机器有限公司部分振动压路机产品参数 表2.2-19

型号	工作质量(kg)	工作速度(km/h)	爬坡能力(%)	轴距(mm)	功率(kW)	最小转弯半径(mm)	外形尺寸(mm)
XG6221M 机械式	22 000	2.6~9.5	25	3 145	140	6 500	6 025×2 375×3 260
XG6181 全液压	18 000	0~10.3	35		140	6 500	6 115×2 375×3 185
XG6121D	12 000	0~10	30		105	6 500	5 189×2 280×3 288
XG6261P	26 000	3.5~15	20		105	9 000	4 906×2 800×3 430
XG6031D	3 000	0~8	20			4 500	2 700×1 380×2 385

2.2.6.7 宇通重工

郑州宇通重工有限公司(原郑工集团)是宇通企业集团的核心企业,是中国大型军用、民用轮式工程机械专业制造基地,河南省高新技术企业,中国500家最大机械工业企业,中国机电产品出口基地,享有独立自主的进出口经营权。宇通重工部分振动压路机产品参数见表2.2-20。

宇通重工部分振动压路机产品参数 表2.2-20

型号	工作质量(kg)	工作速度(km/h)	振动频率(Hz)	振幅(mm)	激振力(kN)	最小转弯半径(mm)	外形尺寸(mm)
6318A	18 000	0~9.7	28/35	2.0/1.0	340/260	7 500	6 090×2 280×3 000
6320A	20 000	0~9.7	28/35	2.0/1.0	360/280	7 500	6 090×2 280×3 000
6322A	22 000	0~9.7	28/35	2.0/1.0	380/300	7 500	6 090×2 280×3 000

2.2.6.8 中铁第二十工程局工程机械厂

中铁第二十工程局工程机械厂前身系中国人民解放军铁道兵第十师修理厂,1984年转工建厂于古城西安,是国家建设部、铁道部定点生产重型压实机械的骨干企业,先后制造了多种工程机械投放市场,用于国家重点建设项目。YZT(K)16B、YZT(K)18B、YZT(K)20B、YZT(K)22B型拖式大吨位振动压路机及YCT20、YCT25型冲击式压路机主要用于高等级公路、高速铁路、机场、大坝、港口等大型工程基础压实和补强压实。中铁第二十工程局工程机械厂部分振动压路机产品参数见表2.2-21。

中铁第二十工程局工程机械厂部分振动压路机产品参数　　　　表 2.2-21

型号	工作质量 (kg)	工作速度 (km/h)	振动频率 (Hz)	振幅 (mm)	激振力 (kN)	外形尺寸 (mm)
YZT(K)16B	16 000	2～4	24～29	1.5	343	5 679×2 738×1 720
YZT(K)18B	18 000	2～4	24～29	1.8	394	5 679×2 738×1 730
YZT(K)22B	22 000	2～4	24～26	2.1	500	6 169×2 818×1 880

2.2.6.9 山东德工机械有限公司

山东德工机械有限公司的前身是山东德州交通工程机械厂,山东省交通运输厅直属企业,后经资产重组后改制成为山东省八大集团之一的山东工程机械集团的成员企业。YZ12、YZC12、YZ14、YZ16、YZ18、YZ20系列振动压路机为企业主导产品;山东德工机械有限公司部分振动压路机产品参数见表2.2-22。

山东德工机械有限公司部分振动压路机产品参数　　　　表 2.2-22

型号	工作质量 (kg)	工作速度 (km/h)	振动频率 (Hz)	振幅 (mm)	激振力 (kN)	最大爬坡能力 (%)	外形尺寸 (mm)
YZC12	12 000	0～13	31/42	0.8/0.3	138.4/33.7	30	5 670×2 100×2 923
YZ18J	18 000		29	1.66/0.83	320/160	30	6 288×2 370×3 100
YZ20J	20 000	0～8.6	28	2.0/1.1	350/200	30	5 976×2 435×3 257

2.3　轮胎压路机

2.3.1　概述

2.3.1.1　定义

轮胎压路机是通过特制的充气轮胎,利用机械自重的静作用力压实铺层材料的压实机械。

轮胎压路机的轮胎是由耐热、耐油橡胶制成的光面滚或细花纹工作胎面的充气轮胎。由于充气轮胎的弹性变形,轮胎压路机工作时除有静力压实作用外,还产生揉压作用(剪切压实效应),易使液相和气相物(水和空气)从铺层材料中排出。

轮胎压路机轮胎对铺层的压实作用不同于光面钢轮压路机。装有特制宽基轮胎的压路机,轮胎踏面与铺层的接触面为矩形,而光钢轮与铺层的接触面为一窄条。图 2.3-1 所示为充气轮胎和光面钢压轮工作时铺层中的压实力分布。

从图 2.3-1 中可以看出,当钢压轮沿箭头所指的方向进行滚压时,铺层表面的压实力是以铺层与钢压轮的接触点1开始增加,然后逐渐上升达到点2的最大值,再后下降减小到点3的零值;而当充气轮胎滚压时,铺层表面的压实力同样很快地达到最大值,但由于接触区域(点1和点4)轮胎的变形,高应力可以保持在轮胎转动 ϕ 接触角的时间内,其最大表面压应力值的延续时间(可达1.5s)视轮胎压路机

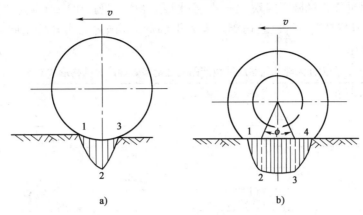

图 2.3-1 铺层压实力分布图
a) 光面钢压轮；b) 充气轮胎滚压轮

的工作重力、轮胎种类和轮胎尺寸、充气压力及压路机的运行速度而定。

因此，在相同的运行速度下，当用充气轮胎滚压时，铺层处于压应力状态的延续时间比用光面钢轮压时要长得多，同时还受充气轮胎独特的揉压作用，铺层的变形可随时发生，因而压实所需的时间就短（碾压次数少），对黏性材料压实效果好。

由于充气轮胎与铺层表面接触面积大，因而压应力分布均匀。铺层的压实深度与滚压终了时的轮胎与铺层表面接触面积尺寸有关。轮胎接触面积越大，则铺层压实越深。此时，压实力必须是足够大的。接触面积的大小似乎是决定压实深度可能性的一个参数，但还应考虑在接触面积上作用最大压应力时的碾压次数。

充气轮胎与铺层的接触面积比光面钢轮的接触面积要大得多，因而充气轮胎的压实可能性高。

充气轮胎的一大特点是可以改变轮胎内的气压，以限制对铺层压实材料表面的最大压应力作用，从而提高压实效果。在相同重力负荷下，充气轮胎的最大压应力比光面钢轮小，铺层材料表面的承载力因而也比较小，这样可使下层材料得到较好的压实。

在充气轮胎多次碾压时，轮胎的径向变形增加，而铺层的变形由于其强度提高而减小。铺层变形的减小将引起轮胎接触面积缩小，从而使接触压应力上升，应力图发生变化，压实终了时压力为第一遍碾压时压力的 1.5~2 倍。同时，充气轮胎的滚动阻力也随铺层强度的增加而减少。这可大大提高碾压效果和压实质量。

综上所述，可以说明采用充气轮胎对各种类型的材料（黏性材料和非黏性材料）进行碾压的可能性。

轮胎压路机对沥青混凝土和黑色碎石粒料路面有着独特的综合压实效果，具有光面钢轮不具备的弹性压实特性。特制的充气轮胎除了给铺筑层施加垂直压实力外，同时还沿压路机的行驶方向和机械的横向产生水平压实力，实现全方位压实，沿各个方向挤压和推移被压材料颗粒，提高垂直和水平密实度，对高温高黏性的沥青混合料也如此。而光面钢轮在碾压大颗粒碎石骨料或沥青混合料时，压轮的接触线在颗粒之间往往容易出现悬空，形成"过桥"现象。由于大颗粒之间的低谷凹部得不到有效压实，严重影响了密实度的均匀性。轮胎压路机利用橡胶充气轮胎的弹性柔曲特性，对整个被压层起到"揉搓作用"，轮胎表面可通过柔曲变形挤压被压层凹部，进行封密性压实，提高压实表面和内层的密实性。在碾压沥青路面时，柔性轮胎不是像光面钢轮那样将沥青混合料向前推，而是在沥青混合料上形成最初的接触点，施加较大的垂直压实力，从而避免了钢轮碾压时经常产生的裂缝现象，提高了路面压实的封闭性和密实度的均匀性。

2.3.1.2 国内外发展现状

目前，国内生产轮胎压路机的厂家有徐州工程机械制造厂、洛阳建筑机械厂、厦工集团三明重型机器有限公司和山东德州公路机械厂四家,国外厂家主要有德国宝马(BOMAG)公司、瑞典戴那帕克(DYNAPAC)公司和美国卡特彼勒(CAT)公司等。表2.3-1所示为国内外大吨位轮胎压路机产品的性能参数和部分结构形式对比。

国内外大吨位轮胎压路机产品的性能参数和部分结构形式对比　　　表2.3-1

参数＼厂家与型号 项目	BOMAG BW24R	DYNAPAC CP271	徐工 XP260	三重 YL26	洛建 YL25
最小工作质量(kg)	13 500	12 400	14 500	14 200	16 000
最大工作质(kg)	24 000	27 000	26 000	26 000	25 000
轴距(mm)	3 465		3 840	3 836	3 630
轮距(mm)			490	490～495	490～510
爬坡能力(%)	39		20	20	20
压实宽度(mm)	1 986	2 350	2 750	2 750	2 790
前后轮重叠量(mm)	50	42	50	50	50
接地比压(kPa)		260～450	160～340	200～360	200～400
最小转弯半径(mm)			9 000(外侧)	9 000(外侧)	9 000(外侧)
行驰速度(km/h)	0～5.8 0～12.8 0～25	0～23	前进:6/9.8/16 后退:6	前进:3.5/6.6/15 后退:3.52/6.6/15	前进:3.5/7.8/13.2/23 后退:3.5
传动形式	液压	液压	机械	机械	机械
摇摆形式	液压悬浮	机械	机械	机械	机械
轮胎自动集中充气调压	有	有	无	无	无

注:表中参数为空者表示该数据不详。

从表2.3-1可以看出,大部分性能参数都比较接近,但有以下几点国内还存在一定差距:

(1)传动形式和行驶速度。国外产品传动系统为液压传动,不仅可靠性高、操作简便,而且前进后退都能实现无级调速,施工时可根据实际工况选择各种行驶速度,提高工作效率。国内产品传动系统多为机械传动,存在可靠性较低、操作繁琐、效率不高等缺点。徐工和洛建的该机型只有一挡后退速度,这对频繁前进后退施工的轮胎压路机来说,无法确保施工效率。三明重机的该机型采用专门为轮胎压路机设计配套的三进三退变速器,前进后退各有三挡速度,基本上能适应各种工况施工的要求,工作效率相对较高。

(2)轮胎自动集中充气调压系统。国外产品已逐步应用这项技术,它能使各轮胎的气压保持一致,从而保持各轮胎的接地比压一致,压实更均匀,而且可根据工况条件变化自动或手动调节轮胎气压,工况适应性更强,效率更高。目前国内厂家还没有完全掌握这项技术。

(3)液压悬浮机构。国外已有宝马和卡特彼勒两家公司应用这项技术。前已述及前轮采用摇摆机构,几个轮胎之间能自动调整相对高度,使被压实材料的高低不平部分都能得到均匀压实,但机械摇摆机构在两组轮胎摆动的同时,也需产生一定量的侧向位移,而这侧向位移在实际压实过程中又难以实现,反过来影响轮胎之间相对高度自动调整的到位程度,从而高低不平部分的均匀压实受到了一定的影响。液压悬浮机构是通过两组轮胎独立上下移动来调整相对高度,所需侧向位移很小就能克服机械摇摆机构的缺点,使压实更均匀。目前,国内厂家还没有完全掌握这项技术。

随着工程机械的发展和用户要求的不断提高,国内厂家在产品外观和操作系统人性化设计方面做了大量工作,流线型玻璃钢罩壳的应用,整体机架造型趋于美观,操作系统根据人机工程原理学进行设计并在驾驶室内配上空调,这些方面取得了明显进步,与国外差距逐步缩小。

目前,国内轮胎压路机有16t、20t、26t、30t等多种机型,吨位上基本能满足需要,但性能上与国际同类产品还存在较大差距。

2.3.1.3 轮胎压路机的发展趋势

就世界范围而言,轮胎压路机正在朝高性能、高可靠性和低噪声方向发展。注重外观造型,提高乘坐和驾驶操作的舒适性和安全性,也是轮胎压路机发展的一种新动向。

液力机械式传动兼有无级调速调扭和机械传动效率较高的特点,而液压式传动则有更宽的速度调节范围。在大型轮胎压路机上普遍采用液力机械式传动或液压式传动,有利提高轮胎压路机的传动特性,特别是在多用途轮胎压路机上采用静液压式传动,对提高多用途的工作适应性有重要意义。

为了提高轮胎负荷的均衡性,采用液压悬架系统已成为一种趋势。由于三点支承式的液压悬架系统,其前轮胎均悬挂在互相联通的液压油缸上,每个轮胎可独立上下移动,而后轮胎则分为几个轮组,可分别绕铰点摆动。这样,轮胎压路机在不平整的地面上碾压时,便能基本保持机架呈水平状,均衡轮胎负荷,提高轮胎压实的封闭性和密实度的均匀程度。

现代轮胎压路机已普遍趋向采用铰接式机架、格栅式转向机构、宽幅轮胎和前后轮垂直升降机构等先进结构。采用铰接式折腰转向,可提高机械的机动性,减少轮胎对压实层的横向剪切,提高压实质量。采用格栅式转向机构可满足各转向轮不同偏转角的要求,避免转向轮产生侧向滑移而降低压实质量。采用宽幅轮胎可提高前后压轮轨迹的重叠度,有利接地压力均匀分布,避免压实表面产生裂纹,还可增加压实深度,提高对路边的有效压实能力。采用前后轮垂直升降机构,在松软铺层或凸凹不平的地段压实作业时,可使轮胎压实负荷始终保持一致,避免产生虚压现象,确保压实质量的提高。

为了降低机械振动噪声,提高传动的平稳性,现代轮胎压路机的最终传动已逐渐淘汰链传动,而采用齿轮传动结构,有效地提高了传动的可靠性和荷载的稳定性。

采用轮胎气压集中调压装置,可根据地面坚实情况适时调节轮胎气压,提高轮胎压路机的通过性能,扩大轮胎压路机的使用范围。

在国外,轮胎压路机的外观设计趋向于流线型造型。日本新开发的轮胎压路机,十分讲究整体颜色与施工城市或施工现场环境的协调性。驾驶室和发动机罩已普遍采用强化纤维塑料,多设计为倾斜面或圆滑曲面,造型优美典雅。驾驶室的前后窗也多采用曲面安全玻璃,做成无支柱式的圆滑形状,视野开阔,施工时便于观察。

为了提高轮胎压路机的乘坐舒适性,有的已将驾驶室内的仪表、监控器和开关等制作成圆柱形,既便于安装,又便于观察。同时,安装豪华型座椅,在发动机与驾驶室之间贴有隔音材料,不仅可随时改变乘坐姿势,还可降低噪声。在驾驶室的操纵台下还装有空调器,配备音响等,并备有使用说明书等技术资料,供随时查阅。在驾驶室的出入口踏板处设置带防护罩的照明灯,可确保夜间作业安全方便。

现代轮胎压路机在驾驶台上除安装常用的仪表外,还装有轮胎洒水显示灯、水泵驱动显示灯、挡位显示灯、发动机预热显示灯、作业灯、停车制动指示灯、差速器指示灯和各种异常报警灯等,为驾驶操作状况和修正误操作提供了全方位的显示和警示。

采用全液压驱动方式,只需设置一根多功能操纵手柄,即可控制压路机前进、倒退、变速和停车制动。在行走液压马达内设置负压式制动器,可在发动机突然骤停或液压系统发生故障时自动制动停机。在轮胎压路机驾驶室内,还可设置自身抽水和供水车注水装置的转换开关。操纵控制系统的现代化,极大地提高了操纵的舒适性、方便性和安全可靠性。

2.3.2 分类、特点和适用范围

轮胎压路机已有近60年的生产历史。20多年前,在日本,轮胎压路机已形成系列化产品,广泛用于机场跑道、堤坝、路基和路面等基础设施工程的压实作业。

轮胎压路机可通过增加压重和调节轮胎充气压力来调节轮胎接地比压,从而在较大范围内改善了轮胎压路机对不同工况的适应性。轮胎压路机采用集中调压技术后,可及时调节不同铺层材料所需要的轮胎接地比压,不仅提高了轮胎的承载能力,而且扩大了轮胎压路机的使用范围,促使轮胎压路机迅速发展。由于轮胎压路机具有独特的压实性能,轮胎压路机不仅能有效压实非黏性土、少黏性土和最佳

含水率的黏性土,而且光面轮胎压路机还可有效压实沥青混凝土和黑色碎石粒料路面。

2.3.2.1 根据行走方式,轮胎压路机可分为拖式半拖式和自行式三种

轮胎压路机可分为拖式、半拖式和自行式三种结构形式。拖式轮胎压路机为双轴式,即所有轮胎分别安装在前后两根轴上;半拖式轮胎压路机为单轴式,所有轮胎都装在一根轴上。

1)拖式轮胎压路机

拖式轮胎压路机(可简称轮胎碾)又包括半拖式轮胎压路机,它是在堤坝、机场和道路等工程中供土、碎石、砾石以及稳定料的分层压实之用。拖式轮胎压路机常采用不同吨级的履带式拖拉机进行牵引,而半拖式的轮胎压路机则可采用履带式或轮胎式牵引车拖挂牵引。

(1)拖式轮胎压路机(图2.3-2)按质量可分为轻型、中型、重型和特重型四类(表2.3-2)。

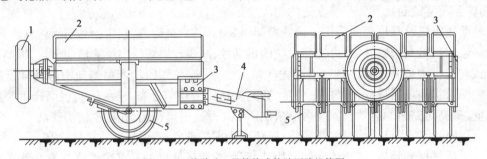

图 2.3-2 轮胎独立悬挂拖式轮胎压路机简图
1-备胎;2-混凝土配重块;3-机架;4-拖挂装置;5-轮胎

拖式轮胎压路机按质量分类表　　　　表2.3-2

类　型	质量(t)		碾压宽度(mm)
	有配重	无配重	
轻型	12	4	2 200
中型	25	8	2 400
重型	50	16	3 100
特重型	100	25	3 200

拖式轮胎压路机按轮轴数可分为单轴式和双轴式两种。

①单轴式:所有轮胎装在一根轴上,其优点是外形尺寸小,机动灵活,可在较狭窄地段进行碾压作业。

②双轴式:所有轮胎分别装在前后两根轴上,多用于宽敞工作面的碾压作业,重型和超重型轮胎碾多采用这种形式。

对拖式轮胎压路机,常采用履带式拖拉机牵引,拖拉机的牵引吨级为:轻型(3~4t)、中型(10t)、重型(15t)、特重型(25t)。

(2)半拖式轮胎压路机(图2.3-3)按质量可分为轻型、中型和重型三类(表2.3-3)。

半拖式轮胎压路机按质量分类　　　　表2.3-3

类　型	质量(t)		轴上载荷不小于(kN)	碾压宽度不小于(mm)
	有配重	无配重		
轻型	15	6	120	2 300
中型	30	12	200(±20%)	2 500
重型	45	18	300(±20%)	2 800

半拖式轮胎压路机具有外形尺寸小、机动灵活的特点,可用于较狭窄工作面的压实作业;拖式轮胎压路机结构质量大,其质量可达100t、120t,个别的拖式轮胎压路机的结构质量甚至可达200t,重型和超重型常采用这种结构形式。此类轮胎压路机碾压铺层的最佳厚度大于静力式光面钢轮和羊足压路机的

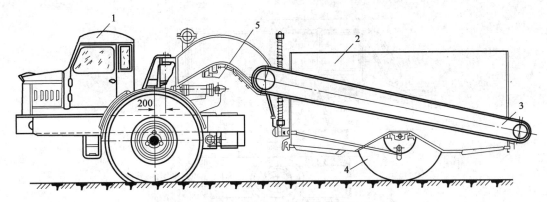

图 2.3-3 半拖式轮胎压路机简图
1-单轮牵引车;2-配重箱;3-牵引架;4-轮胎;5-制动系统

碾压厚度。换言之,当所要求的密实度相同时,采用拖式轮胎压路机较之光面钢轮压路机的碾压遍数少,压实生产率较高,故常用于机场地基土等大面积工作面的压实作业。

2)自行式轮胎压路机

自行式轮胎压路机(通常简称为轮胎压路机)按质量可分为轻型(10~16t)、中型(20~25t)和重型(30t以上)三类。自行式轮胎压路机见图2.3-4。

自行式轮胎压路机机动性能好,转移方便,在城市道路和公路工程建设中得到广泛应用并迅速发展。自行式轮胎压路机的整机质量随着现代基础工程压实标准的提高也在逐渐增大,单个轮胎的负荷已由原来的 5~10kN 增至 100kN,轮胎的尺寸规格(胎宽与胎直径的百分比数,%)也由原来的 8.25~15.00 增大到 18.00~25。

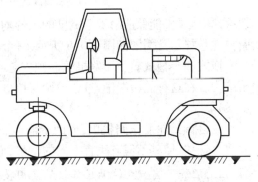

图 2.3-4 自行式轮胎压路机简图

现代自行式轮胎压路机具有以下特点:

(1)采用液力机械传动和液压传动。液力机械传动效率高,液压传动速度调节范围大。

(2)在机械上设有轮胎悬挂装置。这样,可使每个轮胎负荷均匀,并且在不平整地面碾压时能保持机架的水平和负荷的均匀。

(3)在终传动方面,采用全齿轮传动,差速器上装有自动锁紧装置,常采用牙嵌式闭锁差速器。

(4)采用轮胎气压集中调压装置,可以得到较好的碾压效果,机械的通过性能也大为提高。

(5)采用压力喷雾洒水系统。

(6)压路机质量增加,采用大功率发动机和全轮驱动形式。

(7)采用铰接式机架,折腰转向,保证了机械的机动性,又减少了对铺层的横向剪力,可提高压实质量。

(8)采用宽基轮胎,宽基轮胎的断面高度与宽度之比为0.65左右(普通轮胎为1.0~0.95),宽基轮胎的接地压力比较均匀。

2.3.2.2 根据轮胎悬挂方式,轮胎压路机又可分为刚性悬挂式和独立悬挂式

1)拖式刚性悬挂轮胎压路机

拖式刚性悬挂轮胎压路机(图2.3-5)具有几个充气轮胎(通常为5~8个),成对地一排安装。在轮胎上安装有配重车箱的机架,组装轮胎的轴固定在机架的纵梁上。为了使脱了挂钩的轮胎碾保持稳定位置,以及在拆装轮胎时为了提升已卸了载的轮胎碾,在机上还装有可放置的千斤顶(举升机构)。

2)拖式独立悬挂轮胎压路机

拖式、半拖式的自行式刚性悬挂轮胎压路机的缺点是,当压路机沿不平表面运行时,个别轮胎发生

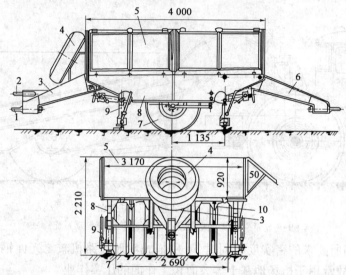

图 2.3-5 拖式刚性悬挂轮胎压路机(尺寸单位:mm)

1、2-拖挂装置;3-主辕架;4-备胎;5-车箱;6-可卸辕架;7-轮胎;8-机架;9-千斤顶;10-刮泥板

超载,其结果不能保证沿被压宽度的土的均匀压实。这些缺点可在独立悬挂轮胎压路机中被消除。轮胎独立悬挂示意简图如图 2.3-6 所示,每个轮胎可独立地在垂直平面内移动。

拖式和半拖式轮胎压路机轮胎独立悬挂最常用的方案是组合式车箱结构。在这种轮胎碾中,每个轮胎与单独的摆动车箱(配重箱或混凝土梁)联结着。

在自行式轮胎压路机中,借助于液压、气压或机械装置可得到轮胎的独立悬挂,使其不但有垂直方向的位移,而且还可以侧向移动。

2.3.2.3 自行式轮胎压路机的使用技术

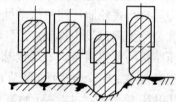

图 2.3-6 轮胎独立悬挂原理图

自行式轮胎压路机以其独特的柔性压实作用特别适合压实较均匀的砂质土和沥青混凝土路面。改变轮胎压路机充气轮胎的负荷(增减压重)和调节充气压力,可以调整轮胎压轮的平均接地比压,扩大了轮胎压路机的压实作业范围。由于轮胎压路机采用橡胶充气轮胎作碾压轮,故不能碾压有尖锐棱角的碎石和块料,以免扎坏或割伤压轮。

如何合理地选择压路机,并掌握其使用技术,是提高工程压实质量,实现工程压实施工目标的关键所在。

国产自行式轮胎压路机的主要技术性能参数见表 2.3-4。

国产自行式轮胎压路机技术参数 表 2.3-4

指标 项		型号 YL9/16	YL20	YL30
最小工作质量(t)		9	11	15
最大工作质量(t)		16	20	30
前后行驶速度 (km/h)	一挡	3	4	0~6
	二挡	6	7.5	前进 0~16
	三挡	12	14	
	四挡	24		
爬坡能力(%)		20	20	20
最小离地间隙(mm)		≥250	>260	≥260

续上表

项\指标\型号		YL9/16	YL20	YL30
最小转弯半径(mm)		≤7 500	<8 000	≤9 000
碾压宽度(mm)		2 000	2 250	2 290
重叠量(mm)		40	45	40
接地比压(MPa)			200~400	350~600
轮胎	规格	9.00-20	11.00-20	11.00-20
	数量	前4后5	前4后5	前5后4
柴油机	型号	4135K-2	4135AK-2	6135K-13b
	标定功率(kW)	59	73.53	135
	标定转速(r/min)	1 500	1 500	2 000

1) 轮胎压路机作业能力的计算

轮胎压路机的生产率可按下式确定：

$$Q = \frac{L(B-A)H_0 k_B}{\left(\dfrac{L}{v}+t\right)n} \tag{2.3-1}$$

式中：L——碾压区段长，m；

B——碾压带宽度，m；

A——次一遍与前一遍的重叠量，$A=0.2$m；

H_0——压实深度，m；

k_B——工作时间利用系数；

v——压路机的运行速度，m/h；

t——自行式轮胎压路机的换向时间，$t_1=1\sim2$s；或拖式轮胎压路机的掉头时间，$t_2=0.02$h；

n——压路机沿同一地点碾压的遍数。

轮胎压路机对土的碾压遍数主要取决于土的种类，随土黏度的提高而增加（表2.3-5）。

在碾压各种土的压路机的碾压遍数和胎内气压 表2.3-5

参 数 名 称	土 的 种 类		
	砂土	亚砂土	黏土
胎内气压(MPa)	0.2	0.3~0.4	0.5~0.6
所需碾压遍数	2~3	3~4	5~6

2) 轮胎压路机的使用特点

轮胎压路机可以进行各种料层基础的压实工作；对自行式轮胎压路机来说，还可以进行沥青混合料面层的压实。在使用备有集中充气装置的轮胎压路机进行压实作业时，轮胎负荷与充气压力之间存在的函数关系，对某种状态的土或材料都具有最佳的匹配。所以，为了充分利用和发挥轮胎压路机的优良性能，必须熟悉轮胎压路机的使用特点，并能熟练地进行驾驶操作。

现以法国生产的C788型轮胎压路机为例，说明它的使用特点。

(1) 技术性能

①工作质量(表2.3-6)

工 作 质 量 　　　　　　　　　　　　　　　　　表 2.3-6

车 质 量	加压重前(kg)	加压重后(kg)
工作质量	20 500	27 000
前轴分配质量	9 300	12 300
后轴分配质量	11 200	14 700

②爬坡性能(表2.3-7)

爬 坡 性 能 　　　　　　　　　　　　　　　　　表 2.3-7

状 态	加压重前第二挡		加压重第二挡	
	行驶	压实作业	行驶	压实作业
前进	25%	15%~20%	25%	15%~22%
后退	18%	12%~15%	18%	12%~15%

③速度

工作速度0~7km/h；

行驶速度0~20km/h。

④其他性能参数(表2.3-8)

其 他 性 能 参 数 　　　　　　　　　　　　　　　　　表 2.3-8

发动机功率	74.5kW	底盘离地间隙	375mm
轴距	3 600mm	最小压实宽度	2 800mm
轮距	500mm	最小转弯半径	8 350mm

(2)轮胎压路机的运用说明(表2.3-9)

选用轮胎压路机进行压实施工作业,必须根据被压铺层材料的松软程度、含水量多少、沥青混合料铺层温度高低,合理调整轮胎接地比压(改变轮胎负荷和调节轮胎气压),才能提高压层的密实度和平整度,避免产生轮辙,获得最佳的压实效果。

轮胎压路机的运用说明 　　　　　　　　　　　　　　　　　表 2.3-9

使用情况			轮胎负荷(kN)	轮胎气压(MPa)	接地面积(cm²)	接地压力(MPa)	工 作 情 况
轮胎气压变化	每个轮胎负荷不变	最小	12	0.15	620	0.185	①这是地面受压很小的情况,应用在松软、很潮湿的黏性土,或层厚在0.2m以上的软铺层,热料的最高温度在90℃以上时比较合适
				1	225	0.507	②这是地面受压力很大的情况(接近0.5MPa),易产生轮辙,在工程上不常用,最好装上压重使用
		最大	26	1	404	0.635	③用在滚压很硬的填料层时,能很快地压出平整的表面,获得要求的压实度
				0.3	808	0.317	④轮胎气压很低,每个轮胎负荷很大,在工程上应用都能得到令人满意的效果
气压和负荷都变化			12	0.37	0.385		⑤工程上不常用
			17	0.35	570	0.3	⑥轮胎接地宽度大,下层土松软时,可以获得好的压实效果
			26	0.26	860		⑦这种情况比第⑤种工况的压实效果要提高50%,是一种很好的工作参数匹配,能压实下层土

续上表

使用情况	轮胎负荷（kN）	轮胎气压（MPa）	接地面积（cm²）	接地压力（MPa）	工作情况
最大的负荷时用最小的气压	21	0.15	980	0.215	⑧最大质量15t(指C788标准型)。不加压重时全车重,每个轮胎负荷150÷7=21.40kN),轮胎气压为0.15MPa,进行大面积层滚压,可使表面光整;在同一工地上滚压砂石基础时允许用0.15MPa气压,滚压面层时0.5MPa气压

注:轮胎的充气压力低时,在危险地区不要转弯,工作时用低速,不要用作转场行走

转场行驶时								
轮胎负荷(kN)	12	14	16	18	20	22	24	26	27
许可最小气压(MPa)	0.16	0.19	0.23	0.27	0.3	0.35	0.4	0.45	0.48

轮胎的充气压力要保证轮胎在铺层上有足够的接触面积。根据铺层的厚薄决定轮胎的荷重。在重负荷工作时,充气压力要相应增高,当轮胎通过后,在铺层上不应有2cm以上的轮辙。

2.3.2.4 对轮胎压路机的使用要求

轮胎压路机是一种静作用压路机,在进行压实作业时,与光轮压路机类同。轮胎压路机结构先进,性能好,它的优点有:两个参数(气压和质量)可以改变,用以满足不同的使用要求;采用三点支承式悬挂系统,轮压均匀,压实质量好;轮胎弹性可产生揉压作用,使铺层材料在各方向上位移,表面结构密实均匀;宽基轮胎给物料的垂直力大,切向力很小,可得到无裂纹的密实表面;轮胎与铺层的接触表面呈矩形,被压材料上的任一点处于压实力的作用时间长,影响深度大。

轮胎压路机虽有优于静光轮压路机的碾压特点,但其结构复杂,价格高,使用费用高,调整困难。因此,必须对轮胎压路机提出一些使用和保养上的要求。

轮胎压路机的主要使用要求如下:

(1)不能碾压有尖利棱角的碎石块。

(2)当碾压热铺沥青混合料时,应在工艺规定的混合料温度下进行碾压作业。为了防止碾压轮黏带沥青混合料,要向轮面涂刷少量柴油或其他防黏剂,但由于这些油剂有腐蚀橡胶轮胎的作用,应尽可能少用或不用。

(3)调整平均接地比压,使轮胎压路机有较宽的适用范围。可通过试验和经验进行粗略调整,使平均接地压力适应最佳碾压效果的施工作业要求。

(4)当轮胎压路机具有整体转向的转向压轮时,为避免转向搓移压实层材料,在碾压过程中,转向角度不应过大和转向速度不应过快。

(5)碾压时,各碾压轮的气压保持一致,其相对值不应大于10~20Pa。

(6)终压时,可以将转向压轮定位销插入销孔中,锁死摆动,使压实层具有平整的表面。

(7)轮胎压路机处于运输工况转场行驶时,轮胎气压应处于高压状态,保持在0.6~0.65MPa之间。胎压过低会降低轮胎使用寿命。

(8)轮胎压路机在使用过程中,由于各个轮胎的气压不完全一致,将导致轴承松旷及支承框架变形,引起轮胎偏磨。当轮胎非对称磨损后,轮胎压路机将会出现附加晃动或振动等现象,影响压实质量。故轮胎压路机在工作500~600h或半年后,应对称调换各个轮胎的安装位置,使轮胎磨损趋于均匀。

(9)压实工程施工结束,如果轮胎压路机需要长时间停置,应将机身顶起,减少轮胎长期静态受压变形。

(10)为了保持轮胎压路机的压实性能,经常处于良好的技术状况,应按轮胎压路机的使用保养说

明书的要求和规定,经常进行检查,及时进行技术保养和维修。

2.3.2.5 国产轮胎压路机使用的经验数据

国内一些工程施工单位,根据多年的施工经验,为轮胎压路机的合理使用积累了一些经验数据,见表2.3-10,可供有关工程技术人员借鉴和参考。

国内一些工程使用轮胎碾的经验数据 表2.3-10

序号	土类名称	黏粒含量(%)	轮胎碾质量(t)	轮胎内压力(MPa)	铺土厚度(cm)	碾压遍数(遍)	压实平均干密度(g/cm^3)
1	粉质黏土	28~42	23.0	0.70	20	14	1.61*
2	重粉质壤土	20	11.0	0.60	20	6~9	1.74*
3	重粉质壤土 重粉质壤土	23~35 23~35	30.0 21.0	0.80~0.85 0.75~0.85	35~40 30~35	8~12 11	1.66~1.88* 1.66~1.80*
4	风化砂		8.0	0.21	50	8~12	1.77~1.82*
5	重粉质壤土	23	20.0	0.55~0.60	30	6	1.70
6	砂砾料		15.0	0.20~0.30	50~70	6	1.72~2.07

注:表中有*号者为试验值。

国产半拖式轮胎压路机的主要技术性能参数见表2.3-11。

国产拖式轮胎碾主要技术性能 表2.3-11

型号		YT_3-23	YT_3-50
轮胎碾形式		单轴	单轴
碾质量	自体质量(t)	7.11	15
	加重后(t)	22.5	50
车厢容积(m^3)		4.61	14
碾压宽度(mm)		3 000	3 000
最大碾压深度(mm)		200~400	500
最小转弯半径(m)			6.5
外形尺寸(长×宽×高)(mm)		5 936×3 128×1 478	6 996×3 530×2 925
轮胎数量(个)		6	5
轮胎规格		14.00-20	17.00-32-24层
轮胎花纹			越野
单轮最大工作负荷(kN)			100
相应充气压力(MPa)		0.635	0.638~0.80
牵引履带式拖拉机功率(kW)		59~74	103

LY-9/16型(LY-16型)自行式轮胎压路机的轮胎负荷与轮胎平均接地比压、轮胎充气压力的对应关系见表2.3-12。

LY-9/16型轮胎碾轮胎质量、接地比压、内压关系　　　　表2.3-12

质量分布(kg)	自体质量9 300kg		加铁质量11 300kg		加水质量13 S500kg		加水铁质量15 400kg	
	前轮	后轮	前轮	后轮	前轮	后轮	前轮	后轮
轮胎质量分布(kg)	4 000	5 300	5 000	6 300	5 120	8 380	6 100	9 300
线荷重(N/cm)	10 000	10 600	12 500	12 600	12 800	16 700	15 250	18 600
平均接地比压(MPa)	轮胎内压							
0.20	0.06	0.06						
0.22	0.09	0.09	0.08	0.08	0.08	0.05		
0.24	0.12	0.12	0.11	0.11	0.11	0.08	0.09	0.07
0.26	0.15	0.15	0.14	0.14	0.14	0.10	0.12	0.10
0.28	0.18	0.18	0.17	0.17	0.17	0.14	0.15	0.13
0.30	0.21	0.21	0.20	0.20	0.20	0.17	0.18	0.16
0.32	0.24	0.24	0.23	0.23	0.23	0.20	0.21	0.19
0.34	0.27	0.27	0.26	0.26	0.26	0.23	0.24	0.22
0.36	0.30	0.30	0.29	0.29	0.29	0.26	0.27	0.25
0.38	0.33	0.33	0.32	0.32	0.32	0.29	0.30	0.28
0.40	0.36	0.36	0.35	0.35	0.35	0.32	0.33	0.31
0.42	0.39	0.39	0.38	0.38	0.38	0.35	0.36	0.34
0.44	0.43	0.42	0.41	0.41	0.41	0.38	0.39	0.37
0.46	0.46	0.45	0.45	0.44	0.43	0.41	0.42	0.41
0.48	0.50	0.49	0.48	0.47	0.46	0.45	0.45	0.44
0.50	0.53	0.53	0.52	0.51	0.49	0.48	0.49	0.48
0.52	0.57	0.56	0.55	0.54	0.53	0.52	0.52	0.51
0.54	0.60	0.59	0.59	0.57	0.57	0.55	0.56	0.55
0.56	0.64*	0.63*	0.62	0.61	0.61	0.59	0.59	0.58
0.58	0.67*	0.66*	0.66*	0.65*	0.65*	0.62	0.62	0.62
0.60	0.71	0.71	0.70	0.69	0.69	0.66*	0.67*	0.65*
0.62	0.79	0.75	0.75	0.74	0.74	0.70	0.71	0.69
0.64			0.80	0.79	0.79	0.75	0.76	0.73
0.66							0.82	0.79

注：以20km/h以上的速度长距离运行时，须采用带*号的轮胎内压。

几种半拖式轮胎压路机的工作参数见表2.3-13。

几种半拖式轮胎压路机的工作参数

表 2.3-13

项目	轮胎碾压型号（加载总质量）(t)											
	10t			25t			YT$_3$-50						70t		
							3 节车厢(30t)		5 节车厢(50t)						
	被压实土壤的种类											
	砂土	沙壤土（砂性土）	壤土和重壤土（黏性土）	砂土	沙壤土（砂性土）	壤土和重壤土（黏性土）	砂土	沙壤土（砂性土）	壤土和重壤土（黏性土）	砂土	沙壤土（砂性土）	壤土和重壤土（黏性土）	砂土	沙壤土（砂性土）	壤土和重壤土（黏性土）
轮胎充气压力（MPa）	0.2	0.3~0.4	0.4~0.5	0.2	0.3~0.4	0.5~0.6	0.3~0.4	0.4~0.6	0.6~0.8	0.3~0.4	0.4~0.6	0.6~0.8	0.2	0.3~0.4	0.5
工作时碾的总质量(t)	5.5	7~9	10	13	16~20	25	18~23	23~27	27~30	30~38	38~46	46~50	35	45~60	70
最佳含水率时的最优土层厚度(cm)	20	20	20	35	35	35	36	42	50	36	42	50	70	70	80
被碾土层在疏松状态下的厚度(cm)	30	30	30	45	50	50	48	55	70	48	55	70			
碾压遍数（遍）	2~3	3~4	5~6	2~3	3~4	5~6	3~4	4~6	6~8	3~4	4~6	6~8	2~3	2~3	5~6
牵引功率(kW)	59~74	59~74	59~74	59~74	59~74	59~74	59~74	59~74	59~74	103	103	103	103	103	103

国产自行式轮胎压路机主要技术性能见表表2.3-14。

国产自行式轮胎压路机主要技术性能　　　　表2.3-14

型　号		YL-9/16 （原Y6-9/16）	型　号		YL-9/16 （原Y6-9/16）
质量(t)	空车质量 加水质量 加铁质量 总质量	9.3 4.1 2.0 15.4		轴距(mm) 轮距(mm) 离地间隙(mm)	3 420 440 320
轮胎	数量(个) 型号规格 气压(MPa)	前4后5 9.00-20-14层 0.06~0.8	运行 速度	前进一挡 前进二挡 前进三挡 前进四挡	3.10 5.78 12.1 23.55
	压实宽度(mm) 前后轮重叠宽度(mm) 接地压力(kPa) 最小转弯半径(m) 爬坡能力 前后轮上下活动量(mm)	2 000 10 200~660 7.0 20% ±100	柴油 发动机	型号 功率(kW) 转速(r/min)	4135C-1 59 1 500
				外形尺寸(长×宽×高)(mm)	5 000×2 054×3 055

压路机质量与运行速度关系见表2.3-15。

LY-9/16型轮胎碾重力与运行速度关系　　　　表2.3-15

机　重	允许速度		机　重	允许速度	
	平坦路面	不平路面		平坦路面	不平路面
自重	1~4速 24km/h	1~3速 15km/h	加铁重时	1~4速 20km/h	1~3速 10km/h
加水重时	1~4速 20km/h	1~3速 10km/h	加水、铁重时	1~4速 10km/h	1~2速 6km/h

2.3.3　工作原理和主要结构

轮胎压路机的行走和工作装置为特制橡胶充气轮胎，而静力式光轮压路机的行走和工作装置为圆柱筒状钢轮。为了充分发挥轮胎压路机的压实功能，不断提高轮胎压路机对现代土建工程压实作业的适应性，满足高性能的压实要求，对轮胎压路机的结构及其技术性能的要求也越来越高。比如，为了提高铺层材料的压实均匀性，对轮胎的悬挂装置提出了更高的要求；为了提高轮胎压路机的作业适应性，扩大其使用范围，必须设置轮胎自动充气装置，及时调节轮胎充气压力等。总之，相对光面钢轮压路机，轮胎压路机的结构要复杂得多。

2.3.3.1　半拖式轮胎压路机的基本结构

图2.3-7所示为国产YT$_3$-50型半拖式轮胎压路机，它由牵引框架、车箱和17.00-20型轮胎等组成。全部车箱容积为14m³，可加装30t配重物，最大压实深度为50cm，本机采用组合式结构，工作中遇到地面高低不平时，由于采用轮胎独立悬挂，各车箱可以独立地沿垂直方向相对移动，不致于因地面不平而引起个别轮胎超载，或由于受力不均影响压实质量。

考虑到便于运输和产品规格系列化，YT$_3$-50型半拖式压路机横梁采用分段连接式结构，可根据不同的施工场地和不同的牵引机构拼装成不同碾质量的轮胎碾——用3个车箱组成30t碾质量或用5个车箱组成50t碾质量的轮胎碾。

2.3.3.2　自行式轮胎压路机

自行式轮胎压路机可在城市道路和公路上行驶，最高时速可达20km/h以上，故具有机动性能好、运输和转移工地方便的特点。

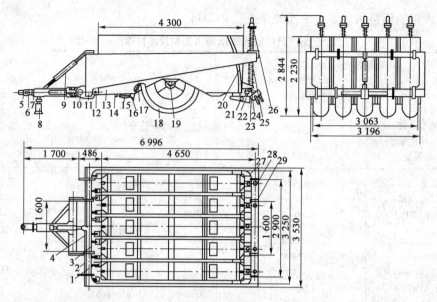

图 2.3-7 YT_3-50 型半拖式轮胎压路机(尺寸单位:mm)

1-左、右副横梁;2-左、右主横梁;3-副横梁;4-主横梁;5-连接环;6-牵引杆;7-牵引梁;8-油压千斤顶;9-调整螺母;10-螺纹轴;11-左、右纵梁;12-销轴;13-车箱;14-圆肩销;15-卸料门;16-门栓;17-刮泥板;18-车轮;19-轴承座;20-左摩擦条;21-螺母;22-支架;23-刀架;24-挂钩;25-稳定弹簧;26-六角螺母;27-手轮;28-后左、右横梁;29-后横梁

自行式轮胎压路机的种类很多,从机架形式看,有采用整体结构的,也有采用铰接结构的;从传动装置看,有采用机械传动的,也有采用液力或液压传动的;从轮胎悬挂形式看,有机械摆动式、液压垂直升降式、刚性悬挂式和由以上三种悬挂方式组成的混合形式等。

常见的自行式轮胎压路机多为机械式传动、偏转车轮转向、机械摇摆悬挂等结构形式。这类轮胎压路机通常由发动机、专用底盘和特制轮胎碾压工作装置所组成。底盘包括机架、传动系统、转向系统、制动系统以及液压控制系统、轮胎气压调节装置等。此外,还设有洒水装置(湿润装置)、配重箱和电器设备等。

1)几种典型部件的结构

(1)前、后碾压特制轮胎及其悬挂装置

轮胎压路机工作装置是充气轮胎。因此,它对充气轮胎及其悬挂装置提出了特殊要求。

①轮胎

在轮胎压路机上所采用的轮胎都是特制的宽基轮胎,具有独特的外形和性能。

轮胎的踏面宽度是普通轮胎的 1.5 倍左右,轮胎的踏面在自然状态下是平的,使充气轮胎对地面的压实力垂直向下,物料颗粒很少向侧向移动,增加了压实深度,提高了压实质量。普通轮胎踏面与铺层的接触面呈椭圆形,接触面中心是高压力区,越靠近踏面边缘,压实力越低;轮胎压路机专用宽基轮胎与铺层的接触呈矩形,在整个轮胎踏面的宽度范围内,都处于高压力区(图 2.3-8)。宽基轮胎压力分布均匀,从而保证了对沥青面层的压实不会出现裂纹等缺陷。

轮胎是由特殊配方的合成橡胶制成的,用钢丝加强,具有很高的强度,能承受高负荷。同时还具有高的耐磨性能、耐酸腐蚀和耐高温等特点。这种轮胎具有较长的使用寿命。

②悬挂装置

在轮胎压路机进行压实作业时,压路机应保证每个轮胎负荷均匀,在不平的铺层上也能保持机架的水平和负荷的均匀,这就要求压路机应采用性能优良的特殊的轮胎悬挂装置。例如采用三点支承并能使充气轮胎垂直运动的液压悬挂装置,采用可使轮胎左右摆动和上下浮动的机械摇摆式悬挂装置等等。现有轮胎压路机的悬挂装置有如下几种:

a.前、后轮均采用具有垂直升降功能的液压悬挂装置;

b. 具有三点支承,前、后轮均可摆动的机械摇摆式悬挂装置;

c. 前轮采用具有垂直升降功能的液压升降式悬挂装置,后轮采用机械摇摆式悬挂装置;

d. 前轮机械摇摆,后轮液压升降;

e. 前轮机械摇摆,后轮与车架刚性连接;

f. 前、后轮均机械摆动垂直升降,等等。

压路机前轮具有液压升降悬挂装置机构示意图如图2.3-9所示。压路机具有四个前轮、五个后轮,前轮的四个升降油缸与五个后轮中的中间车轮的升降油缸油路相互联通。因此,当压路机进行压实作业时,每个轮胎都能随着地势的变化或升或降,可随时保持与铺层表面接触,每个轮胎的负荷能均匀地传递到铺层材料上,这将获得均匀的压实度。

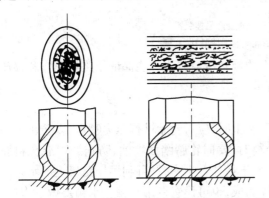

图2.3-8 普通轮胎与轮胎压路机专用轮胎的压力分布图

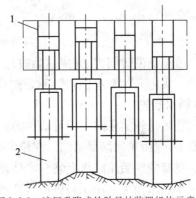

图2.3-9 液压升降式轮胎悬挂装置机构示意图
1-悬挂液压油缸;2-轮胎

具有机械摇摆式轮胎悬挂装置的轮胎压路机,作业时能保持机架的水平,但不能保持各充气轮胎具有均匀的负荷,所以压路机的性能不如采用液压升降式轮胎悬挂装置的轮胎压路机。然而,这种轮胎悬挂装置结构简单,性能稳定,很少出故障,维修保养方便,所以仍然获得了广泛应用。当进行沥青面层压实作业时,压路机不宜采用三点支承,前、后轮轴中的一根轴可以锁住,以保证获得平整的表面。图2.3-10所示为机械摇摆式轮胎悬挂装置机构示意图。

前、后轮机械式摆动随地形分别垂直升降的情况如图2.3-11所示。具有前、后轮机械式摆动垂直升降的轮胎压路机,在最终压实阶段,例如最终压平沥青混凝土路面面层时,又要求各轮胎始终都处于同一平面上,使高起的地点所受的单位压力大些,从而压得平整。所以,如前述相似,在

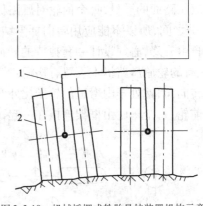

图2.3-10 机械摇摆式轮胎悬挂装置机构示意图
1-悬挂液压油缸;2-轮胎

前、后轮上还应装有垂直升降锁止装置,使前、后轮被锁定而不能垂直升降。

(2)集中充气系统

为了使轮胎压路机性能优良,适用范围广,在大多数的轮胎压路机上都装有集中充气系统。

设有集中充气系统的轮胎压路机,驾驶员可以根据铺层状况和施工要求而随时改变轮胎的充气压力,使压路机处于最佳工作状态,以获得高效率和高质量的压实效果。

松软土和潮湿黏土的压实,选用较小的充气压力,但所选用的充气压力要与轮胎负荷相匹配。压路机通过后,轮辙深度不能超过2cm。随着压实次数的增加,压实度也相应增加。这时,驾驶员可以用提高轮胎充气压力的办法提高接触压力,直到获得满意的压实结果为止。

集中充气系统由空气压缩机、空气滤清装置、储气罐、控制阀、管路、气门和操纵系统(包括操纵阀、指示灯、压力表)等组成。空气压缩机必须有足够大的排量,储气罐也应有足够大的储气量,这样才能

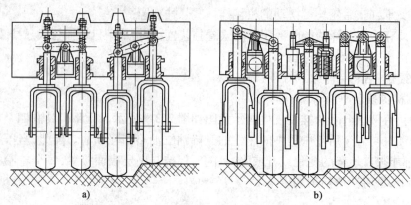

图 2.3-11　前、后轮机械式摆动垂直升降悬挂装置
a)前轮垂直升降悬挂；b)后轮垂直升降悬挂

保证在尽可能短的时间内,完成轮胎的充气任务,轮胎上的旋转密封装置应能保证压路机工作和存放时的气密性。集中充气系统(装置)示意图如图 2.3-12 所示。

(3)洒水装置

洒水装置是轮胎压路机不可缺少的组成部分。在压实土时,应对轮胎进行压力喷水,以防止土黏到轮胎踏面上,保持轮胎踏面清洁。在压实高温沥青混合料时,要向轮胎踏面喷油,防止沥青混合料黏到轮胎上。在有的轮胎压路机上装有水泵,当土的含水率低于最佳含水率时,可利用压路机上的水泵向干燥的土喷水。水箱可利用压路机箱形机架中的空腔隔焊而成,也可设置专用水箱。水箱要做压力试验,在 0.5~0.9MPa 的压强下不得漏水。

(4)转向系统

轮胎压路机普遍采用偏转前轮的转向方式实现转向。为了使每个前轮在转向时无侧滑地滚动,保证所滚压路面的质量,每个前轮对压路机机体的偏转角应符合一定的关系。轮胎压路机的前轮个数在 3~5 个之间,所以不能应用转向梯形结构。具有垂直升降液压悬挂装置的前轮,由于每个车轮都可独立地自由升降,必须设计一套独特的转向机构,使每个车轮的偏转角符合一定关系。为了解决这个问题,在有的轮胎压路机上设置有格栅式转向机构(图 2.3-13)。这种机构允许各个转向轮在转向时有不同的转向角,使处于内弯道的轮子比外弯道的转向半径为小,由内向外逐渐增大。具有机械摇摆悬挂装置的前轮,每个车轮由框架连接在一起,转向机构与光面钢轮压路机雷同。

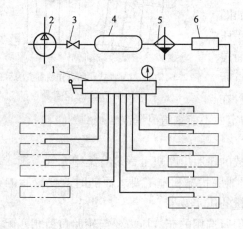

图 2.3-12　集中充气系统示意图
1-操纵阀；2-空气压缩机；3-开关；4-储气罐；5-水分离器；6-控制阀

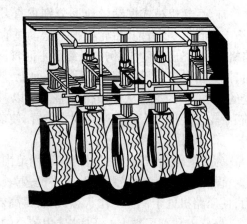

图 2.3-13　格栅式转向机构

(5)车架

轮胎压路机的车架有整体式和铰接式两种。整体式车架是一刚性整体,由钢板和型钢焊接组成；铰

接式车架由前、后车架组成,中间用铰销相连。

2)机械式传动轮胎压路机的构造与工作原理

图2.3-14为徐州工程机械厂生产的YL16型机械式传动的轮胎压路机外形图。该机发动机功率为59kW,最大工作质量为16t,接地比压600~800kPa,压实宽度为2 000mm,最低工作速度为3.1km/h,最高行驶速度可达23.55km/h,可满足低速压实作业和快速转移工地的要求。

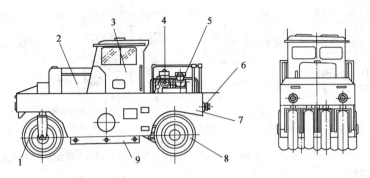

图2.3-14 YL16型自行式轮胎压路机
1-转向轮;2-发动机;3-驾驶室;4-汽油机;5-水泵;6-拖挂装置;7-机架;8-驱动轮;9-配重铁

YL16型自行式轮胎压路机装有9只充气光面轮胎,型号规格为9.00-20,并按前4后5布置方案两排分别叉开安装。前轮(4个)为从动轮,后轮(5个)为驱动轮,前后轮胎安装位置相互错位,使轮隙叉开,确保前后轮迹有一定的重叠度,做到在全宽压实范围内无漏压现象。

图2.3-15为YL16型轮胎压路机的传动系统,其组成基本上与光面钢轮自行式压路机相似。发动机3输出的动力经由离合器4、变速器5、换向机构7、差速器8、左右半轴和左右链轮等的传动驱动后轮。

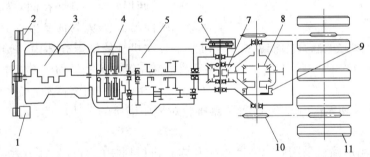

图2.3-15 YL16型自行式轮胎压路的传动系统图
1-油泵;2-气泵;3-发动机;4-主离合器;5-变速器;6-驻车制动器;7-换向机构;8-差速器;9-差速锁止装置;10-驱动链轮;11-轮胎

离合器为一般的干式双片圆盘摩擦离合器,其构造与汽车上的相同。

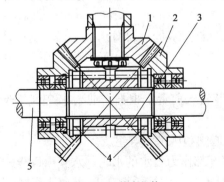

图2.3-16 换向机构
1-主动锥形齿轮;2-从动锥形齿轮;3-圆柱齿轮;4-齿形离合器;5-横轴

变速器为三轴式四挡变速器,由手柄通过拨叉来换挡,其构造除了没有倒挡齿轮之外,基本上也与汽车变速器相似。

换向机构(图2.3-16)为锥形齿轮传动,齿形离合器操纵,通过离合器的不同啮合来使动力换向传递。小螺旋主动锥形齿轮1装在变速器的输出轴后端,它与横轴5上的两个大螺旋从动锥形齿轮2常啮合,使它们在横轴的滚珠轴承上自由地相互反向旋转。在横向轴中央通过花键装有一个可用拨叉拨移的圆柱驱动齿轮3。与此圆柱齿轮两端面对应的从动锥形齿轮的小端面上设有齿形离合器。因此,当圆柱齿轮被拨到与左或右锥形齿轮接合时,动力就可经过它作正或反方向的向后传递。此时,横轴5也跟着转动。在横轴的外端上安装有起停机制动作用的驻车制动器。

差速器为一般锥形行星齿轮式。

传动系中的最终传动为两对链式传动装置,它们分别驱动左右两根后轮轴,带动两组后轮转动。YL16型轮胎压路机的驱动轮总成和从动轮总成的结构分别见图2.3-17和图2.3-18。

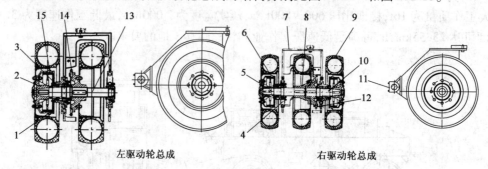

图2.3-17 YL16型轮胎压路机驱动轮总成

1-制动鼓;2-轮毂;3-轴承;4-挡板;5-右后轮的左半轴;6-轮辋;7-Π形架;8-联轴器;9-轮胎;10-右后轮的右半轴;11-轴承盖;12-链轮;13-左后轮轴;14-链轮;15-制动蹄

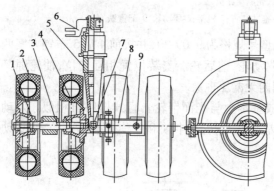

图2.3-18 YL16型轮胎压路机转向轮总成

1-轮毂;2-轮胎;3-前轮轴;4-轮辋;5-转向叉;6-转向臂;7-摇摆销;8-框架;9-铰接销

安装在左右两组后轮轴上的驱动轮,由轮辋支撑,并通过轮毂借助平键与轮轴连接。左、右后轮轴通过球面调心轴承3安装在各自的Π形架7上,轮轴中间装有驱动链轮12。Π形架通过上部的紧固螺钉固定在整个机身的后部,该螺钉也可用来调节驱动链条的松紧。

从动轮为转向轮,分成两组用圆锥滚子轴承安装在前轮轴上,两根轮轴又安装在同一框架8上。框架8与纵置的转向叉5铰接,转向叉以其立轴和两个圆锥滚子轴承安装在机身的轴承壳体内。转向臂6固定在立轴上端,由液压油缸推动转向臂实现前轮偏转转向。左右两组轮胎,在行进中可绕摆动销7相对摇摆,这样,从动轮可随地形凹凸起伏而独立自由升降,改善了碾压轮对被压铺层的自适应性,避免出现虚压现象,提高了密实度的均匀性。

由于YL16型轮胎压路机采用后轮刚性连接和前轮机械摇摆的组合悬挂方式,形成压路机三点支承,虽然改善了前轮的荷载适应性,但无法平衡后驱动轮各轮胎的荷载。

YL16型轮胎压路机采用整机架前轮偏转液压助力转向方式实现转向。液压转向系统如图2.3-19所示,它由转向盘转向器4、转向油泵5、液压助力油缸、助力器控制阀和转向臂等组成。液压助力装置具有随动功能,确保转向盘的转角与前轮偏转角相对应。

YL16型轮胎压路机的制动系统由脚制动(行车制动)和手制动(驻车制动)两部分组成。行车制动采用蹄式制动器,分别安装在后驱动轮的左、中、右三个驱动轮的轮辋内(图2.3-17)。驻车制动采用带式制动器,安装在变速器的倒顺车轴末端(图2.3-15)。

在压路机上还装有两个辅助装置:轮胎气压调节装置和洒水装置。前者是根据作业要求来调节改变轮胎所需的气压,后者是供工作中前后轮洒水和增加配重之用。

洒水装置如图2.3-20所示,由小汽油机、水泵、水箱、水管、三通阀和洒水管等组成。

在箱形结构的全部箱体内,包括后轮上方、发动机的两侧和底部都作为装水的水箱。水箱由风冷式小汽油发动机1驱动的水泵2自机外泵入水,并可作为配重。水泵也可将水箱的水泵出,经喷水管喷洒于轮子或向干燥的土喷水。水的泵入与泵出由三通阀来控制。

在机架的下面还装有为增加机械质量的配重铁。

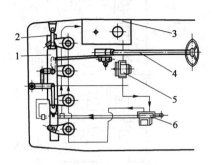

图 2.3-19　YL16 型轮胎压路机液
压助力转向系统
1-随动装置;2-滑动轴;3-油箱;4-转向盘转
向器;5-油泵;6-操纵阀

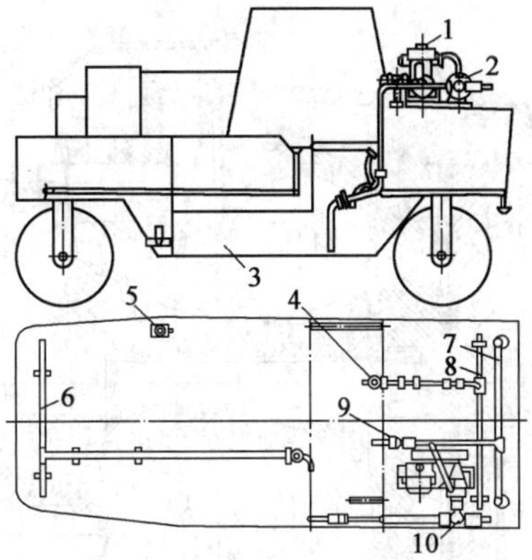

图 2.3-20　YL16 型轮胎压路机洒水装置
1-汽油发动机;2-水泵;3-机身水箱;4-洒水
阀门;5-放水阀门;6-洒水管;7-喷水管;8-洒
水管;9-出水三通阀;10-进水三通阀

2.3.3.3　液力机械式传动轮胎压路机

采用液力机械式传动系统的轮胎压路机,在发动机和传动系统之间装有液力变矩器,一般称为液力机械式传动。该传动系统由液力变矩器、动力换挡变速器、传动轴、后桥和终传动等组成。液力机械传动的自行式轮胎压路机具有如下优点:由于前、后平顺换向和匀速运行保证了较高的碾压路面的质量;可减少变速器的挡位数;在碾压过程中,当运行阻力变化时,可自动改变压路机的工作速度和牵引力;可简化压路机的操纵;发动机工况恒定等。

对液力传动自行式轮胎压路机,仅简介液力变矩器和动力换挡变速器。我国自行设计的 YL25 型轮胎压路机就是采用液力传动形式。

1) 液力变矩器

液力变矩器的结构如图 2.3-21 所示。单级液力变矩器通常由三个元件组成:泵轮、涡轮及与液力变矩器壳体相连的导轮。泵轮、涡轮和导轮组成一个封闭的环形空间,通常叫做循环圆,循环圆内充满了工作液体。

泵轮和发动机的曲轴相连,因此,发动机的机械能通过泵轮的转动转换成工作液体的动能。涡轮通过涡轮轴和变速器输入轴相连。从泵轮流出的工作液体高速地流入涡轮,推动涡轮转动,使工作液体的动能又转换成机械能,通过涡轮轴经变速器、传动、主传动轴、终传动轴,驱动车轮转动。导轮和变矩器固定壳体相连,其作用是使涡轮上的力矩和泵轮上的力矩不等,以实现变矩、变速的目的。因此,从涡轮流出的工作液体经导轮变换液流方向后又流入泵轮。

由此可知,工作液体在变矩器内有两种运动:一是随工作轮(泵轮、涡轮)的转动(牵连运动);二是循环圆内沿工作轮叶片的循环运动(相对运动)。因此,液体在变矩器内的运动是一种螺管运动。

2) 动力换挡变速器

动力换挡变速器是指与液力变矩器相连并在不切断动力下换挡的变速器。有定轴传动和行星传动两种形式,由液压控制的制动器或离合器进行换挡。

图 2.3-22 是定轴式动力换挡变速器的传动简图,该变速器有三个前进挡和三个倒退挡,由 5 根轴、12 个常啮合齿轮和 5 个换挡离合器组成。换挡离合器成对布置在壳体内,为简支梁结构,受力情况较好,但摩擦片更换、保养不太方便。变速器内的齿轮都空套在轴上,换挡离合器的从动毂与齿轮相连,主动毂则与轴固结在一起。

在 Y125 型轮胎压路机上,动力换挡变速器是定轴式的,具有三个前进挡和一个倒退挡;一挡 0～8km/h;二挡 0～22km/h;倒退挡 0～8km/h。由于液力变矩器具有无级自动变速作用,这样安排的挡位能满足轮胎压路机工作状态和行驶状态的要求。

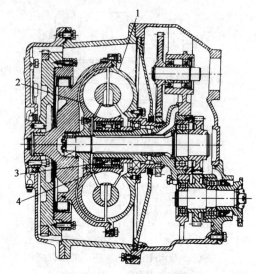

图 2.3-21 液力变矩器
1-泵轮;2-涡轮;3-自由轮;4-导轮

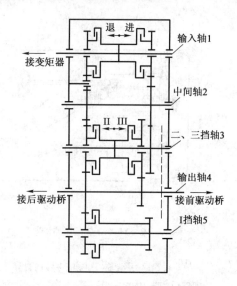

图 2.3-22 定轴式动力换挡变速器传动简图

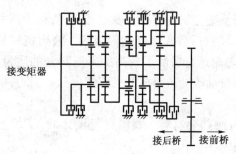

图 2.3-23 行星式动力换挡变速器
传动简图(4前4倒)

图 2.3-23 所示为行星式动力换挡变速器的传动简图。

动力换挡变速器的换挡离合器均采用油压控制操纵变速阀的手柄,压力油将从不同通道流入换挡离合器中,使离合器中的主、从动摩擦片接合或松开,达到换挡的目的。

更详细的有关液力变矩器和动力换挡变速器的论述可参阅液力机械传动专著。

液力传动自行式轮胎压路机传动系统中的其他机构以及整机的有关系统和装置与机械传动自行式轮胎压路机类同,不再赘述。

2.3.4 选型原则与步骤、主要参数计算

2.3.4.1 选型原则与步骤

轮胎压路机的参数应根据其用途和类型确定。

自行式轮胎压路机的计算应在压路机碾压稳定混合料以及沥青路面的条件下进行。

自行式轮胎压路机的总体参数是指决定轮胎压路机的牵引动力性能、压实性能、通过性能、转向性能和稳定性等基本特性的整机参数。这些参数包括:轮胎压路机的工作质量、发动机的额定功率、最大驱动力、速度与挡数、单个轮胎荷载、轮距、最小离地间隙、压实宽度、前后轮重叠宽度、接地压力、最小转弯半径、爬坡能力以及充气轮胎气压调节范围等。

2.3.4.2 主要参数计算

1)轮胎压路机工作质量的确定

工作质量是压路机的主参数。工作质量是压路机加上确定的油、水、压载物和随机工具,并包括一名驾驶员在内的质量。工作质量的大小将直接影响压实质量和作业效率,为了扩大压路机的使用范围,可以用改变工作质量的办法来改变每个轮胎的接地压力。轮胎压路机的工作质量应符合标准的规定(表 2.3-16)。在设计自行式轮胎压路机时,其主参数必须符合标准的规定。最大工作质量与最小工作质量的差值,是轮胎压路机的压载物质量(配重),压载物可以是砂、水、铸铁块和水泥块等,砂和水储存在箱形车架的空腔处(压舱),标准的铸铁块和水泥块置于专门设计的压舱内。这部分压载物质量(压载物质量的大部分)还可以用来调节轮胎压力和整机的重心位置,所以压载物和压舱的设

计很重要。

自行式轮胎压路机系列　　表 2.3-16

名　称＼型　号	YL10	YL16	YL20	YL25	YL40
最大工作质量（t）	10	16	20	25	40
最小工作质量（t）	6	9	16	16	22

轮胎压路机的重力还可以单个轮胎的许可荷载乘轮胎个数求得。从金属利用的观点出发，可应用压路机带配重的质量 m 与无配重的质量，即与压路机的结构质量 m_M 之比值来评价轮胎压路机结构设计的好坏。现代轮胎压路机的最好质量比为 $m/m_M = 3.4 \sim 3.9$。

2）充气轮胎接地压力计算

充气轮胎对铺层地面挤压所产生的最大接地压力可由式(2.3-2)计算：

$$\sigma_{max} = \sqrt{\frac{q}{\pi^2 D}(E_1 + E_2)} \tag{2.3-2}$$

式中：σ_{max}——最大接地压力，MPa；
　　　q——平均踏面宽度荷重，N/m；
　　　D——轮胎外径，m；
　　　E_1——轮胎弹性系数，Pa；
　　　E_2——土的变形系数，Pa。

上式的 E_2 表示压实力作用在土上，土产生变形的比例数值。不同的土，E_2 值不同。一般情况下，土是弹塑性体，因而可根据弹性理论求出变形系数 E_2 值：

$$E_2 = \frac{E_0}{0.405} \tag{2.3-3}$$

式中：E_0——土的弹性系数。

橡胶轮胎的弹性系数 E_1 值取决于轮胎外径、载荷和轮胎踏面宽度等因素。可根据两个弹性球体在某种载荷作用下相接触时的接触面积、球径、压力和球的弹性系数等的赫兹理论和轮胎挠度的公式，导出 E_1 值计算公式：

$$E_1 = \frac{p}{0.055}\sqrt{\frac{p_1 D^2 B}{Q\sqrt{DB}}} \tag{2.3-4}$$

式中：p——轮胎充气压力，Pa；
　　　Q——轮胎载荷，N；
　　　D——轮胎直径，m；
　　　B——轮胎踏面宽度，m；
　　　p_1——最大接地压力，Pa。

从上述三个公式中可以得出轮胎的充气压力、轮胎载荷和最大接地压力之间的关系。

若已知轮胎气压，则轮胎对土表面的接触压力可按式(2.3-5)求出：

$$\sigma_{max} = \frac{p}{1-\varphi} \tag{2.3-5}$$

式中：σ_{max}——最大接触压力（许用接触压力），MPa，一般 $\sigma_{max} \leq (0.8 \sim 0.9)\sigma_p$，其中 σ_p 为碾压时土的极限强度；
　　　p——轮胎充气压力，MPa；
　　　φ——轮胎刚度系数，见表 2.3-17。

轮胎刚度系数值 φ 表 2.3-17

p(MPa)	0.1	0.2	0.3	0.4	0.5	0.6	0.7
φ	0.60	0.50	0.40	0.30	0.25	0.20	0.15

3）发动机牵引功率的计算

对压路机进行牵引力和牵引功率平衡计算，是为了确定自行式轮胎压路机所需要发动机提供的总功率，也是自行式轮胎压路机发动机选型的依据。压路机的压实作业工况和运输转移工况是牵引力和牵引功率平衡计算的典型工况。压路机处于作业工况时，特别是在预压和初压时，由于铺层材料较为松散，需克服较大的滚动阻力，此时，压路机应使用低速挡作业；当压路机处于运输工况时，虽滚动阻力较小，但此时压路机处于高速挡运输行驶状态，且有可能遇上陡坡或坎坷不平的路段。两种计算工况，都需要消耗较大的发动机功率。

自行式轮胎压路机所需的发动机额定功率（简称功率）由行走所需的功率与油泵等液压附件（其中包括操纵油泵和转向油泵等）所消耗的功率之和求得。选用何种发动机，还必须经过对发动机与机械传动或液力机械传动或液压传动等传动系的相互匹配计算后才能确定。在选择发动机时，还应考虑轮胎压路机的作业特点，并从功率标定、转矩储备系数的合理程度等方面去考虑。自行式轮胎压路机的发动机功率应保证机器在最恶劣的条件下（在最大上坡段碾压黏性土、稳定材料以及沥青路面；以运输速度在最大上坡的好路面上行驶）正常工作。

(1) 机械传动式轮胎压路机

发动机功率可由式(2.3-6)进行计算：

$$N_e = 0.277 \frac{Fv}{\eta} + \sum P_y \tag{2.3-6}$$

式中：F——轮胎压路机驱动轮所具有的牵引力，kN；

v——轮胎压路机运行速度，km/h；

η——自发动机到驱动轮的传动系统传动机械效率；

$\sum P_y$——所有辅助装置油泵所消耗的功率，kW。

(2) 液力机械传动式轮胎压路机

发动机功率可由式(2.3-7)计算：

$$N_e = 0.277 \frac{Fv}{\eta \eta'} + \sum P_y \tag{2.3-7}$$

式中：η'——液力变矩器效率；

其他符号意义同前。

驱动轮的牵引力必须大于压路机运行作业时的总阻力 $\sum F_i$，即 $F \geqslant \sum F_i$。

牵引力 F 在轮胎压路机作业时主要用来克服的阻力有：滚动阻力 F_1，坡道阻力 F_2 和惯性阻力 F_3。

压路机运行滚动阻力：

$$F_1 = fG\cos\alpha \tag{2.3-8}$$

式中：f——轮胎压路机运行滚动阻力系数，滚动阻力系数与路面种类、车速以及轮胎的构造、材料和充气压力等有关；

G——轮胎压路机的工作重力，kN；

α——道路的坡度角，按标准规定爬坡能力的坡度不小于 20%。

压路机运行坡道阻力：

$$F_2 = G\sin\alpha \tag{2.3-9}$$

式中：符号意义同前。

压路机起步加速惯性阻力：

$$F_3 = \delta \frac{Gv}{gt} \tag{2.3-10}$$

式中：g——重力加速度，$g=9.81 \text{m/s}^2$；

v——加速后压路机运行速度，m/s；

t——加速时间，$t=2\sim5\text{s}$；

G——轮胎压路机的工作重力，kN；

δ——考虑旋转质量的系数，建议 $\delta=1+0.05(1+\sqrt{i_k})$，其中 i_k 为传动系的传动比。

在确定各工况的总阻力 $\sum F_i$、功率 P 和驱动轮的牵引力 F 后，还应校核轮胎压路机的可运行作业的条件，即：

$$\sum F_i \leq F \leq G_k \varphi \tag{2.3-11}$$

式中：G_k——轮胎压路机的附着重力，即驱动轮上的分配荷载，kN；

φ——轮胎与路面的附着系数，可参阅有关资料选取。当轮胎气压为 $0.2\sim0.5\text{MPa}$ 时，对黏性松土，$\varphi=0.64\sim0.44$；对黏性实土 $\varphi=0.55\sim0.26$；非黏性实土，$\varphi=0.70\sim0.60$；对沥青路面，$\varphi=0.82\sim0.70$。

4）轮胎压路机运行速度的选择

充气轮胎在作业时，当运行速度与光面钢轮压路机相同时，充气轮胎使物料处于高压应力状态下的时间要比钢压轮的长。所以，轮胎压路机可以用较高的速度进行工作。在我国标准中已有规定，轮胎压路机的工作速度为 $2\sim10\text{km/h}$，行驶状态速度为 $10\sim25\text{km/h}$。例如国产 YL16 轮胎压路机的工作速度为 $3\sim6\text{km/h}$（一、二挡速度），YL25 轮胎压路机采用液力传动，工作速度为 0.8km/h，其中处于高效率区（$\eta'>0.75$）的速度范围为 $3.3\sim7.5\text{km/h}$。国外轮胎压路机大多采用液力传动或液压传动，可无级变速，工作速度（一挡）一般为 $0\sim10\text{km/h}$。

自行式压路机的最佳碾压速度不仅可以提高压实质量，而且可最大限度地提高压实生产率。碾压速度偏高，碾压轮对铺层材料所施加压实力的作用时间不足，铺层材料容易产生可塑变形，降低压实质量；碾压速度偏低，压实生产率也随之下降，施工成本随之提高。轮胎式压路机应在不降低压实质量的前提下，选择尽可能高的碾压速度，以提高压路机的压实生产率。

5）单个轮胎荷载的确定

单个轮胎的荷载决定了压实力的影响深度和范围，单个轮胎的荷载越大，能压实的铺层厚度就越大。对各种不同级别轮胎压路机的单个轮胎的荷载，在轮胎压路机标准中都有明确的规定，可根据该规定确定单个轮胎的荷载。

6）同轴轮胎间距（胎隙）和轮胎数量的确定

同轴轮胎间距 e 对压实度质量和作业效率有很大影响。间距 e 的选择与所选用的轮胎宽度有关，它等于轮胎宽度 B 减 2 倍的重叠量 a，即：

$$e = B - 2a \tag{2.3-12}$$

同时，轮距的选择还应保证有足够的空间来安置传动装置（齿轮副和链轮等）和自动充气装置。此外，还要保证有足够的重叠量。重叠量的数值，在标准中有规定，一般取大于或等于 30mm。

间距 e 还可按下式确定：

$$e = kB \tag{2.3-13}$$

式中：k——轮胎间距系数，可取 $k=0.7\sim0.9$；

B——轮胎宽度。

轮胎最少个数可根据保证压路机具有横向稳定性的条件来选取。所需的轮胎数 Z 与轮胎宽度 B 和碾压带宽度 B_y 有关。对前后轴轮胎交错布置的情况，具有以下关系式：

$$B_y = ZB + e(Z-1) \tag{2.3-14}$$

考虑到 $e=kB$，则得：

$$Z = \frac{B_y/B + k}{1 + k}$$

轮胎压路机轮胎的总数为：

$$Z_0 = Z + (Z - 1) = 2Z - 1 \tag{2.3-15}$$

7）轴距

轴距是轮胎压路机的主要尺寸参数之一，初步选取一般是用类比法，通过绘制总布置图，才能准确地选定轴距。

轴距的变化将影响以下方面的性能：

(1)轴距增大，在其他条件不变时，转弯半径将增加；

(2)轴距增大，将提高压路机的纵向稳定性；

(3)轴距增大，整机的纵向尺寸增加，相应的传动装置和车架几何尺寸都要加大，这样自重增加。

因此，轮胎压路机的轴距选择，应使压路机在保证整机性能、结构要求和维修方便等前提下，选择尽量小的尺寸。

8）最小离地间隙

轮胎压路机在对松软土和略有凸凹不平的铺层进行压实作业时，其机身不应接触地面，而在进行维修保养机械时，也应有足够的空间。为此，规定了最小的离地间隙，以保证压路机在作业时有较好的通过性能。一般离地间隙控制在200～400mm之间。

轮胎压路机的压实宽度、接地比压、最小转弯半径、爬坡能力和充气轮胎等参数列于表2.3-18。

轮胎压路机部分参数表 表2.3-18

名　　称		YL10	YL16	YL20	YL25	YL40
压实宽度(mm)		≥1 500	≥1 800	≥2 000	≥2 300	≥3 000
接地比压(MPa)		0.15～0.3		0.2～0.4		0.3～0.5
最小转弯半径(mm)		≤6 500	≤7 500	≤8 000	≤9 000	≤10 500
爬坡能力		≥20%				
充气轮胎	规格(特制)	8.25-20 9.00-20	9.00-20 11.00-20		11.00-20	12.00-20
	气压(MPa)	0.2～0.8				

2.3.5　主要生产厂家典型产品及技术性能和参数

2.3.5.1　宝马格公司

德国宝马格公司是世界上最大、最专业的压实机械生产商，市场份额占25%以上。宝马格公司每年生产各种压实设备2万多台，年产值近5亿欧元。宝马格公司多年来致力于压实技术研究与产品开发，在压实技术、压实设备方面是公认的领先者。其通过不断改进产品、积极应用先进技术，在前进的轨迹中总有亮点闪烁。宝马格公司部分轮胎压路机产品参数见表2.3-19。

宝马格公司轮胎压路机 表2.3-19

型　号	工作质量(t)	发动机	功率(kW/hp)	压实宽度(mm)	轮胎数量
BW 24 R	10.0～24.0	B4.5-99 C（康明斯）	71.0/95.0	1 986	9
BW 24 RH	8.7～24.0	道依茨	75.0/99.0	2 042	9

续上表

型号	工作质量（t）	发动机	功率（kW/hp）	压实宽度（mm）	轮胎数量
BW 27 RH	13.2~27.0	道依茨	98.0/99.0	2 042	9
BW 11 RH	4.5~12.2		56.0/76.0	1 727	9
BW 151 AC-4	8.350	道依茨		1 680	
BW 161 AC-4	9.8	道依茨		1 680	
BW 174 AC-2	9	康明斯		1 680	

2.3.5.2 酒井公司

日本酒井公司建立于1918年，SAKAI技术支持着超过110万km公路网的建设。作为道路建设机械的先锋，面向道路建设，养护和维修技术的高度发展，SAKAI通过不懈的产品开发和基础技术研究，提供值得信赖的产品和服务。

作为道路建设机械的专家，SAKAI进行不断的技术深耕，为道路事业的发展创造有益的技术，为今后愈发高度化、多样化和利于环境的现代化道路建设作出贡献。酒井公司部分轮胎压路机产品参数表2.3-20。

酒井公司部分轮胎压路机产品参数表　　　表2.3-20

型号	工作质量（t）	轮胎数量	最小转弯半径（m）	碾压宽度（mm）	重叠宽度（mm）	爬坡能力（%）	发动机型号	发动机功率（kW）	外形尺寸（mm）
GW750	8.5~9.1	7	5.4	1 950			铃木 DD-4BG1T 柴油引擎	77	
T2	8.5~15.5	7		2 275			铃木 A-6BG1 柴油发动机	92	4 835×2 275×3 180
TZ702	9~15	7	6.3				HINO"W04D-TG" 柴油发动机	70（94）	
TS200	8.5~15	9	6.7	3 205			铃木 A-6BG1 柴油发动机	92	4 860×3 205×2 065
TS650C	12.75~25.05	7				42	ISUZU "A-6BG1" Diesel Engine	110	5 485×2 090×3 330
T600C	8.5~15.5	7	6.7			46	ISUZU "A-6BG1" 柴油机	92	
TS600C	8.5~15	9	6.7			46	ISUZU "A-6BG1" 柴油机	92	

2.3.5.3 英格索兰

美国英格索兰公司（INGERSOLL-RAND）创建于1871年，是美国500家最大的工业企业之一。主要生产各类工程机械产品，总部设在美国的新泽西州。产品包括空气压缩机，工程机械和气动工具等。美国英格索兰公司注重技术上的超前发展，每年都投入大量资金用于新技术和新产品的研制和开发，在过去的几年内获得近百项美国专利。这些专利技术确保了公司的产品在未来若干年内仍能保持世界领先地位。英格索兰公司部分轮胎压路机产品参数见表2.3-21。

英格索兰公司部分轮胎压路机产品参数表　　　　表 2.3-21

型号	工作质量 (kg)	轮胎数量	最小转弯半径 (m)	碾压宽度 (mm)	轮胎搭接宽度 (mm)	爬坡能力 (%)	发动机型号	发动机功率 (kW)	外形尺寸 (mm)
PT125	最大 12 642	9		1 980	13		4039D	56	3 890×1 980×3 225

2.3.5.4 洛建(一拖)

洛建在国内市场占有率很大。洛建(一拖)部分轮胎压路机产品参数见表 2.3-22。

洛建(一拖)部分轮胎压路机产品参数表　　　　表 2.3-22

型号	工作质量 (t)	轮胎数量	最小转弯半径 (m)	碾压宽度 (mm)	重叠宽度 (mm)	爬坡能力 (%)	发动机型号	发动机功率 (kW)	外形尺寸 (mm)
YL25	16～25	11	8	2 790	40	20	6BT5.9(Cummins)	110	4 730×2 790×3 350
YL16G	9～16	9	7.5	2 290	40	20	4BT3.9(Cummins)	75	4 770×2 290×3 162
LRS1016	10～16	9	7.5	2 290	40	20	4BT3.9(Cummins)	75	4 770×2 790×3 100
LRS1626	16～26	11	7.71	2 790	40	20	6BT5.9(Cummins)	110	4 847×2 790×3 103
LRS2030	20～30	11	8	2 790	40	20	6BT5.9(Cummins)	125	4 847×2 790×3 103

2.3.5.5 三一重工

三一集团部分轮胎压路机产品参数见表 2.3-23。

三一重工部分轮胎压路机产品参数表　　　　表 2.3-23

型号	工作质量 (t)	轮胎数量	最小转弯半径 (m)	碾压宽度 (mm)	重叠宽度 (mm)	爬坡能力 (%)	发动机型号	发动机功率 (kW)	外形尺寸 (mm)
YL26C	14～26	9	9.3	2 300	68	23～38	4BTA3.9C/110 (Cummins)	82	5 270×2 300×3 150
YL28C	14～28	9	9.3	2 300	68	20～35	4BTA3.9C/110 (Cummins)	82	5 270×2 300×3 150
YL25C	14～25	9	9.3	2 300	68	20～35	4BTA3.9C/110 (Cummins)	82	5 270×2 300×3 150

2.3.5.6 徐工集团

徐工集团部分轮胎压路机产品参数见表 2.3-24。

徐工集团部分轮胎压路机产品参数表　　　　表 2.3-24

型号	工作质量 (t)	轮胎数量	最小转弯半径 (m)	碾压宽度 (mm)	重叠宽度 (mm)	爬坡能力 (%)	发动机型号	发动机功率 (kW)	外形尺寸 (mm)
YL16C	9～16	9	7.5	2 000	40	24	4135K-2d	59	4 760×2 090×3 170
YL20C	16～20	9	8.0	2 250	45	24	4135AK-4b	73.5	5 090×2 350×3 240
XP260	14.5～26	11	9	2 750	50	20	DZ114G10B	115	5 060×2 845×3 380
PH200	12～20	9	8.5	2 750	40	37	B3.9-C(Cummins)	93	5 060×2 845×3 000
XP261	14.5～26	11	9	2 750	50	40	D6114ZG39A	115	4 910×2 845×3 380
XP301	17～30	11	9	2 750	50	40	D6114ZG39A	132	5 060×2 845×3 300

2.3.5.7 厦工集团三明重型机器有限公司

厦门厦工机械股份有限公司(简称厦工)创建于 1951 年,1993 年 12 月由厦门工程机械厂改制为上市公司,是国家重点生产装载机、挖掘机等工程机械产品的骨干大型一类企业,是国家经贸委512家重点联系单位之一,享有国家经贸委授予的进出口经营权。厦工设施配套齐全,生产工艺先进,技术力量雄厚,检测试验完善,拥有多项专利技术、创新技术,始终保持行业技术领先。厦工产品具有节能高效的特点,广泛运用于矿山、基建、工程、农林水利建设、港口码头、货场的铲挖、推堆、装卸、挖掘、起重牵引、物料抓运、运载等施工作业。厦工集团三明重型机器有限公司部分振动压路机产品参数见表2.3-25。

厦工集团三明重型机器有限公司部分轮胎压路机产品参数　　　表2.3-25

型号	工作质量(kg)	工作速度(km/h)	爬坡能力(%)	压实宽度(mm)	功率(kW)	最小转弯半径(mm)	外形尺寸(mm)
XG6261P	26 000	3.5~15	20	2 750	105	9 000	4 906×2 800×3 430

2.3.5.8 郑州宇通重工有限公司

郑州宇通重工有限公司生产的6500B系列轮胎压路机属液压传动光面轮胎压路机,适合于路面工程中各种黏性和非黏性材料,如砂土、碎石、稳定土、沥青混凝土、干硬性混凝土等材料的压实,是高等级公路、机场、市政工程及工业场地面层最终处理的理想施工设备。郑州宇通重工有限公司部分振动压路机产品参数见表2.3-26。

郑州宇通重工有限公司部分轮胎压路机产品参数　　　表2.3-26

型　　号	6526B	6530B
最大工作质量(kg)	26 000	30 000
最小工作质量(kg)	16 000	20 000
最高前进速度(km/h)	12.6	12.6
最高后退速度(km/h)	12.6	12.6
驱动形式	液压传动	液压传动
轮胎数量	5+6	5+6
平均接地比压(kPa)	265~400	307~460
最小转弯半径(mm)	8 000	8 000
碾压宽度(mm)	2 790	2 790
轮胎重叠宽度(mm)	50	50
爬坡能力(%)	20	20
柴油机型号	Cummins 6BTA5.9	Cummins 6BTA5.9
柴油机功率(kW)	110	110
外形尺寸(mm)	5 075×2 790×3 100	5 075×2 790×3 100

2.4 冲击式压路机

2.4.1 概述

撞击是一种常见的力学现象,从古代的器械打制到现代的锻造冲击,从微观上的粒子碰撞到宏观上的天体撞击,撞击现象不胜枚举。撞击是物体的运动状态发生急剧变化的一种现象,它的基本特征在于物体动量的传递是在极短的时间内进行,并伴随着产生极大的力。

与许多其他力学现象一样,撞击既有用又有害。撞击的双重属性对应着两方面的工程问题:一方面是如何有效地缓和撞击,使系统免遭变形和破坏,如飞机、汽车等运输工具和桥梁、核电站等工程结构的防撞研究;另一方面是如何有效地利用撞击,使工作对象发生变形和破坏,如根据撞击原理进行各种作业,以及设计各类冲击式工具与设备。我们把利用物理撞击而实现工作对象变形和破坏的机器、工具和装置等统称为冲击机械。

冲击机械由于利用撞击而能产生强度极大的力流,与同功率的静压机械相比较,其结构更为紧凑,在工业生产中有着广泛的用途。在矿山开采中有凿岩机、潜孔钻、风镐和碎石器等;在土建工程中有打桩锤、夯实锤和射钉机;在机械加工行业中有锻锤、冲床、铆钉机和剁锉机等。虽然冲击机械适应的场合和使用的动力不同,内部结构也有较大的差异,但它们都有着非常相似的动作原理:冲击机械中的冲锤(这里将具有一定初速度的撞击部件统称为冲锤)在重力,或液压、气压或蒸汽等力的作用下加速运动,并以一定的速度撞击工作对象,或通过中介物间接撞击工作对象,使工作对象发生位移、变形和破坏。然后,冲锤又在机械力、液压、蒸汽、压气和燃气等的作用下作回程运动,如此往复,实现冲击机械的预定功能。

工作介质的动力学特性对冲击机械有着重要影响,冲击机械系统的效能主要体现在与工作介质的相互作用中。冲击机械系统的击入量为每撞击一次系统工作端的位移量 u_0,它表征了冲击系统的生产效率。同时,定义冲击系统的效率 η 为系统对工作介质所作的功与冲锤所具有的初始动能之比值,它表征冲击机械系统到工作介质的能量传递率。效率越高,表明冲击系统传递到工作介质的能量越多,残留在冲击系统中的能量越少。冲击系统的效率可由下式求得:

$$\eta = \int_0^u F\mathrm{d}u \Big/ \left(\frac{1}{2}m_h v_0^2\right) \tag{2.4-1}$$

式中:m_h——冲锤的质量;
v_0——冲锤的冲击速度。

图 2.4-1 "三边形"冲击压实设备

冲击压实技术是一种非圆形、大功率、连续滚动冲击压实路面、路基的技术。它于 20 世纪 50 年代由南非 Aubrey Berrange 公司提出,但从 20 世纪 80~90 年代才研制成一种成熟的可供实用的非圆滚动冲击压实机,开始在全球推广。1995 年由南非蓝派公司将这种"三边形"(图 2.4-1)和"五边形"冲击压实设备传入我国,并在当年在黑龙江哈同公路段进行演示。由于没有统一名称,冲击压路机在行业内外被人称为"冲击夯"、"冲击碾"、"旋转夯"、"夯实机"等多种名称。国内于 90 年代末期引进,在国内公路路基构筑、旧路面破碎施工中得到了比较广泛的使用,在铁路、机场、码头、围海造地施工中也有应用。中铁二十局集团西安工程机械有限公司生产的冲击式压路机销量占国内市场 70% 以上。当前国内外包括该公司在内,所生产的冲击压路机均为"单轴多边形冲击轮形式"。1997 年 8 月河北工业大学和唐山专用汽车厂联合研制的冲击压路机试制成功并开始进行施工试验。到 2002 年 4 月在全国各地施工的冲击压实机达 100 多台,国产机占 2/3 以上。它具有运行速度快、施工工序少、工期短、成本低、应用范围广等优点,能够提高路基强度、稳定性和均匀性,防止不均匀沉陷而造成的路面损坏。在冲击压实过程中,压实轮的势能和动能周期性转化为集中的冲击能作用于地面,达到连续破碎和压实路面的目的,并可将破碎后的碎块直接压入地基,从而缩短路面维修工期,大幅度降低工程费用。

公路建设的实践证明,路基必须达到密实、均匀、稳定,才能保证路面的正常服务功能。在公路特别是高速公路修建中,当路基受到斜坡地形、土石填料组成、地基土质条件等不利影响,以及公路建成的速度加快,路基经常会产生沉降变形而引发工程病害。近年来使用冲击压路机开发应用的冲击碾压技术有了很大发展,在解决路基工程质量隐患方面有所创新,如有效地减少路基的工后沉降与差异沉降,保证路堤的整体稳定性;对碾压成型路基的路床、路堤进行检验性追加冲碾遍数,提高了路基的整体强度与均匀性;对湿陷性黄土地基或软弱地基进行冲击碾压的填前处理,使地基满足承载力与稳定的要求;

对砂石路面、沥青路面、水泥混凝土路面等旧路应用冲击碾压技术进行改建,不但加快施工进度,还能达到工程质量要求。目前除南非蓝派公司、美国公司生产的冲击压路机外,国内已有厂家生产冲击压路机,有的厂家已能批量生产供应市场,因而全国已有二十六个省、市、区应用了冲击碾压技术。工程实践表明,正确使用公路冲击碾压技术,其效果明显,能较好地消除路基的潜在工程隐患,提高公路建设质量,应用前景十分广阔。

用冲击式压路机进行断裂、稳固,代表了此项技术新的发展方向。由于使用冲击式压路机进行水泥路面断裂、稳固施工可不中断交通,而且造价小、速度快、效果好,近几年来在国内得到广泛应用。宇通重工在京沪高速施工中应用效果良好,经检验完全达到技术要求。从使用来看,压实填方,软基地段路面沉降较大,在挖方地段沉降较小。随着冲击式压路机的不断完善,必然会在路基路面施工中担当起更加重要的角色。

此类冲击压路机目前见到在国外最早的专利是:1959年10月美国专利局批准授权的US2909106号发明专利。初期的发明构思经过几十年的试验研究,已成为成熟的实用技术方案,该方案由英国的土壤压实技术有限公司(Compaction Technology Soil Limited)在1994年和1996年分别提出了两项发明专利的国际申请:WO94/26985"土壤压实机"和WO96/14474"冲击压路机冲击能量的调整装置"。该两项国际申请指定的申请国家达几十个,两项中都有中国。非常遗憾的是,这两项冲击压路机的国际专利申请案,在合法的优先权一年期内,并没有向中国专利局提交中文版本申请。在蓝派公司产品进入中国市场后,该公司向中国专利局提交了十余项有关冲击压路机方面的专利申请。1997年美国IRT公司通过代理人在国内销售四边形单冲击轮冲击压路机,该机经过湖北省高速公路部门使用后,认为性能不错。2001年澳大利亚博能公司通过其在华总代理邦乐商贸有限公司,开始在中国地区总代理销售其冲击压路机。

2.4.2 分类、特点及适用范围

2.4.2.1 冲击压路机的分类

国内冲击压路机名称主要有"冲击式压实机"、"高能量滚动夯实机"、"冲击式压路机"、"拖式压实机"、"冲击压实机"。在有关技术文章中出现"多棱辊拖式压路机"、"冲击碾"等。以上名称大都是在20世纪50年代末从国外出现的冲击压路机专用名词"Impact Roller"转译派生出来的,正确名称应译成"冲击压路机"。理由是既和国际接轨,又和国内的"振动压路机"(Vibratory Roller)、"振荡压路机"(Oscillation Roller)等标准命名一致。至于"自行式"(Self-Propelled)、"拖式"(Towed)或以后发展的其他形式的冲击压路机可在其名称前加限定词。

目前,"冲击压路机"的型号各厂多用"YCT-XX"来表示,Y、C、T分别是汉语拼音"压路机(Yaluji)"、"冲击(Chongji)"、"拖式(Tuoshi)"等词的第一个声母。XX表示计算表态能量,单位是kJ(千焦耳)。"冲击压路机"大多具有三边形冲击轮,对于非三边形冲击轮,则将其多边的数目放在基本型号前加以识别,例如:20kJ五边形冲击轮的"冲击压路机"表示为5YCT20,30kJ四边形冲击轮的"冲击压路机"表示为4YCT30。对于单、双冲击轮的冲击压路机的标识问题,建议只在单冲击轮的机型号末位加识别字母"d",这是因为目前"冲击压路机"大多具有双冲击轮。

2.4.2.2 冲击压路机的特点

目前,国内使用的冲击压路机多是牵引式机型,整机包括冲击压路机和牵引车。其优点是牵引车可以一机多用,购置费用低。不足之处是冲击压路机的机组长,需要的转向场地大,在半幅路面施工时不太方便。

国外公司已开发出了自行式冲击压路机,并已分别在我国新疆、山东、山西、黑龙江大庆等地公路施工中使用。由于自行式冲击压路机只有两个驱动轮(2×2),其行走底盘与压实轮机架铰接成一体,整机长度变短,转向半径变小,所需转向路段大大减少,这样就可以使遗留应该压实路段减少。自行式冲

击压路机可以后退行驶(将压实轮升起离开地面),对不便转向的短路段和窄路施工都带来了很大的便利。压实机械具有行驶速度较快、频率低、振幅高的特点,能产生比常规压路机压实力大得多的冲击力以及影响深度,它不仅可以提高压实厚度和单位时间压实土方数量,加快进度,缩短工期,而且可以利用影响深度大的特点对下层土方进行再密实,还可以对路基进行补压和对旧有路面进行冲击破碎再利用。

(1)虽然各类冲击机械由于工作介质和作业条件不同而各具特殊性,但它们在工作参数和结构方面具有如下基本特点:

①冲击速度较低,这是因为撞击产生的应力与冲击速度成正比。为了避免冲击部件出现永久性变形,确保冲击部件处于可恢复的弹性限度内,故一般冲击机械的冲击速度都低于15m/s。

②冲击频率低于冲击机械系统的固有频率,避免了系统发生共振。

③在冲击机械的结构中,运动的部件具有良好的导向装置,以实现部件之间的共轴撞击,避免出现不必要的弯曲应力,保证冲击机械的工作精度和部件的寿命。

(2)对于冲击压实技术又具有如下特点:

①适用于各类土石料压实。对填料含水率范围要求低,可广泛用于压实软土地基、土石混填料、石料、砂性土、黏土、干砂土、湿陷性黄土等各类土质的地基。

②应用范围广泛。对原土压实、分层压实、补强压实、检测压实、冲击破坏均适用,可广泛应用于堆场、公路、铁道、机场、港口码头、水坝的土石方压实、破坏或压实旧的路面,加快旧路改造进度。

③加固效果显著。经冲击压实技术处理后的地基,可明显地提高填料压实度、地基承载力、压缩模量以及地基基础的整体强度,增加场地均匀性,消除湿陷性、膨胀性,显著增强地基及填料的水稳性,加快过湿地基排干,加速排水固结,加速软土地基的稳定,有效减小地基基础工后沉降变形。

④影响深度和有效影响深度大。冲击式压路机连续冲击地面,产生强烈的冲击波,具有地震波的传播特性,低频高幅,对地表深层作用较大的冲击能量。对比试验表明,其压实力是同吨位静碾的10倍,是同吨位振动压路机的3~4倍,具良好的深层压实特性,影响深度可达5m,有效影响深度1m以上。

⑤压实效率高。其工作速度为10~15km/h,压实量可达1 500~2 500m³/h。应用冲击式压路机碾压一般性的黏土,压实5~9遍,其铺层的相对密度可达90%~92%,平均压实效率600~800m³/h。而传统压实机械工作速度为3~5km/h,压实量约为250m³/h(同吨位比较)。

同时,采用冲击压实技术还有施工机具简单、降低工程造价、施工快捷、施工周期短、保养方便、操作轻便灵活等优点。

(3)冲击压路机的最大特点是其压实轮为多边形,能够将夯击压实技术和非圆滚轮压实技术相结合。运动过程中,利用多边形凸起棱角与地面接触时,将压实轮质心提高产生高位势能,随冲击轮转过凸起棱角,压实轮质心迅速下降,对路面产生类似夯击的冲击压实力。该机以9~12km/h速度碾压作业,压实轮以每秒两次左右的频率周期性冲击地面,产生低频大振幅冲击波向地下深层传播,具有地震波的传播特性,其压实深度随碾压次数递增。该机将冲击压实能量、压实轮转动惯性所具有的能量以及压实轮水平运动所具有的动能得以有机结合,对地面产生动能与势能的联合冲击作用,起到强夯与振击的双重作用效果。与常规压路机比较,冲击压路机具有以下优缺点。

优点:

①应用广泛。

a.公路、铁路、机场、大坝、港口、站场、电站的基础压实;

b.允许含水率在最佳含水率的±3%之间,范围较宽;

c.块石(级配石)、黏土、膨胀土的压实,特别是湿陷性黄土的压实;

d.路基补强压实和检测压实;

e.冲击碾压排水固结,加速土基稳定。

②生产效率高。

a.每小时压实基础达1 500~1 850m³;

b. 工作速度9~15km/h；

c. 压实影响深度1~5m；有效影响深度0.8~0.9m；

d. 每次填方厚度：0.4~1.0m；

e. 工作效率是常规压路机3~5倍；

f. 原土可直接压实作业，不需清底换土。

③密实度高。

最大密实度：95%~98%。

④可靠性好。

该机结构简单，设计合理，工作可靠，操作维护方便。

但是冲击式压路机在作业时，工作阻力变化具有周期性、幅值变化大、瞬时尖峰荷载低频高振幅的特性，因此对主机及其传动系统适应荷载变化的能力要求较高，所以有必要对冲击式压路机的工作阻力及其对主机传动系统的影响进行研究，为冲击式压路机的主机设计提供理论依据和实际指导。

缺点：

①牵引车在牵引冲击轮时必须保持较为平稳的牵引负荷；

②冲击质量下落时必须保证滚轮能自由转动而不受牵引车的限制；

③冲击轮在不工作时应该能方便地进行拖挂转移；

④机械必须避免受到冲击荷载的过大影响，并保证长寿命的工作和低的保养要求。

2.4.2.3 冲击压路机的适用范围

不同类型冲击压路机的适用范围与效果见表2.4-1。

不同类型冲击压路机的适用范围与效果 表2.4-1

型号	用途	地基冲击碾压	土石混填、填石路堤分层冲碾	路堤(床)补压	砂石(沥青)路面冲碾	水泥路面冲碾
三边形	30kJ	★	★	★	★	×
	25kJ	★	★	★	★	×
	20kJ	△	△	△	△	×
四边形		△	△	△	△	★
五边形		△	△	△	△	★
一般冲碾遍数		40	20	20	30	15

注：★表示适合，应优先选用；△表示效果一般；×表示不能采用。

冲击压路机适用条件：

①公路、铁路、机场、大坝、港口、站场、电站的基础压实；

②允许含水率在最佳含水率的±3%之间，范围较宽，；

③块石(级配石)、黏土、膨胀土的压实，特别是湿陷性黄土的压实；

④冲击碾压排水固结，加速土基稳定。

1) 冲击式压路机在路基施工中的应用

冲击式压路机振动的振幅高达0.22m，其频率在正常速度时为2Hz，振幅一般为2mm。大振幅振动使被压土或其他填料参加振动的质量增多，从而增加压实影响深度和压实度。冲击式压路机影响的有效深度为普通重型压路机振动的2~3倍。冲击式压路机的行驶速度为12~15km/h，碾压遍数10~40遍不等。冲击式压路机每台班生产率为10 000m²，其效率为振动压路机的5倍。冲击式压路机(碾压遍数从20遍到40遍)工程造价约相当于振动压路机的77%左右，同时，高能量冲击力周期性连续冲击地面，产生强烈的冲击波，向下具有地震波的传播特性，产生的冲击碾压功能达到超重型击实功，可使地下深层的密实度不断累积增加，满足重型标准90%压实度以上的有效压实厚度，视不同土石材料性状达

1.5~2.0m,比现有振动压实机械有更好的压实功效,使被冲压的土石填料更接近于弹性状态,显示出克服土石路基隐患的技术优势。

(1)施工流程

施工流程见图2.4-2。

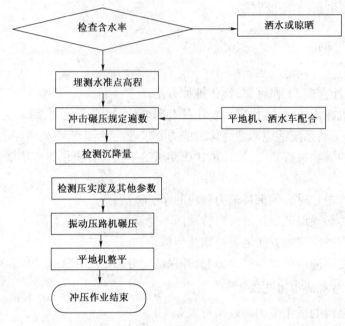

图2.4-2 施工流程

(2)施工工艺

①冲击压路机的技术特性决定较现行常规压路机不同的压实工艺,不采用现有压路机压半轮或部分重叠碾压的施工方法,而是以冲击力向土体深层扩散分布的性状,提出新的冲击碾压方法与施工工艺。冲击压路机双轮各宽0.9m,两轮内边距1.17m,行驶两次为一遍,其冲碾宽度4m。每次冲击力按冲碾轮触地面积边缘与地表以$45°-\varphi/2$夹角向土体内分布土压力。每遍第二次的单轮由第一次两轮内边距中央通过,形成的理论冲碾间隙双边各0.13m,当第二遍的第一次向内移动0.2m冲碾后,即将第一遍的间隙全部碾压。第三遍再恢复到第一遍的位置冲碾,依次进行至最终遍数。冲击压路机向前行驶在纵向冲碾地面所形成的峰谷状态,应以单双两遍为一冲压单元,当双数遍冲压时,调整转弯半径,达到对形成的波峰与波谷进行交替冲碾,使地面峰谷减小,表面接近平整。冲击压路机一般按顺时针与逆时针方向每五遍交换作业。各种土石地基冲碾20~40遍可以使地基形成厚1.5~2.0m的均匀加固层。

②双轮冲击压路机碾压一次的计算宽度为2m,经错开一个轮宽碾压,冲压一个来回,计算碾压宽度是4m,按此方法计算,全部场地面积均碾压一次算一遍。

③施工场地宽度大于冲击压路机转弯直径的2倍时,以道路中心线对称地将场地分成两半,压实道线如图2.4-3所示;施工场地的宽度小于2倍转弯直径,可按图2.4-4的碾压方式进行,并根据实际情况在施工场地的两端设置所需的转弯场地。

④冲击压实机行驶速度宜在9~12km/h。如果路基表面出现较明显的凹凸,致使压路机颠簸严重,以至不能保持规定的行驶速度,应马上停机,路基单位用平地机平整路基表面,然后再继续施工。

⑤当土的含水率较低时,宜于前一天洒水浸润。施工过程中出现扬尘情况,影响机械速度和冲压操作人员视线时,应配合刮平机平整和洒水。

⑥冲击压路机的压实效果以沉降量和压实度两项指标来反映,分别在冲压前和冲压后进行检测,其中,沉降量检测时每10~20m取一个断面,每个断面取4~8个点,以中线对称布置。压实度的检测深

度应位于表层20cm深度以下,检测密度根据有关规定确定。

检测点分布图见图2.4-3~图2.4-5。

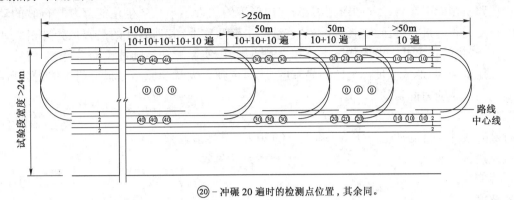

图2.4-3 场地宽度大于2倍转弯半径时布点检测与冲压同时进行

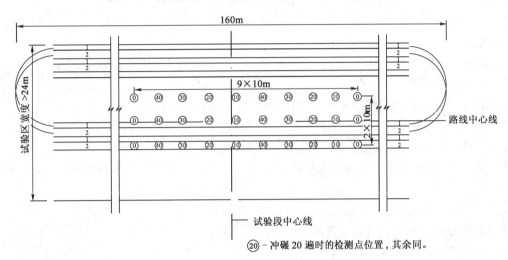

图2.4-4 场地宽度大于2倍转弯半径时布点检测与冲压分步进行

2)冲击式压路机在水泥路面破碎施工中的应用

我国目前公路和市政两个行业修筑的水泥混凝土路面总里程已经达到22万多公里,是世界上水泥混凝土路面最多的国家,但很多水泥路面基层与面板的质量达不到设计要求,加上车流量激增,超载现象严重,不少路面出现了严重损坏现象。路基压实不足、沉降失稳

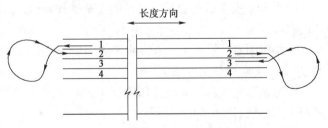

图2.4-5 场地宽度小于2倍转弯半径时布点检测与冲压流程

显著,水泥路面结构无渗透排水设施,因此道路使用年限对半缩短。水泥混凝土路面损坏后采用加铺覆盖层的修复方法,首先要破碎原路面,冲击式压路机可以较好地完成这项任务。冲击不仅消除了产生反射裂缝的可能,而且使破碎块之间形成集料嵌锁,旧板与路基的整体性和强度明显提高,完全符合覆盖层对基层的要求。断裂、稳固、加铺沥青层是修补旧水泥路面广泛采用的方法,具有工期短、造价低、影响交通小等优点。用冲击式压路机断裂稳固水泥路面,最大作用力达到100~250t。根据路面结构与破损程度的不同,一般3~5遍开始裂纹,5~15遍是沉降阶段,20遍可以达到技术要求,其效率是传统压实工艺的4倍。

(1)应用特点

旧混凝土路面改建的传统做法是用重力锤或重力冲击锤断裂面板,再用压路机稳压,上面铺筑面层。采用冲击压路机可以将旧混凝土路面的破碎与压实两个过程合二为一,施工速度比传统方法快得多。

冲击压路机由牵引车带动非圆形轮滚动,多边形滚轮的大小半径产生位能落差与行驶的动能相结合沿地面对土石材料进行静压、搓揉、冲击的连续冲击碾压作业,其连续性的高幅低频冲击力冲击破碎混凝土面板,产生的强大冲击波向板下基层和土基传播,压实影响深度随冲压遍数递增,使冲击破碎后的板块得以压实稳固,形成强度高的路面底基层,从而达到大大减少原路面板反射裂缝,提高原路基路面的密实度与承载能力的目的。

(2) 冲击压实设备

进行破碎改建项目的冲击压实机一般为 YCT20 型,其性能参数如下:

整机质量(t)	15.5
冲击静能(kJ)	20
压实宽度(m)	2×1
工作速度(km/h)	9~12
转弯半径(m)	6
有效压实深度(m)	1.0~1.5

(3) 冲压施工工艺

① 冲压前的准备工作

a. 应根据面板的完整状况将面板分成不同类型,确定不同的冲压方案。

b. 施工放样,由于冲压产生较大冲击波会对沿线桥涵等构造物产生破坏,因此在施工时应予避让,现场按试验段提供的避让距离用黄线标示出作业控制区。

c. 测点布设,为了对破碎状态和沉降量进行检测,施工前沿各个车道中心线纵向间距20m一排设置沉降观测点。

d. 防水,为防止冲压过程中下雨,需准备好防雨用雨布。

e. 做好原地面高程测量以及板块破损调查。

f. 对于大坑槽冲压前应用碎石填平。

g. 对于半幅通车半幅施工的情况,应采取相应的技术措施防止振裂新铺路面。

h. 设专职安全员负责冲压区域的安全管理,严禁车辆出入。

② 冲压施工

a. 冲压顺序。混凝土面板在水平方向所受约束越小,破碎效果越好,故在施工中选定从路肩、行车道、超车道的顺序依次冲压。

b. 冲击压路机的行驶路线以图2.4-6的方式进行,当直行冲击碾压数遍,破碎效果不理想时,可尝试走S形路线。

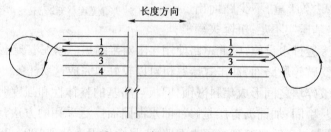

图2.4-6 冲碾压路线示意图

c. 行驶速度为7~9km/h,压密阶段可加快至9~12km/h。

d. 同一条路因地质状况、路面强度等不同,会产生不同的破碎程度,施工时应根据实际破碎状况及时调整冲压遍数,防止出现过度破碎或破碎不够等现象。

e. 特殊路段处理。如在冲压过程中发现局部路段出现"弹簧"现象,应停机检查。在确认为"弹簧"后,应把"弹簧"层挖除,然后回填碎石,找平后用普通压路机分层压实,再用冲击压路机冲压同样遍数,以避免产生差异沉降。

f. 注意事项:必须严格在标示的作业区内施工,冲压过程中派人观察沿线构造物,防止出现异常破坏现象。冲压过程中如下雨,应立即停止作业并做好作业区遮盖工作,防止雨水渗入路床等。

(4)质量控制

①旧水泥混凝土路面板块宜破碎成50cm左右的板块,各板块之间应相互嵌锁,不应过度破碎松散。

②冲击碾压后的沉降应趋于稳定,一般以最后2遍的平均沉降量不超过5mm为准,或者其平均沉降量为总沉降量的5%~10%,具体数值可结合实际情况,通过试验确定。

③控制冲压遍数。一般五边形冲击压路机为10~20遍,根据原路基路面状况通过试验确定。在沉降达到要求后,对面板的破碎状况进行检查,若达不到要求应继续冲压,每2遍检测一次,直到满足要求为止。

④冲击路面板块的破碎程度在视觉上大致呈网状分布(图2.4-7),且不宜过碎,大于60cm的破碎块数量不宜超过30%。

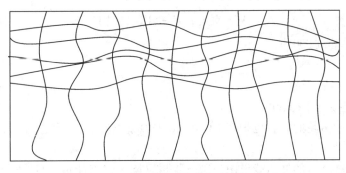

图2.4-7 网状分布的路面板块

3)冲击式压路机的应用前景

冲击压路机目前在国内应用的主要领域是:高速公路路基挖方、填方压实,路基强度检测与补强,机场跑道和道路施工。对于水库堤坝的防渗处理、露天煤层压实防止自燃也有过报道。结合国内现有的实际情况,今后应重点开发以下应用领域。

(1)修复道路应用:在冲击轮上焊有凸块时,其冲击压力值瞬间可以达到200MPa以上,这非常有利于在修复旧路工程中,冲击破碎旧混凝土路面,每平方米仅需0.36美元。路面破碎后,被破碎的原路面就地使用,既保护了环境,又降低了修路成本。国外早已应用,并称为"打裂—压稳工艺"(crack & seat)。国内只是在近年才开始试验应用。

(2)农业应用:压实松散颗粒土(一般称为砂性土),使其形成一个防渗水层,防止水土流失,节省水资源,发展节水种植和养殖业。在澳大利亚,曾采用冲击压路机来处理农田硬地层来解决农田水肥渗漏问题。

(3)制盐工业应用:防治海滩晒盐池卤水渗漏是我国从"七·五"就开始的攻关项目,目前技术是利用重力碾子来碾压池底,若应用冲击压实技术,进行冲击碾压,则有可能制造出防渗池板层,避免宝贵的结晶卤水渗漏损失。

(4)环境工程应用:目前国内垃圾处理以填埋为主,为了节省填埋场地,增加填埋数量和填埋深度,可采用改进型(加凸块、多边形)的冲击压路机来压实垃圾填埋场。由于冲击压路机压实力大,可以提高垃圾的压实密度,同时也减少了压不实垃圾而产生沼气的难题。

(5)军事方面应用:战时快速修复机场跑道。一般军事训练机场为土跑道,由于训练飞机起降频繁,跑道需要经常碾压,若使用冲击压路机则效率高、成本低。无人驾驶的冲击压路机可用于战时排除地雷。

2.4.3 冲击式压路机的工作原理和主要结构

2.4.3.1 冲击式压路机压实原理

冲击式压路机的压实功效来自两个方面,一是碾压轮的自重,这和一般压路机的压实原理一致;二是碾压轮滚动所产生的动能。将路基视为弹性半无限空间体,碾压轮滚动时,势能转化为动能。在冲击地面的瞬间,动能的一部分以声波的形式向四周扩散,一部分由于碾压轮与土体摩擦而转变成热能,其余大部分动能使土体产生自由振动,并以压缩波(纵波)、剪切波(横波)和瑞利波(表面波)三种形式在路基内传播。这些动能使土体中土颗粒相对位移重新排列,孔隙中空气排出,孔隙体积缩小,从而提高压实度。与此同时,路基表面产生沉降,这有利于减少工后沉降。

1) 冲击能量

(1) 静态能量

冲击能量的大小与碾轮的质量、质心的高度、牵引的速度、非圆形轮廓的边数和土质等参数有关。冲击压路机冲击轮静止时的冲击势能亦称静态能量。如目前双轮三边形冲击压路机基本型号的能量为25kJ,五边形为15kJ,指的就是冲击压路机冲击轮的内外半径之差与其冲击轮本身质量之积,即静态能量。压实原理如图2.4-8所示。静态能量 N_1 的计算公式为:

$$N_1 = M \cdot g(R - r) \quad \text{(kJ)} \tag{2.4-2}$$

式中:M——冲击轮质量,1 000kg;
$\quad\quad g$——重力加速度,m/s²;
$\quad\quad R$——冲击轮外接圆半径,m;
$\quad\quad r$——冲击轮内接圆半径,m。

现有冲击压路机冲击轮的质量范围在6 000~13 000kg之间,计算静态能量范围在12~30kJ之间。

(2) 冲击能量

工作状态的冲击压路机的冲击能量由三部分组成。除了静态能量、总冲击能量外,还应包括平动能量和转动惯性能量。

总能量 N 的表达式为:

$$N = N_1 + \frac{1}{2}Mv^2 + \frac{1}{2}Iw^2 \quad \text{(kJ)} \tag{2.4-3}$$

式中:M——冲击轮质量,1 000kg;
$\quad\quad I$——转动惯量,1 000kg·m²;
$\quad\quad w$——角速度,rad/s。

2) 冲击力

冲击压路机的压实轮对地面所产生的冲击力与压实轮转动的线速度 v 有关。这个线速度是由牵引车的牵引速度决定的,牵引车由柴油机通过液力变矩器、动力换挡变速器拖动压实轮行驶,其行驶速度一般为12~15km/h。若按牵引行驶速度12km/h计算,压实轮公称外径 $D=2m$,由此计算出压实轮线速度即冲击的速度为3.34m/s。冲击的作用时间与被冲击材料的物理力学性质有关,为了计算方便,取冲击的作用时间为0.01s,可按冲量定理计算冲击力 N:

$$N = (mv_0 - mv)/t = 4\,000 \text{kN} \tag{2.4-4}$$

式中:v_0——冲击初速度,m/s;
$\quad\quad v$——冲击末速度,m/s,此处为0;
$\quad\quad t$——冲击作用时间,s。

25kJ冲击压路机,作业行驶速度为12km/h,当与已压实地面冲击作用时间为0.02s时,根据冲量定理计算,其冲击力约为2 000kN。目前国家标准所提出的超重型振动压路机的激振力上限为450kN,超重型拖式振动压路机的激振力上限为1 000kN。可以看到,冲击压路机的冲击力远大于一般的重型压路机。

3)冲击式压路机的工作原理

冲击式压路机的压实是依靠冲击力、振动力和碾静重压力三者共同作用(图2.4-8)。

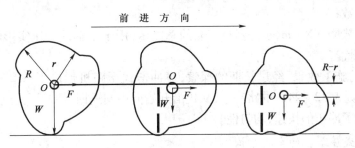

图2.4-8　冲击式压路机的工作原理

(1)压路机质心位于最高时坠落而发生的冲量;
(2)压实轮以一定速度旋转和跳动引起的振动;
(3)压实轮静重在滚动过程中压实土基时作功。

冲击式压路机依靠不规则轮子的凸起以及下落使机器的动能与势能不断转化而达到压实路基的目的。冲击压路机的压实能量除了与自身的结构和质量有关外,还与牵引速度密切相关。冲击压实的能量转换关系可用式(2.4-5)~式(2.4-7)表示,即:

$$E = mg(R - r) \tag{2.4-5}$$

$$F = (mv' - mv)/t \tag{2.4-6}$$

$$E' = \frac{1}{2}m(v')^2 - \frac{1}{2}mv^2 \tag{2.4-7}$$

式中:E——作用势能,N·m;
　　m——冲击质量,kg;
　　g——重力加速度,m/s^2;
　　R——轮子外接圆半径,m;
　　r——轮子内接圆半径,m;
　　v'——冲击后速度(一般冲击完成认为速度为零),m/s;
　　v——冲击前速度,m/s;
　　E'——作用动能,N·m。

可以看出,冲击式压路机牵引速度越快,冲击轮的动能越大,其速度从最大值到零的时间越短,相应的冲击力越大。但过快的冲击速度使得冲击作用的时间减少,土的塑性变形还没有完成,作用过程已经结束,压实效果并不理想。因此,冲击压实过程中,其速度有严格的限制。按照目前我国市场上常用的机器参数,三边形冲击式压路机的工作频率应该在1~2Hz。

与振动压实过程中的高频低幅原理不同,冲击压实向土施加瞬间冲击力,从而使土与机器冲击接触的位置产生很大的应力环,这些不同的等值应力环相互作用(图2.4-9),使土的颗粒相互靠近,且其自身的不规则形状对土产生揉搓,从而达到快速压实土的效果。

冲击式压路机的压实影响深度众说纷纭,没有定论,且各大厂家的宣传出入较大,没有可靠的依据。根据上述强夯的影响深度公式

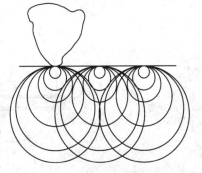

图2.4-9　冲击式压路机的压实原理

以及在《港口工程技术规范》中,考虑国内实际施工情况及土参数的影响因素,得到的影响深度修正公式为:

$$H' = \alpha\sqrt{E_{势}} \tag{2.4-8}$$

式中:H'——影响深度,m;
　　　α——加固系数;
　　　$E_{势}$——强夯的势能,kN·m,也是强夯夯实的总能量,用于了解冲击压实影响深度时,可以用冲击总能量代替。

为了达到更好的施工效果,经过长期的探索,对冲击式压路机形成了一套有效的施工工艺,如图2.4-10所示,通常在宽为32～44m的路基上,从边沿开始向中间返回,使冲压完成后,除转弯处外没有重复碾压的现象,保证了冲压的快速、均匀性。

2.4.3.2　冲击式压路机的主要结构

冲击式压路机到目前已发展成十几种机具,压实轮分为3、4、5、6边形及实体、空心、可填式多种产品。

1)郑州宇通重工公司的6800型冲击式压路机,如图2.4-11所示。

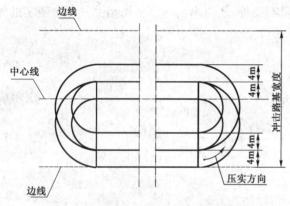

图2.4-10　冲击式压路机的施工工艺

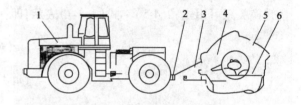

图2.4-11　6800型冲击式压路机
1-牵引车;2-十字缓冲连接组件;3-压实机机架;4-压实轮举升和缓冲组件;5-压实轮;6-轮胎

牵引车6800型冲击式压路机的牵引车由郑州宇通重工公司自行设计,前后车架铰接,前车架上布置有发动机、液力变矩器、前桥及驾驶室等。

破碎压实装置:破碎压实装置(即冲击装置),主要由压实轮组件、机架、连杆架、摆杆、行走车轮、连接头、防转器和液压缸组成。

2)YCT20、25型冲击式压路机主要组成部件及其结构简图见图2.4-12。

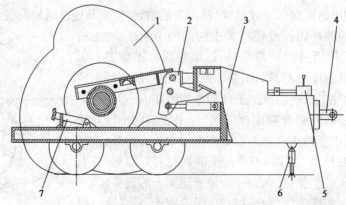

图2.4-12　YCT20、25型冲击式压路机简图
1-冲击轮总成;2-摆架摇杆总成;3-机架轮轴总成;4-牵引机构;5-液压系统;6-支腿;7-支撑框

(1) 冲击轮总成

冲击轮总成包括两个冲击轮和轴头总成,是本机的主要工作部件。冲击轮是由耐磨、耐冲击材料焊接成的一个非圆柱体,其横截面近似为三角形,表面为三条变径曲线组成的曲面。冲击轮置于机架两侧,通过轴头总成连接。在牵引机的牵引下,冲击轮向前滚动,其质心高度不断升高降低,对地面产生动能和势能的联合冲击作用,达到快速高效的压实效果。

(2) 摆架摇杆总成

由于冲击轮为非圆柱体,在牵引运动过程中,其质心的运动为非匀速运动;同时,对地面冲击作功时,对机架也产生水平和垂直的冲击。因此,冲击轮轴头总成不是直接固定在机架上,而是通过摆架摇杆作为中间连接,满足冲击轮质心垂直运动和非匀速运动的需要,并实现和机架的联动。另外,摇杆和缓冲胶块、缓冲油缸相互作用达到缓冲目的,减轻冲击轮对机架的冲击。

(3) 机架与轮轴总成

机架由钢板焊接成箱形结构,前部安装牵引机构,中部与摇杆相连,尾部安装举升油缸,整个机架通过四个橡胶轮胎支承,可完成工地过桥涵工作。

(4) 牵引机构

拖式冲击压路机不带动力,需要在牵引机的牵引作用下才能工作。为了防止冲击轮动能变化时产生的水平冲击力对牵引机造成破坏,也为了让驾驶员有一个良好舒适的工作条件,在牵引机构中专门设置了双向缓冲装置。

(5) 液压系统

由蓄能器、缓冲油缸、举升油缸、控制阀及相应管路元件组成。液压系统的压力油来自牵引机,通过快换接头与牵引机液压系统相连,拆装方便,操作灵活。

液压系统原理图如图2.4-13所示,其主要功能有两个:一是向蓄能器、缓冲油缸注油,保证缓冲系统的压力满足规定要求,二是控制举升油缸,通过举升油缸使冲击轮离地,对整机进行短途运输和转场。

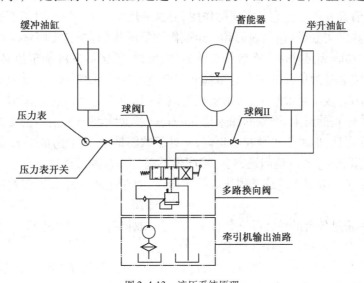

图 2.4-13 液压系统原理

(6) 支腿、支撑框安装在拖式冲击压路机机架上。支腿的作用是将机架保持水平,便于与牵引机挂接;支撑框的作用是待举升油缸将冲击轮举升至最高时,支撑在冲击轮轴管下面,替代举升油缸,防止举升时间过长时油缸泄油。

2.4.4 选型原则与步骤、主要参数计算

2.4.4.1 冲击式压路机选型原则与步骤

1) 冲击压实的影响因素

(1) 冲击压实效果同松铺厚度的关系

冲击压实的优点在于一次松铺厚度较大,但 $h_{松}$ 应该在什么范围既有效果,又不产生施工困难是很重要的。资料表明,在较为广泛的情况下,松铺厚度同压实效果的关系存在三种不同的表现。当 $h_{松}$ 超过110cm时,普遍的表现是除表面能满足要求外,表面下80cm深度内效果不能令人满意。当 $h_{松}$ 在80～105cm时,无论是在完成总遍数(一般为30遍)后还是在冲击过程中,检测效果的数据都表明冲击压实技术对这一松铺厚度来说是充分发挥了其优势的。但是松铺厚度小于80cm时,随着松铺厚度的减小,土体非但不能密实,而且被冲散的程度加剧。实践证明,冲击压实技术应用于路基工程时,$h_{松} \geq 120$cm 时缺乏工程实践意义,这至少在黑龙江省是符合客观实际的。而 $h_{松}$ 在80～105cm之间集中在100cm左右时,其效果是符合工程要求的,至于 $h_{松} < 80$cm 的,只是反映说明冲击压实技术的应用边界条件或者说其经济性能的表现。在分析松铺厚度对冲击效果的影响时,无论是压实度还是其他指标,其标准都按有关规范所定,所谓满足要求即为符合标准要求。

(2) 冲击压实效果与不同土质或土颗粒组成的关系

这里首先有一个评价效果的标准及取用方法,当以压实度描述效果时,土的最大干密度对于不同的土就有不同的确定方法,特别是对于同一压实段内土粒组成不均匀且分散时,更应注意压实度的确定,至于其他指标如弯沉和回弹模量、表面沉降与土组成或颗粒关系仅是宏观方面的。严格地说,土质对冲击压实效果的影响,其实质还是松铺厚度问题,当然,不同的土对冲击力的适用以及对最佳含水率的作用和控制不同,但对于评价指标压实度来说,重要的还在于松铺厚度。资料表明,在相同的机型、相同的压实遍数下,不同土粒组成的土,其冲击效果是不同的。具体表现为对于细粒土就其压实度和沉降而言,松铺厚度在80～90cm者除极少数数值不满足要求外,绝大多数均符合规范。松铺厚度超过110cm者随 $h_{松}$ 的增大符合要求的数据减少。另一个重要的影响其效果的原因是,不符合要求的地方含水率普遍较高,说明压实含水率对于细粒土尤为重要。还有一个原因就是细粒土在冲击过程中,密实的上部容易形成硬壳,这就大大减少了冲击力对深层的作用,导致深层效果不满足要求。这是由于上层土粒冲击反力增长得快,抵消或减弱冲击力对深层的作用,而这一反应在 $h_{松}$ 较小时不明显。当路基填土为不同粒径的粗粒土时,其压实效果(包括表面和一定范围深层的指标)受三个因素左右。

土质的不同必须结合满足冲击力有效传递的条件,反之,松铺厚度的确定也必须考虑土质的构成。关于这两点,是以正常地基为条件的。有时尽管处于合适的松铺厚度条件下,但在软土不能提供充分反力的情况下,土颗粒的有效相对位移减弱,密实程度减少,且由于地基的松软潮湿,在冲击过程中,还会产生土中颗粒向软弱地基的压入,严重的深入达30cm,这就大大削弱了土的密实效果。至于最后一点的影响尽管松铺厚度合适,但由于土颗粒不均匀,又处于软弱地基,就会造成平面位置不同,压实效果的不同,加上压实度计算中 δ_{max} 的取值问题,就必然产生不满足要求的可能性。数据表明,在这种情况下,满足要求和不满足要求的数据出现缺乏规律。综上所述,对于土质对冲击压实效果的影响可以归纳为以下几方面。

①粗细颗粒土在满足各自的松铺厚度条件下,都可以取得符合要求的效果。
②细粒土应十分重视本身的最佳含水率。
③细粒土应避免在冲击中出现硬壳,可以通过调整前进速度以造成冲击力的逐渐增大。
④粗粒土应尽可能做到颗粒组成均匀。
⑤坚实的地基和尽可能小的含水率地基对达到冲击效果很有益,粗粒土切忌铺于软弱地基上。为此,提出地基的预压排水以及冲击次数的分配要求,以提高冲击压实效果。

(3) 冲击压实遍数同冲击效果的关系

在一个既从经济情况出发而又能在大多数情况下满足要求的总遍数内,冲击效果随遍数增加而变化,这种变化有无规律对于深入分析和应用冲击压实技术是很有意义的。在实践中,从经济的要求和研究资料的表现,一般的总遍数应为30～40遍,大多集中在30遍略多一点。毫无疑问,对于颗粒较粗的土、黏性较大的土和软弱地基,适当增大遍数是有利的,但总遍数有一个与传统碾压方法比较而引起的经济问题的束缚。所以观察遍数效果的关系是指在 30~40 遍的总遍数内效果指标随遍数的变化。一般以每 10 遍为一个分析点,资料反映,5 遍的间隔缺乏应有的实践意义。从技术的角度看,总遍数同土质、松铺厚度、地基状态有关,同时又受控于造价。合适的土质和地基条件下,30 遍或略多于 30 遍是有效的,单纯提高遍数并不能取得理想的效果,因为冲击机具最大冲击力是一定的,因而传递深度有一定范围。定值的冲击力对不同土质的作用是一定的,即当表层密度达到一定程度时,冲击力往下层的传递就减弱了,继续冲击无助于提高密实效果,所以,压实效果是在一定总遍数内,同地基状态等有关,此时,总遍数的确定就是一个经济问题了。

(4) 冲击压实效果同基底状况的关系和冲击程度的选择

在分析松铺厚度、土的粒度组成对效果的影响中,已经涉及了基底状况对冲击压实的影响。冲击压实技术的两大要素是大的冲击力和一定的地基反力,而后者又是源于基底的坚实程度和潮湿状况,所以压实效果在一定程度上取决于基底状况。前述的和土质对效果的影响中已明确提出来了,在软潮、软干和正常三种典型的地基状态条件下,在其他条件相同情况下,冲击相同的遍数所表现出来的数据除极少数缺乏规律外,其他均表现出如下趋势:压实密度松潮地基较正常地基小 $0.02~0.05\text{cm}^3$,表面弯沉则大 $5~10(0.01\text{mm})$,表面沉降则小 $2~5\text{mm}$,这些规律从冲击过程也看得出来。上述规律说明,地基的坚实程度是冲击压实技术的一个要素,对效果至关重要。在前述的土质影响中,已看到不同程度的软弱潮湿地基会导致不同程度的填土被压入地基而难于成型,并不同程度地使冲击力扩散以致丧失作用。

2) 冲击压实的施工工艺和注意事项

采用冲击式压路机进行路基补压的施工工艺和注意事项如下。

(1) 施工准备工作

进行冲击补压前应清理、平整场地。确定压实范围时可用石灰标明。沿路线前进方向,在路基上距两侧边缘一定距离处分别画出一条纵向石灰线;中央分隔带处画出相距 2m 的两条纵向石灰线。左、右半幅路基上的两条石灰线间路基为压路机工作范围。

(2) 机械配台

冲击式压路机需与平地机、洒水车配合使用。平地机用于压实期间及压实完毕路基的平整,当压实 3~5 遍后,路基凹凸不平、起伏较明显时,将场地平整可以提高压实效率,保证压实机安全运作,因此,必须严格保证压实现场能随时提供平地机。另外,为防止压实过程中扬灰现象严重以及改善土体含水率,应事先准备好洒水车。冲击式压路机对深层土体有密实作用,但由于其碾压轮产生集中的冲击力,对表层土体有所松动,因此,压实平整后可安排钢轮压路机静压,进一步提高表层土的压实度。

(3) 操作参数

压路机行驶速度一般为 9~12km/h,转弯半径为 8m,进行路基补压时一般冲压 10~20 遍就可满足要求,但具体压实遍数要视土的性质、规范要求和原始压实度而定。

(4) 施工检测

冲压完成后应检测路基的压实度、CBR 值等指标,保证达到规范的相应要求。

(5) 注意事项

由于冲击压实机可产生强大的冲击能量,压实振动会对周围房屋、涵洞、通道、桥台以及边坡防护等砌筑工程产生一定影响。为此,施工前后应加强观察,可根据现场情况适当避开某些路段,避免意外发生。为减少对当地房屋等构筑物的损坏,可考虑在构筑物与需压实的路基之间采取预留距离、临时挖隔振沟或降低行驶速度等办法。

对于 U 形桥台或填土小于 2.5m 的构筑物,可距桥台翼墙端或涵道两侧预留 5m 的距离;其余类型桥台预留 10m;填土高于 2.5m 的构造物,压实机可直接对壤土进行压实。对于已完成边坡防护工程或未进行削坡的路段,边缘可适当加大预留宽度。

3) 冲击压实施工方案及注意事项

(1)调查。对沿线路面、桥涵、构造物进行全面调查,对不宜冲压的构造物路段作好明显标识。

(2)防雨。备好防水雨布等。如遇雨天,应及时对已冲压断裂路段遮盖雨布,以防雨水渗入板底。

(3)桥涵路段处理。对石拱桥及跨径小于5m的涵洞,直接铺筑水稳基层和沥青面层,并对人行道、护栏进行抬高处理;对跨径大于5m的梁(板)桥,桥两头应各预留6块板不予冲压,在修复原桥面铺装后,直接在桥面上铺筑沥青面层,并对桥头6块板清除后用水稳基层进行高差调整接顺,以尽量减小碎坡避免桥头跳车。

(4)冲击压实施工。冲压前后均应全过程测量高程,其目的,一是测量沉降量,二是因旧路面冲压断裂后其纵向高程、横坡度均会受到影响,必须测量高程,以利水稳基层放样调整。

(5)冲击压实后旧混凝土路面调平。经冲压后,旧混凝土路面局部由于沉降量过大及路拱变形,可用1~3cm碎石材料掺配适量黄土、石灰等材料进行调平。从施工现场看,经洒水碾压后,调平层结板情况良好,弯沉检测也可满足要求。

(6)冲压顺序及冲压速度控制。在施工中应从路面外侧向中间依次进行冲压,冲压速度在前5~10遍应选择较慢速度(7~10km/h)冲压;以后可选择9~12km/h速度冲压。

(7)特殊路段处理。在冲压中,如发现局部路段出现"弹簧"现象,应作特殊检查,并挖除混凝土板及基层甚至底基层,用碎石回填并分层压(夯)实。

(8)防水渗入。旧混凝土路面冲击压实稳固后,应及时铺筑水稳基层并下封,以防雨水渗入旧混凝土板下。

(9)铺筑面层及其他工作。铺筑沥青面层后,及时对沿线施工损坏的100m桩、1 000m桩进行重新埋设,完善路肩水沟墙并培路肩。

4)冲击压实过程

(1)合理选用机型

目前,国内生产的冲击压路机有12个厂家共20个型号,类别繁多,使用不当,很难达到预期的目的。对于路堤、路床的检验性补压与填石、土石混填路堤的分层压实,经全国现有的工程实践证明,宜使用25kJ三边形双轮冲击压路机。对水泥路面改建与土质路堤分层压实,宜使用25kJ五边形双轮冲击压路机。机型选用依据如下:

①根据工程质量要求选择;
②根据铺层厚度选择;
③根据公路类型(等级)选择;
④根据被压物料的种类选择。

(2)正确使用冲击碾压施工工艺

对于双轮冲击式压路机应按通过两次为一遍,压实宽度4m为计算单元,并按前述的施工工艺作业。单轮冲击式压路机以通过一次的轮宽为压实计算单位。

(3)正确理解冲击碾压有较宽的含水率范围

由于冲击式压路机具有高能量的压实功能,相当于超重型击实标准的击实功,达到重型压实度的含水率仅在小于最佳含水率范围内扩大,其大于最佳含水率的范围不会扩大。因此,含水率视土的塑性指数大小,宜控制稠度不小于1.1~1.2;否则,厚80~100cm的土层冲压会形成弹簧土,无法压实。

(4)控制构造物的安全距离

冲击压路机的轮边与构造物应有1m的安全距离。桥涵构造物上填土厚度不少于2.5m。

5)冲击压实冲压次数的确定

冲击式压路机为凸轮式冲击轮,三角形的冲击轮在纵向错1/6轮进行冲压,每6次相当于圆轮压路机压满1遍,因此,采用冲击式压路机压实土时至少要冲压6次。在试验路段中对路基土进行了多达10遍的冲击压实。采用瑞雷波测定0~2m路基不同深度的压实度。其结果是:冲击18次时压实度达到顶峰,其后压实度略有下降,40次时再出现峰值。可见,冲击压实机械的极限压实次数以压密土体、不扰动其结构为准,考虑冲压的均匀性,该次数定为 20 次。具体冲碾过程:冲压前用水准仪测量高程(或相对于某固定点的读数),记录第 1 组测量数据(即冲碾前的高程),再用灌砂法检测所布测点的压实度,记录第 1 组试验数据(即冲碾前的压实度)。注意压实度的测点应避免与高程点重复,此时的压实度应是测点以下 30cm 的数据。冲碾时压路机从路基两侧向中间冲压,牵引车行驶应使压实轮的轮迹纵向错 1/6 轮,以保证弧形轮中间的部分被冲碾到,就这样一环一环地进行。当冲击压路机冲压 1 遍后进行检测。先准确恢复测点,测出测点高程,记录第 2 组测量数据(即冲碾第 6 遍时的高程)。由于路基上部约 30cm 厚范围内的山皮石已被冲碾成碎块,所以检测压实度时应该在测量处挖掉 30cm 深的表层碎石土样,再按正常检测方法进行,记录第 2 组数据(即冲碾 6 遍时压实度)。然后冲碾继续进行,在 2 个桩号处(K0 + 360、K1 + 380)检测并记录冲碾第 5 遍、第 10 遍、第 15 遍、第 20 遍的高程和压实度数据,并将结果整理汇总。

6) 冲压工艺选用的国外标准

水泥混凝土路面损坏后应选用何种修复方法,需根据路面破损程度、基层及土基状况来确定。水泥混凝土路面的冲击压实是一种重建的手段,它应在其他方法(如局部修补、功能性罩面、结合式双层板、分离式双层板等)不能达到好的效果时才可采用。确定冲压的适宜条件是合理使用这种方法的前提。参照国外资料,考虑冲压重建应具备以下条件:

(1) 功能性罩面出现大量反射裂缝,如接缝处、纵横及不规则裂缝处和修补处;
(2) 大量接缝破坏,如错台、翻浆和角隅破坏,以至于超过 20% 的接缝需要修补;
(3) 超过 25% 的板开裂;
(4) 超过 20% 的工作长度出现纵缝缺陷,且宽度超过 10cm;
(5) 超过 10% 的路面需要开挖修补以达到结构性要求;
(6) 超过 20% 的路面已经修补或需要修补;
(7) 开始出现冻胀开裂或碱集料反应或先兆,需要加铺罩面或重建;
(8) 冲压方法比其他重建方法费用低。

国内外大量工程表明,仅凭上述条件就作为我们选用冲压工艺是远远不够的。决策的制订还应考虑如下因素:设计使用年限及经济性评价(对比其他方案);水泥混凝土路面下基层的破坏程度;水温条件和排水设施等。水泥混凝土路面冲压处理之前,要经过调查、分析、经济性比较和决策 4 个过程。通过调查了解原水泥混凝土路面的使用状况、破损状况与破损原因,在此基础上分析路面能够采用的修复方法。最终选择的修复方案还需进行技术经济比较,然后进行决策。

7) 冲压工艺决策标准

(1) 冲压的技术可行性

在前期调查和收集资料的基础上,重点分析收集的各种指标资料是否满足应用冲压工艺的前提条件。基层和路基的含水率:这是冲压技术可行性的重要影响因素。国外工程应用冲压工艺失败的主要原因就是路基高度太小,地下水及毛细水可直接影响路基的干湿状态,路基土处于中湿以上的潮湿状态。基层的稳定情况:基层不稳定是指基层在水或土基沉陷的影响下出现大范围的断裂、挤碎、沉陷,并伴随着雨后的明显唧泥破坏、积水等状况。在这种情况下,基层或路基的病害有可能被冲压过程所掩盖。冲压虽能部分消除强度差异,但这些局部位置的病害仍然存在,并可能在冲压后继续发展,这对新加铺路面结构将是比较严重的安全隐患,当其发展到一定阶段时,可能造成局部位置的网裂、沉陷等病害,缩短加铺路面结构的使用寿命。板块材料的强度:采用冲压工艺后,板块材料的强度将是决定该层强度的重要因素。如果材料强度不满足要求,则破碎后颗粒仍可能在荷载作用下被压碎,改变其密实程度和嵌挤状态,这时其强度会明显下降,不能作为承重层承担面层传递来的竖向应力,从而使加铺结构的基础变薄弱,过早产生病害。相比以上几种,板底脱空、裂缝、断板、板角断裂等包括基层的局部断裂都是冲压工艺可以处治的病害,在冲压后这些病害也随着板块的破碎而不再起作用。因此,旧水泥混凝土路面的断板率、裂缝、拱胀等指标都不是决定能否应用冲压工艺的关键性指标。冲压工艺决策的出发点应在路面冲压后是否会存在病害发展隐患或局部强度陷。这些因素应从新路面结构的各层材料要求、水稳定性、指标偏差大小等方面入手,最终体现在路基土的干湿类型、CBR 指标及原基层的稳定性和面板材料的强度这几项主要指标上。综合已有研究成果,冲压技术可否应用应满足表 2.4-2 的要求。

冲压技术应用条件　　　　　　　　表 2.4-2

相关指标	路基CBR(%)	路基含水率	基层稳定情况	板体材料
界限或性状	>5	小于最佳含水率+4%左右	基本稳定	未出现松散

(2)冲压技术应用经济分析

经济性分析应包括两个部分:

①冲压工艺的造价分析;

②全使用期的成本费用分析。

在后一种经济性分析中,应考虑该工艺结合加铺后,新路面结构的使用寿命增长,养护费用降低等因素,从而确定建成后年分摊成本。因在使用期的成本费用分析中,参数取值只能采用预测值,所以本文建议采用造价分析方式分析工艺可行性即可。

2.4.4.2 冲击式压实机主要参数及计算

1)机重和工作轮的重力

试验证明,机械参加振动冲击的部分越重,将材料压实到规定的密实度所需的时间越少,压实层的每铺层厚度可更厚。被压土的密实度随工作轮重力的增大而增大。滚动冲击压路机的工作轮是对土产生压实作用的主体,其重力与铺层厚度平方成正比,增加重力可增加每次铺层的厚度,提高生产率,降低成本。根据土的性质和土中黏性颗粒的含量不同,夯实所需的单位冲量不同,可以由此来确定冲击压实机构工作时总冲量 I 与工作轮的重力、工作机构冲击行程的关系为:

$$I = mv = G_g\sqrt{2aS_j}/g \tag{2.4-9}$$

式中:G_g——工作轮上对土产生冲击作用部件的计算重力;

S_j——工作轮上各部件的计算冲击行程;

m——工作轮参与冲击部件的质量;

v——冲击速度;

a——冲击加速度。

滚动冲击压路机工作轮发出的打击功,即为对土产生压缩作用的有效功,滚轮每拍击一次地面产生的打击功为:

$$A_i = G_g S_j \tag{2.4-10}$$

压路机的牵引功率 P 主要消耗于克服作业时的阻力,即:

$$P = P_f + P_A = P_f + A_i f \tag{2.4-11}$$

式中:P_f——压路机滚动阻力消耗的功率;

P_A——压路机密实土消耗的功率;

f——工作机构的作业频率。

P_f 中包括了行走机构和工作轮两部分滚动阻力消耗的功率。从消耗能量的观点看,当 P 一定时,应尽量增大工作轮有效打击功的比重。由式(2.4-10)和式(2.4-11)可见,提高工作轮质量和冲击行程对 A_i 同样有效,但 S_j 受约束的因素比较多,如工作轮的直径、作业频率、轮廓曲线形状等,当工作轮的结构尺寸限制了冲击行程增加时,提高工作轮的质量就显得比较有效。整机的质量大,分配在工作轮上的质量增大,同样可以增加冲击作用的力度。

2)工作轮的宽度和轮廓曲线的曲率半径

在工作轮质量和直径确定的情况下,轮宽越大,与土的接触面载荷越小,压实影响的深度减小;反之,轮越窄,接触成上载荷越大,压实影响的深度增大。与振动式压路机相比,由于冲击压实轮比同吨位振动轮的轮径大,选取轮宽时尤应注意接触面压力参数,不易过多地加大工作轮的宽度以保持一定的单位压力值。

由于冲击滚轮横截面是由不同半径圆弧围成的非圆廓线,冲击工作面轮廓弧段上曲率半径的大小直接影响滚轮的重心变化高度和轮与地面的接触面积。土和一般的被压材料相对刚性轮来讲,变形主要由土和被压材料产生,受冲击接触面上的载荷可以近似看作为矩形均匀分布。作用在土深处任一点处的瞬时垂直应力 δ_x 可运用土力学有关原理进行计算,并可以将土不同深处具有相同量值的应力点连成等值线,用以反映土颗粒在载荷作用下应力的分布状况和影响范围。图 2.4-14 所示就是在宽度为 B 的均布载荷 P_0 作用下土中垂直应力分量 δ_x 的等值线分布状况。土中等值线的分布及影响深度与载荷作用的面积、强度和性质有关。轮廓的过渡曲率半径增大,冲击面弧段曲线就平缓,轮的重心落距增大,每次的打击功大,轮与地面的冲击接触面大且较平坦,压实的表面质量较好,但这样会使工作轮再次翻起困难,增加滚动阻力,对牵引主机的周期性冲击振动比较大;若曲率半径减小,轮廓过渡曲线圆滑,滚动阻力小,冲击面接触宽度变窄且面积减小,在相同的冲击力作用下土中应力的影响深度将随单位压力的增加而加深,压实的深度质量较好,但曲线半

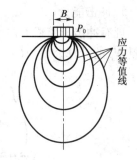

图 2.4-14 土中应力等值线分布

径的减小会引起 S_j 的减小,消减打击功效,并且工作轮冲击地面时产生的压痕加深,容易加剧机械行驶时的颠簸组振动,给机械和操作人员带来损伤。所以冲击面轮廓曲率半径的取值应与轮径、机重和接触面积同时综合考虑。

3) 作业速度和生产率

滚动冲击压实是将压路机的功能与工作轮的重力势能转化成土的压实能,冲击土的速度与机械行驶的速度成正比。从式(2.4-4)也可以看出,在同样的工作轮质量情况下,机械行驶速度越高,工作轮打击速度越大,冲量 I 亦越大。滚动冲击式压路机的作业速度是振动式压路机的 3~4 倍,因而比同吨位振动式压路机的压实能量大。

提高作业速度可以使压实生产率上升,以单位时间压实土的面积来计算压路机的生产率,其面积生产率 Q_P 为:

$$Q_P = (b-a)v_{CP}/n \qquad (2.4\text{-}12)$$

以单位时间压实的土方量来计算压路机的生产率,其体积生产率 Q_v 为:

$$Q_v = bv_{CP}hC/n \qquad (2.4\text{-}13)$$

式中: b ——碾压带的宽度;
  a ——次遍与前一遍的重叠宽度;
  v_{CP} ——压路机运行的平均速度;
  n ——压路机沿同一地带碾压的遍数;
  h ——压实后的铺层厚度;
  C ——压实效率因素,是考虑了压路机工作状态和重叠宽度等因素后的折算系数。

可见,提高作业速度对压实性能和生产率的发挥,以及压路机功能的利用都是非常有利的。但作业速度不能无限制地提高,它受到牵引主机的功率和作业频率的限制。

4) 作业频率和作用幅度

在土的压实中,与振动频率相比,振幅变化对压实效果的影响远比频率变化带来的影响大。当振动频率在 20~50Hz 之间变化时,压实效果曲线保持几乎不变化,但当把工作振幅从 A 增加到 $2A$ 时,压实效果曲线则发生跳跃性的变化,这是由于振幅的增大使土颗粒运动的位移增加,振动的冲击波在土中的传播距离加大,压实的效果也就越好。滚动冲击轮以低频率大振幅的冲击振动形式对地面施加载荷,频率均低于 10Hz,并且由于参加冲击的振动质量比振动式压路机的振动质量大得多,因此对土的作用力

也比振动式压路机大。

由于滚动冲击轮的作业频率与轮的边形、作业速度和牵引主机的功率有关,作业频率正比于作业速度,牵引功率随作业速度和频率的增大上升很快,过低的 v 和 f 会影响有效压实功,而过大的牵引功率会增加施工成本,给配套机具带来麻烦。由于滚动轮参加冲击的振动质量大,在不影响压实效果的前提下,作业频率可以选得低一些。当压路机以 10～20km/h 的速度作业,作业频率可保持在 1.5～4Hz 范围内。由此来进行压路机结构参数的选择和指导施工使用,可以兼顾到作业效果和机械设计两方面。

5) 冲击能量

现有冲击压路机冲击轮的质量范围在 6 000～14 000kg 之间,静态能量范围在 12～30kJ 之间。静态能量 N_1 的计算公式为(图 2.4-15):

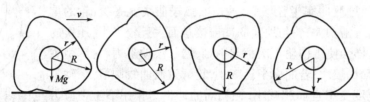

图 2.4-15　冲击轮运动图

$$N_1 = M \cdot g \cdot (R - r)(\text{kJ}) \tag{2.4-14}$$

式中:M——冲击轮质量,1 000kg;

　　　R——冲击轮外接圆半径,m;

　　　r——冲击轮内接圆半径,m。

采用静态能量表示其参数容易测量和确定,以便用户在选用各公司产品时,有一个相同标准。

工作状态中的冲击压路机冲击能量由三部分构成,式(2.4-14)讨论了静态能量,总冲击能量还应包括平动能量和转动惯性能量。

6) 冲击力

国家有关标准规定:超重型振动压路机的激振力上限为 450kN,超重型拖式振动压路机激振力上限为 1 000kN。以 YCT25 为例,生产厂家的产品广告称其冲击力达到 250～400t(2 453～3 924kN),还有文章论证为 880t(8 633kN),但都未见到试验验证结果。冲击压路机的冲击力与冲击轮接地时的加速度、与地表接触时间、土的弹塑性等多种参数密切相关。确定其冲击力应保证在一种工况下,才可能有较稳定的数值,才可能有对比试验的再现性。

一般 25kJ 冲击压路机,作业行驶速度为 12km/h(工作轮质量 12 000kg),当与已压实地面冲击作用时间为 0.02s 时,根据冲量定理计算,其冲击力计算值约为 2 000kN(约 200t)。

2001 年,杭金衢高速公路冲击压路机试验课题组在浙江高速公路工地采用应变盒埋入法,对北京欣路特科技发展有限公司的 CYZ25 型 25kJ 冲击压路机的压实影响深度进行了现场测定。压路机行驶速度为 15km/h 时,在距地表面垂直 0.8m 深处的压力应变盒反映出的压力值在 1 000kPa 以上,最大值 1 632kPa,根据土力学中的 Boussinesq 公式,推算出其冲击力在 1 341.7～2 189.7kN 之间。

7) 影响深度

冲击压路机产品广告中一般都注明冲击影响深度为 1～5m,但无据可查。对于强夯机夯实土基,在工程实践中由 L Menard 提出过一个影响深度经验公式:

$$H = \sqrt{Mgh/10} \tag{2.4-15}$$

式中:H——影响深度,m;

　　　M——夯锤质量,1 000kg;

　　　h——落锤高度,m。

在《港口工程技术规范》中,根据国内实际施工情况并考虑土参数的影响因素,对(2.4-15)式进行了修正:

$$H' = a\sqrt{Mgh} \qquad (2.4\text{-}16)$$

式中:H'——加固深度,m;

a——加固系数,一般湿陷性黄土取 0.34~0.5,高填方土 0.6~0.8,砂性土和杂土取 0.45~0.6。

根据式(2.4-16)计算,当 YCT25 型冲击压路机行驶速度为 12km/h,在湿陷性黄土工况下作业时,其加固深度为 3.89m。河北宣大高速公路和浙江嘉兴路段进行冲击压实检测时,分别得到了影响深度在 4m 以上、2.5m 以上的检测结果。国内现有 25kJ 冲击压路机,当行驶速度在 12km/h 左右时,其冲击力在 2 000kN 左右,介于现有超重吨位拖式振动压路机(YZTY25)最大激振力(600kN)和强夯的夯击力(10 000kN 以上)之间。不同土条件下的影响深度值,仍需要在大量施工实践中进行总结才能确定。

8) 击实力

《公路路基设计规范》(JTG D30—2004)和《公路路基施工技术规范》(JTG F10—2006)中规定,对于中级公路路基采用轻型击实试验法,高级公路路基采用重型击实试验法。标准规定前者平均单位压实功为 598kJ/m³。由于两种击实试验法做出的土的最大干密度不同,前者最佳含水率时土的最大干密度数值要小于后者,而最大土的干密度值又是评价压实度的基础,因此在一定程度上对路基加大压实功是增加路基压实度的有力措施之一。

特别有趣的是,冲击压路机的压实过程与试验法中将重锤自由下落击实被试土的原理是相同的。冲击压路机的振幅一般为 200~300mm(击实试验法中的重锤下落高度是 450mm 和 300mm),相对于振动压路机的振幅一般为 0.6~2.5mm 而言,击实土动力的过程极为相似。

冲击压路机单位时间击实功比其他类型的压路机大,经初步计算,25kJ 的冲击压路机在 12km/h 的工作速度下,单位面积冲压 27 遍(击实试验法中规定有每层土样用重锤击实 27 遍),其平均单位击实功约为 1 809kJ/m³。显然,冲击压路机要达到重型击实试验法的平均单位压实功值,增加压实遍数、作业工作速度和冲击压路机的自身能量是可以达到的,而振动压路机受自身能量的制约,要达到重型击实试验法的平均单位压实功则较为困难。

9) 冲击压实与压实能力

冲击压实对于土基表面任一点的冲击作用,由于凸形瓣数量的不同,其几率也不相同。以三瓣式为例,转动一周共有 3 次压实、3 次冲击。对于土体表面任一点的冲击遍数,一周内的概率为 1/6 = 0.166,只当纵向错轮 1/6 周时,冲击压实机在其上行驶 3 次,则任一点往返两次为一遍来排列。对于冲击轮宽为 0.9m,两轮之间距离为 1.2m 的,每次需重叠 0.2m,错轮重叠碾压 2 次才能覆盖两轮之间的空间。其他瓣数的冲击压实机以此类推。路基冲击的总遍数由要求的沉降量、压实度和冲击压实机的瓣数来确定。

冲击压路机的压实能力可按下式计算:

$$Q_d = W \cdot L \cdot S \cdot P(\text{m}^3/\text{h}) \qquad (2.4\text{-}17)$$

式中:W——冲击宽度,m;

L——铺层厚度,m;

S——工作速度,km/h;

P——往返次数。

2.4.5 主要生产厂家典型产品及技术性能和参数

2.4.5.1 厦工三明重型机器有限公司

1) XG62015C 冲击式压路机

XG62015C 冲击式压路机(图 2.4-16)主要用于公路基础土方压实、机场跑道、水力发电站大坝、港口、市政广场、矿山矿石场的深度压实或高填方深度压实。

图 2.4-16　XG62015C 冲击式压路机

主要特点：

（1）压实度高，影响深度大（影响深度可达 1m 以上），沉降量大。

（2）该机由大功率的牵引机拖动，工作效率比常规的振动压路机高 3~4 倍。

（3）该机有缓冲装置和采用多级减振以及可靠的防松措施，使得整机可靠性好。技术参数见表 2.4-3。

XG62015C 冲击式压路机技术参数　　　　　表 2.4-3

型　号	XG62015C	型　号	XG62015C
冲击能量（势能）(kJ)	20	生产效率(m³/h)	600~1 500
冲击轮工作质量(kg)	15 000	填方厚度(mm)	2 000
工作速度(km/h)	8~15	牵引车功率(kW)	400
冲击频率(次/min)	85~160	冲击轮宽度(mm)	≥280
冲击轮结构形式	五边弧形结构	压实宽度(mm)	900
重心数（最低/最高）(mm)	1 097/1 260	外形尺寸（不包括牵引车）长×宽×高(mm)	4 170×3 050×2 360

2）XG63213C 冲击式压路机

XG63213C 冲击式压路机（图 2.4-17）主要应用于高标准、高填方深度的基础压实施工，具有广阔的应用前景。

主要特点：

（1）工作原理新颖。冲击式压路机的冲击轮外形是由三条非圆凸轮曲线构成，在牵引车拖动冲击轮作滚动时，其重心会上下交替变化，产生的强大冲击夯实力作用于地基，从而快速、高效地压实基础。

图 2.4-17　XG63213C 冲击式压路机

（2）设计技术先进。冲击轮外形曲线经理论计算与计算机仿真设计，使其对基础的冲击效果最佳。

（3）动力方便。

（4）结构可靠。该机结构能承受 25~32kJ 冲击力工作，各部件均有可靠的防松措施，保证了结构强度。结构上设计了三级减振机构，减少了对各机构的冲击力。

（5）压实度高，影响深度大。非圆柱表面的压实轮在滚动行驶时，由于重心的交替变化，对地面产生强大的冲击能，具有强夯、振击之工效。各项指标均能达到路基标准要求，且影响深度可达 1m 以上。

（6）沉降量大，生产效率高。在压实作业时，冲击轮产生强大的冲击力，使得沉降量改变相当大，是常规压路机无法达到的。该机工作速度比常规压路机高 2~4 倍。

（7）适用范围广。由于高强度、大质量的压实轮在滚动行驶时，产生强夯、振击的功能，能大幅度提高基础的承载能力、稳定性和密实度，因此该设备适用于压实碎石，特别适用于填方压实、煤场压实、干旱地区黄土、湿陷性黄土、大孔隙土等压实施工。还适用于铁路、公路基础土方的压实施工，对机场跑道，水力发电站大坝、港口市政广场、矿山矿石场等高填方深度的压实作业效果尤为明显，技术参数见表 2.4-4。

XG63213C 冲击式压路机技术参数　　　　　表 2.4-4

型　号	XG63213C	型　号	XG63213C
冲击轮结构形式	三边弧形结构	冲击能量(kJ)	32
冲击轮工作质量(kg)	16 000	牵引机型号及名称	专用牵引车 HM400D
重心参数（最低/最高）(mm)	1 200/954	牵引机功率(kW)	≥220
冲击轮宽度(mm)	900	工作速度(km/h)	8~15
压实宽度(mm)	3 000	转弯半径(mm)	≤7 000
冲击频率(次/min)	60~110	外形尺寸（不包括牵引车）长×宽×高(mm)	4 170×3 050×2 137

3) XG63214C 冲击式压路机

XG63214C 冲击式压路机（图 2.4-18）主要用于硬质路面的维修、改造施工，具有广阔的应用前景。

图 2.4-18　XG63214C 冲击式压路机

主要特点：

（1）施工过程简单、高效。XG63214C 冲击式（破碎）压路机冲击轮外形是由四条非圆凸轮曲线构成，在硬质路面的维修、改造施工时，其重心将上下变化，产生的强大冲击力可以把硬质路面破碎为网块状，并把块状片直接压入，加强路基，大大缩短工期，减少工程费用。其破碎能力、夯实能力和工作效率大大优于其他种类工程机械。

（2）设计技术先进。冲击轮外形曲线经理论计算与计算机仿真设计，使其对硬质路面的冲击效果最佳。

（3）结构可靠。XG63214C 破碎压实机采用框架包容冲击轮的结构，在硬质路面施工时，可以承受更大的冲击反作用力。同时，设计的两级缓冲机构大大减小了施工中对机架的冲击反作用力。

（4）适用范围广。XG63214C 破碎压实机能大大提高各种工程的路基施工效率和压实质量，能大幅度提高基础的承载能力、稳定性和密实度。特别适用于硬质公路路面损坏的修复及改造，也适用于高标准要求的硬质层破碎、压实工作，技术参数见表 2.4-5。

XG63214C 冲击式压路机技术参数　　　　表 2.4-5

型　号	XG63214C	型　号	XC63214C
破碎轮形式	四边弧线轮结构	每次压实影响深度（m）	0.5～2.5
破碎压实机质量（kg）	13 740	压实工作频率（次/min）	75～140
破碎轮重心参数（最低/最高）（mm）	1 046/871	牵引功率（kW）	≥220
破碎轮宽度（mm）	1 300	工作速度（km/h）	8～15
最大冲击能量（kJ）	32	外形尺寸（不包括牵引车）长×宽×高（mm）	10 300×2 800×3 500

2.4.5.2　中铁二十局集团西安工程机械有限公司

中铁二十局集团西安工程机械有限公司生产的 5YCT23、YCT20 和 YCT25 冲击式压路机外形及技术参数见图 2.4-19、图 2.4-20 和表 2.4-6。

图 2.4-19　5YCT23 冲击式压路机

图 2.4-20　YCT20/YCT25 冲击式压路机

主要技术技术参数　　　　表 2.4-6

型　号	5YCT23	YCT20	YCT25
自重（t）	16	12	16
冲击势能（kJ）	23	20	25
工作速度（km/h）	8～10	9～12	12～15
冲击轮宽度（mm）	2×800	2×800	2×900
牵引钩高度（mm）	760	760	760

续上表

型　号	5YCT23	YCT20	YCT25
外形尺寸(mm)	3 720×2 750×2 100	3 710×2 750×1 800	3 729×2 950×2 150
每次铺层厚度(mm)	400~700	400~800	400~1 000
密实度(%)	≥95~98	≥95~98	≥95~98
压实产量(m³/h)	≥3 400	≥1 500	≥1 850
牵引功率(kW)	≥176	≥160	≥250

2.4.5.3　宇通重工

宇通重工生产的6830冲击式压路机外形见图2.4-21。

(1)工作原理：冲击式压路机的冲击轮外形是由多条非圆凸轮曲线构成。在牵引车拖动冲击轮作滚动时，其重心上下交替变化，产生的强大冲击夯实力作用于地基，从而快速、高效地进行压实作业。

(2)结构可靠：该机结构能承受强大冲击力作用，各部件均有可靠的防松装置，保证了结构强度。设计了蓄能器、液压缸、牵引轴上的压簧缓冲三级减振机构，减少了对各机构的冲击力，消除冲击对牵引车的影响。

图2.4-21　6830冲击式压路机

(3)冲击轮同步工作性：连接桥的中部连接卸荷的同步轴，保证了左右两侧冲击轮的同步运行。

(4)转场性能：操纵举升缸，冲击轮被拖车支撑离开地面，可做短途转场而不损坏路面。

(5)衔接性能：通过销轴、快换接头，能方便、快捷地实现与牵引车连接。

(6)生产效率高：每小时压实的基础可高达20 000m²，平均工作速度为10~15km/h，压实影响深度为5m，有效压实深度1m，工程效益是其他设备的8~10倍。

(7)效益显著：采用破碎冲击压实修复旧路面，节约成本50%以上。6830冲击式压路主要性能参数见表2.4-7。

6830主要性能参数　　　　　　　　　表2.4-7

型　号	6830	型　号	6830
工作质量(kg)	16 200	轮胎压力(MPa)	0.75~0.80
冲击能量(kJ)	30	牵引车功率(kW)	≥235
最佳工作车速(km/h)	10~15	蓄能器充液压力(MPa)	4~6
压实宽度(mm)	2×900	冲击轮形状	三边形
蓄能器充气压力(MPa)	3.5~4.0	外形尺寸(不包括牵引车)长×宽×高(mm)	4 065×2 960×2 170

2.4.5.4　南非蓝派(LANDPAC)公司

南非蓝派(LANDPAC)公司研制、开发的冲击式压路机将压实轮由圆形改革为非圆形，创立了压实作业中连续冲击、碾压作用于土体，从而获得深层压实效果的全新设计理念。蓝派冲击式压路机压实轮轮廓一般由3~6瓣均等的非圆曲线组成，非圆曲线从最大半径处转至最小半径处时，对土体产生冲击，随即再由最小半径处转至下一轮瓣最大半径处过程中又对土体碾压。所有其对土体的力学行为是冲击与碾压的综合作用。压实作业中作用于土体的总能量为冲击动能与重力势能之和，介于强夯与振动压路机之间，所以蓝派冲击式压路机在高填方路基增强补压，路基拓宽改造，零、低填方及熔岩地区路基填前原地基压实，软土地基浅层加固，以及石方、软岩、湿陷性黄土等特殊岩土压实作业中相对传统压实机械具有明显的优势。由于蓝派公司在冲击压实技术推广过程中做出的卓越努力以及取得的卓著成效，使得该技术引起了我国公路界的广泛重视，为此，我国交通部将此技术纳入2006年1月1日实施的《公路路基设计规范》(JTG D30—2004)中。

南非蓝派冲击式压路机技术优势：

(1) 作用能量大。由于蓝派冲击式压路机的特殊作用机理，其压实是一个低频高幅的运动过程，其作用频率为1.5~2Hz，振幅为22cm，压实轮具有很大的势能，同时牵引机以12~15km/h的速度运行，压实轮具有极大的动能，两种能量之和远大于常规压实设备的作用能量。由于冲击式压实机的作用能量大，从而对基础能够产生更大的作用力，最大可达250t左右。

(2) 影响深度大。同样，因为冲击式压路机有巨大的作用能量，因此较常规压实设备有更大的作用影响深度。对于原基处理，影响深度可达3~4m。对于填方松铺压实，根据不同的质量要求，每层填料厚度可达0.8~1.5m不等。而常规振动压实设备填料厚度仅为0.3~0.5m，因此会导致基础强度在深度方向上发生阶梯状变化，而经冲击式压实机处理的基础，其强度沿深度方向逐渐递减，更加符合道路使用过程中的基础受力状态。重型振动压路机的有效深度在0.4~0.7m之间，冲击式压路机则在1~1.5m。而在软弱地基或饱和砂土地基上，由于孔隙水压的传力作用，冲击压实的作用深度会更大。

(3) 对填料的要求放宽。蓝派冲击压实设备产生的高能量，可以加大填层厚度，从而放宽对填料粒径级配的要求，同时对填料的含水率要求也可以适当放宽在最佳含水率的3%~4%，对于含水率较大的填料，能够充分增大饱和土的孔隙压力，在有排水通道的情况下，加速水的消散。

(4) 基础质量高。由于冲击式压实机具有的上述特性，使得经冲击压实设备处理后的基础能够获得更大的沉降，差异沉降和工后沉降显著减小，基础填料密实程度提高，从而可以提高基础的整体强度和刚度，提高基础的均匀稳定性，延长其使用寿命。

(5) 施工效率高。由于蓝派冲击式压路机的工作速度高，为12~15km/h，而常规压实设备仅为3~5km/h，同时蓝派冲击式压路机允许有更大的填层厚度和填料粒径，因此作业效率高。根据现场施工经验，冲击式压路机每台班可压实8 000~10 000m²，而常规压路机每台班只能压实2 000~2 500m²。这对于在保证工程质量的前提下，提高工程进度具有重要意义。蓝派冲击式压路机及其他国内外厂家生产的冲击式压路机主要性能参数见表2.4-8。

蓝派冲击式压路机及部分其他国内外厂家生产的冲击式压路机主要性能参数　　表2.4-8

型号	静压实能 (kJ)	冲击轮 宽度(m)	冲击轮 外接圆(m)	整机质量(t)	生产厂家	牵引车
25T3	25	2×0.9	2.3	13.5	南非蓝派公司	AGRICO 四轮驱动 200kW 拖拉机
15T5	15	2×0.9	2.1（五边形）	12.5	南非蓝派公司	AGRICO 四轮驱动 200kW 拖拉机
IMPACTOR 2000	30	1×1.3	2.0（四边形）	12.7	美国IRT公司	JD4850 四轮驱动 150kW 拖拉机
BH-1300	25	1×1.3	2.1（四边形）	13.8	澳大利亚博能公司	CASE 四轮驱动 180kW 拖拉机
YCT12	12	2×0.9	2	11.5	唐山专用汽车厂	ZL50C 装载机 156kW
YT16	16	2×0.8	2	11.2	郑州郑工机械集团	ZLQ50C 装载机 162kW、自产装载机底盘改型的牵引车 GQ310 225kW、GQ240 176kW
YT20	20	2×0.9	2	11.8	郑州郑工机械集团	ZLQ50C 装载机 162kW、自产装载机底盘改型的牵引车 GQ310 225kW、GQ240 176kW
YT25	25	2×0.9	2.3	16.6	郑州郑工机械集团	ZLQ50C 装载机 162kW、自产装载机底盘改型的牵引车 GQ310 225kW、GQ240 176kW
CYZ25	25	2×1	2.4	15.6	郑州郑工机械集团	ZLQ50C 装载机 162kW、自产装载机底盘改型的牵引车 GQ310 225kW、GQ240 176kW
5YT20	20	2×0.9	2.3（五边形）	16.2	郑州郑工机械集团	ZLQ50C 装载机 162kW、自产装载机底盘改型的牵引车 GQ310 225kW、GQ240 176kW
YCT20	20	1×1.6	2.2	14	山东山推工程机械厂	QJ310T 225kW（泰安产）、TY220 推土机 162kW

2.5 夯实机械

2.5.1 概述

2.5.1.1 定义

夯实机是一种冲击式机械,适用于对黏性土和非黏性土进行夯实作业,夯实厚度可达 1~1.5m,它广泛使用在公路、铁路、建筑、水利等工程施工中,是筑路工程不可缺少的设备之一。

按其工作原理分为两类:冲击夯、振动夯。前一种是利用其工作装置提升到一定的高度,然后落下产生的冲击力来夯实土的;后一种是利用机械产生的高频振动,通过夯板传入地面,使土的颗粒产生振动而密实土的。振动夯用于非黏性砂质黏土、砾石、碎石的压实;而冲击夯则适宜于黏土、砂质黏土和石灰土的夯实作业。

2.5.1.2 国内外发展现状

1) 夯实机发展史

1931 年是夯实机的诞生年,20 世纪 40 年代德国研制成 ES200 型电力驱动的手控夯实机,它依靠本身的力量向前推进,但还存在变换位置较为困难的缺点。

到 1952 年,诞生了第一台 BS50 型汽油夯实机,这种夯实机目前在许多工地仍能看见。此外,还生产了使用绳轮启动的二冲程发动机夯实机。此后,一个可喜的进步是在发动机与夯实系统之间加装曲柄和离合器,不只是发动机,其夯实系统和曲柄箱在不良的连续施工条件下也可保持牢固可靠。

为了满足操作简易、运输方便以及多方面应用的要求,在仍然保持高功率的情况下,在最近 15 年内研制出越来越多的像 BS654 型冲程调节打夯机以及 DS72V 型内燃机振动夯实机。

目前有汽油的、柴油的以及电力的夯实机,其最大燃料装载量约达 100kg,而传统的夯实机则仅约 60kg。

与夯锤装置相结合的夯实机可用于堤坝建设、园林建设以及农业建设。例如 BS65Y 型夯实机,通过冲程调节可以扩大使用范围:从铺筑混合岩石直至夯实黏性土。

夯实机的开发还涉及振动夯板。20 世纪 70 年代,多数制造厂商利用敞开式或封闭式钢底板的原理制造出夯板:激振器装在中部的中心振动夯板,激振器装在前端的步进振动夯板。在中心振动夯板方面,DVPN75 型内燃机振动夯板是个典型例子,其前进速度相当缓慢。步进式振动夯板可达到较高的前进速度。20 年前,大多数频率极低的前进或左右行驶的夯板在运行时消耗大量电能。1964 年问世的 DVU25.0(也称为野牛)型夯板在当时是非常先进的设备。

1977 年,在建筑器材交易会上展出了 DPS2340 型、2350 型以及 2360 型夯实机,这种夯实机运行平稳、频率较高,扩大了应用范围。1979 年,一种采用全新构思的 DPU3345 型振动夯板问世,由于采用了红外线遥控,操作人员站在沟槽边缘,通过按压电钮,就可对夯实设备进行操作和控制。

2) 我国夯实机发展现状

20 世纪 60 年代以前,我国小型夯实机械非常缺乏,很多小型场地的夯实基本上采用人工夯实。20 世纪 60 年代初期,长沙建设机械研究所与北京建筑工程学院等单位合作,在群众性技术革新成果的基础上,总结发明了具有中国特色的蛙式夯实机,1962 年获国家科技发明奖。蛙式夯实机结构简单,维修、使用方便,很快成为我国 60 年代夯实机械的主导产品。据不完全统计,蛙式夯实机累计产量达 50 000 多台,在我国经济建设中发挥了重要作用。70 年代以后,蛙式夯实机逐渐被性能更先进的振动冲击夯和振动平板夯所替代,目前蛙式夯实机已经很少使用,基本被淘汰。

1964年,长沙建设机械研究所开发了HB120型内燃式夯实机。开始由上海工程机械厂生产,后来主要由津市洞庭工程机械厂生产,年产量200台左右。20世纪80年代,内燃式夯实机产品质量有较大提高,曾出口东南亚和非洲地区。90年代以后,内燃式夯实机产销量也在逐渐减少,目前只有少数小型民营企业生产。

1977年,长沙建设机械研究所和柳州市建筑机械厂开发了我国第一台HZR250型和HZR70型振动平板夯。这两种产品分别于1979年和1982年通过了由建设部组织的鉴定。随后义乌建筑机械厂、四平建筑机械厂、安阳振动器厂、天津市洞庭工程机械厂等多家企业都开始生产振动平板夯。1986年长沙建设机械研究所又开发了较大的HZR450型振动平板夯。20世纪90年代以后,振动平板夯在我国有了较快的发展,产品品种、规格和生产企业增多。国外的振动平板夯陆续进入中国市场。

1983年,长沙建设机械研究所和湖北振动器厂联合开发了我国第一台HZR70型振动冲击夯,1984年通过了建设部组织的鉴定。由于振动冲击夯具有压实效果好、生产率高、体积小、质量轻、轻便灵活等突出特点,深受用户欢迎,得到了迅速的推广使用。振动冲击夯虽然比振动平板夯开发晚,但发展速度、产销量和使用广泛性比振动平板夯大得多,目前已成为我国夯实机械中产销量最大的主导产品。20世纪90年代以后,国外的振动平板夯陆续进入中国市场。

2.5.1.3 发展趋势

经过数十年的夯实技术、施工工法研究和工程实践,国内外夯实技术不断走向成熟,使用的领域也逐渐扩大。

针对国内振动冲击夯的生产及市场竞争日益激烈、生产企业的利润迅速下降的现状,对冲击夯的发展提出如下建议:

(1)现有的冲击夯应该进一步提高加工及涂装水平,将外形设计及加工制造水平提高一个档次,加强与进口产品的竞争力。

(2)大力发展汽油机驱动的冲击夯,尤其是配置进口原装罗宾汽油机驱动的冲击夯。

(3)开发大质量冲击夯。国内曾经有极少数厂家开发生产HCD110及HCD130型冲击夯,其利润空间较大,但由于生产技术不过关,未被市场广泛接受。目前,冲击夯的设计生产技术已经基本成熟,可以加大大质量冲击夯的开发、生产力度。

(4)推进汽油机动力配置冲击夯的出口,尤其是在东南亚市场,国产夯机的价格具有较大的竞争优势。

2.5.2 分类、特点及适用范围

现代夯实机械按一次打击能量分为三种。

重级:打击能量10~50kJ或更高;

中级:打击能量1~10kJ;

轻级:打击能量0.8~1kJ。

按结构和工作原理分为自由落锤式夯实机、振动平板夯实机、振动冲击夯实机、内燃式夯实机和蛙式夯实机。

(1)自由落锤夯实机(图2.5-1)具有很高的打击能量,夯实板重力10~30kN,提升高度1.0~2.5m,在夯锤自重作用下夯实土,夯击频率比较低,它取决于夯锤的提升高度。不适用于松土的压实,适用于最后的压实工作,如用于最后密实水库底,建立由密实土形成的防水层。

(2)内燃式夯实机(图2.5-2)直接利用燃料在机体内燃烧产生的燃气压力,推动缸内活塞作无行程限制的运动,而使夯头产生冲击能量的夯实机。对于夯实沟槽、穴坑、墙边和墙角比较方便,尤其适用于电力供应困难的场所。

图 2.5-1 自由落锤打夯机

图 2.5-2 内燃式打夯机

(3)振动冲击夯实机(图2.5-3)是一种可以快速冲击土的夯实机,其单位时间冲击土的次数比内燃式的夯实机高,高达400~700次/min,因其工作头可更换不同形式和规格,以适应不同的施工要求,故称多头式。它具有冲击和振动的联合作用,不仅可以夯实黏性土,还可夯实散粒土,故使用范围很广泛。

(4)振动冲击夯实机是一种利用机械本身产生的高频振动来密实土的夯实机,它没有冲击式夯实机那样大的跳起高度,却有相当大的振动频率。在我国,振动式夯实机主要是各种形式的振动平板夯,有内燃机驱动和电驱动两种,适用于颗粒型土。

按照振动特征,振动平板夯可分为非定向和定向的两种;按照移动的方向可分为自移式和非自移式,其中自移式得到了广泛的应用。振动夯实机自移的原理是依靠振动器的总激振力和垂直线偏斜产生的水平分力,或振动器相对于全系统惯性中心偏移的激振力的作用进行的。

(5)蛙式夯实机(图2.5-4)是利用偏心块旋转产生离心力的冲击作用进行夯实作业的一种小型夯实机械,它结构简单,工作可靠,操作容易,广泛应用于公路、建筑、水利等施工工程。

图 2.5-3 振动冲击夯实机

图 2.5-4 蛙式夯实机

夯实机械的组型划分及其代号见图2.5-5。

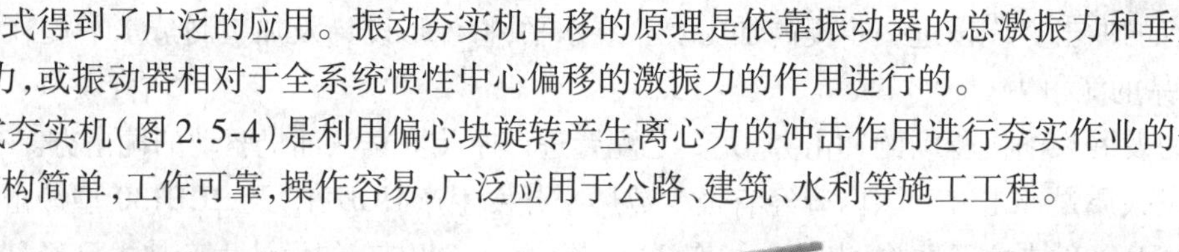

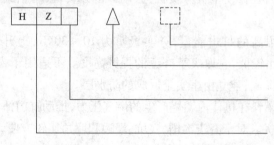

图 2.5-5

夯实机类的符号是 H,类型代号:内燃冲击式为 N 或 B,多头式为 D,振动式为 Z,内燃振动式为 Z。

2.5.3 工作原理和主要结构

2.5.3.1 内燃式冲击夯

内燃式冲击夯又称为爆炸式冲击夯。它是利用燃料燃烧爆炸产生的冲击力来进行夯实作业的。其工作原理与两冲程内燃机相同。它由缸体、缸盖、活塞(上、下)、汽化器、夯轴、夯板、油箱组成,图 2.5-6 为 HB120 型内燃式夯实机结构示意图。

HB120 型内燃式夯实机有上、下两个活塞,上活塞 6 装在主排气门杆 24 的下端,弓形架 25 与主排气门杆 24 上端连接,而弓形架又与环形的操纵手柄 3 连成一体,弓形架上装有点火碰块 23,主排气杆上还装有弹簧拉板并连接这两根弹簧,弹簧置于汽缸盖上的套筒里,其端部由螺栓固定在套筒的上方。

启动时,压下环形手柄,弓形架带动主排气门杆和上活塞下移,上活塞中部的主排气门开启,汽缸 7 中的废气通过主排气道 20 排出。当上活塞下移到接触下活塞 16 时,减小下压力,主排气门杆便在两根弹簧拉力作用下带着上活塞上升,同时关闭主排气门。此时,混合气经进气阀 8 吸入汽缸,上活塞到最高点时,弓形架上的磁块拨动磁电机凸轮 22 使磁电机发电,通过火花塞 18 点燃缸内混合气,气体膨胀使夯身向上运动。当汽缸套上升到排气孔 15 露出下活塞顶部时,废气由排气孔 15 排出,排气阀 17 开启,缸内压力骤然下降。此时夯身在惯性作用下继续上升,下活塞底部空气被压缩,当压缩弹力大于夯板部分的重力时,下活塞将带动夯板向上运动,直至与夯锤结合一起上升到惯性力为零处,然后以自由落体下降夯击铺筑材料。在夯击铺筑材料的同时,上活塞在下降惯性作用下降到最低位置,排出缸内残留废气,然后由弹簧拉起,进行第二个工作循环。

2.5.3.2 振动冲击夯

振动冲击夯实机分为内燃式和电动式两种不同的形式。前者的动力是内燃发动机,后者是电动机。它们都是由动力源、激振装置、缸筒和夯板等组成。振动冲击夯的工作原理是由发动机带动曲柄连杆机构运动,产生上下往复作用力使夯实机跳离地面。在曲柄连杆机构的重力作用下,夯板往复冲击被压实材料,达到夯实的目的。

振动夯实机的冲击频率为 7~11Hz,跳起高度为 45~65mm。夯板对被压实材料快速冲击的同时,还对被压实材料产生振动作用,在冲击和振动的共同作用下,获得很好的夯实效果。如图 2.5-7 所示为电动式振动夯实机的结构图。弹簧套筒与夯击板刚性连接,弹簧套筒及夯击板通过弹簧环节与连杆下端的活塞、活塞杆相连。

2.5.3.3 振动平板夯

振动平板夯是利用激振器产生的振动能量进行压实作业,分

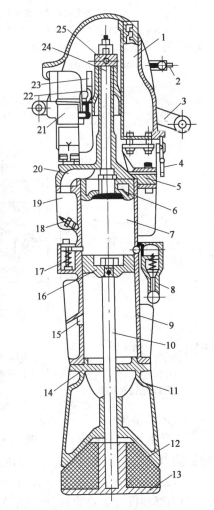

图 2.5-6 HB120 型内燃式夯实机结构示意图
1-油箱;2-停火按钮;3-操纵手柄;4-油管;5-汽缸盖;6-上活塞;7-汽缸;8-进气阀;9-汽缸套;10-夯轴;11-夯锤;12-胶垫;13-夯板;14-密封接盘;15-排气孔;16-下活塞;17-排气阀;18-火花塞;19-散热片;20-主排气道;21-磁电机;22-凸轮;23-点火碰块;24-主排气门杆;25-弓形架

为定向和非定向两种。动力由发动机经皮带传给偏心块式激振器,由激振器产生的激振力矩带动夯板以一定的振幅和激振力振实被压材料。非定向的是靠激振器产生的水平分力自动前移;定向的是靠两个激振器壳体中心所处的位置不同,使振动平板夯垂直振动或在总离心力的水平分力作用下水平移动。

下面以 ZH 平板夯为例介绍平板夯的结构及工作原理。

ZH4000 型平板夯是一种小型振动夯实机。它体积小,激振力大,压实效果好,生产率高,适合在狭小场地、沟槽和各种复杂场所使用。

1)外形结构

此机主要由发动机、离合器、万向节传动轴、振动箱、换向机构、夯板和减振系统构成,其外形如图 2.5-8 所示。

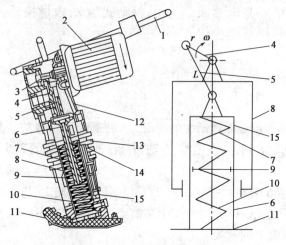

图 2.5-7 振动冲击夯结构示意图
1-扶手;2-电机;3-小齿轮;4-曲柄齿轮;5-连杆;6-活塞杆;7-上弹簧组;8-导向钢筒;9-活塞;10-下弹簧组;11-夯板组件;12-曲轴箱;13-防尘折箱;14-护筒;15-弹簧套筒

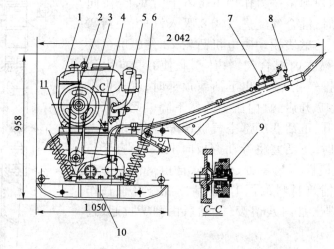

图 2.5-8 振动平板夯结构示意图(尺寸单位:cm)

1-R175 柴油机;2-B 型三角皮带;3-传动轴;4-振动箱;5-上板总成;6-减振弹簧;7-换向操纵机构;8-油门;9-离合器;10-夯板;11-柴油机支架

2)传动系统

振动平板夯的传动系统如图 2.5-9 所示,柴油机经离心式离合器、胶带轮、万向节传动轴和齿轮驱动振动箱的偏心轴,偏心轴高速旋转产生激振力,使夯击起振并行走。

(1)本机采用离心式离合器,结构图如图 2.5-10 所示,在空心轴上装有两个扇形块,其上铆有摩擦片,两扇形块间用弹簧拉近,使其贴在空心轴上。当空心轴高速旋转时,两扇形块在离心力的作用下克服弹簧拉力而向两侧张开,使摩擦片紧压在胶带轮内圆柱面上,这样,主动摩擦片与被动鼓结合,使发动机输出转矩给皮带轮,从而使振动箱内偏心轴旋转。当发动机转速降低时,离合器逐渐处于分离状态,则夯击原地不动。

(2)振动箱是振动平板夯的起振部分,它主要由一根 I 轴斜齿轮,一对斜齿轮 4、6 和两根偏心轴 5 构成。由于装在两偏心轴上的两斜齿轮齿数相等、转向相反,因而两偏心轴同速异向旋转,从而产生两个方向变化的离心力,他们在垂直方向上的合力就是夯实机的激振力,在此激振力作用下,平板夯即产生上下振动;而他们在水平方向上的合力可使夯实机走行。振动箱的结构如图 2.5-11 所示。

332

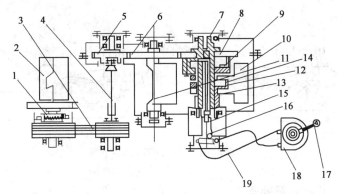

图 2.5-9 振动平板夯传动系统结构图

1-离心式离合器;2-柴油机;3-胶带;4-传动轴;5-Ⅰ轴齿轮;6-Ⅱ轴齿轮;7-拨块;8-Ⅲ轴齿轮;9-换向块;10-偏心块;11-偏心轴;12-空心轴;13-换向轴;14-Ⅲ轴轴套;15-换向螺母;16-换向螺杆;17-换向手柄;18-换向机构;19-换向拉索

（3）换向机构。平板夯实机前进和倒退的原理与一般自行式车辆不同，它是通过改变两个偏心块旋转产生离心力的水平合力方向来实现的。若两偏心块起始倾角在第2象限,则夯实机向前（左），在第一象限,则夯实机向后（右）。换向原理如图2.5-12所示。需要换向时，操纵换向手柄，通过换向机构拉动换向拉索，换向拉索驱动换向螺杆转动，此时换向螺母连同换向轴一起作轴向移动，拨块也被往外（往里）拉到另一个位置，这时偏心块不动，而Ⅲ轴齿轮空转180°后与另一边的换向块相结合，这样，两偏心块重合的相位角将转换象限，从而达到走行换向的目的（参见传动系统图）。

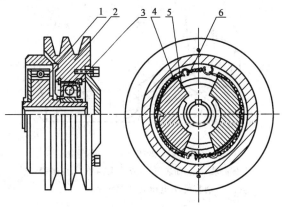

图 2.5-10 离心式离合器结构

1-空心轴;2-胶带轮;3-滚动轴承;4-摩擦片;5-扇形块;6-拉力弹簧

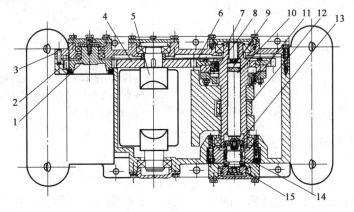

图 2.5-11 振动箱结构示意图

1-Ⅰ轴斜齿轮;2-振动箱体;3-振动箱盖;4-Ⅱ轴斜齿轮;5-偏心轴;6-Ⅲ轴斜齿轮;7-空心轴;8-换向块;9-拨块;10-换向轴;11-偏心块;12-Ⅲ轴轴套;13-换向螺母;14-换向螺杆;15-钢绳轮

2.5.3.4 蛙式打夯机

蛙式打夯机是利用偏心块旋转产生离心力的冲击力来进行压实作业的小型机械。

蛙式打夯机的构造如图2.5-13所示，它由夯头架、拖盘、传动装置、前轴装置、操纵手把以及电气控制设备等组成。

蛙式打夯机的传动系统如图2.5-14所示。电动机1带动两级传动2、3驱动偏心块4旋转，产生离心力，拖盘夯实铺筑材料和夯机向前移动。

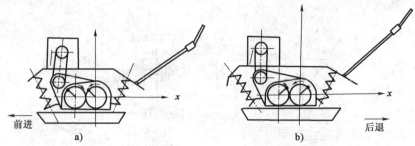

图 2.5-12 平板夯实机换向机构
a) 前进；b) 后退

HW20型蛙式打夯机的构造如图 2.5-15 所示，它的夯头架由夯板 8、立柱 9、斜撑 11、轴销铰接头 3、动臂 5 和前轴 7 焊接而成。拖盘采用钢板冲压成型，拖盘上焊接有电动机支架、传动轴支承座、手把铰接支承座等。传动装置由传动轴、大小皮带轮、轴承座等组成。

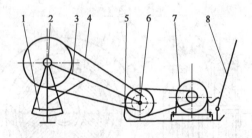

图 2.5-13 蛙式打夯机的构造图
1-偏心块；2-前轴装置；3-夯头架；4-传动皮带；5-拖盘；6-传动装置；7-电动机；8-操纵手把

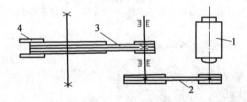

图 2.5-14 蛙式打夯机传动系统
1-电动机；2-一级传动；3-二级传动；4-偏心块

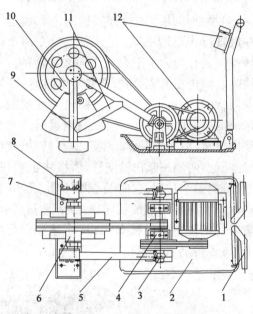

图 2.5-15 蛙式打夯机的构造
1-操纵手把；2-拖盘；3-轴销铰接头；4-传动装置；5-动臂；6-前轴装置；7-前轴；8-夯板；9-立柱；10-夯头架；11-斜撑；12-电气设备

2.5.4 选型原则与步骤、主要参数计算

2.5.4.1 选型

在进行压实作业之前，必须选择适当的压实机械。压实机械的选择主要根据：压实物料的种类、性质、颗粒组成、含水率和施工试验所决定的铺层厚度；施工条件、工程进度以及要求的压实程度，同时还要考虑各种夯实机的技术特点来选型。

冲击夯适于黏性土，非黏性土则选择振动夯。

当填土含水率较小且难以再进行加水湿润时，采用重型夯实机；在填土含水率较大且干密度较低时，则采用轻型夯实机。

在工程量大、摊铺层厚且工作场地较开阔时，应尽可能选择重型夯实机；在工作场合狭小，且工程量不大时，最好选用结构简单、体积小、质量轻、搬移方便的夯实机械。

对不同类型的夯实机而言，不同类型、不同规格的机器对各种施工条件适应性也不同。

在实际施工中，用单一类型的夯实机往往难以完成整个工程的压实工序，有时则需要大、中、小型夯实机配合或多机种组合进行。

由于压实机械的利用率并不高,因此,选择时既要考虑压实质量,又要注重经济效益。

2.5.4.2 总体设计及主要参数确定

(1) 自由落锤式夯实机械工作机构主要参数确定

自由落锤式夯实机械工作机构的参数主要有:夯实板的质量、打击速度、下落高度 H、夯实板的底面积尺寸。

当被夯的土具有最佳含水率时,夯实板底面积的最小横向宽度 $B_{\min}$ 可按式(2.5-1)确定。

$$B_{\min} \geqslant \frac{h_0}{a\left(1 - e^{-3.7\frac{\sigma_0}{\sigma_p}}\right)} \tag{2.5-1}$$

式中:h_0——最佳铺土层厚度;
  σ_p——最佳含水率时土的极限强度;
  σ_0——土表面的接触应力;
  e——自然对数底;
  a——与应力变化速度有关的常数,可取 $a \approx 1.1$。

如果接触应力 $\sigma_0 \approx \sigma_p$,则上式具有下列关系:

$$B_{\min} \geqslant (0.8 \sim 1) h_0 \tag{2.5-2}$$

试验表明,夯实所耗最小机械功时的铺土层最佳厚度可以近似地按式(2.5-3)确定:

$$h_0 = 0.7 h_p \tag{2.5-3}$$

式中:h_p——铺土层的极限厚度,由试验根据土的条件确定,对于黏土,铺土厚度一般为 $0.8 \sim 1.0 \mathrm{m}$。

根据土的性质和土中黏性颗粒的含量确定夯实所需的单位冲量 I_y。

按单位冲量 I_y 和夯实板的面积 A(夯实板的面积 $A = B^2$)可以求出夯实机工作机构工作时的总冲量 $I(\mathrm{N \cdot s})$。

已知总冲量,可按式(2.5-4)确定夯实板(夯锤)的重力 G 及其下落高度 H。

$$I = mv = \frac{G}{g}\sqrt{2gH} = 0.46G\sqrt{H} \tag{2.5-4}$$

夯实板(夯锤)在其自由下落时的一次打击功可由式(2.5-5)求得:

$$W = GH \tag{2.5-5}$$

根据土的有效夯实条件及土结构的要求,通常取夯实板的重力 $G = 10 \sim 30 \mathrm{kN}$,下落高度 $H = 1 \sim 2\mathrm{m}$。

密实层不同深度处的压应力可按经验公式(2.5-6)确定。

$$\frac{\sigma_z}{\sigma_0} = \frac{1}{1 + k\left(\frac{z}{d}\right)^{\frac{2}{3}}} \tag{2.5-6}$$

式中:σ_z——离压实表面深度为 z 处的压应力;
  σ_0——土的表面的接触应力;
  d——夯实板的直径;
  k——压应力随深度而变化的衰减系数,由图 2.5-16 确定。

夯实板的打击次数应根据夯实机的类型和结构特点视具体情况选定,其值还可以利用图 2.5-17 或式(2.5-7)近似确定。

$$n = \frac{KHI_n}{I_y H_0} \tag{2.5-7}$$

式中:H——密实层的厚度;
  H_0——最佳铺层厚度;
  K——系数,按表 2.5-1 选取;

I_n——极限单位冲量;
I_y——单位冲量。

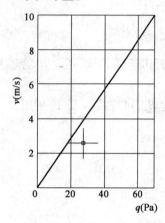

图 2.5-16 压应力衰减系数 k 与打击速度 v 对单位静压力 q 之比的关系图

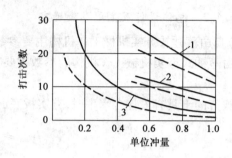

——— 非黏性土;——黏性土

图 2.5-17 打击次数与单位冲量比值关系
1-1.0σ_{max};2-0.98σ_{max};3-0.95σ_{max};σ_{max}-土的最大标准密实度

系 数 K 值　　　　　　　　　　　　　　　表 2.5-1

所要求的密实度之比	黏　土	非 黏 土
0.95	4	2
0.98	7	4
1.0	14	10

提升夯实板所消耗的功 $A(\mathrm{kN\cdot m})$:

$$A = GH \tag{2.5-8}$$

因而,所需的发动机功率(kW)为:

$$P = \frac{GH}{t\eta} \tag{2.5-9}$$

式中:t——夯实板提升时间,s;
　　η——传动机构的传动效率。

夯实板用钢丝绳传动时,用于传动机构强度计算的作用力是钢丝绳的拉力,它为夯实板重力与其惯性力之和,可按式(2.5-10)确定。

$$F_k = G + \frac{v^2 c K_d}{g} \tag{2.5-10}$$

式中:F_k——钢丝绳拉力,kN;
　　G——夯实板重力,kN;
　　v——夯实板的提升速度,m/s;
　　g——重力加速度,$g = 9.81 \mathrm{m/s^2}$;
　　c——夯实板悬挂装置转化刚度,kN/m;
　　K_d——动载系数,取 $K_d = 2$。

夯实板悬挂装置转化刚度 c 可按式(2.5-11)求得。

$$\frac{1}{c} = \frac{1}{c_1} + \frac{1}{c_2} + \frac{1}{c_3} \tag{2.5-11}$$

式中:c_1——悬挂装置弹簧减振器的刚度,kN/m;
　　c_2——钢丝绳的刚度,kN/m;
　　c_3——传动机构的转化刚度,kN/m。

(2)快速冲击夯主要参数的确定

快速冲击夯的力学模型如图 2.5-18 所示。

冲击夯的设计应遵循以下原则。

① 速度原则

为了使快速冲击夯的夯实效果呈最佳状态,应通过设计计算选择夯击底板的质量。尤其在向下行程最大速度时与地面发生碰撞(即冲击振动压实),此时:

$$v = \frac{m_2}{m_2 + m} - \left(\frac{K^2}{K^2 - \omega^2} r\omega^2 \cos\omega t + \frac{K^2}{K^2 - 4\omega^2} \cos2\omega t \right) = 0 \quad (2.5\text{-}12)$$

式中:K——系统固有频率,$K = \sqrt{\dfrac{K_0}{m}}$。

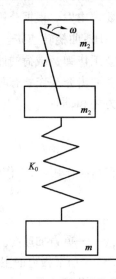

图 2.5-18 快速冲击夯的力学模型

② 位移原则

为了使工作弹簧的激振力不因碰撞而产生突变,应通过设计计算选取夯击底板 m 向下行程位移 $x = 0$ 的瞬间与地面发生碰撞(即振动冲击压实),此时:

$$x = \frac{m_2}{m_2 + m} \left(\frac{r^2}{4l} - \frac{K^2}{K^2 - \omega^2} r\cos\omega t - \frac{K^2}{K^2 - 4\omega^2} \frac{r^2}{4l} \cos2\omega t \right) \quad (2.5\text{-}13)$$

③ 参数 r、r/l 和质量 m、m_1、m_2 的选择

a. 参数 r 的选择

快速冲击夯在压实工作中,由于土中有一定量的块状物,因而要求冲击夯有较大的起跳高度 H,H 可按式(2.5-14)计算。

$$H = s - h = 2 \frac{m_2}{m_2 + m} r \frac{K^2}{K^2 - \omega^2} - \frac{1}{8} g T^2 \quad (2.5\text{-}14)$$

式中:s——夯板冲程,m;

T——曲柄旋转周期;

h——曲柄旋转半周期的自由落体距离,m。

r 是决定起跳高度的、最主要的成分,通常根据实际需要选择,r 一般在 $0.025 \sim 0.035$m 之间。

b. r/l 的选择

根据夯实板 m 的运动速度(见速度原则),并考虑结构因素,其取值范围通常在 $r/l = 1/6 \sim 1/4$ 之间。

c. 质量 m、m_1、m_2 的选择

为了取得好的夯实效果,快速冲击夯夯板的夯击能量应大,其值可按式(2.5-15)确定。

$$W = \frac{1}{2} m v^2 \quad (2.5\text{-}15)$$

根据夯击速度(见速度原则),夯击能量 W 与 m_1 无关。因此,在快速冲击夯设计选择 m_1 时,在满足强度要求的基础上,应尽量小。

在对 W 求极值(最大值)的基础上,取得 m 与 m_2 的比值为 $1/2$。在实际应用中,由于减小 m/m_2 的比值,可以减小 m_2 的位移和速度,因而在发动机(或电动机)抗振性差的情况下,通常 m/m_2 的比值选取范围在 $1/6 \sim 1/4$ 之间。

d. 刚度及其他有关参数(K^2、f、n)

刚度及其有关参数的选择,主要从两个角度出发:第一,从被夯实对象即土的固有频率角度出发;第二,从对夯板的起跳高度要求出发,即从夯板的起跳高度等于其由最高点下落到位移 $x = 0$ 时所下落的

高度要求出发。根据分析得：系统固有频率（反应冲击夯工作弹簧刚度的参数）$K^2 > 6\omega^2$；夯击频率$f = 7.5 \sim 8\text{Hz}$；曲柄转速$n = 450 \sim 480\text{r/min}$。

③工作弹簧载荷的计算

在冲击夯工作状态时，对工作弹簧作用的荷载为本体部分m_2和传动部分m_1的重力以及m对现的激振力之和，即：

$$P_{\max} = (m_2 + m_1)g + K_0 r \frac{m_2}{m_2 + m_1} \qquad (2.5\text{-}16)$$

在荷载作用下，工作弹簧的最大压缩变形l为：

$$l = \frac{(m_2 + m_1)g}{K_0} + r \frac{m_2}{m_2 + m_1} \qquad (2.5\text{-}17)$$

式中：g——重力加速度。

(3) 振动平板夯的主要参数确定

振动平板夯的主要参数有：工作平板底面积尺寸，振动平板夯的质量，振动频率，激振力，移动速度以及发动机功率等。

①工作平板底面积尺寸

被压材料层的厚度通常由工艺要求给出，因此可以作为决定振动平板夯工作底板底面积最大横向尺寸的原始数据。

振动平板夯工作平板底面积的最小横向尺寸应大于材料被压层的厚度，即：

$$B_{\min} \geq h \qquad (2.5\text{-}18)$$

式中：$B_{\min}$——工作底板底面积的宽度（最小横向尺寸）；

h——被压层的厚度。

通常取$B_{\min} = (1 \sim 2)h$。

工作平板底面积的横向尺寸，应根据平板夯沿振动平板夯移动方向的移动速度和材料完全被振动压实所需的时间来决定，见式(2.5-19)。

$$B = \frac{vt}{m} \qquad (2.5\text{-}19)$$

式中：B——沿平板夯移动方向，平板底面的尺寸，m；

v——振动平板夯的移动速度，m/s；

t——材料完全被振动压实所需的时间，s；

m——沿同一处振动压实所需的次数。

在最佳激振力和重力之下，振动所需的时间可由式(2.5-20)求得：

$$t = \frac{c}{n} \qquad (2.5\text{-}20)$$

式中：n——振动器每秒的振动频率，Hz；

c——压实到所需密实时的加荷循环次数。

根据试验数据，对非黏性土$c = 1.5 \times 10^3 \sim 5 \times 10^3$。低限值是对具有最佳参数的机械和大于最佳含水率10%～20%的土而言的，高限值是对低含水率的土和较小质量的振动器而言的。一般取为：

对非黏性土　　　$f = 5\,000 \sim 6\,000$

对水泥混凝土　　$c = 1\,000 \sim 1\,500$

平板底面的长度是根据工艺条件（例如，所需的压实宽度）和结构情况来决定的。按试验数据，底面的长度取$(1 \sim 1.15)$倍底面的宽度较合理，即$l = (1 \sim 1.15)B$。

当B和l确定之后，平板夯的底面积也就确定了。

②振动平板夯的质量

振动平板夯的质量应根据单位静压力来选择：

$$P = \frac{G}{A} \tag{2.5-21}$$

式中：G——振动平板夯对地面的重力，N；

A——平板支承底面积，m²。

试验规定，某些材料的单位静压力(Pa)不应低于如下数值。

过湿的砂：　　　　　　　300~400Pa

最佳含水量的砂：　　　　600~1 000Pa

最佳含水量的砂土：　　　1 500~2 000Pa

最佳含水量的重砂土：　　2 500~3 000Pa

20~25cm 厚的水泥混凝土路面用的干硬性混凝土（圆锥坍落度 0.5~1cm）：300Pa。

塑性混凝土（圆锥坍落度 2~3cm）：200Pa。

③振动频率

大多数振动机械的振动频率如下。

对振实水泥混凝土：　　　$n = 33.3 ~ 751\text{Hz}$

对振实非黏性土：　　　　$n = 11.7 ~ 60\text{Hz}$

图 2.5-19 是在分析现有振动平板夯振动频率与其重力关系的统计平均值的基础上所制成的曲线图，供选择频率时参考。

振动频率还与单位静压力有关，在确定振动机械振动器的振动频率时，可以采用下列初定的推荐值。

单位静压力：　　　5 000~10 000Pa，10 000~20 000Pa

每分钟的振动频率：2 000~1 200Hz，1 200~900Hz

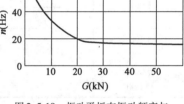

图 2.5-19　振动平板夯振动频率与其重力的关系曲线

④激振力

当偏心块式振动器工作时，激振力等于由偏心块转动时所产生的最大离心力之和。

激振力的大小与振动平板夯振动部分的重力有关。

当振幅达到尽可能大而振动平板夯仍未离开被压土的表面时所选取的激振力，为该振动平板夯的最佳值，此时的振幅也称为最佳振幅。

激振力与振幅的最佳值视被压材料的性质而定。根据试验研究的结果，振动压实的最佳振幅为：

对非黏性土　　　0.3~0.4mm

对水泥混凝土　　0.4~0.5mm

对沥青混凝土　　0.4~0.7mm

为了选取激振力 P 的最佳值，可以应用下列经验公式。

当振压沥青混凝土混合料和非黏性土时：

$$P = RG \tag{2.5-22}$$

当振捣水泥混凝土时：

$$P = R_2\left(G + R_1\frac{F}{160}\right) \tag{2.5-23}$$

式中：G——振动平板夯的重力；

R、R_1、R_2——视振动频率和水灰比而定的系数，其值见表 2.5-2。

系 数　　　　　　　　　　　　　　　　　　　　　　　　　　　表2.5-2

振动频率 （Hz）	R		R_1	R_2	R_3	R_4
	沥青混凝土 混合料	非黏性土	水泥混凝土混合料的水灰比			
			0.5以上		0.45~0.47	
1800~3000	2(4)	1.1~1.4	11	0.5~0.7	15	0.7~0.9
3000~5000	2(4)	1.5~2.3	11	0.7~1	15	1~1.4
750~1800	—	0.9~1.1	—	—	—	—

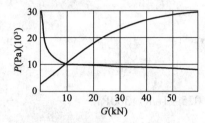

图2.5-20 振动平板夯相对激振力 P/G、静压力 P 和重力之间的统计曲线图

图2.5-20所示为现有各振动平板夯相对激振力 P/G、静压力 P 和重力之间的统计关系曲线,可供选择激振力参考。为此目的,亦可按表2.5-3选取。

⑤平板移动速度

定向振动式平板夯的自行移动如前所述,是依靠振动器的总激振力与垂直线偏斜所产生的水平分力 P_x 的作用而进行的,通常把它称为振动平板夯的移动牵引力 T。

在其他相同的条件下,振动平板夯的牵引力 T 可按式(2.5-24)确定。

表2.5-3

静压力 P （Pa）	铺层厚度为 B_{min} 和 $0.5B_{min}$ 时的 P/G 最小值		静压力 P （Pa）	铺层厚度为 B_{min} 和 $0.5B_{min}$ 时的 P/G 最小值	
	B_{min}	$0.5B_{min}$		B_{min}	$0.5B_{min}$
4500	—	10	20000	10	—
5000	—	7	24000	7	—
6000	—	4	40000	5	—
15000	—	2			

$$T = P_x = 2P\sin\omega t \sin\alpha \tag{2.5-24}$$

$$P = m_0\omega^2 r = \frac{G_0\pi^2 n^2 r}{900g} \tag{2.5-25}$$

式中:P——单轴偏心块所产生的离心力,N;

ω——偏心块的旋转角速度,rad/s;

α——定向振器中心线与垂线的倾角,°;

m_0——偏心块的质量,kg;

G_0——偏心块的重力,N;

r——偏心块的偏心距,m;

n——偏心块每分钟转速,r/min;

g——重力加速度。

从上式可以看出,牵引力 T 是随总激振力作用线倾斜角的变化,在从0到幅值的范围内随时间周期性地发生变化,其最大值为:

$$T_{max} = \frac{2G_0\pi^2 n^2 r}{900g}\sin\alpha \tag{2.5-26}$$

根据振动平板夯试验测定资料表明,当增加激振力作用线的倾斜角时(取垂直方向为零),振动平板夯的移动速度由于牵引力的加大开始增加,在激振力作用线倾斜角度45°~50°时,动速度达到最大值,然后开始减小。这表明,振动平板夯平板底台前料堆对振动平板夯的移动阻力,是随速度的提高而急剧增加的。

决定振动平板夯垂直振动振幅的总激振力的垂直分力,可按式(2.5-27)求得:
$$P_y = 2P\sin\omega t\cos\alpha \tag{2.5-27}$$

其最大值是 $P_y = \dfrac{2P\pi^2 n^2 r}{900g}\cos\alpha$。

从上式中可以看出,总激振力作用线倾斜角的增加,即振平板夯移动速度的提高,将会引起垂直振动强度的减弱,从而减小被压层的厚度和增加振动所需的时间,即振动压实遍数。因此,在设计自移式定向振动平板夯时,建议其最大移动速度不应超出 20m/min。这样的移动速度能保证振动平板夯具有较高的压实效果,对驾驶操纵人员来说,也是可以接受的。

对轻型振动平板夯,移动速度为 6~12m/min;对重型振平板夯,移动速度为 15~20m/min。

定向振动式振动平板夯的移动速度,可以从牵引平衡计算中求得,详见下面的振动平板夯的牵引计算。

非定向(圆周振动)振动式振动平板夯的自行移动,是依靠振动器相对于全系统惯性中心偏移的激振力的作用而实现的。

非定向振动式振动平板夯移动时所产生的阻力,对平板夯的移动速度有很大的影响,其大小视偏心块的旋转方向而定。在偏心块的旋转中心接近系统重心的情况下,正向旋转时(图 2.5-21)的振动平板夯工作底板,力图处于倾斜的位置,其前边比后边低。在底板前台前增积更大的料堆,增加阻力,阻碍平板夯移动。因此,在这种情况下,采用偏心块反向旋转仍是合理的。此时,振动平板夯具有自行移动的能力。试验表明,其与比较小的激振力成正比,而与振动频率成反比。振动平板夯移动速度的绝对值将是较小的。

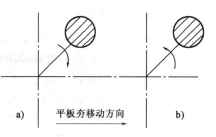

图 2.5-21 偏心块旋转方式
a)正向旋转;b)反向旋转

试验表明,当非定向振动式振动平板夯的振动元件(激振器)安装在工作底板前边部分时,振动平板夯才能完成自行移动。偏心块应具有正向旋转,而平板后边不应离地。在纵轴向平板的振幅按线性规律变化,其最大值为平板前边离地高度,而后边振幅为零。显然,这将降低振动压实的效果。因此,对于非定向振动式的结构,建议主要用于轻型振动平板夯。为了使非定向振动式振动平板夯具有更有效的自行移动,设计时必须满足不等式(2.5-28)。

$$\frac{P}{G} \leqslant \frac{\left(\dfrac{I_a}{I_0} - 1\right)S}{h - h_a} \tag{2.5-28}$$

其中:$\dfrac{I_a}{I_0} = \dfrac{l}{S}$。

式中:P、G——振动平板夯的激振力和重力;
I_a——全系统相对工作底板后边刃的惯性矩;
I_0——全系统相对平行于工作底板后边刃主轴的惯性矩;
S——自后边刃至平板夯重心的距离;
h——系统惯性中心布置高度;
h_a——偏心块旋转中心布置高度;
l——后边刃与偏心块旋转中心连线在水平面上的投影。

⑥振动平板夯的牵引计算

振动平板夯发动机所需功率:
$$P = P_P + P_B \tag{2.5-29}$$

式中:P_P——振动平板夯移动所需功率;

P_B——振动平板夯振动器工作时的驱动功率。

振动平板夯移动所需功率可由式(2.5-30)确定:

$$P_P = \sum W v_{cp}/\eta \tag{2.5-30}$$

式中:$\sum W$——振动平板夯移动总阻力,N;

v_{cp}——振动平板夯的自移速度,m/s;

η——发动机至振动器传动的总机械效率。

振动平板夯的总阻力:

$$\sum W = W_1 + W_2 + W_3 + W_4 + W_5 \tag{2.5-31}$$

$$W_1 = mg\mu_1 \tag{2.5-32}$$

$$W_2 = mgi \tag{2.5-33}$$

$$W_3 = m_p g\mu_2 \tag{2.5-34}$$

$$W_4 = m_p g\mu_2\mu_1 \tag{2.5-35}$$

$$W_5 = mv/t \tag{2.5-36}$$

式中:W_1——振动平板夯沿被压材料表面的移动阻力;

m——振动平板夯的质量,kg;

μ_1——振动平板夯的移动阻力系数,当振动器不工作时,μ_1是平板夯工作底板沿土的摩擦系数,对钢制和铁制工作底板,在不考虑底板台前土堆移动阻力时,$\mu_1 = 0.6 \sim 0.7$;对水泥混凝土混合料,$\mu_1 = 0.13$;对沥青混凝土混合料,$\mu_1 = 0.615$;试验证明,在振动器工作时,振动平板夯的移动阻力系数要比振动器不工作时的阻力系数小20%,因此,计算时μ_1可取为0.5;

W_2——克服被压材料表面坡度的阻力;

i——坡度,%;

W_3——振动平板夯工作底板台前被压材料堆移动阻力;

m_p——料堆质量,kg;

μ_2——被压材料的内摩擦系数,对非黏性土,$\mu_2 = 0.6 \sim 0.8$;对水泥混凝土混合料,$\mu_2 = 1.2$;对沥青混凝土混合料,$\mu_2 = 1.2 \sim 1.4$;

W_4——振动平板夯工作底板台前被压材料料堆的上翻阻力;

μ_1——料堆上翻时沿工作底板底台的摩擦系数,可以根据前述选取;对于工作底板底台前被压材料的料堆,可以认为其长度等于振动平板夯工作底板底台的宽度B,而其高度相当于底台高度H的$0.6 \sim 0.8$,材料的自然坡角约为45°,则料堆的质量为:

$$m_p = (0.6 \sim 0.8)^2 H^2 B\rho/2 \tag{2.5-37}$$

ρ——被压材料的密度,kg/m³;

W_5——惯性阻力;

v——振动平板夯的移动速度,m/s;

t——加速时间,$t = 1 \sim 2$s。

在初算时,可以根据下述方法选取振动平板夯发动机所需的功率。

在振动压实非黏性土时,振动平板夯的发动机功率为每吨振动部分质量消耗$3.68 \sim 5.15$kW;在振捣水泥混凝土混合料时,其功率为每平方米振动平板夯工作底板底面积需要$0.88 \sim 1.32$kW(当$q = 2\,000 \sim 3\,000$N/m²时)。

当振动平板夯在稳定工况下工作时,振动器工作所需的平均功率与激振力成正比例关系(图2.5-22),但与其总激振力的倾斜角无关。

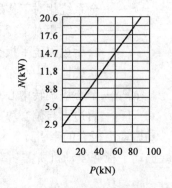

图2.5-22 振动器激振力与其功率的关系

可以认为,每 10 000N 的激振力,所耗功率为 1.98~2.2kW。

振动平板夯振动器工作时的驱动功率可按振动压路机振动器工作时所需功率计算公式确定。

2.5.4.3 作业能力

1) 自由落锤式打夯机生产率的计算

自由落锤式打夯机的生产率可按式(2.5-38)确定:

$$Q = \frac{60n(L-A)Bhk_B}{m} \quad (m^3/h) \quad (2.5\text{-}38)$$

式中：n——夯板每分钟的冲击次数；

L——夯板的宽度,m；

A——夯板夯实重叠量,m,通常取 $A = 0.1 \sim 0.15$m；

B——夯板面积的最小尺寸,m；

h——夯实深度,m；

k_B——时间利用系数,$k_B = 0.8 \sim 0.85$；

m——夯板在一处的冲击次数,$m = 6(8$ 或 $12)$。

2) 内燃打夯机生产率的计算

内燃打夯机的生产率可按式(2.5-39)确定:

$$Q = (1\,800 \sim 2\,400)\frac{Fnk}{Z} \quad (2.5\text{-}39)$$

式中：F——夯头面积,m²；

n——每分钟的夯击次数；

k——使用因素影响系数,包括时间利用系数和操纵影响系数等,视情况而定,一般取 $k = 0.7 \sim 0.9$；

Z——夯实遍数。

2.5.4.4 使用要点

1) 内燃冲击式打夯机的使用要求和操作方法

(1) 使用之前可用附备的专用装载小车将打夯机送到施工地点附近。

(2) 将打夯机立放在平整的地面上,按启动方式上下按动(或提拉)手柄将机械作"空车"运动,并检查运动是否灵活,连接件有无松动,缸内是否有金属撞击声等。当气门杆锁销脱落,使气门掉入汽缸内,或内弹簧折断、缩短,使弹簧呈浮动状况时,均可听到金属撞击声或摩擦声,这时必须拆检打夯机,进行必要的修理,否则会造成机械事故。

(3) 当"空车"检查无误后,可加注按一定比例混合配制的燃油,并擦净机身上的油渍,将机械移动到夯实地点,摆正停稳,即可进行启动工作。

(4) HB-80 型打夯机用专用启动手柄启动,HB-120 型打夯机可按压操纵手柄启动。当活塞上下移动 2~3 次,使燃油形成的混合气进入汽缸,对于 HB-80 型打夯机,只要按动点火开关就能启动。对于 HB-120 型打夯机,因操纵手柄联动着磁电机外凸轮,每按压一次手柄均可使磁电机运转而产生电流,缸内火花塞即可发火,从而能自然启动。

(5) 开始启动或启动后的工作中,都要特别注意打夯机的起跳和夯击,以免误伤操作者的头部和脚部。

(6) 每次夯击后缸内燃气要排出,因而总有一响"嘭"声,这是机械的自然现象,无须紧张,只要谨慎操作,即可很快地掌握其性能,自如地进行工作。

(7) 在工作中当需移动夯击位置时,只需将打夯机向需要移动的方位倾斜,即可使其向前自行跳进。

(8) 内燃式打夯机使用的燃油是 66 号(或 70 号)汽油与 15 号机油的混合物,混合比例为

16:1~20:1,当工作时间较长或在炎热的夏季使用时,机油比例可适当提高。在汽油中加入机油的目的是为了润滑汽缸壁,切不可直接使用汽油,否则会造成缸壁的迅速磨损。

(9)工作间歇时应擦净由于振动流落到机身和场地上的燃油,操作时亦不得引入火种,混配燃油或加油时不得吸烟,以免引起火灾。

(10)在使用中还要注意防止水分浸入,保管中亦要防止受潮,如需长期停放,应拆卸保养并涂以防锈油脂后再组装起来存放。

2)多头式打夯机的使用要求

多头式打夯机(快速冲击夯)在使用前应做好准备工作:选择较为宽敞的启动位置停稳机械(尽可能在夯实地点附近);各润滑点要进行良好的润滑。其中内燃式多头打夯机在启动前,还要将油箱内加足按比例配好的燃油,然后启动内燃机,注意启动后不要急于起振,应待内燃机进入稳定运转状态,水温达正常工作标准后(一般为40~80℃),再平稳地接合离合器,机械即可冲击土,这时可按夯击路线进行工作。在工作中要注意监听各部声音和注意观察机械的运行状态,除内燃机的正常工作声音以外,如发生金属连续振动、敲击声音和机械运行不稳等现象时,应停机检查各连接部分是否有松动,弹簧是否折断,活塞杆是否松脱等。

一般在连续工作1~2h以后应停机冷却,并进行工作间歇的检查、调整、紧固、润滑和保养工作。

各级保养和检修周期,应按所装用的内燃机保养和检修周期进行。除内燃机外,机械部分的主要保养和检修项目应包括以下内容:高级别的保养(三、四级),要全面拆卸机械,检查减速机构的齿轮和轴承的磨损情况,必要时予以更换或修理;检查弹簧组的弹力,如弹力不足、长度变短,应予更换;检查活塞、活塞杆的状况,如磨损过甚,应予更换。因滑套活塞和活塞杆在缸筒中起往复运动的导向作用,磨损间隙过大,会引起打夯机的工作运动不稳定。

3)振动平板夯的使用要点

振动平板夯使用前的准备工作,可参照其他形式打夯机来进行。

当工作中,发现振动频率下降、轴承过热、机械走偏等现象时,应及时停机,检查偏心振子和轴承等部件。偏心块必须牢固地连接在转轴上,轴亦不得有弯曲,轴承不能松旷,否则必须进行校正或更换。夯板、支撑台板、减振弹簧均不得有变形、裂纹等缺陷,必要时应予平整、补焊,甚至更换。

电动式振动平板夯,可在1 000~1 500工作小时后进行一次全面保养,更换齿轮箱内的润滑油,其传动轴和万向节的润滑可在50~100工作小时后进行。

2.5.5 主要生产厂家典型产品及技术性能和参数

2.5.5.1 德国威克公司

德国威克公司于1848年成立,一直从事制造及销售轻型建设设备,已有150多年经验,今天威克已是行业中的领导者,分公司遍布全球34个国家地区。

威克在1999年进入中国市场,一直为行业的领导者。德国威克是生产夯实机的专业厂商,其振动平板夯和振动冲击夯的年生产量都在万台以上,其生产的夯实机主要有二冲程冲击夯、四冲程冲击夯、自动混油冲击夯、二冲程冲击夯(可变速)、柴油冲击夯、振动平板夯、振动沥青平板夯、双向平板夯(BPU)、双向平板夯(DPU)。德国威克公司生产的振动平板夯主要技术参数见表2.5-4。

德国威克公司生产的振动平板夯主要技术参数　　　　表2.5-4

技术参数	VP 1550	VP 1550A	VP 1550R
操作质量(kg)	83	83	84
运输质量(kg)	85	85	86
最低操作高度(mm)	680	680	680
底板尺寸(宽×长)(mm)	500×590	500×590	500×590

续上表

技术参数	VP 1550	VP 1550A	VP 1550R
运输尺寸(长×宽×高)(mm)	675×535×800	675×535×800	675×535×800
激振力(kN)	15	15	15
频率(Hz)	97	97	97
最大前行速度(取决于泥土)(m/min)	20	20	20
最大压实面积(取决于泥土)(m²/h)	615	615	615
最大爬坡能力(取决于泥土)(%)	30	30	30
发动机	威克WM170风冷、四冲程单缸汽油发动机	本田GX160风冷、四冲程单缸汽油发动机	罗宾EY200风冷、四冲程单缸汽油发动机
排量(m³)	169	163	183
最大输出功率(kW/hp)	4.5/6.0	4.1/5.5	3.7/5.0
在转速(r/min)	4 000	3 900	4 000
额定输出功率(kW/hp)	2.9/3.9	3.7/5.0	2.6/3.5
在转速(r/min)	3 600	3 600	3 600
燃油消耗量(L/h)	1.52	1.8	1.8
燃油箱容量(L)	3.6	3.7	3.8
动力传送	由发动机经离心式离合器和驱动皮带直接到偏心器	由发动机经离心式离合器和驱动皮带直接到偏心器	由发动机经离心式离合器和驱动皮带直接到偏心器

技术参数	VP 1550W	VP 1550AW	VP 1550RW
操作质量(kg)	86	86	87
运输质量(kg)	88	88	88
最低操作高度(mm)	680	680	680
底板尺寸(宽×长)(mm)	500×590	500×590	500×590
运输尺寸(长×宽×高)(mm)	675×535×800	675×535×800	675×535×800
激振力(kN)	15	15	15
频率(Hz)	97	97	97
最大前行速度(取决于泥土)(m/min)	20	20	20
最大前行速度(取决于沥青)(m/min)	23	23	23
最大压实面积(取决于泥土)(m²/h)	615	615	615
最大压实面积(取决于沥青)(m²/h)	686	686	686
最大爬坡能力(取决于泥土)(%)	30	30	30
发动机	威克WM170风冷、四冲程单缸汽油发动机	本田GX160风冷、四冲程单缸汽油发动机	罗宾EY200风冷、四冲程单缸汽油发动机
排量(m³)	169	163	183

续上表

技 术 参 数	VP 1550W	VP 1550AW	VP 1550RW
最大输出功率(kW/hp)	4.5/6.0	4.1/5.5	3.7/5.0
在转速(r/min)	4 000	3 900	4 000
额定输出功率(kW/hp)	2.9/3.9	3.7/5.0	2.6/3.5
在转速(r/min)	3 600	3 600	3 600
水箱容量(L)	7.6	7.6	7.6
燃油消耗量(L/h)	1.52	1.8	1.8
燃油箱容量(L)	3.6	3.7	3.8
动力传送	由发动机经离心式离合器和驱动皮带直接到偏心器	由发动机经离心式离合器和驱动皮带直接到偏心器	由发动机经离心式离合器和驱动皮带直接到偏心器

2.5.5.2 英格索兰公司

英格索兰 RX 系列直接传动立式冲击夯设计用于对从粒状土、黏结性土到重黏土等各种不同的土进行有效压实。棘轮式油门控制可在作业的各个阶段均保持发动机的转速恒定。手把在运输过程中可对部件起到保护作用,在工地上也可防止对机器的不恰当使用。英格索兰的立式冲击夯设计外形小巧,质量轻,重心低,成为大多数沟槽、回填作业的首选设备,其技术参数见表2.5-5。

RX 系列手扶式振动压实机技术参数　　　　　　　　　　　表 2.5-5

型　号	RX-654	RX-754
工作质量(kg)	71	72
全长×全宽×全高(mm)	625×365×1 050	665×410×975
力板尺寸(长×宽)(mm)	270×330	270×330
冲击力(kN)	10.9	12.7
冲击频率(次/min)	600~650	600~650
行走速度(m/min)	12~14	12~14
压实效率(m²/h)	235	256
建议压实深度(mm)	530	610
发动机	Robin/Honda	Robin/Honda
功率(kW)	2.6/2.9	2.6/2.9
油箱容积(L)	1.9	1.9

2.5.5.3 日本三笠公司

MT55 内燃式冲击夯采用与富士重工联合研制的四冲程环保型三笠冲击夯专用发动机,无需加注混合油;排放符合 EPA 标准;跳跃振幅大,冲击力强劲;易启动,油耗低,噪声低;采用双滤清系统,两级四层过滤充分过滤进气中的粉尘,延长发动机寿命,保养简单方便;耐久性极佳。

MT-72SGK 冲击夯是在高性能四冲程冲击夯的基础上进行改进的,装置了减少发动机噪声的特殊消音套,并采用降低冲击噪声的底板。与其他类型的产品相比,MT-72SGK 冲击夯具有明显的静音效果,非常适合住宅区和夜间作业,并能大大减轻操作人员的疲劳,MT55 内燃式冲击夯和 MT-72SGK 冲击夯技术参数见表2.5-6。

三笠冲击夯技术参数　　　　　　　　　　　表 2.5-6

型　号	MT55 内燃式冲击夯	MT-72SGK 冲击夯
机体尺寸长×宽×高(mm)	670×370×1 010	720×415×1 135
发动机	富士罗宾 EH09(3 马力)4 冲程	富士罗宾 EH12-2D(3.5 马力)

续上表

型号	MT55 内燃式冲击夯	MT-72SGK 冲击夯
油箱容积(L)	汽油 2.0	汽油 2.0
跳跃振幅(mm)	70	—
冲击频率(次/min)	—	640~680
底板尺寸(mm)	340×265	330×280
质量(kg)	57	76

2.5.5.4 宝马格(BOMAG)公司

德国宝马格公司成立于1957年,它拥有世界一流的压路机研究、测试和生产技术。随着施工所用材料和设计的不断改变,BOMAG公司不断为世界市场带来更新产品。几十年来,BOMAG公司已经发展成为世界上最大的压路机生产企业,在压路机行业中占有独一无二的地位。公司已经在德国(欧洲)、美国(美洲)和中国(亚洲)设有生产工厂。振动冲击夯、单向振动平板夯、双向振动平板夯技术参数见表2.5-7~表2.5-9。

BOMAG 振动冲击夯技术参数 表2.5-7

型号	工作质量(CECE标准)(kg)	工作宽度(mm)	发动机
BT 50	54	230	Robin(两冲程)
BT 60	61	230	Robin(两冲程)
BT 65	68	280	Robin(两冲程)
BT 60/4	62	280	Honda(四冲程)
BT 65/4	68	280	Robin(四冲程)
BT 80D	81	330	Yanmar(柴油)

BOMAG 单向振动平板夯技术参数 表2.5-8

型号	工作质量(CECE标准)(kg)	工作宽度(mm)	发动机
BP 6/30	46	300	Robin
BP 8/34	54	340	Honda
BP 10/36-2	83	360	Honda
BP 18/45-2	91	450	Honda
BP 18/45D-2	104	450	Hatz
BP 25/48	138	480	Honda
BP 25/48D	150	480	Hatz

BOMAG 双向振动平板夯技术参数 表2.5-9

型号	工作质量(CECE标准)(kg)	工作宽度(mm)	发动机
BPR 25/40*	123	400	Honda
BPR 25/40D*	136	400	Hatz
BPR 30/38-3	215	580	Honda
BPR 30/38D-3	232	580	Hatz
BPR 30/38D-3	229	580	Yanmar
BPR 40/45D-3	348	590	Hatz

续上表

型号	工作质量 (CECE 标准)(kg)	工作宽度 (mm)	发动机
BPR 40/45D-3	376	590	Yanmar
BPR 50/52D-3	513	660	Hatz
BPR 50/52D-3	471	660	Yanmar
BPR 65/52D-3	545	660	Hatz
BPR 75/60D-3	745	710	Hatz
BPR 75/60HD-3	771	710	Hatz

注：* 不带液压手油门。

本章参考文献

[1] 贺杰,等.冲击压路机的发展趋势[J].工程机械,2002(02).

[2] 杨世基.冲击压实技术在路基工程中的应用[J].公路,1999,7.

[3] 胡昌斌.冲击压路机破碎改造旧水泥混凝土路面技术[M].北京:人民交通出版社,2007.

[4] 张树猷,周继祖,王修正,等.工程机械施工手册[M].北京:中国铁道出版社,1991.

[5] 何继挺,展朝勇.现代公路施工机械[M].北京:人民交通出版社,1999.

[6] 何挺继,朱文天,邓世新.筑路机械手册[M].北京:人民交通出版社,1998.

[7] 龚绍基,译.打夯机从手控到红外线控制[J].建筑机械技术,1993,12(6).

[8] 孟宪颐,李韶钢.振动冲击夯研究的现状及对策分析[J].北京建筑工程学院学报,2004(12).

[9] 沈明华,张玉虎,李晓莉.振动冲击夯设计参数选择[J].建筑机械,1994(3).

[10] 吴竞吾.我国夯实机械市场发展概况[J].建设机械技术与管理,2008(12).

第3章 水泥混凝土机械设备

3.1 水泥混凝土搅拌设备

3.1.1 概述

3.1.1.1 用途及工作用途

水泥混凝土搅拌设备是制备混凝土的成套专用机械,其功能是将水泥混凝土的原材料——水泥、水、砂、石料和外加剂等按预先设定的配合,分别进行输送、上料、储存、配料、称量、搅拌和出料,生产出符合质量要求的成品混凝土。这种设备广泛用于道路、建筑、水坝、码头、机场等工程施工。

3.1.1.2 国外水平及发展趋势

国外开发生产水泥混凝土搅拌设备的时间比较早,19世纪40年代,在德国、美国、俄国等国家出现了以蒸汽机为动力源的自落式搅拌机,其搅拌腔由多面体状的木制筒构成,一直到80年代,才开始用铁或钢件代替木板,但形状仍然为多面体。20世纪初,圆柱形的拌筒自落式搅拌机开始普及,其工作原理如图3.1-1所示。

1903年德国在斯太尔伯格建造了世界上第一座水泥混凝土的预拌工厂,1908年,在美国出现了第一台内燃机驱动的搅拌机,随后电动机则成为主要动力源。从1913年,美国开始大量生产预拌混凝土,到1950年,亚洲的日本开始用搅拌机生产预拌混凝土,用以生产商品混凝土,供给各种建筑工程和道路建设部门。随着商品混凝土的大力推广,以及建筑规模的大型化、复杂化和高层化对混凝土质量不断提出的高要求,有力地促进了混凝土生产设备在使用性能和技术水平方面的迅速提高和发展。

20世纪40年代后期,德国ELBA公司最先发明了强制式搅拌机,工作原理如图3.1-2所示。其投放市场后不久,德国的桑索霍芬机械与矿业公司(简称BHS公司)推出了双卧轴搅拌机,其主要结构如图3.1-3所示。与此同时,美国也出现了强制式搅拌机。但当时的双卧轴搅拌机在使用过程中因轴端密封技术的不成熟,其发展基本处于停顿状态。

图3.1-1 自落式搅拌机
工作原理示意图

图3.1-2 强制式搅拌机
工作原理示意图

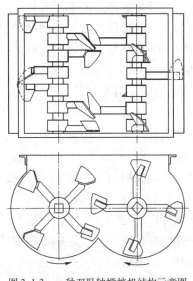

图3.1-3 一种双卧轴搅拌机结构示意图

直到20世纪70年代初,由于这项技术得到突破,该机型在德国的BHS公司和ELBA公司、美国的JOHNSON公司和REX WORKS公司、意大利的SICOMA公司和SIMEN公司、日本的日工株式会社和光洋株式会社等企业又重新发展起来,目前已形成系列产品。

在此期间,除了卧轴强制式搅拌机外,立轴涡桨式、立轴行星式等强制类搅拌机也先后面世。图3.1-4所示为一种双层立轴涡桨式搅拌机。图3.1-5所示为立轴双行星式搅拌机示意图。

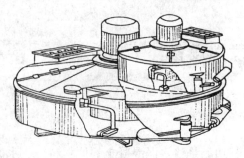

图3.1-4 一种双层立轴涡桨式搅拌机

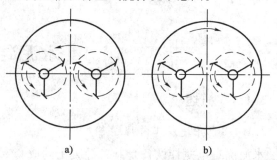

图3.1-5 立轴双行星式搅拌机示意图
a)定盘式;b)转盘式

当今,意大利专门生产搅拌机的SICOMA公司已经拥有双卧轴、涡桨式、行星式和连续式4大系列几十种型号的混凝土搅拌机生产能力,产品出料容量从$0.5 \sim 6.0 m^3$,均具有很好的可靠性、耐久性和经济性,其完善的监控系统、独特的传动系统、有效的轴端密封润滑系统、多搅刀搅拌系统、多管多路喷水系统、液压卸料装置、测湿传感器和称重系统使其成为国内外许多大中型搅拌站搅拌主机。德国BHS公司的双卧轴搅拌机技术居世界领先地位,容量为$0.5 \sim 9.0 m^3$,主要产品包括:固定式单机组搅拌站拌和主机,容量为$7.0 m^3$,生产率$320 m^3/h$;而全移动成单机组搅拌站拌和主机,生产率为$300 m^3/h$;双卧轴拌和主机,干料填料容积为$13.5 m^3$,混凝土搅拌容积可达$9.0 m^3$,生产率为$383 m^3/h$。

目前国外一些先进的水泥混凝土搅拌设备均已采用了电子计算机自动控制和电视屏幕监控技术,对配合比的选择、上料、称量、搅拌、出料、骨料含水率的测定,配合比的调整以及各种数据的储存记录等全部实现了自动控制。一些更为先进的混凝土搅拌场(站),还设置有对粗细集料粒度分布进行调整的粒度补偿、对骨料表面含水率的补偿、容量变更控制、骨料精称控制、废水回收浓度补偿等控制手段,从而能够得到比较高的配合比精度。而今国外的水泥混凝土搅拌设备不仅技术性能先进,自动化程度高,生产的混凝土质量有保证,且产品的品种规格齐全,供用户选择的余地较大。主要有下列几个方面的动向:

(1)高新技术广泛应用

近年来一些著名生产厂家不断开拓新的主机结构形式,从搅拌缸驱动方式、结构等进行了大量改进。国外各公司针对自己研发设计的搅拌机搅拌装置分别采用不同结构形式的动力传动装置,如德国的BHS、日本的KYC等是采用轴装式减速机,德国ELBA、意大利SICOMA、SIMEM、日本NIKKO等是采用直角齿和行星齿传动或同轴输出的齿轮减速机。搅拌臂采用直臂和曲臂方式,搅拌机的轴端密封形式主要是油脂、油脂+机油、气压等,采用高强度尼龙替代耐磨合金铸铁制造衬板,对降低搅拌噪声有很好的效果。采用液压缸驱动卸料门装置比常用的气动方式可靠耐用,卸料门开度可调节,满足了搅拌主机内的混凝土卸入输送车中的需求。

(2)致力于改进搅拌工艺

在经过漫长的发展历史之后,水泥混凝土搅拌设备在技术性能和操纵控制方面都达到近乎完美的程度。德国、美国和日本等一些工业发达国家开始把注意力放在对传统搅拌工艺的改进方面。先后推出了无叶片搅拌机、行星式搅拌机、超临界转速搅拌机、滚筒式搅拌机、带振动装置的搅拌机、声波搅拌机和自落—强制搅拌机等等。这些新型搅拌主机在降低耗能和提高搅拌质量以及对多品种骨料的适应性等方面都有新的突破。

德、美、日等国为适应新工艺研制了双层搅拌机,如图3.1-4所示,这种搅拌机具有上下两个相互独立的拌筒,将原来的一次搅拌出料改为两次搅拌出料,上层为立轴式搅浆机,下层为立轴式强制混凝土搅拌机。有些生产厂家依据相同的二次搅拌理论,先后开发研制出恒功率变速搅拌机和双速搅拌机,使两次搅拌工艺能在同一个搅拌筒中完成,收到异曲同工的效果。与此同时,美国和日本的一些制造公司还试图在传统的周期式搅拌工艺的基础上,开发研制出连续式混凝土搅拌设备,并已在施工工程中推广应用。

(3)多用途、模块式设计

为了适应国际市场多样化的使用需求,以及建筑规模越来越大的发展趋势,国外厂商竭尽所能,一方面不断完善产品的服务功能,模块式设计可以根据用户具体要求把一系列模块灵活地组装在一起,从而获得不同的结构,实现各种配置。模块式组装的混凝土搅拌站具有广泛的适用性,其生产率从每小时几十立方米到几百立方米,混凝土配料的种类可从几种到十几种,上料方式可以采用胶带输送机或提升料斗,可生产出零坍落度到高坍落度的各种混凝土。采用标准化模块式设计有利于生产厂家的销售和生产,同时用户也可在最短的时间内、最经济地获得所需要的混凝土搅拌站。

3.1.1.3 国内水平及发展趋势

我国开发生产水泥混凝土搅拌设备起步于20世纪50年代,1951年上海建筑机械厂就有400L(JG250)型鼓筒自落式搅拌机,70年代末期国内厂家在引进国外样机的基础上,陆续开发了新一代的JZ型双锥自落式搅拌机和JD、JS型单双轴卧式强搅拌机系列产品,老式产品被取而代之。进入80年代后,为了满足国内飞速发展的建筑业和道路工程的紧迫需要,原建设部所属的科研院所和国内一批骨干企业,先后开发出了一批性能比较先进的复式搅拌机,如JD350、JF200和JF350型等,还研制出10多种混凝土搅拌楼(站),如HZW20、HZW25、HZD25及其他产品。这些产品除了配备有技术性能比较先进的搅拌主机外,还设置了水泥、砂、石料、水和附加剂等所有集料的储存、输送、称量、投放和出料等一系列工作装置,并由单板机或微电脑对生产过程实施程序化全自动控制。

经过20多年的技术积累,国内企业突破了搅拌站的技术难点,搅拌主机的生产已国产化,$2m^3$、$3m^3$搅拌主机批量生产,$4m^3$、$5m^3$、$6m^3$主机不断研制成功,标志着我国搅拌站技术已跨入世界先进行列。2007年国内搅拌楼(站)的产量突破3 000台。与此同时,德国BHS在天津设立独资工厂,珠海仕高玛机械设备有限公司引进意大利SICOMA技术在国内生产搅拌主机,德国利勃海尔在徐州设立独资工厂生产成套混凝土搅拌站。至此,中国搅拌机市场形成国外品牌与国内企业共存的局面,对推动中国混凝土机械技术的进步和应用水平的提高起到很大作用。大致说来,国内产品有下列特点。

(1)计量精度不断提高

随着混凝土的大规模使用,工程建设对混凝土的品质要求越来越高,对配料的种类需求越来越多,对计量精度要求也越来越高。高精度的称量传感器和计算机控制技术的采用使得人们的要求得以实现。由于计量精度的需要,现在各自采用独立的称量斗进行计量,水的计量方式以称量式计量取代容积式计量,保证更精确的计量精度。随着各种类型外加剂的应用,对外加剂计量配置、计量精度提出了更高要求。

(2)智能化控制得到应用

混凝土搅拌楼(站)的控制系统采用微机进行控制与监测,实现从配料计量、搅拌,到出料生产全过程的自动化、智能化。混凝土生产管理系统能自动对生产流程中的故障进行诊断,并通过安装在各部位的传感器监控电机、齿轮箱和润滑系统等部分的技术状况,出现错误或故障及时报警,对生产情况实时监控。操作人员在控制室内可以了解搅拌楼(站)的工作情况和整个生产过程,并对各种数据进行处理,同时可以存储、打印各种配比和工作参数。

3.1.2 分类、特点及适用范围

混凝土搅拌楼(站)的分类方式很多,这里主要介绍以生产能力、移动性、工艺流程及其他常用的分类方式。

按混凝土搅拌生产能力和自动化程度高低,可分为大、中、小型混凝土搅拌设备。大型混凝土搅拌设备主要是用于预搅拌混凝土工厂和混凝土制品厂的混凝土搅拌楼,生产效率可达 100~300m³/h,且采用计算机控制,自动化程度很高;中型混凝土搅拌设备主要是作为中小型建筑工程和道路修建工程现场使用的各种混凝土搅拌站,其生产能力一般为 60~120m³/h;小型混凝土搅拌设备,主要指那些适用于零散浇筑的简易式单机站,生产率一般在 60m³/h 以下,控制方式以程序控制和手动控制较为常见。

按移动性通常分为三类,即移动式、拆迁式和固定式。移动式搅拌站通常带有行走装置,以便于现场移动。主要适应于移动性较强的工程,如道路、桥梁等建设项目。目前我国生产的移动式搅拌站的生产率一般在 30~90m³/h。拆迁式搅拌站是相对固定式而言,其特点是移动场地时必须将大部件拆开装运。目前我国使用的拉铲式搅拌站、皮带机上料的二阶式搅拌站大部分属于这种类型,主要适用于商品混凝土工厂及大中型混凝土施工工程。固定式搅拌站是指拆迁比较困难的搅拌设备,一般是一阶式上料或混凝土结构的搅拌设备,适用于商品混凝土工厂、预制厂及大型混凝土工程等场合使用。

按所采用的搅拌主机的工艺特征分类,又可以分为自落式搅拌设备和强制式搅拌设备两大类。

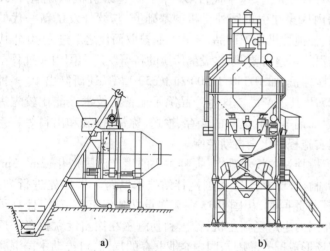

图 3.1-6 自落式混凝土搅拌设备示意图
a)双锥反转出料式搅拌设备;b)可倾翻式搅拌设备

自落式搅拌设备的搅拌过程,是靠搅拌筒体内壁上设置的刮料叶片在随筒体转动中,将砂、石、水泥和外掺剂等组成集料提升到一定高度,在物料自重作用下沿叶片的斜面向下滑落产生相互混合而实现均匀拌和的。这种搅拌设备适用于建筑工程中塌落度低、骨料粒径大的混凝土。它主要有两种结构形式:一种如我国现有的 JZ 型双锥反转出料式搅拌机,如图 3.1-6a)所示;另一种是可倾翻式搅拌机,其出料方式是将搅拌筒倾翻一定角度,使已拌好的混凝土混合料从筒口倒出,如图 3.1-6b)所示。

强制式搅拌设备区别于自落式搅拌设备的显著特点是通过安装在搅拌轴上的若干对铲板(或叶片)将砂石、水泥和水等集料进行强制性铲、刮、翻腾来实现物料搅拌。其优点是搅拌作用剧烈,搅拌时间短,搅拌质量好。这种搅拌设备可拌制低塑性混凝土,适用于水泥混凝土路面工程等,如图 3.1-7 所示。

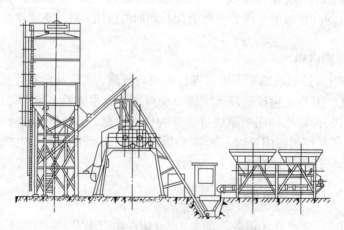

图 3.1-7 强制式混凝土搅拌设备示意图

若按搅拌过程的生产方式区分,还可以分为周期式搅拌设备和连续式搅拌设备。周期式搅拌设备的特征是物料的选料、搅拌、出料要分批进行,即它的称量、配料机构按设计容量将物料分批送入搅拌机,搅拌机按设定的时间搅拌后,再进入下一循环。

连续式混凝土搅拌设备区别于周期式搅拌设备的特征是:供料、搅拌及出料都是连续进行的,因而,必须配置精确的计量装置,才能生产合格的混凝土。

按生产工艺分类区分,还可以分为一阶式和二阶式,称一阶式为搅拌楼,二阶式为搅拌站。

图3.1-8为一阶式搅拌设备的工艺流程,即物料主要指骨料经一次提升到最高点,然后垂直下落进行计量并进入搅拌机中搅拌。一阶式搅拌设备有时采用多个搅拌主机,但由于分料、控制比较复杂,而且目前搅拌主机的可靠性较高,因此这种方式很少采用。这种设备的优点是由于一般采用全封闭形式,所以适应一切气候条件,并且整套设备的使用寿命长。同时由于空间大,设备布置方便,维修性好,因此可靠性高。缺点是占地面积大,一次性投资大。搅拌楼一般适用固定场合,如商品混凝土厂及预制厂等,也适用于大型工程。

图3.1-9为二阶式搅拌设备的工艺流程。物料主要指骨料需经过二次提升,即计量完毕后,再经皮带机或提升斗提升到搅拌机中进行搅拌。这种结构的优点是结构紧凑,一般适用于中小型商品混凝土厂及大中型混凝土施工工程。

图3.1-8 一阶式搅拌设备工艺流程　　　　　　图3.1-9 二阶式搅拌设备工艺流程

除上述常用分类方法外,还可按其他分类方法分类,如按搅拌站是否配置搅拌机并加水搅拌分为干料配料站和湿搅拌站,按配置搅拌机的进料连续性分为连续式搅拌站和间歇式搅拌站,不过干料配料站和连续式搅拌站在我国一般不经常使用,这里不作介绍。本手册所介绍的搅拌设备均为间歇式湿搅拌设备。

3.1.3 工作原理与主要结构

水泥混凝土搅拌设备的类型和品种虽然很多,其结构组成和安装方式也不尽相同,但都是由上料机构、集料存储装置、计量装置、搅拌主机、卸料装置和辅助设备组合而成。下面则介绍其有关结构和工作原理。

3.1.3.1 总体结构及工艺流程

一般混凝土搅拌楼的基本结构主要由皮带输送机、水平螺旋输送机、斗式提升机、回转配料器、骨料仓、水泥筒仓、骨料称量斗、称水器、搅拌机、成品料储存斗、控制台和其他辅助装置组成。立式水泥混凝土搅拌楼工艺流程如图3.1-10所示,砂、石骨料由皮带输送机提升到搅拌楼的顶部,通过回转配料器送入骨料仓的各个储料斗,水泥则经由下部螺旋输送机和斗式提升机装进水泥筒仓,水和外加剂通过专设的泵和相应的管路直接送入称量容器,从而完成上料和储存工序。称量是由骨料称量斗、水泥称量斗和水(含外加剂)称量斗分别进行的,经过称量的各种集料一起投入设在进料槽下方的搅拌机里进入搅拌工序。成品料可以直接卸进运输车内或送入成品料斗暂存。

水泥混凝土搅拌站的总体结构一般采用水平式布置,主要由集料存储装置(包括砂石骨料、水泥、水和附加剂的存储设备)、集料一次提升机构、称量机构、集料二次提升机构、搅拌机、成品料斗、控制台和辅助设备等组成。

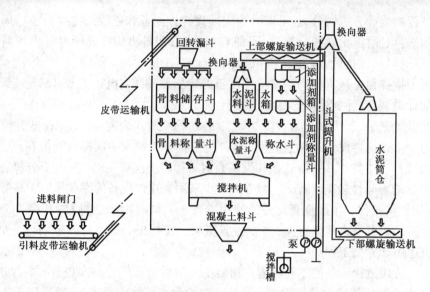

图 3.1-10 混凝土搅拌楼的工艺流程示意图

其工艺流程如图 3.1-11 所示。砂石骨料经一次提升装进骨料斗仓。骨料斗仓的个数不少于 3~4 个,根据级配设计中骨料品种的多少确定,斗容量一般为 $2~3m^3$ 个,同样,水泥经一次提升装进水泥筒仓备用。砂石骨料的称量斗置于斗仓的下方,便于斗仓直接投料,一般采用累计称的方式进行骨料计量。经称量的骨料放入提升斗中,经二次提升加进搅拌机中。水泥由筒仓底部的料门经螺旋输送机提升到位于搅拌机上方的水泥称量斗中,进行单独计量。计量过后直接投入搅拌机。水和外加剂分别由水泵和外加剂泵,从储存箱直接泵入搅拌机。搅拌机的卸料口下方一般设有容量不大的成品料储存斗,用于运输车辆间隔期间的成品料暂存。

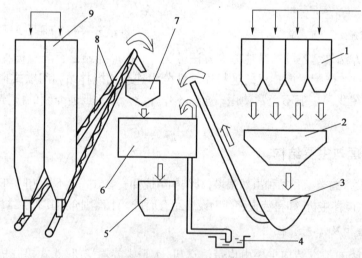

图 3.1-11 搅拌站工艺流程

1-骨料仓;2-骨料称斗;3-提升斗;4-水和外加剂;5-成品料斗;6-搅拌机;7-水泥称量斗;8-螺旋输送机;9-水泥仓

3.1.3.2 主要部件结构及特点

1)上料机构

(1)骨料上料机构

用于水泥混凝土搅拌楼的骨料上料机构,最常见的是皮带输送机和斗式提升机。采用皮带输送机的优点是生产效率高,不受气候影响,可连续作业而不易产生故障,维修费用低;缺点是占地面积大,尚需依靠其他设备给皮带上料。采用斗式提升机的优点是设备投资费用低,占地面积小;缺点是传动链易于损坏,生产效率低。目前,以采用皮带输送机为主,为了尽力缩小皮带机占地面积,增大皮带安装角度,已开始使用带波纹的槽形皮带,其安装角可以增大到25°。

搅拌站的骨料上料机构主要有悬臂拉铲上料、悬臂链斗上料、装载机上料和皮带上料等几种形式。

①悬臂拉铲上料机构

悬臂拉铲上料机构适用于扇形隔板式储料的场合,也叫星形储料仓,如图3.1-12所示。悬臂拉铲结构简单、使用方便、易于实现自动控制,因而在移动式搅拌站中较多采用。拉铲一般由卷扬机牵引,拉铲速度为1~1.25m/s,回程速度是铲料速度的1.5倍。卷扬机、操纵室和悬臂安装在一个高置于塔架的平台上。这一平台可整体在塔架上回转180°~210°以使悬臂铲斗覆盖全部料场。

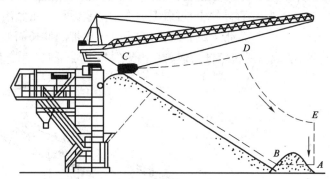

图3.1-12 悬臂拉铲上料示意图

在拉铲的作用下,每个隔板料仓中的骨料都能在受料斗槽的上方,形成一个容积很大的"活料堆",这部分材料可以靠自重从出料口卸出,以确保在拉铲循环周期内,有充足的材料供连续生产所需。悬臂拉铲一般由1名操作人员在操纵室进行控制,也可以设计成自动控制的形式。拉铲的各项技术性能参数见表3.1-1。

悬臂拉铲的技术性能参数　　　　　　表3.1-1

悬臂长度 (m)	铲斗容量 (L)	铲料运行速度 (m/s)	卷扬机功率 (kW)	理论生产率 (m³/h)
12	200	1~1.3	7.8~10	30
16	380	1~1.3	15~20	35~40
20	550	1~1.3	21~28	50~55

在拉铲上料方式中,除悬臂拉铲外还有手扶式拉铲和桥式拉铲两种形式。前者因劳动强度大、生产效率低、不易实现自动控制,已很少采用。后者由于另设门架、行走轮和相应的预制轨道设施,使机构趋于庞杂,给搬迁和使用都带来不便,只有在臂架长达16~20m,产量较大的情况下才被采用。

②悬臂链斗上料机构

悬臂链斗上料机构适用于骨料围绕搅拌机呈辐射状分散堆放的堆料方式,无需挡板隔离。因其机构简单,装拆方便,容易实现自动化控制,在搅拌站中应用也较广泛。

悬臂链斗上料机构由钢管制成的三角形支架、链轮、斗链和相应的传动机构组成。斗链由在两条平行的链条上等距离安装着的一周料斗组成,因此,其链轮也是具有双排轮齿的结构形式。主动链轮安装在三角形支架的上顶角处,其余两个为被动链轮。这样在工作时,能保证链斗三角形的底边始终紧贴着料堆的下部,直到堆料装完为止。

③装载机上料

搅拌站采用装载机上料比较普遍,主要是因为这种方式具有上料机动灵活、生产准备工作量小、搬迁方便、生产效率高等优点。它们适于各种骨料一字堆放的储料场合,采用这种上料方式的搅拌站,都应配备分格式斗仓。且采用装载机上料时,在分格斗仓靠近料堆的一侧还应配置斜坡,供装载机顺坡爬升,以减小上料高度,如图3.1-13所示。一般侧面斗壁高度应低于4m,以利于装载机卸料。

④采用皮带输送机上料

皮带输送机的优点是生产效率高，不受气候影响，可连续作业而不易产生故障，维修费用低；缺点是占地面积大，虽不需配置斜坡，但皮带机的受料端需设置地沟，以安装受料斗或采用其他方式给皮带上料。

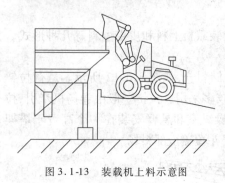

图3.1-13 装载机上料示意图

皮带机采用重力张紧装置，其优点是随着橡胶带的伸长可以自动补偿余量。它的工作原理是将重锤箱与张紧滚固定，一起装在垂直导轨上，可以上下滑动。重锤箱与张紧滚及附件的总重就是加在皮带上的张紧力，它不会因皮带的伸长而变化。一般平皮带的平均倾角大于4°时应设置制动装置（或防逆转装置），以防止由于偶然事故停车而引起胶带倒行。见图3.1-14。

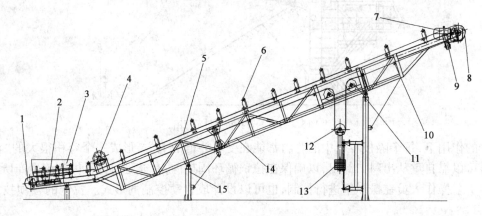

图3.1-14 皮带输送机示意图

1-尾轮；2-张紧装置；3-挡料板；4-压带轮；5-皮带；6-上托辊；7-电机、减速机；8-驱动轮；9-皮带张紧装置；10-下托辊；11-改向滚筒；12-吊紧轮；13-配重块；14-输送机支架；15-支腿

(2) 粉料上料机构

粉料包括水泥、粉煤灰、粉状外加剂等，搅拌楼用的粉料上料机构，主要有两种形式：一种是常见的由螺旋输送机和斗式提升机组成的机构输送形式，螺旋输送机由带有螺旋叶片的转动轴在一封闭的料槽内旋转，使装入料槽内物料由于本身重力及其对料槽的摩擦力的作用，而不和叶片一起旋转，只沿料槽向前推移。在垂直的旋转输送机中，物料是靠离心力和对槽壁产生的摩擦力而向上运移的。因为料槽是封闭的，在输送易飞扬的物料时可减少对环境的污染，亦可以倾斜方向输送，所以它是混凝土搅拌装置中输送水泥的理想设备。它和水泥筒仓相配合，可组成拆装式和移动式搅拌站的水泥输送设备，图3.1-15为国产LSY系列螺旋输送机的结构简图，电动机通过驱动装置1带动装有螺旋叶片的轴4旋转，物料通过装载漏斗3装入壳体5内，也可以在中间装载口7装料，物料在叶片的推动下在壳体5内轴向移动从卸料孔9或10处进行卸料。LSY系列螺旋输送机结构紧凑、截面积小、质量小、密封性能好、工艺布置灵活、拆装移动方便、操作安全，特别适宜混凝土搅拌装置中从水泥仓到搅拌机或从水泥仓到配料机之间的散装水泥输送。另一种是风动输送形式。风动输送形式是使水泥在压缩空气的作用下悬浮在空气中使之形成混合气体并沿管道输送。这种风送水泥的方法，优点是占地面积小，管道易于布置，对空间位置无特殊要求，输送速度快，其输送系统由空压机、喂料器、输送管道和除尘器等设备组成。

水泥混凝土搅拌站所用的水泥一般以

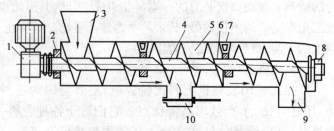

图3.1-15 LSY系列螺旋输送机的结构简图

1-驱动装置；2-首端轴承；3-装载漏斗；4-轴；5-壳体；6-中间轴承；7-中间装载口；8-末端轴承；9-末端卸料口；10-中间卸料口

散装水泥为主,由水泥运输罐车直接打入水泥筒仓存储备用,从而可省去一次提升设备,有时因货源紧张而需要提前储备水泥,或限于厂家的供货状态,也有采用袋装水泥的情况。这时,就有必要在筒仓前面设置提升袋装水泥的设备,包括破袋装置、过滤网、料槽和螺旋输送机等。

2）集料储存机构

为了适应大容量连续生产的需要,搅拌楼一般都配备有容量足够大的储料仓,包括骨料储仓和水泥筒仓。储料仓一般应储存搅拌站（楼）生产几小时所需的用料,以防止因后备料一时供应不上而中断生产。

(1) 骨料储存

骨料储存一般分为地仓式、星形料场、钢制直列式料仓及圆形料仓等形式。

①地仓式

地仓式储料方式一般由下储料仓、下地长廊、水平皮带机组成。每个仓的间隔一般 4～6m,有时也可以在地下直接进行计量,如图 3.1-16、图 3.1-17 所示。

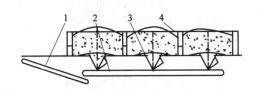

图 3.1-16 无计量地仓式储料方式
1-斜皮带机;2-平皮带机;3-下储料仓;4-隔仓墙

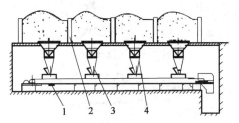

图 3.1-17 有计量地仓式储料方式
1-平皮带机;2-隔仓墙;3-计量斗;4-下储料仓

这种结构的特点是料场直接作为料仓,容积大、骨料上料简单、效率高,规模较大的搅拌设备采用一台推土机或装载机即可。但也有缺点,主要是占地面积大,地下工程量大,一次性建设费用高。这种形式一般应用于投资较大,场地限制小,生产率高的大型一阶式搅拌设备。

②星形料场

如图 3.1-18 所示,星形料场一般是配合拉铲使用,通常可以储存 3～6 种不同规格骨料,中间由隔墙隔开,隔墙由隔仓柱及隔板组成如图 3.1-18 所示,星形料场的地面必须采用混凝土地面,以防污染骨料,如有必要应增加排水设施和供热采暖设施。一般情况下用量多的骨料放在中间隔仓中,使用骨料种数少于隔仓数时,空余的隔仓也应堆到满仓料量的 2/3,以免隔墙一边受力过大,使隔墙倒塌。

星形料场根据其半径、高度不同,料场的储料量也不同,一般情况下生产率为 50～75m³/h 的搅拌站,料场容积一般为 1 000～2 000m³,活料区容积一般为 100～200m³。

星形料场的集料方式以悬臂拉铲为主,目前经常使用的拉铲有机械式和气动式两种。星形料场相对来讲占地面积

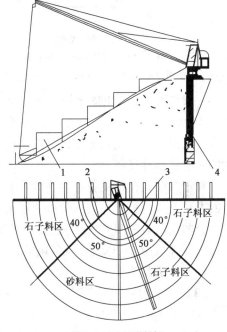

图 3.1-18 星形料场
1-隔板;2-隔仓柱;3-悬臂拉铲;4-拉铲支架

小,由于以拉铲工作为主,装载机工作量较少,但容易存在死料区。

③钢制直列式料仓

这种储料仓一般由料仓、料门、支架等组成,如图 3.1-19 所示,一般为 3～4 个料仓,每个仓的容积 5～15m³ 或者更大,一般采用装载机上料,对于较大的料仓,也有采用皮带机上料的方式。一般情况下,这种料仓与骨料计量装置做在一起,形成一个运输单元。这种料仓的特点是运输方便,占地小,无死料区,因此比较适合转移性较强的搅拌设备。

④圆筒形储料仓

圆筒形储料仓大多数采用钢结构,由仓体、料门组成,如图3.1-20。如搅拌楼采用混凝土结构,仓体可由钢筋混凝土制成,料门由钢制成。圆筒形料仓大多数情况下与地仓结合使用,其容积为 $60\sim200m^3$,可同存 $4\sim8$ 种骨料。上料方式可采用皮带机上料或斗提机上料。为了将各种骨料送到各储料仓中,故采用回转布料器,见图3.1-21。回转布料器是由机架、驱动系统和回转料斗组成,机架由型钢拼焊而成,固定于顶部平台上,驱动系统由电机经减速机减速后,带动回转漏斗转动,回转漏斗将皮带机送上来的料送往对应的储料仓,位置由限位开关控制,传送信号至控制台,由操作人员确定对应料仓。

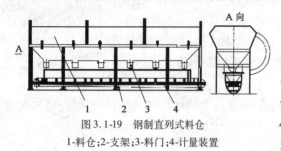

图3.1-19 钢制直列式料仓

1-料仓;2-支架;3-料门;4-计量装置

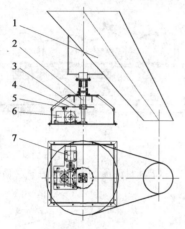

图3.1-20 圆筒形料仓

1-料斗;2-转轴;3-大链轮;4-链条;5-小链轮;6-减速机;7-电动机

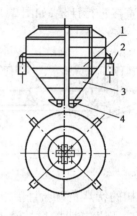

图3.1-21 回转布料器结构图

1-仓体;2-支撑;3-上下料位计;4-料门

一般情况下,采用皮带输送机上料,占地面积大,但成本小、效率高、故障少;而采用斗提机上料占地面积小,但成本较高,故障较多。无论哪一种上料方式,这种储料方式一般适用于生产率较大的一阶式搅拌设备。

对于二阶式搅拌设备还存在计量后骨料的提升问题,目前采用的方式一般为提升斗或皮带机两种形式。由于搅拌站设计周期对于骨料提升有时间要求,一般要求在 $20\sim25s$ 之内应当将所有骨料投入搅拌机中,所以大多数采用提升斗形式,但有时采用大倾角皮带机也能满足要求。

(2)水泥储存

水泥筒仓一般应配备 $2\sim3$ 个,以满足不同品种和强度等级的水泥储存需要。水泥仓容量一般为50t或100t,较大的水泥仓如 $200\sim500t$ 可做成固定式。一般由进料管、支架、下仓体、料位计、破拱装置、除尘器、出料门等组成。主体一般由钢板焊接而成,规格一般为直径 $2.4\sim3.5m$,高度 $6\sim15m$。水泥筒仓的结构如图3.1-22所示。为显示筒仓内水泥的储量,筒仓内设有料位指示计,料位计分极限料位计和连续式料位计两类。极限式料位计有电容式、音叉式及阻旋式等形式。阻旋式料位计属机械式料位计,结构简单,成本低,但由于砂石及水泥的冲击及阻力大,这

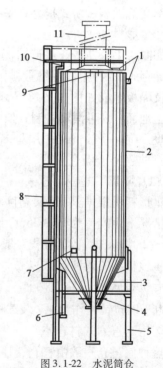

图3.1-22 水泥筒仓

1-上部料位指示器;2-筒体;3-锥形仓底;4-防雨板;5-支架;6-进料管;7-下部料位指示器;8-爬梯;9-起吊环;10-入孔;11-除尘装置

种料位计很易损坏。音叉式料位计可靠性高,现场不需标定,但耐冲击及耐黏附性差,一般适应于流动性很好的粉料。电容式料位计由于耐冲击、耐黏附、耐高温性能好,虽然需要现场标定,仍然是混凝土搅拌设备中的首选产品。连续式料位计有重锤式、超声波式、射频电容式等。重锤式料位计属于机械式测量原理,适应能力强,成本低,但使用维护量大,寿命短。超声波料位计属于非接触式,在粉尘较小的块状物料的测量中有较大的优势,但成本高。射频式料位计虽然属于接触式测量,但由于电极静止放置在仓内无机械运动,中度粉尘和黏附对测量无影响,而且成本适中,所以适宜水泥料位的测量。

水泥仓的另一种难解决的问题是破拱,由于各种水泥的密度不同,同一种水泥温度、湿度等不断变化,因此很难找出准确的水泥起拱点,这就给破拱这一看似简单的问题带来一定困难,有时在一个地区行之有效的办法,在另一个地区不行;同一水泥仓这种水泥不起拱,而另一种水泥起拱严重。尽管这样,有一些方法还是能起到一定的作用,常用的方法有气吹破拱,这是目前普遍采用的方法,即在仓体锥体离出料口三分之一锥体长度的圆上设 3~6 个吹气孔进行气吹破拱。气吹破拱由于气嘴位置固定,有时效果不明显。另外还应注意由于压缩空气中含水率较大,易造成气嘴阻塞。另一种方式是气动锤击法,在仓体的锥体部分安装一个行程很小的气缸,气缸活塞杆前端部安装一平板,气缸动作时平板锤击仓壁,从而达到破拱效果。这种方式的优点是可以人工控制锤击频率,缺点是噪声大,打击过程中对仓壁有破坏。第三种方法是采用助流破拱气垫方式,该方法是利用气垫的推力作用推动起拱物料。

水和外加剂等液体分别储存在水箱和附加剂箱内,其结构无特殊要求,只是需作防腐处理。确定集料储仓容量的依据是搅拌设备的额定生产率和材料的补充速度和可靠性。

3)称量机构

计量系统包括骨料、水泥、掺和剂、水、外加剂等计量装置,称量机构是水泥混凝土搅拌设备的重要组成部分。称量精度的高低,对所生产的混凝土质量,包括稠度、和易性、可浇灌性以及成型后的强度指标,起决定性作用。因此,要求称量机构必须满足下列使用条件:

①对各种材料的称量精度应符合规范要求。如对铺筑混凝土路面所用的混凝土在生产时的称量精度为:

水泥	±1%
粗、细集料	±2%
水	±1%
外加剂	±1%

②称量后的材料能正确无误的投入搅拌机;
③操作简便、动作可靠;
④称量值高速方便、快捷;
⑤结构应坚固耐用。

在水泥混凝土搅拌设备中,采用的称量机构有表盘拉线式、穿孔式、机械杠杆式、电子秤和电子皮带秤等几种形式。

表盘拉线式称量机构是一种在杠杆称量的基础上改进和完善起来的称量装置。它能够将称量斗上的材料质量,经过杠杆机构、拉线、摆锤轴、推杆、杆头和齿条等一条传动链,使安装在齿轮轴上的指针转动一定角度,便可在有刻度的表盘上直接读出具体的称量值。同时,它还具有称量值预选功能。

穿孔卡式称量机构是一种在杠杆称量和表盘拉线式称量的基础上发展起来的称量装置。这种称量机构采用电子控制,易于实现遥控,而且各种混凝土的配合比均能在一张穿孔卡中按规定冲出孔后,插入读出器,就能得到所需配合比的混凝土。穿孔卡可以反复使用,又易保存,对于要求混凝土种类繁多的预拌混凝土工厂显得尤为合适。

机械杠杆式称量机构一般采用三组或者四组杠杆比为 1/800 的多级杠杆秤及圆盘表头组成,在最后一级杠杆的平衡位置联入微型触点开关和进料斗门连锁,实现程序自动控制,其电信号由表头内部的高精度电位器发出。这种机构结构简单、坚固耐用、故障少、易维修;缺点是不能显示和直读称量结果,而且反应迟钝,称量时间长。

电子秤称量机构也称为微机处理秤,由拉力传感器和前置放大器、RC 滤波器、光电隔离装置、A/D 转换和微处理器 CPU 等部分组成,是目前比较先进的称量机构。其突出优点是简化了结构,缩小了体积,减少了环节,容易操作。称量精度也比机械式称量机构高。其改变配合比的操作,是通过与电子秤相联系的计算机控制软件实现的,其配合比的变化范围很大,可以同时储存 9 种材料的 63 种配合比,在调整时,只需按动键盘上的两个按键,即可调用 63 种配合比中的任意一组。对配合比的修改也很方便。但是,由于传感器和电子元件对周围环境条件比较敏感,如潮湿、振动、电源干扰和扬尘等物理因素,都会影响电子秤的正常工作,因此,采用电子称称量机构时,应当采取相应的防护措施,像电源稳压,信号由屏蔽线传递,RC 滤波,输入、输出光电隔离以及分级布线、封闭操作间等,以尽量减小外界的干扰。

电子皮带秤主要由双杠杆称重桥架、测速传感器、大直径测速滚筒、积算器(包括电流输出板)、接线盒及屏蔽电缆等组成。它先通过测速传感器测出皮带速度信号,称重传感器测出输送皮带上称重区域的物料质量信号,然后将速度信号和质量信号送入积算器,积算器经过计算处理得出物料的瞬时流量和累计量;同时,输出正比于流量的模拟信号和脉冲信号,经过 A/D 转换,数字显示相关信息量,然后仪表采用 RS232 通信方式将其传输到现场工控机,计算机同步显示当前计量的累计量和瞬时流量,并可与仪表通信。

机械杠杆式和电子式各有优缺点,杠杆秤可靠性好,但占空间较大,由于表头弹簧、摆锤等工艺复杂,因此成本相对较高。电子秤结构简单,占空间小,但使用多个传感器,对传感器要求较高,一个传感器损坏时,检查较困难。但总的来说,随着传感器技术和微机技术的发展,目前大部分搅拌站采用电子秤计量形式。

搅拌设备的计量方式也可用重力和体积计量的方式,但目前我国除水和外加剂可以采用体积法外,其他物料一般不允许采用体积法。

根据一个计量斗中所称量物料的种类可分为单独计量和累计计量,单独计量是每个秤斗只称一种物料,累计计量是每个计量斗可称多种物料,即称完一种后,在同一斗中再称另一种物料。通常二阶式搅拌设备多采用累计计量,一阶式搅拌设备采用单独计量。两种计量方式的计量精度相同,但对于一阶式单独计量时,可以实现不同的混凝土搅拌工艺,如二次投料搅拌等,累计计量或二阶式单独计量就不能满足类似的混凝土搅拌工艺。

(1)骨料计量斗

骨料计量斗分电子秤、杠杆电子秤和皮带秤三种形式。图 3.1-23 为电子计量形式,由斗体、传感器、伞形门、气缸组成。计量完毕后,由气缸拉动伞形门将料卸到搅拌机上或上料装置上。

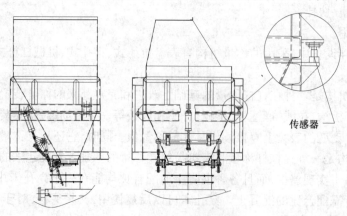

图 3.1-23　电子计量形式

传感器在斗体上有压秤和吊秤布置方式,见图3.1-24、图3.1-25。

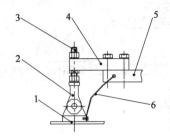
图3.1-24 吊秤结构示意图
1-称重罐;2-耳环;3-螺杆;4-传感器;5-底座;6-导线

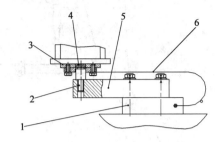
图3.1-25 压秤结构示意图
1-底座;2-支撑杠;3-定位盘;4-加强板;5-传感器;6-导线

（2）粉料计量斗

粉料计量斗用于称量水泥、粉煤灰、粉状外加剂等。一般由斗体、传感器、气缸、蝶阀等组成。图3.1-26所示,其中斗体有水泥进出口及出气口,粉料称重斗的容量为$1.5m^3$,装有3只1 000kg称重传感器,底部有气槽式防起拱助流装置,空气由斜槽输送,以保证称好的粉能较快进入拌缸而无残留。斜槽出口装有一只$\phi 300mm$气动蝶阀,控制出料。称好的粉料与骨料同时进入搅拌室。为保证称量精度,罐体与上、下进出口相连的通道皆采用软连接。

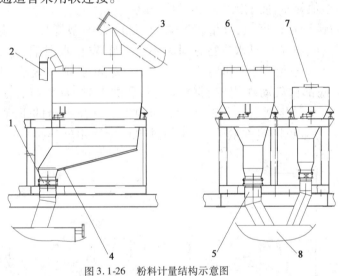
图3.1-26 粉料计量结构示意图
1-气动蝶阀;2-排气管;3-螺旋;4-进气口;5-软连接;6-水泥秤;7-粉煤灰秤;8-搅拌主机

（3）水计量系统

水的计量精度是搅拌设备重要的技术性能指标之一。由于水灰比W/C的控制稳定与否,不仅直接影响混凝土和易性等施工工艺性,而且还影响最后的结构强度,所以历来受到人们的极大关注。常见的控制方法有定时计量、流量计量、质量计量和容积计量4种控制形式。

①定时计量。定时计量是一种利用控制供水时间的长短来控制供水量的装置,即通过时间继电器控制水泵从启动到停止这段时间内的泵水量。这种装置结构简单、成本低廉。但水泵的实际流量会随给水箱的压力变化而变化,导致供水误差较大,一般在±2%左右,故只适于在要求不高的场合使用。

②流量计量。这种控制方法是采用流量数字定量控制仪进行自动供水计量,其系统结构如图3.1-27所示。其控制原理是当控制仪器接收到涡流流量变送器的脉冲信号后,经放大整形使之变为矩形波,再经设定计数器整定成为单位脉冲量,通过计数器递减到设定值后,关闭电磁阀停止供水。同时该系统还采用大小电磁阀分时控制,以提高控制精度,即当计数器减到设定值的20%时发出PA脉冲,控制器发出指令关闭大电磁阀,此时输水管径变小,慢流供水。当减到零时,发出PB脉冲,控制器发出指令关闭小电磁阀,停止供水。采用分时控制,可使供水计量误差减小到±0.5%,这对质量要求严格的混凝土搅拌楼(站)都是十分适用的。

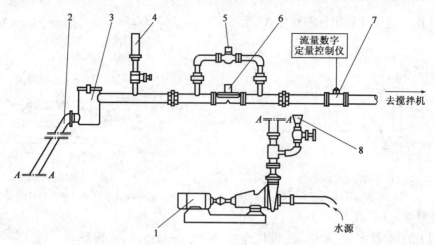

图 3.1-27　数字定量仪控制供水系统

1-水泵；2-输水管；3-过滤器；4-冲洗管；5-小电磁阀；6-大电磁阀；7-涡轮变速器；8-引水杯

对于已采用单片机或工控机实现自动控制的搅拌设备，除部分采用称水量斗进行供水量控制外，也有以涡轮变速器输入脉冲信号的方式，由电子计算机进行系统控制的，此时其计量误差小于±1%，还可提供整个供水过程的数值显示，便于操作者实时控制。

③质量计量。质量计量速度快，计量精度高，是目前大中型搅拌站（楼）用的最多的一种水计量方式。可采用杠杆秤、电子秤对水进行称量。不过为了防止水泄漏，水计量斗门需特殊密封处理。水箱设有上、下水位报警器，工作时由水泵供水，称重水箱有效容积约为 $1.2m^3$，装有 3 只 1 000kg 称重传感器，底部由气动蝶阀控制放水。水泵供水时，首先将补水箱注满，同时有两条通道向称重水箱注水，当水量接近需要量时水泵停止供水，由补水箱的下部通道（小水量）供水，以提高水的称量精度。为避免影响称量精度，水箱进出口皆采用软连接。称重好的水与骨料同时进入搅拌室，见图 3.1-28。

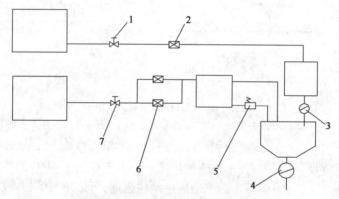

图 3.1-28　质量计量供水系统

1-1″闸阀；2-泵 G42-1Ⅱ 15kW；3-蝶阀 100；4-蝶阀 150；5-1.5″电磁阀；6-水泵 IS 100-80-125；7-3″闸阀

④容积计量。这种控制机构是在截面积相同的水箱容器中，装设微型接近开关和排、供水电磁阀。其控制过程是，当系统发出排水信号时，排水电磁阀启动，开始排水（即向搅拌机供水），当水箱中的水位下降到下限定位处，微型接近开关动作，关闭排水电磁阀，停止向搅拌机供水；排水后的水箱水位下降，于是延迟一段时间后，供水电磁阀启动，开始向水箱进水。当水箱水位上升到上限定位处时，微型接近开关启动，关闭进水电磁阀，准备下一循环。这种供水装置的计量误差为±1%，具有结构简单、实用性强、使用寿命长、可靠性好等优点，是一种较好的供水装置。

（4）外加剂计量系统

混凝土制备过程中，往往要加入一些化学外加剂，如泵送剂、缓凝剂、引气剂、速凝剂、发泡剂、防冻剂等。这些外加剂的使用，可以改善混凝土的性质，并给混凝土施工带来极大方便，因此外加剂成为混凝土中不可缺少的成分。外加剂的用量一般与水泥用量有关,通常为水泥用量的0.1%~2%之间。

如图3.1-29所示,外加剂称重罐容积为0.029m^3,装有1只100kg称重传感器,底部由气动蝶阀控制放料。进料管路出口附近有一只二通阀可精确控制称量精度。当外加剂称量到接近目标值时,先停二通阀,再停外加剂泵,这样基本能保证每次过冲量接近恒定。外加剂投入水秤中稀释后与水一同进入搅拌缸。平常维护时要经常检查气动蝶阀有无滴漏现象。

为了防止称重传感器一旦失灵而操作员又不能及时发现,可能使外加剂超过剂量而造成工程报废的事故,在外加剂称重罐的侧面设置了一根溢流管与称重罐的底部相通,上端溢流口的高度由现场施工情况决定。

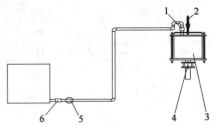

图3.1-29 外加剂供给示意图
1-二通阀;2-传感器;3-称重罐;4-气动蝶阀;5-添加剂泵;6-阀

4) 搅拌机构

搅拌机构是混凝土搅拌设备的主要组成部分,目前生产的搅拌机有两种形式:一种是独立使用的搅拌单机;另一种是搅拌楼(站)的配套主机。由于使用要求有所差异,两种形式的搅拌机的配置略有不同(搅拌单机要比配套主机多上料和配水等机构),但二者的主体机构是一致的。为了满足不同混凝土的搅拌要求,已发展了多种机型,各机型在结构和性能上各具特色,可从不同角度进行分类,见表3.1-2和表3.1-3。就其原理而言,基本可分为自落式和强制式两大类。

混凝土搅拌机分类 表3.1-2

分类方式	作业方式	搅拌原理	安装方式	出料方式	搅拌筒外形
形式	周期式 连续式	自落式 强制式	固定式 移动式	倾翻式 非倾翻式	梨形,锥形,鼓形 盘形,槽形,其他形

各类混凝土搅拌机技术经济指标比较 表3.1-3

机 型	容量(m^3)	水灰比	骨料最大粒径(mm)	能耗(kW/m^3)	搅拌时间(s)
自落倾翻式	1~6	0.52~0.9	180	1.1~1.4	60~180
自落双锥式	1~5	0.6~0.9	150	1.0~1.25	60~180
立轴涡桨式	0.5~4.5	0.42~0.7	70	3.5~5.0	60
单卧轴强制式	0.5~3.5	0.32~0.9	150	2.8~3.6	30~60
双卧轴强制式	0.5~6	0.32~0.9	150(180)	3.0~3.6	30~60

(1) JZ系列双锥型搅拌机

双锥型搅拌机是自落式混凝土搅拌机的一种,其筒体结构如图3.1-30所示。它外形呈双锥体状,内部沿筒体内壁设有挡料叶片,主、副叶片和出料叶片,其几何形状和安装角度是根据它们在搅拌过程中所起的作用而设计的。这种搅拌机在工作时,筒体横卧回转,叶片能使物料产生提升、推翻和轴向窜动,形成较强烈的搅拌运动从而获得较均匀的搅拌效果,且生产效率也比较高。

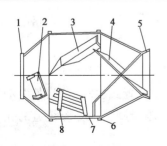

图3.1-30 双锥型搅拌机筒体结构
1-进料口;2-挡料叶片;3-主叶片;4-出料叶片;5-出料口;6-托轨环;7-副叶片;8-筒身

这种搅拌机按其出料方式又可分为反转出料式和倾翻出料式两种结构形式。前者出料是通过改变搅拌筒的回转方向,靠出料叶片将混合料向外推出;后者筒体可绕与拌筒轴线相垂直的水平轴倾翻一定角度(50°~60°),使出料口朝下,将混合料迅速排出倒净。

（2）裂筒式混凝土搅拌机

裂筒式混凝土搅拌机融合了自落式和强制式两种搅拌方式的优点，是比利时AMEY公司开发的新型大容量搅拌机，其主体结构和工作原理如图3.1-31所示。其搅拌筒由等分的两个半球形筒体和一根水平卧装的半轴组成，左半筒通过两条十字交叉的搅拌臂与半轴连接在一起，右半筒滑套在半轴上可以轴向移动，与左半筒形成"合拢"或"裂开"两种状态。左半筒的球面中心位置开有进料口与进料斗相对接。

搅拌时，两个半筒合拢靠紧，同步回转，在搅拌臂和筒内叶片的共同作用下，能使物料产生强烈的交叉料流，达到迅速均匀的搅拌，搅拌周期一般为90s，卸料时右半筒体向右滑移分开，拌好的混合料能从裂缝处迅速排出，卸料时间为10~15s。

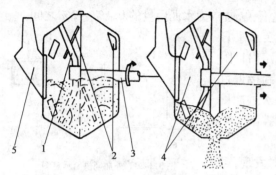

图3.1-31 裂筒式搅拌机
1-搅拌臂；2-叶片；3-搅拌轴；4-左、右拌筒；5-进料斗

为了防止搅拌中水浆外泄，在两个半筒的结合处，还装有橡胶密封圈，防漏效果良好。

裂筒式搅拌机具有适应性强，可以搅拌各种干、湿混凝土，出料快而很少产生离析、磨损小，功率消耗少等优点，特别适用于搅拌使用大骨料混凝土的水坝工程。

（3）圆盘式混凝土搅拌机

圆盘式混凝土搅拌机，也称立轴式搅拌机或涡浆式搅拌机，是强制式搅拌机的一种。其搅拌器的结构如图3.1-32所示。主要由盘式搅拌筒、转子臂架、叶片或铲板和驱动机构等部分组成。盘式搅拌筒固定不动，在其中心安装着一个由减速机驱动的转子臂架。转子臂上装有各种搅拌叶片和内、外壁铲刮叶片。搅拌时，搅拌叶片以平均3m/s的圆周速度回转，借助各组叶片的不同安装位置和倾斜角度，能对停留在圆盘内壁和转子外壁之间的环形容积以内的物料进行剧烈的铲翻拌和。设置转子外壁是为了减少死区和低速区，提高搅拌效率。

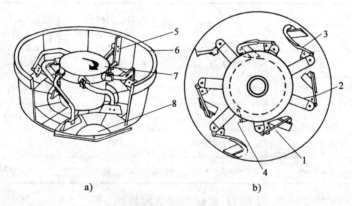

图3.1-32 圆盘式强制搅拌机
a）搅拌器结构；b）叶片布置
1-内铲叶片；2-中铲叶片；3-外铲叶片；4-内壁铲刮叶片；5-外壁铲刮叶片；6-搅拌筒；7-转子臂架；8-卸料门

为了有效地防止脏物和潮气侵入转子驱动机构。国外有的机型采用了下置式驱动方案，其电动机和传动机构置于拌筒下方，全部外露，维修和润滑都可从外部进行，而转子本身则装在一个铸造的壳体之内，与拌筒内壁的连接部采用了迷宫式油封加外密封圈两道密封。

另外，为了避免大骨料嵌塞在搅拌叶片和底板和侧板的缝隙之中，造成机件损坏，在涡浆搅拌机的叶片臂和转子轴连接处，一般都设有弹性缓冲装置。

这种圆盘式立轴强制搅拌机结构简单，使用可靠，适应性强，搅拌均匀性好，质量稳定，搅拌时间短，适合于大、中型混凝土搅拌楼（站）的配套选用；其缺点是功率消耗大，叶片线速度高，极易磨损。

(4) 行星盘式混凝土搅拌机

行星盘式混凝土搅拌机的结构特点是搅拌臂转子架的回转中心和搅拌器圆盘的几何中心不重合，二者之间具有一个小于转子臂架半径的偏心距。工作时转子臂架除可绕其中心轴作自转运动外，还能绕圆盘中心轴线作公转运动。由于搅拌臂的回转直径一般大于拌筒（圆盘）的半径，因此，其搅拌叶片可以涉及整个圆盘形拌筒底面的任何位置而不留"死区"，其使用性能优于普通涡桨搅拌机。

行星式混凝土搅拌机分为定盘式和转盘式两种结构形式。定盘式行星搅拌机的机构如图 3.1-33 所示。在搅拌机拌筒机罩的顶部，安装一台立式电动机直接驱动一个带有降速功能的传动箱，传动箱可以绕其安装轴即盘式拌筒的几何中心转动。在传动箱的下伸输出端，连接着带有十字接头的转子轴，轴上装着 4 个叶片臂杆和搅拌叶片。当传动箱绕拌筒几何中心公转时，转子轴同时带动十字头上的搅拌叶片绕自身轴线转动，其叶片在拌筒底面上铲刮出的轨迹如图 3.1-33 右图所示。

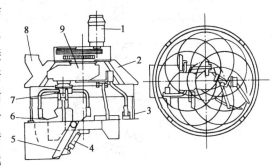

图 3.1-33 定盘式行星搅拌机
1-电机；2-机罩；3-拌筒；4-气缸；5-卸料门；6-搅拌叶片；7-十字臂架；8-水泥加料口；9-传动箱

转盘式行星搅拌机和定盘式行星搅拌机的主要区别，在于转子轴只有自转运动，公转由拌筒的逆向回转所取代，二者的相对运动关系保持不变，只是转子轴和拌筒的运动，分别由两台立式电动机驱动。

和普通立轴盘式搅拌机一样，行星搅拌机同样具有进出料口和其他相应的辅助机构。为了防止嵌料引起的机械损坏，其叶片臂上也设置有专门的弹性缓冲装置。

与普遍涡桨式搅拌机相比，其突出优点是搅拌叶片的线速度较低，消耗功率小，磨损小，拌筒容积利用率高；缺点是结构比较复杂。转盘式功率消耗节约不明显，推广应用不及定盘式。

(5) 单卧轴混凝土搅拌机

单卧轴混凝土搅拌机主要由水平安置的 C 形拌筒、水平搅拌轴、搅拌叶片和传动机构组成。图 3.1-34 所示是这种搅拌机的一种结构形式。其搅拌叶片为斜对称布置的两条反向螺旋带，通过辐射状的端支臂和中支臂分别固定在搅拌轴的两端。搅拌时，混合料在两条反向螺旋带形叶片的推送下，从搅拌筒的两端向中部作剧烈的对流搅拌运动，可以在较短的时间内形成均匀的混凝土混合料。它的每条螺旋带叶片可以通过连接螺栓沿径向调节，以保证在叶片磨损后能随时调整它与筒壁之间的合理间隙。在两个端支臂的外侧面还装有刮料叶片，能够随时清除附着在拌筒端板上的积料。

图 3.1-35 是这种搅拌机的别一种结构形式，其搅拌叶片改为倾斜布置，每个叶片由拌臂固定安装在搅拌轴上，其叶片的安装角度仍然依照左、右螺旋线的走向，以便于控制混合料的流向，其搅拌过程和螺旋带式叶片的搅拌过程相同，两端的端铲板也具有随时刮清拌筒端板上混凝土积料的作用。

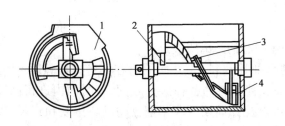

图 3.1-34 单卧轴搅拌机（一）
1-搅拌筒；2-搅拌轴；3-螺旋带叶片；4-刮料叶片

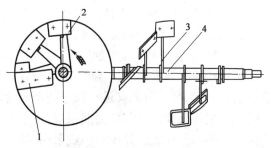

图 3.1-35 单卧轴搅拌机（二）
1-端铲板；2-中铲板；3-铲臂；4-搅拌轴

单卧轴混凝土搅拌机的拌筒内壁和搅拌叶片上都嵌装了可拆换的耐磨陶瓷片。搅拌轴的两端支承轴座上,设置有专用的密封装置,用以防止灰浆水侵入轴承,并能对轴承自动加注润滑油。

目前,国产的系列产品有 JD50、JD100、JD200 和 JD250、JD350 等型号,由于这种搅拌机具有结构紧凑、消耗功率小、耐磨性好、搅拌质量好、生产效率高,适用范围广等优点,是国内较常见的搅拌机机种之一。

(6) 双卧轴混凝土搅拌机

双卧轴搅拌机的结构示于图 3.1-36。它主要由水平安置的双圆槽形拌筒、两根平行安装的搅拌轴和相应的传动机构组成。在两根搅拌轴的圆周方向安装了几组搅拌叶片。这些叶片的形状和安装角度,都是在大量试验和使用考核后取得的最佳值。叶片在两根轴上的分布,前后和上下都错开一定空间,以利于混合料能在两个拌筒内轮番地被搅拌。两根搅拌轴在特定的传动机构保证下做同步反向旋转,使两轴中间的混合料产生强烈的

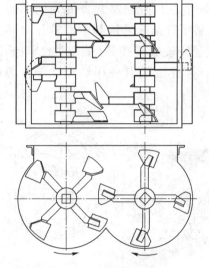

图 3.1-36 双卧轴搅拌机结构示意

运动,如图3.1-37所示,这一区域称为主搅拌区或激烈搅拌区。在这里,混合料一方面在搅拌叶片的作用下由拌筒底部向上翻腾,一方面又在叶片倾斜面的强制推压下沿轴向窜动,从而被快速均匀地搅拌。图中混合料在主搅拌区的堆积高度 H 和具体的混合料堆容积质量、稠度以及叶片圆周速度等因素有关。

双卧轴搅拌机的出料由开设在两个拌筒中间底部的出料口进行。出料门的结构形式有双门式、单门式,其运动方式有转动式、滑动式、摆动式等,由气缸控制其开或关。出料门长度比拌筒长度短 200mm 左右,在料门打开后,有 80%~90% 的混凝土可以靠自重向外卸出,残留的混凝土则靠搅拌叶片强制向外排出。出料时间只需 4~6s。

双卧轴混凝土搅拌机不仅搅拌效果优于圆盘式搅拌机,而且耐磨性比圆盘式提高 2 倍,叶片的圆周速度相当于圆盘式的 1/2,是一种极有发展前途的新机种。缺点是制造成本偏高,适于配套大容量的搅拌设备。

(7) 无搅拌叶片的摆盘式搅拌机

无搅拌叶片的摆盘式搅拌机又称为奥姆尼(OMNI)搅拌机。这种搅拌机突破了传统的搅拌理论,它是按照新的搅拌理论研制的。美国的卡布劳(CAR-BRO)公司和日本的千代田株式会社,均已有系列产品。

这种搅拌机的最大特点是没有搅拌叶片,它是根据布朗(BROWN)运动的搅拌理论而制造的,摆盘是安装在可变形的橡胶拌筒上,摆盘的轴线与拌筒的轴线相交成25°的倾斜角,因而摆盘随着拌筒的传动轴旋转时,摆盘的各点做谐和的上下运动,摆盘上各点的振幅和加速度,是根据各点离摆盘中心的距离所决定。

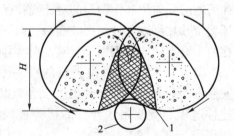

图 3.1-37 双轴搅拌物料运动特性
1-主搅拌区;2-卸料门

在橡胶的拌筒内没有搅拌叶片,对于在拌筒内的全部拌和料,一方面同时在其各方面按 $0\sim10g$ 变加速度运动,另一方面又进行简单的谐和运动,因而在拌和料的各种成分之间,短时间内进行高速的接触和搅拌。搅拌所需的周期很短,一般在 15~30s。搅拌周期取决于摆盘的倾斜角度和直径,以及拌筒内拌和料存放的高度。一般来说,拌和料在拌筒内存放的高度不超过或等于摆盘的直径最为理想。

(8)蒸汽加热搅拌机

热搅拌时,先将松散材料按配合比加入搅拌机,再根据加热温度和稠度放入50%~70%的水,然后通入蒸汽。蒸汽一面冷凝,一面使拌和料达到要求的温度。经过热拌的混凝土,能像搅拌一般混凝土那样进行卸料。

热搅拌机一般采用饱和蒸汽,其压力为0.08~0.1MPa,温度为110~120℃。拌和料的加热温度一般在50℃左右(丹麦为55~60℃;日本为40~60℃;德国为45~50℃;英国为65~70℃;俄罗斯为80~90℃)。

(9)超临界转速搅拌机

这是一种行星转盘式强制搅拌机。它的特点是搅拌筒是倾斜放置的,并且以超临界的速度回转,拌筒回转的方向与搅拌叶片的搅拌方向相反。搅拌叶片使拌和料能像犁地那样翻动。所以,它能用较少的叶片得到理想的搅拌效果。

德国的爱丽舍公司(EIRICH)是生产这种超临界转速搅拌机的主要厂商,已生产有系列产品,容量从50~4 000L不等。这种搅拌机的拌筒和搅拌叶片,均由单独电动进行驱动。

(10)声波搅拌机

它的上部是水箱、砂石和水泥料仓,下面是一台圆管螺旋输送机。在右端装有由传动机构驱动的螺旋叶片,其转速为43r/min。在螺旋输送机外壳的上部装有一只大振幅的风动振动器,其振动频率为1~5Hz,这样使整个螺旋输送机受到振动。在螺旋输送机的左端还有一个11kW的压电晶体高频振动器,它的振动频率为10 000Hz,其振幅非常小。这个高频振动器用尼龙的套筒与螺旋输送机的螺旋叶片轴相连,从而使螺旋叶片轴也随之产生高频振动。从料斗送入螺旋输送机的干料,在其中央部分处加入水,然后再从右面的卸料口排出,这样整个搅拌过程只需8s。由于利用了高低两种不同频率的振动,就能使砂浆和骨料紧密地结合在一起,所以在短短的时间内,就能搅拌出致密而均匀的混凝土。

(11)自落—强制式搅拌机

这种搅拌机的拌筒是一个椭圆形的容器,在它的一端设有一个可密闭的进出料口。拌筒内装有一根带螺旋叶片的搅拌轴,由它对拌和料进行强制搅拌。在拌筒的外部中央两侧,装有水平的同心短轴,短轴由传动机构驱动,所以拌筒能绕短轴做整体的回转。经过各种试验,证明这种形式的搅拌机的搅拌周期短,功率消耗介于自落式和强制式之间,但是它的金属耗用量则比一般的搅拌机都要低。

5)操纵控制机构

混凝土搅拌设备的操纵控制机构有手动式、半自动式、自动式和微机控制的全自动式几种。

手动式控制机构基本是手柄式操作。它需要配备较多的操作人员,劳动强度大,设备精度低。目前除了在一些简易的单机搅拌场还继续延用手柄式控制方式外,几乎都已被较先进的方式所取代。

半自动控制机构具有简单的继电器程序控制功能,可利用电力或压缩空气,对供料、搅拌和卸料进行有限间接控制,操作人员数量较少,劳动强度相对减小。目前,这种控制方式在中小型单机站仍然被广泛采用。

自动式控制机械是介于全自动式和半自动式之间的一种具有可编程序控制器的自动化程度较高的控制方式。对材料能够进行自动供料和称量,并能按设定的程序自动进入搅拌和卸料工序。只是补料、称量和搅拌仍需分别设专人监视和操作,彼此间的联络由一人总管。

全自动式控制机构是微型计算机加可编程序控制器方式,是目前大中型混凝土搅拌楼(站)较多采用的控制方式。全自动控制方式为混凝土搅拌设备整体技术性能的提高和现代化的质量管理提供了可靠的手段。它不仅利用微电脑的智能化服务,把操作人员从繁重复杂的体力和脑力劳动中彻底解放出来,而且某些系统的服务功能是人力所达不到的,见图3.1-38。全自动控制的主要功能有以下内容:

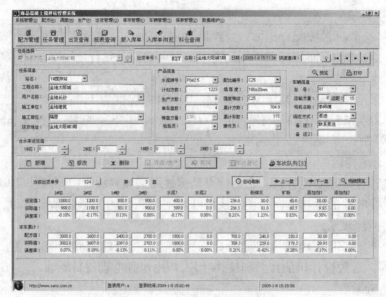

图 3.1-38　计算机控制界面图

①混凝土配合比自动计算和调整功能。微机控制系统能根据给定的原材料物理参数和数学模型，自动计算出混凝土的配合比，并能适应商品混凝土多用户多配比的使用要求，迅速有效地转换配合比。系统中常可存储 32～64 种不同的配合比，供随时调用。

②砂、石含水率的自动补偿功能。为了提高配合比的精度，全自控混凝土搅拌楼大都采用了中子法、高频介电常数法及微波等形式的骨料表面含水率测定仪器，对砂、石骨料表面的含水率进行实测、记录，并经控制中心对多含的水分进行扣减或减水补砂运算。

③对物料的粗称量和超称处理功能。为提高称量精度，减小投料冲击引起的称量误差，进料斗门具有开度控制，粗称开度大，当称量达到预定值的 90% 时，开度减小，开始振动喂料到中料。如果发现由意外落料冲击产生超称，系统具有扣称功能，即在向搅拌机投料时他将多称部分截留在秤斗中，转入下个循环使用。具有计量提前量自动修正、扣秤、补秤及零点跟踪等功能。

④对称量、投料、搅拌和出料实现顺序自动控制功能。有些全自控系统设有动态模拟显示装置，能把从配料到卸料的全过程实现动态模拟显示，并具有精度较高的定时控制装置能保证各工序按预定程序和时间准确无误地往复循环。具有配料、投料和出料的暂停功能，过程异常时亦可自动暂停并提示。

⑤对可能发生的主要机械故障和电器故障进行监视和报警功能。全自控混凝土搅拌楼，一般都设有对主要机械和电器仪表的工况监视仪器，如监视搅拌机负荷状况的坍落度计就是一例。对生产过程中出现的异常情况能够及时报警、并打印出故障信息，以便维修。实时故障诊断功能使非专业使用人员快速便捷的处理生产中遇到的各种问题。

⑥快速自动打印、记录功能。能对生产过程中的各种有关信息和数据进行快速自动打印和记录，为科学管理提供了依据和保证。比如打印用户单位、每罐混凝土生产的日期、时间、配合比和数量、混凝土强度等级、已拌立方数、砂石含水率等"每罐信息"；实时打印出该用户各物料耗量的累计值、总混凝土立方数、需拌总数、已拌总数、已拌立方数等"批信息"，以备查考。设定值、称量值、称量误差以及当车的配料数据实时跟踪显示；一机双屏，监控和管理界面同时显示。

3.1.4　选型原则与步骤、主要参数计算

3.1.4.1　选型原则

①从工程实际出发，做到一机多用，提高设备的利用率；

②自动化和机械化程度高，以减少操作人员及笨重的体力劳动；

③主、辅机配套,改造易行,价格合理;
④结构简单、占地面积小,便于拆装、维修方便、使用可靠;
⑤对于环保要求高的工作现场要考虑其粉尘、噪声、污水这三项指标;
⑥要综合考评生产厂家的信誉、质保体系、售后服务等因素。

3.1.4.2 选型步骤

①生产规模。根据生产规模的大小来判断混凝土搅拌设备的生产能力。年产量 20 万 m^3 以下,混凝土搅拌设备生产率一般不小于 $90m^3/h$;年产量在 20 万 ~ 30 万 m^3,混凝土搅拌设备生产率一般为 $120m^3/h$;年产量 30 万 m^3 以上,混凝土搅拌设备生产率一般为 $150m^3/h$ 或 $200m^3/h$。

②施工场地。根据施工场地的大小,可选择混凝土搅拌楼或混凝土搅拌站。选用混凝土搅拌楼,骨料一次提升,相同容量的搅拌机生产率比搅拌站高,整体造型整齐美观,料场占地面积小,生产环境好,但制造、安装周期长,一次性投资费用高。选用混凝土搅拌站,骨料需两次提升,布置灵活,制造、安装周期短,一次性投资费用低,但料场占地面积大,生产环境差。

③配属设备。根据配属设备情况来选择混凝土搅拌机的规格及工作尺寸。搅拌运输车的装载能力应当与搅拌机的出料能力相匹配,匹配不当会影响工作效率。装载机的上料能力应与混凝土搅拌站配料站的上料高度相匹配。

④管理功能。若采用集约化网络管理,应考虑混凝土搅拌设备的网络管理功能,避免给将来升级带来困难。

⑤设备技术性能。主要从设备的先进性、可靠性、优良性和通用性几方面考虑。设备应当具备工作原理先进、自动化程度高、管理功能强大和环保性能好的特点。

1) 关键部件的选型

(1) 混凝土搅拌设备的搅拌机

强制式搅拌机搅拌质量好,过载能力强,卸料无离析,生产效率高,能适应多种性能的混凝土搅拌。目前混凝土搅拌设备普遍采用强制式搅拌机,但其结构较复杂,使用成本较高。强制式搅拌机分双卧轴、单卧轴、单立轴和行星式几种形式,双卧轴搅拌机由于搅拌性能好,生产效率高,适应性好,结构特点突出,可靠性好,非常适合于混凝土生产;单卧轴搅拌机和单立轴搅拌机由于其结构特点和适应性,在混凝土搅拌设备上应用已越来越少;行星式搅拌机目前应用也不普遍,多见于进口设备。

(2) 混凝土搅拌设备的电控系统

目前,国内混凝土搅拌站电控系统形式多种多样,主要以下面 3 种控制方式为主。

①集散式微机控制:这种控制形式在早期的搅拌站设计中广泛应用。控制系统的核心为可编程控制器,上一级计算机只作为管理报表打印用,计算机的功能及作用不是很明显。随着水泥混凝土广泛应用,对混凝土搅拌站的功能要求越来越复杂,这种控制形式的应用非常困难。

②集中式微机控制:这种控制形式将计算机控制与管理功能集中于一台计算机,任务比较重,且生产过程中对报表资料的统计不能同步进行,不能随时统计数据,计量方面受人为因素干扰太多。例如:计量控制程序的编制,信号放大器及 A/D 板卡的精度,都会影响到计量精度。

③集中式双微机控制:这种形式解决了计量方面的人为因素干扰。采用了专用的配料控制仪表,且把生产控制和管理功能分置于两台计算机,互不干扰,生产控制和报表统计同步进行,而且管理计算机也可作为生产备份机,提供了与上一级计算机的网络接口。

2) 其他装置的选型

①骨料配料系统。由于料仓上料受到辅助设备和场地的影响,料仓容积应选配大一些。对于搅拌站单个料仓容积一般大于 $20m^3$,若采用皮带机上料或混凝土地仓还可再大一些,以减少堆料场的占地面积。对于搅拌楼单个料仓容积一般应大于 $50m^3$。混凝土搅拌站一般由配料站配料,其结构形式有两种,全钢结构配料站和钢混结构配料站。前者采用地上配料,维修方便,易于排水,但上料困难,多采用

装载机或皮带机上料;后者的料仓为混凝土结构,地仓配料,上料方便,易于保温,但维修困难,可采用装载机或自卸车直接上料。

②骨料提升系统。一般采用皮带机和料斗提升,皮带输送机生产效率高,性能可靠,易封闭,不易受气候影响,维修费用低,但占地面积大。提升料斗一般仅用于搅拌站,结构紧凑,占地面积小,但维修费用高,可靠性差,在大型混凝土搅拌站已很少采用。目前有采用花纹皮带和槽形皮带输送机的,提升角度可大大提高,槽形皮带可垂直提升,但由于其可靠性和回带料问题不好解决,一般采用的也不多。

③搅拌主楼。一般为全封闭式,内设集中除尘装置,寒冷地区还应考虑冬季施工防寒要求,做保温外装。敞开式搅拌站和简易式搅拌站,由于环保性能差,目前新建商品混凝土搅拌设备已极少见到,在某些地区已禁止使用。

④计量系统。目前采用质量计量方式,分为累加计量和独立计量两种形式。累加计量结构简单,易于维护,上料高度低,但不能单独控制计量精度。独立计量单独控制计量精度,结构较复杂,上料高度增加,成本有所加大。

⑤粉料储存和输送装置。粉料储存罐数量和大小应根据需要配置,一般由物料种类和供应情况来决定,粉罐应带有料位控制器。粉料输送装置一般有以下两种:气力输送和螺旋输送。前者结构简单,送料均匀,但长距离输送,气压不易控制;后者输送距离长,易于总体结构布置,工作可靠,目前绝大多数搅拌站或搅拌楼都采用螺旋输送。

⑥配套件。在搅拌站(楼)中,除了运输、储存、计量、搅拌和各种分料器这些主要的工艺设备以外,还需要一些辅助的配套件。如空压机、水泵等,配套件选择往往决定混凝土搅拌设备的可靠性,其选择可参考表3.1-4。

搅拌站(楼)辅助设备　　　　　　　　　表3.1-4

搅拌机容量 (m^3)	收尘器				空压机				水泵		附加剂泵
	负压(毫米汞柱)	风量(m^3/min)	布带面积(m^2)	电机功率(kW)	负压(毫米汞柱)	风量(m^3/min)	布带面积(m^2)	电机功率(kW)			负压(毫米汞柱)
0.75~1.0	300	20	14×1	2.2	7	11	0.5	3.7			0.75
1.5~1.75	300	20	24×1	3.7	7	15	0.5	3.7			0.75

3.1.4.3 主要参数的计算

1)生产能力

混凝土搅拌站(楼)小时生产能力的计算即等于所装搅拌机的生产率乘以搅拌机台数,即:

$$Q_h = nQ \quad (m^3/h) \tag{3.1-1}$$

式中:Q_h——搅拌站(楼)每小时的生产率(m^3/h);

　　　n——搅拌站(楼)中所装搅拌机的台数;

　　　Q——每台搅拌机每小时的生产率(m^3/h)。

在计算搅拌站(楼)每天或每年的生产率时,则要考虑到生产的不平衡,应乘以日或年生产不平衡系数。

$$Q_d = 0.8 \times C \times 8 \times Q_h \quad (m^3/d) \tag{3.1-2}$$

式中:Q_d——搅拌站(楼)的日产量(m^3/d);

　　　0.8——日产量不平衡系数;

　　　C——每日工作班数;

　　　8——每班工作小时数。

$$Q_y = K \times 306 \times Q_d \quad (m^3/y) \tag{3.1-3}$$

式中:Q_y——搅拌站(楼)的年产量(m^3/d);

K——年产量不平衡系数,对永久性搅拌站(楼)取 0.8,对临时性搅拌站(楼)取 0.65~0.7。

2) 储料斗(仓)容量

为了保证混凝土搅拌站(楼)能连续不断地生产,应当设计足够大的储料斗,以使各种材料及时地供给计量装置,这些直接向计量装置供料的储料斗是组成搅拌站(楼)的一部分。搅拌站(楼)的尺寸在很大程度上决定于储料斗的大小,因此,储料仓的容量过大,将会使整个搅拌站(楼)变得十分庞大。为了保证生产的连续性而又不使整套装置过于庞大,一般要求储料斗的容积应满足两小时生产的需要。储料仓的容量可参照表 3.1-5。

混凝土搅拌设备储料仓的匹配容量　　　　表 3.1-5

额定生产率 (m^3/h)	骨料储仓 (m^3)		水泥筒仓 (t)		额定生产率 (m^3/h)	骨料储仓 (m^3)		水泥筒仓 (t)	
	4 种骨料	6 种骨料	主要品种	其他品种		4 种骨料	6 种骨料	主要品种	其他品种
3.0	38	—	68	64	61.2	203	260	215	107
3.6	38	—	68	64	68.8	229	287	245	122
15.3	57	76	68	64	76.5	260	325	265	133
22.9	76	99	82	67	95.6	—	382	332	163
30.6	99	134	107	69	115	—	459	400	205
38.2	134	172	133	71	134	—	516	470	235
45.9	145	203	159	81	153	—	650	530	266
53.5	172	229	180	90					

搅拌站(楼)中必须设有碎石、砂、水泥、水和外加剂五种材料的容器,对于大型搅拌站(楼),往往设有两只以上的水泥筒仓以储存两种强度等级的水泥和掺和料(粉煤灰),以及不少于三四只碎石储料斗以储存不同规格碎石。

由于一台搅拌站(楼)往往要生产多种配比的混凝土,所以,在计算储料斗容量时,应以在该搅拌站(楼)生产中占比例最大的一种混凝土的配合比为基准来进行计算。对于一些临时性或移动式搅拌站,为了减小其整体尺寸,可以把储料斗的容积缩小。但与此同时,应采取适当措施保证及时向储料斗中供料。

3) 混凝土储斗容量

混凝土搅拌站(楼)的生产不可能和混凝土运输设备精确的衔接。为了能让已搅拌好的混凝土不滞留在搅拌机里,必须设置混凝土储斗。另外,混凝土运输设备的容量常常和搅拌机的容量不相等,一般都比搅拌机的容量大,所以设计一个较大的混凝土储斗可以提高运输设备的效率。通常把混凝土储斗的容量选为搅拌机容量的 1~2 倍。

3.1.4.4　搅拌机参数的计算

搅拌机是搅拌设备的核心组成部分,其结构性能好坏,会直接影响到混凝土搅拌的均匀性和整套设备的生产效率。强制式搅拌机,包括立轴(圆盘式)和卧轴(圆槽式)搅拌机,具有搅拌强烈,拌和质量好,生产效率高,适应性强,塑性、半塑性、干硬性混凝土及砂浆均能生产等一系列优点,深受用户欢迎。下面简要介绍其性能参数和结构参数的设计计算和部分结构的确定方法。

(1) 强制式混凝土搅拌机转速的确定

合理确定强制式搅拌机的转速,关系到搅拌混凝土的质量和生产率,若转速偏低,使搅拌时间增加,会降低生产率;若转速过高,又会形成较大的离心力,促使混凝土产生离析现象,破坏均匀性,导致质量下降。目前,国内外对强制式搅拌机的转速计算尚无统一的方法。一般在设计中,除了应考虑物料在拌和中产生离心力外,还宜考虑被搅拌物料与搅拌叶片之间的摩擦系数,推荐采用下式进行近似计算:

$$n \leqslant 23.54/\sqrt{R} \quad (3.1-4)$$

式中：n——搅拌机主轴转速，r/min；
R——搅拌筒内腔的半径，m。

此外，也有按搅拌叶片的圆周线速度为 1.5m/s 左右进行反算的。对双卧轴式搅拌机，其叶片线速度宜控制在 1.4~1.6m/s 之间，对单卧轴式搅拌机，其叶片线速度一般在 1.25~1.8m/s 之间。而对于立轴圆盘式搅拌机，由于其内外铲片的线速度悬殊较大，当限制外铲片的线速度不超过设定的理想值时，其内铲片的线速度会过低，不利于对处于拌筒内壁附近混合料的有效搅拌和推翻，因此，立轴圆盘式强制搅拌机的外铲片线速度一般宜控制在 3m/s 左右，而主轴转速在 20r/min 左右为宜。对于单卧轴采用螺旋带搅拌叶片的强制搅拌机，其合理转速可依下述公式计算：

①当公称容量为 $0.5~2m^3$ 时

$$n = \frac{15~17}{\sqrt{R}} \tag{3.1-5}$$

②当公称容量小于 $0.33m^3$ 时

$$n = \frac{24~25}{\sqrt{R}} \tag{3.1-6}$$

（2）强制式混凝土搅拌机功率的确定

精确地描述混凝土拌和物的搅拌运动受力状态，从而精确地计算出强制式搅拌机的搅拌功率是十分困难的，从工程应用的观点来看也无多大必要。

这里仅以卧轴式强制搅拌机为例，推荐一种比较贴近实际的近似计算方法。

①铲片式单、双卧轴强制搅拌机轴上功率的计算

$$P = \frac{Mn}{9\,740\eta} \tag{3.1-7}$$

式中：P——搅拌机轴功率，kW；
n——搅拌轴的转速，r/min；
η——搅拌系统传动总效率，一般取 0.86；
M——叶片工作用阻力矩，N·m。

$$M \approx K(Lbr\sin\beta + ZHB\sin\alpha \cdot R)$$

式中：L——侧叶片高度，cm；
b——侧叶片宽度，cm；
r——侧叶片中径，cm；
β——侧叶片与搅拌轴径向夹角；
Z——同时参加工作的叶片总数；
H——叶片高度，cm；
B——叶片宽度，cm；
α——叶片中径上螺旋角；
R——叶片中径，cm；
K——阻力系数，N/cm^2。

在某一特定的坍落度时，阻力系数 K 是叶片线速度 v 的函数。对卧轴式搅拌机来说，线速度较低，可取 $K=7~9$。经验表明，在叶片线速度大于 1.5m/s，搅拌干硬性混凝土时较大值；反之取较小值。

②电动机的功率计算

$$P' = K_1 P \tag{3.1-8}$$

式中：K_1——电动机容量储备系数，一般取 $K_1 = 1.1~1.25$；
P——搅拌机轴上功率，kW。

(3)搅拌机有关结构参数的确定

①搅拌筒的容积利用系数的确定。容积系数是指出料容积与筒体几何容积之比,它的确定主要以搅拌质量的优劣为依据。在确保搅拌质量的前提下,容积利用系数越大越好。但是,容积系数的大小还受到其他条件的制约,其一,搅拌机的设计需考虑应具备10%的超载能力;其二,按设计标准规定,出料体积与进料体积之比为0.625,而几何容积应该大于进料体积,这样容积系数最大不得超过0.58。一般单卧轴搅拌机的容积利用系数取0.33~0.40,双卧轴搅拌机的容积利用系数取0.32~0.35,立轴圆盘式搅拌机的容积利用系数取0.30~0.33。

②搅拌筒长度L与直径D之比L/D的确定。在出料容量一定时,应考虑以最小的结构尺寸获得最大的空间容积。以利于收到节省制造材料、外形美观和搅拌质量好的综合效益。因此长径比L/D一般不宜过大,因物料的轴向运动主要靠叶片的螺旋角产生有限的轴向推力,如果物料的轴向流动距离过长,很难快速达到匀质效果。通常长径比宜控制在1.3以内,一般情况下取$L/D=1.05~1.15$。对圆盘式(立轴)强制搅拌机而言,不是长径之比,而是拌筒的高度H与直径D之比从上面相同的几个方面考虑,圆盘式搅拌筒的高径比宜在0.27~0.46范围取值,圆盘直径在2m以下取大值(0.33~0.46),在2m以上取小值(0.27~0.30)。

③搅拌叶片与拌筒衬板之间合理间隙的确定。在强制搅拌过程中,混合料中的骨料常会被挤夹在叶片与衬板之间,轻者骨料被挤碎,增大了功率消耗和衬板的磨损;重者会造成机械损坏,导致停工停产。为了防止这种情况发生,可视骨料粒径的大小合理调整叶片与衬板之间的间隙。其合理值应小于粗骨料的最小粒径,而大于细骨料的最大粒径。一般宜控制在3~5mm。

④搅拌叶片安装角度的合理选择。在搅拌过程中,混合料在叶片的强制作用下所产生的纵向和横向的掺和过程与叶片的安装角度关系很大。以卧轴式搅拌机为例,倘若使叶片表面与搅拌轴之间的夹角为90°,此时混合料仅受到叶片立面和铲臂的切割作用,只有少部分物料产生很小的横向位移,几乎没有纵向的位移,搅拌作用则十分有限;当使其夹角为0°时,则物料的横向搅拌作用比较强烈,但依然缺少轴向的运动,此时功率的消耗会明显增大。只有夹角为45°时,如图3.1-39所示,物料才会同时产生较大的轴向运动和横向运动。同样,圆盘式立轴搅拌器的内、外搅拌叶片也需要具有合理的安装角度,才能使处于环形槽中的物料,一方面做圆周运动,一方面不停地向内、向外翻腾,从而产生理想的搅拌效果。该角度合理取值的原则是,在混凝土位移量一定的前提下,阻力最小,而被搅拌的混凝土面积最大,运动最强烈。对单、双卧轴搅拌机,叶片与搅拌轴的安装夹角一般取35°~40°,圆盘式搅拌机的内、外铲板倾角,可参照取值。

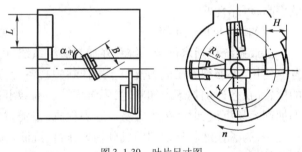

图3.1-39 叶片尺寸图

3.1.5 主要生产厂家典型产品及技术性能和参数

3.1.5.1 三一重工HZS180混凝土搅拌站

三一重工自主开发的HZS180混凝土搅拌站采用工控机+PLC双系统控制,确保高可靠性;配料比预置存储可达数十万个并可随机调用;各设备状态全过程采用3D动画模拟显示,并辅以声光报警;17英寸高清晰度、双显示器,分别呈现监控系统与数据管理系统;全面系统的商品混凝土搅拌站管理系统使得整套设备的监控管理达到国内先进水平。它集物料储存、输送、计量、搅拌于一体的综合功能,具有高可靠性、高效率,操作界面人性化,计量精确稳定的特点,可满足各种类型混凝土的搅拌要求。

(1)搅拌站主体

主体采用拼装式空间桁架结构和独立功能模块结构相结合,整体刚性好,承载能力强,运输安装方便、迅速。第一层是成品料卸料斗。该楼标准卸料高度为 3.8m。第二层是搅拌层。该层装有 JS3000 双卧轴强制式搅拌主机。三一双卧轴搅拌机是根据流体力学与摩擦学科研成果研制,两搅拌臂间呈 60°分布,搅拌臂及搅拌叶片成流线型,这种独特的结构设计能实现混料的轴向、交错和循环流动,使得搅拌时物料呈沸腾状,保证了良好的搅拌效果;搅拌机采用弹性密封,并可自动补偿,密封效果好、使用时间长;采用多管路喷水设计,水能全面均匀地喷至骨料,使搅拌机能在短时间内将混凝土搅拌均匀。卸料机构采用液压开门机构,通过接近开关控制卸料门的开度从而控制出料速度,智能化程度高,性能可靠,液压开门机构还配有手动泵开门装置,在突然停电情况下,可使用手动泵打开卸料门作紧急排放,防止主机内混凝土结块。第三层是计量、除尘装置。在该层装有由电子称量水泥秤、粉煤灰秤、水秤和液体外加剂秤。外加剂秤斗设置在水计量斗上方,外加剂斗、水秤斗出口处采用气动蝶阀,使用管道泵加压卸料。在使用新型负压箱式布袋除尘时,我们还在搅拌主机的上盖处安装了一套负压阀,用于消除主机卸料时产生的负压。另外该层还设有骨料待料斗,用于储存称量后的骨料,起到暂存骨料的作用。它缩短了搅拌站工作循环时间,是搅拌站提高生产率的重要保证。

(2)骨料输送系统

采用骨料仓模块式结构组成配料站,单独计量,由储料仓、架体、计量斗、水平皮带输送机等组成,完成对石子和砂的计量配料,并将配好的料输送给斜皮带机。骨料仓下部装有弧门给料器,弧门给料器采用防卡弧道,下料顺畅,工作可靠。砂仓设有振动装置,以保证下料顺畅。斜皮带机也采用模块式结构,由机架、支腿、传动滚筒、皮带、清扫器、张紧装置、皮带机罩及上下托辊等组成,机架设计成标准节,以便于制作、运输及安装,皮带采用环形皮带。将骨料输送到搅拌机上部的待料斗中。整个皮带输送机采用机罩密封,有效降低环境污染,并配有检修平台和安全扶手,方便日常的维护保养工作和安全。

(3)粉料储送系统

粉料储存罐设置在搅拌主楼的一侧,由仓体、支腿、进灰管、除尘器、气力破拱装置、料位计及爬梯等组成,出口处设有手动蝶阀与螺旋输送机连接。粉料罐顶部采用 WAM 高效除尘装置,该装置过滤面积大,滤芯清洗及更换方便,破拱采用双层级 6 个气垫。用来输送水泥及粉煤灰到各自的计量斗中,喂料效率高,可靠性好。

(4)供液与供气系统

供液系统包括水供给系统和外加剂供给系统,由水泵、供液管路、气动蝶阀等组成。随着外加剂的普遍使用,外加剂罐已成为混凝土搅拌站的必备设备,罐体为圆柱形,液位显示管用来显示罐内外加剂的位置,在往外加剂罐内加料时,可防止外加剂溢出;当液位很低时,可以提醒用户及时往罐内加料。因外加剂容易沉淀,时间久了容易在罐底积成"淤泥",需要将废料排出,在罐体底部设有排污阀。在使用过程中,为了让液状外加剂的成分均匀,防止沉淀,在罐体上设置了回流管。外加剂泵启动后,泵出的一部分外加剂送到外加剂计量斗进行计量,另一部分又送回罐内。因泵出的外加剂有一定的压力,在罐内形成冲击,促使外加剂处于动态,从而避免了外加剂的沉淀,保持了外加剂的匀质性,有利于提高混凝土质量的稳定性。

因外加剂有较强的腐蚀性,计量斗通常采用不锈钢制作而成。外加剂计量开始时外加剂泵得到信号,开始启动,将外加剂箱中的外加剂抽到计量斗。当外加剂的质量达到预先设定的质量值时,外加剂泵停止工作,完成计量。当气动卸料蝶阀得到卸料的指令(水称量完成后)后,气动卸料蝶阀动作,开门将外加剂卸到水计量斗。秤空后气动卸料蝶阀延时动作,关闭卸料口。

在混凝土搅拌站中大部分机构都是利用气压驱动,气压驱动具有低成本、无污染的特点。供气系统由空压机、储气罐、气动三联件、供气管路及附件等组成。系统中各部电磁阀均集中布置,管路走线与结构一体化,气路软管采用高强度 PU 管,采用快速接头,安装快捷、使用可靠。电磁阀排气口装有消声器,有效降低站内噪声。气缸均选用名厂的铝合金外壳气缸,缸筒外部装有磁性开关,外形美观,质量可靠。

(5)控制系统

三一 HZS180 混凝土搅拌站采用 PLC+工控机的控制方式,使得控制系统可靠性、智能化、自动化程度更高,即使计算机出现故障,PLC 也能照常保证控制系统自动运行;智能化设计体现在超差报警、超差暂停投料、扣称、故障诊断;强大的数据管理系统可容纳成千上万配比,且能根据含水率自动调整配比;计算机一机双屏,动画显示与管理操作互不干涉;控制及监控软件专门设计,量体裁衣,使用方便,功能完善。同时,由于是自主设计开发,不依赖外来技术,可以及时方便地为用户提供各种服务,包括软件的及时升级。

(6)控制室与监控系统

控制室安装在主楼一侧,内部进行精装修,采用了保温、隔音、耐火、防振措施,工作环境安静舒适,控制室噪声71dB(A),远小于国家标准88dB(A)。外部美观、大方,内部宽敞、明亮,装有空调、写字台、座椅等设备,操作符合人机界面工程。

为了方便操作者对整套设备的全方位动态管理,该设备在中间骨料待料斗上口、成品料出口等处均装有摄像监视器,通过监视器可直观看到出料层情况,极大方便生产管理。

3.1.5.2　泰安岳首 HZS 系列混凝土搅拌站

搅拌站主要部件有:搅拌系统、配料机、斜皮带输送机、主楼、水路、外加剂路、气路、控制系统等。

①搅拌筒体系统。由筒体、筒体上盖及附件组成,用作承载搅拌物及支承各部件。筒体由优质宽厚钢板弯制而成的 ω 形桶,在特别设计并制作的多功能框架承托下具有极佳的屈服力,承托部位也能使缸体具有足够的刚性而确保双卧轴的平行度和单轴的同心度不偏移。

②搅拌系统。由搅拌轴、搅拌臂、搅拌刀与筒体内衬(耐磨衬板)构成搅拌功能主体。搅拌系统依靠平行的双卧轴相反方向转动,其方向在轴端面向头部或尾部右侧均为顺时针;左侧均为逆时针方向运转。双轴上的搅拌臂及刮刀交错运行,数量因搅拌机型号而异,其配合适当的间隙及运作在短时间内达到完美均匀的搅拌效果。

③传动系统。由搅拌电机、优质减速机、皮带轮或齿轮、同步器以及防护罩组成,作用是经高速变速到低速两同步搅拌轴,整套系统结构紧凑、运行平稳、传动效率高。

④密封、润滑系统。拌轴的轴端支撑与轴端密封结构完全分离,以防止密封装置发生故障时搅损坏轴承。六重轴端密封能有效地阻止砂浆的浸入,大大减少轴头漏浆、漏油的可能,达到完美的密封效果。润滑系统采用最可靠的手动或自动加油系统,快速有效地将润滑油泵入各润滑点及密封腔,起到润滑密封的作用。

⑤储料仓。仓体为锥形结构,底部设有一个或两个长窄形卸料门,用气缸控制料门的开启。当储料仓底部设有两个卸料门时,两个卸料门开口大小不一,可控制骨料的计量精度。骨料仓按称重控制仪设定的程序向下部称量斗供料,在配料总量的 90% 前,两个料门同时放料,达到 90% 的总量以后,关闭其中料口较大的卸料门,由另一个卸料口较小的料门卸料,这样可实现骨料的粗、精计量;称量斗传感器采用压力式传感器,避免称量时斗体晃动产生计量误差,确保计量符合国家计量要求。骨料的配料精度为 ±2%。

⑥粉料计量系统。该系统由水泥秤、粉煤灰秤、秤支架等组成。同时为降低采购成本,用户也可选用两种粉料累加计量,粉料秤数量用户可根据不同需求进行选择。

该系统采用先进的电脑称量仪控制称量。水泥、粉煤灰等粉料一般由粉罐储存,采用螺旋输送机将粉料送到计量仓中称量。工作开始时,水泥或粉煤灰或矿粉等按设定的程序由粉料输送装置向计量斗供料,由电脑称量仪控制称量,达到设定质量时,控制系统会自动停止该种粉料的计量(或启动另一种粉料的输送装置,直至所有的粉料都计量完毕),当骨料投料几秒后(具体时间可视情况设定),控制仪回发出信号给出口蝶阀气缸,使其开启,将粉料投入搅拌机中。从计量斗蝶阀关闭,螺旋输送机送料进入计量仓体,计量结束到螺旋输送机停止,蝶阀打开投料,为一次计量过程。

为防止粉料进入计量仓后使计量仓内气体压缩,从而影响粉料的计量精度,粉料秤上装有专门设计的排气口及减压器。为防止粉料秤中的粉料起拱,保证秤斗中的粉料卸空和在卸料时间在规定之内,粉料秤上装有震动器。采用优质高稳定性传感器可确保计量的准确和可靠。上料处、卸料处采用软连接以保证各称的灵活,从而保证计量精度。

⑦液体计量装置。该装置为液态物料(如水、液体外加剂等)的称量装置,主要由秤体、蝶阀、传感器等组成。

水计量采用微机称量仪控制,水泵将水从客户自备的水源中抽出打入水称量斗,水称量采用粗精计量,从而使水计量的精度大大提高。待骨料放出几秒后(具体时间可视实际情况另行设置)由电脑给出信号,启动处于水称量斗下方的卸水泵快速地向搅拌锅卸水。当水卸至0值时,停止卸水泵,启动潜水泵进入下次计量的程序。

外加剂计量采用微机称量仪控制,水泵将外加剂从地面的外加剂储箱直接输送到外加剂秤中,此时该斗下部的蝶阀处于关闭状态。外加剂称量采用粗精计量,从而使外加剂计量的精度大大提高。待骨料放出几秒后(具体时间可视实际情况另行设置)由电脑给出信号,打开秤体下方的蝶阀,外加剂依靠自重流入水秤中,同水一起进入搅拌主机。当外加剂降至0值时,电脑发出信号关闭卸料蝶阀并进入下次计量程序。由于计量后的外加剂直接注入到清水中和水一起进入搅拌机,因此在进入搅拌机外加剂已被稀释,混合更均匀。

3.1.5.3 江苏华通动力重工有限公司

1)BUDI系列水泥混凝土搅拌设备

BUDI系列水泥混凝土搅拌站是在引进澳大利亚阿伦公司先进技术基础上,开发设计的新一代产品。主要性能特点如下:

(1)在结构设计上采用拼装式现代化集成设计,根据用户需求,实现个性化产品,安装方便迅速,维护检修方便;设备配有大容量的骨料储存料斗,每只料斗底部有大小料门各1只,分别由气缸控制,进行粗精称,充分保证了骨料的称量精度。主机及粉料储料仓均采用除尘系统,除尘效果好,噪音低。

(2)BUDI系列设备采用双卧轴搅拌主机,搅拌强烈、迅速均匀。有3个停留点作一般开关,方便灌注搅拌车。搅拌叶片和衬板采用镍耐磨合金铸铁,可快速更换。

(3)专利的气动输送斜槽,卸粉迅速无残留,有效防止水泥在搅拌轴上的结块,进入称重罐的压缩空气随着水泥进入搅拌主机,使得水泥均匀散开有助于迅速搅拌。

(4)大容量的液体外加剂罐,添加剂称重罐采用溢流装置,使剂量更准确安全。

(5)工控微机控制管理系统,落差自动补偿,手动、自动控制,机台上配有扩音机,配方储存,报表打印,现代化操作,系统工作可靠。控制系统配有微机及PLC。

(6)整机采用拼装式现代化集成设计,安装方便,转场便捷。布局紧凑合理,占地面积小。集成化组合式,即分系统集成,主体现场装配。这样既避免了单纯模块化因运输的限制而造成主楼内部空间利用率不高,又避免了现场制作而造成安装周期很长的缺点。具体来讲,就是将骨料仓及称重底架做成模块式、皮带机分段折叠、主楼钢结构预先分块制作,现场装配,而主楼内部各部件按系统集成,分别做成独立模块,现场直接装配在主楼上,各模块之间采用螺栓联结。骨料储仓在地上,骨料计量完提升至中间过渡仓,需二次提升。内部空间大,维护方便,适用于长期固定使用,该设备如图3.1-40所示,技术参数见表3.1-6。

BUDI系列水泥混凝土搅拌站主要技术参数　　　　表3.1-6

生产能力(m³/h)	90~180	水料计量精度(%)	±1
搅拌主机容量(m³)	1.5~4	外加剂计量精度(%)	±1
骨料计量精度(%)	±2	卸料高度(m)	3.8
粉料计量精度(%)	±1	骨料仓容量(m³)	(15~30)×4

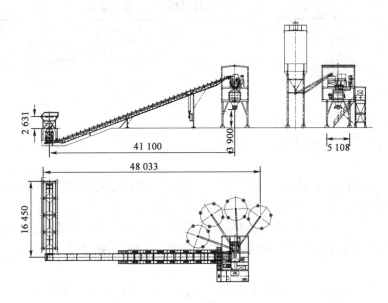

图 3.1-40　BUDI 系列水泥混凝土搅拌站简图(尺寸单位:mm)

2)HL 系列水泥混凝土搅拌设备

HL 系列水泥混凝土搅拌设备是在引进澳大利亚阿伦公司先进技术基础上,开发设计的新一代产品。主要性能特点如下：

(1)卓越的拼装式现代化集成设计,根据用户需求,实现个性化产品,安装方便迅速,维护检修方便,设备配有大容量的骨料储存顶仓,主机及粉料储料仓均采用除尘系统,除尘效果好,噪声低。

(2)HL 系列设备采用双卧轴搅拌主机,搅拌强烈、迅速均匀。有 3 个停留点作一般开关,方便灌注搅拌车。搅拌叶片和衬板采用镍耐磨合金铸铁,可快速更换。

(3)专利的气动输送斜槽,卸粉迅速无残留；有效防止水泥在搅拌轴上的结块,进入称重罐的压缩空气随着水泥进入搅拌主机,使得水泥均匀散开有助于迅速搅拌。

(4)大容量的液体外加剂罐,添加剂称重罐采用溢流装置,使剂量更准确安全。

(5)工控微机控制管理系统,落差自动补偿,手动、自动控制,机台上配有扩音机,配方储存,报表打印,现代化操作,系统工作可靠。控制系统配有微机及 PLC。该设备如图 3.1-41 所示,技术参数见表 3.1-7。

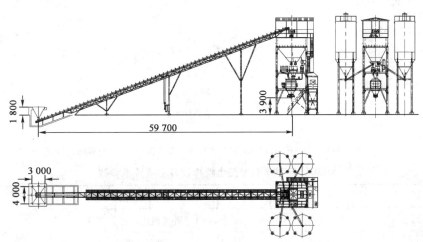

图 3.1-41　HL 系列水泥混凝土搅拌设备简图(尺寸单位:mm)

HL 系列水泥混凝土搅拌设备主要技术参数　　　　表 3.1-7

生产能力(m³/h)	120~200	水料计量精度(%)	±1
搅拌主机容量(m³)	2~4	外加剂计量精度(%)	±1
骨料计量精度(%)	±2	卸料高度(m)	3.8
粉料计量精度(%)	±1	骨料仓容量(m³)	(30~50)×4

3) MODU 系列水泥混凝土搅拌设备

MODU 系列水泥混凝土搅拌设备是在引进澳大利亚阿伦公司先进技术基础上，开发设计的新一代产品。主要性能特点如下：

(1) 卓越的模块式现代化集成设计，根据用户需求，实现个性化产品，安装方便迅速，维护检修方便；设备配有大容量的骨料储存料斗，每只料斗底部有大小料门各 1 只，分别由气缸控制，进行粗精称，充分保证了骨料的称量精度。主机及粉料储料仓均采用除尘系统，除尘效果好，噪声低。

(2) MODU 系列设备采用双卧轴搅拌主机，搅拌强烈、迅速均匀。搅拌叶片和衬板采用镍耐磨合金铸铁，可快速更换。

(3) 专利的气动输送斜槽，卸粉迅速无残留，有效防止水泥在搅拌轴上的结块，进入称重罐的压缩空气随着水泥进入搅拌主机，使得水泥均匀散开有助于迅速搅拌。

(4) 大容量的液体外加剂罐，添加剂称重罐采用溢流装置，使剂量更准确安全。

(5) 工控微机控制管理系统，落差自动补偿，手动、自动控制，机台上配有扩音机，配方储存，报表打印，现代化操作，系统工作可靠。控制系统配有微机及 PLC。

(6) 整机采用模块化设计制作，安装方便，转场便捷。布局紧凑合理，占地面积小。该设备如图 3.1-42 所示，技术参数见表 3.1-8。

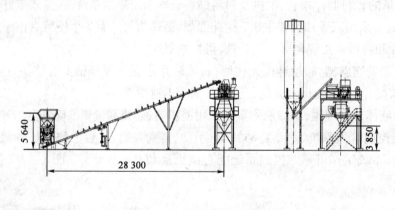

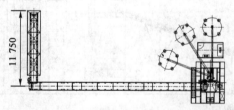

图 3.1-42　MODU 系列水泥混凝土搅拌设备简图(尺寸单位:mm)

MODU 系列水泥混凝土搅拌设备主要技术参数　　　　表 3.1-8

生产能力(m³/h)	60~150	水料计量精度(%)	±1
搅拌主机容量(m³)	1~3	外加剂计量精度(%)	±1
骨料计量精度(%)	±2	卸料高度(m)	3.8
粉料计量精度(%)	±1	骨料仓容量(m³)	(6~20)×3

3.2 水泥混凝土搅拌运输车

3.2.1 概述

3.2.1.1 定义

水泥混凝土搅拌车是一种在建筑施工中,把混凝土从制备地点及时运送到施工现场进行浇筑的运输设备。

传统方法为在工地附近自制混凝土,然后用翻斗车或自卸车进行输送。随着施工要求的不断提高,施工工艺不断改进,现在的商品混凝土都是由专业化的大型混凝土搅拌站集中生产供应。而混凝土搅拌站一般离施工工地较远,这样当混凝土的运输超过一定的距离(或时间)后,混凝土就有可能在运输途中发生分层离析,甚至初凝等现象,严重影响混凝土的质量,这是施工过程中所不允许出现的。为了适应商品混凝土的运输,一种新型的专用运输车辆——混凝土搅拌运输车应运而生。

混凝土搅拌运输车实际上就是在载重汽车或专用运输底盘上,安装一种独特的混凝土搅拌装置,它兼有运送和搅拌混凝土的双重功能,即在运送混凝土的同时对其进行搅拌或扰动。因此,混凝土搅拌运输车能在长时间的运输过程中保证混凝土的质量,满足了施工过程对混凝土的要求,其外形结构如图3.2-1所示。

图3.2-1 混凝土搅拌运输车外形结构图

3.2.1.2 国内外现状和发展趋势

混凝土搅拌运输车是随着商品混凝土产生和发展的。1824年英国人发明了混凝土——人造石。随着混凝土生产的需要,19世纪40年代美国、德国、俄国出现了以蒸汽机为动力源的自落式搅拌机,其拌筒为多面体形状的木质结构。20世纪初,圆柱形的铁或钢制搅拌筒才开始普及,1903年德国建造了世界第一座水泥混凝土预拌工厂,1908年美国生产出第一台内燃机驱动的搅拌机。随后,电动机则成为主要动力源,1913年美国开始生产预拌混凝土,1950年日本才开始生产预拌混凝土,1952年天津工程机械厂和上海建筑机械厂试制出我国第一台混凝土搅拌机。

随着预拌混凝土工厂的发展,为了保证预拌混凝土的质量,迫切需要解决混凝土从制备点到浇筑现场的运输设备。1926年美国首先成功地研制了搅拌筒水平放置的 $2m^3$ 混凝土搅拌运输车,从而保证了运往施工地点的混凝土质量,到了20世纪30年代,又生产出 $1.9 \sim 2.6m^3$ 的混凝土搅拌运输车,40年代才开始生产拌筒倾斜安置的输送车,其容量达到 $4.2m^3$。40年代中期,采用液压传动的混凝土搅拌运输车试制成功,由于当时液压件制造成本很高,直到50年代末才开始推广使用。拌筒的传动形式采用链轮链条,为了克服链条寿命短而且频繁需要润滑和保养的弊端,80年代开始试制拌筒直接驱动结构,使用减速箱通过一种球形轴承联轴器直接驱动搅拌筒。

我国的混凝土搅拌运输车的生产起步较晚,到20世纪60年代我国才开始引进并生产混凝土搅拌运输车。过去人们普遍使用翻斗车或自卸车输送混凝土,然而使用这种方法输送的混凝土容易发生分层、离析甚至凝结现象,混凝土输送的时间短且匀质性差。上海华东建筑机械厂是我国最早研制生产混凝土搅拌运输车的厂家之一,该厂80年代初从日本萱场株式会社引进了MR45混凝土搅拌运输车,该车采用三菱FV415底盘,萱场PAV87液压泵和MAF21K电动机,公称搅拌容量 $6m^3$。引进后为了配装不同底盘的需要对上装机架进行了改进,前后台采用独立支撑架,可调地坐落在副车架上,其余各部分如操纵系统、进出料装置、工具箱、供水系统、挡泥板、油箱、水箱及外观设计一直沿用原设计至今。它可根据用户需要配装东风尼桑CWA-54HM1等型号的底盘。根据市场对大容量搅拌车的需求,利用瑞典

VOLVOFM12 FL6型底盘,液压传动系统主要采用德国力世乐A4VTG71、A4VTG90油泵和ZF公司ZF-PLM7、ZFPLM9三合一变速箱。近几年比较成熟的液压件还有ARK公司的PV089、MF089和TOP公司P68、P80变速箱等。四川建设机械集团股份有限公司引进德国埃尔巴(ELBA)公司技术生产的JC6、JC8搅拌运输车,广东韶关新宇建设机械股份有限公司与日本极东合作开发EA05-61搅拌输送车。辽宁海诺采用日本萱场搅拌车技术(为降低整车高度,副车纵梁采用不同截面的矩形管组合而成)生产混凝土运输车,操纵系统由复杂的五处可操作式改为拌筒后端左右下部及驾驶室三处可操纵式,结构简单,生产成本低。中国重汽集团专用车公司(原青岛专用汽车制造厂)引进澳大利亚CESCO公司的VULCAN(铁匠)品牌生产混凝土搅拌车,该产品在2002年中国工程建设机械及新材料新技术展览会上受到北京及全国用户的深切关注。近几年随着国家对基建项目的大量投入,建筑业快速发展,混凝土使用量不断增加,混凝土搅拌车市场进一步扩大,生产厂家越来越多,有三一重工(如图3.2-2)、安徽星马(如图3.2-3)、中集凌宇、中联重科、唐山亚特、北汽福田等,随着生产厂家的增加生产能力也得到了很大的提高,2008年已达到了20 000多辆。

图3.2-2　三一重工混凝土搅拌车

图3.2-3　安徽星马混凝土搅拌车

3.2.2　分类、特点及适用范围

随着国民经济的发展,越来越多的领域需求高质量的混凝土浇筑。因此混凝土运输车辆也随着应用领域的不同而不断发展。

从用途上分主要有:

①汽车式混凝土搅拌运输车,就是我们通常所说的应用最多的混凝土搅拌运输车。

②轨道式混凝土搅拌运输车,主要应用于铁路、井下巷道等特殊运输领域。

③拖式混凝土搅拌车,主要用在一些施工要求不高,混凝土需求量不大的施工现场,这种设备制作成本低,靠一辆辅助行走车辆可以方便转移场地,因此也受到用户青睐。

在搅拌容量上主要有:$8\sim16m^3$。根据用量需求配置。

与一般的货物运输不同,混凝土运输有如下特点:

①专业性强。

②服务性强、均衡性差。预拌混凝土的运输是直接为建筑工地服务,一切工作围绕用户的施工进度来安排。只要用户施工需要,就必须马上将预拌混凝土送到用户指定地点,真正做到"24小时随叫随到",不能提前,也不能推迟,否则不但将造成预拌混凝土的浪费,还会给企业的信誉带来负面影响。

③时间性强。预拌混凝土生产出来以后一般必须在2h以内送到工作面上(这个时间要求因预拌混凝土的型号不同而有所不同,个别型号的预拌混凝土必须在20min内使用),此时间内搅拌不能停止,一个工作面完工前预拌混凝土的供应不能中断。这些要求必须一环扣一环地严格满足,没有"灵活掌握"的余地。

④运程短。一般合理的运距在20 km以内。随着社会的进步,我国混凝土生产和施工技术得到迅速发展,搅拌车制作技术日益成熟,市场容量不断扩大。

3.2.3 工作原理和主要结构

3.2.3.1 工作原理

我国生产的混凝土搅拌运输车的底盘多采用整车生产厂家提供的二类通用底盘,其专用机构主要包括:取力器、搅拌筒前后支架、减速机、液压系统、搅拌筒、操纵机构及清洗系统等。

混凝土搅拌运输车在行车中及等待卸料过程中,为避免混凝土水分离析或凝固,通过取力装置将汽车底盘的动力取出,并驱动液压系统的变量泵把机械能转化为液压能传给定量马达,马达再驱动减速机,由减速机驱动搅拌装置,对混凝土进行搅拌。搅拌时,罐筒均需低速转动 2～4r/min;当卸料时,罐筒需反方向转动 12～14r/min,混凝土被筒内螺旋叶片转动,均匀连续卸出。罐筒的转速变化和旋转方向的改变,均由变量油泵来控制。

国产混凝土搅拌运输车一般采用主车发动机取力方式。取力装置的作用是通过操纵取力开关将发动机动力取出,经液压系统驱动搅拌筒,在进料和运输过程中搅拌筒正向旋转,以利于进料和对混凝土进行搅拌,出料时则反向旋转,工作终结后切断与发动机的动力连接。液压系统将经取力器取出的发动机动力转化为液压能(排量和压力),再经马达输出为机械能(转速和转矩),为搅拌筒转动提供动力。

减速机将液压系统中马达输出的转速减速后传给搅拌筒。操纵机构控制搅拌筒旋转方向,使之在进料和运输过程中正向旋转,出料时反向旋转。搅拌装置由搅拌筒及辅助支撑部件组成。搅拌筒是混凝土的装载容器,转动时混凝土沿叶片的螺旋方向运动,在不断的提升和翻动过程中受到混合和搅拌。在进料及运输过程中,搅拌筒正转,混凝土沿叶片向里运动;出料时,搅拌筒反转,混凝土沿着叶片向外卸出。叶片是搅拌装置中的主要部件,损坏或严重磨损会导致混凝土搅拌不均匀。另外,叶片的角度如果设计不合理,还会使混凝土出现离析。清洗系统的主要作用是清洗搅拌筒,有时也用于运输途中进行干料搅拌。清洗系统还对液压系统起冷却作用。

3.2.3.2 主要结构

从混凝土搅拌输送车基本结构上来看,都是由相对独立的混凝土搅拌装置和运载底盘两大部分组成。搅拌运输车主要包括动力设备、运载底盘、搅拌筒的驱动装置、搅拌筒及其附属装置等四个主要系统,图3.2-4为搅拌运输车的外部结构图。

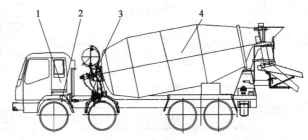

图3.2-4 搅拌运输车外部结构
1-运载底盘;2-动力设备;3-搅拌筒驱动装置;4-搅拌筒及其附属装置

1)液压传动系统结构设计

液压传动系统由液压系统和减速器组成,如图3.2-5所示。液压系统主要包括变量油泵29、定量马达9、散热器2(包括油箱、吸油滤清器等)、控制油缸15 等。油泵由发动机通过传动轴驱动,油泵旋转产生压力油,压力油进入马达,马达旋转并通过减速器驱动搅拌筒转动。变量泵29 是电液比例控制,排量、方向均可以改变,从而改变马达转速和旋向,最终实现搅拌筒的无级变速和旋向的改变。液压传动系统主要零部件见表3.2-1。

液压传动系统主要零部件 表3.2-1

序 号	代 号	名 称	数 量	材 料
1	JC5A.1-1	双向接头(油泵泄)	1	35
2		油冷却器	1	二级部件
3	JCD7.1-1	双向接头(滤)	1	
4	JCD7.1-2	双向接头2	1	
5	JCD7.1.1	吸油管		二级部件
6	GB5782-86	螺栓 M12X40	4	8.8级

续上表

序 号	代 号	名 称	数 量	材 料
7	GB93-86	垫圈 12	4	65Mn
8	JC5.1-3	垫 A	4	Q235A
9	A2FM90	马达	1	二级部件
10	JCD7.1-3	双向接头（泄）	3	35
11	JC5.1-4	半法兰	8	ZG45
12	GB5782-86	螺栓 M12×20	16	8.8 级
13	GB93-86	垫圈	16	65Mn
14	4WE6E-124NJZ5L	电磁阀	1	二级部件
15	YGX20-FA-T	油缸	1	二级部件
16	JCD7.1.2	阀缸支架	1	二级部件
17	JCD7.1-4	摇臂	1	Q235
18	JC5A.1.5	高压管总成	2	二级部件
19	JCD7.1.3	马达泄油管	1	二级部件
20	JCD7.1-5	双向接头（缸1）	1	35
21	JCD7.1-6	双向接头（缸2）	1	35
22	JC5.3.8-4	U 形螺栓	2	35
23	GB6170-86	螺母 M12	4	5 级
24	GB93-886	垫圈 12	4	65Mn
25	GB5783-86	螺栓 M14×60	4	8.8 级
26	GB6170-86	螺母 M14	4	8 级
27	GB93-86	垫圈 14	4	65Mn
28	JCD7.1.4	阀管	4	二级部件
29	A4VGT90	油泵	1	成品
30	JC5A.1-5	双向接头（泵吸）	1	35
31	JCD7.1-7	双向接头（阀吸）	1	35
32	JC5.1.6-T	回油管	1	二级部件

2）混凝土搅拌运输车传动系统

发动机的油门控制是通过电磁阀14、控制油缸15、摇臂17等实现，通过控制电磁阀开关，调节油缸行程改变发动机的油门位置，来改变发动机转速，从而与变量泵共同完成搅拌筒从0.5～16r/min大范围内的调速。

3）混凝土搅拌运输车工况分析

混凝土搅拌运输车，实际上就是在载重汽车或专用运载底盘上，安装着一种独特的混凝土搅拌装置的组合机械，它兼有载运和搅拌混凝土的双重功能，可以在运送混凝土的同时对其进行搅拌和搅动。因此能保证输送的混凝土质量，允许适当延长运距（或运送时间）。基于混凝土搅拌运输车的上述工作特点，通常可以根据对混凝土的运距长短，现场的施工条件以及对混凝土的配比和质量要求等不同情况，采用下列不同的工作方式：

（1）预拌混凝土的搅动运输

这种运输方式是搅拌运输车从预拌混凝土工厂装进已经搅拌好的混凝土，在运往工地的途中，使搅拌筒做大约1～3r/min低速转动，对载运的预拌混凝土不停地进行搅动，以防止出现离析等现象，从而使运到工地的混凝土质量得到控制，并相应增长运距。但这种运送方式，其运距（或运送时间）不宜过长，应控制在预拌混凝土开始初凝以前，具体的运距或时间视混凝土配比和道路、气候等条件而定。

(2)混凝土拌和料的搅拌运输

这种运输方式可分为湿料和干料搅拌运输两种情况：

湿料搅拌运输——搅拌运输车在配料站按混凝土配比同时装入水泥、砂石骨料和水等拌和料，然后在运送途中或施工现场，使搅拌筒以 8～14r/min 的"搅拌速度"转动，对混凝土拌和料完成搅拌作业。

干料注水搅拌运输——在配料站按混凝土配合比分别向搅拌筒内加入水泥、砂石等干料，并向车内水箱加入搅拌用水。在搅拌运输车驶向工地途中的适当时间向搅拌筒内注水进行搅拌。也可以根据工地的浇灌要求运干料到现场后再注水搅拌。

3.2.4 选型原则与步骤、主要参数计算

3.2.4.1 搅拌筒的驱动动力和驱动装置

搅拌运输车的搅拌筒，为完成加料、搅拌（或搅动）和卸料等不同工况时，将作不同速度和不同方向的转动，各工况均需要动力供给，并由驱动

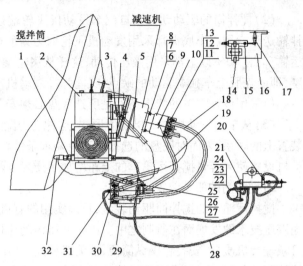

图 3.2-5 混凝土搅拌运输车液压传动系统
1-双向接头(油泵泄);2-散热器;3-双向接头(滤);4-双向接头 2;
5-吸油管;6-螺栓 M12×40;7-垫圈 12;8-垫 A;9-定量马达;10-双向接头(泄);11-半法兰;12-螺栓 M12×20;13-垫圈;14-电磁阀;15-控制油缸;16-阀缸支架;17-摇臂;18-高压管总成;19-马达泄油管;20-双向接头(缸1);21-双向接头(缸2);22- U形螺栓;23-螺母 M12;24-垫圈 12;25-螺栓 M14×60;26-螺母 M14;27-垫圈 14;28-阀管;29-变量油泵;30-双向接头(泵吸);31-双向接头(阀吸);32-回油管

装置（传动系统）引取动力，按工况而控制动力的传递。由于搅拌运输车的搅拌装置是安装在汽车底盘上，并在运输途中工作，因此其动力的供给，动力设备的配置以及驱动装置的结构，都有其相应的特点。

1）搅拌筒的动力供给和动力引出形式

搅拌运输车的搅拌装置，其工作动力大都来自内燃机。发动机（内燃）配置有两种形式：

(1)共用发动机形式，即搅拌装置利用动力分流，从汽车底盘发动机引取动力，搅拌驱动动力引自共用的汽车发动机，由于不再为搅拌装置单独设置动力源设备，所以使这种动力配置的搅拌运输车结构紧凑，造价较低。同时由于车上省去这部分设备的重力，可提高搅拌筒对混凝土的有效装载量（约相当 $0.2m^3$），这是它的主要优点。

但是，由于原来只用于底盘的发动机动力被分流用于搅拌装置，所以这种动力配置必须考虑共用发动机的动力储备能力，以免影响底盘的正常行驶性能。由于选用普通载货汽车底盘时，其发动机功率是根据汽车牵引能力确定的，所以这种动力配置的确定应结合底盘的选择，并综合考虑行驶、搅拌两者的功率要求和承载要求，做到所选载货汽车能同时达到上述两方面的要求，且彼此间不相互干扰。目前，对于中、小容量（$6m^3$ 以下）的搅拌运输车而言，尤其是只用于运送预拌混凝土的搅拌运输车，因行驶中搅拌装置耗用功率较小，所以绝大多数都采用这种动力供给形式，采用普通载货汽车底盘，只要汽车底盘选择恰当，可充分发挥上述各项优点，尤其对小容量搅拌运输车，这种优点相对更加明显。

(2)专用发动机形式，即设置专用搅拌发动机，行驶和搅拌的动力供给各自独立，即搅拌运输车需要两台发动机。

由于搅拌装置发动机的配置情况有上述不同，故发动机的动力引出形式，即搅拌筒驱动装置的取力形式也有多种：

(1)筒的驱动动力取自汽车发动机曲轴前端。此种取力方式特点是出力大，采用机械传动会导致传动困难，且机构复杂，因此仅适用于液压传动的搅拌运输车。

但是，这会给液压泵等液压系统元件的安装布置带来困难，因液压泵要安装在发动机曲轴前端，底盘的机架（保险杠）须经少许改造。由于系统管路增长而压力损失增大，且意外机械损伤和内部缺陷概率的提高导致可靠性下降。

(2)搅拌筒的驱动动力来自汽车发动机飞轮端这种方式最为理想,目前国内外绝大多数混凝土搅拌输送车专用汽车底盘都采用发动机飞轮取力为上车提供动力,因为目前世界各国生产的混凝土搅拌运输车,有90%以上都采用液压传动,这样从飞轮端引出动力,能使整个液压传动系统布置更为合理紧凑,即能克服上车独立驱动的缺点,又能弥补发动机前端取力形式的不足。

但采用该种方案的前提条件是所选底盘必须安装有发动机飞轮端取力装置。

(3)从单独发动机中引出动力形式,这种动力配置,也使搅拌装置与承载底盘之间没有动力和驱动装置上的联系,因而对底盘的选择和改装要求条件较少,也有利于充分发挥底盘的牵引能力,而专用发动机设置使大容量搅拌运输车的上车增加了质量,成本较高,噪声也较大。

2)搅拌筒的驱动装置

搅拌运输车的搅拌筒驱动装置,目前实用的有机械式和液压—机械混合式两大类,全液压式传动正随液压技术的发展而在研制之中。由于液压传动比机械传动能更好地适应搅拌运输车的工作特点,如可减轻装机质量、安装和操纵简便、能无级调速、噪声小等,而且便于自动控制,故目前搅拌运输车的搅拌筒驱动装置都尽量采用液压传动系统。

为了使搅拌筒的转速不受汽车行驶速度变化的影响,近年来已研制出能保持拌筒转速不变的自动控制系统,叫作恒速控制系统,即当液压泵的转速发生变化时,通过自动调整液压泵斜盘角度,使其输出流量保持不变,从而使搅拌筒的转速及驱动功率保持恒定。

恒速控制系统:

(1)液压恒速控制系统,通过在系统中加设了一只可变节流阀,靠节流阀前后产生的压差作用控制自动阀。当发动机转速升高时,液压泵输出的流量也随之加大,此时节流阀前后产生的压力差也加大,因而推动了自动阀的阀杆,阀杆的移动使油泵的伺服油缸进油,减少了变量柱塞液压泵斜盘的倾角,也就是减少了液压泵输出的流量;反之,当发动机的转速接近怠速时,节流阀前后的压差也减少,自动阀阀杆向反方向移动,这样液压泵的伺服油缸的另一腔进油,从而加大了液压泵斜盘的倾角,也就是增大了液压泵的输出流量。如果拌筒不需要进行恒速自动控制时,只要切换换向阀,同样还能对拌筒实现手动控制。

(2)电子恒速控制系统,它实际上是在传统液压手动控制基础上结合电液控制,其功能是即使发动机转速发生变化也能使搅拌筒保持恒定,这种功能是通过控制安装在泵的比例电磁铁电流的大小,改变泵的斜盘摆角来实现的。即根据柴油机的实际转速与预选搅拌筒转速的关系,电子装置根据这两个参数不断的计算出必要的控制电流,并改变泵斜盘的摆角,使泵的排量按照预定值保持不变。搅拌筒转速可通过驾驶员室内的电位计和安装在车辆后部出料槽附近的电位计预选,检测转速的检测点必须与泵的转速成一定的比例关系,这可以从车辆发动机上的飞轮齿圈或其他位置处的转速传感器进行检测。

3)驱动系统的设计要求

(1)采用共用发动机作为动力,飞轮端取力。

(2)驱动装置能适应工地恶劣道路而引起的搅拌运输车的颠簸、变形,同时对严峻的野外作业环境应有一定的适应能力。

(3)驱动装置易于实现搅拌筒工作时,各工况要求的运动状态。振动和机体出现的允启动、制动无冲击;加料、卸料速度快并能够进行调节;搅拌速度要稳定,操作方便。

(4)驱动装置的整个结构应力求简单、紧凑,取力简捷方便。

4)搅拌筒速度和所需功率的设计要求

搅拌筒的驱动动力。因混凝土在这种搅拌筒内的运动状态比较复杂,现在还未能从其运动规律上找到成熟的精确计算其驱动动力的方法或数学公式。从试验得知,其驱动功率与搅拌筒的几何尺寸、螺旋叶片的升角、被运送的混凝土的性质和工作转速有关。目前,搅拌筒的驱动功率一般都通过试验求得。

搅拌筒各工况的转速,尤其是搅拌或搅动工况的转速,也因工作原理引入了螺旋叶片的轴向推力作用,而不能单纯以临界转速来确定,必须参考混凝土的性质和叶片参数等因素,据搅拌质量和功效加以决定。目前各种搅拌运输车的搅拌和装、卸料转速都不太一致,但基本在一个数量范畴内。

3.2.4.2 整体结构设计

根据上述分析,底盘选取底盘在 BJ3311DPPJC-1 基础上增加后悬至 1400mm 改制而成,其余参数均不变。参数如表 3.2-2 所示。

表 3.2-2

序号	总成名称		总成型号	生产单位	备注
1	发动机		WD615.46	潍坊柴油机厂	
2	底盘	离合器	φ430	晋南机械厂	
		变速器	RT11509C	陕西法士特齿轮有限公司	
		车架			
		转向器	JL80Z	沙市久隆汽车动力转向器有限公司	
		前桥		安徽安凯曙光车桥有限公司	
		后桥		安徽安凯曙光车桥有限公司	
		驾驶室	长驾驶室	北汽福田股份有限公司	

1) 主要专用零部件选型及技术参数

(1) 搅拌罐体

借助原有 8 立方罐体前锥,后锥采用和原 8 立方罐体后锥相同的锥角,中节采用原 8 立方尺寸加次后锥,在整体外形上体现流线化,共分四段。

(2) 副车架系统

副梁采用 120m×80m×8m 的 16Mn 矩形管型钢,前后支架选用 6～8mm 厚钢板拼焊而成,采用前活动后固定形式,此结构主要是考虑整体装配情况,由于结构件制造精度不高,后台面板有固定托轮的长孔来调整罐体制造误差给托轮安装适应的调整量;后支架上支臂用圆滑过渡的方式,具有一定的流线型,适应整车造型的需要,爬梯采用三个踏板式结构,和后支架焊接,方便用户上下车。

(3) 液压系统

采用分体式液压系统。力士乐的高压泵和马达,配备减速机。

(4) 操纵系统

机械连杆式,和精品 8 立方二代操纵类似,此结构的特点是定位灵活,可靠,室内操纵容易实现控制,定位点放在油泵摆杆上,使前后操作均省力,有效去除空行程。后操纵箱还安装水泵电机及工作灯开关,结构紧凑,外形美观。

(5) 水路系统

从外观上考虑更协调,力争布置管路整齐,后上水和操纵箱放在一起,结构更紧凑,并设计警示说明,方便操作人员操作。后上水安装在后支架里侧,减少管路外露,影响美观。上置水箱选 360L,加水口加快装接头,方便用户加水,气压式供水方式。

(6) 电器系统

严格按照法规要求执行,包括侧标志灯、后视阔灯、工作灯,并通知供应厂保证质量等。

(7) 进出料系统

借助精品 8 立方结构基础上,根据用户反馈作了改进设计,工艺上方便安装,并且增加了强度,减少由于安装引起的应力,安装角度为 11°。

(8) 外观装饰

参考 8 立方外观,按福田Ⅵ标准,选装保温被,并在保温被上体现Ⅵ标志。

2) 12 立方搅拌运输车总布置方案

经设计计算后,绘制 12 立方搅拌运输车总布置方案外观图如图 3.2-6 所示。

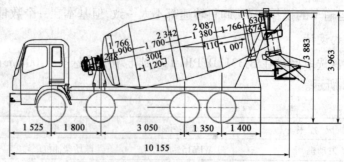

图 3.2-6 总布置方案外观图(尺寸单位:mm)

3.2.4.3 相关参数设计计算

1) 最佳质心位置确定及计算

由于轮胎气压及零部件的公差,底盘重心高度的公差为 ±30mm。改装后空、满载时的整车高度的计算方法就是将底盘质量、上装质量、设计装载质量和其他附加质量分别乘以各自的重心高度并且相加之后除以当时的总质量而得出的(见表 3.2-3)。

表 3.2-3

类 别	表达式	数 值	类 别	表达式	数 值
底盘质量(kg)	M_1	10 500	底盘重心高度(mm)	H_1	780
上装质量(kg)	M_2	4 100	上装重心高度(mm)	H_2	2 200
整车空载总质量(kg)	M	14 600			

则有空载重心高度:

$$H = \frac{M_1 \times H_1 + M_2 \times H_2}{M} = \frac{10\,500 \times 780 + 4\,100 \times 2\,200}{14\,600} = 1\,178(\text{mm}) \quad (3.2\text{-}1)$$

2) 质量利用系数

质量利用系数体现了底盘及上装在减轻自重,合理利用材料方面的设计和制造能力,同类车型该系数越大越好,可用式(3.2-2)来计算:

$$F = LD/G \quad (3.2\text{-}2)$$

式中:F——质量利用系数;

LD——最大允许装载质量,为 16 205kg;

G——汽车空载质量,为 14 600kg。

经计算可得质量利用系数 F:

$$F = \frac{16\,205}{14\,600} = 1.1 \quad (3.2\text{-}3)$$

3) 最大爬坡度计算

最大爬坡度可按式(3.2-4)进行计算:

$$\begin{cases} F_{\tan} = \dfrac{M_{E\max} \times i_G \times i_0 \times \eta_G \times \eta_0}{r_2} \\ \alpha = \arcsin\left(\dfrac{F_{\tan}}{G_{\max}}\right) \\ \text{最大爬坡度}(\%) = 100 \times \tan\alpha \end{cases} \quad (3.2\text{-}4)$$

式中:$M_{E\max}$——发动机最大转矩,取值 1 460N·m;

η_G——变速器机械效率,取值 0.98;

η_0——驱动桥机械效率,取值 0.97;

r_2——轮胎静力半径,取值 543mm;

$F_{\tan}$——驱动力,N;

i_G——变速器减速比,取值1.35;

i_0——驱动桥减速比,取值5.73;

$G_{\max}$——整车最大总质量,取32t。

则有:

$$F_{\tan} = \frac{1\,460 \times 5.73 \times 1.35 \times 0.98 \times 0.97}{543} = 19.77 \tag{3.2-5}$$

$$\alpha = \arcsin\left(\frac{19.77}{43.7}\right) = 26.8° \tag{3.2-6}$$

4)比功率计算与校核

比功率即额定功率与最大总质量的比值,单位为kW/t。根据《机动车运行安全技术条件》(GB 7258—2004)的规定,机动车(无轨电车除外)的比功率应不小于4.8kW/t,其中农用运输车及运输用拖拉机的比功率应不小于4.0kW/t。在合理的范围内,比功率愈大意味着车辆的机动性愈好。

本文12立方搅拌运输车最大总质量为43.7t,整车功率为266kW,经计算得比功率为6.08kW/t,大于4.8kW/t,所以动力性满足要求。

5)侧翻倾角得计算与校核

根据《机动车运行安全技术条件》(GB 7258—2004)的规定,车辆在空载、静态状态下,向左侧和右侧倾斜最大侧倾稳定角不得小于11,其他车辆(两轮摩托车及轻便摩托车除外)35°。由于改装后的重型汽车普遍的重心较高,故必须进行侧翻倾角的校核。

侧翻倾角可按下面经验公式计算:

$$x = \frac{TR_F \times G_F + TR_R \times G_R}{2 \times G_E} \tag{3.2-7}$$

$$\beta = \arctan\frac{x}{H_E} \tag{3.2-8}$$

式中:TR_F——前轮距,取2 020mm;

G_F——车辆空载的前轴荷,取7 050kg;

TR_R——后桥左右外侧两轮胎中心距,取2 247mm;

G_R——车辆空载的后轴荷,取7 550kg;

G_E——车辆空载总质量,取14 600kg;

H_E——车辆空载重心高度,取1 178mm;

将 β 值减去3°~4°的修正值,如果大于35°,一般即为符合要求。

将上述参数值代入式(3.2-7)和式(3.2-8)可得:

$$x = \frac{2\,020 \times 7\,050 + 2\,247 \times 7\,550}{2 \times 14\,600} = 1\,068.7(\text{mm}) \tag{3.2-9}$$

$$\beta = \arctan\frac{1\,068.7}{1\,178} = 42.2° \tag{3.2-10}$$

修正后的 β 值为37.2°,大于35°,符合要求。

6)小结

本章对12立方搅拌运输车进行了总体结构设计,给出了搅拌筒驱动装置、搅拌筒速度及所需功率的设计要求。尤其对搅拌运输车的主要参数进行了计算,结果表明,该搅拌运输车结构设计合理,主要参数能满足设计要求。

3.2.4.4 液压系统方案设计

1)回路的选择

该系统包括控制回路和工作回路,其中控制回路包括液压泵变量控制部分和发动机油门控制部分,工作回路选用闭式回路,如图3.2-7所示。

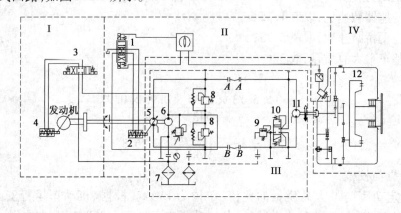

图 3.2-7 液压传动系统原理图

1-比例换向阀;2-变量油缸;3-电磁换向阀;4-油门控制油缸;5-主油泵;6-辅油泵;7-滤油器;8-多功能阀;9-冲洗压力阀;10-冲洗阀;11-液压马达;12-减速箱;I-发动机油门控制;II-液压泵变量控制;III-工作液压回路;IV-减速箱传动系统

2)液压油的选择

普通液压系统选用矿物油型液压油作为工作介质,其中室内液压设备多选用汽轮机油或普通液压油;室外液压设备则选用抗磨液压油或低凝液压油。由于混凝土搅拌运输车主要在室外作业,所以选用抗磨液压油或低凝液压油。

3)初定系统压力范围

系统压力的大小与搅拌车工况要求、液压元件的选型及液压系统可靠性有关,综合以上因素,可以参考有关手册查阅液压系统的压力推荐值或用类比法计算。系统压力确定后,就可以确定回路中溢流阀的调定液压力。

4)执行元件的选择

该工作油路(高压系统)要求正、反旋转运动,因此选用双向马达。控制油路(低压系统)执行元件选用活塞液压缸,其作用是控制发动机的油门拉杆以及液压油泵的斜盘角度。

5)换向阀的选择

换向阀和换向方式主要考虑整车的性能和控制要求,对电控混凝土搅拌运输车而言,采用比例阀来实现换向。

6)冷却器的选择

由于闭式系统都存在着散热问题,因此在设计时选用强制风冷自动温控系统,当系统温度大于等于65℃时,强制冷却系统开始工作。

综上所述,电控混凝土搅拌运输车根据其功能和效率的分析,借助底盘发动机直接取力,采用结构紧凑的闭式液压系统和强制风冷的冷却方式。发动机油门及液压泵变量由比例阀无级调节。

3.2.4.5 液压系统设计特点与参数确定

1)液压冲击的产生

当混凝土搅拌运输车在搅拌(正转)和出料(反转)的突然换向过程中出现压力峰值,系统压力一般达到换向前压力的2倍左右。限制和减小压力峰值,最好的办法是换向时在中位稍作停顿,等到拌筒停下后再换向。

2)液压系统设计特点

该液压系统工作油路为闭式回路,控制回路为阀控泵变量形式。

3)液压系统的参数设计

已知条件有搅拌筒满载转动所需的最大转矩 M_{max}、搅拌筒在进料和卸料的最高转速 n_{max}、搅拌筒工作过程中,进料/运输挡:3个恒速挡位(2-10-14r/min);其中2r/min为运输位置,中位/停止:位置正对指示灯(0r/min),卸料挡:7个恒速挡位(1-2-4-6-8-10-14r/min)。

(1)系统工作压力的选择

系统工作压力的大小,关系到所设计的系统是否合理。压力选得偏低,则结构尺寸大,质量大,系统所需流量也大;压力选得偏高,则对元件的制造精度和系统的使用维护要求较高,并使容积效率降低。通常情况下,工作压力的选择采用类比法,按主机类型来选择。搅拌运输车液压系统工作压力选择额定工作压力25MPa,最高压力45MPa。

(2)根据系统负载的性质及大小选择齿轮箱

混凝土搅拌运输车的齿轮箱,既是与液压系统一起构成传动机构,同时也是搅拌筒的支撑机构,承担着斜置拌筒引起的轴向力:$F=(F_1+F_2)\sin12°$,F为拌筒引起的轴向力,N;F_1为拌筒的重力,N;F_2为负载的重力,N。

根据经验,减速箱的速比选择$i=120$;所以选择TMG61.2型号减速箱,参数见表3.2-4。

PMB7sp型减速箱主要技术参数 表3.2-4

规格	单位	数值
PMB7sp型号减速箱		
最大摆动角度	°	±7
质量	kg	325
润滑油型号		GL-5
润滑油体积	L	16
允许拌筒安装角度	°	12

(3)根据负载的大小选择执行元件的主要参数

以下通过一个测试实例说明在搅拌运输车的一个典型工作循环中,搅拌筒的驱动功率(或力矩)随工况的转换而变化的规律。图3.2-8所示曲线,是混凝土运送时实测的结果。这个关系曲线的横坐标表示搅拌筒按工序连续运转的时间(min),纵坐标表示搅拌筒的驱动力矩(kg·m)。

下面对这条曲线所表示的搅拌筒驱动力与工况之间的关系进行一些分析:

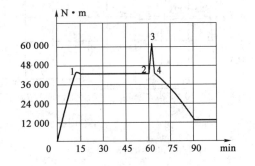

图3.2-8 12m³搅拌运输车的负载特性

0-1为加料工序。在混凝土工厂,搅拌运输车在行驶状态。搅拌筒同时作4r/min的正向转动,在整个运程的20min内,搅拌筒的驱动力矩基本保持稳定,其驱动功率相当18kW左右,最大功率85kW。

1-2为运料工序。在运途中,搅拌运输车在行驶状态。搅拌筒同时作4r/min的正向转动,在整个运程20min内,搅拌筒驱动力矩,其驱动功率相当18kW左右。

2-3-4为换向工序。在卸料地点,搅拌运输车停驶,搅拌筒从运拌状态制动,转入12r/min的反转卸料工况,搅拌筒的驱动力矩在反转开始的极短时间内陡然上升,然后迅即跌落下来。其峰值约相当于96kW。

4-5为卸料工序。搅拌筒继续以12r/min的速度反转,驱动力矩随混凝土卸出而逐渐下降,开始时约为76kW。

5-6为空筒返回。搅拌筒内加入适量清水,反程行驶中搅拌筒做4r/min的正向转动对其进行清洗。其驱动功率为7kW。到达混凝土工厂,排除污水准备下一个工作循环。

从这条曲线可以看出,在搅拌筒的工作循环中,其驱动力在反转卸料工序的开始时间有极大值,这是因为搅拌筒满载启动,附加有惯性阻力矩之故。根据对不同装载容量搅拌运输车的试验,发现在它们的工作循环中,搅拌筒的驱动动力也都存在相似的关系曲线,从而得到这样的统计结果:目前搅拌运输车的搅拌筒所需驱动功率约为 6~9kW/m³(装载容量)。

(4)减速器的选取

搅拌筒所需最大驱动转矩为 60 000N·m,WD615 系列柴油机是潍柴从奥地利斯太尔戴姆勒-普赫公司引进的具有世界先进水平的发动机。该系列柴油机总排量9.726L,有自然吸气、增压、增压中冷机型,基本型转速 2 200~2 600r/min,而搅拌运输车底盘发动机最大转速为 2 400r/min,因此根据《PMB 系列混凝土搅拌输送车用减速器》选择 PMB7sp 型减速器或 8sp 型减速器。在 25MPa 时,输出转矩61 000N·m。

(5)负载循环计算

混凝土搅拌运输车拌筒减速器传动比为 $i=120$,变速器机械效率0.98,则各工序液压马达输出轴的转矩见图 3.2-9。

(6)转速循环计算

拌筒最高转速取 $n=18r/min$,最低转速取 $n_{min}=2r/min$,则根据公式可知液压马达输出轴最高及最低转速为:

$$n_{max} = 18 \times 120 = 2\,160 r/min \quad (3.2\text{-}11)$$

$$n_{min} = 2 \times 120 = 240 r/min \quad (3.2\text{-}12)$$

图 3.2-10 为拌筒转速循环图。

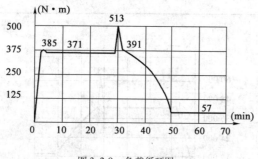

图 3.2-9 负载循环图

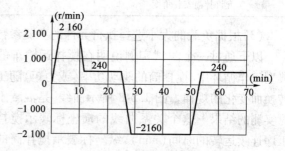

图 3.2-10 转速循环图

(7)液压马达的选取

初选系统工作压力 $P=25MPa$(当量转矩 1.6N·m/bar)。马达排量的计算公式为

$$q_{max} = 6.28 M_{max}/\Delta p \eta_m \quad (3.2\text{-}13)$$

式中:q_{max}——马达的最大排量,mL/r;

M_{max}——马达输出的最大转矩,N·m;

Δp——马达进出口压力差,即所选系统压力,Pa;

η_m——马达的机械效率,取 $\eta_m=0.9$。

故马达排量为 $q_{max}=6.28 \times 513/23 \times 10^6 \times 0.9 = 145 mL/r$

$$(3.2\text{-}14)$$

因此,根据系统压力 P、马达排量 q_{max}、马达实际最大转速以及马达输出轴最大转矩,参考《行走机械液压及电子控制元件》手册,选用 A2FM90 型液压马达,其原理图见图 3.2-11,主要技术性能参数见表 3.2-5。

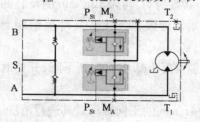

图 3.2-11 A2FM 马达液压原理图

A2FM90型液压马达的主要技术性能参数　　表3.2-5

规　　格	单位	90	107	125	160	180	200	250	355	500	710	1 000
排量	cm³	90	106.7	4 000	160.4	180	200	250	355	500	710	1 000
最高转速	min⁻¹	4 500	4 000	4 400	3 600	3 600	2 750	2 500	2 240	2 000	1 600	1 600
最大流量	L/min	405	427	1.99	577	648	550	625	795	1 000	1 136	1 600
当量转矩	N·m/bar	1.43	1.70	697	2.54	2.86	3.18	3.98	5.66	7.96	11.3	15.9
转矩($\Delta p = 350$bar)	N·m	501	595	796	889	1 001	1 114	1 393	1 978	2 785	3 955	5 570
转矩($\Delta p = 400$bar)	N·m	572	680	0.8	1 016	1 144	1 272					
壳体注入量	L	0.55	0.8	0.8	1.1	1.1		2.5	3.5			7.8
驱动轴的惯性矩	kgm²	0.007 2	0.011 6	0.011 6	0.022	0.022	0.037 8	0.061	0.102	0.178	0.55	0.56
质量	kg	23	32	32	45	45	66	73	110	155	322	336

(8) 液压泵的选择

根据负载性质、马达参数以及系统的压力选择液压泵,确定为力士乐 A4VTG90 型液压泵,其基本结构见图 3.2-12;液压泵的排量与液压泵理论最大排量的比 $V_g/V_{g\max}$ 与斜盘角度 β 以及 $V_g/V_{g\max}$ 与比例阀的控制电流 I 的关系见图 3.2-13。

3.2.4.6 液压系统匹配

根据已选的液压元件的性能参数及负载特性对参数进行匹配。

1) 功率匹配

由于实际输出流量 Q 不易获得,η_t 也不易获得,而 Q_0 可从样本中得到,η_{mh} 也基本不变,用公式(3.2-19)来计算输出功率更为方便。需要指出的是在不少有关液压资料中,把两个公式中的参数混用,从而导致计算的输入功率存在的差异。

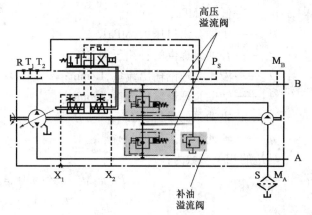

图 3.2-12　液压泵结构原理图

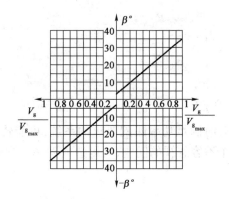
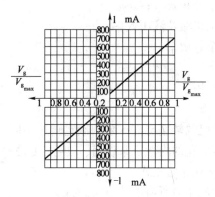

图 3.2-13　液压泵排量特性

$$P_e = \frac{M_e \cdot n}{9\,550} = \frac{Q_0 \cdot \Delta P}{6\,000 \cdot \eta_{mh}} = \frac{Q \cdot \Delta P}{6\,000 \cdot \eta_{mh}\eta_t} \qquad (3.2\text{-}15)$$

在闭式液压系统中,由于闭式泵的进油口压力为补油压力,因此

$$\Delta P = P_主 + P_补 \qquad (3.2\text{-}16)$$

$$P_e = \frac{Q_主 \cdot \Delta P}{6\,000 \cdot \eta_{mh}} + \frac{Q_补 \cdot \Delta P}{6\,000 \cdot \eta_{mh}} = \frac{\eta}{6000 \cdot \eta_{mh}}[(P_主 - P_辅)q_主 + P_辅 q_辅] \qquad (3.2\text{-}17)$$

一般情况下，$q_{辅} = (0.15 \sim 0.28) q_{主}$，现取 $q_{主} = 0.2 q_{辅}$

$$M_e = V_g \cdot \Delta p / 2 \cdot \pi \eta_{mh} \tag{3.2-18}$$
$$Q_0 = V_g \cdot n \cdot \eta_t / 9\,550 \eta_v \tag{3.2-19}$$

式中：P_e——液压泵的输入功率，也即所需原动机功率，kW；

Q_0——液压泵理论输出流量，L；

Q——液压泵实际输出流量，L；

V_g——液压泵排量，L；

Δp——$p_{HD} - p_{ND}$；

η_t——泵容积效率（一般 $\eta_t = 0.93 \sim 0.97$ 齿轮泵取低值，柱塞泵取高值）；

η_{mh}——泵机械及液压效率；

η_v——泵总效率；

p_{HD}——高压，MPa；

p_{ND}——低压，MPa；

$P_{主}$——主油泵出口压力，MPa；

$P_{辅}$——补油泵提供的补油压力，MPa；

$Q_{主}$——液压泵理论输出流量，L/min；

$Q_{辅}$——辅助泵理论输出流量，L/min；

$q_{主}$——主油泵的排量，mL/r；

$q_{辅}$——辅油泵的排量，mL/r。

马达的相关参数为：

$$P_e = M_e \cdot n / 9\,550 = Q_e \cdot \Delta p / 6\,000 \cdot \eta_t \tag{3.2-20}$$
$$M_e = V_g \cdot \Delta p / 2 \cdot \pi \eta_{mh} \tag{3.2-21}$$
$$Q_e = V_g \cdot n \cdot \eta_t / 9\,550 \eta_v \tag{3.2-22}$$
$$n = Q_e \cdot 1\,000 \cdot \eta_v / V_g \tag{3.2-23}$$

式中：V_g——液压泵排量；

Δp——$p_{HD} - p_{ND}$；

η_t——泵容积效率；

η_{mh}——泵机械及液压效率；

η_v——泵总效率；

p_{HD}——高压；

p_{ND}——低压。

2）转矩匹配

由于发动机的转速与液压泵的额定转速不同，有时满足功率匹配要求的系统，可能转矩不匹配，特别对输出转矩变化的内燃机来说，转矩匹配更是一个不容忽视的问题，否则造成功率过剩或功率不足等问题，严重时无法正常工作。

已知驱动液压泵所需的转矩 M_P 为：

$$M_P = 159[(P_{主} - P_{辅}) q_{主} + P_{辅} q_{辅}] / 1\,000 \eta_{mh} \tag{3.2-24}$$

设发动机的额定功率为 P_e，转速为 n，机械效率为 η_e，则有效输出转矩 M_e

$$M_e = 9\,550 P_e \eta_e / n \tag{3.2-25}$$
$$M_e = 9\,550 \eta_e [(P_{主} - P_{辅}) q_{主} + P_{辅} q_{辅}] / 6\,000 \eta_{mh} \tag{3.2-26}$$

若要发动机与油泵良好匹配，应使得 $M_e \geq M_P$。

3.2.4.7 控制系统原理

控制系统的工作原理见流程图 3.2-14。分别通过调节发动机转速和变量泵斜盘角度来调节搅拌筒转速。

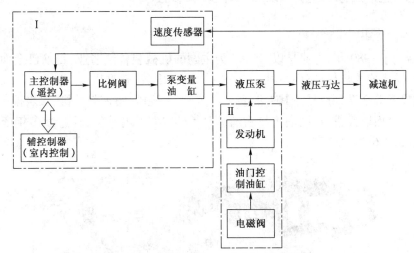

Ⅰ-液压泵排量控制；Ⅱ-发动机油门控制

图 3.2-14 控制流程图

1）液压泵排量控制系统

液压泵排量控制系统是一个典型的电液比例伺服系统，如图 3.2-15 所示。它由指令电位器 1、反馈电位器 2、放大器 3、比例伺服阀 4、液压缸 5、液压泵 6、液压马达 7、减速器 8、速度传感器 9、控制器 10 组成。指令电位器 1 将转速信号 n_g 转换成电压 U_g；被控制的减速器的速度信号 n_f 由反馈电位器检测，转换成电压 U_f，两个相同线性电位器接成桥式电路，该电桥输出电压 $\Delta U = U_g - U_f$。当速度传感器 9 把被控制的减速器 8 的速度信号传递到控制器 10，控制器 10 经过信号处理，在反馈电位器 2 显示转速指令 n_f 并与指令电位器设置的转速信号 n_g 比较，一致时 $\Delta U = 0$，此时放大器输出电压为 0。比例伺服阀 4 处于零位，没有流量输出，变量油缸不动，减速器输出转速不变，系统处于平衡状态。此时，如果由于某种原因，减速器 8 的速度发生变化，n_f 改变 $\Delta U \neq 0$，此时比例伺服阀 4 动作离开中位，变量油缸得到压力油而动作调节液压泵的排量，增大（减小）马达的转速，从而改变减速器 8 的转速，直到 $\Delta U = 0$，即减速器转速与指令电位器 1 设置的转速相等。

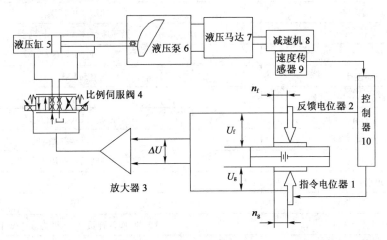

图 3.2-15 液压泵排量控制系统

2）发动机油门控制

发动机油门控制主要是液压泵排量控制的补充，其主要作用是搅拌运输车在装料和卸料过程中，如液压系统的排量控制不能满足要求时，通过油门控制增加发动机转速来提高液压系统的输出转速，进而增加装料及卸料的速度。

3.2.5 主要生产厂家典型产品及技术性能和参数

3.2.5.1 三一重工

三一重工始创于1989年,主业是以"工程"为主题的机械装备制造业,目前已全面进入工程机械制造领域。主导产品为建筑机械、路面机械、挖掘机械、桩工机械、起重机械、非开挖施工设备、港口机械、煤炭机械、风电设备等全系列产品。其中混凝土机械、桩工机械、履带起重机、煤炭掘进机械为国内第一品牌,混凝土泵车全面取代进口,国内市场占有率达57%,为国内首位,且连续多年产销量居全球第一(图3.2-16及表3.2-6、表3.2-7)。

图3.2-16 三一水泥混凝土搅拌运输车

三一 SY5250GJB3A 混凝土搅拌运输车主要技术参数　　　　表3.2-6

底盘型号	SYM1250T3
整备质量(kg)	14 000
满载总质量(kg)	25 000
整车外形尺寸(长×宽×高,mm)	8 600 × 2 490 × 3 880
轴距(mm)	3 225 + 1 350
最小转弯直径(m)	16
变速器	9JS150 单杆操作
转向器	循环球整体式动力转向器
轮胎	11.0 ~ 20
主减速器速比	5.833
取力器(N·m)	650
制动方式　行车制动	双回路、鼓式、气压驱动
辅助制动	发动机排气制动
驻车制动	储能弹簧制动器作用于中后桥
最小离地间隙(mm)	≥252
最高车速(km/h)	50
离合器	ϕ430 膜片弹簧,气压助力液压操作
驱动形式	6 × 4
轮辋	8.00V-20
滑行距离(V_0 = 50km/h)(m)	≥750
制动距离(V_0 = 30km/h)(m)	≤10(满载);≤9(空载)
额定乘员(人)	2

续上表

发动机参数	
发动机型号	P11C-UH
发动机形式	直列六缸、水冷、增压中冷(空-空)、直喷式
缸径×行径(mm)	$\phi122\times150$
排量(L)	10.520
最大转矩(N·m)/(r/min)	1 460/1 100
额定功率(kW)/(r/min)	235/2 100
排气污染物排放限值	欧Ⅲ标准
搅拌筒性能参数	
搅拌筒几何容积(m^3)	13.79
搅动容积(m^3)	8
填充率(%)	58.01
最大搅拌筒直径(mm)	2 342
搅拌筒倾角(°)	13.5
进料速度(m^3/min)	≥3
出料速度(m^3/min)	≥2
出料残余率(%)	<0.7
坍落度范围(mm)	50~210
驱动系统	
减速机速比	99.9
泵排量/额定压力(cc/rev,MPa)	7 134.5
马达排量/额定压力(cc/rev,MPa)	8 034.5
液压回路	分体式闭式回路
供水系统	
水箱容积(L)	450
供水方式	气压式,工作压力0.2MPa

三一 SY5250GJB3A 混凝土搅拌运输车主要技术参数   表3.2-7

底盘型号	日野 FSIELV
整备质量(kg)	13 770
满载总质量(kg)	25 000
整车外形尺寸(长×宽×高,mm)	9 250×2 490×3 900
轴距(mm)	3 655+1 310
最小转弯直径(m)	15
变速器	Hx07,六前进挡,超速挡附润滑油冷却器
转向器	循环球式带整体动力助动装置
轮胎	295/80R22.5
主减速器速比	7.166
取力器(N·m)/(r/min)	450/2 150
制动方式 行车制动	前后布置双回路气制动
辅助制动	发动机缓速制动器
驻车制动	弹簧执行器作用于后车轮

续上表

最小离地间隙(mm)	≥220
最高车速(km/h)	95
离合器	气动助力液压控制器,附带缓冲弹簧的干式单片,外径430mm
驱动形式	6×4
轮辋	8.00V-20
滑行距离(VO=50km/h)(m)	≥750
制动距离(VO=30km/h)(m)	≤10（满载）；≤9m（空载）
额定乘员(人)	2
发动机参数	
发动机型号	E13CTL
发动机形式	4冲程水冷,顶置式气门,电子控制直接喷射式带涡轮增压中冷却柴油发动机
缸径×行径(mm)	$\phi 122 \times 150$
排量(L)	10.913
最大转矩(N·m)/(r/min)	1 618/1 100
额定功率(kW)/(r/min)	302/1 800
排气污染物排放限值	欧Ⅲ标准
搅拌筒性能参数	
搅拌筒几何容积(m^3)	15.9
搅动容积(m^3)	9
填充率(%)	56.6
最大搅拌筒直径(mm)	2 342
搅拌筒倾角(°)	13
进料速度(m^3/min)	≥3
出料速度(m^3/min)	≥2
出料残余率(%)	<0.7
坍落度范围(mm)	50~210
驱动系统	
减速机速比	102
泵排量/额定压力(cc/rev,MPa)	90,34.5
马达排量/额定压力(cc/rev,MPa)	80,34.5
液压回路	分体式闭式回路
供水系统	
水箱容积(L)	450
供水方式	气压式,工作压力0.2MPa

3.2.5.2 安徽星马汽车股份有限公司

安徽星马汽车股份有限公司始建于1970年,是我国工程类专用汽车行业的重点骨干企业,于2003年4月在上海证券交易所成功上市。2003年专用汽车产销量突破4 000辆,销售额突破20亿元,实现利税2亿元。产品多次获国家、省级技术进步奖。被国家科技部火炬中心评定为"国家重点高新技术企业",现已成为我国最大的工程类重型专用汽车研究开发和生产制造基地。主导产品有散装水泥车、混凝土搅拌车、混凝土泵车、粉粒物料运输车、工程自卸车、压缩式垃圾车、油罐车等8大系列100多个品种。散装水泥车、混凝土搅拌车(图3.2-17)产销量国内同行业排名第一,市场占有率分别为45%和40%。

图 3.2-17 安徽星马水泥混凝土搅拌运输车

暂无产品详细参数。

3.2.5.3 上海华东建筑机械厂有限公司

上海华东建筑机械厂有限公司(原名华东建筑机械厂)创建于1946年,是上海建工(集团)总公司的全资子公司。在这里下线的中国第一辆混凝土搅拌车可以追溯到上世纪60年代初期,采用黄河底盘、链轮传动,容量为3m³ 的混凝土搅拌车于1964年诞生,开创了制造中国混凝土搅拌运输车的先河。20世纪90年代,第三代混凝土搅拌运输车仍然是由上海华建试制成功推向市场。2000年,上海华建推出了中国第一款大容量10立方混凝土搅拌运输车;2002年首创中国最大容量12立方混凝土搅拌运输车;2006年研制出中国第一辆半挂式15立方混凝土搅拌运输车(图3.2-18及表3.2-8、表3.2-9)。

图 3.2-18 上海华建水泥混凝土搅拌运输车

HDJ5380GJBHI 混凝土搅拌车主要技术参数　　　　表 3.2-8

产　品　名　称		混凝土搅拌车
产品型号		HDJ5380GJBHI
外形尺寸(长×宽×高,mm)		9 975×2 495×3 794
轴距(mm)		1 750+3 225+1 350
轮距(前/后,mm)		2 045/1 855
最小离地间隙(mm)		265
整备质量(kg)		14 300
总质量(kg)		38 500
额定乘员(坐席/立席,人)		3
最高车速(km/h)		90
最大爬坡度(%)		26.5
最小转弯直径(m)		19.6
油耗(L/km,km/h)		—
制动距离	空载	—
	满载	<10

续上表

发动机	型号、形式	F21C,V8缸,水冷直喷柴油机
	排量(mL/燃料)	2 078/柴油
	最大功率(kW)/(r/min)	250/2 200
	最大转矩(N·m)/(r/min)	1 176/1 400
离合器形式		双片干式液压助力
变速器形式		6速前进
悬架形式	前	钢板弹簧
	后	钢板弹簧
制动形式,前/后		气动双回路制动
驱动形式		8×4
轮胎规格		12R22.5
专用车专用装置主要参数(m³)		10
备注		日野 FY4FTS

HDJ5410GJBMA 混凝土搅拌车主要技术参数　　　表 3.2-9

产品名称		混凝土搅拌车
产品型号		HDJ5410GJBMA
外形尺寸(长×宽×高,mm)		9 995×2 500×3 980
轴距(mm)		1 485+3 205+1 385
轮距(前/后,mm)		2 035/1 804
最小离地间隙(mm)		306
整备质量(kg)		16 700
总质量(kg)		41 000
额定乘员(坐席/立席,人)		2
最高车速(km/h)		85
最大爬坡度(%)		29
最小转弯直径(m)		20.6
油耗(L/km,km/h)		—
制动距离	空载	—
	满载	<10
发动机	型号、形式	D2866LF31(D2866LF25)(欧洲Ⅱ号)直列六缸涡轮增压中冷电子控制柴油机
	排量(mL/燃料)	11 970/柴油
	最大功率(kW)/(r/min)	301/1 900
	最大转矩(N·m)/(r/min)	1 850/1 000~1 300
离合器形式		单片干式液压操纵气助力
变速器形式		全同步 16 前进挡
悬架形式	前	钢板弹簧,带稳定杆和减振器
	后	钢板弹簧,带稳定杆和减振器
制动形式,前/后		气动双回路制动
驱动形式		8×4
轮胎规格		12.00-R20(315/80R22.5)
专用车专用装置主要参数(m³)		12
备注		41.414

3.2.5.4 宇通重工有限公司

郑州宇通重工有限公司成立于2001年,是以资产为纽带组建的涵盖客车、工程机械、零部件、房地产等行业的大型综合企业集团。郑州宇通重工有限公司(原郑工集团)是宇通企业集团的核心企业,是中国大型军用、民用轮式工程机械专业制造基地,集科研开发、生产制造、经营销售为一体的"宇通重工"是中国工程机械的摇篮,近半个世纪来,有30多个"中国第一"在这里诞生,目前已形成轮式装载机、大马力轮式推土机、自行式铲运机、冲击压路机,冲击压实机、振动压路机和其他变型产品6大系列30多个品种,产品广泛用于公路、铁路、水利、煤矿、石油等系统,并出口20多个国家和地区,见图3.2-19及表3.2-10、表3.2-11。

图 3.2-19 宇通重工水泥混凝土搅拌运输车

ZZ5256GJBN3846C 搅拌运输车主要技术参数 表 3.2-10

整车参数		上装配置	
底盘厂家	中国重汽	罐体尺寸(mm)	
驾驶室	中长半高顶,单卧,空调	搅动容积(m³)	10
外形尺寸:长×宽×高(mm)	9 100×2 496×3 800	公告容积(m³)	
最大总质量(kg)	25 000	进料速度(m³/min)	≥3.0
整车整备质量(kg)	13 100	出料速度(m³/min)	≥2.0
额定载质量(kg)	11 770	出料残余率(%)	<1
底盘配置		罐体倾斜角度(°)	11.3
		进料斗上口尺寸(mm)	1 000×900
底盘型号	ZZ1256N3846C	进料斗上口距地面高度(mm)	3 745
发动机型号	重汽 WD615.95	高压油泵	迈索瑞 PV089MHR\20DBC13N
发动机形式	直列六缸、水冷、增压中冷柴油机	液压马达	迈索瑞 MF089V\20CBN113535
排量(L)	9.726	减速器	意大利 P68(最大转矩 68 000N·m)
额定功率(kW)/(hp)	247/336	散热器	新乡振华 FLJ-6
排放标准	国Ⅲ	供水系统	气压供水,水箱450L
离合器	φ420mm 螺旋弹簧离合器	灯具	工作尾灯
变速箱	豪沃机械式9挡变速箱	其他配置	工具箱,5台及以上批量配送应急油管一套,溜槽支架,手摇升降机构,托轮护罩
前桥	豪沃8t级拳式工字梁前桥		
中、后桥	斯太尔16t级双级减速双联桥		
车架	双大梁8mm+7mm,冲压车架	选装件	滚道护带、大工具箱、高压水枪、冲刷架、弹簧升降机构
轮胎	12.00-20 斜交胎,10+1个		
轴距(mm)	3 825+1 350		
油耗(L/100km)	33		

宇通重工 YTZ5257GJB42E 搅拌运输车主要技术参数　　　　　表 3.2-11

整车参数		上装配置	
底盘厂家	中国重汽	罐体尺寸/mm	
驾驶室	中长半高顶,单卧,空调	搅动容积(m³)	10
外形尺寸:长×宽×高(mm)	9 400×2 500×3 945	公告容积(m³)	
最大总质量(kg)	25 000	进料速度(m³/min)	≥3.0
整车整备质量(kg)	13 300	出料速度(m³/min)	≥2.0
额定载质量(kg)	11 570	出料残余率(%)	<1
底盘配置		罐体倾斜角度(°)	11.3
		进料斗上口尺寸(mm)	1 000×900
底盘型号	ZZ1257N3847C	进料斗上口距地面高度(mm)	3 750
发动机型号	重汽 WD615.95	高压油泵	迈索瑞 PV089MHR\20DBC13N
发动机形式	直列六缸、水冷、增压中冷柴油机	液压马达	迈索瑞 MF089V\20CBN113535
排量(L)	9.726	减速器	意大利 P68(最大转矩 68 000N·m)
额定功率(kW)/(hp)	247/336	散热器	新乡振华 FIJ-6
排放标准	国Ⅲ	供水系统	气压供水,水箱 450L
离合器	φ420mm 单片干式离合器	灯具	工作尾灯
变速箱	豪沃机械式 9 挡变速箱	其他配置	工具箱、5 台及以上批量配送应急油管一套、溜槽支架、手摇升降机构、托轮护罩
前桥	豪沃 8t 级拳式工字梁前桥		
中、后桥	斯太尔 16t 级双级减速双联桥		
车架	双大梁 8mm+7mm、冲压车架	选装件	滚道护带、大工具箱、高压水枪、冲刷架、弹簧升降机构
轮胎	12.00-20 斜交胎,10+1 个		
轴距(mm)	3 825+1 350		
油耗(L/100km)	33		

3.2.5.5 中集凌宇汽车有限公司

洛阳中集凌宇汽车有限公司由中集车辆集团和洛阳宇通公司合资成立。目前建成的一期生产线,拥有业内最先进的设备、工装和工艺布局,严密规范的标准化流程,和专业的操作人员,形成了一整套完善的专业化制造体系,实现了强大的组织生产能力,奠定中集凌宇高速发展的坚实基础。将对公司实现中国最大的罐车生产基地的目标产生有力推动作用。

凌宇系列混凝土搅拌运输车覆盖了搅拌行业 8 方、9 方、10 方、12 方、14 方全部方量的产品。底盘主要采用陕西重汽德龙、奥龙,济南重汽豪沃、斯太尔王、东风、解放、欧曼、东风日产柴、三菱等混凝土搅拌车专用底盘(见图 3.2-20 及表 3.2-12、表 3.2-13)。

图 3.2-20　中集凌宇水泥混凝土搅拌运输车

CLY5256GJB2 搅拌运输车主要技术参数　　　　　　　　　　表 3.2-12

产品型号	CLY5256GJB2	CLY5256GJB2
整车及底盘参数		
外形尺寸(长×宽×高,mm)	9 200×2 500×3 850	9 340×2 500×3 850
底盘型号	ZZ1256N3846C	ZZ1256N3846C
发动机型号及功率(hp)	WD615.95/336	WD615.95/336
排放标准	国Ⅲ	国Ⅲ
整备质量/额定载质量(kg)	13 570/11 300	13 570/11 300
轴距(mm)	3 600+1 350	3 800+1 350
接近角/离去角(°)	15/26	15/26
最大爬坡度(%)	45	45
专用性能参数		
搅动容量/罐体容积(m^3)	9/14.3	10/15.96
进料速度(m^3/min)	≥3	≥3
出料速度(m^3/min)	≥2	≥2
出料残余率(%)	≤0.5	≤0.5
供水系统	气压供水	气压供水
水箱容积(L)	450	450

CLY5257GJB5 搅拌运输车主要技术参数　　　　　　　　　　表 3.2-13

产品型号	CLY5257GJB5
整车及底盘参数	
外形尺寸(长×宽×高,mm)	9 130/9 300×2 500×3 850
底盘型号	ZZ1257N3847C
发动机型号及功率(hp)	WD615.95/336
排放标准	国Ⅲ
整备质量/额定载质量(kg)	13 450/11 420
轴距(mm)	3 625+1 350/3 825+1 350
接近角/离去角(°)	16/26
最大爬坡度(%)	45
专用性能参数	
搅动容量/罐体容积(m^3)	9/14.3,10/15.96
进料速度(m^3/min)	≥3
出料速度(m^3/min)	≥2
出料残余率(%)	≤0.5
供水系统	气压供水
水箱容积(L)	450

3.2.5.6　江苏华通动力重工有限公司

江苏华通动力重工有限公司水泥混凝土搅拌运输车是在搅拌车专用二类底盘上加装了传动、液压、搅拌筒、进出料、操纵等装置而成。其中液压泵、马达均为国际知名品牌,减速器为日本大久保公司产品,产品技术先进、结构紧凑。作为关键技术的螺旋叶片采用计算机程序设计,具有出料迅速、无离析和残余率少等优点(见图 3.2-21 及表 3.2-14)。

图 3.2-21 江苏华通动力重工有限公司水泥混凝土搅拌运输车

江苏华通动力重工有限公司水泥混凝土搅拌运输车主要技术参数　　表 3.2-14

型号	ZJY5223GJB	ZJY5250GJB	ZJY5253GJB
底盘性能参数			
底盘型号	CA1223P1K2T1S2	EQ3251GJ	CWB459HMZ
最高车速(km/h)	85	78	96
制动距离(m)	≤9	≤9	≤9
最小转弯直径(m)	16.8	16	13.8
最小离地间隙(mm)	250	260	240
驾驶室乘员(人)	3	3	3
发动机性能参数			
发动机型号	CA6110ZL	C300 20	PF6
额定功率(kW)	170	221	253
最大转矩(N·m)	890	1 125	1 460
搅拌筒性能参数			
几何容积(m^3)	11.4	13.1	13.1
搅动容积(m^3)	7	8	8
标定容积(m^3)	5	6	6
筒体最大直径(mm)	2 328	2 328	2 328
筒体长度(mm)	3 935	4 265	4 265
筒体倾角(°)	14	14	14
筒体转速(r/min)	0~16	0~16	0~16
进料速度(m^3/min)	≥3	≥3	≥3
出料速度(m^3/min)	≥3	≥3	≥3
坍落度(mm)	80~210	80~210	80~210
残余率(%)	≤1	≤1	≤1
外形尺寸(长×宽×高,mm)	8 182×2 490×3 683	8 625×2 490×3 755	8 429×2 490×3 751

3.2.5.7 河北利达特种车辆有限公司

利达重工有限公司始建于 1995 年,位于河北省邯郸市是河北省具有汽车生产资质的高科技民营企业。主要从事专用车、特种车研发与制造、通用汽车改装等产业。现已形成以特种车(专用车)研发制造生产、汽车及零部件贸易、汽车文化为一体的企业集团(见图 3.2-22 及表 3.2-15)。

图 3.2-22　利达重工有限公司水泥混凝土搅拌运输车

得达 LD5256GJBA38 型混凝土搅拌运输车技术参数　　　　表 3.2-15

底盘型号			欧曼 BJ5251DLFJB-1
底盘配置	发动机	型号	潍柴 WD615.34
		最大功率(kW/hp)	250/340
		最大转矩(N·m)	1 350
		百公里油耗(L/km)	33/100
		排放标准	欧Ⅱ标准
		增压形式	四冲程增压中冷
	变速箱	陕齿	9 挡
	驱动桥	斯太尔	13t 级，双级减速
	轮胎	尼龙胎	12.00~20
	驾驶室	原装空调	选装(原装)
驱动系统		减速机	原装进口
		液压油泵	原装进口
		液压马达	原装进口
供水系统		供水方式	气压供水/泵
		水箱容量(L)	450
搅拌筒技术参数		筒体几何容积(m³)	18.8
		筒体搅动容积(m³)	12
		公告有效容积(m³)	5
		出料残余率(%)	<0.1
		搅拌筒倾角(°)	12.5
		搅拌筒转速(r/min)	0~16
		进料速度(m³/min)	>3
		出料速度(m³/min)	≥2
整车外形尺寸(长×宽×高,mm)			9 550×2 495×3 950

3.3　混凝土输送泵

3.3.1　概述

混凝土泵是将混凝土沿管道连续输送到浇注工作面的一种混凝土输送机械。混凝土泵车是将混凝土泵装在汽车底盘上，并用液压折叠式(或称布料杆)管道来输送混凝土。臂架具有变幅、曲折和回转三个动作,在其活动范围内可任意改变混凝土浇筑位置。

在现场施工中,例如高层建筑、水坝、大型设备基础以及桥墩、涵洞、隧道等混凝土结构物,现场浇灌量往往是很大的。有时甚至一次连续浇灌几千立方米以上。因此,合理的施工组织、恰当的使用混凝土输送与浇灌机械设备是非常重要的。混凝土泵是混凝土输送机械中比较理想的一种,它能一次连续地完成水平输送和垂直输送并浇灌。预拌混凝土生产与泵送施工相结合,利用混凝土搅拌运输车进行中间运送,可实现混凝土的连续泵送和浇注。这对于一些工地狭窄和有障碍物的施工现场,用其他输送设备难以直接靠近施工作业面的工程,混凝土泵则更能有效地发挥作用。泵送施工输送距离长,单位时间的输送量大,可以很好地满足混凝土量大的施工要求。混凝土泵具有机械化程度高、效率高、占用人力少、劳动强度低和施工组织简单等优点,目前已在国内得到了广泛的应用。

德国于1927年首创了泵送混凝土施工技术,是欧洲泵送混凝土技术发展最快的国家,至1973年泵送混凝土的普及率已达40%~50%。美国和日本在引进德国技术之后发展也十分迅速,也已成为泵送混凝土普及率最高的国家。20世纪50年代我国生产过机械式混凝土泵,由于当时的技术水准很低,生产批量很少,到20世纪80年代初,国产混凝土泵车的总保有量尚不足200台,臂架式混凝土泵车更是一项空白。在此期间,我国的一些大型混凝土浇注工程,在很大程度上基本依靠进口设备。从20世纪80年代初开始,经过20余年的努力,我国臂架式混凝土泵车取得了长足的发展,设计水平、制造能力都有了很大提高,一些企业生产的混凝土泵送技术已经达到世界先进水平。据统计,目前我国混凝土输送泵制造商已达100多家,分布于全国各地。虽然混凝土输送泵在很大程度上取代了进口,但是由于各制造商的技术水准、制作工艺、生产能力等参差不齐,产品差距也较大。目前国内生产能力最强的企业是以三一重工、中联重科、徐工机械及福田重机为代表的第一梯队,第二梯队中以辽宁海诺、湖北建机、安徽星马和上海鸿得利等企业为主,它们的产量占全行业90%以上。国际的品牌以PUTZmeister和Schwing为代表的厂家。

国产臂架式混凝土泵车因为起步较晚,近两年国内各企业纷纷加强了技术引进与质量控制,设计开发具有自主知识产权的臂架式混凝土泵车,技术创新成为国内臂架式混凝土泵车发展的助推器。各大部件的技术发展趋势也代表了国内臂架式混凝土泵车整车的发展方向。臂架式混凝土泵车向规格更全、档次更高、布料臂架更长的方向发展,臂架由过去的37m为主流,逐步过渡到42~45m为主,并向47~56m的方向发展。提高设备的节能、环保性能也是一大趋势,发动机由风冷却逐步替代水冷却,排放标准大多达到欧Ⅲ或欧Ⅳ标准。自检测、自保护、自调整及多传感技术,恒功率控制技术及EPS/EBC和GPS定位技术也将成为发展的主流;而在驾驶方面将会更具人性化。

图3.3-1所示混凝土搅拌运输车正在向带布料杆的混凝土泵车卸料和布料杆正在向工作面布料的情况。

图3.3-1　混凝土泵车正在作业

3.3.2　分类、特点及适用范围

目前世界各地生产和使用的基本上都是液压式的混凝土泵,其中最典型的为液压双缸活塞式混凝土输送泵。发展较快、使用较广的混凝土泵车是布料杆式输送泵车。

3.3.2.1　混凝土泵按其移动方式分类

混凝土泵按其移动方式可分为拖式、固定式、臂架式和车载式等。拖式混凝土泵为安装在可以拖行的底盘上的混凝土泵;固定式混凝土泵为安装在固定机座上的混凝土泵;车载式混凝土泵为安装在机动车辆底盘上的混凝土泵。拖式混凝土泵由于装有车轮,所以既能在施工现场方便地移动,又能在道路上牵引拖运,这种形式的混凝土泵在我国使用较普遍。固定式混凝土泵多由电动机驱动,适用于工程量大、移动少的施工场合。

3.3.2.2 混凝土泵按其分配阀的结构形式分类

混凝土泵按其分配阀的结构形式可分为管形阀、闸板阀和转阀三种类型。目前常用的是双制缸活塞式管形阀和闸板阀的液压式混凝土泵。

3.3.2.3 混凝土泵按其排量大小分类

混凝土泵按其排量大小可分为小型(泵排量小于 30 m³/h)、中型(泵排量为 30~80 m³/h)和大型混凝土泵(泵排量大于 80 m³/h)。

3.3.2.4 混凝土泵按其驱动形式分类

混凝土泵按其驱动形式可分为活塞式、挤压式、风动式三种类型。活塞式又可分为机械式和液压式,机械式因结构笨重、噪声过大、寿命短、能耗大,已逐步被淘汰;液压式又可分为油压式和水压式(即隔膜式)。挤压式混凝土泵适用于泵送轻质混凝土,由于压力小,故泵送距离短。风动式以压缩空气输送混凝土。

3.3.2.5 混凝土泵车按其底盘结构分类

混凝土泵车按其底盘结构可分为整体式、半挂式和全挂式。目前使用较多的是整体式混凝土泵车。

3.3.3 工作原理和主要结构

3.3.3.1 工作原理

其工作原理是利用压力将混凝土沿管道连续输送,主要由泵体和输送管组成。按结构形式分为活塞式、挤压式、水压隔膜式。泵体装在汽车底盘上,再装备可伸缩或屈折的布料杆,就组成泵车。(目前有遥控臂式泵车和托泵车两种。)

(1)活塞式混凝土泵

有液压传动式和机械传动式。液压传动式混凝土泵由料斗、液压缸和活塞、混凝土缸、分配阀、Y形管、冲洗设备、液压系统和动力系统等组成。液压系统通过压力推动活塞往复运动。活塞后移时吸料,前推时经过Y形管将混凝土缸中的混凝土压入输送管。泵送混凝土结束后,用高压水或压缩空气清洗泵体和输送管。活塞式混凝土泵的排量,取决于混凝土缸的数量和直径、活塞往复运动速度和混凝土缸吸入的容积效率等,见图3.3-2。

(2)挤压式混凝土泵

有转子式双滚轮型、直管式三滚轮型和带式双槽型三种。转子式双滚轮型混凝土泵,由料斗、泵体、挤压胶管、真空系统和动力系统等组成。泵体密封,泵体内的转子架上装有两个行星滚轮,泵体内壁衬有橡胶垫板,垫板内周装有挤压胶管。动力装置驱动行星滚轮回转,碾压挤压胶管,将管内的混凝土挤入输送管排出。真空系统使泵体内保持一定的真空度,促

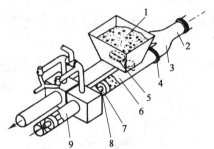

图 3.3-2 活塞式混凝土泵
1-料斗;2-混凝土输送管;3-Y形管;4-出料分配阀;5-进料分配阀;6-混凝土缸;7-活塞;8-活塞杆;9-液压缸

使挤压胶管碾压后立即恢复原状,并使料斗中的混凝土加快吸入挤压胶管内。挤压式混凝土泵的排量,取决于转子的回转半径和回转速度、挤压胶管的直径和混凝土吸入的容积效率,见图3.3-3。

(3)水压隔膜式混凝土泵

由料斗、泵体、隔膜、控制阀、水泵和水箱等组成。隔膜在泵体内,当水泵将隔膜下方的水经控制阀抽回水箱时,隔膜下陷,料斗中的混凝土压开单向阀进入泵体;当水泵将水箱中的水经控制阀抽回泵体时,压力水使隔膜升起,关闭单向阀,将混凝土压入输送管排出,见图3.3-4。

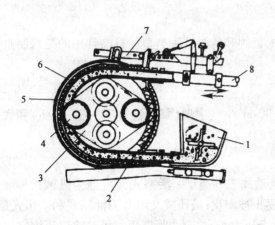

图 3.3-3 挤压式混凝土泵

1-料斗;2-挤压胶管;3-转子架;4-行星滚轮;5-泵体;6-橡胶垫板;7-缓冲架

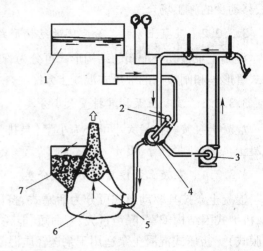

图 3.3-4 水压隔膜式混凝土泵

1-水箱;2-手柄;3-水泵;4-控制阀;5-隔膜;6-泵体;7-料斗

3.3.3.2 结构

(1)如图3.3-5所示:混凝土输送泵由料斗、泵送系统、液压系统、清洗系统、电气系统、电机、行走底盘等组成。

其泵送系统如图3.3-6所示:泵送机构由两只主缸1、2,水箱3,换向装置4,两只混凝土缸5、6,两只混凝土活塞7、8,料斗9,分配阀10(S形阀),摆臂11,两只摆动油缸12、13和出料口14组成。混凝土活塞7、8分别与主油缸1、2活塞杆连接,在主油缸液压油作用下,作往复运动,一缸前进,则另一缸后退;混凝土缸出口与料斗连通,分配阀一端接出料口,另一端通过花键轴与摆臂连接,在摆动油缸作用下,可以左右摆动。泵送混凝土料时,在主油缸作用下,混凝土活塞7前进,混凝土活塞8后退,同时在摆动油缸作用下,分配阀10与混凝土缸5连通,混凝土缸6与料斗连通。这样混凝土活塞8后退,便将料斗内的混凝土吸入混凝土缸,混凝土活塞7前进,将混凝土缸内混凝土料送入分配阀泵出。当混凝土活塞8后退至行程终端时,触发水箱3中的换向装置4,主油缸1、2换向,同时摆动油缸12、13换向,使分配阀10与混凝土缸6连通,混凝土缸5与料斗连通,这时活塞7后退,8前进。依次循环,从而实现连续泵送。

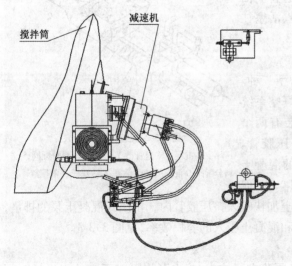

图 3.3-5 HBT 混凝土输送泵

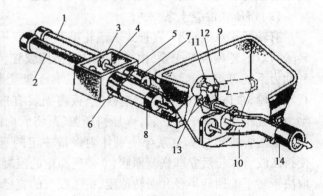

图 3.3-6 泵送机构

1、2-主缸;3-水箱;4-换向装置;5、6-混凝土缸;7、8-混凝土活塞;9-料斗;10-分配阀;11-摆臂;12、13-摆动油缸;14-出料口反泵时,通过反泵操作,使处在吸入行程的混凝土缸与分配阀连通,处在推送行程的混凝土缸与料斗连通,从而将管路中的混凝土抽回料斗(图3.3-7)。

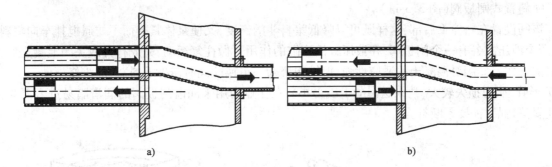

图3.3-7 连续泵送图
a)正泵状态;b)反泵状态

泵送系统通过分配阀的转换完成混凝土的吸入与排出动作,因此分配阀是混凝土泵中的关键部件,其不同的形式会直接影响到混凝土泵的性能。

(2)几种常见分配阀形式

①垂直轴蝶形阀(图3.3-8)

在料斗、混凝土缸与混凝土泵出口之间的通道上,设置一个蝶形板,在液压缸活塞杆的推动下蝶形板翻动,使工作缸3、4得到与输送管2及集料斗不同的通道。该阀具有结构简单、体积小、混凝土流道短、换向阻力小和检修方便等特点。因混凝土流道截面面积变化较大、吸入流道口方向改变又剧烈,因此在分配阀内泵送阻力大,故泵送混凝土压力小,使用寿命长。

②S形阀(如图3.3-9所示)

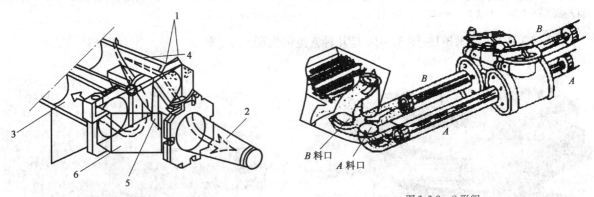

图3.3-8 垂直轴蝶形阀
1-通集料;2-通输送管;3、4-工作缸;5-蝶形板;6-壳板

图3.3-9 S形阀

S形阀置于料斗内,一端与混凝土泵出口接通,另一端在两个液压缸活塞杆的作用下做往复摆动,分别与两个混凝土缸A、B接通,当S形阀与混凝土泵缸B接通时,泵缸B压送混凝土时,此时A缸吸入混凝土;而S形阀与混凝土泵缸A接通时,则A缸压送、B缸吸入混凝土,如此实现吸料和排料的过程。S形阀本身就是输送管的部分,流到截面形状没有变化,并设置了耐磨环的耐磨板。易损件磨损后便于维修和更换。因泵送混凝土压力大,具有输送距离远和输送高度大的特点。

③C形阀(图3.3-10)

C形阀置于料斗内,一端与混凝土泵出口10接通,另一端在两个液压缸活塞杆的作用下做往复摆动,分别与两个混凝土缸7接通,实现吸料和排料过程。应用该阀可具有下列特点:清除残余混凝土容易,泵送混凝土后清洗整个输送系统时,无须打开输送管就可以把海绵球反泵吸入用来清理输送管道;C形阀更换方便;耐磨板与C形阀之间的接触面可由自动密封环自动补偿磨损量;C形阀采用厚锰钢材质,耐磨损;没有类似 S 形阀的摆轴,混凝土能直接流入混凝土缸,吸入效率高;C 形阀轴承位于混凝土区域之外,可免除经常维护;对骨料的适应性较强等。

④斜置式闸板阀(图 3.3-11)

该阀设置在集料斗 1 后部,这样既可以降低集料斗的高度,又使泵体紧凑而不妨碍搅拌车向集料斗卸料,两个液压缸各有一个闸板阀,在液压缸活塞缸的作用下做往复运动,完成打开或关闭混凝土的进、出料口的动作。此阀对混凝土的适应性强,但结构繁杂。更换此阀时需拆下料斗,故维修不便。出料口采用 Y 形管,压力损失较大,故泵送混凝土压力小。在作业中用来润滑闸板阀的润滑脂易进入混凝土内,因此属消耗品,需要不断补充。

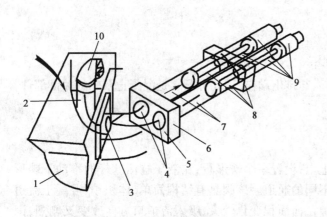

图 3.3-10 C 形阀

1-集料斗;2-C 形阀;3-摆动管口;4-工作缸口;5-可更换的摩擦板面;6-缸头;7-工作缸;8-清水箱;9-油缸;10-输送管口

图 3.3-11 斜置式闸板阀

1-料斗;2-油缸;3-隔板;4-混凝土工作缸;5-液压缸活塞;6-输送管

(3)图 3.3-12、图 3.3-13、图 3.3-14 是几种常见的混凝土泵(车)。

图 3.3-12 固定式混凝土泵

图 3.3-13 拖式混凝土泵

图 3.3-14 臂架式混凝土搅拌泵车

3.3.4 混凝土泵车电液控制系统

3.3.4.1 系统组成及功能

混凝土泵车电液控制系统结构框图如图 3.3-15 所示,主要包括控制器、IO 扩展模块、压力变送器、模拟量输出模块、多圈绝对式编码器 GPRS、人机界面、无线遥控器及接近开关等传感器。系统采用车辆专用的 CANOPEN 总线通信技术,实现控制器、IO 扩展模块、多圈绝对式编码器、GPRS 和人机界面之间的通讯。系统采用控制器、显示器、传感器和高效、科学的算法实现了对混凝土泵车的机电液一体化控制。电气、液压等数据被采集到控制装置之中,采用 CAN 数据总线管理系统,可降低油耗及排放值,简化布线,使整车更加稳定、可靠、安全和操作方便。

电液系统主要实现功能:
①支腿操作控制;
②臂架动作的无线遥控(大臂、中臂、小臂);
③泵送控制;
④发动机转速控制;
⑤臂架定轨迹运动;
⑥发动机监控和节能管理;
⑦系统工作数据记录;
⑧系统故障自诊断和故障代码液晶屏显示。

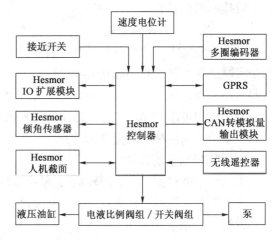

图 3.3-15 控制系统结构框图

3.3.4.2 系统功能介绍

1)动力系统部分

(1)发动机状态监控(J1939)

通过配置在发动机上的相关传感器获得发动机的状态数据。将传感器输出的一些模拟量、开关量的信号通过发动机 ECU,经 CANBUS 总线(J1939 协议)与控制器进行通讯。在显示器上动态显示出来,并设有报警区域,当显示数值达到报警区域时,由控制器报警提示。监控内容为:
①发动机转速;
②机油压力;
③冷却水温度;
④冷却水位;
⑤燃油液位;
⑥发动机工作小时。

(2)发动机油门控制

①油门踏板控制。双模量油门踏板(自复位)给出的电压信号通过控制器,经过 CAN 总线发送给总线式模拟量输出模块,再由模块输出模拟电压信号量直接控制发动机油门。

②油门电位计控制。油门电位计给出的电压信号接到控制器模拟量输入口,通过 CANBUS 总线发送给总线式模拟量输出模块,再由模块输出模拟电压信号量直接控制发动机油门。油门电位计和油门踏板的转速命令都能够单独地控制发动机的转速,若当前都有输出信号,则执行较高转速信息的控制命令。

③发动机紧急停车控制。当出现紧急状况时,发动机需要急停,在发动机紧急停车的同时,控制器接收到一个信号,所有控制器输出置零。

④发动机转速控制。本系统采用了高精度的 CAN 转模拟量输出控制方式,通过控制面板上的发动机控制盘来给定相应的转速,发动机转速的高低由给出模拟量大小决定,输出电压在 0.3~2.68V 之间,比传统的自动拉杆油门反应速度快,控制精度更高,更有利于节能。通过转速传感器监控发动机转

速,实时调控。当负载变化,引起发动机转速变化时,控制器自动调整泵功率和柴油机转速,实现闭环控制,使发动机始终运行在最佳状态。

2)泵送控制系统部分

(1)液压系统状态监控

控制器通过油压传感器采集泵送压力、各油路压力,并在显示界面上显示出来;也作为系统功率控制和臂架控制的一个参考依据。

(2)极限载荷控制

控制系统根据当前发动机的转速变化,判断发动机转速的失速状况。如果失速过大,则控制系统自动调节(减小)工作泵电磁比例阀,降低泵的功率,使发动机的输出功率和负载功率相匹配,保障发动机处于较佳的工作状态。

(3)泵送动作的逻辑控制

根据控制要求的动作逻辑,加以完善的保护功能,保证泵送动作的可靠。自动泵送及反泵功能,在每个混凝土活塞缸的底部都安装有接近开关。当活塞到达底部时,接近开关给控制器一个脉冲信号,控制器从而实现摆缸及液压油缸的自动换向。控制器可以直接对电磁换向阀、电磁比例阀进行控制,增加了控制系统的可靠性和准确性。当在自动泵送状态时,电磁比例阀一直处于设定状态,手动调节时,通过调节泵功率来控制输送流量和扬程。

3)臂架控制系统部分

①回转角度检测。通过回转最大、最小限位信号检测回转最大、最小角度。

②臂架伸缩控制。臂架伸缩的控制通过无线遥控器来遥控控制,可以选用带有远程报警显示功能的发射器。

③安全保护控制。安全保护控制包括:角度报警及禁动功能、回转最大、最小限位报警及禁动功能、各油压报警等功能。

4)混凝土泵送方量计算

本系统能对泵送的混凝土进行统计,系统可以计算出在某一动作速度下每小时的泵送量,本次开机所进行的泵送次数、泵送混凝土数量、泵送时间、本机出厂后所输送的混凝土总量及运行的总时间。

5)点动控制和线控功能

为了保证操作者的安全性和调试的要求,只能在泵排量调节旋钮调至最低位置,泵送和反泵开关必须断开时,该点动功能才起作用。此时活塞只能按最大运行速度的30%动作,一方面提高了手动控制的可操作性,同时也有效地避免了因违规操作所带来的安全隐患。

6)系统安全

①操作方便可靠。系统拥有人机对话界面和智能管理功能。人机界面友好,图解易懂,功能全面。机器运作时系统可对多个元件器件及状态进行实时监控,可实现对布料臂、泵送方量(次数)以及底盘柴油机转速的控制。泵送操作与拖式柴油泵相同,方便、可靠。

②安全性高。如果出现故障时,系统将会在显示器自动弹出该故障的内容,同时存储该故障的发生时间及排除时间。对工作状况及参数的实时显示,提高了操作的方便性,有利于维护与维修。同时我们可以对泵车进行多重安全保护,如:臂架位置报警显示,若臂架未放好,将报警显示;布料臂回转角度限位,超过范围时只能反方向动作;布料臂油路报警显示;底盘发动机具有电脑限速功能;泵送系统具有拖泵全套保护装置。

③防堵管技术。可采用压力传感器实时监测管路压力,并进行报警、控制。当发生堵塞管路时,压力传感器会将管路内过高的压力异常情况传到控制系统,同时发出声光报警。还可以通过控制系统自动采取反泵或停机等措施,疏通堵塞管路。

④防倾翻保护。当各个支腿展开后,分别检测混凝土泵车的各个支腿压力,通过建立合适的数学模型,比较各个支腿的实际数据,一旦发现有偏离要求,系统将会报警并锁定臂架使其不能动作,最大限度地保障安全。

7) 远程监控

本控制系统可采用 CAN2.0 与 GPRS/GPRS/GSM 等通信模块进行通信,实现对设备的实时远程监控。可以通过计算机或手机等设备实时查询设备运行状况,对检测到的有故障的控制点,控制系统将存储于显示器,并以相应的图案显示于界面上,向工作人员报警或警示。同时并将实时检测到的相应信息通过 GPRS/GPRS/GSM 模块发送回公司的管理中心。这些,有利于生产企业的生产管理,也有利于设备的维护,大大提高了工作的可靠性,并节约大量的人力、物力的开支。GPRS 主要功能如下:

①远程操控配合 GPRS 进行实时定位。

②发送发动机状态检测数据到服务器。

③远程传输数据将发动机的转速、油温、水温、油压、总工作时间、总油耗、发电机电压、泵送时间、泵送方量、液压油不足报警、发动机故障报警等数据发送到服务器。

④远程控制功能,公司可以随时对发动机和机械的主要功能进行远程控制、锁定、催缴费用等。

⑤防拆报警,本功能要根据不同的车辆来锁定车辆的主要功能,当车载终端遭到破坏时其功能也不能正常使用。

⑥远程修改开机密码,可以给机器设置密码,并进行远程修改。很好地保护了机器的正确使用和防盗。

3.3.4.3 显示器

①发动机状态显示。发动机累计工作小时、转速、冷却液温度和机油压力、燃油液位等。

②液压系统状态显示。系统泵 A、B 口压力值大小。

③系统设备状态显示。整车的泵送时间,泵送方量的参数,发电机电压参数等。

④智能故障诊断和显示。故障提示出现故障的元件和位置。

⑤臂架动作显示。根据当前臂架的动作,用图形显示。

⑥维护和设定。提供参数标定和首选项设置界面。

可通过显示器对整个控制系统进行调试和标定。

3.3.5 选型原则与步骤、主要参数计算

3.3.5.1 混凝土输送泵的合理选型

随着建筑技术的发展和提高,对混凝土浇筑要求也越来越高。一方面是一次性混凝土浇筑量越来越大,另一方面是混凝土浇筑高度越来越高。因此,近几年来我国混凝土输送泵的技术发展较快。其规格有:最大理论输送量 $30 \sim 125 m^3/h$ 多种规格,最大泵送混凝土压力 $3.1 \sim 20.5 MPa$ 多种压力泵。按其行走轮分为轮胎式和轨道式两种;按阀分有蝶阀、闸板阀、S 形阀和 C 形阀四种;按其驱动动力分有柴油泵和电动泵,由电动机驱动的混凝土泵又分为非防爆型和防爆型等。各种泵都有其独特的优点。怎样才能选到既符合施工要求,投入又省,技术性能又好的混凝土输送泵呢?

(1) 混凝土输送泵选型原则

①首先应以施工组织设计为依据选择混凝土输送泵,所选混凝土输送泵应满足施工方法和工程质量及工效。

②所选混凝土输送泵应是技术先进,可靠性高,经济性好,工作效率高的。

③所选混凝土输送泵必须满足施工中单位时间内最大混凝土浇筑时要求的最高高度、最大水平距离,应有一定技术和生产能力储备,均衡生产能力以 1.2 ~ 1.5 倍为宜。

④同一场地不宜选用过多台数和多个生产厂家的泵,以免影响正常使用和大量储备零配件及带来修理困难。

⑤应满足特殊施工条件要求。如无系统电源、隧道有轨运输和有易爆气体等场合的使用。

⑥应考虑企业对该项工程的资金投入能力和今后的发展方向及能力储备。

(2)混凝土输送泵合理选择的步骤

①所选混凝土输送泵首先应满足投入使用工程单位时间内泵送混凝土最大量(1台或几台合计产量),泵送最远距离和最高高度要求(并应有一定储备),以此确定混凝土输送泵的最大泵送混凝土压力,是选低压泵还是选高压泵,或选某种规格泵。根据使用情况来看,一般水平输送距离在400m以内,可选低压泵,如隧道内的模衬,低压泵完全可以满足施工要求。超出以上范围,应根据实际情况,选择不同最大泵送混凝土压力的高压泵。

②所选混凝土输送泵应满足投入使用工程混凝土的要求。如混凝土的坍落度、粗集料最大粒径、砂石的级配、混凝土是低强度还是高强度等。若粗集料最大粒径不便控制,可选吸料性较好的闸板阀混凝土输送泵;若粗集料最大粒径是严格按标准供给的,可选用吸料性一般的阀混凝土输送泵。

③所选混凝土输送泵应根据施工现场动力供给条件。若现场有系统电源供给,容量能满足要求,以选用电动泵为宜,否则就应选用柴油泵。

④隧道施工,有轨运输作业应选用轨道式混凝土输送泵,无轨运输作业选用轮胎式混凝土输送泵。

⑤离易爆气体较近施工作业时,如油库、化工厂、有"瓦斯"的隧道施工作业场所,应选用防爆型混凝土输送泵。

(3)选型注意事项

①初选混凝土泵,一定要先走访用户,详细了解实际使用情况。

②一定要选用正规厂家批量生产的混凝土泵。

③尽量不选用任何厂家生产的第一台(第一批)混凝土泵。

④应与厂家销售处直接签订合同购买,尽量少通过中间环节,以便于维修服务。

因混凝土输送泵选型影响因素较多,选型时必须进行综合考虑。选型时既要从实际需要出发,又应有一定的技术储备,保证企业投入后有一定的发展后劲。以上选型分析,仅供选型时参考。

3.3.5.2 主要参数计算

(1)混凝土输送基本参数的确定

①理论输送量

混凝土输送泵的理论输送量一般按以下公式计算:

$$Q_t = V_t N \quad (m^3/h) \tag{3.3-1}$$

式中:V_t——每一工作行程的理论容积,m^3;

N——每小时额定工作行程次数,h^{-1}。

理论输送量一般为 $5 \sim 150 m^3/h$。

②出口处压力

液压活塞式混凝土泵出口压力 P 按式(3.3-2)进行计算:

$$P = i_A(P_1 - P_2) \tag{3.3-2}$$

$$i_A = \frac{A_1}{A_2} \tag{3.3-3}$$

式中:i_A——主液压缸与混凝土缸的面积比;

P_1——表示液压系统压力,MPa;

P_2——由系统背压及活塞与缸壁之间摩擦力等造成的综合压力损失,MPa;

A_1——主液压缸有杆腔或无杆腔面积,cm²;

A_2——混凝土缸无杆腔面积。

泵送混凝土压力一般在20MPa以下。

③泵送能力指数

出口处的压力与实际输送量乘积的最大值,一般为$20\sim800\mathrm{MPa\cdot m^3/h}$。

常见混凝土输送泵的泵送能力指数M最小值见表3.3-1。

常见混凝土输送泵的泵送能力指数量最小值　　　　　　　　　表3.3-1

规 格	HBT50	HBT60	HBT80	HBT100	HBT125	HBT150
输送量(m³/h)	50	60	80	100	125	150
泵送能力指数(MPa·m³/h)	≥125	150	200	250	300	300

④骨料最大粒径

骨料最大粒径一般不超过60mm。

⑤泵送混凝土

泵送混凝土应具有良好的可泵性。国家标准《混凝土泵》(GB/T 13333—2004)对泵送混凝土作了如下规定:a.粗集料和细集料的级配范围应符合表3.3-2及表3.3-3的规定;b.水泥及0.25mm以下的细粉料含量应在400~150kg/m³范围内;c.含砂率不低于40%;d.坍落度值应在50~230mm范围内。

在泵送施工前,要先压送一定量的水泥砂浆,砂浆附着在管壁上,使得泵送容易。

粗集料级配范围　　　　　　　　　表3.3-2

粗集料粒径 \ 筛孔公称尺寸 \ 通过筛网的质量分数(%)	100	80	60	50	40	25	20	15	10	5	2.5
15~5							100	75~100	40~70	0~15	0~5
20~5						100	95~100		20~55	0~10	0~5
25~5					100	95~100		25~60		0~10	0~5
40~5				100	95~100		35~70		10~30	0~5	
50~5			100	95~100		35~70		10~30		0~5	

细集料级配范围　　　　　　　　　表3.3-3

筛孔公称尺寸(mm)	10	5	2.5	1.2	0.6	0.3	0.15
通过筛网的质量分数(%)	100	90~100	80~100	50~80	25~60	10~30	2~10

(2)混凝土输送泵的功率计算

混凝土输送泵的输送功率是选择泵的重要参数。长期以来,无论是生产泵的厂家或是施工单位,对此都有不同程度的忽视。生产厂家经常片面地以为泵送的高度(或泵的出口压力)是泵的主要指标,以至于泵的系列匹配不合理,影响了施工单位的有效选择。

如前所述,泵的参数主要是泵送压力与泵送排量,若不考虑机械损失,则泵的功率为:

$$N = PQ \tag{3.3-4}$$

考虑到各种机械效率,例如液压泵系统的容积效率、分配阀的功率消耗、搅拌系统的功率消耗以及液压系统的热损耗,实际的功率要大得多。Schwing公司用下式来计算泵的功率$N(\mathrm{kW})$:

$$N = \frac{TK}{25} \tag{3.3-5}$$

式中:$TK=10PQ$,P(压力)的单位为MPa,Q(泵送量)的单位为m³/h,若考虑到单位折算,同时不考虑功率损失,理论功率(kW)可写为以下公式:

$$N = \frac{TK}{36.7} \tag{3.3-6}$$

若考虑到主液压泵的容积效率为 $\eta_0 = 0.96 \sim 0.98$,泵送系统的容积效率 $\eta_1 = 0.95 \sim 0.98$,混凝土缸的吸入效率 $\eta_2 = 0.85 \sim 0.90$,泵送系统的压力系数为 $\eta_3 = 0.70 \sim 0.80$,则

$$N = \frac{TK}{36.7 \times \eta_0^2 \times \eta_1 \eta_2 \eta_3} = \frac{TK}{36.7 \times 0.98^2 \times 0.9 \times 0.97 \times 0.80} \tag{3.3-7}$$

Schwing 公司取式(3.3-5)计算,已经考虑到上面提到的各种损失。式(3.3-5)与式(3.3-7)是选择混凝土输送泵的基本公式。当前,世界各国提供泵的技术参数时,主要提供 PQ 与 N,而实际上功率 N 是一个相当重要的指标。例如,目前国内有一些泵泵功率为 110kW,最高压 16MPa,若按式(3.3-5)计算,此时的泵送量仅为 $Q = \frac{25N}{P} = \frac{110 \times 25}{160} = 17.19 \mathrm{m^3/h}$。若考虑到输送车的影响,实际排送量还要低。在现代建筑施工中这类排量显然较低。从实用的观点考虑,功率在 110kW 的输送泵,最高泵送压力应定在 $9 \sim 12$MPa,若最高压设计为 16MPa,则泵的功率 N 应考虑在 150kW 以上。这种泵的动力宜采用柴油发动机。

Schwing 公司为配合施工的需要,在使用说明书中附了一张诺谟图,以针对各种工况让使用者选择泵的型号。

图 3.3-16 所示为 Schwing 公司提供的诺谟图。现举一例:某工程实际的混凝土供应量为 30 $\mathrm{m^3/h}$(已除去等待混凝土的影响),输送管径为 ϕ125mm,折合水平输送距离为 200m,坍落度 $S = 12$cm。查图过程见图 3.3-16 中 $ABCDE$ 的虚线,泵的压力 2×10^6Pa $= 2.0$MPa,$TK = 10 \times 2.0 \times 30 = 600$。根据该工况,只要选 $N = 45$kW 的泵即可。若 $Q = 60 \mathrm{m^3/h}$,管径 ϕ125mm 折合水平距离 $L = 400$m,坍落度 $S = 14$,则 $P = 60 \times 10^5$Pa,$TK = 3600$,应选 $N = 150$kW 的泵。

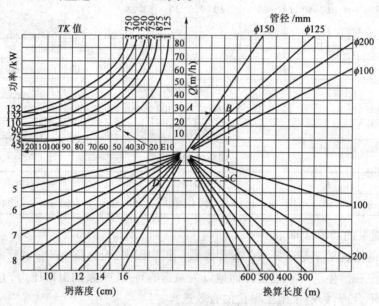

图 3.3-16 决定输送压力及排送量的诺谟图

注:1. 考虑管路压力时,竖直管路每米高差应另加 0.25×10^5Pa。
    2. 换算长度为管路的实际长度加上弯管的换算长度。半径为 1mm 的弯管,每 30°换算长度为 1mm;半径为 250mm 的布料杆弯管,每 90°换算长度为 1mm。布料杆另加 1m。

(3)混凝土输送泵泵送机械排量的计算

①常见混凝土输送泵或泵车排量的计算

混凝土输送泵或泵车型号的选择是根据其泵送能力,而其泵送能力一般是以单位时间内的最大限度排量($\mathrm{m^3/h}$)和最大泵送距离(m)来表示。这些数值一般在产品的技术说明书中都有,在选择混凝土

输送泵或泵车的类型和计算台数时，都要利用这些数据。但在产品说明书中给出的这些数据是在某种标准条件（如混凝土坍落度18～21cm的卵石）下连续泵送所能达到的数据，而且最大排量和最大泵送距离又是不可能同时达到的。当施工条件与上述标准条件不同时，混凝土输送泵或泵车的实际泵送能力就必然发生变化。所以在实际施工中混凝土泵或泵车的实际泵送能力达不到技术说明书中给出的数据，在进行施工组织设计时，要根据具体条件确定混凝土输送泵实际能达到的泵送能力。

a. 理论最大排量

对于高层建筑施工常用的活塞式混凝土输送泵，其单位时间内的理论最大排量取决于其混凝土缸的缸径、活塞冲程和每分钟活塞的冲程次数，可以用下式计算：

$$Q'_{max} = 60VZn \tag{3.3-8}$$

式中：Q'_{max}——混凝土输送泵或车泵的理论最大排量，m^3/h；

V——混凝土缸的容积，m^3；$V = \frac{1}{4}\pi D^2 l$，D表示混凝土缸的缸径，m；l表示混凝土缸内活塞的冲程，m^3；

Z——混凝土缸数量；

n——表示每分钟活塞冲程次数。

b. 实际最大排量

混凝土输送泵或泵车在连续泵送的条件下，单位时间内实际的最大排量可用下式计算：

$$Q_{max} = Q'_{max}a = 60VZn\eta \tag{3.3-9}$$

式中：Q_{max}——混凝土输送泵或泵车的实际最大排量，m^3/h；

a——折减系数；

η——混凝土缸的容积效率。

对普通混凝土，坍落度180～210mm时，$\eta = 0.8$～0.9；坍落度120～170mm时，$\eta = 0.7$～0.9；坍落度再小，则η会更小。对人工轻骨料混凝土，当坍落度200mm时，$\eta = 0.6$～0.85。

混凝土缸容积效率表示在活塞冲程范围内混凝土缸内的充盈程度。如混凝土缸被混凝土拌和物全部充满，则$\eta = 1.0$。实际上η与混凝土的坍落度、配管状况和混凝土输送泵的机械构造等有关。混凝土坍落度大、流动性好时，易于吸入混凝土缸，容积效率会增大。当向上配管时，在分配阀换向开闭的瞬间由于存在背压（逆流压力），输送管中的混凝土拌和物会产生倒流，影响混凝土拌和物的吸入，尤其在分配阀磨损时，影响就更大。此外，混凝土拌和物由料斗吸入混凝土缸的流道是否合理、吸入分配阀的构造及其运行速度以及活塞的运动速度等亦影响缸的容积，效率η。

上述计算公式未反映出泵送距离对混凝土输送泵实际最大排量的影响，实际上泵送距离对它是有影响的。泵送距离增大时，输送管内的流动阻力增大，混凝土输送泵的输送压力必须提高才能保证正常泵送。泵送压力提高后，会影响活塞的运行速度，所以随着泵送距离的增大，混凝土排量会降低，折减系数a见下表3.3-4。

混凝土输送泵排量的折减系数a　　　　表3.3-4

泵送距离（水平换算距离）(m)	折减系数	泵送距离（水平换算距离）(m)	折减系数
0～49	1.0	150～179	0.7～0.6
50～99	0.9～0.8	180～199	0.6～0.5
100～149	0.8～0.7	200～249	0.5～0.4

注：上述数字适用于排量$40m^3/h$的混凝土输送泵或泵车，对于排量50～$90m^3/h$，水平换算距离超过150mm时，折减系数可增大0.10。

由于上述原因，施工现场的条件总与上述混凝土泵送的标准条件不同。所以，一般情况下实际的最大排量要比说明书上提供的公称最大排量低许多。

c. 平均排量

在实际施工中,由于存在搅拌运输车辆的交替、停泵待料、拆装输送管、机械故障及管路堵塞等现象,所以要使混凝土输送泵保持连续泵送是难以做到的。因此,包括泵送中断时间在内而计算出的实际平均排量要比实际最大排量小,即要乘以作业效率 E_t:

$$Q_m = Q'_{max} a E_t \tag{3.3-10}$$

式中:Q_m——混凝土输送泵或泵车的实际平均排量,m³/h;

Q'_{max}——混凝土输送泵或泵车的实际最大排量,m³/h;

a——折减系数,参见表 3.3-4;

E_t——作业效率 0.5~0.7。

作业效率 E_t 取决于泵送混凝土施工的组织管理水平,在一段时间内可通过实测确定。

混凝土的输送能力,直接受输送管道阻力的影响,并分别由最大水平输送距离和最大垂直输送高度来表示,但两项不能同时达到最大值。在实际上往往根据管道布置,按照阻力系数,统一折算成水平输送距离,其值不得大于混凝土输送泵的最大水平输送距离。

水平输送折算距离按以下公式计算:

$$L = L_1 + L_2 + L_3 + L_4 + L_5 = K_1 l_c + K_2 H + K_3 l_n + K_4 n_c + K_5 n_w \tag{3.3-11}$$

式中:L——水平输送折算距离,m;

L_1——水平钢管折算长度,m;

L_2——垂直钢管折算长度,m;

L_3——胶皮软管折算长度,m;

L_4——锥管接头折算长度,m;

L_5——弯头折算长度,m;

K_1——水平钢管折算系数,见表 3.3-5;

K_2——垂直钢管折算系数,见表 3.3-6;

K_3——胶皮软管折算系数,见表 3.3-6;

K_4——锥管折算系数,见表 3.3-7;

K_5——弯头折算系数,见表 3.3-7;

l_c——水平钢管累计长度,m;

H——垂直钢管累计长度,m;

l_n——胶皮软管长度,m;

n_c——锥管个数;

n_w——弯头个数。

水平钢管折算系数 K_1 表 3.3-5

混凝土坍落度(cm)	23~18	17~14	13~9	8~5
水平钢管折算系数 K_1	1	1.3	1.7	2

垂直钢管和胶皮软管折算系数 K_2 及 K_3 表 3.3-6

混凝土坍落度(cm)		23~18	18~12	12~8	8~5
垂直钢管 K_2	76mm	4	5	8	10
	127mm	5	6	8	10
	152mm	6	7	8	10
胶皮软管 K_3	102mm~7m	20	30	40	50
	127mm~7m	18	25	30	40
	152mm~7m	15	20	25	30

锥管和弯头折算系数 K_4 及 K_5 表 3.3-7

	混凝土坍落度(cm)		23~18	18~12	12~8	8~5
锥管 K_4	102mm 泵	178mm/152mm~1.5m	5	10	15	20
		152mm/127mm~1.5m	10	20	30	40
		127mm/102mm~1.5m	20	30	50	70
		152mm/102mm~1.5m	40	60		
	127mm 泵	178mm/152mm~1.5m	6	13	19	25
		152mm/127mm~1.5m	13	25	38	50
		127mm/102mm~1.5m	25	38	63	88
		152mm/102mm~1.5m	50	75		
	152mm 泵	178mm/152mm~1.5m	8	15	23	30
		152mm/127mm~1.5m	15	30	45	60
		127mm/102mm~1.5m	30	45	75	105
		152mm/102mm~1.5m	60	90		
弯管 K_5	90° $R=0.5$m	102mm	8	16	24	32
		127mm	7	13	20	27
		152mm	5	11	16	21
	90° $R=1$m	102mm	6	12	18	24
		127mm	5	10	15	20
		152mm	4	8	12	16
	45° $R=0.5$m	102mm	4	8	12	16
		127mm	3.5	6.5	10	13.5
		152mm	2.5	5.5	8	10.5
	45° $R=1$m	102mm	3	6	9	12
		127mm	2.5	5	7.5	10
		152mm	2	4	6	8

②HBG-8 型风动式混凝土输送泵排量的计算

风动式混凝土输送泵是一种周期性循环作业装置，其排量取决于压送器容积和每一循环所费时间，一般可按以下公式计算：

$$Q = \frac{3.6V}{T} \quad (\text{m}^3/\text{h}) \tag{3.3-12}$$

式中：V——压送器有效容积，L；

T——每一循环时间，s。

(4) 各主要参数之间的关系

各国生产的混凝土输送泵或泵车，在机械自身的铭牌上以及厂商提供的技术说明书上，都反映出本产品的主要参数及技术特性，供使用者参考。因此混凝土输送泵使用的机组人员和施工人员应全面了解其技术参数与技术特性之间的相互关系。

混凝土输送泵和泵车的主要参数是泵送能力。泵送能力一般以每小时混凝土最大的输送量(排量)和最大的输送距离(水平和垂直)来表示。各家厂商在产品说明书或铭牌上标出的泵送能力，是按其特定的条件为依据，如泵送时混凝土的级配、石子最大粒径、泵送压力、输送距离、管径大小等，与限定的设计理想指标结合起来确定的。这与实际工程使用时出入很大，由于条件限制往往达不到所标定的泵送能力指标。如日本三菱 DC-S115B 型混凝土泵车，该泵标定的泵送能力为 40m³/h，瞬间最大值可达 70m³/h，但在一些工程实际应用时一般达到 25m³/h 的泵送能力，这并不表明该出厂泵车泵送能力标定有误，而是说明我们在实际使用时与理想条件有差异，如采取措施后泵送能力会相应的提高。

①混凝土级配与泵送能力的关系

混凝土泵送能力除了与泵本身的特性有关外,还与混凝土级配有关。

a. 与单位水泥含量有关

水泥含量会直接影响到混凝土输送管道的泵送阻力。一般来说,水泥含量越少管道泵送阻力越大,泵送能力越低。目前泵送混凝土内最低单位水泥含量约为200kg/m³。为了保证混凝土泵送质量,单位水泥含量最好保持在280~300kg/m³范围内,轻质骨料混凝土水泥含量在310~360kg/m³之间。我国规定泵送混凝土最小水泥用量为300kg/m³。

b. 与坍落度有关

坍落度越低,则混凝土中单位含水率越少,混凝土通过泵体时管内阻力就越大,直接影响到泵送能力。在一般建筑工程中混凝土的坍落度为5~10cm,这对于泵送较困难。将坍落度控制在8~18cm较为合适,在高层建筑的上部甚至坍落度会更大,这不仅提高了泵送能力,而且减少管内堵塞现象。

c. 与所选择的骨料品种与粒径有关

泵送混凝土以卵石、河砂为骨料最佳,但在实地工程中却常以碎石居多。大多数泵车说明书中对骨料最大粒径规定为卵石最大粒径40mm,碎石30mm,两者有区别。按一般规定,泵送混凝土中碎石的直径不得超过输送管直径的1/4,卵石不超过管径的1/3。

如使用轻质骨料,特别要注意它的吸水性能,因为轻质骨料在泵送时吸水量大,会直接影响到混凝土的坍落度,给混凝土输送增加困难。如遇到这样的情况,应多做几次试验,调整混凝土中的含量,或使轻质骨料预吸水。

d. 与骨料的粒度分布、含砂率有关

骨料的粒度对泵送能力影响也很大,如骨料偏离标准粒度太大,会使泵送能力降低,甚至引起堵管。含砂率对泵送能力影响也较大,含砂率在40%~50%时,泵送效果较好。另外,对砂的粒度要重视,0.3mm以下的细砂量一般应在15%以上。

② 泵送压力与阻力之间关系

混凝土泵送的压力是由泵体内的活塞推压能力决定的,活塞推压能力又取决于液压系统主油泵的额定压力。一般混凝土选用的油泵压力为9~13MPa,大排量的输送泵可达15~22MPa,活塞的推压力一般为液压系统额定压力的1/3。

混凝土输送泵的输送压力取决于活塞的推压能力和输送管道的总阻力,两者也决定了泵体输送距离的大小。活塞的推压能力由原动机结构本身所决定。一般泵的规格型号确定之后是无法改变的。而决定输送管道内的总阻力因素却很多,如混凝土的级配前面已有叙述。在正常情况下影响最大的管路的设计,如输送距离是水平还是垂直,管路中有多少直管、弯管、锥形管和软管。所以在施工设计中要精心进行布置。

③ 排量与最大输送距离之间关系

以我国从日本引进的石川岛播磨重工的PTF75BZ型混凝土输送泵为例。它的排量与输送压力(输送距离)的关系如图3.3-17所示。当排量增大时,输出的压力下降,也即输出的距离减小;反之,如排量减小,则输送压力增加,输送距离也增大。

(5) 实际施工中混凝土泵的工作性能计算

在建筑机械中,绝大多数机械的性能可从生产厂提供的产品样本或技术规格书等资料中查

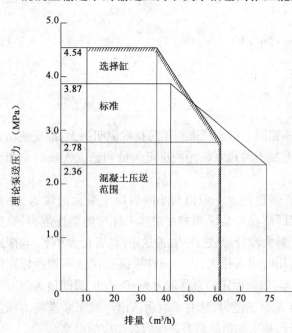

图 3.3-17 PTF75BZ 型排量和输出压力的关系

到,其所列出的性能,大多与实际使用相符。但混凝土输送泵,生产时提供的工作性能,大多是理论计算值或最大值,与实际使用相比差异较大,究其原因,由于实际使用性能与其所泵送的介质、泵送混凝土的性状、使用环境、设备、输送管道的安装和布置以及使用操作等相关联。

①泵送能力指数计算

混凝土输送泵因采用恒功率调节,故混凝土输送泵工作时出口端的泵送混凝土压力与混凝土实际输送量的乘积的最大值,是一定值,此定值称为泵送能力指数,用 M 表示。它是衡量混凝土泵送能力的一项综合指标,也是混凝土输送泵进行分类的主要依据。

$$M = (P_c \times Q_c)_{max} \tag{3.3-13}$$

式中:Q_c——输送量,m^3/h;

P_c——泵送混凝土压力,MPa;

混凝土输送泵的所需功率(kW)是根据泵送能力指数从 M 和 25、2.5 的商中得出的:

$$N = M/25 = (Q_c \times P_c)_{max}/25 \tag{3.3-14}$$

或

$$N = M/2.5 = (Q_c \times P_c)_{max}/2.5 \tag{3.3-15}$$

式(3.3-14)中 P_c 的单位为 bar;式(3.3-15)中 P_c 的单位为 MPa;

N 表示发动机或电动机的功率(kW);25、2.5 表示常数,此常数包括整个系统的 70% 总功率。

例如:德国 Schwing 公司的 BP400 型和 Putzmeister 公司的 BSA2100 型混凝土输送泵,如发动机功率均选用 200kW,则这两种泵的泵送能力指数均为:

$$M = 25 \times N = 25 \times 200 = 5\ 000$$

这说明上述两种泵属于同一规格档次。

如上述两种泵选用 167kW 的发动机,则 M 的值为 4 175,显然比功率为 200kW、M 值为 5 000 的泵要小一档规格。

混凝土输送泵的动力功率(N)、混凝土输送量(Q_c)和泵送混凝土压力(P_c)的相互关系可用图 3.3-18 表示。从以上两式和图 3.3-18 中可知:a. 相同功率的不同混凝土输送泵,其泵送能力指数相同;b. 在泵送混凝土压力一定时,混凝土输送量随功率的增大而增加;c. 在动力功率一定时,随着泵送混凝土压力的增大,混凝土输送量随之降低,反之亦然。

②混凝土输送量的计算

混凝土输送量,是指在单位时间内输送混凝土的体积。其计算方法主要有如下三种:

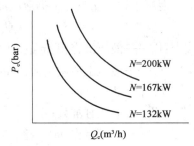

图 3.3-18 泵送功率与输送量的关系

A. 能量守恒原理计算

前面提到,在混凝土输送泵给定的功率下,混凝土输送量与泵送混凝土压力的乘积是一定值,按能量守恒原理可列式:

$$Q_c \times P_c = Q_0 \times P_0 \tag{3.3-16}$$

或者

$$Q_c = (Q_0 \times P_0)/P_c \tag{3.3-17}$$

式中:Q_0——液压油流量(m^3/h);

P_0——液压系统压力(0.1MPa)。

按式(3.3-17)对德国 Schwing 和 Putzmeister 公司生产的几种主要混凝土输送泵的混凝土输送量进行验算,验算结果见表 3.3-8。其中的验算结果与生产厂提供的混凝土最大理论输送量基本相同,因而可以认为:生产厂所提供的混凝土最大理论输送量是按式(3.3-17)计算得出的。

应当指出:由于式(3.3-17)是按能量守恒原理得出的,式中没有考虑混凝土性状、机械效率等因素的影响,并在具体计算中又采用了液压泵的最大油流量等参数。所以计算出的混凝土输送量,必然大大高于混凝土实际输送量。

B. 按混凝土输送缸容积和活塞运动速度计算

混凝土输送量也可以用混凝土输送缸容积和活塞运动的乘积来计算。计算式如下：

$$Q_c = \frac{60V_c nZ}{1 + t_2/t_1}\eta = \frac{60F_c LnZ}{1 + t_2/t_1}\eta = \frac{15\pi D_c^2 LnZ}{1 + t_2/t_1}\eta \tag{3.3-18}$$

式中：V_c——每一混凝土输送缸行程容积，m^3；

F_c——混凝土输送缸内截面的面积，m^2；

D_c——混凝土输送缸的直径，m；

Z——混凝土输送缸的数量；

L——活塞行程，m；

n——活塞每分钟冲程次数，min^{-1}；

η——混凝土输送缸的充盈系数（或吸入效率），与混凝土坍落度、活塞构造等有关，一般为 0.7~0.9；

t_2/t_1——分配阀换向时间与活塞一个行程的时间之比，据试验结果，比值 0.2。

对德国 Schwing 和 Putzmeister 公司生产的几种主要混凝土输送泵按式(3.3-18)的混凝土输送量进行验算，分别取 η 为 0.6、0.7、0.8、0.9 及 $t_2/t_1 = 0.2$，验算结果见表 3.3-8 验算二。

表 3.3-8 验算二的验算结果表明：当 $\eta = 0.6$ 时，混凝土输送量的验算结果与生产厂提供的数据基本相同，而当 $\eta = 0.7 \sim 0.9$，按式(3.3-18)中活塞冲程次数理论最大值，即活塞运动速度是最大值，故计算结果偏大。而在实际运行中，活塞运行速度受到发动机输出功率、转速、泵机内阻力和管道泵阻力（即混凝土压力）、混凝土坍落度诸多因素的影响，所以，活塞冲程次数不可能达到表 3.3-8 所列数值，即混凝土实际输送量要低于验算结果。

C. 按液压油量计算

混凝土输送量也可根据液压油量按以下公式进行计算。

$$Q_0 = 60V_0 nZ = 60F_0 LnZ = 15\pi D_0^2 LnZ \tag{3.3-19}$$

式中：V_0——液压缸容积，m^3；

F_0——液压缸内截面面积，m^2；

D_0——液压缸内径，m；

Z——液压缸缸数；

L——活塞行程，m。

整理式(3.3-18)、式(3.3-19)得：

$$Q_c = \frac{Q(D_c^2/D_0^2)}{1 + t_2/t_1}\eta = \frac{60 \times 10^{-3} q(D_c^2/D_0^2)}{1 + t_2/t_1}\eta \tag{3.3-20}$$

但式(3.3-20)只适用于高压小排量泵送，对于低压大排量泵送，应将式(3.3-20)改为：

$$Q_c = \frac{60 \times 10^{-3} q D_c^2/(D_0^2/D_r^2)}{1 + t_2/t_1}\eta \tag{3.3-21}$$

式中：D_r——活塞杆直径，m。

取 $\eta = 0.7 \sim 0.9$，按式(3.3-20)、式(3.3-21)对混凝土输送量进行验算，结果如表 3.3-8 验算三所示。

表 3.3-8 验算三中由于考虑了机械效率与换向阀换向的停顿时间等因素，故验算结果均低于厂方提供的数据。从表 3.3-8 验算三中可知，当 $\eta = 0.7$、0.8、0.9 时，按式(3.3-20)、式(3.3-21)验算结果，分别为厂方提供的混凝土最大输送量的 60.67%、69.34% 和 78%，此验算结果比较接近于实际使用时的混凝土输送量。

通过以上三种不同方法的验算，基本上可以得出如下结论：a. 国外生产的混凝土输送泵，生产厂方提供的最大输送量是按式(3.3-17)计算得出的，由于此式是按能量守恒原理建立起来的，没有考虑客观因素和机械效率诸多因素的影响，所以其计算结果必然大于实际混凝土输送量；b. 按液压油流量的计算方法，即按式（3.3-19）计算所得出的混凝土输送量，比较接近于实际使用时的混凝土输送量。

D. 混凝土输送量与油泵排油量、发动机功率的关系

混凝土输送量与发动机功率、油泵排量、混凝土输送缸直径、活塞运动速度等成正比。混凝土输送量与泵送距离、泵送压力、液压缸直径等成反比。

③高低压转换的计算

现代的活塞式混凝土输送泵，为了满足使用需要，一般均具有高低压转换功能。其转换方式，一般都是改变液压驱动方式，即改变液压油的进油途径，以实现高压或低压泵送。

如图3.3-19所示，将液压缸的活塞端腔连通，活塞端腔为进油腔，由于进油腔面积较大，在供油恒定时，会导致活塞运动速度减慢，冲程频率降低，因而混凝土排量减小。但是，由于进油腔截面积与混凝土输送泵缸截面积之比增大，故混凝土泵送压力增高，即按图3.3-19的管路连接，可实现高压小排量泵送。

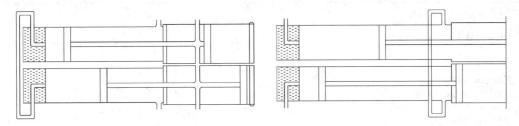

图3.3-19 高低压转换示意

高低压转换的计算式如下：

$$Q_0 \times (P_0 - P_k) = Q_c \times P_c \tag{3.3-22}$$

式中：P_0为空载时的供油压力，由于P_k值与P_0值相比甚小，在粗算时可忽略不计，故上式可改为：

$$Q_0 \times P_0 = Q_c \times P_c \tag{3.3-23}$$

在活塞运动速度一定时，液压油流量和混凝土输送量分别与液压缸、混凝土泵送缸的截面积成正比，故上式可改写为：

$$F_0 \times P_0 = F_c \times P_c \tag{3.3-24}$$

式中：F_0——进油腔截面积；

P_0——混凝土泵送缸截面积。

整理得：

当低压大排量泵送时

$$P_c = P_0 \frac{D_0^2 - D_r^2}{D_c^2} \tag{3.3-25}$$

当高压小排量泵送时

$$P_c = P_0 \left(\frac{D_0}{D_c}\right)^2 \tag{3.3-26}$$

按式（3.3-25）、式（3.3-26），对高压和低压泵送时的P_c值验算，结果见表3.3-8验算四。

由表3.3-8验算四中可知：验算结果与厂方资料基本一致。

根据以上计算公式也可得知，如欲提高混凝土泵送压力，则需：a. 提高液压泵输出压力；b. 在混凝土泵送缸直径不变的情况下，增大液压缸直径；c. 在液压缸直径不变情况下，缩小混凝土泵送缸直径。

混凝土输送量、泵送压力的验算　　　　　　　　表3.3-8

项目	型　　号	BP2000-2		BP4000-20		BP8000-20		BSA1406 D-20		BSA1408 D-20		BSA2100 HD-20	
	液压泵最大油流量 q（L/min）	320		390		640		250		297		542	
	液压系统压力（MPa）	28		28		28		35		35		35	
	液压驱动方式	P	r	P	r	P	r	P	r	P	r	P	r

续上表

项目	型号	BP2000-2		BP4000-20		BP8000-20		BSA1406 D-20		BSA1408 D-20		BSA2100 HD-20	
生产厂资料	混凝土泵最大泵送压力(MPa)	10.0	5.6	10.9	6.5	15.8	10.1	10.6	7.1	10.6	7.1	16.0	11.5
	混凝土泵最大理论输送量(m^3/h)	51	87	59	102	68	107	45	65	58	85	65	97
	混凝土泵缸的直径D_c(m)	0.2		0.2		0.2		0.2		0.2		0.2	
	活塞行程(m)	1.6		2		2		1.4		1.4		2.1	
	混凝土泵缸缸数	2		2		2		2		2		2	
	活塞每分钟冲程次数(次/min)	17	29	16	27	18	28	17	25	22	32	17	25
	液压缸内径D_0(m)	0.12		0.125		0.15		0.11		0.11		0.14	
	液压缸直径D_r(m)	0.08		0.08		0.09		0.063		0.063		0.08	
验算一	混凝土最大输送量(m^3/h)	53.76	96	60.11	100.8	68.5	106.46	49.53	73.94	58.84	87.85	71.14	98.97
验算二	混凝土输送量(m^3/h) $\eta=0.6$	51.29	87.5	60.34	101.82	67.89	105.6	44.88	66	58.08	84.48	67.32	99
	混凝土输送量(m^3/h) $\eta=0.7$	59.84	102.08	70.4	118.8	79.2	123.2	52.36	77	67.76	98.56	78.54	115.5
	混凝土输送量(m^3/h) $\eta=0.8$	68.39	116.66	80.46	135.77	90.51	140.8	59.84	88	77.44	112.64	9.76	132
	混凝土输送量(m^3/h) $\eta=0.9$	76.94	131.24	90.52	152.74	101.82	158.4	67.32	99	87.12	126.72	100.98	148.5
验算三	混凝土输送量(m^3/h) $\eta=0.7$	31.11	56	34.94	59.19	39.82	62.22	28.93	43.05	34.36	51.44	38.71	57.48
	混凝土输送量(m^3/h) $\eta=0.8$	35.56	64	39.94	67.64	45.51	71.11	33.06	49.19	39.27	58.44	44.24	65.7
	混凝土输送量(m^3/h) $\eta=0.9$	40	72	44.93	76.1	51.2	80	37.19	55.34	44.18	65.75	49.78	73.91
验算四	混凝土最大泵送压力P_0(MPa)	10.08	5.6	10.94	6.46	15.75	10.08	10.59	7.12	10.59	7.12	17.15	11.55

注：表中液压驱动方式：P表示活塞端腔进油，高压小排量泵送；r表示活塞杆腔进油，低压大排量泵送。

3.3.6 主要生产厂家典型产品及技术性能参数

3.3.6.1 混凝土拖泵

(1)三一重工混凝土拖泵典型产品及技术性能参数见图3.3-20、图3.3-21及表3.3-9、表3.3-10：

三一重工混凝土拖泵 CE 认证柴油机混凝土拖泵　　　　表3.3-9

型号		HBT40C-1410DIIIC	HBT60C-1813DIIIC	HBT80C-1818DIIIC	HBT120C-2120DIIIC
混凝土理论输送压力(低压/高压)(MPa)		6.3/9.9	10/16	10/18	13/21
混凝土理论输送量(低压/高压)(m^3/h)		50/33	75/45	85/50	120/75
主动力系统柴油机额定功率(kW)		56	173	190	273
最大骨料尺寸(mm)	输送管径 $\phi150mm$	50			
	$\phi125mm$	40			

续上表

型　号	HBT40C-1410DIIIC	HBT60C-1813DIIIC	HBT80C-1818DIIIC	HBT120C-2120DIIIC
混凝土坍落度(mm)	100～230			
输送缸直径×最大行程(mm)	φ180×1 400	φ200×1 800	φ200×1 800	φ200×2 100
料斗容积×上料高度(m³×mm)	0.6×1 320	0.7×1 420	1.7×1 420	0.7×1 420
外形尺寸长×宽×高(mm)	5 786×1 804×2 155	6 691×2 075×2 628	7 191×2 075×2 628	7 390×2 099×2 900
总质量(kg)	4 500	6 600	7 300	9 100

图 3.3-20　HBT80C-1818DIIIC 型 CE 认证柴油机混凝土拖泵

图 3.3-21　HBT60C-1816IIIA 型 CE 认证电动机混凝土拖泵

三一重工混凝土拖泵 CE 认证电动机混凝土拖泵　　　　表 3.3-10

型　号		HBT40C-1408IIIA	HBT50C-1413IIIA	HBT60C-1816IIIA	HBT80C-1816IIIA
混凝土理论输送压力(低压/高压)(MPa)		8	8/13	10/16	10/16
混凝土理论输送量(低压/高压)(m³/h)		45	60/40	70/45	85/55
主动力系统电动机额定功率(kW)		55	75	110	132
最大骨料尺寸(mm)	输送管径 φ150mm	50			
	φ125mm	40			
混凝土坍落度(mm)		100～230			
输送缸直径×最大行程(mm)		φ180×1 400	φ200×1 400	φ200×1 800	φ200×1 800
料斗容积×上料高度(m³×mm)		0.6×1 260	0.7×1 320	0.7×1 320	0.7×1 420
外形尺寸长×宽×高(mm)		5 626×1 804×1 885	6 051×2 068×2 215	6 691×2 068×2 215	6 891×2 759×2 295
总质量(kg)		4 000	5 800	6 600	7 300

(2)中联重科公司混凝土拖泵典型产品及技术性能参数见图 3.3-22 及表 3.3-11：

图 3.3-22　中联重科 HBT60.16.174RSG 型混凝土拖泵

中联重科混凝土拖泵典型产品及技术性能参数　　　　表 3.3-11

<table>
<tr><th colspan="2">型　　号</th><th>HBT60.16.174RSG</th><th>HBT80.18.132S</th><th>HBT110.26.390RS</th><th>HBT60.8.75Z</th><th>HBT105.21.286RS</th></tr>
<tr><td rowspan="6">整机性能</td><td>最大理论混凝土输送量（m³/h）</td><td>60</td><td>79/38</td><td>112/73</td><td>60</td><td>105/65</td></tr>
<tr><td>混凝土输送压力（MPa）</td><td>8</td><td>18/8.3</td><td>26/16</td><td>8</td><td>21/13</td></tr>
<tr><td>分配阀形式</td><td>闸板阀</td><td>S 管阀</td><td>S 管阀</td><td>闸板阀</td><td>S 管阀</td></tr>
<tr><td>混凝土缸规格×行程（mm）</td><td>200×1 400</td><td>200×1 800</td><td>200×2 100</td><td>200×1 400</td><td>200×2 100</td></tr>
<tr><td>料斗容积×上料高度（L×mm）</td><td>520×1 485</td><td>600×1 400</td><td>800×1 410</td><td>520×1 485</td><td>900×1 450</td></tr>
<tr><td>出料口直径（mm）</td><td>φ180</td><td>φ180</td><td>φ160</td><td>φ180</td><td>φ180</td></tr>
<tr><td>动力系统</td><td>额定功率（kW）</td><td>75</td><td>132</td><td>2×195</td><td>75</td><td>286</td></tr>
<tr><td rowspan="5">标准配置</td><td>液压油路形式</td><td>开式回路</td><td>开式回路</td><td>开式回路</td><td>开式回路</td><td>闭式回路</td></tr>
<tr><td>高低压切换</td><td>无</td><td>转阀</td><td>转阀</td><td>无</td><td>转阀</td></tr>
<tr><td>快换混凝土活塞</td><td>○</td><td>○</td><td>○</td><td>○</td><td>○</td></tr>
<tr><td>电控显示屏</td><td>○</td><td>●</td><td>●</td><td>○</td><td>●</td></tr>
<tr><td>软启动装置</td><td>○</td><td>●</td><td>○</td><td>○</td><td>○</td></tr>
<tr><td rowspan="3">可选配置</td><td>液压系统水冷散热</td><td>○</td><td>○</td><td>○</td><td>○</td><td>○</td></tr>
<tr><td>清洗装置</td><td>○</td><td>○</td><td>○</td><td>○</td><td>○</td></tr>
<tr><td>无线遥控</td><td>○</td><td>○</td><td>○</td><td>○</td><td>○</td></tr>
<tr><td rowspan="4">其他参数</td><td>允许最大骨料粒径（mm）</td><td>卵石:50
碎石:40</td><td>卵石:50
碎石:40</td><td>卵石:50
碎石:40</td><td>卵石:50
碎石:40</td><td>卵石:50
碎石:40</td></tr>
<tr><td>混凝土输送管内径（mm）</td><td>φ125/φ150</td><td>φ125/φ150</td><td>φ125</td><td>φ125/φ150</td><td>φ125/φ150</td></tr>
<tr><td>外形尺寸长×宽×高（mm）</td><td>6 090×2 230×2 260</td><td>6 700×2 100×2 300</td><td>7 792×2 480×2 270</td><td>6 090×2 230×2 260</td><td>7 000×2 300×3 000</td></tr>
<tr><td>总质量（kg）</td><td>5 800</td><td>7 400</td><td>1 3000</td><td>5 800</td><td>8 200</td></tr>
</table>

（3）施维英（Schwing）公司混凝土拖泵典型产品及技术性能参数见图 3.3-23 及表 3.3-12 和表 3.3-13。

图 3.3-23　BP3500HDR 型移动式混凝土泵

施维英公司 BP1800/2800 移动式混凝土泵主要技术性能　　　　表 3.3-12

型　号		BP1800E-75	BP1800D-114	BP2800HDR20-132
最大液压压力(bar)		280	280	300
混凝土缸筒直径(mm)		200	200	200
最大冲程次数(mm)	活塞端	12	14	19
	杆端	21	24	33
最大混凝土排量(m³/h)	活塞端	36	42	56
	杆端	62	73	100
最大混凝土压力(bar)	活塞端	101	101	101
	杆端	56	56	56
机器总质量(kg)		4 000	4 000	5 000

施维英公司 BP3500HDR 移动式混凝土泵主要技术性能　　　　表 3.3-13

项目单位	数　据			
混凝土泵	2 020		2 018	
工作缸直径×冲程(mm)	200×2 000		180×2 000	
活塞杆直径×冲程(mm)	125/80×2 000		125/80×2 000	
驱动端	活塞端	杆端	活塞端	杆端
每分钟最大冲程次数	15	25	16	26
最大理论混凝土排量(m³/h)	58	95	48	78
最大混凝土压力(bar)	137	81	169	100
料斗容量(L)	600			
自重(包括油和燃料)(kg)	7 000			
出料管直径(mm)	150			
驱动功率(kW)	D-81,E-132,E-160			

(4) 江苏华通动力重工有限公司 HBT 系列混凝土泵典型产品及技术性能参数见图 3.3-24 及表 3.3-14。

江苏华通动力重工有限公司 HBT 系列混凝土泵典型产品及技术性能参数　　　　表 3.3-14

项　目		HBT60C	HBT80C	HBT60	HBT80
理论最大输送量(m³/h)		75	87.5	70	90
骨料最大粒径(mm)	卵石	50	50	40	40
主油泵额定工作压力(MPa)		32	32	30	30
泵送能力指数(MPa×m³/h)		≥150	≥200	≥150	≥200
料斗容积(L)		600	600	500	500
上料高度(mm)		1 320	1 320	1 245	1 245
额定功率(kW)		161	181	90	110
混凝土缸行程×直径(mm)		1 800×200	1 800×200	1 500×200	1 500×200
主油缸内径×杆径 mm		140×90	140×95	125×85	125×85
摆缸换向时间(s)		0.3	0.3	0.3	0.3
外形尺寸(长×宽×高,mm)		6 700×2 090×2 490	6 700×2 090×2 490	5 980×1 800×2 219	5 980×1 800×2 219
整机质量(kg)		7 100	7 380	4 650	
转速	电机(r/min)			1 485	1 485
	柴油机(r/min)	2 100	2 100		

3.3.6.2 混凝土泵车

（1）三一重工混凝土泵车典型产品及技术性能参数见图3.3-25及表3.3-15。

图3.3-24　HBT系列混凝土泵

图3.3-25　三一重工SY5382THB 48型混凝土泵车

三一重工混凝土泵车典型产品及技术性能参数　　　　　　表3.3-15

	型　号		SY5190THB25	SY5230THB 32W	SY5382THB 48	SY5418THB 50
整车参数	全长(mm)		10 000	10 600	12 580	13 760
	总宽(mm)		2 500	2 500	2 500	2 500
	总高(mm)		3 860	3 850	4 000	4 000
	自重(kg)		18 900	23 700	38 000	41 000
臂架支腿参数	臂架垂直高度(m)		25.0	32.0	48.0	50.0
	臂架水平长度(m)		21.0	28.1	44.0	46.0
	臂架垂直深度(m)		10.8	16.6	30.8	31.6
	最小展开高度(m)		6.4	7.4	12.7	12.7
	第一节臂	长度(mm)	6 500	7 900	9 060	10 380
		转角(°)	93	93	90	90
	第二节臂	长度(mm)	4 650	6 700	8 010	9 230
		转角(°)	180	180	180	180
	第三节臂	长度(mm)	4 650	6 700	7 800	8 750
		转角(°)	245	260	180	180
	第四节臂	长度(mm)	5 000	6 800	9 465	9 100
		转角(°)	245	240	235	240
	第五节臂	长度(mm)			9 665	8 540
		转角(°)			235	220
	转台旋转角度		365	365	±360	±360
	前支腿展开宽度		5 200	6 000	9 200	9 300
	后支腿展开宽度		2 240	5 000	9 980	10 450

续上表

	型　号		SY5190THB25	SY5230THB 32W	SY5382THB 48	SY5418THB 50
泵送系统参数	混凝土理论排量	低压(m³/h)	100	120	170	170
		高压(m³/h)	60	70	120	120
	理论泵送压力	低压(MPa)	8	6.4	8.3	8.3
		高压(MPa)	16	11.8	12	12
	理论泵送次数	低压(次/min)	30	24	24.5	24.5
		高压(次/min)	16	14	17	17
	输送缸内径(mm)		200	230	260	360
	输送缸行程(mm)		1 800	2 000	2 200	2 200
	液压系统		开式	开式	开式	开式
	系统油压(MPa)		32	32	32	32
	水箱容积(L)		600	600	600	600
	输送管径(mm)		125	125	125	125
	末端软管长度(m)		3	3	3	3
	末端软管管径(mm)		125	125	125	125
底盘参数	底盘型号		SYM1160-01	ISUZU CYZ51Q	ISUZU CYH51Y	ISUZU CYH51Y
	发动机型号		HINO P11C-UH	6WF1A	6WF1D	6WF1D
	发动机功率(kW)/(r/min)		240/21 00	265/1 800	287/1 800	287/1 800
	排放标准		Euro	Euro II	Euro II	Euro II
	燃料箱容积(L)		400	380	400	400
	最大速度(km/h)		80	80	80	80
	制动距离(m/30km/h)		≤10	≤10	≤10	≤10

(2)徐工集团混凝土泵车典型产品及技术性能参数见图 3.3-26 及表 3.3-16 和图 3.3-27 及表 3.3-17。

图 3.3-26　徐工集团 HB37A 型混凝土泵车

徐工集团 HB37A 型混凝土泵车技术性能参数

表 3.3-16

类别	项 目	参 数		
行驶状态主要技术参数				
底盘	型号	FM	CYZ51Q	Actros3341
	生产厂家	VOLVO	日本五十铃	德国 BENZ
	最高速度(km/h)	90.8	85.3	85
	最大爬坡度	34.70%	33%	38%
	最小转换直径(m)	18.4	17.6	19.8
	制动距离(m)	≤7	≤7	≤7
	轴距(mm)	4 900 + 1 370	4 950 + 1 310	4 500 + 1 350
	轮距(前/后)(mm)	2 019/1 834	2 065/1 850	2 035/1 804
	接近角/离去角(°)		23.5/10	
	最小离地间隙(mm)	270	240	300
	轮胎规格	12.00R20	295/80R22.5	315/80R22.5
发动机	型号	D13	6WF1A	OM501LA.III/17
	输出功率(kW)	294/1 400 ~ 1 800	265/1 800	300/1 800
	最大转矩(N·m)	2 000/1 050 ~ 1 400	1 422/1 100	2 000/1 400
	排量(L)	12.8	14.256	11.946
	尾气排放标准	国 III GBIII	国 III GBIII	国 III GBIII
其他	外形尺寸(长×宽×高,mm)	11 990 × 2 500 × 3 900	11 990 × 2 500 × 3 900	11 990 × 2 500 × 3 900
	整机质量(kg)	28 400	28 400	28 400
	燃油箱容积(L)	410	380	400
	百公里油耗(L/100km)	40	40	40
作业状态主要技术参数				
泵送系统	理论输送量(高压/低压)(m³/h)	90/138		
	泵送混凝土压力(高压/低压)(MPa)	13/8.7		
	理论泵送次数(高压/低压)(次/min)	18/27		
	泵送混凝土骨料最大直径(高压/低压)(mm)	40		
	上料高度(mm)	1 450		
	泵送混凝土坍落度范围(cm)	37		

续上表

类别	项 目	参 数
布料杆	布料杆可达高度(m)	25
	布料杆可达深度(m)	32.6
	布料杆回转半径(m)	370
	布料杆可达角度(°)	94
	第一节臂伸展角度(°)	180
	第二节臂伸展角度(°)	180
	第三节臂伸展角度(°)	230
	第四节臂伸展角度(°)	
	支腿跨距支腿纵跨距(mm)	6 860
	前支腿横跨距(mm)	7 280
	后支腿横跨距(mm)	6 600
其他	配料形式	S 阀
	润滑方式	自动润滑
	控制方式	手动/遥控
	水箱容积(L)	600
	水泵最大水压(MPa)	2

图 3.3-27 徐工集团 HB40 型混凝土泵车

徐工集团混凝土泵车典型产品及技术性能参数　　　　表 3.3-17

型　号		HB40	HB52	HB56
行驶状态				
类别	项　目	参　数	参　数	参　数
底盘	型号	FM	FM440	FM440
	生产厂家	VOLVO	VOLVO	VOLVO
	最高速度(km/h)	90.8	90	90
	最大爬坡度(%)	34.70	38	38
	最小转弯直径(m)	18.4	27.4	27.4
	制动距离(m)	≤7	≤10	≤10
	轴距(mm)	4 900 + 1 370	1 995 + 5 205 + 1 370 + 1 450	1 995 + 5 205 + 1 370 + 1 450
	轮距(前/后)(mm)	2 019/1 834	2 028/1 872	2 028/1 872
	接近角/离去角(°)	18/10	18/12	18/11
	最小离地间隙(mm)	270	270	270
	轮胎规格	12.00R20	12.00R20	12.00R20

续上表

类别	项 目	参 数	参 数	参 数
发动机	型号	D13	D13	D13
	输出功(kW/rpm)	294/1 400~1 800	324/1 400~1 800	324/1 400~1 800
	最大转矩(N·m)/(r/m)	2 000/1 050~1 400	2 200/1 050~1 400	2 200/1 050~1 400
	排量(L)	12.8	12.8	12.8
	尾气排放标准	国Ⅲ GBIII	国Ⅲ GBIII	国Ⅲ GBIII
其他	外形尺寸(长×宽×高,mm)	11 180×2 500×3 990	14 665×2 500×3 990	14 885×2 500×3 990
	整机质量(kg)	32 600	47 000	49 750
	燃油箱容积(L)	410	410	410
	百公里耗油(L/100km)	40	50	50
作业状态				
泵送系统	理论输送量(高压/低压)(m³/h)	70/140	90/138	100/163
	泵送混凝土压力(高压/低压)(MPa)	11.8/6.38	13/8.7	13/8
	理论泵送次数(高压/低压)(次/min)	15/27	18/27	13/21
	泵送混凝土骨料最大直径(mm)	40	40	40
	上料高度(mm)	1 450	1 450	1 530
布料杆	泵送混凝土坍落度范围	12~23	12~23	12~23
	布料杆可达高度(m)	39.8	51.5	55.7
	布料杆可达深度(m)	27.9	40	44
	布料杆回转半径(m)	35.8	47.5	51.7
	布料杆回转角度(°)	370	364	364
	第一节避伸展角度(°)	90	96	96
	第二节避伸展角度(°)	180	180	180
	第三节避伸展角度(°)	180	180	180
	第四节避伸展角度(°)	240	180	180
	第五节避伸展角度(°)	250	260	260
支腿跨距	支腿总跨距(mm)	7 800	11 250±50	11 250±50
	前支腿横跨距(mm)	8 350	10 730±50	11 400±50
	后支腿横跨距(mm)	7 200	10 430±50	11 300±50
其他	配料形式	S阀	S阀	S阀
	润滑方式	自动润滑	自动润滑	自动润滑
	控制方式	手动/遥控	手动/遥控	手动/遥控
	水箱容积(L)	600	650	700
	水泵最大水压(MPa)	2	2	2

(3)中联重科泵车典型产品及技术性能参数见图 3.3-28 及表 3.3-18。

图 3.3-28　中联重科 ZLJ5282THB125-37 型混凝土泵车

中联重科混凝土泵车典型产品及技术性能参数　　　　　表 3.3-18

	型　号	ZLJ5282THB 125-37	ZLJ5350THB 43X-5Z	ZLJ5335THB 47X-5RZ	ZLJ5336THB 47X-5RZ
泵送系统	最大理论输送量(m³/h)	150	150	120/70	
	混凝土最大出口压力(MPa)	8.5	8.5	11/7	
	额定工作压力(MPa)	35	35	35	
	泵送频率(min⁻¹)	23	23	22/13	
	料斗容积(L)	600	600	550	
	上料高度(mm)	1 540	1 540	1 540	
	液压系统形式	闭式/开式	闭式/开式	闭式	
	分配阀形式	S 管阀	S 管阀	S 管阀	
	油缸缸径×行程(mm)	130×2 100	130×2 100	Φ130×2 100	
	混凝土缸径×行程(mm)	260×2 100	260×2 100	Φ230×2 100	
	液压油冷却	风冷	风冷	风冷	
	推荐坍落度(cm)	12~30	12~30	12~23	
	最大骨料尺寸(mm)	40	40	40	
臂架	结构形式			47X-5RZ	
	最大布料高度(m)	36.6	42.6	46.5	
	最大布料半径(m)	32.6	38.3	42.2	
	最大布料深度(m)	24.9	30.1	32.7	
	回转角度(°)	365	365°	±350°	
	臂节数量	4	5	5	
	臂节长度(mm)	8 650/7 860 /7 980/8 080	8 790/7 320/7 370 /7 520/7 550	9 380/8 310/7 930 /8 360/8 700	
	展臂角度(°)	100/180/180/270	90/180/242/180/250	90/180/180/250/250	
	输送管直径(mm)	125	125	125	
	末端软管长度(mm)	3 000	4 000	3 000	
	臂架最小打开高度(mm)			9100	
	支腿跨距(前×后×纵向,mm)			8 760×9 680×9 210	

续上表

	型 号	ZLJ5282THB 125-37	ZLJ5350THB 43X-5Z	ZLJ5335THB 47X-5RZ	ZLJ5336THB 47X-5RZ
底盘及整车	底盘型号	FS1ERV	DAF FAD CF85.430	CYZ51Q	Actros3341
	驱动方式	6×4	8×4	6×4	6×4
	轴距(mm)			4 595+1 310	4 500+1 350
	发动机型号	E13CTL		6WF1A	OM501LA
	发动机最大功率(kW/rpm)	302/1 800	315/1 900	265/1 800	300/1 800
	发动机最大转矩(N·m)/(r/min)	1 618/1 100	1 950/1 000~1 500	1 422/1 100	2 000/1 050
	发动机排量(cc)	12 913	12 600	14 256	11 946
	燃料种类	柴油	柴油		柴油
	燃油箱容积(L)	400	430		400
	尾气排放标准	欧Ⅲ	欧Ⅲ		欧Ⅲ
	整车最高行驶速度(km/h)	85	85		85
	整车质量(kg)	28 350	35 000	32 900	33 600
	整车外形尺寸(长×宽×高,mm)	11 720×2 500×3 820	11 515×2 500×3 945	12 000×2 500×4 000	
其他	润滑方式	节能式自动润滑	手动+自动	节能式自动润滑	
	液压油箱容积(L)	650	650	650	
	控制方式	手动+遥控	手动+遥控	手动+遥控	
	水泵最大压力(MPa)	4	4	7	
	水箱容量(L)	550	400	400	
	混凝土管清洗方式	水洗/干洗	水洗/干洗	水洗/干洗	

(4)德国典型混凝土泵车典型产品及技术性能参数见图3.3-29和表3.3-19。

图3.3-29 德国普茨迈斯特混凝土泵车

德国典型混凝土泵车主要技术参数 表3.3-19

型 号	K11165S	BRF1403	BRF2110	BRF2112	BPL8000	BPL1000HD	BP60SV
生产厂家	AZAR与KG	Putzmeister-Wek			Schwing		Stetter
最大理论排量(m³/h)	68.7	90	105	130	80	110	74
实用排量(m³/h)	0~65	0~80	0~100	0~120	15~75	15~100	5~60
驱动方式	水压	油压	油压	油压	油压	油压	油压
输送油缸数(个)	2	2	2	2	2	2	2
油缸直径(mm)	180	230	200	230	200	230	180
活塞行程(mm)	1 500	1 400	2 100	2 100	1 400	1 600	1 500
理论最大冲程(次/min)	15.0	12.9	12.5	16.4	15.0	14.0	16.0

续上表

型号	K11165S	BRF1403	BRF2110	BRF2112	BPL8000	BPL1000HD	BP60SV
最大活塞出口压力数(MPa)	4.05	5.47	7.09	5.47	5.77	6.58	5.07
原动机输出功率(kW)	85	130	190	190	130~240	130~240	130~200
料斗容积(L)	400	1000	1000	1000	500	500	400
料斗高度(m)	1.4	1.2	1.2	1.2	1.4	1.4	1.4

3.3.6.3 混凝土车载泵

(1)三一重工混凝土车载泵典型产品及技术性能参数见表3.3-20。

三一重工混凝土车载泵典型产品及技术性能参数 表3.3-20

	型号		SY5121TTHB-9012Ⅲ	SY5121THB-9014Ⅲ	SY5121THB-9018Ⅲ	SY5122THB-9022
整车参数	全长(mm)		8 960	8 960	8 960	8 960
	总宽(mm)		2 470	2 470	2 470	2 470
	总高(mm)		3 040	3 040	3 040	3 040
	上料高度(mm)		1 500	1 500	1 500	1 500
	轴距(mm)		4 700	4 700	4 700	4 700
	总质量(kg)		12 000	12 000	12 000	12 000
技术参数	混凝土理论输送压力(MPa)	低压	7.5	7	8.7	12
		高压	11.5	14	18	22
	混凝土理论输送量(m³/h)	低压	90	95	94	100
		高压	53	50	50	62
	理论泵送次数(次/min)	低压	13	12	16	20
		高压	22	23	31	33
	输送缸(mm)	低压	230	230	200	200
		高压	1 600	1 600	1 600	1 600
	料斗容积(m³)		0.6	0.6	0.6	0.6
	液压油箱容积(L)		800	800	800	800
	发动机额定功率(kW)		161	181	181	181+136(双动力)
底盘参数	底盘品牌		东风			三一
	底盘型号		EQ1126KJ1			HQC1130(带分动箱)
	发动机型号		ISDe16030			ISDe18530
	发动机功率(kW)		118			136
	排放标准		国Ⅲ			国Ⅲ
	燃料箱容积(L)		300			300
	排量(L)		4.5			4.5
	最大速度(km/h)		90			90

(2) 中联重科混凝土车载泵典型产品及技术性能参数见图 3.3-30 和表 3.3-21。

图 3.3-30　中联重科 ZLJ5120THB 型混凝土车载泵

中联重科 ZLJ5120THB 混凝土车载泵典型产品及技术性能参数　　表 3.3-21

项　目		型　号		
		1718/1728	1709/1719	1720/1730
整机性能	最大理论混凝土输送量低压/高压(m³/h)	88/57	77/50	82/50
	最大泵送混凝土压力高压/低压(MPa)	14/9	14/9	16/9
	分配阀形式	S 管阀	S 管阀	S 管阀
	混凝土缸缸径×行程(mm)	φ230×1 650	φ230×1 650	φ200×1 700
	料斗容积(m³)	0.8	0.8	0.8
	上料高度(mm)	1 450	1 450	1 450
	出料口直径(mm)	Φ180	Φ180	Φ180
动力系统	发动机型号	BF6M1013C	Y315S-4/Y315M-4	BF6M1013ECP/BF6M1013CP
	额定功率(kW)	161	110/132	181
	液压油路形式	开式电控	开式电控	开式电控
	液压油箱容积(L)	500	500	500
	润滑方式	节能式自动	节能式自动	节能式自动
	操作方式	手动/遥控	手动/遥控	手动/遥控
底盘	底盘型号	EQ1126KJ1		
	轴距(mm)	4 700		
	发动机型号	ISDe160 30		
	排量/功率(L/kW)	4.5/118		
	排放标准	国 III		
	轮胎规格	9.00-20-6PR		
	轮距(前/后)(mm)	1 900/1 800		
	最小转弯半径(m)	9		
	燃油箱容积(L)	145+145		
其他参数	混凝土输送管内径(mm)	φ125/φ150		
	外形尺寸(长×宽×高,mm)	8 800×2 490×3 070		
	总质量(kg)	11 980		

(3)施维英(Schwing)公司混凝土车载泵典型产品及技术性能参数见图3.3-31和表3.3-22。

图3.3-31 Schwing公司混凝土车载泵

Schwing公司混凝土车载泵典型产品及技术性能参数　　　　表3.3-22

混凝土车载泵型号	Line Pump 200/120D 136kW	
发动机额定功率(kW)	136	
额定转速(r/min)	2 300	
泵送缸直径×冲程(mm)	200×1 600	
冲程容积双缸(L)	50.27×2	
差动缸直径×冲程(mm)	120/80×1 600	
驱动端	活塞端	活塞杆端
每分钟最大冲程次数	19	33
最大理论混凝土输出量(m³/h)	58	100
最大混凝土压力(bar)	108	60
装料料斗容积(L)	320/570	
底盘	一汽解放	
型号	CA1142P1K2L2A80	
轴距	4770mm	
排放	欧Ⅱ	

3.4 水泥混凝土摊铺机

3.4.1 概述

3.4.1.1 用途及工作用途

水泥混凝土摊铺机,是修筑水泥混凝土路面的主导施工机械,也是铺筑机场跑道、停机坪、水库坝面等设施的关键设备。其主要功能是把已经搅拌好的水泥混凝土料均匀、平整地摊铺在路基上,再经过振实和光整作面等工序,使之形成符合标准规范要求的混凝土路面。为此,水泥混凝土摊铺机应满足以下技术要求:

(1)布料必须均匀,不能产生骨料离析现象;
(2)摊铺在路基或其他作业面上的虚方混凝土料,能够留出均等的余留厚度,以确保经振实和光整工序后符合规定的铺筑厚度;
(3)能对所铺设的混凝土层进行充分而有效地振实,确保路面或设施的内在质量;
(4)所铺筑的路面或设施,应达到表面平整度的设计要求,误差应控制在标准规范之内。

3.4.1.2 国外水平及发展趋势

国外开发生产水泥混凝土摊铺机的时间比较早。从20世纪40年代德国将简易的轨道式摊铺机用于二次世界大战时道路的修筑算起,至今已有 70 多年的发展历史。基于水泥混凝土路面具有承载能力大、使用寿命长、防滑性能好、维修费用低、材料资源丰富等一系列优点,在世界各发达国家早已有了长足的发展。水泥混凝土路面的大规模修建和施工技术水平的不断提高,有力地推动了水泥混凝土摊铺机生产技术持续不断的向前发展。美国 1903 年开始使用水泥混凝土摊铺机。德国为加速战略公路建设,于二次世界大战期间研制出由布料机、振实机和平整机组合的轨道式水泥混凝土摊铺机。60 年代中叶,美国在轨道式摊铺机的基础上,开发研制出滑模式摊铺机,其中有 25 个州使用滑模式水泥混凝土摊铺机,以 CMI 公司的技术最为先进。此后,前苏联、比利时和日本等国,相继开发和生产具有各种不同功能和用途的技术性能先进的水泥混凝土摊铺机。现在,水泥混凝土摊铺机已从原来只有单一功能发展为具有多种功能、大型化、高度自动化及快速施工的机械。

据资料介绍,目前从事水泥混凝土摊铺机系列产品开发、生产的厂家或集团公司有 20 多个,分属于十多个国家。国外生产轨道式水泥混凝土摊铺机的主要厂商有美国的 PAV—SAVER 公司、GOMACO 公司和 CURBMASTER 公司;德国的 VOGELE 公司和 ABG 公司;比利时的 SGME 公司;日本的川崎重工和住友建机等。主要制造厂商集中在美国、德国、日本和比利时等国,其中仅美国一个国家就拥有这种厂家和公司 13 个之多。这类摊铺机的特点是,靠支承在边模轨道上的 4 只胶轮行走,整机由车架、作业装置、行走机构、拖行机构和液压系统等组成。作业装置包括螺旋布料器、刮平板、液压振捣棒、捣固杆(振捣梁)和抹平板等,可实现混凝土均匀布料(正反向无级变速旋转),控制所需的预铺厚度,对不同坍落度的水泥混凝土施以不同频率(最高频率达到 167Hz)振动,达到最佳振实和夯实,最后抹光抹平。

近年来随着电子技术和液压技术的飞速发展,摊铺机的研制和开发进入了一个崭新的阶段。尤其是电—液控制技术、传感器技术和电子随动技术等一批新技术成果的发明和被采用,很快使水泥混凝土摊铺机的自动化程度和综合技术性能提高到一个新的水平。代表当今先进水平的滑模式摊铺机,采用了履带行走、自带滑动成型模板、自动导向、自动找平,集布料、整平、振实、光整等各种自动作业功能于一身,一次成型,且自动化程度高、施工速度快、路面质量好,可连续铺筑。现在,滑模式水泥混凝土摊铺机最大摊铺宽度已达 21.3m,摊铺厚度达 764mm,摊铺速度 21.3m/min,发动机功率 430kW。据国外 5 国 22 家企业生产的 90 种水泥混凝土摊铺机统计,滑模式摊铺机共有 59 个型号。其结构的主要特点是,广泛采用液压传动技术,整机结构紧凑,摊铺速度与布料、振实和抹平等作业工序动作协调一致,同时为实现自动化操作提供了必要条件;控制系统广泛采用液压和电子技术,提高了产品性能和自动化程度,保证了路面摊铺质量。滑模式水泥混凝土摊铺机一般由车架、履带行走机构、螺旋布料器、刮平板、振捣棒、捣固杆(振捣梁)、侧向滑动模板和抹平板等作业装置和自动调平板及转向系统组成。各国生产滑模式水泥混凝土摊铺机所带的作业装置基本相同,但使用数量和布置形式各有特色。

国外水泥混凝土摊铺机的发展趋势是:

(1)不断开拓产品的新功能,使之具有一机多用的特点。例如路缘成型机具有多种工作装置,可以用来承担路缘石铺筑、隔离墙铺、设路边排水沟及人行道路面铺筑等多种施工任务。

(2)改进和完善产品的综合性能,致力于突破性的开发和研究。例如,有的在滑模式摊铺机上应用了最新专利技术——犁式布料器,这种布料器具有布料均匀、不卡料等优点;有的为了提高大型滑模摊铺机的转向精度,成功设计出与传感器相匹配的程序逻辑控制器,在弯道施工中,于传感器控制履带行驶方向的同时,程序逻辑控制器可控制液压系统将更多的液压油引向机器快速的一边,然后再流到慢速的一边,可使两边履带的压力油分配比达 10∶90 或 90∶10,从而非常精确地控制机器按施工半径要求进行施工,铺筑出圆滑平整的弯道路面。

(3)向高效率大型化发展。为了适应目前水泥混凝土路面工程修筑规模日益增大和路面技术等级不断提高的需要,国外一些著名厂家已陆续开发出发动机功率在 430kW 以上,最大摊铺宽度达 21.3m,最大摊铺厚度达 764mm,生产效率达 540~2 100m³/h 的大型滑模摊铺机。

3.4.1.3 国内水平及发展趋势

国内开发研制水泥混凝土摊铺机起步于 20 世纪 70 年代中期,当时还很少修筑水泥混凝土路面。

建设部长沙建筑机械研究所和广州空军后勤部等单位曾联合研制出一套"混凝土道面铺筑机组",主要用于机场跑道和停机坪的施工。铁道部第十一工程局机械厂与中国铁道建筑研究设计院同期开发研制的 HT-120B 型轨道式混凝土摊铺机组,用于第二汽车制造厂试车场的水泥路面施工。80 年代初期,山西省公路局和江苏省平山机械厂、江苏建筑机械厂等单位陆续推出几种结构比较简单的水泥混凝土摊铺机,开始用于低等级路面的铺筑施工。

由于上述简易式摊铺机在结构和技术性能上均存在一定缺陷,不能满足铺筑高等级混凝土路面的使用要求,20 世纪 80 年代后期,国内一些工程部门为了承担某些重点公路的修建任务,先后从国外引进了一些水泥混凝土摊铺机。黑龙江省路桥公司引进一台美国产 SF-250 型滑模式水泥混凝土摊铺机,山西省公路局引进一套德国产"J"型轨道式水泥混凝土摊铺机组,广州公路工程公司引进了美国的 GP1500 型滑模式水泥混凝土摊铺机,河南省公路局、铁道部第十二工程局、安徽省路桥公司、湖北省路桥公司、江西省公路局和安徽省公路机械厂工程处等单位陆续从国外购进不同形式的水泥混凝土摊铺机,分别用于各自的施工工程。应该说,这些先进设备的引进,对我国处于起步阶段的高等级水泥混凝土路面的发展,起到了积极作用。但代价也是昂贵的,它需要国家支付数额巨大的外汇。对于尚属发展中国家的我国来说,这绝非长远良策,因此开发我国自己的水泥混凝土摊铺机械是形势所迫,当务之急!

在"八五"期间,国家有关部门开始把注意力放在引进国外生产制造技术和消化研究、开发具有先进水平的国产化设备上来。由山西省交通科学研究所和山西省公路局联合研制的"J"型轨道式水泥混凝土摊铺机,及由交通部规划设计院和江阴交通机械厂联合开发的"S"型轨道式水泥混凝土摊铺机,先后于 1990 年 10 月、1991 年 11 月通过省、部级技术鉴定,研究成果达到了国内外同类产品的先进水平。2000 年 10 月,由我国自主研制开发的第一台滑模水泥混凝土摊铺机在陕西建设机械集团公司研制成功,该机的各项性能及其参数值均达到或超过了国际领先水平,该机的研制成功标志着我国的滑模摊铺机的研制及生产均已经达到了国际领先水平,使我国成为了世界上继美国和德国等少数几个发达国家之后,有能力自主研制生产滑模式水泥混凝土摊铺机的国家。

3.4.2 分类、特点和适用范围

3.4.2.1 分类和特点

水泥混凝土摊铺机按其性能和施工方式可以分为轨道式摊铺机和履带式摊铺机。轨道式摊铺机采用固定模板铺筑作业,而履带式摊铺机采用随机滑动的模板进行施工,所以又分别称之为固定模板式摊铺机和滑模式摊铺机。

按摊铺作业的功能和施工对象,水泥混凝土摊铺机也可以分为路面摊铺机、路缘边沟摊铺机和路基修整机等。其中沟渠铺筑机适用于河床的斜面摊铺,主要用于河道和堤坝的施工铺筑,它的宽度比较大。从总体结构形式上讲,有的从属于滑模式,有的从属于轨道式。

按行走方式,混凝土摊铺机可分为轮胎式、钢轮和履带式,现代滑模式摊铺机一般都采用履带行走机构,轨道式摊铺机采用钢轮式行走机构。

1)轨道式水泥混凝土摊铺机

轨道式水泥混凝土摊铺机是靠固定在摊铺基层上的轨道模板来控制摊铺厚度和平整度的。

轨道式摊铺机的优点是结构简单、造价低廉、工作可靠、容易操作、故障少、易维修以及对混凝土要求较低等,因此至今仍然受到许多发展中国家的青睐。其缺点是自动化程度较低,铺筑的路面纵坡、横坡、平直度和转弯半径的精度,在很大程度上取决于钢轨和模板的铺设质量,钢轨模板需要量大、装卸工作频繁而笨重。

轨道式摊铺机,因其作业方式、执行机构和整体功能的差异,又可进一步分为列车型轨道摊铺机、综合型轨道摊铺机和桁架型轨道摊铺机。

(1)列车型轨道摊铺机

列车型轨道摊铺机如图 3.4-1 所示。列车型轨道摊铺机一般由布料机、振实机、平整机、抹光机等

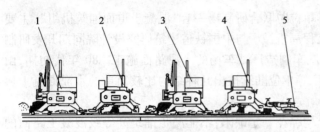

图 3.4-1 列车型轨道摊铺机
1-布料机；2-整平振实机；3-布料机；4-整平振实机；5-光整做面器

组成摊铺列车，在铺设好的两根轨道上行走进行摊铺。在施工作业中，其布料、整平振实和光整做面等各道工序，分别由两台或两台以上的单机来完成，这些单机依据作业的先后顺序，一字排列在预先铺设好的钢轨上行走和作业。图3.4-1中是摊铺中间带钢丝网的混凝土路面的情形。由两组四台单机共同完成铺筑工作，前面两台单机铺筑底层，后面两台单机和一个拖式精整器，铺筑面层。

(2) 综合型轨道摊铺机

综合型轨道摊铺机的结构是将螺旋布料器、刮平板、插入式振捣器组、梁式振动器和浮动式精整梁等作业机构集中安装在一个框形机架上，可以实现一次成型。与列车型相同的是它也要架设侧模板，行走机构也是由4个钢轮在轨道上运行。美国的CMSF型摊铺机属这种类型。

(3) 桁架型轨道摊铺机

桁架型轨道摊铺机的机架采用框形桁架结构，可由一端加长或减短，使其最大摊铺宽度达42.7m，适用于大面积摊铺整平作业。此外其作业机构还另具特点：没有通常的刮平板和梁式振捣器，只有一个或一对可做高速旋转的圆柱滚和安装在轴端的短螺旋叶片。在与发动机相连接的长链条的牵引下，这种作业机构可沿机架上的滑道在整个摊铺宽度上往复移动，借助圆柱滚和螺旋叶片的高速旋转运动，对倾卸在左右模板之间的混凝土料实施摊铺整平作业。我国进口美国的C650-F、C450型摊铺机即属于这种类型。

2) 滑模式水泥混凝土摊铺机

滑模式摊铺机是一种自动化程度高、技术性能先进的施工机械。一般由机架、履带行走机构、操纵控制系统和悬挂在机架下面的一整套作业装置组成。滑模式摊铺机可按路面滑模摊铺的工序、自动调平系统的形式、行走系统履带的数量、振动系统采用振动器的形式来进行分类。

按滑模摊铺工序的不同，滑模式摊铺机主要有两种类型：一种是以美国COMACO公司的GP系列为代表，它把内部振捣器置于整机前方螺旋布料器的下方，然后通过外部振捣器振捣和成型盘成型，最后由修光机抹光。另一种是以美国CMI公司的SF系列为代表，它首先用螺旋布料器分料，由虚方控制板控制摊铺宽度上的水泥混凝土高度，然后通过内部振捣器振捣，再进入成型模板，之后再通过浮动抹光板。这两种类型中，前者可使水泥混凝土提早振实且水分上升，但对纵向上的密实度会带来影响，其优点是机械的纵向尺寸短，易于布置；后者纵向尺寸大，但能使水泥混凝土路面的质量得到保证。另外，按照第一种滑模摊铺工序施工，要求有两台机器才能完成路面的摊铺作业，因此，第一种形式主要用于那些对工作速度要求较高、摊铺厚度大于0.5m的特殊水泥混凝土施工工程，否则，选择第一种形式是不经济的。

按自动调平系统形式的不同，滑模式摊铺机可分为两大类：一种是电液自动调平系统（以美国COMACO公司GP系列为代表）；一种是全液压自动调平系统（以美国CMI公司的SF系列为代表）。电液自动调平系统的基本结构是把电路元件装在一个长方体盒子内，一根转轴从盒子里面伸出来，在转轴上装有触杆，工作时该触杆与基准线相接触。这种自动调平系统结构简单，便于安装，对电气元件的保护可靠，但对环境的湿度反应比较敏感。而全液压自动调平系统的基本结构是在传感器转轴上装有一个偏心轮，偏心轮推动一个高精度的滑阀阀芯，工作时利用滑阀阀芯的位移直接改变系统液压油的流量和方向。这种自动调平系统的特点是由全液压传感器从基准线上得到的信号直接反馈，控制油缸支腿升降实现自动找平。它结构简单，工作可靠，成本较低，对环境的要求不高，但对系统中液压油的品质和滤清精度要求较高。美国PRO-HOFF公司生产的PAV—SAVER系统滑模式摊铺机也采用这种自动调平系统。

按行走系统履带数量的不同,滑模式摊铺机可分为两履带式、三履带式和四履带式。早期的水泥混凝土摊铺机的行走系统是两履带式,如 COMACO 公司的 GP1500、GP2500 和 CMI 公司的 SF250 等。20 世纪 70 年代出现了四履带滑模式摊铺机。与两履带式相比,四履带式摊铺机具有找平能力强、行驶直线性能好等优点。在两履带和四履带的选择上,一般摊铺宽度在 7.5m 以下,可以选择两履带滑模式摊铺机;摊铺宽度在 7.5m 以上时,则应选择四履带滑模式摊铺机为好。三履带滑模式摊铺机主要是用来摊铺边沟、防撞墙、路肩等车道以外的水泥混凝土构造物,如美国 POWERCURBER 公司生产的 8700 型多功能摊铺机。在履带变化方面,有的生产厂家采用卸下一条履带的方法,使四履带滑模式摊铺机变为三履带式,从而使一台摊铺机既能完成路面摊铺,又能兼作边沟、防撞墙、路肩等车道以外的水泥混凝土构造物的摊铺作业,拓宽了滑模式摊铺机的使用范围。

图 3.4-2 所示,即为四履带滑模摊铺机。属大型路面施工机械,通常其发动机功率在 250kW 以上,作业宽度可达 15m,作业厚度可达 500mm。其生产能力很大,每小时可摊铺混凝土 540~2 100m³,它的每条履带均可绕其支臂与机架的铰接点水平摆动一定角度,以改变宽度尺寸,垂直摆动一定角度可调整机架离地高度,适用于双车道全幅施工、一次成型的规模较大的路面铺筑工程。

图 3.4-3 是一台三履带滑模摊铺机。这种结构形式常见于机动性很强的多功能摊铺机。由于它的 3 条履带也可以绕支腿和机架的铰结点摆动一定角度,且支腿高度可以独立调整,能够满足铺筑各种交通设施的施工要求,因而它附带有各种结构形式的滑动成型模板,可以随机更换,完成路缘石、边沟水槽、中央分隔带、人行道等多种混凝土结构的铺筑作业。

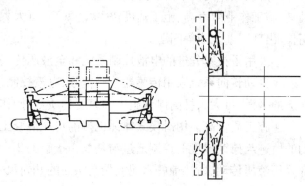

图 3.4-2 四履带滑模摊铺机

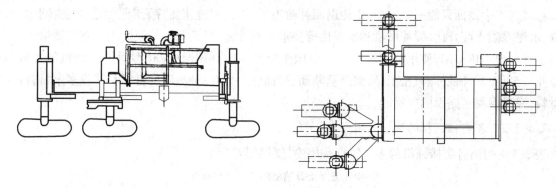

图 3.4-3 三履带滑模摊铺机

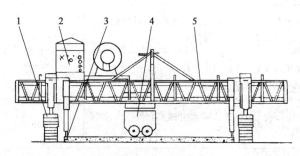

图 3.4-4 桁架型滑模摊铺机
1-履带;2-控制箱;3-滑模板;4-作业机构;5-机架

中等功率的滑模式摊铺机,一般采用四立柱双履带行走机构。黑龙江省路桥公司引进的美国 SF250 型摊铺机即属于这种形式。它在结构上和四履带摊铺机大同小异,比较适合我国目前一般工程规模不大的使用场合。图 3.4-4 所显示的是滑模式摊铺机家族中的一个特殊成员。虽然它也采用履带行走方式、自带随机滑动的成型模板,但它的机架结构和作业机构与前面提到的桁架型轨道摊铺机相同。由此,亦可称桁架型滑模摊铺机。由于其机架采用可拼装的桁架式结构,可以在较大范围内加长和减短,适宜于摊铺面积较大的混凝土设施。

按振动系统采用的振动器形式的不同,滑模式摊铺机分为电振动式和液压振动式。电振动式采用的是电动振动棒,CMI公司生产的SF500型滑模式摊铺机采用的是电动振动棒,同步转速为10 800r/min;Wirtgen公司所有的滑模式摊铺机均采用电振动式,同步转速可达12 000r/min,并采用调整发电机转速的办法实现调速。液压振捣系统采用液压振动棒,利用一个高速马达驱动偏心块振动。这种系统简单、易调速,但由于振动棒内空间有限、转速又高,内泄漏难以控制。COMACO公司的摊铺机和CMI公司的SF250、SF350、SF450摊铺机均采用液压振动式。

总而言之,滑模摊铺机有以下几个特点:

①滑模式摊铺机不需要另设轨道,结构紧凑,省去了大量的模板,节省大量的人力物力及施工配套机具,施工作业效率高、施工速度快、生产率高,可大大缓解以前水泥混凝土路面施工点多线长、施工周期长、出现阻塞交通等问题。

②采用了技术先进的电液控制系统和全液压传动,自动化程度高,可实现无级调速。

③自动转向系统采用传感器检测信号、电液控制或液压控制系统控制转向,保证了行驶的直线性和弯道的平滑,可大大提高摊铺施工的速度和质量;操作方便,机动灵活。

④施工质量高。用滑模式摊铺机摊铺水泥混凝土路面时,由于采用基准线引导,自动行走,机器运动的轨迹与摊铺厚度的控制通过与基线相接触的2~4组高灵敏度传感器检测,机械本身的各种运动全部采用液压传动,所摊铺的水泥混凝土路面的几何尺寸精度非常高,能高标准保证路面纵横坡度及平整度等指标要求。

⑤在铺设路面时,依靠装在机器上的滑动模板就能按照路面要求宽度一次成型。用滑模式摊铺机摊铺水泥混凝土路面时,全部摊铺过程都由机械按设定的参数自动完成,对水泥混凝土的振动、捣实、提浆、抹光等工艺过程能按施工要求完成。频率可调的振动棒和捣实板不仅能保证水泥混凝土充分密实,而且可以通过控制提浆厚度来达到理想的耐磨效果,使路面有更长的使用寿命。

⑥因施工中路面只能一次成型,不能退回补救施工,因而对施工工序、工艺参数及混凝土的原材料质量、水泥混凝土配合比、搅拌质量和水灰比等要求比较严格,以确保高等级路面的施工质量。

⑦可实现一机多用,使用范围较广。如美国生产的AUTOGRADE500型滑模摊铺机能完成以下7种作业:定出路基高低标志;松土;修整路基断面;摊铺底层材料;精整底层材料和回收多余材料;压实底层材料;完成混凝土路面的摊铺。

3.4.2.2 各类摊铺机的适用范围

表3.4-1列出各类摊铺机的主要特点及用途,仅供用者参考。

水泥混凝土摊铺机的特点及用途表　　　　　　表3.4-1

类型	功用	结构特点	使用范围	代表机型
轨道式摊铺机	列车型	基本机组:由1台布料机、1台整平振实机和1部精整作面机器组成,具有重复作业功能	一般水泥混凝土路面、城市街道和飞机跑道等施工	BV590型 "J"型 "S"型
		复合机组:由2台布料机、2台整平振实机和1部精整作面装置组成,可重复作业	双层摊铺工程,中间可加设钢丝网或钢筋	
	综合型	各种作业装置集中在1个机架上,可实现一次成形	一般公路、城市道路和停机坪、跑道施工	CMSF型
	桁架型	机架为框型桁架,伸缩余地大,作业机构为单、双圆柱辊加同轴螺旋叶片	塑性混凝土大面积作业,最大作业宽度可达42.7m	C650-F C450

续上表

类型	功用	结构特点	使用范围	代表机型
滑模式摊铺机	四履带	发动机功率250kW以上,作业宽度15mm,摊铺能力达540~2 100m²/h	高等级公路路面工程,双车道全幅施工,一次成形	GP5000 SF500
	三履带	3条支腿可以摆动角度和伸缩稳定性、机动性强,可适于在复杂地面上行走和作业	路缘石、边沟水槽、中央分隔带、人行窄道等复杂结构物的铺筑	HTH5000
	双履带	功率适中,作业宽度9m,综合性能好,机动性强	中等规模公路、街道、机场路面工程	SF250
	桁架型	机架为框形桁架式,作业机构为圆柱辊加螺旋叶片	大型桥面板塑性混凝土整平作业	C-650-S

3.4.3 基本原理及主要结构

水泥混凝土摊铺机完成对混合料的均匀布料、计量整平、振捣压实和最终的光整作面等各道工序的作业,是通过专门设置的布料机构、整平机构、振捣压实机构和光整作业机构等各种作业执行部件实现的。同时,还需要机架、行走机构、操纵控制系统和其他一些辅助机构的有机配合。虽然各类摊铺机的结构形式各具特点,它们所采用的作业执行部件也不尽相同,但每一种摊铺机都是若干作业职能结构部件和特定的辅助机构的有机组合。下面就比较通用的主要作业部件的结构形式及其工作原理作概括性介绍。

3.4.3.1 布料机构

布料工序是摊铺机作业的首道工序,其施工质量将直接影响后续各道工序的正常进行和整个摊铺作业的施工质量。因此,布料机构是摊铺机的重要作业机构之一。常见的布料机构有旋转刮板式、底开门移动料箱式和螺旋叶片式等几种形式。

(1) 旋转刮板式布料机构

图3.4-5是轨道式摊铺机的旋转刮板式布料机,其执行机构就是旋转刮板,主要组成部件是刮板体、滑道和牵引拉绳等。滑道固接于机架上,与机架横梁相平行,是刮板沿摊铺宽度横向移动的支撑导轨。刮板体形似滑车,通过上下4个辊轮和左右4对导轮套装在滑道上。刮板垂直安装在刮板体的中心位置,通过一对液压油缸和齿条、齿轮传动,可以绕自身轴线旋转±180°。加上随机架的前后运动,刮板本身具有3种运动趋势。操纵者可视料堆大小和卸料位置,同时操纵机架、绳轮和液压油缸,作到三种运动的有机配合,即可快速、充分地均匀布料。混合料的虚铺厚度由刮板底缘距路基表面的高低来控制。根据设计要求,它可以通过调整机架高度实现精确控制,调整范围达300mm。滑道具有几种长度不等的加长组件,可以满足3~9m摊铺宽度的使用需要。

这种布料机构的优点是机构简单,机动灵活,容易操作,布料速度快捷。缺点是刮板底缘以下部分的混凝土料,在卸料过程中形成的非压实性密度不均匀现象无法消除。因此采用它来布料时,必须事先控制产生非压实性密度异常的诸因素和条件。

(2) 料箱式布料机构

料箱式布料机构的料箱容量一般为3.0~4.5m³,它通过四个辊轮架设在两根平直的轨道上。轨道固接在机架上,距路基表面的高度可随机架一起调整,并保持与路基表面平行。根据加料的方式

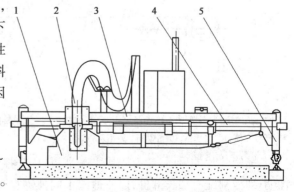

图3.4-5 旋转刮板式布料机
1-刮板;2-刮板体;3-滑道;4-牵引拉绳;5-机架

不同,料箱可以纵向布置或横向布置,纵向布置适宜在正前方加料,横向布置适宜侧向在路肩上加料。

当料箱加满混凝土料后,启动驱动机构,使料箱沿轨道运行到需要布料的位置,然后操纵液压油缸打开箱底料门,使料箱一边运行一边卸料。由于料箱高度已预先调定好,在料箱卸料时,其料门侧口板如同刮板一样,能把卸下来的虚方混凝土料控制在预定的厚度 h 上,以保证后面振实作业有足够的余量。布料宽度可达 12m,适用于大型路面铺筑工程。

这种布料机构操作简单,布料均匀,可消除非压实性密度不均匀现象,但结构比较笨重,在机动灵活方面不及刮板布料机构。

(3)螺旋叶片布料装置

螺旋叶片布料装置,常见于滑模式摊铺机。图 3.4-6 是 SF350 型滑模式摊铺机的螺旋布料器结构图。它一般横向安装在机器的正前方,其旋转轴线平行于路基表面,高度可以随机调整。螺旋叶片的直径通常为 40~45cm,由一台可正反转动的液压马达独立驱动。从螺旋布料器马达传出的动力,通过减速箱到链传动箱减速增扭,因链传动箱中大链轮与螺旋布料器输入端连接,故可带动螺旋布料器旋转。马达为变量液压马达,但斜盘只有两个倾斜位置,可通过控制台上布料器控制开关的位置改变来改变其旋转方向。两个液压马达分别驱动左、右摊铺螺旋轴,正、反转随便选择,因此可实现从中间向两边摊铺布料,两边向中间集料以及从一边向另一边移料。由于采用液压马达驱动,可无级调速,因此,可根据前方料堆的变化随意调整转速,以使布料达到最佳效果。操纵者可视卸料位置情况,通过螺旋叶片的正反旋转实现均匀布料。由于螺旋叶片在作业过程中将近三分之二的叶片始终深埋于混凝土料中,通过叶片的左右推送运动,将混凝土料横向摊铺在路基上,并同时对混合料再施加一次搅拌作用,即可有效地消除卸料过程中形成的离析和密度不均匀现象,这是其突出优点之一。

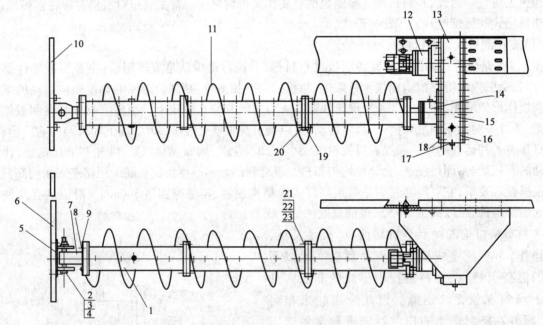

图 3.4-6　螺旋布料器结构图

1-叶片轴;2-螺栓;3-螺母;4-垫片;5-连接板;6-侧模板;7-心轴;8-螺栓 M18;9-端盖;10-支撑板;11-叶片;12-马达;13-变速箱总成;14-链箱壳体;15-轴承箱;16-传动链;17-螺塞;18-链箱盖;19-连接件;20-螺栓 M20;21-螺母 12;22-螺栓 M12;23-垫片

在螺旋叶片的后面,装有一块水平刮板,用来控制虚铺层的厚度,起到整平和计量作用。螺旋叶片和整平刮板都配有加长部件,以便适应不同摊铺宽度的使用需要。

(4)侧向布料机和侧向布料装置

为了适应一些特殊工况的使用要求,国外还开发了一种适应于从机器的侧面上料的专用布料装置。

它可以自带机架和行走机构,独立完成上料、布料作业。也可以将输料皮带、移动刮板、进料斗和布料斗等作业部件组成的执行机构整体加装在其他摊铺机上,如图3.4-7所示。其自备底盘采用全液压驱动,行进速度为0~6.7m/min,可实现无级调整。输料皮带亦能无级调整速度。移动刮板除可沿输料皮带的纵向平稳移动外,自身还可以转动0°~55°,以确保混合料在输送过程中不致外泄。同时能够有效防止产生离析现象。

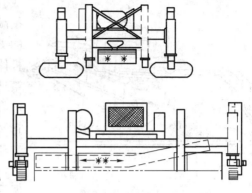

图3.4-7 加装在滑模机上的侧向布料机

一些大中型滑模式摊铺机都预留着加装侧向布料机构的空间位置和结合机构,一旦用户提出加装要求,即可将其快速装上。在铺筑中间夹带钢丝网的混凝土路面时,滑模式摊铺机就必须加装侧向布料机构,否则无法实现二次布料。

3.4.3.2 整平(计量)机构

混凝土料经过第一道工序后,形成具有一定余留厚度的均匀铺层。但这时尚不能进行振实作业,因为采用刮板式布料机构所布的料,虽然表面比较平整,但其内部的密度差异比较大,如不采取进一步匀化的作业措施,这些隐患势必会最终影响到路面的平整度。采用其他布料机构所布的料,同样也需要经过充分整平和精确计量,才能进入振实作业工序。整平机构就是为此目的而设置的。它一般紧随布料机构之后,除了可对已布设的虚铺混凝土层实施揉搓挤压,使之内部组织进一步匀化外,还能起到填平补齐、精确计量的作用。

常见的整平机构有固定刮板、摆动刮板、圆弧板叶轮和螺旋叶片等几种形式。

(1)固定刮板整平器

固定刮板整平器,多见于滑模式摊铺机。由图3.4-8可以清楚看到,紧靠螺旋布料器之后有一块长条形钢板,横向安装在机架上,即为刮板整平器。由于采用螺旋布料器可以有效地消除密度不均匀现象,在这里它只起刮平计量的作用。在作业过程中,刮板随机向前移动,将超过刮板底缘以上的多余混合料推向前方。刮板底缘相对于振捣梁底面的垂直距离,在理论上与混凝土虚实方在厚度方向的差值相等。因此,根据所用混凝土虚实方体积变化的比值,准确调整刮板底缘的高度,即可达到对虚铺层厚度的精确控制。这种固定式刮板是由螺栓固定连接起来的两平板,两平板之间铰接并用销连接在三个提升油缸上。通过三个油缸将挂平板分别提升或下降,可实现根据路面的不同形式进行调整的目的。其结构简单,容易制造和维修。唯其工作阻力较大,仅适用于大功率摊铺机。

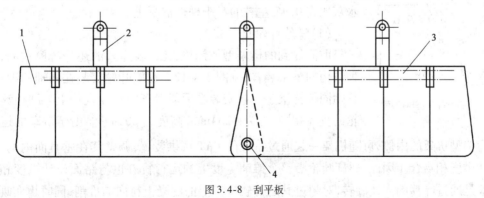

图3.4-8 刮平板
1-左平板;2-油缸连接杆;3-右平板;4-两平板铰接点

(2)摆动刮板整平装置

图3.4-9是在机架前方横向安装的一种摆动刮板整平装置。刮板体由中厚钢板和角钢筋条焊接而

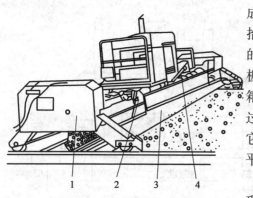

图 3.4-9 摆动刮板整平装置
1-机架;2-刮板支架;3-刮板组件;4-驱动连杆曲柄

成。下缘部分装有宽约 50mm 的耐磨棱带,大面朝下,且前部抬高约 10mm,与混合料虚铺层表面形成一个夹缝。刮板后面的支架上垂直装有一对辊子紧顶在刮板体的后表面上,是刮板体横向摆动的支撑点。在作业过程中,一方面刮板受变速箱外连的曲柄连杆的推拉,在整个摊铺宽度上不停地摆动,通过其下缘上的耐磨棱带对混凝土铺层实施挤压和揉搓,同时它又能随机架徐徐向前移动,对铺层表面进行推刮整平和填平补齐。

摆动幅度可以通过改变曲柄长度在 0~80mm 范围内实现无级调整,刮板底缘高度除可随机架与振实梁一起调整外,尚可通过支架上的一对手轮丝杆实现独立调整,以便确定其底缘与振实梁底面的相对位置。

(3) 圆弧板叶轮整平器

圆弧板叶轮的结构如图 3.4-10 所示,是由若干弧形叶片按照相同方向交错一定角度焊接在管轴上而成的。通常圆弧叶轮整平器也是安装在振实机构的前面,其轴心线距路基表面的距离,除同振实梁一起随机架升降外,通过两端支架上的一对垂直丝杆可实现无级调整,以获得相对于振实梁底面的合理位置。叶轮在长度上配备有加长件,以满足不同摊铺宽度的需要。

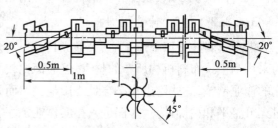

图 3.4-10 圆弧板叶轮结构示意图

圆弧叶轮一般由一台液压马达独立驱动,在作业过程中,叶轮一方面随机架徐徐向前移动,一方面通过转动中的每个叶片将多余混合料向前推滚。叶轮旋转母线在最低位置形成的轨迹,即是被修整过的平面。

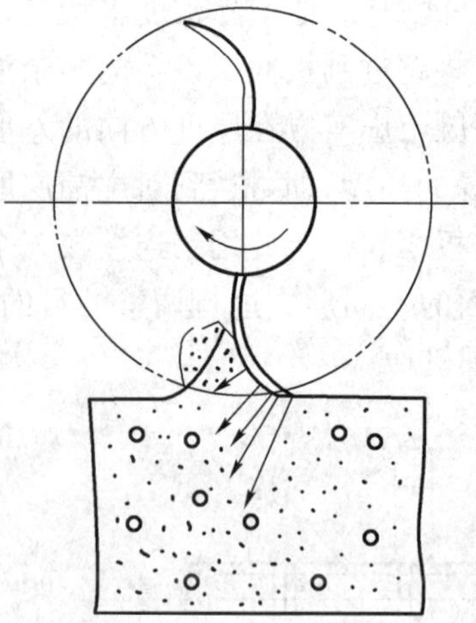

由于其叶片呈圆弧形,在向前推滚多余混合料的同时,会对虚铺层产生一个指向内部的挤压力,如图 3.4-11 所示。叶轮转动速度在 20r/min 以上,在每个横断面上对称安装着两个叶片,叶轮每转一转,就会产生两次挤压作用。而向前移动的速度仅为 1.0~1.5m/min,这就有可能使这种挤压作用,在同一处表面产生重复和叠加,促使虚铺层内部组织趋于均匀和密实。因此这种结构适用于各种性质混凝土的摊铺,包括水灰比在 0.45 左右的半干硬性混凝土。

图 3.4-11 圆弧叶片挤压原理

(4) 螺旋叶轮整平装置

前面提到的桁架型摊铺机,无论轨道式的还是滑模式的,均采用这种结构的整平装置,见图 3.4-12。螺旋叶轮安装在同轴的滚子端部,并且随同圆柱滚子一起安装在形似滑车的作业机构上。圆柱滚和螺旋叶轮的直径相同,均为 $\phi 254$mm,高度约 600mm。由于滑车的运行轨道直接安装在桁架型机架的内侧,可随机架一起通过特设的 PAT 调拱装置,调整其在垂直面内的形状,使其与路面设计拱度相吻合。因此,螺旋叶轮沿整个摊铺宽度上的运行轨迹也与路面设计拱度相一致。它的工作原理是通过叶片的高速旋转,对超过其运行轨迹以上的混凝土料向前推削,同时也实现其填平补齐功能。路面经滚轮碾压后,即可形成平整的表面。

这种机构比较新颖独特,使用效果尚好,只是叶轮处于悬臂受力状态,对混凝土料产生的推削能力有限,故仅适用于水灰比较大的塑性混凝土摊铺施工。

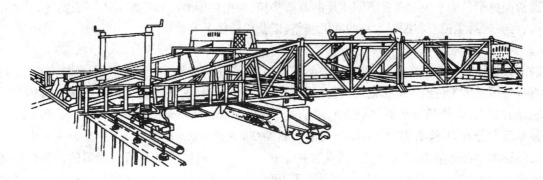

图 3.4-12 螺旋叶轮整平装置

3.4.3.3 振捣压实机构

混凝土料经均匀布料和整平计量之后即可进入振实工序。混凝土料的振捣和压实是影响摊铺作业内在质量的关键工序。实践证明,高频振动能够有效地减少混凝土料粒之间的摩擦阻力,使其充分密实。因此用于混凝土振实的机具均采用高频振动。其主要的结构形式有梁式振捣器、插入式(棒式)振捣器和组合式振捣器等。

(1) 梁式振捣器

梁式振捣器俗称振捣梁,属附着式振动装置,它通过底面压附在混凝土表面将振动能量传递到铺层内部,一般由底板、偏心块、传动轴、轴承和皮带轮等部件组成,如图 3.4-13a)所示。振捣梁通过一组减振块横向悬挂于整平捣实机的正下方,由发动机通过一对三角带轮直接驱动,可实现频率为 75Hz 的高频振动。它的底板呈段圆弧状,如图 3.4-13b)所示。其前方约有 5°的仰角,使前部底缘抬高 6cm 左右,与水平面形成一道夹缝。在振实作业中,被推刮在前面的混凝土浆料,可以经过由该夹缝对铺层混凝土进行强制性补充和预压,从而能保证充分振实。同时,可以减少前进阻力,便于起浆和逸出空气。

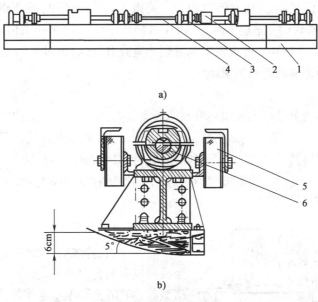

图 3.4-13 梁式振捣器结构
a)整体结构;b)底板结构
1-底板;2-皮带轮;3-轴承;4-传动轴;5-减振块;6-偏心块

梁式振捣器还有一种振荡式结构。在作业中,除了整体能作垂直振动外,它的底板前缘还可以周期性升降 50mm 左右,由此对混凝土铺层增加了一种揉搓作用,其振实效果优于纯振动式结构。

通常振捣梁的振子块配备有不同质量的调整垫块,根据摊铺厚度和宽度的不同需要,通过选择和增减垫块,可实现对激振力和振幅大小的随机调整,以获得最佳振实效果。

(2) 插入式振捣器

插入式振捣器俗称振捣棒,和附着式振动装置不同,它是将振动体全部埋入混合料内部,通过棒体表面直接将振动能量传给混凝土铺层,因而,不受铺层厚度的影响,振实效率较高。振捣棒因其功率大小和驱动方式不同,产品有多种规格。它的直径系列 $\phi 30mm$、$\phi 35mm$、$\phi 50mm$、$\phi 60mm$ 和 $\phi 70mm$ 等。振动频率范围分别为:液力驱动 $0 \sim 167Hz$;电力驱动 $200 \sim 316Hz$。振幅为 $1.1 \sim 1.5mm$。由于高频振动的有效影响半径通常为 45cm 左右,因此在摊铺机上一般是成组成排使用。选用的根数依据摊铺宽度和厚度的大小,结合主机所能提供的动力许可,可以是 4、6、8、12、14 和 16 根等。振捣棒在摊铺机上的安装方式,通常是通过减振弹簧将上端固定在一根横向支架上,下部统一向后倾斜 $30° \sim 40°$,以便减少在混凝土中的前进阻力。

目前在摊铺机上采用的振捣棒分液力驱动和电力驱动两种。液力驱动的振捣棒,其激振频率可以通过控制液油流量实现无级调节。据资料介绍,目前新一代的摊铺机普遍采用了一种"内置式电振捣棒"的新产品。在其棒体顶端内部装有一台特制的微型电动机,直接驱动偏心块产生振动。其电压为100V,振动频率为200Hz,单根功率为0.88kW。由一台 $40kV \cdot A$、200Hz 的高频电机专门驱动。其作业效能优于液力振捣棒。

SF350 型水泥混凝土摊铺机共有 18 根液压振动棒。每根振动棒都由单独的液压回路控制,振动频率和深度位置均可调。机器上液压振动棒的液压油路多留了两条,以便临时增加振动棒的数量,因此摊铺机上共有 20 条液压油路。振动棒由于采用液压传动,因而可实现无级调频,可对不同性质的混凝土(如坍落度不同)进行充分液化和最佳振动频率的捣实。由于水泥混凝土混合料材料、级配、水灰比、坍落度及设计上的要求是经常变化的,因此也要求振动频率随之变化,才能达到最佳效果,使混凝土在最短时间内即达到充分液化状态。振动器最高频率为 10 000 次/min。为方便使用,振动棒除设总开关用来控制振动和停止振动外,每个振动器还设有手动旋钮开关,盖上标有数字 $0 \sim 11$,每挡相差 1 000 次/min,顺时针转时由最大到最小,逆时针转时由最小到最大。实践证明,振动棒频率偏高为好,最低也不能低于 7 000 次/min。振动棒可垂直升降,由操作者操作液压平行连杆机构来实现。为适应不同路拱的施工需要,摊铺机振动器装置设计成振动棒可整体垂直升降式,也可单独左边、右边及中间段的升降,由操作者操作液压平行连杆机构来实现。

(3) 复合式振实机构

复合式振实机构实质上是插入式和附着式两种振捣器的有机组合,如图 3.4-14 所示。即在计量整平板后安装一排振捣棒,在混凝土料铺层的内部先进行振实,使其产生"触变"现象,可使铺层的底部得到充分有效的振实。紧接其后再安装一个全幅振荡式振捣梁,进一步从铺层表面实施挤压和振捣,促其进一步密实和成型。这种复合式振实机构,对各种不同性质和不同厚度的混凝土铺层,都能获得比较满意的振实效果。

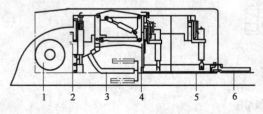

图 3.4-14　复合式振实机构
1-螺旋布料器;2-整平刮板;3-插入式振捣器;4、5-梁式振捣器;6-浮动式精整器

3.4.3.4　光整作面机构

光整作面是摊铺施工的最后一道工序,也是决定混凝土板面成型的重要环节。作业机构有斜向往复梁(如10°精整器、30°精整器等)、水平修光机、斜滚式整平机和浮动式精整器等。

(1) 10°精整器

图 3.4-15 所示即为 10°精整器在整平振实机上拖挂的结构形式。它是由一根与路面宽度方向成 10°夹角并

作往复运动的抹光梁和左右两个行走支架组成。

作业动力由牵引它的整平振实机的液压系统提供,往复运动的频率和幅度可依据混凝土的性质实施单独调整,频率调整范围为 0~1Hz,幅度调整范围为 50~80mm。其底板前缘可向上抬高约 1~3mm,形成刮料倾角,有利于抹光表面。在行走支架上装有一对垂直油缸,与抹光梁的托架相连,可以使其整体抬高 30mm,与已成型的路面相脱离。在遇到需要重复摊铺或修补缺陷的时候,它可以随牵引主机一起快速移动。

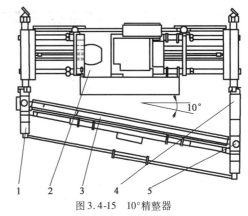

图 3.4-15　10°精整器
1-左行走支架;2-振实机;3-抹光梁;4-右行走支架;5-升降油缸

将抹光梁设置成与宽度方向成一定角度是别具匠心的构思。因为前面的整平、振实作业装置,基本上都采用横向布置,即作业轨迹线均与宽度方向平行,难免在混凝土表面会形成横向波纹。如果抹光梁亦采用横向布置,则其底板在作业时如同在波浪上行船,虽然原来的波纹经过底板刮揉后会有所减缓,但彻底被消除则比较困难。而采用斜向布置后,抹光梁的底板正好是压在波峰上拖刮和揉搓,能够起到削平波峰、填平波谷的作用。

(2)水平修光机

水平修光机是在 10°精整器的基础上改进和完善的光整机构。和 10°精整器相比,它具有如下特点:①在抹光梁的前面增设了一根与之平行的微振整平梁,可以对初步稳定下来的混凝土铺层再次振实处理,有利于平整度的提高,同时微振整平梁和抹光梁在同一直线上作反向往复运动,可使动量大体平衡,减少了冲击;②其托架为矩形框架,4 个伸出臂分别铰支在 4 个双轮行走小车上,这种结构能减少轨道的不平度对摊铺平整度的影响;③其托架通过一个较长的三角形拉杆与振实机相连,加长了二者之间的距离,有利于振实后的混凝土在抹光之前,有足够的时间稳定下来。

水平修光机的光整精度优于 10°精整器,常用于铺筑高等级路面工程。

(3)30°大斜度修整机

30°大斜度修整机与水平修光机的结构有些相似,其作业装置也是由一根斜向微振梁和一根与之相平行的精确修整梁组成,如图 3.4-16 所示,只是它的斜度更大,精整效果更好。一般由一台 19.5kW 的柴油发动机通过两个双向液压泵实现全液压独立驱动,具有较好的机动性能。由图可以看出,其托架为锐角 60°的平行四边形框架,也是铰支在四个双轮行走小车上,用以消除轨道不平度的影响。前面的两个小车通过两个液压马达独立驱动,为整机提供牵引动力,后面两个小车随行,可以不受前面作业机组的影响和限制,是铺筑高等级路面的首选光整设备。

(4)浮动式精修整器

浮动式精修整器常见于滑模式摊铺机。如图 3.4-14 中 6 所示,是国外某机型,由两段长 3.05m、宽 1.37m 和两段长 0.6m,宽 1.37m 四块修光板组合而成。底板的前缘向上卷轧成弧面形状,用两条 Z 形铁链与机架相连,使其在作业过程中呈拖拽状态。其上面设有一套凸轮机构和调整杆、校准螺钉等,可以使其拱度精确调整到与路面设计拱度相一致的程度。由于它是浮动在已成形的混凝土料铺层的表面上,因而能够对已成形的表面作进一步修整,使之更加符合设计要求。

3.4.3.5　机架

机架是摊铺机各种作业机构赖以悬挂和安装的基础,也是发动机、传动系统、控制台、油料箱和其他辅助机构的载体。它除应具有足够的刚度和强度外,还应当满足摊铺机在宽度调整时各构件能够方便地增减和伸缩的条件。常见的结构形式有采用钢板或异形钢材焊接的箱形梁框架式结构、钢管伸缩套式结构和拼装桁架式结构等。

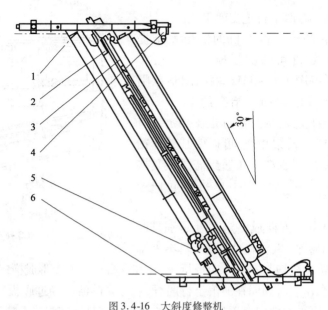

图 3.4-16 大斜度修整机
1-托架;2-精修整梁;3-微振梁;4-牵引小车及马达;5-发动机;6-随行小车

(1)箱形梁框架式机架

箱形梁的截面材料分布合理、抗弯模数较大,能满足刚度和强度的要求,一些大中功率的滑模式摊铺机均采用这种由箱形梁焊接的框架式机架。根据强度和刚度的不同要求,有的采用单管横梁,有的采用双管横梁。国外标准型机架的长度×宽度为 8.9m×3.05m,上面设有发动机室、控制台、司机室、油料箱、蓄电池箱及管路、电缆等设施,并铺装有网络防滑板供驾驶人员巡行。周围装有护栏、扶手和爬梯。支撑在履带行走机构上的四只立式油缸,就固定在机架的前后两根可加长的横梁端头上,用来调平和升降机架。机架宽度的调整,一般是通过更换不同长度的横梁加长件实现的。每组加长件都具有和机架横梁相同的箱形截面,通过强有力的矩形法兰和多根螺栓实现牢固的连接。

(2)钢管伸缩套式机架

钢管伸缩套式机架的主体,由两根直径较大的无缝钢管作横梁,与一块矩形钢板焊接成长方形的框架。在横梁的两端用盘形法兰连接 4 个与横梁截面相同的弹性夹头。而在每根横梁的内孔中各配有两根较细的无缝钢管,与横梁组成伸缩部件,用以调整机架的宽度,以便满足各种摊铺宽度的需要。当调整尺寸确定后,即用两端的弹性夹头锁紧固牢,以防止串动引起尺寸变化。这种机架结构虽然简单易行,但调整范围较小,连接刚性较差,不能承受太多的负荷,只适用于摊铺宽度在 9m 以下的中小型轨道摊铺机。

(3)拼装桁架式机架

前面提到的桁架型摊铺机,无论轨道式的还是滑模式的均采用拼装桁架式机架,这种机架由一个主桁架和若干个用于加长的桁架组件连接而成。国外主桁架的长度×宽度为 7.3m×2.16m,加长组件的长度为 1.22m,2.44m 和 3.66m 三种规格,依据摊铺宽度的实际需要而选择组合,组合后最大摊铺宽度可达 42.7m。发动机一般常安装在主桁架的固定端,控制台就近安装,方便操作。

这种机架还可以根据工程的不同需求,拼装成 U 形、厂形等多种几何形状的机架,以便适应水渠、斜坡、坝顶等各种摊铺任务的需要。

3.4.3.6 行走机构

摊铺机的行走机构,除了给摊铺机提供足够大的牵引力以克服混凝土的摊铺阻力外,还应具有稳定的工作速度和较快的运行速度,以满足摊铺机作业和工地转移的特殊要求。同时,大部分摊铺机机架的升降,也是通过行走托架或支撑部件的状态改变来实现的。因此,行走机构是摊铺机的重要组成部分。其常见的结构形式是履带行走机构和钢轮行走机构。

(1)履带行走机构

前面已经提到,现代滑模式摊铺机均采用履带行走机构,但无论是采用几条履带行走,其每条履带的结构形式都基本相同,且多数情况下采用液压传动,即每条履带均由一台双向液压马达独立驱动,且同一侧履带的液压马达都是同步的。为了获得较低的作业速度(一般最佳作业速度为 3~5m/min),一般采用高速液压马达与行星齿轮减速器相连,再通过链传动将动力传到履带主动轮。履带的长、宽尺寸依据摊铺机的功率大小、所需牵引力和着地比压等因素确定。国外大型摊铺机的履带长可达 3.05m,宽可达 0.61m;中型摊铺机的履带长可达 3.05m,宽可达 0.305m;而小型多功能摊铺机的履带长为1.52m,宽 0.254m。

与机架相连的立式调平油缸,通过支架与每条履带直接铰接在一起,它除了支撑整个机器的重力外,还能通过调平传感器和方向传感器随时将履带在行走过程中的实际变动情况反馈到控制台,以实现对机器的摊铺厚度和行走方向的自动控制。

图 3.4-17 是四履带行走机构电气系统图。在行走系统电路接通之前,应先将切断开关 2 和总电源开关 3 闭合,这时电流经空挡开关 4,流向行走止/动开关 5,另一路电流流经速度选择开关 9。

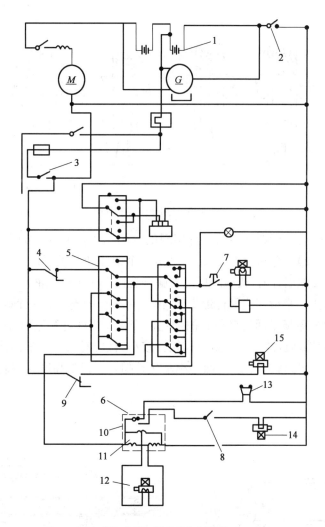

图 3.4-17 行走机构电路图

1-系统电源;2-切断开关;3-总电源开关;4-空挡开关;5-行走止/动开关;6-行走控制器;7-启动按钮;8-履带前进选择开关;
9-速度选择开关;10-换向开关;11-可变电阻;12-电位移控制阀;13-报警器;14-正向履带阀;15-速度选择阀

速度选择开关 9 的两个不同工作位置(运输、摊铺)控制行走驱动马达的斜盘倾角处于最大或最小位置。当速度选择开关 9 处于运输位置时,速度选择阀 15 的线圈通电,电磁阀工作,使行走马达的斜盘处于最小位置,此时马达转速高、转矩小,所以满足运输工况的高速低扭要求;当速度选择开关9处于摊铺位置时,速度选择阀15的线圈不通电,电磁阀不工作,使行走马达的斜盘处于最大位置,此时马达转速低、扭矩大,可以满足摊铺工况的低速大扭要求。

行走止/动开关5有两个位置:行走和停止。当处于行走位置时,流经总电源开关3的电流直接通过止/动开关流向行走控制器6。行走控制器手柄有三个位置:前进、中位和后退,操纵该手柄就可使机器前进、停止或后退。根据行走控制器手柄的前后移动距离与流经电位移控制阀12线圈的电流成一定比例关系来控制行走泵斜盘倾角,从而实现对前进和后退速度的控制。

(2)钢轮行走机构

由于钢轮行走机构结构简单,使用可靠,故障少,易维修,大多数轨道式摊铺机均采用这种结构形式。

为了防止脱轨,钢轮一般做成带槽的轮缘形状,如图3.4-18a)所示。考虑到在摊铺相邻的第二幅路面时,有一侧的钢轮须在硬化后的新铺混凝土路面上行走,有些厂家将轮缘做成可装卸的结构,如图3.4-18b)所示。这样当需要时,卸去轮缘夹板,就成为光轮,可直接在混凝土板面上行走,省去铺设导轨的麻烦。

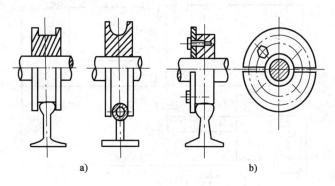

图3.4-18 行走钢轮结构简图

对机架高度的调整是通过行走支架的升降实现的。图3.4-19中a)、b)分别列举出两种钢轮行走支架结构及其升降原理。a)为鞍形行走支架,它是由一个架体和两条可以展开和合拢的支腿组成。当支腿合拢时,机架抬高;支腿展开时,机架降低。支腿开合由一个单作用液压油缸完成,精确定位则由上部的手轮丝杆实现。b)为一平行四边形行走支架,由一对平行的支腿和一个丝杆调整机构组成。机架的离地高度H随支腿与机架横梁间的夹角α的变化而变化。当丝杆接紧时,α增大,机架拉高;反之则降低。此外,桁架型轨道摊铺机的钢轮行走机构轮径较小,且成对组成小车,采用液压马达驱动,每侧前面的一个小车为主动小车,与马达相接,后面的小车从动随行。机架高度调整通过各支腿上端的手摇丝杆完成。

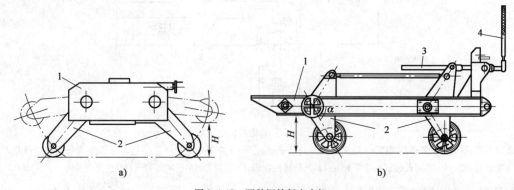

图3.4-19 两种钢轮行走支架
1-机架;2-支腿;3-调整丝杆;4-手柄

3.4.3.7 操纵控制机构

操纵控制机构关系到摊铺机各作业机构能否正常工作,因而是摊铺机的核心组成部分。对摊铺机的操纵控制,基本包含两个方面的工作内涵。其一是随机对各作业机构,诸如布料机构、整平机构和振实作面机构等下发指令,令其按照作业工况的变化作相应调整,以期达到最佳的施工效果;其二是对所铺筑路面的几何形状,即路面的线形、路拱、纵坡、横坡和平整度等进行随机调控,使之达到设计要求。

对轨道式摊铺机而言,由于路面的几何形状在很大程度上由模板和导轨的铺设质量来保证,因而其操作控制的任务就比较单一,主要是对各作业机构实施手柄式操作,而且有些机型,如列车型轨道摊铺机,各作业机构又分设在几台单机上,操纵起来比较容易。但对滑模式摊铺机来说,因其结构比较复杂,各种作业职能集于一体,摊铺速度快,工效高,其操纵控制的难度较大,因而多采用先进的传感器、电—液伺服机构和全液压自控等装置,使其操作程序大为简化,而易于掌握。

下面就滑模摊铺机自动控制系统的工作原理作概略介绍:

(1) 传感器的分类及其工作原理

传感器是摊铺机自动控制系统的核心元件,无论实现自动转向还是自动调平,都离不开传感器的工作。传感器实际上是一个人工智能元件,它可以代替人工感知和判断路基的高低变化和转弯要求,并能随机向液压系统发出工作指令,及时改变供油通路和流量,以适应变化了的作业工况,因而传感器的工作精度和质量,决定了滑模摊铺机的性能和水平。目前在摊铺机上采用的传感器分两种类型,一类是电液控制式的电控传感器,一类是机液伺服控制式的液控传感器。

①电控传感器工作原理。电控传感器的工作原理如图3.4-20 所示。它是将感受到的路基高度变化或转向改变的情况,以电信号形式给出,通过相应的放大电路控制电磁阀动作,从而改变高压油通路来控制相应的调平油缸或转向油缸的运动。这种传感器技术比较成熟,应用也比较普遍。

②液控传感器的工作原理。和电控传感器不同的是,液控传感器能把所感受到的路基高度或转向的改变,直接输出液压信号来改变高压油的通路,进而控制相应的液压缸按照指令动作。省去了一些中间转换环节,使系统为之简化,从而提高了系统的控制精度。

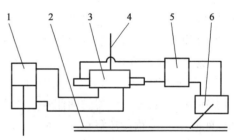

图 3.4-20 电控传感器工作原理示意图
1-执行油缸;2-基准导向钢丝;3-电磁阀;4-高压油路;
5-放大器;6-电控传感器

(2) 电—液自动控制系统工作原理

电—液自动控制系统是滑模式摊铺机较多采用的操纵控制形式,由自动调平系统和自动转向系统两部分组成。下面就它们的控制原理作简要介绍。

①电—液自动调平系统。图 3.4-21 为电—液自动调平原理简图,其中省略了一些辅助线路,以便于更加直观地了解主控元件的工作过程。图中虚线所包容的部分是电控传感器,它是由滑叉 1、配重 2、微型开关 3、4 和限制开关 5 组成。两个微型开关通常处于断开状态,当滑叉摆动时,某个开关即被接通,其动作十分灵敏,可以感受到滑叉沿导向线运动中任何轻微的摆动。微型开关的一端通过限制开关 5 和转换(手动或自动)开关 7 与电路的正极相连;另一端分别通过接线 9 和 10 与电磁换向阀 8 的 A 端和 B 端的线圈相接,并经由 A,B 线圈接负极。电磁换向阀 8 是其中一个升降油缸的控制阀。

当转换开关 7 处于"自动"状态时,正极经由接线 11 和限制开关 5 通到传感器的微型开关 3 和 4,此时如果路基出现低凹,履带下陷,则沿导向线移动的滑叉就会朝上摆动,使微型开关 3 接通,电流就会经由接线 10 通向电磁阀 A 端线圈与负极形成回路,从而电磁阀控制高压油进入升降油缸的上腔,使机架抬高。反之,如果路基出现凸起使履带上扬,则滑叉就下摆,接通微型开关 4,电源就会经由接线 9 和电磁阀 B 端线圈接通,控制高压油进入升降油缸的下腔,使机架降低。如此控制,动作不止,始终保持机器沿预定的水平标高行驶。

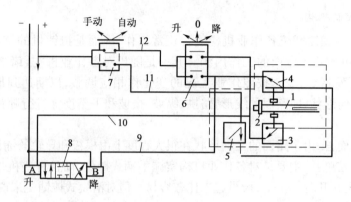

图 3.4-21　电—液自动调平原理示意图

1-滑叉；2-配重；3、4-微型开关；5-限制开关；6-手动升降开关；7-转换开关；8-电磁换向阀；9、10、11、12-接线

当转换开关 7 处于"手动"状态时,接线 11 被切断(图 3.4-21),电源经由接线 12 通向手动升降开关 6,并沿接线 10 及 9 连接电磁阀的 A,B 端。此时传感器被脱开而失去控制作用,机器的升降便由手动开关 6 直接操纵。手动操作回路在自动化控制系统中也是不可缺少的组成部分。

在实际应用中,自动调平系统分单边控制、双边控制和无导引线控制 3 种形式。其工作原理分别是:单边控制形式是在摊铺机前进方向的一侧设置基准导向线,由安装在机器一侧的纵向调平传感器和安装在机器中部的横坡传感器实施联合控制。当纵向传感器将一侧的高度误差信号传送到系统中,经过处理放大,指令电磁阀动作,接通相应的油路,使油缸执行一侧的调整动作。此时,将会产生一个附加的横坡信号,这一信号被横坡传感器所感知,并迅速传送到系统处理中心,经过放大处理后,指令另一侧的电磁阀动作,使该侧油缸执行调整,直到机器回复到原来的横向位置,调平动作结束。当未设导向线的一侧发生高差变化时,虽然纵向传感器未直接得到信号,横坡传感器会首先感知到坡度的变化,同样会按照上述的控制过程最终实现调平。双边控制形式也称为"四点控制",是在摊铺机的两侧各设置一根基准导向线,并在机器的两侧各安装两个调平传感器,分别控制高程。横坡则由两侧的基准导向线保证,此时横坡传感器被解除。这种控制方式,增加了布设基准导向线的麻烦,一般情况下较少采用。只有在弯道较多时,为了避免因采用单边控制产生的厚度增值,使路面平整度恶化,才采用双边控制。此外,由于在弯道曲线段以内,无法将导向线架设成连续曲线,只能尽力缩短标桩的间距,使之形成由若干段小直线组成的折线。无导引线控制形式用在已铺路面或其他构筑物适宜作为基准的场合,因而无须架设基准导引线。传感器通过拖架或拖靴在已铺路面或构筑物上滑行,实现对高程和坡度的控制。

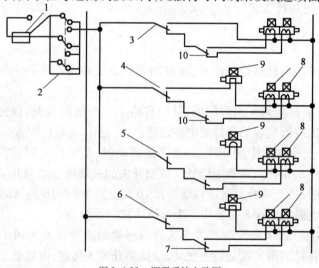

图 3.4-22　调平系统电路图

1-熔断器；2-电源开关；3-左前支腿选择开关；4-右前支腿选择开关；5-左后支腿选择开关；6-右后支腿选择开关；7-手动升降开关；8-双作用电磁阀；9-单作用电磁阀；10-转换开关

图 3.4-22 是四履带摊铺机的调平系统电路图。调平(即立柱升降)系统电路分为手动控制回路和自动控制回路。手动控制回路由双作用电磁阀 8 和手动升降开关 7 组成；自动控制回路由单作用电磁阀 9 组成。

每个支腿各有一套开关和电磁阀来控制其升降。例如,左前支腿手动/自动选择开关 3、手动升降开关 7 和双作用电磁阀 8 以及单作用电磁阀 9 控制着左前支腿液压缸的升降。

接通切断开关和总电源开关,系统电源来

的电流经主回路断电器、熔断器 1 到达电源开关 2;当电源开关在"关"时,该电路不通电,所有电磁阀均不工作。当电源开关在"通"时,指示灯亮,表明升降/转向操作区的一系列开关能起作用。流经电源开关的电流流向支腿手动/自动选择开关 3、4、5、6。若手动/自动选择开关处于自动位置,电流则流向单作用电磁阀 9。电磁阀 9 工作,液压油流到支腿的升降液压传感器,由液压传感器根据其样线来自动控制支腿的升降。

②电—液自动转向系统。图 3.4-23 是电—液自动转向原理示意图。图中虚线所包容的部分为转向传感器,和调平传感器的安装方式不同,它的滑叉是垂直安装的,可以左、右摆动。微型开关 2 和 3 通常处于断开状态,滑叉 1 在前进中稍有或左或右的轻微摆动,就会引触 2 或 3 的闭合。由图上可以看出,微型开关的一端通过接线 8、限制开关 4、接线 9 和转换开关 5 与电路正极接通,另一端通过接线 10、11 分别连接电磁换向阀 7 的 A 端和 B 端,再经由接线 14 与负极接通。当机架向右偏离了行驶向时,滑叉则在导引线的作用下左摆,开关 2 被触发闭合,电流就会沿接线 10 通向电磁 7 的 A 端线圈,控制高压油的流向,使转向油缸动作,产生向左转向;反之,则向右转向。

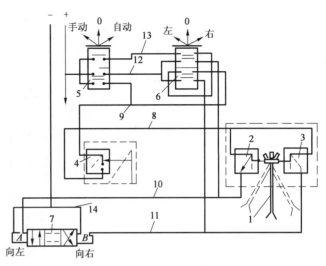

图 3.4-23 电—液自动转向原理
1-滑叉;2、3-微型开关;4-限制开关;5-转换开关;6-手动转向开关;7-电磁转向阀;8、9、10、11、12、13、14-接线

同样在系统中接入了"手动"操作状态回路,当转换开关 5 处于"手动"状态时,传感器被脱开,正极电流通过接线 12 和手动转向开关 6 分别经由接线 10 和 11 通向电磁阀的 A 和 B 线圈形成回路,直接控制高压油的通路,使转向油缸产生向左或向右的动作。

图 3.4-24 是四履带摊铺机的转向系统电路图。在转向电路接通之前,必须先接通切断开关 1 和总电源开关 4,电流由系统电源 2 经主回路继电器 3、熔断器 5 到控制台上的电源开关 6。此电源开关有两个位置:关和通。当开关 6 在"关"位时,指示灯 7 不亮,表明转向电路不通电;当开关在"通"位时,指示灯 7 亮,流经电源开关 6 的电流流向转向自动/手动选择开关 8 和样线选择开关 9。

开关 8 有自动和手动两个位置。当开关 8 打在自动位置时,就可实现自动转向,这时手动转向回路没有电流通过,电流只流到样线选择开关 9。开关 9 有三个位置,即左侧、边行和右侧。

如果机器左边设置样线,则开关 9 应打在左侧位置,此时电流由开关 8、6 分别流向单作用电磁阀 20、21 和 18、19 线圈。因此,来自辅助泵的高压油经辅助压力歧管和左、右端架歧管再经单作用电磁阀 18、19、20、21 分别流向左侧转向传感器,由转向传感器来控制转向液压缸的伸缩。由于样线设置在机器的左边,左边的传感器起主动作用,履带位置转动通过缆绳传到机器右侧的电磁阀和传感器,从而使得左、右两边的转向液压缸同步动作,实现了履带同步转向。

如果机器右边设置样线,则开关 9 应打在右侧位置,电流由开关 8 流向单作用电磁阀 18、19 线圈。来自辅助泵的高压油经电磁阀 18、19 到右侧传感器;电流由开关 6 流向单作用电磁阀 20、21 线圈,来自辅助泵的高压油经电磁阀到左侧传感器。右侧的传感器根据右侧样线控制右侧转向液压缸的伸缩和伸缩量,同时把信号通过缆绳传到左侧的反馈传感器使左侧的转向液压缸同步动作,保证转向同步。

当开关 9 打在边行时,则四个单作用电磁阀线圈均不通电,自动转向回路不起作用。当开关 8 打在手动位置时,可以手动操作转向,此时电流流经前轮手动转向开关 10、后轮手动转向开关 11 和支腿开关 22、23、24、25。二极管 15 的作用是防止支腿控制电流反向流入其他转向回路。

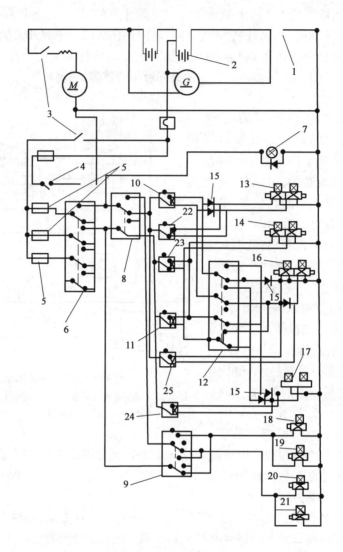

图 3.4-24 转向系统电路图

1-切断开关;2-系统电源;3-主回路继电器;4-总电源开关;5-熔断器;6-电源开关;7-指示灯;8-转向手动/自动选择开关;9-样线选择开关;10-前轮手动转向开关;11-后轮手动转向开关;12-边行选择开关;13-左前手动转向电磁阀;14-右后手动转向电磁阀;15-二极管;16-右前手动转向电磁阀;17-左后手动转向电磁阀;18-右前自动转向电磁阀;19-右后自动转向电磁阀;20-左前自动转向电磁阀;21-左后自动转向电磁阀;22-左前支腿开关;23-右后支腿开关;24-左后支腿开关;25-右前支腿开关

(3) 基准导引线的装设及作用

基准导引线是传感器工作的基础,其安装精度会直接反映到路面的摊铺质量上来,因此,装设导引线的工作不容忽视。

基准导引线一般选用直径为 2.0~2.5mm 的钢丝为宜。它在路基上的安装是靠标桩、夹线标等组件进行固定,标桩与标桩之间的最佳距离为 6~8m,在弯道处则依据弯道半径大小而定,一般取 0.8~1.0m。基准导引线的安装高度以所铺路面的厚度加 0.3~0.6m 为宜。为了保证基准引导线在衔接处的平滑过渡,其始点到第一个标桩的距离及终点到后一个标桩的距离为 4~6m,在弯道上为 1.2m。标桩的走向必须与路面设计中心线保持平行,并且距新铺路面一侧的水平距离要适中,一般控制在 0.8~1.2m 的范围。基准导引线每次张拉长度不宜超过 200m,张拉力不小于 80kg,安装高程误差应小于 2mm。

3.4.3.8 水喷射系统

水喷射系统的作用有两个:一是为机器的清洗提供有一定压力的水;二是在需要时,为混凝土的拌和加水。该系统主要由水箱、驱动马达、水泵、喷管和喷嘴组成。

当水泵被液压马达通过联轴器带动时,水从水箱经滤清器流到水泵。水泵中的水在到达喷管与喷嘴前要流过旁通阀和压力开关,旁通阀限定了系统的最高压力,压力开关限定了系统的最低压力。喷水系统为电液控制,为使泵工作正常,到喷嘴的水压力必须保持一定值,当水压低于此值时,压力开关触点断开,切断控制电磁阀的电路,使得流向液压马达的液压油被关闭,水泵停止工作。

3.4.4 选型原则与步骤、主要参数计算

3.4.4.1 选型原则

摊铺机选型应依据以下原则:
①机械选型必须满足我国现行水泥混凝土路面技术标准要求;
②机械各项工艺参数设计合理,机具主要参数协调一致,能够最大限度地发挥其效益;
③机械功能能够满足相应工序作业的要求,机械工作原理正确;
④机械性能稳定,安全可靠,产品使用寿命较长;
⑤机械操作简单,维修方便;
⑥根据平均技术经济指标,尽可能减少施工机具投资成本;
⑦在工艺条件允许的情况下,尽可能采用重型机械并使其承担足够的工作量;
⑧整套机械设备必须与工程规模、施工进度、购买能力相适应,配套机械必须保证主导机械充分发挥最大效能。

3.4.4.2 选型步骤

本手册以滑模摊铺机为例,来阐述选型步骤。根据我国高速公路水泥混凝土路面机械施工的状况,滑模摊铺机可以从宽度来考虑。推荐采用可一次摊铺两个车道以上的大型滑模摊铺机,这能较好地解决施工速度和纵缝衔接平整度等问题。并且滑模摊铺机还应具有如下特点:
①吨位要大,总吨位在30t以上,以利于增大挤压力和挤压成形效果;
②在有两个和四个履带可供选择时,一般选择四履带及较长的两履带的机械,提高平稳性和摊铺平整度以及增大履带附着力;
③必须配备侧向和中间拉杆打入配件。满足纵缝拉杆的施工要求;
④应配置自动抹平板装置,以提高路面平整度及外观质量。

同时滑模摊铺机应该具备的其他配置:
①拉杆插入装置。在大型滑模摊铺机上有中部及侧向拉杆插入装置,以适应摊铺多幅路面纵缝和与后铺路面的纵缝连接。中部分在机前或机后插入两种,机前应在螺旋分料器部位自动打入,机后在挤压成形底板后自动打入,再由振动搓平板抹面修复。有的摊铺机在振动仓内打拉杆,这要求有足够的振动仓间距。否则,由于振动仓前后间距不够,使这个部位无法用振捣棒振实,其后必会经常出现不密实的麻面现象,这是不允许的,在这种情况下,难于摊铺出高质量的路面侧向分为人工手推和气泵或油泵自动打入两种。侧向拉杆打入必须用打入装置进行。侧向打入拉杆的形状分为L形和直杆两种。若人工在路面摊铺后打拉杆,由于无模板支持,会使路面边沿塌边,无法与下幅实现平整连接,所以一般不允许人工打拉杆,必须配备拉杆插入装置。

②自动传力杆插入装置。自动传力杆插入装置主要为了适应所有缩缝带传力杆的混凝土路面施工,我国这种路面形式很少应用,所以一般不购置。但是,在我国不少地方的重载交通量很大,水泥混凝土路面在较短的时间内就出现了错台。笔者以为在日交通量≥5万辆车的高等级公路水泥混凝土路面上,可设计所有缩缝都带传力杆的路面结构形式,以增强抵抗错台的能力,延长混凝土路面的使用寿命。这对于精模机械施工的水泥混凝土路面很容易做到。

③横向搓平梁。在配备自动传力杆插入装置及后置式拉杆插入设备时，由于路面局部被破坏，必须配置横向搓平梁，以便将有缺陷的表面修复到满足平整度的要求。在不配传力杆插入装置和后置式拉杆插入设备时，可不配备该部件。但配置横向搓平梁，对改善路面横向平整度有利。

④自动网络操作和控制系统。我国购置国外滑模摊铺机时，只购置了方向、调平及操纵自动控制系统，往往不选购其开发的计算机网络控制器和数据自动采集、存储、设置系统，使其微量控制、自动补偿、防止施工差错的智能化程度受到一定限制。所谓滑模摊铺机就是"Robot Machine"，其智能化高新技术主要反应在自动网络操作和控制系统上，譬如，在滑模摊铺当中，不慎使传感器的感应杆脱掉了拉线，在有这个系统时，摊铺机仍按设定状态正常工作；没有此系统时，若不及时发现，滑模摊铺机就施工出了大面积不合格的路面，处理起来相当困难。在有条件的施工单位，建议配置此系统。

3.4.4.3 主要参数的确定

水泥混凝土摊铺机的主要技术参数包括最大摊铺宽度、最大摊铺厚度、最佳摊铺速度、摊铺（生产）能力、摊铺精度以及主机功率、自重等。这些参数的确定除了应符合总体技术方案的目标要求外，还应依据下列两个方面做出正确选择：其一是有关公路、城市道路、厂矿道路、民航机场道面和高速公路等混凝土面板设计的国家标准和规范等技术文件，其二是国内外已有的同类产品的技术参数。必要时，应对部分重要参数进行计算。

《公路路线设计规范》(JTG D20—2006)中规定了各级公路行车道（即板面）的设计宽度如表3.4-2所列。在《公路水泥混凝土路面设计规范》(JTG D40—2002)中对混凝土面板的厚度根据交通等级的不同，初估出其设计值的范围，如表3.4-3所列。同时，对高速公路和一、二级汽车专用公路的其他技术指标也作了相应规定。如面平整度为3mm/3m，路面拱度为1.0%~2.0%，路面纵坡不大于8%，最小弯度半径为100~1 000m等。

各级公路行车道宽度 表3.4-2

公路等级	汽车专用公路					一般公路						
	高速公路			一		二		二		三		四	
地形	平原微丘	重丘	山岭	平原微丘	山岭重丘	平原微丘	山岭重丘	平原微丘	山岭重丘	平原微丘	山岭重丘	平原微丘	山岭重丘
行车道宽度(m)	2×7.5	2×7.5	2×7.0	2×7.5	2×7.0	8.0(9.0)	7.5	9.0	7.0	7.0	6.0	3.8(6.0)	3.8

注：当车辆组成中大型车辆比例较大或交通量较大时，平原微丘区汽车专用二级公路和四级公路的行车道宽度可采用括号值。

混凝土面板初估厚度 表3.4-3

交通等级	特 重	重	中 等	轻
估计厚度 h(cm)	>25	23~25	21~23	<21

另据有关资料介绍，国内外现有摊铺机产品的主参数如表3.4-4所示。

现有产品主参数情况 表3.4-4

机 型		最大摊宽(m)	最大摊厚(mm)	最佳摊速(m/min)	摊铺能力(m^3/min)	功率(kW)	质量(t)	备 注
轨道式	1	12	450	1~1.5	2.5	32、48	13~18	
	2	7.5	300	1~1.5	2.3	33~57	7~6	
	3	7.5	400	1~1.5	7.5	100	20	
	4	4.5	300	1~1.5	1.5	28	6	
	5	9	400	1~1.5		50	10	
	6	3.66	203	1~1.5	5.4	26	4	桁架型

续上表

机 型		最大摊宽（m）	最大摊厚（mm）	最佳摊速（m/min）	摊铺能力（m³/min）	功率（kW）	质量（t）	备 注
滑模式	1	15	533	3~5	35	200	40~52	
	2	8.5	450	3~5	17	160	20~30	
	3	11.6	450	3~5	25	250	20~30	
	4	3	381	3~5	1	61	7	
	5	15	500	3~5	35	220	40~52	
	6	5.5~8.6	610	3~5	10.2	298	50	桁架型
	7	3.7~9.8	356	3~5	5.94	105	12	
	8	15	500	3~5		250	28~60	
	9	8.5	350	3~5	4.5	242	48	
	10	9.75	457	3~5	6	149	25	

参考以上所列的有关标准和资料数据，结合国产搅拌设备的容量匹配情况，摊铺机主参数应在下列范围内甄选：

①轨道式摊铺机

标准摊铺宽度 3m；

加宽等级 3.8m,3.75m,4.0m 和 5m；

摊铺厚度 180~300mm；

摊铺速度 1.0~1.5m/min；

摊铺能力 60~120m³/h；

摊铺精度 ≤3mm/3m；

路拱调节由模板保证 1.0%~2.0%；

发动机功率 30kW×2（或由计算确定）；

自重 7~15t。

②滑模式摊铺机

标准摊铺宽度 3m；

加宽等级 3.8m,3.75m,4.0m,4.5m,6.0m,7.0m,8.0m 和 9.0m

摊铺厚度 180~300mm；

摊铺速度 1.5~3m/min；

摊铺能力 120~250m³/h；

摊铺精度 ≤3mm/3m；

路拱调节由模板保证 1.0%~2.0%；

爬坡能力 >8%；

作业半径 100~1 000m；

发动机功率 250~300kW（或由计算确定）；

自重 30~40t。

上述主要参数值仅适于普通机型，对于特殊用途的水泥混凝土摊铺机，可结合其结构特点和特殊要求另行确定。

在初步确定上述技术参数的基础上，应结合摊铺机总体技术方案所确定的结构特点，对主要作业机构和重要性能参数进行计算。

(1)振动梁有关参数的计算

工作底面尺寸、振动频率、激振力和振动部分的质量是振动梁的主要技术参数。试验表明,在最佳参数时,能以最少的能量消耗达到对混凝土的最大振实效果。

①工作底面尺寸的确定。

振动梁的底板宽度 B 可根据两个条件决定:从土力学中得知在刚性压板静载作用下,超出压板最小尺寸的深度处压力急剧下降,因此,最小宽度必须大于摊铺层的厚度。即:

$$B_{min} > h$$

式中:h——水泥混凝土摊铺层厚度,一般在 200~280mm。

通常取 $B = (15~2)h$。

另外可根据摊铺机速度和水泥混凝土料被完全振实所需的时间来决定,即:

$$B = Vt \tag{3.4-1}$$

式中:V——前进速度,一般在 8~20mm/s,计算时取大值;

t——料被振实所需时间,s。

可由下式确定:

$$t = \frac{C}{f}$$

式中:f——振动梁振动频率;

C——振实到所需密实度时的加荷循环次数,根据试验数据 $C = 1\,000~1\,500$。

振动梁底板长度 L 根据工艺条件即摊铺路面宽度决定,即:$L = B$。为了适应各种规格的路面,长度 L 设计成可调的,一般在 3.5~4.5m。

底板高度 H 一般取摊铺层厚度的 20%~30%,即 $H = (0.2~0.3)h$。

②激振动频率的确定。

当激振频率接近混凝土料的固有振动频率时,能产生共振现象,此时振实效果最佳。但因材料的固有频率难于测定,在工作实践中还是凭经验来选定振动元件的振动频率。用于道路水泥混凝土料的表面振动器(附着式振动器),其激振频率通常取 75~80Hz。试验表明,在其他条件相同的情况下,振动梁的激振频率随其质量的增加而减小。为此正确设计和确定振动部分的质量十分重要。

③振动部分质量的正确选取。

振动部分的质量,通常可以根据振动梁底面对混凝土料产生的压强近似计算确定,即:

$$m_z = Sp/g \tag{3.4-2}$$

式中:S——振捣梁底面积,m^2;

g——重力加速度,$g = 9.81 m/s^2$;

p——当水泥混凝土层厚为 20~25cm 时,振捣梁底面对混凝土料产生的压强,视混凝土的性质而定:

对塑性混凝土 $P = 3\,000~4\,000 Pa$

对硬性混凝土 $P = 3\,000 Pa$

④激振力的计算按下式进行:

$$F_z = m_G e w^2 \tag{3.4-3}$$

式中:m_G——偏心块质量,kg;

e——偏心距,m;

w——偏心块旋转的角速度,s^{-1}。

⑤各振动器之间的最佳距离确定。

试验表明,振动梁的振幅沿长度方向分布的均匀性,取决于各振动器之间的距离 A,其理想值可依下面经验公式计算:

$$A = 3\sqrt[4]{\frac{10EJ}{mf^2}} \tag{3.4-4}$$

式中：E——振动梁材料的弹性模量，Pa；
　　　J——振动梁截面的轴惯性矩，m^4；
　　　m——振动梁 1m 长度的质量，kg；
　　　f——激振频率，Hz。

此时，可保证沿长度方向振幅的分布与计算值的偏差不大于 25%。

(2) 抹光梁的刚度

由于抹光梁的长度一般比所铺路面的宽度还要大，有的可达 9m 以上。在这样大的跨距内，要想保证抹光梁的自身挠度小于路面平整度 (3mm/3m) 的要求，势必要增大其横断面的结构尺寸。如果考虑到工作过程中混凝土表面对抹光梁产生的支撑作用将会抵消部分自重时，则抹光梁可视为一弹性基础梁进行刚度设计。

抹光梁的横截面形状，如图 3.4-25 所示，依据材料力学中截面力学特性，其截面积 S 为：

$$S = HB - hb$$

惯性矩：
$$J_x = \frac{BH^3 - bh^3}{12}$$

截面模数：
$$W_x = \frac{BH^3 - bh^3}{6H}$$

偏心距：
$$e_x = \frac{H}{2}$$

抹光梁的受力分析简图见图 3.4-26。图中 $P_A, P_B, P_C \cdots$ 是分别加在抹光梁上 $A, B, C \cdots$ 各点的集中载荷；$M_A, M_B, M_C \cdots$ 分别为加在对应各点的附加弯矩；$X_A, X_B, X_C \cdots$ 则为各点到梁左端的距离，抹光梁全长为 L。

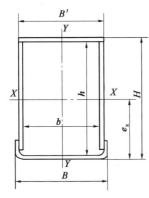

图 3.4-25　抹光梁横截面简图

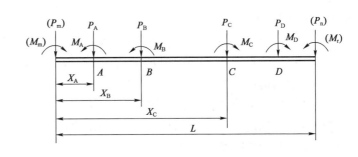

图 3.4-26　抹光梁受力分析简图

① 确定弹性基础梁的柔性指数 λ。

$$\lambda = \sqrt[4]{\frac{KB}{4EJ_x}} \tag{3.4-5}$$

式中：K——基床系数，对于湿的半干硬性混凝土材料，尚无此类数据，故参照可塑性及弱可塑性黏土或弱黏土，$K = 1 \sim 4 \text{kg/cm}^3$；
　　　B——抹光梁底板宽度，m；
　　　E——抹光梁材料的弹性模量，Pa；
　　　J_x——抹光梁横截面对 x 轴的惯性矩，m^4。

由于 $\lambda L > \pi$，故该梁属于柔性长梁，又由于外加的载荷 P 到梁端的最大距离 X_{max} 已知，且 $2\pi/\lambda > X_{max}$，因此，应按有限长梁来计算。

②抹光梁的刚度。

当已知梁上某点的外加载荷 P 或附加弯矩 M 时,可按下列公式计算梁上该点的挠度:

$$Y_P = \frac{P_i}{8\lambda^3 EJ_x} e^{-\lambda X}(\cos\lambda X + \sin\lambda X) \tag{3.4-6}$$

$$Y_m = \frac{M_i}{4\lambda^2 EJ_x} e^{-\lambda X}\sin\lambda X \tag{3.4-7}$$

该点的总挠度 Y_i 为:

$$Y_i = \frac{e^{-\lambda X}}{4EJ_x\lambda^2}\left[\frac{P_i}{2\lambda}(\cos\lambda X + \sin\lambda X) + M_i\sin\lambda X\right] \tag{3.4-8}$$

通过计算梁的最大挠度 Y_{max},可以判定其是否能满足使用要求。

(3)摊铺机生产率(摊铺能力)的计算

$$Q = 60HBu_p K_B \tag{3.4-9}$$

式中:H——摊铺厚度,m;
  B——摊铺宽度,m;
  u_p——摊铺工作速度,m/min;
  K_B——时间利用系数,$K_B = 0.8 \sim 0.85$。

(4)摊铺机工作速度的计算

$$u_p = 60b/t_{min} \tag{3.4-10}$$

式中:b——振动梁的宽度,m;

从全深料层均匀捣实的条件出发振动梁的最小宽度 b_{min} 应大于或等于铺层厚度 H,即:

$$b_{min} > H$$

t_{min}——混凝土所需最小振捣时间,s。

试验结果表明,对振捣塑性混凝土,振捣时间不小于 15s;对干硬性混凝土,振捣时间不小于 15~30s。

(5)摊铺机牵引力的计算

在计算机器的牵引力之前,应首先计算出机器在工作时的总阻力:

$$F = F_1 + F_2 + F_3 + F_4 \tag{3.4-11}$$

式中:F_1——机器的运行阻力;
  F_2——各工作机构前面混凝土料堆的移动阻力;
  F_3——各工作机构与混凝土之间的移动摩擦阻力;
  F_4——机器起步时的惯性阻力。

这些分阻力的计算分别按下列公式进行:

$$F_1 = mg(f + i) \tag{3.4-12}$$

式中:m——机器的质量,kg;
  g——重力加速度,$g = 9.81\text{m/s}^2$;
  f——运行阻力系数,对履带式行走机构,$f = 0.8 \sim 1.0$;对轨道行走机构,$f = 0.5$;
  i——路面最大纵向坡度,$i = 0.050$。

$$F_2 = (V_1 + V_2 + V_3)g\rho u_1 \tag{3.4-13}$$

式中:V_1、V_2、V_3——分别为整平、振捣和光整作面机构前面混凝土料堆的体积,m^3;
  ρ——虚方混凝土料堆的密度,kg/m^3;$\rho = (1.8 \sim 2.0) \times 10^3$;
  u_1——混凝土料的内摩擦系数,$u_1 = 0.5 \sim 0.6$。

$$F_3 = (m_1 + m_2 + m_3)gu_2 \tag{3.4-14}$$

式中:m_1、m_2、m_3——分别为机器各工作机构的质量,kg;

u_2——工作机构与混凝土料之间的摩擦系数,$u_2 = 0.5$。

$$F_4 = mu_p t_p \tag{3.4-15}$$

式中:u_p——摊铺机工作速度,m/s;

t_p——机器加速时间,$t_p = 1.5 \sim 2.0\text{s}$。

为了得到能足以克服总阻力的牵引力,必须根据附着条件进行验算:

$$mg\Psi_c > F \tag{3.4-16}$$

式中:mg——机器的附着重力,N;

Ψ_c——附着系数。滚轮对轨道的附着系数,$\Psi_c = 0.25$;履带对路基的附着系数,$\Psi_c = 0.4 \sim 0.7$。

(6)发动机功率的计算

摊铺机的发动机功率 P,在理论上应包括三个方面的功率消耗:机器运行消耗功率 P_1、工作机构驱动功率 P_2 和辅助机构驱动功率 P_3。即:

$$P = P_1 + P_2 + P_3 \tag{3.4-17}$$

①机器运行所消耗功率 P_1 可按下式计算:

$$P_1 = F v_{max} / \eta \tag{3.4-18}$$

式中:F——机器工作运行总阻力,N;

v_{max}——机器最大工作速度,m/s;

η——行走机构机械传动效率,取 $0.8 \sim 0.9$。

②工作机构的驱动功率 P_2 应包括螺旋布料器、振捣梁和抹光梁等各作业机构的驱动功率,即:

$$p_2 = p_{21} + p_{22} + p_{23}$$

螺旋布料器的驱动功率为:

$$p_{21} = \alpha Q_L B \omega g / \eta_1 \tag{3.4-19}$$

式中:α——考虑由螺旋布料器直接输送部分混凝土料的系数,$\alpha < 1$;

Q_L——螺旋布料器的生产率,kg/s;

B——摊铺宽度,m;

ω——料运动阻力系数,对混凝土料或黏性磨料 $\omega = 4$;对砂、石和水泥料 $\omega = 3.2$;

η_1——螺旋布料系统传动效率,$0.9 \sim 0.95$;

g——重力加速度,$g = 9.81\text{m/s}^2$。

振捣梁的驱动功率为:

$$p_{22} = es(mga + \pi f p_{22} F_Z d) n / \eta_2 \tag{3.4-20}$$

式中:e——单位能耗量,W/m^2,$e = (1.0 \sim 1.3) \times 10^3$;

s——振捣梁的底面积,m^2;

m——振捣梁的质量,kg;

a——振捣梁的振幅,m;

f——振动轴承摩擦系数,$f = 0.005 \sim 0.01$;

F_Z——振动器的激振力,N;

d——振动器轴颈直径,m;

n——振捣梁主轴转速,r/min;

η_2——传动机械效率,$\eta_2 = 0.8 \sim 0.9$。

抹光梁的驱动功率可按下式计算:

$$P_{23} = 4a'z(V_3 \rho g u_1 + m_3 g) u_2 K_4 / \eta_3 \tag{3.4-21}$$

式中:a'——抹光梁的横向摆动幅度,$a' = 0.4 \sim 0.7$;

z——抹光梁横向摆动次数,s^{-1};

V_3——在抹光梁前面料堆的体积,m^3;

ρ——混凝土料的密度,kg/m^3,$\rho=(1.8\sim2.0)\times10^3$;

μ_1——混凝土料内摩擦系数,$0.5\sim0.6$;

m_3——抹光梁的质量,kg;

μ_2——抹光梁底面与混凝土之间的摩擦系数,取 0.5;

K_4——克服惯性力的功率损失系数,取 $1.1\sim1.2$;

η_3——抹光梁传动机械效率,取 $0.8\sim0.9$。

③辅助机构,包括液压操纵系统的驱动功率,可以根据实际需要给定,一般为:

$$p_3=(8\sim12)\times10^3 \tag{3.4-22}$$

3.4.5 主要生产厂家及其典型产品技术性能和参数

3.4.5.1 HTH90 滑模式水泥混凝土摊铺机

HTH90 滑模式水泥混凝土摊铺机由长安大学和西安宏大交通科技有限公司联合开发,陕西建设机械(集团)有限责任公司制造的最新一代滑模式水泥混凝土摊铺机。它集水泥混凝土的布料、振捣密实、成型、抹光及拉杆插入等功能于一身,并采用先进的数字式电液控制系统,是一种高智能化的水泥混凝土路面施工机械。HTH90 型滑模摊铺机的研制成功,特别是其电液控制系统的开发研制标志着我国在滑模摊铺机的研究、设计和控制技术以及制造技术等方面取得了突破性进展,它将对我国工程机械的技术进步产生深远的影响。HTH90 滑模式水泥混凝土摊铺机如图 3.4-27 所示,主要技术参数见表 3.4-5。

图 3.4-27 陕建 HTH90 滑模式水泥混凝土摊铺机

(1)主要技术参数

陕建 HTH90 滑模式水泥混凝土摊铺机主要技术参数　　　表 3.4-5

发动机型号	NTA855-C310	整机质量(t)	45
发动机功率(kW)	216	振捣棒数量	24(液压驱动)
摊铺宽度(m)	3.5~9.0	振捣频率(rpm)	0~10 500
最大摊铺厚度(mm)	400	履带数量	4
摊铺速度(m/min)	0~5	行驶速度(m/min)	0~20
运输尺寸(长×宽×高,mm)	11 050×2 730×3 200		

(2)独特的成型模具系统

螺旋分料器的叶片外径达 400mm,可以正反转,能实现多种布料方式,特别是设计独特的螺旋分料器端支撑,保证了端部密封的可靠性和耐久性。

左右两个计量门控制进入振动仓内的混凝土量,每个计量门由两个液压缸控制,可形成多种进料方式,以满足实际摊铺的需要。

通过控制液压马达的进出油量改变液压振捣棒的效率。每个振捣棒频率可单独调节,以适应在横向范围内混凝土坍落度不均匀的情况。HTH90 还具有振捣棒提升机构,在工作过程中,可根据需要由液压缸升高或降低振捣棒。

夯板装置位于成型模板的前部,通过曲柄连杆机构将液压马达的圆周运动转换成夯板的上下往复运动,一方面将混凝土中的大骨料压入成型模板以下位置;另一方面能够使振动液化的混凝土进一步密实。

成型模板左右两侧均设有超铺角调整装置,通过调整可使混凝土路面的侧边多铺出一部分,用以补偿边缘的部分塌落,形成混凝土路面整齐、美观的侧边缘。

侧模板具有压力补偿液压系统,使侧模板始终与路面接触,减少侧向漏料现象。

(3)前置式中间拉杆插入器

前置式中间拉杆插入器位于计量门之后,振捣棒与成型模板之前,在混凝土振捣液化的同时,利用液压将拉杆插入至混凝土路面中预定深度。以使拉杆周围的混凝土更密实。与后置式拉杆插入器相比,其优点是插入工作在路面成型以前进行,不会对路面造成破坏,因而不需要利用修复装置对破坏的表面进行重新修复成型;与放置在螺旋分料器前的中间拉杆插入器相比,具有插入位置准确,插入后拉杆不移位等优点,并且该装置还可满足插入不同长度和直径拉杆的要求。

(4)侧向拉杆插入器

侧向拉杆插入器在成型模板的底部侧面插入侧拉杆,使拉杆周围的混凝土较密实地与拉杆连成一体,避免了在成型模板的后部插入拉杆时产生的局部拱起、塌落等缺陷。采用液压动力的插入方式具有插入速度快、插入稳定可靠等优点。

(5)超级抹光器

超级抹光器位于摊铺机的最后部,长达3.0m的抹平板依靠自身重力悬浮于成型的混凝土路面表面,在刚刚成型的水泥混凝土路面上做前、后、左、右方向的合成运动,对路面表层进行最后的加工修整,可消除表面气泡和少量麻面等缺陷,进一步提高路面的外观质量。短链节的传动链条,使抹平板的运动更平稳,另外,该系统具有自动换向、换向缓冲调节、速度调节及压力调节等功能,以满足变化的摊铺需要。

(6)领先的数字式电液控制系统

该机采用的 INTER CONTROL 数字式野外用控制系统,是目前世界上用于起重运输与工程机械的最先进的控制系统之一,它具有很高的可靠性。并且易于维护。HTH90 型滑模摊铺机的电液控制系统能出色地完成滑模摊铺机的各种复杂的控制功能。它具有如下的优点:图形化的显示界面,使机器的操作更直观、方便和简易;滑模摊铺机工作状态的在线监控系统、基准线安全监控及锁定系统、故障诊断与记录系统、转向与找平系统的灵敏度控制系统保证了该机的高性能;可以实现前轮、后轮、全轮、蟹行、挂线行驶、爬车转向和原地转向等7种转向方式;多种传感器安装方式可供选择,增加了使用的灵活性;INTER CONTROL 数字式野外用控制系统可靠性高、易于维护。

3.4.5.2　1220MAXI-PAV 滑模式水泥混凝土摊铺机

江苏华通动力重工有限公司从美国 PRO-HOFF 制造有限公司引进 Pav-Saver 技术生产出 1220MAXI-PAV 滑模式水泥混凝土摊铺机,作业时可一次性完成水泥混凝土摊铺、刮平、振捣、捣固、挤压成型路面,附带路缘横板同时铺出带路缘的水泥混凝土路面。该机性能可靠,操作简单方便。采用全液压开式传动系统,两履带行走,设有自驾驶和自动找平控制系统。公司还根据市场需求,自主创新开发出 HTH6000 型、HTH8000 型滑模式水泥摊铺机,从而使该类型摊铺机在作业宽度上形成了系列化。HTH8500 型滑模式水泥摊铺机是集机电液于一体的高品位智能型水泥路面摊铺设备,采用全液压驱动、四履带行走装置,设有高频的强振捣系统、灵敏的传感控制系统和先进的自动找平控制系统,可一次性完成水泥混凝土路面摊铺、刮平、振捣、捣固、挤压成型以及中间、侧边钢筋插入等多种功能作业,具有整机性能优越、动力强劲、操纵安全方便、作业效率高、摊铺质量好、组装转运快捷等显著特点,适用于道路、广场、码头、机场等工程水泥混凝土的摊铺作业。1220MAXI-PAV 滑模式水泥混凝土摊铺机如图3.4-28所示,滑模式水泥混凝土摊铺机主要技术参数见表3.4-6。

图 3.4-28 江苏华通 1220MAXI-PAV 滑模式水泥混凝土摊铺机

1）主要技术参数

江苏华通动力重工滑模式水泥混凝土摊铺机主要技术参数　　表 3.4-6

型　　号	1220MAXI-PAV	HTH6000	HTH8500
基本摊铺宽度（mm）	4 250	3 500	3 500
最大摊铺宽度（mm）	8 500	6 000	8 500
摊铺厚度（mm）	0～450	0～400	0～400
摊铺速度（m/min）	0～5	0～5	0～4
理论生产率（t/h）			350
爬坡能力（%）	工作爬坡≥10 空载爬坡≥15	工作爬坡≥10% 空载爬坡≥15%	工作爬坡≥10% 空载爬坡≥20%
振动频率（Hz）	0～167	167	170
柴油机型号	C6121ZLG02	D6114	3306B
额定功率（kW）	194	136	194
额定转速（r/min）	2 000	2 300	2 000
螺旋速度（r/min）	0～34	34	34
整机质量（t）	25	22	45
外形尺寸（长×宽×高，mm）	3 660×9 920×2 650	3 660×7 300×2 650	11 640×9 588×4 300

2）结构特点

设备主要由车架、行走履带、摊铺系统及辅助装置等组成。

（1）该机车架由矩形结构钢管焊接而成，刚性好，不易变形。车架由支承在履带行走架上的 4 根方立柱升降。履带的动力是由液压马达和行星减速器驱动。

（2）摊铺系统包括螺旋分料器、刮平板、液压振捣棒、捣固杆、抹平板、侧向滑动模板、调拱装置等。螺旋分料器叶片外圈焊有耐磨钢条，使用寿命长。左右螺旋分料器分别由液压马达独立驱动，正、反转实现多方向送料。螺旋分料器可根据摊铺厚度调节高低位置。无级变速使作业时能均匀摊铺水泥混凝土，达到最佳布料效果。摊铺螺旋采用分段加接方式，用法兰连接。刮平板用来控制进入抹平板的混凝土数量，达到所需的预摊铺厚度，它由左右两块刮平板组成，通过三个油缸来调节其高度。振捣数量根据摊铺宽度选择，通过液压系统中 P-O-M 接口进行无级调频，最高振动频率可达 10 000 次/min，使各种性质的水泥混凝土（如坍落度不同）都能达到满意的振捣效果。捣固杆是通过液压马达驱动偏心轮来实现上下振捣，并可调节高度，使水泥混凝土进一步夯实。也可把表面的粗集料压到水泥混凝土之中，使表面形成灰浆层，为抹平板最终抹平表面做好准备。抹平板和侧向滑动模板是把捣实后的水泥混凝土通过二者相互挤压，形成所需的水泥混凝土路面。调拱装置是通过液压马达驱动螺杆调节抹平板的中心高度来实现路拱的。

(3)辅助装置。摊铺作业时将路缘模板和抹平板组合一同施工,就可摊铺带路缘的水泥混凝土路面(图3.4-29)。中心杆插入器和边传力杆插入器可自动地在摊铺时把钢筋插入混凝土中,减少了工人的劳动强度,提高施工效率。

3.4.5.3 德国维特根滑模摊铺机

德国维特根(WIRTGEN)公司生产的SP850滑模摊铺机具有速度快、质量好、振频大、中线高程自动控制、全自动智能化等优点,广泛应用于高等级水泥混凝土路面滑模施工、机场、城市道路工程等,同时工艺上的创新,为维特根赢得了卓越的声誉,使得其产品也在世界市场上占据领先地位。其代表性产品有:SP500型滑模摊铺机、SP850型滑模摊铺机和SP1200型滑模摊铺机(图3.4-30)。图3.4-31为SP1200型摊

图3.4-29 可摊铺带路缘辅助装置

铺机结构示意图,该机具有优异的机动性,由能够独立旋转90°的、独立液压驱动的履带保证。滑模为模块化设计,加之电驱动的振捣棒,确保了理想的混凝土密实效果及路面质量。搓平梁和超级抹平器装在机器的后部,保证了完工混凝土路面的平整度和高程。SP1200型摊铺机主要技术参数见表3.4-7。

图3.4-30 维特根SP系列滑模摊铺机

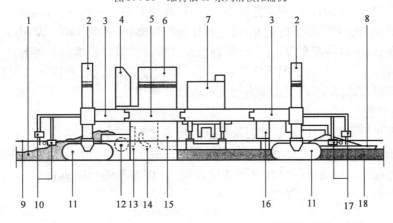

图3.4-31 配备混凝土路面摊铺附件的SP1200型滑模摊铺机结构示意图

1-待摊铺混凝土;2-高度调节;3-摆动支撑臂;4-控制柜(可以旋转);5-基本机架;6-动力总成;7-传力杆插入装置(DBI);8-超级抹平器;9-纵向基准线;10-前部找平、导向传感器;11-履带;12-布料器;13-前计量挡板;14-振捣棒;15-挤压成型板;16-搓平梁;17-后部找平、导向传感器;18-摊铺好的混凝土路面

(1)工作原理

运输车将混凝土拌和料卸于滑模机的前端,摊铺机通过双布料螺旋,将堆积的混凝土均匀地分布在滑模板前面,机械以一定的速度前进,混凝土由前计量挡板进入振捣仓,由L形电动振捣器以每分钟9 000~12 000次的频率振捣,得到液化而密实的混凝土,随即混凝土进入挤压成型模板,将密实的混凝

土挤压成型路面。机械继续以一定的速度前进,中央拉杆插入器通过可编程逻辑控制器全自动控制插入过程,完成纵向接缝中央拉杆的插入工作,传力杆亦沿着整个摊铺宽度自动分配完成插入。拉杆、传力杆安装后的成型路面再经横向搓动整平梁的反复搓平,以消除插痕,并对成型路面进一步密实平整,最后,由安装在机架后端的超级抹平器通过横向摆动以及机器的纵向前进完成对路面的抹平,最终形成一定纹理的具有一定细微粗糙度的路面。

SP1200 型滑模摊铺机主要技术参数 表 3.4-7

发动机功率(kW)	224	最小摊铺宽度(mm)	3 500
标配质量(t)	45	最大摊铺宽度(mm)	12 000
摊铺速度(m/min)	0~6	最大摊铺厚度(mm)	450
行驶速度(m/min)	0~29	振捣棒最大数量(标配)	36
履带尺寸(mm)	2 100×430×720	最大摊铺宽度9m时的最大路拱(%)	3

(2)自动找平控制系统

SP1200 型滑模摊铺机可以通过多种方法来实现找平。比如:可以通过检测基准线或基准平面,也可以一侧检测基准线,而另一侧通过规定的横坡控制。传感器测量值由控制系统进行精确地转换。一种方法是自动控制模式下检测基准线。此时,机器侧面前后的传感器检测事先设置好的纵向基准线,传感器检测杆轻轻地搭在基准线上。基准线与摊铺机间任何相对位置的变化,均导致传感器位置的变化。来自传感器的信息传递给控制系统,而控制系统据此发出相应信号给引起变化的传感器,从而实现高度及方向调节。可以为履带规定极限转角作为安全保护措施,比如侧铺时,防止履带碰撞侧铺滑模。

(3)布料装置

SP1200 型滑模摊铺机采用螺旋布料器或者布料犁进行布料。螺旋布料器一般横向安装在机器的正前方,其旋转轴线平行于路基表面,高度可以随机调整。螺旋叶片的直径通常为 40~45cm,由一台可正反转动的液压马达独立驱动,可无级调速,因此,可根据前方料堆的变化随意调整转速,以使布料达到最佳效果。操纵者可视卸料位置情况,通过螺旋叶片的正反旋转实现均匀布料。

(4)振捣密实装置

SP1200 型滑模摊铺机采用高频振捣棒对混凝土进行液化和密实,这同时也确保了材料中不同尺寸的各种组分分布均匀。振捣棒由高频发电机驱动,进行高频振动。它们悬挂在减振装置上,以防振动传递到机器的其他部位。根据混凝土的情况,设定最佳振捣频率(一般为 160~200Hz)。振捣棒沿整个摊铺宽度均匀分布,以确保最佳密实效果,并最终确保最佳摊铺质量。振捣棒是每台滑模摊铺机的构成部件,采用模块化设计。因为,每种工况下所需要的振捣棒数量不尽相同,所以维特根公司提供有不同直径和形状的振捣棒可供选择,不同振捣棒当然也可以组合使用。

(5)挤压成型装置

挤压成型模板与机架永久性连接,并与前计量挡板和之间的隔板共同构成摊铺机的一个部件。前计量挡板装备控制系统,确保挤压成型模板获得连续的混凝土供应。由此,确保将混凝土材料按允许的误差摊铺出稳定的高度。挤压成型模板由固体钢板制造,作为摊铺机的部件之一,自然也为模块化设计。不仅宽度可以调节,还可以配置成特殊轮廓。

(6)DBI 装置

传力杆插入装置(DBI)是组合在机架中,活动地安装在两条轨道上,在摊铺过程中通过液压油缸移动。优点是 DBI 保持在插入点上方,直到插入过程完毕为止。这就确保了尽管摊铺机在移动,但传力杆在混凝土中是被垂直插入的,两者之间互不干扰。要插入的传力杆堆放在小车上,等在一边。它由液压驱动的钢丝绳绞盘拉动在传力杆布料轨道上移动。布料轨道上相对于插入位置有槽,在小车经过时,传力杆就落入这些槽内,其两端分别位于下层轨道上。插入时,传力杆只是简单地由下层轨道上的凹槽垂直落在混凝土面上。每个传力杆立即被插头的两个叉子抓住并振动插入到规定的深度。叉子的振动频率约200Hz,整个传力杆插入过程由PLC 控制。

（7）搓平梁

摆动搓平梁或浮动整平梁由液压偏心机构驱动左右运动。它消除混凝土表面因插入传力杆或摊铺坍落度很小的干硬性混凝土时出现的任何不平整，以产生出光滑、密封的混凝土路面。

（8）超级抹平器

超级抹平器为一纵向错平板，装在带钢丝绳绞盘的吊臂上，沿路面横向往复运动。纵向运动来自曲柄式驱动机构，其组合运动确保摊铺的混凝土路面光滑。抹平板由高级铝材制造，以便获得完美的表面质量。

（9）边拉杆及横向传力杆插入器

该机构用于在混凝土面板一侧垂直插入边拉杆或者横向传力杆。出于安全考虑，边拉杆和横向传力杆总是由人工手动放置在插入器上。到达合适位置时，按下按钮，液压油缸便将边拉杆或者横向传力杆插入混凝土面板内。插入器后面的端部模板是分离式的，因此，边拉杆或横向传力杆的插入不会损坏混凝土的面板形状。

3.4.5.4 其他国内外滑模摊铺机

主要性能参数见表3.4-8、表3.4-9。

国外滑模式水泥摊铺机主要性能参数　　　　表3.4-8

国别	公司	型号	摊铺宽度（m）	最大摊铺厚度（mm）	摊铺速度（m/min）	功率（kW）	结构质量（t）
美国	CMI	SF175	2.20~3.70	254	0.8~1.5	105	12.0
		SF250	3.66~9.75	356	0.8~1.5	155	20.4/24.5
		SF350	3.66~11.6	610	0~9.0	186	39/41
		SF500	5.50~15.20	610	0~9.1	298	50
	PAV-SAVER	918Citi-Pav	2.74~7.32	460	0~7.6	84	12.7/15.4
		1220Maxi-Pav	3.66~9.75	610	0~7.6	123	16.3/22.7
		SHP1500	3.66~9.75	610	0~7.6	246	22.7/31.8
		SHP2500	4.88~10.97	762	0~7.6	246	25/34
		SHP5000	6.71~12.80	762	0~7.6	280	34.1/54.4
		SHP5000X	21.30	764	0~7.6	370	55.0
	GOMACO	GP1500	3.00~4.50	300	0~1.5	107	12.8
		GP2000	3.05~7.60	356	0~11.5	145	15.4
		GP2500	6.31~9.80	356	0~3.7	154	19.2
		GP3000	3.6~11.60	483	—	242	36.3/47.6
		GP3500	6.00~12.80	508	0~13.1	325	33.6
		GP5000	7.00~15.30	508	0~13.1	430	59.8
		GHP2800	3.66~9.75	610	0~21.3	242	—
	POWERCUR-BER	3500	1.22	400	0~2.1	20	3.0
		5500	1.22	400	0~2.9	37	5.5
		5700	1.80	400	0~2.2	67	10.0
		8700	2.44~5.00	400	0~1.6	118	12.3/13.6
	CURBMAS-TER	2000SF	3.65~8.20	400	0~10.5	119	20.5
		3200SF	4.27~9.75	450	0~10.5	186	21.8
	GUNTERT-XIMERAN	S-850	9	530	—	160	34
		S-1000	13	530	—	230	50
		S-1500	3.66~17.00	530	—	307	56

续上表

国别	公司	型号	摊铺宽度（m）	最大摊铺厚度（mm）	摊铺速度（m/min）	功率（kW）	结构质量（t）
德国	WIRTGEN	750	1.0~7.5	450	0~5	80/115	10/32
		900	2.5~9.0	500	0~5	115/200	15/38
		1600	3.5~16.0	600	0~5	200~245	32/65
		SP500	3.0~6.0	300	0~5	123	13/18
比利时	SGME	MSP50	5.0	400	—	60	13/18
		MSP75	7.5	400	—	100	20
		MSP85	8.5	450	—	125/165	28/32
		MSP1500	16.0	500	—	250/350	40/65

我国部分厂家生产的滑模式摊铺机的主要性能参数　　表3.4-9

生产公司	型号	最大摊铺宽度（m）	最大摊铺厚度（mm）	功率（kW）	整机质量（t）
陕西建设机械集团公司	HTH9000	9	400	300HP	42
陕西省黄河工程机械厂	HTH750	9.70	400	180	35
镇江路面机械总厂	1220MAXI-PAL	9.70	400	123	19
交通部郴州筑路机械厂	HTH5000	5	400	118	18

3.4.5.5 国内轨道式水泥混凝土摊铺机

主要性能见表3.4-10。

国内轨道式水泥混凝土摊铺机主要性能　　表3.4-10

生产厂家	型号	最大摊铺宽度（m）	最大摊铺厚度 mm	摊铺速度（m/min）	功率（kW）	结构质量（t）
山西省公路局	831	4	200	2.0	9.5	2.7
江苏建筑机械厂	G-450	4~9	280	21.9	24	2.2
	HTG6000(C/450X)	6	280	21.9	24	2.7
江苏交通工程公司平山机械厂	SLHY-450 SLHT-450	2.5~4.5	300	2.0	18.5	—
铁道部十一局机械厂	HT-120B(HT120)	4~12	250	0.3	—	—
江阴交通工程机械厂	SG3500-9000	3.5~9.0	350	0.8	—	—
华东建筑机械厂	SHT	6	—	—	—	—

本章参考文献

[1] 高振峰.土木工程施工机械实用手册[M].济南:山东科学技术出版社,2005.

第4章 沥青混凝土机械设备

4.1 沥青混凝土搅拌设备

4.1.1 概述

4.1.1.1 定义

沥青混凝土搅拌设备是生产各种沥青混合料的机械装置,适用于公路、城市道路、机场、停车场、货场等工程部门。沥青混凝土搅拌设备的功能是将不同粒径的骨料和填料按规定的比例掺和在一起,用沥青作结合料,在规定的温度下拌和成均匀的混合料。沥青混凝土搅拌设备是沥青路面施工的关键设备之一,其性能直接影响所铺筑的沥青路面的质量。

4.1.1.2 国内外发展现状

沥青混凝土搅拌设备在国外有着一百多年的发展历史,第一台搅拌设备的雏形是由19世纪中叶的Cummer在英格兰和苏格兰建造的,而第一台干燥、筛分、比例配料和搅拌组合于一体的热沥青搅拌厂出现在1870年,见图4.1-1。

在1900年后沥青搅拌设备已装备了冷料仓、冷料提升机、烘干滚筒、热料提升机、沥青罐和搅拌台架,其上装有集料的计量箱和沥青斗,搅拌器安装有足够的高度以便在其下通过装料的马车。1930~1940年期间,沥青搅拌设备引入了皮带输送器、冷料供给的皮带给料器、热料振动筛、除尘系统(惯性式)、弹簧秤、搅拌时间的记录器,搅拌能力也大大提高(100~120t/h),至此沥青搅拌设备的基本配置已定,自1940年至今在沥青搅拌设备工艺流程基本上相同。图4.1-2至图4.1-4是不同年代的搅拌设备。

图4.1-1 国外第一台沥青搅拌设备

图4.1-2 20世纪20年代制造的沥青搅拌设备

图4.1-3 20世纪30年代制造的沥青搅拌设备

图4.1-4 20世纪90年代制造的沥青搅拌设备

进入20世纪80年代以来,随着计算机技术、控制技术和信息处理技术的突飞猛进,国外沥青搅拌设备全面实现了整个工作过程的自动化控制,其整机性能技术指标、可靠性已达到较高的技术水平,其特点可归纳以下几点。

(1)集料加热技术不断完善

为保证骨料在加热时,温度波动在规定的范围内,对烘干筒的结构及叶片的布置进行了优化,使集料在较短的时间内从热气中充分吸收热量,燃料的热能得到充分的利用,此外,通过对燃烧器的自动控制和引风机的变频调节,火焰长度和形状得到控制,从而减少了温度波动,提高了燃烧效率。为了降低生产成本,燃烧器适应能力从柴油、重油扩展到渣油、煤,甚至通过转换,还可将天然气作为燃料。

(2)环保指标日益严格

目前,西方各国对环境污染的控制越来越严格,沥青搅拌设备工作中产生的噪声、粉尘,燃烧器排放过程中产生的 SO_2、CO、CO_2 和沥青烟,以及烟尘颗粒对人体有较大的危害,因此西方各国制订了严格的法律条款,使得粉尘排放浓度小于 $10mg/Nm^3$,烟尘排放浓度小于 $50mg/Nm^3$。燃烧器噪声小于 90dB(A)。

(3)控制操纵的自动化

不论是间歇式还是连续滚筒式搅拌设备,其控制系统均采用计算机管理,并设置自动与手动模式。信号的采集速度、抗干扰能力有较大的提高,使各项技术指标越来越高,出料温度波动小于 ± 3℃,集料静态计量精度小于 0.3%,沥青、粉料小于 0.2%,设备的工艺流程可在计算机上显示,且具有故障自动诊断与报警功能,在生产过程中的各种数据可以保存打印。另外可以根据生产需要随时调整生产配方。

4.1.1.3 发展趋势

国内沥青混凝土搅拌设备的生产,是从20世纪60年代末由交通部组织自行开发研制30t/h间歇强制式搅拌设备开始。通过各个方面的共同努力,产品已形成系列,产量从3t/h到320t/h,每小时产量最大可达480t。产品类型主要有强制间歇式和连续式两大类,特别是西安筑路机械厂继1985年引进英国PARKER公司1000型沥青混凝土搅拌设备生产技术基础上,又于20世纪90年代引进并生产PARKER3000型沥青混凝土搅拌设备和BENNIGHOVEN4000型沥青混凝土搅拌设备,使我国沥青混凝土搅拌设备的生产上了一个新的台阶,产品性能不断提高。国内沥青混凝土搅拌设备在高等级公路建设中得到广泛使用。其设备有以下特点。

1)产品系列化

目前,我国沥青搅拌设备的型号规格及系列已十分齐全,从每小时3t/h的双滚筒搅拌设备,到每小时480t/h强制间歇式拌和设备,国内的生产能力不仅可以满足施工规模越来越大的要求,而且还能满足道路养护的需要。国外著名的搅拌设备厂家将生产基地设在国内,加速了国内产品的升级换代,国内设备与国外的差距日益缩小。目前我国搅拌设备的生产能力每年约1 200台,其中40%左右出口到国外。

2)关键性能指标已接近国外设备

为满足公路建设的需要,国内设备十分注重国外技术的引进与消化吸收,国内一些设备在静态计量指标上已接近或超过国外设备,此外对出料温度稳定性、燃油消耗率、燃烧排放等其他指标的研究,使得国内设备的适应性强于国外,而我们的价格却只有国外设备的60%左右。

3)设备的用途多样化

根据国内公路建设的特点,国内设备不仅可以生产普通沥青混凝土,而且还可以生产改性沥青混凝土、橡胶沥青混凝土,通过对设备的改进,还可以用于旧沥青混凝土的再生。此外,搅拌设备的模块化设计,大大方便了搅拌设备的运输和安装,相应地降低了运输与生产成本。

4.1.2 分类、特点和适用范围

沥青混凝土搅拌设备的分类、特别及适用范围见表4.1-1。

分类、特别及适用范围 表 4.1-1

分类形式	分类	特点及适用范围
生产能力	小型 中型 大型	生产能力 60/h 以下 生产能力 60~320t/h 生产能力 320t/h 以上
搬运方式	移动式 半固定式 固定式	装置在拖车上,可随施工地点转移,多用于公路施工 装置在几个拖车上,在施工地点拼装,多用于公路施工 不搬迁,又称沥青混凝土工厂,适用于集中工程、城市道路施工
工艺流程	间歇强制式 连续滚筒式	搅拌按批次进行,骨料、粉料、沥青的计量间断称量,每次循环时间 45s 集料、粉料、沥青的计量连续,烘干与搅拌同时在烘干筒内完成,连续滚筒式搅拌设备用于普通公路建设

4.1.3 工作原理及主要结构

4.1.3.1 工作原理

由于机型不同,其工艺流程亦不尽相同。目前国内外最常用的机型有两种,一种是间歇强制式,一种是连续滚筒式。它们的工艺流程分别见图 4.1-5 和图 4.1-6。

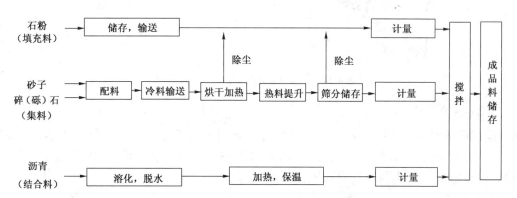

图 4.1-5 间歇强制式搅拌设备工艺流程

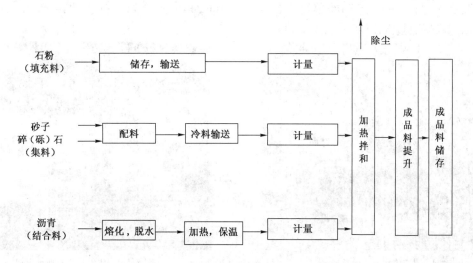

图 4.1-6 连续滚筒式搅拌设备工艺流程

强制间歇式沥青搅拌设备总体结构如图 4.1-7 所示。冷料通过给料皮带机按规定的初级配供料,在烘干筒内采用逆流加热的方式烘干加热,然后经过筛分、计量,在搅拌缸中与按质量计量的矿粉、沥青进行搅拌,拌制的沥青混合料由成品料仓送入到运输卡车内。

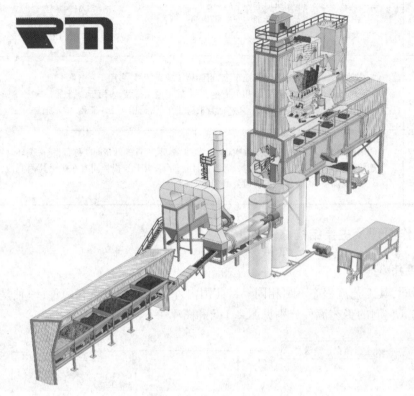

图 4.1-7　强制间歇式沥青搅拌设备总体结构

4.1.3.2　主要结构

沥青搅拌设备主要有下列总成:①冷骨料供给系统;②烘干系统;③提升系统;④热料仓系统;⑤筛分系统;⑥计量系统;⑦气动系统;⑧沥青喷洒系统;⑨搅拌系统;⑩除尘系统;⑪沥青供给系统;⑫控制系统;⑬导热油加热系统;⑭成品料仓系统;⑮粉料仓系统。

1)冷集料供给系统

各种不同规格的冷骨料在进入滚筒干燥之前,须先进行初级配。冷料供给系统承担给料及初级配的任务,一般要求配有 4~6 个料仓,单料斗容量 3~15m³,其中一个为砂料仓,也可按用户的需要增减料仓的数量。其结构见图 4.1-8~图 4.1-11。

图 4.1-8　冷集料供给总成

图 4.1-9　集料皮带机驱动电机

图 4.1-10 集料皮带机防溢、清洁装置

图 4.1-11 砂仓振动器

冷料仓的开口宽度和高度必须便于装载机装料,料仓下部装配有给料机构,通常是带式给料机;在料仓的出料口装有可调开度的料门,通过料门开度和皮带机转速的变化调节给料量;工作时给料量必须要求均匀稳定。冷料仓的结构较简单,除承担集料的供料外,还承担集料的初级配任务。集料供料和初级配的正确性直接影响到沥青混合料的质量。结构优良的冷料仓其下部的裙带口应制成梯形结构,出料时从宽度窄的一边向宽度宽的一边出料,这样可以减少出料阻力并使料仓内不同位置的料能均匀流出,有利于减少皮带的磨损,延长设备的使用寿命。为了提高集料供料和初级配的正确性,国外已开发出冷料级配检测分析系统。冷料级配检测分析系统直接从冷料皮带输送机上取样、筛分、称量,并将信息输送到控制系统,使搅拌设备的冷料供给系统按规定的供料量和级配要求正常工作。

皮带输送机是冷料供给系统的重要构成部分。料仓下部有给料皮带机、集料皮带机和将料输送到滚筒的上料皮带机。皮带机可选用通用设备,应选用有裙边的皮带,以防止料的撒落。由于皮带机长度较大,皮带机除满足最大生产能力的要求外,还要求工作平稳不跑偏。采用鼓形滚筒以简单的结构能达到较好的效果。皮带机周围应设置防护栏,以防止人员碰撞。

2)烘干系统

集料烘干加热系统的功能是将集料加热到一定温度并充分脱水,以保证计量精确和结合(沥青)对它的裹敷,使成品料具有良好的摊铺性能。集料的加热温度一般为 160~180℃,对连续滚筒式搅拌设备可略低一些,一般为 140~160℃。无论何种形式的沥青混凝土搅拌设备,集料的烘干加热系统都是不可缺少的重要组成部分。

冷集料烘干加热系统包括干燥滚筒和加热装置两大部分。

(1)干燥滚筒

干燥滚筒是对冷集料进行加热烘干的装置,要求在较短的时间内能将有一定含水率的集料用最低的能耗使其充分脱水,并加热到所需要的温度。为了达到上述目标,沥青搅拌设备的干燥滚筒必须要有一定的干燥能力。干燥滚筒设计时,要求有足够的容积和一定的长径比。筒内物料在滚筒叶片的作用下被提升和跌落并向前移动,在火焰和燃烧热气流的作用下被加热。燃烧热气流在滚筒内穿过集料帘进行热交换,集料中的水分不断地挥发并提高集料的温度。见图4.1-12。

干燥滚筒的集料加热方法有两种:火焰自滚筒的出料口一端喷入,热气流逆着料流方向穿过滚筒;火焰自滚筒的进料口一端喷入,热气流顺着料流方向穿过滚筒。热气在滚筒内被骨料吸收热量后从烟囱排出。顺流加热时烟(废)温度为 350~400℃,而逆流加热时的烟(废)气

图 4.1-12 干燥滚筒叶片布置

温度为 180～200℃。由于逆流加热方式的热量利用效率比顺流加热的方式要好得多,所以逆流加热得到了广泛的应用。

滚筒的设计除要求烘干能力满足生产的要求外,还应有较高的热效率。在滚筒的全长度内,不同区域安装有不同的叶片。燃烧区内应保证火焰的充分燃烧,因而不允许有料帘存在。燃烧区内叶片的设计必须保证既不形成料帘而又能将热量传输给集料。燃烧区的火焰燃烧辐射易使滚筒壁受热而变形,如何减少滚筒的热变形保护滚筒,又能使集料在燃烧区吸收热能,对于燃烧区叶片设计是十分重要的。在滚筒热交换区内的叶片使集料在滚筒的全断面上形成密集的料帘,以利于热气流穿过料帘进行热交换,使集料在较短的时间内从热气中充分吸收热量,燃料的热能得到充分的利用。

目前,干燥滚筒均采用旋转的长圆柱筒体结构,由耐热的锅炉钢板卷制焊接而成。其外壁前后装有两个支承大滚圈,大滚圈通过托轮支承在底架上。两个滚圈之间装有一个驱动齿圈,用于驱动干燥滚筒旋转(图 4.1-13),这种齿轮驱动方式在小型及早期设备中应用较多。中型以上设备多以链条驱动取代齿轮驱动,其结构简单,制造、安装较方便。对于大型设备一般都采用摩擦驱动,4 个托轮均为主动轮;(图 4.1-14)为增加驱动力,有的机型还在托轮上贴附橡胶。

图 4.1-13　干燥筒齿轮驱动方式

图 4.1-14　干燥筒摩擦驱动方式

为使冷集料在干燥筒内均匀分散地前进,通常在滚筒内壁装有几排一定形状的叶片,滚筒与水平面成 3°～6°的安装角,当滚筒旋转时,装在滚筒内壁不同区段且形状不同的叶片将集料刮起并于不同位置跌落,从而使骨料充分接触而被加热。改变叶片的结构及滚筒的倾斜角可以改变集料在筒内的移动速度。

滚筒两端的密封也很重要。目前密封有多种形式:平面密封、环面密封、摩擦密封及迷宫密封等。可靠的密封可以减少漏气量,漏气过多不仅需要增加排气量,而且降低了热效率。

(2)加热装置

加热装置的功能是为烘干冷集料并将其加热到需要的温度,加热所用的燃烧器有重渣油燃烧器、柴油燃烧器、煤粉燃烧器及天然气燃烧器。液体燃烧器具有燃烧完全、残留物少的特点,而煤粉燃烧却有价格低廉的优点,不论对何种燃烧器都有下列要求:

①保证热集料必要的加热温度,通常在 160℃,对于特殊的沥青热集料温度可达 210℃;
②热集料的温度波动小于 9℃,并对波动及时做出调整;
③使燃烧器在最佳风油比工况下工作,燃油消耗少于 7kg/t;
④燃烧器的供热能力应满足设备在标准工况下最大生产能力的要求;
⑤燃烧器工作可靠、点火迅速、风油比调整方便、燃烧充分、稳定,火焰的大小应可调,不允许火焰有明显倾斜,且必须有安全点火装置;
⑥燃烧器供油管路中应设置过滤器、压力表和安全阀,燃油管路不得有漏。

在实际工作中,燃烧器的选择要从集料的加热温度、燃烧残留物对混合料的质量影响、燃料的热值及生产成本综合考虑。

①煤粉燃烧器工作原理。

二风道煤粉燃烧器工作原理见图4.1-15,煤粉在进入燃烧器之前,首先要经过破碎研磨,经过研磨破碎的200目煤粉在一次风力作用下,经一次风口进入燃烧器内,燃烧器内衬耐火材料已先于喷煤粉前预热至500~600℃,煤粉进入即自燃。由鼓风机产生的二次风从燃烧器内壁切向进入,搅动煤粉使之与空气充分混合燃烧,同时二次风又起到冷却和冲刷灰作用。

多风道煤粉燃烧器是20世纪80年代后期研制出来的,其工作原理见图4.1-16。经过初步破碎的粒径小于25mm原煤,进入燃烧器专配的磨煤喷粉机内,经过三级研磨成200目左右的煤粉,在磨煤喷粉机自身风扇叶轮的作用下,经一次风煤管进入燃烧器的燃烧腔内。此时燃烧腔已由高压雾化的柴油小火预热至500~600℃,煤粉进入燃烧腔即自燃。二次高压风由燃烧腔的根部沿内壁螺旋状吹入,使风、煤充分搅拌混合燃烧,同时清扫内腔煤灰和冷却腔壁。该燃烧器内腔较长,一、二次风均呈螺旋状喷入,使燃烧火焰在风的卷裹下延长,形成风包煤火炬,煤粉在较长距离上能充分燃烧,内腔耐火材料温度又不会太高。

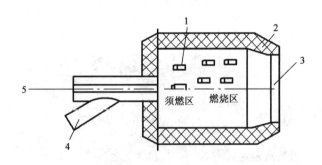 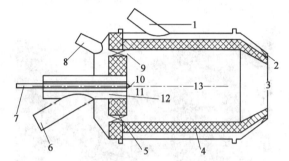

图4.1-15 二风道煤粉燃烧器工作原理
1-二次风口;2-耐火材料;3-出火口;4-一次风煤管;5-油枪孔

图4.1-16 多风道煤粉燃烧器工作原理
1-三次风管;2-三次风口;3-出火口;4-内腔耐火材料;5-后堕耐火材料;6-一次风煤管;7-油枪;8-二次风管;9-二次风口;10-油喷嘴;11-待燃区;12-一次风煤管;13-燃烧区

三次风在燃烧器出火口处同样以螺旋状吹入。三次风进一步补充燃烧所需氧气量和增加火焰长度,使煤粉在富氧状态下,通过较长的路径达到完全燃烧的效果。同时三次风经过内腔耐火材料的外壁,阻止热量向外传导损失,使热能得到充分利用。这种富氧燃烧状态火焰中心温度在1 000~1 400℃之间,低于NO_x生成的环境温度,不会对大气造成NO_x的污染。

②燃油燃烧器。

根据雾化原理不同,燃油燃烧器有以下几种方式:机械雾化、高压雾化、气泡雾化三种形式。

机械雾化燃烧器是燃油通过油泵(压力3~4MPa)进入喷嘴后,首先经过分流片的几个小孔汇合到一个环形槽中,然后经过旋流片的切向槽沿切向流入旋流片中心的旋流室,油在旋流室中高速旋转,最后从雾化片中心喷口喷出,由于离心式油嘴的喷油量与喷油压力差的平方根成正比,因此当压差降低时,喷出的燃油流速大大降低,导致油滴变粗,雾化质量变差,所以必须在喷油嘴内始终保持较高的喷油压差和燃油流速。这种燃烧器负荷调节范围受到一定的限制,通常小于1:4,见图4.1-17。

高压雾化燃烧器是利用高速喷射雾化介质的动能使燃油粉碎成细滴。雾化介质可以是蒸气,也可以是空气,雾化喷嘴的压缩空气为雾化介质,其压力为0.3~0.7MPa,每雾化1kg燃油约需要雾化空气0.3~0.6kg,从雾化剂喷口喷出的空气流具有很高的速度,高速气流撞击油滴使它粉碎,撞击次数越多,雾化效果越好,当雾化压力较高时,火焰变长,最大长度可达7m。见图4.1-18。

气泡雾化燃烧器是用气泡作为雾化的动力,利用气泡的产生、运动、变形直到出口爆破来产生非常细小的液雾。与上述的雾化原理不同,它不是通过克服液体的黏性来达到雾化,而是通过克服液体的表面张力达到雾化的目的。对于液体燃料,如轻柴油、重柴油、重油、渣油等,黏度相差很大,而表面张力处于同一数量级,因此,气泡雾化喷嘴对黏度变化不敏感。见图4.1-19~图4.1-20。

图4.1-17 机械雾化燃烧器

图4.1-18 高压雾化燃烧器

图4.1-19 气泡雾化燃烧器

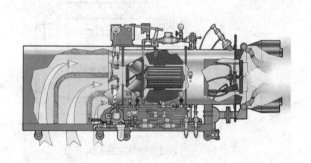

图4.1-20 气泡雾化燃烧器工作原理

3) 提升系统

提升系统是把从干燥筒卸出的热骨料提升到一定高度,送入筛分装置内,通常采用链斗提升机。而链斗提升机一般多选用深形料斗离心卸料方式(图4.1-21),但在大型搅拌设备上,则多用导槽料斗加重力卸料方式。重力卸料方式的链条运动速度低,可减少磨损及噪声。张紧采用重力或弹簧自紧张紧装置,能保持恒定的张力,避免打滑或脱链。值得注意的是,提升机运转中途停止时,链条有载重在集料的重力作用下提升机有可能倒转,使集料积存在提升机底部,再次起动困难,因此必须设防倒转机构。

4) 筛分装置

筛分装置的功能是将经干燥加热后混杂在一起不同规格的集料按粒径重新分开,以便在搅拌之前进行计量。经冷料供给系统初级配的集料,进入干燥滚筒烘干加热后,由热料提升机提升到搅拌机顶部,通过振动筛筛分为不同规格的热料,再分别进入不同的热集料储料仓内。沥青搅拌设备中使用的振动筛有平面筛和斜筛,一般使用斜筛者较多。振动方式有平面振动、圆振动和椭圆振动。集料筛分过程中料与料之间的摩擦是不可避免的,料在筛分过程中相互之间的摩擦易产生粉尘,因此振动筛除有较高的筛分效率外,应尽量减少粉尘的生成。

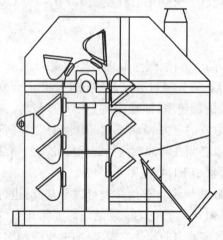

图4.1-21 离心卸料方式

早期强制间歇式沥青搅拌设备振动筛的振动轴位于筛体中部,这种结构易保证振动筛面整体振动轨迹的均匀性,使整个筛体的振动均衡。但这样布置使振动轴和轴承位于高温区,因而当振动轴承损坏时,须在降低温度后才能更换。目前大多数沥青搅拌设备振动筛的振动器已从筛体中部向上移动到振动筛的顶部,这样使振动筛的振动轴及轴承外露在空间,有利于振动轴及轴承降温,也便于维护检修。振动器的振动轴一般采用双轴结构,分别由两个电机驱动,旋转方向相反,自己同步旋转产生振动,结构较简单。

振动筛的振动参数及结构、筛面的料流状况,直接影响到筛分效率。筛面料流必须均匀,以充分发挥筛面的作用,有利于提高筛分效率。另外,需要降低热骨料提升机卸料的落料的高度,以减少料对筛网的冲击;筛网需用耐磨材料制造,结构上要保证筛网更换方便。

图4.1-22为四层中置式单轴圆振动筛,振幅为4~6mm,振动频率20~25Hz,效率高,不易堵塞。振动轴承有风扇冷却,解决了中置振动轴承受热工况恶劣的问题。筛分装置通过二级减振,减少了噪声及对整机的振动,从而减小了对计量系统的干扰。

5)热集料仓

集料经干燥滚筒烘干加热提升筛分后存放于热集料储仓,热集料储仓的作用是储存一定量的热集料以备计量用。为此应按集料的规格种类设置热集料仓,一般有4~6个料仓,至少满足10个批次的搅拌。在热料仓设有取样口以便检测混合料级配情况。

图4.1-22 四层中置式单轴圆振动筛

热集料储仓的容量在结构允许的情况下宜大为好,有利于提高计量精度。工作时各料仓的料位应尽量保持均衡。双行程或双料门控制提供粗精二次称量提高混合料级配精度,使集料落差误差得到控制,料仓配置有料位器和溢料口,料位不足时须提前报警,尽快补充,料满仓时从溢料口排出,料门的开启必须灵便。细料储料仓出料口处应有缓冲措施,用来控制料流。对于大型搅拌设备仓体外部加设保温层,对集料温度进行检测。

6)计量装置

搅拌设备计量装置分为三种形式:热集料计量、粉料计量、沥青计量。不论哪种方式,计量斗的称量采用拉式或压式称重传感器,结构上采用三点或四点式结构,其中三点式结构调节较方便。计量系统计量精度受传感器的精度、灵敏度、热储料仓放料时飞料的控制及操作控制系统等多种因素的影响。见图4.1-23~图4.1-25。

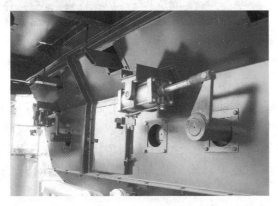

图4.1-23 集料计量装置

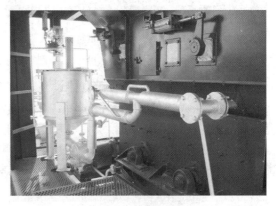

图4.1-24 沥青计量装置

国内多数采用集料一次称量,沥青二次称量。但根据目前的发展趋势,二次称量系统将逐步代替一次称量系统。一次称量是指仓门只打开一次,为保证称量的准确,仓门要提前关闭。最终称量精度靠仓

图 4.1-25　粉料计量装置

门关闭以后的空中飞料值来修正。飞料值受仓门开度以及热料仓中料位高低的影响,而且飞料补偿只是根据上一次称量的偏差值去补偿下一次称量的飞料量,所以容易出现称量时多时少的现象。

二次称量是仓门首先在一个大开度的状态下按设定比例称量后,再关至一个小开度进行剩余部分的称量,当然其精度也要靠第二次飞料值来修正。但此飞料值一来量小、误差小;二来受热料仓中热料多少的影响也小。所以为了提高称量精度,各热料仓中的料位应尽量保持恒定,避免飞料值的过分动荡。

7)沥青供给系统

沥青供给系统的功能就是为搅拌提供沥青。但由于搅拌设备的机型不同,沥青提供方式也各异。间歇强制式搅拌设备,要求适时、定量地提供沥青,连续滚筒式搅拌设备要求按一定流量连续稳定地供给沥青。

间歇强制式搅拌设备的沥青供给系统由沥青称量及添加装置组成,沥青添加装置有喷射式及自流式。图4.1-26为喷射式沥青供给装置。

连续滚筒式搅拌设备的沥青供给系统采用沥青泵直接将沥青送入滚筒内,沥青泵由调速电机驱动。沥青的流量通过改变调速电机的转速来调节。为实现自动控制,提高油石比精度,可在沥青泵出口装置沥青流量计,通过计算机根据沥青流量信号和骨料流量信号自行调节它们的流量,从而使油石比在预定值误差范围内呈动态平稳状态。

一般搅拌设备配有2~6个25~50m³容量不等的沥青罐(图4.1-27)给主楼使用,使用导热油加热器的间接加热以确保沥青管道和主楼间的顺畅生产。

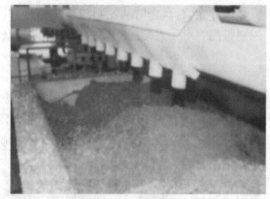

图4.1-26　为喷射式沥青供给装置

图4.1-27　沥青罐

8)搅拌缸

搅拌器是强制间歇式沥青搅拌设备的核心装置,其功能是将称量好的按一定级配的骨料、粉料和沥青搅拌成均匀的混合料,其结构由壳体、衬板、搅拌轴、搅拌臂、卸料门及驱动机构等组成。搅拌器是按一定的要求进行设计和制造的,其容量应满足最大生产能力的要求。搅拌器的设计要符合搅拌器拌料的要求,轴向尺寸过大则影响拌料均匀性,径向尺寸过大则增大搅拌功率。对沥青混合料搅拌设备而言,搅拌器的设计必须满足生产率及拌料均匀性等的要求,并配置合理的驱动功率。

搅拌器的驱动方式有链驱动、单电机、双电机等不同形式,搅拌轴的同步方式有齿轮同步和高速端同步。目前搅拌器的最新结构是双电机驱动高速端同步,见图4.1-28a)所示其结构更为简化。搅拌器卸料门的结构有拉式、转门和摆动式三种:拉式门工作时开闭时间长;转门有搅拌死区,死区内的料无法

图 4.1-28 搅拌缸

拌匀;摆动式门卸料快,目前应用者逐渐增多。衬板和拌臂等须用耐磨材料制造。搅拌器衬板的耐磨性能是一个重要问题,成本和寿命是一对矛盾,需和耐磨材料专业厂联合攻关解决。

如图 4.1-28 所示,叶桨以其桨臂固定在方轴上,并成对布置。在间歇作用的搅拌缸中,两邻对叶桨的相位角为 90°,而安装在桨臂上的叶桨,其叶面相对于轴的轴线夹角大多为 45°,转速一般 40~60r/min。

9) 成品料仓

成品储料仓的作用是:①提高搅拌设备的生产效率,加速运输车辆的周转;②满足小批量用户需求,减少频繁开机停机。对于滚筒式搅拌设备,由于成品料出口高度低,则必须通过储料仓来解决成品料的装车问题。

成品料仓结构比较简单,一般只在仓体外侧设保温层,或者在卸料口处安装电加热器,以利于卸料。如果储存仓用于较长时间储存成品料时,则除了设保温层外,还应采用导热油加热,并向仓内通入惰性气体,以防止沥青氧化变质,仓内应设有防混合料离析装置。

成品料仓的结构必须具备一定的保温能力,特别是卸料口处应有加热装置,以保证卸料的畅通。成品料仓的上部还应设置防止混合料离析的机构,避免进料时混合料产生离析。防离析的机构有不同的形式,如格栅形、楔形双门、小预存储仓等。对存放时间长的成品料仓还应有惰性气体密封保护,用来保温并防止沥青混合料的氧化。

沥青混合料搅拌设备成品料仓的结构形式有底置式及旁置式,目前国内沥青混合料搅拌设备成品料仓的结构形式以旁置式为多。旁置式成品料仓需配置有成品料输送小车等。底置式成品料仓于搅拌器的下部,这种结构需要增加搅拌塔的高度,但减少了整个搅拌设备的占地面积,适合于城市使用。采用导热油长时间保温,小车双轨道运输,计算机控制,操作简单,容积可为 80~200t,电机采用变频调速,运转精确、平稳,见图 4.1-29。

10) 除尘系统

环境保护是我国的一项基本国策。除尘设备的作用是减少粉尘排放浓度,保护大气环境。沥青混凝土搅拌设备用的除尘器有一级除尘器和二级除尘器。一般小型搅拌设备只配一级除尘器;大型搅拌设备为达到环保除尘要求,采用两级除尘,一级一般采用重力式或离心式干式除尘器,二级则常采用湿式除尘或袋式除尘。经湿式除尘后排尘量可达 $400mg/m^3$,

图 4.1-29 旁置式成品料仓

袋式除尘后排尘量可达 $50mg/m^3$。

早期的沥青搅拌设备都是配置干式旋风除尘器来滤除粉尘。由于干式旋风除尘只能除去大颗粒（>5μm）粉尘，而粉尘中大颗粒尘的含量很少，如图 4.1-30。大量排放的是小于 5μm 的细粉尘。随着环保要求的提高及除尘技术的发展，沥青混合料搅拌设备只有采取二次除尘才能达到废气排放的要求。二次除尘的方式有湿式除尘和袋式除尘两种，根据不同的要求采取不同的除尘方式。

(1) 一级除尘器

一级除尘器有旋风除尘器和重力除尘器两种。旋风除尘器结构简单，其集尘装置为圆筒形，气流切向进入，粉尘在离心力的作用下被分离。旋风除尘器能收集粒径 5μm 以上的灰尘，除尘效率一般为 5%~85%。

重力除尘器是利用膨胀箱降低气流的速度，通过重力作用使大颗粒粉尘下降，一般捕集大于 40μm 的颗粒。

(2) 袋式除尘器

袋式除尘器是一种高效除尘装置，利用有机纤维或无机纤维织物做成过滤袋，将烟气中的粉尘滤出，可捕集粒径 0.3μm 以上的灰尘，除尘效率可达 95%~99%。排尘浓度可以达 $50mg/Nm^3$。目前袋式除尘器有大气反吹、风机反吹及脉冲喷吹三种形式。大气反吹是利用系统的负压和大气的压差，使大气进入布袋进行清灰工作。由于压差小，清灰扰动力小，因而必须延长清灰时间，同时要求增加过滤面积，这样才能满足除尘的需要，因而大气反吹除尘器的体积一般较大。脉冲喷吹清灰是利用高压空气短时内喷吹布袋，使其抖动而清除黏附在布袋上的粉尘。由于喷吹时间很短，而且喷吹作用力大，黏附在布袋上的粉尘易于掉落，短时的喷吹清灰几乎不影响除尘器的作业。脉冲喷吹除尘器的体积一般较小，但需要配置高压气源及脉冲阀等装置。

图 4.1-31 是沥青混凝土搅拌设备用袋式除尘器的结构示意图，它由箱体、折流板、滤袋、袋骨架、喉管、管座板、喷吹管、脉冲阀、差压计、螺旋输送器和控制器等组成。

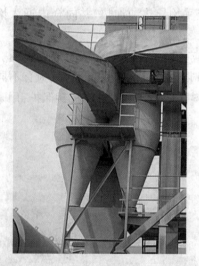

图 4.1-30 旋风除尘设备

图 4.1-31 袋式除尘器

1-箱体；2-出口；3-滤袋外侧；4-滤袋；5-通气口；6-净化气体；7-净化气体入口；8-螺旋输送器；9-通箱外

袋式除尘器工作时，在风机的抽吸作用下，含尘烟气进入箱体 1，在折流板的截挡下烟气被分散流动，大的颗粒从出口 2 排出，作为集料使用，含尘气体从每个滤袋外侧 3 进入滤袋 4 内，在滤袋的筛分、格栅、冲击、拦截、扩散和静电吸引等作用下，微尘贴附于滤布缝隙间，从而使粉尘从烟气中分离出来。随着粉尘在滤袋上的积聚，形成一定厚度的粉尘层，使滤布的透气性能降低，妨碍除尘器正常工作。因此袋式除尘器在工作过程中必须经常及时清除滤袋上的积尘。清除积尘有机械振打和喷吹等方式，喷吹方式又有脉冲高压喷吹和大气反吹等不同方式。图 4.1-31 所示是大气反吹方式，控制器控制脉冲阀定时地打开滤袋上方的通气口,使滤袋内外产生压差,引起滤袋抖动和振动,袋上的粉尘便落到箱底,再经设在箱底的螺旋输送器送出箱外。为保证滤袋的过滤作用,含尘烟气和过滤后的净化气体间必须保持一定的压差,为此袋式除尘器上装有差压计。如压差过大,表明滤袋积尘过多,过滤阻力太大;压差过小,表明滤袋已有损坏。风机采用抽吸方式布置在烟囱口处,以避免粉尘对风机的加速磨损。

由于袋式除尘器的主要构件——布袋长时间在高温条件下工作,还由于燃料中的硫分等在燃烧过程中形成酸性物质易腐蚀布袋,因此布袋的材料必须能耐温耐酸。另外,除尘箱体的防锈也很重要。燃料中存在硫氮等元素,其在燃烧氧化过程中变成酸性物质,进入除尘箱体后易腐蚀箱体内壁,因此要求在箱体内壁涂抹防腐层或用防腐材料制造。新型袋式除尘器技术的提高,多集中于如何提高布袋的清灰效果,如改变布袋的扰动位置及增加脉冲喷嘴引气量等。

4.1.4 选型原则与步骤、主要参数计算

搅拌设备各工作装置均应保证搅拌设备设计生产能力的实现。为此,各工作装置的参数确定、结构设计以及选配动力和配套零部件都必须满足本工作装置为实现搅拌设备生产能力而进行相应运作的需要。

4.1.4.1 干燥滚筒主要参数的确定

(1)干燥滚筒容积 V 的确定

干燥滚筒的任务是对骨料烘干加热,向骨料脱水是完成这一任务的关键。为使骨料脱水彻底,又应具有足够的空间进行水分蒸发。故干燥滚筒必须保证一定的容积 V,其值可按下式计算:

$$V = \frac{W}{A} = \frac{1\,000\omega G}{A} \tag{4.1-1}$$

式中:W——蒸发水分的质量,kg/h;
  ω——冷集料的含水率,%;
  G——干燥滚筒的设计生产能力,t/h;
  A——干燥滚筒的蒸发率,(kg/m³)/h。

因为设计生产能力是指一定工况条件时和设备性能正常下的生产能力,故冷集料的含水率一般取 $\omega = 5\%$,干燥滚筒蒸发率应取通风良好状态的平均值 $A = 235$。这样,式(4.1-1)便可简化为:

$$V = 0.21G \tag{4.1-2}$$

(2)干燥滚筒 D 直径的初选

干燥滚筒的直径和长度变化均对其生产能力产生影响,但前者的影响远大于后者。考虑滚筒直径确定的因素复杂,为简化计算,可先参考表4.1-2所列经验数据对滚筒直径 D 进行初选,待滚筒长度确定后再重新验证。

干燥滚筒直径与生产能力的关系 表4.1-2

生产能力 G(t/h)	25	50	100	200	400
滚筒直径 D(m)	1.10	1.40~1.60	2.00~2.20	2.40~2.60	2.80

为使骨料不因滚筒线速度过高而影响料帘的形成,滚筒的转速 n 与滚筒直径 D 的关系近似为:

$$n = \frac{15}{\pi}\sqrt{\frac{g}{D}} \tag{4.1-3}$$

式中:n——滚筒转速,r/min;
  g——重力加速度,$g = 9.8\text{m/s}^2$。

(3)干燥滚筒长度 L 的确定

考虑骨料在滚筒中停留时间和形成料帘次数之后,整理出如下滚筒长度 L 公式:

$$L = 4nD\tan\alpha \tag{4.1-4}$$

式中:α——干燥滚筒安置角(相对水平线倾角),(°),一般 $3° \sim 5°$。

(4)干燥滚筒直径 D 的确定

干燥滚筒的直径可按下式计算:

$$D = \sqrt{\frac{4V}{\pi L}} \tag{4.1-5}$$

如用式(4.1-5)计算的 D 值与初选相关不大,只要将 L 和 D 值归整即可;如误差较大,则须给出新的初选值,重复计算,直至确定。

最后再根据滚筒直径确定值,利用式(4.1-3)换算出滚筒的转速。

容积 V、长度 L 和直径 D 是保证干燥滚筒设计生产能力得以实现的结构条件。但在 V 确定之后,D 和 L 的比例也非常重要。根据长期的生产实践,D 和 L 的比例通常取在 $D/L = 1/5 \sim 1/3$。

对于连续滚筒式搅拌设备,因搅拌过程在同一滚筒内完成,故应考虑搅拌所需长度。据统计,国内外连续滚筒式搅拌设备集料搅拌的前进速度为集料烘干加热前进速度的 $25\% \sim 27\%$,集料搅拌时间为集料在滚筒中总停留时间的 $42\% \sim 50\%$。据此,连续滚筒式搅拌设备干燥滚筒的长度 L' 可为:

$$L' = (1.2 \sim 1.25)L \tag{4.1-6}$$

4.1.4.2 搅拌器主要参数的确定

搅拌器是间歇强制式搅拌设备的核心,合理确定其主要参数对达到搅拌设备设计生产能力意义重大。

搅拌器的主要参数包括:容量、壳体内部尺寸和拌桨轴转速、搅拌时间。

(1)搅拌器容量的确定

搅拌器容量 m 是指为完成搅拌设备设计生产能力 $G(t/h)$ 时,搅拌器工作部分每批必须容纳的混合料量,其值可用下式计算:

$$m = \frac{Gt}{3\,600k} \tag{4.1-7}$$

$$t = t_1 + t_2 + t_3 \tag{4.1-8}$$

$$t_2 = t_2' + (3 \sim 5) \tag{4.1-9}$$

式中:G——设计生产能力,t/h;

t——搅拌器工作循环时间,s;

t_1——进料时间,s,一般取 5;

t_2——每批混合料设计搅拌时间,s;

t_2'——每批混合料实际搅拌时间,s,见式(4.1-18);

t_3——卸料时间,s,取决于卸料闸门结构形式,一般取 5;

k——时间利用系数,一般取 0.85。

(2)搅拌器壳体各尺寸的关系

目前国内外的搅拌器,通常都采用横向布置方案,其壳体如图 4.1-32 所示。

搅拌器的半径 $R(m)$ 是壳体的基本参数,两拌缸的中心距 a、壳体的宽度 b_k、壳体的长度 l_k 以及壳体工作部分(其横截面系图 4.1-32 阴影)的容积 V 均与 R 相关。

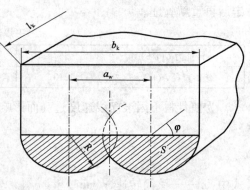

图 4.1-32 横向布置方案壳体

$$a = 2R\cos\varphi \tag{4.1-10}$$

$$b_k = 2R(1 + \cos\varphi) \tag{4.1-11}$$

$$l_k = b_k\psi = 2R(1 + \cos\varphi)\psi \tag{4.1-12}$$

式中：ψ——搅拌器壳体形状系数，$\psi = 0.7 \sim 1.4$，通常取 $\psi = 0.85 \sim 1.0$。

$$V = 2R^3\psi(1 + \cos\varphi)\left[\pi - 0.5\left(\frac{\pi\varphi}{90} - \sin\varphi\right)\right] \tag{4.1-13}$$

从实践得知，为获得良好的搅拌效果，φ 值一般取 $40° \sim 45°$，此时式(4.1-13)可简化为：

$$V = (9.7474 \sim 10.3653)R^3\psi$$

$$\approx 10R^3\psi(\mathrm{m}^3) \tag{4.1-14}$$

(3) 拌桨轴转速 n 和实际搅拌时间 t_2' 的确定

为使桨叶端部的圆周速度利于混合料搅拌时"沸腾层"的形成，以获得最佳搅拌效果，拌桨轴的转速 n 应为：

$$n = (15.3 \sim 16.5)\sqrt{\frac{g}{R}} \tag{4.1-15}$$

式中：R——为桨叶外缘半径，m。

此时，桨叶端部的圆周速度为：

$$v = 2\pi Rn/60 \tag{4.1-16}$$

$$v = (1.61 \sim 1.73)\sqrt{gR} \tag{4.1-17}$$

试验表明，当用式(4.1.17)计算出来的 v 值大于 3m/s 时，将会因在拌锅底部和桨叶端部间隙中产生过多的碎石楔住现象，而导致骨料二次破碎的概率增加、搅拌功率上升和搅拌器磨损加剧。为克服上述弊端，并提高搅拌器的适应性，采用双速传动。拌桨轴除了具有搅拌砂质和细粒混合料时按式

(4.1-15)计算的标准转速外，另设一档取 $h = \dfrac{9.211(t_\delta - t_0)^{5/4} + 16.747\left[\left(\dfrac{t_\delta + 273}{100}\right)^4 - \left(\dfrac{t_0 + 273}{100}\right)^4\right]}{3600(t_\delta - t_0)}$

时用式(4.1-16)计算的转速 n，以用于搅拌中粒和粗粒混合料。

实际搅拌时间 t_2' 与拌桨轴的转速密切相关，它可由下式求得：

$$t_2' = \frac{60}{n}\frac{\lg 0.03 - \lg(1 - i_A)}{\lg(1 - 2k)} \tag{4.1-18}$$

式中：i_A——混合料原始相对浓度。

(4) 壳体内部尺寸的确定

将按式(4.1-18)求出的实际搅拌时间 t_2' 代入式(4.1-9)求得 t_2，再将 t_2 代入式(4.1-8)便可确定搅拌器工作循环时间 t，然后根据式(4.1-7)求得搅拌器容量 m。再按下式计算拌缸半径 R：

$$m = V\beta\rho = 10R^3\psi\beta\rho \tag{4.1-19}$$

$$R = \sqrt[3]{\frac{m}{10\psi\beta\rho}} \tag{4.1-20}$$

式中：β——搅拌器的充满系数；

ρ——混合料的密度，$\rho = 1.6 \sim 1.7\mathrm{t/m}^3$。

按式(4.1-10)计算两缸中心距 a，按式(4.1-11)计算壳体宽度 b，按式(4.1-12)计算壳体长度 l_k。设计时需反复修正、校核，也可参照同类产品进行设计。

4.1.4.3 热力参数的确定

对骨料烘干加热，是沥青混凝土搅拌设备生产沥青混凝土的重要工序。为了最经济地完成这一工序，并保证沥青混凝土的制备质量，除应合理设计干燥滚筒外，还必须合理确定有关热力参数。

(1) 干燥滚筒的耗热量 Q

干燥滚筒耗热量 Q 包括干燥滚筒的有效利用热量 Q_1 和经筒壁散失在大气中的热量 Q_2,即:

$$Q = Q_1 + Q_2 \tag{4.1-21}$$

集料烘干加热的过程,不论是采取逆流加热方式(燃气和被烘干加热的集料反向运动)的间歇强制式搅拌设备,还是采取顺流加热方式的连续滚筒式搅拌设备,都可分为集料及其所含水分的预热、集料烘干(水分蒸发)和干集料加热升温三个阶段,这三个阶段的耗热量分别是:

①集料和水分的预热所耗热量 Q_{1-1} 按下式计算:

$$Q_{1-1} = 1\,000G[C_g(1-\omega)(T_1-T_0) - C_s\omega(T_1-T_0)] \tag{4.1-22}$$

式中:Q——设计生产能力,t/h;

C_g——集料比热,kJ/(kg·℃),常取 0.84;

ω——冷集料的含水率,%,常取 5;

T_1——水分蒸发温度℃,取 20;

T_0——冷集料进入滚筒前的环境温度,℃,取 20;

C_s——水的比热,kJ/(kg·℃),常取 4.81。

②水分蒸发所耗的热量 Q_{1-2} 按下式计算:

$$Q_{1-2} = 1\,000G\omega[\gamma + C_z(T'_2 - T_1)] \tag{4.1-23}$$

式中:γ——汽化热,kJ/kg,取 2.269;

C_z——水蒸汽比热,kJ/(kg·℃),取 1.93;

T'_2——预热并蒸发完水分后的烟气温度,℃,常取 200。

③干集料加热所耗热量 Q_{1-3} 按下式计算:

$$Q_{1-3} = 1\,000GC_g(1-\omega)(T_2-T_1) \tag{4.1-24}$$

式中:T_2——集料加热终止温度,℃,强制间歇式搅拌设备常取 160~180℃,滚筒连续式搅拌设备常取 140~160℃。

对于间歇强制式搅拌设备其干燥滚筒的有效利用热量为:

$$Q_1 = Q_{1-1} + Q_{1-2} + Q_{1-3} \tag{4.1-25}$$

将有关参数代入得:

$$Q_1 = (2.54 \sim 2.86) \times 10^5 G \tag{4.1-26}$$

对于滚筒连续式搅拌设备,由于其搅拌工序也在干燥滚筒内进行,故干燥滚筒的有效利用热量还应加上石粉加热所耗热量 Q_{1-4} 和沥青吸收热量 Q_{1-5} 即:

$$Q_1 = Q_{1-1} + Q_{1-2} + Q_{1-3} + Q_{1-4} + Q_{1-5} \tag{4.1-27}$$

根据式(4.1-26)有:

$$Q_{1-1} + Q_{1-2} + Q_{1-3} = (2.38 \sim 2.54) \times 10^5 G \tag{4.1-28}$$

经干燥滚筒筒壁散失的热量 Q_2 可按下式计算:

$$Q_2 = 3\,600\pi DL(t_\delta - t_0)h \tag{4.1-29}$$

式中:t_δ——筒壁平均温度,℃,常取 250;

t_0——空气平均温度,℃,常取 20;

h——筒壁的传热系数,kW/(m²·℃);

$$h = \frac{9.211(t_\delta - t_0)^{5/4} + 16.747\left[\left(\frac{t_\delta+273}{100}\right)^4 - \left(\frac{t_0+273}{100}\right)^4\right]}{3\,600(t_\delta - t_0)}$$

经干燥滚筒筒壁散失的热量也可按 $Q_2 = 0.025Q_1$ 近似计算。这样,干燥滚筒的耗热量为:

$$Q = Q_1 + Q_2 \approx 1.025Q_1 \tag{4.1-30}$$

(2) 燃料燃烧时的空气耗量

沥青混凝土搅拌设备在制备沥青混凝土时,对集料进行烘干加热所需热量必须由某种燃料燃烧提供。而为使燃料充分燃烧,又应保证足够的空气,即鼓风量。

目前,国内外沥青混凝土搅拌设备所采用的燃料多为液体燃料,一般都是柴油或重油。

根据燃料各成分的燃烧方程,1kg 燃料燃烧时的空气理论耗量 V_k(标准状态下)可用下式计算:

$$V_k = 8.87C_P + 26.53H_P + 3.31S_P - 3.68Q_P \tag{4.1-31}$$

式中:C_P、H_P、S_P、Q_P、N_P——分别为碳、氢、硫、氧、氮等成分在燃料中的含量百分数,数值见表 4.1-3。

燃料中各成分的含量(%)　　　　表 4.1-3

燃料种类	C_P	H_P	S_P	O_P	N_P	W_P(水分)	灰分
柴油	86.3	13.8	0.1	0.2	0.03	≤3	0.03
重油	81~87	10~14	0.17	0.2	0.3~1	≤4	<1

1kg 燃料燃烧时所需的实际空气耗量 V'_k 应高于理论空气耗量,其值可按下式求得:

$$V'_k = \alpha V_k \tag{4.1-32}$$

式中:α——燃料完成燃烧时的过量空气系数,对轻质液体燃料(柴油) $\alpha = 1.1 \sim 1.2$,对蒸气喷雾的重油 $\alpha = 1.3$,对空气喷雾和短火焰燃烧的重油 $\alpha = 1.05 \sim 1.10$。

(3) 燃料燃烧废气排量 V_f

为使燃料充分燃烧,除应保证足够的空气外,还应有合理的引风能力。为此,必须计算出燃料燃烧时的废气排量 V_f:

$$V_f = \left[m\left(\frac{m_1}{\rho_1} + \frac{m_2}{\rho_2} + \frac{m_3}{\rho_3} + \frac{m_4}{\rho_4} + \frac{m_5}{\rho_5} \right) + \frac{G_s}{\rho_2} \right]\left(1 + \frac{t_2}{273}\right) \tag{4.1-33}$$

式中:　　m——燃料小时耗量,kg/h;

m_1——1kg 燃料燃烧产物二氧化碳气的质量,kg/kg,

$$m_1 = 3.67C_P;$$

m_2——1kg 燃料燃烧产物水蒸气的质量,kg/kg,对空气喷雾燃料燃烧时的水蒸气:

$$m_2 = 9H_P + W_P \tag{4.1-34}$$

对蒸气喷雾燃料燃烧时的水蒸气:

$$m_2 = 9H_P + W_P + W_\varphi \tag{4.1-35}$$

W_φ——喷雾 1kg 燃料时的蒸汽耗量,kg/kg,常取 0.4~0.8;

W_P——燃料中水分的百分含量;

m_3——1kg 燃料燃烧产物氮质量,kg/kg;

$$m_3 = (8.8C_P + 2.63H_P + 3.28C_P - 3.76O_P)\alpha + N_P \tag{4.1-36}$$

m_4——1kg 燃料燃烧产物过量氧的质量,kg/kg;

$$m_4 = (\alpha - 1)(2.27C_P + 8H_P + S_P - O_P) \tag{4.1-37}$$

m_5——1kg 燃料燃烧产物二氧化硫的质量,kg/kg;

$$m_5 = 2S_P \tag{4.1-38}$$

G_s——从骨料中小时排除水分的质量,kg/h;

ρ_1、ρ_2、ρ_3、ρ_4、ρ_5——燃气密度,kg/m³,各值分别为:

二氧化碳 CO_2　　　$\rho_1 = 1.977$

水蒸气 H_2O　　　　$\rho_2 = 0.805$

氮气 N_2　　　　　　$\rho_3 = 1.251$

氧气 O_2　　　　　　$\rho_4 = 1.429$

二氧化硫 SO_2　　　$\rho_5 = 2.926$

在确定引风能力时,除燃料燃烧时的废气排量外,还应考虑设备漏气吸入的空气量,实际所需引风能力 V_y 可用下式计算:

$$V_y = V_f K + 3\,600 \sum A_H v_H \tag{4.1-39}$$

式中:K——通过卸料槽和烟箱吸入空气系数,取 $1.2 \sim 1.3$;

V_f——燃料燃烧时的废气排量,m^3;

$\sum A_H$——缝隙不严处和检查口的总面积,m^2;

v_H——通过不严密处检查口的空气流速,m/s:

$$v_H = K_P \sqrt{2 p_{ph} / \rho_B} \tag{4.1-40}$$

式中:K_P——空气耗量系数,取 $0.6 \sim 0.8$;

p_{ph}——防止空气通过不密处隙漏所需的负压(低于大气压),Pa,取 $2 \sim 5$;

ρ_B——空气密度,kg/m^3,取 1.29。

(4)其他热损失量

要合理确定沥青混凝土搅拌设备所需供热能力,除了干燥滚筒的耗热外,还应充分考虑其他热损失。

①废气带走的热损失 Q_f

废气带走的热损失 Q_f 可用下式计算:

$$Q_f = m[\sum m C_{CP}(t_f - t_0) - m_2(J_1 - J_2)] \tag{4.1-41}$$

式中:$\sum m$——1kg 燃料燃烧产物总和,kg/kg:

$$\sum m = m_1 + m_2 + m_3 + m_4 + m_5 \tag{4.1-42}$$

式中:C_{CP}——在温度 t_f 时燃烧产物的平均比热,$kJ/(kg \cdot ℃)$;

$$C_{CP} = \frac{m_1 C_1 + m_2 C_2 + m_3 C_3 + m_4 C_4 + m_5 C_5}{\sum m} \tag{4.1-43}$$

式中:C_1、C_2、C_3、C_4、C_5——燃气中各产物的比热:

$C_1 = 0.872\,53 + 0.000\,240\,615 t_f$;

$C_2 = 1.833\,4 + 0.000\,311\,08 t_f$;

$C_3 = 1.024\,1 + 0.000\,088\,55 t_f$;

$C_4 = 0.918\,2 + 0.000\,106\,51 t_f$;

$C_5 = 0.631\,4 + 0.000\,155\,41 t_f$;

t_f——废气温度;℃,常取 $150 \sim 200$;

J_1——在废气温度时,1kg 水蒸气的热能,kJ/kg,取 2 850;

J_2——1kg 水的热能,kJ/kg,取 84。

②火箱的热损失

火箱的热损失,一般以总供热量 3% 计。

③化学不完全燃烧的热损失

化学不完全燃烧的热损失,当蒸汽喷雾燃油时,一般为总供热量的 2% ~ 3%;当高压空气喷雾燃油时,基本为零。

④机械不完全燃烧的热损失

机械不完全燃烧的热损失,当蒸汽喷雾燃油时,一般为总供热量的 3% ~ 5%;当高压空气喷雾燃油时,基本为零。

⑤未被考虑的热损失,一般取总供热量的 1% ~ 3%。

4.1.5 主要部件设计

4.1.5.1 干燥滚筒的设计

(1) 功率计算

干燥滚筒工作时,需克服3个阻力,即滚筒内材料的提升阻力 W_1、滚筒旋转时滚圈沿支承托轮的滚动摩擦阻力 W_2、支承托轮销轴力的摩擦阻力 W_3。

为克服上述阻力而正常工作,干燥滚筒的驱动功率 P 可按下式计算:

$$P = \sum Wv/\eta \tag{4.1-44}$$

式中:$\sum W$——为克服3种阻力,换算到驱动元件(齿圈、链条、摩擦轮)上的总力,kN,$\sum W = W_1 + W_2 + W_3$;

v——驱动元件的圆周速度,m/s;

η——驱动机构的机械效率。

干燥滚筒旋转时,滚筒内叶片提升材料的阻力 W_1,可根据材料提升时作用在滚筒上的力矩平衡式求得(图4.1-33)。

$$M_1 = G_M b = W_1 R_q \tag{4.1-45}$$

式中:M_1——材料提升力矩,kN·m;

G_M——筒内材料的重力,kN;

b——筒内材料重心相对滚筒中心垂直轴线的距离,m;

R_q——驱动元件半径,m。

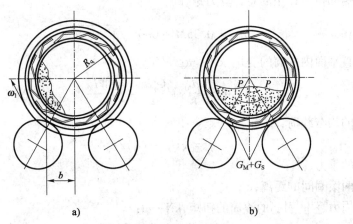

图4.1-33 干燥滚筒计算简图
a)滚筒旋转时材料的提升阻力;b)滚筒不转时在支持托轮上的压力分析

对大型沥青混凝土搅拌设备因其干燥滚筒转速一般较低,W_1 的值可用下式求得:

$$W_1 = 0.75 G_M b / R_q \tag{4.1-46}$$

W_2 和 W_3 按常规计算方法计算。

表4.1-4为干燥滚筒驱动功率的经验值,可供设计时参考。

干燥滚筒驱动功率经验值　　　　表4.1-4

生产能力	30	60	100	120	150	200	250	300	400
驱动功率(kW)	15	22	40	50	60	90	100	120	150

(2) 强度计算

为保证干燥滚筒的使用寿命,在设计时应对其筒体进行强度和挠度计算,对滚圈进行弯曲和挠度计算。

①筒体的强度计算

干燥滚筒筒体受载情况如图 4.1-34 所示。

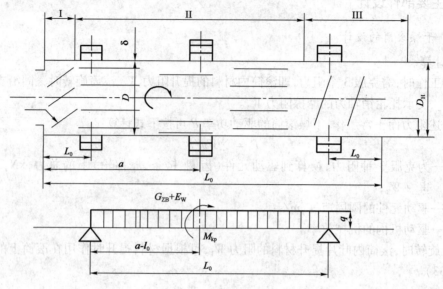

图 4.1-34　滚筒筒体受载简图

滚筒筒壁应力 σ：

$$\sigma = \frac{M_P}{1\,000 W_\delta} \leqslant [\sigma] \tag{4.1-47}$$

式中：M_P——由弯矩和扭矩作用的总计算力矩，kN·m；

$$M_P = 0.35M + 0.65\sqrt{M^2 + M_k^2} \tag{4.1-48}$$

M——在垂直平面内的筒的弯矩，kN·m；

$$M = \frac{qL_0^2}{8} + \frac{G_q L_0}{4} + \frac{\sum W L_0}{4} \tag{4.1-49}$$

q——滚筒的均布载荷，kN/m；

$$q = (G_M + G_\delta)/L_0 \tag{4.1-50}$$

G_δ——滚筒的重力，kN；
L_0——滚筒两滚圈间的距离，m；
M_k——由圆周力 $\sum W$ 引起的滚筒的扭矩，kN·m；

$$M_k = \sum W R_q \tag{4.1-51}$$

W_δ——滚筒的抗弯截面模具：

$$W_\delta = \frac{\pi}{32} \frac{(D_H^2 - D_\delta^2)}{D_H}$$

或

$$W_\delta = \frac{\pi D_H^2}{4}\delta \tag{4.1-52}$$

D_H——滚筒的外直径，m；
W_δ——滚筒的内直径，m；
δ——滚筒筒壁的厚度，m，其值取决于滚筒的直径（表 4.1-5）；

滚筒筒壁厚度与直径的关系　　　　　　表 4.1-5

D_δ(m)	1	1.4	1.8	2.4
δ(mm)	8	10	12	16

$[\sigma]$——滚筒筒体的许用应力,MPa,取值不应大于25。

为避免滚筒的局部变形,尤其是与滚圈架接触段上的筒体变形,必须在该区段的筒体上装设垫(衬)板,其厚度应为筒壁厚度的1.5~2倍。

②筒体的挠度f计算

为避免滚筒的弯曲,以保证传动装置的正常工作,筒体受均布荷载和集中荷载作用产生的挠度f不应大于许用值,即:

$$f = f_1 + f_2 \leq [f_0]L_0 \quad (4.1\text{-}53)$$

$$f_1 = \frac{5}{384} \cdot \frac{G_M L_0^3}{1\,000 EJ} \quad (4.1\text{-}54)$$

式中:f_1——由均布载荷产生的挠度,m;
f_2——由集中载荷产生的挠度,m。

$$f_2 = \frac{1}{48} \frac{(\sum W + G_{ZB})L_0^3}{1\,000 EJ}$$

式中:G_{ZB}——齿圈重力,kN;
E——钢的弹性模量,MPa,其值视滚筒的温度而定(表4.1-6);

钢在不同温度下的弹性模量 表4.1-6

温度(℃)	20	100	200	300	400
E值(MPa)	210 000	197 200	191 000	184 500	175 500

J——滚筒截面的轴惯性矩,m^4;

$$J = \frac{\pi}{64}(D_H^4 - D_\delta^4) \quad (4.1\text{-}55)$$

$[f_0]$——每米筒长的许用挠度,m/m,取0.000 3。

③刚性胀缩件的(滚动架)计算

为保证干燥滚筒的热膨胀,滚筒和滚圈架之间的间隙e为:

$$e = \alpha(t_1 - t_2)D_H \quad (4.1\text{-}56)$$

式中:α——钢的线胀系数,m/(m·℃),取11.5×10^{-5};
t_1——滚筒筒体的最高温度,℃;
t_2——滚筒筒体与滚圈在装配时的温度,℃。

滚圈的外径$D_{\delta \cdot H}$为:

$$D_{\delta \cdot H} = D_H + 2h_k + e \quad (4.1\text{-}57)$$

式中:h_k——圈架的高度,m。

滚圈的宽度$b_{\delta \cdot H}$为:

$$b_{\delta \cdot H} = P/q_g \quad (4.1\text{-}58)$$

式中:P——作用在托轮上的压力,kN;

$$P = (C_M + G_\delta)/Z_P \cos\gamma \quad (4.1\text{-}59)$$

Z_P——支承托轮数,取4;
γ——滚圈中心和托轮中心的连线与垂直方向的夹角,(°)。

滚圈和托轮接触的挤压应力σ_{CM}为:

$$\sigma_{CM} = 0.59\sqrt{\frac{q_g}{1\,000}\frac{E_1 E_2}{E_1 + E_2}\frac{R_{\delta H} + r}{R_{\delta H} r}} \leq [\sigma_{CM}] \quad (4.1\text{-}60)$$

式中:q_g——实际线压力,kN/m,根据所选取的滚圈宽度求得,对慢速干燥滚筒不大于2 000;

$R_{\delta \cdot H}$——滚圈半径,m;
r——支承托轮半径,m;
E_1,E_2——滚圈和托轮所用材料的弹性模量,MPa;
$[\sigma_{CM}]$——许用挤压应力,MPa,不同材料的值见表 4.1-7。

常用材料的许用挤压应力　　　　表 4.1-7

材　料	普通碳钢	铸　钢	铁
$[\sigma_{CM}]$值(MPa)	390~590	290~490	340

为保证滚圈足够的寿命,托轮直径 d_p 不宜过小,其值应为:

$$d_p = (0.15 \sim 0.33) D_{\delta \cdot H} \qquad (4.1-61)$$

对于采用摩擦传动的干燥滚筒(由托轮向滚筒传递转动),挤压应力应降低 20%~25%,并适当增加滚圈的宽度。而托轮的直径不变。在实际中考虑到滚筒的热胀伸长和不精确安装的误差,托轮的宽度 b_p 比滚圈的宽度 $b_{\delta \cdot H}$ 大 20~30mm:

$$b_p = b_{\delta \cdot H} + (0.02 + 0.03) \qquad (4.1-62)$$

滚圈的径向厚度 $h_{\delta \cdot H}$ 用下式计算:

$$h_{\delta \cdot H} = \sqrt{\frac{6 M_H}{1\,000 b_{\delta \cdot H} [\sigma]}}$$

式中:M_H——滚圈的弯矩,kN·m;

$$M_H = P l_k / 4 \qquad (4.1-63)$$

l_k——两滚圈架之间的距离,m;

$$l_k = \pi d_{\delta \cdot H} / Z_k = \pi d_{\delta \cdot H} \alpha_k / 360 \qquad (4.1-64)$$

$d_{\delta \cdot H}$——滚圈的内径,m;
d_k——滚圈架的角距,(°),取 10~20;
Z_k——滚圈架的个数,视滚筒直径大小而定,取 8~16;
$[\sigma]$——滚圈的许用弯曲应力,MPa,普通碳钢取 100,铸钢件取 ≤60。

(3)干燥滚筒内部叶片的设计

干燥滚筒内部叶片的设计应满足下列要求:

①集料能在滚筒进料区段快速移动;

②可强化滚筒对流区段内燃气和集料之间的换热过程;

③在燃烧区段内,集料不应堵挡喷燃器的火焰,以使燃料在滚筒内具有较好的燃烧条件;

④集料加热后,能与填料和结合料在滚筒内充分搅拌,均匀混合。

根据间歇强制式搅拌设备的工作特点(干燥滚筒采取逆流加热方式,仅对骨料烘干加热),其干燥滚筒内部分 4 个区段装置不同结构的叶片(图 4.1-35)。

第Ⅰ区段为进料区段。这一区段的叶片系接料叶片,其用途是将骨料接入滚筒内并快速向前移动。为此,这一区段的叶片采用多头螺旋带。螺旋带的升角取 45°~60°或螺距 $s = (3.14 \sim 1.8) D_\delta$,其头数和长度视滚筒的直径而定(表 4.1-8)。

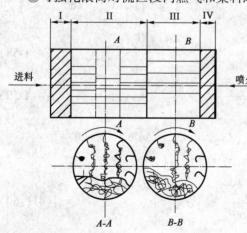

图 4.1-35　间歇强制式搅拌设备干燥滚筒叶片形状

螺旋带头数与直径的关系 表4.1-8

滚筒直径 D_δ (m)	I 区直径螺旋带头数	I 区的长度(m)
1~1.4	8~10	
1.8	10~12	$(0.4\sim0.8)D_\delta$
2.4	16	

第 II 区段为滚筒对流区,为强化燃气和集料之间的换热过程,叶片的设计应使集料在这里多次提升和自由撒落,并达到均匀分散,使燃气充分与集料进行热交换。该区段的叶片形式如图4.1-36所示,可供设计时选择参考。安装时应分段错开布置。

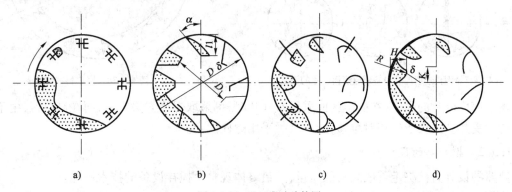

图4.1-36 II区段叶片简图
a)浅槽式;b)深槽式;c)勺式;d)曲线式

曲线式升料叶片的尺寸列于表4.1-9中。

曲线式升料叶片尺寸 表4.1-9

滚筒直径 D_δ (mm)	叶片数量	H(mm)	K(mm)	R(mm)	δ(mm)
1 000	8	180	140	160	4
1 200~1 400	8	200	160	180	5
1 600	12	200	160	180	6
1 800	12	240	195	220	6
2 000~2 200	16	240	240	220	8

深槽式升料叶片的具体尺寸是:

$$l_1 = 0.2D_\delta \quad l_2 = 0.085D_\delta$$

$$D_1 = 0.6D_\delta \quad \alpha = 25°\sim30°$$

第 III 区段为滚筒燃烧区,为使燃料能充分燃烧,该区段的集料在向前移动中不能堵挡火焰,而应保证始终沿着叶片围成一周。这样,还可减少由燃油滴被集料撞落造成的机械不完全燃烧的损失;减少通过滚筒壁散热的损失,减轻热辐射对滚筒壁的损害。为此,该区段的叶片可设计成盒形。

对于连续滚筒式搅拌设备,由于应对骨料采取顺流加热方式,另外搅拌工序也在干燥滚筒内实现。所以,其叶片设置与间歇强制式搅拌设备有所不同。通常它是采取图4.1-37所示的4个区段设计安置。

第 I 区段与间歇强制式搅拌设备相同。第 II 区段采取盒形叶片,第 III 区段采取图4.1-37的叶片形式,第 IV 区段为搅拌区。为使骨料、填料和结合料充分搅拌、均匀混合,该区段的叶片应使集料较多地被聚集提起并聚集落下。另外,为使沥青不受火焰直接辐射,同时避免沥青飞入度过大损失,国内外不少连续滚筒式搅拌设备还在 III、IV 区段之间设置分格槽式刮料板和阻料环,以形成阻挡火焰的密集料帘（图 4.1-38）既增加集料和燃气的接触面，又可使火焰不与沥青接触。

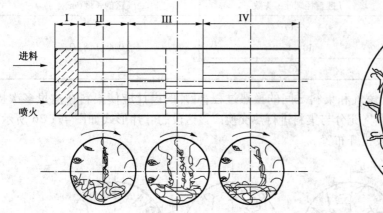

图 4.1-37 滚筒连续搅拌设备干燥滚筒叶片的设置

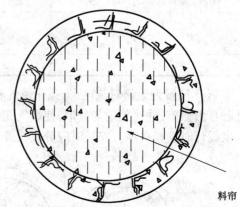

图 4.1-38 密集料帘的形成

干燥滚筒内叶片的固定，在低温区或采用短叶片时，可采取焊接方法固定；而在高热区，由于叶片和滚筒不均匀受热变形会产生相对位移，所以必须采用螺栓固定。

4.1.5.2 搅拌器的设计

搅拌器的设计直接决定着成品料的质量，并最终体现整个搅拌设备的技术性能。

(1) 桨叶安装角和排列方式的选择

当桨叶在搅拌混合料中运动时，在桨叶前面将形成密实的核心（图 4.1-39）。为使混合料既发生纵向又发生横向的循环搅拌，桨叶片对转轴应成某一角度 α 安装，经分析计算得知，在获得最大的搅拌强度时，桨叶的安装角 α 和密实核心侧棱与转轴之间的夹角 γ 有如下关系：

$$\sin^2\gamma = 2\sin^2\alpha\cos^2\alpha + \sin^2\alpha \qquad (4.1\text{-}65)$$

式(4.1-65)表明，当 $\gamma = 55°\sim70°$，$\alpha = 31°\sim40°$ 为最佳安装角。但对长搅拌器，安装角 α 可取 45°，因为此时，横向循环速度较小，而纵向循环速度较大。按上述范围选择桨叶安装角，能使结合料分布均匀。

搅拌器中的混合料在桨叶的作用下，除了产生在与转轴垂直的平面内围绕转轴的主要运动外，还将产生在两转轴桨叶相遇或重叠部位从转轴的一个旋转平面到另一个旋转平面的辅助运动。目前大多数搅拌器桨叶的排列都不是按照产生一种有规则的辅助运动设计的。但有的搅拌器，已开始通过适当的桨叶方式来使混合料产生有规则的辅助运动。

试验表明，按照可使混合料产生有规则辅助运动的旋转方式排列叶片，即 1、5、2、6、3、7、4、8 和 1′、5′、2′、6′、3′、7′、4′、8′ 分别在各自同一相位内排列相同，角度对称（图 4.1-40），可缩短搅拌时间。

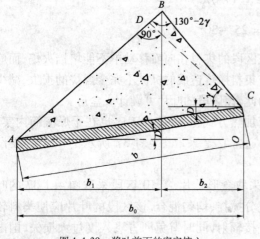

图 4.1-39 桨叶前面的密实核心

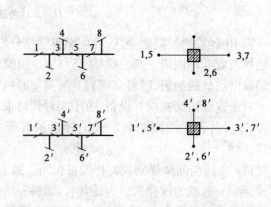

图 4.1-40 旋转排列桨叶

(2)搅拌驱动功率计算

搅拌器驱动功率 P 可按下式计算：

$$P = A_1 A_\varphi \frac{F}{d^2}\left(\frac{l}{d}\right)^{0.31} \frac{M_a}{M_z} Z\cos\alpha \, d^{1.9} n \rho^{-0.4} g^{0.3} \mu^{1.4} \tag{4.1-66}$$

式中：A_1——与所取计量单位制有关的无因次常数；

A_φ——桨叶形状影响系数，取 $0.85 \sim 1.3$；

F——1 个桨叶的面积，m^2；

l——桨叶与桨叶之间的距离，m；

M_a——装入搅拌器内混合料的质量，kg；

M_z——每份搅拌料的计算质量，kg；

Z——埋入搅拌器内的桨叶数，取总桨叶数的 1/2；

α——桨叶对转轴的倾角，(°)；

n——转轴的转速，r/min；

d——滚圈的内径，m。

ρ 和 μ 的值见表 4.1-10。

ρ 和 μ 的值　　　　　　　　　　表 4.1-10

混合料形式	$\rho(kg/m^3)$	$\mu(Pa \cdot s)$	混合料形式	$\rho(kg/m^3)$	$\mu(Pa \cdot s)$
干混合料	1 600 ~ 1 900	11 000 ~ 12 000	带沥青的混合料	1 280 ~ 1 800	9 500 ~ 10 000

注：低限值对细粒混合料。

除式(4.1-66)外，下列经验公式也广泛应用于计算搅拌器的驱动功率：

当 $m_z \leq 1\,400 \text{kg}$ 时：

$$P = \frac{v_L}{2.3} 0.035\,3 m_z \tag{4.1-67}$$

当 $m_z > 1\,400 \text{kg}$ 时：

$$P = \frac{v_L}{2.3}(29.1 + 0.017\,3 m_z) \tag{4.1-68}$$

式中：v_L——桨叶端部的圆周速度，m/s。

另外，还可参照成熟机型，用类比法确定功率。

(3)强度计算

①搅拌器壳体和桨叶

搅拌器的壳体通常用 8~15mm 的钢板制成。圆柱形底、焊接端壁和搅拌器的壳体架保证了壳体具有很高的强度和刚度。一般对这些部件不需要进行强度计算。由于摩擦磨损的原因，壳底和端壁要装有 8~20mm 厚的可换耐磨板保护。桨叶往往也是因磨损而报废。所以，对于易磨损件，为提高其寿命及经济性，应注意材质的选择。国外采用的镍硬铸铁抗磨零件具有较好的抗磨能力，国内已研制成功采用高铬铸铁制造衬板等耐磨零件，性能已接近国际水平，而且价格较低。除材料本身的成分、组织外，为了获得优质抗磨零件，还必须设法减少零件内部的缺陷，提高零件的精度，以避免局部提前磨损，延长抗磨件的使用寿命。

②搅拌轴

搅拌轴具有两种受载，即桨叶楔住集料受载和所有桨叶均匀受载。当集料楔在桨叶和搅拌器衬板间的缝隙时，搅拌轴的工作条件最为恶劣，驱动机的全部功率将由一个桨叶承受。

由集中作用力产生的挠度 f_D 为：

$$f_D = T_D l_3^2 l_4^2 / 3\,000 E J_D l_B \tag{4.1-69}$$

式中：T_D——集中作用力，kN；

$$T_D = PK_D/R_L\omega \tag{4.1-70}$$

P——驱动机的功率，kW；

K_D——功率系数,取 1.2;

R_L——桨叶半径,m;

ω——搅拌轴旋转角速度 r/s,$\omega = 0.105n$(n 为转轴转速,r/min);

E——钢的弹性模量,MPa(参见表 4.1-6);

l_B——轴支承间的距离,m;

J_D——方形轴惯性矩,m,$J_D = \dfrac{T_D l_3^2 l_4^2}{3E l_B^2}$;

l_3、l_4——自轴两支承到受载桨叶固定中心的距离,m;当桨叶对数为奇数时,$l_1 = l_2 = l_B/2$,当桨叶对数为偶数时:

$$l_3 = \frac{l_B}{2} - \frac{b\cos\alpha + l_B}{2} \quad l_4 = \frac{l_B}{2} + \frac{b\cos\alpha + l_B}{2} \tag{4.1-71}$$

b——桨叶宽度,m;

δ——相邻桨叶的间隙,m;

转轴的挠度 f_D 不应大于许用挠度,即:

$$f_D \leq [f] \tag{4.1-72}$$

搅拌轴许用挠度一般取 $[f_D] = 0.001 l_B (\text{m})$。

叶桨转轴多用碳素钢 40、45、50 制成,很少采用 $40C_r$ 钢。

在考虑搅拌臂固定方式的情况下(图 4.1-41)应对搅拌轴进行弯曲强度检算。

搅拌轴的弯曲应力 σ_m 用下式计算:

$$\sigma_M = M_M / 1\,000 W_M$$
$$= T_D l_B / 4\,000 \leq [\sigma] \tag{4.1-73}$$

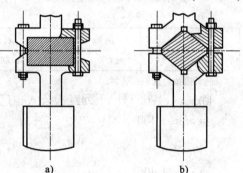

图 4.1-41 桨臂在拌桨轴上的固定方法

式中:M_M——弯矩,kN·m;

W_M——抗弯截面模量,m³,对直角固定搅拌臂的轴,$W_M = a^3/6$;对对角固定搅拌臂的轴,$W_M = a^3/8.5$;

a——方形转轴截面边长,m:

$$a = \sqrt[4]{12 J \psi_\varphi} \quad (\text{无倒角轴 } \psi_\varphi = 1,\text{有倒角轴 } \psi_\varphi = 1.2)$$

搅拌轴的扭转应力 τ_{kp} 用下式计算:

$$\tau_{kp} = M_{kp} / 1\,000 W_{kp} \leq [\tau] \tag{4.1-74}$$

式中:M_{kp}——由楔住力引起的轴的扭矩,kN·m;

W_{kp}——抗扭截面模量,m³,取 $0.208a^3$。

按轴的材料承载能力确定总强度安全系数 η_T,用下式计算:

$$\eta_T = \frac{\eta_{T\sigma} \eta_{T\tau}}{\sqrt{\eta_{T\sigma}^2 + \eta_{T\tau}^2}} > \eta_{\min} \tag{4.1-75}$$

式中:$\eta_{T\sigma}$——正应力强度安全系数,$\eta_{T\sigma} = \sigma_\tau / \sigma_M$;

$\eta_{T\tau}$——切应力强度安全系数,$\eta_{T\tau} = \tau_T / \tau_{kp}$;

$\eta_{\min}$——最小的强度安全系数,取 1.5~2。

搅拌臂的弯曲应力 $\sigma_{u \cdot kp}$ 用下式计算:

$$\sigma_{u \cdot kp} = M_{u \cdot kp} / 1\,000 W_{u \cdot kp} \leq [\sigma_u] \tag{4.1-76}$$

式中:$M_{u \cdot kp}$——搅拌臂危险截面处的弯矩,kN·m;

$$M_{u \cdot kp} = T_D L_{kp}$$

L_{kp}——桨叶外缘到搅拌臂危险截面处的距离,m。

若搅拌臂截面为圆形,则其抗弯截面模量 $W_{u \cdot kp}$ 和危险截面的直径 d_{kp} 可由下式确定:

$$W_{u \cdot kp} = 0.1 d_{kp}^3 \tag{4.1-77}$$

$$d_{kp} = \sqrt[3]{\frac{M_{u \cdot kp}}{100[\sigma_u]}} \tag{4.1-78}$$

式中:$[\sigma_u]$——搅拌臂的许用弯曲应力,MPa。

4.1.6 主要生产厂家典型产品及技术性能和参数

4.1.6.1 西安筑路机械有限公司 J4000 型集装箱式搅拌设备

(1)结构特点

①集装箱式模块化结构。每个模块按照我国公路运输要求,不超高,统一尺寸,运输、安装简捷。巧妙设计已将平台、栏杆、梯子等繁琐的物件安装在集装箱内,解决了发运难、安装繁的问题,大大节约了安调时间。设备整体结构紧凑、占地面积小。

②采用无基础设计。沥青搅拌设备采用无地脚安装,设备与地面接触面大,降低了基础单位面积承载,大大节约了基础制作成本。安装、拆迁方便。并在厂内可以完成整个设备的安装和调试,极大地节约了工地安装和调试时间。

(2)各总成性能

①喂料系统。喂料系统主要由配料器和倾斜皮带给料机组成。6个冷料仓,能满足各种沥青混合料的级配比要求。砂料仓上配有振动器,可保证砂料仓工作正常。大容量冷料仓长 4.22m,宽 2.5m,上料高度 3.8m,单斗容量 15.5m³,每个冷料仓下部均配有变频调速皮带给料器,采用原装进口变频器,调节范围广,精度高。每个冷料仓均配有无料报警系统。

②干燥系统。干燥筒外形尺寸为:直径 2.8m,长度 12m。采用四台原装进口减速电机,通过万向联轴器与四个摩擦轮相连,靠摩擦力使干燥筒运转,其独有安装形式和传动模式,具有偏差补偿,使得安装方便,受力均匀,传动平稳。干燥筒内布置着各种有利于集料与火焰进行热交换的叶片,使干燥滚筒的热效率达最高。在筒体外围具有良好的密封及保温层,有效防止热量的散失。主喷燃器采用德国 BEN-NINGHOVEN 燃烧器或美国 Hauck 燃烧器,可实现手动或自动远程控制,性能稳定可靠,燃烧充分,耗油量低,可适应柴油、重油、渣油、天然气等多种燃料,调节比大。

③热料提升、筛分、储存、称量系统。热料提升机采用集装箱式框架结构,其内包含了热提及上楼体用平台栏杆,安装、运输极为方便,且无变形。热提带有链条自动张紧装置和防倒转的止逆装置,从而保证了热提安全、可靠、高效率的工作。

配有六层式双振动直线高效振动筛。可筛分出六种不同规格的骨料,使沥青混合料的配比更细、更精确、更适合于高等级路面发展的要求。振动轴在外,轴承浸油润滑,无需天天加油,维修保养方便。筛网的固定采用快速钩式弹簧拉紧,使筛网的更换快速、方便。该振动筛安装了电机反相制动装置,它可消除振动筛将要停止但还没停止时所出现的跳动和不规则运动。

该设备配有六个热料仓,各仓上均安装有连续显示式料位器。砂石料仓配有热电偶测温仪。集料采用二次称量,小门位置可以任意调控,称量精度高,可满足各种级配的精准称量。沥青采用沥青喷洒泵喷入锅内,粉料采用螺旋输送进锅,该形式使得进锅料更加均匀,提高拌和效率和精度。该设备采用的传感器均为原装进口传感器,与独特结构设计和程序控制相匹配,称量精度高,可满足任何工程的质量要求。

④搅拌系统。搅拌锅采用双减速电机驱动齿轮同步,高强度双轴强制搅拌。物料拌和均匀,沥青裹覆度极高。配有保温层。衬板及叶桨头均采用高耐磨特殊性材料制成,工作可靠、寿命长。料门采用双气缸操纵旋转式放料门,卸料迅速、彻底,密封效果好。

⑤导热油加沥青供给系统。该设备采用全自动的无人看管的卧式导热油加热系统。采用连续显示式料位监测系统。采用导热油加热和保温。其中燃烧器及部分控制仪表均为原装进口件。具有自动点

火,自动监视工作状态的功能,可根据导热油的温度进行大火或小火工作。

⑥除尘系统。该设备除尘系统配带有一级重力除尘器和二级布袋除尘器。二级除尘为布袋除尘器,整个布袋的控制与主机连锁,具有温度保护系统。布袋材料选用美国杜邦公司生产的耐热布袋,耐温高,寿命长,除尘效率高。

⑦粉料供给系统。新旧粉各采用单独集装箱结构,与楼体并联,运输、安装方便,密封性好。配有连续式料位器,可准确提供粉料用量。采用气体疏松和震动器双重破拱装置。上部配有自动卸荷和布袋脉冲除尘装置。

⑧成品料仓集装箱。成品料仓含3个成品仓和1个废料仓,成品仓仓容200t,仓底门采用导热油加热保温。运料小车采用变频调速技术,旋转编码器定位,位置误差不超过1cm。车门采用机械挡块开门结构,安全可靠、故障率低。轨道底部可电动随意升降,在必要时,运料车可直接锅底接料。

⑨控制系统。控制系统采用PROFIBUS总线控制方式,便于系统之间数据的实时传送,更方便进行系统的扩展;上位计算机和PLC之间的通信采用100M工业以太网,使得通讯速度更快;数据库采用微软公司SQL大型数据库,可以存储任意多的用户配方和用户数据;操作系统采用人性化设计,简单易学,具有语音报警系统和远程控制功能。

西筑沥青混凝土搅拌站主要技术参数见表4.1-11。

西筑沥青混凝土搅拌站主要技术参数　　　　表4.1-11

型号	形式	生产能力（kg/锅）	产量（t/h）	计量精度（%）	温度稳定性（℃）	干燥筒尺寸（m）	除尘效率（mg/m³）	总功率（kW）
JX1000	间歇式	1 000	60~80	沥青±0.1 粉料±0.2 集料±0.3	5	φ1.5×6.5	≤25	270
JX2000	间歇式	2 000	120~160	沥青±0.1 粉料±0.2 集料±0.3	5	φ2.2×8.0	≤25	445
J3000	间歇式	3 000	200~240	沥青±0.1 粉料±0.2 集料±0.3	5	φ2.5×9.5	≤25	700
J4000	间歇式	4 000	280~320	沥青±0.1 粉料±0.2 集料±0.3	5	φ2.8×12	≤25	845
J5000	间歇式	5 000	360~400	沥青±0.1 粉料±0.2% 集料±0.3%	5	φ3×12	≤25	1003

4.1.6.2 江苏华通动力重工有限公司沥青混凝土搅拌设备

(1)ABH系列沥青混凝土搅拌设备

ABH系列是与澳大利亚阿伦公司共同开发的产品,主要性能达到国外同类产品水平。它适合于生产高等级路面及市政道路的沥青混凝土面层及底层的材料。该设备采用强制式搅拌,间隙式出料的搅拌工艺。各种砂石料、粉料、沥青通过电子秤称量,控制系统由工业控制计算机控制,操作简单,工作可靠。其主要优点如下。

①在控制室内可单独或者整体调整电机,以调整冷料供给量。

②干燥筒翻料板优化设计,形成优秀的料帘分布,保证加热的高效率又避免过热。出料端采用专利技术,延长设备使用寿命。

③振动体外有罩壳,避免粉尘外扬。
④料仓放料门采用专利大间隙设计,避免卡料、漏料现象。
⑤放料仓门轴套采用干式润滑轴套,工作中不需要添加润滑。
⑥沥青加入采用泵喷洒方式,拌和均匀,消耗时间少。
⑦搅拌缸放料门采用推拉式,放料快耗时少,轴端采用迷宫式,避免漏料。
⑧搅拌缸叶片采用专利设计,可以在初次受用磨损后更换方向再次使用一次。
⑨除尘系统有水除尘系统和布袋除尘系统两种。水除尘为一级旋风除尘和二级湿式除尘,湿式除尘采用两台水泵供水喷淋,提高除尘效果。布袋除尘为旋风除尘/重力除尘加布袋除尘器,除尘效果优秀。
⑩控制系统采用进口计算机控制,进口 PLC 单元以及国际品牌的元器件,保证系统的可靠性。

江苏华通动力重工有限公司沥青混凝土搅拌站主要技术参数见表4.1-12。

江苏华通动力重工有限公司沥青混凝土搅拌站主要技术参数　　　　表4.1-12

型　号	形　式	生产能力 (kg/锅)	产量 (t/h)	计量精度 (%)	温度稳定性 (℃)	干燥筒尺寸 (m)	除尘效率 (mg/m³)	总功率 (kW)
ABH3000	间歇式	3 000	180～240	沥青±0.15 粉料±0.25 集料±0.4	5	φ2.65×9	≤40	698
ABH4500	间歇式	4 500	270～360	沥青±0.15 粉料±0.25 集料±0.4	5	φ3×10.5	≤40	895
ABH5000	间歇式	5 000	300～400	沥青±0.15 粉料±0.25 集料±0.4	5	φ3×11	≤40	958

(2)LJB系列沥青混凝土搅拌设备

LJB系列沥青混凝土搅拌设备是采用日本技术而研制开发的产品,设计思想充分考虑我国国情,主要性能达到国外同类产品水平,是一种有较高性能价格比的设备,它适合于生产高等级路面及市政道路的沥青混凝土面层及底层的材料。

该设备采用强制式搅拌,间歇式出料的搅拌工艺。各种砂石料、粉料、沥青通过电子秤称量,工业控制计算机控制,操作简单,工作可靠。积木式模块化设计,布局合理,结构紧凑,拆装简单方便,使用成本低。

江苏华通动力重工有限公司LJB系列沥青混凝土搅拌设备见图4.1-42,主要技术参数见表4.1-13。

图4.1-42　LJB系列沥青混凝土搅拌设备

LJB 系列沥青混凝土搅拌设备主要技术性能参数 表 4.1-13

产品型号	生产能力(t/h)	骨料精度(%)	粉料精度(%)	沥青精度(%)
LJB2000	120～160	±0.5	±0.35	±0.25
LJB1500	90～120	±0.5	±0.35	±0.25
LJB1200	72～96	±0.5	±0.35	±0.25
LJB1000	60～80	±0.5	±0.35	±0.25
LJB600	36～48	±0.5	±0.5	±0.35

(3) ARH 系列沥青热再生搅拌设备

ARH 系列沥青热再生搅拌设备是在引进日本和澳大利亚阿伦(ARAN)公司技术的基础上自主研制开发的产品，设计思想充分考虑我国国情，是一种有较高性能价格比的设备。它以传统的沥青混合料搅拌设备为基础，并增加废旧沥青混合料烘干、计量及再生的功能，使之达到废旧沥青混合料的再生利用，适合于生产高等级路面及市政道路的沥青混凝土面层及底层的材料、各种再生料。

该设备采用强制式搅拌，间歇式出料的搅拌工艺。各种砂石料、粉料、沥青通过电子秤称量，工业控制计算机控制，操作简单，工作可靠。积木式模块化设计，布局合理，结构紧凑，拆装简单方便，使用成本低，再生料比例高。

江苏华通动力重工有限公司 LJB 系列沥青混凝土搅拌设备见图 4.1-43，主要技术参数见表 4.1-14。

图 4.1-43 ARH 系列沥青混凝土拌和机

ARH 系列沥青混凝土拌和机主要技术性能参数 表 4.1-14

产品型号	生产能力(t/h)		集料精度(%)	粉料精度(%)	沥青精度(%)	再生精度(%)
	新料	再生料				
ARH3000	180～240	120	±0.5	±0.35	±0.25	±0.5
ARH2000	120～160	80	±0.5	±0.35	±0.25	±0.5
ARH1500	90～120	60	±0.5	±0.35	±0.25	±0.5
ARH1000	60～80	40	±0.5	±0.5	±0.35	±0.5

4.1.6.3 泰安岳首 LBP(D)4000 环保节能型沥青混合料搅拌设备

该设备主要由配料系统，干燥系统，热料提升、筛分、储存、称量系统，搅拌系统，导热油加热及沥青供给系统，除尘系统，粉料供给及粉尘回收系统，气路控制系统，成品料仓，电气控制系统及中心控制室等组成。整机的主要装配采用模块式结构，合理布局、结构简单紧凑，安装拆迁方便快捷。

①配料系统：主要由级配斗、集料输送机和喂入料输送机组成，能满足各种沥青混合料的级配要求。每个冷料仓下部均配有一条可变频调速的皮带给料器，配置轴装式减速电机，结构紧凑、简单，故障率

低;砂石料的微调靠改变皮带给料器的转速及料门开启的大小改变,在出口处设置有缺料报警装置。在砂石料仓上配有仓壁振动器,它可保证砂料仓出料顺畅。

②干燥滚筒:采用四台高性能减速电机通过万向节联轴器与四个支撑轮相连,靠摩擦力使干燥筒运转,支撑轮采用耐高温的尼龙制作而成,可减少对干燥筒上的传动磨损,减少噪声,受力均匀。干燥筒外壁有50mm厚的保温材料,外包不锈钢板;干燥筒内布置着多种有利于骨料与火焰进行热交换的叶片,使干燥滚筒的热效率达到最高。

③国产燃油燃烧器:具有世界先进性的单体型燃烧机,该机体积小、质量轻,集喷嘴燃烧室、风机、消声器为一体,采用世界先进的气泡雾化喷嘴技术研发制造的一款多形态燃烧节能型燃烧器,其独特的轴向布置更是成为典范的主要因素,内置的高速电机,驱动精密而又耐磨的合金叶轮,将空气从后部吸入在中部进行增压;尾部的风门由进口伺服电机通过连杆控制其角度,在准确控制风量的同时,燃烧器伺服电机同步调节油阀使空气与燃油充分混合雾化进入燃烧室,从而达到百分之百的雾化效果。可适用多种燃料,如重油、渣油、燃烧油、废机油等。

④筛分:该设备配有6层高效振动筛:筛网的固定采用快速拉钩装置,使筛网的更换快速、方便。整个筛体采用防松螺栓连接,整体性好,牢固耐用。在箱体的两侧均装有振幅指示标牌。该振动筛也安装了电机反相制动装置,它可消除振动筛将要停止但还没有停止时所出现的跳动和不规则运动。该振动筛设有不筛分装置,可让集料不经过筛网直接进入热集料仓,在某些情况下可减少筛网的磨损,延长其使用寿命。整个筛体封闭在防尘罩内,整个防尘罩外侧增加了50mm厚的保温层,有效地减少了热量散失,节约了燃油消耗量,是理想的环保型设备。

⑤储存:该设备配有6个热料仓,总容量高达100t,能有效地保证成品料出料的连续性;料仓外部包有50mm厚的保温层,减少热量损失,节约燃料消耗量,降低了制造成本;在砂石屑料仓上装有热电阻测温仪,以测量热料仓中砂石料的温度;各热料仓上均安装有射频电容式料位计,连续显示料位变化情况,并能够与冷料供给系统通过计算机连锁控制,使各料仓料位保持恒定、物料冲量稳定,从而提高集料的计量精度;每个料仓均配置双气缸料门,气缸的同时开启、分别关闭可实现骨料的精确计量;偏心旋转料门的成功使用、针对不同粒径物料料门间隙的调整杜绝了卡料现象的发生。热料仓上还配有各自独立的溢料管和超大规格废料管,便于溢料的回用和废料的收集处理。

⑥称量:该设备设有3个称量斗为砂石料称量斗、矿粉称量斗、沥青称量斗。砂石料称量斗:独特设计的偏心料门结构,使料门开启灵活、平稳,杜绝了卡滞现象。矿粉称量斗:配备气力破拱装置,下料顺畅快捷;专用的矿粉撒布螺旋输送机使矿粉进入搅拌机迅速、均匀,有效地保证了成品料的质量;变频调速计量螺旋输送机(小管径、高转速)的使用,使得较高的粉料计量精度得以保证。沥青称量斗:导热油加热、保温层保温,外包不锈钢板,美观节能;沥青称量斗为一特殊的保温容器,内有导热油盘管加热,外有岩棉夹层,既保证了沥青秤需要保温的要求,又从根本上避免了计量斗皮重的变化对称量精度的影响,再加上电磁制动沥青泵、单向阀的配套使用提高了计量精度;沥青注入采取沥青泵喷射形式,能均匀地覆盖搅拌缸内集料表面,有助于提高成品料的质量,减少搅拌时间;电控、机械双重超秤检测装置,杜绝溢秤;沥青的减量、浮动计量再保证计量精度的基础上又严格地控制了油石比。其中:砂石料称量斗的称质量为8 000kg,采用3只压力传感器。粉料称量斗的称重力为960kg,采用3只压力传感器,沥青称量斗的称质量为720kg,采用3只压力传感器,该设备采用的传感器均为美国梅迪亚产品。该传感器属于高精度、高灵敏度电阻式应变传感器,全密封型;该传感器能适应任何恶劣的环境条件,而不影响精度,可靠性强。

⑦除尘系统。配有一级重力除尘+二级布袋除尘器。除尘系统一级除尘采用重力除尘器,该除尘器除尘效果能达到80%左右,其除尘对象为大于75μm以上的粉尘,一级除尘的所有粉尘为细集料颗粒全部用螺旋输送机送入热骨料提升机回用。除尘系统二级除尘为分室脉冲袋式除尘器,该除尘器主要采用进口耐高温布袋,保证在额定高温下长期工作,其使用寿命长,透气性能好,除尘对象为通过了一级除尘器的75μm以下的粉尘。布袋除尘效果达到99.5%以上。

泰安岳首沥青混凝土搅拌站主要技术参数见表4.1-15。

泰安岳首沥青混凝土搅拌站主要技术参数 表 4.1-15

型号	形式	生产能力 (kg/锅)	产量 (t/h)	计量精度 (%)	温度稳定性 (℃)	干燥筒尺寸 (m)	除尘效率 (mg/m³)	总功率 (kW)
QLB3000	间歇式	3 000	240	沥青 ±0.25 粉料 ±0.20 集料 ±0.5	5	—	≤50	760
LBP(D)4000	间歇式	4 000	320	沥青 ±0.20 粉料 ±0.25 集料 ±0.3	5	—	≤25	1 052
HLB5000	间歇式	5 000	400	沥青 ±0.10 粉料 ±0.20 集料 ±0.3	5	—	≤25	1 037

4.1.6.4 吉林原进公司沥青搅拌站

吉林原进公司具有多年从事沥青搅拌设备生产的经验,是国内较早进入间歇式沥青搅拌设备生产领域的厂家之一。该公司产品的主要特点是:

①设计中采用大型复杂结构的动态设计技术。

②采用先进的微电子控制技术,其上位机使用工控机(触摸屏显示器),下位机使用德国西门子PLC可编程序控制器控制,大部分控制按钮的工艺控制过程均在上位机显示器上完成。动画显示系统美观大方,通俗易懂。

③主要驱动系统均采用国外先进系列产品,其性能稳定可靠,减少维护。

④电气元器件采用世界名牌产品,保障整机稳定可靠运行。

⑤整机移动性好。采用模块形式,各部件均按集装箱部件的要求优化设计,可解体并适于公路和铁路运输,便于拆装。

⑥关键部位配备有工业监视器,便于控制室内人员随时掌握外部信息。

⑦高配置的驱动系统在恶劣的工况条件下也能保证设备的良好运行和正常生产。

⑧高容错率的基础设计方式使安装难度降低,安装更快捷,更有利于设备的生产运行。

⑨高配置的除尘系统保证在恶劣的生产条件下设备一样能达到环保要求运行生产。

⑩周到的环保要求考虑使设备工作时更节约能源和燃料。

吉林原进公司沥青搅拌站主要技术参数见表4.1-16。

吉林原进公司沥青搅拌站主要技术参数 表 4.1-16

型号	形式	生产能力 (kg/锅)	产量 (t/h)	计量精度 (%)	温度稳定性 (℃)	干燥筒尺寸 (m)	除尘效率 (mg/m³)	总功率 (kW)
LB1300	间歇式	1 300	100	沥青 ±0.2 粉料 ±0.2 集料 ±0.3	5	$\phi 1.7 \times 6.5$	≤25	300
LB1500	间歇式	1 500	120	沥青 ±0.2 粉料 ±0.2 集料 ±0.3	5	$\phi 1.8 \times 7$	≤25	450
LB2000	间歇式	2 000	160	沥青 ±0.2 粉料 ±0.2 集料 ±0.3	5	$\phi 2.2 \times 8$	≤25	520
LB3000	间歇式	3 000	240	沥青 ±0.2 粉料 ±0.2 集料 ±0.3	5	$\phi 2.6 \times 9.5$	≤25	750
LB4000	间歇式	4 000	320	沥青 ±0.2 粉料 ±0.2 集料 ±0.3	5	$\phi 3 \times 12.5$	≤25	1 000

4.1.6.5 潍坊市筑路机械厂沥青混凝土拌和机

潍坊市筑路机械厂是生产筑路设备的专业厂家,迄今已有40多年的历史,是国内最早生产沥青拌和设备的厂家之一。

(1) QLHB1000型强制式沥青混凝土拌和机主要部件介绍:

①搅拌缸:采用单机双卧轴强制搅拌系统,缸体设计符合动力学原理,缸体内附可换衬板、浆片,浆片分布经过动力学及流体力学优化设计,通过动平衡测试,卸料口采用气动控制安全可靠。该搅拌缸具有运转平稳、搅拌均匀、成品料无离析的优点。

②振动筛:采用先进的减震弹簧内置悬吊,使振动筛外壳与拌和楼底盘完全刚性连接密封彻底解决防尘问题。激震器外置,使激震器轴承脱离高温环境,大大延长其使用寿命,并且维修保养便捷。该新型振动筛具有运转平稳、筛分准确、高效环保、维修保养便捷、使用寿命长的优点。

③集料计量、沥青计量与喷洒:采用先进的LT-2拉力传感器,精确布点确保了平稳可靠的采集数据,然后经微型计算单元送中心控制计算机运算处理,使计量精度达到±0.5%。用户可通过中心控制计算机进行混合料的自由配比,并可经打印机输出各种所需数据。沥青被加热到规定温度后由沥青泵,将沥青送入沥青计量斗内计量,准确后由沥青喷洒泵均匀喷洒到搅拌缸内。沥青计量精度为±0.3%。

④干燥滚筒:采用滚筒旋转对流式的加温方式,从滚筒一端送入冷料,在另一端安装燃烧器,送入火焰和热风,对冷料进行加温至所规定温度。筒体内部装有送料、卷升、调整石子与砂的温度及出料四种不同形状的刮板。集料在筒内的加热时间为3~4min。

⑤燃烧系统、冷料仓系统:燃烧系统包括燃油罐、燃烧室、喷油枪、点火枪及风机等。用沥青泵将加温到150℃左右的沥青送到喷油枪,经电子自动打火点燃,送入与燃油旋向相同的冷风,将燃油雾化燃烧。也可根据用户要求另行配置各种类型燃烧器。冷料仓部分主要由四个冷料仓和每个冷料仓下部安装的一台皮带喂料机组成。喂料机由调速电机经摆线针轮减速机和链条把动力传给皮带喂料机,操作人员在控制室通过遥控调整每台调速电机的转速,以控制每台皮带喂料机的喂料量基本适应矿料的机配。

⑥皮带输送机:采用平皮带输送机和倾斜皮带输送机两种皮带机输送集料到干燥滚筒。

⑦石粉仓:配石粉仓一个,石粉经仓体锥部的螺旋输送机到达石粉提升机,再由石粉提升机到石粉计量斗。

⑧提升机系统:采用生产技术成熟的链斗提升机,工作稳定可靠,性价比高。配热料提升机和粉料提升机各一台。

⑨除尘系统:采用旋风除尘与水式除尘相结合的组合除尘方式。第一级为六筒旋风除尘,第二级为水式除尘。过两级除尘器除尘后,粉尘排放量小于100mg/m³。

⑩成品料的提升及储存系统控制系统及控制室:本系统采用单斗提升,由卷扬机带动提升斗经轨道提升到储料仓。提升可手动,也可自动,由德国图尔克接近开关和时间继电器控制提升斗的工作过程,可实现自动化运转。储料仓底部安装两个放料口,由汽缸分别控制向运输车辆卸料。采用两个放料口是为了便于向不同长度的运输车辆卸料。可单开门也可双门同时开启。单斗的行程采用德国图尔克接近开关控制。为防万一,在成品料仓卸料处设有双重限位和紧急限位,以防机械、电器失灵,造成事故。

本机控制系统由中心控制计算机完成。中心计算机的电子元件全部产自台湾,配电柜内电器元件全部采用新华TO系列,微机的操作平台采用WIN98,控制程序由厂家自主开发方便易学,性能稳定可靠。本机控制室采用彩钢板内装有隔热、保温材料,具有良好的密封性能,并安装有空调设备,整个控制室美观大方、宽敞明亮,为操作人员提供良好的工作环境。

(2) QLHB2000型沥青混凝土拌和机主要技术特点

①模块化设计,采用CAD计算机辅助设计,整机结构紧凑,布局合理,安装、拆卸及维护方便。

②设备关键部件均采用德国TELTOMAT和意大利MARINI技术制造,性能优良可靠。

③搅拌缸所用耐磨件均采用特殊耐磨铸钢材料制成,耐磨性高,使搅拌缸的寿命得到很大提高。

④称重元件采用瑞士产品,输出信号稳定、准确且使用寿命长。集料的计量精度可达≤±0.5%;石粉与沥青的计量精度可达≤±0.3%。

⑤独立开发的控制系统,其友好的操作界面使操作人员易于掌握和方便操作,性能稳定且不易丢失数据。

⑥布袋除尘器中的布袋材料采用美国杜邦公司的美塔斯派,最高耐温204℃,保证高除尘效率和长使用寿命。

⑦电气元件全部采用ABB进口产品。

潍坊市筑路机械厂沥青混凝土拌和机主要技术参数见表4.1-17。

潍坊市筑路机械厂沥青混凝土拌和机主要技术参数 表4.1-17

型号	形式	生产能力(kg/锅)	产量(t/h)	计量精度(%)	温度稳定性(℃)	干燥筒尺寸(m)	除尘效率(mg/m³)	总功率(kW)
QLHB1000	间歇式	1 000	80	沥青±0.30 粉料±0.30 集料±0.50		$\phi 1.65 \times 6.81$	≤100	190.7
QLHB2000	间歇式	2 000	120~160	沥青±0.30 粉料±0.30 集料±0.50		$\phi 2.20 \times 9.00$	≤200	560

4.1.6.6 德国林泰阁(LINTEC)标准集装箱式沥青搅拌站

德国林泰阁(LINTEC)公司具有悠久的沥青混凝土搅拌设备制造历史,公司总部在德国汉堡。从1919年开始致力于沥青搅拌设备的开发和革新,于20世纪70年代成功地推出了筛网滚筒(间歇式)搅拌设备。并于1992年生产出世界上第一台双筛网倾斜式滚筒沥青搅拌站。

(1)林泰阁沥青搅拌站优点

①双筛网滚筒能够更有效地控制原料分级;

②大大地提高筛网的使用寿命;

③筛分的准确性使得设备可以生产品质卓越的沥青混合料。

双筛网滚筒(间歇式)沥青搅拌站全部标准集装箱化-CSD系列沥青搅拌站(C代表标准集装箱;S代表双筛网;D代表滚筒)。由于标准集装箱是最具成本效率的运输方式,所以标准集装箱化沥青搅拌站大大削减运输、搬迁和地基成本,使得设备具有高度的流动性。

(2)设备特点

①没有热料提升机。任何沥青搅拌站常因热料提升机而产生许多问题,主要是由于高温的变化容易造成链条、热料斗、轮轴和链齿的损坏,并且维修保养比较困难,因此其维修工作量比较大而且维修费用较高。

②没有振动筛网。振动筛网通常安装在搅拌站的最上层。由于振动筛网的设计和其超过均衡的重力,使得轴承容易损坏和产生循环应力,紧固的螺栓、螺母容易松脱,筛网也容易疏松,从而造成原料分级的不准确。由于筛分是采用集料在筛网上的跳动进行筛分,所以筛网比较容易破损,筛网的振动力也会传导至整个拌和站。因此操作人员必须时时注意是否有电线、螺栓、螺母和一些连接配件的松脱,操作和保养成本比较高。

林泰阁双筛网滚筒的设计除去了热料提升机和振动筛网,并同时除去两个大电机,保养费和电力消耗更低。双筛网滚筒安装在拌和站的最高层,由于没有热料提升机和振动筛网,从而缩短了加热混合料的行程。热料仓设计在筛网的下边,缩短了热料的行程,不易导致热量的损失。

(3)标准集装箱搅拌站的优点

①运输费用低。无论采用海运还是陆运(包括铁路和汽车运输),标准集装箱搅拌站的运输费用较

低。因为标准集装箱是最具成本效益的运输方法。

②设备地基简单。标准集装箱搅拌站主机安装时,不需要特别准备水泥混凝土地基,只需按照地基要求准备,将地基钢板铺设好,就可以安装,在野外施工,这将会大大节省工地费用和时间。

③搬迁快捷。由于采用标准集装箱式设计,所以其所有的部件、管线、电气线路全部已在每个集装箱内固定,再次搬迁时无须拆卸,而且箱体间的固定采用标准集装箱定位销和一个紧固长螺杆,而且采用集装箱底盘运输设备,节省吊装时间和费用。

④燃料节省。由于LINTEC沥青搅拌站没有热料提升机,所以加热后的集料没有再次同空气接触的过程,直接进入筛分系统到热集料仓,因此,其燃料费用非常节省。

⑤电力节省。由于LINTEC沥青搅拌站采用高温负压大气反吹原理,而且其独特的设计使得滚筒同除尘器的间距变小,所以其引风机电机较小,如LINTEC CSD3000的引风机电机功率为132kW,而且LINTEC设计中没有热料提升机,所以主机设备的装机功率为480kW。

⑥抗恶劣气候性能。空气压缩机、电动机、开关、电缆、泵、喷燃器等均安装在集装箱内,对于外界的恶劣雨雪、风沙天气,主机内的部件都会得到集装箱壳体的保护,从而使设备部件及主机设备的寿命更长久,这意味着更低的维修费和更少的停工。

⑦野外作业的安全性。由于沥青搅拌站多数都安装在偏远的地区,保安是一项重要的考虑因素。标准集装箱只需要关上控制室的大门,整个设备就没人能进入,安全系数高。

德国林泰阁沥青混凝土搅拌站主要技术参数见表4.1-18。

德国林泰阁沥青混凝土搅拌站主要技术参数 表4.1-18

型号	形式	生产能力（kg/锅）	产量（t/h）	计量精度（%）	温度稳定性（℃）	干燥筒尺寸（m）	除尘效率（mg/m³）	总功率（kW）
CSD1500	间歇式	1 500	120	沥青±0.1 粉料±0.1 集料±0.3		φ1.6×7.0	≤20	276.15
CSD2500	间歇式	2 500	160	沥青±0.1 粉料±0.1 集料±0.3		φ1.8×8.5	≤20	364.44
CSD3000	间歇式	3 000	240	沥青±0.1 粉料±0.1 集料±0.3		φ2.2×9.5	≤20	501.1
CSM3000	间歇式	3 000	240	沥青±0.1 粉料±0.1 集料±0.3		φ2.2×9.5	≤20	527.2
CSM4000	间歇式	4 000	320	沥青±0.1 粉料±0.1 集料±0.3		φ2.6×10	≤20	621.5

4.1.6.7 法亚中国玛连尼沥青混合料搅拌设备

法亚中国玛连尼MAC320沥青混合料搅拌设备主要技术参数见表4.1-19。

玛连尼MAC320沥青混合料搅拌设备主要技术参数 表4.1-19

型号	形式	生产能力（kg/锅）	产量（t/h）	计量精度（%）	温度稳定性（℃）	干燥筒尺寸（m）	除尘效率（mg/m³）	总功率（kW）
MAC320	间歇式	4 000	320	沥青±0.1 粉料±0.2 集料±0.3		φ2.70×11.07	≤20	642

4.2 沥青混凝土摊铺机

4.2.1 概述

4.2.1.1 定义

沥青混凝土摊铺机是进行沥青混合料摊铺作业的主要机械。其作用是将拌制好的沥青混合料，按照路面的形状和厚度均匀地摊铺在已经修筑好的路基或路面基层上，并给以初步的捣实和整平，形成满足一定宽度、厚度、平整度、密实度和拱度要求的路面基层或面层。广泛应用于公路、城市道路、机场、码头、大型停车场等沥青混凝土摊铺作业中，其摊铺速度快、摊铺质量高，还可以降低工人劳动强度。

4.2.1.2 国内外发展现状

我国在20世纪60年代，修筑沥青路面采用的大都是二级以下的公路标准。当时曾从日本等国进口少量的摊铺机，受各方面条件限制，其应用仅限于少数城市的个别路段施工。20世纪70年代初期，交通部公路科学研究所和交通部西安筑路机械厂共同开发研制了我国第一台摊铺宽度为4.5m的LT6型轮胎式沥青混凝土摊铺机，迄今为止，该机已成为我国累计产量和年生产量最多的摊铺机。为了尽快地掌握和赶上世界先进技术水平，1987年，交通部西安筑路机械厂与交通部公路科学研究所合作引进了德国DYNAPAC-HOSE公司的摊铺机制造技术，经过消化、吸收和国产化工作，研制出了摊铺宽度8m的LTY8(轮胎式)和GILY7500(履带式)高级摊铺机，目前已形成批量生产能力，国产化率达80%以上。20世纪90年代初期，徐州工程机械厂和陕西建设机械厂先后从德国的VOGELE公司和ABG公司引进了多种型号的沥青混凝土摊铺机。

2001年，三一重工股份有限公司在吸收国际上沥青混凝土摊铺机技术精髓的基础上，根据现代高速公路对路面摊铺作业的最新要求自行研制开发了新一代履带式沥青混凝土摊铺机LTU90/120。该机的关键部件均采用进口优质产品，结合当时国外先进的电控系统，其施工性能、操作性能、可靠性均接近世界先进水平。LTU90/120实现了一机多用的功能，可摊铺沥青混凝土、稳定土或RRC料等多种路面材料；能满足多种用途摊铺及多层式路面摊铺的要求。

1989年，徐工集团路面机械分公司从德国VOGELE公司引进了具有世界领先水平的沥青混凝土摊铺机生产制造技术，经过十多年的消化、吸收、改进和技术创新，目前是国内最具实力、品种最齐全的摊铺机生产制造厂家。2000年通过投放，形成了我国第一条年生产能力为500台的摊铺机装配流水线。该公司于2000年推出具有国际先进水平的代表我国摊铺机制造水平的RP800型沥青混凝土摊铺机。该机采用了当今世界先进的数字式、微电脑控制技术，整机技术性能接近当今世界先进水平，但还未开始产业化生产。

西安筑路机械有限公司最新研制的LT1200采用了先进的美国萨奥公司微电脑控制技术及液压电器元件和德国MOBA公司超声波料位传感控制及电子自动找平技术，并采用了DANAPAC-HOSE公司专利技术——两端式螺旋分料驱动，灵活的前桥摆动和三位一体轮边行走驱动装置、跨越式超级自动找平装置以及变幅式双振捣和偏心振动熨平板工作装置，整机技术水平处于国内领先水平。

陕西建设机械集团有限责任公司与德国ABG公司联合生产摊铺机已近十年的历史，曾先后组装生产了ABG-TITAN411、TITAN423、TITAN323、TITAN325、LTL60等多种型号摊铺机，1992年该公司通过技贸合作，与德国ABG公司联合生产摊铺机，其技术水平与德国ABG保持同步。生产的ABG423已成为我国修筑高等级公路的首选品牌。

天津鼎盛工程机械，近年来开发了WT7500、WT9000型稳定土系列摊铺机，该系列产品参照了ABG423结构及技术，行走驱动系统采用美国萨奥公司微电脑控制技术及液压电器元件和德国MOBA公司电子自动找平技术。

镇江华晨华通路面机械有限公司于20世纪80年代中期与天津工程机械研究所合作,从日本新泻(NIIGATA)公司引进了摊铺宽度为5m和8m的摊铺机制造技术,在消化吸收国外先进技术基础上相继开发了WLTL12500、WLTL8500、LTLY9000、WLTL7000、LTL4500-6000、2LTLZ45型多功能沥青摊铺机。其中WLTL7000、WLTL8500、LTL4500-6000、2LTLZ45型为机械式低档摊铺机。其产品在中低档机械式摊铺机有技术专长,质量相对稳定,价格低廉。

由于摊铺机具有广阔的市场,国内还有一些其他机械企业如中联、柳工等,也纷纷加入摊铺机的生产行列:山东公路机械厂研制出了WTY7000型摊铺机、成都新津筑路桥机械股份有限公司研制出了MT9000、MT12000型摊铺机,南阳陆德筑路机械制造有限公司研制了WTL12.5型稳定土摊铺机,陕西中大机械集团有限公司已研制出6m轮式和9m、12m履带式摊铺机,西安燎原路面机械有限公司早已研制出JT5000A型、低价位、牵引式稳定土摊铺机。

目前,我国摊铺机产品开发的主要目标是:产品系列规格的逐步完善,以适应不同工程的需要;在引进国外先进技术消化吸收的基础上,逐步扩大国产配套件的比重,提高国产化水平;不断提高国产摊铺机的技术性能、工作可靠性和使用寿命。摊铺机技术正在向着微电脑数字控制技术,程序化作业的方向发展,要求具有良好的人机交互界面,数据传输,工作参数检测,故障诊断与报警、恒速控制、作业速度与输料和分料速度,作业速度与振捣和振动频率的协调控制等功能。

发达国家十分重视沥青混合料摊铺机的研究与开发,摊铺机技术不断发展和完善。目前,沥青混合料摊铺机已形成系列,能充分满足各种工程的需要。在技术开发和产品开发上,成熟地应用了机电液一体化技术,使沥青混合料摊铺机具有结构合理、功能完善、性能完善、性能稳定、安全可靠、易于维修等优点。并且仍在不断采用新理论、新技术、新工艺、新材料,改进结构和性能,使产品不断更新换代。如前桥的悬挂方式及前后桥双驱动等新结构不断出现。

(1)熨平板的快速加接及新型伸缩熨平板

熨平板结构在不断发展,快速加接熨平板不需使用工具,在很短的时间内完成加接。CAT公司已开发出新型液压前伸缩熨平板替代后伸缩熨平板。

(2)摊铺机行走机构

履带式摊铺机因其具有良好的附着性能、牵引力大、行走稳定性好,在工程中应用较多,受到用户的欢迎,特别是在摊铺宽度和摊铺厚度都比较大的工程时,摊铺机工作阻力较大,需要使用有更强牵引力的摊铺机,所以,一般使用履带式摊铺机。但履带式摊铺机的履带对地面有一定的破坏性,为了保留摊铺机履带的高附着性能并减轻对地面的破坏,橡胶履带的开发应用取得了很好的效果。

(3)提高熨平板铺筑层的密实度

沥青混合料摊铺机在国际上有快速摊铺和高密实度两种风格。欧洲风格是在保证摊铺平整度的基础上提高铺层的密实度,因而出现了双振捣及振动熨平板等。不同的制造商采用的技术也不尽相同,增加熨平板的强度和刚度即增加了熨平板的重力,这样不仅减少了熨平板的挠度,而且提高了熨平板对混合料的预压实作用,提高了摊铺层的密实度,以及在熨平板的外端增加边缘振动压实装置等。

沥青混合料摊铺机增加对混合料输出数控技术及螺旋布料器高度的调节技术,使沥青混合料摊铺机铺层的密实度提高约5%。

(4)非接触式平整度仪

目前沥青混合料摊铺机的平整度仪多数是接触式平整度仪,如基准线或平整木梁等找平装置。新型非接触式平整度仪采用扫描仪控制,它用扫描仪测量摊铺前后的平整度来控制摊铺层的平整度,在12.5m范围内安装扫描仪检测150个检测点,扫描仪的安装高度约为2~2.5m。

(5)电加热熨平板

沥青混合料摊铺机熨平板的加热一般采用燃油或液化气为加热源,燃油或燃气往往由于加热不均匀而引起熨平板的翘曲,电加热熨平板已在多家公司的产品中得到应用,电加热熨平板不仅加热快、加热均匀,而且易于实现自动控制,熨平板的每个区域有独立的加热元件和温度传感器,采用不锈钢加热元件及传热快的绝缘加热板等措施,除对熨平底板进行加热外,还有可对振捣密实装置进行加热的专利技术,利用涡流线圈加热振捣密实装置。

(6) 人机工程操纵台

沥青混合料摊铺机的操作人员在摊铺机作业时注意力要高度集中,需随时直接观察摊铺机的行走及供料情况等。为保证沥青混合料摊铺机的摊铺质量,摊铺机必须要保持行走速度的稳定、混合料供给的平稳和连续,还需控制与混合料供给自卸车的配合,因此沥青混合料摊铺机的操作人员始终处于高度紧张状态,如何减轻操作人员的劳动强度、改善操作条件,提高沥青混合料摊铺机的作业质量,人机工程操纵台已成为各厂商竞争的热点。

(7) 沥青烟气及环保

环境保护问题已引起普遍的重视,沥青混合料摊铺机的工作对象是热沥青混合料,它是由沥青混合料搅拌设备将骨料加热并与热沥青搅拌成一定温度的混合料,由于沥青加热到一定温度后,沥青中的轻油、碳、硫、苯等成分挥发成烟气,沥青混合料摊铺机的操作人员位于螺旋布料器的上部,其前部有前料斗,后部是热混合料的摊铺层,操作人员处在沥青烟气的包围之中,这些气体对人体的健康是有害的,现已有多项专利是关于如何减少沥青混合料摊铺机在摊铺作业时沥青烟气对操作人员的影响,该措施已引起重视。

(8) 双铺层摊铺机

DYNAPAC 公司生产的双铺层摊铺机是一种一次可铺两种不同混合料的摊铺机,摊铺宽度为 3～9m,配置专用的移动式供料机,可节省材料和摊铺时间,降低工程费用,特别适用于薄层摊铺,密实度可达到 90%,能在较冷季节使用。

(9) 沥青混合料转运机的使用——新型沥青混合料摊铺机已出现

美国经过多年的研究,沥青路面的局部损坏是由于材料离析和温度离析等原因而形成路面密实度不均匀而产生的,因此开发出沥青混合料转运机,解决了沥青混合料的温度离析和级配离析,提高了沥青路面的铺筑质量,延长了沥青路面的使用寿命。该机型的出现改变了原有沥青混合料的摊铺工艺,除解决了混合料的材料和温度离析外,还消除了沥青混合料摊铺机和运料卡车之间的冲撞带来对摊铺的影响,沥青混合料转运机已在欧美地区推广应用。沥青混合料转运机使用时,为保证沥青混合料供料的连续和稳定,须对原沥青混合料摊铺机的前料斗进行改造,在折叠料斗上改装大容量的固定料斗。随着沥青混合料转运机的使用,新型沥青混合料摊铺机也已研制成功,新机型取消了原来的刮板输送器,加了大容量的料斗,给料方式改为重力式给料,由于取消了刮板输送器,从而使新型沥青混合料摊铺机的功率减小了三分之一,降低了沥青混合料摊铺机的制造成本和使用燃料的消耗。

(10) 小型沥青混合料摊铺机

随着经济发达国家公路系统的完善,大型工程逐渐减少,工程的重点转向公路的养护和辅助工程,小型沥青混合料摊铺机有所发展,最小的摊铺宽度为 0.8～1.4m。

(11) 路面加宽及路肩摊铺

根据规划,到 2020 年,中国公路网总里程将达到 300 万公里,高速公路将连接目前所有 20 万人口以上的城市,形成"首都直达省会、省会彼此畅通、省会通达地市、连接重要县市"的高速交通网络。县乡公路技术状况显著改善,乡到建制村公路基本达到高级、次高级路面标准,基本实现建制村通班车,形成农村便利的客运网络。随着交通流量的增加,公路路面改造加宽作业是经常需要进行的,这些小型工程以往基本均由人工进行作业,因而能进行路基摊铺或侧摊铺的机器是十分需要的,这也是大型摊铺机无法完成的任务。

(12) 螺旋布料器

戴纳派克公司将螺旋布料器的驱动装置外置,避免集料在螺旋布料器中离析。

美国 BLOW-KNOX 公司在 BK 系列某型号摊铺机的基础上,研制出在摊铺中随熨平板一起液压伸缩的螺旋布料器,尽管其结构较复杂,但它使自动伸缩熨平板结构更先进、完善、合理,应用更方便。

(13)刮板输送器

美国 TEREX 公司生产的 CR561 摊铺机采用了可防温度离析的新技术,将传统的刮板输送器改为螺旋输送器,通过物料在输送中的二次搅拌,大大减少了温度离析。

为了消除沥青混合料的温度离析和材料离析,在自卸车和摊铺机中加入转运车,从自卸车上卸下的沥青混合料经过转运车二次搅拌后再进入摊铺机的料斗内。为此,ROADTEC 公司设计了一种没有刮板输送器的摊铺机,直接将转运车卸下的混合料卸到螺旋布料器处,这样可节省发动机动力,从另一个角度上讲,可适当减小摊铺机的发动机功率。

美国、欧洲和日本等工业发达国家和地区,均有多家摊铺机专业制造厂商与相应的开发研究机构,随着市场需求和科技进步而不断地开发出一代又一代的新产品。例如从 1931 年就开始生产制造摊铺机的美国 BLAW-KNOX 公司,目前已开发研制出了摊铺宽度为 2.5~12.5m 的全系列轮胎式或履带式摊铺机,共有 20 多个品种荣获 22 项专利技术,年生产能力已达到 2 000 台套。此外,ABG、VOGELE、DYNAPAC、DEMAG、MARINI、BTELLI、CATERPILLAR 公司等厂家生产制造的系列摊铺机产品均系国际市场上优良设备。其中从 20 世纪 80 年代开发研制的高密实度摊铺机具有多种结构形式,预压密实度要比标准摊铺机提高 5%~7%,有效地提高了摊铺质量和生产效率,减少了对摊铺层材料的碾压遍数。尤其是对于摊铺需要快速成型的碾压混凝土材料以及各种基层、底基层稳定材料,效果良好,受到了施工单位的欢迎和好评。

美国 INGERSOLL-RAND 集团在发展的过程中,相继兼并了德国 ABG 公司和美国 BLAW-KNOX 公司,其目的是要在国际市场对摊铺机市场实行垄断。ABG 公司的产品目前是国际摊铺机市场首选品牌。ABG、BLAW-KNOX 被兼并后,形成了 INGERSOLL-RAND、Wingen(VOGELE)、SUEDALA 三足鼎立的态势。

国外有很多摊铺机生产公司,所生产的产品种类繁多,功能齐全。很多公司从早期单一产品发展到今天,已有成套的生产技术,满足各种道路的建设需求。

20 世纪 90 年代的自动找平装置中,非接触式超声波传感器得到了应用,增加了抗干扰能力,找平效果更趋良好,如 CEDARAPIDS 公司较早地采用了超声波传感器。激光传感器出现在 20 世纪 70 年代,由于其本身的复杂性以及受外界影响较大,没有得到发展。20 世纪 90 年代,美国一些公司开始致力于激光传感器的研究,有望成为将来使用的重点。

20 世纪 70 年代,脉冲调制式的比例脉冲控制方式取代了前期的开关控制方式,在控制精度上得到了很大的改善,但较机液、电液伺服控制方式来看,仍存在不足。20 世纪 90 年代,随着计算机控制技术和液压技术的发展,出现了数字控制器自动调平装置,它是计算机与高速响应阀相结合的产物,如 BLAW-KNOX 公司最近生产的"BLAW-KNOX"自动调平系统,此系统采用微处理器来自动控制纵坡和横坡,同时提供了一个自身故障诊断系统。

刮板输送器和螺旋摊铺器于 20 世纪 70 年代实现自动控制的初期,由于传感技术的制约,所采用的传感器为转角式料位传感器,它直接与高温黏性的沥青混合料接触,其寿命和精度较差。近期,多数公司采用了超声波传感器解决了上述传感器的性能不足问题,使供料量更加稳定。其中 BLAW-KNOX 是采用这类传感器进行供料控制的先驱。近期的螺旋摊铺器通过液压系统操纵实现了自动升降,调节方便、可靠。

轮胎式摊铺机和履带式摊铺机由于各自独立的特点,目前都有应用,但大型摊铺机多为履带式结构。

20 世纪 80 年代 ABG 公司生产的 TITAN411 型摊铺机其行走驱动装置采用的是液压机械联合方式,它实现转向需借助于左右侧的离合器和制动器,转向轨迹呈锯齿形,弯道摊铺质量较差。20 世纪 90 年代该公司推出了 TITAN422、423 型全液压独立行走驱动系统,借助于速度传感器、转向传感器和单片机控制器等环节组成的闭式系统实现了较圆滑的转向性能,同时也确保了直道摊铺时的直线行驶。

目前采用液压伸缩式熨平装置的摊铺机型较多,而且其发展趋势是伸缩范围增大并可以方便地实现无级变化摊铺宽度。BLAW-KNOX 公司近年来研制出一种装置确保了螺旋摊铺器随熨平板一起伸缩。本结构虽复杂,但使用起来更加方便。振捣—熨平装置:目前国外摊铺机其振捣—熨平装置可以分为两类:高密实度型和标准型,前者多被德国生产厂家所使用;而美国生产的摊铺机多采用标准型振捣—熨平装置,这种思想与美国成套的筑路机械相适应,便于高效地铺筑路面。

4.2.1.3 发展趋势

1)向大型化和小型化发展

很多情况下需要摊铺机一次性摊铺整个宽幅的路面,为此,开发了宽度大于 12m 的沥青混合料摊铺机,如 VOGELE 公司的 S2500 型摊铺机的最大摊铺宽度达到了 16m,最大摊铺厚度为 40cm。

为了适应高速公路的修补作业和乡村道路的铺筑,沥青混合料摊铺机也向小型化发展,例如 BTELLT 公司推出了功率仅为 13 马力(1 马力 = 735.499W)、摊铺宽度为 0.9~1.8m 的沥青摊铺机。

2)向多功能化发展

摊铺机不仅需要摊铺沥青混合料,有时需要摊铺厚度为 25cm 以上的稳定土,要求摊铺机具有一机多能。为此,采用了相应的技术措施,主要有加大发动机功率、选用载重型液压系统、增强散热能力等。如中联重科的 LTU90 型摊铺机,选用力士乐的 A4VG 系列油泵、双层液压油散热器;ABG 公司的 TI-TAN326 型摊铺机,其发动机功率加大到 160kW,明显增强了摊铺机在多种工况下的适应能力。

3)向技术含量高方向发展

CAN(控制器局域网络)是工程机械中最常用的现场总线,它是有效支持分布式控制或实时控制的一种串行通信网络。通信介质可选用双绞线、铜轴电缆和光纤。现在的摊铺机都是基于 CAN 总线控制系统。

电子监控与故障诊断技术主要是指对摊铺机进行在线的智能监控、检测、预报、远程故障诊断与维护,实现摊铺机的监控与故障诊断智能化。

无人驾驶技术也是摊铺机的一个发展方向。在特定的施工作业中,如易塌方区、辐射或有害健康的作业区等,需采用专用、带有遥控装置、高智能、无人驾驶的摊铺机。随着自动控制、机器人及网络技术在摊铺机领域的不断渗透,采用定向导航和位置诱导原理,依靠无线/有线通信、自身机械操作和自身监控信息反馈处理系统,通过计算机,无人驾驶技术在摊铺机上逐步得到应用。2001 年,清华大学和徐州工程机械厂科技路面机械分公司联合开发了国内第一台无人驾驶的摊铺机,具有弯道的定径摊铺、机械的智能故障诊断等优点。

4)向减轻工作强度方向发展

摊铺机的现场安装一直是较费力的工作,需要大量的人力,且劳动强度较大。ABG 公司生产的 326 型摊铺机取消了加长熨平板端面的螺栓连接,改用液压油缸拉紧,连接时对齐两端面、调好上下高度、启动油缸拉紧即可,夯锤和振荡机构联轴器也由过去的梅花形改为齿形,这样不必将联轴器取下来,使熨平板的加长工作十分简单。

326 型摊铺机的拱度调节也由传统的机械调节改为液压调节,使拱度调节通过控制按钮就能实现,非常方便。螺旋叶片的高度调节也很费力,不少公司采用整体升降的方案,如美国 REREX 公司的 CR561 摊铺机,螺旋机构固定在摊铺机机架上,机架与台车架通过偏心轮连接,偏心轮转动时,机架即相对于台车架升降,从而实现螺旋叶片的高度调节,减轻了摊铺机现场安装和调整强度。

4.2.2 分类、特点和适用范围

4.2.2.1 按摊铺宽度分

(1)小型:最大摊铺宽度一般小于 3.6m,主要用于路面养护和城市巷道路面修筑工程。

(2)中型:最大摊铺宽度在 4~6m,主要用于一般公路路面的修筑和养护工程。

(3)大型:最大摊铺宽度一般在 7~9m 之间,主要用于高等级公路路面工程。

(4)超大型:最大摊铺宽度为12m,主要用于高速公路路面工程。使用有自动调平装置的超大型摊铺机摊铺路面,纵向接缝少,整体性及平整度好,尤其摊铺路面表层效果最佳。

4.2.2.2 按行走方式分

(1)拖式摊铺机

拖式摊铺机是将收料、输料、分料和熨平等作业装置安装在一个特制的机架上组成的摊铺作业装置,工作时靠运料自卸车牵引或顶推进行摊铺作业。它的结构简单,使用成本低,但其摊铺能力小,摊铺质量低,所以拖式摊铺机仅适用于三级以下公路路面的养护作业。

(2)履带式摊铺机

履带式摊铺机一般为大型摊铺机,其优点是接地比压小,附着力大,摊铺作业时很少出现打滑现象,运行平稳。其缺点是机动性差、对路基凸起物吸收能力差、弯道作业时铺层边缘圆滑程度较轮胎式摊铺机低,且结构复杂,制造成本较高。履带式摊铺机多为大型和超大型机,用于大型公路工程的施工,见图4.2-1。

(3)轮胎式摊铺机

轮胎式摊铺机靠轮胎支撑整机以提供附着力,它的优点是转移运行速度快、机动性好、对路基凸起物吸收能力强、弯道作业易形成圆滑边缘。其缺点是附着力小,在摊铺路幅较宽、铺层较厚的路面时易产生打滑现象,另外它对路基凹坑较敏感。轮胎式摊铺机主要用于道路修筑与养护作业,见图4.2-2。

图4.2-1 履带式摊铺机

图4.2-2 轮胎式摊铺机

4.2.2.3 按动力传动方式

(1)机械式摊铺机

机械式摊铺机的行走驱动、输料传动、分料传动等主要传动机构都采用机械传动。这种摊铺机具有工作可靠、维修方便、传动效率高、制造成本低等优点,但其传动装置复杂,操作不方便,调速性和速度匹配性较差。

(2)液压式摊铺机

液压式摊铺机的行走驱动、输料和分料传动、熨平板延伸、熨平板和振捣器的振动等主要传动采用液压传动方式,从而使摊铺机结构简化、质量减轻、传动冲击和振动减缓、工作速度等性能稳定,并便于无级调速及采用电液全自动控制。随着液压传动技术可靠性的提高,在摊铺机上采用液压传动的比例迅速增加,并向全液压方向发展。全液压和以液压传动为主的摊铺机,均设有电液自动调平装置,具有良好的使用性能和更高的摊铺质量,因而广泛应用于高等级公路路面施工。

4.2.2.4 按熨平板的延伸方式

(1)机械加长式熨平板

它是用螺栓把基本(最小摊铺宽度的)熨平板和若干加长熨平板组装成所需作业宽度的熨平板。其结构简单、整体刚性好、螺旋分料(亦采用机械加长)贯穿整个料槽,使布料均匀。因而大型和超大型摊铺机一般采用机械加长式熨平板,最大摊铺宽度可达8~12.5m。

(2)液压伸缩式熨平板

液压伸缩式熨平板靠液压缸伸缩无级调整其长度,使熨平板达到要求的摊铺宽度。这种熨平板调整方便省力,在摊铺宽度变化的路段施工更显示其优越性。但与机械加长式熨平板对比,其整体刚性较差,调整不当时,基本熨平板和可伸缩熨平板间易产生铺层高差,并因分料螺旋不能贯穿整个料槽,可能造成混合料不均而影响摊铺质量。因而,采用液压伸缩式熨平板的摊铺机最大摊铺宽度一般不超过8m。

4.2.2.5 按熨平板的加热方式

(1)电加热

由摊铺机的发动机驱动的专用发电机产生的电能来加热,这种加热方式加热均匀,使用方便,无污染,熨平板和振捣梁受热变形较小。

(2)液化石油气(主要是丙烷气)加热

这种加热方式结构简单,使用方便,但火焰加热欠均匀,污染环境,不安全,且燃气喷嘴需经常清洗。

(3)燃油(主要指轻柴油)加热

燃油加热装置主要由小型燃油泵、喷油嘴、自动点火控制器和小型鼓风机等组成,其优点是可以用于各种工况,操作较方便,燃料易解决,但和燃气加热一样,有污染性,且结构较复杂。

4.2.2.6 按摊铺预压密实度

(1)标准型摊铺机

采用标准型熨平装置,一般都装有振捣机构和振动机构,可对铺层混合料进行预压,预压密实度最高可达85%。

(2)高密实度摊铺机

在标准型摊铺机的基础上,振捣机构采用双振捣梁或双压力梁等装置,可对铺层混合料进行强力压实,使铺层材料的预压密实度高达90%以上,有效地提高了摊铺的平整度,并可减少压路机的压实遍数,提高生产率。

戴纳派克公司与德国赫尔曼公司、埃尔富特应用工程技术大学的Richter教授合作,研制开发了一种新的路面摊铺工艺技术——双层同时摊铺、同时压实,以及用于双层同时摊铺的沥青混凝土摊铺机。

4.2.3 工作原理与主要结构

4.2.3.1 基本原理

1)摊铺机摊铺工作原理

自卸卡车或转运车将沥青混合料卸于摊铺机料斗内,摊铺机通过刮板输送器将料斗内的混合料向后输送,螺旋分料器旋转,将送来的料向两侧输送至预定的厚度,使其均布于布料槽内,再通过熨平板的振捣器将混合料预压实后熨平。由于摊铺前路面不一定平整,所以整个摊铺过程中必须通过自动调平装置来不断地调节熨平板的仰角,来达到控制摊铺厚度的目的。

2)混合料供给工作原理

物料供给系统包括刮板输送器和螺旋分料器

刮板输送装置(也叫刮板输送器)就是带有许多刮料板的链传动装置。刮料板由两根链条同时驱动,并随链的转动来输送沥青混合料。它安装在料斗的底部,目前摊铺机采用的刮板输送装置有单排和双排两种,单排用于小型摊铺机,双排用于大、中型摊铺机,以便控制左右两边的供料量。

螺旋分料装置也称为螺旋分料器。其功能是把刮板输送装置输送到料槽中部的混合料,左右横向输送到料槽全幅宽度。螺旋分料装置是由两根大螺距、大直径叶片的螺杆组成,为控制料位高度,左右两侧设有超声波料位传感器。螺旋叶片采用耐磨材料制造,或进行表面硬化处理。左右两根螺旋轴固定在料槽挡板上,其内端装在后链轮或齿轮箱上,由左右两个传动链分别驱动。螺旋分料装置的驱动为液压驱动,两液压泵带动两液压马达分别驱动左、右螺旋分料装置,可实现左、右螺旋分料装置分别运转或同时运转,运转速度可实现无级变速,以适应摊铺宽度、速度和铺层厚度的要求。

供料量的控制原理如下:刮板输送装置采用比例控制供料量,控制机构由料位挡板、料位传感器、电控制装置等组成。比例式控制料位传感器,依据检测到料位的多少,通过控制器来控制变量泵的排量大小,以满足刮板输送装置转速变化的要求。当供料量达不到设定值时,料位传感器便发出加快刮板输送装置转速的电信号,使供料量增加并达到设定值;反之则会降低其转速,使供料量减少并降至设定值。这种控制方式可以全自动地保持供料系统在供料"设定值"上下运转,保证均匀、稳定、协调地供料,使料槽内料堆高度恒定,是一种理想的全自动供料控制方式。供料系统具有"自动"和"手动"两种控制方式。当把控制钮置于"自动"位置时,供料系统与微机检测到的行走信号同步联动,只要微机检测到有行走信号,供料系统就自动同步处于工作状态,这样可充分保证摊铺的质量和工作的同步性。在摊铺作业过程中,通过调节超声波料位传感器使螺旋分料装置料槽内的材料数量处于设定值,当料槽内的材料量过多或过少时,由安装在螺旋分料装置两端的上方的超声波料位传感器进行控制。超声波料位传感器不与摊铺材料直接接触,依据不同的摊铺工况,设定超声波料位传感器与摊铺材料的距离为检测值。当料槽内的材料距离料位传感器的距离大于或小于这个检测值时,超声波传感器即发出电信号,相应地减缓或加快螺旋分料装置的转速,以均匀稳定地调节摊铺材料的输送量,使料槽内的摊铺材料始终维持在与设定的检测值相应的高度上,保证摊铺机均匀地进行摊铺作业。

3)熨平工作原理

熨平装置是摊铺机的主要工作装置,其功能是将输送到摊铺室内全幅宽度的热混合料摊平、捣实和熨平。一般摊铺机的熨平装置由牵引臂(大臂)、刮料板、振捣梁、熨平板、厚度调节机构、拱度调整机构等组成。熨平板和振捣梁设置在螺旋分料器的后部,最前端设有刮料板,熨平板两端装有端面挡板。熨平板、前刮料板和左右端面挡板所包容的空间称摊铺槽或摊铺室,端面挡板可使摊铺层获得平整边缘。左右两牵引臂铰接在机架中部,整个熨平装置靠提升油缸悬挂在机身后部,自动调平装置的控制油缸装在牵引臂和机架的接点位置,用以自动调整熨平板的高低位置。整个机构形成一套悬挂装置,工作时,熨平装置于铺层上呈浮动状态。

熨平板后部外端设有左右两个厚度调节机构,一般采用垂直螺杆结构形式(见图4.2-3),靠旋动螺杆调整摊铺厚度。牵引臂铰接点处设有多组连接孔的牵引板,靠不同连接位置和牵引臂连接,以调整熨平板的初始工作角。摊铺厚度的控制,是通过厚度调节机构调节熨平板底板与地面的夹角实现的。

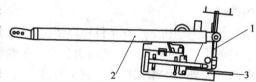

图4.2-3 熨平板厚度调节机构
1-厚度调节机构;2-侧臂;3-熨平板

熨平装置框架内部装有拱度调整机构,由螺杆、锁定螺母和标尺等组成。旋动螺杆可使两熨平板上端分开或合拢,从而使底板中部抬升或下降,形成熨平板底平面的曲拱度,在标尺上示出拱度值的大小。拱度值一般在 $-1\% \sim +3\%$ 范围内调整。调拱机构和左右两端厚度调整机构配合调整,可使熨平板底面形成水平的、双斜坡的、单斜坡的三种形式(如图4.2-4所示),以满足摊铺三种不同横断面的需要。

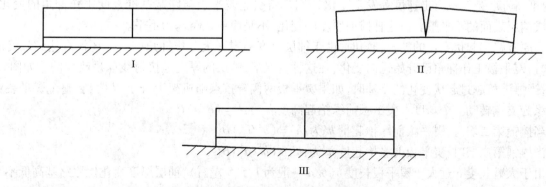

图4.2-4 摊铺层横截面形状调整示意图
I-水平横截面;II-双斜坡拱横截面;III-单斜坡拱横截面

振捣器位于刮料板和熨平板之间,悬挂在偏心轴上,液压马达通过传动装置驱动偏心轴转动,使振捣梁做往复运动,对混合料进行初捣实。

液压伸缩式熨平装置因其摊铺宽度可随时调整,在宽度变化频繁的路段如城市道路等有较好的适应性能,其结构有两件式和三件式两种。三件式是通常采用较多的一种结构式,伸缩部分全部缩回时即为基本摊铺宽度,当需加宽时,伸缩部分分别向两边伸缩。为达到平整度的要求,可伸缩部分熨平板底面设有高度调节机构,在改变摊铺宽度时必须及时调整伸缩部分熨平板的高度,才能保证铺面平整一致。两件式结构,缩回时熨平板重合为基本摊铺宽度,需加大摊铺宽度时,一块向左伸出,另一块向右伸出,以满足不同宽度的要求。

4) 熨平板的浮动原理(自找平原理)

熨平装置仅在前端以侧臂通过侧臂控制油缸与机架铰接,熨平装置后部在重力作用下支承在铺层上。机械行进时,熨平装置可以随铺层的作用绕侧臂铰点上下摆动。这种结构称为浮动式熨平装置。

沥青混凝土摊铺机工作时,熨平板在自重及振动器振动力作用下,给予混合料一个接触压力以初步压实混合料,同时熨平板在混合料表面浮动并向前滑行,熨平板底平面与运行方向构成仰角 α,α 角的存在是熨平板能够压实混合料和正常工作的前提,而熨平板底平面所受法向合外力的大小与混合料的最大料径、级配、黏度、摊铺室混合料的数量都有关系。

熨平板前混合料的多少影响摊铺层的厚度及密实度。该数量又与刮板输送机的供料速度、螺旋布料器的布料速度、摊铺层的作业速度和基层表面质量有关。由于供料速度、作业速度之间存在不协调性,基层表面的凹凸起伏,摊铺机内混合料的数量变化等,使摊铺层厚度、密实度和表面质量也发生变化。例如,当摊铺机内混合料的数量增加时,摊铺层厚度增加,密实度增加,熨平板被抬起;反之,摊铺层变薄,密实度下降,熨平板下沉。在摊铺过程中,应尽量保证摊铺机内混合料的数量,及时调整刮板输送机的送料速度,左右螺旋布料器的旋转速度及其均匀性。摊铺机的作业速度应使摊铺室内混合料的高度始终略高于螺旋布料器轴线,大概为混合料覆盖整个螺旋布料器叶片的 2/3 左右,以保证摊铺机的均匀摊铺。

假设摊铺机的工作条件稳定情况下,角 α 增大时,熨平板下混合料的进给量增加,导致熨平板下混合料的垂直变形量增加,这将引起最大接触压力的增加,从而导致混合料对熨平板的法向合外力增加,而法向合外力的增加打破了熨平板原有的力学平衡,使熨平板抬高,摊铺层厚度随之增加,直到 α 角减小到力学平衡恢复为止。所以摊铺层厚度会随着熨平板仰角的增大而增大,随着熨平板仰角的减小而减小。但是,铺层厚度随熨平板仰角变化有较大的滞后。一般要在机械驶过三倍侧臂长的距离后,才能稳定地工作在新的摊铺厚度上。

在工作过程中,如果摊铺机运行的路基表面是平整的,并且在熨平板上的外力不发生变化,熨平板将以不变的工作倾角向前移动,此时摊铺的路面是平整的。反之如果路基表面起伏不平,两大臂牵引铰点在摊铺过程中也会上下波动,使熨平板上下偏移;或者作用在熨平板上的外力发生变化(如供料数量、温度、粒度、摊铺机行走速度等发生变化),则都将引起熨平板与路基基准之间工作仰角的变化,从而造成铺层表面的不平整。但这种摊铺厚度的变化,不是简单地路基的不平。

当原有路基起伏变化的波长较短时,由于铺层厚度随熨平板工作仰角的改变还没有达到最终的稳定值时,熨平板工作仰角已开始逆向变化,在这种情况下,铺层的厚度是按射线原理改变的。如图 4.2-5 所示,当摊铺机越过起伏变化的路基时,如果熨平板两侧臂铰点随机架上升了 H 距离,整个熨平装置以后边缘为支点转动一个角度。熨平板前缘抬起高度 h 为:$h = (b/a)H$。

当摊铺第二层时,熨平板前缘抬起量 h' 为:$h' = (b^2/a^2)H$。

当摊铺第三层时,熨平板前缘抬起量 h'' 为:$h'' = (b^3/a^3)H$。

由于大臂长度 a 远大于熨平板长度 b(b/a 一般为 1/5.5 左右),铺层厚度变化比原路基高低不平的变化衰减了许多。第二次摊铺时,这种不平度将进一步衰减,对原有路基不平度起到一种"滤波"作用,如图 4.2-6 所示。浮动熨平板的这种特性,称为自找平特性。

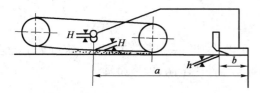

图 4.2-5 熨平板自找平的射线原理

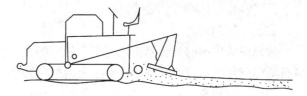

图 4.2-6 浮动熨平板的滤波情况

浮动熨平板的自找平性能,就机械本身结构而言,取决于熨平装置大臂的长短。大臂越长,自动找平能力越强,大臂越短,自动找平能力越弱。

当路基不平度的波长很大时,自找平效果变差。若波长长到一定程度,则自找平作用完全消失。铺层将再现道路线形的坡度变化。

5) 自动调平工作原理

如前所述,摊铺机的浮动熨平板具有较大的质量,是一个惯性较大的元件,具有自找平功能,不会机械地再现路基不平度的原始波形,也就是具有"滤波"作用。这一作用随机器的结构、类型的不同而不同。一般说,轮式机械优于履带式机械。履带式机械中,支重轮架为弹性摆动式悬挂优于刚性悬挂。熨平板侧臂愈长,自找平功能愈佳。侧臂长度对某一机器来说是一定值,直接影响对路基不平度波形的"反应时间",故该长度值又称"时间常数"。侧臂长度值愈大,基波的波长愈小,则滤波作用愈强。反之则弱。此外,机械轴距、牵引点位置、熨平板质量等也是影响自找平功能的因素。

但是,在实际工作中,浮动熨平板是在十分复杂的干扰条件下工作,这些干扰因素错综复杂,随机性强,很少有规律性,这样使得熨平板牵引点不断产生位移,单纯依靠自找平功能来"滤波",不可能完全消除干扰因素所产生的不良后果,更不能保证铺层的高程完全符合设计的铺层高程。为此,必须另外采取找平措施。即加装自动调平系统。

摊铺机中自动调平系统的控制精度反映到路面即是该摊铺机的摊铺平整度。摊铺机自动调平控制系统机构如图 4.2-7 所示。

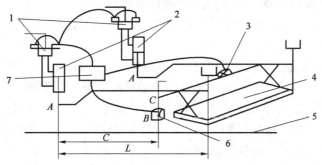

图 4.2-7 摊铺机自动调平控制系统简图

1-电磁换向阀;2-油缸;3-横向控制器(包括横向传感器和调节器);4-熨平板;5-基准;6-纵向控制器(包括纵向传感器和调节器);7-电源

自动调平系统包括纵向调节和横向调节两个子系统。每一子系统都包括误差信号传感装置、信号处理及控制指令装置和终端执行装置三大部分。全液压伺服机构可以随机械误差信号的大小,通过液压传动对熨平板进行比例调平。绝大多数摊铺机采用电—液压控制调平装置。即用传感器将机械信号变成电信号,经过处理放大后,由控制指令装置传给终端执行机构。执行机构可以是电动的或液压的。无论如何,系统中的机械、电控和液压三者必须形成合理的匹配关系,否则,不能达到预期目的。不能想像任取一种自动调平装置安装在任何一种摊铺机上,会产生良好的自动调平效果。

(1)按调平系统的工作原理,自动调平系统分为以下三种形式。

①开关调节式

系统只有"开"和"关"两种状态,从而执行恒速调节或不调节。这类装置的结构简单,对器件要求不高,故制造成本低廉,使用可靠性好,但调节精度不高。为了防止系统产生振荡或超调,仪器死区不能过小,一般最小分辨率达 2mm 以上。

②全比例调节式

系统调节作用的强弱随传感的误差信号的大小成比例变化,因此,系统静态精度高,这对集中处理多点不等值传感信号的设备是十分必要的。但结构复杂,对元器件要求高,价格昂贵。

③比例脉冲式

比例脉冲式综合了上述两种调节系统的特点,克服了各自的缺点。它将调节过程按误差大小分为死区、脉冲调节区和恒速调节区三个范围。当外界干扰大,传感信号值处于恒速调节区时(例如某些设备规定基层纵向不平等度大于 5mm、横向坡度大于 0.3%),此时,系统的控制指令装置连续发射脉冲,使终端执行装置持续动作,系统做恒速调节。在这种情况下,可能产生超调现象,但不影响调平精度。当外界干扰降低,传感的偏差信号值处于脉冲调节区时(例如小于 5mm),系统的调节作用,随偏差信号值成比例变化。其工作方式有两种:一是自某一脉冲频率开始(例如 3Hz),脉冲频率随偏差信号的强弱成比例变化,从而改变其终端调节强度,直到脱离脉冲区进入死区后,调节终止。另一种工作方式是脉冲频率不变,进入脉冲区后,系统以固定的频率作开关式调节,但脉冲宽度随偏差信号成比例变化,从而改变其调节强度。这类自动调平装置的调节精度很高,其最小分辨率纵向高度可达 ±0.3mm,横向坡度可达 ±0.02%,即可分辨出 40″的角度变化。

(2)按照自动调平方式不同可以分为以下四种。

①挂线控制调平

这种调平方式中,作为基准的张紧钢丝的高程是按铺层设计高程预先测量架设的。纵坡控制传感器装在熨平装置上。传感器探臂压在基准线上,摊铺过程中,当熨平装置的高度偏离基准设定的高度时,传感器探臂转角发生变化。这个变化的信号经系统处理后控制侧臂,控制油缸的伸缩,改变摊铺厚度,使熨平板的高程重新回到基准设定的高程上。这种基准能使铺层的高程严格地受控于基准高程。

以张紧钢丝绳为基准的横坡控制有两种方式。一种为双面挂线分别控制两侧高程的控制方式,即两侧都放钢丝基准线,用两个纵向传感器(即角位移式传感器)进行控制。另一种为单面挂线控制高程的控制方式,即一侧用纵坡传感器,另一侧用横坡传感器进行控制。

如果一次摊铺宽度超过 6m,由于熨平板横向刚度降低,容易出现变形,而用横坡传感器进行控制时不能立即调整横坡,要在摊铺机行驶过三倍于牵引臂的距离后,才能完成一次调整,传感器灵敏度因此降低,影响了摊铺质量。因此,这种情况下应选择双面挂线的控制方式。把纵坡传感器放于测定好的钢丝基准面上,转动机械部分的手柄,把传感器两个指示灯都调灭。传感器调整完毕后,把传感器的开关拨到 ON 位置,自动调平装置开始工作,传感器的指示灯提供了一种视觉控制,并在修正工作时进行指示。如果两个指示灯都不亮,那么传感器就是按照正确的方式进行纵坡高程控制,摊铺机控制的平面位置与所设置的坡度值相吻合。手动控制适用于中面层和上面层的摊铺,并辅以自动浮动梁进行控制。

使用横坡传感器时,在起动摊铺机时应检查熨平板的横坡度是否与横坡传感器的显示值一致,横坡传感器的指示灯提供一种视觉手段。如果横坡传感器所设置的横坡度与熨平板的实际横坡度不符,指示灯会亮。摊铺过程中,应定期用水准仪检查路面的横坡度,并与传感器的设置值相比较,可以及时纠正外界因素的影响所导致的误差。

当摊铺机并列作业或分带摊铺时,常常直接以铺好的铺层作基准,纵坡传感器的探臂上安上滑靴在已铺好的铺层上滑行。以此来控制新铺层表面高程与原铺层高程一致。

②机械式浮动梁调平

机械式浮动梁调平方式如图 4.2-8 所示。机械式浮动基准梁是一种随摊铺机一起运动的基准,实质上是以较大范围内多点高度的平均值来控制摊铺厚度。它通常用于高程已经精确校正后的下面层上摊铺上面层。

由于道路靠路边区域的平整度要比靠中心区域的平整度差很多,找平的误差比较大。为了解决老

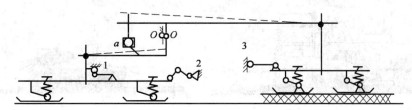

图 4.2-8　机械式浮动梁结构示意图（a 为纵向传感器）
1、2、3-铰接于摊铺机；O-铰接于动臂

式平均梁的不足之处，工程上采用一种跨越熨平板、适于大型摊铺机整幅摊铺作业的超长浮动基准梁。这种浮动基准梁如图 4.2-9 所示。

跨越式浮动基准梁安装形式可以多样化，在摊铺宽度比较窄时，可以将一边的 15m 浮动基准梁分解组成两个 9m 浮动基准梁（滑靴式）或两个 6m 浮动基准梁（轮式），在摊铺机两侧形成双基准。

位于熨平板前后行驶在路基上的都是弹簧浮动式浮动基准梁，前部梁的中点 A 的误差被平均后小于路基误差的 1/12，后部梁行驶在已铺路面上，它的中点 B 的误差被平均后小于刚铺路面误差的 1/8。于是在 A、B 两点形成了两个近似不动的参考点。由 AO、BO 组成的杠杆式上部结构，跨过了摊铺机的熨平板，并通过 O 点铰接在摊铺机的牵引臂上，以 A、B 两点为参考点，在 E 点反应出机身 O 点的误差，通过固定在 E 点的自动调平控制器加以调整。这个结构的变化过程如图 4.2-10 所示。

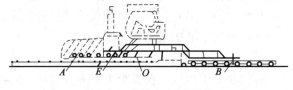

图 4.2-9　机械式浮动基准梁

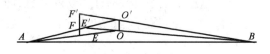

图 4.2-10　机械式浮动基准梁结构变化过程

③声呐非接触平衡梁调平方式

由于非接触式平衡梁较轻便，采用数字电路控制，适用于匝道、变坡、立交互通等特殊地段的铺平控制。而且非接触式平衡梁，具有与老路表面黏层油无粘连的优点，同样比较适宜配置在对老路面直接进行面层加铺改造的摊铺机上。非接触式平衡梁（SAS 系统）即声呐平衡系统，它由声呐追踪器和控制盒、平衡杆组成。一根平衡杆上装有四个声呐追踪器，声呐追踪器以地面为基准，每个探头每秒发射 39 次声脉，精确测出距离平均值，再通过传感器指挥机械本身的液压浮动装置来控制升降高度，以达到更好的光滑平整的摊铺效果。处理过程为：声呐追踪器是一个高程控制传感器，它发射高频声脉冲，并测出从物理参照物（如地面）反射回来的回脉之时间，然后发出信息给控制盒，控制盒检测此信息并控制升降油缸以维护适当的面层厚度，达到平整的摊铺效果。

非接触式平衡梁的使用特点：外观轻巧、使用方便、易于搬运。

由于非接触式平衡梁采用非接触数字处理技术，数字控制电路没有机械误差，消除了移动式浮动梁与沥青黏层及碎石接触所产生的机械误差，比接触式浮动梁精度高。

④RSS 非接触式激光扫描自动调平方式

RSS 非接触式激光扫描自动调平方式是一种全新的扫描技术，是 Roadware 开发的一种性能先进的摊铺机非接触式激光扫描自动调平系统。

RSS 的工作原理如图 4.2-11 所示，使用一种激光扫描器，由其发射出多束不可见的激光 A 到路面上，这些激光波从路面反射回扫描器 B，扫描器内的电子装置计算出从发射到接收激光波所经过的时间，从而测量出激光波所运行的距离，时间越长，距离越大。

机器工作时通过安装在扫描器上的旋转镜头，从扫描器到路面各个角度的距离都可以测量，而所有数据从扫描器送入 RSS 计算机，路面的详细信息经过 RSS 计算机进行处理。机器的扫描范围可在 7～30m 之间进行调整，一般推荐 16m，测量点数可多达 150 个。

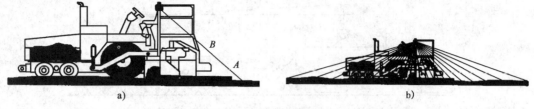

图 4.2-11 非接触式激光找平
a)工作原理;b)扫描范围和测点

扫描器的安装高度离地 2~2.5m,位于熨平板的前方(螺旋布料器前面),这样,有利于找平系统灵敏响应。RSS 系统使用了大范围的多点扫描测量。当测量长度超过 12m 时,可等效于机械式平衡梁的 30m 测量长度。消除了油缸的误动作。

4.2.3.2 构造特征

沥青混凝土摊铺机规格型号较多,结构亦不相同,但其主要的总体构造包括:发动机、底盘和工作装置三部分。图 4.2-12 所示为沥青混凝土摊铺机基本结构示意图(履带式)。

(1)发动机

沥青混凝土摊铺机发动机一般采用柴油发动机。发动机带有增压器,使发动机功率增加。一般情况下,发动机飞轮端通过分动箱分别驱动多个用于行走和布料器的轴向变量泵、风扇端输出驱动振捣梁变量泵。这些液压泵都装有压力切断装置,防止系统超载和过热。另外还有两个刮板输送机液压泵,一个定量齿轮泵控制熨平板提升油缸和料斗收缩油缸,以及一个变量液压泵驱动熨平板。

(2)底盘

沥青混凝土摊铺机底盘由机架、传动系统和履带式行驶装置等组成。在机架上装有发动机、传动系统、工作装置、转向机构、供料装置及电液控制系统等。

图 4.2-13 所示为一典型沥青混凝土摊铺机的传动方案,传动系统为两个变量液压泵,两个变量液压马达和轮边减速器组成。两个变量液压泵和两个变量液压马达组成闭式液压回路,分别驱动两侧的履带。液压驱动系统和电子控制的两个履带可独立驱动,在负载改变的条件下可产生最大与之相适应的牵引力,在弯道上亦可产生最大的牵引力。计算机同步控制系统,精确保持预选速度和转弯半径,准确地保持直线行走和恒速平滑的弯道转向。传感器测定每侧履带的行驶速度,将这些被测值与控制电位器中的预选值进行比较,通过电控系统纠正预置与实际值之间的偏差。即使在遇到极大冲击的情况下,也能保证按预定的速度和转角行驶。两侧履带反向旋转驱动用于就地转向,极大减小了摊铺机的转向半径。变量泵上装有压力切断装置,防止牵引系统超载和过热。该装置为全液压驱动系统,无级变速,调速范围宽。

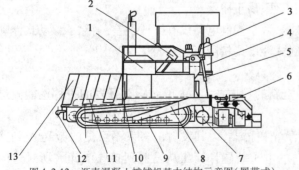

图 4.2-12 沥青混凝土摊铺机基本结构示意图(履带式)
1-柴油机及其动力传动系统;2-驾驶控制台;3-坐椅;4-加热丙烷气罐;5-大臂液压油缸;6-熨平板装置;7-螺旋摊铺器;8-大臂;9-行走机构;10-调平系统液压油缸;11-刮板输送器;12-顶推辊;13-接收料斗

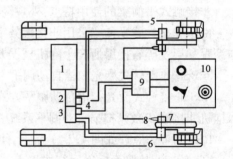

图 4.2-13 ABG423 传动方案
1-发动机;2-右行走变量泵;3-左行走变量泵;4-比例调节装置;5-右行走变量马达;6-左行走变量马达;7-弹簧储能式制动器;8-转速传感器;9-电子控制装置计算机;10-控制台

履带式行驶装置由驱动轮、支重轮、托轮和张紧轮等组成。履带式行驶装置的张紧采用液压油缸张紧,缩回依靠弹簧自身的弹力使液压油压出,放松张紧轮。液压油缸中装有蓄能器,在行驶过程中可以吸收地面带来的冲击,保护行驶装置。由于履带的接地面积很大,而且具有最优的重力分配,即使在稳定性较差的基础上也可以确保摊铺作业的顺利进行。

左右履带行走系统采用2个电子控制的闭式液压回路驱动,每个回路包括一个变量液压泵和一个变量液压马达。

行走装置液压系统如图4.2-14所示。

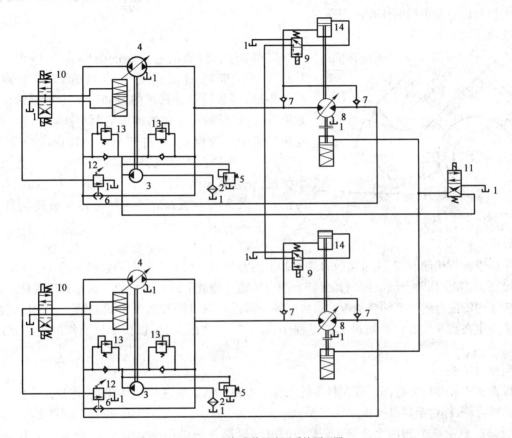

图4.2-14 行走装置液压系统原理图

1-油箱;2-滤清器;3-补油泵;4-双向变量泵;5-溢流阀;6-液控梭阀;7-单向阀;8-双向变量马达;9-二位三通电磁换向阀;10-伺服比例三位四通电磁换向阀;11-二位四通电磁阀;12-卸荷阀;13-过载补油阀;14-控制油缸

该系统是闭式液压回路,其主要由双向变量泵4、双向变量马达8、补油泵3、伺服三位四通换向阀10、二位三通换向阀9、控制油缸14、过载补油阀13、液控梭阀6、卸荷阀12、溢流阀5等组成。双向变量泵4,双向变量马达8为柱塞式,泵的压力油直接驱动马达旋转,从而驱动摊铺机行走。泵的排量的大小取决于变量系统中伺服比例三位四通电磁换向阀10输入的电信号的大小。当伺服比例三位四通电磁换向阀10通过装在控制台上的速度电位器接收一个连续的、线形变化的电信号时,就按比例输出一个连续变化的压力油,这个压力油再通过控制油缸14的位移大小作用于变量泵4,变量泵4的斜盘夹角也就相应地有一个连续地变化,因而变量泵的排量也就连续地变化。过载补油阀13使回路高压侧油压维持在35MPa之内,过载的压力油可向低压侧补油,起到对液压回路安全和真空补油防气蚀的作用,因而变量马达两侧都可能成为高压,故液控梭阀6也具可双向控制卸放低压侧热油的作用。卸荷阀使低压侧压力维持在1.6MPa之内,当低压侧油压高于1.6MPa时,液压油便通过液控梭阀6和卸荷阀12卸荷回油箱。补油泵3主要向闭式回路低压侧补油及双向变量泵4提供控制油,当向低压侧补油时,是通过过载补油阀13的单向阀完成。当提供控制油时,通过节流阀伺服比例三位四通换向阀等进入控制油缸,从而以较小的压力油控制变量泵的斜盘倾角,使摊铺机换向平稳,微动性好。

双向变量马达8通过单向阀伺服二位三通换向阀9控制油缸14控制其斜盘倾角,从而对行走系统进行二次调节。当伺服二位三通换向阀9没有输入信号时,由于其弹簧作用,阀处于下位工作。当有信号输入时,阀处于上位工作。

(3)工作装置

沥青混凝土摊铺机的工作装置包括:推辊、料斗、刮板输送机及供料闸门、螺旋布料器、振捣梁和熨平装置六部分以及相关的液压操纵回路。

①推辊

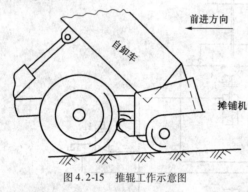

图4.2-15 推辊工作示意图

推辊位于摊铺机的最前端的凸出部分,两个推辊左右对称放置。推辊的作用是配合自卸车倒车卸料。如图4.2-15,当装满混合材料的自卸车倒退至摊铺机的正前方位置时,汽车后轮顶住摊铺机的两个推辊为止,自卸车的变速杆置于空挡位置,让自卸车在摊铺机的推动下前进。升起自卸车车厢向摊铺机料斗卸料。摊铺机一边推着自卸车前进,一边完成摊铺作业,直至自卸车车厢的混合料卸完为止。空载自卸车驶离,下一台自卸车重复同样的作业配合。

②料斗

料斗位于摊铺机的前端,用来接收自卸车卸下的混合料。料斗由左右两扇活动的斗壁组成,斗壁的下端铰接在机体上,用两个油缸控制其翻转。两扇活动斗壁放下时可以接收自卸车卸下的物料,上翻时可以将料斗内的混合料全部卸至刮板输送机。料斗靠近发动机侧有两个手动的销子,当料斗收起时可以将料斗固定在收起位置。摊铺机运输过程中,收起料斗并固定,可以减小摊铺机的运输宽度,保证安全。

③刮板输送机

刮板输送机装在料斗底部。可在料斗的底板上滑移。刮板输送机的作用是,将自卸车倒入摊铺机料斗内的混合料,输送至尾部摊铺室。

刮板输送机有单个和两个之分,较大型的摊铺机都并排设两个。每个刮板输送机有左右两根同步运转的传动链,每隔数个链节用一条刮料板将左右链条连接。当链条运转时,刮板就将料斗中料运向摊铺室。采用液压传动系的摊铺机,两个刮板输链分别由两个变量马达和减速装置驱动。可以实现刮板输送机的无级调速,控制刮板输送机的速度,进一步控制混合料进入螺旋布料器的数量。摊铺机在刮板输送机的末端上方机架上装有两个控制开关,控制开关常态时,处于闭合状态,当混合料输送量较大时,顶起控制开关摇臂,控制开关断开,刮板输送机停止工作,达到减小供料量的目的。

在摊铺机料斗的后方安装有供料闸门,一般以液压油缸控制。改变闸门的开度,可以调节刮板输送机上料带的厚度,从而改变刮板输送机的生产率。

刮板输送机在工作时,由于经常与混合料和刮板输送机底板摩擦,容易磨损,所以刮板输送机和底板均选用耐磨的材料——高锰钢制成。每侧刮板输送机底板由一块圆弧板和两块平板构成。平板焊接在机架上,而圆弧板用螺栓连接在机架上。当底板磨损到一定的程度后,可以更换。

刮板输送机的张紧,一般采用螺栓螺杆调节从动轴支座,改变主、从动轴的轴距。调整完毕,用双螺母锁定。刮板输送机的正确调整,可保证刮板输送机、链轮和轴具有最长的使用寿命。正确调整的刮板输送机离地面有一定的高度,可防止拖碰障碍物。刮板输送机不得过紧,刮板输送机应有足够的垂度,使通过链轮时不发生滞阻。

④螺旋布料器

螺旋布料器也有左右两个,安装在摊铺室,其作用是将刮板输送机送来的混合料,均匀地横向摊铺开来。如图4.2-16所示。工作时,两个螺旋布料器的转向相同,使混合料向摊铺机的两侧输送。在左右螺旋布料器内侧的端头,装有中间反向叶片,用以向中间填料,保证摊铺机后部中间具有同样均匀的物料供应,从而获得具有同样密实度的摊铺层。

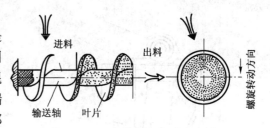

图4.2-16 左螺旋布料器工作示意图

沥青混凝土摊铺机的左右螺旋布料器分别由两个定量液压马达和链传动机构驱动。采用超声波料位自动控制技术,可以确保作业连续,减少停机待料。

沥青混凝土摊铺机的螺旋布料器的高度可以调节,螺旋布料器中心线的离地高度一般有300cm、400cm、500cm三种位置。根据所铺筑的混合料种类和铺筑厚度的不同,分别对螺旋布料器的高度进行调节。当铺筑沥青混凝土材料时,因为沥青混凝土层的厚度较小,一般小于10cm,所以螺旋布料器的高度应调到最低,即螺旋布料器中心线离地300cm。当铺筑混合料厚度在10cm到25cm之间时,螺旋布料器应调到中间位置,即螺旋布料器中心线离地400cm。当铺筑材料厚度大于25cm时,螺旋布料器的高度应调到最高位置,即螺旋布料器中心线离地500cm。

螺旋布料器的螺旋叶片由于经常与各种铺筑材料接触摩擦,容易磨损,所以采用高锰合金铸钢铸造而成,叶片通过高强度螺栓连接到螺旋布料器的轴上。叶片有三种不同的大小,直径分别为300cm、400cm、500cm。根据具体施工时的要求,选用不同的叶片。螺旋布料器宽度较大时,应选用大直径叶片。

螺旋布料器轴由于驱动的要求,其连接采用轴套结构,并用高强度螺栓连接。螺旋布料器轴外侧为轴,内侧为套。如果螺旋布料器轴外侧不加装布料器,要装保护套,防止磨损。

沥青混凝土摊铺机螺旋布料器为适应不同的摊铺宽度的要求,采用几种基本件和加长件进行加长。基本件为与主机有连接的螺旋布料器。基本件有1.25m、2.7m两种左、右旋各一根,加长件有0.3m、0.8m、1.1m、1.5m的连接件四种,每种均有左、右旋各一根。螺旋布料器的组合长度根据熨平板的宽度选择。螺旋布料器的长度一般应小于熨平板的宽度0.5~0.6m左右,因为螺旋布料器可以将混合料输送至布料器外。当摊铺宽度等于螺旋布料器的宽度时,应将最外端的一片螺旋叶片拆除。这样可以避免过多的冷料积存在熨平板两端,影响摊铺层的结构均匀性和平整度,同时还可以减轻螺旋叶片的磨损。

熨平板宽度不同时选用的螺旋布料器长度如表4.2-1所示。

不同熨平板宽度时的螺旋布料器长度　　　　　表4.2-1

熨平板宽度（单位:m）		2.5	5.5	6	7	9	12
选用的螺旋布料器	基本件尺寸×数量	1.25×2	1.25×2	2.7×2	2.7×2	2.7×2	2.7×2
	加长件尺寸×数量		1.5×2	0.3×2	0.8×2	0.3×2 1.5×2	0.3×2 1.5×4

⑤振捣装置

振捣装置布置在螺旋布料器之后、熨平板之前。由偏心轴和铰接在偏心轴上的振捣梁组成。通常将整套振捣装置简称振捣梁。与螺旋布料器一样,机上有两套并排布置结构相同的振捣装置。振捣梁的作用是将横向铺开的料带进行初步捣实,将大集料压入铺层内部。振捣装置有单振捣梁式和双振捣梁式。如图4.2-17和图4.2-18所示。

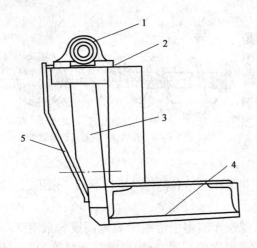
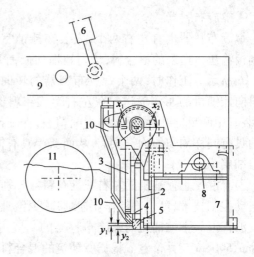

图 4.2-17 单振捣梁
1-偏心轴轴承座；2-调整垫片；3-振捣梁；4-熨平板；5-护板

图 4.2-18 双振捣梁
1-偏心轴；2-主振捣梁；3-预振捣梁；4、5-刀条；6-液压油缸；7-熨平板；8-振动器；9-主架；10-挡料板；11-螺旋布料器

振捣以熨平装置为机架，以液压马达驱动偏心轴，梁被夹在熨平板前端板和挡料板之间。当偏心机构转动时，振捣梁只作上下往复运动。振捣梁的底部前沿切有斜面，当机器作业时，振捣梁对松散混合料的击实作用逐渐增强。为了保证铺层顺利进入熨平板下，机构设计时应保证振捣梁的下止点位置低于熨平板底面约 3~4mm。

单振捣梁结构比较简单，但振捣的密实度较低。为了提高铺层密实度，有的摊铺机配备双振捣梁。

双振捣梁式振捣装置，前后有两套振捣装置，前面的是预捣实梁，后面为主振捣梁。两根振捣梁的偏心相位配置相差 180°。

沥青混凝土摊铺机的振捣梁频率可以进行调整。振捣梁的偏心轴由一台液压变量马达驱动，振捣梁的振捣频率可以在其范围内，可以任意调节。根据铺筑路面的材料和厚度，选择振捣频率。

振捣梁的往复行程，可进行无级调整，视摊铺厚度、摊铺温度和密实度来选择行程的大小。通常来说，薄层小粒径宜选用短行程。反之，摊铺层厚度大、集料粒径大、摊铺温度低时宜选用长行程。摊铺面层时只能选用短行程。

振捣梁行程调整后，需满足下列技术要求：

熨平板宽度方向，振捣梁下横梁在熨平板全宽范围内必须等高。即横梁底边应与熨平板底面平行。

振捣梁横梁底边与熨平板平面的相对位置符合规定。摊铺薄层选择短行程时，横梁底边在下死点时应与熨平板底面等高。

⑥熨平装置

熨平装置布置在振捣装置之后，它的主要作用是将前面螺旋布料器送来的松散、堆积的混合料，按照一定的宽度、拱度和厚度，均匀地摊铺在路基上，同时，熨平装置对铺层的作用力也有预压实作用。

熨平装置构造如图 4.2-19 所示。它主要由熨平板、拱度调节机构、加热装置组成。它通过两侧大臂前端的连接销与机架铰接。熨平板的升降，由机架后端板上的两个油缸控制。

沥青混凝土摊铺机的熨平板有机械加长型，即摊铺机有多个不同长度的熨平板。工作时需要根据路基的宽度，选择不同的熨平板进行组装。沥青混凝土摊铺机有一节主机熨平板宽度为 2.5m，其他附加熨平板均分左右，宽度和数量分别为有 0.25m 左右各一块、0.5m 左右各一块、1m 左右各一块、1.5m 左右各两块。由这些熨平板可以组成 2.5m 到 12m 之间的间隔为 0.25m 长的任意长度的熨平板。

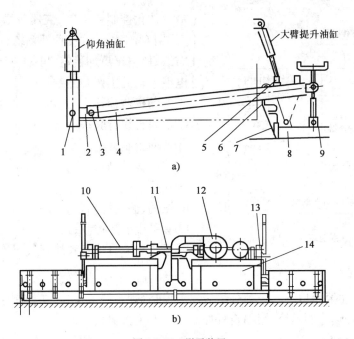

图 4.2-19 熨平装置
a)熨平装置(侧视);b)熨平装置(后视)

1、3-销子;2-连接块;4-牵引臂;5-固定架;6-护板;7-振捣器;8-熨平板;9-厚度调节机构;10-油缸;11-液压执行机构;12-偏心轴;13-调拱螺栓;14-加热系统

组装 2.5m 熨平板即主机宽度时,不用附加熨平板。而组装 12m 熨平板时,要用所有的附加熨平板。熨平板常用宽度的组装方式见表 4.2-2。

熨平板常用宽度的组装 表 4.2-2

熨平板宽度(m)	5.5	6	7	7.5	9	11
附加熨平板×数量	1.5×2	1.5×2 0.25×2	1.5×2 0.5×2 0.25×2	1.5×2 1×2	1.5×4 0.25×2	1.5×4 1×2 0.25×2

熨平板宽度是依据施工现场的路面摊铺层宽度、作业方式(单机作业还是多机作业、预定通过次数等)进行调整的,同时还要考虑有无路拱和两机作业以及两次通过的重叠量的大小的因素。尽量减少拆装摊铺机熨平板的次数,当拆装次数不能减少时,应减少拆装的工作量。

当摊铺层有路拱时,应在第一次通过时将路拱铺出,然后根据两侧的剩余宽度来调整熨平板的组合宽度,统筹兼顾,合理安排。如果摊铺层外侧有路缘石或者其他构筑物,且又无法一次组合宽度铺完时,应将最外侧先行摊铺好,然后调整熨平板宽度,将最后一次通过放在接近中心处,否则机械无法通过。

无论是液压无级调整或是机械分段接长调整,熨平板必须左右对称。否则,由于牵引负荷不平衡,影响摊铺机的直线行驶(特别在有横坡时),加剧行走机构的磨损和不必要的转向操作,而且由于频繁转向,会导致摊铺层平整度降低。

4.2.4 摊铺机电液控制系统

4.2.4.1 系统组成及功能

摊铺机电液控制系统结构框图如图 4.2-20 所示,主要包括控制器、IO 扩展模块、超声波传感器、人机界面、温度传感器。系统采用车辆专用的 CANOPEN 总线通信技术,实现控制器、IO 扩展模块和人机界面之间的通信。系统采用国际先进的控制器、显示器、传感器和高效、科学的算法实现了对摊铺机的机电液一体化控制。电气、液压等数据被采集到控制装置之中,采用CAN数据总线管理系统,可降低油耗及排放值,简化布线,使整车更加稳定、可靠、安全、操作方便。

电液系统的主要功能:
①发动机监控;
②恒速直线行驶;
③转向控制;
④熨平板控制;
⑤找平系统;
⑥振捣、振动控制;
⑦熨平板加热控制;
⑧系统故障自诊断和故障代码液晶屏显示。

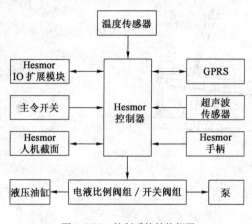

图4.2-20 控制系统结构框图

4.2.4.2 控制系统组成与功能分析

摊铺机控制系统主要由以下几个部分组成:发动机管理系统、行走转向控制系统、供料控制系统、熨平板调平控制系统、加热控制系统、振捣装置控制系统及人机界面。

(1)发动机管理系统

完成功能:发动机运行进行实时监控。本系统一般为发动机自带,可以完成对发动机运行进行实时监控的功能,如控制发动机的启动、停止、息速、转速等,监视发动机冷却液温度、燃油温度、冷却液液位、燃油液位、机油压力、进气的温度和压力、电压等。系统自带CAN接口,一般为J1939标准。可在人机界面上显示发动机运行参数。如用户选择的不是电喷发动机,则可直接将发动机的传感器连接到控制器上然后在人机界面上显示。

(2)行走转向控制系统横坡传感器

完成功能:控制摊铺机恒速直行;调节摊铺机行走速度;控制摊铺机转向,左转、右转、原地左转、原地右转。

为了保证摊铺质量,摊铺机在摊铺作业过程中应该以设定的速度恒速行驶。为了保证摊铺机在作业时保持恒速行驶,在左右液压行驶马达上装有测速传感器,将实际测量的速度和预先设定的速度进行比较,当两者有偏差时控制器控制行走变量泵马达电液比例阀,改变变量泵的排量,直到实际行驶速度与设定车速一致。当左右液压行驶马达速度不一致时,将左测速传感器的值和右测速传感器的值进行比较,以一边为基准,控制器改变另一边变量泵马达电磁阀,改变变量泵的排量,直到左右履带保持同样的速度行驶。当控制器接收到原地左转或原地右转命令后,控制器控制左右履带行驶马达电液比例阀,使左右履带以相反的方向相同的速度运动,实现摊铺机的原地转向功能。当控制器接收到转向命令后,控制器根据转向电位计的值计算出实际需要转向的角度,控制左右履带行驶马达电液比例阀,使一边履带行驶速度快,一边履带行驶速度慢,这样即实现了摊铺机转向功能。

(3)熨平板横坡控制系统

完成功能:熨平板自动找平,保证摊铺层的平整度;熨平板的上升、下降、浮动、减压控制。

由于摊铺机熨平板自找平能力有限,为了保证摊铺层的平整度,现代摊铺机普遍采用自动调平控制系统。目前自动调平控制系统的调节方式主要有四种:电-机式、电-液式、全液压式和激光式。其中电-液式应用最为广泛。通过设定熨平板的高度和坡度,控制系统自动调节熨平板上的比例阀,直接控制熨平板的高度和横向的坡度。

(4)熨平板纵坡控制系统

完成功能:利用非接触超声波滑靴计算自身范围内的一个平均值,同时排除障碍点和异常点的影响,每边采用3个滑靴组合计算得到纵向坡度,以得到摊铺的最佳高度。水平布置的第六个传感器自动修正温度的变化的影响。摊铺作业时声呐传感器向作为参考基准的地面发射声纳信号并接收返回信号，从而计算出距地面的均值，以此来控制摊铺机牵引大臂的升降，达到光滑平整的摊铺效果。三个超声波滑靴传感器组成非接触式平衡梁。这种结合的优势就是可以利用超声波滑靴传感器同时在不同的点对整个路面情况进行检测。通过这些测量值，找平控制器计算检测的平均值，并发送相应的有效控制信号。

本系统将给出比一个超声波滑靴更有效的平均测量值，因此在路面出现起伏的情况下也会毫无困难地处理平整，其高质量的防抖动铝梁结构是十分坚固的，并可以灵活地进行安装和拆卸。长约12m。

①每个传感器都含有6个传感探头；
②极限高度检测；
③全套36组探头；
④打偏差被过滤；
⑤温度补偿确保长时间连续工作的精确度。

(5) 供料控制系统

完成功能：保证螺旋分料器或螺旋摊铺器有足够的混合料。为了保证螺旋分料器前有足够的混合料，料位传感器检测到料位不足时，启动刮板输送器将混合料输送到摊铺槽内，当料位传感器检测到料位已经满足条件时，停止刮板输送器向摊铺槽送料。摊铺机通常有自动和手动两种供料控制方式。手动供料控制时一般有快、中、慢三种供料速度可选择。自动供料时刮板输送器由控制器控制其启停动作。

(6) 加热控制系统

完成功能：给熨平板加热，为了防止沥青混合料碰到温度较低的熨平板底面时，将会黏附在底板上，进而使摊铺层表面拉成沟槽或裂纹，在摊铺机施工前都必须对熨平板进行加热。目前摊铺机的加热装置有燃气、燃油和电加热三种形式。如果是燃气加热控制系统包括点火装置、燃气控制阀、鼓风机控制和温度自动控制等。燃油控制系统和燃气控制系统类似。目前大部分采用电加热形式。

(7) 振捣装置控制系统

完成功能：控制熨平板振动启停和振动频率、振捣梁振动启停和振动频率为了提高摊铺层平整度，减少压路机的压实遍数，提高生产率，需要对摊铺层进行预压、整形和整平，需要控制熨平板的振动频率和振捣梁的振捣频率。

(8) HMI 人机界面

完成功能：在显示器上显示摊铺机的工作状态、故障诊断和系统检测，在显示器上显示摊铺机当前的工作状态，如摊铺机的行驶速度，摊铺机的转向状态，摊铺或行驶状态，摊铺机的发动机转速等各种发动机数据，当系统出现故障时显示系统当前的故障，操作人员可以通过显示器对摊铺机系统进行检测等各种功能。

(9) 发动机控制及系统数据监控

系统通过人机界面对发动机及系统参数进行实时监控，主要用来监控发动机累计工作小时、转速、冷却液温度和机油压力、燃油液位、行走速度等系统参数，对如冷却液温度过高、机油压力低、制动压力低及水箱缺水提供图文报警，此外，还可以对车辆一些功能选择及时编辑，通过文本显示功能键来设置完成；可选指示灯用来对充电状态、PLC工作状态、系统报警等进行报警指示。

①发动机状态监控(J1939)

针对欧Ⅲ标准的发动机，通过配置在发动机上的相关传感器获得发动机的状态数据。将传感器输出的一些模拟量、开关量的信号通过发动机ECU，经CANBUS总线(J1939协议)与控制器进行通讯。在显示器上动态显示出来，并设有报警区域，当显示数值达到报警区域时，控制器报警提示。欧Ⅱ标准的发动机则通过控制器直接采集配置在发动机上面的传感器数据，如机油压力、水温、油温、转速等信号。控制器将采集到的信号通过显示器动态显示出来，并设有报警区域，当显示数值达到报警区域时，控制器报警提示。

监控内容：发动机转速、机油压力、冷却水温度、冷却水位、燃油液位、发动机工作小时。

②发动机油门控制

针对欧Ⅲ标准的发动机，发动机的油门控制可通过 CANBUS 总线（J1939 协议）直接进行发动机的转速控制，当然也可以通过以下几种方式进行控制：

油门踏板控制。模拟量油门踏板（自复位）给出的电压信号通过控制器，经过 CAN 总线发送给总线式模拟量输出模块，再由模块输出模拟电压信号量直接控制发动机油门。

油门电位计控制。油门电位计给出的电压信号接到控制器模拟量输入口，通过 CANBUS 总线发送给总线式模拟量输出模块，再由模块输出模拟电压信号量直接控制发动机油门。

油门电位计和油门踏板的转速命令都能够单独地控制发动机的转速，若当前都有输出信号，则执行较高转速信息的控制命令。

(10) 系统故障自诊断和故障代码液晶屏显示

①发动机状态显示。发动机累计工作小时、转速、冷却液温度和机油压力、燃油液位等。

②设备状态显示。摊铺机的行驶速度，摊铺机的转向状态，摊铺或行驶状态。

③智能故障诊断和显示。故障提示出现故障的元件和位置。

④各自由度动作显示。根据当前各自由度的动作，用图形显示。

⑤维护和设定。提供参数标定和首选项设置界面，可通过显示器对整个控制系统进行调试和标定。

4.2.5 选型原则与步骤、主要参数计算

4.2.5.1 摊铺机行走系统计算

摊铺机是边行走边作业的路面施工机械。摊铺机在牵引工况时，需要克服由拖挂熨平装置及顶推运料车而产生的工作阻力；在运输工况下，仅需要克服包括熨平装置在内的整机重力产生的行驶阻力。

摊铺机在作业工况下摊铺速度较低，一般设计的最高摊铺速度不超过 20m/min，通常使用的摊铺速度为 3～9m/min（摊铺沥青混合料）、0.6～1.5m/min（摊铺 RCC 料或稳定土）。摊铺机在运输状态下的最高行驶速度不超过 20km/h（轮胎式）、4km/h（履带式）。为确保摊铺路面的平整度要求，摊铺机应具有恒定的摊铺速度，其变化率应控制在 10% 以内。

摊铺机在作业时，发动机输出的供行驶所用的功率不太大，一般占发动机总输出功率的 15%～30%。

1）摊铺机的运动学

(1) 轮胎式摊铺机的运动学

大多数轮胎式摊铺机的驱动方式采用后桥驱动。前轮转向采用实心轮胎，后轮驱动采用充气轮胎。摊铺机作业时的路况，规范要求是具有 0.96 压实度的土基、稳定土层或沥青基层，因而，驱动轮的运动状态相当于弹性车轮在刚性地面上滚动。轮胎和地面之间存在着滑转。

动力半径 r_k 是动力学参数（图 4.2-21），它等于车轮几何中心到牵引力作用线的距离，由试验测定。相同的轮胎，不同的充气压力，不同的牵引力，则 r_k 的大小有所不同。轮胎的刚度增加，r_k 值略有增大。同一轮胎从静止状态到滚动状态，由于刚度增加，动力半径 r_k 也就略大于静力半径 r_o，计算时，可取 $r_k = (1.005～1.010)r$，大型摊铺机取小值，小型摊铺机取大值。

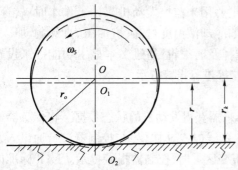

图 4.2-21 充气轮胎在刚性地面上滚动

摊铺机的理论行驶速度 v_r，用下式表示：

$$v_r = 2\pi n_k r_k \quad (\text{m/min}) \tag{4.2-1}$$

实际行驶速度 v 用下式表示：

$$v = (1-\xi)v_r \quad (\text{m/min}) \tag{4.2-2}$$

或

$$v = 2\pi n_k r_k (1-\xi) \quad (\text{m/min}) \tag{4.2-3}$$

式中：n_k——驱动轮理论转速，r/min；

r_k——驱动轮动力半径，m；

ξ——驱动轮滑转率，取 $\xi = 5\% \sim 10\%$。

大型摊铺机取小值，小型摊铺机取大值，低速取小值，高速行驶取大值。

（2）履带式摊铺机的运动学

驱动轮几何中心相对于地面的直线运动，可以看成是驱动轮几何中心相对于接地链轨的相对运动和接地履带相对地面的滑转运动的合成。

摊铺机的理论行驶速度 v_r 用下式表示：

$$v_r = n_k Z_k t \quad (\text{m/min}) \tag{4.2-4}$$

或

$$v_r = 2\pi n_k r_k \tag{4.2-5}$$

实际行驶速度 v 用下式表示：

$$v = (1-\xi)v_r \quad (\text{m/min}) \tag{4.2-6}$$

或

$$v_r = n_k Z_k t (1-\xi) \quad (\text{m/min}) \tag{4.2-7}$$

上述各式中：

n_k——动轮转速，r/min；

Z_k——驱动轮每转卷绕的履带板块数，即啮合齿数；

t——链轨节距，m；

ξ——履带滑转率，计算时取额定滑转率 $\xi = 3\% \sim 8\%$，大型摊铺机取小值，小型摊铺机取大值，低速作业时取小值，高速行驶时取大值。

有效啮合齿数 Z_k 用下式计算：

$$Z_k = Z/2$$

式中：Z——驱动轮齿数。

2）摊铺机的动力学

（1）轮胎式摊铺机的动力学

轮胎式摊铺机在坡道上直线作业时的受力情况见图4.2-22。

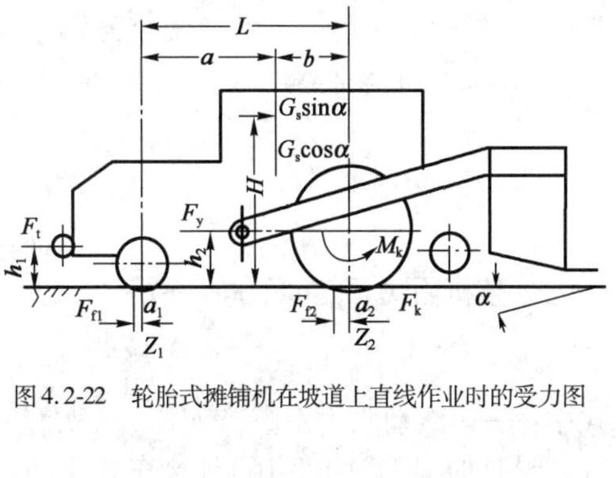

图中，G_a——摊铺机的使用重力，即主机重力与料斗中混合料重力之和；

Z_1、Z_2——前、后轮的轴负荷反力；

F_{f1}、F_{f2}——前、后轮的滚动阻力；

F_t——预推料车的工作阻力；

F_y——拖挂熨平装置的工作阻力；

F_k——切线牵引力；

a_1、a_2——前、后轮的滚动摩擦系数；

α——地面纵坡度。

图4.2-22 轮胎式摊铺机在坡道上直线作业时的受力图

摊铺机在作业时，摊铺速度较低，加速度很小。所以，计算时不考虑风阻力及加速阻力。

根据受力平衡条件，建立以下方程式：

坡度阻力
$$F_\alpha = G_a \sin\alpha \tag{4.2-8}$$
$$F_k = F_t + F_y + F_\alpha + F_{f1} + F_{f2} \tag{4.2-9}$$

令式(4.2-9)中各阻力之和为 F_{kP},即整机阻力 F_{kP} 为:
$$F_{kP} = F_t + F_y + F_\alpha \tag{4.2-10}$$

滚动阻力系数通常由试验测定,试验时测定的是整机滚动阻力 F_f,由公式 $f = \dfrac{F_f}{G_a \sin\alpha}$ 计算整机滚动阻力系数所以,如令 $\dfrac{F_f}{G_a \sin\alpha}$ 与前、后轮的滚动阻力系数 f_1、f_2 相等,则整机滚动阻力 F_f 为:
$$F_f = F_{f1} + F_{f2} = Z_1 f_1 + Z_2 f_2$$
$$F_f = G_a f \cos\alpha \tag{4.2-11}$$
故
$$F_k = F_{kp} + F_f \tag{4.2-12}$$

当把前、后轴的轴负荷反力 Z_1、Z_2 平移到车轮接地中心位置时,则前、后轮上还作用有滚动阻力矩 $M_{f1} = Z_1 a_1$,$M_{f2} = Z_2 \cdot a_2$ 对摊铺机整机来说,整机滚动阻力矩 $M_f = M_{f1} + M_{f2}$。
即
$$M_f = G_a f r_k \cos\alpha \tag{4.2-13}$$

对前轮接地中心求矩,得下列方程式:
$$Z_2 = \frac{G_a a \cos\alpha + G_a H \sin\alpha + F_t h_1 + F_y h_2 + M_{f1} + M_{f2}}{L}$$
$$Z_2 = \frac{G_a a \cos\alpha + G_a H \sin\alpha + F_t h_1 + F_y h_2 + G_a f r_k \cos\alpha}{L} \tag{4.2-14}$$

同理,$Z_t = G_a \cos\alpha - Z_2$ (4.2-15)

设计时,车轮驱动力矩 M_k 用下式计算:
$$M_k = F_k r_k \tag{4.2-16}$$

式中:M_k——车轮驱动力矩;

F_k、r_k——表示意义同前。

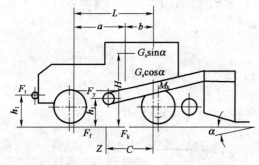

图4.2-23 履带式摊铺机作业时受力图

(2)履带式摊铺机的动力学

履带式摊铺机在坡道上直线作业时的受力情况见图4.2-23。

图中,G_s——摊铺机的使用重力;

Z——地面的支承反力;

F_f——履带行走机构的滚动阻力;

F_t——顶推料车的工作阻力;

F_y——拖挂熨平装置的工作阻力;

F_k——切线牵引力;

α——地面纵坡度。

坡道阻力
$$F_\alpha = G_s \sin\alpha$$
$$F_k = F_t + F_y + F_\alpha + F_f \tag{4.2-17}$$

令整机阻力 $F_{kp} = F_r + F_y + F_\alpha$,即:
$$F_k = F_{kp} + F_f \tag{4.2-18}$$
$$F_f = G_s \cdot f \cdot \cos\alpha \tag{4.2-19}$$

式中:f——滚动阻力系数。

设计时,用式(4.2-16)计算车轮驱动力矩 M_k,即 $M_k = f_k \cdot r_k$。

4.2.5.2 摊铺机的附着性能及行走机构的效率

(1)摊铺机的附着性能

摊铺机的附着性能好,作业时轮胎或履带很少打滑,摊铺路面平整。

为了使摊铺的路面平整、密实,摊铺机应在允许的滑转率情况下作业。在滑转率达到允许值时,车辆能发挥的最大切线牵引力称为附着力 F_φ,用下式表示:

$$F_\varphi = \varphi \cdot G_\varphi \tag{4.2-20}$$

而单位附着重力的切线牵引力移为附着重力利用系数 φ_x,用下式表示:

$$\varphi_x = F_k / G_\varphi \tag{4.2-21}$$

式中:G_φ——附着重力;

轮胎式摊铺机 $\qquad G_\varphi = \dfrac{aG_s\cos\alpha}{L}$

履带式摊铺机 $\qquad G_\varphi = G_s\cos\alpha$

F_x——切线牵引力。

摊铺机设计时选用的滑转率应小于允许滑转率,称额定滑转率 ξ_H。选取时还应考虑满足作业时具有最大生产率的条件。根据经验,轮胎式摊铺机 $\xi_H = 5\% \sim 10\%$,履带式摊铺机 $\xi_H = 3\% \sim 8\%$,大型摊铺机取小值,小摊铺机取大值,低速取小值,高速行驶取大值。

(2)行走机构的效率

由摊铺机动力学可知,F_k 表示全部驱动轮上切线牵引力之和,F_f 表示全部车轮(或履带)的滚动阻力之和,F_{kp} 表示整机的阻力之和,由式(4.2-12)和式(4.2-19)得:

$$F_{kp} = F_k - F_f \tag{4.2-22}$$

行走机构的效率 η_x 是指牵引功率 N_k 和驱动功率 N_{kp} 之比,即

$$\eta_x = \frac{N_{kp}}{N_k} = \frac{F_{kp}v}{F_k v_t} \tag{4.2-23}$$

对于轮胎式摊铺机:

$$\eta_x = \frac{N_{kp}}{N_k} = \frac{F_{kp}v}{F_k v_t} = \frac{(F_k - F_f)v}{F_k v_t}$$

即

$$\eta_x = \frac{(\varphi_x - f)(1 - \xi)}{\varphi_x} \tag{4.2-24}$$

$$\eta_x = \eta_f \cdot \eta_\xi \tag{4.2-25}$$

式中:η_f——滚动效率,$\eta_f = (\varphi_x - f)/\varphi_x$;

η_ξ——滑转效率,$\eta_\xi = 1 - \xi$,ξ 额定滑转率取 $0.05 \sim 0.10$;

φ_x——附着重力利用系数,取 $0.4 \sim 0.6$,土基取小值,沥青基层取大值,松散表面层取小值,密实基层取大值;

f——滚动阻力系数,取 $0.02 \sim 0.04$,土基取小值,沥青基层取大值,松散表层取小值,密实基层取大值。

对于履带式摊铺机:

$$\eta_x = N_{kp}/N_k = \eta_r F_{kp} v / F_k V_t = \eta_r (F_k - F_f) v / F_k v_t$$

即

$$\eta_x = \eta_r (\varphi_x - f)(1 - \xi) / \varphi_x \tag{4.2-26}$$

$$\eta_x = \eta_r \cdot \eta_f \cdot \eta_\xi \tag{4.2-27}$$

式中:η_x——履带机械效率,计算时取 $\eta_r = 0.96 \sim 0.97$ 其余代号意义同前,取值大小原则也同前所述,ξ 取额定滑转率 $0.03 \sim 0.08$,φ_x 取 $0.5 \sim 0.7$,f 取 $0.06 \sim 0.8$。

4.2.5.3 摊铺机行走传动典型方案

摊铺机的行走传动系统是多种多样的,图 4.2-24 介绍了两种典型的大型摊铺机的传动方案。

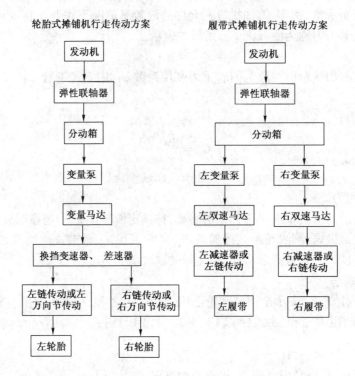

图 4.2-24 两种典型的大型摊铺机的传动方案

4.2.5.4 摊铺机牵引功率计算

计算发动机输出的牵引功率是摊铺机设计的重要内容之一;牵引功率的计算是在如下条件下进行的:

①摊铺机设定的摊铺宽度及摊铺厚度。可取最大摊铺宽度及最大摊铺宽度下的最大摊铺厚度。
②顶推满载料车摊铺。大中型摊铺机选重型料车。
③上坡摊铺。可取公路技术规范规定的最大纵坡度4°。

1)摊铺机牵引功率的相关参数及计算

(1)摊铺机的滚动阻力 F_f

摊铺机的滚动阻力 F_f 用下式表示:

$$F_f = (G + Q_1 + Q_2)gf_1\cos\alpha \tag{4.2-28}$$

式中:G——摊铺机的主机质量,kg(以下质量单位均为 kg);

Q_1——料斗中混合料的质量,等于料斗使用容积(m^3)乘以料斗中混合料密度,沥青混合料取 1 470kg/m^3,二灰碎石取 1 540kg/m^3;

Q_2——料车向料斗中卸料后剩余的混合料,由于车厢倾斜而分配给摊铺机的混合料质量,取 $Q_2 = (Q - Q_1)/2$,式中 Q 为料车载的料的总质量;

g——重力加速度,9.8m/s^2;

f_1——摊铺机滚动阻力系数,履带式摊铺机摊铺沥青混合料取 0.06,摊铺二灰碎石取 0.08;轮胎式摊铺机摊铺沥青混合料取 0.04;

α——地面纵坡度,取 4°。

(2)摊铺机的坡度阻力 F_a

摊铺机的坡度阻力 F_a 用下式表示:

$$F_a = (G + Q_1 + Q_2)g\sin\alpha \quad (N) \tag{4.2-29}$$

式中代号意义同前。

(3) 顶推料车的工作阻力 F_t

顶推料车的工作阻力 F_t 用下式表示：

$$F_t = F_{t1} + F_{t2} + F_{t3} \quad (N) \tag{4.2-30}$$

$$F_{t1} = (P + Q_3)gf_2\cos\alpha \quad (N) \tag{4.2-31}$$

$$F_{t2} = (P + Q_3)g\sin\alpha \quad (N) \tag{4.2-32}$$

$$F_{t3} = (Q - Q_1)gf_3 \quad (N) \tag{4.2-33}$$

式中：F_{t1}——料车的滚动阻力；

F_{t2}——料车的坡度阻力；

F_{t3}——料车的制动阻力；

P——料车空车质量；

Q_3——料车车厢中剩余混合料分配给料车的混合料质量，取 $Q_3 = Q_2$；

f_2——料车滚动阻力系数，摊铺沥青混合料取 0.06，摊铺二灰碎石取 0.08；

f_3——料车制动阻力系数，取 $f_3 = 0.09$。

(4) 拖挂熨平装置的工作阻力 F_y

拖挂熨平装置的工作阻力 F_y 用下式表示：

$$F_y = F_{y1} + F_{y2} \quad (N) \tag{4.2-34}$$

$$F_{y1} = Tg\mu_1 \quad (N) \tag{4.2-35}$$

$$F_{y2} = BLH \cdot \gamma \cdot g\mu_2 \quad (N) \tag{4.2-36}$$

式中：F_{y1}——混合料对熨平板的摩擦阻力；

F_{y2}——熨平装置推移混合料的移动阻力；

T——熨平装置的质量；

μ_1——混合料与熨平板的摩擦系数，沥青混合料取 0.6；

B——熨平装置推移混合料的长度，机械加宽熨平装置取最大摊铺宽度，液压伸缩熨平装置取最大摊铺宽度加上伸缩宽度之和，m；

L——料槽的宽度，m；

H——熨平装置推移混合料的厚度，等于混合料埋住螺旋上沿的高度减去摊铺厚度，m；

γ——料槽中混合料的密度，沥青混合料取 1 520 kg/m³，二灰碎石取 1 580 kg/m³；

μ_2——混合料的内摩擦系数，沥青混合料取 1。

对于液压伸缩熨平装置，根据不同的螺旋直径及料槽的宽度可分段计算 B、L 及 H。

(5) 切线牵引力 F_k

切线牵引力 F_k 等于各种阻力之和，表示为：

$$F_k = F_f + F_\alpha + F_t + F_y \quad (N) \tag{4.2-37}$$

(6) 驱动力矩 M_k

发动机通过传动系传到驱动轮上的力矩称为驱动力矩 M_k，用下式表示：

$$M_k = F_k r_k / \eta_x \quad (N \cdot m) \tag{4.2-38}$$

式中：r_k——车轮动力半径，轮胎式摊铺机 $r_k = (0.93 \sim 0.94)r_0$，$r_0$ 为轮胎自由半径；履带式摊铺机 $r_k = \dfrac{Zt}{4\pi}$，Z 为驱动轮齿数，t 为链轨节距；

η_x——行走机构的效率，履带式摊铺机 $\eta_x = \eta_r(\varphi_x - f)(1 - \delta)/\varphi_x$，$\eta_r$ 为履带机械效率，取 0.96～0.97；φ_x 为附着重力利用系数，取 0.6；f 为滚动阻力系数；δ 为额定滑转率，摊铺沥青混合

取 0.04，摊铺二灰碎石取 0.06；轮胎式摊铺机 $\eta_x = (\varphi_x - f)(1-\delta)/\varphi_x$，$\varphi_x$ 为附着质量利用系数，取 0.55，δ 为额定滑转率，摊铺沥青混合料取 0.06，摊铺二灰碎石取 0.08。

(7) 马达压力差 ΔP

对于行走系统是液压驱动的摊铺机，计算马达压力差特别重要。

马达压力差 ΔP 用下式表示：

$$\Delta P = 20\pi M_m / q\eta_m \quad (\text{Pa}) \tag{4.2-39}$$

$$M_m = M_k / n i_i \eta_i \quad (\text{N} \cdot \text{m}) \tag{4.2-40}$$

式中：M_m——一个马达的输出转矩，N·m；

q——马达的排量，mL/r；

η_m——马达的机械效率，可根据不同马达选取其机械效率值；

n——马达数量，行走系统是左右独立驱动的液压回路，$n=2$；一个行走马达的液压系统，$n=1$；

i_i——从马达到车轮之间各种传动元件（如行星齿轮减速器、链传动或换挡变速箱等）的总速比；

η_i——马达到车轮间各种传动元件的总效率。

(8) 驱动功率 N_k

驱动功率 N_k 指包含行走机构所消耗功率在内的输入给驱动轮的功率，用下式表示：

$$N_k = F_k V / 3600\eta_x \quad (\text{kW}) \tag{4.2-41}$$

式中：V——摊铺速度，即计算理论生产率的摊铺速度，摊铺沥青混合料取 0.30~0.36km/h，摊铺稳定土或 RCC 料取 0.06~0.12km/h。

(9) 牵引功率 N_e

发动机输出的牵引功率 N_e 用下式表示：

$$N_e = N_k / \eta \quad (\text{kW})$$

式中：η——行走系统的总效率，等于从发动机到车轮之间各种传动元件（如联轴器、分动箱、泵、马达、减速器、变速箱等）效率之乘积。

2) 摊铺机牵引功率计算中应注意的问题

①液压系统工作压力（马达压力差）应与所选择的泵及马达的安全压力（溢流阀调定压力）相匹配。对于左右独立驱动的履带式摊铺机，安全压力减去背压应略大于工作压力的两倍，以保证摊铺作业中因调整方向使一侧压力升高时（时常达到正常直线摊铺工作压力的两倍）液压系统的可靠性。

②摊铺速度的确定应当考虑压实度对生产率的制约关系。在保证摊铺路面平整密实的前提下，充分利用发动机的功率和发挥摊铺机的最大生产率，是牵引性能参数合理匹配的原则。提高摊铺速度就能提高生产率，但压实度随摊铺速度的增高而降低，沥青混合料的摊铺速度在 2~6m/min 时，压实度的变化比较大；大于 6m/min 时，压实度的变化很小。因而在计算时应选用既能获得较高的压实度，又能得到较高的生产率的摊铺速度。本书介绍的摊铺速度就是压实度对生产率制约下的优选速度，摊铺沥青混合料是 0.30~0.36km/h，摊铺稳定土或 RCC 料是 0.06~0.12km/h。

③对于既能摊铺沥青混合料，又能摊铺稳定土的多功能摊铺机，只需按摊铺沥青混合料的工况设计计算。因为在标准设计工况下，摊铺稳定土的牵引功率比摊铺沥青混合料的牵引功率小（主要因摊铺稳定土的标准摊铺速度低），但液压系统的压力高 12% 左右，所以，必要时可对摊铺稳定土工况下的压力进行验算，压力过高需进行调整。

4.2.5.5 选型与配套设备的匹配原则

1) 沥青混凝土摊铺机的选型

沥青混凝土摊铺机的选型对于路面施工是否能够达到设计要求是非常重要的，选型的正确与否，直接关系到路面施工质量及进度。

(1) 按路面要求选型（表 4.2-3）

《公路工程技术标准》（JTG B01—2003）将路面分为高速、一级、二级、三级、四级五种。

各种公路路面铺筑各项质量要求 表4.2-3

项 次	检测项目		允 许 值	
			高速公路、一级公路	其他公路
1	平整度	σ(mm)	≤1.2	≤2.0
2		IRI(m/km)	≤2.0	≤3.2
3		3m直尺最大间隙 Δh(mm)	≤3(合格率应≥90%)	≤5(合格率应≥90%)
4	宽度(mm)		±20	±20%≥
5	厚度	每一层次 50mm以下	±5%	±8%
6		每一层次 50mm以上	±8%	±10%
7		总宽度	-5%	-8%

在进行高速及一级公路施工的时候,由于对路面平整度、密实度和密实不均度的要求较高,履带式沥青混合料摊铺机的牵引力及接地面积都较大,对下层的平整度不太敏感,故高等级公路沥青混合料面层的铺筑,应优先考虑选择履带式沥青混合料摊铺机。为减少离析,当单幅路面宽度大于7.5m时,一般选择两台或三台大型机械拼装式沥青摊铺机梯队进行施工。单台摊铺宽度最好选择在7.5m以内,前后摊铺机之间的距离不宜太远,一般应控制在20m以内,以尽量减少两侧路面之间的温度差异,从而保证接缝处材料参数基本一致,两台摊铺机横向搭接宽度应在30~60mm。同时为了达到路面设计要求,应采用高密实度摊铺机进行作业,以提高路面密实度。高速及一级公路平整度要求高,故沥青底层施工应以钢丝为基准,中面层及面层应采用接触式平衡梁和非接触式平衡梁进行找平控制,为提高路面平整度,应优先采用非接触式平衡梁。

鉴于城镇辅道及小区道路,路面宽度一般在5m以内,弯道较多,宽度变化频繁,各项路面指标要求较低,因而宜采用中小型轮胎摊铺机进行作业。

(2)按工程进度匹配

①在路面施工中,施工程进度对于施工而言,也是一项重要而实际的指标,因而在选用沥青摊铺机时应该充分考虑到与工程进度的匹配。如在高速公路施工中,摊铺机的行驶速度按照要求一般设定在3~5m/min以内,因此在摊铺机数量及摊铺能力上应充分考虑,同时还应考虑供料与摊铺能力的匹配,以免造成摊铺能力过剩。

②在道路维修中,特别是城市干道的维修,工程进度显得尤为重要,在城市道路维修时,为了不影响正常的交通,经常将施工安排在车流相对较少的夜间进行,由于时间非常紧张,因而适合采用摊铺速度较快,转场灵活的轮胎式摊铺机进行作业,如道路宽度变化多,则应选择对宽度变化适应能力强的伸缩式摊铺机进行施工。

(3)根据路面宽度进行匹配

①不同的道路路面宽度要求也不一样,因此,摊铺机的选择也应进行适当的调整,以提高工程效率和质量。当路面宽度在3m以下时,应选择小型摊铺机,为提高摊铺速度,最好选用小型轮胎摊铺机。宽度在6m以下的路面,应视路面的具体要求选择摊铺机,如对平整度要求较高且道路宽度变化较小,则可选择中小型机械式熨平板摊铺机进行作业;宽度变化较大时,则宜采用中小型伸缩式熨平板摊铺机进行作业。

②如宽度超过8m,路面等级较低,则适合选用大型或超大型摊铺机进行施工,这样可提高工作效率,降低成本,单台施工还有助于提高路面平整度;但高等级路面施工,则应按高等级路面要求选择两台或多台梯队作业。

③对于乡镇及山区农村道路,由于弯道多,路面宽度小,宽度变化大,路面要求低。鉴于此情况,则可选择轮胎式摊铺机,并配伸缩式熨平板进行施工,如路面宽度较大,可选用履带式摊铺机配伸缩式熨平板进行施工。

(4) 根据搅拌站能力匹配

作为施工单位,搅拌站的供料能力直接影响到施工效率和施工质量,一般来说,一个1000型的搅拌站其供料能力为60~80t/h,一台大型和超大型摊铺机最大工作能力在500t/h以上,平均使用能力在300~400t/h较为合适,中型摊铺机工作能力在400t/h左右,平均使用能力在200~300t/h较为合适。如摊铺能力过大不仅造成资源的浪费,而且经常停机等料还将严重影响路面质量。

一般来说,如供料能力为300t/h以上,宜选用大型和超大型摊铺机进行作业,供料能力为200t/h以下,则适合选用中型或小型摊铺机进行作业。

2) 沥青混凝土摊铺机的选型与使用

为了确保沥青混凝土摊铺机在工作时能达到规定的技术状态、降低维修成本、提高使用的可靠性和寿命,必须合理选型并认真执行其使用和维修规程。

(1) 沥青混凝土摊铺机结构特点

①行走系统采用变量液压泵、变量液压马达组成的闭式液压系统,可在其有效的全流量范围进行调节,并由电子元件进行控制,实现摊铺速度恒速自动控制。两侧行走系统独立驱动,通过速度电位器和转向电位器可精确地预选直线行走速度和转向时两侧行走系统的速度,电子同步控制系统可使摊铺机精确地直线行走和在弯道上平滑移动。

②输送系统的刮板输送器由液压马达独立驱动,通过料位高度传感器通断开关实现全自动控制输送,其转速具有自动比例控制和手动无级控制功能。工作速度能无级调节。

③由两个变量液压泵、变量液压马达组成的螺旋摊铺器闭式液压系统,可进行独立驱动,无级调速,其工作速度由超声波传感器实现全自动控制。

④自动找平装置用多探头超声波数字控制找平技术。若因道路不平出现离开允许的基准线偏差范围时,会自动调节升降液压缸,从而达到要求的摊铺厚度,确保路面平整度等摊铺质量,且操作简单方便。

⑤熨平板采用高强脉冲振动和电加热技术。加热均匀,操作安全、方便、可靠,环境污染少。采用双振捣熨平板作业,可使密实度达到98%以上。

⑥电子控制系统采用微电脑控制和故障自动诊断技术,实现机、电、液一体化,便于维修保养。

(2) 对沥青混凝土摊铺机的要求

①沥青混凝土摊铺机应具有受料系统、输送—布料系统、压实—平整系统、行走系统和操纵控制系统等。

②沥青混凝土摊铺机应能在规定的自卸车配合受料状态下,以各种作业组合状态铺筑沥青混合料路面层。

③作业系统要求

a. 受料斗折翻动作时间应达到产品规定值,允许误差为±2s。

b. 刮板输送器、螺旋摊铺器的工作速度应能进行无级或有级调节,工作参数达到产品规定值,允许误差为±5%。

c. 螺旋摊铺器的作业宽度应能在基本作业宽度的基础上随摊铺宽度的变化加宽。

d. 压实平整装置的作业宽度应能在基本作业宽度的基础上进行无级展宽或有级展宽,并可实现单侧独立调节。

e. 振动压实装置的工作参数(频率、振幅)应达到产品规定值,允许误差为±1%。

f. 捣固压实装置的工作参数应达到产品规定值,冲击次数允许误差为±1%,冲击行程允许误差为±5%。

g. 熨平加热装置的工作温度应大于100℃。环境温度为5~20℃时,预热时间不得大于30min;环境温度大于20℃时,预热时间不得大于20min。

④作业性能要求

沥青混凝土摊铺机主要作业参数及允许误差应符合表4.2-4规定。

沥青混凝土摊铺机作业性能要求　　　表 4.2-4

主要参数名称		技术要求	允许误差
基本摊铺宽度		达到产品规定值	±0.2%
最大摊铺宽度			
最大摊铺厚度			±1%
最高摊铺速度（无级调速）			±2%
各挡摊铺速度（有级调度）			
最大摊铺拱度	正向		±1%~5%
	负向		
最大摊铺横坡度（双向）			

a. 沥青混凝土摊铺机应能分别以基本摊铺宽度、最大摊铺厚度为最高摊铺速度的作业组合状态下，有效地完成摊铺作业。

b. 沥青混凝土摊铺机与自卸车对接，在坡度不大于5%的基层上，以不大于5mm的摊铺厚度、不低于3m/min的摊铺速度和最大摊铺宽度的作业组合状态进行摊铺作业，精度与质量应符合表4.2-5和表4.2-6的规定。

摊铺成型精度　　　表 4.2-5

项目	允许误差	项目	允许误差
成型宽度（mm）	−50	成型拱度、横坡度（%）	±0.3
成型厚度（mm）	±5		

摊铺成型质量　　　表 4.2-6

项目	指标	备注
平整度（mm）	<3mm	3m 直尺测量值
密实度（%）	>70	普通型压实—平整装置
	>80	标准型压实—平整装置
	>90	强力型压实—平整装置
密实不匀率（%）	<5	

注：对配备简易型压实—平整装置的摊铺机无密实度限值要求。

⑤行驶性能要求

a. 沥青混凝土摊铺机的最高行驶速度和各挡行驶速度应达到产品规定值，误差不得大于±3%。

b. 沥青混凝土摊铺机应能双向（前进、后退）通过坡度不小于15%的坡道，并能可靠地在坡道上实现停车和起动；双向坡道停车量，摊铺机的位移量为零。

c. 履带式沥青混凝土摊铺机直线行驶的跑偏量不得大于直线测量距离的2%。

d. 轮胎式沥青混凝土摊铺机的转向盘自中位向左右两侧自由转动的行程（转角）不得大于15°。

（3）沥青混凝土摊铺机选型的其他问题

①根据道路的设计宽度、摊铺工艺及摊铺质量等要求，综合选择沥青混凝土摊铺机的最大摊铺宽度、最大摊铺厚度、摊铺速度、摊铺机的生产率（t/h）、摊铺成型精度和摊铺成型质量等。即充分考虑沥青混凝土摊铺机的主参数和基本参数满足工程设计的要求，保证施工质量，且与沥青混凝土搅拌设备的生产率（t/h）相配套。

②由于履带式沥青混凝土摊铺机具有较长的接地长度，接地面积大，接地比压小，对不平整的路面适应性好，在稍做预压实的不平整路面上即可进行高质量的摊铺。采用专用的柔性橡胶履带，静摩擦力和整机质量较大，使履带式沥青混凝土摊铺机具有更大的牵引力，可在各种路面斜坡上进行摊铺作业，也可在高低不平的道路上高速平稳行驶，具有行驶噪声低、速度快等特点。

③轮胎式沥青混凝土摊铺机具有良好的机动性,转移方便,但在路基较差的情况下易打滑。前转向轮加装具有同步与差速控制功能的独立液压驱动机构,能使前转向轮既驱动又转向。可在摊铺作业时,提高牵引力,有效地防止摊铺机打滑。当高速行驶时,还可让前转向轮不驱动。

④采用电子控制装置控制变量液压泵,使其按电位器预先设定的行驶和转向数值供给所需流量。速度传感器能不断地检测实际速度值,并通过电信号传递给电子控制装置,再与电位器预选设定值进行比较。当出现偏差时,电子控制装置会自动改变变量泵的流量,以符合设定的行驶速度。即使在超载的情况下,亦能按预选速度行驶,因此能够获得非常高的摊铺质量。

⑤行驶系统备有一套应急控制装置,以保证在电子控制装置或速度传感器出现故障时,可以继续作业。

⑥除配置标准的熨平板外,还可根据施工需要,选择其他规格的熨平板。此外,电子调平装置、调平梁、拖管、准线支架、45°切边靴等附件也可根据施工情况选择。

3）沥青混凝土摊铺机的选型技术

沥青混凝土摊铺机是一种集机、电、液、人工智能于一体的高科技产品。随着高等级公路和城市道路的蓬勃发展,沥青摊铺机在路面施工中地位举足轻重,对沥青摊铺机的要求也越来越高。如何选择技术性能优越、可靠性强、适用性好、经济性好的沥青混凝土摊铺机就显得尤为重要。

（1）基本机械结构及性能分析

①液压系统

沥青混凝土摊铺机的行走转向系统、螺旋、刮板系统及其他辅助系统都经历了由机械传动到液压传动的变革,液压传动以其高的传动效率、灵活的传动方式、优越的控制性能和高可靠性低故障率成为主流;液压系统也经历了由初始的开环式系统到闭环式系统的变革,开环系统由于有不易无级调速、元件分散、效率低、不易连续控制的缺陷,逐渐被闭环控制系统所取代。

②行走驱动机构

国内外大中型摊铺机均采用履带行走机构,履带行走机构以接地比压小、附着性能好、摊铺平整度好,而得到广泛的应用;驱动装置,过去都采用液压马达加链条或减速器组合形式,现在都采用液压马达加行星齿轮减速器,配套趋于一致。轮胎式行走机构用于中小型摊铺机上,以其高机动性能、低摊铺幅度的自身特点在低端摊铺机上广泛应用。

③机电液一体化

现代化的沥青摊铺机已发展成为机械、电控、液压传动与人工智能为一体的先进设备,依靠电控可以实现恒速摊铺、直线行走、圆滑转向、输料比例控制、振捣频率预选、熨平装置的浮动、提升、下降、锁定、增压、减压、延时、平整摊铺、电气故障报警和故障部位识别等功能。

④恒速控制系统

摊铺机摊铺速度的不稳定,是影响摊铺路面平整度的主要因素。速度不稳定的主要原因有：

a. 发动机转速的变化。

b. 液压元件容积率的变化。

c. 履带滑转率的变化。这3方面均与摊铺作业中负载的突然变化有关。摊铺机的恒速不能仅通过控制发动机的油门或手动控制行走变量泵来实现（不能保证摊铺速度的精确控制）,现代化的摊铺机大都通过在行走液压马达安装速度传感器,将检测到的速度信号与设定速度进行对比处理,然后输出信号控制行走变量泵;同时安装恒功率控制系统也是保证在负荷突然增大时发动机不掉速的有效手段,即各系统自动分配功率,当出现发动机掉速时,螺旋和振捣消耗功率大的系统,自动调整螺旋转速及振捣频率,降低液压系统功率,避免掉速,实现匀速摊铺,保证平整度。

⑤自动调平控制系统

自动找平控制系统从数据源的类型可分为模拟信号和数字信号,数字式控制器不仅提高了系统的控制精度,也提高了系统的综合性能:如能进行故障报警、故障诊断、显示运行状态等,已得到广泛的应用。数据的采集方式分为：接触式和非接触式。接触式找平有拉钢纤和拖长滑靴,都比较易于实现,简单易行，投资少，可实现纵向的、接触范围内的有限平整度；非接触式找平有超声波和激光两种形式，能高精度、高可靠性、全面补偿校正偏差，实现了自动调平系统的网络化、智能化控制。以超声波检测技术为核心的非接触式平衡梁，其技术成熟，是多组多探头智能控制系统，探测范围大，精度高，全面补偿校正偏差，能交替使用面基准和线基准，可实现大范围的平整度控制。

⑥连续输料技术

摊铺机供料系统的驱动功率占发动机总功率的50%以上，输料量与生产率之间的匹配影响路面的平整度。如何实现在设定的摊铺速度、宽度、厚度情况下的连续稳定供料，并且保证液压系统负荷稳定，就需要对左右刮板输料系统和左右螺旋输料系统采用的变量泵及非接触式料位器，分别比例控制，提高传动系统可靠性。熨平板中的螺旋分料器是由边端的变量泵直接驱动，可正反向旋转，使料槽内混合料可向两边集中或推向单边，不会导致产生离析的阻料现象，螺旋高度快速可调，料斗两侧翼板可单独控制。

⑦抗离析摊铺技术

离析是摊铺机大宽度摊铺很难解决的问题。摊铺机摊铺路面时物料离析有4种形式：横向、竖向、纵向带状、窝状离析。其中横向离析出现最多、危害最大。可结合自身摊铺机结构特点，开发相应的抗离析技术：

a. 采用螺旋叶片全埋输料方法，大小粒料能被均匀输送，减少了横向离析。

b. 螺旋高度多级、无级调整，可对摊铺层粒料再次连续搅拌，在厚度方向上避免竖向离析。

c. 合理设计螺旋直径，螺旋输料通道可根据摊铺厚度相应加大，改善物料阻滞现象，避免纵向带状离析。

⑧熨平装置结构

熨平板是摊铺机的关键部件，它直接关系到摊铺路面的质量。从结构形式可分为机械加长和液压伸缩两种；机械拼装整体刚度高，对于提高摊铺路面平整度有好处；从预压实机构可分为单夯锤、双夯锤、液压振动压力梁等多种组合，这是预压实度达到90%以上的保证，是提高平整度必备的机构；在摊铺机停机再启动时，由于熨平板自重和物料承载能力的关系会出现熨平板压痕、大臂下沉以及起步熨平板爬升现象，严重影响路面平整度。在新型国外进口摊铺机上运用了自动控制熨平板防爬锁和防沉锁：短时间停机时锁住熨平板提升油缸的下腔，防止下沉造成压痕；开机时延时锁住熨平板提升油缸的下腔，摊铺一个熨平板宽度后再打开下腔浮动摊铺；长时间停机，在开机时同时打开熨平板提升油缸的下腔，延时锁住上腔，摊铺一个熨平板宽度后再打开上腔浮动摊铺，以控制熨平板爬升；另外根据测量的物料温度间断点火，保温熨平板。

⑨数字化控制技术

由于机电液一体化在摊铺机上的广泛运用，电控系统已成为衡量摊铺机先进与否的一个重要标志；新一代微机控制、CAN系统总线设计为摊铺机功能的扩展提供了空间。如采用了全电子管理系统（EPM系统）、采用液晶显示屏技术和故障自动诊断系统等。影响摊铺机摊铺质量的主要因素有：

a. 摊铺速度能否恒定。

b. 物料能否连续适量输送。

c. 物料能否摊铺均匀。

d. 路况和物料的干扰能否有效控制。国内外各种品牌的摊铺机都会强调产品在某些方面优于其他品牌，需要从众多的功能配置中作适用性分析，有针对性选择符合自己实际工程需要机型。

（2）适用性分析及使用性能评价

①不可盲目追求摊铺机的多功能摊铺

a. 摊铺质量要求：良好的沥青面层对摊铺机的熨平板、自动找平系统要求较高，元件精密，而一旦摊铺基层稳定材料，熨平板、供料系统会产生非常大的磨损，这将严重影响面层的施工质量。

b. 不同材料要求摊铺机的地面附着力不一样。

c. 不同材料摊铺作业，摊铺机负荷差异大：摊铺基层材料比沥青材料时负荷一般要大30%~40%，单位时间内机械各方面磨损要严重得多，对发动机、熨平板、输料机构等机械重要部件造成较大损伤，降低机械的有效使用寿命,经济上不合算。综上所述,对于市政道路的摊铺对摊铺机的选择应在满足高摊铺精度、使用的灵活性、经济性情况下,不要过于追求摊铺机的多功能作业。

②摊铺宽度和摊铺厚度的科学设置

沥青摊铺机宽度和厚度的选择应权衡多方面因素,综合确定,包括:工程的实际需要、沥青站的生产能力、摊铺的质量要求。摊铺机的摊铺厚度一般都在0~300mm之间,完全可以满足施工要求,配置趋于一致。厚度越大,预压实度越小,施工平整度、压实度无法保证。不可盲目追求摊铺宽度,以全幅摊铺来提高平整度是个误区,理由有以下几点:

a. 摊铺宽度大,螺旋分料器运送混合料距离长,不可避免粗细料的离析,影响路面质量,造成早期损坏。

b. 在摊铺机重力和功率一定的情况下,宽度越大,平均到料层上的振捣力越小,预压实密度越小,增大了压路机的碾压工作量;由于初压密实度小,在重型压路机不能紧密跟进碾压情况下,严重影响平整度;物料降温后,影响压实度;而小型压路机容易产生推拥,影响平整度。

c. 宽幅摊铺,表面看上去平整,但中间和边缘的密实度不一样,在压路机碾压后横向平整度不能保证。

综上所述,建议市政道路的摊铺机应选择9m以下机型。摊铺机与沥青混凝土搅拌站生产能力应大致匹配。摊铺机理论生产能力为:

$$Q = hBv\rho k \qquad (4.2\text{-}42)$$

其中,h为摊铺层厚度;B为摊铺宽度;v为摊铺速度;ρ为摊铺密实度;k为时间利用率(0.75~0.95)。

以AB G-325为例:摊铺宽度为9m,摊铺层厚度为0.1m,摊铺速度为5m/min,其理论生产率为550t/h,目前拌和设备生产能力无法满足摊铺机的连续作业需要,增大了停机待料的次数,必将严重影响路面平整度,应在摊铺机的摊铺宽度、厚度和摊铺速度上作出调整。

③熨平机构的合理选择

熨平板的选择主要从以下三方面考虑:

a. 机械加宽熨平板和液压伸缩熨平板的选择:机械加宽熨平板由于整体刚度好,抗形变能力强,在宽幅摊铺和基层大负荷摊铺时经常选用。目前摊铺机大都采用液压快速连接和拆开机构,拆装麻烦的缺陷有所改善,摊铺机宽度经常调节,宜选用液压伸缩机型。

b. 振捣方式的选择:单夯锤由于其击振力有限,难以达到90%以上的初压实度,对路面的平整度有影响,很少单独使用;双夯锤设计和单夯加液压振动压力梁设计都可满足预压实度的要求,在选择时不必过分追求双夯,振动梁可以大大加快熨平板下混料的流动性,减小熨平板的磨损,实现物料均匀性和平整度。

c. 加热方式的选择:福格勒专利的电加热以加热便捷、均匀著称,但增加发动机负荷,相对易出故障。两种形式熨平板都各有利弊。

④自动找平系统的选择

找平系统应根据施工路况综合选择:在狭窄区域、小范围施工,滑靴因不会出现碰撞,是一种适合市政道路施工的理想选择;在障碍物较多的施工路段,使用机械式纵坡传感器探测钢纤也是市政道路摊铺常用、易行的选择;而对于大范围长距离的摊铺,多探头超声波数字找平仪和长距离激光纵坡传感器则可以保证较长路段整体的平整度。

a. 要求摊铺机多功能摊铺是不现实的,专业摊铺稳定基层和专业摊铺沥青混合料,无论从机械的维护和保养,还是运营成本来说,都是经济的、科学的。

b. 不必盲目追求摊铺机技术上的先进性、配置上的高端要求,生产能力、摊铺宽度和技术性能只要达到使用要求,不必作太高要求。

c. 供料机构和熨平机构功能的完善是保证摊铺性能的关键;找平系统的选择应因地制宜。

4) 进口沥青混凝土摊铺机选型

高等级公路建设的蓬勃发展使沥青路面的机械化施工水平越来越高,对机械的可靠性、经济性也提出了更高的要求。路面施工中沥青混凝土摊铺机的地位举足轻重。因此,要保证精品工程必须选用技术性能优越、可靠性、经济性好的沥青混凝土摊铺机。中国的沥青混凝土摊铺机经过十几年的发展,通过引进技术、消化吸收,无论在生产规模和产品质量上都得到了长足的进步,但是与国外主要摊铺机生产商相比,在产品的技术性能、可靠性和先进性等方面都存在相当大的差距。因此为了保证路面的施工工期和施工质量,国内许多工程项目特别是高速公路建设项目都不得不进口沥青摊铺机。但是,由于摊铺机是技术含量比较高的施工机械,许多进口设备的决策者对国外沥青混凝土摊铺机的基本产品结构、技术性能缺乏必要的了解,不能根据实际工程需要有针对性地选购摊铺机,造成购进的摊铺机不能满足国内的施工需要,达不到预期目标,同时也造成了很大的浪费。加之进口摊铺机是一项综合性的工作,从项目可行性研究论证到比较选型、购买以及验收、技术经济分析都需要广博的知识。鉴于中国加入WTO后中国对进口工程机械产品关税下调,同时国家加大对基础设施的投入引发的第二次公路建设高潮,都必将使沥青混凝土摊铺机的进口量在现有基础上大量增加,因此探讨沥青混凝土摊铺机的选型技术就显得尤为迫切。

5)机械技术指标分析

(1)适用性

鉴于中国目前的国情,有些不负责任的摊铺机销售商在推销产品时往往强调他们产品的适用性非常强,他们常常会向用户介绍他们的产品既能摊铺沥青面层,同时对稳定土的摊铺作业也能胜任。实际上进口的多功能摊铺机很少能做到两全其美,因为从中国现有的施工情况看,摊铺沥青混合料和基层稳定材料对摊铺机的要求有很大差别,所以用户在选型前要搞清楚的一个首要问题是:所要购进的摊铺机主要用于一般公路的摊铺作业,还是用于高等级公路的路面摊铺作业;是侧重于摊铺稳定土还是沥青混合料。这种考虑主要是基于以下几个方面的原因:

①良好的沥青面层摊铺质量要求的沥青摊铺机各元件非常精密,特别是对熨平板、自动找平系统要求较高,而一旦摊铺机摊铺基层稳定材料,熨平板、供料系会产生非常大的磨损,如果这种摊铺机用于摊铺沥青面层,实际面层的施工质量很难保证。

②摊铺基层稳定材料和摊铺沥青混合料时摊铺机需要的地面附着力有很大差别。为此,许多厂商就采取了一些新型的行走机构来解决这个问题:如德国ABG公司生产的摊铺机采用CAT D23技术加工的特制履带;德国DEMAG公司生产的摊铺机采用高架链轮技术来增加与地面的附着力,没有采取此类措施的摊铺机在进行大宽度(大于9m)、大厚度(大于15cm)的基层稳定材料的摊铺作业时牵引力就会稍显不足。

③据有关资料介绍,摊铺机在从事基层稳定材料摊铺作业时的负荷一般要比摊铺沥青混合料时大30%~40%,单位时间内机械各方面的磨损要严重得多(对于新机更应尽量避免基层稳定材料的摊铺作业),对机械的重要部件如发动机、熨平板、电气控制等部件造成极大的损伤,严重降低机械的有效使用寿命。对用户来说,用这种精密的机械从事基层稳定材料的摊铺作业,从经济上也不划算。

④从摊铺机的功率分配上讲,虽然国外进口的大部分沥青混凝土摊铺机能胜任短期的超负荷作业(如摊铺水泥稳定碎石等),但这也只能是权宜之计,长此以往,必然会出现机械故障或不能满足碎石的摊铺要求,这从沥青混凝土摊铺机液压系统的设计和配置上讲也是在所难免的。

(2)可靠性与维修性

客观地讲,国外的ABG、VOGELE、DYNAPAC等摊铺机总体可靠性还是比较高的,但具体到中国的施工环境和施工要求,在使用中往往会出现一些问题,其中除了很少一部分问题外,大量工程实践表明这些问题的出现都是由于使用不当造成的,如ABG摊铺机在摊铺稳定碎石时易出现螺旋分料器驱动链条断裂故障,大多数情况下这是由于ABG摊铺机为了尽量减小混合料的离析现象,螺旋的直径大且转速高,也即是说ABG摊铺机的供料能力非常强(这一点在选型时非常重要),而如果混合料拌和过程中对集料的控制不够严格,其中较大的不规则石块对螺旋叶片造成冲击导致负荷突然增加就会出现链条断裂。如果加强对混合料拌和质量的控制,特别是努力提高我国的集料整体生产水平,就会使此类故障的故障率大大减少。

(3) 生产率

① 理论生产率和实际施工生产率

理论生产率设计计算公式：

$$Q = hBv_\mathrm{p}\rho k_\mathrm{b} \tag{4.2-43}$$

式中：Q——生产率，t/h；

h——摊铺层厚度，m；

B——摊铺宽度，m；

v_p——摊铺速度，m/h；

ρ——摊铺混合料的密度，t/m³；

k_b——时间利用系数，$k_\mathrm{b} = 0.75 \sim 0.95$。

以中国目前使用较多的配备机械拼装式熨平板的摊铺机摊铺沥青混合料为例：摊铺宽度设为12m，厚度100mm，摊铺速度5m/min（实际施工时很少能达到此工作速度），计算生产率仅为750t/h，而实际这种摊铺机的最大理论生产率都在800t/h左右，从设计讲完全能满足使用要求；另外由于中国现有的沥青混合料供料能力也很少能超过400t/h，因此根本没必要盲目追求大的生产率，只要大于700t/h即可，但是摊铺基层稳定材料则需要摊铺机的生产率大一些。

② 摊铺宽度和摊铺厚度

由于中国有关摊铺机进口政策的影响，导致大于10m的摊铺机大量进口，进口的沥青摊铺机宽度频频刷新记录，现进口到中国的摊铺机最大摊铺宽度已达16m。德国和美国的一些进口摊铺机生产商和供应商曾多次向中国声明，这种宽幅的摊铺机是应中国要求专门特制生产的，在欧洲和美国是不用的，并声称由于采用这种宽幅摊铺机造成施工质量不好，厂方不负责任。在国外，摊铺机的摊铺宽度一般都有所限制，如日本通常限制摊铺宽度7m，单向双车道高速公路包括硬路肩均采用两台摊铺机铺筑，并要求采用双振动方式；美国摊铺宽度基本上只有一个车道的宽度，即3.5～4m。在中国有些单位为了迎合施工招投标文件的要求，采用全幅摊铺来提高平整度，其实这种理解是错误的，这主要是因为：

① 摊铺宽度大，螺旋分料器运送混合料距离过长，不可避免地会造成粗细集料的离析，路面的施工质量难以保证，造成路面早期损坏。

② 由于摊铺机的重力和功率是一定的，摊铺宽度越大，平均到混合料层上的压力、振捣力越小，混合料的铺筑初压实度越小。在窄幅摊铺时，大多数进口的摊铺机经过双振捣方式（或者带有单振捣和高强压实梁组合的熨平板）的摊铺面，初压实度可以达到90%以上，在为保证良好的平整度打下坚实基础的同时也可减小压路机的碾压工作量。而宽幅摊铺的摊铺初压实度小，重型压路机不能紧跟摊铺机碾压，轻型压路机初压反而容易产生推拥，严重影响平整度，混合料降温也快，压实度也受到影响，所以宽幅摊铺非但不能提高平整度反而会影响平整度和压实度。

③ 宽幅摊铺机的摊铺面表面上看上去很平整，实际上边缘部分与中间部分的压实程度是不一样的，边缘压下去多，实际上是不平整的，即横向平整度也难保证。

事实证明：两台摊铺机进行梯队作业接缝很容易调整解决，相反宽幅摊铺的摊铺面倒经常可见不少的离析印痕存在。因此选择摊铺机时不要盲目追求摊铺宽度，此性能指标不是影响机械整体性能的主要参数。随着中国沥青路面施工规范的逐步修订完善，大摊铺宽度的摊铺机必定会在中国施工现场消失，从而不再成为困扰广大工程技术人员的难题。对摊铺厚度来说，一般的进口摊铺机的摊铺厚度都在0～300mm，也有极少数摊铺机（如德国的VÖGELE 1800型、ABG Titan525型等）达到400mm。从上述关于摊铺宽度与预压实度的关系分析可知，摊铺厚度大（大于250mm）的工况仅用于基层稳定材料的摊铺，在这种摊铺厚度下施工预压实度很小，施工层的平整度和压实度根本无法保证。因此，用户在选择摊铺机时完全没有必要对摊铺厚度作太高的要求，从目前中国的施工规范看，只要摊铺厚度0～300mm就完全能满足施工要求。

(4) 技术先进性

由于机电液一体化技术在摊铺机上的广泛运用，电控系统已成为衡量摊铺机是否先进的一个重要标志。新一代微机控制的高精度、高性能全自动摊铺机必将成为现实,国外主要摊铺机生产公司早已着手这方面的研究开发工作,如 ABG 525 摊铺机采用的全电子摊铺机管理系统(简称为 EPM 系统)、新型 DANYPAC 摊铺机采用液晶显示屏技术和故障自动诊断系统就说明了这一发展趋势。但我们认为:鉴于中国目前的国情,上述有些功能可能显得有点华而不实,并且也不完全适合中国的国情。实际上只要机械传动件(特别是传动件的耐磨性、可靠性)和液压件的质量有保证,对电控系统中的几条先进的自动找平控制系统和行走控制系统要予以保证外,其他方面则没必要作太高的要求。

6)摊铺机使用性能评价和关键部件的选型

(1)摊铺机使用性能评价内容

了解摊铺机的使用性能评价内容有助于用户在摊铺机选型时有针对性地把握影响路面摊铺质量的重要因素,适当剔除次要因素,结合使用要求,权衡利弊,对所考察的摊铺机进行用前评价,从而更好地满足施工的需要。摊铺机使用性能评价包括以下内容:

①摊铺路面的平整度和几何形状的准确性 摊铺面平整度应达到纵向 $\pm 2mm$(3m 直尺),横向 $\pm 0.01\%$,这主要与摊铺机的熨平板和自动找平系统的工作性能有关,也与使用中摊铺机运行参数的调整有很大关系。

②摊铺路面的预压实度及其均匀性 摊铺后的路面,可测量出整个路面的预压实度和平均预压实度,但也要注意路面摊铺横向预压实度的均匀性,这主要与路基的强度和平整状况有关。在路基(或基层)条件较差的情况下,如果选用的履带式摊铺机具有较长的履带接地长度,接地面积大,比压小,就会对不平整的路基适应性好,可以进行高质量的摊铺;对轮胎式摊铺机而言,前转向轮应有同步与差速控制功能的独立液压驱动机构,它能使前轮既驱动又转向,可在摊铺作业时提高牵引力,有效防止摊铺机在较差的路基上打滑而影响摊铺质量。如果在选型时没能考虑到上述因素,就会影响到摊铺路面的预压实度及其均匀性。预压实度的大小则与摊铺宽度、摊铺厚度以及熨平板的振捣梁、振动器或高强夯的工作能力有很大关系。

③摊铺作业过程中是否出现离析,这种现象的产生与熨平板的结构(包括螺旋分料器)以及参数的选择有很大关系,熨平板超过 8m 易离析。由以上沥青摊铺机使用性能评价内容可知:进行摊铺机比较选型时,在熨平板、供料系统和自动找平系统上多花点心思是非常必要的。

(2)根据摊铺机使用性能评价内容选择关键部件

①供料系统

摊铺机供料系统的驱动功率占发动机总功率的 60% 左右,由此可知其重要性。具体来说,选型时对刮板输送器应重点考察刮板的宽度、间距、耐磨性、刮板与大链条的连接方式是否可靠及驱动功率(主要看液压马达的排量)。对螺旋分料器应着重考察叶片大小和驱动功率是否匹配、叶片耐磨程度、螺旋转速及其驱动功率,特别是要考虑螺旋分料器的结构是否易导致混合料离析,看混合料在"料槽"内的流动是否顺畅。瑞典 DYNA PAC 生产的熨平板中螺旋分料器是由边端的液压马达直接驱动,因此可通过液压马达的正反方向旋转来实现螺旋分料器不同方向的旋转,配合不同形式的螺旋分料器使得螺旋分料器料槽内的混合料向两边集中或推向左右单边;这种结构可适应多种摊铺作业的要求,也扩大了其应用范围,并且加长熨平板时也比较方便;更为可贵的是在料槽内不会出现导致混合料离析的阻料现象,这是摊铺机设计中独特、新颖的地方,与其他摊铺机的供料系统相比,这样的设计更容易保证路面的摊铺质量。在工程施工中,要保证摊铺的平整度、均匀的预压实度和料槽内料位高度的稳定也是非常重要的,因此必须选择性能良好的料位器,由于机械式料位器粘料后反映料位不准确,超声波料位器应是最佳选择。

②熨平板

熨平板是摊铺机的关键部件,它直接关系到摊铺路面的质量,机械加长是传统的结构形式,近年来为克服其拆装比较麻烦的缺点,在快速连接和拆开的机构方面作了许多改进。由于其整体刚度要求高,在进行宽幅摊铺时与液压伸缩式熨平板相比还是具有优越性的,因此考虑到摊铺稳定材料和宽幅摊铺,还是选择机械拼装式熨平板为好；但液压伸缩熨平板具有安装、调整方便的特点,适合在摊铺宽度多变的场合使用,一般市政工程和高速公路的养护工程上运用较多。为了提高预压实度,厂家开发研制了各种形式的高效强力压实熨平板,有双夯锤和平板振动器组合型的,也有单夯锤和高强夯组合型的,这些结构的熨平板在多种工况下预压实度都能达到90％以上,这在目前施工机械配套能力不足的情况下是比较适合中国国情的。

③自动找平系统

主要应考虑：找平精度、配备的电器元件的质量和配套厂家、配备的找平装置基准类型、控制装置的方式。德国的VÖGELE、美国的BLAW 2KNOX和意大利的MARINI公司的自动找平装置为自行开发研制的,其他绝大多数均是向美国或瑞典专业电器生产厂家购置自找平的电传感元件,控制的精度和灵敏性均可满足高速公路的平整度和路面的几何形状要求。此外,采用多探头超声波数字控制找平技术的自动找平装置也是一种不错的选择。

4.2.5.6 工程应用

1）德国曼内斯曼德玛克牌DF140CS型沥青混凝土摊铺机的使用

在高等级公路建设中,大型摊铺机对保证路面的施工质量、提高工效起着决定性作用。

(1) 德玛克DF140CS型沥青混凝土摊铺机的结构、性能与特点

①结构特点

德玛克DF140CS型沥青混凝土摊铺机,是一种履带式摊铺机。这种摊铺机采用电脑控制,具有操作舒适、灵活、简便等优点。该机能够自动找平,输送带及搅笼均为自动控制,能随着摊铺速度及填料厚度的变化随时调整供料量,而无需像有些机型那样,需要司机随时观察搅笼供料情况并进行手动调整。该机具有两种摊铺追踪方式,一为双纵向追踪,一为单纵向结合横向追踪,可视现场情况灵活选用,其中后者放线简单,是施工中经常采用的追踪方式。

该机机架牢固,采用宽大型超长橡胶履带,高架轮驱动,重心分布合理,整机稳定性好,配备奔驰最新型OM366LA型水冷式6缸4冲程柴油发动机（带有涡轮增压器和增压器冷却系统）,转速2 300r/min,功率148kW,输出技术参数符合DIN6271标准。

该机各工作机构的液压系统为独立的开式系统,可靠性高,便于维护和排除故障。液压系统均配有变量轴向活塞泵,泵上配有压力自动断开装置,供运行机构使用。

各操作机构及行驶机构的动作都是采用电力控制和静液压力起动的。

②性能

该摊铺机的摊铺宽度可在2.5～12.0m之间调整。可以用来摊铺沥青混凝土,也可用于摊铺干性水泥混凝土及二灰碎石稳定层,由于其生产能力高,故特别适用于长大主干线等高级公路及机场跑道、市政工程等的面层摊铺。

由于该机机身加长,拉杆稳固,刚度大,稳定性好,又采用2组偏心轴振动配以夯实机构,这两种机构均可自动和手动控制,自动控制时振动频率随摊铺速度变化而变化,从而能有效地保证路面的密实度和平整度。密实度和平整度是高等级公路路面最重要的两项指标,从宁连公路的检测结果来看,用该机摊铺的20km路面,经严格检查,3m内的不平度只有1mm,远远小于规范要求的3mm。

(2) 与之配套的拌和和运输设备

要充分发挥德玛克摊铺机的作用,必须配备与之相匹配的拌和机械和运输车辆。

德玛克DF140CS型沥青混凝土摊铺机的最大摊铺能力达800t/h,故对于摊铺量很大的主干路线非常适用。但是,与之配套的拌和机械和运输车辆如满足不了供料要求,其能力将得不到充分发挥。例如在宁连公路施工期间,业主对6个标段内的摊铺机、拌和站统一调配,分期摊铺。为德玛克摊铺机配备了2个拌和站：一为意大利进口设备,生产能力为120t/h,另一为国产的,生产能力60t/h。显然,拌和设备满足不了摊铺的需要,尽管运输车辆很充足,且运距都在10km以内,但摊铺机仍有一半的时间要停工待料,造成摊铺机的严重浪费。据计算,在运输车辆充足的情况下,起码要有350t/h实际供料能力的

拌和站,才能使摊铺机的工作能力得以正常发挥。

对于运输车辆除运输能力满足要求外,还要尽可能使用大型自卸汽车,这是因为:小型车装载量小,卸车次数多,摊铺机需要频繁收放料斗,摊铺速度则因之频繁变换,既增大了摊铺机司机的劳动强度,也加速了机件的磨损;小车底盘低,料斗中的余料妨碍汽车后厢门开启;小型车的装载量小,拌和物在车厢内堆成圆锥状,使得拌和物中的大骨料集中在四周,造成卸料时最先和最后落下的是大骨料,使拌和物产生离析,不利于保证摊铺质量。在宁连公路的施工中,就有上述问题发生。使用大型自卸车则能克服上述缺点,并能减少机件的磨损。

(3)摊铺机操作时应注意的问题

①沥青混凝土的摊铺属高温作业,而夏天又是沥青混凝土路面施工的黄金季节,因此,摊铺机司机的作业环境恶劣,机上温度高达50℃,所以,必须做好司机的降温防暑工作,且每班至少配备2名司机轮换操作,以保证其身体健康。

②该机各机构均采用电子控制,这就要求司机操作时必须精力集中,以免发生误操作,造成机件损坏,影响摊铺质量,特别是经常停机待料的情况下,重新工作时很容易忘记夯板、振动。

2)福格勒沥青混凝土摊铺机的应用

福格勒(VÖGELE)沥青混凝土摊铺机是一种履带式大型摊铺机,该设备在日东高速公路和017省道的路面摊铺中成功地解决了施工中易出现的松散、裂缝、推挤、泛油、啃边和离析等现象,克服了变坡点的纵坡和高程不好控制等问题,很好地控制了路面的平顺和平整度,使各项检测指标都达到了规范和设计要求。

(1)摊铺前的准备工作

工作装置的安装、调整和检查:

按路面宽度要求组装摊铺机的熨平板,安装要平直,如果现有熨平板的宽度同路基宽度不相符时,可以采取超宽部分熨平板加挡板。

按路面拱度要求调整熨平板的拱度,调整时要考虑熨平板在摊铺过程中的变形量,试验段摊铺时要对摊铺完成的路面进行拱度测量,如有偏差则重新调整熨平板的拱度。

根据摊铺厚度的要求调整螺旋输送器及前侧挡板的位置。螺旋输送器的离地高度直接影响摊铺机的工作负荷及摊铺速度,离地距离太高,摊铺机的阻力大;离地距离太低,摊铺不能连续进行,对离地距离的调整要视摊铺厚度而定。一般情况下,螺旋输送器离地距离为摊铺厚度加5cm。

全面检查摊铺机的液压系统、电气系统、振动装置和夯板,使摊铺机各机构状况良好。

(2)摊铺现场的准备工作

①施工放样。包括高程测定和平面控制两项内容。高程测定的目的是确定下承层表面高程与原设计高程差的准确值,以便在挂线时纠正或保证施工层厚度。一般根据设计高程值选用 $\phi 2 \sim 2.5$mm 的钢丝线,每10m测一点,每段以200m为宜,张力为800~1 000N,挠度不大于2mm,保证钢丝基准面平顺稳定。

②摊铺面的清洁。摊铺前要彻底清洁待铺路面,保证摊铺层同原路面有良好的结合强度。

③摊铺机主要参数的确定

a.摊铺厚度。摊铺厚度为设计厚度乘以松铺系数,松铺系数根据试验段碾压以后确定。沥青混凝土混合料松铺系数为1.15~1.30,沥青碎石为1.15~1.35。

b.摊铺速度。摊铺机的行驶速度应与拌和站的生产能力、运输车辆的运输能力相匹配,并据摊铺的宽度和厚度而定。摊铺速度可按经验公式 $v = K_1 K_2 q/(60abc)$ 确定,一般情况下行驶速度以 2m/min 为最佳,初试摊铺时按上述公式确定,同时结合实际情况进行调整。

c.振捣参数。为了保证面层摊铺的平整度,可以通过摊铺机振捣液压系统的压力表显示来调整振捣参数。液压系统压力应调整较大,但其附件不能产生剧烈振动。对福格勒摊铺机而言,夯锤压力为6MPa、振捣梁压力为8MPa。

d.初摊铺仰角值。确定仰角值前需对熨平板的初始安装进行实测,即将摊铺机及熨平板放在水平地面上,两边仰角刻度指示为0°或5°(一般为5°)。

④熨平板的加热

每天开始施工或停机后再工作时,应先对熨平板加热半个小时,因为100℃以上的混合料碰到现场30℃以下的熨平板底面时将会因骤冷而粘在底面上,这些黏附的料粒随着熨平板的前移会撕裂铺层表面,使之形成沟槽和裂纹。加热后的熨平板可以对铺层起到熨平作用,从而使路面平整无痕。

⑤自动找平方式

福格勒沥青混凝土摊铺机自动找平系统有3种传感器追踪方式:

①双边挂线控制高程方式,即两侧都放钢丝基准线,用两个纵坡传感器进行控制。

②单边挂线控制高程方式,即一侧用纵坡传感器,另一侧用横坡传感器进行控制。

③不挂线的控制方式,即以"锁死"手动进行控制。

手动控制台适用于中面层和上面层的摊铺,并辅以自动浮动平衡梁进行控制。如果一次摊铺宽度超过6m,由于熨平板横向钢性降低,容易出现变形,而用横坡传感器进行控制时不能立即调整横坡,要在摊铺机行驶过3倍于牵引臂的距离后才能完成一次调整,传感器灵敏度因此降低而影响摊铺质量。因此,这种情况下应选择双边挂线的控制方式,把纵坡传感器放于测定好的钢丝基准面上,转动机械部分的手柄直到找平仪上两个绿灯都亮,然后把左右两个开关从"I"拨到"O",自动找平装置开始工作。

(3)施工中注意事项

①受料过程中自卸车应在摊铺机前30cm处对正摊铺机停车,以免撞击摊铺机,同时卸料要连续稳定。如果卸料时发生撒料,要及时清洁履带处的混合料以免影响平整度。

②定时用水准仪测量路面的横坡度和高程,适当调整自动找平传感器直至所铺路面完全符合设计要求。

③有路缘石时,熨平板端面与路缘石之间至少留有10cm间距,此部分可用人工摊铺,把摊铺机的导向杆调至适当的位置,以免摊铺机刮到路缘石。

④摊铺机的操作及调整对摊铺质量有很大的影响,摊铺速度的改变会引起摊铺厚度的变化,摊铺机应匀速行驶,一般控制在1.5~4.0m/min,弯道处要保证连续稳定地转向。

⑤在弯道上摊铺时因为横坡度、拱度经常变化,难以实现自动控制,可以事先在弯道上每5m打一标准桩,将各桩处的横断面高程计入表格内,在进入控制桩前2m处提前手动调整拱度。

⑥尽量避免停机,确保摊铺机以最佳速度连续作业。螺旋器中混合料的数量应恒定,保持高于螺旋器的中心线、正好完全盖住叶片为止。

⑦对构造物两端和施工接缝处进行接缝处理的好坏直接影响路面的平整度,纵向接缝时要保证新铺层与已铺层重叠10~30cm;横向接缝时应使接缝边缘上下垂直,并与摊铺层的纵向边缘成直角。

在施工中只要组织好施工过程的各个环节,充分发挥福格勒沥青混凝土摊铺机性能稳定、操纵灵活、自动找平等优良性能,就可以解决高速公路施工中路面高程不好控制、匝道坡度变化频繁和横向接缝不好处理等技术难题,提高工作效率,保证施工质量。

3)福格勒2500型摊铺机的应用

随着我国高速公路建设的飞速发展,对沥青混凝土路面的摊铺要求越来越高,特别是要求使用大功率、大宽幅、性能优良的沥青混凝土摊铺机进行摊铺作业。一些地区在沥青混凝土路面施工中要求一次整幅摊铺,施工中使用了福格勒公司最大摊铺宽度16m的2500型大型摊铺机。

(1)整机特点

①整机布置合理、美观、操作简单、安全。有手动、自动两套操作方式,加长段熨平板连接牢固,作业安全可靠。

②动力配置充足,装有道依茨水冷柴油发动机。排放达到欧洲Ⅱ号标准,能够进行沥青混凝土稳定层的摊铺机工作,生产率高,减轻对大气的污染。

③该机能进行16m宽道路的一次性摊铺,这样,在施工中可减少摊铺机的投入,经济性好,工艺简单,效率高。

④无纵向接缝,平整度高,配套使用浮动均衡梁找平,均方差可控制在0.6mm以内(6m直尺),并减少了两台机子摊铺时,设置调平基准的困难,提高了工作效率。

⑤带高强度压力梁,能取得较好的预压实效果,能保证路面获得较高的密实度和平整度。

⑥在摊铺 16m 宽路面时,易产生离析现象,且拆装机子困难。

(2)在使用中应注意的几个问题

①摊铺稳定层时,其摊铺宽度应小于 9m。

在进行稳定层摊铺,特别是二灰土摊铺时,土是材料中的主要成分,其流动性差,虚铺厚度厚,造成在摊铺时螺旋分料器、刮板输送器以及摊铺机前进时的阻力较大,易造成刮板输送器链条的拉长断裂以及螺旋分料器减速箱损坏。而该部件在国内一般较难采购到,造成停机和延误工期。

②熨平板卸载装置的运用

二灰土的最佳含水率一般在 20%～22% 左右,属于较松散材料,摊铺时虚铺层厚,而该机的熨平板较重,当料的含水率偏离最佳含水量 ±2%,摊铺厚度超过 20cm,虚铺厚度 5mm 左右时,会出现摊铺材料承受不了熨平板的工作质量,熨平板仰角变化较大,摊铺出的稳定层出现波浪,平整度较差,影响面层沥青混凝土摊铺时的平整度。另外,我们据此也能及时发现材料的含水率是否在最佳含水率的范围之内。根据在摊铺二灰土时的经验,摊二灰土超过 20cm 时,一般先通过熨平板卸载装置,预调一定值的压力。该压力值根据材料的配合比情况,通过实验来定,能获得较好的摊铺效果。

③防止夯锤轴承的磨损

由于该机型螺旋分料叶片直径大,为 480mm,靠近主机层熨平板处存料多,且螺旋分料力量大,摊铺料很容易从熨平板加长段与主熨平板连接处进入,对夯锤轴承造成磨损。如夯锤轴承有轻度磨损,则该熨平板在摊铺沥青料时,会出现一条明显的离析带,预压实效果差,且查找该问题时困难,很容易误以为是熨平板没调平或熨平板底板磨损造成的,这是由于夯锤轴承轻度磨损后,夯锤的实际有效行程达不到原定值,造成预压实差而产生一条离析带。解决该问题的办法,除了对夯锤的轴承进行正常的保养外,在熨平板连接处加一条 3cm 的扁铁,一边焊死,就能起到很好的效果。

④经常检查夯锤连接套的使用情况

由于该机型是在原 VÖGELE 1800 等机型的基础上发展的,有些部件是采用原 9m 或 12m 摊铺机的,而该机型摊铺宽度大大加宽,造成夯锤连接套的使用寿命降低。VÖGELE 2500 机型更换夯锤连接套的时间为 4h 左右,所以摊铺过程中如出现连接套损坏,将造成很大的损失,故建议每工作 100h,应对夯锤连接套的情况进行一次检查,以确保使用中的完好性。

⑤选择合理的摊铺宽度

摊铺宽度过宽,除易造成摊铺时沥青料的离析及摊铺阻力过大,对设备部分零部件造成一定损坏外,还容易造成熨平板两端向上翘的现象,对横坡控制造成很大的困难,很难达到理想的横坡。摊铺沥青路面时,下面层沥青料中的集料一般粒径较大,摊铺厚度厚,更容易造成这种现象,故建议在摊铺较宽的路面时,下面层用两台摊铺机并行摊铺,上面层用该机型一次整幅摊铺,这样做,不但保证了路面的平整度,还保证路面的横坡,同时避免了设备部分零部件的过早损坏。

⑥加强熨平板的支撑连接

在摊铺较宽路面时,熨平板两端不可避免地向上翘,特别是当摊铺宽度达到 15m 时,该现象就更加明显,严重时造成主机两端斜支撑杆连接板变形。为了避免上述现象的产生,除了选择合理的摊铺宽度外,还应加强熨平板的连接。在使用中,增加连接板的厚度,并在两块连接板之间增加一根水平支撑杆。经过这一改进,取得了良好的效果并在摊铺中达到了横坡要求。

⑦选择合理的找平基准

运用该机型一般都是为了摊铺三车道高速公路(半幅)宽度在 15m 左右的道路,由于过宽,熨平板刚度下降,不适合一纵一横的找平方法,而应选择双纵向的找平方法。在摊铺下面层时,为控制高度,选择悬挂基准线的方法。在摊铺中、上面层时,为了控制平整度,选择浮动均衡梁,因摊铺路面宽,最好选择 16m 长的跨越式浮动均衡梁,因为这样能更好地体现浮动均衡梁过大波、滤小波的作用,从而达到良好的平整度。

4) 沥青混凝土摊铺机在基层施工中的应用

利用沥青混凝土摊铺机进行基层施工,在一些省份还属于一种新工艺。应用该设备在呼绥线的基层施工中,成功地解决了基层施工中平整度和高程不好控制等问题,使基层的施工质量和进度有了很大的提高,取得了良好的社会效益和经济效益。

(1) 施工程序

①摊铺前的准备

工作装置的调整和检查

摊铺之前应根据所铺路面的宽度,调整好熨平板宽度;根据摊铺厚度,用棘轮机构调整搅笼的高度,搅笼的底边距摊铺后的路面理想距离是5cm。在熨平板下面拉线测校,保证熨平板的平整度。全面检查摊铺机的液压系统、振动装置和夯板使摊铺机各机构状况良好。

施工放样

施工放样包括高程测定与平面控制两项内容。放样所用钢丝线一般选用钢丝线,每段长度以200m为宜,张力800~1000N,挠度不大于2mm,保证钢丝基准面平顺、紧固。

②摊铺厚度的确定

摊铺厚度应为设计厚度乘以松铺系数,松铺系数根据试验段碾压以后确定,水泥中砂碎石混合料松铺系数一般为1.20~1.30。用水准仪测量起始横断面上的四个点,根据设计高程和松铺系数算出所垫木块的基准厚度,将事先准备好的木板和木方,按计算所得的厚度,放于所测的四点上,把熨平板的油缸卸荷,使熨平板以自重的形式完全下降落到木块上,依照所铺基层的厚度,调整油缸的水平刻度杆,将之锁定于0~30之间,以此刻度作为所铺路面高低变化的技术依据。

③自动找平装置的运用

德玛克摊铺机具有三种传感器追踪方式:

a. 双面挂线控制高程的方式;

b. 单面挂线控制高程的控制方式;

c. 不挂线控制方式,即以"锁死"手动进行控制。

如果一次摊铺宽度超过6m,由于熨平板横向刚性降低,容易出现变形,而用横坡传感器进行控制时,传感器不能立即调整横坡,要在摊铺机行驶过三倍于牵引臂的距离后,才能完成一次调整,传感器灵敏度降低,影响了摊铺质量。因此,这种情况下应选择双面挂线的控制方式,把传感器放在测定好的钢丝基准面上,转动机械部分的手柄,把传感器两个指示灯都调尺,传感器调整完毕后,把传感器的开关拨到ON位置,自动找平装置开始工作。

④工作程序

把摊铺机行驶到摊铺路段的起点,使机器两侧边模均处于路肩土内侧。

安装搅笼声呐系统和纵坡传感器,并确认接线正确,把传感器功能键置于准备状态。

测量并垫好木块,放好熨平板。

依靠放好的钢丝线调整好纵坡传感器。

运料车卸料后,把操纵盘上的输料速度开关拨至自动状态,把搅笼开关拨至自动状态,调整声呐系统使布料速度合适。

把纵坡传感器开关拨至ON,夯板开关拨至自动状态。

把浮动油缸开关拨至自动状态。

摊铺机开始自前摊铺,待铺20~30cm以后,把振动开关拨至自动状态。

定时用水准仪测量路面的高程,适当调整传感器直至所铺路面完全符合设计要求。

(2) 施工中的注意事项

①当机械准备工作完成后,就可受料摊铺。受料过程中,自卸汽车切勿猛撞摊铺机的前推滚以免造成机身晃动,而影响摊铺质量。卸料时汽车应控挡自动滑行,以免摊铺机打滑。

②熨平板端面应与路肩之间至少有10cm的间距,此部分用人工摊铺,摊铺时应注意行走方向控

制,以避免刮碰路肩。

③摊铺时,摊铺机的速度改变会引起摊铺厚度的变化,而影响基层的平整度,因此摊铺机应尽量避免断料停驶现象,同时摊铺机在行走时应以匀速行驶为宜,不宜过快或过慢,一般控制在1.0~2.0m/min之间。

④搅笼中的混合料数量应该恒定,最佳标准是混合料高于搅笼中心线,直至完全盖住叶片为止。

⑤传感器一旦调整完毕,机械传动部分的手柄就不要经常转动,以免基层横坡和高程发生偏差。

⑥在摊铺后,碾压时一定严格按规范要求执行,特别注意的是在碾压边部时,靠路肩的部分至少应预留10cm,待整幅压完以后再进行补压,否则路肩高程的不精确将反射到基层上。

⑦接茬处理,基层施工过程中,构造物两端和施工接缝处必须进行接缝处理。接缝处理的好坏,直接影响基层的平整度,因此接缝时必须仔细操作,保证平整度。

利用摊铺机进行基层施工,在质量和速度上都比传统方法有了很大提高。尤其是摊铺机的自动找平功能,为夜间施工提供了可靠的质量保证,从而延长了施工时间,加快了施工速度。

4.2.6 主要生产厂家典型产品及技术性能和参数

4.2.6.1 沥青混凝土摊铺机主要厂家典型产品和参数

1)徐工集团沥青混凝土摊铺机

徐工集团沥青混凝土摊铺机主要技术参数见表4.2-7。

徐工集团沥青混凝土摊铺机主要技术参数　　　表4.2-7

型号	RP601J/RP701J	RP601	RP601L/RP701L	RP451L
基本摊铺宽度(m)	2.5	2.5	2.5	2
最大摊铺宽度(m)	6.0/7.0	6	6.0/7.0	4.5
最大摊铺厚度(mm)	300	150	300	150
摊铺工作速度(m/min)	2.0~5.98	0~3.6	0~18	0~13
行驶速度(km/h)	1.52~4.55	0~11	0~18	0~13
理论生产率(t/h)	400	300	400	240
料斗容量(t)	13	13	13	12
爬坡能力(%)	20	20	20	20
平整度(mm/3m)	≤3(沥青) ≤5(稳定土)	≤3	≤3	≤3
横坡误差(%)	±0.02	±0.03	±0.03	±0.03
拱度调节范围(%)		0~+3	0~+3	0~+3
柴油机型号	YC6B125	D4114ZG2B	D4114ZG2B	4JR3G1
柴油机功率(kW)/(r/m)	92/2 300	100/2 400	100/2 400	55/2 200
柴油箱容量(L)	160		170	130
整机质量(t)	19.3	17.4	15.3~19	10.5
外形尺寸 (长×宽×高,mm)	6 636×2 580(3 000) ×3 680	6 400×2 580×3 830	6 096×2 580×3 832	5 690×2 070×3 590
分料转速(r/min)			0~82	0~73
输料速度(m/min)			0~36	0~30
振捣转速(r/min)		0~1 470	0~1 470	
振捣振幅(mm)			4	
熨平板加热方式	燃气加热	燃气加热	电加热	燃气加热
输分料料位控制方式		超声波传感自动控制	超声波传感自动控制	超声波传感自动控制
自动找平控制方式		电子自动找平 仪模拟控制	模拟式	模拟式

续上表

型号	RP602	RP756	RP802	RP451L
基本摊铺宽度(m)	2.5	3	3	3
最大摊铺宽度(m)	6	7.5	8	9
最大摊铺厚度(mm)	380	350	380	350
摊铺工作速度(m/min)	0~14	0~18	0~14	0~18
行驶速度(km/h)	0~3.0	0~3.0	0~3.0	0~2.2
理论生产率(t/h)	400	600	600	700
料斗容量(t)	13	14	13	14
爬坡能力(%)	20	20	20	20
平整度(mm/3m)	≤3	≤3	≤3	≤2
横坡误差(%)	±0.03	±0.03	±0.03	±0.02
拱度调节范围(%)	0~+3	-1~+3	0~+3	-1~+3
柴油机型号	BF4M1013C	D6114ZG1B	BF4M1013C	BF6M1013E
柴油机功率(kW)/(r/min)	118/2 300	140/2 300	118/2 300	137/2 300
柴油箱容量(L)	230	270	230	270
整机质量(t)	15.8~21.5	19.9~24.6	16.5~23.5	23.8~28.6
外形尺寸(长×宽×高,mm)	6 230×2 500×3 855	6 700×3 000×3 850	6 230×3 000×3 855	
熨平板加热方式	电加热	燃气加热	电加热	电加热
输分料料位控制方式	超声波传感自动控制	超声波传感自动控制	超声波传感自动控制	超声波传感自动控制
自动找平控制方式	模拟式	模拟式	模拟式	数字式

型号	RP951A	RP952	RP1356	
			RP802	RP451L
基本摊铺宽度(m)	3	3	2.5	3
最大摊铺宽度(m)	9.5	9.5	12(选配14m)	9
最大摊铺厚度(mm)	350	350	350	350
摊铺工作速度(m/min)	0~18	0~16.5	0~18	0~18
行驶速度(km/h)	0~2.4	0~2.0	0~3.6	0~3.6
理论生产率(t/h)	700	700	14	14
料斗容量(t)	14	14	-1~+4	-1~+3
爬坡能力(%)	20	20	20	20
平整度(mm/3m)	≤2	≤3	≤2	≤2
横坡误差(%)	±0.02	±0.03	±0.03	±0.02
拱度调节范围(%)	-1~+3	-1~+3	0~+3	-1~+3
双振捣转速(r/min)	0~1 470	0~1 470	0~1 470	0~1 470
振动频率(Hz)	0~50	0~50(选配)	0~42	0~50
柴油机型号	BF6M1013E	D6114ZG1B	TCD2013L062V	TCD2013L062V
柴油机功率(kW)/(r/min)	137/2 300	140/2 300	182	182
柴油箱容量(L)	270	270	22.2~31.2	24~26.5
整机质量(t)	21.3~28.6	21.3~28.8	16.5~23.5	23.8~28.6
外形尺寸(长×宽×高,mm)			6 402×2 656×3 880	6 980×3 000×3 880
熨平板加热方式	电加热	燃气加热		
输分料料位控制方式	超声波传感自动控制	超声波传感自动控制		
自动找平控制方式	数字式	模拟式		

2)江苏华通动力重工有限公司沥青混凝土摊铺机

(1)2LTL 系列沥青混凝土摊铺机主要技术参数见表 4.2-8。

2LTL 系列沥青混凝土摊铺机主要技术参数　　　　表 4.2-8

型　号	2LTLZ45B	2LTLZ60
基本摊铺宽度(mm)	2 500	2 800
最大延伸宽度(mm)		5 000
最大摊铺宽度(mm)	4 500	6 000
摊铺厚度(m)	10~250	10~250
行驶速度(km/h)	2.29~16.74	2.30~16.84
摊铺速度(m/min)	3.01~8.97	3.07~9.16
平整度(mm/3m)	3	
最大理论生产率(t/h)	220	300
料斗载质量(t)	10	12
最大爬坡能力(%)	工作爬坡10 空载爬坡15	20
整机质量(t)	9.98	12~14
发动机型号	F4L912 4缸风冷柴油机	F6L913T 6缸风冷发动机
发动机功率(kW)/(r/min)	46/2 000	86/2 300
柴油箱容量(L)	143	200
整机尺寸(长×宽×高,mm)	5 850×2 490×2 360	6 394×3 000×3 695

(2)SPS 系列多功能摊铺机主要技术参数见表 4.2-9。

SPS 系列多功能摊铺机主要技术参数　　　　表 4.2-9

型　号	SPS90	SPS90Va	SPS95	SPS125D
基本摊铺宽度(mm)	3 000	3 000	3 000	3 000
最大摊铺宽度(mm)	9 000	9 000	9 500	12 500
摊铺厚度(m)	20~320	20~320	20~320	20~320
行驶速度(km/h)	0~2.9	0~2.9	0~2.9	0~3.6
摊铺速度(m/min)	0~19	0~19	0~19	0~18
平整度(mm/3m)	1.2(沥青面层) 6(稳定材料)	1.2(沥青面层) 6(稳定材料)	1.2(沥青面层) 6(稳定材料)	1.2(沥青面层) 6(稳定材料)
路面拱度(%)	3	3	3	3
最大理论生产率(t/h)	600	600	600	800
料斗载质量(t)	14	14	14	14
最大爬坡能力(%)	20	20	20	20
发动机型号	D6114ZG1B 6缸水冷柴油机	TAD620VE 6缸水冷发动机	D6114ZG1B 6缸水冷发动机	BF6M1013C 6缸中冷增压 水冷发动机
发动机功率(kW)/(r/min)	140/2 300	145/2 500	140/2 300	161/2 300
柴油箱容量(L)	345	345	345	345
整机尺寸(长×宽×高,mm)	6 510×3 220×4 030	6 510×3 220×4 030	6 510×3 182×4 030	6 314×3 182×3 848

(3) EPC125 履带式全电子控制摊铺机主要技术参数见表 4.2-10。

EPC125 履带式全电子控制摊铺机主要技术参数 表 4.2-10

名　称	性能参数	名　称	性能参数
基本摊铺宽度(mm)	3 000	最大理论生产率(t/h)	800
最大摊铺宽度(mm)	12 500	料斗载质量(t)	14
摊铺厚度(m)	20~320	最大爬坡能力(%)	20
行驶速度(km/h)	0~3.2	发动机型号	F4AE0684BD1 6缸中冷增压水冷发动机
摊铺速度(m/min)	0~16	发动机功率(kW)/(r/m)	140/2 300
平整度(mm/3m)	1.0(沥青面层) 6(稳定材料)	柴油箱容量(L)	345
路面拱度(%)	-1~3	整机尺寸(长×宽×高,mm)	6 314×3 182×3 848

(4) WTS 系列稳定土摊铺机主要技术参数见表 4.2-11。

SPS 系列多功能摊铺机主要技术参数 表 4.2-11

型　号	WTS90	WTS95	WTD75	WTD90
基本摊铺宽度(mm)	3 000	3 000	3 000	3 000
最大摊铺宽度(mm)	9 000	9 500	7 500	9 000
最大摊铺厚度(m)	400	400	360	360
行驶速度(km/h)	0~2.9	0~2.9	0~3	0~3
摊铺速度(m/min)	0~19	0~19	0~12	0~12
平整度(mm/3m)	6	6	6	6
路面拱度(%)	3	3		
最大理论生产率(t/h)	600	600	600	600
料斗载质量(t)	14	14	13	13
最大爬坡能力(%)	20	20	20	20
发动机型号	D6114ZG1B 6缸水冷柴油机	D6114ZG1B 6缸水冷发动机	D6114ZG1B 6缸水冷发动机	D6114ZG1B 6缸水冷发动机
发动机功率(kW)/(r/min)	140/2 300	145/2 500	140/2 300	140/2 300
柴油箱容量(L)	345	345	235	235
整机质量(kg)			19 000~22 000	19 000~22 000
整机尺寸(长×宽×高,mm)	6 314×3 220×3 950	6 510×3 220×4 030	6 220×3 182×3 872	6 220×3 182×3 872

3) 福格勒 2500 型沥青混凝土摊铺机

该机型的主要技术参数见表 4.2-12。

福格勒 2 500 型沥青混凝土摊铺机主要技术参数 表 4.2-12

名　称	性能参数	备　注
标准摊铺宽度(m)	3	
最大摊铺宽度(m)	16	
摊铺厚度(mm)	400	
摊铺速度(m/min)	0.5~18	无级变速
行走速度(km/h)	0~3.2	无级变速
料斗容量(t)	17.5	
发动机功率(kW)	209	输出功率
振捣频率(次/min)	1 750	压力梁达 4 000
拱度(%)	3	
整机质量(t)	23.5	主机

4）中大机械集团 DT1300 型多功能摊铺机

该机型的主要技术参数见表 4.2-13。

DT1300 型多功能摊铺机主要技术参数　　表 4.2-13

名　称	性能参数	名　称	性能参数
传动方式	全液压传动	额定功率(kW)	156
行走方式	履带式	额定转速(r/min)	2 200
熨平装置形式	机械加宽式	摊铺宽度(m)	2.5~13
操纵方式	全自动及手动	最大摊铺厚度(mm)	400
输料方式	双刮板及双螺旋	最大摊铺速度(m/min)	13.7
夯实方式	双振捣及振动	最大行走速度(km/h)	2.35
发动机型号	BF6M1013C 水冷柴油机	理论生产率(t/h)	920
平整度 σ(mm)	≤1.2(摊铺沥青混凝土) ≤3(摊铺稳定土)	压实度(%)	≥88(摊铺沥青混凝土) ≥85(摊铺稳定土)

5）西安筑路机械有限公司 LT6 型沥青混凝土摊铺机

该机型的主要技术参数见表 4.2-14。

LT6 型沥青混凝土摊铺机主要技术参数　　表 4.2-14

名　称	性能参数	名　称	性能参数
行走方式	轮胎自行式	工作速度(m/min)	2.82~5.84
操纵形式	液压操纵	受料斗容量(t)	6
发动机型号	X4105 型柴油机	摊铺宽度(mm)	2 750~4 500
额定功率(kW)	35.8	摊铺厚度(mm)	10~120
最大行驶速度(km/h)	16.7	最大生产能力(t/h)	100

6）三一重工股份有限公司沥青混凝土摊铺机

(1)LTU 系列高等级沥青混凝土摊铺机主要技术参数见表 4.2-15。

LTU 系列高等级沥青混凝土摊铺机主要技术参数　　表 4.2-15

型　号	LYU120F	LTU120C/90C	LTU90SC/80SC
摊铺范围(m)	2.5~12	2.5~12/9	3~9/8
基本摊铺宽度(m)	2.5	2.5	3.0
最大机械拼装宽度(m)	10.5	—	—
液压伸缩范围(m)	—	—	3~5.7
摊铺厚度(mm)	0~300	0~300	0~300
料斗容量(m³)	6.3	6.3	6.3
理论生产率(t/h)	800	800	800
拱度调节范围(%)	-1~+3	-1~+3	-1~+3
爬坡能力(%)	≥20	≥20	≥20
熨平板形式	机械拼装+端头液压伸缩	机械拼装	液压伸缩
熨平板压实方式	单振捣+振动	双振捣+振动	单振捣+振动
振捣振幅(mm)	0,5,10	主5,副0,3,6,12	0,2,4,6,8
最小离地间隙(mm)	160	160	160
熨平板加热方式	电加热	燃气加热	电加热
熨平板振捣频率(Hz)	0~25	0~25	0~20
熨平板振动频率(Hz)	0~50	0~50	0~50
摊铺速度(m/min)	0~20	0~12	0~12
刮板链速度(m/min)	0~30.5	0~30.5	0~30.5
行驶速度(m/min)	0~50	0~40	0~40

续上表

型　号	LYU120F	LTU120C/90C	LTU90SC/80SC
主机质量(含基本段,t)	22.1	22.395/21.12	24.665/23.39
整机质量(t)	29.3	30.295/26.6	28.085/25.7
螺旋叶片直径(mm)	φ420、φ480	φ360、φ420	φ360、φ420
螺旋螺距(mm)	280/350	280	280
螺旋分料转速(r/min)	0~90	0~125	0~125
履带前后轴距(mm)	3 400	3 400	3 400
发动机型号	TCD2013L62V	BF6M1013C	BF6M1013C
形式	六缸水冷涡轮增压	六缸水冷涡轮增压	六缸水冷涡轮增压
额定功率(kW)	170	161	161
额定转速(r/min)	1 800	2 300	2 300
启动方式	24V.DC电启运	24V.DC电启运	24V.DC电启运
燃油箱容积(L)	280	280	280

(2)DLT系列多功能沥青摊铺机主要技术参数见表4.2-16。

DLT系列多功能沥青摊铺机主要技术参数　　　　表4.2-16

型　号	DLT100C/90C	DLT90SC/75SC
摊铺范围(m)	2.5~10/9	3~9/7.7
基本摊铺宽度(m)	2.5	3.0
液压伸缩范围(m)	—	3~5.7
摊铺厚度(mm)	0~300	0~300
料斗容量(m³)	6.3	6.3
理论生产率(t/h)	800	800
拱度调节范围(%)	-1~+3	-1~+3
爬坡能力(%)	≥20	≥20
熨平板形式	机械拼装	液压伸缩
熨平板压实方式	单振捣+振动	单振捣+振动
振捣振幅(mm)	0,3,6,12	0,2,4,6,8
最小离地间隙(mm)	160	160
熨平板加热方式	燃气加热	电加热
熨平板振捣频率(Hz)	0~25	0~20
熨平板振动频率(Hz)	0~50	0~50
摊铺速度(m/min)	0~9.5	0~9.5
刮板链速度(m/min)	0~30.5	0~30.5
行驶速度(m/min)	0~25	0~25
主机质量(含基本段,t)	20.105	24.255/21.3
整机质量(t)	26.036/25.245	27.675/23.2
螺旋叶片直径(mm)	φ360、φ420	φ360、φ420
螺旋螺距(mm)	280	280
螺旋分料转速(r/min)	0~125	0~125
履带前后轴距(mm)	3 400	3 400
发动机型号	BF6M1013E	BF6M1013E/6BTA5.9
形式	六缸水冷、涡轮增压	六缸水冷、涡轮增压
额定功率(kW)	145	145/138
额定转速(r/min)	2 200	2 200
启动方式	24V.DC电启运	24V.DC电启运
燃油箱容积(L)	280	280

(3) DTU 系列多功能沥青摊铺机主要技术参数见表 4.2-17。

DTU 系列多功能沥青摊铺机主要技术参数　　　表 4.2-17

型　号	DTU95C/75C	DTU90SC/75SC
摊铺范围(m)	2.5～9.5/7.5	3～9/7.7
基本摊铺宽度(m)	2.5	3.0
液压伸缩范围(m)	—	3～5.7
摊铺厚度(mm)	0～300	0～300
料斗容量(m^3)	6.3	6.3
理论生产率(t/h)	800	800
拱度调节范围(%)	−1～+3	−1～+3
爬坡能力(%)	≥20	≥20
熨平板形式	机械拼装	液压伸缩
熨平板压实方式	双振捣+振动(选装)	单振捣+振动(选装)
振捣振幅(mm)	主3,6,9 副0,3,6,12	0,2,4,6,8
最小离地间隙(mm)	160	160
熨平板加热方式	燃气加热	电加热
熨平板振捣频率(Hz)	0～25	0～20
熨平板振动频率(Hz)	0～50	0～50
摊铺速度(m/min)	0～12	0～12
刮板链速度(m/min)	0～30.5	0～30.5
行驶速度(m/min)	0～25	0～25
主机质量(含基本段,t)	19.39	21.975
整机质量(t)	24.51/23.23	24.88/24.255
螺旋叶片直径(mm)	φ360、φ420	φ360、φ420
螺旋螺距(mm)	280	280
螺旋分料转速(r/min)	0～125	0～125
履带前后轴距(mm)	3 050	3 050
发动机型号	D6114ZG1B	D6114ZG1B
形式	六缸水冷、涡轮增压	六缸水冷、涡轮增压
额定功率(kW)	140	140
额定转速(r/min)	2 300	2 300
启动方式	24V.DC 电启运	24V.DC 电启运
燃油箱容积(L)	250	250

7) 中联重科沥青混凝土摊铺机

中联重科摊铺机技术参数见表 4.2-18。

中联重科摊铺机主要技术参数　　　表 4.2-18

产品型号	LTU120	LTU90	LTUH90	LTU60	LTUH60
整机质量(t)	28	26	25.5	22	22
摊铺宽度(m)	12	9	9(液压伸缩3～5.5)	6	6(液压伸缩3～5.5)
最大摊铺厚度(mm)	300	300	300	300	300
摊铺工作速度(m/min)	0～16	0～16	0～16	0～12	0～12

续上表

产品型号	LTU120	LTU90	LTUH90	LTU60	LTUH60
行驶速度(km/h)	0~4	0~3	0~3	0~2.5	0~2.5
理论生产(t/h)	800	800	800	500	500
料斗容量(t)	14	14	14	12	12
爬坡能力（%）	20	20	20	20	20
振捣频率(Hz)	28	28	1 500	1 680	1 500
振捣振幅(mm)	0~12(6级可调)	0~12(6级可调)	0~12(6级可调)	0~12(6级可调)	0~12(6级可调)
振动频率(Hz)	58	58	50	58	50
拱度调节（%）	-1~3	-1~3	0~3	-1~3	0~3
平整度(mm/3m)	≤2	≤2mm/m	≤3mm/m	≤2mm/m	≤3mm/m
压实度(%)	≥90	≥90	≥90	≥90	≥90
发动机型号	BF6M1013C	BF6M1013	BF6M1013	BF4M1013	BF4M1013C
功率/转速(kW)/(r/min)	161/2 300	133/2 300	133/2 300	112/2 300	112/2 300
最小转弯半径(m)	2.6	2.6	2.6	2.6	2.6
熨平板加热方式	丙烷,人工点火	丙烷,人工点火	丙烷,人工点火	丙烷,人工点火	丙烷,人工点火
外形尺寸（长×宽×高,mm）	6 244×2 677×3 764	6 244×2 677×3 764	6 778×3 000×3 764	6 062×2 690×3 600	6 621×3 000×3 600

8) 陕西建设机械股份有限公司沥青混凝土摊铺机

陕西建设机械股份有限公司 ABG7620、ABG8620 摊铺机主要技术参数见表 4.2-19。

ABG7620、ABG8620 摊铺机主要技术参数   表 4.2-19

型 号	ABG7620	ABG8620
最大摊铺宽度(m)	9	2.5~16
摊铺厚度(mm)	0~300	0~300
理论生产率(t/h)	700	900
发动机功率(kW)	170	182

9) 柳工 CLG 509 多功能摊铺机

柳工多功能摊铺机主要技术参数见表 4.2-20。

柳工多功能摊铺机主要技术参数   表 4.2-20

型 号	CLG 509	CLG 512
最大摊铺宽度（m）	9.5	12
最大摊铺厚度(mm)	300	300
理论生产率(t/h)	700	—
整机操作质量(t)	20~26	—
发动机额定功率(kW)	133	161
工作速度(m/min)	0~20	0~22
行走速度(km/h)	0~3.0	0~3.2
料斗容量(t)	15	16
平整度(mm/3m)	≤3	≤2
爬坡能力(%)	—	20
熨平板振捣频率(Hz)	—	双振捣 0~28
密实度(%)	≥90	—
外形尺寸(长×宽×高,mm)		6 369×2 700×3 603

10）山东滕州交通工程机械厂 LT3500 型沥青混凝土摊铺机

LT3500 型沥青混凝土摊铺机主要技术参数见表 4.2-21。

LT3500 型沥青混凝土摊铺机主要技术参数　　　表 4.2-21

名　称	性能参数	名　称	性能参数
发动机功率(kW)	22.05	最小离地间隙(mm)	80
额定转数(r/min)	2 000	最大生产能力(t/h)	80
摊铺宽度(mm)	2 150～3 550	工作系统油压(MPa)	10
摊铺速度(m/min)	2.77,6.44,10.27	最小转弯半径(mm)	6 500
行驶速度(km/h)	16.2,10.27	前轮形式	实心橡胶
摊铺厚度(mm)	10～100	尺寸(直径×宽度,mm)	500×500
拱度调节(%)	-1～+3	轮距(mm)	1 640
振动频率(Hz)	26	后轮形式	充气轮胎
料斗容量(m^3)	2	充气压力(MPa)	0.6～0.7
刮板输送器(排)	单	轮距(mm)	1 600
刮板宽度(mm)	834	整机质量(kg)	6 330
螺旋分料器 (直径×螺距,mm)	280×280	外形尺寸 (长×宽×高,mm)	4 560×2 280×2 350
最大爬坡度	0.07		

11）天津鼎盛工程机械有限公司 YT12500 型沥青混凝土摊铺机

天津鼎盛工程机械有限公司 YT12500 型沥青混凝土摊铺机主要技术参数见表 4.2-22。

YT12500 型沥青混凝土摊铺机主要技术参数　　　表 4.2-22

名　称	性能参数	名　称	性能参数
发动机型号	Cummins 6CTA8.3-240 水冷发动机	摊铺速度(m/min)	0～16.5(无级)
发动机功率(kW)	179	行走速度(km/h)	0～3.3(无级)
行走方式	履带式	预压密实度	>85%
摊铺宽度(mm)	2 500～12 500	平整度误差值(mm/3m)	≤1.5(纵) ±0.05%(横)
最大摊铺厚度(mm)	350	整机质量(kg)	27 500
理论生产率(t/h)	800	运输尺寸 (长×宽×高,mm)	6 420×2 706×2 740

12）维特根公司福格勒摊铺机

（1）SUPER 系列履带式摊铺机主要技术参数见表 4.2-23。

SUPER 系列履带式摊铺机主要技术参数　　　表 4.2-23

型　号	SP600	SP800	SP1100-2	SP1300-2	SP1600-2	SP1800-2	SP1900-2	SP2100-2	SP2500
最大摊铺宽度(m)	2.7	3.2	4.2	4.5	8	10	11	13	16
最大摊铺效率(t/h)	200	250	300	350	600	700	900	1 100	1 500
发动机功率(kW)	40	42	56	65	100	129.6	142	182	273
发动机转速(r/min)	2 300	2 300	2 300	2 300	2 000	2 000	2 000	2 000	1 800
自重(t)	5.3	6.1	8.5	9.5	18.4	19.3	20.1	21.4	27.6
燃油箱容积(L)	75	75	120	120	300	300	450	450	405
摊铺一挡速度(m/min)	30	30	—	—	—	—	—	—	—
摊铺二挡速度(m/min)	60	60	—	—	—	—	—	—	—
最大摊铺速度(m/min)	—	—	30	30	24	24	25	25	18
最大行走速度(km/h)	—	—	3.6	3.6	4.5	4.5	4.5	4.5	3.2
料斗容量(t)	5	5	10	10	13	13	14	14	17.5

(2) SUPER1800-2 履带式喷洒摊铺机、SUPER2100-2IP 黏结层顺序摊铺机等专业以及轮胎式摊铺机主要技术参数见表 4.2-24。

SUPER 系列专业及轮胎式摊铺机主要技术参数　　　　表 4.2-24

型　号	SP1800-2	SP2100-2IP	SP1103-2	SP1303-2	SP1603-2	SP1803-2
最大摊铺宽度(m)	5	7.5	4.2	4.2	7	8
最大摊铺效率(t/h)	700	2 100	200	250	600	700
发动机功率(kW)	129.6	182	56	65	100	129.6
发动机转速(r/min)	2 000	2 000	2 300	2 300	2 000	2 000
自重(t)	20.8	26.6	8.6	9.5	17	17.3
燃油箱容积(L)	300	450	105	105	220	220
最大摊铺速度(m/min)	20	25	30	30	18	18
最大行走速度(km/h)	4.5	4.5	20	20	20	20
料斗容量(t)	13	20	10	10	13	13

13) VOLVO 公司 ABG 履带式摊铺机

VOLVO 公司 ABG 履带式沥青混凝土摊铺机主要技术参数见表 4.2-25。

ABG 履带式沥青混凝土摊铺机主要技术参数　　　　表 4.2-25

型　号	ABG6820	ABG7820B	ABG8820B	ABG9820
发动机	Deutz TCD2013L04 2V	Volvo D7E GEE3	Volvo D7E GDE3	Deutz TCD2015V06 4V
额定转速(r/min)	2 200	1 800	2 000	1 800
SAE J1995 总功率(kW)	129	170	182	273
燃油箱容量(L)	300	300	300	400
理论生产能力(t/h)	700	900	1 100	1 500
最大摊铺宽度(m)	10	11	13	16
最大摊铺厚度(mm)	300	300	300	500
最大摊铺速度(m/min)	20	20	20	60
最大行走速度(km/h)	3.6	3.6	3.6	3.6
料斗容量(t)	13.5	13.5	14	17.5
刮板输料器	2	2	2	2
输料速度(m/min)	17.8	17.8	18.6	27.1
螺旋布料器	2	2	2	2
螺旋布料器转速(r/min)	77	95	100	117
螺旋布料器直径(mm)	360	360	360	420
行走机构(履带式或轮式)	Tracked	Tracked	Tracked	Tracked
操作质量(kg)	14 240	14 600	17 500	21 800
操作质量(配熨平板,kg)	18 330	18 690	21 590	—
运输尺寸(长×宽×高,mm)	2 500×6 210×2 940	2 500×6 210×2 940	2 500×6 674×3 077	3 000×6 890×3 200

14) 斯维达拉德玛格公司戴纳派克摊铺机

戴纳派克摊铺机主要技术参数见表 4.2-26。

戴纳派克摊铺机主要技术参数　　　　　　　　　　　　　　　　　　　　　　　　　　表 4.2-26

型　号	F7W	F8W	F121	F161	F181
整机质量(t)	10.5	9.7	15	15.6	15.7
摊铺宽度(m)	2.0~4.5	2.0~5.0	2.5~6.5	2.5~7.0	2.5~7.5
最大摊铺厚度(mm)	270	270	300	300	300
摊铺工作速度(m/min)	0~35	0~35	0~32	0~26.5	0~26.5
行驶速度(km/h)	0~20	0~20	0~19.5	0~16.5	0~16.5
理论生产率(t/h)	300	350	600	650	700
料斗容量(t)	3.7	4	5.7	5.7	5.7
振捣频率(Hz)	28	28	25	25	25
振捣振幅(mm)	5	5	5	5	5
振动频率(Hz)	60	60	60	60	60
拱度调节(%)	-2~4	-2~4	-2~4	-2~4	-2~4
发动机型号	道依 BF4M 1012	道依 BF4M 1012	康明 QSB5.9	康明 QSB5.9	康明 6BT5.9
功率(kW)	58	58	116	116	111
熨平板加热方式	液化气	液化气	液化气	液化气	液化气
外形尺(长×宽×高,mm)	5 275×2 000×2 600	5 275×2 000×3 040	6 450×2 500×3 600	6 910×2 500×3 600	6 910×2 500×2 700

4.2.6.2　道碴摊铺机

近年来由于铁路运输不断提速,特别是高速铁路的建设,对轨道道床的平顺性提出了更高的标准。过去的施工方法与工艺已不能满足要求,道碴摊铺机由于摊铺材料的多面体石碴的粒径大,硬度高,无润滑介质,流动性差,且粉尘大,对机器磨损、冲击严重。因此道碴摊铺机除具有一般摊铺机的功能外,还要满足道碴摊铺的特殊工况要求。

1)TITAN423 道碴摊铺机主要技术参数

TITAN423 道碴摊铺机主要技术参数见表 4.2-27。

沥青混凝土摊铺机主要技术参数　　　　　　　　　　　　　　　　　　　　　　　　　　表 4.2-27

名　称	性能参数	名　称	性能参数
发动机	Deutz BF6M1013	可铺道碴粒径(mm)	25~70
功率(kW)	133	最大铺层断面横向坡度(%)	4
单线道床摊铺宽度(m)	415	理论摊铺效率(t/h)	800
双线道床摊铺宽度(m)	910	作业摊铺速度(m/min)	0~16
摊铺厚度(mm)	0~400	夯锤振捣频率(Hz)	0~2 415
密实度(%)	≥90	熨平板振动频率(Hz)	0~70

2)性能特点

(1)动力系统。采用德国道依兹6缸水冷柴油发动机,通过分动箱驱动9个液压泵给整机提供强大的动力,以满足道碴摊铺所需的动力。变量泵上均装有压力切断装置,可防止系统在碴石卡滞等情况下的超载或过热。

(2)行走系统。由液压驱动的行走系统可使左右履带独立驱动。并由电子计算机控制,实现道碴摊铺以预选的速度和方向精确地直线行走和平滑地转向,这对于铁路道床摊铺很大的转弯半径(一般为3km甚至更大)和断面横向坡度是非常重要的,完全能够满足道床直线和弯道摊铺的精度。

(3)输料系统。左右输料及布料均可独立地由液压系统驱动,由输料控制器和布料超声波控制器可实现对两个系统的全自动控制,以满足摊铺较大的横向断面时,两侧道碴需求量有较大差异但又要均匀过渡的要求。

(4) 振捣系统。本机所配置的高密实度双夯锤振动熨平板,由液压驱动可实现捣实和振动的全自动控制,可满足道碴摊铺不可碾压的特性和90%的高密实度要求。

(5) 找平系统。电子自动找平系统可使道碴摊铺获得极高的平整度,并可满足断面横向坡度连续平滑的变化。

3) 结构特点

整机结构见图4.2-25。

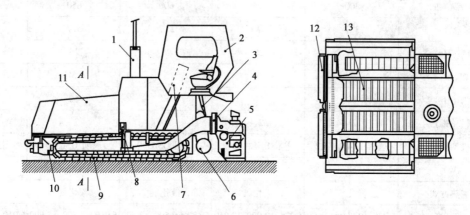

图4.2-25　TITAN423摊铺机整机结构

1-动力装置;2-全封闭驾驶室;3-液压系统;4-牵引臂;5-带有专用型板的熨专用型板的熨平板;6-装有特殊螺旋叶片的布料器;7-控制系统;8-调平系统;9-履带行走装置;10-机架;11-料斗;12-推辊;13-专用鳞片状输送带推辊

为适应铁路道碴的摊铺要求设计有专用结构：

(1) 在工作装置熨平板底板上专门设计的可快换、高耐磨型板,在单线道床摊铺时可直接在碴面中间形成凹槽(图4.2-26),在双线道床摊铺时可直接在碴面上形成对称凹槽(图4.2-27)并在整个横断面上形成一致的密实度。

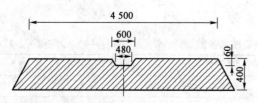

图4.2-26　单线道床摊铺后横断面(尺寸单位：mm)

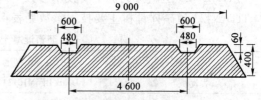

图4.2-27　双线道床摊铺后横断面(尺寸单位：mm)

(2) 厚度调节板。既可增加主机后壁与熨平板前壁之间的距离也可提高熨平板的初始高度,这样布料仓有足够的空间使布料器充分地将碴石均匀散布到路基上。同时减少了因储料空间过小而造成的布料器叶片、熨平板前壁等的挤压与磨损。

(3) 由于道碴的粒径大,流动性差,因此专门设计有大螺旋角,大直径叶片,其材料配比与热处理方案使叶片具有更高的冲击韧性与耐磨强度。

(4) 专门设计的输料带分两层,下层为间距加密的刮料板,上层为可快换、高强度耐磨橡胶运输带,鳞片状输送带大大增加了输料带对坚硬粗集料(道碴)的承载和输送能力。骨料不直接与底板和刮料板接触,大大地减轻了磨损,提高了使用寿命。

(5) 熨平板的耐磨条内侧加装减震橡胶垫,以此减轻熨平板主、预夯锤及其前壁间三个摩擦面压力及磨损,使夯锤能正常导料并压实,满足道碴摊铺的密实度要求。

(6) 道碴摊铺过程中粉尘笼罩,为此设计了全封闭金属驾驶室,使机手作业时有一个良好的环境,有利于机手的身体健康;同时为保护发动机,设计了专用的空气滤清器系统。

4.3 改性沥青设备

4.3.1 概述

4.3.1.1 定义

改性沥青设备是一整套用来生产改性沥青的装置,用于公路、城市道路、机场、停车场、货场等工程部门施工中改性沥青的生产。

4.3.1.2 国内外发展现状

国外的改性沥青设备应用在高等级路面等工程施工中已有很长的历史,国内在这方面的应用还不到 20 年。1992 年前后,奥地利的工程机械专业厂商生产的改性沥青设备率先进入中国,并且设备只租不卖。后来德国、意大利、法国、西班牙、丹麦、美国、加拿大、日本等国改性沥青设备专业生产厂家也纷纷进入国内。市场的竞争促进了国内改性沥青设备制造行业的发展,并使改性沥青设备上使用的沥青胶体研磨机成为一个独立开发的产品。

4.3.2 分类、特点和用途

改性沥青按改性剂的不同,一般分为三类:
(1) 热塑性橡胶类,主要是苯乙烯类嵌断共聚物如 SBS、SIS(苯乙烯—异戊二烯—苯乙烯)等。
(2) 橡胶类,如 SBR(丁苯橡胶)、BP(丁乙烯橡胶)等。
(3) 树脂类,即热塑性树脂,如 PE(聚乙烯)、EVA(乙烯—乙酸乙烯酯共聚物)。

按照改性沥青的不同,可以将改性沥青设备分为热塑性橡胶类生产设备、橡胶类生产设备和树脂类生产设备。

按照生产方式的不同,可以将改性沥青设备分为工厂化生产设备和移动式生产设备。工厂化生产设备是把整套设备固定安放在工厂的场地上,一般成品改性沥青加工使用的基本为固定式的工厂化生产设备,因受到成品改性沥青运输和保温等影响,使用区域受到一定限制。移动式生产设备是将整套设备安装在一部或两部车的拖式底盘上,如生产 SBS 改性沥青成套设备将 SBS 和沥青的上料系统、计量称重系统、加热恒温系统、熔胀搅拌系统、剪切研磨系统、空压机供气系统、成品储存系统和自动控制系统等安装在一部车的拖式底盘上,施工时可根据需要,随时转移工地。设备的高度和宽度按照道路运输的要求设计,工作时为使轮胎不长期承受负荷,底盘上设有可调支撑腿,运输时可收起或拆下。工厂化生产设备为大批量生产改性沥青提供了可能;而移动式生产设备为随时随用或超远距离运输提供了解决办法,而且现场加工方便灵活,随时用随时生产。

4.3.3 工作原理与主要结构

1) 工作原理

橡胶改性沥青是指把废旧轮胎制成的胶粉,作为改性剂添加到基质沥青中,在高温、添加剂和剪切混合等作用下制成的黏合材料。橡胶改性沥青作为路用材料,对基质沥青的使用性能有很大的改善,且优于目前常用的改性剂 SBS、SBR、EVA 等制成的改性沥青。

橡胶改性沥青在国外使用已有 30 多年的历史,但用量大增只是近一二十年的事,这是因为汽车工业的发展导致了废旧轮胎数量大增。据 1991 年有关统计资料显示,全世界已积存废旧轮胎 20 亿至 30 亿条,堆积如山的废旧轮胎已成了人类的公害。为此,经济发达的国家已有政府出面进行立法,甚至强制要把废旧轮胎用于公路建设。

近十几年来,我国的公路建设部门也不断进行尝试,用轮胎胶粉改性沥青作为路面施工材料并取得了一定的进展。近5年来，又相继组建了专业公司,铺设了试验道路;在学术上进行了一些实验研究,发表了一些论文和报告,还多次组织了国内外学术交流,使橡胶改性沥青这一新材料逐渐被人们认识,并逐渐推向规模使用。沥青改性橡胶的主要特性如下:

(1)提高沥青的黏度。黏性是沥青高温稳定性的重要指标,黏性高的沥青不仅抗变形能力增强,而且加强了沥青于碎石的黏结力,具有更好的封水性能。有资料显示,20%胶粉含量的橡胶改性沥青,在175℃时的动力黏度与4%SBS含量的改性沥青在135℃时的动力黏度值相当,约3Pa·s。

(2)改善沥青的低温性能。沥青的低温性能是指低温的脆性和抗裂性。据南非某公司试验比较,橡胶改性沥青的弗拉氏脆点与4%SBS改性沥青比较,降低约9℃,达 $-17 \sim -19$℃。橡胶改性沥青良好的低温性能,在寒冷地区将会明显减少路面开裂,延长路面使用寿命。

(3)抗老化、抗疲劳性能明显提高。大量废轮胎胶粉的加入,不仅为沥青增加了抗老化、防氧化和热稳定性,而且由于轮胎橡胶优异的弹性也在较大的温度区间为沥青路面提供了柔性以及耐疲劳和抗裂纹能力,从而延长路面的使用寿命。有资料显示,橡胶改性沥青路面可提高路面使用寿命的1～3倍。

(4)提高行车的舒适性和安全性。由于橡胶改性沥青路面的柔性,将缓冲路面局部不平衡引起车辆的震动,改善轮胎与地面的附着性能,缩短制动距离,从而使车辆的舒适性和安全性都得到改善。

(5)降低行车噪声。随着公路建设和汽车工业的发展,道路噪声已成为城市居民的一大公害,因此降低道路噪声成了人们关心的重要社会问题。橡胶改性沥青的弹性加上级配混合料和平整的路面可有效地降低车轮在路面上的行驶噪声。

(6)降低道路修建费用。橡胶改性沥青的材料费不仅低于SBS改性沥青,而且低于基质沥青。还提高路面的使用寿命,在相同条件下可降低路面铺筑厚度,从而省工省料降低路面施工费用。

橡胶改性沥青生产流程见图4.3-1。

2)主要结构

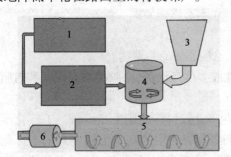

图4.3-1 橡胶改性沥青生产流程图
1-沥青储存罐;2-沥青加热罐;3-橡胶粉罐;4-高速剪切搅拌器;5-成品改性沥青搅拌罐;6-过滤泵送系统

橡胶改性沥青生产设备根据其产品的原料、生产率和制作工艺以及设计者的见解不同,可以制造出不同结构类型的生产设备,但基本组成应包括加热装置、配料装置、预混反应罐、成品储罐和电控系统等。国外设备多采用计算机控制配比,设定方便、精度高,可自动或人工操作,集装箱式结构,移动性强,安装方便,使用可靠,其产品符合美国ASTM或南非橡胶改性沥青标准,生产效率高达15～25t/h,橡胶粉添加量可达20%以上。

3)设备的主要特点

(1)工艺先进。首先对基质沥青和改性剂进行强制混合、搅拌,必要时加入添加剂以加速反应,最后使用高速剪切机进行剪切,既保证了产品质量又提高了生产率。

(2)自动化水平高,操作方便。自动生产过程由PLC全程自动控制,无论手动或自动,均可全程监控,主要工艺参数设置灵活简便。

(3)加热速度快,保温性能好,有利于橡胶粉改性沥青的过程反应。

(4)搅拌效率高,有利于橡胶粉改性沥青的过程混合和储存。

4.3.4 主要生产厂家典型产品及技术性能和参数

1)意大利玛森萨公司的橡胶改性沥青设备

(1)橡胶改性沥青设备生产工艺流程(图4.3-2)

橡胶改性沥青胶体磨设备如图4.3-3所示。

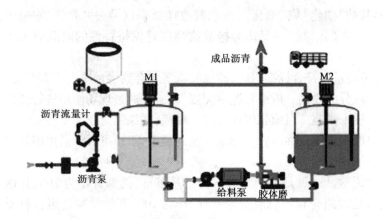
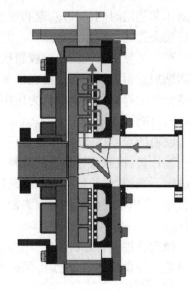

图4.3-2　橡胶改性沥青生产设备工艺流程　　　　图4.3-3　橡胶改性沥青胶体磨设备

将计量的热沥青和按比例计量的胶粉同时加入到反应罐内掺配,再加入添加剂等,在这里混合溶胀,并进行搅拌、剪切和进一步加热。当这一混合物——橡胶改性沥青,反应一段时间之后,即可通过剪切泵打入成品存储发育罐内。橡胶改性沥青在发育罐内将继续搅拌、保温和进一步反应,并等待使用。

(2)橡胶改性沥青技术质量指标

橡胶改性沥青技术质量指标如表4.3-1所示。

美国ASTM橡胶粉改性沥青技术质量指标　　　　表4.3-1

类　　别	Ⅰ　型	Ⅱ　型	Ⅲ　型
视黏度(175℃)(cP)	1 500~5 000	1 500~5 000	1 500~5 000
针入度(25℃,100g,5s)(0.1mm)	25~75	25~75	50~100
针入度(4℃,200g,60s)(0.1mm)	10	15	25
软化点(℃),最小	57.2	54.4	51.7
回弹率(25℃)(%),最小	25	20	10
闪火点(℃),最小	232.3	232.2	232.2
薄膜烘箱试验后的样品 4℃残余针入度(%),最小	75	75	75

注:本表参照ASTM D6114;Ⅰ型、Ⅱ型、Ⅲ型分别适用于平均气温较高、中等及较低的地区;回弹率试验方法为ASTM D5329-12。
$1cP = 10^{-3} Pa \cdot s$

(3)橡胶改性沥青生产注意事项

橡胶改性沥青在制作和使用过程需特别注意以下环节:

①温度:温度是橡胶改性沥青制作过程控制中重要参数之一。温度对橡胶改性沥青反应时间有较大影响,因此,反应温度不能太低。试验表明,胶粉改性沥青反应温度应较制作SBS改性沥青提高10~30℃,达190~210℃。

提高掺配罐的温度不是一件容易的事,一方面是加入20%常温胶粉对基质沥青降温过多,计算表明200℃的基质沥青加入20%常温胶粉,平均温度将降至约163℃;另一方面是短时间补充过多热能有一定的困难,这不仅需要较大热源,而且传热系统也变得复杂。

高温下制作的橡胶改性沥青不宜长时间存放,以防止材料特性发生变化,降低使用性能。为此,橡胶改性沥青宜采用现场改性,就地使用,这不仅是为了防止材料降低性能,而且减少再次升温需要消耗的热量。如果橡胶改性沥青需要储存的话,应降低储存温度。

②原料:橡胶改性沥青的原料包括基质沥青、橡胶粉、添加剂等,它们的特性与配比十分重要,决定

着制作和使用时间的长短,这和改性的机理相关联。高温下的橡胶颗粒随着时间的推移,会使橡胶改性沥青失去弹性。如果该产品具有的特性时间较短,超过该时间,橡胶改性沥青就会失去它的使用意义。

产品的反应时间还与橡胶粉颗粒大小有关,一般橡胶粉颗粒越细,越容易在沥青中混合分散,反应时间缩短。但过细的橡胶粉在沥青中容易被"消化"或"油化",使橡胶改性沥青过早失去弹性,缩短了保持特性的存储、使用时间,为使用操作增加了困难。一般认为橡胶改性沥青保持特性的时间应大于 $4 \sim 6h$,时间过短不利于使用。

胶粉的粒度以 $20 \sim 40$ 目为宜,胶粉的质量应符合标准,其天然橡胶碳氢化合物含量应大于30%。

③计量:橡胶改性沥青的原料及其各成分的比例一般由实验室配置、试验并通过现场使用进行调整后确定下来,其试验依据是橡胶改性沥青技术规范。目前我国尚无这一规范,如果制定还需要一定的实践程序,待积累经验后进行。为便于当前推广橡胶改性沥青并形成一定的规模,不妨可暂时借用国外有关标准。

橡胶改性沥青原料配比,国内有两种说法。一种是以沥青质量为计量基准,把沥青作为100,其他材料是沥青质量的百分之几;另一种说法是以组合料的总质量为基准,作为100,其他材料是组合料质量的百分之几。

这两种方法有较大的差别,我国在使用中应达成共识并与国际上统一。这是两种不同配比概念,名义上相同的添加比例,实际添加数量相差很大。以橡胶粉为例,用沥青基准法计算添加20%橡胶粉,转变为组合料基准法配料,实际只添加了15.7%。

④剪切:橡胶改性沥青制作需要有一个剪切过程,这是国内外一致公认的。剪切分高速剪切和低速剪切,所谓低速剪切实际就是搅拌作用,在搅拌器的作用下可加速胶粉在沥青中分散、溶胀。

高速剪切可以加速橡胶粉的细化,有利于脱硫、降解,加速橡胶改性沥青的制作过程。现代橡胶改性沥青制作的工艺过程,高速、低速剪切二者同时使用的也非常多。

2)上海三力星环保技术设备有限公司的SBS改性沥青设备

(1)主要结构

上海三力星环保技术设备有限公司SBS改性沥青设备是由一整套设备组成的,分固定式和移动式两种。设备主要由以下几个部分组成:SBS与基质沥青的上料系统、SBS与基质沥青的计量称重系统、加热恒温系统、泵送过滤系统、预剪切搅拌系统、高速剪切细化分散系统、空气压缩系统和自动控制系统等。

①SBS与基质沥青的上料系统。由于SBS是一种组织疏松、形状不规则的粒状材料,故采用螺旋输送的方法将改性剂送入沥青配料罐内。这种方法可以实现连续输送,能满足生产的要求,输送平稳可靠、效率高。

②SBS与基质沥青的计量称重系统。来自基质沥青罐的原料沥青通过流量计自动连续计量输送至沥青配料罐,同时沥青配料罐设有称重传感器,由PLC控制其操作称重的自动计量装置和液位监控装置,使沥青用量准确。SBS改性剂直接进入由3组传感器和称重显示仪组成的容器内,由PLC控制,计量后由输送装置直接分配送入沥青配料罐。

③加热恒温系统。成套设备的加热由导热油锅炉加热(导热油锅炉由需方自备)。导热油加热时进行闭路液相循环加热,温度可以控制、工作压力较低、热能损失小、热效率高、能耗低、加热速度快。由于导热油高温传热的特点,保温双层管道内的残余沥青具有较高的温度,增大了沥青的流动性,避免了因残存沥青而发生管道堵塞,使沥青在行进过程中不易发生泄漏,生产过程稳定。

④泵送过滤系统。沥青输送泵前均设置过滤器,确保管路系统及泵的安全运行。为防止沥青遇冷凝结,所选沥青过滤器采用全夹套式加热结构。

⑤高速剪切连续分散系统。目前用于SBS改性沥青生产的设备主要有胶体磨和高剪切分散乳化机两种。三力星独创性地综合德国、意大利先进的高剪切分散乳化技术,研制成改性沥青专用强力剪切超细分散磨,广泛应用于改性沥青、乳化沥青、改性乳化沥青的实验和生产中。

⑥空气压缩系统。空气压缩机供气系统能提供足够的气源,以确保成套设备中的各个控制点阀门开、闭自如,真正能满足设备的自动化控制。

⑦计算机全自动控制系统。电器控制系统在 SBS 改性沥青成套设备中所占的地位也相当重要,其控制水平标志着成套设备的先进程度,控制水平的高低将直接影响成套设备的产品质量。三力星改性沥青成套设备的计算机电气控制系统是一个对改性沥青生产过程进行监视、控制和管理的系统。该系统主要有计算机监控操作系统、中央控制系统(PLC 可编程序控制器)两部分组成。自控系统的主要控制设备均选用可靠的工业级的进口原装品牌产品;系统操作站选用工业控制计算机产品;中央控制系统是整个系统的控制中心,它选用了 SIEMENS 公司 S7-200 系列自动化产品。操作员通过计算机集中监视管理生产过程,掌握生产过程的现状和趋势,完成生产过程的控制,达到稳定生产、可靠运行的目的。

(2)工艺流程

SBS 改性沥青的加工过程一般包括改性剂的溶胀、剪切细化、发育三个阶段。聚合物经过溶胀后,剪切分散效果才会更好,剪切分散好的改性沥青还需储存一定时间使之继续发育,对不稳定的改性沥青体系,在发育过程中还需要搅拌。每一阶段的加工温度和时间是关键因素。一般来说,溶胀温度为 165~175℃,分散温度为 175℃左右,发育温度为 165℃左右。加工时间则视加工工艺及技术质量控制确定。

①打开基质沥青阀门,启动沥青泵将基质沥青输送至沥青配料罐内,同时按设定的配比计量改性剂并通过螺旋输送机送入沥青配料罐剪切、搅拌。

②打开配料罐的阀门,启动沥青泵将预剪切的改性剂和基质沥青混合料输送到溶胀罐内溶胀。

③打开沥青溶胀罐的阀门,启动沥青泵及改性沥青专用强力剪切超细磨将溶胀后的改性剂和基质沥青混合料通过乳化机连续剪切、粉碎、分散。

④打开成品改性沥青的输送泵将经过剪切细化的成品改性沥青送入成品储存罐,同时启动成品贮存罐内的搅拌器,进行发育。

(3)技术特点

①模块化设计。三力星改性沥青成套生产设备将固定式和移动式两者结合使用。整套装置中各个单元都设有底座连接支承,根据施工需要随时拆下,使用半挂车进行转移,灵活方便。另外一种安装方式就是整套设备放在工厂的固定场地上,这种生产方式可在一定运输半径内实现规模化生产。

②先进的自动化程度。计算机自动控制系统集生产、管理、监视、故障诊断于一体,能实时掌握生产过程的现状,实时监视生产现场,完成对生产过程的控制,自动对设备的历史运行情况进行记录,以达到稳定生产、可靠运行的目的。

③零部件国际采购。三力星严格筛选设备中配套的关键零部件供应商,以使设备能达到国际化的水准。中央控制系统选用德国西门子、韩国 LG、日本欧姆龙等品牌;改性沥青专用强力剪切超细研磨采用德国、意大利综合技术;计量称重系统采用美国梅特勒-拖利多、台湾凡宜等品牌。

④改性沥青专用强力剪切超细磨(QJ 磨)。从工艺上来讲,改性沥青生产的关键点之一就是针对 SBS 是一种内聚力很强、延伸性好、弹性高、难以高度粉碎的特点,采用先进的技术、工艺和设备将其细化后均匀、稳定地分布于与之不相溶的沥青基体中。目前国外同类设备基本上采用德国 SIEFER 公司的 TRIGONAL 研磨机,但存在一个很大的问题,就是不能一遍研磨成型。如果关键设备发生故障,维修困难,影响改性沥青的生产。而三力星技术的专用强力剪切超细磨,通过一遍剪切、粉碎、分散,能达到连续生产的目的。

⑤管道清洗系统。当一批改性沥青加工任务完成后,管道和设备内会留下很多 SBS 改性沥青,这时,必须用基质沥青循环清洗,其主要原因是为了节省下次开机时的加温时间。对基质沥青加温和对 SBS 改性沥青加温的要求是不同的,同时也对设备的开机起到保护的作用,以防止发生误操作(当它们重新组成新的分子链时,SBS 改性沥青黏度增大,流动性差);同时,清洗后的基质沥青中含有少量的 SBS 改性剂成分,所以被回收到沥青配料罐内,这样即可节约 SBS 改性剂,又能保证了设备下次开机的

顺利进行。

⑥一遍成功的核心技术——S-S集群分散系统。SBS改性剂属于热塑弹性体类，从外观看是一种海绵状膨化体，当配料时会与基质沥青结团，形成一种像丘陵状不均匀的凹凸现象，漂浮在基质沥青上层，很难分散溶胀。利用普通搅拌器搅拌，达不到混合均匀的效果。SBS与基质沥青如不能充分搅拌、分散均匀，生产出的改性沥青的配比和质量就不能达到国家标准。三力星研制出一种可以使SBS改性剂与基质沥青能充分搅拌、分散的组合式搅拌装置——S-S集群分散系统，该系统将各种不同形式、不同功能、不同位置的搅拌器有机组合，可以确保SBS改性剂在添加时能完全迅速均匀地混合到基质沥青中，达到一遍成功。一举摒弃改性剂漂浮结团现象和沥青反复高温加热循环所产生的老化破坏过程，显著降低加温成本，实现了真正意义上的高质量连续生产。

⑦合理的性价比。SBS改性沥青成套设备是生产SBS改性沥青的关键设备。我国早期曾租用外国的设备先后修建了首都高速公路、机场跑道等高等级路面，获得了良好的使用效果，引起了公路界的广泛关注和浓厚的兴趣。巨大的市场，吸引了国外技术和设备争先恐后地登陆中国，但设备及配套的关键技术如果仅仅依靠进口，不仅费用昂贵，设备投资巨大。从它的实际使用情况来看，需要5~6遍的研磨才能达到改性沥青的要求，使国内许多用户只能驻足观望。而三力星自主设计、制造的设备不仅一遍剪切、粉碎、细化成型，真正能实现了连续生产的要求，且整套设备的价格只有进口设备的一半，比国内同行设备低20%以上，投资少，见效快。

⑧设备的升级。目前该套装置用来生产SBS改性沥青。考虑到用户今后的发展，可能不局限于只生产单一的改性沥青产品，而面向社会更大的市场，经营多元化的品种（如改性乳化沥青等）。因此，三力星在设备整体设计中已顾及客户利益，以便今后对该套设备的升级，这样可为用户节约设备的投资，同时能为用户带来可观的经济效益。

本章参考文献

[1] 焦生杰,周贤彪.沥青混凝土摊铺机国内外发展与研究现状[J].建筑机械,2003(3).
[2] 李自光,展朝勇.公路施工机械[M].北京:人民交通出版社,2008.
[3] 李自光,李万莉,朱福民,等.桥梁施工成套机械设备[M].北京:人民交通出版社,2005.
[4] 颜荣庆,李自光,朱福民,等.现代工程机械液压系统分析[M].北京:人民交通出版社,1999.
[5] 颜荣庆,李自光,贺尚红,等.现代工程机械液压与液力系统——基本原理、故障分析与排除[M].北京:人民交通出版社,2001.
[6] 周萼秋,李自光,李万莉.现代工程机械应用技术[M].北京:国防科技大学出版社,1997.
[7] 李万莉,朱福民,李自光,等.高等级公路快速养护方法及设备[M].北京:人民交通出版社,2005.
[8] 卢蓉.柳工509沥青摊铺机[J].今日工程机械,2005(12).
[9] JT-1型拖式沥青混凝土摊铺机[J].工程机械,1984(8).
[10] LT3500型沥青混凝土摊铺机[J].工程机械,1994(6).
[11] LTU125沥青混凝土摊铺机[J].工程机械与维修,2000(2).
[12] TEREX CR500系列沥青摊铺机[J].工程机械,2003(11).
[13] 安国宏,侯瑞祥.沥青摊铺机液压系统4例故障的排除[J].工程机械与维修,2002(6).
[14] 安钻文,管希优.V GELE SUPER1800沥青混凝土摊铺机使用[J].筑路机械与施工机械化,1997(2).
[15] 蔡志舰,陈荣凯,陈春艳.福格乐2500型摊铺机的应用[J].筑路机械与施工机械化,2001(3).
[16] 柴仁栋,苏晓明.LT-6型沥青混凝土摊铺机的现代化[J].公路交通科技,1989(4).
[17] 苌楚.压实与摊铺之五——沥青路面及沥青混合料[J].工程机械与维修,2003(6).
[18] 苌楚.压实与摊铺之六——沥青混合料的摊铺[J].工程机械与维修,2003(7).
[19] 苌楚.压实与摊铺之七——沥青混合料摊铺设备[J].工程机械与维修,2003(9).

[20] 陈潮.DYNAPAC—HOES和他所制造的沥青混凝土摊铺机[J].筑路机械与施工机械化,1988(2).
[21] 陈春丽.沥青混凝土摊铺机施工技巧[J].工程机械与维修,2003(5).
[22] 陈蝶,胡永彪.沥青混凝土摊铺机液压行驶驱动系统[J].长安大学学报(自然科学版),2005(6).
[23] 陈蝶,孔德锋.摊铺机左右边斗不能合拢的故障分析[J].工程机械与维修,1999(3).
[24] 陈金龙.LTY8沥青混凝土摊铺机摊铺二灰碎石混合料的合理使用[J].筑路机械与施工机械化,1996(5).
[25] 陈伟,赵德安,汤养.新型摊铺机智能控制器的设计与应用[J].建筑机械,2006(21).
[26] 陈永胜.浅谈沥青路面工程的机械配套与施工[J].工程机械与维修,2003(8).
[27] 陈元基.黑色路面修筑机械 第二讲 沥青混凝土摊铺机[J].筑路机械与施工机械化,1985(2).
[28] 崔本东,滕启杰,孙奕.高等级公路沥青面层平整度控制浅析[J].辽宁交通科技,1998(5).
[29] 邸正方.沥青路面施工中离析的防治措施[J].工程机械与维修,2003(12).
[30] 董进红.水泥混凝土路面滑模施工平整度的控制[J].青海交通科技,2003(5).
[31] 段京云,李景国,夏志华.摊铺机的大修[J].工程机械与维修,2005(4).
[32] 冯磊.福格勒super2100-C沥青摊铺机现场演示会[J].建筑机械,2003(11).
[33] 冯磊.摊铺机:专家之眼 用户之见[J].建筑机械,2005(1).
[34] 宫立强.YT12500型沥青混凝土摊铺机[J].工程机械,2003(10).
[35] 郭小宏,刘唐志,尹瑞,等.西部高原地区沥青混凝土路面施工机群选型研究[J].筑路机械与施工机械化,2005(1).
[36] 郭雄猛.民营企业ERP选型目标的制订[J].中国制造业信息化,2005(1).
[37] 郭艳宁.大型沥青混凝土摊铺机的施工技术探讨[J].科技情报开发与经济,2004(5).
[38] 郭兆松.沥青混凝土摊铺机自动找平梁原理分析及运用[J].科技情报开发与经济,2004(2).
[39] 贺淑红.沥青混凝土摊铺机液压系统的常见故障[J].工程机械与维修,2005(2).
[40] 胡斌,陈桂生,何克忠.沥青混凝土自动摊铺机控制系统设计[J].计算机工程与应用,2002(4).
[41] 胡双虎.摊铺机继电器的检修[J].工程机械与维修,1996(5).
[42] 胡永华.LTU120-5型沥青混凝土摊铺机[J].工程机械,2006(1).
[43] 黄育进.沥青混凝土摊铺机应用技术分析[J].工程机械,2002(9).
[44] 江创华.ZH01型综合养护车沥青混合料加热计算[J].工程机械,2003(4).
[45] 焦生杰,周贤彪.沥青混凝土摊铺机国内外发展与研究现状[J].建筑机械,2003(3).
[46] 焦生杰,郝鹏,龙水根.沥青混凝土摊铺机作业速度研究[J].中国公路学报,2003(3).
[47] 焦生杰,周贤彪.沥青混凝土摊铺机国内外发展与研究现状[J].建筑机械,2003(3).
[48] 孔庆璐.OPTIMAS专业摊铺机[J].建筑机械,2003(8).
[49] 李宝蕴,马广维.沥青摊铺机双纵向跨越式平均梁的分析[J].工程机械,1999(10).
[50] 李鹤鹏.追求高水平,实现新跨越——2006年新年献词[J].工程机械,2006(1).
[51] 李科锋,黄建雄.住友9m沥青摊铺机世界首次参展[J].工程机械,2005(11).
[52] 李丽.从浙江省公路养护机械化的发展看筑养路机械市场需求[J].建设机械技术与管理,2005(5).
[53] 李民孝.沥青混合料摊铺机螺旋分料器设计计算及参数分析[J].筑路机械与施工机械化,2000(4).
[54] 李强.沥青混凝土摊铺机施工技巧[J].工程机械与维修,2004(3).
[55] 李思鼎,刘安.LT6型沥青摊铺机的技术改造[J].工程机械与维修,1998(6).
[56] 李学林.2003年国内摊铺机市场回顾[J].工程机械与维修,2004(4).
[57] 李云鹏.水泥混凝土路面机械摊铺工艺[J].交通科技与经济,2006(1).
[58] 李志明,喻冬.浅谈高速公路沥青路面平整度的施工控制[J].大众科技,2006(8).

[59] 李重温. 摊铺机性能的评价及选型[J]. 公路,1994(1).
[60] 梁杰. 摊铺机自动找平系统使用因素对摊铺精度的影响[J]. 山东交通学院学报,1994(2).
[61] 林丽苗. EPM 全电子摊铺管理技术及 Titan525 摊铺机[J]. 施工技术,1999(12).
[62] 刘兵. 摊铺机行驶失控故障排除[J]. 工程机械与维修,1996(1).
[63] 刘秋宝,蒋建荣. 国内沥青摊铺机的市场与技术水平[J]. 工程机械与维修,2002(10).
[64] 刘伟. 住友 HA90C 型沥青摊铺机[J]. 工程机械与维修,2005(23).
[65] 卢亦昭,郭小宏. 沥青混凝土路面机械化施工系统资源优化配置(Ⅰ)——系统资源的静态配置[J]. 重庆交通学院学报,2003(1).
[66] 马佳. 走出 MES 选型迷局[J]. 现代制造,2005(14).
[67] 孟令军. HTL4500 型轨模式水泥混凝土摊铺机[J]. 筑路机械与施工机械化,1994(5).
[68] 戚建,陈正祥,刘国良. CAN 总线技术在 LTU90A 摊铺机控制系统中的应用[J]. 工程机械,2003(5).
[69] 秦媛媛. 徐工 RP955 沥青混凝土摊铺机[J]. 今日工程机械,2005(12).
[70] 邱贤祯. 沥青混凝土摊铺机浅介[J]. 市政技术,1985(2).
[71] 日本新潟牌 NF550AV-DM 型沥青混凝土摊铺机简介[J]. 筑路机械与施工机械化,1987(3).
[72] 宋罡. 摊铺机的故障分析与处理方法[J]. 青海交通科技,2002(3).
[73] 宋伟苗. 沥青摊铺机右枢轴油缸能升不能降故障的分析[J]. 工程机械与维修,1999(1).
[74] 孙刚. 摊铺机用户之友——第三期进口摊铺机培训班在京举行[J]. 工程机械与维修,2003(1).
[75] 孙振军,黎秀文. 沥青计量供给系统中沥青回流现象的控制[J]. 工程机械,2003(3).
[76] 摊铺宽度 9m 住友沥青摊铺机世界首次参展[J]. 南水北调与水利科技,2005(6).
[77] 陶涛. 关于沥青混凝土摊铺机的选型技术探讨[J]. 工程与建设,2006(1).
[78] 天津鼎盛 LTLY6000 轮式沥青摊铺机[J]. 建筑机械,2003(12).
[79] 田晋跃. LTY7.5 型沥青混凝土摊铺机[J]. 工程机械,1995(12).
[80] 王秉恒,孙林. LT6 型沥青混凝土摊铺机液压系统的改进[J]. 筑路机械与施工机械化,1993(5).
[81] 王国安. 沥青混凝土摊铺机高密熨平板的动力压实机理分析[J]. 工程机械,1994(10).
[82] 王海英,吴成富. 摊铺机 DSP 数字行驶控制系统研究[J]. 建筑机械,2003(11).
[83] 王化更,颜荣庆,李自光. 国内外沥青混凝土摊铺机液压自动找平回路分析[J]. 建设机械技术与管理,2002(12).
[84] 王瑞先. 进口 ABG411 摊铺机零部件可选国产替代品[J]. 工程机械与维修,1998(9).
[85] 王喜仓. LT3550 型沥青混凝土摊铺机熨平箱设计[J]. 山东交通学院学报,1994(1).
[86] 王新生. WT12.5 型稳定土摊铺机[J]. 工程机械,2003(1).
[87] 王治,李蓬. 沥青混凝土摊铺机自动找平梁的原理分析及运用[J]. 交通科技,2004(5).
[88] 王中怡. TITAN423 型摊铺机[J]. 工程机械与维修,1997(1).
[89] 文遇时. 三一 LTU90/120 沥青摊铺机[J]. 工程机械与维修,2002(2).
[90] 文遇时. 摊铺机结构参数的调整[J]. 工程机械,2004(2).
[91] 吴涛,焦生杰. 沥青混凝土摊铺机行驶系统数字控制器研究[J]. 建筑机械,2003(4).
[92] 肖之恒,卜连富. 沥青路面机械化施工[J]. 辽宁交通科技,2000(1).
[93] 谢卫国,王佩坤,王颖. 沥青混凝土摊铺中的温度离析[J]. 工程机械,2003(4).
[94] 邢华,刘健,张永禄. 沥青混凝土摊铺机稳定层摊铺技术[J]. 筑路机械与施工机械化,2000(1).
[95] 熊晓雪. ABG 摊铺机最新电子系统技术交流会纪实[J]. 工程机械,1999(12).
[96] 徐峰. ABG-525 型摊铺机不能行走故障的排除[J]. 工程机械与维修,2004(3).
[97] 徐和根,关景泰. 沥青混凝土摊铺机自动调平系统数学模型及仿真分析[J]. 液压气动与密封,1998(1).

[98] 徐慎初.关于沥青混凝土摊铺机合理使用的几个问题[J].工程机械与维修,2002(4).
[99] 徐永杰.沥青混凝土摊铺机各种作业参数的确定[J].工程机械与维修,2003(8).
[100] 许安,杨志星.消除沥青混凝土摊铺机停机待料再启动后摊铺质量缺陷的对策[J].筑路机械与施工机械化,1999(2).
[101] 严朝勇,蒋波,胡胜.沥青混凝土摊铺机调平装置的应用与发展[J].广东交通职业技术学院学报,2002(2).
[102] 杨光,张春晖.沥青混凝土摊铺机使用难点分析[J].筑路机械与施工机械化,1997(3).
[103] 杨华,许文利,蔡宇峰.LTL60型轮式沥青混凝土摊铺机[J].工程机械与维修,2002(4).
[104] 杨俊欣.福格勒沥青混凝土摊铺机的应用[J].建筑机械化,2003(10).
[105] 杨士敏,吴国进.摊铺机熨平板浮动找平过程分析[J].工程机械,2002(2).
[106] 杨松.bauma China 2004 摊铺巨头各有新招[J].建筑机械,2005(1).
[107] 杨晓强,常鹏飞.VOGELE2000型摊铺机的国产化技术改造[J].工程机械,2002(10).
[108] 杨耀林.NF型沥青混凝土摊铺机自动调平装置[J].工程机械,1994(9).
[109] 叶敏.柳工CLG512沥青混凝土摊铺机[J].今日工程机械,2005(2).
[110] 于槐三.DT1300型多功能摊铺机[J].筑路机械与施工机械化,2002(5).
[111] 于槐三.摊铺机行走系统计算[J].工程机械,1998(7).
[112] 俞志刚.摊铺机超声波自h动找平系统的故障排除[J].工程机械与维修,1997(4).
[113] 郁录平,惠辉,袁明虎.沥青混凝土摊铺机找平均衡梁的频率特性[J].工程机械,2006(1).
[114] 翟全礼.试论沥青混合料摊铺机合理行进速度的选择[J].山西交通科技,2004(1).
[115] 张国云,郭庆惠,张国栋.浅谈沥青混凝土摊铺机摊铺稳定层施工技术[J].筑路机械与施工机械化,2000(6).
[116] 张宏涛,边宏昊.铺筑机械工艺控制与沥青混凝土路面质量[J].建筑机械,2004(3).
[117] 张利忠,张松涛,龙绍英,等.沥青混凝土摊铺机的选型与使用[J].工程机械,1999(8).
[118] 张巍.艾莫·洛雷萨纳EX-4000轮式混凝土摊铺机[J].建筑机械,2005(6).
[119] 张巍.轮式混凝土摊铺机[J].工程机械,2005(5).
[120] 张晓春.我国摊铺机行业的现状与技术水平[J].机械工业标准化与质量,2003(10).
[121] 张孝慈.2LTLZ45型沥青混凝土摊铺机[J].筑路机械与施工机械化,1989(2).
[122] 张新荣,陈静.沥青混凝土摊铺机自动找平控制系统的计算机仿真[J].建筑机械,1999(2).
[123] 张新荣,茹锋.摊铺机自动找平数字式控制器的研究[J].工程机械,2000(1).
[124] 张玉峰.沥青摊铺机液压系统维护与修理[J].筑路机械与施工机械化,2005(3).
[125] 赵超.沥青摊铺机系列讲座(一)[J].工程机械与维修,2005(23).
[126] 赵国普,孙青.一种新型摊铺机多点浮动基准梁[J].工程机械,2002(6).
[127] 赵国普,赵雪松.沥青混凝土摊铺机液压系统的计算机故障诊断[J].筑路机械与施工机械化,1999(3).
[128] 周光树.改进的沥青混凝土摊铺机[J].公路,1981(2).
[129] 周剑新,唐懿.精彩纷呈的摊铺机(二)[J].今日工程机械,2003(11).
[130] 朱文天.沥青混合料摊铺机技术及发展[J].交通世界(建养.机械),2005(12).